U0787961

衡東年鉴

2016—2017

衡东县史志办公室　编

方志出版社
Publishing House of Local Records

图书在版编目（CIP）数据

衡东年鉴. 2016—2017 / 衡东县史志办公室编.
—北京：方志出版社，2018.12
ISBN 978-7-5144-3530-6

Ⅰ. ①衡… Ⅱ. ①衡… Ⅲ. ①衡东县—2016-2017—年鉴
Ⅳ. ①Z526.44

中国版本图书馆CIP数据核字（2019）第013629号

衡东年鉴（2016—2017）

编　　者：衡东县史志办公室
责任编辑：顾　洁

出 版 人：冀祥德
出 版 者：方 志 出 版 社
地址　北京市朝阳区潘家园东里9号（国家方志馆4层）
邮编　100021
网址　http://www.fzph.org
发　　行：方志出版社发行中心
电话（010）67110500
经　　销：各地新华书店
印　　刷：深圳市新联美术印刷有限公司

开　　本：889 × 1194　　1/16
印　　张：35
字　　数：1060千字
版　　次：2018年12月第1版　2018年12月第1次印刷
印　　数：0001 ~ 1000册

ISBN 978-7-5144-3530-6　　定价：420.00元

·版权所有　翻印必究·

衡东年鉴（2016—2017）编纂委员会

顾　　问　吴伟生　中共衡东县委书记
　　　　　谭向勤　衡东县人大常委会主任
　　　　　夏崇礼　衡东县政协主席
主　　任　徐志毅　中共衡东县委副书记、县人民政府县长
副 主 任　晏志君　中共衡东县委常委、县委办主任
　　　　　李上峰　衡东县人大常委会副主任
　　　　　刘光荣　衡东县人民政府副县长
　　　　　向卫平　衡东县政协副主席
成　　员　侯茂根　中共衡东县委办公室副主任
　　　　　彭庆桃　衡东县人大常委会办公室主任
　　　　　李建华　衡东县人民政府办公室党组书记、主任
　　　　　刘碧兰　政协衡东县委员会秘书长、办公室主任
　　　　　阳满生　衡东县财政局党组书记、局长
　　　　　陈华良　衡东县史志办公室主任

编　辑　部

主　　编　陈华良
执行主编　胡青燕
副 主 编　文君莉　向立立　马晓菲　颜知明
统　　稿　颜知明
编辑、校对　陈华良　向立立　胡青燕　文君莉
　　　　　马晓菲　颜知明　陈美林　董跃荣
　　　　　文海澄　阳新民

编辑说明

一、《衡东年鉴（2016—2017）》编纂坚持以马克思列宁主义、毛泽东思想、邓小平理论、“三个代表”重要思想、科学发展观和习近平新时代中国特色社会主义思想为指导，坚持辩证唯物主义和历史唯物主义的立场、观点和方法，全面反映衡东县2016—2017年自然、地理、政治、经济、文化、社会等各方面情况。

二、《衡东年鉴（2016—2017）》记述时限为2016年1月1日至2017年12月31日。为记述完整，个别条目突破时间上下限。

三、本年鉴采用分类法编辑。全书分特载、大事记、衡东概况、中共地方组织、人民代表大会、人民政府、人民政协、社会团体、法治、军事、综合经济管理、园区经济·投融资管理、农业、工业·交通·邮电·通讯、财政·税务·商贸、金融、城建环保、教育文化、乡镇概况、人物、文件索引、资料辑存等部类。入编资料按部类进行编排，与单位性质、级别、隶属关系无关。

四、本年鉴稿件由各单位提供资料，并经单位主要负责人审核。统计数据采用县统计局公布的法定统计数据，个别数据采用部门提供数据。因统计口径和计算方法不一致，个别数据可能不尽一致。计量单位采用国家法定计量单位。

衡东县改革开放四十年以来所获部分国家级荣誉

- 1978年，全国鲜蛋经营先进单位；
- 1979年，全国鲜蛋经营先进单位；全国电力工业大庆式企业；
- 1983年，全国计划生育先进县；
- 1987年，全国电影发行放映系统先进单位；
- 1990年，全国人口与计划生育基础知识教育先进县；
  全国先进文化馆；全国粮油信息工作先进单位；
- 1991年，全国水利建设先进县；全国基层卫生防疫站环境卫生工作先进单位；
- 1992年，全国环境卫生先进县；全国红领巾读书读报奖章活动先进集体；
- 1993年，全国图书发行先进单位；
- 1995年，大桥乡和平村、白莲乡先锋村被评为全国首批造林绿化“千佳村”；
  畜牧兽医技术服务中心建设先进县；
- 1991—1995年，法制宣传教育先进县；全国土地管理“三无”乡（镇）活动先进县；
- 1996年，杨桥镇东烟村被评为全国造林绿化“千佳村”；
  全国水利经济先进县；全国先进卫协会；全国消灭无标生产县；
- 1997年，全国科技工作先进县；全国审计机关先进集体；初级农村电气化县；
  全国水利经济突出贡献奖；
- 1998年，全国文化工作先进县；
- 1999年，全国中医工作先进县；全国农业综合开发工作先进县；
  全国学校体育卫生工作先进单位；
- 2000年，全国部门造林绿化400佳单位；
- 2001年，全国群众体育先进单位；全国绿化先进集体；
- 2003年，全国服务农民服务基础文化工作先进集体；
- 2005年，全国爱国主义教育示范基地；全国老龄工作先进县；
- 2008年，全国平安农机示范县；
- 2010年，中国土菜名县；中华诗词之乡；全国一级图书馆；
- 2011年，建党90周年优秀影片展映农村数字电影放映优秀放映队；
  人民调解宣传工作先进单位；
- 2012年，全国安全生产监管监察先进单位；
- 2016年，2011—2015年法制宣传教育先进县；衡东县获评全国油茶产业发展示范县；衡东县获评全国“六五”普法先进县；大浦镇中心医院获评全国百佳乡镇卫生院；吴集镇大势塘、洣水镇迎宾社区获评全国综合减灾示范社区；杨桥镇东烟村被评为全国计生协会村级先进单位；
- 2017年，衡东县列为第三批返乡创业国家级试点县；洣水湿地公园获评国家湿地公园；白莲镇马房村获评第五届全国文明村；衡东县获全国林业信息化应用率测评县级第一名；衡东县代表衡阳市通过全国最严格水资源管理考核；湖南省省质监局发布的《衡东土菜制作标准》成为全国首个地方乡土菜省级标准；大浦人民法庭获评全国法院先进集体称号；
- 2018年，“三樟黄贡椒”农产品地理标志产品评审通过。

“奋斗出来的幸福”

——衡东县改革开放40年来经济社会发展成就综述

中共衡东县委　衡东县人民政府

（2018年9月）

2017年6月7日，县委书记吴伟生（前排右一）深入大浦岭茶村调研农业农村工作

县委副书记、县长徐志毅（中）深入湖南机油泵股份有限公司调研

衡东县1966年从衡山县析出新置，总面积1926平方公里，总人口78万人，辖17个乡镇，233个村，23个居委会，是罗荣桓元帅故乡、“中国土菜名县”。衡东文化底蕴深厚，生态环境优美，交通条件优越，产业资源丰富，是人杰地灵的宝地、宜居宜游的福地、投资置业的洼地、开放发展的高地。

40年改革开放，不仅全面改变了中国，也深刻影响了世界，是中国和世界共同发展进步的伟大历程。这40年来，衡东人民在党的坚强领导下，迎着改革的春风，紧跟发展的节奏，迈实奋进的步伐，认真贯彻中央和省市各个时期的方针政策，奋发图强，锐意进取，用智慧和汗水不断奏响改革、发展的最强音。特别是近几年来，新一届县委、县政府按照“五县五化”的发展思路，坚持走“生态立县、农业富县、民营强县、旅游活县、和谐兴县”之路，加快推进新型工业化、城镇化、信息化、农业现代化和绿色化,开创了县域经济和社会事业发展腾飞的新局面。

一、过去的40年，是衡东经济实力持续倍增的40年

40年来，我们紧扣经济建设这一中心，千方百计、全力以赴推动县域经济高速优质发展。经济总量加速扩张。1978年全县地区生产总值仅为1.43亿元，随着发展速度的不断加快，全县经济总量快速扩张，2009年突破百亿大关，2014年突破200亿元，2017年达到293.76亿元，接近300亿，比1978年扩大205倍，按照可比价计算，年均增长11.1%。财政盘子逐年壮大。1978年财政总收入仅739万元，1985年翻了一番，达到1532万元，1989年再翻一番，达到3164万元，1995年跨上亿元台阶，2013年超过十亿元，2017年达到12.76亿元，比1978年增长173倍，年平均增长14.1%。金融实力大幅提升。2017年末，全县金融机构各项存款余额195.44亿元，为1978年的1397倍，年均增长20.4%；全县金融机构各项贷款余额83.46亿元，是1978年的213倍，年均增长14.7%；全县金融机构存贷比例为41.7%。经济实力的提升，验证了经济建设的成果，也折射出人民的收入增加了、购买力增强了、生活水平越来越高了。

2016年11月30日，湖南机油泵股份有限公司在上海证券交易所正式挂牌交易

2017年衡东县第四届土菜文化旅游节颁奖晚会

二、过去的40年，是衡东产业结构优化升级的40年

40年来，我们以县情为基础，以市场为导向，以提质为目标，全力推动三次产业协调发展，产业结构由1978年的55.2:23.1:21.7调整到2017年的15.4:34.3:50.3，第一产业比重下降39.8个百分点，第二、三产业比重分别提高11.2、28.6个百分点，产业结构从“一二三”优化升级为“三二一”。农业基础地位不断夯实。我们坚持农业为本，把“三农”工作列为重中之重，认真贯彻落实各项农村工作方针政策，逐年加大投入，不断完善基础设施，极大地调动了农民的积极性，促进了农业和农村经济全面发展。农业总产值由1978年的8588万元增加到2017年的83.37亿元，增长了96倍。农业产业化水平不断提高，2017年全县农产品加工业实现产值135亿元，规上农产品加工实现产值63亿元，市级以上龙头企业达到34家，其中省级以上龙头企业7家。粮食生产总量从1978年的28.66万吨增加到2017年的40.25万吨，是1978年的1.4倍。多年来一直保持“全国产粮大县”“全国生猪调出大县”“湖南省产油大县”地位。工业支撑作用持续强化。我们坚持工业为上，逐步形成了机械制造、有色金属、化学化工、建筑材料、轻工陶瓷、农产品加工等六大支柱产业。2017年，全县规模以上工业企业发展到116家；实现规模工业总产值205亿元，是1978年的387倍，年平均增长16.5%。不断深化供给侧改革，加大工业技术更新改造力度，2017年实现高新技术产业增加值26.8亿元，占GDP比重为9.1%。同时，顺应新时代环境治理工作要求，引导主要工业企业向工业园集中，2017年园区规模以上工业企业达55家，园区规模工业增加值占全县规模工业增加值的67.5%。现代服务业主导地位日渐凸显。我们坚持三产为翼，努力将第三产业打造为拉动县域经济增长的主动力和新引擎。2017年全县第三产业实现增加值147.79亿元，是1978年的476倍，年平均增长17.1%；第三产业对GDP贡献率达到63.7%，比第二产业高33.6个百分点。规模以上服务业发展迅猛，自2011年建立规模以上服务业统计制度以来，全县规模以上服务业营业收入增速均位居全市前列。2017年全县拥有规模以上服务业企业21家，实现营业收入4.90亿元，增长52.9%,增速在全市排名第一。全域旅游快速发展，2017年全县共接待游客340.16万人次，实现旅游综合收入25.35亿元。成功举办了四届“土菜文化旅游节”，有力促进了土菜、文化、旅游产业融合发展；土菜产业链产值逐年快速增长，去年达到30亿元，“中国土菜名县”的金字招牌越擦越亮，衡东土菜的名声越来越响，销路越来越广。

三、过去的40年，是衡东城乡面貌华丽蜕变的40年

40年来，我们不断加大投入，统筹推进城乡基础设施建设，加速城乡融合发展，城乡面貌实现了全面改观，完成了华丽蜕变。城镇建设日新月异。县城依托三面环水的地理优势，按照“宜居宜业宜商宜游”的定位，大力实施“东优西进、南移北拓”战略，拉开了城市骨架，扩大了县城规模，“一江两岸”的格局逐步形成。城区建成面积由1978年的不到1平方公里增加到12.1平方公里，常住人口由不足6千人增加到12万人，建成主次干道40千米。深入实施“净化、绿化、美化、亮化”工程，干净整洁已成市容常态，成功创建省级文明县城。加快特色小城镇建设，新塘镇荣获“全国重点镇”称号，霞流镇成功创建国家级生态乡镇。2017年，全县城镇化率达到40.7%。乡村面貌焕然一新。扎实推进农村环境综合整治，农村生活垃圾集中处理率达100%，生活污水处理率达64%。加快农村水、电、路、讯等基础设施建设，建成规模以上农村安全饮水工程38处，覆盖全县70%的行政村；2017年全县农村公路总里程为2440公里，农村通班车率达到99.5%；“村村响”“户户通”覆盖全县所有行政村，农网升级改造全面完成。全县完成62个“秀美村庄”建设，白莲镇马房村获评全国文明村，杨林镇潭江口村、大浦镇堰桥村和堰城村成功创建省级生态村。生态环境明显改善。制定“生态立县”战略，将生态文明

杨桥、蓬源风力发电场

高湖油菜种植

泉南高速公路

衡东县第一中学

罗荣桓元帅故居

选好当家人，建设新农村

建设摆在突出位置，举全县之力解决了一批群众反映强烈的突出环境问题。着力打好水、土、气三大攻坚战，全面完成湘江保护治理第一个三年行动计划，投入近亿元资金推进洣水三年保护行动计划，湘江、洣水水质常年分别保持在Ⅱ类、Ⅲ类以上水平；代表衡阳市顺利通过全国最严格水资源管理考核。全县城镇空气质量优良率达83%，森林覆盖率达到52.7%，洣水湿地公园获评国家湿地公园，衡东的天更蓝了，地更绿了，水更清了。

四、过去的40年，是衡东社会事业齐头并进的40年

40年来，我们在狠抓经济建设的同时，统筹推进各项社会事业，努力让改革发展成果惠及全县人民，群众的获得感、幸福感、安全感不断增强。2017年全县民生支出28.26亿元，占财政总支出的80.0%。教育事业快速发展。坚持教育优先，实行多项改革措施，全方位推进教育事业发展。目前全县拥有中小学158所，其中省示范性高中2所，市示范性高中2所，教育资源得到有效整合优化。至2017年末，全县学前教育入园率86.6%，小学、初中适龄少年儿童入学率和巩固率分别达到了双100%和99.8%，高中阶段毛入学率92.9%，全县劳动年龄人口平均受教育年限达9.6年。加快薄弱学校改造，累计实施改薄项目550个，改造校舍及附属设施28.7万平方米。2017年，我县被评为全省义务教育均衡发展先进县。文化事业日益繁荣。40年来，全县文化基础设施建设得到全面加强，群众性文化活动日益丰富。2017年末，全县拥有各类艺术表演团体3个，文化馆1个，公共图书馆1个，博物馆、纪念馆3个，档案馆1个，农家书屋561个。全县公共文化体育设施面积为172.7万平方米，人均拥有公共文化体育设施面积为2.7平方米。荣桓镇入选首批湖南省经典文化村镇。成功举办“全民健身

旅游胜地——锡岩仙洞

荣桓镇南湾村一角

毅行”“文化和自然遗产日”“文明衡阳·鼓舞衡东”等文体活动，群众文体生活更加丰富。卫计事业成果显著。逐步建立健全了覆盖城乡的医疗救治、疾病预防控制体系，社区、村组卫生服务从无到有，新型农村合作医疗基本实现全覆盖。至2017年末，全县有医疗卫生机构498个，每千人拥有执业医师数2.6人，每千人拥有床位数4.7张。先后获评“全省卫生先进县城”“湖南省农村中医建设先进县”，大浦镇中心卫生院成功创建“全国百佳乡镇卫生院”。从2006年至2015年，我县连续十年被省考核评估为“人口计生工作一类（先进）单位”。底线工作稳步推进。牢固树立底线思维，坚持不懈抓好安全、信访、综治维稳等底线工作，先后6次获评全省安全生产工作先进单位，2012年成功创建湖南省安全生产示范县。推行信访“四三二一”工作法，在全市率先启动“轻刑快办”，信访工作经验获国、省推介。深入推进“平安衡东”建设，大力开展“打黑除恶”专项整治，全县社会大局和谐稳定。

五、过去的40年，是衡东民生福祉不断增进的40年

行稳致远，不忘初心。40年来，我们牢固树立以人民为中心的发展理念，把改善民生视为最大的政绩，竭力增进民生福祉。伴随着改革的春风、发展的步伐，衡东人民的生活愈加美好。2017年全县小康总体实现程度达到90.3%，在全市七个二类县区中率先实现小康达标。社会保障体系不断完善。全县社保、医保、失业、工伤、生育保险5大社会保障体系全面形成。至2017年底，全县城乡居民医保参保率和基本养老服务补贴覆盖率均达到100%，每千老年人口养老床位数达到32.5张。城乡社会救助体系不断健全，建立了城乡医疗救助“一站式”即时结算机制，定点医疗服务机构达40家。加大住房保障力度，近年来累计建设廉租房1726套、公租房5690套，完成棚户区改造2301户，农村危房改造4363户。居民收入大幅增长。2017年底，农村居民人均可支配收入18314元，是1978年的172.8倍，年均增长14.1%；在岗职工年平均工资由1978年541元提高到2017年50854元，增长了94倍。人均储蓄存款为25995元，人均住房面积达到57.8平方米。社会消费品零售总额以年均15.1%的速度递增，2017年达到99.08亿元，为1978年的245倍，城镇居民和农村居民恩格尔系数分别下降到23.4%、23.9%。物质的丰富、收入的提高，促进了消费观念的转变。从过去“一衣多季”，到现在“一季多衣”；从过去的吃饱、吃好，到现在的吃出文化、吃出健康；从以前的矮旧平房，到现在的公寓楼，电梯楼；从过去的走街串巷，到现在的“世界那么大，我想去看看”，群众的衣食住行发生了深刻变化。脱贫攻坚卓有成效。40年来，我们始终致力推动发展生产、消除贫困。特别是党的十八大以来，县委、县政府认真贯彻落实习近平总书记扶贫开发重要战略思想，进一步增强脱贫攻坚的责任感和使命感，层层压实责任，细化扶贫措施，贫困人口不断减少，为全面建成小康社会打下了坚实基础。2014年以来，全县累计减少贫困人口21294人，减贫率达66.5%，年均减少4258人，实施易地扶贫搬迁846户2281人。贫困发生率由2014年的5.81%下降到1.82%,。

昨日是历史长卷，眼前是时代新篇。站在新时代的发展起点，衡东县委、县政府将深入贯彻落实党的十九大精神，紧握发展“接力棒”，坚持不忘初心，顺应群众期待，以更加奋发有为的状态和求真务实的作风，团结带领78万衡东人民，奔跑在推进“五县五化”、实现全面小康的大道上，共同创造更加美好的幸福生活！

衡东“风华五十年”群众文艺汇演

老有所养　老有所乐

全民健身运动

湖南衡东第四届

县委书记吴伟生，县委副书记、县人民政府县长徐志毅等领导出席第四届土菜文化旅游节圣火采集仪式

招商引资签约仪式

土菜文化旅游节

新闻发布会

圣火采集（一）

圣火采集（二）

圣火采集（三）

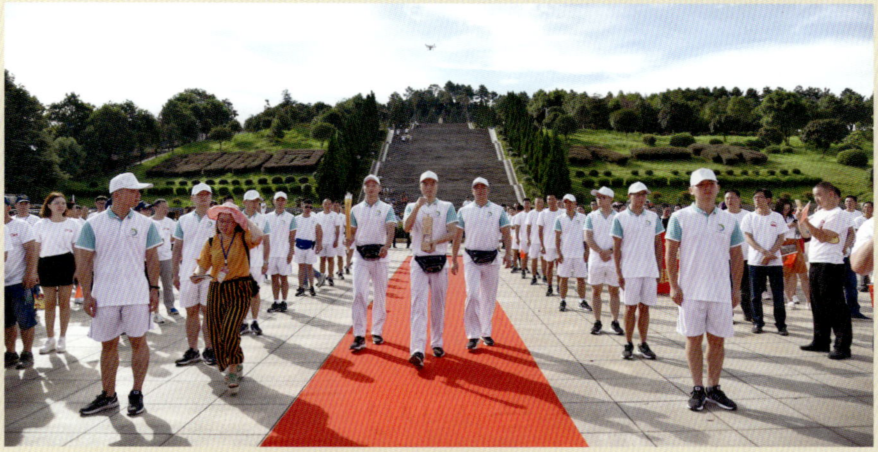

火炬传递

礼仪形象大使评选颁奖晚会

衡东县第四届土菜文化旅游节开幕式现场

目　录

特　　载

大 事 记

衡 东 概 况

中共地方组织

人民代表大会

人民政府

人 民 政 协

社 会 团 体

法　　治

军　事

综合经济管理

园区经济·投融资管理

农　　业

工业·交通·邮电·通信

财政·税务·商贸

金　　融

城建环保

教育文化

乡镇概况

人　　物

文 件 索 引

资 料 辑 存

特　载

在全县经济工作会议上的讲话

中共衡东县委书记　吴伟生

（2017 年 1 月 12 日）

一、客观总结成绩，坚定发展信心

2016 年，是“十三五”实施的第一年，是县乡两级换届选举之年，是攻坚克难、负重奋进的一年。我们坚决贯彻落实市委、市政府系列决策部署，坚持一手抓全面从严治党，一手抓经济社会发展，统筹做好稳增长、促改革、调结构、惠民生、防风险各项工作，全县经济社会发展总体平稳、稳中有进、稳中向好，实现了“十三五”良好开局。2016 年，全县完成财政总收入 13.25 亿元，增长 6.5%。全年预计完成 GDP261.70 亿元，增长 7.9%；完成规模工业总产值 171.54 亿元，增长 5.7%；完成规模工业增加值 41.69亿元，增长 7.1%；完成固定资产投资 157.01 亿元，增长 18.2%；完成社会消费品零售总额 89.8 亿元，增长 11.6%。

（一）产业发展呈现新气象。着力植优补短，成立了高规格的领导小组，出台了关于加快县域经济、工业经济、旅游经济发展和加强城市工作的系列决定，召开专题会议进行了部署，各项工作有序推进。产业升级加快，产业结构优化，预计三次产业结构优化为 15.89 ∶ 36.21 ∶ 47.90。工业经济稳步回升。设立工业发展基金 5000 万元，实施“一企一策”精准帮扶，金虎铜业、子庭有色等一批企业重新恢复生产；湖南机油泵股份有限公司成功上市；新增规模以上企业 14 家，重振了工业信心。农业经济基础巩固。预计完成农业总产值 41.16 亿元，实现农产品加工值 38 亿元；粮食总产 48.32 万吨；全县流转土地 58.15 万亩，新培育家庭农场 89 个、农民合作社 41 个，国省市农业龙头企业发展到 38 家。第三产业加速发展。全域旅游加快推进，罗荣桓故居景区整改提质工程顺利完成，洣江生态园成功开园并申报为省级三星级休闲农庄。全年接待游客 530 万人次，实现旅游综合收入 35 亿元。衡东旅游在湖南电视台推介。土菜产业实现产值 22 亿元，完成税收 5100 万元，餐饮业创税 1600 万元，分别增长 19%、12%、11.5%。

（二）项目建设掀起新高潮。项目建设进度加快。全县 26 个省市重点工程项目全部开工建设，完成投资 44 亿元，占市下达任务指标的 125.7%。南岳高速东延线正式通车；大浦通用机场、建材大市场二期、交通产业园、台湾物流园、天英学校、旭达养老养生等项目加快推进，发展后劲持续强劲。园区建设水平提高。体制机制进一步理顺，明确了园区所在乡镇与园区、园区与平台公司的关系。基础设施建设力度进一步加大，污水处理厂投入试运行，新建标准化厂房 15 万平方米，中小企业服务中心、北片区道路提质改造、工业大道等项目加快实施，园区综合评价全省排位前移 60 位，被评为全市园区建设先进单位。预计全年完成工业增加值 28.57 亿元，实现税收 4.54 亿元，分别增长8.5%、7.6%。要素保障能力加强。全年争取国、省专项建设资金 4.31 亿元;实现融资87.2亿元;批回项目用地59公顷,较好地保障了项目建设需求。

(三)城乡统筹展现新水平。全年共实施市政重点工程3项,完成投资5800万元。完成了洣江大道二期、S314线城北道路改造工程、县城污水处理厂提质改造扩容工程;衡东大道全面建成通车;兴衡大道、武家山公园、杨山公园加快推进,河西新区、城东滨水区开发建设加速实施,城市骨架逐步拉开。坚持以创建省级文明县城为抓手,加强城市精细化管理,狠抓防违控违、禁烟限爆工作,市容市貌进一步美化,人居环境更加舒适宜人。与此同时,持续美化乡村环境,完成了湘江保护和治理"一号重点工程"第一个"三年行动计划",洣水保护成效明显,县级饮用水水源地水质达标率为100%。全力推进农村环境综合整治工作,扎实开展"三边造林"和裸露山地造林,完成通道绿化1098.6公里,建设秀美村庄62个,全县森林覆盖率提升到52.11%。

(四)改革开放迸发新活力。扎实推进全面深化改革工作。召开了深改组会议和全面深化改革工作推进会,加大了对全面深化改革工作的责任追究和奖励力度,并纳入年终绩效管理目标考核范畴。重点领域和关键环节改革有效推进,公车改革取得阶段性成效,乡镇简政放权全面实施,公立医院综合改革扎实推进。全力抓好招商引资工作。创新招商引资方式,先后到上海、天津、东莞等地进行招商,邀请中城建三局等大型国企央企来我县考察,积极参加衡州经济发展论坛,招商引资成果丰硕。全年共完成招商签约项目11个,引资26.2亿元。引进聚味堂农副产品加工、莲园生态旅游开发、20兆瓦林光互补分布式光伏发电、土菜文化产业园、尚达现代农业产业园、佳佳乐食品生产、承远博览馆、合金粉末及高温合金生产等一批大项目、好项目。

(五)民生改善体现新作为。全面小康实现程度预计为84.4%。坚持民生优先,民生支出占财政总支出比重达79.89%。城乡居民人均可支配收入预计分别为28485元、16973元,分别增长10%、8%。脱贫攻坚成效显著,完成易地扶贫搬迁449户、1221人,在省考核中位列全市第一。实现脱贫7000人。21项民生实事全部完成。新增城镇就业4730人。开工建设保障性安居工程2195套,完成农村危房改造1000户。武家山廉租房交付使用,河西公租房全面竣工。城区大班额问题有些缓解。广播电视"村村通"全面推进。车辆超限超载治理工作经验在省、市推介。深入开展安全生产大排查大管控大整治活动,安全生产工作考核在全市排第一名。认真做好信访维稳、社会治安、森林防火、防汛抗旱、计划生育等工作,社会大局和谐稳定。

(六)社会影响有了新变化。成功召开了县十三次党代会,在全市率先圆满完成县乡换届工作,为全市树立了标杆;严格落实两个责任,在全市率先建立县级巡察工作机构,重构了政治生态,重塑了衡东形象。深入开展"两学一做"学习教育,大力开展"我是衡东人,我为衡东做什么"主题活动,做好了省委"两学一做"督查组和省委党建调查核实组连续三年的迎检工作,干部作风持续好转,重扬了优良传统。

在总结成绩的同时,应该清晰地看到,发展不足、发展不优仍然是我县最大的县情,主要表现为:一是经济总量不大,财政保障能力不强,受宏观经济下行、政策性减税等影响,财政收入增速明显放缓,收支矛盾比较突出,收入质量不高,税占比仅为57.1%;二是实体经济比较困难,一些传统行业产能过剩,生产成本居高不下,产品价格低迷,中小企业融资难、融资贵问题突出;三是农村基础设施还不完善,农业增效、农民增收路径不多,新型农业经营主体带动辐射作用不强;四是金融风险有所增加,非法集资风险需要高度警惕,房地产领域风险不容忽视;五是发展环境有待优化,一些干部缺乏担当精神、缺乏干事创业热情,群众反映的办事难、难办事问题仍然存在。此外,安全生产、环境保护、社会维稳工作压力仍然较大,等等。对这些问题,我们必须积极应对,认真加以解决。

二、科学研判形势,抢抓发展机遇

观大势才能识大局、谋大事。面对错综复杂的国内外发展环境,我们必须认真吃透中央、省委、市委经济工作会议精神,准确研判经济发展形势,立足衡东实际,号脉开方,切实增强工作的预见性,牢牢把握工作主动权。

第一,要从宏观大势中捕捉良机。从国际看,世界经济处于深度调整期,继续面临动力不足、需求不振、债务积累、金融市场动荡、国际贸易持续低迷等多重风险和挑战,但新技术革命有力推动着经济结构调整,各类新型供给能量迅速形成,中国理念、中国价值、中国主张的影响力不断扩大,经济增速可能会略有回升。从国内看,党对经济工作领导坚强有力,经济发展长期向好的基本面没有变,经济韧劲好、潜力足、回旋余力大的基本特征没有变,经济持续增长的良好支撑基础和条件没有变,经济结构调整优化的前进态势没有变,我国仍然处于大有作为的重要战略机遇期。从省、市看,我省经济规模超过了3万亿元,发展站到了更高起点上,特别是随着“一带一部”“两轮驱动”“三个着力”“四大体系”“五大基地”等决策部署的推进,发展动力将更加强劲;市党代会明确了把衡阳建设成为更具影响力的全国重要节点城市、更具竞争力的全省第二大城市,更具辐射力的区域性中心城市目标,必将对我县发展带来深远利好影响。我们既要深入研究国际国内宏观大势,分析中长期经济发展规律和周期走向,又要全面观察宏观局势的变化,结合工作实际,在宏观大势中捕捉发展良机。

第二,要从政策走势中分享红利。中央经济工作会议明确提出,今年经济工作坚持稳中求进工作总基调,坚持宏观政策要稳、产业政策要准、微观政策要活、改革政策要实、社会政策要托底的政策思路,继续实施积极的财政政策和稳健的货币政策,财政政策将更加积极有效,货币政策将保持稳健中性。产业政策方面,将继续深化供给侧结构性改革,深入推进“三去一降一补”,深入推进农业供给侧结构性改革,着力振兴实体经济,促进房地产市场平稳健康发展,扎实推进以人为核心的新型城镇化,促进农民工市民化。同时,中央、省将继续加大医疗、社保、文化等民生工程的政策支持,加大“三农”、脱贫攻坚、城镇建设、社会事业领域的投入。2016年,市委、市政府出台了支持县域经济发展一揽子决定,今年必将加大力度、加快速度推进实施。我们一定要高度关注、深入研究、主动对接,用足用活用好政策,努力把政策红利转变为发展效益。

第三,要从自身优势中挖掘潜力。我县经过近年来的发展和积累,已经站在新的起点,进入了蓄势待发的新阶段。一是有基础。我县在区位交通、文化禀赋、生态资源、产业基础等方面都具有明显优势,发展的潜力和空间巨大。特别是在工业发展方面,随着机油泵成功上市,园区承载力加强,以及系列精准帮扶措施的落实落地,企业家信心不断提升,工业经济回暖趋势明显。二是有后劲。与市农发行、市农行签订了全面战略合作协议,三年内将累放信贷45亿元,已到位15亿元;经国家发改委批准成功发行城投企业债券12亿元;与中城建三局签订了15.7亿元的基础设施项目建设合作框架协议;全县6家政府性投融资平台融资能力进一步提升。这些都将为我们加快发展提供有力支撑。三是有保障。通过圆满完成县委和县乡领导班子换届,绘出了思路清措施实的好蓝图,选出了忠诚干净担当的好干部,配出了结构优功能强的好班子,换出了心齐气顺劲足的好面貌,为我们做好今年经济工作提供了有力保障。四是有氛围。随着全面建成小康社会和脱贫攻坚深入人心,群众对过上小康生活、脱贫致富充满期待。特别是“我是衡东人,我为衡东做什么”主题活动开展以来,群众的主人翁精神和主体意识明显增强,坚决拥护、全力支持、积极参与成为自觉行动,将为我们加快发展提供内驱动力。我们要乘势而上,奋发有为,把优势转化为推动发展的巨大能量,推动经济社会持续健康发展。

三、把握总体要求,明确发展目标

2017年全县经济工作总体要求是:全面贯彻党的十八大和十八届三中、四中、五中、六中全会精神,认真落实中央、省委、市委经济工作会议和省、市、县党代会、人大会精神,统筹推进“五位一体”总体布局,协调推进“四个全面”战略布局,坚持稳中求进工作总基调,以供给侧结构性改革为主线,按照“五县五化”的发展思路,着力植优补短,全面做好稳增长、促改革、调结构、惠民生、防风险各项工作,确保全县经济平稳健康发展和社会大局和谐稳定,以优异成绩迎接党的十九大胜利召开。

2017年全县经济社会发展的主要预期目标是:地区生产总值增长9%以上;财政总收入增长7.5%

以上;规模工业增加值增长8%以上;社会固定资产投资增长15%以上;社会消费品零售总额增长12.5%以上;进出口总额增长10%以上;全体居民人均可支配收入增长9%左右;节能减排等约束性指标全面完成省市下达的任务。

把今年GDP增长预期目标定在9%,是经过认真考虑、反复权衡后确定的,主要基于以下几个方面的考虑:一是坚持与我县应有的位置相匹配。保持较快的增长速度,是缩小发展差距、实现进位争先的现实需要,也是找回衡东历史地位的客观要求。当前,县域竞争异常激烈,呈现出争先恐后、竞相发展的逼人态势。不进则退,慢进也是退。唯有加快发展,才能实现振兴衡东的宏伟梦想。同时,衡东具有得天独厚的区位优势和产业基础,发展空间很大、前景看好,完全有能力实现更快的增长。二是坚持与全面建成小康目标相衔接。不发展经济,实现全面小康目标是一句空话。2016年我县预测全面小康实现程度只有84.4%,2019年实现全面建成小康社会目标,留给我们的时间是越来越紧迫。只有不遗余力加快发展,才能确保全面小康目标的实现。三是坚持与负重前进奋力赶超的精神相契合。加快发展是当前首要任务。近年来,我县实际增速一般高于省市平均水平,提出9%左右的增长目标,符合省市要求,体现了导向性,需要全县广大干部群众自我加压,"跳起来摘桃子"。

四、突出工作重点,加快发展速度

今年经济社会发展任务十分繁重,我们必须牢牢把握稳中求进工作总基调,在经济增长、经济政策、社会就业、物价运行、社会大局上求"稳",确保"稳"得牢靠;在结构调整、方式转变、改革开放、质量效益、人民生活上求"进",确保"进"得有力,重点要抓好五个方面的工作,全力推动经济社会发展提质提速。

(一)要突出植优补短,切实优化产业结构。要以植优补短为抓手,打好转型升级战役,大力优化产业结构。

1.要大力发展新型工业,提升经济发展竞争力。要壮大优势产业。要运用新技术新业态全面改造提升传统优势产业,推动机械制造、有色冶金、建筑材料、化工医药等产业智能化、绿色化、品牌化发展,使"老树发新芽"。要抓住机油泵成功上市契机,拉长产业链条,做好建链、补链、强链文章,打通产业链上下游,形成规模集群优势。要培育新兴产业。紧密对接"中国制造2025"和"互联网+"战略,力争在智能制造、生物医药、新能源、新材料等领域取得突破,尽快形成支撑工业经济的新兴产业体系。要加大扶持力度。从主营业务1000万元至2000万元之间的企业中,筛选一批具有成长潜力的企业作为重点扶持、培育对象,使其早日进入规模以上企业的笼子,提升工业经济总量和水平。要加快园区建设。坚持把园区作为工业发展的主战场,高起点、高标准完善经开区"一区四园"规划,大力实施创新创业园区"135"工程。加大园区基础设施建设力度,创新园区运行机制,拓展园区发展空间,力争2017年,园区总体开发建设面积达到5平方公里,实现产值150亿元,新签项目10个以上。

2.要稳步发展现代农业,提升经济发展支撑力。做好今年的"三农工作",最重要的任务是大力推进农业供给侧结构性改革。要以增加农民收入、保障有效供给为主要目标,以提高农业供给质量为主攻方向,优化农业产业体系、生产体系、经营体系,争取更多的新型经营主体和农村致富带头人进入市级"十百千万"工程笼子,提高农业综合效益和竞争力。要坚持把增加绿色优质农产品供给放在突出位置,加大对生态农产品基地和大户的帮扶力度,加快土地流转,大力发展油茶、林木、特色水果等特色农业,加大龙头企业引进和培育力度,支持一批农产品加工企业做大做强。要促进一二三产业融合发展,积极发展农村电商、休闲农业、体验农业,大力抓好农业产业园建设,重点加快恒建油茶产业链、嘉圣农副产品、盛和农业产业园等项目建设。省财政将对每年认定的十个产业集聚区给予奖励,我们要积极争取。要严守耕地红线,加强农田水利和高标准农田建设,狠抓耕地重金属污染治理,切实保护好、发展好粮食综合生产能力,坚决守住粮食生产能力不降低、农民增收势头不逆转、农村稳定不出问题三条底线,巩固农业基础地位。

3.要加快发展现代服务业,提升经济发展推动力。要做活旅游。大力实施全域旅游，主动融入大衡山旅游经济圈和大湘东旅游经济带，加快推动以罗荣桓元帅故居为核心的东区红色旅游线建设，启动制定以罗荣桓元帅故居为核心的5A景区规划，建好罗帅故居停车场、游客服务中心，做好罗荣桓故居增补点——新大屋、黑田罗氏祖堂省级文物保护单位的修复工作，以此来稳步推进北区现代农业观光线、南区观光体验工业旅游线开发建设。要做强土菜产业。完善土菜产业链条，支持土菜产业向外拓展，积极筹办第四届土菜文化节，进一步打响土菜品牌。要做大商贸物流业。加快构建优势突出的专业市场、辐射力强的批发市场。重点加强建材、家具、汽配、机电、农产品等专业市场建设，规划建设好县城蔬菜、水果批发市场，扎实抓好17个乡（镇）农贸市场及城市商业综合体项目建设。要健全农村物流配送和农产品电商销售体系，推进“互联网+商贸物流”，出台电商产业发展规划和扶持政策，引进大的电商品牌，打造“工业品下乡”和“农产品进城”双向流通渠道，打通田间到舌尖的通道。

（二）要突出抓好项目，不断增强发展后劲。要牢牢牵住项目建设这个“牛鼻子”，更大力度地推进项目建设和招商引资，努力以项目工作的实际成效助推经济社会发展。

1.要加大项目引进力度。要明确方向。紧紧抓住国家引导和支持东南沿海地区符合环保等要求的产业、国内外知名企业生产基地等向中部地区有序转移的机遇，加强与国内外知名企业的对接，争取更多企业来衡东发展。重点围绕衡东经开区和机械制造、有色金属加工、新能源、新材料等产业，引进一批引领型、支撑型、补链型项目。要广辟途径。打好乡情牌，加强与异地衡东商会联系，开展好“迎老乡、回故乡、建家乡”活动，吸引衡东籍成功人士和农民工返乡建功立业；要调整充实招商项目库，建立重要投资客商档案库，广泛开展上门招商、驻点招商、以企招商、以商招商、以股招商，提高招商实效。要创优机制。调整完善招商引资政策，充实招商力量，细化分解目标任务，强化跟踪对接服务，严格奖励激励措施兑现，推动形成大招商、招大商的良好氛围，力争2017年全县引进亿元以上的产业项目15个。

2.要加快项目推进速度。今年，要在全县深入开展“项目推进年”活动，积极争取国家和省市对项目建设的支持，坚持以重大项目为重点，认真谋划实施一批大项目，带动实施配套中小项目。要按照“开工一批、推进一批、建成一批、立项一批”的思路，集中力量抓好82个1000万元以上重点工程项目，计划完成年度投资63.43亿元；抓好31个1000万元以下的重点工作项目，计划完成年度投资4.91亿元。要落实项目责任。对重点工程项目实行“一个项目、一名县级领导、一套班子、一条龙服务、一抓到底”推进机制，各项目单位和责任单位要按照项目清单实行项目包干责任制；重点工作项目由分管县级领导牵头，各项目单位、责任单位包干负责。要加强项目管理。认真落实项目法人制、工程监理制、招标投标制、建设目标管理和廉洁建设制度，确保资金及时到位、项目如期开工，确保工程安全和工程质量。要强化督查考核。将重点项目建设工作开展情况纳入重点督办事项，对重点工程实行“月督查、月通报、月奖惩”，对重点工作实行“月调度、月通报、年终考核”。强化奖惩激励机制，严格实行绩效评估和行政问责制度，设立“项目推进年”活动暨项目建设专项奖，对项目建设推进不力、没有完成目标任务的给予通报批评和行政问责，并与单位的绩效考核严格挂钩。

3.要提升项目保障强度。要强化土地保障。坚持用地指标向重点项目倾斜，加大土地储备力度，积极盘活存量土地，切实保障项目建设用地需求。项目所在地乡镇要切实担负起征拆工作主体责任，依法征地、依法拆迁、依法补偿、依法安置和限时交地、限时交房，有效减少安置“过渡期”。要强化资金保障。进一步解放思想，敢于融资发展，善于融资发展。要进一步完善金融体系，全面完成村镇银行组建工作，实现村镇银行全覆盖。进一步拓宽融资渠道，综合运用银行信贷、债券、产业基金、信托、融资租赁等融资工具进行融资；积极推广PPP模式，引导和鼓励社会资本参与基础设施和公共服务建设。进一步做实政府投融资公司，加快建立现代企业制度，努力提高经营效益。进一步优化信贷结构，引导金融机构围绕实体经济发展，加大信贷投入。进一步健全金融业信用体系,加快金融信息服务中心建设,构建金融生态安全区,为项目建设融资提供良好环境。同时,要同步做好水、电、路、气、讯等工作,为推进项目建设提供及时、高效的全要素保障。要推行“项目建设110”全天候服务机制,进一步提高项目投资服务诉求集中受理、统筹处理、应急处理能力和水平。

(三)要突出深化改革,有效激发动力和活力。改革开放始终是推动发展的强大动力。要把抓改革作为一项重大政治任务,统筹推进,重点突破。

1. 要着力推进供给侧结构性改革。落实“三去一降一补”任务是推进供给侧结构性改革的关键点。去产能方面:要严格执行环保、能耗、质量、安全等相关法律法规和标准,鼓励和引导工业企业加快转型升级、淘汰落后产能。去库存方面:坚持分类调控,因地施策,将农业人口市民化、棚户区改造、保障性住房建设、建立住房租赁市场、加大货币化安置力度等结合起来,积极筹备并开好县首届房交会,有效化解房地产库存。去杠杆方面:把降低企业杠杆率作为重中之重,支持企业市场化、法制化债转股,加大股权融资力度,盘活企业存量资产,降低企业杠杆率。规范政府举债行为,加快置换政府存量债务,合理控制地方融资平台债务,加快政府融资平台市场化转型。严厉打击非法集资,切实规范民间融资,坚决防止发生区域性金融风险。降成本方面:落实好减税、降费、降低要素成本等方面政策,减少行政审批,提高行政效率,进一步降低制度性交易成本,减轻企业负担。补短板方面:既要补硬短板也要补软短板,既要补发展短板也要补制度短板,在着力补县域经济、工业经济、旅游经济短板的同时,在提高科技创新能力、脱贫攻坚、环境治理、完善基础设施、提升公共服务水平等方面加大工作力度。

2. 要深化重点领域改革。深化农村综合改革,全面完成农村土地承包经营权确权登记颁证工作,抓好农村集体产权制度改革,盘活农村资产资源,增强农村发展活力;加快供销合作社综合改革;积极推行农民住房财产权抵押贷款试点工作,提升金融服务“三农”水平。深化“放管服”改革,进一步推进简政放权,清理各类中介服务及行政事业性收费项目,推动中介机构和行业协会商会脱钩,做好企业“五证合一”和个体工商户“两证整合”工作,深入推进政务中心“两集中、两整合、两公开”改革。同时,要统筹抓好财税、金融、价格、社保、探索委托乡镇开展行政执法等重点领域改革,让老百姓有更多获得感。

3. 要大力发展实体经济。实体经济是国民经济的根基。要着力营造氛围。鼓励创新创业,让更多人愿意投资实业,从事实体经济,形成实干兴县的氛围,强化实体经济的坚实支撑。要注重综合施策。强化产业、财税、金融、投资、土地和环保等政策的协调配合,不断改善实体经济发展环境,帮助企业降低成本,特别是要解决好市场资金“脱实向虚”的倾向,拓宽资本流向实体经济渠道,让更多的资源要素投向实体经济。要提升创新能力。要在政府提供的良好环境下,全面加强技术创新、产品创新、管理方式创新,大力弘扬“工匠精神”,瞄准“百年老店”的目标,不断提升企业核心竞争力。要突出民营主体。落实支持政策,放宽市场准入,完善服务体系,优化发展环境,推进民营经济健康发展。尤其要深入开展企业帮扶,按照一企一策、一帮到底、能快则快的原则,对重点企业逐一分析、逐一研究、逐一扶持,帮助企业解决实际困难和问题,努力把衡东建设成为充满活力的民营经济强县。

(四)要突出统筹协调,全面推进城乡一体化。城镇化是稳增长的最强引擎,是扩大内需的最大潜力。要坚持规划、建设、管理同步用力,县城、小城镇、美丽乡村梯次推进,河西新区开发、旧城区改造、公共设施完善三措并举,加快构建城乡一体化发展格局。

1. 要建好高品质县城。要坚持“精品化”理念规划。强化专项规划编制和城市设计工作,推进多规合一,建立统一衔接、功能互补、相互协调的城市规划体系。牢固树立“规划即法”的理念,建立大规委会议规评规的规则,严格实行规划实施责任追究制度。要坚持“功能化”理念建设。坚持扩容和提质并重、地上和地下兼顾、建设和管护并举的原则,加快推进河西新区、城东滨水新区建设,抓好城北片区交通产业园等项目建设,拉开城市骨架。加快城中村、棚户区改造步伐,启动渡头村、滨江社区、金花村城中村改造，改善人居环境。推进路网加密和背街小巷改造，打通“断头路”“丁字路”，提高城市通透性和微循环。全面完成智慧城市建设，推进海绵城市、绿色城市建设，抓好城市管廊建设，启动县城防洪排涝工程，进一步完善城市功能。要坚持“法治化”理念管理。建立健全依法行政、依法管理、严格执法的长效化管理机制。持续抓好环境卫生、道路交通、拆违控违等专项整治，精心实施绿化、美化、亮化工程；大力推进社区网格化管理，建立健全物业管理体制；坚持以省级文明县城创建为抓手，大力实施“市民素质提升工程”，努力形成共治共管、共建共享格局。

2. 要打造特色小城镇。全面推动《关于简政放权加强乡镇工作的决定》落实落地落效，赋予乡镇更多的自主权。坚持“立足资源、分类指导、因地制宜、突出特色”的原则，认真做好加强扶持、创优环境、分类考核三篇文章，引导各乡镇因地制宜谋求特色发展，将新塘打造成衡东的次中心，支持大浦建成工业强镇，引导霞流、三樟等建设农业重镇，将石湾、高湖建成商贸旺镇，推进白莲、荣桓等旅游名镇建设，着力打造一批经济强镇、特色小镇。各乡镇要抢抓机遇，不等不靠，积极作为，合理制定乡镇发展规划，着力完善基础设施和公共服务，今年要重点建设农贸市场，解决镇容镇貌的问题，实现“一年有变化、三年大变化、五年形成特色”的要求，真正让小城镇建设成为乡镇干部的“主战场”和“竞技场”。

3. 要扮靓现代美丽乡村。美丽乡村建设是社会主义新农村建设的重要任务。要遵循乡村发展规律，体现农村特点，注重乡村味道，保留乡村风貌，努力建设“布局美、产业美、环境美、生活美、风尚美”的美丽宜居家园。要调整新农村建设思路，整合力量、资金和项目，大力实施新农村建设提质升级行动，重点建设洣水—新塘新农村建设示范片。要推动基本公共服务向农村延伸，完善农村公路、农田水利、自来水、网络宽带等基础设施，加强村级综合服务平台建设，加快推进农村电网改造“三年行动计划”，完成农村环境综合整治整县推进任务，不断改善农村生产生活条件。要扎实抓好村支两委换届，为美丽乡村建设提供组织保障。

4. 要推进生态文明建设。加大对生态环境保护力度，严守资源消耗上线、环境质量底线、生态保护红线，大力实施人工造林、退耕还林成果巩固、乡村造林行动计划；继续实施湘江保护和治理第二个“三年行动计划”，继续推进洣水保护，洣水国家湿地公园建设要通过国家验收。要推进低碳发展，大力推广清洁低碳技术和节能产品，扎实抓好节能改造重点项目。加强环境污染治理，认真抓好企业、园区周边污染治理与修复，今年要着重抓好新塘、河西新区污水处理厂建设、营运和农村生活垃圾收集转运体系建设营运，让衡东的天更蓝、地更绿、水更清、空气更洁净。

（五）要突出民生优先，共享改革发展成果。增进民生福祉，是我们一切工作的根本出发点和落脚点。越是经济下行压力加大，越是财政收支矛盾突出，越要尽心竭力保障改善民生，兜住底线、保住根本。

1. 要坚决打赢脱贫攻坚战。2017 年，要实现 33 个省级贫困村摘帽、7000 个贫困人口脱贫，任务非常繁重。要聚焦年度脱贫目标任务，积极发动新型农业经营组织采取“直接帮扶、委托帮扶和股份合作”等形式，按照一村一产业，开展产业扶贫，实现村级集体收入达到脱帽标准。要深入开展好千名党员领导干部“进穷村、结穷亲、帮穷富”活动，全面落实十大扶贫举措，抓好扶贫标准与农村低保标准“两线合一”，提升扶贫小额贷款规模，激发贫困村和贫困群众内生动力。脱贫攻坚是一场硬仗，县、乡（镇）两级党委政府和有关部门都立下了军令状。越是时间紧迫、任务压头，越要坚持标准、保证质量。要严格考核评估和督查落实，对在脱贫攻坚中工作不力、完不成任务的进行严格问责，对敷衍应付、弄虚作假、欺上瞒下的更要严惩不贷，确保脱贫攻坚落到实处、取得实效。

2. 要建立健全社会保障体系。积极促进居民就业创业，突出抓好高校毕业生、返乡农民工、去产能分流职工的就业再就业工作，持续增加居民收入。进一步完善社保制度，推进五险统征。着力促进社会保险全覆盖，推进小微企业、非公单位员工、劳务派遣员工、灵活就业人员、城镇个体工商户参加社会养老保险。稳步推进城乡居民医保整合,全面推进大病保险工作。统筹抓好城乡低保、五保和弱势群体帮扶救助工作,保障困难群众基本生活。加大“两棚两房”建设力度,不断改善老百姓居住条件。大力推行货币安置政策,妥善解决好拆迁群众安置问题。

3. 要大力发展各项社会事业。坚持教育优先发展,全面提升教育教学质量。继续实施第二轮学前教育三年行动计划,推进县域内城乡义务教育一体化建设,切实解决“大班额”问题。坚持把人民健康放在重要位置,加快建立覆盖城乡的基本医疗卫生服务制度,深化医药卫生体制改革。坚持计划生育基本国策,提升计划生育服务管理水平,促进人口均衡发展。大力促进医养结合,完善社会养老服务体系。加强食品药品全过程监管,确保舌尖上的安全。扎实办好重点民生实事,不断提高老百姓的幸福指数。

4. 要切实维护社会和谐稳定。突出抓好社会矛盾化解、社会治理创新、安全体系建设三项重点工作,始终把防控风险放到更加重要的位置,坚持问题导向、强化底线思维,切实增强风险意识,确保社会大局和谐稳定。以“落实企业主体责任年”为抓手,统筹抓好道路交通、采矿、建筑等重点行业领域安全生产工作,坚决遏制较大及以上安全事故发生。要严格落实信访工作责任,大力开展“信访积案清零行动”,妥善解决好信访突出问题,维护群众合法权益。扎实推进社会治安综合治理“四化一制”,完善立体化社会治安防控体系,严厉打击各类违法犯罪行为。

五、提高工作水平,强化发展保障

完成既定目标任务,核心在组织领导,关键靠聚力落实。要切实把全面从严治党要求体现在党领导经济工作之中,为经济平稳健康发展提供坚强保证。

第一,要强化责任担当肯干事。牢固树立有权必有责,有权必担当的意识,始终保持强烈的使命感和责任感。要在推动发展中强化担当。把加快衡东发展作为应尽之责,只要是对加快发展有利、对群众福祉有益的工作,就要千方百计予以落实,决不能错失良机、贻误发展。要在组织管理中强化担当。坚持用制度管人管事管效果,切实加强对工作落实的全程管理,对干部职工的教育管理,特别是县直部门要强化对下属单位的管理,乡镇党委政府要加强对村组干部的监督管理,真正履行好抓班子、带队伍、管干部的应尽职责。要在创优环境中强化担当。深入开展好“我是衡东人,我为衡东做什么”系列主题活动,关注衡东、热爱衡东,多看主流,多看亮点,做到不利于衡东发展的事不做,不利于衡东发展的话不说,共同呵护好、维护好衡东的形象。要认真贯彻落实《中共中央国务院关于完善产权保护制度依法保护产权的意见》,严厉打击破坏发展环境行为,建立公平竞争市场秩序。

第二,要提升能力水平会干事。全县各级党员干部要积极学习新知识,研究新问题,切实提高分析研判形势、解决复杂问题、推动加快发展的能力。要提升科学思维能力。要强化辩证思维,正确处理发展升级和改革开放的关系;要强化法治思维,正确运用法治思维和方式推进改革、促进发展、化解矛盾、维护稳定;要强化底线思维,把各种可能的因素想深、想细,既积极防范,更要积极转化,赢得最好的局面。要提升改革创新能力。牢固树立创新发展理念,多想改革如何推进、多想工作如何推动、多想问题如何突破,常出新举措、开创新局面。要敢于先行先试,在乡镇简政放权等重大改革中,在招商引资、产业转型、城乡建设等重大任务面前,要敢想敢试,努力探索新机制、新模式,寻找新途径、新办法。要提升执行落实能力。执行决策要“零借口”,对县委、县政府的决策部署,不管困难和压力有多大,都要严格照办、坚决执行,决不允许有令不行、有禁不止。工作推进要“零延误”,强化“马上就办”的作风,不等不靠、不推不拖,能早则早、能快则快,以速度赢进度、以效率创效益。为民办事要“零距离”,深入践行党的群众路线,经常深入基层、深入一线,及时了解企业和群众的需求,扎实耐心地搞服务、解难题、办实事。

第三,要完善工作机制敢干事。科学健全的机制是鼓励干事创业的根本保障。要将严格管理干部和关心爱护干部结合起来,充分调动干部的积极性、主动性、创造性。要完善绩效考核机制。建立分类考核办法，依照各乡镇、各单位的实际，制定有差别的考核指标，增强年度考核的科学性、可操作性，让每个单位、每个干部都能服气。要注重考核结果运用，严格按照考核等次奖优罚劣、奖勤罚懒、体现差距，并与干部任用、评优评先等紧密挂钩，使考核真正成为指挥棒。要健全正向激励机制。树立干事创业的用人导向，把干部选拔重点面向经济社会发展的第一线，让有为者有位、实干者实惠、吃苦者吃香；建立适度的奖励机制，允许各级各部门在政策范围内按照“方案在先、备案在前、阳光操作、考核兑现”的原则，出台适度的奖励机制。要建立容错纠错机制。按照习近平总书记提出的“三个区分开来”和“四个有利于”的原则，按照省委、市委要求，结合实际尽快建立容错纠错机制，把容错纠错边界划清楚，为担当者担当，为负责者负责，切实解决干部敢干事的问题。要完善督查机制。县委、县政府督查室要对照重点任务，抓住关键环节，及时开展督查，敢于碰硬，敢于较真，把问题督出来、把责任督下去、把效果督上来。各级各部门一把手要善于“微服私访”，及时发现问题、解决问题，确保工作件件有着落、事事有回音。要严格责任追究。有权就有责，有责要担当。要对不作为、乱作为的干部亮红牌，严格追责；对不敢担当、不想干事的干部亮黄牌，严肃警告，以责任追究倒逼干部作为。

第四，要转变工作作风干好事。深入开展“干部作风建设年”活动，彻底根治本位思想、衙门作风、慵懒散拖、推诿扯皮以及不作为、乱作为、慢作为等问题，严肃查处索拿卡要、“雁过拔毛”等干部违纪违法行为，以良好的党风促政风带民风。要坚决落实省委、省政府《关于严防严查利用或冒用领导干部名义谋取不正当利益行为的通知》精神，对以领导干部亲属亲友、身边工作人员名义要求办事的，无论身份真假、来头大小，都要坚决抵制。

在县委经济工作会议上的讲话

中共衡东县委书记　吴伟生

(2017年12月29日)

一、科学研判形势，把握新时代高质量发展新定位

把握好形势是做好工作的基本前提。站在新时代新起点，我们要正确研判经济形势，找准发展新定位，抢抓机遇，科学应对，切实增强经济工作的预见性、战略性和主动性。

从发展成果来看，我县保持了稳中向好、稳中趋优的良好态势。2017年，是我县发展史上极不平凡的一年，在中央、省委和市委、市政府的坚强领导下，在全县上下的共同努力下，克服了工业"寒冬"、抗洪抢险、环境治理、脱贫攻坚等多重压力和困难，有效地推动了经济社会持续健康发展。一是在经济下行压力仍然较大的大环境下，经济运行持续向好。2017年实现一般公共预算收入12.76亿元，圆满完成了市定目标任务，税占比为66.8%，同比提升9.7个百分点。完成地区生产总值293.76亿元，增长8.7%；完成固定资产投资179.57亿元，增长18.1%；完成社会消费品零售总额99.08亿元，增长10.7%。三次产业结构为15.89∶34.30∶49.81，第三产业占比提升1.71个百分点。高新技术产业增加值占GDP比重提高到8.5%。工业经济稳步回升。全年完成规模工业总产值205亿元，增长18%；规模以上工业增加值增长8.4%；新增规模工业企业9家。农业经济基础巩固。实现粮食总产47万吨，被评为全省粮食生产先进县；完成农业总产值83.37亿元，增长3.2%；新增规上农产品加工企业11家，规模以上农产品加工业实现产值63亿元。第三产业加速发展。成功举办了第四届土菜文化旅游节，促进了土菜、文化、旅游、商贸深度融合发展。全年接待游客340.16万人次，实现旅游综合收入25.35亿元；土菜产业链实现产值30亿元，增长10%；阿里巴巴农村淘宝项目成功落户衡东，建成了17个乡镇天猫优品服务站、30个村级服务站。县域经济基本竞争力进入全省20强，被列为第三批返乡创业国家级试点县。二是在要素制约日益凸显的政策背景下，扩大了有效投资。全年开工建设81个重点项目，累计完成投资56.05亿元，建材市场二期、盛世电缆、显尚家具、3D打印粉末生产、年产1万吨冰晶石生产等一大批项目建成投产。经开区累计完成基础设施投资5.1亿元，大浦污水处理厂、北片区道路提质改造、南片区供电专线、安置区公租房等项目建成投入使用，新增面积1.6平方公里；完成工业总产值146.58亿元、创税5.18亿元，分别增长22.5%、16.8%。全年批回项目用地24个、63公顷，确保了项目建设用地需求。三是在改革创新促转型升级的阵痛中，激发了发展活力。全面深化改革深入推进，形成29项改革成果，其中下放乡镇事业站所人员、精准帮扶工业企业、完善乡镇财政激励机制、"谁执法谁普法"法治改革等系列改革，走在了省市前列；深入推进供销社综合改革、群团改革等，形成了工作特色。加强对外招商引资，紧紧抓住"异地商会年会""港洽周"等契机，扩大对外开放。全年累计签约引进项目97个，合同引资额192亿元，成功引进冷链市场及城市综合体建设、光伏发电等一批带动性强的大项目、好项目。"双创"工作如火如荼，新登记各类市场主体3194户。四是在资金投入等多重压力叠加的情况下，城乡面貌持续改善。按照"财政保运转、融资搞建设"的工作思路，精细精准推进宜居县城建设，着力提升城市公共服务功能。武家山公园、杨山公园建成并投入使用；衡东大道建成通车，兴衡大道基本完成，武家山路、双园大道加快推进；丽都路防洪排涝工程、东风路提质改造顺利实施，背街小巷提质改造有序推进；天英学校开学招生，河西体育馆、中医院搬迁、杨山实验中学等项目加快建设。城市管理进一步加强，市容市貌进一步改善，市民素质进一步提高，成功创建省级文明县城。推进美丽乡村建设，白莲镇马房村获评第五届全国文明村，新塘镇潭泊村成功创建省级美丽乡村示范村，荣桓镇南湾村被评为全省最美文化传统村落，城乡差距逐步缩小，农村生产生活条件明显改善。加强生态文明建设，扎实抓好中央环保督查组交办问题整改，切实解决群众反映强烈的突出环境问题，空气质量达标率为82.3%；森林覆盖率为52.7%；湘江、洣水水质常年分别保持在Ⅱ类、Ⅲ类以上水平，代表衡阳市顺利通过全国最严格水资源管理考核，衡东的天更蓝了、地更绿了、水更清了。五是在财政收支矛盾突出的困境中，民生福祉全面增进。全年用于民生支出资金28.81亿元，占财政总支出的82.11%，较上年提升了2.22个百分点。城乡居民人均可支配收入分别达到30569元、18450元，分别增长8.3%、8.6%。全面小康建设加快推进，预计2017年小康总体实现程度达到90%，较上年提升了6.3个百分点。坚决打好脱贫攻坚战，全年累计投入扶贫资金7000多万元，完成易地扶贫搬迁27户、危房改造331户，33个省级贫困村“三化”创建工作全部达标，实现5548个贫困人口脱贫、20个省级贫困村退出。14项重点民生实事圆满完成。新增城镇就业4972人、新增农村就业4742人，零就业家庭保持动态清零。人口计生工作实现进位升类的目标，获评全省良好单位。教育、医疗卫生、文化、社会保障等事业全面发展。深入开展“安全生产主体责任年”活动，获评全省安全生产工作先进县。圆满完成党的十九大期间安保维稳工作任务，社会大局和谐稳定，民调水平持续提升。

一年来，县委总揽全局、协调各方，不断加强和改进党对经济工作的集中统一领导，牢牢把握正确舆论导向，坚持全面从严治党，深入推进“两学一做”学习教育常态化制度化，圆满完成村（社区）“两委”换届，在全市率先开展县级巡察，稳步推进县监察体制改革试点工作。同时，大力支持人大、政府、政协依法依章程履行职责，县“几大家”班子精诚团结，积极应对各种风险挑战，切实维护社会和谐稳定，为全县改革发展营造了风清气正的政治环境。总的来看，2017年全县经济社会发展总体平稳、成效明显、亮点频频，为2018年打下了良好的基础。

从阶段特点来看，我县仍面临发展不足、发展不优的双重压力。当前，我县主要存在的经济总量不大、实体经济不强、产业结构不优、财政实力不足、城乡基础设施薄弱、脱贫攻坚任务艰巨、民生保障压力不小等突出问题，正是这种双重压力在经济社会运行中的具体表现。在宏观经济工作重心转向调结构、转方式的大背景下，我县面临加快转型、提高发展质量的共性要求，更面临加快发展、扩大经济总量的艰巨任务。同时，我县金融风险有所增加，非法集资风险需要高度警惕，金融风险防控形势较为严重，企业不良贷款额度在急剧增加，房地产领域风险不容忽视；经济发展环境有待优化，个别干部缺乏担当精神、缺乏干事创业热情，群众反映的办事难、难办事问题仍然存在，行政效能与群众期盼还有一定差距。此外，安全生产、环境保护、社会维稳工作压力仍然较大，等等。目前，我县正处于爬坡过坎、滚石上坡艰难时期，必须爬上这个坡、迈过这道坎，对此，我们一定要保持清醒认识，切实担负起推动衡东加快转型发展的历史重任。

从宏观大势来看，我县正迎来利好叠加、大有作为的“黄金期”。尽管我们面临一系列压力和挑战，但机遇与挑战并存，机遇大于挑战。从国际看，虽然世界经济将继续波动徘徊，国际环境不稳定性不确定性因素仍然较多，但是世界经济缓慢复苏的大趋势没有变，美国经济接近其潜在的增长率，欧元区、日本经济相继复苏，新兴市场国家和发展中国家经济总体向好。从国内看，经济长期向好的基本面没有变，宏观政策连续稳定，经济结构出现重大变革，全面深化改革更具活力。从省、市看，我省发展站到了更高起点上，特别是随着“一带一部”“两轮驱动”“三个着力”“四大体系”“五大基地”等决策部署的推进，发展动力将更加强劲；市委明确把衡阳市建设成为更具影响力的全国重要节点城市、更具竞争力的全省第二大城市，更具辐射力的区域性中心城市目标，必将对我县发展带来深远利好影响。为此，我们既要深入研究国际国内宏观大势，分析中长期经济发展规律和周期走向，又要全面观察宏观局势的变化，结合工作实际，在宏观大势中捕捉发展良机。

从政策走势来看，各项红利竞相释放、持续给力。中央经济工作会议明确提出，稳中求进工作总基调是治国理政的重要原则，强调2018年经济工作坚持积极的财政政策取向不变，确保对重点领域和项目的支持力度；稳健的货币政策保持中性，管住货币供给总闸门，保持货币信贷和社会融资规模合理增长，保持人民币汇率在合理均衡水平上的基本稳定，促进多层次资本市场健康发展，更好地为实体经济服务；结构性政策发挥更大作用，强化实体经济吸引力和竞争力，优化存量资源配置，强化创新驱动，促进有效投资特别是民间投资合理增长；社会政策注重解决突出民生问题，积极主动回应群众关切，加强基本公共服务，加强基本民生保障；改革开放加大力度，在经济体制改革上步子将会更快一些，以完善产权制度和要素市场化配置为重点，推进基础性关键领域改革取得新的突破，等等。中央、省将继续加大对医疗卫生、社保、文化等民生工程的政策支持，加大对“三农”、脱贫攻坚、城镇建设、社会事业领域的投入。同时，市委出台了《关于深入学习贯彻党的十九大精神加快建设“五个新衡阳”的意见》。我们一定要高度关注、深入研究、主动对接，用足用活用好政策，真正把政策红利变为发展效益。

二、明确目标要求，开启新时代高质量发展新征程

2018年，是全面贯彻党的十九大精神的开局之年，是改革开放40周年，是决胜全面建成小康社会、实施“十三五”规划和推进“五县五化”进程承上启下的关键一年。2018年，经济工作的总体要求是：全面贯彻党的十九大精神，以习近平新时代中国特色社会主义思想为指导，加强党对经济工作的领导，坚持稳中求进工作总基调，坚持新发展理念，紧扣社会主要矛盾变化，按照高质量发展的要求，统筹推进“五位一体”总体布局和协调推进“四个全面”战略布局，坚持以推进供给侧结构性改革为主线，以发展产业、振兴实体、转型升级为中心，大力实施创新引领开放崛起战略，突出打好“三大攻坚战”，加快补齐发展短板，统筹做好稳增长、促改革、调结构、惠民生、防风险各项工作，促进经济社会持续健康发展，加快推进“五县五化”进程，决胜全面建成小康衡东。

主要预期目标是：地区生产总值增长8%以上；一般公共预算收入增长5%；固定资产投资增长14%；社会消费品零售总额增长11%；进出口总额增长8%，规模工业增加值增长7.8%，城乡居民人均可支配收入增长8.5%，全面完成省市下达的各项约束性指标。

提出以上目标要求，是县委经过慎重研究确定的，既传导奋发进取的压力，又释放稳中有进、趋势向好的信心，与中央、省委和市委、市政府的部署要求相契合，与全面建成小康衡东目标相衔接，与我县“五县五化”发展思路相符合。2018年经济工作实践中，必须把握以下几点要求：一要提高政治站位。要把讲政治落实到经济发展的方方面面，把政治站位提高到贯彻党的十九大精神、习近平新时代中国特色社会主义思想上来，切实增强“四个意识”，按照省委和市委、市政府的决策部署，抓好各项工作落实落地落效，确保政令畅通、令行禁止。二要保持战略定力。坚持“功成不必在我，建功必须有我”，坚定不移地把“五县五化”的发展思路作为战略指南，一张蓝图干到底，做到不折腾、不懈怠、不犹豫，日日相继，久久为功。三要坚持稳中求进。准确把握稳中求进的辩证关系和实践要求，既反对消极应付、不思进取，又反对冲动蛮干、急于求成，在经济增长、经济政策、社会就业、社会大局上求“稳”，在结构调整、方式转变、改革开放、质量效益、人民生活上求“进”，不断巩固“稳”的基础，持续增强“进”的动能，切实把握好工作节奏和力度。四要推动高质量发展。深刻理解新时代高质量发展的内涵，将高质量发展贯彻到经济社会发展各个方面、各个环节，以供给侧结构性改革为主线，坚持质量第一、效益优先，全面推动经济发展质量变革、效率变革、动力变革，提高全要素生产率，加快实现向高质量发展的根本转变，建设现代化经济体系。五要大力发展产业。坚持以园区为载体，以产业链为抓手，以优化环境为基础，以项目落地为关键，以引才聚才为支撑，着力培育、发展、壮大、做优产业。六要突出抓重点、补短板、强弱项。坚持问题导向，树牢底线思维和风险意识，坚决打好防范化解重大风险、精准脱贫、污染防治“三大攻坚战”，认真抓实综治维稳、安全生产、人口计生等底线工作，确保风险可控、底线不破、大局稳定。

三、把握工作重点，开创新时代高质量发展新局面

经济工作是一项庞大的系统工程，各项任务千头万绪。做好2018年的经济工作，既要兼顾全面、统筹推进，又要抓住关键、精准发力，突出抓好五个方面的工作：

（一）突出产业培育，在转型升级中致力推动实体经济新提升。产业兴，经济兴；产业强，衡东强。经济发展根基在产业、在实体。要把抓产业发展贯穿于全县经济工作始终，做强实体经济，做大经济实力。一要突出民营经济加快新型工业化进程。围绕再造衡东工业发展新优势、重振衡东工业雄风这一目标，大力实施“民营强县”战略。要进一步做大工业总量，大力开展“解难题、给政策、增效益”企业帮扶专项行动，优化升级传统产业，筛选一批“生产能力强，创税能力强，市场竞争能力强”的规上企业、创新企业进行重点扶持、重点培育，打出一套企业帮扶“组合拳”。抓住智能制造这个核心，以湖南机油泵公司为龙头，培植一批旗舰企业，拉长产业链条，推动机械制造形成规模集群效应。要进一步扩大工业增量，紧密对接市“13513”重大产业项目引领推进计划和振兴实体经济“3311”工程计划，积极对接省市“五个100”项目，争取更多项目进入项目库。围绕新能源、新材料、生物医药等领域开展精准招商，力争实现突破。要进一步优化工业存量，按照主业归核、资产归集、产业归位的要求，加快推动国有资产布局结构调整，通过投资入股、联合投资等方式，大力发展混合所有制经济，利用链条融资模式试点经验，持续扩大链条融资，实现国有资本保值增值；鼓励企业开展以股招商、链条招商、以厂招商、整体出售和买断兼并，引导企业利用存量资产挂大联强，借助外力解决企业机制、资金、管理、人才等瓶颈问题，对合资、合作企业同等享受招商引资优惠政策。二要突出农业产业化加快农业现代化步伐。大力实施“农业富县”战略，制定出台全县农业产业化发展规划和意见，加快构建现代农业产业体系、生产体系、经营体系，积极延伸产业链、打造供应链、拓展价值链，推动农业传统优势向产业优势转变。实施“百企千社万户”现代农业发展工程，推行“公司+基地+农户”模式，支持龙头企业发展，培育扶持农产品加工业，确保新增省级龙头企业1家以上、规模以上农产品加工企业5家以上。对接好市农业发展“8135”战略，按照“一县一特”要求打造好一个特色产业。规范农村土地流转，健全土地流转规范管理服务制度，引导发展规模种养殖业，培育一批农产品种植基地，构建区域性“一区一品”格局；促进现代农业产业园区建设和发展，贯彻落实市油茶产业发展的九条意见，坚持与脱贫攻坚相结合，加大投入，扩大种植面积，打造油茶品牌。全面创新经营模式和金融服务“三农”模式，扎实推进土地制度“三权分置”改革，全面完成土地确权颁证工作。抓好高标准农田建设，稳定粮食生产。三要突出产业融合加快现代服务业发展。深入实施“旅游活县”战略，坚持以罗荣桓元帅故居为核心，积极采用PPP模式，推进全域旅游项目开发建设，促进文化、旅游、土菜、电商、物流等产业融合发展，不断完善“吃住行游购娱康养学”旅游产业链条，积极争创全域旅游示范县。弘扬红色文化，完成以罗荣桓元帅故居为中心的5A级景区规划并启动建设；挖掘传统文化，加大对古镇古村落古建筑的保护开发力度；开发民俗文化，打造好武家山文化大观园和衡东“剪纸文化”品牌。按照“串点连线成片”的思路，着力抓好以罗荣桓故居、杨林四方山、杨林古街、草市古镇、高湖洣江生态观光园为依托的东区红色旅游；着力打造新塘现代农业观光带、武家山文化大观园、盛和现代农业产业园，做大北区生态休闲美食旅游；着力打造千年白莲风情园。加大洣水国家湿地公园的开发和综合利用力度，加快整体规划建设步伐。坚持以节会为载体，精心筹办陈少梅美术馆开馆仪式暨全国名家画展文化艺术节、“荷”美白莲——衡东县首届生态旅游节。巩固第四届土菜文化旅游节成果，落实衡东土菜发展规划，加大宣传推介力度，认真筹办衡东土菜品鉴会，进一步打响衡东特色土菜文化旅游品牌，提升衡东知名度，扩大对外影响。加快推进电商平台建设，深化与阿里巴巴的合作，做大做强电商产业。抓好台湾物流园、经开区仓储物流中心、交通产业园等项目建设，大力发展现代物流业，活跃互联网经济。

（二）突出统筹协调，在扩容提质中致力打造城乡建设新格局。城乡一体化是新型城镇化的必由之路，也是全面建成小康社会的必然要求。要坚持以新型城镇化为龙头，加快推进城乡一体化。一要全面加快县城建设。要精心规划，优化空间布局。围绕"拓城"目标，推进多规合一，建立统一衔接、功能互补的城市规划体系，加快完成县城总体规划修编。强化规划的刚性约束和贯彻执行，做好防违控违拆违工作。要精品建设，增强承载能力。深入推进县城扩容提质，统筹抓好老城区和河西新区建设，着力完善县城功能和配套设施，进一步提升县城综合承载能力。全面拉通武家山路。推进"四路一桥"PPP项目快速落地，开工建设文冲西路，完成文冲大桥桥墩工程。加强城市内涝整治，实施文冲路防洪排涝建设、县城排污口改造、污水主干管修复工程等项目，解决好城市内涝问题。大力推进河西新区开发建设，突出"规划提质、设施提升、建设提速"，力争年内实现新增10个以上新开工项目、10个以上在建项目竣工或投入使用。要精细管理，扮靓城市环境。巩固省级文明城市创建成果，以国家文明县城、国家卫生县城、全国平安畅通县城、省级园林县城"四城同创"为抓手，全面提升县城形象和市民素质。实现社区物业管理大突破，县城内8个社区要分别选择打造一个物业管理示范小区，以点带面，全面推开。改造城市照明系统，加快智慧城市建设。加强城市渣土管理，推进渣土无害化处理、资源化利用工作；加强城市广告、招牌资源化利用和规范化管理；加强房地产市场清理整顿，分门别类解决好房地产遗留问题，促进房地产市场持续健康发展。二是要稳步推进小城镇建设。大力实施乡镇市容市貌整治行动，全面取缔马路市场，并通过多方筹资全面完成乡镇农贸市场新建和改扩建，彻底扭转乡镇"脏、乱、差"的问题，要将这项工作列为乡镇考核的重要内容。突出差异化发展，加快中心城镇和特色乡镇建设，积极推进衡山火车站站前广场改造、新塘污水处理厂建设，着力将新塘镇打造成"衡东次中心"。支持大浦镇建成工业强镇，推进产城融合，同步推进荣桓镇、白莲镇、高湖镇等特色乡镇建设。坚持基础先行，进一步完善乡镇路网建设，全面完成金花—朱亭公路前期工作，启动蓬源镇X005线公路建设。完成石湾镇水厂整体搬迁、霞流镇自来水厂建设。三是要大力实施乡村振兴战略。科学制定乡村振兴战略规划，结合县域实际，建立健全城乡融合发展体制机制和政策体系。加大农村基础设施建设力度，推进窄路加宽，全面完成通村公路建设计划；加快水利基础设施建设，全面完成险工险段修复加固工程，确保防汛抗旱需要；支持村一级骨干塘清淤除险加固、主干渠修复清淤力度，确保农业有效灌溉需要。加强美丽宜居乡村建设，以推进"厕所革命"为引领，整治农村村容村貌；深入推进通道绿化工作，重点抓好乡村道路绿化和裸露山体绿化。做好库区移民工作，切实改善和保障库区移民群众生产生活。

（三）突出项目建设，在转移承接中致力促进发展后劲新加强。全方位发挥项目投资的"主引擎"作用，积极对接省委"一带一部"战略，主动承接沿海产业转移，努力在巩固"稳"的基础上积聚更多"进"的能量。一是要加大项目建设力度。要加强投资引导，聚焦产业项目主攻方向，强力推进"产业项目建设年"活动，围绕建设现代产业体系，切实加大产业发展、创新驱动、农业农村、生态环境、民生改善等重点领域投资，特别要提高工业投资权重，提高技改投资占工业投资的比重，提高民间投资占全部投资的比重。要加快推进速度。按照立项一批、开工一批、建成一批、投产一批、储备一批的要求，着眼长远，狠抓当前，促使所有项目按时间节点完成形象进度和投资量，确保全年实施重点项目80个以上，总投资160亿元以上，完成年度计划投资55亿元以上，着力推进湘泵公司节能汽车零件（油泵）智能制造项目、衡阳大浦通用机场、日产1200吨超白太阳能玻璃等项目。要加大调度力度，严格落实项目建设"五个一"责任制，县发改局和重点办要尽快对今年实施的重大项目、重点工作梳理排队，逐项靠实责任主体，明确进度要求；各责任领导要全面负责，统筹调度；各责任单位要积极主动抓落地、抓开工、抓推进，确保完成全年目标任务。二是要加大园区建设力度。要进一步加大对园区的政策支持力度和有效投入强度，加大土地储备力度，全面完成标准厂房二期项目、中小企业服务中心、工业大道等项目建设，建设好“要素支撑、技术创新和新产品研发、市场开拓、综合服务、物流”五大平台，提升园区的承载力和凝聚力。要进一步完善“一区四园”规划，不断拓展园区发展空间，为承接沿海产业转移、建设工业强园奠定基础。优先发展机电制造、精细化工、有色金属压延加工、劳动密集型轻工四大产业集群。要进一步理顺园区体制机制，赋予园区更大自主权，做到简政放权、放管结合、优化服务三管齐下，将经开区建设成为审批环节少、办事效率高、服务质量好的投资洼地。力争2018年总体开发建设面积达到5平方公里以上，入园投产企业超过60个，实现产值120亿元以上、税收6个亿以上，新签投资项目10个以上。三是要加强要素保障力度。全力争取用地指标，积极盘活闲置土地，创新方式解决征拆难题，确保项目用地供给。认真落实国务院促进民间投资“26条”，实施促进民间投“六大行动”，推动国资、民资、外资的全面对接合作，全面推进PPP项目融资，引导金融机构加强对中小微企业的信贷支持，解决好项目建设资金问题。全力保障项目用电、用水、用气、用工等生产要素。

（四）突出改革开放，在创新创业中致力激发内生动能新释放。大力实施创新引领开放崛起战略，不断提升创新驱动能力和开放发展水平，充分释放发展活力和动力。一要深入推进供给侧结构性改革。落实“三去一降一补”任务是推进供给侧结构性改革的关键点。去产能方面，运用市场化、法治化手段，严格执行环保、能耗、质量、安全等相关法律法规和标准，鼓励和引导工业企业加快转型升级、淘汰落后产能。去库存方面，加快建立多主体供给、多渠道保障、租购并举的住房制度，探索房地产租赁市场管理办法。去杠杆方面，更加注重疏堵结合、标本兼治，坚持增量控制与存量化解相结合，有序推进市场化、法制化债转股，加大股权融资力度，盘活企业存量资产，降低企业杠杆率。降成本方面，调整和公布涉企收费目录清单，建立涉企收费管理长效机制，进一步降低企业制度性交易成本、税费成本和要素成本，减轻企业负担。补短板方面，坚持精准施策、集中攻坚，在补县域经济、工业经济、旅游经济短板的同时，加大脱贫攻坚、环境治理、基础设施工作力度，提升公共服务水平。二要提高扩大对外开放发展水平。坚持把工业园区、河西新区作为招商引资主阵地，积极开展“引老乡、回故乡、建家乡”行动，大力实施资本招商、以企招商、以商招商、产业链招商。科学对接政策，精心策划包装一批项目、深度开发一批项目，争取更多项目列入国省计划笼子。严格落实招商引资考核机制，细化分解目标任务，强化跟踪对接服务，进一步提高招商成功率和实效性，力争2018年新引进投资过亿元的项目8个以上，引进内外资到位资金12亿元以上。三要积极鼓励支持创新创业。鼓励企业与科研院所、高等院校开展产学研合作，加大研发投入，开发具有自主知识产权的产品，打造自主品牌，切实提升产品的市场竞争力。落实推进新型工业化奖励办法，支持科技型中小民营企业发展，继续对企业技术改造、科技创新、产品升级给予奖励。充分发挥衡东建材大市场、华太家居市场、经开区创新创业园等创业孵化基地作用，带动扶持高校毕业生、返乡农民工及本地在外企业家回乡创业。抓好“衡东人才计划”，落实企业人才津贴政策，大力培养、引进一批技术研发和创新领军人才。

（五）突出以人为本，在共建共享中致力保障民生民利新改善。坚持以人民为中心的发展理念，按照“守住底线、突出重点、完善制度、引导舆论”的思路做好民生工作，打好三大攻坚战。一是打好防范化解重大风险攻坚战。摸清政府债务特别是隐性债务底数，明确责任，精准发力，严格控制增量、逐步消化存量。健全社会矛盾排查预警、重大决策社会稳定风险评估、矛盾多元化化解机制，严厉打击非法集资、高息揽储等违法违规金融活动，坚决遏制金融市场高杠杆投机炒作，禁止领导干部和国家公职人员参与涉矿涉砂涉房地产等非法入股、地下经营等活动。二是打好精准脱贫攻坚战。坚持把脱贫攻坚作为首要民生工程来抓,紧盯年度目标、压紧压实责任、用心用情用力推进,确保年内完成易地扶贫搬迁392户、1033人,实现6000人脱贫、13个贫困村退出。要以解决突出制约问题为重点、以重大扶贫工程和到村到户帮扶为抓手,着力攻克深度贫困堡垒。要瞄准易致群众返贫的重点因素,扭住产业扶贫这一关键,大力发展特色农产品种植业、精深加工业;开辟农村公路养护、乡村卫生保洁等公益性岗位,拓展困难群众就业渠道;把扶贫和扶志、扶智结合起来,增强内生脱贫动力。对已脱贫对象开展“回头看、回头查、回头帮”,实行攻坚期内脱贫不脱政策,确保可持续稳固脱贫。要进一步落实“三走访三签字”要求,强化主体责任,加强考核监督,开展好扶贫领域腐败问题和作风专项治理,严肃查处弄虚作假、贪占挪用扶贫资金等问题,切实提高群众获得感和满意度。三是打好污染防治攻坚战。持续深入实施大气、水、土壤污染防治计划,加快推进湘江保护与治理“一号重点工程”第二个三年行动计划,完善县城污水收集管网建设,全面启动乡镇污水处理设施建设;加强机动车尾气检测,强化油烟净化设施安装、使用;加大城区烟花爆竹整治力度,加快工矿企业废气污染防治设施提质改造;完成县域土壤污染调查,实施分类处理,重点抓好甘溪铅锌矿区、经开区等区域土壤修复和治理。四是提高保障和改善民生水平。坚持尽力而为、量力而行,增加保障和改善民生的服务供给,不断满足人民日益增长的美好生活需要。要把稳定扩大就业摆在突出位置,落实好促进就业创业政策,扎实做好离校未就业毕业生、农村转移劳动力、城镇困难人员等群体就业,提高就业质量和居民收入水平;加强新市民公租房保障,实施全民参保登记计划,健全医疗卫生服务体系和全民基本医保,进一步加强和规范农合资金管理,加大对特殊困难群体兜底服务,织密扎牢社会保障网;推动城乡义务教育一体化发展,加大教育资源的整合盘活力度,基本消除城区大班额现象,启动义务教育标准化学校建设,加快建设武家山完全小学、杨山实验中学,力争实现明年秋季招生;增强公共产品和社会服务供给能力,实施基本公共服务清单,完善公共服务体系,推进基本公共服务均等化;重视解决农民工工资拖欠问题,确保辛苦劳动的农民工们拿到汗水钱。五是加强和创新社会治理。加强预防和化解社会矛盾机制建设,继续推行信访第三方评判、信访积案专班化解、息诉息访公证等机制,压实基层信访维稳责任,有效化解信访积案,妥善处理好各类社会矛盾纠纷。全面落实安全生产企业主体责任,持续深入开展“打非治违”行动,坚决遏制较大以上安全事故,提升防灾减灾救灾能力。加强食品药品监管,确保食品药品安全。健全社会治安防控体系,持续深化“平安衡东”创建,加快推进“雪亮”工程,完成县、乡、村三级综治中心指挥平台建设,推进网格化服务管理,依法打击和惩治黄、赌、毒、黑、拐、骗等违法犯罪活动。加大司法救助力度,完善公共法律服务体系,提升社会治理水平。

四、坚持党的领导,彰显推动新时代高质量发展新作为

加强和改进党对经济工作的集中统一领导,培养专业能力,弘扬专业精神,既要当好领导,又要成为专家,不断提高适应新时代、实现新目标、落实新部署的能力,切实提升驾驭新时代经济建设的本领和水平。

第一,要以思想大解放引领高质量发展。实践反复告诉我们,只有思想大解放,才能带动事业大发展。面对新形势新任务,我们一定要跳出衡东看衡东,既要克服自我满足,又要克服随遇而安的思想,树立图强进位、跨越赶超的奋勇争先意识,敢于对衡东发展提出更高的目标定位,坚决破除因循守旧、墨守成规的僵化思想,树立革故鼎新、开拓进取的改革创新意识,跳出思维定势、工作惯性和路径依赖,推动工作思路的新拓展、发展路径的新突破。坚决破除眼界不宽、自我禁锢的狭隘思想,树立海纳百川、胸怀天下的开放合作意识,以一种全国全球的视野、开放开明的气度、互利共赢的理念来推动衡东大开放、大合作。要认真办好“洣水大讲堂”,传播新知识、新理念,努力打开解放思想的“总闸门”,加快掀起干事创业的新热潮,以思想大解放引领全县经济社会发展实现大跨越。

第二,要以能力大提升推进高质量发展。要着力提升调研谋划能力,多深入一线调研,把经济运行情况摸清楚、把问题矛盾弄明白、把对策措施定具体，做到精准发力、精细管理、精明增长，切实杜绝“盲人骑瞎马”的现象。要着力提升细化落实能力，紧扣目标任务和重点工作，把任务落实到项目、分解到人头、量化到时间，确保各项工作落实不落空，特别是在重点工作推进上，要强化责任、压实责任、传导压力，一级对一级负责，守土有责、守土明责、守土尽责。要着力提升督促推动能力，进一步完善重点工作责任考核办法，建立健全符合实际、科学合理、责任分明、奖罚严格的考核评价机制，对重点工作实行一季一调度、半年一观摩，横向比较看位次、纵向比较看变化，用制度管理、用结果衡量，以真奖实罚促真抓实干。各级领导干部要以身作则、率先垂范、亲临一线，对于工作推进过程中的问题和困难要亲自过问、亲自协调、亲自处理。

第三，要以作风大转变保障高质量发展。要强化责任担当，深入开展“不忘初心、牢记使命”主题教育，时刻牢记党和人民的重托，积极主动作为，时刻保持昂扬向上的精神状态，靠实干强实力，以实干促发展。要敢于创先争优，紧紧围绕县委、县政府重大决策、重要部署和重点项目，细化目标任务、细化推进举措、细化工作责任，倒逼工作落实，大力开展招商引资和项目建设大比武、大竞赛。要强化服从意识，县委、县政府作出的决策，定了就办、办就办好，不动摇、不松劲、不折腾、不争论。要强化追责问责，严肃查处不作为、慢作为、乱作为行为，大力整治表态多调门高、行动少落实差等突出问题，做到说实话、干实事、求实效。要强化正向激励，匡正用人导向，把能抓产业、善抓项目、长于与企业家沟通合作的干部放到招商引资、项目建设第一线，重用那些勇于担当、埋头苦干、狠抓落实的干部。

第四，要以环境大优化聚力高质量发展。要营造诚实守信的市场环境，加快健全社会信用体系，严肃查处各类诚信缺失的典型事件，树立“诚信衡东”良好形象；加强市场监管，维护公平竞争，保护企业合法权益。要营造公平正义的法治环境，深入广泛开展“公民素质提升工程”，增强全体公民的法治意识，引导干部运用法治思维和法制方式推动发展；严格执行涉企检查“宁静日”、“备案制”、“报告制”等制度；严厉查处乱检查、乱收费、索拿卡要等侵害投资者和群众合法利益的突出问题；依法严厉打击非法阻工、强揽工程、强装强卸等违法行为。要营造亲商惠商的人文环境，深入开展“支部建设年”活动，充分发挥党支部服务经济社会发展的战斗堡垒作用，带动广大党员干部群众树立纳税人意识，大力支持企业生产经营，让企业发展顺利，让投资者获益。要加强党对人大、政府、政协、“两院”工作的领导，充分发挥统一战线的政治优势，做好党的群团工作，提高党管武装工作水平，切实凝聚起推动衡东高质量发展的强大合力。

名词解释

“13513”重大产业项目引领推进计划：推进100个单体投资5亿元以上的重大产业项目、年度完成投资300亿元以上，引领重点产业项目年度投资超过500亿元、全部重点工程年度投资在1000亿元以上，拉动全社会完成投资突破3000亿元大关。

振兴实体经济“3311”工程计划：结合“中国制造2025”试点示范城市建设，依托中核集团、中国五矿、比亚迪、建滔化工等龙头企业，打造军民融合、有色金属和先进制造3个千亿级产业集群；着力培育30家以上上市公司；建设以衡山科学城为核心的科技创新高地，打造全国一流的科技研发创新和成果交易中心；建设以衡阳综保区为核心的内陆开放高地，力争纳入湖南省自贸区申报范围。

“五个100”项目：100个重大产业项目、100个重大科技创新项目、100个重大产品创新项目和引进100个500强企业、100位科技创新人才。

农业发展“8135”战略：“8”即七个县（市）和南岳区立足自身优势，按照“一县一特”要求，各打造一个特色产业；“1”即建立一个全国性的农产品交易展示中心；“3”即打造3个农产品区域公用品牌中国百强；“5”即在农业产业化龙头企业中培育5家领军企业，其中3家上市公司、2家产值过50亿元的企业。

政府工作报告

——2018年1月8日在衡东县第十七届人民代表大会第三次会议上

衡东县人民政府县长　徐志毅

一、2017年工作回顾

2017年是极不平凡的一年,面对经济形势复杂多变、多重压力叠加的严峻考验,新一届政府在市委、市政府和县委的坚强领导下,在县人大、县政协的监督支持下,团结带领全县人民,凝心聚力,砥砺奋进,积极应对各种困难和挑战,较好地完成了各项目标任务,在全面建成小康衡东的道路上迈出了坚实步伐。

一年来,我们稳增长调结构,经济发展在民营强县战略引领下稳步向前。经济发展的质量与速度齐头并进。完成地区生产总值293.76亿元(预计数,下同),增长8%;一般公共预算收入12.76亿元,圆满完成市定目标任务,税占比达66.8%,同比提升9.7个百分点;完成固定资产投资179.37亿元,增长18%;社会消费品零售总额99.37亿元,增长11%。县域经济基本竞争力进入全省20强。三次产业的规模与效益携手提升。三次产业结构优化为15.89∶34.30∶49.81,第三产业占比提升1.71个百分点,高新技术产业增加值占GDP比重提高到8.5%。工业经济企稳回升。全年完成规模工业总产值205亿元,同比增长18%;规模工业企业发展到116家,规模以上工业增加值增长7.8%;通过采取一系列精准帮扶措施,金虎铜业、金平再生资源等一大批停产半停产企业重新恢复生产。现代农业提质增效。农业总产值达83.37亿元,增长3.2%;新塘现代农业观光走廊、盛和生态农业旅游示范园等一批重大农业项目加快推进。现代服务业持续壮大。全年接待国内外游客340.16万人次,实现旅游综合收入25.35亿元;土菜产业链产值达30亿元以上,同比增长10%;养老养生产业、金融服务业取得新的突破性进展,旭达国际养生生态园已开工建设,衡东新阳村镇银行已签约落地;成功举办首届“房交会”,全年成交商品房5611套(宗),成交金额25.86亿元,有效去除了房地产库存。支撑发展的基础和平台同步夯实。项目建设硕果累累。全年签约引进项目97个,合同引资额192亿元,成功引进生态种养循环经济示范基地、冷链市场及城市综合体建设等一批带动性强的大项目;81个重点项目开工建设,完成投资56.05亿元,建材市场二期、盛世电缆、显尚家具、3D打印粉末生产厂、年产1万吨冰晶石生产厂等一大批项目建成投产,大浦、霞流光伏发电项目实现并网发电。园区建设日新月异。经开区全年累计投入5.1亿元用于基础设施建设,园区面积新增1.6平方公里,大浦污水处理厂、北片区道路提质改造、南片区供电专线、安置区公租房等项目全部完工;完成工业总产值146.58亿元,同比增长22.5%;河西新区全年开工项目31个,新征收土地260亩,坪桥、坪石安置小区和学府路、坪桥路、沿江路等项目加速推进,新区承载力和聚集力不断增强。“双创”工作如火如荼。新登记各类市场主体3194户,被列为第三批返乡创业国家级试点县。

一年来,我们重保护抓治理,人居环境在生态立县战略引领下持续改善。以迎接中央环保督察为契机,举全县之力集中解决了一批群众反映强烈的突出环境问题,中央第六环境保护督察组交办的信访问题已全部办结,其中57个已基本整改到位。衡东的天更蓝了。大力抓好燃煤锅炉淘汰、油气回收治理、企业有机物综合治理、机动车污染防治、餐饮油烟治理和建筑道路扬尘防治,年度减排任务基本完成,PM10、PM2.5得到有效控制。下半年以来城区空气质量排名跃居全市前列,城镇空气质量优良率达85.2%,较上年大幅提升。衡东的地更绿了。全年完成营造林7.13万亩、道路绿化提质592.7公里；持续推进森林禁伐三年行动，森林覆盖率提高到52.7%，森林蓄积量275.57万立方米，增长4%；全国林业信息化应用率测评获县级第一名。湘江流域退耕还林还湿试点建设面积达748.5亩，建成了杨林、新塘2个湿地保护管理站，代表全市接受省检获得好评；洣水湿地公园顺利通过国检验收，获评国家湿地公园。衡东的水更清了。全面推行“河长制”，建立了县、乡、村三级河长网络体系；加强河道、河岸整治，成立河道管理联合执法大队，强力取缔洣水县城河段5处7个非法上砂码头，关停洣水沿线5家污染企业，拆除河岸1000米范围内的47家养殖场，并沿湘江和洣水设立禁养区。为保护好洣水湿地，稳妥解除了一个标段的河道采砂合同；结合省“一号重点工程”，投入近亿元资金推进洣水三年保护行动计划，湘江、洣水水质常年分别保持在Ⅱ类、Ⅲ类以上水平；代表衡阳市顺利通过全国最严格水资源管理考核。大浦污水处理厂投入试运营，农村生活污水处理率达70%。

一年来，我们打基础固根本，乡村面貌在农业富县战略引领下日益改观。农业逐步变强。粮食生产稳步提升，全年粮食播种面积达103万亩，同比增加1.12万亩，粮食总产47万吨，同比增加0.6万吨，被评为全省粮食生产优秀县。实施世行贷款土地治理项目，完成高标准农田建设1.08万亩。农业产业化水平不断提高，农产品加工业实现产值135亿元；新增规上农产品加工企业11家，规上农产品加工实现产值63亿元；市级以上龙头企业达到34家，其中省级以上龙头企业7家。农村逐步变美。大力完善农村基础设施，实施农村公路窄路加宽240.7公里，改造危桥11座，甘溪灌区东风干渠全线硬化；实施农村安全饮水巩固提升工程，农村自来水普及率达76.69%。大力加强农村环境整治，完成53个重点村整治任务，17个乡镇的429.6公里道路实行市场化保洁。白莲镇马房村获评第五届全国文明村，新塘镇潭泊村成功创建省级美丽乡村示范村，荣桓镇南湾村被评为全省“最美文化传统村落”。农民逐步变富。城乡居民人均可支配收入分别达到30569元、18450元，分别增长8.3%、8.6%。深化农村改革激发了活力，完成54.83万亩土地确权颁证，土地流转总面积63.97万亩，其中规模经营500亩以上的流转主体66个，有力带动了农民增收。提质传统农业增加了收入，推广种植超级稻49.5万亩，新增农民收入1.1亿元。实施脱贫攻坚带富了农民，全年投入各类扶贫资金7000多万元，大力实施“五个一批”工程，完成年度易地扶贫搬迁任务，改造危房331户，33个贫困村实施54.6公里窄路加宽、34.3公里通畅工程，完成320处饮水工程，解决8553人饮水困难问题；洣江生态园、兆丰农业等新型农业经营主体带动3000多贫困人口脱贫致富；33个省级贫困村“三化”创建工作全部达标，全年5548人脱贫、20个省级贫困村退出。

一年来，我们强举措促融合，第三产业在旅游活县战略引领下蓬勃发展。全域旅游步入新阶段。设立旅游业发展引导专项资金，制定出台了《衡东县促进旅游经济发展实施办法》，旅游经济植优补短步伐提速。全面启动罗荣桓故里5A级景区创建，罗帅故居红色旅游基础设施项目开工建设，洣江生态园、胜任百果园、千年白莲风情园等一大批旅游项目成为各条游线新的重要节点，旭达养生、湘江南温泉等旅游项目加快推进。成功举办第四届“土菜文化旅游节”，有力促进了土菜、文化、旅游产业融合发展。土菜产业迎来新机遇。出台了《关于加快发展衡东土菜产业的意见》，科学规划土菜产业的发展路径。省质监局批准发布了《衡东土菜制作标准》，成为全国首个地方乡土菜省级标准；打造了一批衡东土菜标准示范店，有效推进了土菜产业品牌化、规范化。加大政策扶持引导，不断延伸土菜产业链条，“聚味堂”、金城土菜文化产业园等项目强力推进。加快土菜“走出去”步伐，成功举办“衡东土菜品鉴会”“衡东土菜·家的味道”颁奖晚会、钻石名厨和绝味厨娘评选、百道名菜展评、土菜旅游形象大使评选等宣传推介活动，进一步扩大了衡东土菜的辐射面和影响力。全县土菜产业链上从业人员超过10万人，县内餐饮店发展到400多家，县外直营连锁店达500余家。城镇建设迈上新台阶。统筹推进新老城区建设，县城的发展承载力进一步提升。河西新区加快开发，衡东大道建成通车，县城西大门全面敞开;天英学校开学招生,河西体育馆、中医院、双园大道等项目快速推进。老城区加快提质,武家山公园如期开园,兴衡大道建设进入扫尾阶段,武家山路建设、东风路提质改造、丽都路防洪排涝工程顺利实施,背街小巷提质改造有序推进。城市管理成效明显,城区环卫实行全天候保洁、全覆盖清运,完成沿江亮化提质工程,实施“见缝插绿”计划,重点抓好市容市貌、车辆停放、夜市摊点等专项整治,干净整洁已成市容常态,成功创建省级文明县城。商贸物流呈现新气象。阿里巴巴农村淘宝项目落户我县,17个乡镇天猫优品服务站、30个村级服务站即将投用。现代物流园初具规模,台湾物流园等项目进展顺利。取缔了一批马路市场,乡镇农贸市场标准化改造加速推进;实施老城关集贸市场搬迁,消除了存在多年的消防安全隐患,解决了困扰几届政府的难题,为老百姓经营、购物提供了更加舒适、更加安全的场所。

一年来,我们保安全促共享,民生事业在和谐兴县战略引领下更趋均衡。预计2017年小康总体实现程度达到90%,较上年提升6.3个百分点。老百姓的安全感不断增强。全面战胜历史罕见的洪涝灾害,没有发生垮堤垮坝和人员伤亡事故;全面落实减损增效措施,将洪水对群众生产生活的不利影响降到了最低。深入开展“安全生产主体责任年”活动,获评全省安全生产工作先进县。基层应急管理能力不断提升,工作经验获省市推介。强化食品药品安全监管,确保了全县人民“舌尖上的安全”。不断健全治超体系,在全县形成了“不敢超”的震慑、“不愿超”的氛围。依法打击“医闹”行为,有力维护了正常医疗秩序。强化矛盾纠纷排查化解,扎实推进信访“积案清零百日攻坚”专项行动。切实加强“平安衡东”建设,组织开展“打黑除恶”专项整治,在全市率先启动“一村一辅警”工作,抓好了党的“十九大”特护期安保维稳,全县社会大局和谐稳定。老百姓的幸福感不断增强。加快公共文体设施和活动场所建设,全面推进“村村响”工程,完成17个乡镇广播站机房建设和文化站评估定级工作。成功举办“全民健身毅行”“文化和自然遗产日”“文明衡阳·鼓舞衡东”衡东县首届武林大会等文体活动,放映公益电影6700场次,群众文体生活更加丰富。大力倡导全社会践行社会主义核心价值观,开展了“我是衡东人,我为衡东做什么”“让衡东更温暖”“爱护母亲河”等一系列活动,社会正能量更加强劲。老百姓的获得感不断增强。民生投入不断增加,县财政用于民生支出达28.81亿元,占总支出的82.11%。全力抓好民生实事,特困移民避险搬迁、城市棚户区改造等14项重点民生实事任务圆满完成。新增城镇就业4972人、新增农村就业4742人,零就业家庭保持动态清零。社会保障制度进一步完善,农村低保标准和扶贫标准“两线合一”有序推进。大力发展教育事业,投入1.26亿元实施改薄项目130个,义务教育均衡发展工作经验在全省推介。医疗卫生惠民力度加大,就医环境不断改善,大浦镇中心卫生院获评全国百佳乡镇卫生院;计划生育工作实现升类进位,获评全省良好单位。优抚安置和民兵预备役建设得到加强,国防动员和后备力量建设质量不断提高,军民融合发展呈现新局面。工会、共青团、妇联、科协、残联、文联、移民、供销、档案、红十字会、民宗、外侨等各项工作取得新成绩,驻衡东解放军、武警、民兵预备役部队作出新贡献。

一年来,我们改作风硬自身,政府效能在法治政府建设进程中逐步提升。加快政务改革。深入推进“两集中两到位”改革,行政审批项目进入政务服务中心,审批权限归口到位,对窗口首席代表充分授权,实现行政审批事项在窗口办理到位。规范了中介服务收费及监管,建立举报和反馈机制,将事业单位中介服务事项纳入行政事业性收费管理。在政务中心设立“帮办窗口”和“建设领域一站式服务窗口”,提高了办事效率。“12345”热线服务水平不断提升,回访群众满意率达90.36%。加强基层民主建设,社区“两化两体系”和农村综合公共服务中心建设有序推进,第十次村委会和第九次社区换届选举工作圆满完成。推进依法行政。全面落实重大决策风险评估等制度,科学民主决策机制不断完善。自觉接受人大、政协和社会各界监督,办理人大代表议案建议143件、政协委员提案149件,解决了一大批群众关心关注的实际问题。大力开展“七五”普法,行政机关工作人员法治教育全面普及。严格实行行政执法人员持证上岗和资格管理制度,1600 多名行政执法人员换发执法证。推进行政执法“三项制度”试点改革,改革经验获省政府推介。加强政务公开。建立严格的信息公开审核机制和保密审查制度,通过县政府门户网站及时、准确、全面公开政府信息。保留、规范行政审批中介服务事项 116 项,形成《衡东县政府部门行政审批中介服务事项目录(2017 年版)》并予以公布。制定、公布县级行政权力事项 2626 项、乡镇权力事项 90 项,实现了权力清单县、乡(镇)两级全覆盖。促进政风清廉。深入推进全面从严治党,县政府系统实现派驻纪检机构全覆盖,“两学一做”学习教育常态化制度化成果不断巩固,深入开展“干部作风建设年”“转作风、下基层、抓中心、促发展、见成效”主题月活动,持续深化“雁过拔毛”式腐败问题专项整治,全力推进“互联网 + 监督”平台建设,认真开展清理国家公职人员违规参与涉矿等 6 项经营性活动专项整治,干部作风持续改进。全面落实党风廉政建设责任制,各领域监察审计力度不断加大,政风行风持续好转。

各位代表,过去一年的成绩来之不易,这是市委、市政府和县委统揽全局、坚强领导的结果,是县级几套班子和衷共济、团结奋进的结果,更是全县人民艰苦努力、共同奋斗的结果。在此,我代表县人民政府,向辛勤工作在各行各业的全县人民,向给予政府工作大力支持的人大代表、政协委员、离退休老同志,向各民主党派、人民团体,向驻衡部队、武警消防官兵、政法干警,向所有关心支持衡东建设发展的各界朋友,表示衷心的感谢并致以崇高的敬意!

回顾过去一年,我们也看到,我县经济社会发展中仍然存在一些问题和不足,主要是:产业结构不优,产业链条短,传统产业升级任务艰巨,新产业支撑尚未形成,创新驱动力仍不强,稳增长、促转型的压力还比较大;实体经济下行,部分企业经营困难,金融风险防控形势较为严峻;城乡基础设施、基本公共服务还不够完善,脱贫攻坚任务艰巨,保障和改善民生任务繁重;影响群众生产生活的环境问题依然较多,生态文明建设任重道远;行政服务效能与群众期待还有一定差距,法治政府建设还需进一步加强,等等。对于这些问题,我们将高度重视,采取更加有力的措施,逐步予以解决,努力把各项工作做得更好。

二、2018 年主要任务

各位代表,2018 年是贯彻党的十九大精神的开局之年,是改革开放 40 周年,也是实施脱贫攻坚、决胜全面小康的关键之年。我们要积极适应新时代,科学认识新常态,准确把握新要求,同心同德,聚焦聚力,昂首阔步踏上新征程,开拓进取构筑新优势,奋力拼搏实现新作为。

今年政府工作的指导思想是:高举中国特色社会主义伟大旗帜,全面贯彻党的十九大精神,以习近平新时代中国特色社会主义思想为指导,牢牢把握稳中求进工作总基调,坚持新发展理念,紧紧围绕“五县五化”战略目标,更加注重质量效益,更加注重创新驱动,更加注重均衡发展,更加注重法治保障,扎实做好稳增长、促改革、调结构、惠民生、防风险各项工作,努力实现经济平稳健康发展和社会和谐稳定,为决胜全面建成小康衡东而努力奋斗。

今年经济社会发展主要预期目标是:地区生产总值增长 8% 以上;一般公共预算收入增长 5%;固定资产投资增长 14%;社会消费品零售总额增长 11%;进出口总额增长 8%,规模工业增加值增长 7.8%,城乡居民人均可支配收入增长 8.5%,全面完成上级下达的安全生产、节能减排等约束性指标任务。

围绕上述目标,我们将重点抓好以下工作:

(一)坚持工业为上,着力壮大实体经济

推动产业升级。持续深化供给侧结构性改革,打好降费、降低要素成本“组合拳”,促进实体经济降本增效。实施工业原地倍增计划,稳固机械制造、有色金属、化学化工、建筑材料、轻工陶瓷和农产品加工等六大支柱产业,重点扶持一批“生产能力强、创税能力强、市场竞争能力强”的规上企业、创新企业;以湖南机油泵公司为龙头,培植一批旗舰企业,拉长产业链条,推动机械制造形成规模集群效应;以东健药业为龙头,积极发展医药化工产业集群,逐步做大产业规模。鼓励世纪合金、氟化学、子廷有色、金虎有色等企业升级提质,开发高科技、低耗能的高附加值产品;实施荣桓科技硫酸镍、东大化工碳酸锂、广信科技有机硅等技改项目,推动产业智能化、绿色化发展。支持企业利用存量资产挂大联强,合资、合作企业同等享受招商引资优惠政策,引导企业借助外力发展壮大,力争在新能源、新材料等领域取得新突破。

实施精准帮扶。开展“解难题、给政策、增效益”企业帮扶专项行动,继续落实“一企一策”帮扶制度,建立企业诉求快速反应机制,搭建银企常态化对接合作平台,通过投资入股、联合投资等多种方式发展混合所有制经济,持续扩大链条融资,着力解决企业资金需求、技术支撑、产品销售、劳务用工、公共服务等瓶颈问题,实现企业帮扶工作精准化和常态化。加强金融风险防范,积极应对企业联保贷款问题,坚决防止企业为摆脱困境非法集资。健全中小企业和民营经济服务体系,引导企业合理扩大生产规模,支持企业走“专精特新”发展道路。

优化园区平台。紧密对接国家产业政策,严格执行经开区“一区四园”规划,重点发展机电制造、精细化工、有色金属压延加工、劳动密集型轻工等主导产业;加快推进工业大道、中小企业服务中心等项目建设,进一步完善园区水、电、路、讯等基础设施,加快建设餐饮住宿、娱乐休闲、文化教育、卫生保健等配套设施;深入推进园镇体制、财税体制和行政审批制度改革,减少办事环节,优化工作流程,提升园区管理和服务水平。持续加大园区招商引资力度,力争实现入园投产企业超过60个、产值120亿元以上,新签投资项目10个以上。

鼓励创新创业。实施“创新驱动发展”战略,鼓励企业与科研院所、高等院校开展产学研合作,加大研发投入,开发具有自主知识产权的产品,打造自主品牌,切实提升产品的市场竞争力。落实推进新型工业化奖励办法,支持科技型中小民营企业发展,继续对企业技术改造、科技创新、产品升级给予奖励。充分发挥衡东建材大市场、华太家居市场、经开区创新创业园等创业孵化基地作用,带动扶持高校毕业生、返乡农民工及本地在外企业家回乡创业。抓好“衡东人才计划”,落实企业人才津贴政策,大力培养、引进一批技术研发和创新领军人才。

(二)坚持农业为本,着力促进乡村振兴

加快发展现代农业。落实粮食安全行政首长责任制,稳定粮食生产,实施优质粮食工程,大力抓好16万亩绿色高产高效湘米创建基地建设。用活“油茶九条”政策,提质发展油茶产业;建设吴集、高湖、荣桓、杨林、甘溪、蓬源6个万亩油茶高产产业园;加快油茶博览园、油茶电子商务交易中心、油茶产品检测中心建设;支持天福油脂等企业延伸产业链条,重点打造“老知青”油茶系列产品。对接市农业发展“8135”战略,加快建设黄贡椒、双低油菜、无公害蔬菜、家禽等优质农产品主产区和供应基地,构建区域性“一区一品”格局。实施“百企千社万户”现代农业发展工程,支持龙头企业发展,培育扶持农产品加工业,力争新增省级龙头企业1家以上、规模以上农产品加工企业5家以上。

持续改善农村面貌。实施农村基础设施升级工程。完善农田水利设施,提升管理水平,启动7座小二型水库除险加固工程,完成11处河堤险工险段修复加固、2000口村级骨干塘清淤、20口骨干塘除险加固、32公里主干渠清淤加固,启动石湾镇水厂整体搬迁、霞流镇水厂和712矿周边村供水管网建设;改造提升农村电网,新建35千伏南湾变电站和110千伏石滩变电站,完成98个村的农网改造升级工程;健全农村通讯设施,完成剩余20个村的“光网村”建设任务,打造全市首个“全光网县”;完善城乡交通网络,加强道路管养,加快推进草市渡改桥、杨林至高湖公路建设,启动金花至大桥、X005线公路建设,实施农村公路提质150公里、安保工程31公里;加快中心集镇建设,全面取缔马路市场,多方筹资实施乡镇农贸市场改扩建工程;积极推进衡山火车站站前广场改造、新塘污水处理厂建设,将新塘镇打造成“衡东次中心”;加大投入力度,逐步将大浦镇打造成产城融合的新型城镇;同步推进荣桓镇、白莲镇、高湖镇等乡镇特色化发展;积极做好库区移民工作,切实保障群众生产生活需求。实施农村人居环境美化工程。科学编制镇村规划,实施5个乡镇规划修改、85个行政村规划编制,严格村民建房管理,优化农村居民点、基础设施和公共空间布局,积极发展农村中心社区;加快建设美丽乡村,以大浦岭茶示范片为重点,打造有代表性的特色美丽乡村;深入开展农村环境卫生综合整治,美化镇容村貌,继续完善市场化保洁机制,扩大日常保洁范围,实现保洁范围全覆盖;加大农村面源污染治理力度,抓好农村生活污水处理、饮用水源保护、畜禽养殖治理等项目建设。实施基层服务体系保障工程。建设13个乡镇便民服务中心、14个农村综合服务平台,完成社区"两化两体系"年度建设任务;抓好村级组织规范化建设,建立健全党务公开、村务公开和财务公开制度,推进村务民主管理制度化,健全自治、法治、德治相结合的乡村治理体系。实施乡风文明建设提质工程。完善县、乡、村三级文化活动阵地,拓展群众文化发展空间;选树一批乡村道德楷模、组建一批乡村志愿者队伍、推出一批乡村特色文化、评选一批乡村创建典型;引导乡村制定完善村规民约,宣传文明守则,培育孝老敬老风尚。

积极促进农民增收。深化农村综合改革,深入推进农村一、二、三产业融合发展试点工作,加快农村集体产权(流转)交易平台建设;健全土地流转管理服务制度,规范农村土地流转;完善"三权分置"办法,积极推进农村集体经济组织产权制度改革试点,全面完成农村土地承包经营权确权登记颁证工作。大力培育新型农业经营主体,新发展农民合作社25个以上,争创省级示范社1个,新发展家庭农场25个,培育有行业特色、有市场竞争力的示范性农场1－2家。落实惠农减负政策,实行强农惠农资金备案制度和公开制度,抓好乡村公共卫生服务补助、义务教育阶段学校收费、乡镇"三项"补贴发放等专项问题治理。提高农业机械化水平,发展农机专业合作社10个,培训一批新型职业农民。

(三)坚持三产为翼,着力增强发展动能

创新举措发展全域旅游。深入实施"旅游活县"战略,主动融入大南岳衡山旅游经济圈,以罗荣桓元帅故居为核心,以洣水国家湿地公园为纽带,积极争创全域旅游示范县,力争全年接待国内外游客、实现旅游综合收入分别增长13%、12%。优化旅游规划。按照"串点连线成片"的思路,重点支持罗荣桓故里创建5A级景区,采用PPP模式加大洣水国家湿地公园、杨林古街的开发和综合利用力度;以罗帅故居、四方山、杨林古街、洣江生态园为依托,着力打造东区红色旅游线;以新塘现代农业观光园、武家山公园、盛和生态农业旅游示范园、旭达国际养生生态园为依托,着力打造北区生态休闲美食旅游线。完善旅游要素。深入挖掘地域文化特色,积极发展乡村民宿旅游;推进旅游"厕所革命",高标准完善道路、游客服务中心等配套设施。打响旅游品牌。策划举办首届"荷"美白莲等生态旅游节会、全国名家画展暨陈少梅美术馆开馆仪式等文化艺术节会;精准制定营销方案,创新营销手段,提升衡东旅游知名度和美誉度。

持之以恒发展土菜产业。围绕"到2020年土菜产业产值实现40亿元"的发展目标,加强品牌保护,加快原辅材料生产基地、配送中心建设,加大厨师培训力度,延伸产业链条,不断推进衡东土菜品牌化、特色化、规范化、规模化,逐步将其打造成支柱产业。深入挖掘土菜文化内涵,致力创新土菜做法、研发土菜新品;持续推进衡东土菜标准化建设,打造衡东土菜餐饮名店和样本店,鼓励土菜名店走出衡东,开设分店和连锁店;放大"中国土菜名县"品牌效应,加大宣传推介力度,在全国大中型城市举办土菜品鉴会,让四方宾朋共品衡东土菜、钟爱衡东土菜。

整合资源发展现代服务业。加快建设阿里巴巴农村淘宝、台湾物流园、交通产业园等项目,大力发展现代物流业,活跃互联网经济。规划建设农产品、家具、汽配、建材等专业市场,推动商贸业提质发展。出台县域电商产业发展规划,构建优质农产品品牌策划、营销推广和可溯源体系,加快发展电子商务。引导社会资本进入养老服务业,丰富家政、健康、养老等服务产品供给,支持医养结合发展养老产业,加快旭达国际养生生态园建设。创新金融服务,引导金融机构扩大信贷投放规模,进一步增强金融服务实体经济的能力。

(四)坚持项目为重,着力丰富发展载体

招商选资引进项目。坚持把经开区、河西新区作为招商引资主阵地,大力开展资本招商、以企招商、以商招商、产业链招商。科学对接"中国制造2025"、省市"五个100"、市"13513和"3311"工程计划,精心策划包装一批项目,深度开发一批项目,争取更多项目列入国省市计划笼子。严格落实招商引资考核机制，细化分解目标任务，强化跟踪对接服务，进一步提高招商成功率和实效性。突出引技、引智，重点围绕发展总部经济和机械制造、新材料等高新技术产业开展精准招商，着力引进一批税源型、创新型、支撑型的优质实体产业项目，力争 2018 年新引进投资过亿元的项目 8 个以上，引进内外资到位资金 12 亿元以上。

压茬推进建设项目。深入开展“产业项目建设年”活动，集中力量攻坚项目，助推县域经济发展。全年实施重点项目 80 个以上，总投资 160 亿元以上，完成年度计划投资 55 亿元以上。重点实施湘泵公司节能汽车零件(油泵)智能制造项目、衡阳大浦通用机场、日产 1200 吨超白太阳能玻璃等项目。加强项目要素保障，盘活闲置土地，创新方式解决征拆难题，努力保障项目用地供给；全面推进 PPP 项目融资，引导金融机构加强对中小微企业的信贷支持，力争贷款净投放额增长 18 亿元以上，着力破解资金瓶颈；全力保障项目用电、用水、用气、用工等生产要素。

创优环境服务项目。进一步优化政务环境，简化审批流程，提高审批效率，重大招商引资项目审批与手续办理实行专人代办；深入开展“企业服务年”活动，建立领导联系机制、领导走访机制、县委特派员跟踪服务机制；切实加大评议力度，继续开展优化经济发展环境测评工作；持续实施企业执法备案审批制度，对县内重点企业实行挂牌保护。进一步优化施工环境，推行政法干警联系重点企业项目制度，严厉打击“三强三霸”等违法违纪行为。

(五)坚持文化为魂，着力推进文化惠民

抓好本土传统文化保护和传承。充分挖掘衡东“红色文化”“状元文化”“遗址文化”“古镇文化”等特色文化内涵，全力申报罗荣桓故居增补点、柴山洲特别区第一农民银行旧址、大源窑址为国家重点文物保护单位，申报向道龙墓、712 矿矿区、堰城遗址为省级文物保护单位，启动新一轮县级文物保护申报工作。加大对大桥剪纸、皮影戏等非物质文化遗产的保护力度，力争衡东土菜品牌纳入省级非物质文化遗产保护名录。传承印章文化，规划建设印章产业园。坚持“保护为主、抢救第一、修旧如旧、修新如旧”，做好杨林古街、草市古街、吴集古街和夏浦村萧家大屋、高田村等文物古迹、传统村落、历史建筑的保护、修缮、管理工作。

推动文化事业和文化产业发展。完善公共文化服务体系，促进基本公共文化服务标准化、均等化。积极推进文化市场综合执法改革；将“扫黄打非”工作覆盖到每个乡镇、村(社区)；加强文化市场监管，确保文化市场平安稳定。深入实施文化惠民工程，加强基层文化服务中心建设，巩固“村村通”“户户响”“送戏送电影下乡”成果，举办“欢乐潇湘·美丽衡东”群众文化活动，丰富老百姓文化生活。开展全民健身日系列群众体育活动，推进农民健身工程和体育器材下乡工程。承办好省第十三届运动会青少年组羽毛球项目等各项赛事。

实施公民素质提升工程。深化中国特色社会主义宣传教育，开展“幸福花开·十九大精神润衡东”文艺宣传“四进”活动。推进全民阅读，启动数字文化馆、荣桓图书馆北街分馆建设，引导乡镇文化站、农家书屋发挥效益。深入开展文明创建活动，抓好文明单位、文明村、文明家庭创建工作。推进诚信建设和志愿服务制度化，强化社会责任意识、规则意识、奉献意识。倡导科学文明健康的生活方式，引导群众自觉抵制低俗、庸俗、媚俗的文体活动，推动文体活动上水平、上品位、上档次。

(六)坚持民生为要，着力保障社会和谐

稳步推进脱贫攻坚。巩固前期脱贫成果，保证现行标准下的脱贫质量，对已脱贫对象开展“回头看、回头查、回头帮”，实行攻坚期内脱贫不脱政策。瞄准特定贫困群众精准帮扶，向深度贫困村聚集发力，力争 13 个贫困村退出、6000 人脱贫。注重扶贫和扶志、扶智、扶技、扶艺相结合，激发贫困人口内生动力。落实十大扶贫举措，按照“四跟四走”思路，强化油茶种植、畜禽养殖等产业扶贫，实现特色产业对有条件的贫困村、贫困户全覆盖，打造产业脱贫示范样板。注重对特定人群特殊困难的精准帮扶，“一户一策”落实帮扶措施；完成易地扶贫搬迁年度任务；确保符合政策规定的贫困人口全部纳入农村低保范围。加快贫困村基础设施建设，安全饮水、窄路加宽、电网改造、宽带通讯等项目计划优先向贫困村倾斜。

切实增进民生福祉。围绕实现“幼有所育、学有所教”，优先发展教育事业。推动城乡义务教育一体化发展，高度重视农村义务教育，保障进城务工人员子女平等接受义务教育；基本消除城区大班额现象；启动义务教育标准化学校建设，完成全面改薄任务；加快建设武家山完全小学、杨山实验中学和职业中专新校区二期工程；完成向阳幼儿园建设，实现秋季开园招生；逐步普及高中阶段教育；支持和规范社会力量兴办教育；培养高素质教师队伍，倡导全社会尊师重教。围绕实现“病有所医”，加快“健康衡东”建设。优化整合医疗资源，进一步健全公共卫生服务体系，让城乡居民逐步享有公平可及的健康服务；持续深化医药卫生体制改革，完善分级诊疗和家庭医生签约服务，建立定点医疗机构准入机制；加快实施县中医院新院、县人民医院住院综合大楼等项目，完成第一批8个乡镇卫生院改扩建项目，有效缓解“看病难”“看病慢”问题；完善医疗纠纷调解机制，依法严惩涉医犯罪和“医闹”行为；落实全面两孩政策，不断优化计生服务管理。围绕实现“劳有所得”，有效提供就业服务。加大公益性岗位开发，大力援助残疾人、低保对象、零就业家庭等困难群体就业，确保城镇登记失业率控制在4.5%以内。围绕实现“老有所养、弱有所扶”，全面落实社保政策。抓好“五险统征”改革、城乡居民医保系统整合等后续工作，完善异地就医即时结算平台；整合社会救助资源，拓宽救助范围，落实重大疾病医疗救助和临时救助制度；扎实做好托底工作，加强留守儿童、留守妇女、留守老人和残疾人等特殊群体的关爱服务；加快老年人事业发展，推进民政公共服务中心、乡镇中心敬老院建设，抓好农村养老示范点的规范管理。围绕实现“住有所居”，努力扩大住房保障范围。加大农村危房改造力度，完成年度棚户区改造任务，满足住房困难人群的基本住房需求。

努力打造宜居县城。着眼新老城区长远发展，推进多规合一，建立统一衔接、功能互补的城市规划体系，加快完成县城总体规划修编。着力提升城市功能。河西新区围绕“规划提质、设施提升、建设提速”目标，加快推进河西路网、河西污水处理厂建设，确保双园大道二期、学府路、坪桥路二期、沿江路等道路建成通车；强力推进“四路一桥”PPP项目快速落地，开工建设文冲西路，完成文冲大桥桥墩工程。老城区全面完成兴衡大道、武家山路建设；提质改造背街小巷；完善公共交通设施，缓解停车难题；启动文冲路防洪排涝、堰湾排渍站雨污分流、城区污水主干管网修复等工程，努力建设海绵城市。着力提升城市品位。按照“一路一特色”思路，抓好街景规划，逐步统一城区房屋外观装修风格，美化县城整体形象；全力推动县城沿江风光带延伸、河西体育馆、荣桓文化广场、烈士纪念园、杨山公园、坪塘生态湖等项目，为市民提供更多的休闲娱乐健身场所；创新投融资建设模式，启动渡头村城中村改造，加快金花村安置小区建设，以老集贸市场、原衡东宾馆等区域为重点，打造城市综合体。着力提升宜居指数。巩固省级文明县城创建成果，以国家文明县城、国家卫生县城、全国平安畅通县城、省级园林县城“四城同创”为抓手，加强城市精细化管理，持续抓好环境卫生、道路交通、渣土运输、拆违控违等专项整治，精心实施绿化、美化、亮化工程；大力推进社区网格化管理，建立健全物业管理体制，打造一批物业管理示范小区，力争实现社区物业管理大突破；完成智慧城管和智慧照明项目，推动数字城管向智慧城管升级；加强房地产市场清理整顿，分门别类解决好房地产遗留问题，促进房地产市场持续健康发展。

全面加强社会治理。加强预防和化解社会矛盾机制建设，继续推行信访第三方评判、息诉息访公证等机制，压实基层信访维稳责任，加大信访积案化解力度，妥善化解各类社会矛盾纠纷。牢固树立“生命至上，安全第一”理念，全面落实安全生产企业主体责任，持续深入开展“打非治违”行动，坚决遏止较大以上安全事故。抓好救灾物资仓库项目建设，提升防灾减灾救灾能力。加强食品药品监管，确保食品药品安全。持续深化“平安衡东”建设，健全社会治安立体化、现代化防控体系，加快“雪亮”工程建设，推进网格化服务管理，依法打击和惩治黄、赌、毒、黑、拐、骗等违法犯罪活动，保护人民群众人身权、财产权。加大司法救助力度，完善公共法律服务体系，提升社会治理水平。有效防范和打击非法集资、金融欺诈等行为,牢牢守住不发生系统性和区域性金融风险的底线。

(七)坚持生态为先,着力建设美丽衡东

加强生态保护治理。牢固树立“绿水青山就是金山银山”的发展理念,严守生态保护红线,严格执行主体功能区制度,深入持续推进自然保护区“绿盾行动”,扎实开展第二次污染源普查,全面推进生态功能优化行动,统筹山水林田系统治理。加大耕地保护力度,严格落实耕地保护责任。推进“裸露山地”造林绿化,完成造林面积5.8万亩、通道绿化300公里;狠抓森林防火,实行常态化巡查,严厉打击纵火毁林行为,抓好森林禁伐和生态修复,保护好有限的森林资源,确保森林覆盖率稳定在50%以上。强化湿地保护和恢复,巩固洣水国家湿地公园创建成果。落实最严格的水资源管理制度,开展河道采砂专项治理,推动“河长制”取得实效;开展重要水源地安全保障达标建设,严格控制入河排污总量,提高重要饮用水水源地监控能力;加强河道采砂和河道保洁管理,着力改善水环境质量,筑牢水生态安全屏障。

解决突出环境问题。深入推进水污染防治,持续抓好湘江保护与治理“一号重点工程”第二个三年行动计划,落实企事业单位水污染防治措施,确保达标排放,推进洣水、永乐江水体综合治理,完善县城污水收集管网建设,全面启动乡镇污水处理设施建设,确保县域内饮用水源地水质达标率100%,湘江、洣水出境水质年均值稳定达到Ⅱ类标准以上。深入推进大气污染防治,加强机动车尾气检测,强化油烟净化设施安装、使用,加大城区烟花爆竹整治力度,有序管控建筑工地、渣土运输和道路扬尘,加快工矿企业废气污染防治设施提质改造,全面淘汰辖区内10蒸吨以下燃煤锅炉,力争城区空气优良天数达300天以上。深入推进土壤污染防治,完成县域土壤污染调查,实施分类处理,重点抓好甘溪铅锌矿区、经开区等区域土壤污染治理。

完善环境监管网络。加快环保管理体制改革,建立健全生态文明建设目标评价考核体系与环境联合执法工作机制,构建环境法制体系。落实环境监管“双随机”抽查和日常巡查制度,推进网格化和精细化管理。加强县域环境监测预警体系建设,完成省重点污染源在线监测、监控试点县和湘江熬洲水质自动站建设工作,实现环境质量、重点排污企业实时在线监控全覆盖。加强环保和司法机关联合执法力度,加大涉刑案件查处力度,坚决打击环境违法犯罪行为。

(八)强化国防和后备力量建设

加强国防教育和人防基础设施建设,加快推进民兵武器库项目建设,抓好兵役工作和“双拥”共建,推动军民融合深度发展。

三、加强政府自身建设

打铁必须自身硬。面对新常态下的新任务,政府必须要有更大的勇气和担当,更科学的方法和措施,更坚决的态度和手段,持续推进职能和作风转变,加快建设服务型政府、廉洁政府、法治政府。

(一)强化责任担当。牢固树立“功成不必在我,建功必须有我”的思想,充分发扬钉钉子精神,积极推动全县经济社会稳步发展。加快建设责任政府,坚持把提高执行力作为建设责任政府的重中之重,建立健全各部门重点工作清单制度。完善行政首长政治责任制度,加强追责问责。政府各项工作做到有清单、有督查、有考核、有问责,确保各项决策部署落到实处。

(二)推进简政放权。深化“放管服”改革,继续推进“两集中、两整合、两公开”改革,加强审批服务标准化建设。持续推进乡镇简政放权,开展乡镇综合执法改革试点工作;全面建成规范高效的乡镇便民服务中心,形成网格化政务服务体系。健全完善政府部门权责清单制度,加强对权责清单运行的动态监管。提升“12345”热线服务效能,进一步畅通群众咨询投诉渠道。推行“互联网+政务服务”,建立完善政务服务微信平台、电子审批后台,实行一网式政务服务。

(三)坚持依法行政。规范重大行政决策行为,切实提升决策的科学化、民主化水平。组建以政府法制机构人员为主体,吸收法律专家和律师共同参与的法律顾问队伍。坚持党的领导,自觉接受人大、政协监督,高度重视人大代表议案建议、政协委员提案办理,积极支持群众团体开展工作。深化统计改革，建立统计数据质量责任体系，抓好第四次全国经济普查工作。深入推进行政执法“三项制度”改革试点工作，加大行政执法评议考核和过错追究力度，严格规范执法行为，减少“越位”、纠正“错位”、填补“缺位”，切实维护人民群众合法权益。

（四）加强廉政建设。认真落实全面从严治党主体责任和“一岗双责”，深入推进政府系统党风廉政建设和反腐败斗争。全力支持监察体制改革。完善财政资金支出、工程项目招投标等领域制度建设，不断提升财政资金的使用效益。持续加强作风建设，继续开展“干部作风建设年”活动，深入推进“两学一做”学习教育常态化制度化，扎实开展“不忘初心、牢记使命”主题教育。着力构建亲清新型政商关系，全力营造公开、公平、公正、可预期的发展环境。

大 事 记

2016 年

1 月

5 日,2016 年度县委经济工作务虚会议召开。

6 日,县委常委会议召开,研究县十六届人大五次会议、县政协十三届五次会议筹备等工作。

同日,全县乡镇党委书记履行基层党建工作述职评议会在县委党校召开。

8 日,全县信访突出问题集中大化解专项行动动员大会在县委党校召开。

15 日,农村土地承包经营权确权登记颁证领导小组成员及相关部门工作会议召开,专题部署农村土地承包经营权确权登记颁证工作。

18 日,全县老干部迎春座谈会召开。

19 日,县委召开常委班子"三严三实"专题民主生活会。

22 日,衡阳市 2016 年"三下乡"暨"中共十八届五中全会精神进农家"活动在新塘镇宋坪村启动。

同日,2016 年度春运工作动员会在县委党校召开。

同日,市妇联主席周红玲前往甘溪和荣桓两个乡镇开展"送温暖、献爱心"慰问。

26 日,县委书记程少平深入衡东经开区、大浦镇堰桥村、荷塘村、老鸦村开展春节走访慰问活动。县领导贺殷、丁秋文、谭民中参加走访慰问。

27 日,"党的十八届五中全会精神"专题报告会在县委党校召开。会议由县委书记程少平主持。

28 日,县委副书记、县长廖义智到吴集镇开展扶贫送温暖活动。

2 月

1 日,县委常委会议召开,会议传达贯彻中央有关文件精神,审议《中共衡东县委关于制定衡东县国民经济和社会发展第十三个五年规划的建议(讨论稿)》,并就农村综合公共服务中心项目建设、教育等工作进行研究。

2 日,县委书记程少平,县委副书记、县长廖义智看望离退休老同志。县领导贺殷参加慰问。

5 日,县委书记程少平到广电台、供电公司、城市管理行政执法局、信访局、维稳办等单位,看望慰问忙碌在一线的工作人员。

同日,县委副书记、县长廖义智看望慰问坚守在服务窗口、执勤一线的干部职工和驻衡官兵。

14 日,衡东县在文体广场举行"贺新春、升国旗"仪式。

同日,全县易地扶贫搬迁工作调度会召开。

15 日,衡阳市委副书记、市长周海兵深入衡东县部分企业调度重点工业企业复工复产。县委书记程少平,县委副书记、县长廖义智参加调研。

同日,县委常委会议召开,会议传达市纪委全会精神及党风廉政建设考核,研究县委十二届八次全委(扩大)会议、县委经济工作会议筹备,乡镇目标管理考核,计生、综治、安全生产考核评估及纳税大户奖励等工作。

22 日,县委十二届八次全委(扩大)会议在县政府会议中心召开,会议审议通过《中共衡东县委关于制定衡东县国民经济和社会发展第十三个五年规划的建议》。

23 日,县委经济工作会议在县政府会议中心召开。

同日，县委常委会议召开，学习传达全省市厅级主要领导干部学习贯彻党的十八届五中全会精神专题研讨班、市厅级主要领导干部党建专题培训班精神，研究财政预算工作。

24日，县第十二届纪律检查委员会第六次全体会议在县政府会议中心召开。

25日，召开省委巡视第四组巡视衡东县情况反馈会，向衡东县反馈巡视意见。

同日，衡东农商银行正式挂牌成立。

26日，市纪委副书记傅萍率工作组专题调研衡东县基层换届风气监督工作。县领导夏崇礼、贺殷、龙朝华参加座谈会。

3月

2日，县委书记程少平到县市场和质量监督管理局调研机构改革和市场监管工作。

3日，全县纪念三八国际劳动妇女节106周年暨“最美家庭”“最美湘女”颁奖典礼举行。

5—7日，政协衡东县第十三届委员会第五次会议在县政府会务中心召开。

6—8日，县第十六届人民代表大会第五次会议在县政府会务中心召开。

9日，县委书记程少平主持召开县委常委会议，传达贯彻全市乡镇党委换届工作有关精神，研究县政协调整换届时间、巡视整改、政法等工作。

10日，县委副书记、县长廖义智代表县人民政府与中国农业发展银行衡阳市分行举行政银合作签订仪式。县领导谭向勤、夏崇礼参加。

同日，县委农村工作暨精准扶贫工作会议召开。

同日，全县农业工作会召开。

11日，衡东县开展义务植树活动，全体县级领导参加。

14日，湖南农业信用担保有限公司衡东县办事处正式挂牌成立。

16日，全县贯彻落实省委巡视第四组反馈意见整改任务交办会召开。

同日，县委政法工作会议召开。

22日，衡阳市“立足区域创新，打造改革品牌”研讨会在衡东县召开。会上，衡东“基层发力、补齐短板、做大优势”的改革工作区域创新方法得到推介。

23日，全县公安工作会议召开。

24日，全县森林防火工作会议召开。

25日，衡东县召开2016年防汛抗旱工作会商会。

28日，全县乡镇党委换届工作动员会召开。

29日，衡东县组织县直机关负责人和纪检监察部门收看全省“雁过拔毛式”腐败问题和“纠四风”“治陋习”专项整治工作电视电话会议。

30日，县委副书记、县长廖义智主持召开县长办公会议，研究全县公立医院改革和机构合并等工作。

31日，全县安全生产工作会召开。

4月

1日，市委第五督查组到县督察关于国家、省、市改革试点项目实施情况。

5日，市委副书记、市长周海兵到县调研指导防汛抗旱工作。市领导陈竞，县领导程少平、廖义智、丁秋文、夏长安参加调研。

6日，市委常委、常务副市长段志刚到县检查油库安全生产工作。县领导彭丽堂陪同检查。

6日，县委副书记、县长廖义智现场调度武家山公园和兴衡大道项目建设。县领导谭春兰、谭志兴、罗敏一同调度。

7日，全县卫生计生工作会议召开。

11日，县委副书记、县长廖义智现场办公城市建设管理工作。县领导谭春兰、罗慧斌、邓岳华、罗敏等参加现场办公会。

12日，县委副书记、县长廖义智调研恒建·紫金湾建设项目。县领导谭春兰、罗慧斌、谭志兴、邓岳华、罗敏等参加调研。

13日，省委乡镇党委换届工作衡阳、株洲督查组对衡东县乡镇党委换届工作进行督查。县委书记程少平陪同督查。

14日，县委书记程少平主持召开县委常委会议,传达贯彻全市安全生产工作会议精神,研究安全生产、县党代表选举等工作。

同日,市委常委、政法委书记邓柯深入衡东调研指导工作。县领导程少平、段忠贤、王春生参加调研。

15 日,县委书记程少平深入中石化大浦油库督查安全生产工作。县领导丁秋文、彭丽堂、周谷湘参加督查。

同日,县委书记程少平赴大浦镇督查镇党委换届工作。

19 日,衡东县召开巡视整改工作推进会。

同日,衡东县组织县四大家领导收看全省"两学一做"学习教育工作视频会议。

同日,衡东县组织县四大家领导收看衡阳市"雁过拔毛"式腐败问题和"纠'四风'治陋习"专项整治工作电视电话会议。

同日,县委书记程少平主持县"雁过拔毛"式腐败问题和"纠'四风'、治陋习"专项整治暨加强换届风气监督工作会议。

20 日,衡阳市委书记周农深入衡东调研经济社会发展情况,到衡东经济开发区、河西新区、大浦镇、洣水镇实地了解项目建设、基层党组织建设和城市管理等情况。市领导包昌林、张贺文,县领导程少平、廖义智参加调研。

同日,衡阳市副市长周辉斌到衡东县督查防汛工作,副县长刘光荣陪同督查。

22 日,国务院医改办到县考核复评 2015 年度公立医院综合改革工作。省卫计委副巡视员李新吾,市卫计委主任邹爱民,县委副书记、县长廖义智陪同考核复评。

25 日,全县司法行政工作会议召开。

29 日,衡东县组织全体县级领导、县直机关单位和乡镇党政负责人收看衡阳市"学党章党规、学系列讲话、做合格党员"学习教育视频会议。

5 月

3 日,全县信访工作会议召开。

4 日,全县"五四"庆祝大会暨青年创新创业奖颁奖典礼在武家山会务中心举行。

6 日,县委书记程少平主持召开县委常委会议,研究全县宣传思想工作和创建省级文明县城工作。

同日,全县工交环保工作会议召开。

10 日,全县 2016 年宣传思想工作暨创建省级文明县城工作动员大会召开。

11 日,全县依法行政暨规范和加强行政执法工作会议召开。

12 日,县委书记程少平主持召开县委常委会议,传达贯彻市委党的群团工作会议、全市组织工作会议、全市统战工作会议精神,就"两学一做"学习教育和基层党建工作进行了研究。

同日,全县开展惩治非法集资宣传活动。

13 日,省政府发展研究中心副主任黄绍红一行对衡东县行政审批制度改革工作进行调研。

17 日,全县安全生产工作调度会召开。

18 日,县委书记程少平主持召开县委常委会议,研究全面深化改革、农村综合公共服务中心建设、县工商联换届等工作。

同日,全县组织、统战暨老干部工作会议召开。

20 日,县委副书记、县长廖义智主持召开紧急防汛会议。县领导丁秋文、夏长安参加会议。

同日,全县食品生产安全工作会议召开。

25 日,县工商联(总商会)第十二届会员代表大会第一次会议闭幕。

同日,全县残疾人工作会议召开。

26 日,全县民政工作暨农村低保兜底脱贫和农村低保清理工作动员会议召开。

27 日,县委十二届九次全委会议在县委常委会议室召开,报告 2017 年以来县委常委会的工作,学习贯彻中央、省委、市委关于县委领导班子换届工作有关会议精神,安排部署县委换届选举工作和县第十三次党代会筹备工作。

同日,衡东县召开城区供水价格调整、简化分类和居民用水实行阶梯水价听证会。

30 日,全县 2016 年农村法治宣传教育月暨"深化法治宣传教育服务推进脱贫攻坚"专项活动在蓬源镇冲排村正式启动。

31 日,市人大常委会副主任苏营率市人大环保工作调研组到县调研环境状况和环境保护目标完成情况。

6月

2日，县委副书记、县长廖义智率政府办、财政、国土、交通、规划等单位负责人深入石滩乡现场办公，解决X015线马路市场阻碍交通的问题。

同日，省国土资源厅副厅长颜学毛带领省、市地质灾害应急中心专家到石湾镇两处山体滑坡现场，指导地质灾害防治工作。

6日，县委书记程少平到衡东一中督查高考考点备考情况。县领导丁秋文参加督查。

7日，市人大常委会副主任晏华衡一行到县调研人大换届和合乡并村工作。

13日，全县公务员职务与职级并行实施工作动员暨业务培训会召开。

14日，全县行政事业单位资产清查工作动员暨培训会召开。

同日，新疆维吾尔自治区鄯善县考察团到县考察学习乡村旅游开发建设、旅游管理、旅游运营工作。

16日，全县环保联席会议召开。

21日，全县农村低保兜底脱贫暨农村低保清查工作调度会召开。

23日，全县抗旱工作调度会召开。

同日，全县学党章党规党纪知识竞赛决赛在衡东一中举行。

7月

1日，衡东县“两个责任”落实年工作推进会召开。

4日，县委书记程少平深入湖南裕华化工有限公司、甘溪镇暗查暗访安全生产工作。

10日，市委书记、市人大常委会主任周农深入衡东县调研经济社会发展及换届工作有关情况，并召开座谈会。县委书记程少平汇报工作。县领导廖义智、谭向勤、夏崇礼、贺殷、谭春兰、丁秋文、彭丽堂、陈嘉、段忠贤、李博、刘卫平等参加座谈会。

13日，衡东县上半年安全生产工作讲评会召开。

28日，市委常委、市委宣传部部长刘丽华深入白莲镇调研指导精准扶贫工作。县委常委、宣传部部长谭春兰参加调研。

30日，衡东县领导干部大会召开。市委常委、市纪委书记包昌林宣布省委、市委关于衡东县委、县政府班子主要领导同志职务的任免决定：吴伟生任衡东县委书记，程少平不再担任衡东县委书记；徐志毅任衡东县委副书记，并提名衡东县人民政府县长候选人，廖义智不再担任衡东县委副书记，并提名免去衡东县人民政府县长。

8月

1日，县委书记吴伟生，县委副书记、县长候选人徐志毅深入县人大、政协调研工作。县领导丁秋文参加调研。

同日，县委书记吴伟生，县委副书记、县长候选人徐志毅深入县人武部看望慰问全体官兵。县领导丁秋文、彭丽堂、吴刚等参加慰问。

同日，县公共资源交易中心挂牌成立。

2日，衡东县工作推进会召开。县委书记吴伟生，县委副书记、县长候选人徐志毅分别作重要讲话。全体在职县级领导参加会议。

8日，县十六届人大常委会召开第三十七次会议，任命徐志毅为衡东县人民政府副县长、代理县长。

同日，县委书记吴伟生，县委副书记、代县长徐志毅率相关县级领导、相关部门和洣水镇、吴集镇主要负责人深入县城、河西新区重点项目现场实地调研。

10日，衡东县重点项目建设调度会召开，县委书记吴伟生主持会议并作重要讲话，县委副书记、代县长徐志毅安排部署有关工作。

11日，衡东县县乡（镇）人大换届选举动员大会召开。县人大常委会主任谭向勤主持会议，县委书记吴伟生作重要讲话。县领导贺殷、丁秋文、刘卫平、赵良成、彭青松、罗慧斌、晏志君、刘敏、阳水源等参加会议。

同日，县委书记吴伟生率相关县级领导、相关部门主要负责人深入衡东经济开发区调研，并在县委常委会议室主持召开调研座谈会。

12日，县委常委会议召开，组织学习《中国共产党问责条例》、习近平总书记在庆祝中国共产党成立95周年大会上的讲话精神，研究2015年度县直机关目标管理绩效考核、文明单位评选、全县机关事业单位工作人员年度考核评优评先工作。

13日，衡东县召开易地扶贫搬迁工作调度会。

15日，县委书记吴伟生在县人民来访接待中心接待来访群众。县领导段忠贤、刘卫平、晏志君、王春生、洪春生等参加接访。

同日，县委书记吴伟生深入新塘镇调研，到兆丰农业产业园、百叶村沃柑基地、洣河桥村、大力成泵业、新塘镇便民服务中心了解情况。县领导丁秋文参加调研。

23—24日，县第十三次党代会"两委"工作报告征求意见暨换届工作培训会分片召开。在杨林镇组织杨林、草市、南湾、高湖、杨桥、荣桓、蓬源、吴集、甘溪9个乡镇的党代表，在新塘镇组织新塘、石湾、白莲、三樟、洣水、大浦、石滩、霞流8个乡镇的党代表，在县政府会议中心组织机关选区的党代表召开会议。县委副书记、代县长徐志毅主持会议，县委书记吴伟生作重要讲话。

24日，县第十三次党代会"两委"工作报告征求党外人士代表意见座谈会召开。县委书记吴伟生主持会议并作重要讲话。县领导贺殷、夏崇礼、陈嘉、李一帆、罗慧斌、陈斌智、肖可员、旷秋怀等参加会议。

25日，县委十二届十次全会召开。会议审议通过县委工作报告（审议稿）和纪委工作报告（审议稿）；酝酿通过第十三届县委委员、县委候补委员、纪委委员候选人预备人选名单和全县出席衡阳市第十一次党代会代表候选人预备人选名单；会议确定中国共产党衡东县第十三次代表大会于2016年8月27—30日在县城召开。

26日，全县易地扶贫搬迁暨农业普查工作会议召开。

27—30日，中国共产党衡东县第十三次代表大会在县政府会议中心召开。

30日，县委十三届一次全会在县委常委会议室召开，选举产生第十三届县委常委和书记、副书记，通过县纪委第一次全会选举产生的县纪委常委和书记、副书记人选。

9月

2日，衡东县召开银企工作会议。县委书记吴伟生主持会议并作重要讲话。县领导徐志毅、谭向勤、夏崇礼、陈嘉等参加。

6日，县委常委会议传达学习中共中央关于辽宁拉票贿选案件通报，研究统战工作、政协工作、县人大代表名额分配方案和成立县工业经济领导小组及工业办相关事项。

7日，衡东县召开庆祝第32个教师节暨"三优"表彰大会。县委副书记、代县长徐志毅主持会议，副县长刘光荣作工作报告，县委常委、副县长候选人丁秋文宣读表彰决定，县委书记吴伟生作重要讲话。

8日，东莞市湖南衡东商会成立。县领导吴伟生、徐志毅、谭向勤、夏崇礼、陈嘉等参加。

10日，衡东县召开中城建三局集团投资考察座谈会。县委副书记、代县长徐志毅主持会议，县委常委、副县长候选人丁秋文介绍全县情况，县委书记吴伟生讲话。县领导谭向勤、夏崇礼、晏志君等参加。

11日，县第十三届委员会第二次全体会议召开。

13日，县委常委会研究县委领导分工、县级领导联点乡镇安排、县政协委员名额分配方案。

同日，武家山廉租房钥匙发放暨入住仪式在武家山廉租房家佳小区举行。县领导吴伟生、徐志毅、谭向勤、丁秋文、罗慧斌等出席。

同日，副市长王洪斌深入衡东县调研旅游工作。县委书记吴伟生陪同调研。

18日，县委书记吴伟生深入大浦镇调研指导工作。县委常委、县人大常委会副主任、县委办主任晏志君参加调研。

19日，县委书记吴伟生就县乡人大换届选举工作召开现场办公会。

22日，县委书记吴伟生，县委副书记、代县长徐志毅深入县公安局召开现场办公会。县领导丁秋文、王春生等参加。

同日，县委书记吴伟生主持召开全县工业经济发展调度会并作重要讲话。县领导徐志毅、贺殷、谭向勤、丁秋文、陈嘉、刘卫平等参加。

23日，县委常委会议传达贯彻市城市工作会议、市旅游发展大会、市县域经济暨工业经济“植优势、补短板、促发展”会议精神，研究全县目标管理绩效考核方案和党建工作。

25日，全县信访维稳和安全生产工作会议召开。县委副书记、代县长徐志毅主持，县委副书记贺殷、县委常委丁秋文分别安排部署全县信访维稳工作和第三季度安全生产暨“百日大整治”工作。县委书记吴伟生出席会议并讲话。全体在家县级领导参加会议。

27日，县委中心组（扩大）开展集中学习习近平总书记“七一”讲话精神暨安全生产专题学习。县委副书记贺殷主持会议并讲话。县领导谭向勤、夏崇礼、段忠贤、刘卫平、李一帆、刘运仕、晏志君等参加。

10月

9日，衡东县召开宣布人武部党委第一书记任职大会。县委常委、人武部部长李乔峰主持会议，市委常委、衡阳警备区司令员贺小坤作重要讲话。县委书记吴伟生发表就职讲话。县领导徐志毅、贺殷、谭向勤、夏崇礼、陈嘉、段忠贤、刘卫平、李一帆、刘运仕、晏志君等参加。

同日，市人大常委会党组书记、常务副主任谢宏治一行深入衡东县调研县乡人大换届选举工作。县领导吴伟生、谭向勤等陪同调研。

10日，县委书记吴伟生深入甘溪镇、杨桥镇调研。县领导刘卫平参加调研。

12日，衡东县召开县乡人大换届选举工作调度会。县委副书记贺殷主持会议，县人大常委会主任谭向勤安排部署工作，县委书记吴伟生作重要讲话。县领导刘卫平等参加。

同日，县“互联网＋交通服务平台”——驾考中心项目正式开工。县领导吴伟生、徐志毅、夏崇礼、丁秋文等出席开工仪式。

同日，县委书记吴伟生深入荣桓镇调研。县领导晏志君参加调研。

同日，县委书记吴伟生深入罗荣桓故居纪念馆景区现场办公。县领导徐志毅、刘卫平、刘运仕、晏志君等参加。

13日，衡东县举行建县五十周年征文颁奖仪式。县领导吴伟生、徐志毅出席颁奖仪式。

同日，县委书记吴伟生深入石湾镇调研。

14日，衡东县召开创建省级文明县城领导小组工作调度会，县委副书记、代县长徐志毅主持会议，县委常委、县政府副县长、县委宣传部部长刘运仕介绍创建工作情况，县委副书记贺殷安排部署创建工作，县委书记吴伟生作重要讲话。县领导段忠贤、晏志君、谭志兴、吴刚等参加。

15日，衡东县举行纪念黄彰任诞辰100周年暨欧阳遇实验中学建校30周年庆典活动。县委副书记、代县长徐志毅主持庆典活动，县委书记吴伟生致欢迎辞。县“四大家”领导等出席庆典活动。

17日，市委常委、纪委书记包昌林深入衡东县督查指导县乡人大换届工作。县领导吴伟生、刘卫平陪同。

18日，县委书记吴伟生深入大浦镇、新塘镇检查指导县乡人大代表换届选举工作。县领导晏志君参加。

20日，县委常委会议传达市党代会精神、研究县政协委员和县政协会议有关事项。

24日，全县县乡两级人大换届选举工作调度会在县委党校召开。县委副书记贺殷主持会议，县人大常委会主任谭向勤安排部署工作，县委书记吴伟生出席并作重要讲话。县领导刘卫平、李一帆等参加会议。

26日，衡东县举行“美丽衡东·智在快乐·奔向健康”2016全县职工智跑挑战赛决赛。县领导吴伟生、谭向勤、夏崇礼、李一帆等出席启动仪式。

同日,县委中心组举行“两学一做”学习教育第三次集中学习研讨暨“讲规矩、守纪律、扬正气、树形象”建设政治清明新衡东大讨论。

31日,市委书记周农,市委副书记、市长周海兵率各县市区党政一把手深入衡东县,考察调研重点项目建设情况。市领导邓群策、谢宏治、段志刚、罗东海、张贺文、陈竞、王洪斌,县领导吴伟生、徐志毅、谭向勤、夏崇礼、陈嘉、段忠贤、刘卫平、晏志君等参加调研。

11月

2日上午,全县2016年“四冬”生产暨农村环境综合整治工作推进会在县政府会务中心召开,县委书记吴伟生,县委副书记、代县长徐志毅出席会议并讲话。会议由县委副书记贺殷主持,副县长夏长安作大会主题报告,县领导李一帆、刘敏、李文峰出席会议。

同日下午,县委副书记、代县长徐志毅率领县农业、林业、水利等相关部门负责深入石湾、三樟实地调研“四冬”生产工作。并就石湾瓷业发展、农贸市场改造、原三樟乡至原大桥镇乡道拉通等工作进行现场调度。县领导夏长安陪同调研。

3日下午,衡阳市“巾帼心向党,家风美名扬”我身边的好家风好家训巡回宣讲走进衡东县活动在恒瑞大酒店举行。县委书记吴伟生致辞,县委副书记、代县长徐志毅主持,市妇联党组成员、副主席资艳代表主办单位讲话。县领导刘卫平、李一帆、刘运仕、刘敏、肖可员、刘永忠、肖海军一同出席活动。

4日上午,县委中心组传达学习党的十八届六中全会精神会议在县人大常委会会议室召开,全体在家县级领导参加学习。会议集中学习《中国共产党第十八届中央委员会第六次全体会议公报》,自学《关于新形势下党内政治生活中的若干准则》和修订后的《中国共产党党内监督条例》,县委书记吴伟生主持会议并作重要讲话。

同日,衡东县举行以“全面落实‘三条红线’、‘四项制度’、实行最严格水资源管理”为主题的宣传活动。县委副书记、代县长徐志毅出席活动。

8日,衡东县隆重举办庆祝第17个记者节座谈会暨新闻“双十佳”表彰大会。座谈会前,县委书记吴伟生带领县“四大家”分管新闻宣传的县级领导来到县广播电视台看望、慰问工作在一线的新闻工作者们,并代表县“四大家”向他们表达了节日的问候。随后,在县教育局会议室,吴伟生还与来自全县的新闻工作者们进行座谈并作重要讲话。座谈会由县委副书记贺殷主持,县委常委、宣传部部长刘运仕作大会报告,县人大常委会副主任阳水源宣读“十佳新闻工作者和十佳新闻稿”的表彰决定,获奖代表及新闻单位负责人在会上作了发言。县政府党组成员、副县级干部吴刚出席会议。

同日上午,县委副书记、代县长徐志毅出席衡东县阿里巴巴农村淘宝项目推介会。副县长候选人钱永明、颜亚华参加会议。

8日晚,衡东“风华五十年”暨2016年“欢乐潇湘·美丽衡东”群众文艺会演在滨江广场上演。晚会总结衡东50年来的发展历程,展示了衡东取得的辉煌成就,更描绘了衡东未来发展的美好蓝图,激励全县广大干部群众不忘初心,继续前进,为加快推进“五县五化”战略、全面建成小康衡东继续奋斗。市委常委、宣传部部长刘丽华出席活动并讲话。县委书记吴伟生发表重要讲话。县委副书记、代县长徐志毅主持开幕式。县委常委、宣传部部长刘运仕致辞。市委宣传部常务副部长王郦君、市文化广电新闻出版局局长蒋勋伟等领导嘉宾及贺殷、谭向勤、夏崇礼等县领导出席开幕式并观看文艺演出。

9日下午,县委副书记、代县长徐志毅主持召开县人民政府第10次常务会议,学习十八届六中全会精神,研究《政府工作报告(讨论稿)》、城乡居民医保整合等工作。丁秋文、刘敏、王春生、谭志兴、钱永明、颜亚华、吴刚等领导参加了会议。

10日上午,市政协党组副书记、副主席李平带领部分市政协委员来县就农业界别提出的《关于加快洣水国家湿地公园试点建设,促进湿地生态系统保护的建议》的提案办理情况进行督办。县委副书记、代县长徐志毅陪同督办。县政协主席夏崇礼,县政府党组成员、副县长候选人钱永明一并陪同督办。

10日下午,县委副书记、代县长徐志毅深入辖区部分“两客一危”企业督查安全工作落实情况和安全生产情况。县领导陈嘉、刘敏参加督查。

14日，县委副书记、代县长徐志毅主持召开全县实行最严格水资源管理专题工作会议。县领导贺殷、丁秋文、夏长安、谭志兴、钱永明等参加会议。

15日上午，县委副书记、代县长徐志毅一行深入杨桥镇调研湘江南温泉开发、杨桥水厂改造等多项工作，并听取杨桥镇关于城乡环境综合治理和精准扶贫异地搬迁工作的汇报并进行现场调度。县政府副县长夏长安陪同调研。

16日上午，衡东县禁毒工作会议在县政府会务中心召开。县委副书记、代县长、县禁毒委主任徐志毅出席会议并发表讲话。会议由县委常委、政法委书记段忠贤主持，副县长、县禁毒委副主任、公安局长王春生作禁毒工作报告，市禁毒办常务副主任、市公安局禁毒支队长张爱国作工作指导。县“四大家”分管领导，各乡镇乡镇长、分管负责人，禁毒委成员单位主要负责人、分管负责人，县直机关单位、省市驻衡单位分管负责人，县公安局各乡镇派出所所长、禁毒大队全体干警，县禁毒办全体人员，各乡镇社区主任，部分宾馆、KTV等场所负责人参加会议。

17日晚上，中共衡东县委副书记、代县长徐志毅到城区主干道查看县城亮化、美化情况。看望慰问正在清扫街道的环卫工人。县政府副县长谭志兴陪同。

17—21日，政协衡东县第十四届委员会第一次会议在武家山会务中心召开。会议听取《政协衡东县第十四届委员会提案审查委员会关于十四届一次会议提案审查情况的报告》；通过《政协衡东县第十四届委员会第一次会议关于第十三届委员会常务委员会工作报告的决议》；通过《政协衡东县第十四届委员会第一次会议关于第十三届委员会常务委员会提案工作情况报告的决议》；通过《政协衡东县第十四届委员会第一次会议政治决议》。大会采用无记名投票的方式，选举夏崇礼为十四届县政协主席，选举李思源、邓岳华、陈斌智、肖可员、向卫平为十四届县政协副主席。

18—22日，衡东县第十七届人民代表大会第一次会议在武家山政府会务中心隆重举行。19日上午，县委副书记、代县长徐志毅代表县人民政府向大会作政府工作报告。20日上午，衡东县第十七届人民代表大会第一次会议举行第二次全体会议。会议听取谭向勤所作的县人大常委会工作报告、肖海军所作的县人民法院工作报告、刘永忠所作的县人民检察院工作报告，并以举手表决的方式通过大会选举办法（草案），通过关于设立衡东县第十七届人民代表大会专门委员会的决定（草案）。21日，衡东县第十七届人民代表大会第一次会议召开第三次全体会议。会议由县委书记、大会临时党委书记、本次会议执行主席吴伟生主持。会议投票选举县人大常委会主任、县人民政府县长、县人民法院院长和县人民检察院检察长。谭向勤全票当选为衡东县第十七届人民代表大会常务委员会主任，徐志毅全票当选为衡东县人民政府县长，肖海军高票当选为衡东县人民法院院长，刘永忠高票当选为衡东县人民检察院检察长（待报衡阳市人民检察院检察长提请衡阳市人民代表大会常务委员会批准后再公告）。21日，衡东县第十七届人民代表大会第一次会议召开第四次全体会议。会议选举产生县人大常委会副主任、政府副县长和县人大常委委员。会议投票选举（以姓氏笔画为序）阳水源、李上峰、陈磊、康培远为衡东县第十七届人民代表大会常务委员会副主任；选举（以姓氏笔画为序）丁秋文、王春生、刘敏、刘光荣、钱永明、谭志兴、颜亚华为衡东县人民政府副县长；选举文朝晖等22名同志为衡东县第十七届人民代表大会常委委员。22日上午，衡东县第十七届人民代表大会第一次会议胜利闭幕。

22日下午，新一届县政府班子工作会议在县政府常务会议室召开。县委副书记、县长徐志毅主持会议并讲话。丁秋文、刘光荣、王春生、谭志兴、刘敏、钱永明、颜亚华、夏长安、吴刚等县领导参加会议并作表态发言。

22日晚，衡东县召开2016年度财政收入调度和主要经济指标分析会。县委书记吴伟生，县委副书记、县长徐志毅出席会议并讲话，县委常委、常务副县长丁秋文主持会议。

24日下午，县委全面深化改革领导小组召开第六次会议,传达学习贯彻近期中央、省、市有关深改工作会议精神,听取全县全面深化改革工作情况汇报,审议有关改革事项。县委书记、县委全面深化改革领导小组组长吴伟生主持会议,县委副书记、县长徐志毅、县人大常委会主任谭向勤、县政协主席夏崇礼等县领导参加会议。

25 日上午,在罗荣桓元帅诞辰 114 周年来临之际,县委书记吴伟生,县委副书记、县长徐志毅等县委,县人大、县政府、县政协及县人武部主要领导冒雨前往罗荣桓元帅纪念馆,深切缅怀罗帅丰功伟绩。县委常委、纪委书记刘卫平主持座谈会,县领导谭向勤、夏崇礼、陈嘉、段忠贤、赵乔峰、刘运仕、刘敏等参加座谈会。

同日,“将帅影像陈列室”在罗荣桓元帅纪念馆正式开展,县委书记吴伟生、县人大常委会主任谭向勤为其揭牌。县委副书记、县长徐志毅出席揭牌仪式。县领导夏崇礼、陈嘉、段忠贤、赵乔峰、刘运仕、刘敏等参加揭牌仪式。

同日,“岳英书画社”在罗帅故居正式成立并对外开放,县委副书记、县长徐志毅,县政协主席夏崇礼为其揭牌。县委书记吴伟生出席揭牌仪式。县领导谭向勤、陈嘉、段忠贤、赵乔峰、刘运仕、刘敏等参加揭牌仪式。

同日,衡东县委中心组(扩大)在县委党校会议室集中学习党的十八届六中全会精神、省第十一次党代会精神。学习由县委书记吴伟生主持。市委副秘书长、市委宣传部副部长吕正平从三个方面详细解读党的十八届六中全会精神:增强核心意识,凝聚继续前行的力量;认真学习《中国共产党廉洁自律准则》,严肃党内政治生活;准确把握《中国共产党纪律处分条例》,落实党内监督责任。吴伟生传达《中共湖南省委办公厅关于认真学习宣传贯彻省第十一次党代会精神的通知》。全体在职县级领导,各乡镇党委书记、乡镇长、分管宣传思想工作负责人、纪委书记,县直机关(含省市驻衡单位)党政主要负责人参加了学习。

30 日上午,县委副书记、县长徐志毅率队督查全县安全生产工作,要求深刻吸取江西丰城“11·24”特别重大事故教训,继续深入扎实开展“百日大整治”,强化安全意识,夯实安全基础,确保岁末年初安全形势持续稳定向好。县领导谭志兴、邓岳华、周谷湘陪同督查。

12 月

5 日上午,县委书记吴伟生带领住建、安监、城管、消防等单位主要负责人深入县城重点单位、重点部门检查指导安全生产工作。县领导丁秋文、邓岳华、周谷湘陪同检查。

同日上午,2016 年衡东县“两项督导评估考核”汇报会及意见反馈会在恒瑞五楼会议室召开。省督学、市政府原副主任督学、市督导评估考核组组长文亚杰主持会议,县委副书记、县长徐志毅出席会议并作表态发言。县领导刘运仕、李上峰、刘光荣、李思源等参加会议。

同日,衡东县向阳幼儿园建设项目举行开工奠基仪式,县委副书记、县长徐志毅宣布项目正式开工并奠基培土。仪式由县政府副县长刘光荣主持,县领导刘运仕、李上峰、康培远、李思源参加奠基仪式。

同日下午,衡东县省级文明县城迎检工作调度会在县政府常务会议室召开,县委副书记、县长徐志毅主持会议并发表讲话。县领导丁秋文、段忠贤、刘卫平、刘运仕、晏志君、谭志兴、刘敏、吴刚等参加调度会。

6 日上午,全县农村公路窄路加宽工作推进会在三樟召开,县委副书记、县长徐志毅出席会议,并对安全生产、信访维稳、城乡环境整治、发展乡村旅游和农业产业化、绩效考核等工作进行部署。

7 日上午,全县深入推进打黑除恶工作暨创优经济发展环境动员大会在政府会务中心召开。会议就全县深入推进打黑除恶和创优经济发展环境工作进行安排部署。县委书记吴伟生出席会议并作重要讲话,县委副书记、县长徐志毅主持会议。县委常委、政法委书记段忠贤作深入推进打黑除恶工作报告,县委常委、纪委书记刘卫平作创优经济发展环境工作报告,县人民法院院长肖海军宣读《衡东县政法系统办理“涉黑涉恶”案件十条特别处理规定》。洣水镇、县公安局、县人民检察院、县人民法院分别作表态发言。县领导贺殷、谭向勤、夏崇礼、赵良成、向卫平、刘永忠、陈皓等出席会议。

9日,中共衡阳市委发布衡委干〔2016〕118号通知,市委同意衡东县第十七届人民代表大会第一次会议和政协衡东县第十四届委员会第一次会议选举产生的衡东县人大常委会正副主任、人民政府正副县长、政协正副主席、人民法院院长。

10日下午,天津市湖南衡阳商会成立庆典大会在津举行,县委副书记、县长徐志毅出席大会并代表衡阳各县市区发表讲话。县人大常委会主任谭向勤,县政协主席夏崇礼,县委常委、统战部部长陈嘉,县政协副主席、工商联主席陈斌智出席大会。湖南省政府、衡阳市政府等驻津机构领导,天津市衡阳籍领导,衡南、常宁等衡阳市区县领导,以及各省市衡阳商会代表、天津市湖南商会代表、湖南商会旗下各地市级兄弟分会代表和衡阳商会会员等共300余人参加会议。

13日下午,衡东县加快县域经济发展暨全面深化改革推进会在政府会务中心召开。县委书记吴伟生,县委副书记、县长徐志毅出席会议。市委改革办专职副主任侯健康莅临会议指导。会上,县发改局、经科信局、交通运输和旅游局、住建局等单位就县域经济工作分别作表态发言,县人民法院、政务服务中心等单位分别作深化改革典型发言。会议由县委副书记贺殷主持。县领导谭向勤、夏崇礼、陈嘉、段忠贤、刘卫平、李一帆、赵乔峰、刘运仕、晏志君出席会议,各乡镇党委书记、乡镇长,县直机关各单位党政主要负责人,省、市驻衡东单位党政主要负责人,相关工作领导小组办公室工作人员参加会议。

14日下午,衡东县在武家山会务中心举办国家安全形势专题讲座,国防科技大学易金务教授应邀授课。吴伟生、徐志毅、贺殷、谭向勤、夏崇礼等在家县领导聆听讲座。讲座由县委常委、县人武部部长赵乔峰主持。各乡(镇)党委书记、乡(镇)长、专武干部、县直机关各单位党政主要负责人、省市驻衡东单位党政主要负责人、县属融资平台公司主要负责人等共计200余人聆听了讲座。

16日上午,衡东县基础设施PPP项目合作框架协议签订仪式在县人民政府常务会议室举行,县委副书记、县长徐志毅,中城建三局集团总裁助理、中城建三局集团(重庆建设)董事长、总经理贺勇分别代表县人民政府、中城建第三工程局集团重庆建设工程有限公司签订合作框架协议。县领导丁秋文、刘光荣、王春生、谭志兴、刘敏、钱永明、颜亚华等出席签约仪式。

同日下午,市政府党组成员、副市长候选人廖健带领市旅游外侨民宗局局长向前等相关部门负责人到衡东调研旅游项目。县委副书记、县长徐志毅参加调研。县领导刘敏、李思源陪同调研。

同日,县委副书记、县长徐志毅主持召开第十七届县人民政府第1次常务会议,研究举办衡东县首届房交会、病死畜禽无害化处理体系建设、安全生产、"十三五"妇女儿童发展规划等工作。丁秋文、康培远、陈磊、刘光荣、王春生、谭志兴、刘敏、钱永明、颜亚华、罗慧斌、夏长安、吴刚、谭泽民、周叶华、罗宗明、周谷湘、陈检春等县领导参加会议。

19日,县委书记吴伟生到县人民来访接待中心,接待群众来访。县委常委、常务副县长丁秋文参加接访。

同日下午,县委副书记、县长徐志毅深入多个项目建设现场进行实地调研,督促加快项目进度,协调解决相关问题,研究部署推进项目建设的措施。

20日上午,市委常委、统战部部长、副市长罗东海带领工作组到衡东县,专门听取部分市人大代表、市政协委员对市十五届人大一次会议《政府工作报告》的意见建议。在征求意见座谈会上,县委副书记、县长徐志毅发言。市政府副秘书长李育全,县领导谭向勤、陈嘉、李上峰、刘光荣、陈斌智等参加座谈会。

22日上午,县委书记吴伟生深入湖南机油泵股份有限公司调研。县委常委、县委办主任晏志君参加调研。

26日,县委书记吴伟生主持召开衡东县2017年度县委务虚会议,总结2016年工作,分析当前形势,谋划2017年发展。县委副书记、县长徐志毅出席会议并发言。

同日晚,"湖南省文化厅2016演艺惠民高雅艺术走进衡东新年音乐会"在武家山会务中心举行。

音乐会正式开始前举行迎新年活动仪式。县委副书记、县长徐志毅主持仪式,县委书记吴伟生致新年献词。

27日上午,湖南首个县级巡察机构——中共衡东县委巡察工作领导小组办公室在衡东县廉政教育服务中心举行揭牌仪式。市委常委、市纪委书记包昌林,市政府党组成员、市纪委副书记唐浩然,县委书记吴伟生,市委巡视联络办主任龙祝元为中共衡东县委巡察工作领导小组办公室揭牌。县委副书记、县长徐志毅主持揭牌仪式。县领导谭向勤、夏崇礼、刘卫平、李一帆,以及部分乡镇党委书记、纪委书记,部分县直机关单位主要负责人,县纪委委员等参加揭牌仪式。

2017年

1月

12日上午,县委经济工作会议召开。县委书记吴伟生在会上发表讲话,县委副书记、县长徐志毅主持会议并讲话。全体在职县级领导,离退休老同志代表,县委办、县政府办副主任、各乡镇党委书记、乡镇长,县直机关党政负责人,县属国有投资公司董事长,省、市驻衡东单位党政主要负责人,纳税大户企业法人代表、省级农业产业化龙头企业法人代表、餐饮业纳税大户,部分开工在建重点工程项目业主单位负责人参加会议。

13日,中共衡东县委副书记、县长徐志毅检查全县道路交通安全工作。县领导刘敏、李思源陪同检查。

15日下午,春节期间工作调度会在县政府常务会议室召开,部署春节期间的有关工作。县委副书记、县长徐志毅出席会议并讲话。会上,徐志毅还对春节期间保民生、保运转、促发展等重点工作进行了全面部署和调度。会议由县委常委、常务副县长丁秋文主持,县领导康培远、刘光荣、王春生、谭志兴、刘敏、钱永明、颜亚华、李思源、罗慧斌、夏长安、吴刚、谭泽民、周叶华、罗宗明,县政府办全体班子成员,各乡镇长以及部分县直单位主要负责人参加会议。

16日,全县老干部迎春座谈会在县老干部活动中心召开,县委书记吴伟生,县委副书记、县长徐志毅与离退休老干部们欢聚一堂,喜迎新年,共忆旧岁,共话发展,代表县四大家向出席座谈会的老领导、老同志致以节日的祝贺,向全县离退休老干部、老同志致以亲切问候和崇高敬意。县委常委、组织部部长李一帆主持座谈会。

同日下午,县委副书记、县长徐志毅到县城滨江广场,检查指导衡东县首届房地产交易展示会各项筹备工作及布展情况。县领导晏志君、谭志兴、邓岳华参加调度。

19日上午,衡东县河西新区管委会和富城公司举行挂牌仪式。县委副书记、县长徐志毅出席仪式并致辞。县领导夏崇礼、丁秋文、阳水源、夏长安、刘星煌、吴将林、何岳龙参加挂牌仪式。

同日下午,县委书记吴伟生率总工会、民政、残联等部门负责人深入大浦镇和衡东经开区看望慰问全国劳模、困难家庭和困难职工。县委常委、组织部部长李一帆,县委常委、县委办主任晏志君,县总工会主席谭民中等陪同慰问。

23日上午,县文体广新局组织全县部分文化志愿者,在县城文体广场开展送新春祝福活动。县委副书记、县长徐志毅莅临现场。县政府副县长刘敏参加活动。

24日上午,衡东县2017年春节期间森林防火工作调度会召开。县委书记吴伟生在会上强调,全县上下要明确责任,充分认识森林防火工作的重要性,实行捆绑负责制和部门工作责任制,争取广大人民群众的支持;要压实责任,落实好值班值守制度,加大重点区域巡查力度,严禁野外用火,确保春节期间零火情;要严格追责,建立健全有关制度,确保人民群众生命财产安全,让大家过一个欢乐祥和的春节。会议由副县长钱永明主持,县领导贺殷、赵乔峰、康培远、李思源、谭民中参加会议。

24日20时至次日凌晨,衡东县公安局在全县范围内组织开展"平安3号"集中清查行动,县委副书记、县长徐志毅作战前动员讲话并亲临现场督导清查工作。县政府副县长、公安局局长王春生参加战前动员和现场督导。

26日,县委书记吴伟生带队深入县维稳办、县信访局、县广电台、县电力局、县林业局和县汽车站看望慰问坚守在一线的干部职工,县委副书记、县长徐志毅陪同慰问。贺股,陈嘉,刘运仕,晏志君,刘敏,李思源等县领导陪同慰问。

同日,县委副书记、县长徐志毅代表县人民政府与年产6000吨精锡综合回收、尚达盛和现代农业产业园等4个大项目负责人在县政府常务会议室签下总投资11.3亿元的项目合同。县领导丁秋文、康培远、颜亚华参加签约仪式。

2月

1日,县委书记吴伟生,县委副书记、县长徐志毅,县人大常委会主任谭向勤,县政协主席夏崇礼与衡东籍异地商会代表欢聚一堂,畅叙情谊,共商发展,并通过他们向全体商会会员致以新春的问候和新年的祝福。县委常委、统战部部长陈嘉主持团拜会,县领导晏志君、阳水源、颜亚华、陈斌智参加。

2日上午,县委副书记、县长徐志毅专程到县交警大队指挥中心,亲切看望慰问一线执勤民警,并通过对讲机,向他们致以新春的美好祝福。

3日上午9点38分,县文体广场上响起雄壮的国歌声,鲜艳的五星红旗冉冉升起。春节后的第一个工作日,衡东县举行简朴而庄严的“贺新春,升国旗”仪式。县委副书记、县长徐志毅主持,县委书记吴伟生发表热情洋溢的新春贺词。全体在职县级领导,各乡镇党委书记、乡镇长,县委、县政府机关大院所有单位的全体干部职工与县直机关各单位、省市驻衡东单位党政主要负责人参加升旗仪式。

3日是节后上班第一天,县委书记吴伟生,县委副书记、县长徐志毅风尘仆仆深入部分企业走访慰问,了解企业复工复产情况,并勉励企业和员工树立信心,鼓足干劲,一同为实现“工业强县”目标做贡献。县领导丁秋文、陈嘉、晏志君、钱永明、颜亚华参加走访慰问。

4日上午,县委在县委党校召开科级领导干部任前集体谈话会,县委书记吴伟生强调,新任领导干部要正确对待此次人事调整,常怀感恩之心,尽心尽力为民谋福祉,履职尽责,时刻把廉政自律挺在前面,尽快进入新岗位、新角色,以良好的精神状态投入到新的工作中。县委副书记贺股主持会议并对新任领导干部提出希望。县委常委、纪委书记刘卫平对领导干部进行任前廉政谈话。县委常委、组织部部长李一帆宣读人事任免决定。副县长王春生出席会议。

同日上午,县委副书记、县长徐志毅主持召开衡东县人民政府2017年第1次常务会议,研究财政预算、筹建水务投公司、招商引资等工作。县政府全体班子成员参加会议,县人大、政协部分领导应邀出席会议。

7日上午,县委书记吴伟生主持召开2017年第三次县委常委会,传达贯彻市委十一届三次全会、市纪委十一届二次全会精神,研究讨论县委2017年工作要点、县纪委十三届二次全会工作报告(审议稿)、招商引资政策和2017年财政预算工作。县委副书记、县长徐志毅出席会议。县领导贺股、谭向勤、夏崇礼、丁秋文、陈嘉、段忠贤、刘卫平、李一帆、赵乔峰、刘运仕、晏志君、颜亚华、周谷湘、吴将林、罗敏、刘星煌、谭民中等参加会议。

9日,衡东县举行八大项目集中开(复)工仪式,金城土菜园、聚味堂、坪桥二号安置房、坪石一号安置房、天英学校、沿江路、学府路、双园大道北等8大项目同时开(复)工,在全市率先掀起项目建设新高潮。县委副书记、县长徐志毅出席并讲话。

10日,县委书记吴伟生深入草市镇,就村支两委换届准备、城乡环境卫生整治、便民服务中心管理、村级公路建设、旅游项目开发等进行调研,并与草市镇党政班子召开座谈会。县委常委、统战部部长陈嘉,县委常委、县委办主任晏志君,县人社局局长李建芸等陪同调研并参加座谈会。

13日,衡东县举行2016年度市管领导班子和领导干部考核民主测评会议。会议由县委副书记贺股主持。会上,县委副书记、县长徐志毅代表政府班子及本人作口头述职,县委书记吴伟生代表县委班子及本人作口头述职,按照市委文件要求,其他县级领导呈报了书面述职材料。参加民主测评会议的人员有:全体县委委员,不是县委委员的县级领导,乡镇党委书记、乡镇长,县直正科级行政事业单位党政主要负责人,县纪委常委、县委组织部班子成员,县直单位正科级内设机构党政正职,县属国有投融资公司董事长、总经理。

同日,衡东县第十三届纪律检查委员会第二次全体会议在武家山会议中心召开。会议传达学习了习近平总书记重要讲话精神和中央、省、市有关会议精神,回顾总结了县2016年党风廉政建设和反腐败工作,通报了2016年全县党风廉政建设责任制检查考核情况,研究部署了2017年反腐倡廉工作任务。县委书记吴伟生出席会议并作重要讲话,县委副书记、县长徐志毅主持会议。全体在职县级领导,县纪委委员,各乡镇党委书记、乡(镇)长、纪委书记,县直机关单位副科实职以上领导干部,部分县直单位二级机构负责人,省市驻衡东单位负责人,县委巡察办正副主任、巡察组正副组长及县纪委监察局机关内设机构负责人等参加了会议。

15日,全省安全生产紧急电视电话会议后,县委副书记、县长徐志毅带领县政府办、安监局、公路局、经信局等相关部门负责人对全县相关企业安全生产进行督查。

21日上午,县委副书记、县长徐志毅率县监察、水利、国土、交通、矿管办、湿地公园管理处等部门负责人深入洣水多个河段专题调研洣水流域综合治理工作。县领导段忠贤、谭志兴、钱永明陪同调研。

23日,全县公安工作会议召开。县委书记吴伟生出席会议并讲话。会议由县委常委、政法委书记段忠贤主持,副县长、公安局局长王春生作工作报告。县政协副主席向卫平出席会议。

同日,县委副书记、县长徐志毅主持召开专题会议,对全县实行最严格水资源管理、洣水湿地公园迎检,以及农村环境卫生整治工作进行调度。县领导钱永明、夏长安出席会议。县农业局、水利局、国土局、环保局、洣水国家湿地公园等相关部门负责人和各乡镇长参加会议。

24日上午,县委副书记、县长徐志毅主持召开县人民政府党组2016年度专题民主生活会,要求对照《准则》和《条例》深入查摆问题,并逐一整改到位,切实增强班子凝聚力和战斗力,努力打造“民生政府、务实政府、廉洁政府”。县领导丁秋文、王春生、谭志兴、刘敏、钱永明、颜亚华、夏长安、吴刚、谭泽民参加会议,县领导刘光荣、罗慧斌应邀列席会议。

28日上午,县委农村工作会议在武家山政府会务中心召开,回顾总结2016年全县的“三农”工作,对2017年“三农”工作进行安排部署。县委书记吴伟生作书面讲话,县委副书记、县长徐志毅出席会议并讲话。会议由县委副书记贺殷主持,副县长钱永明作大会报告;县领导谭向勤、夏崇礼、丁秋文、刘卫平、赵乔峰、刘运仕出席会议。

3月

2日,市委书记、市人大常委会主任周农深入衡东县调研指导村(社区)“两委”换届情况,听取最基层的声音和意见,研究如何精准发力做好村“两委”换届工作和基层党建工作。县委书记吴伟生汇报了全县村(社区)“两委”换届选举工作的相关情况。市委常委、市纪委书记包昌林,市委常委、市委秘书长张贺文,市委常委、市委组织部部长陈竞,市政协副主席、市农委主任汪维参加调研,县领导贺殷、刘卫平、李一帆陪同。

同日,省委宣传部副部长周湘率省委宣传部宣教处副处长谢青,省委党史研究室原副主任、党史专家陈清林,长沙锄禾展示展览有限公司董事长(形式设计专家)李斌深入衡东县考察调研罗荣桓元帅故居保护开发利用工作。市委宣传部副部长谭崇恩,县委常委、宣传部部长刘运仕及市委党史研究室、县委宣传部、罗荣桓故居管理处、县史志办相关人员陪同调研。

3日,县委中心组(扩大)举行集中学习,PPP领域专家崔志娟应邀到县开展PPP知识专题讲座。县委书记吴伟生主持学习并讲话。在家的全体县级领导,各乡镇党委书记、乡镇长,县直机关各单位全体班子成员,县属各国有投资公司全体班子成员,省、市驻衡东单位党政主要负责人参加学习。

同日下午，衡东县村（社区）党组织和村（居）民委员会换届选举工作动员暨培训会在武家山会务中心召开。县委书记吴伟生作重要讲话。市纪委正处级纪检监察员、市派驻衡东指导监督组组长张双喜到会指导。会议由县委副书记贺殷主持。会上，县政府副县级干部、党组成员吴刚就村（居）民委员会换届选举工作作具体说明和安排，县委常委、组织部部长李一帆就村（社区）党组织换届选举工作进行安排部署，并宣读村（社区）“两委”换届选举七条组织保障措施，县委常委、纪委书记刘卫平就村（社区）“两委”换届选举风气监督进行安排部署，就严肃换届纪律提出要求。县领导谭向勤、夏崇礼、丁秋文、段忠贤、赵乔峰出席会议，联系乡镇的县级领导，县村（社区）“两委”换届选举领导小组全体成员及领导小组下设“一办三组”全体成员，县直机关单位党政主要负责人，县直机关正科实职领导干部回原籍参加换届选举工作的有关人员，各乡镇党委书记、乡镇长、人大主席、政协联络工委负责人、专职副书记、纪委书记、组织委员、分管民政工作的负责人，全县村（社区）临时党支部书记、村工作委员主任、居民委员会主任参加会议。

6日下午，县委副书记、县长徐志毅主持召开县政府第2次常务会议，研究安全生产、出台《关于加快发展养老服务业的实施意见》、出台《衡东县医疗卫生服务体系规划（2016—2020年）》、禁毒、与阿里巴巴合作发展电商产业等工作。会议听取了县民政局关于村支两委换届工作情况汇报，还研究其他事项。县政府全体班子成员参加会议。

7日上午，衡东县纪念三八国际妇女节107周年暨表彰大会在县委党校隆重召开。县委书记吴伟生出席会议并讲话。

8日，市委常委、副市长章彰率市直相关部门及各金融机构负责人深入衡东县，就政银企合作等金融工作进行调研指导。座谈会上，县委副书记、县长徐志毅就全县金融工作情况进行汇报。县领导贺殷、丁秋文、刘敏参加座谈会。

9日晚，县委副书记、县长徐志毅在县政府常务会议室主持召开县城范围内砂石码头整治工作调度会。县领导贺殷、丁秋文、段忠贤、谭志兴、刘敏、钱永明、夏长安参加会议。

8—10日，政协衡东县第十四届委员会第二次会议召开。大会采取举手表决的方式，选举刘碧兰为县十四届政协秘书长，刘国荣、罗柯、单秋珍为县十四届政协常务委员会委员。吴伟生、徐志毅、谭向勤、夏崇礼、李思源、邓岳华、陈斌智、肖可员、向卫平、何岳峰、洪春生、刘碧兰等领导出席。

9—11日，第十七届人民代表大会第二次会议召开。会议表决通过《关于衡东县2016年国民经济和社会发展计划执行情况与2017年计划草案的报告》和《关于衡东县2016年财政预算执行情况与2017年财政预算草案的报告》的决议，批准了2017年国民经济和社会发展计划，批准2017年财政预算，并就此次大会的选举结果发布大会公告。会议进行投票选举，文晓春、彭庆桃、谭水光（按姓氏笔画排序）当选为衡东县第十七届人民代表大会常务委员会委员。吴伟生、谭向勤、徐志毅、夏崇礼、贺殷、李一帆、赵良成、阳水源、李上峰、康培远、陈磊等领导出席。

14日上午，县委副书记、县长徐志毅主持召开县政府第3次常务会议。研究教育、全面推行河长制、加快农业产业化发展、气象观测站搬迁、食品药品安全、环境保护、安全生产、重点项目和招商引资等工作。县政府全体班子成员参加会议。

同日下午，县委副书记、县长徐志毅前往县城城区周边砂场进行现场督查。县委常委、政法委书记段忠贤，县政府副县长钱永明陪同督查。

15日下午，县委书记吴伟生，县委副书记、县长徐志毅率领县国土、住建、规划、商粮局、城建投、洣水镇等单位负责人，实地调研武家山路建设项目、丽都东路延伸段建设项目和县城农贸市场建设项目，察看项目建设情况，协调解决建设中的困难和问题，并就相关工作进行现场安排调度。谭志兴、颜亚华、罗敏等县领导参加调研。

16日下午，县委副书记、县长徐志毅率县国土、规划、重点办、政府督查室等部门负责人深入河西新区召开专题会议，研究部署新区建设有关工作。会议同时对新区的环卫、绿化、路灯管理及拆违控违等事项进行明确。县领导颜亚华、吴将林参加会议。

17 日上午,县委副书记、县长徐志毅率县组织部、财政、编办等有关部门负责人到县人社局进行调研。县委常委、常务副县长丁秋文参加会议。

21 日,县委书记吴伟生主持召开 2017 年第 8 次县委常委会。会议传达学习上级有关会议精神,研究党务、环保、安全生产、教育、河长制等方面的工作。县领导徐志毅、贺殷、谭向勤、夏崇礼、丁秋文、陈嘉、段忠贤、刘卫平、李一帆、赵乔峰、刘运仕、晏志君、周谷湘、吴将林、罗敏、刘星煌、谭民中等参加会议,5 名来自村(社区)、学校、乡镇的县党代表应邀列席会议。

22 日下午,县委人口和计划生育领导小组工作会议在县政府常务会议室召开,县委副书记、县长徐志毅出席会议并讲话。县委副书记贺殷主持会议,县领导李上峰、王春生、罗慧斌、肖可员参加会议。

24 日上午,全县党务工作会议在武家山会务中心召开。会议由县委副书记、县长徐志毅主持,县委书记吴伟生在会上作重要讲话。按照会议安排,大会先后听取政法、办公室系统、组织、宣传、统战工作报告,对 2016 年党务工作进行总结,对 2017 年的党务工作进行安排部署,对先进单位和个人进行了表彰。会上,各乡镇和县综治成员单位负责人递交责任书。县领导贺殷、谭向勤、夏崇礼、陈嘉、段忠贤、刘卫平、李一帆、刘运仕、晏志君出席会议。全体在职县级领导,各乡镇党委书记,专职副书记,分管组织、宣传、统战、政法工作副职,党政办主任,县直机关各单位党政主要负责人,分管办公室、组织、宣传、统战、政法工作副职,省市驻衡单位党政主要负责人,县委办、县委组织部、县委宣传部、县委统战部、县委政法委等单位全体工作人员,政法系统各单位全体班子成员和股、所、庭、队、室主要负责人参加会议。

同日,衡东县召开 2017 年部分重点工作推进会,对全县安全生产、环境保护、招商引资、重点项目建设等四项工作进行总结表彰和安排部署。会议由县委副书记、县长徐志毅主持,县委书记吴伟生作重要讲话。县委副书记贺殷宣读 2016 年招商引资工作、重点项目建设工作、安全生产工作的表彰决定。县委常委、常务副县长丁秋文向大会作安全生产暨环境保护工作报告。副县长颜亚华向大会作招商引资暨重点项目建设工作报告。各乡镇、相关县直单位向县委、县政府递交责任状。县领导贺殷、谭向勤、夏崇礼、丁秋文、陈嘉、段忠贤、刘卫平、李一帆、刘运仕、晏志君、颜亚华出席会议。全体在职县级领导,县人大和县政协相关委室负责人,各乡镇党委书记、乡镇长、人大主席,县直机关各单位、省市驻衡东单位、各投融资平台公司、部分部门所属正科级事业单位主要负责人,县安监局、环保局、商粮局、重点办全体班子成员,部分高危、重点企业法人代表,部分环保监管重点企业法人代表,部分重点项目业主单位负责人,2016 年部分招商引资签约项目单位负责人参加会议。

27 日上午,衡东县金融产业扶贫分贷统还红利发放仪式在白莲镇举行。县委副书记、县长徐志毅亲手为 10 名贫困户代表发放“分贷统还”红利金 6 万元。副县长钱永明主持红利发放仪式,并参加走访慰问。

30 日下午,市委常委、市纪委书记包昌林深入衡东县督查指导村(社区)“两委”换届选举工作。县委书记吴伟生陪同督查并介绍衡东县的工作开展情况。市换届监督指导组、市试点工作组成员参加督查,县委常委、纪委书记刘卫平,县委常委、组织部部长李一帆陪同督查。

同日下午,县委副书记、县长徐志毅主持召开县政府第 4 次常务会议,就被征地农民“养老贷”、《衡东县政府投资项目管理暂行办法》和《关于进一步规范政府投资项目招标投标活动的实施意见》、城区和乡镇小学招生等工作进行了研究。会议还听取违纪案件处理情况和全县 2017 年行政监察工作情况汇报。县政府全体班子成员参加会议。

4 月

7 日下午,市委常委、副市长章彰率领市政府办、市金融办、市金融信用信息服务中心等相关部门负责人莅临衡东县走访调研企业。县委副书记、县长徐志毅陪同调研。市政府办副主任周强,县委常委、县政府常务副县长丁秋文参加调研。

13 日下午，县委中心组（扩大）在武家山会务中心举行集中学习，重点学习“衡东工业经济优势、短板及对策”和《中国共产党工作机关条例（试行）》等内容。县委书记吴伟生主持学习并讲话。会议还集中学习《中国共产党工作机关条例（试行）》。全体在职县级领导，县政府办分管推进新型工业化负责人，乡镇党委书记、乡镇长、分管推进新型工业化的负责人，县直机关单位、省市直管单位党政主要负责人，县经科信局全体班子成员，工业办全体工作人员等参加了集中学习。

同日，县政府召开 2017 年第一次全体（扩大）会议暨廉政工作会议，县委副书记、县长徐志毅出席会议并讲话。会议通报 2016 年《政府工作报告》落实情况和 2017 年《政府工作报告》重点工作任务分解情况，表彰 2016 年度人大代表建议、政协委员提案办理工作先进单位，各乡镇和县直部门递交 2017 年工作责任状。徐志毅向县财政、人社等重点承办单位交办县人大政协“两会”建议提案。县政府全体在职县级领导，县人大、县政协相关领导，县人大联工委、县政协提案委负责人，县政府办全体班子成员及各组室负责人，各乡镇乡镇长，县政府工作部门、直属机构、部门管理机构及省市驻衡单位的主要负责人参加会议。

18 日上午，县委书记吴伟生主持召开 2017 年第 10 次县委常委会，研究了扶贫攻坚、计划生育、干部作风建设年活动、市民素质提升工程、信访等方面的工作。会议还研究其他事项。徐志毅、丁秋文、陈嘉、段忠贤、刘卫平、赵乔峰、刘运仕、晏志君等县领导参加会议。

19 日上午，县委书记吴伟生专题调研衡东洣水国家湿地公园建设情况，指导公园迎检验收工作。县领导钱永明、夏长安陪同调研。

21 日下午，市委常委、副市长章彰率领市政府办、市金融信用信息服务中心等部门相关负责人，深入衡东县走访调研台湾物流园、盛和现代生态农业产业园、旭达大健康国际生态园和武家山公园等项目建设情况。县委副书记、县长徐志毅陪同调研。

23 日至 25 日，县委副书记、县长徐志毅率衡东代表团参加“港洽周”活动，在深圳登门拜访、实地考察任达养老集团、中信旅游、正威集团等企业。县领导颜亚华、吴刚、陈斌智等参加。

24 日下午，2017 湖南“港洽周”衡东专场招商引资推介会在深圳举行，县委副书记、县长徐志毅出席推介会。副县长颜亚华主持推介会。县领导谭向勤、夏崇礼、陈嘉、吴刚、陈斌智等出席推介会。

26 日下午，县委书记吴伟生带领县安监局、环保局等部门，深入到金龙矿区石岩嘴、高塘冲尾矿库进行实地踏看，指导制订金龙矿区环保安全整治方案。

27 日晚，衡东县召开配合中央环保督察协调联络工作组动员会，安排部署中央督察组在湘和到衡东期间开展督察的协调保障工作。会议由县政府办公室主任李建华主持，县委副书记、县长徐志毅，县委常委、县政府常务副县长丁秋文出席会议并作重要讲话。配合中央环保督察协调联络工作组下设的综合协调组、资料文件组、交办问题落实组、宣传舆情组、后勤保障组、安保维稳组 6 个专项工作组的正副组长、组员 30 余人参加了会议。

28 日，县委书记吴伟生，县委副书记、县长徐志毅再次主持召开专题会议，调度、安排、部署中央环保督察组交办群众举报环境污染问题整治工作。这是自 4 月 25 日以来书记、县长第三次调度该项工作。会议对中央环保督察组交办衡东县的金龙矿业、三樟镇非法炼油厂、红狮水泥、塔冲村养殖场等 5 件群众举报环境污染问题整治情况再次进行调度安排；重点研究、部署金龙矿业环境问题整治工作，明确 5 个工作组具体整治任务、整治目标、整治措施、整治时限；进一步强调了工作纪律和要求，进一步压实工作责任。

5 月

2 日，县委书记吴伟生主持召开县委常委会议，研究部署环保督察、信访维稳、村（社区）两委换届等工作。县委副书记贺殷，副县长、公安局局长王春生安排部署当前信访工作。会议还研究部署了村（社区）“两委”换届等工作。全体县委常委、相关县级领导等参加会议。

3日上午,衡阳市委县级巡察工作现场推进会在衡东县召开。市委书记、市人大常委会主任周农作重要讲话,强调要全面推进衡阳市巡察工作,推动全面从严治党向纵深发展,为建设“五个新衡阳”提供坚强有力的组织保证。会议由市委常委、市委组织部部长陈竞主持,市委常委、市纪委书记包昌林就市委县级巡察工作进行全面安排部署,市委常委、市委秘书长张贺文出席会议。县委书记吴伟生在会上作题为《坚持问题导向,把牢六大环节,全力推动县级巡察工作纵深发展——衡东县探索实践县级巡察“六步工作法”经验汇报》的典型发言。市直相关部门和单位负责人、市委巡察组正副组长,各县市区委书记、纪委书记、组织部部长、巡察办主任,以及衡东县县委常委、县人大常委会主任、县政协主席和相关单位负责人参加会议。

同日下午,深圳华侨城专家团到衡东考察大浦区域旅游总体开发。县委副书记、县长徐志毅陪同考察。市旅游外侨民宗局副局长李欣、县政府副县长刘敏参加考察。

4日上午,县委副书记、县长徐志毅主持召开县政府第5次常务会议。会议研究设立不动产登记赔偿基金和城镇范围内房地产登记工作遗留问题处理、土地储备、促进旅游经济发展、2017年年初中招生、县城定点屠宰场搬迁、人事任免等工作。县政府全体班子成员参加了会议。

5日上午,县委书记吴伟生深入部分企业督导环保整改工作。县委常委、县委办主任晏志君陪同督导。

6日上午,市委副书记、市长周海兵率市林业局、市环保局、市农委、市国土资源局、市水利局、市政府研究室、市政府督查室等单位主要负责人到衡东县,深入湖南东健药业有限公司督察环保工作,强调要落实企业责任,强化问题整改,确保绿色发展、可持续发展。市政府副市长杨龙金、市政府秘书长邓小林、市政府办副主任周湘晖参加督察。县委书记吴伟生,县委副书记、县长徐志毅,县委副书记贺殷,县委常委、常务副县长丁秋文陪同。

9日上午,县委书记吴伟生深入部分乡镇、河坝检查指导防汛抗旱工作。吴伟生要求,全县上下要全面落实“责任到位、工程到位、预案到位、物资到位、队伍到位”的工作要求,全力做好防御大洪水、抗击大干旱的各项准备工作。副县长钱永明陪同检查。

同日晚,县委副书记、县长徐志毅在县政府常务会议室主持召开会议,专题调度石湾镇三家瓷厂非法自建燃气设施处置有关问题。

10日上午,由县委、县人民政府主办的衡东县第四届土菜文化旅游节之“洣江枇杷熟了”开园仪式在高湖镇洣江生态观光园举行。县委书记吴伟生宣布开园,县委副书记、县长徐志毅致词。县委副书记贺殷主持开园仪式,县领导谭向勤、刘卫平、阳水源、刘光荣、刘敏、钱永明、夏长安等参加开园仪式。

12日上午,县委书记吴伟生率发改、旅游、国土、财政、交通投等部门负责人前往白莲镇就加快推进千年白莲风情园建设现场办公。县委常委、县委办主任晏志君参加调度。

同日下午,县委副书记、县长徐志毅主持召开县政府第6次常务会议。会议研究第三批大中型水库特困移民避险解困、集贸市场搬迁、禁毒等工作。县人大常委会副主任阳水源应邀列席会议。县政府全体班子成员参加会议。

15日下午,副市长廖健率市经信委、市商粮局、市法制办、市金融办等部门负责人深入湖南东健药业有限公司调研企业发展建设情况。县委副书记、县长徐志毅陪同调研。市政府副秘书长胡深源、县政府副县长颜亚华参加调研。

16日下午,全县特困移民避险解困暨农网改造升级推进会议召开。县委副书记、县长徐志毅出席会议并讲话。县委常委、常务副县长丁秋文主持会议。各乡镇乡镇长,分管农网改造、移民工作负责人,相关县直机关单位主要负责人,县电力公司、县移民局全体班子成员参加会议。

19日上午,县委书记吴伟生前往党建联系点大浦镇长丰村检查指导精准扶贫工作。吴伟生实地走访慰问贫困户胡光元、低保兜底贫困户黄代龙以及易地搬迁户袁先军,详细询问他们的生产生活状况、主要经济收入及致贫原因,得知胡光元因病再度返贫,吴伟生关切地送上慰问金,并鼓励胡光元坚定信心，早日战胜病魔。

19 日，县委副书记贺殷率队检查指导涞水镇扶贫工作，深入贫困户家中促膝长谈，了解贫困户的疾苦和需求，并送上慰问品和慰问物资。

22 日下午，县委书记吴伟生主持召开 2017 年第 14 次县委常委会，研究脱贫攻坚、环保督察等方面的工作。会议传达学习中央、省、市有关脱贫攻坚工作的精神和要求，研究讨论全县关于增派县级领导联村、贫困人口在 100 人以上的非贫困村需要派出工作队、确定 2017 年有关扶贫资金分配方案原则、加强乡镇扶贫工作队伍建设、调整县扶贫开发领导小组等脱贫攻坚工作。会议安排部署计划生育工作，原则通过干部“转作风、下基层、抓中心、促发展、见成效”主题活动。全体县委常委，县人大、县政府、县政协相关县级领导等参加会议。

同日，县委副书记、县长徐志毅到县人民来访接待中心接待来访群众，倾听群众心声，帮助他们排忧解难。县领导段忠贤、刘运仕、陈皓及相关部门负责人参加接访。

23 日上午，衡东县禁毒工作、脱贫攻坚暨土地确权工作推进会议在武家山会务中心召开。县委书记吴伟生出席并作重要讲话。会议由县委副书记、县长徐志毅主持。县委常委、政法委书记段忠贤、副县长钱永明分别就禁毒、脱贫攻坚暨土地确权工作进行安排部署。副县长、公安局局长王春生宣读全县禁毒工作先进单位、个人表彰决定；相关单位递交责任状，部分单位分别作经验介绍和表态发言。市公安局副局长李衡，县领导贺殷、谭向勤、丁秋文、陈嘉、刘卫平、刘运仕、晏志君等参加会议。

同日下午，县委副书记、县长徐志毅前往新塘胜任百果园现场办公。县人大常委会主任谭向勤参加现场办公。

25 日上午，县委书记吴伟生前往衡东县荣桓化工有限公司督察安全生产和环保整改情况。县委常委、统战部部长陈嘉参加督察。

26 日上午，县委、县政府、县人武部联合组织全县民兵抗洪抢险分队进行实兵演练。市委常委、警备区司令员贺小坤，县委副书记、县长、防汛抗旱指挥部指挥长徐志毅出席观摩会并发表讲话。观摩会由县委常委、人武部部长赵乔峰主持。市水利局局长岳健、市水利局副局长文昌荣、市防办主任康志毅，县领导贺殷、阳水源、钱永明、李思源、陈皓，以及县防汛抗旱指挥部领导和成员、各乡镇长、县民兵应急连队员参加观摩会。

27 日下午，县委副书记、县长徐志毅主持召开县政府 2017 年第 7 次常务会议。会议研究石湾自来水厂整体搬迁重建及兴建县城第二自来水厂、推进新型工业化、河西体育馆建设、通过人事任免等工作。县政府全体班子成员参加了会议。

31 日上午，县委书记吴伟生到石岗完小参加“传递一份爱心共享一片蓝天”关爱留守儿童活动，与大家共庆六一国际儿童节。

6 月

1 日上午，县委书记吴伟生深入南湾乡督察指导省级贫困村脱贫攻坚工作。他强调，脱贫攻坚要做到接地气，有创新，产业扶贫要把扶贫资金用到刀刃上，突出主业，放大致富效益，实现脱贫攻坚与产业发展的双赢。县政协副主席陈斌智参加督察。

2 日上午，县委副书记、县长徐志毅率县政府办、教育、财政、国土等县直单位主要负责人，赴草市镇大洲完小、毛坪小学、高湖镇伟田完小、甘溪镇前进完小等地，专题调研义务教育均衡发展工作。县委常委、宣传部部长刘运仕，副县长刘光荣参加调研。

5 日上午，县委副书记、县长徐志毅到衡东县部分考点检查备考工作，并察看青少年校外活动中心。副县长刘光荣参加检查。

7 日下午，县委书记吴伟生在大浦镇岭茶村调研指导计生工作时要求，镇村干部要坚持责任到位、措施到位、落实到位、投入到位，确保全县计生工作实现“进位争先”目标。

8 日上午，县委副书记、县长徐志毅主持召开县政府第 8 次常务会议。会议研究城镇物业管理、政府合同及规范性文件管理、土地承包经营权确权登记颁证等工作。县政府全体班子成员参加会议。县领导晏志君、邓岳华、向卫平应邀出席会议。

9日上午,衡东县召开推进新型工业化暨科技创新大会。县委书记吴伟生出席会议并讲话,县委副书记、县长徐志毅主持会议。会上,县委常委、县委办主任晏志君宣读《关于对在2016年度推进新型工业化发展工作中表现优异的企业进行表彰奖励的通报》。副县长颜亚华作全县推进新型工业化暨科技创新工作报告。县领导吴伟生、徐志毅、谭向勤、夏崇礼、陈嘉、刘卫平、李一帆、赵乔峰、刘运仕、晏志君、颜亚华在主席台就座。全体县级领导,各乡镇党委书记、乡镇长、分管推进新型工业化和科技化工作的副职,县直机关党政主要负责人,全体规模以上企业法人代表,部分外地客商和在建工业项目负责人参加会议。

13日下午,县委书记吴伟生主持召开2017年第15次县委常委会,研究了政协和党建工作。会议传达学习了市委政协工作会议的主要精神和要求,研究部署新形势下政协工作。吴伟生就进一步做好政协工作提出四点要求:要充分认识政协的重大意义,推动衡东县政协工作再上新台阶;政协要正确履职,做维护核心、围绕中心、凝聚人心的表率,主动作为,开展工作;要凝心聚力,以开展活动为载体,团结一切可以团结的力量,调动工作积极性;要大力支持政协工作,对政协工作中存在的困难和问题要统筹安排,协调解决。全体县委常委,县人大、县政府、县政协相关县级领导等参加了会议,5位来自基层的党代表应邀列席。

14日上午,县委书记吴伟生前往杨桥镇就加快推进湘江南温泉项目现场办公。吴伟生率国土、林业、水利、交通旅游等部门负责人实地察看湘江南温泉项目进展情况。县领导晏志君、钱永明参加现场办公。

同日,县委副书记、县长徐志毅主持召开县长办公会议,专题研究城市公共交通、公路治超、交通运输和旅游等工作。县领导丁秋文、刘敏参加会议。

15日下午,衡东县就第四届“土菜文化旅游节”系列活动实施方案进行专题研讨。县委书记吴伟生主持会议。县领导谭向勤、夏崇礼、段忠贤、刘运仕、晏志君、李上峰、刘敏、颜亚华、李思源、谭民中及相关单位负责人参加会议。

18日,衡阳市知名书画家余庭良、王永智、宾新华、李清白、蒋二芒、刘建国、杨宝琳、罗步庵深入吴集镇江山村开展文化扶贫下乡活动。县委副书记、县长徐志毅,市文广新体局副局长刘晓文等亲临现场。县政府副县长颜亚华参加活动。

20日下午,全县防汛抗旱工作调度会召开。县委副书记、县长、县防汛抗旱指挥部指挥长徐志毅出席会议并讲话。副县长、县防汛抗旱指挥部常务副指挥长钱永明主持会议,县领导赵乔峰、陈皓参加会议。

21日上午,县委副书记、县长徐志毅主持召开全县义务教育均衡发展工作推进会。县委常委、宣传部部长刘运仕,县政府副县长谭志兴参加会议。

同日上午,县政协主席夏崇礼深入石湾镇光明村调研指导精准扶贫工作。夏崇礼一行察看光明村村级为民服务中心建设情况,夏崇礼指出要加快建设,争取早日入驻办公,方便村民百姓。县政协副主席向卫平陪同调研。

同日下午,县委书记吴伟生深入洣水镇朗山村开展“三走访三签字”活动,调研指导脱贫攻坚工作。

27日上午,市委副书记、市长候选人郑建新到衡东县视察指导防汛工作,要求牢牢把握2017年防汛工作的着力点,充分估计和应对2017年防汛的严峻性,落实防汛责任,科学应对各类险情灾情,确保人民群众生命财产安全,确保水库、塘坝、尾砂库安全,确保矿山、景区安全,确保城市防洪安全,确保重要交通干线安全。副市长杨龙金参加视察指导。县领导吴伟生、徐志毅、贺殷、晏志君、谭志兴、钱永明、夏长安等陪同。

29日上午,衡东县庆祝建党96周年暨“七一”表彰大会在武家山政府会务中心召开。县委书记吴伟生作重要讲话。会议由县委副书记、县长徐志毅主持。全体在职的党员县级领导出席会议。参加会议的还有省党代表、市党代表、部分县第十三次党代会代表,部分离退休老干部,各乡镇党委书记、党员乡镇长、副书记、组织委员,县直机关各单位、党组织关系在衡东的省市驻衡东单位党员班子成员,受县委表彰的先进基层党组织书记、优秀共产党员和优秀党务工作者，部分新发展的党员代表。

同日上午10时许，衡东县中油金鸿燃气有限公司金花门站内，一台装满20.5立方液化天然气的槽罐车在卸气时，因阀门损坏发生燃气泄漏。县委副书记、县长徐志毅，县委常委、常务副县长丁秋文，县委常委、政法委书记段忠贤，副县长、公安局局长王春生第一时间赶赴现场查看险情，成立排险指挥部，现场调度消防、电力、公安、安监、住建、环保及洣水镇等部门进行应急处置。市消防支队获悉情况后，先后出动8个中队前往现场增援。至14时20分，险情得以排除。

同日下午，县委理论学习中心组（扩大）在武家山会务中心举行集中学习，重点学习《中共中央、国务院关于推进安全生产领域改革发展的意见》和精准扶贫有关知识。县委书记吴伟生主持学习并讲话。全体在职县级领导，各乡镇党委书记、乡镇长、分管扶贫和安全生产工作负责人、安监站长，县直机关各单位、省市驻衡东单位党政主要负责人，县安监局全体班子成员，全县各非煤矿山企业、危险化学品企业、规模以上工业企业法人代表等参加了集中学习。

30日，县委副书记、县长徐志毅到甘溪镇督查指导防汛安保工作。还实地察看甘溪镇前进完小校舍重建情况。县委常委、县委办主任晏志君，县政协副主席向卫平参加督查。

同日下午，2017年突发地质灾害应急演练在衡东县欧阳遇实验中学举行，县委副书记、县长徐志毅，市国土局副局长傅中良，县领导丁秋文、晏志君、陈磊、谭志兴、向卫平参加现场观摩。

7月

1日晚，衡东县防汛工作紧急调度会召开。县委副书记、县长徐志毅强调，全县各级各有关部门要发扬连续作战的作风，进一步抓好各个重要环节、管好各个重点领域，确保安全度汛。会议还传达学习近期省市系列防汛抗灾文件精神。县领导贺般、阳水源、李思源、吴刚参加会议。

2日上午，市委常委、纪委书记包昌林前往衡东指导防汛救灾工作。包昌林先后深入石湾镇、白莲水库、高湖镇、荣桓水电站实地查看防汛重点部位及农田受灾情况，及时了解群众生活情况。县委书记吴伟生，县委副书记、县长徐志毅，县委常委、纪委书记刘卫平参加。

同日晚，徐志毅赶往大浦、霞流、新塘等湘江沿线乡镇，实地查看汛情，督察防汛值守情况。县人大常委会副主任李上峰参加督察。

4日下午，市委书记、市人大常委会主任周农率市农委、水利、民政等相关部门，到衡东检查指导防汛救灾工作，要求全县上下仍要盯紧看牢，持续奋战，确保人民群众生命财产安全，确保受灾群众正常生产生活尽快得到恢复。县委书记吴伟生、县委副书记、县长徐志毅参加检查。县领导刘卫平、晏志君陪同视察。

4日凌晨1点半，衡阳市委常委、市纪委书记包昌林深入衡东县湘江防洪一线，巡查指导防汛抗灾工作。他要求，衡东干群要严防死守，科学应对，确保湘江洪峰安全过境。县委书记吴伟生参加巡查。在新塘镇新义村湘江河堤上，包昌林查看最新发生管涌险情的3处地段，听取片区负责人、县人大常委会副主任李上峰抢险救援的情况汇报，看望慰问奋战在一线的抗洪抢险工作人员。县委常委、纪委书记刘卫平参加巡查。

6日上午，县委书记吴伟生深入河西新区，调研第四届“土菜文化旅游节”部分会场选址工作和部分重点项目建设情况。县政协副主席李思源陪同调研。

同日上午，衡东县召开2017年交通运输和旅游暨治超工作会议。县委副书记、县长徐志毅出席会议并讲话，县委常委、统战部部长陈嘉主持会议，县领导阳水源、刘敏、邹燕娇、向卫平参加。

同日上午，衡东县召开洪灾核灾暨农业保险工作会议，县委副书记、县长徐志毅出席会议并讲话。县委副书记贺股主持会议。

同日下午，县委书记吴伟生在县台办负责人的陪同下到“同心园区”——衡东台湾物流园，亲切会见返乡台胞、物流园董事长龙应达。

11日上午，县委书记吴伟生就加快推进罗荣桓纪念馆第二期红色旅游基础设施建设项目建设召开现场办公会。县委副书记、县长徐志毅参加现场办公。县领导丁秋文、李思源参加现场办公。

12日上午,恒瑞国际大酒店文人雅集、群贤毕至,衡东县诗联书画协会成立三十周年庆典活动在这里隆重举行。县委书记吴伟生出席活动并致辞。庆典活动包括座谈会、文艺演出和诗联书画作品展览。县委副书记、县长徐志毅,衡阳市诗词学会会长旷瑜炎,衡阳市老干部(老年)书画协会会长刘运发,衡阳市楹联家协会主席宋自凡等出席活动。县委常委、宣传部部长刘运仕主持座谈会。

同日上午,衡东生态文旅新城项目投资合作框架协议签订仪式在县人民政府常务会议室举行,县委副书记、县长徐志毅代表县人民政府与广东中信国际旅行社有限公司深圳分公司现场签约。县人大常委会主任谭向勤见证双方框架协议的签署。副县长颜亚华主持签约仪式,县领导陈嘉、李思源出席签约仪式。

14日下午,县委书记吴伟生前往衡东经开区实地走访子廷有色等6家企业,查看复工复产,督察环保和安全生产工作。调研中,吴伟生强调,企业发展不能仅靠外力输血,要学会提升造血功能,通过资金扶持翘动企业发展,要正视问题,攻坚克难,适应市场,转型升级,不断提高企业市场竞争力,立于发展不败之地。园区及相关部门要一如既往做好协调服务工作,当好"后勤保障员""信息联络员"和"环保监督员",助力企业乘风破浪,实现更好更快发展。县委常委、县委办主任晏志君参加调研。

同日下午,县委副书记、县长徐志毅主持召开县政府2017年第9次常务会议。会议研究优化经济发展环境、行政审批、河湖管理保护执法、乡村规划编制、灾后重建等工作。县政府全体班子成员参加了会议。县委常委、政法委书记段忠贤,县人民法院院长肖海军、县人民检察院检察长刘永忠应邀出席会议。

17日下午,县委副书记、县长徐志毅先后深入省级贫困村杨桥镇荆竹村、蓬源镇冲排村等地开展"三签字三走访"活动,调研指导脱贫攻坚工作。徐志毅还现场踏勘杨桥镇中心敬老院项目建设情况,并深入杨桥镇政府、杨桥法庭、桥兴社区督查指导工作。县委常委、政法委书记段忠贤,县人民法院院长肖海军陪同。

19日上午,县委书记吴伟生主持召开2017年第18次县委常委会,研究投资建设环境优化、政法综治民调等方面的工作。全体县委常委,县政府等相关县级领导等参加会议。

20日上午,县委书记吴伟生深入甘溪镇调研脱贫攻坚、村支"两委"换届、环保整改、信访维稳等工作。县委常委、县委办主任晏志君陪同调研。

同日上午,县委副书记、县长徐志毅率县农业局、供销社等单位负责人先后深入大浦、霞流、吴集、甘溪镇,走访调研绿然家禽养殖、长乐粮油等6家农产品加工企业发展情况,了解衡东县农产品加工业发展现状。

21日,县委书记吴伟生视察了"12345"政府服务热线呼叫中心,听取了县电子政务办对"12345"政府服务热线的运行情况汇报,了解热线工单办理工作相关流程,并现场听取热线中心质检员对相关工单的回访。县领导段忠贤、晏志君等陪同视察。

24日下午,县委书记吴伟生率县发改、规划、环保等多个部门负责人就湘油泵新车间选址、总部大楼、专家楼建设、土方运出等问题现场办公。

同日下午,县委副书记、县长徐志毅主持召开县政府2017年第10次常务会议。会议研究残联相关工作、农村广播"村村响"建设、"互联网+监督"平台建设等事项。县政府全体班子成员参加了会议。

27日下午,市委书记、市人大常委会主任周农率相关市领导、市相关单位负责人、部分县市区主要负责人深入衡东县,对衡东县的重点项目建设进行考察。市委副书记、市长郑建新参加考察。县委书记吴伟生表示,将进一步统一思想、坚定信心、形成合力抓好项目建设,确保在建项目尽快投产达效,不断开创县域经济发展新局面,以优异的成绩迎接党的十九大胜利召开。市领导邓群策、廖炎秋、廖健,县领导徐志毅、贺殷、陈嘉、晏志君、罗慧斌、陈斌智等参加考察。

31日上午,衡东县召开庆祝建军90周年暨"双带双促"先进典型表彰大会。县委书记、县人武部党委第一书记吴伟生出席会议并讲话。会议由县委副书记贺殷主持，县委常委、常务副县长丁秋文宣读表彰通报，县委常委、县人武部部长赵乔峰全面总结全县“双带双促”活动开展情况。欧阳海烈士纪念馆馆长谭雪根、县住建局市政站维修队长周力作为先进典型代表分别发言。县政府副县级领导吴刚参加会议。

同日上午，县委副书记、县长徐志毅专程到县武警中队，看望慰问驻县武警部队指战员，向他们致以节日的问候和诚挚的祝福。县委常委、宣传部部长刘运仕参加慰问。

8 月

1 日，以“罗帅精神长存”为主题的书画创作活动在罗荣桓元帅故居隆重举行，庆祝中国人民解放军建军 90 周年。县委书记吴伟生宣布创作活动正式启动。启动仪式由县委常委、县纪委书记刘卫平主持，县委副书记、县长徐志毅致辞，市人大原党组书记、中书协会员谢宏治讲话，书画家代表向罗荣桓故居管理处赠送书画作品。县领导谭向勤、夏崇礼、陈嘉、李一帆、赵乔峰、晏志君、杨瑞光、刘敏、邹燕矫、刘凤华出席活动。

同日，县委书记吴伟生到县人武部开展八一建军节慰问活动，看望慰问县人武部官兵，向他们致以节日的问候和诚挚的祝福。县委常委、县人武部部长赵乔峰感谢县委、县政府的关心与支持，并表示将始终牢记全心全意为人民服务的根本宗旨，继续发扬拥政爱民的优良传统，积极投身衡东经济社会建设，努力为军地融合发展贡献力量。县委常委、县委办主任晏志君参加慰问。

2 日上午，县委理论学习中心组（扩大）在武家山会务中心举行集中学习，重点学习国防教育和计划生育理论等有关知识。县委书记吴伟生主持学习并讲话。全体在职县级领导，各乡镇、各单位主要负责人和相关工作负责人参加集中学习。

2 日下午，县委书记吴伟生主持召开 2017 年第 19 次县委常委会，研究“互联网 + 监督”平台建设、信访维稳等工作。市委常委、纪委书记包昌林，市委常委、政法委书记邓柯，副市长、市公安局局长胡志文等市领导到会指导并作重要讲话。全体县委常委参加会议，相关县级领导应邀参加。

3 日下午，县政府与市金融信用信息服务中心召开专题研讨会，双方就衡东县综合金融服务方案进行对接、洽谈。县委副书记、县长徐志毅，市金融信用信息服务中心负责人陈倍麟出席。县领导丁秋文、颜亚华、周叶华、邹燕矫、刘宁、傅春山参加研讨。

同日，省妇联调研衡阳市基层妇联改革工作座谈会在衡东县召开。省妇联副主席张媛媛，市妇联副主席资艳，县委常委、组织部部长李一帆，副县长邹燕矫等出席。座谈会由资艳主持。

4 日上午，县委书记吴伟生先后深入衡东县白莲镇白莲村、三樟镇和平村检查指导脱贫攻坚工作，强调各乡镇要加快基础设施建设，因地制宜，大力发展特色产业，促进精准脱贫，确保贫困村如期摘帽，贫困人口按期脱贫。县领导罗铁辉、邹燕矫参加调研。

同日上午，县人大常委会主任谭向勤深入新塘镇胜任果园督查基础设施建设和果蔬花卉种植情况，确保该园在衡东县第四届土菜文化旅游节期间如期开园。县人大常委会副主任康培远陪同调研。

7 日下午，县委副书记、县长徐志毅主持召开县政府 2017 年第 11 次常务会议。会议传达学习全市上半年经济形势分析会议精神，研究生态红线划定、民族宗教等工作。县领导刘运仕、阳水源、向卫平受邀列席会议。县政府全体班子成员参加了会议。

8 日是第九个全国全民健身日。当天下午，衡东县举行“健身每一天 喜迎十九大”全民健身毅行活动，单位、社会团体、个人近 3000 人参加活动。县委书记吴伟生发令宣布毅行开始，县委副书记、县长徐志毅致辞。下午 5 点，启动仪式在县文体广场举行。启动仪式由县委常委、宣传部部长刘运仕主持，县人大常委会主任谭向勤、县政协主席夏崇礼以及所有在家的县委常委和县级领导出席活动。

9 日上午，县委书记吴伟生深入洣水镇专题调研城市基础设施和产业项目建设工作，要求倒排工期，加快进度，强化监督，确保项目如期保质建成。县委常委、县委办主任晏志君参加调研。

11日上午,2017年衡东县政协“委员活动日”政协委员、商会会员捐资助学爱心款发放仪式在武家山会务中心举行,现场发放爱心款162.45万元。县委书记吴伟生,县委副书记、县长徐志毅,县领导贺殷、谭向勤、夏崇礼、丁秋文、陈嘉、段忠贤、刘卫平、李一帆、赵乔峰、刘运仕、晏志君,以及县政府分管教育、扶贫工作的领导、县政协全体领导出席仪式。

14日上午,“精准医疗扶贫,教学送医下乡,建设健康湖南”走进衡东社会服务活动启动,在文体广场举行启动仪式。县委书记吴伟生致辞,县委副书记、县长徐志毅主持启动仪式。民进湖南省委、民进衡阳市委、中南大学湘雅二医院等单位的相关领导,县领导谭向勤、夏崇礼、陈嘉、罗慧斌等出席活动。

16日上午,市委书记、市人大常委会主任周农率领市委办、市纪委、市委组织部、市农委(市扶贫办)等部门负责人深入衡东县吴集镇江山村,与基层干部群众近距离交流,督察脱贫攻坚工作。县委书记吴伟生陪同督察。市委常委、市纪委书记包昌林,市政协副主席汪维参加督察。县领导刘卫平、李一帆、晏志君、钱永明陪同。

同日,市委常委、市纪委书记包昌林先后深入衡东县新塘镇桔林村、南湾乡桃源村调研指导脱贫攻坚工作。县委书记吴伟生陪同。县委常委、纪委书记刘卫平,副县长谭志兴参加。

17日下午,县委书记吴伟生主持会议,专题学习贯彻习近平总书记7月26日在省部级主要领导干部专题研讨班上的重要讲话精神。县委副书记、县长徐志毅,县领导贺殷、谭向勤、丁秋文、陈嘉、刘卫平、李一帆、赵乔峰、刘运仕、晏志君纷纷结合自身工作,进行学习交流,并一一表态发言。

同日下午,2017年第21次县委常委会召开,专题研究脱贫攻坚工作。县委书记吴伟生主持会议并强调,认识要再提高,工作要更发力,领导要真上心,督促要较上劲,问责要严、准、快,坚决打赢脱贫攻坚战。县委副书记、县长徐志毅参加会议。县领导贺殷、夏崇礼、丁秋文、陈嘉、刘卫平、李一帆、赵乔峰、刘运仕、晏志君、钱永明、罗敏、谭民中等参加会议。

18日上午,“衡东乡村旅游季”启动暨“三樟黄贡椒节”活动在“中国黄椒第一乡”三樟镇举行。活动以“三樟如此多椒”为主题,引得四面八方的游客争相来三樟“弯腰”采摘黄贡椒。开幕式由县委副书记、县长徐志毅主持,县委书记吴伟生,市旅游外侨民宗局局长向前分别讲话,市人大常委会副主任侯明星宣布活动开幕。

22日下午,县委副书记、县长徐志毅主持召开县政府第12次常务会议,学习贯彻省委书记、省人大常委会主任杜家毫关于安全生产工作的讲话精神,研究部署省十三届运动会衡东县分赛场项目筹备、中央环保督察突出问题整治、健康扶贫等工作。县政府全体班子成员参加会议,县委、县人大、县政协有关领导应邀出席会议。

23日上午,衡东县第四届土菜文化旅游节圣火采集仪式在南岳祝融峰上隆重举行。采集仪式由衡东县委副书记贺殷主持,衡东县委副书记、县长徐志毅,南岳区委副书记、区长王燕分别代表衡东县和南岳区致辞。

24日上午,“薪火相传·土菜飘香”衡东县第四届土菜文化旅游节的火炬在罗荣桓元帅故里熊熊燃起。仪式由县委副书记贺殷主持,县委副书记、县长徐志毅致辞,县委书记吴伟生点燃火炬并交给第一棒火炬手。县“四大家”主要领导,联系乡镇的县级领导,以及有关县级领导,各乡镇党委书记、工会主席,县直有关单位主要负责人,县政府办、县总工会、县文体广新局等单位全体班子成员,罗帅故居管理处全体干部职工,荣桓镇镇村干部,以及特邀嘉宾等参加当天的活动。

同日上午,县委书记吴伟生深入杨桥镇荆竹村督察脱贫攻坚工作。他强调,镇村两级和帮扶工作队要以高度负责的精神,切实做到思想统一、精力聚焦、力量集中,扎实推进脱贫攻坚工作;要讲奉献、重成效,把老百姓的切身利益放在心上,把扶贫工作做到老百姓的心坎上。县委常委、县委办主任晏志君陪同督察。

同日下午,县委书记吴伟生前往石湾镇实地调研该镇新自来水厂建设和污水处理厂项目选址,要求加快新自来水厂项目建设,做实做好安全饮水这一民生工程，让老百姓早日喝上“放心水”。

25 日上午，县委理论学习中心组（扩大）在武家山会务中心举行集中学习，重点学习习近平总书记"7 · 26"重要讲话精神、中央统战工作会议精神和《中国共产党统一战线工作条例（试行）》主要内容。县委副书记、县长徐志毅主持学习并讲话。全体在职县级领导参加学习。

同日下午，衡东县召开全县上半年经济形势分析会暨重点项目建设调度会。县委书记吴伟生强调，要认清形势，坚定信心，提升能力，大干快上，精细精准、用心用脑推动发展，确保全年经济社会发展各项目标任务圆满完成。县委常委、常务副县长丁秋文主持会议，县委副书记、县长徐志毅，以及全体在家县领导出席会议。各乡镇党委书记、乡镇长，县直正科级单位党政主要负责人、省市驻衡东单位主要负责人，县投融资平台董事长、总经理参加会议。

29 日上午，吴伟生再度到青鸦村督查指导，并强调青鸦村要带头进行挂图作战，动态管理，以目标倒逼进度、时间倒逼程序、督查倒逼落实，努力在全县脱贫攻坚中作出示范、形成经验。县委常委、县委办主任晏志君参加督导。

同日下午，县委副书记、县长徐志毅率县政府办、扶贫办等相关部门负责人深入石滩乡调研指导脱贫攻坚工作。县领导钱永明、罗慧斌、罗敏陪同。

30 日下午，县委副书记、县长徐志毅前往新塘镇和洣水镇专题调度房地产业发展运行情况。当天下午，还前往天英国际实验学校、衡东集贸市场、新塘镇、洣水镇等地专题调研涉，以及教育、市场、房地产等领域的信访稳定工作。县领导谭志兴、邓岳华陪同。

30 日下午，衡东县在县委党校召开全县反恐怖工作会议，会议由县委常委、县人武部部长、反恐怖工作领导小组副组长赵乔峰主持，县委常委、政法委书记、反恐怖工作领导小组组长段忠贤，副县长、公安局长、反恐怖工作领导小组副组长王春生，县人民法院院长、反恐怖工作领导小组副组长肖海军，县政府办主任、反恐怖工作领导小组成员李建华等领导出席会议。县反恐成员单位主要负责人，各乡镇长，乡镇分管政法的领导，公安局分管反恐工作的副局长，指挥中心、国保等单位负责人，各派出所所长、反恐专干等参加会议。

31 日，县委书记吴伟生现场调度第四届土菜文化旅游节主题文艺晚会、开幕式和 100 组家庭同剁黄贡椒申报“大世界基尼斯之最”活动的安保工作。县委副书记、县长徐志毅参加调度。县领导贺殷、段忠贤、刘运仕、王春生、李思源参加调度。

9 月

5 日上午，衡东县法学会成立暨第一次会员代表大会在县委党校召开，会议投票选举产生衡东县法学会第一届理事会。县委书记吴伟生，市委政法委常务副书记、市法学会常务副会长汤守春出席会议并讲话。县委副书记贺殷主持会议。衡东县法学会第一次会员代表大会投票选举产生衡东县法学会第一届理事会，会长 1 名、常务副会长 1 名、副会长 8 名、秘书长 1 名、常务理事 28 名、理事 58 名。县委常委、政法委书记段忠贤当选会长。县领导王春生、肖海军、刘永忠，市法学会秘书长邹光耀出席会议。全县法学界、法律界和各乡镇、部分县直机关的会议代表参加会议。

5 日下午，县委书记吴伟生主持召开 2017 年第 23 次县委常委会，研究脱贫攻坚、绩效考核评先评优、成立县委离退休干部工作委员会、干部人事等方面的工作。

同日，“薪火相传 · 土菜飘香”衡东县第四届土菜文化旅游节火炬传递第十三站在吴集镇举行。吴集镇镇长聂小华主持点火起跑仪式，镇党委书记文小辉致辞。县委副书记、县长徐志毅从圣火盘里点燃火炬，转交给吴集镇党委书记文小辉，文小辉向现场群众展示，转交给第一棒火炬手湖南省人大代表文颖。副县长颜亚华宣布火炬传递正式开始，副县级干部、县总工会主席谭民中等出席仪式。

6 日上午，市委常委、常务副市长廖健到衡东县调研县域经济发展、安全生产和环境保护等工作情况。县委书记吴伟生陪同调研。县委常委、常务副县长丁秋文就衡东县县域经济发展、安全生产和环境保护工作情况进行汇报。市政府副秘书长彭丽堂,市相关部门负责人,县领导刘光荣、颜亚华、邹燕娇、周叶华参加当天的活动。

7日下午,在第33个教师节来临之际,县委副书记、县长徐志毅前往县一中看望慰问优秀教师代表,向他们致以节日的美好祝福。县政府副县长刘光荣参加慰问。

8日上午,县委书记吴伟生前往河西新区就中医院整体搬迁、少年军校、坪桥大道等项目推进现场办公,要求抢抓黄金施工季节,加快项目推进,确保早日完工。9月12日上午,市人大常委会党组副书记、副主任段志刚带领部分在衡国、省、市、县、乡五级人大代表莅临衡东县人民法院考察工作。市中级人民法院党组书记、院长张经伟,县委书记吴伟生,县人大常委会主任谭向勤等陪同视察。

同日下午,在县政府常务会议室,广西东懋集团向组委会捐资100万元,用于支持节会顺利举办。衡东第四届土菜文化旅游节组委会主任、县委副书记、县长徐志毅代表组委会接受广西东懋集团的捐赠。县领导谭志兴、颜亚华、邹燕娇、李思源参加捐赠仪式。

12日晚,县委书记吴伟生主持召开专题会,安排部署衡东县第四届土菜文化旅游节开幕式、主题文艺晚会安保工作。吴伟生强调,安保工作是重中之重,要确保万无一失。县领导贺殷、丁秋文、段忠贤、刘运仕、王春生、李思源参加会议。

13日,罗荣桓故里景区项目建设征地拆迁工作会召开。副县长邹燕娇主持会议,县委常委、纪委书记刘卫平讲话。罗荣桓故居管理处、县交通运输和旅游局、财政局、住建局、城乡规划局、环保局、国土局和荣桓镇等单位主要负责人参加会议。

13日下午,县委书记吴伟生主持召开2017年第25次县委常委会。贺殷、谭向勤、夏崇礼、丁秋文、陈嘉、段忠贤、刘卫平、赵乔峰、刘运仕等县领导参加会议。

14日下午,县委书记吴伟生深入大浦镇和衡东经开区调研重点项目建设,重点就加快推进衡阳大浦通用机场建设现场办公。湖南省航空运动管理中心主任黄文高参加现场办公。

17日下午,衡阳市副市长、市公安局局长胡志文到衡东县检查指导节会安保工作部署情况。县委书记吴伟生陪同检查。市局党委委员、市纪委驻局纪检组组长谢少珍,副县长、县公安局局长王春生,县公安局政委陈皓参加检查。

19日上午,武家山公园暨民俗文化大观园盛装开园。县委书记吴伟生宣布开园。开园仪式由县委常委、常务副县长丁秋文主持,县人民法院院长肖海军致辞。县领导谭向勤、夏崇礼、陈嘉、刘运仕、刘敏、李思源出席活动。

20日,衡东县第四届土菜文化旅游节盛大开幕。省人大常委会原副主任陈叔红,市委书记、市人大常委会主任周农,市委副书记邓群策,市委常委、纪委书记包昌林,市委常委、宣传部部长刘丽华,市人大常委会副主任谭敦龙,市人民政府副市长、公安局局长胡志文,市人民政府副市长周玉梅,市政协副主席汪维等莅临开幕式指导,省直有关部门领导、市"四大家"有关领导、县全体在职县级领导等出席开幕式,社会各界人士以及广大游客参加盛会。开幕式由县委副书记贺殷主持,县委书记吴伟生致辞,市委副书记邓群策讲话,省人大常委会原副主任陈叔红宣布衡东县第四届土菜文化旅游节开幕。

21日晚,"衡东土菜·家的味道"第四届土菜文化旅游节颁奖晚会在县城滨江广场举行。市人民政府副市长杨龙金,全体在家县级领导,衡阳市各兄弟县市区宣传部长、省市餐饮协会代表、湘菜大师代表、新闻媒体的朋友、省市知名旅行社代表、本次节会活动合作单位负责人、本次节会活动签约代表以及全县社会各界代表人士出席颁奖晚会。县委书记吴伟生致辞。

27日上午,"2017衡州经济发展论坛"衡东县重点项目举行集中开工仪式。县委副书记贺殷主持开工仪式,县委副书记、县长徐志毅致辞,县委书记吴伟生宣布开工。县领导谭向勤、夏崇礼、丁秋文、陈嘉、段忠贤、刘卫平、刘运仕、阳水源、颜亚华、吴刚、周叶华、向水清、陈招和等出席开工仪式。

同日晚,县委书记吴伟生主持召开2017年第27次县委常委会,对全县脱贫攻坚工作进行再研究再部署。县委副书记、县长徐志毅,以及县领导贺殷、谭向勤、夏崇礼、丁秋文、陈嘉、段忠贤、刘卫平、李一帆、刘运仕、晏志君等参加会议。

同日晚，县委书记吴伟生以一名普通党员身份参加了所在党支部——县委办支部的专题组织生活会。县领导贺殷、晏志君等参加会议。

30日，计划投资1.5亿元的武家山完全小学动工兴建。县委副书记、县长徐志毅宣布开工。开工仪式由县委常委、宣传部部长刘运仕主持，副县长刘光荣致辞。县人大常委会主任谭向勤，县政协主席夏崇礼，县委常委、常务副县长丁秋文等县领导出席。

30日下午，衡东县举行“砥砺奋进的五年”形势报告会。县委书记吴伟生主持会议并讲话。县委副书记、县长徐志毅，以及全体在职县级领导，各乡镇党委书记、乡镇长，县直机关单位、省市驻衡单位党政主要负责人，县办中学校长、书记参加会议。

同日下午，衡东县十九大安保维稳工作推进会在武家山会务中心召开。县委书记吴伟生主持会议并讲话。县委副书记、县长徐志毅，县政协主席夏崇礼以及全体在职县级领导，各乡镇党委书记、乡镇长，县直机关单位、省市驻衡东单位党政主要负责人，县办中学校长、书记参加会议。

10月

1日，县委书记吴伟生前往县公安局、新汽车站等地检查节日安保工作落实情况，要求相关部门时刻绷紧安保这根弦，加强巡逻、强化值守，加强研判、迅速反应，确保人民群众平安、欢乐过节 。

4日，县委副书记、县长徐志毅率县政府办、洣水镇等有关部门负责人前往县信访局、县公安局、县环卫局、新汽车站，以及县城区部分主要路段，代表县委、县政府看望慰问中秋节、国庆节期间坚守岗位的部分值班人员，并通过他们向全县节日期间坚守岗位的干部职工致以节日的祝福。县委常委、政法委书记段忠贤，县政府副县长颜亚华参加上午的活动。

5日上午，县委副书记、县长徐志毅率县政府办、农业局、畜牧水产局等相关部门负责人，前往大浦、霞流调研全县部分农业产业化企业。县政府副县长钱永明参加调研。

6日上午，广州市德善数控科技有限公司到衡东县开展扶贫捐款活动，捐款金额100万元。县委副书记、县长徐志毅在县政府常务会议室与公司董事长雒应学签订捐赠协议书。县政府副县长颜亚华主持捐赠仪式，县政府办、吴集镇、国资中心、人防办等单位负责人参加。

11日上午，县委书记吴伟生深入洣水镇省级贫困村大山村、北冲村督查指导脱贫攻坚工作。吴伟生强调，要继续完善脱贫攻坚“三栏”“三化”阵地建设，产业扶贫要大胆创新，确保脱贫攻坚落实见效。

同日，衡东县召开第三轮县级教育工作“两项督导评估考核”迎检工作调度会，县委副书记、县长徐志毅出席会议并讲话。会议由县委常委、宣传部部长刘运仕主持，县政府副县长刘光荣作主题报告。县直相关单位负责人，各乡镇主要负责人、分管副职，教育局党委行政班子全体成员、相关股室负责人，县直学校校长、书记，各乡镇教育管理服务中心主任、书记，相关民办学校校长等参加会议。

12日下午，县委书记吴伟生深入衡东经济开发区，实地调研广信科技新材料项目发展以及合兴化工环保整改工作。

13日，市委副书记、市长郑建新深入衡东县就脱贫攻坚、信访维稳、全域旅游、县域经济发展等工作进行调研。市委常委、纪委书记包昌林，县委书记吴伟生，县委副书记、县长徐志毅等参加调研。

14—17日，省督导评估考核组在组长罗春晖带领下到衡东县就2014—2016年教育工作进行“两项督导评估考核”。14日下午，在恒瑞酒店会议室召开督导评估考核汇报会。副市长龚学余，县委书记吴伟生，县委副书记、县长徐志毅出席汇报会。县委书记吴伟生就本人教育工作实绩进行述职，县委副书记、县长徐志毅汇报县政府教育工作情况并就本人教育工作实绩进行述职。市教育局相关领导，县领导丁秋文、刘运仕、李上峰、刘光荣、李思源出席汇报会。

16日下午，衡东县在县委党校召开典型案例通报暨警示教育大会。县委书记吴伟生出席会议并讲话。会议由县委常委、统战部部长陈嘉主持，县委常委、纪委书记刘卫平通报衡东县6起典型案例。县领导谭向勤、夏崇礼、段忠贤、李一帆、赵乔峰、刘运仕等在职县级领导出席会议。

16日晚7点20分,200余名公安民警、消防官兵从文体广场出发,开展“平安7号”集中清查行动。县委常委、政法委书记段忠贤,县公安局政委刘爱民参加当晚的行动。

同日晚,欧阳遇实验中学2017届董事会在县委常委会议室召开,县委书记、欧阳遇实验中学董事会董事长吴伟生出席会议并就欧中教育发展和建设问题进行现场办公。会议由县委副书记、县长、欧阳遇实验中学董事会副董事长徐志毅主持,黄彰任之女、欧阳遇实验中学董事会副董事长黄敦钰出席会议。县领导、欧阳遇实验中学董事会董事陈嘉、刘运仕、李上峰、刘光荣、李思源参加会议。

17日是第四个国家“扶贫日”。下午,全县脱贫攻坚推进会在武家山会议中心召开。县委书记吴伟生主持会议并讲话,县委副书记贺股作大会报告。县人大常委会主任谭向勤,县政协主席夏崇礼,县委常委、常务副县长丁秋文,县委常委、纪委书记刘卫平,县委常委、人武部部长赵乔峰等县领导出席会议。

18日,中国共产党第十九次全国代表大会在北京人民大会堂隆重召开。上午9点整,吴伟生、徐志毅、贺股、谭向勤、夏崇礼等全体在家县领导在县委常委会议室集中收看党的十九大开幕会盛况直播。

19日上午,市人大常委会副主任段志刚、侯明星一行到衡东县督查调研县乡人大工作和建设情况。县委书记吴伟生、县人大常委会主任谭向勤参加督查调研活动。市人大常委会、市委组织部、市编办相关负责人,县领导李一帆、阳水源、陈磊等陪同督查调研。

同日下午,县委书记吴伟生主持召开金融机构银行行长(董事长)座谈会。县委副书记、县长徐志毅参加座谈。县委常委、常委副县长丁秋文,副县长颜亚华,副县级干部傅春山,县长助理刘宁,县财政局、经科信局、金融办负责人,以及在衡东的金融机构行长(董事长)参加座谈。

同日,县委副书记、县长徐志毅主持召开县政府2017年第14次常务会议。县政府全体班子成员参加了会议。

20日上午,县委书记吴伟生主持召开工业经济领导小组会议并作重要讲话。县委副书记、县长徐志毅参加。县领导贺股、谭向勤、夏崇礼、丁秋文、陈嘉、颜亚华、周叶华、傅春山等参加会议。

同日下午,县委书记吴伟生主持召开企业家代表座谈会。县领导颜亚华、傅春山参加会议。

24日上午,在省党代表、县委书记吴伟生的带领下,衡东县部分省、市、县党代表走进洣水镇兴东社区,开展党代表进社区“三联一帮”活动。

25日下午,“中国梦·夕阳情”最美老干部颁奖仪式暨衡东·衡山·南岳老年大学庆重阳联谊会在武家山会务中心举行。县委书记吴伟生代表县“四大家”向衡东、衡山、南岳三地的离退休老干部、老同志致以节日的问候和祝福。衡阳市委组织部副部长、老干局局长蒋云新,县委副书记、县长徐志毅出席。仪式上,吴伟生、徐志毅、贺股、谭向勤、夏崇礼、刘运仕、阳水源、向卫平为向儒卿等9位“最美老干部”颁奖。衡山县委常委、组织部部长唐年初,南岳区委常委、组织部部长瞿亮月出席颁奖仪式并观看文艺演出。

26日上午,县委书记吴伟生深入石滩乡大泉村和江滨村督察指导脱贫攻坚工作。县委常委、纪委书记刘卫平参加督导。

同日是省第22个环卫工人节。衡东县在县城文体广场举行表彰活动,授予24名环卫工人“优秀城市美容师”荣誉称号。县委副书记、县长徐志毅出席表彰活动为获奖环卫工授奖。县政府副县长谭志兴主持表彰活动。县政府办、县城管局、县环卫处等单位相关领导,以及环卫工人代表出席活动。

27日上午,县委书记吴伟生深入世纪钨材、天健锡业、和富铜业调研。县人大常委会主任谭向勤参加调研。

同日,县委副书记、县长徐志毅主持召开县政府2017年第15次常务会议。县委常委、组织部部长李一帆应邀出席会议。县政府全体班子成员参加会议。

同日下午,县委书记吴伟生主持召开县委中心组集中学习会议,专题学习党的十九大精神,安排部署下一步重点工作任务。县委副书记、县长徐志毅,以及全体中心组成员参加学习。

29日下午,衡东县传达学习党的十九大精神大会在武家山政府会务中心召开。县委书记吴伟生出席会议并讲话,县委副书记、县长徐志毅主持会议。全体在职县级领导,各乡镇领导班子成员,县直正科级单位、省市驻衡东单位领导班子成员,县委各部委正科实职干部,县人大、政协各委室主任,县投融资平台领导班子成员参加会议。

30日下午,县政府召开安全生产约谈会,县委副书记、县长徐志毅对4个乡镇进行安全生产约谈。县委常委、常务副县长丁秋文主持会议,县政府办、监察局、安监局等有关单位负责人参加会议。

31日下午,县委书记吴伟生主持召开2017年第30次县委常委会。县委副书记、县长徐志毅参加会议。县领导贺殷、谭向勤、夏崇礼、丁秋文、陈嘉、段忠贤、刘卫平、李一帆、赵乔峰、刘运仕、晏志君等参加会议。颜亚林等党代表,以及相关单位负责人列席会议。

同日,县委副书记、县长徐志毅组织发改、国土、规划、农业、水利等相关职能部门负责人在县委常委会议室召开办公会议。县委常委、统战部部长陈嘉主持会议,东旭集团副总裁曹国江、市金融信用信息中心负责人陈蓓霖,县政府副县长颜亚华、钱永明参加会议。

11月

1日,全县基层党建工作调度会召开。县委书记吴伟生出席并讲话。县委副书记、县长徐志毅主持会议。会上,县委副书记贺殷宣读市第四督察组对衡东县党建促脱贫攻坚督查情况反馈意见。县委常委、组织部部长李一帆作工作报告。洣水镇党委、地税局党组、教育局民办学校党总支分别代表农村、机关和"两新"三个领域的党建工作作经验介绍,草市镇党委作表态发言。县领导谭向勤、夏崇礼、丁秋文、段忠贤、刘卫平、刘运仕等参加会议。

同日,县委副书记、县长徐志毅深入金龙矿区现场督查环保整改工作。县领导丁秋文、周谷湘参加督查。

同日晚,2017年县委反腐败协调小组第二次工作会议在县委常委会议室召开。县委书记吴伟生出席并讲话。县委常委、组织部部长李一帆应邀参加会议。

2日上午,衡东县党外知识分子联谊会第二届第一次会员代表大会在武家山政府会务中心胜利召开。县委书记吴伟生,县委副书记、县长徐志毅,以及县领导谭向勤、夏崇礼、刘光荣、邓岳华、肖可员出席会议。

3日上午,县委书记吴伟生率队考察深圳企业——云中鹤科技有限公司和天亿富电子有限公司。县委副书记、县长徐志毅,县人大常委会主任谭向勤,县政协主席夏崇礼等一同参加考察。

同日,深圳衡东商会正式成立。县委书记吴伟生致辞并为商会授牌,县委副书记、县长徐志毅代表县"四大家"向商会赠送礼物。谭向勤、夏崇礼、陈嘉、陈斌智等领导和在深圳创业的精英们共同见证了这一难忘的盛会。

6日上午,县委副书记、县长徐志毅率县政府办、水利、国土、住建、农业、环保、交通、矿管等有关部门负责人前往湘江衡东段流域,开展巡河工作。县领导丁秋文、阳水源、钱永明一同参与巡河工作。

7日下午,衡东县第二次总河长会议在县委党校召开。县委副书记、县长徐志毅出席会议并讲话。会议由县委常委、常务副县长丁秋文主持,县政府副县长钱永明对工作进行了安排部署,县人大常委会副主任阳水源出席会议。

9日下午,县委书记吴伟生前往县水利水电局调研全县水利工作。县委副书记贺殷参加调研。

同日晚,由衡阳市委宣传部、市委组织部、市关工委联合举办的"宣传十九大·走进新时代'关爱之光'文艺会演"走进衡东县,在武家山会务中心上演。县委书记吴伟生出席晚会并致辞。市关工委主任谢宏治等市关工委领导,市政协有关老干部以及市委宣传部、市委组织部、市老干局、市委离休委等单位的相关负责人,县委副书记贺殷、县政协主席夏崇礼、县关工委主任曹玉芽及县领导刘卫平、赵乔峰、刘运仕、李上峰、向卫平,县部分离退休老干部等出席晚会并观看演出。

10日上午,县委书记吴伟生深入洣水镇部分社区,就“两化两体系”建设现场办公。副县长谭志兴参加现场办公。

13日晚,县委书记吴伟生主持召开专题会议就相关工作进行安排部署。县委副书记贺毅、副县长钱永明参加会议。

14日上午,市委常委、常务副市长廖健巡查流经衡东县境内的湘江段,专项督查调度全面落实河长制工作。湘江衡东段总河长、县委副书记、县长徐志毅参加。市水利局、环保局、畜牧水产局,雁峰区、白沙洲工业园、松木经开区湘江河长等参加巡查。

同日下午,省水利厅党组副书记、副厅长钟再群在市水利局局长岳健的陪同下,深入衡东县督导农村饮水安全工作,县委副书记、县长徐志毅参加座谈。省水利工程管理局、市水利局相关领导参加督导。

15日上午,衡东官方发布平台《衡东发布》正式上线。上线仪式由县人大常委会副主任李上峰主持,县委常委、宣传部部长刘运仕致辞,县委副书记贺毅讲话。湖南红网新媒体集团编委、采访中心主任陈海波、湖南日报衡阳分社副社长彭国军莅临指导、祝贺。

16日下午,县委副书记、县长徐志毅主持召开县政府第16次常务会。会议研究村镇银行设立、中小企业过桥资金管理、“四路一桥”PPP项目实施等工作。

24日,衡东县机关、“两新”组织党建工作交流会在县地税局召开,并为县地税局成功创建县直机关基层党建示范点进行挂牌。县委常委、组织部部长李一帆莅临县地税局党员活动中心参观指导。

25日下午,县委书记吴伟生主持召开2017年第31次县委常委会议 。县委副书记、县长徐志毅参加。县领导贺毅、谭向勤、夏崇礼、丁秋文、陈嘉、段忠贤、刘卫平、李一帆、刘运仕、晏志君等参加会议。

26日,罗荣桓元帅诞辰115周年纪念活动在罗荣桓故居纪念馆举行。中国人民解放军电子工程学院原政委罗亚拉少将、罗荣桓元帅侄子罗勇进、罗荣桓元帅外孙女陈炎炎、武汉大学马克思主义学院院长佘双好、衡阳师院党委副书记刘福江、市委宣传部副部长谭崇恩等领导和嘉宾出席活动。出席活动的还有武汉大学马克思主义学院、衡阳师院、南华大学、湖南高铁学院、市委党史研究室、市委党校的相关负责人、专家、学者。县委书记吴伟生,县委副书记、县长徐志毅出席活动并发表讲话。参加活动的县领导还有贺毅、夏崇礼、丁秋文、陈嘉、段忠贤、赵乔峰、刘运仕、李上峰、邹燕矫、李思源、刘凤华。

28日上午,学习贯彻党的十九大精神市委宣讲团报告会在武家山政府会务中心精彩开讲。县委书记吴伟生主持报告会并讲话,衡阳市委宣讲团成员、市社科联副主席、衡东县人民政府副县长邹燕矫作宣讲报告,近千名干部聆听报告会。

同日下午,县委书记吴伟生深入杨林镇新扶村督导脱贫攻坚工作。县委常委、宣传部部长刘运仕参加督导。

同日,县委常委、政法委书记段忠贤率县委政法委、公安局、电子政务管理办等相关部门负责人赴怀化市中方县考察学习综治中心建设和网格化管理工作。

29日,县政协民主评议精准扶贫工作大会召开。县委书记吴伟生出席会议并讲话。会议由县政协主席夏崇礼主持。县政协领导李思源、邓岳华、陈斌智、肖可员、向卫平、何岳峰、洪春生、刘碧兰参加会议。

12月

1日上午,衡东县学习贯彻党的十九大精神“送课下乡”活动在杨桥镇荆竹村启动。县委常委、组织部部长李一帆出席。

1日,市委书记、市人大常委会主任周农深入衡东县三樟镇、洣水镇、草市镇督查脱贫攻坚工作情况。市委常委、市纪委书记包昌林,副市长杨龙金,县委书记吴伟生参加督查。县领导陈嘉、刘卫平、钱永明、邹燕矫陪同督查。

2017年12月2日是第六个122“全国交通安全

日”。衡东县政府组织开展第六个122“全国交通安全日”主题活动，并在文体广场举行了启动仪式。仪式由县政府办副主任颜国辉主持，县公安局政委刘爱民致辞，县政府副县长刘敏宣布主题活动正式启动。县人大常委会副主任康培远、县政协副主席向卫平、县委宣传部副部长符蓉、县政法委副书记罗柯、县交警大队大队长刘晓红、县交警大队教导员刘泽平等参加仪式。

4日上午，县委副书记、县长徐志毅先后深入省级贫困村洣水镇仙林村、北冲村，白莲镇白莲村开展“三走访三签字”活动，督导脱贫攻坚工作。县委常委、县人武部部长赵乔峰，县政府副县长钱永明参加督导。

5日上午，2017年湖南省武术文化展演（衡东站）暨衡东县首届武林大会启动仪式在衡东一中举行。市文体广新局党组书记、局长蒋勋伟出席活动并讲话，县委副书记、县长徐志毅宣布活动启动。启动仪式由县委常委、宣传部部长刘运仕主持，县领导丁秋文、罗铁辉、李上峰、刘光荣、李思源出席启动仪式。

6日上午，县委书记吴伟生深入霞流镇大泥塘村督查指导脱贫攻坚工作时强调，扶贫要先扶志，变外力为内力，从根本上治好“懒病”、铲除“穷根”。

同日上午，杨林至高湖公路改建工程项目在新兴垄村举行开工仪式。县委副书记、县长徐志毅宣布项目正式开工，县委常委、统战部部长陈嘉致辞。县人大常委会主任谭向勤、县人大常委会副主任阳水源出席活动。仪式结束后，徐志毅还深入高湖、草市开展“三走访、三签字”活动，督导脱贫攻坚工作。

7日上午，县人大常委会组织100余名省、市、县人大代表先后深入新塘镇、洣水镇，就衡东县农业产业化发展、生态旅游开发等重点建设项目开展集中视察。县委副书记、县长徐志毅，县人大常委会主任谭向勤参加视察。县人大常委会副主任阳水源、李上峰参加视察活动。

同日下午，市政协主席廖炎秋到衡东县大浦镇中心卫生院、甘溪镇卫生院、洣水镇卫生院调研新型农村合作医疗工作。县委书记吴伟生，县委副书记、县长徐志毅出席座谈会，县政协主席夏崇礼，县委常委、常务副县长丁秋文陪同调研。

8日上午，全市道路交通安全“冬春攻势”行动誓师暨“三个不发生”攻坚现场会在衡东县召开（“三个不发生”：不能发生暴恐案事件、不能发生在全国有重大影响的大规模群体性事件、不能发生重大公共安全案事件）。会议由市交警支队支队长唐耀兵主持，县政府副县长、公安局局长王春生致辞，市公安局副局长李衡、县委副书记贺殷出席会议并讲话。县公安局政委刘爱民参加会议。

9日上午，佛山市衡东商会举行蓝天国际幼儿园建设和古典建筑砖瓦生产两个项目的签约仪式。县委书记吴伟生参加签约仪式并讲话，县委副书记、县长徐志毅参加签约活动。在参加完签约仪式后，还前往广东思豪内高压科技有限公司参观考察。县领导贺殷、谭向勤、夏崇礼、陈嘉、阳水源、颜亚华、陈斌智参加活动。

同日，佛山市衡东商会正式成立。县委书记吴伟生致辞并为佛山衡东商会发起人授牌，县委副书记、县长徐志毅代表县“四大家”向商会赠送礼物。县领导徐志毅、贺殷、谭向勤、夏崇礼、陈嘉、颜亚华、陈斌智为商会会长、荣誉会长、商会发起单位、常务副会长、副会长授牌。

11日上午，中国流动科技馆湖南衡阳衡东站巡展活动启动仪式在武家山会务中心隆重举行。启动仪式由县委副书记、县长徐志毅主持，县委书记吴伟生致辞，省科协副主席刘晓河讲话，市委常委、宣传部部长刘丽华宣布巡展活动正式启动。省科技馆、市政协、市科协等相关领导，谭向勤、夏崇礼、李一帆、刘运仕、李上峰、刘光荣、李思源等县领导出席仪式。科技巡展活动结束后，省科协副主席刘晓河一行还在县委书记吴伟生，县委副书记、县长徐志毅，以及县领导李一帆、夏长安的陪同下来到湖南衡东洣水国家湿地公园科普宣教中心，调研项目建设情况。

同日下午，全县信访维稳工作会议在武家山政府会务中心召开。县委书记吴伟生出席会议并对信访维稳和全面从严治党，以及当前各项重点工作作了安排部署，县委副书记、县长徐志毅主持会议。全体在家县级领导参加会议。

14日,县委书记吴伟生主持召开2018年度县委经济工作务虚会。县委副书记、县长徐志毅出席会议。谭向勤、夏崇礼、丁秋文、陈嘉、段忠贤、赵乔峰、刘运仕、晏志君等在家县级领导参加了会议。

同日,全县学习宣传贯彻党的十九大精神理论辅导员培训班开班仪式在县委党校举行。开班仪式由县委宣传部常务副部长罗华主持,县委党校校长廖红徽致辞,县委常委、宣传部部长刘运仕讲话。

15日上午,2017年湖南省武术文化展演(衡东站)暨衡东县首届武林大会"帅乡武魂"大展演活动在县滨江广场开幕。开幕式由县委副书记、县长徐志毅主持,县委书记吴伟生致欢迎词,副市长龚学余讲话,省体育局副局长苏健全宣布开幕。市文体广新局局长蒋勋伟,县委副书记贺殷,县人大常委会主任谭向勤,县政协主席夏崇礼,省体育局群体处副处长何创富,以及全体县委常委,县人大、县政府、县政协分管领导出席活动。中国武术九段、上海体育学院博士生导师、教授邱丕相,中国民间武术家联合会主席朱鹤亭,首届中国武术博士、"三摇三摆"太极功法体系创始人田金龙,省武术协会党支部书记、专职副主席李厚德等全国各地的武术名家受邀出席活动,县直机关各单位、各乡镇有关人员,部分学校师生等三千余人观看活动。

同日下午,县委副书记、县长徐志毅主持召开县政府2017年第18次常务会议。县政府全体班子成员参加会议。

18日上午,全县农村土地承包经营权证首发仪式暨工作推进会在杨桥镇召开,县委副书记、县长徐志毅出席会议并讲话,县委副书记贺殷主持会议。会上,县领导徐志毅、贺殷、李一帆、阳水源、钱永明、李文峰还向农户代表颁发第一批承包地经营权证书。

19日上午,县委书记吴伟生深入吴集镇化龙桥村、莫园村、早禾村3个省级贫困村督导脱贫攻坚工作。县领导阳水源、康培远参加督导。

同日,衡东领中机电有限公司收购株洲易力达机电有限公司股权交接仪式在株洲市芦淞区举行。县委副书记、县长徐志毅出席仪式并致辞。株洲市委常委、副市长田卫军,衡阳市副市长刘正兴,中国航发南方宇航党委书记、董事长彭天祥,衡东领中董事长许仲秋,中国航发南方宇航副总经理张志勇等共同开启标志着易力达股权正式转让交接的水晶球。芦淞区委副书记、区长杨晓江以及株洲市政府有关部门负责同志参加仪式。

20日上午,县委书记吴伟生深入荣桓镇调研指导城镇建设工作,先后到荣桓镇街道、农贸市场、卫生院,实地查看基础设施建设、环境卫生整治、便民生活服务设施,详细了解镇规划建设和管理情况。

同日上午,县委副书记、县长徐志毅采取"四不两直"的方式,深入企业生产一线和相关部门检查指导安全生产工作。县委常委、常务副县长丁秋文参加督查。

26日上午,在国家督学、郑州大学原副校长宋毛平的率领下,国家督导检查组到衡东县督导评估义务教育均衡发展工作。市教育局局长程少平、县委书记吴伟生出席督导检查见面会,县委副书记、县长徐志毅就衡东县义务教育均衡发展情况进行了汇报。李一帆、刘运仕、李上峰、刘光荣、李思源等县领导参加督导检查见面会。

同日上午,衡东县第一家24小时自助图书馆揭牌。县委书记吴伟生出席活动并揭牌。揭牌仪式由副县长刘敏主持,县委常委、宣传部部长刘运仕致辞。县人大常委会副主任李上峰,县政协副主席李思源参加活动。

同日,衡东县在武家山会务中心召开优化经济发展环境大会。县委书记吴伟生出席会议并讲话,县委副书记、县长徐志毅作优化经济发展环境工作报告。会议由县委常委、政法委书记段忠贤主持,县委常委、县纪委书记刘卫平宣读《测评工作方案》并通报2017年优化经济发展环境公开测评结果。谭向勤、夏崇礼、刘卫平、李一帆、赵乔峰、刘运仕、晏志君等在家县领导出席会议。

同日下午,县委书记吴伟生在县委常委会议室专题听取县市区交叉巡察暨县委第三轮巡察情况汇报。县委副书记、县长徐志毅,县委副书记贺殷,县委常委、纪委书记刘卫平,县委常委、组织部部长李一帆等参加会议。

同日晚,县政法系统"我心中的国(警)徽"演讲比赛决赛暨主题教育活动总结颁奖大会在武家山会务中心举行。县委书记吴伟生出席活动并讲话，县委副书记、县长徐志毅致辞。市委政法委副书记刘云宝，县领导吴伟生、徐志毅、贺殷、谭向勤、夏崇礼、陈嘉、段忠贤、刘卫平、刘运仕、康培远、王春生、向卫平及县人民法院、县人民检察院、县公安局、县司法局主要负责人为获奖选手颁奖。县禁毒协会会长、原县人大常委会副主任刘吉义参加活动。

28 日下午，县委书记吴伟生主持召开中国共产党衡东县第十三届委员会第二次全体会议。县委副书记、县长徐志毅就《意见》起草的有关情况向全会作说明。参加会议的有：全体县委委员、候补委员。列席会议的有：不是县委委员、县委候补委员的县级领导；县纪委委员。县领导陈嘉、阳水源、颜亚华、李思源等出席启动仪式。

29 日上午，全国第一个农村淘宝 4.0 模式县级项目——阿里巴巴农村淘宝衡东服务中心举行启动仪式。市商粮局局长黄建军，县委书记吴伟生，县委副书记、县长徐志毅，县委副书记贺殷，县人大常委会主任谭向勤，县政协主席夏崇礼，阿里巴巴集团乡村电商事业部华南大区副总经理、村淘运营经理甘启梁，共同开启标志阿里巴巴农村淘宝衡东服务中心正式启动的水晶球。启动仪式由县委常委、常务副县长丁秋文主持，县委副书记、县长徐志毅致辞，阿里巴巴集团乡村电商事业部华南大区副总经理、村淘运营经理甘启梁致辞，市商粮局局长黄建军讲话，县委书记吴伟生宣布启动。启动仪式上，吴伟生、徐志毅还为衡东县电子商务公共服务中心进行揭牌。出席仪式的嘉宾和领导为 17 名农村淘宝合伙人进行授牌。

同日下午，县委经济工作会议在武家山会务中心召开。会议由县委副书记、县长徐志毅主持，县委书记吴伟生讲话。县领导贺殷、谭向勤、夏崇礼、丁秋文、陈嘉、刘卫平、李一帆、赵乔峰、刘运仕、晏志君出席会议。

同日晚，2017 年衡东县财税库年终工作汇报会在县财政局会议室召开，县委书记吴伟生，县委副书记、县长徐志毅出席会议并讲话。县领导谭向勤、夏崇礼、丁秋文、阳水源、李思源等参加会议。

31 日下午，县委副书记、县长徐志毅主持召开会议，专题研究河道采砂整治工作。县委常委、常务副县长丁秋文，县政府副县长钱永明参加会议。

（颜知明）

衡东概况

建置沿革

衡东地域早在5500—6000年前的新石器时代龙山文化晚期，就有先民在湘江、洣水沿岸栖息定居，开创古代灿烂的农耕文化。至公元前15世纪的商朝中叶，在中原文化的影响下，衡东地域也逐步由新石器时代步入青铜器时期。战国初期，部落散居，至战国中期的楚悼王时期（公元前401—前381），衡东县地归入楚国版图。秦始皇二十六年（公元前221），置长沙郡，衡东县地属长沙郡。汉高祖五年（前202），改郡为国，置湘南县为湘南侯国，衡东地属长沙国湘南侯国。汉景帝前元年间（前156—前150），从湘南侯国和酃县析出部分地域置阴山县，衡东东南部属阴山县，西北部仍属湘南侯国，同属长沙国。东汉光武帝建武元年（25），衡东地西北部属湘南侯国隶长沙郡，余属阴山县，隶桂阳郡。东汉献帝建安二十年（215），刘备、孙权以湘江为界定归属，衡东地属孙吴，至吴会稽王太平二年（257），湘南县改隶衡阳郡，阴山县仍属桂阳郡。晋武帝太康元年（280），阴山县改隶湘东郡。南北朝宋武帝永初年间（420—422），撤湘南县，衡东西北部并入阴山县。南北朝梁武帝天监年间（502—519），置湘潭县，县治设今石湾附近，衡东西北部从阴山县析出，并入湘潭县。唐玄宗天宝八年（749），湘潭县治北迁下摄司（今湘潭易俗河），衡东县地并入衡山县。1949年8月6日，衡山洣北地区（今石湾一带）解放，9月13日，衡山县人民政府在石湾成立。10月1日，中华人民共和国成立，中共衡山县委、县人民政府在石湾开展庆祝活动，同月6日，衡山县城解放，中共衡山县委、县人民政府机关从石湾迁入衡山县城。1966年1月18日，国务院第160次会议决定撤销南岳县，设立衡东县，原衡山县的部分行政区域为衡东县行政区域，隶属衡阳专署（1952年1月撤衡阳专署，与郴州、零陵合并，建立湘南行政公署，县地改属湘南行署。1954年6月，撤销湘南行政公署，恢复郴州、衡阳两个专员公署，县地仍属衡阳专署）。同年2月26日，湖南省人民委员会发出关于撤销南岳县，设立衡东县的通知。原衡山县湘江东岸6个区、38个（实为37个，编者注）人民公社和两个镇为衡东县的行政区域，县城设吴集。按照商定的方案，原衡山县的党、政、军、人民团体及其县属企事业机构的人员、财物全部成建制归属衡东县。3月18日，衡东县人民委员会发出通知，自即日起，启用衡东县人民委员会及所属局、会、室、科印信。4月，动工兴建衡东县城。1969年12月起，县直属机关、学校、企事业单位陆续从衡山县城迁入新建的衡东县城。县革命委员会规定，县直属机关单位于1970年1月24日起在衡东县城办公。1983年，衡阳专署和衡阳市合并，衡东县隶属衡阳市至今。

自然地理

【位置面积】 衡东县位于湖南省东部偏南，居湘江中游洣水流域，东邻攸县，南接安仁、衡南，西濒湘江与衡山、湘潭隔水相望。北与株洲接壤，南北长72.9千米，东西宽53.6千米，地理坐标为北纬26°47′～27°27′，东经112°45′～113°17′。总面积1926平方千米，约占全省总面积的0.9%。

【地形地貌】 衡东县地形平面图酷似雄鹰展翅奋飞。地貌类型为典型的丘陵岗地。中部低山、高岗隆起为骨架，以洣水自东向西为横轴线，以湘江右岸为纵轴线，向东、西、北三面敞开。中部山地为九党荆山山地的一部分，山纹线经“一脚踏三县”的蓬源仙，西折凤凰山，南转鹤岭、金觉峰，止于天光山，成为衡邵盆地与醴攸盆地的分界线。由鹤岭向西，经牛崎大岭至雷溪市金龙山，直逼湘江，形成株渌盆地与衡邵盆地分界线。又从山阳峰、金觉峰向西南延伸至鸡公岩、乌鸦垅形成支脉，限制衡邵盆地北延，奠定衡东山势成X形隆起的地貌轮廓，形成三盆夹低丘的突出特征。

衡东地貌以丘陵为主，低山、高岗为辅，兼有中山和平原。岗丘、低山面积占59.08%，平、岗、丘、山、水大体为0.22：0.23：0.31：0.18：0.06。根据地貌组合，大体又可细分为四个类型区：西北区为丘陵、岗地地貌，海拔一般在100—200米之间，其地形为东南高，西北低，西北部属株渌盆地南部边缘；中部区为X形隆起的低山为主的山地地貌，海拔在200米以上，大部分地区在海拔300—500米之间；西南区为丘岗、平原区，海拔在50—200米，为衡邵盆地北部边缘；东部区为丘陵、岗地、平原区，海拔200米以下，属醴攸盆地西部边缘。县境内最高点为天光山，海拔为814.9米；最低点为大桥镇澎陂港，海拔只有39.2米。

【气候】 衡东县地处亚热带中部，是冬夏季季风与冷暖气流交绥的过渡地带。属亚热带湿润季风气候，冬冷夏热，四季分明，气候温和，严寒期短。候平均气温≤0℃的严寒期，在1954—2016年62年间，只出现过10年次。候平均气温≥30℃的酷热期年平均约20天。极端高温为41.2℃，霜期年平均为74天。雨水较多，但分布不均，每年雨季集中在4、5、6月。日照充足，年平均日照1700小时以上，晴天天数多，蒸发量大。

县境中部山地虽海拔低于800米，但面积较大，受地形、地势、植被影响，形成与平岗地区不同的山地气候，有明显的垂直变化，且南北坡有差异，北坡潮湿多雾，日照较少，天气多变。

气象。衡东县年平均气温为18.1℃。各地平均气温在15—18.1℃之间，总的趋势是东、西高，中部低，南部高于北部。中部山区气温最低，四方山年平均气温为15℃。一年之间，1月气温最低，平均气温为5.6℃。7月气温最高，平均气温为30.1℃。极端最高气温≥35℃的日数，年平均为45天。年平均日温差为7.8℃，冬季日温差最小（6.8℃），春季次之（7.5℃），夏秋两季最大，分别为8.5℃和8.4℃。境内年平均霜期为74天，初霜日一般在12月5日左右，终霜日为2月18日左右。霜期内实际有霜日年平均为15.2天。无霜期年平均为291天。

2016年，全县平均气温18.7℃，较历年平均值偏高0.6℃，较2015年偏高0.2℃，年极端最高气温39.8℃，年极端最低气温－3.9℃。2017年，全县平均气温18.7℃，较历年平均值偏高0.6℃，年极端最高气温38.7℃，年极端最低气温－0.2℃。

积温：衡东境内日平均气温≥10℃的活动积温为5667.7℃，居四邻之冠。

降水：衡东县年平均降水量为1395.9毫米。与四邻相比，除略多于衡南以外，均少于其它各县。降水时空分布不均，总的趋势是东北部多于西南部，山区多于平丘。少雨区在大浦镇一带，多雨区在中部山区，年降水量多达1992.5毫米，少雨区的大浦镇只有1200毫米。20世纪50年代以后，年降水量呈递减趋势。年降水趋势，从冬到春逐月增多，从夏到冬逐月减少，降水强度，以夏季最大，春季次之，冬季最小。2016年，年降水量1499.1毫米，比历年偏多103.2毫米，日降水量≥0.1毫米的天数为159天，日降水量≥50毫米的天数为7天；日最大降水量为73.2毫米。2017年，年降水量1298.8毫米，比历年偏少97.1毫米，日降水量≥0.1毫米的天数为150天，日降水量≥50毫米的天数为4天；日最大降水量为71.3毫米。2016年初雪日为1月22日，终雪日为3月10日，初终时间为49天。2017年初雪日为2月24日，终雪日为2月24日，初终时间为1天。

日照：境内年平均日照时数为1577.7小时，日照百分率为43%。2016年全年日照时数为1532.6小时，较历年平均值偏少45.1小时。2017年全年日照时数为1536.2小时，较历年平均值偏少41.5小时。

衡东县2016—2017年气象实况资料及与历年同期比较一览表

表1

年份	平均气温(℃)	极端最高(℃)	极端最低(℃)	降水量(毫米)	≥0.1毫米	≥50毫米
2016	18.7(比历年偏高0.6)	39.8(30/7)	-3.9(25/1)	1499.1(比历年偏多103.2)	159天	7天
2017	18.7(比历年偏高0.6)	37.7(23/7)	-0.2(18/12)	1298.8(比历年偏少97.1)	150天	4天

衡东县2016—2017年日最大降水量、日照时数与历年同期比较一览表

表2

年份	日最大降水量(毫米)	日照时数(小时)
2016	73.2(10/9)	1532.6(比历年平均值偏少45.1)
2017	71.3(28/6)	1536.2(比历年平均值偏少41.5)

2017年5月29日至6月5日因暴雨,全县受灾人口15601人,死亡1人,紧急转移安置人口232人。农作物受灾面积8100公顷,其中:农作物成灾面积4824公顷,农作物绝收面积1457公顷。倒塌房屋26间,严重损坏房屋36间,一般损坏房屋86间,直接经济损失3960万元,其中农业损失2280万元,基础设施损失1090万元,家庭财产损失590万元。

2017年6月25—28日因暴雨,全县受灾人口76500人,紧急转移安置人口408人。农作物受灾面积4055公顷,其中:农作物成灾面积3266公顷,农作物绝收面积1022公顷。倒塌房屋87间,严重损坏房屋160间,一般损坏房屋288间,因灾死亡大牲畜52头,直接经济损失6690万元,其中农业损失3180万元,基础设施损失2040万元,公益设施损失110万元,家庭财产损失1360万元。

旅游景点

【罗荣桓故居】 罗荣桓故居位于荣桓镇南湾村,距县城30公里,衡阳市80公里。为全国100个红色旅游经典景区之一,是全国爱国主义教育示范基地、国家国防教育示范基地,湖南省文物保护单位和全民国防教育基地。2006年,被评为“中国红色旅游市场游客满意十佳景区”,于2008年3月免费开放。2011年,被全国旅游景区质量等级评定委员会公布为国家AAAA级旅游景区,罗荣桓故居景区由故居、铜像、生平业绩陈列馆三大主体组成,总占地面积74012平方米,建筑面积1900平方米。

罗荣桓故居于1983年公布为省级文物保护单位,1985年11月修复开放,格局为三进两厢,正厅、厢房、走廊、天井加杂屋。内有罗荣桓卧室、书房以及祖母、父母卧室,客厅、健身房、火炉屋和他父亲开设过的“永隆杂货铺”。罗荣桓卧室陈列的橱柜、抽屉桌、花板床、床头小方桌、梳妆台、梳妆盒、双影镜等都是原物。杂屋内的农具等物,亦按原貌复原,再现他们一家子当年的生活情景。故居周围有古祠堂、古戏台、古街、古桥、古井、罗荣桓就读过的“岳英小学”旧址、故居牌坊等建筑群落与之相匹配,古色古香,和谐协调。罗荣桓元帅铜像为立式,高4米,重2.2吨,墩座的“罗荣桓元帅铜像”7字由江泽民同志亲笔题写。1992年,铜像立于县城对面的杨山公园;2002年,罗荣桓元帅诞辰100周年时,铜像迁回罗帅诞生地南湾村,并兴建铜像广场与生平业绩陈列馆和故里牌坊。陈列馆建筑面积为1187平方米。“罗荣桓元帅生平业绩陈列馆”匾额由薄一波同志题书。室内依罗荣桓生平活动的年代顺序分

成四部分，共展出照片188幅，重要历史实物110件，雕塑1尊，真实生动地再现罗荣桓光辉的一生。牌坊建于省道S315线公路旁，牌坊上“罗荣桓元帅故里”由时任湖南省委副书记文选德所题。故居周围有著名的南湾八景：锡岩仙洞、金觉神碑、寒塘秋月、麻姑醴泉、虎丘夕照、雷坡晓霞、双流夹镜、五马腾云。

【柴山洲特别区第一农民银行旧址——夏拜公祠】 夏拜公祠是第一次国内革命战争时期，中国共产党人领导创建的柴山洲特别区第一农民银行旧址。1989年，县人民政府公布为县级文物保护单位，1992年修复，次年开放。1996年，省人民政府公布为省级文物保护单位。2012年3月，重新修缮、布展。旧址坐落在衡东县三樟乡金湖村，623平方米，二层砖木结构，悬山顶，小青瓦，内置天井。

门额为“夏拜公祠”4个大字，现门楣上为黑底白字“柴山洲特别区第一农民银行旧址”，由中国人民解放军原总参谋长杨得志将军所书。柴山洲特别区，是大革命时期的农民协会划定的行政区，地域包括今衡东县三樟乡柴山、金湖等9个村和富家村一部分。大革命前系衡山县既字十九、二十和二十九区，900多户，4000多人口。1926年春，省农运特派员贺尔康在此建立柴山洲特别区农民协会。4月，根据中共中央“必须是以解决农民问题作主干”“设立农民银行”的政纲精神，建立“柴山洲特别区第一农民银行筹备委员会”，由区农协委员长文海南兼任经理，副委员长夏兆梅兼任副经理、出纳员，制定《银行章程十二条》，确定以“拥护无产阶级，维持生活，扶植生产”为办行宗旨，发行货币，发放贷款，建立农民消费合作社。于1927年6月停止活动。银行存在时间虽然只有一年多，但在中国革命史上具有首创意义。《经济大辞典·金融卷》（上海辞书出版社）称：“我国各革命根据地先后建立三十多家银行，以1926年在湖南衡山成立的柴山洲特别区第一农民银行为最早。”《关于湖南农民协会货币的调查与思考》（1989年湖南《金融经济》第1期）指出：“柴山洲特别区第一农民银行的布币是迄今发现最早的革命货币”。

【欧阳海烈士纪念碑】 欧阳海烈士纪念碑坐落在衡山火车站南面1千米处，于1972年9月1日被公布为省级文物保护单位。2010年，进行重新布展并免费开放。

1963年11月18日，中国人民解放军6954部队在野营训练途中，三连七班班长欧阳海在新塘欧阳海村与百叶村交界处的京广线上，为推开受惊战马救列车而英勇牺牲。欧阳海牺牲后，党和国家领导人董必武、叶剑英、聂荣臻等亲笔题词，号召全国人民全军将士向他学习。1966年年底，湖南省民政局、衡阳专员公署和广州铁路局拨款，在他牺牲的地方修建欧阳海烈士纪念园，正前方由白玉石砌成的纪念碑座上，雕塑欧阳海推马救车的英雄塑像。两边青松翠柏，四季鲜花簇拥，纪念碑后建有陈列室，陈列欧阳海生平事迹。

【国家级水利风景区——洣水风景区】 洣水，发源于罗霄山脉炎陵县八面山天障冲，按长度为湘江第三大支流，流经草市、高湖、杨林、甘溪、吴集、洣水、霞流、新塘等8个乡镇，于新塘镇洣河村汇入湘江，在衡东境内全长72.5千米。洣水素有“小漓江”的美誉，又因流经炎帝陵寝之地，被世人称为“圣水河”，是一条未受污染，生态环境优良的河流。河水清澈，曲折迂回，两岸群峰簇拥，风光旖旎。每到夏季，十里荷香扑面而来，不是西湖，胜似西湖；不是漓江，胜似漓江。其人文景观、自然风光美不胜收，2004年荣膺国家级水利风景区。历代有很多文人墨客如黄庭坚、徐霞客等游历过洣水。据《衡州府志》记载洣水河边的太平寺慈氏阁留有黄庭坚的诗句：“青玻璃盆插千岑，江湘水清无古今。何处拭目穷表里·太平飞阁暂登临。朝阳不闻皂盖下，愚溪但见古木阴。谁与洗涤怀古恨·坐有佳客非孤斟！”清代诗人刘振武有感于草市灵山风光如画，作诗《灵山揽胜》一首：“七二名峰外，灵山别有天。古楠寒日色，怪石咽流泉，林密藏精舍，云深隐汉仙，夜来钟欲静，风月满川穹。”

【锡岩仙洞溶洞景观区】 被誉为“楚南第一景”的锡岩仙洞，洞内石乳、石笋、石柱密布，千姿百态，美不胜收。它不是一个孤立的溶洞,在其周围的荣桓、甘溪、杨林等镇约40平方千米区域内,有大小溶洞数十个,仅列入历代省、州、县志和《南岳志》重点名胜的就有锡岩仙洞、玉壶岩、龙岩、风洞、水洞、雷洞等好几处大型溶洞群,组成锡岩仙洞——洣水风景名胜区内的溶洞景观区。

锡岩仙洞。位于荣桓镇锡岩村,距县城30千米,距罗荣桓故居2.5千米。据《湖南省通志》记载:“晋称息岩……唐赐封为仙洞,明代‘息’改为‘锡’,自此称‘锡岩仙洞’,一直沿用至今。”洞口向东,可进度1870米,洞内面积约10万平方米,大小洞厅70余个。1994年起开发,1996年洞内开发游览线路2000余米,入洞后依次是迎客厅、芙蓉洞、仙人洞等20余个厅堂,有“金龟迎客”“金鸡下蛋”“仙人聚会”“渴龙饮泉”等百余处景观。其中“葵花洞”高10多米,面积约500平方米,是目前已开发的最大洞厅,有“海市蜃楼”“八仙过海”“犀牛望月”“仙女出浴”等20余处景观。锡岩仙洞是融自然景观与人文景观于一炉的大型溶洞,洞壁间现仍有清晰可见的历代文人题咏60余处,其中以谢灵运的题壁诗《岩下赞》最为珍贵:“衡山采药人,路迷粮亦绝。过息岩下坐,正见相对说。一老四五少,仙隐不可别。其书非世教,其人必贤哲。”1994年,锡岩仙洞与洣水一并被省人民政府批准为省级风景名胜区“锡岩仙洞——洣水风景名胜区”。

龙岩洞。在距县城17千米的甘溪镇新泉村。洞深2700多米,入口两洞,上为风洞,下为水洞,上、下洞相距百米。游览只能从风洞进,由社背村出。清《衡山县志》载:“龙岩在斐岭下,岩前地势颇高,口圆大如簸箕。相传中有潜龙,故名。石洞间灵源汩汩,横过岩内,下出岩底,流为溪,汇为涧,会于铆。中岩有石观音,其前有石净瓶,瓶中水如甘露,亘古不竭,或满而溢,是年甘雨必多,水少则旱。撑岩双柱挺然,左右深井各一,投石井口,滚滚而下,入及半,阻于横流,勇者或跣而进怯者止焉。士人非因干旱祈雨,罕有入者。暑月憩岩口,冷风射人,不敢久坐。”龙岩洞还有一个动人的传说在当地广为流传:相传黄泥坪(即今甘溪和平村)有一潜龙,因难耐百年寂寞,穿过岩石来游玩,一看,正是稻谷金黄,河塘鱼跃的金秋时节,为不加害于民,转道右拐,进入洣河。从此,黄泥坪“龙抽眼”的水,便从斐岭不断流入洣河,龙岩因而得名。

水洞。洞口大,形似张开的龙口,高3米,宽6米,深约4米。内有深潭,堆满乱石,水从石底涌出。风洞洞口小,往里渐大,深无底。洞内石笋林立,景色奇特。洞中上下,层层有洞,人在上洞走,水在涧底流,潺潺流水,声脆入耳。水洞有锦鳞浅游。入洞约2000米处,有一巨厅,可容千人。洞前百米处,有新泉湖,水面300余亩,莲红水绿,美景如画。

玉壶岩。又名浴佛岩,位于县城东南36千米的杨林镇寺门前境内。清《衡山县志》载:“浴佛岩在邑作字,深里许,中有二洼、二坡、一坪、一坂、四小洞。入岩右行数十步,即得一洼,深丈余,广半亩。中央有石正立如碑,旁三石并悬,如虎首,如牛头,如象鼻。洼尽得一坡,中坡有大石龟,背负小龟,坡上有坪,坪有石鼓,形不似鼓,而声似之。鼓旁有池,洼畔有石柱四,皆在坪右,坪下有斜坡,坂有悬石,巨且长。下坂又得一洼,大于前洼十数倍。中可摆百席。其右有大石龛,龛旁有石门,前有立石高丈余,形如敛盖,其左多种钟乳悬缀,如莲萼,如玉笋者,不一而足。旁一石形长而垒,重击之声似钟。大洼之后又有坡,颇陡峻,坡有立石,高与人齐,上有珠伞覆之。坡上有一小洞,中有石桌。缘坡而右复得三个小洞,各八十余步路遂塞。自前岩至后洞仰视皆有龙迹,深浅不一,首尾鳞爪,宛然活现,蜿蜒数十丈。岩以外,前有二龙湫,大一亩许,深皆十余丈,岁旱水不竭。”

距浴佛岩里许,在庙冲、寺门前、竹园三村交界之处,有一石山,状如狮,石前有一山包,形似绣球。其左右均有五座山峰向之,远视,似见五只不同形态的狮子昂首扑向“绣球”,俗名“五狮滚球”。

金觉峰。位于县城东38千米的荣桓、甘溪交界之处,海拔741米,锡岩仙洞即在金觉峰下。清《衡山县志》载:“山高千丈,下有锡岩,或曰山神,名玉女,唐时赐封金觉,也名金觉岩。”主峰与后峰相距70米,中间是山凸,主峰为头,后峰似尾,凸地是身,形似一雄狮昂首太空,人们比喻为“望天雄狮”。狮头上有玉女真人庙,狮尾上有观音殿。观音殿后有巨石，传为金觉神碑。摇得动，搬不走。清《衡山县志》载："碑在金觉山，长八尺许，露立山巅，剥蚀不可尽识，岁旱祷雨，以手推之，动则立庆。"又载："唐封金觉而碑之，今字尽磨灭，而祷雨，人们往之呼庆。"自古相传，上山求雨，将石推之，若发"荷罗、荷罗"声，不出日内，定有雨降。清人熊方受有诗曰："神碑突立半崖中，片石居然润物功，不敢等闲披藓渎，风雷常恐化金龙。"1966 年，观音殿拆毁时，砖石将碑埋没。玉女真人庙是重修的一进二层建筑，与观音殿合二为一。底层为玉女真人庙，内设菩萨，顶层供有雕像。

行 政 区 划

2015 年 12 月，乡镇区划调整改革后，衡东县辖 15 个镇、2 个乡、233 个村、23 个社区。

洣水镇辖金花、金峨、大甸、鹤祥、岳霄、珍珠、南塘、大兴、北冲、状元、大山、石江、采霞、踏庄、朗山、荆茗、大塘、仙林、仙楠、大托共 20 个建制村和洣江、兴东、迎宾、杨山、嘉兴、滨江、堰湾、金堰 8 个社区。

大浦镇辖蓟江潭、渡江铺、新开、托源、浦泉、三才、堰桥、大明楼、岭茶、清泉、太平、新庄、青鸦、狮塘、新石桥、长丰共 16 个建制村和东浦、浦园 2 个社区。

新塘镇辖欧阳海、潭泊、龙头、石杨、洣河桥、大培、兴发、雷市、新义、湘广、宋坪、文桥、桔林、新樟坪、丰塘共 15 个建制村和文峰社区。

吴集镇辖龙山、桐木桥、伴岭、龙奉、杨梓坪、鸡公岩、金家楼、五里坪、平洲、大势塘、化龙桥、红坪、双园、吴集、莫井、江山、三口井、三垅、新井、莫园、德圳、红光、早禾、南山、栗木、龙源、紫岗、秋波、泉新、柏桥、周田、巷子、胜利 33 个建制村和杨峰社区。

霞流镇辖鑫霞、白杨、新拜朝、宋桥、平田、李花、黄崎、鸿霞、大源渡、大泥塘、兴垅、洣河、洋塘、杨梓、大村湾共 15 个建制村和霞流社区。

甘溪镇辖大源、中心、夏浦、大源塘、社背、枣园、东冲、新杨、石岗、新东、石桥共 11 个建制村和金觉峰社区。

杨桥镇辖杨桥、东烟、南冲、荆竹、荷月、鹤岭、凤凰、石山、虎塘、蛟塘、上水、香花新村、温泉新村、乔阳新村 14 个建制村和桥兴社区。

蓬源镇辖蓬源、潭江、双溪、长冲、东方、合兴、广塘、云集、兴民、冲排共 10 个建制村和横路社区。

杨林镇辖杨林、贺家桥、柴埠、源头、荣丰、联西、太平寺、石峡、新扶、湾头洲、小岳洲、寺门前、四方冲共 13 个建制村和洣南社区。

白莲镇辖马房、白莲、小初、铁坪、罗家湖、白石、鲤鱼、塘荷、山花、谭家桥共 10 个建制村和莲花社区。

石湾镇辖光明、荷塘、杨梅、茶石、甲枣、坪里、兴源、泉水、佳埗、清景、上桥共 11 个建制村和廻澜峰社区。

荣桓镇辖中湖、杉山、泉龙、知塘、锡岩、南湾、横板共 7 个建制村和长岭社区。

高湖镇辖瑶泉、旺垅、印心、红桥、才一、西村、伟田、新兴垅、新旺、乌塘共 10 个建制村和伍湖社区。

三樟镇辖黄双、澎陂港、岭林、礼厚、和平、义门、塔冲、油麻田、塘源、金合、长江、柴山洲、富家、前进共 14 个建制村和大桥湾社区。

草市镇辖桐桥、丫塘、油子塘、大对河、江坪、洣坪、田心、沙港、山田、横黎、高田、福塘、马脑寨、大洲、洲西、山塘、两路新村、石旺共 18 个建制村和灵山社区。

石滩乡辖石金、大泉、新建、荷泉、真塘、真陂、长源、进宝、新白、江滨、欧塘共 11 个建制村。

南湾乡辖新南、桃源、江东、松源、合江 5 个建制村。

人 口

2016 年年末，全县常住人口为 63.82 万人，其中：城镇人口 24.45 万人，农村人口 39.37 万人。全年出生人口 9259 人，死亡人口 4158 人，全县人口出生率为 12.08‰，死亡率为 5.43‰，自然增长率为 6.65‰。

2017年年末,全县常住人口62.92万人,其中:城镇人口25.60万人,农村人口37.32万人,常住人口城镇化率40.7%。年末全县户籍人口75.77万人,其中:城镇人口13.48万人,农村人口62.29万人,户籍人口城镇化率17.8%。全年出生人口9540人,出生率12.35‰;死亡率7.19‰;自然增长率5.16‰。

衡东县2016—2017年人口变化情况表

表3

年度	年末总户数(万户)	年末总人口数(户籍人口·万人)	常住人口(万人)	城镇人口(万人)	乡村人口(万人)	年度人口变动情况							
						出生			死亡	迁入		迁出	
						合计(人)	男(人)	女(人)		省内迁入	省外迁入(人)	迁往省内	迁往省外(人)
2016	21.27	76.55	63.82	24.45	39.37	10469	5629	4840	2604		889		1429
2017	21.40	75.77	62.92	25.60	37.32	9540	5100	4440	5553	660	686	2390	2148

国民经济及社会发展

【概况】 2016—2017年,衡东县面对种种压力和困难,全县上下以党的十九大精神和习近平新时代中国特色社会主义思想为指引,坚持稳中求进工作总基调,贯彻新发展理念,积极推进供给侧结构性改革,加快补齐发展短板,统筹做好稳增长、促改革、调结构、惠民生、防风险各项工作,全县经济运行呈现稳中向好的态势。

2016年,全县实现地区生产总值261.70亿元,同比增长7.9%。其中,一产业增加值44.18亿元,增长3.7%;二产业增加值91.66亿元,增长6.4%;三产业增加值125.86亿元,增长10.7%。按常住人口计算,人均GDP为40846元,增长8.2%。全县三次产业结构为16.88∶35.02∶48.1,与上年比“一稳一降一升”:一产业比重保持平稳,二产业比重下降1.8个百分点,三产业比重提高1.8个百分点。三产业比重持续上升,现代服务业发展提速。全县能源消费总量为92.58万吨标准煤,下降38.8%;单位GDP能耗为0.409吨标准煤/万元,下降25.1%。2016年,全县全面小康社会实现程度为84.3%,比2015年提高3.4个百分点。

2017年,全县实现地区生产总值(GDP)293.76亿元,增长8.7%。分产业看,第一产业实现增加值45.28亿元,增长3.5%;第二产业实现增加值100.69亿元,增长7.4%;第三产业实现增加值147.79亿元,增长11.4%。第一、二、三产业分别拉动GDP增长0.5、2.6、5.5个百分点,三次产业对GDP贡献率分别为6.2%、30.1%、63.7%。三次产业结构为15.41∶34.28∶50.31。按常住人口计算,人均GDP为46356元,增长9.9%。

【农业】 2016年,全县农林牧渔总产值80.79亿元,增长3.8%。规模以上企业农产品加工产值39.14亿元,规模以上企业农产品加工产值与农业产值比为48.4%。继续保持“全国产粮大县”“全国生猪调出大县”“湖南省产油大县”地位。全县农作物播种面积112.44千公顷,减少1.29千公顷,下降1.1%,其中:稻谷播种面积60.78千公顷,减少0.52千公顷,下降0.8%;油料播种面积21.83千公顷,增加0.16千公顷,增长0.7%。粮食总产量40.01万吨,减少0.6万吨,下降1.5%,其中:稻谷产量37.83万吨,减少0.66万吨,下降1.7%。油料总产量3.96万吨,增加0.76万吨,增长23.8%。出栏生猪103.48万头,减少2.06万头,下降2.0%;年末生猪存栏58.54万头,下降2.1%。出笼家禽936.5万羽,下降4.3%。水产品产量1.96万吨,增长2.3%。年末农业机械总动力达69.82万千瓦,增长

7.0%。

2017年,全县农林牧渔总产值83.14亿元,增长3.7%。规模以上企业农产品加工产值65.73亿元,规模以上企业农产品加工产值与农业产值比为79.1%。继续保持“全国产粮大县”“全国生猪调出大县”“湖南省产油大县”地位。全县农林牧渔业增加值46.34亿元,增长3.6%。全县农作物播种面积113.03千公顷,增长0.5%,其中:稻谷播种面积60.88千公顷,增长0.2%;油料播种面积22.18千公顷,增长1.6%。粮食总产量40.25万吨,增长0.6%,其中:稻谷产量38.08万吨,增长0.7%。油料总产量4.03万吨,增长1.8%。年末农业机械总动力达73.31万千瓦,增长5.0%。

【工业和建筑业】 2016年,全县规模工业增加值增长7.1%,新增规模工业企业14家。规模以上工业销售产值171.07亿元,增长5.9%,产销比99.8%,实现利润7.26亿元,下降14.6%,全部从业人员平均人数2.5万人,增长0.3%。规模以上工业增加值占全部工业的比重达到79.6%。园区规模工业增加值占规模工业增加值比重为59.4%。全县全部工业增加值86.27亿元,增长6.5%。工业对GDP贡献率为28.5%,拉动GDP增长2.3个百分点。规模工业主要产品产量:服装3487.9万件,增长31.4%;中成药0.5万吨,增长66.7%;水泥147.8万吨,增长36.2%;大米21.6万吨,增长29.3%;锌6.6万吨,增长11.9%;泵2.7万台,下降14.4%;商品混凝土75.2万立方米,增长14.1%。全县建筑业总产值11.9亿元,增长11.1%;建筑业增加值5.39亿元,增长3.9%。房屋建筑施工面积73.9万平方米,下降1.3%;房屋建筑竣工面积48.71万平方米,下降5.0%。

2017年,全县实现工业增加值94.60亿元,增长7.5%。工业对GDP贡献率为28.9%,拉动GDP增长2.5个百分点。全县规模以上工业增加值增长8.4%,新增规模以上工业企业20家。园区规模工业增加值占规模工业增加值比重为67.5%。全县具有建筑业资质等级的独立核算企业13家(不包括劳务分包企业),共完成建筑业总产值14.25亿元,增长19.7%;实现建筑业增加值6.09亿元,增长5.3%。

【固定资产投资】 2016年,全县固定资产投资152.01亿元,增长18.2%。工程施工项目达449个,增长24.7%,其中本年新开工项目407个,增长13.1%。本年投产项目个数335个,增长15.9%。全县工业投资75.28亿元,增长6.1%,占全县固定资产投资的比重为49.5%,其中:工业技术改造投资38.66亿元,下降10.1%。全县房地产开发投资6.43亿元,增长3.5%。商品房施工面积100.34万平方米,增长21.8%;商品房竣工面积21.61万平方米,增长56.7%;商品房销售面积37.31万平方米,增长64.5%;商品房销售额13.29亿元,增长82.3%。

2017年,全县固定资产投资(不含农户)179.57亿元,增长18.1%。工程施工项目达523个,增长16.5%,其中本年新开工项目458个,增长12.5%。本年投产项目个数289个,下降14.0%。在固定资产投资中,第一产业完成投资12.49亿元,下降1.1%;第二产业完成投资81.04亿元,增长0.4%,其中工业投资80.70亿元,增长7.2%;第三产业完成投资86.04亿元,增长46.7%。全县房地产开发投资11.63亿元,增长80.8%。商品房施工面积134.9万平方米,增长30.5%;商品房竣工面积8.12万平方米,下降62.4%;商品房销售面积45.56万平方米,增长22.1%;商品房销售额16.05亿元,增长20.8%。

【贸易和招商引资】 2016年,全县社会消费品零售总额89.52亿元,增长11.6%,扣除物价因素,实际增长8.5%。分地区看,城镇消费品零售额71.62亿元,增长10.1%;农村消费品零售额17.9亿元,增长10.4%。全年完成招商签约项目11个,引资26.2亿元。引进聚味堂农副产品加工、莲园生态旅游开发、20兆瓦林光互补分布式光伏发电、土菜文化产业园、尚达现代农业产业园、佳佳乐食品生产、承远博览馆、合金粉末及高温合金生产等一批大项目、好项目。

2017年,全县社会消费品零售总额99.08亿元,增长10.7%。在限额以上法人消费品零售总额中,批发零售业限上企业实现零售额7.2亿元,增长21.9%;住宿餐饮业限上企业实现零售额3.5亿元,同比增长25.4%。全年共培育规模以上电商企业13家,引进电子商务农产品销售平台4家,发展网店微商2300余家,实现农特产品线上交易额3800多万元。全年签约引进项目97个,合同引资额192亿元,成功引进生态种养循环经济示范基地、冷链市场及城市综合体建设等一批带动性强的大项目。81个项目开工建设,完成投资56.05亿元,建材市场二期、盛世电缆、显尚家具、3D打印粉末生产厂、年产1万吨冰晶石生产厂等一大批项目建成投产,大浦、霞流光伏发电项目实现并网发电。

【交通、邮电和旅游】 2016年,全县拥有机动车72673台。拥有城市公共交通车辆155台,其中出租汽车100辆,城市公交线路8条车辆55台。全县公路里程年底到达数2470公里,其中县道243公里,增长13.6%。全年接待游客530万人次。衡东旅游在湖南电视台推介。土菜产业产值22亿元,完成税收5100万元,餐饮业创税1600万元,分别增长19%、12%、11.5%。罗荣桓故居景区整改提质工程顺利完成,洣江生态园成功开园并申报为省级三星级休闲农庄。全县城镇化率达到38.3%,比2015年提高2.1个百分点。县城污水处理率达92%;县城建成区面积为11.2平方公里;城镇建成区绿化覆盖率41.7%;城镇功能得到进一步完善,城镇集聚辐射能力进一步增强。

2017年,全县注册登记机动车8.57万辆,其中汽车2.88万辆,摩托车5.63万辆。全县公交车75辆,其中新能源公交车60辆,燃油公交车15辆。出租车100辆。客运车辆310台,普货车辆2331台。挖砂船、运砂船共271条,客渡船147艘。全县公路里程年底到达数2741公里,其中国道80公里,省道210公里,县道279公里,乡道475公里,村道1687公里。客运量148.42万人次,客运周转量6678.80万人公里,货运量1969.87万吨,货运周转量376116.36万吨公里。全县邮电业务总量1.37亿元,增长34.3%,其中邮政业务、电信业务总量分别为0.74亿元和0.63亿元,分别增长47.0%和21.7%。邮政业全年完成邮政函件业务5.80万件,包裹业务258.04万件,快递业务量8.36万件。年末固定电话用户5.18万户,增长4.2%。移动电话用户24.63万户,下降12.5%。年末互联网宽带用户4.24万户,增长26.4%。全年接待国内外游客360.51万人次,实现旅游综合收入27.14亿元。成功举办第四届“土菜文化旅游节”,土菜产业链产值59.6亿元,增长17.6%,其中土菜餐饮业销售总额达29.8亿元,增长14.6%。

【财政、金融和保险】 2016年,全县财政总收入13.25亿元,增长6.5%。财政总收入占GDP的比重为5.06%。人均财政总收入2068元/人。全县税收收入7.56亿元,税收占财政总收入的比重为57.1%,其中地方一般公共预算收入10.0亿元,增长7.4%。年末全县金融机构各项存款余额175.71亿元,增长15.3%;金融机构各项贷款余额66.81亿元,增长15.2%。全县金融机构存贷比为38%。

2017年,全县一般公共预算收入12.76亿元,下降3.6%。地方收入8.69亿元,下降11.6%。其中,税收收入4.46亿元,增长7.4%;非税收入4.23亿元,下降25.6%。上划中央税收3.19亿元,增长19.6%;上划省级税收0.88亿元,增长18.9%。全县一般公共预算支出35.33亿元,增长0.9%。其中,社会保障和就业支出6.18亿元,增长34.2%;教育支出7.35亿元,增长8.1%;医疗卫生与计划生育支出4.24亿元,增长0.5%;城乡社区支出1.99亿元,增长13.9%。年末全县金融机构各项存款余额195.44亿元,增长11.2%。其中,住户存款164.73亿元,增长10.3%。全县金融机构各项贷款余额81.49亿元,增长22.0%。全县金融机构存贷比例为41.7%。全县保险保费收入达1.49亿元,增长22.1%。其中,财产险保险保费收入0.44亿元,增长10.0%;人身险收入1.05亿元,增长29.6%。全年各项赔付支出0.81亿元,增长39.7%。其中,财产险赔款支出0.22亿元,增长15.8%;人身险赔款支出0.59亿元,增长51.3%。

【教育和科学技术】 2016年，全县初中升学率90.9%。职业教育在校学生规模扩大，普通高中在校学生呈上升趋势。全县中职招生数4265人；普通高中招生数3985人，普通高中在校生24938人，高中阶段毛入学率89.8%。全县平均受教育年限10年。全县高新技术产业增加值19.16亿元，占GDP的比重为7.3%。全县高新技术企业30家，新增7家。科技投入不断加大，全县共投入研究与试验发展（R&D）经费3.29亿元，增长21.6%。

2017年，全县拥有普通中学39所（含九年一贯制学校11所），中等职业教育学校1所，普通小学78所，幼儿园152所。普通中学在校学生22018人，教职工1666人；中等职业教育学校在校学生1717人，教职工90人；普通小学在校学生51953人，教职工2332人；幼儿园入托儿童26208人，幼师2008人。全县小学生毕业合格率为100%，高考二本上线率达48.3%，高考录取率达88.6%。全县完成高新技术产业增加值26.8亿元，占GDP的比重为9.1%，比重提高1.8个百分点。完成专利申请总量448件。其中，发明专利194件，实用新型148件，外观设计106件；专利授权总量182件。其中，发明专利授权21件，实用新型专利授权83件，外观设计专利授权78件

【文化、体育和卫生】 2016年，全县拥有各类艺术表演团体3个，文化馆1个，公共图书馆1个，博物馆、纪念馆2个。全县有广播电台1座，中、短波广播发射台和转播台3个，电视台1个。年末共有档案馆1个。全县拥有二甲医院2个，妇幼保健院1个，疾病预防控制中心1个。年末医疗卫生机构床位数2690张，每千人拥有4.2张。5岁以下儿童活产数6319人。5岁以下儿童死亡率为5.2‰，优于国家12‰的全面建成小康社会目标值。全县公共文化体育设施面积达158.46万平方米，其中，公共文化设施面积52.95万平方米，公共体育设施面积105.51万平方米。人均公共文化体育设施面积达2.47平方米，提前达到小康水平。

2017年，全县拥有各类艺术表演团体3个，文化馆1个，公共图书馆1个，博物馆、纪念馆3个，档案馆1个，农家书屋561个。全县有广播电台1座，中、短波广播发射台和转播台3个，电视台1个。全县公共文化体育设施面积达169.22万平方米，其中，公共文化设施面积62.79万平方米，公共体育设施面积106.43万平方米。人均公共文化体育设施面积达2.7平方米，提前达到小康标准。全县拥有二级医院7个，妇幼保健院1个，疾病预防控制中心1个。年末医疗卫生机构床位数2965张，每千人拥有4.6张。年末执业（助理）医师数1625人，每千人口执业（助理）医师数2.55人。5岁以下儿童活产数6487人，5岁以下儿童死亡率4.62‰。

【节能、环境保护和安全生产】 2016年，全县空气质量达标率为95.8%，地表水质达标率为100%。全县国土绿化达标率98.7%，活立木总蓄积量264.3万立方米，活立木增幅4.3%，全县森林覆盖率达52.1%。农村垃圾无害化处理的行政村252个，农村垃圾集中处理率98.4%，比2015年提高1.1个百分点。完成了湘江保护和治理“一号重点工程”第一个“三年行动计划”。全力推进农村环境综合整治工作，扎实开展“三边造林”和裸露山地造林，完成通道绿化1098.6公里，建设秀美村庄62个。全县企业生产安全事故死亡人数较去年都大幅减少。亿元GDP生产安全事故死亡率0.0038人。群体性食品安全事故年报告发生数为零。

2017年，全县单位GDP能耗为0.401吨标准煤/万元，下降2.0%。全县优良以上空气质量达标率为83.7%，Ⅲ类或优于Ⅲ类水质达标率为100%。全县建成区绿化覆盖率为30.3%，活立木总蓄积量274.87万立方米，活立木增幅4.0%，持续推进森林禁伐三年行动，森林覆盖率提高到52.7%。农村垃圾集中处理率100%，农村生活污水处理率67.0%，城镇污水处理率77.6%。全面推行“河长制”，建立县、乡、村三级河长网络体系，结合省“一号重点工程”，投入近亿元资金推进洣水三年保护行动计划。完成湘江流域退耕还林还湿试点建设总面积748.5亩，洣水国家湿地公园顺利通过国检验收，获评国家湿地公园。全县发生道路交通事故死亡8人，其中营运车辆事故死亡2人。发生生产安全事故死亡1

人,亿元GDP生产安全事故死亡率0.003。群体性食品安全事故年报告发生数为零。

【人民生活与社会保障】 2016年,全县城乡居民人均可支配收入20760元,增长8.6%,其中:城镇居民人均可支配收入28226元,增长9.0%;农村居民人均可支配收入16989元,增长8.1%。城乡居民人均储蓄存款23311元。居民文教娱乐服务消费支出占消费总支出比重为16.4%,提前实现全面建成小康社会统计监测目标。全县共完成省、市政府下达的21项重点民生实事指标。坚持民生优先,民生支出占财政总支出比重达79.9%。脱贫攻坚成效显著,完成易地扶贫搬迁449户、1221人,在省考核中位列全市第一。实现脱贫7000人。新增城镇就业4730人。开工建设保障性安居工程2195套,完成农村危房改造1000户。武家山廉租房交付使用,河西公租房全面竣工。全县机关事业单位养老保险参保人数1.84万人,城乡居民养老保险参保人数36.12万人,企业职工养老保险参保人数5.3万人,全县各类养老保险覆盖率达90.6%。城镇职工医疗保险参保人数3.14万人,参加城镇居民医疗保险2.67万人,参加新型农村合作医疗58.34万人,全县基本医疗保险覆盖率达99.74%。全年共发放基本养老服务补贴人数2435人,基本养老服务补贴覆盖率100%。全年共发城乡低保资金4892.6万元,城乡低保实现了动态管理、应保尽保,月人均补助标准分别增至420元、220元。全县城镇居民最低生活保障人数2064人,农村居民最低生活保障15262人,农村低保覆盖面进一步扩大。各项社会事业都有较快发展,人民群众满意度明显提升。

2017年,全县城乡居民人均可支配收入22479元,增长8.3%,其中:城镇居民人均可支配收入30596元,增长8.4%;农村居民人均可支配收入18314元,增长7.8%。全县民生投入不断增加,财政用于民生支出达28.81亿元。圆满完成14项重点民生实事任务,新增城镇就业4972人、新增农村就业4742人;完成特困移民解困避险搬迁安置536人,实施棚户区改造107户,农村危房改造305户等。全年投入各类扶贫资金7000多万元,大力实施“五个一批”工程,完成年度易地扶贫搬迁任务,33个省级贫困村“三化”创建工作全部达标,全年5548人脱贫、20个省级贫困村退出。

中共地方组织

中共衡东县委员会

【工作概况】 2016—2017年，县委、县政府高举习近平新时代中国特色社会主义思想伟大旗帜，全面贯彻落实党的十九大精神和中央、省委、市委经济工作会议精神，动员全县上下进一步统一思想，坚持稳增长、促改革、调结构、惠民生，不忘初心、牢记使命，加快推进“五县五化”进程，决胜全面建成小康衡东，确保了经济持续健康发展、社会大局和谐稳定。2016年，完成GDP261.70亿元，增长7.9%；完成财政总收入13.25亿元，增长6.5%；三次产业结构调整为16.88∶36.82∶46.30。2017年，完成GDP293.76亿元，增长8.7%；实现财政总收入12.76亿元，税占比为66.8%，同比提升9.7个百分点；三产结构比为15.41∶34.28∶50.31，第三产业占比突破了50%。2016年，完成规模工业总产值165亿元；实现规模工业增加值63亿元。2017年，完成规模工业总产值205亿元，同比增长18%；规模以上工业增加值增长8.4%，新增规模以上工业企业20家；园区规模工业增加值占规模工业增加值比重为67.5%；高新技术产业增加值占GDP比重提高到8.5%。加快推进项目建设。2016年，全县26个省市重点工程项目全部开工建设，完成投资44亿元，超年度任务指标25.7个百分点。2017年，深入开展“项目建设推进年”活动，下发《2017年衡东县“项目建设推进年”实施方案》，按照“开工一批，推进一批，建成一批，立项一批”的思路，集中力量抓重点工程项目82个、重点工作项目31个，总投资170.9亿元，计划投资68.34亿元，2月9日，全县八大项目同时开（复）工。2017年，全县开工建设81个重点项目，累计完成投资56.05亿元，建材市场二期、盛世电缆、显尚家具、3D打印粉末生产、年产1万吨冰晶石生产等一大批项目建成投产。加快推进园区平台建设。坚持把园区作为工业经济发展主战场，大力提升园区承载力和聚集力。召开专题会议研究衡东经济开发区的建设和发展，创新发展思路，理顺体制机制，明确了园区所在乡镇与园区、园区与平台公司的关系。加大园区基础设施建设力度，经开区污水处理厂已正式运行；新建标准厂房15万平方米，中小企业服务中心、北片区道路提质改造、工业大道等项目加快实施。2016年，县经开区完成工业总产值116.23亿元，增加值28.57亿元，税收近4亿元，分别增长10.2%、8.5%、7.3%，园区综合评价全省排位前移60位，被评为全市园区建设先进单位。2017年，衡东县经济开发区累计完成基础设施投资5.1亿元，大浦污水处理厂、北片区道路提质改造、南片区供电专线、安置区公租房等项目建成投入使用，新增面积1.6平方公里；完成工业总产值146.58亿元、创税5.18亿元，分别增长22.5%、16.8%。加快推进城市建设。按照“山水生态宜居城市”的定位，全面加快县城基础设施建设，完善城市配套功能，与中城建三局签订合作框架协议，大力提升衡东县城镇建设能力和水平。县城武家山公园、杨山公园建成并投入使用；衡东大道、兴衡大道建成通车，武家山路、双园大道加快推进；丽都路防洪排涝工程、东风路提质改造顺利完成，背街小巷提质改造有序推进；天英学校正常招生办学，中医院搬迁、杨山实验中学等项目加快建设，市容市貌进一步改善，市民素质进一步提高。衡东县成功创建省级文明县城。大力推进农村发展。完成农村公路窄路加宽240.7公里，改造危桥11座，甘溪灌区东风干渠全线硬化；大力实施农村安全饮水巩固提升工程，农村自来水普及率达76.69%。乡镇农贸市场标准化改造加速推进,取缔了杨林二中区段、大浦老街、S315线岭茶段等处的马路市场。扎实抓好中央环保督查组交办问题整改,切实解决群众反映强烈的突出环境问题,空气质量达标率为82.3%;森林覆盖率为52.7%;湘江、洣水水质常年分别保持在Ⅱ类、Ⅲ类以上水平,代表衡阳市顺利通过全国最严格水资源管理考核。白莲镇马房村获评第五届全国文明村镇;新塘镇潭泊村成功创建省级美丽乡村示范村;荣桓镇南湾村被评为全省最美文化传统村落。高度重视民生保障工作。2016年,全县用于民生支出26.98亿元,占财政总支出的77.05%;城乡居民人均可支配收入分别为28226元、16989元,分别增长9%、8.1%。2017年,全县用于民生支出28.81亿元,占财政总支出的82.11%;城乡居民人均可支配收入分别为30596元、18314元,增长8.4%、7.8%。省市下达的14项重点民生实事任务指标全部完成。新增城镇就业4972人、新增农村就业4742人,零就业家庭保持动态清零。社会保障制度进一步完善,农村低保标准和扶贫标准"两线合一"有序推进。统筹推进城乡义务教育一体化,投入1.26亿元实施改薄项目130个,城区大班额问题逐步缓解,义务教育均衡发展被评为全省先进县。坚决打赢脱贫攻坚战。深入开展脱贫攻坚突出问题"大排查、大诊断、大整改"活动,认真梳理中央、省、市、县历次考核督查发现的21个问题,逐个问题明确整改措施、整改部门和整改责任人,实行台账管理、督办落实、办结销号。结合"三走访三签字"活动,对精准识别贫困户工作进行"回头看""回头查",切实做到"应退尽退、应进尽进"。2016年,脱贫5445人,2017年脱贫5548人,33个省级贫困村"三化"创建工作全部达标,20个省级贫困村退出。加强和创新社会综合治理。进一步建立健全信访第三方评判、信访积案专班化解、息诉息访公证等机制,持续压实基层信访维稳责任,有效化解信访积案,圆满完成党的十九大期间安保维稳工作任务。扎实推进全面深化改革。深化农村综合改革,完成农村土地承包经营权确权登记颁证工作;加快供销合作社综合改革。深化"放管服"改革,规范中介服务收费及监管,将事业单位中介服务事项纳入行政事业性收费管理;深入推进政务中心"两集中、两整合、两公开"改革;大力推进行政执法"三项制度"试点改革,改革经验获省政府推介。加强政务公开,制定、公布县级行政权力事项2626项、乡镇权力事项90项,实现权力清单县、乡(镇)两级全覆盖。健全社会治安防控体系,深化"平安衡东"创建,推进网格化服务管理,加快推进"雪亮"工程,完成县、乡、村三级综治中心指挥平台建设,社会大局和谐稳定。

坚持从严从实开展"两学一做"学习教育,坚决落实党要管党、全面从严治党的要求,不断加强和改进党的建设,切实提高党的执政能力。2016年,县委认真贯彻落实市委关于做好换届工作的系列要求和举措,确保了换届工作风清气正,重塑了衡东形象。积极开展巡察工作,制定出台相关工作流程及操作规则,建立健全工作制度,设立县委巡察工作办公室和3个县委巡察组。2016年12月27日,衡东县巡察办举行揭牌仪式,全省首家县级巡察机构在我县率先成立。扎实推进"雁过拔毛"式腐败问题和"纠'四风'、治陋习"专项治理,结合"两学一做"学习教育,深入开展"我是衡东人,我为衡东做什么"主题活动,促进党员干部作风持续好转,重扬了优良传统。2017年,全县深入开展"干部作风建设年"活动,打造作风优良敢于担当的干部队伍;认真组织开展"我是衡东人,我为衡东做什么""机关党旗红,服务五县五化在行动""转作风、下基层、抓中心、促发展、见成效"等主题实践活动,召开全县典型案例通报暨警示教育大会;扎实推进"两学一做"学习教育常态化制度化。认真抓好村(社区)"两委"换届选举工作,全面推行"四包一驻"责任制,选派17个换届监督指导组"一对一"进行监督指导,圆满完成了村(社区)"两委"换届选举。以党支部"五化"建设为抓手,大力推进机关党组织"两室两中心"建设,完成20个农村综合服务平台建设和15个社区"两化两体系"建设任务。全面落实"五个日子"制度和党员积分管理制度,党内组织生活实现高标准、常态化发展。加大对软弱涣散村党组织整顿力度,选派147名第一书记,33名科技特派员驻村帮扶。加强党风廉政建设和反腐败斗争。强化政治巡察，在全省率先挂牌成立县级巡察工作机构，创新形成了巡察“六步工作法”模式，已完成四轮常规巡察，对6个乡镇和11个县直单位进行巡察，目前，第四轮巡察进入反馈阶段。据统计，前三轮巡察共向11个被巡察党组织反馈“三大问题”216个，交办被巡察单位立行立改问题事项149个，向有关部门移交问题线索131条。深入开展“雁过拔毛”式腐败问题专项整治，共查处144人。从全县选配25名同志充实派驻机构力量，实现了派驻监督全覆盖。扎实推进监察体制改革试点工作，在全市率先成立县级监察委员会。加大对腐败案件惩治力度，立案查处各类违纪案件522件，处分党员干部495人，起到了强烈震慑作用。

2016年，深入开展安全生产大排查大管控大整治活动，安全生产工作考核在全市排名第一；在全市率先圆满完成县乡换届工作，为全市树立标杆；严格落实两个责任，在全市率先建立县级巡察工作机构。2017年，获评全省“放管服”改革先进县；人口和计划生育工作实现升类进位，获评全省良好单位；全面落实安全生产企业主体责任，获评全省安全生产工作先进县；成功举办第四届土菜文化旅游节，促进土菜、文化、旅游、商贸深度融合发展；县域经济基本竞争力进入全省20强，被列为第三批返乡创业国家级试点县。（何仁斌）

【重要会议】 县委十二届八次全会。2016年2月22日，县委十二届八次全委（扩大）会议在县政府会议中心隆重召开。会议听取县委书记程少平受县委常委会委托作的工作报告，县委副书记、县长廖义智就《中共衡东县委关于衡东县国民经济和社会发展第十三个五年规划的建议（审议稿）》向全会作了说明，审议通过《中共衡东县委关于衡东县国民经济和社会发展第十三个五年规划的建议》。

全会充分肯定县委常委会2015年的工作。一致认为，县委常委会坚持以党的十八大和十八届三中、四中、五中全会精神为指导，以“四个全面”战略布局为总揽，团结带领全县广大干部群众，统筹推动经济、政治、文化、社会、生态文明建设和党的建设，全县经济发展稳中有进、改革开放扎实推进、民生福祉持续提升、各项事业全面发展、社会大局和谐稳定。县委常委会在统筹推进各项工作的同时，突出抓好了一批大事、实事和难事。

全会高度评价“十二五”时期衡东县发展取得的重大成就，认为“十二五”时期，是衡东县发展历程中很不平凡、非常重要、富有成效的五年，全县经济综合实力迈上新台阶、基础设施实现新提升、经济结构得到新优化、改革开放取得新进展、民生福祉得到新改善、作风建设得到新加强，并积累宝贵经验，为“十三五”发展奠定良好的基础。

全会分析“十三五”时期衡东县面临的发展形势，提出“十三五”时期衡东县发展的指导思想：高举中国特色社会主义伟大旗帜，全面贯彻党的十八大和十八届三中、四中、五中全会精神，以马克思列宁主义、毛泽东思想、邓小平理论、“三个代表”重要思想、科学发展观为指导，深入贯彻习近平总书记系列重要讲话精神，坚持“四个全面”战略布局，坚持创新、协调、绿色、开放、共享的发展理念，协调推进政治、经济、文化、社会、生态文明和党的建设。2016—2020年的奋斗目标：经济保持中高速增长，经济结构进一步优化，人民生活水平和质量全面提高，国民素质和社会文明程度显著提高，生态环境质量持续改善，各方面体制机制更加完善，将衡东打造成全市重要经济增长极，确保提前建成全面小康社会，建设富饶美丽幸福新衡东。

全会强调，实现“十三五”发展目标任务，必须增强发展动力，加快推进项目建设、园区建设、深化改革、创新创业、城乡统筹；必须突出发展重点，着力优化产业结构、狠抓环境保护、保障改善民生；必须防范发展风险，提高风险意识，加强风险预警，妥善处置风险；必须强化发展保障，提高领导发展能力和水平，充分调动各方面干事创业的积极性，切实加强领导班子和干部队伍建设，努力营造风清气正的干事环境。

2016年县委经济工作会议。2016年2月23日，县委经济工作会议在县政府会议中心隆重召开。

县委书记程少平作大会报告，他在报告中客观总结2015年衡东县经济社会发展工作，传达贯彻中央、省委、市委经济工作会议精神，科学分析当前经济形势,明确提出2016年经济工作的总体要求、主要预期目标、工作重点和保障措施。县委副书记、县长廖义智主持会议,县委常委、县委办主任丁秋文宣读表彰决定和通报。

会议还表彰奖励了2015年度乡镇目标管理绩效考核先进单位、企业纳税大户和餐饮业纳税大户,并对2015年"一事一议"奖评选结果,以及综治、计生、安全生产工作考评结果进行了通报。

中国共产党衡东县第十三次代表大会。2016年8月27—30日,中国共产党衡东县第十三次代表大会在县政府会务中心召开。8月28日上午,召开衡东县第十三次代表大会第一次会议,县委副书记、代县长徐志毅主持会议,县委书记吴伟生同志代表中共衡东县第十二届委员会作题为《凝心聚力,加快发展,为全面建成小康衡东而努力奋斗》的工作报告,县委常委、纪委书记刘卫平代表中国共产党衡东县纪律检查委员会作工作报告,县委常委、组织部部长李一帆还就党费收缴、使用和管理情况作书面报告。来自全县各条战线的257名党代表参加了中国共产党衡东县第十三次代表大会,会议审议通过了第十二届县委工作报告和县纪委工作报告,选举产生了新一届县委委员、县委候补委员、纪委委员和出席衡阳市第十一次党代会代表。

大会高度评价了第十二届县委的工作。大会认为,衡东县第十二次党代会以来的五年,是迎难而上、经济实力稳步提升的五年,是狠抓项目、发展后劲持续增强的五年,是开拓创新、改革开放不断深化的五年,是统筹推进、社会事业加快发展的五年,是依法治县、民主法制建设成效明显的五年,是从严治党、党的建设全面加强的五年。过去五年的实践证明,要确保全县经济平稳较快发展,社会大局和谐稳定,人民群众幸福安康,出路在解放思想,希望在项目建设,动力在改革创新,关键在真抓实干,保障在从严治党。

大会同意县委工作报告提出的今后五年全县工作的指导思想和奋斗目标。大会指出,今后五年是衡东县全面建成小康社会的决胜阶段,全县工作的指导思想是:高举中国特色社会主义伟大旗帜,以马克思列宁主义、毛泽东思想、邓小平理论、"三个代表"重要思想、科学发展观为指导,深入贯彻习近平总书记系列重要讲话精神,协调推进"四个全面"战略布局,贯彻创新、协调、绿色、开放、共享发展理念,着力推进供给侧结构性改革,始终坚持"生态立县、农业富县、民营强县、旅游活县、和谐兴县"的工作思路,加快推进新型工业化、城镇化、信息化、农业现代化和绿色化,统筹推进经济建设、政治建设、文化建设、社会建设、生态文明建设和党的建设,全面建成小康衡东。全县经济社会发展主要奋斗目标是:地区生产总值年均增长9%,财政总收入年均增长10%以上,规模工业增加值年均增长10%,固定资产投资年均增长16%,社会消费品零售总额年均增长12.5%,城镇化率达到60%,非公经济占地区生产总值比重达到58.5%,旅游综合收入占地区生产总值比重达到14%,森林覆盖率达到52%以上,城镇居民人均可支配收入年均增长9%,农村居民人均纯收入年均增长10%。

大会强调,加快推进"五县五化"是今后五年全县经济建设和社会发展的中心任务,要坚持生态立县,加快推进绿色发展;坚持农业富县,促进农民持续增收;坚持民营强县,重振县域经济雄风;坚持旅游活县,带动各行各业发展;坚持和谐兴县,提升群众幸福指数,让衡东民富县强、山清水秀、政通人和,把衡东建设成为宜居宜业宜商宜游的幸福家园,力争在2019年全面建成小康衡东。

大会指出,要实现这次大会提出的奋斗目标,关键在人,核心在党。要坚持党要管党、从严治党,担负起全面从严治党主体责任,加强思想政治建设,加强干部队伍建设,加强基层组织建设,加强干部作风建设,加强反腐倡廉建设,为衡东经济社会发展提供坚强有力的政治保障。

大会严格按照中央"九个严禁、九个一律"、省委"约法三章"和"三个一律"、市委"九个不"以及县委"三十个不准"的换届纪律要求,选举产生了第十三届县委委员、县委候补委员、县纪委委员以及出席市第十一次党代会代表,圆满完成选举任务。

中国共产党衡东县第十三届委员会委员名单为(共31人,按姓氏笔画为序):丁秋文、王春生、文明(女)、刘敏(女)、刘卫平、刘永忠、刘志丹、刘运仕、刘碧兰、李一帆、李建华、肖海军(女)、吴伟生、陈嘉(女)、陈宏建、周叶华、赵乔峰、段忠贤、贺殷、夏崇礼、晏志君、钱永明、徐志毅、廖红徽、谭文灵、谭水光、谭民中、谭向勤、谭作仁、谭志兴、颜亚华。

中国共产党衡东县第十三届委员会候补委员名单为(共6人,按得票多少排序,得票数相同的按姓氏笔画为序):尹友平、向仲贤、文和平、罗学林、倪秋华、文小辉。

中国共产党衡东县纪律检查委员会委员名单为(共21人,按姓氏笔画为序):毛益平、尹远军、尹京华、叶铁军、向阳辉、刘卫平、汤剑卫、李香宇(女)、肖伟光、陈检春、罗立华(女)、罗国云(女)、罗奕民、周峰、夏永峰、唐蜜甜(女)、曹辉湘、彭贵禄、谭端生、颜立新、颜国华。

衡东县出席中国共产党衡阳市第十一次代表大会代表共24名,其名单为:衡阳市领导干部:包昌林、王旭明;衡东县领导干部(按姓氏笔画为序):尹诗明、向前(女)、刘峰、刘卫平、李一帆、吴伟生、谷建辉、陈和平、周琼辉、单梦平、赵健、赵自文、贺殷、徐志毅、彭庆桃;专业技术人员(按姓氏笔画为序):邓生华(女)、刘晓雄、赵峰、赵云保、颜中华;先进模范人物(按姓氏笔画为序):左朝晖(女)、许文韬。

此次党代会,10个代表团共提交了29件提案,参与提案的代表299人次。提案内容分为党的建设、经济发展、基层组织建设、队伍建设、社会管理、教育文化、基础设施建设、生态环境建设、社会保障、制度建设、经费保障等。

8月29日下午,中国共产党衡东县第十三次代表大会圆满结束各项议程,胜利闭幕。县委书记吴伟生致闭幕词,号召全县人民要以振奋的精神、昂扬的斗志、扎实的作风、勤奋的工作,深入贯彻县党代会精神,努力把县党代会绘就的"加快推进'五县五化',全面建成小康衡东"宏伟蓝图变成美好现实。

8月30日上午,中共衡东县第十三届委员会第一次全体会议在县委常委会议室召开。全体县委委员、候补委员参加会议,县纪委委员列席会议。会议由吴伟生主持。

会议选举吴伟生、徐志毅、贺殷、丁秋文、陈嘉(女)、段忠贤、刘卫平、李一帆、赵乔峰、刘运仕、晏志君为中共衡东县第十三届委员会常务委员会委员,吴伟生为县委书记,徐志毅、贺殷为县委副书记。

会议通过中共衡东县纪律检查委员会第一次全体会议选举结果,刘卫平、陈检春、向阳辉、颜国华、罗国云(女)、曹辉湘、肖伟光、颜立新、彭贵禄为中共衡东县纪律检查委员会常务委员,刘卫平为县纪委书记,陈检春、向阳辉、颜国华为县纪委副书记。

吴伟生在讲话中就加强县委班子自身建设提出五点要求,即"五个务必":务必坚定信念,努力打造政治过硬的班子;务必勤政为民,努力打造群众满意的班子;务必真抓实干,努力打造奋发有为的班子;务必团结协作,努力打造和谐共事的班子;务必廉洁自律,努力打造风清气正的班子。

吴伟生强调,新一届县委班子要倍加珍惜时代给予的机遇和舞台,倍加珍惜组织赋予的信任和重托,倍加珍惜全县党员和干部群众寄予的期望和支持,视信任为责任,视责任为使命,开拓进取,奋发有为,出色完成衡东县第十三次党代会确定的目标任务,向党和人民交上一份满意的答卷。

会议全面总结衡东县第十二次党代会以来的成绩,明确2016—2020年的指导思想、奋斗目标和工作举措,审议通过了第十二届县委工作报告和县纪委工作报告,选举产生了新一届县委、县纪委和衡东县出席中国共产党衡阳市第十一次代表大会代表。

会议指出,这次大会是全面建成小康衡东进入决胜阶段召开的一次重要会议,是一次承前启后、继往开来的大会,是一次求真务实、开拓创新的大会,是一次团结民主、风清气正的大会。大会确定的"加快推进'五县五化',全面建成小康衡东"宏伟目标,将进一步动员和激励全县人民,意气风发地朝着这一宏伟目标阔步前进。

会议强调,加快推进"五县五化",全面建成小康衡东,必须坚持党的领导不动摇,必须坚持群众路线不漂浮,必须坚持真抓实干不懈怠。新目标催人奋进,新征程任重道远,一定要以振奋的精神、昂扬的斗志、扎实的作风、勤奋的工作,深入贯彻县党代会精神,努力把县党代会绘就的"加快推进'五县五化',全面建成小康衡东"宏伟蓝图变成美好现实。

2017年县委经济工作会议。1月12日,县委经济工作会议在武家山会务中心隆重召开。

县委书记吴伟生作大会报告,他在报告中客观总结了2016年全县经济社会发展工作,传达贯彻了中央、省委、市委经济工作会议精神,深刻分析了当前经济形势,研究部署了2017年经济工作,动员全县上下进一步统一思想,坚定信心,开拓创新,真抓实干,全力以赴加快全面小康建设步伐。

吴伟生指出,2016年,全县上下积极应对严峻复杂的经济形势和多重压力,经济社会发展总体平稳、稳中有进、稳中向好,实现了“十三五”良好开局。全县完成财政总收入13.25亿元,增长6.5%。完成GDP261.70亿元,增长7.9%;完成规模工业总产值171.54亿元,增长5.7%;完成规模工业增加值41.69亿元,增长7.1%;完成固定资产投资152.01亿元,增长18.2%;完成社会消费品零售总额89.8亿元,增长11.6%。实现城镇居民人均可支配收入28226.0元,增长9%;农村居民人均可支配收入16989元,增长8.1%。

2017年全县经济工作总体要求是:全面贯彻党的十八大和十八届三中、四中、五中、六中全会精神,认真落实中央、省委、市委经济工作会议和省、市、县党代会、人大会精神,统筹推进“五位一体”总体布局,协调推进“四个全面”战略布局,坚持稳中求进工作总基调,以供给侧结构性改革为主线,按照“五县五化”的发展思路,着力植优补短,全面做好稳增长、促改革、调结构、惠民生、防风险各项工作,确保全县经济平稳健康发展和社会大局和谐稳定,以优异成绩迎接党的十九大胜利召开。

2017年全县经济社会发展的主要预期目标是:地区生产总值增长9%以上;财政总收入增长7.5%以上;规模工业增加值增长8%以上;社会固定资产投资增长15%以上;社会消费品零售总额增长12.5%以上;进出口总额增长10%以上;全体居民人均可支配收入增长9%左右;节能减排等约束性指标完成省市下达的任务。

吴伟生强调,2017年经济发展任务十分繁重,必须牢牢把握稳中求进工作总基调,重点抓好五个方面的工作:一要突出植优补短,切实优化产业结构。大力发展新型工业,提升经济发展竞争力。稳步发展现代农业,提升经济发展支撑力。加快发展现代服务业,提升经济发展推动力。二要突出抓好项目,不断增强发展后劲。加大项目引进力度,健全招商激励机制,保障人力、财力、物力向招商一线倾斜。提升项目保障强度,在资金保障上下功夫,进一步提升县域融资能力。加快项目推进速度,继续深入开展“项目建设年”活动。三要突出深化改革,有效激发动力和活力。着力推进供给侧结构性改革,抓好“三去一降一补”任务落实。深化重点领域改革,牢牢扭住基础性、关键性改革,将改革全面推向纵深。大力发展实体经济,落实惠企政策,强化实体经济的坚实支撑,发展和培育重点优势产业。四要突出统筹协调,全面推进城乡一体化。建好高品质县城,坚持规划引领,强化专项规划编制和城市设计工作,推进多规合一,建立统一衔接、功能互补、相互协调的城市规划体系。打造特色小城镇,坚持“立足资源、分类指导、因地制宜、突出特色”的原则,按照“一年有变化、三年大变化、五年形成特色”的要求,合理制定各乡镇经济发展规划。扮靓现代美丽乡村,坚持城乡统筹,环境同治,强力推进农村环境卫生综合整治,突出城镇区域整治,抓好日常保洁,确保实现常态化、长效化管理。推进生态文明建设,加大对生态环境保护力度,严守资源消耗上限、环境质量底线、生态保护红线。五要突出民生优先,共享改革发展成果。坚决打赢脱贫攻坚战,积极发动新型农业经营组织采取“直接帮扶、委托帮扶和股份合作”等形式,按照一村一产业,开展产业扶贫,实现村级集体收入达到脱帽标准。建立健全社会保障体系,大力发展各项社会事业,切实维护社会和谐稳定。

吴伟生强调,要强化责任担当肯干事,提升能力水平会干事,完善工作机制敢干事,转变工作作风干好事,切实把全面从严治党要求体现在党领导经济工作之中,为经济平稳健康发展提供坚强保证。

徐志毅指出,2017年是实施“十三五”规划的重要一年,也是供给侧结构性改革的深化之年。做好2017年的经济工作,必须坚决贯彻中央、省委、市委经济工作会议精神,牢牢把握稳中求进的总基调,把县委的决策部署一项一项抓好落实、抓出成效。要大力振兴实体经济,扎实推进项目建设,努力破解融资难题,发挥政府的主导作用;要全力促进产业转型升级,工业产业要植优补短,农业产业要固本强基,现代服务业要提质壮大;要奋力推动城乡发展,加快县城扩容提质,加强城市精细管理,建设现代美丽乡村;要竭力改善民生福祉,办好民生实事,推进脱贫攻坚,促进人民增收,抓好底线工作;要着力抓好当前工作,抓紧制定规划,切实抓好项目建设,带着感情帮困送温暖,确保社会大局和谐稳定;要聚力抓好落实,立言立行、善谋善为、尽职尽责,积极开创全县经济发展新局面。

县委十三届二次全会。2017 年 12 月 28 日下午,县委书记吴伟生主持召开中国共产党衡东县第十三届委员会第二次全体会议,审议通过了《县委常委会向县委十三届二次全体会议的工作报告》以及《中共衡东县委关于深入学习贯彻党的十九大精神 以习近平新时代中国特色社会主义思想引领衡东“五县五化”新发展的意见》。

《县委常委会向县委十三届二次全体会议的工作报告》指出,2017 年县委常委会紧紧围绕“五位一体”总体布局和“四个全面”战略布局,统筹改革发展稳定工作全局,团结带领全县广大党员干部和人民群众,坚定不移加快推进“五县五化”,较好地完成了稳增长、调结构、促改革、惠民生、防风险等各项工作任务:着力推动经济持续平稳健康发展。县域经济基本竞争力进入全省 20 强,被列为第三批返乡创业国家级试点县;三次产业结构优化比为 15.89∶34.30∶49.81;全年签约引进项目 97 个,合同引资额达 192 亿元;制定出台了《衡东县全域旅游发展总体规划》,设立了旅游业发展引导专项资金;河西新区开发加快,成功创建省级文明县城,实施农村安全饮水巩固提升工程,乡镇农贸市场标准化改造加速推进,完成 53 个重点村环境整治任务;积极稳妥推进全面深化改革。统筹推进了 9 大类、29 项重点改革任务;持续加强社会主义民主政治建设。坚持党的领导、人民当家做主、依法治国有机统一,充分发挥社会主义政治制度的优越性;切实加强宣传思想文化工作。牢牢把握意识形态工作领导权,严格落实党委意识形态工作责任制,加强对宣传文化阵地的建设和管理,大力弘扬社会主义核心价值观,推出“五县五化”发展战略、脱贫攻坚、项目建设、学习贯彻党的十九大精神等系列主题宣传活动;大力推进生态文明建设。以迎接中央环保督察为契机,举全县之力集中解决一批群众反映强烈的突出环境问题;年度减排任务基本完成,下半年以来全县空气质量排名稳居全市前列;洣水国家湿地公园顺利通过国检验收,大浦污水处理厂顺利投入运营;全面推行“河长制”,建立县、乡、村三级河长网络体系;加强和保障改善民生工作。民生投入不断增加,县财政用于民生支出达 28.81 亿元,占总支出的 82.11%;着力维护社会和谐稳定。严格落实信访工作责任,牢牢守住安全生产底线,着力维护社会安全稳定;坚定不移推动全面从严治党向纵深发展。严格落实管党治党责任,加强党员干部思想理论武装建设,强化基层组织建设,深入推进反腐败斗争和党风廉政建设,高度重视国防动员和后备力量建设。

《中共衡东县委关于深入学习贯彻党的十九大精神 以习近平新时代中国特色社会主义思想引领衡东“五县五化”新发展的意见》(下简称《意见》)重点突出“三个结合”原则,把学习贯彻党的十九大精神与坚持和加强党的全面领导相结合,把以习近平新时代中国特色社会主义思想武装头脑与推动工作实践相结合,把落实上级决策部署与推动全县经济社会发展相结合;突出重点内容。在兼顾全面的基础上,抓住关键,着重突出了加强党的领导、强化思想武装、坚定“四个自信”、聚焦主要矛盾、落实上级决策等五个方面的重点;突出务实可行。紧密联系我县实际,以当前正在做的事情为中心,力求提出的政策措施务实管用、切实可行,推动党的十九大精神和省、市作出的重要决策部署落实落地。

(阳　捷)

附录:衡东县出席中国共产党衡阳市第十一次代表大会代表名单

尹诗明	左朝晖(女)	邓生华(女)
向　前(女)	刘　峰	刘卫平
刘晓雄	许文韬	李一帆
吴伟生	谷建辉	陈和平

周琼辉　单梦平　赵　峰
赵　健　赵云保　赵自文
贺　殷　徐志毅　彭庆桃
颜中华

中共衡东县委办公室

【政策研究工作】　县委政策研究室负责材料综合、调查研究、信息报送、《衡东情况》编辑等工作。2016—2017年，县委政策研究室紧紧围绕县委中心工作，切实做到以文辅政，充分发挥了参政设谋的智囊作用、信息反馈的喉舌作用、文稿起草的助手作用。

调研工作。坚持把调查研究作为搞好决策服务的基础，紧紧围绕“深入基层、调研献策”深入开展调研。2016—2017年，共开展调研或牵头组织调研20余次，一批调研成果进入领导决策视野，转化为推动“五县五化”、全面建成小康衡东的实际成果。《对加快发展衡东工业经济的调查思考及对策》《如何在基层党组织的“小舞台”上干出大作为》等调研文章，为领导科学决策提供了有价值的参考。

综合工作。围绕“创精品、上层次、求突破、争一流”的目标，紧贴中心，突出重点，高质量、高效率地做好文字综合工作。为县委决策和实施决策提供了高层次、全方位的服务，增强了以文辅政的效能。积极向上级报送经验文章和理论文章，大力推介衡东的新做法、新经验、新成果以及县委主要领导的新工作思路。撰写的县委经济工作报告、十三届二次全会报告、两会主要领导讲话、党务工作会议等文稿，得到领导的肯定和全县广大干部的广泛好评，县级巡察试点工作的“六步工作法”经验文章在《中国纪检监察报》《中国新闻社新闻信息》上刊发。2016—2017年，起草的文稿在市级以上报刊上发表40余篇。

信息工作。着眼“报出效益”，较好地发挥了“小信息”的“大作用”，2016—2017年来共上报信息700余条，为党委决策提供及时、全面、准确的信息。《基层反映：当前农村社会治安防控体系建设存在三个薄弱环节亟待重视》《当前基层干部队伍存在三大心理健康问题亟待疏导》《基层反映：伊斯兰原教旨主义网络宗教渗透新动向及对策》等信息在省市信息内刊登载。在保证信息流量、质量的同时，着力抓好重大紧急信息、节假日信息和预约信息报送工作，积极应对网络舆情，切实做到“无缝对接”。

（阳　捷）

【督查工作】　县委督察室在县委的正确领导下，认真贯彻落实上级相关指示和文件精神，紧紧围绕全县工作大局和“两学一做”活动，紧扣县委、县政府重大决策、重大工作部署，切实改进工作作风，努力提升工作效能，不断提高督查工作科学化水平，较好地发挥督促检查的职能作用，有效地促进全县改革、发展和稳定。

一、围绕中心、突出重点抓督查，确保决策部署落地生根。2016—2017年，紧扣党委工作重点，积极发挥督促检查作用，先后组织开展决策督查活动90余次，下发《督查通报》34期，上报《督查专报》14期，确保县委、县政府重大决策的贯彻落实。一是积极开展调查研究。认真梳理事关衡东经济社会发展大局的重大问题，对相关问题进行主动出击，真抓严督；围绕决策落实中的难点问题、群众来访来信反映的热点问题，建立健全民情台账，积极开展督查调研和民情调查，高质量撰写调研报告4篇，得到县委主要领导高度评价。二是认真开展专项整治督查。围绕“两学一做”活动深入推进和县委“干部作风建年”专项整治工作，会同县纪委、县委组织部、县政府督查室等部门多次对全县各乡镇、县直机关各单位的干部到岗值班情况进行不定期的督查，对县城娱乐场所和宾馆饭店多次突击检查，有效整治干部作风；加大会风会纪的整治力度，凡是全县性重大会议或重大活动，派专人负责督查，每次会议会风会纪情况建立电子档案，每月整理一次，并及时向领导汇报，切实运用督查成果，2016—2017年来重点约谈无故迟到、早退、缺会的单位和个人44人次，下发会议会风会纪通报11次。三是扎实开展重点工作督查。先后组织开展重点项目建设、村居“两委”换届、乡镇事业站所人员下放、全面小康推进、精准扶贫、粮食生产、安全生产、信访维稳、计划生育、森林防火、城乡环境卫生综合整治、环境保护、治超治限、落实“河长”责任制、最严水资源管理迎国检等工作督查活动50余次，如重点项目建设实行“一月一督查，一月一奖励，一月一通报”，有效推动县委、县政府决策部署全面落实。针对全县开展的重大活动，如衡东县举办第四届土菜文化旅游节活动，积极会同相关部门加强督促检查，定期通报，有效推动各项活动全面深入开展。

二、规范程序、注重实效抓督办，确保件件落实有回音。2016—2017年度，把落实各级党委领导批示件作为督查工作的重中之重，坚持批必查、查必清、清必果，全程跟踪，一抓到底。2016年，针对“领导留言版”两条网民留言所反映吴集镇“汇富花园”开发商不办理房产证、湘江河道三樟镇柴山洲段采砂破坏当地生态环境等问题，及时与县住建局、县水利局、县矿管办等单位沟通，规定办结回复时间，并进行跟踪督办直至问题解决，得到领导认可、群众满意。2017年，认真办理落实市委周农书记2017年第92号、93号批示件；针对衡东县部分正科级退休干部上访所反映的诉求，配合县委组织部、县人社局等相关部门深入调查摸底、核实情况，实事求是向相关领导汇报，并提出相关建议，县委、县政府领导高度重视，多次召开正科级退休干部座谈会，做好详细的政策解答和耐心细致的思想工作，得到退休老干部的理解。2016—2017年，办理领导批示件15件，查办并回复媒体、网络、领导信箱中反映的突出问题19件，办结率100%，做到件件有落实、事事有回音。

三、咬定目标、注重实效抓考核，确保“上考”和“下考”有序推进。一是积极对接全市目标管理绩效考核。按照市委、市政府年度工作部署，认真研究方案，落实工作举措，明确责任分工，加强调度衔接。针对各项工作任务，分别明确牵头责任领导、单位和相关责任领导、单位，围绕考核指标定期召开会议调度推进。为圆满完成各项工作任务，制订具体的奖罚措施，并把考核结果与全县目标管理绩效考核挂勾，有效激励各单位争先创优积极性。二是精心谋划全县目标管理绩效考核。为科学有效开展全县目标管理绩效考核，多次下基层调研，认真听取被考核单位和数据采集责任部门意见，切合工作实际制订出台全县目标管绩效考核方案，方案体现科学化、差异化考核方式，主动对接市对县考体系和全省小康建设工作考评，加大底线权重，兼顾差异公平，树立鲜明的工作导向。三是扎实推动全面建成小康社会监测评价工作。根据《中共湖南省委湖南省人民政府关于分类指导加快推进全面建成小康社会的意见》精神，结合衡东实际，精心制订工作方案，出台全县小康考评办法，认真做好统筹协调，确保各项监测指标达标，如期实现全面小康目标，2017年度衡东县被省评定为达标县。

四、强化保障、健全机制抓队伍，确保服务水平上台阶。2016—2017年，紧紧围绕“务实、高效、廉洁、创新”八字方针，内抓管理，外树形象，不断加强督查队伍建设，切实提高服务水平。一是健全工作机制。成立以县委书记为组长的督查工作领导小组，进一步建立健全分解立项制度、督查督办通报制度和督查督办考评奖惩制度，督查工作明确责任分工，设立分块工作专人负责制度，杜绝分工不明造成工作盲区现象。二是夯实工作保障。为创造良好的工作条件，县委、政府在督查工作专项经费上予以足额保障，电脑、打印机、摄像机等必要的办公设备齐全，工作用车优先保障。三是提高服务水平。深入开展走访调研活动，坚持每周学习工作例会制度，熟悉掌握政策理论和业务知识，不断激发内在活力和工作潜能，进一步提高服务水平。（陈友力）

【全面深化改革工作】 衡东县认真贯彻落实中央、省委和市委全面深化改革工作的部署和要求，围绕改革的重点领域和关键环节进行谋划部署，积极稳妥、有力有序纵深推进9大类改革，为经济社会平稳健康发展提供强劲动力。一是完善健全工作机制。在2015年调整的全面深化改革领导小组、9个专项小组的基础上，于2017年根据实际情况对领导小组成员作出了及时调整，确保工作需要。2016年、2017年每年分别召开2次深改领导小组会议，并召开了1次全县的深化改革推进大会，对深化改革工作进行了重点部署。为推动改革落地，分别于每年年初、年中、年末组织开展3次督查，每项改革基本做到了“六明确”(明确改革事项、明确牵头领导、明确责任主体、明确协同单位、明确完成时限、明确评估标准)。2016年12月,制定下发《衡东县全面深化改革考评和奖励实施办法》,突出“一管到底”和“分类定等”两条主线,保障工作的连续性,树立鲜明的导向性,激发改革创新和争先创优热情。二是强化责任统筹推进。县委全面深化改革领导小组切实担负起全面深化改革的重大政治责任,主动对接上级改革部署,积极汲取兄弟县市改革经验,着力加强重点领域改革前期调研,科学谋划,制定下发2016年、2017年工作要点及责任分工,明确了全县改革路线图、任务书、时间表,全面推进落实9大领域重大改革事项。2016—2017年共召开全面深化改革领导小组会议4次,对改革工作进行统筹安排部署;县委改革办切实担负起协调归口责任,建立改革任务台账,定期调度工作,强化督促检查,推进各项改革;全县涉改单位切实担负起落实责任,进一步强化“角色意识、大局意识、规则意识”,加强各方联动,合力攻坚,均按进度要求完成了改革任务。三是狠抓落实确保成效。坚持扎实、有序、稳步、高效推进各项改革,县委10个专项改革小组以及各牵头单位主动作为、攻坚克难、措施有力,一些重点领域和关键环节改革取得重大进展,改革特色得到了凸显。其中县级巡察“六步工作法”、推进“三项制度”试点改革、规范行政权改革、“谁执法谁普法”改革、供销社综合改革、创新摩托车源头安全管理模式、大力推行主审法官负责制、焦点庭审、裁判文书改革、群团组织改革等多项改革获省、市推介,2016年,在全市绩效考核中,全面深化改革工作排名全市第一。2017年,县委书记吴伟生荣获全市“十佳改革创新人物”荣誉称号,衡东县深化“放管服”改革、义务教育均衡发展被评为全省先进。(刘　铮　单明鑫)

【计算机加密通信工作】　计算机加密通信系统传输电子公文“方便、快捷、节约、安全、可靠”的特性,已得到了县委、县政府领导以及各单位的普遍认可。为进一步优化电子公文传输方式,适应智能化办公的需要,县委机要局于2016年8月,在上级部门的统一部署下,完成全县各单位计算机加密通信系统的更新换代工作。开通范围全面覆盖。全县17个乡镇、87个县直机关单位和25个省市直管单位全部开通了加密通信系统,形成以县委机要局为中心,各单位加密通信室为终端的加密通信网络,全面实现县委、县政府与各单位、单位与单位之间的文件传递和信息交流无纸化办公。办文效率显著提高。电子公文网上流转,通过计算机、手机上对电子公文进行收发处理,文件精神可在分秒之间传达到位,不仅大大减轻了工作人员的劳动强度和工作压力,降低错误概率,缩短公文流转的时间,提高行政办公效能,而且带动干部工作作风进一步转变,提高机关服务工作水平。办公方式不受局限。加密通信系统经过十多年来的稳步运行,现在各单位办公室工作人员把每天收发电子邮件已当作一种习惯,守着电话上班不再成为唯一,更多的是利用办公室电脑接收邮件、通过手机APP客户端随时随地查阅、收发文件,办公不再受时间和地点限制,让现代化办公变得更加快捷方便。率先在县委办公室内部开通运行“掌上办公”,2017年1月建设一个域名为“@hdxwb.cc(衡东县委办)”的内部邮箱系统,绑定手机或微信,将所有信息完整、及时传送,加强县委办公室内部各组室局与领导之间的联系,进一步推动了办公室工作智能化、网络化、无纸化。维护措施灵活多样。为及时加强系统维护,弥补人员和技术短缺问题,创新服务方式,灵活多样维护系统。一是远程协助及时“帮”。建立“洣江之声”QQ群,与各乡镇、单位操作员随时保持联系,利用QQ的远程协助功能为基层单位排除故障,减少背着电脑“两头跑”的麻烦。每年利用QQ远程协助为各单位排除故障200余次,避免派人上门维护的艰辛,节约大量人力、物力。二是上门服务亲自“带”。无法利用QQ远程排除的故障,及时安排技术人员上门服务,进行现场“教学”。通过“手把手”教,这样既排除单位故障,又传授相关电脑维护技术知识。三是培训课堂集中“学”。根据各单位管理员的电脑水平及人员更换情况,每隔两年举办一次培训班,对全县加密通信系统管理人员及时进行轮训,做到人人都能熟练掌握系统使用维护及日常故障排除。(曹建湘)

【保密工作】 2016—2017年,衡东县保密工作在县委、县政府的正确领导下,在市委保密委、市国家保密局的精心指导下,深入贯彻党的十九大精神,以认真落实中央、省委、市委关于保密工作的安排部署为主线,以解决保密工作中存在的突出问题为重点,认真抓好宣传教育、依法行政、技术防范、制度建设等工作,不断推进保密工作规范化、制度化、科学化进程,发挥保密工作“保安全、保发展”的作用,全县没有发生失泄密事件,为维护党和国家的安全和利益,促进衡东经济又好又快发展做出新的贡献。

一、严格落实保密工作责任。强化目标考核。在全县目标管理绩效考核中,将保密工作作为重要内容,实行目标管理考核,要求各乡镇党委、政府及县直机关各单位要切实担负起维护国家安全的重大政治责任。明确岗位责任。在涉密要害部门建立高规格的保密工作机构。进一步明确主要领导为第一责任人,分管领导为直接负责人,其他领导对分管工作的保密事务负责的领导负责制,并全面签订《保密承诺书》。健全保密制度。县国家保密局结合工作实际制订和完善各项规章制度。已将保密工作责任制、定密管理、涉密人员管理、国家秘密载体管理、保密要害部门部位管理、信息系统和信息设备管理、宣传报道和信息公开管理、泄密事件报告和查处等各项保密制度汇编成册,逐步建立一套科学、完整的保密制度管理体系。

二、继续深化保密宣传教育。重点抓好领导干部、涉密人员保密教育培训。每年组织专题学习法律知识和观看教育警示片,安排一堂保密知识讲座。切实加强保密法制宣传,全面开展保密干部全员培训。2017年10月,举办全县保密干部培训班。大力推进保密文化建设。给县级领导、保密委成员发放相关资料和保密提醒笔记本70套,《保密工作》订阅100余份。

三、完善保密工作日常管理。加强要害部门部位管理。切实掌握涉密单位保密要害部门部位、涉密人员、涉密载体、涉密信息系统和信息设备等基础信息,为做好保密工作打下坚实基础。并按要求配备保密检查工具、会议保密机、网络隔离卡等设施,切实提高保密要害部门部位、涉密网络、涉密单机的物防技防能力,堵塞泄密漏洞。强化涉密文件管理。按照“掌握接收份数、弄清清退份数、查处失泄密案件”的要求,认真抓好涉密文件、资料的保密管理和清退销毁工作。对本级产生的涉密文件、资料的销毁,都能按照相关规定收回、销毁。严抓网络保密管理。按照“涉密信息不上网、上网信息不涉密”的保密规定,抓好县域政府信息公开网站和县直部门网站的保密审查,做到涉密不公开,公开不涉密。

四、加强保密行政监督管理和技术检查。加强涉密考试日常监管。对承担考试任务的单位进行认真检查。参加考试动员教育、全程监管10余次。对涉密单位要害部门部位、涉密人员、涉密载体、涉密信息系统和信息管理“五个加强”。抓好保密技术专项检查。对全县的门户网站发放上网信息审查表,坚持每月抽查。2017年,组成检查组对全县重点涉密单位的计算机上网、文印室、中心机房设备进行全面检查,针对检查中发现的问题,及时交换意见,责令采取有效措施,立即整改,消除隐患,堵塞漏洞。 （向国华）

【县委总值班室工作】 2016—2017年,县委总值班室在县委办的正确领导下,强化核心意识,围绕中心,服务大局。按照“认真、细致、务实、创新”的要求,尽心、尽责、尽力做好本职工作,坚持“零延误、零失误、零错误”,努力提供规范、优质、高效服务,做好联系内外、协调上下、服务领导的职能,树立了县委机关良好的窗口形象。

一、日常值班工作。健全值班制度、增强人员配备。不断建立和完善日常工作制度、交接班制度、通知收发制度、来访登记制度等,通过完善的工作制度规范和加强值班工作,同时注重将优秀的工作人员充实到总值班室,不断加强值班力量;认真做好通知下发工作,2016—2017年共下发通知800余个。接到下发通知,在第一时间下发,通知完毕都要反复检查被通知的单位和人员有无遗漏,确保通知准确无误传达。做好日常政务值班。按照“全天候、无间隙、零失误”的要求,实行每天24小时工作制度,在交接班时把没有处理好的工作和事情进行登记并交待清楚,确保工作的连续性;对重要来电和接收到的重要情况按规定及时做好登记、报告、处理,并记录好处理结果,做到事事有着落、件件有回音。

二、来信来访工作。县委总值班室作为联系内外、协调上下的重要纽带,是服务群众的重要窗口,信访接待工作是日常工作的一项重要内容,2016—2017年共接待群众来信来访1000余批次。接访过程中,始终做到一张笑脸相迎、一把椅子让座、一杯热茶相敬,时刻注意保持良好的工作态度和作风。认真记录好来访人员基本信息和他们反映的问题,做好来访人员的解释说明工作;对于情况不太了解的信访事件,及时通知相关单位,和他们一起共同做好处访工作,尽量把矛盾化解在萌芽状态,确保县委机关日常办公秩序。

三、会务工作。县委机关两个会议室的会务工作由县委总值班室承担。2016—2017年,共召开各类会议800多个,按照节约、细致、高效的工作原则,认真做好每一个会议的会前、会中、会后服务工作,确保每个会议按时高效召开。 (郭建国)

纪检监察

【概况】 2016—2017年,衡东县纪委监察局在县委、县政府和上级纪检监察机关的正确领导下,深入贯彻落实中央、省、市纪委全会精神,围绕经济社会发展大局,忠实履行党章赋予的职责,持之以恒正风肃纪,坚决有力惩治腐败,在全省率先成立县级巡察机构,连续两年被评为全市党风廉政建设考核先进单位,接连成功创建了市二、三星级文明单位,还获得"全市脱贫攻坚优秀驻村后盾单位"等荣誉,县级巡察等特色亮点工作创造"衡东经验",党风廉政建设和反腐败工作呈现出良好的态势,政治生态持续改善,人民群众反腐倡廉获得感进一步提升。

【落实"两个责任"】 县纪委把准职责定位,既当好主体责任落实的参谋员、协调员,又切实担负监督责任落实的先锋队和主力军。牵牢"牛鼻子",责任扛在肩。积极协助县委抓好党风廉政建设和反腐败工作任务的责任分解和检查考核。县委书记带头履行第一责任人责任,做到"四个亲自",就"推进全面从严治党在基层延伸向纵深发展"工作到县纪委现场办公,督促班子成员和各乡镇党委、各县直单位党组织严格履职,并带头参加警示教育活动。县委书记、县长紧紧围绕落实"一岗双责",分别与各部门主要负责同志进行了谈话。其他领导同志按照各自分工,对分管系统(单位)全面从严治党工作及时部署、经常督促,传导压力震慑。县委、县政府对纪检工作高看一眼、厚爱一层,为纪检工作"撑腰壮胆",全力支持保障县纪委纪律审查谈话点、17个乡镇谈话室、武家山廉洁文化公园建设和案件查办等工作。管理痕迹化,考核敢较真。深入开展"两个责任"落实年系列活动,在电视台开辟《书记话责任》专栏,对县财政局等20个单位实施重点监督。制定下发《落实党风廉政建设"两个责任"履责纪实手册》,对履责情况实行动态化、痕迹化和常态化管理。在全县开展贯彻执行县委关于落实"两个责任"实施办法和"两个责任"操作手册情况专项督查。每年纪委全会上通报落实党风廉政建设责任制检查考核情况,并将检查考核发现的问题交办有关单位并督促整改落实。约谈敲警钟,失责必问责。召开落实全面从严治党"两个责任"集体约谈会,约谈16个单位主要负责人、纪委书记(纪检组长),通报6个单位落实"两个责任"存在的问题,111人因落实"两个责任"不力被问责。

【廉政宣传教育】 以"两学一做"学习教育活动为契机,认真学习贯彻党章、廉洁自律准则、纪律处分条例、问责条例、党内政治生活若干准则、党内监督条例等党内法规。大力开展"倡廉洁、树清风"廉政文化宣传活动,设置廉政户外公益广告、宣传栏,组织廉政书画现场创作展,加强机关单位廉洁文化建设。开展寻找衡东"最美家庭""最美湘女"和"巾帼心向党,家风美名扬"我身边的好家风好家训巡讲等活动。充分发挥新建成的县廉政教育服务中心的基地功能,以衡东县查处的各类违纪违法案例为教材,深入开展以案为鉴警示教育,召开全县典型案例通报暨警示教育大会,着力打造武家山廉洁文化公园、罗荣桓故居纪念馆、县廉政教育服务中心、县人民法院、县消防大队、新塘镇、白莲镇马房村等一批廉政文化建设示范点，以点带面全方位营造廉政文化氛围，传播新风正气。

【党风政风监督】 深入开展“干部作风建设年”“转作风、下基层、抓中心、促发展、见成效”主题月活动和违反中央八项规定精神突出问题专项治理，紧盯“四风”问题新动向新表现，以“零容忍”的态度，对重要节点、重点领域和岗位、关键环节“严防死守”，通过保持定力、精准发力，狠抓节点、连点成片，筑牢作风的防线，2016 年以来查处违反中央八项规定精神案件 59 起，查处“四风”典型问题 121 起。扎实开展扶贫领域腐败和作风问题专项治理，重点深入全县 33 个省级贫困村，采取“四不两直”方式，对建档立卡贫困户进行入户走访，多轮次、高频率开展明察暗访，对零问题线索、零查处、零问责的乡镇进行重点督查抽查，盯紧扶贫资金、干部作风、涉黑涉恶、扶贫成效，大力整治群众身边的腐败问题，扶贫领域问责 59 人，因“雁过拔毛”式腐败问题处理 144 人。认真落实《关于从严管理党员干部十条措施》，开展领导干部家访、定期体检、谈心谈话等一系列活动。开展违规购买消费高档白酒、清理国家公职人员违规参与涉矿涉砂等经营性活动、“四个专项”检查等专项整治工作。大力推广“三湘 e 监督”微信公众号，切实发挥“互联网 + 监督”平台作用，公开民生资金项目数据 189 项。及时办理平台交办的各类举报 96 起，经过调查核实，给予党内警告处分 3 人、诫勉谈话 8 人、约谈 20 人。

【信访举报】 积极与上级纪委信访部门对接，进一步澄清农村信访举报底子，并与乡镇会诊，逐一开出“处方”。多次召开农村纪检监察信访举报集中办理专项行动交办会，对 2016 年以来全县 199 件（含重复举报件）农村纪检监察信访举报案件进行集中交办。深入乡镇开展纪检监察信访举报问题督办，对信访问题突出的单位开展约谈。突出工作重点，优先办理中央纪委、省纪委越级信访举报件和扶贫领域、“雁过拨毛”腐败问题及村支“两委”换届有关的信访举报件。县纪委领导班子成员及各部室负责人对有关重点信访问题实行包案，乡镇党政班子成员对所分管或联系的部门、村（社区、居委会）越级访和信访积案问题实行包案，全面落实化解信访积案“四定五包”工作要求，即定包案领导、定责任单位、定人员、定时限；包信访接待、包牵头协调、包督办落实、包责任追究、包息访罢诉。同时运用首办责任制、一案双查等方式压实基层信访责任，严格责任追究，将压力和责任层层传导到基层，将矛盾化解在基层。2016—2017 年，共受理办理各类信访件 1005 件次。

【执纪办案】 坚持有腐必反、有贪必肃，持续保持反腐败高压态势，查办案件数量再创历史新高。严查严惩基层腐败，两年期间，全县查处各类违纪案件 466 件，处分党员干部 448 人，其中科级干部 92 人。严肃查处县审计局原局长向平少、县市场服务中心主任黄剑锋等一批典型案件。严格按照“事实清楚、证据确凿、定性准确、处理恰当、手续完备、程序合法”二十四字工作方针，客观公正审理委局自办案件和“乡案县审”案件，做到及时受理，及时审结。坚持做到严惩腐败与安全文明办案相统一，高标准建成武家山纪律审查谈话点和 17 个乡镇纪律审查谈话点，规范“走读式”谈话流程，坚持防范在先、全程管控，把事前摸底评估、事中管控减压、事后交接回访等工作做实做细做到位。

【改革创新】 县委高度重视监察体制改革工作，县委书记站到改革第一线，担任“施工队长”，人大、政府、政协大力支持，组织、政法、检察、法院、人社、编办及各相关部门全力配合，监察体制改革顺利推进。采取综合派驻方式，向 64 家县一级党和国家机关派驻 12 家纪检组，实现县纪委派驻监督全覆盖和统一管理，所有派驻机构的人、财、物、事都统一由县纪委负责管理，充分发挥派驻监督“探头”作用。积极推行县乡纪检监察工作一体化，将全县现有的 17 个乡镇纪委、12 个县纪委派驻纪检组、8 个党组织关系在衡东的省市驻衡东单位纪检组、6 个国有投融资公司纪检组、衡东经济开发区纪工委、河西新区管委会纪工委及县纪委内设机构划分为 7 个片组，整合片区内纪检监察力量，根据实际情况实行联合检查和办案，通过加强协同联合办信办案，消除乡镇纪委“零办案”现象，重点查处一批扶贫领域腐败和作风问题等损害群众利益案件。

【自身建设】 在市纪委、县委的坚强领导下，县纪委班子圆满完成换届，班子结构进一步优化，队伍凝聚力进一步增强。全县17个乡镇按照“大乡镇一正一副五委员，小乡镇一正一副三委员”的标准配齐配强纪检监察力量。积极推荐使用敢担当、有作为的干部，多名纪检监察干部受到了提拔重用。深入开展纪检监察干部“素质提升年”活动，打造过硬纪检监察队伍。采取集中学习、专题培训、跟班学习、办案练兵、轮岗交流等方式，着力抓好纪检监察干部的教育培训。用心用情用力做好联点村石滩乡大泉村精准扶贫工作，脱贫攻坚工作得到市委的充分肯定，被评为“全市脱贫攻坚优秀驻村后盾单位”。严格执行《湖南省纪检监察干部监督暂行办法》，对执纪审查工作流程及规定进行修改完善，拾遗补缺，完善内控机制。加强纪检监察干部的日常监督，对部分纪检监察干部反映出的苗头性问题，及时谈话提醒；坚持有信必核、有案必查，刀刃向内，全县立案查处7名纪检监察干部；自觉接受监督，聘请党风政风监督员和特邀监督员，主动通报党风廉政建设情况。

巡察工作

【概况】 中共衡东县委巡察工作领导小组，负责组织实施本县巡察工作，接受省委、市委巡视巡察工作领导小组和县委领导并报告工作。县委巡察工作领导小组组长由县委书记担任；常务副组长由县纪律检查委员会书记担任；副组长由县委组织部部长担任；成员由县纪委分管副书记、组织部分管部领导、巡察办主任担任。领导小组下设办公室，为中共衡东县委巡察工作领导小组办公室(简称县委巡察办)，为领导小组日常办事机构。主要负责组织开展县本级巡察工作和对接省委、市委巡视巡察联络工作。列入县委工作机构序列，设在县纪律检查委员会，机构规格为正科级。设综合组、督察组、联络组3个内设机构，均为正股级。设县委第一巡察组、县委第二巡察组、县委第三巡察组3个巡察组，均为正科级。

2016年12月27日，中共衡东县委巡察工作领导小组办公室正式揭牌，为湖南省首个县级巡察机构，市委常委、市纪委书记包昌林，市政府党组成员、市纪委副书记唐浩然，县委书记吴伟生，市委巡察办主任龙祝元为衡东县委巡察办揭牌。县委副书记、县长徐志毅主持揭牌仪式，县领导谭向勤、夏崇礼、刘卫平、李一帆以及部分乡镇党委书记、纪委书记，部分县直机关单位主要负责人，县纪委委员等参加。

2017年，衡东巡察工作聚焦全面从严治党，坚持问题导向，通过不断在探索中创新，在创新中推进，从率先完成机构组建到扎实有效开展三轮县级巡察，实现巡察工作的良好开局和稳步发展。2017年县委巡察办荣获县党风廉政建设先进单位。

【县级巡察“六步工作法”】 在开展巡察工作过程中，衡东积极探索实践了“六步工作法”，通过坚持问题导向，“全面排查找问题、对标调焦定问题、健全机制交问题、依纪依归查问题、责任捆绑改问题、对单验收督问题”六步走形成“找准问题、深挖问题、查实问题、整改问题”的巡察工作体系。5月3日，中共衡阳市委县级巡察工作现场推进会在衡东召开，县委书记吴伟生就衡东探索实践的县级巡察“六步工作法”作典型发言，得到肯定和推介。《中国纪检监察报》《中国社区报》《中国新闻社新闻信息》《中国青年网》《湖南日报》《三湘风纪网》《衡阳日报》《衡阳新闻联播》《衡阳反腐网》等省内外媒体40余次宣传报道衡东巡察工作动态。衡东县委巡察办先后接待南岳、衡山、株洲攸县、常德石门、津市、广东始兴等20多个兄弟县市区同行前来学习和交流。

【巡察工作开展】 十三届衡东县委第一轮巡察于2017年1月16日启动，派出2个巡察组进驻荣桓镇和县人社局开展为期两个月的巡察；第二轮巡察于5月31日启动,派出6个巡察组进驻县文体广新局、草市镇、洣水镇、霞流镇、县农业局、县规划局6个单位开展为期两个月的巡察;衡阳市县市区交叉巡察暨县委第三轮巡察于11月7日启动,衡阳市县市区交叉巡察第十八组、十九组、二十组分别进驻县水利局、县发改局、县住建局开展为期两个月的巡察。三轮巡察共召开动员会、见面会、汇报会、列席相关会议62次,进行个别谈话710余人,接待群众来电来信来访283起,组织问卷调查1015份,发放征求意见表1143份,组织填写《党员干部个人有关事项报告表》251份,查阅文件、账目资料3600余份。张贴巡察公告90份,设置征求意见箱43个,开具巡察工作协调函95份,到相关单位了解情况140余次,先后30余次深入村组进行实地走访调查。三轮巡察共向11个被巡察党组织反馈"三大问题"216个,交办立行立改问题事项149个,向有关部门移交问题线索131条。

【巡察成果运用】 一是抓好问题整改。被巡察单位先后召开巡察整改专题会议100余次,建立和完善单位议事规则、财务管理、作风建设、党建等规章制度200余项,清退处理违规违纪资金301.49万元,其中清理整顿涉及违反中央八项规定精神问题资金207.56万元;收回干部职工长期借用的公款39.96万元,补缴党费36.73万元;盘活"三资"和挽回损失约60万元,通过巡察整改已纠正开支315.41万元。二是抓好线索查处。纪检监察机关和被巡察党组织根据巡察发现的问题线索处理处分党员干部92人,其中给予开除党籍处分17人,移送司法机关1人,行政撤职2人,开除公职和解聘处理6人。三是强化成果运用。2017年,县委书记先后5次专题听取巡察督查发现的重要情况和问题线索。根据巡察发现的突出问题,结合部署在全县开展"干部作风建设年"和"转作风、下基层、抓中心、促发展、见成效"主题月等3次专题活动,探索提出并全面试行《衡东县基层党建工作问责办法》。针对巡察工作中党的建设方面发现的问题的反馈意见,组织部门在全县各级党组织中开展党建工作三年"回头看",巡察震慑、遏制、治本作用得到充分发挥。四是整改情况"双公开"。按照县委巡察工作要求,为进一步提升巡察工作的透明度,发挥巡察的震慑作用,强化巩固巡察整改成效,衡东在全市率先将第一、二轮巡察整改情况进行"双公开",即以党内文件形式进行党内公开,通过网站公布向社会公开,将每一个巡察反馈的问题公之于众,让整改情况接受广大党员群众的监督。

【巡察队伍建设】 按照"严格推荐、严格入库、严格管理"的要求,强化巡察人才建设,着力打造一支思想过硬、作风过硬、业务过硬的巡察工作队伍。一是建库"聚"人才。从纪委、组织、政法、财政、审计、教育等部门遴选优秀专业人才,建立了20人的巡察组长库和70人的工作人员库,并择优选择其中60人参加三轮巡察。人才库实行动态管理,及时新增优秀人才,同时对不适合从事巡察工作的人员予以调整。二是培训"强"队伍。为切实提高巡察干部担当敬业、依法依规办事的主动性、积极性,巡察办先后组织3期业务培训班,对党章党规党纪和巡察的流程、要求等内容进行集中学习和业务测试,并采取观看电教片、以会代训、学习交流、专题研讨等形式,加强对巡察人员的培训和指导。三是严纪"铸"铁军。要求全体巡察干部按照"忠诚、干净、担当"的要求,严格遵守"六条禁令""十不准"等规定。在巡察组进驻前,县委巡察办和巡察人员逐一签订《巡察工作保密承诺书》,在巡察完成时签订《个人清退及"零持有"巡察资料报告》,明确巡察工作纪律要求和行为规范,做到坚守巡察工作底线,不越党纪政纪"红线",不碰法律法规"高压线",以严的纪律打造巡察"铁军"。

【巡察工作机制】 研究出台《巡察工作实施办法(试行)》《领导小组工作规则》《巡察办工作规则》《巡察组工作规则》《关于被巡察单位配合县委巡察组开展巡察工作的规定》《巡察工作流程》《巡察办内部管理制度》等制度规范,逐步建立了以《实施办法》为总纲,以领导小组、巡察办、巡察组、被巡察单位党组织4项工作规则为支撑,以规范巡察准备、了解、报告、反馈、移交、整改、归档7个环节45项流程等配套制度为基础的“1 +4 +7 + X”制度体系，为开展巡察工作提供制度保障。

【出台县委巡察工作规划】 出台《2017—2021 年县委巡察工作规划》，计划在本届县委任期内，每年巡察 20—30 个单位党组织，实现对县委工作部门、县直机关单位、企事业单位和乡镇党组织的巡察全覆盖。选择部分已巡察的单位党组织开展巡察“回头看”。同时根据县委重大部署、重点工作和重要事项，适时开展专项巡察。灵活运用机动式、巡查式、点穴式、回访式等巡察方式，增强巡察监督的针对性和实效性。

【中共衡阳市委县级巡察工作现场推进会】 2017 年 5 月 3 日上午，中共衡阳市委县级巡察工作现场推进会在衡东县召开，市委书记、市人大常委会主任周农出席会议并讲话。会议传达中央、省委关于巡视巡察工作有关精神和市委关于巡察工作有关要求，安排部署市县巡察工作，并推介衡东巡察工作经验。会议由市委常委、市委组织部部长陈竞主持，市委常委、市纪委书记包昌林就市委县级巡察工作进行全面安排部署，市委常委、市委秘书长张贺文出席会议。县委书记吴伟生在会上作题为《坚持问题导向，把牢六大环节，全力推动县级巡察工作纵深发展——衡东县探索实践县级巡察“六步工作法”经验汇报》的典型发言。市直相关部门和单位负责人、市委巡察组正副组长，各县市区委书记、纪委书记、组织部部长、巡察办主任，以及衡东县县委常委、县人大常委会主任、县政协主席和相关单位负责人参加会议。与会人员还现场参观衡东县县委巡察办和县廉政教育服务中心。 （罗知林　刘　巧）

组织工作

【概况】 2016—2017 年，县委组织部在县委的正确领导和市委组织部的有力指导下，认真贯彻落实党的十八届六中全会、十九大精神，坚持服从和服务于县委工作大局，以深入开展“两学一做”学习教育常态化制度化为契机，进一步强化领导班子、干部队伍、基层组织和组织部门自身建设，全面提升组织工作科学化、规范化、制度化水平，开创组织工作新局面，为推进“五县五化”建设、全面建成小康衡东提供了坚强的组织保障和人力支持。2017 年年底，衡东县有基层党组织 1245 个，其中党委 31 个，总支部 208 个，党组 49 个，支部 1006 个，党员总数 25491 人，其中预备党员 279 人，女党员 4482 人，大专以上学历党员 7439 人。 （刘　俊）

【自身建设】 一是注重学习，提升综合能力素质。以打造一支“开口能讲、提笔能写、遇事能干”的优秀组工干部队伍为目标，组织开展“组工大讲堂”活动。活动采取每周一次，部内人员和外聘讲师轮流授课的形式进行，2017 年度成功举办 27 期，得到广泛关注和高度评价，组工干部的综合素质得到有力提升。二是强化管理，确保各项工作有章可循。坚持以制度管人管事，对各项工作制度进行了修订、完善和补充，印发《中共衡东县委组织部制度汇编》。制度汇编分别对部务会议制度、机关党组织生活制度、学习制度、值班、考勤、请销假制度等 17 项日常管理制度进行了详细的规定，确保各项工作有章可循、有据可依，大力提升了组织工作的规范化、制度化、科学化水平。同时以创建县级文明单位为契机，对部机关的办公设施和环境进行了整体改善，并精心打造组工文化、廉政文化长廊，机关文化建设再上新台阶。三是转变作风，树一流组工干部形象。结合“两学一做”学习教育常态化制度化，带领全县组工干部深入开展“干部成长感恩谁”讨论活动，树立正确的政绩观、价值观和服务意识。同时，大力开展抓党建促脱贫攻坚活动，以结对帮扶、开展“六个一”活动、主题党日活动为契机，部机关干部走访慰问杨桥镇荆竹村贫困户 100 余次，帮助荆竹村新修公路 10.04 公里，彻底解决村民出行难问题。

（刘　俊）

【机关党组织和党员管理】 坚决贯彻从严治党方针，加强思想、组织、作风和制度建设，按照“思想教育好、队伍建设好、制度落实好、活动开展好、工作业绩好、组织保障好”的要求，把基层党支部建设成为坚实的战斗堡垒。加强对党员的教育，提高党员的思想政治素质，始终保持先进性和纯洁性。进一步落实机关党组织负责人抓党建工作责任制，2016—2017年，对县人社局、文体广新局等6家单位进行专题调研，组织6个检查组到各县直机关单位开展了4轮交叉检查工作，对各单位的党建工作进行全面核查并现场打分，统一下达问题督办函，要求各单位限期整改到位。同时，将机关党建工作纳入县委、县政府序列年度绩效考核范围。（刘永兴）

【机关党组织设置】 2016年5月，下发《关于对机关党组织设置及党员基本情况进行全面摸底排查的通知》，将全县各机关单位的总体情况、基层党组织情况、党务工作人员情况、党员花名册等进行汇总并汇编成册，摸清县直机关党组织情况的底子。督促各级党组织及时开展支部换届选举，选好配强支部班子，按照《党章》和《中国共产党党和国家机关基层组织工作条例》的要求，进一步健全各级组织机构，2016—2017年，指导和督促县直机关242个党组织进行按期换届选举，新批复成立机关党委4个，党总支2个，支部34个，新刻制印章126枚。

（刘永兴）

【发展党员】 严格按照“控制总量、优化结构、提高质量、发挥作用”的总要求，坚持发展党员过程中的培训、培养、考察、政审、谈话、公示等要求，把好审核审批关，努力保证新发展党员的质量，使机关党员结构日趋合理。对于各基层党组织呈报的拟发展对象，在正式提交工委会议研究前，深入各单位进行实地考察，全面了解拟发展对象在单位的现实表现情况，对素质不高、在单位表现不好的人员不予上会研究。同时，实行工委例会制度，每个季度召开一次全体工委委员会议，专题研究党员发展工作。对每次拟上会研究的人员名单，会前到县纪委、县公安局、县卫计局等相关职能部门统一征求意见，对征求意见过程中发现有问题的人员不予审批。统一设计并印制《发展新党员教育培训考察登记表》，将发展党员过程中的每一个环节予以详细记录，使发展党员工作程序更加规范。2016—2017年，召开工委会议7次，举办入党积极分子培训班3次，共培训入党积极分子234人，发展对象培训班2次，审查发展对象186名，发展新党员123名。（刘永兴）

【党务干部队伍建设】 一是选优配强基层党支部书记。严格按照《中国共产党党和国家机关基层组织工作条例》的规定，坚持从政治素养高，组织纪律观念强，具有较强的事业心、责任感，勤奋敬业、作风扎实的优秀党员干部队伍中选配党组织书记。凡在配备数量、结构、素质等方面不符合要求的，县直机关工委不予审批。二是加强党务知识培训。通过专题讲座、短期培训、集中上党课、网上在线学习等多种形式，拓宽党务干部培养渠道，切实增强机关党务干部的工作能力。2016年，采取以会代训的方式，共组织机关单位的政工人事股长进行5次专题业务培训和辅导；工委书记采取主动上门讲党课的方式，到12个县直单位、5个乡镇上门授课。2017年，召开机关党建工作推进会4次，现场经验交流会2次，机关支部书记培训班1次，工委书记到各单位为全体党员开展党性教育和党建业务培训27次，培训机关党员3000多名。三是拓宽党务工作交流平台。建立了机关党建工作QQ群和微信群，第一时间将有关通知和文件在群内共享，在线及时解答党建业务问题，既节约工作成本，又提高工作效率。

（刘永兴）

【机关党代表选举工作】 2016年，县党代表选举工作，机关共设十八个选区，配备名额156名，县直机关工委牵头并指导机关各选区严格按照县委有关要求，依法依规进行党代表的推荐提名、组织考察、确定代表候选人初步人选，并公示、确定代表候选预备人选、召开选区党员大会选举代表等工作，将产生的党代表候选人初步人选分别送县纪委、县审计局、县综治办、县信访局等相关职能部门统一征求意见，并对机关十八个选区的201名县党代表候选人预备人选及156名正式党代表，以县委的名义统一进行批复。（刘永兴）

【"五化"建设】 2017年,先后下发《关于进一步加强和改进新形势下机关党的建设工作的意见的通知》《关于召开脱贫攻坚专题民生生活会(组织生活会)的通知》《关于开展2017年度县直机关党组织"双述双评"工作的通知》《关于印发〈2017年县直单位党组(党委)书记履行党建工作责任述职评议工作方案〉的通知》等一系列规范和强化党内政治生活的文件;制定出台《衡东县机关事业单位基层党组织"五化"建设标准》,印刷机关党委工作记录本30本、基层党总支工作记录本30本、基层党支部工作记录本280本、党员积分记实本5500本。一年来,工委干部积极到各单位开展现场指导督查,做到所有单位全覆盖。 (刘永兴)

【示范点创建】 为积极探索新形势下机关党建工作新规律,创新工作内容、形式和载体,积极构建重点突破、亮点示范、以点带面、整体推进的机关党的基层组织工作新思路,努力提高机关党建工作科学化水平,2017年出台《关于加快建立县直机关基层党建示范点的实施意见》,创建5个基层党建示范点,并在县地税局举行首个挂牌仪式。 (刘永兴)

【领导班子和领导干部队伍建设】 配合做好了县人大、县政协选举工作。指导乡镇做好人大例会选举工作,选举共产生了乡镇长4名、人大主席3名、副乡镇长4名、人大副主席13名。实行"凡提四必"、全程纪实等制度,杜绝"带病提拔",确保立体识人、精准选人、科学用人。一大批年纪轻、能力强、作风实、口碑好的干部选拔任用到领导岗位,群众反映良好。加强了机关与基层干部的交流力度,配齐配强了乡镇领导班子;及时对政法系统、机构合并单位领导班子进行了调整;开展了部办委、商贸系统等单位岗位的缺位补位工作;做好了市委下派挂职干部的接收工作;先后选派年轻乡镇科级干部到市信访局、市委办、市人社局挂职锻炼。优化了干部队伍结构,进一步提高了领导班子的执政能力,为推动衡东的经济社会发展提供了坚强的组织保障。

(谭海青 何俊霖)

【"三超两乱"专项整治工作】 坚决贯彻"依编用人、先审后配"的工作思路,始终把"三超两乱"专项整治视为干部工作的底线和红线。每次干部调整均严格对照"三定"领导职数台账和"消超"时间表、路线图制定调配方案。截至2017年,已全面完成整改消化任务,"消超"进度居全市第一,且没有形成新的超配领导干部问题。全县干部队伍大局平稳,社会反响良好,没有发生因干部"消超"等原因上访上诉的现象。 (谭海青 何俊霖)

【干部人事制度深化改革】 根据上级精神,结合全县实际,制定《衡东县干部选拔任用工作纪实表》,对干部选拔任用进行全程纪实;酝酿出台《衡东县科级领导班子和领导干部综合考核暂行办法》《衡东县科级党政领导干部交流工作实施意见》等文件;探索建立县国有投融资平台领导人员的规范管理制度。 (谭海青 何俊霖)

【干部档案信息管理】 按照中央和省市关于从严管理干部档案的有关重要文件精神,县委组织部干部档案室在切实加强干部人事档案审核把关和日常管理工作,建立科学、规范、有序的档案管理机制等方面,取得了积极成效。一是干部人事档案专项审核工作扎实推进。2016—2017年累计审核县管干部人事档案3000余卷,组织重新认定领导干部"三龄两历一身份"信息1000余人,收集补充各类档案材料5000余份;二是干部人事档案任前审核工作有序开展。根据省市有关文件,全县县管干部基本做到"凡提必审、凡转必审、凡进必审",杜绝档案有问题的干部得到提拔任用。三是干部人事档案日常管理工作不断加强。按照档案管理的有关规定,配备除湿机、监控器、打印机、碎纸机和电脑等相关设备设施,配强了档案管理人员,完成干部档案A4改版工作,建立干部档案管理制度,对接收的1万余份档案材料进行分类编号和整理入档,录入干部数据信息1000余条,干部人事档案管理工作逐步规范。

(谭海青 陈 媛)

【干部教育培训】 举办党校主体班培训班4期,培训各级干部200人次；开展学习贯彻党的十九大精神“送课下乡”活动，选派11名优秀骨干教师，面向全县33个“省级贫困村”、22个乡镇“软弱涣散村”和部分“两新”组织，分成五个小分队深入到基层党组织开展十九大精神宣讲，“送课下乡”达62场，听课人数3700余人，掀起农村学习十九大精神的热潮，湖南卫视、衡阳电视台等新闻媒体进行专题报道和推介；组织和选派65名干部参加上级各类培训。采取“每月通报、年底日调度”的方式，督促全县1001名干部网络在线学习参学对象完成全年的学习任务，通过率达到100%。（范　卫　李文滔）

【公务员管理工作】　认真贯彻落实《公务员法》，积极做好公务员（参照公务员）招考计划申报、登记及日常管理等工作。加强公务员信息管理建设，在2014年公务员数据库的基础上对全县在编的2040名公务员进行了数据更新，做好公务员年度统计报表工作。进一步做好公务员登记和补充登记工作，共登记公务员23人。严格执行公务员考录制度，严把“入口关”，面向社会公开招考法检两院工作人员11名，乡镇公务员34名。（范　卫　李文滔）

【股级干部管理工作】　严格执行股级干部备案审批制度，进一步规范股级干部的选拔任用，加强和完善股级干部宏观管理。下发《关于对县直各单位股级干部选拔任用工作进行专项检查的通知》，对部分股级干部选拔任用工作有问题的单位进行重点督查，对8个问题单位下发整改函并要求限期进行整改，进一步规范股级干部任用程序。对全县67个行政事业单位报来的拟调整的股级干部进行考察、任免、批复和备案。（范　卫　李文滔）

【人才工作】　大力实施人才强县战略，不断创新人才工作机制，着力抓好人才引进、培养和使用。针对全县事业单位专业技术人员短缺的局面，面向社会公开招聘各类专业技术人员132名。继续加大教育系统教师公开招聘力度，面向社会公开招聘教师227名，有效缓解农村中小学教师结构性短缺和部分初中、高中教师青黄不接的问题。加大对卫计系统专业技术人才的引进力度，面向社会公开招聘卫生专业技术人员260名，进一步充实医疗卫生工作人员队伍。（范　卫　李文滔）

【特派员工作】　继续深入实施县委特派员和科技特派员制度，选派72名特派员（其中县委特派员14名，科技特派员58名）到企业和省级贫困村开展服务，坚持抓点带面，注重示范推广，促进全县经济发展和社会进步。紧紧抓住选派、管理和考核等关键环节，不断创新和完善特派员工作运行机制，为衡东县精准扶贫攻坚战取得全面胜利提供有力的科技和智力支撑。通过建立微信交流群、电话随机督促、实地专项督查等方式，确保科技特派员切实开展各项工作，且开展的工作有工作日志、有目标计划、有影像资料等内容。（范　卫　李文滔）

【“两学一做”学习教育】　2016年3月，全县各级党组织和党员深入开展“两学一做”学习教育。全县各单位党组织建立了“两学一做”学习教育的支部台账和党员台账，注明了流动党员、“失联党员”、“口袋党员”和年老党员，确保学习教育做到“一个党组织不少、一个党员不漏”。针对流动党员、年老体弱党员、离退休党员这三类人员参学难的特点，分别推行“网上课堂”“送学上门”“微信平台”和实施“村村响工程”，做到学习教育不留盲区和不留死角，有效突破了这三类参学人员学习难的瓶颈。在全县范围开展“两学一做”学习教育的党课课案和读后感、“微体会”评选活动；组织“做合格党员”主题征文活动；举办党章党纪党规知识竞赛，全县20000余名党员参加竞赛，从中选拔了140余名选手参加了决赛；发动全县党员参与和收看全省“两学一做”学习教育电视知识竞赛，选拔3名选手参加市级电视知识竞赛，获得二等奖；选拔2名选手参加了省市“两学一做”演讲决赛，荣获省社科联组织的演讲比赛金奖和市演讲比赛的二等奖。下发《关于在“两学一做”学习教育中深入学习贯彻党的十八届六中全会精神的通知》，深入扎实开展“六个一”活动。县委书记和各级党组织书记带头上党课，组建十八届六中全会宣讲团，深入到乡镇、机关

进行巡回宣讲。 (文宏伟 文 闻)

【七项重点工作】 2016年3月,结合“两学一做”学习教育,开展七项重点工作。即党员组织关系集中排查、党代表和党员违纪违法未给予相应处理排查清理、基层党组织按期换届专项检查、党费收缴使用管理工作专项检查、推进非公企业和社会组织党的组织覆盖和工作覆盖、抓党建促脱贫攻坚工作、机关党员干部学习教育。党组织关系集中排查工作,排查出160名“失联党员”,并处置到位;各乡镇都建立党员档案室,购买档案柜和档案盒,基本完成党员档案的清理、归档工作。党代会代表和党员违法违纪未给予相应处理排查工作,完成对党代表和党员违法违纪行为的排查,全部处理到位。基层党组织按期换届专项检查工作,按照村(社区)党支部三年进行一次换届、机关支部两年进行一次换届的要求,对全县各党支部换届情况进行全面检查,建立换届工作台账。党费收缴、使用和管理工作:加大了党费收缴、清缴力度,先后下发《关于做好党费清查收缴的通知》和《关于补交党费有关工作的通知》,全县各单位党组织党费补交工作实现了100%。抓党建促脱贫攻坚工作,从县直机关单位选派33名优秀干部到贫困村担任“第一书记”,扎实有序推进扶贫攻坚工作;按照每人每年不低于1万元标准,解决扶贫村第一书记的工作经费。非公企业和社会组织“两个覆盖”工作,成立中共衡东县委非公有制经济组织和社会组织工作委员会、中共衡东县委非公有制经济组织综合工作委员会、中共衡东县委社会组织综合工作委员会和中共湖南衡东县经济开发区综合工作委员会。成立下属中共衡东县委非公有制经济组织和社会组织党工委办公室、中共衡东县委非公有制经济组织综合工作委员会办公室、中共衡东县委社会组织综合工作委员会办公室和中共湖南衡东县经济开发区综合工作委员会办公室,分别为县委组织部、县工商联、县民政局和县经济开发区内设机构。抓严抓实领导机关党员干部学习教育工作,各单位党委(党组)召开“两案”反思民主生活会,建立“三个清单”。机关工委研究制定下发机关干部学习教育专项整治方案,建立整改情况台账。

(文宏伟 文 闻)

【县乡换届】 2016年,在全市率先完成县乡换届工作,实现组织意图和群众意愿的高度统一,整个换届工作风清气正,得到市委周农书记的高度评价。做到“四个必”,《中国共产党廉洁自律准则》《中国共产党纪律处分条例》和中央、省、市关于换届风气监督文件为严肃换届纪律专题民主生活会和组织生活会上必学;中组部、中纪委出台的“九个严禁、九个一律”和县委出台的“九条组织保障措施”为换届动员会上必读;警示片《镜鉴——湖南衡阳、四川南充“两案”警示录》为全体县级领导和乡镇、机关党政负责人必看;案例《不可逾越的红线——祁东县金桥贿选案警示录》为县直机关、乡镇党政班子成员和各乡镇村(社区)干部、党员必学,深刻吸取惨痛教训,切实把换届纪律当成不可逾越的“雷池”和“红线”。相继出台《衡东县关于加强县乡换届选举纪律监督工作实施方案》《衡东县关于县乡换届纪律宣传教育实施方案》等一系列严明换届纪律的文件规定。由联点县级领导牵头,从县纪委和县委组织部抽调人员组成13个督导组,分别派驻17个乡镇开展督导。从县直有关单位选派148名正科级实职领导干部按籍贯安排到乡镇指导换届。从县、乡、村各个层面都实行责任捆绑,层层签订责任承诺书、立下“军令状”。组织保障措施由上届的六条增加到九条,责任人由上届的5人增强到9人,全面推行“1+1+5+2”岗位捆绑责任制。加强代表候选人预备人选资格审查,要求村党支部、乡镇派出所、乡镇计生办、乡镇经管站、乡镇综治办、乡镇党委组织室、乡镇纪委、乡镇财政所加强资格审查,由各单位的主要负责人签署意见,做到层层负责、层层把关。建立严格的“三类人员”报考资格审核责任捆绑机制,圆满地完成笔试和实际工作能力测试工作,选拔一批“三类人员”充实到乡镇领导班子。

(文宏伟 文 闻)

【村(社区)换届工作】 2017年,圆满完成村(社区)党组织换届工作,实现“五个前所未有”,即领导的重视程度前所未有,组织推动和督查指导的力度前所未有,党员群众的参与度前所未有,换届工作遵规守纪、平稳有序、风清气正前所未有,基层干部和党员群众的认可度前所未有。新一届村(社区)“两委”干部中,高中以上学历 744 名,占 51.9%;45 岁以下 348 名,占 24.3%,平均年龄 49.5 岁,村(社区)班子结构明显优化,人员素质明显提升。省市换届工作督查组、换届风气监督组对衡东县换届工作给予充分肯定。举办衡东县新任村(社区)党组织书记履职能力暨脱贫攻坚培训班,组织各乡镇组织委员,各村(社区)党组织书记,33 个省级贫困村村委会主任、“第一书记”及扶贫工作队队员共计 400 余人,对基层党建、财务管理、信访维稳、金融扶贫、农村电商、种养殖技术等方面开展进行培训,实现知识与能力、理论与实际并重的培训目标。

(文宏伟　文　闻)

【党建创新工作】　“七一”期间,举办“庆祝建党 96 周年,迎接十九大胜利召开”主题板报展。出台《关于对拟提拔任职的乡科级党员领导干部进行任前党的知识考试的暂行办法》,将考试结果作为干部任用的依据,组织 200 余名拟提拔同志参加考试,奠定任用干部看党建的思想基础。探索提出并全面试行《衡东县基层党建工作问责办法》,明确县级领导、各级党组织书记、抓党建工作副职等多个层面责任人的党建工作职责,规定 6 大类、38 小类的问责情形和 6 种问责方式。从制度层面推动和倒逼各级党组织、党组织书记和班子成员全面落实管党治党责任,初步形成上下一心、齐抓共管的良好格局,抓基层党建的意识日趋增强、氛围日趋浓厚。

(文宏伟　文　闻)

【党建促扶贫工作】　2017 年,向 33 个省级贫困村和 116 个面上非贫困村派出 147 支工作队和第一书记(其中新塘镇桔林村和吴集镇南山村市直单位派驻)。成立驻村帮扶工作管理办公室,组建脱贫攻坚常态化督查组,出台《衡东县驻村帮扶工作队(组)管理办法》,采取 GPS 定位、明察暗访、实时视频等方式对驻村干部进行考勤。派出农业科技特派员,指导农村党员种养技术、电子商务、经营管理等技能培训。开展《凝心聚力献爱心 精准扶贫奔小康》活动,全县 107 个单位、7096 名干部职工合计捐款 135.54 万元,用于贫困村的建设。落实各项扶贫资金 6430 万元,推动 20 个贫困村成功摘帽、全县户、4961 人顺利脱贫。一个后盾单位、一名扶贫干部、一名村支部书记、一名致富带富党员出席市委“五个十佳”脱贫攻坚先进典型的表彰大会。

(文宏伟　文　闻)

【离任村主干困难生活补助工作】　2017 年起,离任村主补助标准从“两档”增为“四档”,“一档”每人每月由 150 元提高到 160 元,“二档”每人每月由 160 元提高到 180 元,“三档”(连续任村党支部书记、村委员会主任三十年或累计三十五年的)每人每月享受生活困难补贴 200 元,四档”(连续任村党支部书记、村委员会主任四十年或累计四十五年的)每人每月享受生活困难补贴 260 元。

(文宏伟　文　闻)

【村干部重大疾病和人身意外伤害综合保险工作】　2017 年,按照每人每年 400 元的标准,以“财政出资 50% + 村级出资 50%”的筹资方式,为全体村干部办理了重大疾病和人身意外伤害综合保险。

(文宏伟　文　闻)

【阵地建设】　2016—2017 年,完成 20 个农村综合服务平台建设和 15 个社区“两化两体系”建设。开展机关党组织“两室两中心”建设,启动了经济开发区党群活动服务中心建设。(文宏伟　文　闻)

【大学生村官工作】　2016—2017 年,通过选聘到衡东县的大学生村官共 4 人(4 名选调生),还有 14 名大学生村官在岗。衡东县非常重视大学生村官工作,2016、2017 年,对大学生村干部培训进行培训,每年进行考核。(文宏伟　文　闻)

【干部日常监督】　2017 年,县委组织部委托审计局对 33 名领导干部进行经济责任审计,对 19 名领导干部进行离任交接审计。进一步完善电话、网络、信访和短信“四位一体”综合举报受理平台,加强对“12380”举报信息管理系统管理,建立健全“12380”

举报台账。2017年，全县共登记备案科级干部1573人，入库证照373人、492本，审批出国(境)41人，下发催件函63个，注销证照52本，清理过期的证件51本，坚持"一出一批，一审一领"的原则，加强了因私出国(境)工作的规范化管理。（贺喜阳）

【干部提醒教育】 严格执行领导干部提醒、函询和诫勉实施细则。2017年，对14名信访举报当事人进行谈话提醒，对1名领导干部进行函询，完善领导干部经常性提醒教育机制。落实谈心谈话和干部家访制度。在全县开展干部家访和谈心谈话活动，县委常委亲自带头开展干部家访40余次。开展干部作风督查。配合纪委加大对干部作风的督查力度，2017年，开展干部作风督查20余次，干部"庸懒散乱奢"的现象有所转变。（贺喜阳）

【党员教育工作】 主要以"五抓五促"为抓手，不断提升党员教育工作水平。一是抓提质促运行。实施远教站点建设"提质达标"工程，推进远教站点标准化建设和规范化管理。为全县远教站点统一印制站牌320块，党员教育制度栏620块。争取政策和资金，为全县33个贫困村统一配齐远教设备，更新换代远教站点256个，设备300多台，确保每个远教站点能够正常使用电脑、投影仪、音箱。结合农村综合服务平台，拓展远教站点功能转型，创建远教示范站点20个。持续推进远程教育"十进"延伸工程，将党员干部现代远程教育延伸进社区、进机关、进学校、进医院等。二是抓队伍促管理。选优配强远教站点管理员队伍。继续开展农民大学生培养计划，2017年，全县完成农民大学生招生83名。开展全县首届"十佳农民大学生"评选活动，并推荐农民大学生参加省市优秀农民大学生评选，各有3名农民大学生获得"省优秀农民大学生""市十佳农民大学生"荣誉称号。三是抓载体促学习。组织远教站点开展学用活动，印发学习资料2000多份、影像光盘600多张。充分发挥远教站点优势，助力全县"两学一做"学习教育常态化、制度化、十九大精神学习教育纵深推进，推动党员教育与脱贫攻坚深度融合，助力精准扶贫工作。采取组织收看、送学上门等方式对贫困户进行远程教育培训，组织农业技术、畜牧兽医等专业技术人员加强对贫困户的教学服务和技术指导。开展红星云注册学习工作，全县党员完成红星云注册15000多人，注册率达50%以上。四是抓特色促发展。2016年，在全市"送党课下基层"和开设"五个课堂"、开展"四类党课"评选活动中，荣获优秀组织奖。2017年，在全市"两学一做"微视频·微动漫创作竞赛活动中，荣获优秀组织奖，其中《当园丁育百花 做黄牛讲奉献》获二等奖。2017年，紧扣时代主题，开展"最美扶贫人"为主题的微视频创作竞赛活动，选送6部微视频作品参加全市党员教育电视片评选活动，数量质量都在全市居于前列。在县电视台开办党建专栏《行动中的共产党员》，开播以来已播出12期，受到全县党员干部群众的一致好评，社会反响较好。建立衡东县委党校和罗荣桓元帅故居2个全县党性教育基地网上展馆。五是抓转型促服务。努力发挥全县远教站点作用，让远教站点围绕"四加六代"转型，拓展服务功能。探索产业远教，建成堰桥葡萄基地、兆丰农业种植基地、高湖养殖基地3个县级党员教育培训示范基地。

（左立伟）

【"两新"组织党建工作】 坚持问题导向，全面提升"两新"党建工作科学化水平。一是抓组织保障，理顺"两新"党建工作架构。制订县"两新"组织党委《职能职责》和《成员单位职能职责》，进一步压实责任；按照"六位一体"管理模式，搭建全县"两新"工作组织架构，成立4个党工委和2个党总支，配齐配强书记、专职副书记、办公室主任以及相关工作人员。二是抓基础夯实，规范"两新"党建工作开展。全面开展摸底排查，完善工作台账，2016—2017年，非公企业已建党组织数为89个，党员数为685名，其中直管党员485名；社会组织建党组织数为100个，党员数为515名，其中直管党员289名。实现"两新"组织党的组织全覆盖，党的工作全覆盖，党员100%纳入党组织管理。同时，按照每个支部2000元的标准，下拨26.8万元到134个"两新"党组织，支持活动开展。三是抓载体创新，促进"两新"党建工作推进。打造15个"两新"党建示范点，充分发挥示范引领作用，以点带面提升全县“两新”组织党建工作的整体水平。在个体工商户中开展“共产党员示范店”评选授牌活动，在企业支部中开展“三创三亮三比三评”和“党员先锋岗”活动，在“两新”组织全面开展“学习十九大 送课下乡”活动，引导“两新”组织保持正确政治方向，不断增强企业诚信经营、规范管理、履行社会责任的行动自觉。（范　卫）

宣传思想工作

【概况】 县委宣传部是县委主管意识形态工作的综合职能部门，内设9个组（室、站），分别是：办公室，理论教育组（加挂党员教育组牌子），新闻外宣组，宣传文艺组，县委县政府新闻办公室，县网络新闻宣传管理办公室，县新闻网站，县文化产业发展办公室，县文明办（全称为县精神文明建设指导委员会办公室）。县社科联（全称为县社会科学界联合会）由县委宣传部归口管理。

2016—2017年，全县宣传思想工作在市委宣传部精心指导和县委的正确领导下，全面贯彻落实省、市宣传工作会议精神，紧密围绕“五县五化”发展战略，始终坚持正确舆论导向，扎扎实实推进理论武装、舆论宣传、文化创新和精神文明建设等各项工作，为全县经济社会发展提供思想保证、舆论支持、精神动力和文化条件。

【理论武装】 2016—2017年，狠抓全县各级党委（党组）中心组理论专题的学习，完善学习制度、辅导制度、调研制度、成果交流和通报制度、考核激励制度、考勤制度、档案制度、考学评学述学制度、经费保障制度等十项制度，在制度方面提出“刚性”要求，把“软任务”变为“硬约束”，确保各级党组织和党员干部理论学习取得实效。对全县各级党委（党组）中心组成员全年理论调研作明确规定，调研时间：县委中心组成员全年不少于45天，县直机关各单位中心组成员不少于30天，各乡镇党委中心组成员不少于60天。推行“四个纳入”落实意识形态责任，研究、制定和下发《关于落实党委（党组）意识形态工作责任制实施方案》，与全县科级以上单位党组织书记签订意识形态工作责任书，全面压实意识形态责任链条。

2016—2017年，各级中心组学习“党的十八届五中全会精神”“党的十八届六中全会精神”“两学一做”专题学习教育“习近平总书记‘7·26’重要讲话精神”“党的十九大精神”等专题。邀请省安监局党组成员、副局长、高级工程师罗德龙，省卫生计生委法制处处长曹跃斌等知名专家、教授来衡东作专题辅导报告，得到参学人员的一致好评。在县委党校开展为期两天的学习贯彻党的十九大精神理论辅导员培训班，还抽调了一批理论素质高的党员干部组成宣讲团深入基层宣讲，切实推动党的十九大精神在衡东落地生根。县委中心组成员共在市级以上媒体发表理论调研文章50多篇，其中省级刊物10篇。2017年，新组建县社科联，加强对党的理论和政策的阐释。

【新闻外宣】 2016—2017年，新闻外宣始终围绕县委、县政府的中心工作进行，在市级以上报纸，网络、电视等媒体上刊登播报新闻。按照新闻纪律要求，坚持“三个第一”（即：协调人员在第一时间赶到现场、新闻记者在第一时间接待到位、新闻通稿在第一时间提供给媒体），紧扣全县中心工作，开展大规模、高规格的集中报道活动，内容涵盖脱贫攻坚、实体经济、抗洪抢险、生态建设和环境保护等方面，多角度、多层面推出大批有影响力、有分量的报道。两年利用新媒体平台推送衡东本地新闻、信息近2万余条，在中央主流媒体刊发播出正面宣传稿件100余条，在省级以上媒体发稿2000余条。先后推出《打通致富路，引来金凤凰》《衡东“一企一策”帮扶实体经济》《衡东8大项目集中开（复）工》《衡东：重奖新型工业化企业》《衡东园区经济重焕生机》《衡东“县级巡察”推向纵深发展》等一批大稿重稿，引起了良好的社会反响，为全县各项事业的发展营造良好氛围。2016年，在衡阳新闻奖的评选中，选送的作品《迟戴的抗日纪念章》荣获省一等奖；联合摄影家协会邀请湖南省百名摄影家到衡东进行采风活动;举办庆祝第17个记者节座谈会暨新闻“双十佳”表彰大会;注册“衡东宣传”官方微信公众号,以展示衡东形象,传播衡东声音,传承衡东人文,服务衡东民生。

2017年,在长沙成功举办衡东县第四届土菜文化旅游节新闻发布会,聚集来自中央、省、市、县的30余家主流媒体,发稿在百篇以上。与《衡阳日报》“掌上衡阳”直播平台合作,对圣火采集仪式、土菜文化旅游节开幕式、“衡东土菜·家的味道”颁奖晚会进行视频直播,活动期间通过智能终端收看土菜文化旅游节开幕式的达到24万人次,收看“衡东土菜. 家的味道”颁奖晚会的更是超过32万人次,为衡东促进全域旅游、特色文化、土菜行业的长足发展作出了积极贡献。成立衡东官方发布平台——《衡东发布》手机客户端,这是衡阳市各县市区中第一家独立运行的手机客户端。

2016—2017年,坚持做好舆情监控工作,编印《衡东舆情》34期。利用3个月时间组织相关部门对全县互联网站、微信公众号进行全面检查,共关停网站18个,微信公众号8个,整顿网站3个,整合2个网站至县党政门户网站,推动形成良好的网络舆论环境。妥善处理了“H7N9禽流感”“人民医院医闹”“经开区镉大米”等中央部委和省委省政府高度关注的突发舆情。

【文明创建】 文明创建以社会主义核心价值体系建设为核心,切实加强公民思想道德建设,广泛开展群众性精神文明创建活动,扎实推进未成年人思想道德建设,着力提高公民文明素质和社会文明程度。

2016年,与县妇联联合开展“最美家庭”“最美湘女”评选活动,评选出10户最美家庭、10个最美湘女;与团县委联合开展“创新创业”评选活动,评选出10名创新创业青年能手;组织县直机关单位抽调专职工作人员,在城区繁华路段,开展文明劝导工作;组织阳光爱心志愿服务协会开展夏天义卖冰棒活动,把活动赢利部分捐给南湾完小的贫困留守儿童;组织洣水志愿协会开展文明交通志愿服务活动;与团县委联合开展“携起你我双手·共建文明衡东”志愿服务活动,活动队伍深入各个社区、学校、街道开展义诊、剪发、宣传社会主义核心价值观等志愿服务活动,共有300多名志愿参加,服务了600多名服务对象;组织开展“争做文明学生,共创文明县城”青少年书法大赛暨文明创建进校园活动,把书法与创建文明县城相联系、与思想道德教育相结合,寓艺术于道德,寓道德于艺术。

2017年,衡东县在衡阳市率先被评为湖南省文明城市,也是目前全市唯一的省级文明城市;白莲镇马房村获评第五届全国文明村镇,衡东县实现国字号文明村镇零突破;出台《衡东县文明单位、文明乡镇、文明村(社区)评选和管理办法》;县文明办机构升格为正科,工作运转常态化;实施“市民素质提升工程”,20个子活动相继展开,尤其以“铸诚信衡东,做文明市民”诚信宣传活动,评选出80多家文明诚信经营户和诚信单位;开展“文明餐桌、文明交通、文明旅游、文明上网”四大行动、“全民阅读·文明衡东”、“崇尚师德”争做“四有”好教师和“小手拉大手,文明一起走”活动;举办公益组织负责人(骨干)培训班;全年组织开展“让衡东更温暖”“爱护母亲河”、义务植树、爱鸟爱湿地、公益小天使、关爱空巢老人和留守儿童等志愿服务20多场;开展“我推荐、我评议身边好人”评选活动、市道德模范巡讲等一系列活动;向上推荐好人线索2000余条,通过个人、单位申报,所属党组织推荐,层层上报,成功挖掘“嫂子如母”单玉平、“和事佬”谢茂湘等一批在全省有影响的先进典型,树立模范标杆;代表衡阳市开展“我们的节日·端午”暨“鼓舞衡东”锣鼓大赛。

【文化产业】 2016—2017年,设立文化产业和文化事业发展引导资金,出台《关于衡东县文化产业发展引导资金和文化事业发展引导资金管理办法》。举办和参与一系列乡村文化旅游活动,实现文化产业与旅游业融合发展,互促共赢。高标准建设首家24小时自助图书馆,完成17个乡镇广播站机房建设和文化站评估定级工作,武家山民俗文化大观园,完成送戏下乡演艺惠民100多场次,放映公益电影6800多场。

【文化建设】 2016年,由谭南森编辑的《九工十八匠》，详细记录衡东民间文化、民间技艺，是全国唯一全面记录九工十八匠的作品；邀请石顺义作词、孟庆云谱曲的《洣水》正式谱成，宣传衡东风土人情；结合“欢乐潇湘”活动安排和纪念红军长征胜利80周年，精心创作大型衡东莲花闹情景剧《红军师长王光泽》，参加衡阳市“欢乐潇湘·幸福衡阳”全省群众文艺会演决赛（衡阳专场）演出；开展以红军长征为素材的书法、摄影作品展；开展“弘扬长征精神，追逐梦想”主题活动；开展“弘扬长征精神，建设美丽衡东”征文比赛活动；开展“美丽衡东·智在快乐·奔向健康”全县职工智跑挑战赛；举办“风华五十年”暨“欢乐潇湘美丽衡东”群众文艺会演，以传统艺术的风韵糅合现代艺术的活力，展现衡东独具魅力的县域风情和悠远深厚的人文底蕴，并描绘出中国梦衡东篇章的灿烂前景。举办“湖南省文化厅2016演艺惠民高雅艺术走进衡东新年音乐会”，开创在县级城市举办交响音乐会的先例；组织深入开展“我是衡东人，我为衡东做什么”主题大讨论、演讲赛、征文赛系列活动和“最美志愿者（团队）”评选活动。

2017年，组织开展“毅行”全民健身活动、“文化和自然遗产日”“红十字博爱音乐会”、衡东县首届武林大会等各类文体活动20余场，让群众在文化活动感受到精神力量，收获了快乐；原创舞蹈《厨·火》获得省银奖并参加市里展演；参与第四届“土菜文化旅游节”所有活动，进一步形成为衡东土菜、文化、旅游“走出去”充当“扩音器”、扩大“朋友圈”、提升“精气神”；“衡东土菜·家的味道”颁奖晚会当晚现场观看群众上万人，手机客户端直播人数20万人次，创造衡东文艺演出史上规模最大、影响最广、传播最快等多项第一。（尹　曼）

罗荣桓故居管理

【概况】 罗荣桓故居为全国重点文物保护单位。罗荣桓故居纪念馆是全国爱国主义教育示范基地、国家国防教育示范基地、国家AAAA级旅游景区、全国红色旅游经典景区、中国井冈山干部学院现场教学点。2015年7月，衡东县罗荣桓故居管理处升格为中共衡东县委管理的副处级公益一类事业单位，下设办公室、研究室、宣讲教育科、陈列保管科、安全保卫科、规划发展科六个科室。定编30人，现有编内工作人员25人，编外工作人员4人。

【罗荣桓故居纪念馆大事记】

1.“罗荣桓故里生态旅游区”是全市旅游发展重点工作，在国家AAAA级旅游景区提质改造的基础上，力争2022年前创评国家AAAAA级旅游景区。

2.计划征地120余亩用于景区基础设施建设；搞好环境整治，加大美化、亮化力度，争创国家级园林式绿化单位。

3.2017年7月动工新建停车场、游客服务中心建设，预计2018年8月完工；2017年上半年把省级文物保护单位罗荣桓元帅出生地新大屋的修缮纳入议事议程，预计2018年9月完工。

4.2017年8月，在中国人民解放军建军90周年之际举办“罗帅精神长存——纪念中国人民解放军建军90周年”书画创作活动。

5.2017年11月26日是罗荣桓元帅诞辰115周年，以衡东县委县政府名义在罗帅故居纪念馆举办纪念罗荣桓同志诞辰115周年座谈会。

6.2017年7月，县委为管理处新配备科室负责人6名。2017年10月，通过公开招考新进员工3名。

7.2017做好全国重点文物保护单位罗荣桓故居文物保护规划和修缮方案，均上报国家文物局。

【罗荣桓故居纪念馆建设】

1.2016年4月—7月，投入50余万元，新建陈列馆、二级广场两个AA级旅游公厕，改造游客服务中心、停车场等三处公厕；投入10多万元资金对纪念馆围墙、一至三级广场进行维修。

2.落实消防重点保护单位工作，对古戏台、岳英小学旧址进行防火措施维护；2017年，按照县消防部门的要求，建立微型消防站，配备相关设施，并成立警务室。

3. 为纪念罗帅诞辰115周年和罗帅参加秋收起义90周年,罗帅铜像广场增设浅浮雕墙工程,于2017年5月4日进行政策性磋商,由重庆卢炼雕塑设计工作室中标。浮雕墙长61米,有8幅浮雕,内容及画面经过省委宣传部、省委党史研究室和市委宣传部、市党史办的领导和专家评审,于2017年9月9日正式开放。

4. 停车场、游客服务中心建设项目于2017年7月中旬进行了公开招标,项目金额2147万元,到2017年年底主体工程已完成60%。

5. 罗帅出生地新大屋修缮工程设计完成,2016年省文物局解决经费100万元,2017年解决经费200万元,由湖南华成古建筑工程有限公司公开中标,到2017年下半年启动主体修缮工程,预计2018年8月完工。

6. 省高速公路管理局批准在京港澳和泉南高速上设立"罗荣桓故居"景区导向牌,请专业设计公司设计、安装了10块交通导向牌,2017年年底完工。

7. 对陈列馆门前的绿化植物进行更换和修整,新栽植西洋杜鹃、石竹、满天星等植物;景区内400米游步道已建设完工;对景区环形公路两旁的红桎木球全部进行更换,改换成红叶石兰树和桂花树。

【罗荣桓故居纪念馆管理】

1. 以"强化内部管理,提高员工素质,树立良好形象"为目的,围绕创"一流教育基地、最佳旅游景区"的工作目标和"游客满意是我们的最大心愿"的工作理念,提升员工文明形象,制定一系列规章制度,实行服务承诺制,统一员工着装。

2. 积极参加相关的学术研究,丰富文化内涵,不断提高员工的"红色文化"涵养和业务水平。积极参加全国元帅纪念馆暨革命纪念地每年一届的交流会议,促进馆际交流。

3. 组织员工到兄弟馆进行学习交流,提高员工综合素质和管理水平。

4. 没有发生任何服务质量问题和安全责任事故,没有发生文物丢失或损坏事件。

【红色旅游市场开发与宣传促销】

旅游市场开发与宣传促销,是发展红色旅游工作的基本手段。充分利用参加旅游推介会、旅游交易会、经贸洽谈会等机会,借助《湖南日报》《中国旅游报》《中国文物报》等刊物和网站的优势,采用专业论文和新闻的方式,广泛宣传罗帅故居和纪念馆,推介衡东红色品牌。 (刘凤华　郭兰萱)

统战工作

【概况】 中共衡东县委统战部是县委主管统一战线工作的职能部门,归口管理县委、县政府台湾事务工作办公室、归国华侨联合会、工商业联合会(总商会)工作,联系民族宗教工作。内设办公室、信息中心、干部组、经济联络组等四个职能组室,2017年另下设副科级事业单位党外知识分子工作办公室。

【构建大统战工作格局】 县委出台《关于进一步加强统一战线工作的意见》,县委常委会多次专题研究统战工作,着力解决制约统战工作发展的机构、人员、经费等瓶颈问题。建立完善县委统战部与组织部、宣传部联席会议制度,分别召开部际联席会议,团结协作进一步密切;出台《关于进一步加强特约人员工作的实施意见》;建立党员县级领导干部与党外人士、非公有制经济人士联谊交友制度以及党外干部年度述职评议制度;明确县直机关单位党外正职与中共党组织书记关系有关工作规则;落实了乡、村两级宗教工作责任。县乡两级统战工作责任体系初步建立,机制体制进一步完善,大统战工作格局基本形成。

【服务非公经济】 围绕非公经济健康发展、非公经济代表人士健康成长做好服务工作。2017年,牵头组织开展"访民企、解难题、强信心、保增长"百户民企走访活动,对全县102家工业企业和相关非公企业职能部门服务进行"问诊把脉",认真分析企业反映的问题,向县委、县政府提出要建立机制、畅通渠道、加强联系,帮助非公企业有效应对市场、融资及转型等难题,努力为非公企业发展排忧解难,全力以赴推进非公经济企业健康发展的“诊疗建议”，得到县委、县政府的高度重视。同时，针对企业反映的个性问题，县委统战部快速出击，以交办函的形式督促相关职能部门一一解决，为衡东非公经济爬坡过坎打好“前哨战”。架设政企桥梁，畅通政务“直通车”。召开衡东县异地商会代表新春团拜会，建立政府主要职能部门负责人和非公经济人士微信联络群，畅通非公有制经济人士与党和政府沟通渠道，推动政企开展实质性联系交流，全力助推全县非公经济快速、稳定、健康发展。指导县工商联成功换届，推动上海市衡岳商会，东莞市、深圳市、佛山市衡东商会成立以及长沙市衡东商会换届。全力为外来投资商和回乡创业者提供便利条件，以优质服务引凤来巢，成功引进显尚优家、鲜盛农产品等一批大项目、好项目。

【助力脱贫攻坚】 充分发挥统战优势，打出统一战线教育扶贫、健康扶贫、产业扶贫“组合拳”。联合县政协办、县工商联主办“助力扶贫·爱心圆梦”大型公益助学活动，全县共募集善款162.34万元，资助贫困学子319名。衡东县“同心助学”项目被市委统战部授予“市级同心项目”称号。全县精准扶贫医疗服务活动历时4个月，开展义诊活动34场，诊治4560人次，惠及17个乡镇的33个贫困村以及周边群众，免费发放价值6万余元的药品。产业扶贫深入推进，“万企帮万村”活动惠及千家万户，恒建农林、荣鑫食品、洣江农林等企业通过土地流转、入股分红、就业扶贫等方式帮扶贫困户，取得良好成效。

【统战信息宣传】 2016年11月，开通“衡东统战”微信公众号，先后开辟“统一战线聚力精准扶贫”“统战动态”“统战人物”等8个专栏，每日及时更新动态，广泛传播统战声音，公众号平均阅读量居全市统战类首位，在全省统战类领先。积极搭建统战对象学习交流平台——“洣水大讲堂”，2017年开展活动八期，吸引听众6000余名，线上线下互动良好，为广大统战对象提供了良好的展现自我和相互交流的平台。《搭建“洣水大讲堂”平台，聚统战对象显统战力量》荣获2017年全市统战工作实践创新成果奖。2016—2017年，有150余条信息被国省市各类媒体采用，其中1条被中央统战部《每日动态》采用，8条被省委统战部内刊《统战周报》采用。县委统战部被评为“2017年度全市统战信息工作先进单位”。

【党外代表人士队伍建设】 在对全县党外干部进行深入摸底、逐一考察的基础上，向组织推荐一批优秀党外干部。在2016年全县人大、政协换届工作中，党外人大代表和党外政协委员都按规定比例配备到位，推荐一批优秀统战对象任市人大代表、市政协委员。全县有副科以上党外领导干部98名，其中副处实职6名、正科实职6名、副科实职43名。县人大、县政府、县政协领导班子均按规定配备了党外干部，法院、检察院和政府主要工作部门也都安排党外副职。党外干部年度述职评议工作开我县党外干部队伍建设之先河，2017年，有48名科级党外干部现场述职、接受评议，县委书记、组织部部长现场点评，激励全县广大党外干部争当干事创业的行家里手。组织党外干部代表赴江阴市委党校开展异地教学，深受学员们好评。带领统战系统各单位、相关县直部门、党外人大常委和政协常委，就民营企业、优质生态农产品、基本公共卫生服务工作进行专题调研，提交一批有影响、有深度的“金点子”。2017年，撰写调研报告3篇，编订成册交县“四大家”领导参阅，有效助推了调研成果在领导决策中的转化。调研成果获市肯定、嘉奖，《补齐乡镇医疗人才短板，推进基层卫生事业发展》被选为市政协大会的口头发言材料，《统战新常态下加强基层党外代表人士队伍建设的实证研究——以衡东县为例》一文荣获2017年度全市统战理论调研优秀成果三等奖。

【党外知识分子和新的社会阶层人士工作】 在全市率先成立党外知识分子工作办公室，配齐配强队伍。2017年11月，县党外知识分子联谊会成功换届，会员队伍注入新鲜血液，吸纳全县213名优秀党外知识分子。县委统战部、县知联会举办“冬季恋歌·爱在2017”衡东县首届乡村青年教师联谊活动，共吸引100余名来自各行各业的单身青年参加，最终有4对佳人配对成功，为广大乡村青年教师提供一个相互交流、增进友谊的平台。组织开展演讲与口才、参政议政专题辅导讲座，着力培养提升知联会会员参政议政能力。推荐优秀党外知识分子参加“我是衡东人、我为衡东做什么”专题讨论、征文大赛、演讲竞赛等活动，县侨联主席许素珍创作的《我在海外，我为衡东代言》在众多作品中脱颖而出、一举夺魁，县委统战部选送的参赛选手“花仙子”谭燕丰在演讲比赛中表现出色、斩获亚军。建立全县新的社会阶层人士数据库，召开新的社会阶层人士代表座谈会，紧密团结一大批来自社会各界的新的社会阶层人士，为全县经济社会发展汇聚了正能量。

【民族宗教工作】 深入推进宗教事务依法治理，加强宗教政策法规宣传教育，及时调处宗教内部矛盾纠纷，对宗教场所开展安全隐患排查整治。组织宗教界开展“五教同行、慈爱学子”金秋助学活动，宗教人士捐款2万余元，捐助寒门学子13人。协调处理外来少数民族流动人员的各项事务，依法保障他们的合法权益，积极解决少数民族群众的生活困难。

（刘　静）

对台工作

【概况】 中共衡东县委对台办公室、衡东县人民政府台湾事务办公室（简称对台办）为县委、县政府负责主管全县对台工作事务的综合部门，既是县委的工作部门，又是县政府的工作部门，列入县委机构序列。单位2006年从统战部析出，机构单列，为正科级行政单位。

2016—2017年，对台办在县委、县政府的正确领导下，围绕“服务祖国统一大业、服务地方经济社会发展” 这一主题，认真贯彻中央、省市对台工作方针政策，扎实开展工作，取得一定的成效。2017年，县内新增一家台资企业——衡阳鲜盛农产品有限公司（台资入股），成功引进湖南能翔新能源巴士运营有限公司入股台资企业和畅公交，并投资5000万购入新能源电动公交及兴建充电站建设项目。由台资企业衡阳湘东物流园有限公司投资的衡东台湾物流园项目也于2017年年底一期建设完工，即将开园。同时，在2017年度全市对台工作会议上，县台办作为全市对台工作先进单位作了先进典型发言。

【两岸交流及联络联谊】 2016—2017年，县台办通过打好“乡情牌”，加强与衡东籍台胞台属的联系；打好“亲情牌”，引导台胞台属与在台亲人保持密切联系，及时宣传衡东的发展变化、投资环境等；打好“友情牌”，不断完善在台人员信息资料，采取“请进来，走出去”的方式，加强联系，广交朋友，适时开展各类联络、联谊活动，两岸交流和联络联谊工作有了新的突破。2017年5月，市县台办共同组织一次赴台经贸交流活动。在台期间，考察团不仅参访了台湾鸿海集团、东元电机等大型现代化企业，还对台湾的休闲农业发展进行了实地考察。其间，考察团一行先后拜访刘兆玄、刘兆凯、龙应台，台湾退役中将欧阳彪和臧又侠等衡东籍在台知名人士。2016—2017年，共接待返乡探亲、投资考察台胞台商及陆配共计40余人次，先后热情接待龙氏兄弟返乡探亲、欧阳彪先生携夫人返乡探亲，台湾中华妇女党一行到衡东参访等，参与“衡台一家亲，欢喜回娘家”——衡籍陆配返乡接待工作。2016—2017年，每逢传统佳节来临，通过打电话、寄贺卡、发书信等多种方式与衡东籍在台人士保持联络致以问候。2016—2017年，精心制作200余张具有衡东地域特色的贺卡，寄送给衡东籍在台人员、重点联络对象。对返乡定居的台胞和在衡东经商的台胞，主动登门拜访，先后多次通过召开座谈会、茶话会等方式与台胞台属台商保持联络和开展联谊活动，取得非常好的效果。同时，还对衡东县台情信息资料库的内容进行动态更新，推动全县对台联谊和引资引智工作。

【对台经贸】 2016—2017年，受经济下行压力和两岸关系遇冷的双重影响，衡台经贸合作受到冲击，县台办在省、市台办的指导下，提前预判困难，增强工作针对性，着力抓服务台商台企解决具体困难问题，抓台商投资权益保障，抓政策宣传推介，努力遏制下滑态势。2016 年 9 月，县内台资企业鸿伟鞋业因搬迁停产员工的补偿标准问题，引发员工多次集众到政府上访，了解情况后及时向县委县政府主要领导汇报，并先后联合信访、人社、法院等单位介入，通过多次耐心细致的做企业和员工之间的协调工作，当年年底这一问题最终圆满解决，得到企业和员工的认可，也保证全县社会大局的稳定。2017 年，衡东县新增一家台资企业——衡阳鲜盛农产品有限公司（台资入股），成功引进湖南能翔新能源巴士运营有限公司入股台资企业和畅公交，并投资 5000 万购入新能源电动公交及兴建充电站建设项目。2016—2017 年，县台办先后参加东莞台商协会年会暨衡阳招商洽谈会，台湾中华中小企业经营领袖协会来衡举办的招商座谈会，会见中对衡东的经济发展情况、招商环境和县内工业园区情况进行推介，受到台商的青睐。2017 年，进一步加强对市县重点建设工程项目——衡东台湾物流园项目的工作推进，全年共召开项目推进会 13 次，协调解决各类大小矛盾纠纷 10 余起，在县重点工程建设项目督查评比中多次获得先进。项目一期建设工作已接近尾声，预计在 2018 年年初将交付业主，二期工程也在紧锣密鼓的进行筹划当中。同时通过报批，衡东台湾物流园项目二期继续被列为 2018 年全县重点建设项目，接下来县台办将继续加大对台资企业的服务力度，积极推进项目二期的建设。

【服务台胞台属】 县台办始终把为台胞台属排忧解难作为凝聚人心，为祖国统一增强向心力的重要途径，认真做好对台服务工作，切实为台胞台属办实事、解难题。2016—2017 年，对台办受理台胞台属来信来访 30 余件，内容涉及低保、就医、子女入学、台胞台属优惠政策和助台寻亲等各个方面，做到了件件有着落、事事有反馈，得到广大台胞、台属的一致好评。2016—2017 年，县台办多次深入部分乡镇、村、社区，走访慰问困难台胞台属 30 余户，详细了解记录了他们的生活和家庭情况，并给他们送上慰问金，让台胞台属们深切感受到了党和政府的关怀和温暖。2016 年，以市县两级人大、政协换届为契机，积极向市、县推荐优秀的台胞台属和台界人士担任各级人大代表和政协委员。在当年的两会中，共有 1 人被推荐并当选为市人大代表，2 人被推荐并当选为县人大代表，9 人被推荐为县政协委员，让广大台胞台属能够积极参政议政，为全县经济社会发展建言献策。2017 年 8 月，县台办响应市县统战部门号召开展“大爱暖衡州活动”，与县侨联一起发动台胞台属和侨胞侨属捐助善款 1.7 万余元，共同资助 10 名寒门学子，并组织部分台胞台属代表进行上门慰问。

【涉台宣传教育】 针对民进党上台后两岸关系发生的重大变化，县台办坚持对台宣传和涉台教育工作紧跟形势，高举旗帜、引领导向，以乡情为主导，为促进两岸关系和平发展增添正能量。2016—2017 年，通过向岛内家乡同胞寄送有家乡特色的贺年卡，加强和他们的乡情联系，通过向在衡东的台胞台属和台商台企免费赠送《涉台法律政策汇编》，面对面的向台胞台属台商宣传解释中央和省、市有关对台方针政策和涉台法律法规，让台商、台资企业合法经营，台胞、台属自觉维护自身的合法权益。2016 年 3 月，海峡两岸婚姻家庭协会在中西部地区开展“爱暖两岸”社会工作服务示范项目，县台办根据省市台办要求，对项目进行了广泛宣传，对全县登记在册的涉台婚姻家庭逐个电话告知项目情况，并与市台办进行衔接，协助申请人填好相关申请表格，报送了一批受益对象名单，最终全部得到了协会的支持和关心。2017 年 9 月，县台办推介统战人物，在衡东统战的微信公众号进行宣传，重点介绍了台胞欧阳彪先生和家乡的故事，收到了良好的社会效果。党的十九大召开后，县台办同步将十九大报告和十九大精神解读通过微信的方式，在《衡东台胞台属台商交流群》进行推送，让岛内同胞和县内台胞台属台商第一时间了解党的十九大精神。2016—2017 年，县台办积极向省、市、县各级媒体报送各类新闻、宣传稿件 36 篇，发表稿件 20 余篇，同时配合做好市台办在衡东开展的各类对台宣传和涉台教育主题活动。

【强化队伍自身建设】 2016—2017 年，县台办深入落实中央八项规定、省委九项规定、市委十条规定和县委十项规定要求,落实党风廉政建设责任制,同时,积极开展“两学一做”学习、“两案”反思专题民主生活会,十九大报告和十九大精神学习以及其他各项学习活动,从思想上筑牢了理想信念的根基。做到了班子领导坚强、干部队伍素质优良,工作态度积极,机关运转高效。同时,通过会议培训、集中学习等方式和途径不断加强干部队伍能力素质培养。2016 年 9 月,县台办从乡镇新选调了一名公务员充实到机关工作。2016 年 10 月,县台办派人参加全国第二期地方台办干部培训班。2017 年 7 月,县台办全员参加了省台办举办的对台工作业务培训班。通过各种培训,工作人员的政策理论水平和履职尽责能力得到进一步提高。2017 年 7 月,召开的全市对台工作会议上,县台办作为全市对台工作先进单位作了典型发言,介绍了对台工作经验。(颜斌鹏)

机构编制工作

【概况】 中共衡东县委机构编制委员会办公室(简称衡东县编办)是中共衡东县委机构编制委员会(简称衡东县编委)的常设办事机构,为县委、县政府负责全县行政审批制度改革和机构编制管理的综合工作部门,既是县委的工作部门,又是县人民政府的工作部门,列入县委机构序列。内设综合组、机构编制组、监督检查组、行政审批制度改革组 4 个机构,下设县事业单位登记管理局、县机构编制信息中心 2 个副科级财政全额拨款事业单位。

2016—2017 年,衡东县编办在县委、县政府和县编委的正确领导下,在省、市编办的关心指导下,紧紧围绕省、市、县机构编制工作要点,扎实推进各项改革,强化机构编制管理,切实加强自身建设,为推动全县经济社会平稳较快发展提供了强有力的体制机制保障。

2016 年,荣获全市机构编制工作绩效考核第一名、县委序列目标管理绩效考核优秀单位、县党风廉政建设优秀单位、县社会治安综合治理工作先进单位、县改革先进单位、县文明单位、县招商引资工作先进单位、全县办公室系统“五比五做”活动先进单位、全县档案工作年检年审优秀单位、县计划生育工作考核良好单位等荣誉称号;2017 年,荣获省人民政府授予的“放管服”改革真抓实干成效明显的县市区、全市机构编制工作绩效考核优秀单位、全市机构编制信息调研工作先进单位、县落实党风廉政责任制先进单位、县综治委成员单位先进单位、县先进工会、县档案工作优秀单位等荣誉称号。

(尹会英 向文会)

【乡镇机构改革】 开展简政放权深化乡镇机构改革,根据县委、县政府《关于简政放权加强乡镇工作的决定》和县委全面深化改革领导小组会议精神,2017 年,县编办认真履职,扎实工作,按期完成各项工作任务,改革效果明显。一是调整乡镇事业站所管理体制。将乡镇国土资源所、林业技术推广站由原主管部门管理调整由乡镇管理。二是重新制定下发 17 个乡镇“三定”规定。明确乡镇职能职责,科学设置内设机构,综合设置事业站所。改革后,乡镇内设机构 4 个、事业站所 6 个。同时,为推进综合执法重心下移,在乡镇事业机构限额内,设置乡镇综合执法大队。三是协同做好乡镇站所人员调整工作。共调整乡镇站所在编人员 281 人,实现人、财、物由乡镇统一管理,进一步理顺乡镇管理体制和工作体制。

(刘正东 朱武超)

【重点领域专项改革】 根据中央、省委、市委关于纪委派驻监督改革精神,积极推进纪委派驻、监察委体制改革,做到思想认识到位、机构设置到位、编制划转到位、职责权限明确到位。全县设 12 个派驻纪检组,对纳入改革范围的 64 个单位实行派驻监督全覆盖。率先在全市设立县巡察办和 3 个巡察组,从县直机关划转行政编制 65 名。监察体制改革基本完成,成立衡东县监察委员会,选举产生监察委班子成员,做好人员编制转隶工作,从县人民检察院连人带编划入 15 人到县纪委、监委机关,保障监察工作的顺利开展。

(刘正东 朱武超)

【行政审批制度改革】 一是在全市率先公布乡镇

权力清单和公共服务事项。在2015年率先在全市公布县政府工作部门权力清单的基础上，2017年6月28日，公布乡镇权力清单和公共服务事项目录，清单包括乡镇行政权力事项90项，公共服务事项77项，实现了权力清单县、乡（镇）两级全覆盖。衡东县成为全市首个公布实施“乡镇权力清单”管理的县（市）区政府，《衡阳日报》头版头条对衡东县乡镇权力清单工作进行宣传报道。二是全面推进行政许可标准化建设。建立行政许可事项目录和流程清单，对全县所有保留和上级下放的审批事项，围绕名称、法律依据、审批条件、审批内容、申报材料、审批流程、审批时限、审批收费等内容，重新进行明确和规范。通过标准化建设，压缩行政审批环节35%，压缩审批时限42%。三是清理规范行政审批中介服务事项。通过清理，共保留和调整规范行政审批中介服务事项116项，制定服务目录、服务规范和标准，指导中介行业自律和信用体系建设。四是强化权力运行日常监管。切实履行行政审批制度改革牵头、指导、监管职责，加强权责清单监管及公示平台建设，在县党政门户网站开辟专栏，接受社会各界监督。（刘正东　阳　灿）

【机构编制管理】　贯彻执行上级机构编制政策，严格机构编制管理，实现机构编制管理科学化、规范化、制度化。一是严格落实控编减编政策。全县行政编制没有突破中央核定的总量，事业编制、财政供养人员比2012年统计基数逐年减少，实现了机构、编制、财政供养人员“只减不增”的目标。二是建立健全机构编制动态管理调控机制。严把机构编制关口，严格用编核准制度。三是建立健全机构编制控制与管理制度。从2011年开始会同人社、财政等部门对各单位机构编制和实有人员进行年度核查，实现了机构编制与财政预算联合管控。四是强化机构编制基础工作。全面运用湖南省机构编制综合管理平台办理机构编制业务，推动机构设置、人员编制手工台账和实名制系统规范化管理。

（刘正东　朱武超）

【机构编制监督检查】　根据《机构编制监督检查工作暂行规定》，严肃机构编制纪律，实现机构编制监督检查工作规范化、制度化。一是完成省委巡视组交办的巡视整改工作。二是开展全县机关事业单位临聘人员清理工作，规范了机关事业单位编外用人，降低单位行政成本。三是开展全县机关事业单位混编混岗专项治理，规范了机关事业单位用人程序。

（刘正东　丁金燕）

【事业单位登记管理】　一是全面完成事业单位法人年度报告公示。全县328个法人事业单位全部按要求报送年度报告书并通过审核，在市登记局网站上进行公示，接受社会监督。二是圆满完成事业单位法人统一社会信用代码转换工作。按照省登记局《关于加快推进事业单位法人统一社会信用代码转换工作的通知》精神，全县328个单位均已完成统一社会信用代码的转换。三是积极开展机关、群团统一社会信用代码初始赋码工作。机关、群团统一社会信用代码赋码发证工作，是机构编制部门新增的一项重要工作职责，于2016年9月21日下发《关于开展全县行政机关、编办直接管理机构编制的群众团体统一社会信用代码赋码换证工作的通知》，全县68个列入初始赋码的行政机关、群众团体均已完成初始赋码发证工作，率先在全市完成了此项工作任务。四是实现中文域名注册率及网站挂标率100%的“两个全覆盖”。按照省、市编办要求，全县应纳入中文域名注册范围的527个行政、事业单位已全部完成注册和续费，域名注册率达到100%。全县共有380个机关事业单位通过中央编办审核完成网站挂标，其中单位自建网站挂标24个，网络红页挂标356个，自建网站挂标率达到了100%。

（谢　芬　周悦妍）

党校工作

【概况】　中共衡东县委党校创建于1958年，2007年被批准为中专体制。现为副处级全额事业单位，实行校务委员会领导下的校长负责制，有校委班子成员3人，内设办公室、教务科、学员管理科、教研科和总务科五个科室,干部职工 24 人,其中高级职称 5 人、中级职称 7 人、硕士研究生 3 人。2016—2017 年间,党校各项工作都取得了一定的成绩,连续两年被评为衡东县落实党风廉政建设责任制先进单位。2017 年,被评为全县宣传思想工作先进单位。衡东党校人始终秉承“忠诚、拼搏、创新、卓越”的精神,扎实做好干训工作,提高干训工作质量,在大规模培训干部、发挥主渠道、主阵地作用方面,产生了较好的社会影响。

【校园建设】 新校园于 2012 年竣工,占地面积 41 亩,总建筑面积 15000 平方米,为了进一步满足学员培训和住宿的需要,新的培训综合楼正在建设中。目前,党校办学功能齐全,设施配套,环境优雅,汇培训、会议、住宿、餐饮、文娱、健身于一身,融现代气息与深厚马列气息于一炉,集党员干部培训教育与会务于一体。拥有 300 人和 150 人的学术报告厅各 1 个、多媒体教室 4 个、情景模拟教室 1 个及高标准图书室、阅览室各一个;餐饮、住宿综合大楼达到三星级宾馆水准,可同时满足 300 人住宿、就餐;有大中小会议室近 10 个,党风廉政、人防、书画、校史等展览室 4 个以及篮球场、乒乓球室等各种体育健身场所。由于优美的校园环境,出色的办学条件,县委党校 2017 年成功申报全省校园建设示范性县级党校。

【干部培训】 2016—2017 年,县委党校以主体班、委托班、计外班、异地教学班等各种形式举办了学习培训活动多达百余期次,培训学员 21000 余人次,积极构建开放的干部教育培训大格局。其中,2016 年主体班办班 5 期,培训 700 人次。部门办班 121 期,培训学员 11302 人次。送课到基层(部门、乡镇、村)20 多次,听课人数 1800 余人次,2017 年,主体班培训 13 期,培训 2226 人次。部门办班 26 期,培训学员 3380 人次。送课到基层(部门、乡镇、村)40 多次,听课人数 3000 余人次。2017 年 12 月,党校开展的针对给全县 33 个“省级贫困村”、22 个乡镇“软弱涣散村”和部分“两新”组织的“送课下乡”活动更是引起社会各界的广泛关注,充分发挥党校用习近平新时代中国特色社会主义思想等创新理论武装党员干部头脑,提高党员干部领导科学发展素质和能力的主阵地、主渠道作用。

【教学改革】 一是创新培训理念。党校坚持以人为本、按需培训、教师主导、学员主体、因材施教、学以致用等现代干部教育培训理念,围绕县委、县政府中心工作,把干部培训的组织需求、岗位需求、个人需求有机结合为导向,以提高学员的执政能力为核心,求真务实搞培训,开拓创新走新路;二是创新培训方式。党校注重研讨式、案例式、情景模拟式、体验式、现场教学、异地教学、社会考察等多种教学方法的运用,从传统的知识传授、单向的理论灌输,向以教师为主导和以学员为主体有机结合的教学相长方向发展;三是创新教学管理。一是改课堂,坚持开放式办学,组织学员异地教学,教学布局上突出理论教学和地域特色相结合;二是重体验。利用罗荣桓元帅故居纪念馆、欧阳海纪念馆和柴山洲特别区农民银行旧址等红色教学基地,衡州监狱和雁南监狱等警示教育基地进行现场教学。三是严管理。建立完善的学习考核体系和教学质量评估体系,积极开展学员评教、教师评价和教师评学活动。

【科研成果】 在科研上,积极发挥智库作用,牢固树立科研工作为县委县政府决策服务、为提高教学质量服务的指导思想,形成“教学出题目、科研作文章、成果进课堂、咨询进决策”的工作格局。两年间,党校完成省级课题 4 项,在省市理论研讨会上获奖科研论文 36 篇,在国家级、省级刊物发表科研论文 10 余篇。2016 年,县委党校采取“精选课题、双向选择、经费打包”方式,由校领导牵头,全体教师按课题构成三个组,就乡镇区划调整后社区治理、合乡并村后续问题以及非公企业党建、衡东土菜等方面进行调研和论文撰写,其中 3 个课题在省委党校立项。

【文化建设】 党校文化是党校的重要软实力,县委党校加强文化建设的做法是:第一,构建优美的校园环境,用环境育人。党校的新校园大楼耸立,绿树成荫,鸟语花香,红色元素随处可见。投资 50 万元,构建的文化石、文化墙、文化走廊、展板标语等载体，将红色文化、廉政文化和诗词文化，以传统与现代相结合的方式，打造魅力独特的“马列公园”“红色磁场”，让学员一走进党校，就能强烈感受到独特的文化氛围。第二，建立健全的规章制度，用制度塑人。每一项制度均做到有布置、有督查、有考核、有反馈，让制度被师生认可、接受，从而将制度的落实转变为师生的自觉行为，使制度文化真正做到内化于心，外化于行。2017年年初，党校结合工作实际出台《关于推进全面从严治校的规定（试行）》文件，5月，县纪委、县委组织部、县委党校、县行政学校联合下发《〈关于落实从严治校要求全面加强学员管理的规定〉的通知》，制定完善教学、科研、后勤管理方面有关制度30项，为严以治校、严以治教、严以治学提供了制度保障，真正把党校打造成从严治党的前沿阵地。第三，塑造党校人的精神，用精神凝聚人。通过集中学习、树立典型、举办各类活动等转变党校人的思想观念，培育“忠诚、拼搏、创新、卓越”的精神。在精神的支撑下，党校人始终做到耐得住寂寞，守得住清贫；始终做到在艰难中求进取，在执着中求有为；始终做到热爱和忠诚干部教育事业。（罗　亮）

老干部工作

【概况】　中共衡东县委老干部局（简称老干局）的前身是中共衡东县委组织部老干部工作办公室，设立于1980年6月，当时为组织部内设机构；1984年1月，成立老干部工作局，为县委正科级工作部门；1993年9月，机构改革撤销老干部工作局，恢复1984年前的建制，但对外单独行使老干部工作职能；1995年2月，根据中央、省市委精神，再次设立老干部工作局；2002年5月，县直机关机构改革后，中共衡东县委老干部工作局更名为中共衡东县委老干部局，为正科级行政单位，归口县委组织部管理，内设办公室（加挂县关心下一代工作委员会办公室牌子），下辖县老干部活动中心（股级事业单位，定全额事业编制6名），局机关编制6人（行政编制5名，事业编制1名，其中班子成员3名（局长由县委组织部副部长兼任，2名副职），办公室主任1名。挂靠老干局的老年社团有：老年体协、老年科协、老干部（老年）书画协会和老干部（老年）大学等。2016年、2017年，县老干局荣获全省老干部宣传工作先进单位。2016年，被评为全市老干部工作先进单位。2017年，县教育局离退休支部被评为全市先进离退休支部。

【组织建设】　2017年9月5日，县委常委会专题研究离退休干部工作委员会成立相关事宜，正式成立衡东县委离退休干部工委，强化对全县离退休党组织党建工作的指导、协调、督查、考核，为离退休干部党组织建设工作的开展提供组织保障。并将离退休干部党组织工作经费纳入县财政预算，进一步健全经费保障机制。

【两项待遇】　树牢敬爱致恭、精准服务理念，用心用情为老干部办实事做好事解难事。考虑到老干部大多年老体弱、行动不便，车改后，老干局保留了一辆公车专门为老干部服务。并加强与卫生部门、医疗机构的沟通、协调，建立医疗保健综合服务平台，与县博爱医院开展离休干部医疗保健服务结对活动，对行动不便的老干部进行上门问诊。

【涉老团体】　老干部活动中心、老年大学的管理和服务水平不断提升，特别是老年大学的生源进一步扩大，学员人数达到1000多人。县老科协、老体协、书画协会等涉老协会发展势头良好，其中县老科协被评为省老科协中老年自我保健科普工作网络建设先进集体。为庆祝建县五十周年，衡东县老干部（老年）书画协会开展美术书法展。县老年体协组织各项异彩纷呈的活动，如门球赛等，展示新时期老年人的风采。2017年5月，省关工委副主任石玉珍一行专程到衡东县调研指导关心下一代的工作；2017年10月，全市老科协科技扶贫会在衡东县召开，这进一步激发老同志工作热情，拓展工作成果。

【部门自身建设】　扎实推进“两学一做”学习教育常态化制度化，学习贯彻党的十九大精神，上好专题党课。并积极抓好新塘镇龙头村的精准扶贫和石杨村的新农村建设工作。不断完善《中共衡东县委老干部局制度汇编》。新增走访慰问和老干部参观视察等制度,根据最新的省市县文件精神更新财务管理、差旅费管理等制度。积极对衡东县老干部工作进行宣传推介,2016—2017年,老干局在省市县各类媒体平台上投稿发布调研文章、新闻报道60余份。

【衡东县"最美老干部"颁奖典礼暨衡东·衡山·南岳老年大学庆重阳联谊会】 2017年10月25日,2017年衡东县"最美老干部"颁奖典礼暨衡东·衡山·南岳老年大学庆重阳联谊会在武家山会务中心隆重举行。活动现场气氛热烈,衡东、衡山、南岳三地老年大学的老年朋友们展示一场精彩纷呈的视觉盛宴,共同祝愿伟大的祖国繁荣富强,体现老干部们良好的精神风貌和幸福的晚年生活,巩固三地老干部之间深厚的革命情谊,获得两县一区的领导和老同志们的一致点赞。

史志工作

【概况】 衡东县史志办公室是县委直属事业单位,参照公务员管理,现有在编人员6名,其中主任1名,副主任2名,主任科员1名,股长2名。主要承担党史、地方志的征集、编纂、研究和出版工作。2016—2017年,史志办充分履行"存史、资政、育人"职能,组织编写出版《衡东年鉴(2014—2015)》《衡东县乡镇简志》《魅力衡东》等多部史志书籍,启动了《衡东皮影戏发展史》《衡东揽胜》等两部书的编辑工作,各项工作取得好的成绩。2016年、2017年连续两年被评为衡阳市地方志工作先进单位、衡阳市党史工作先进单位。

【编纂出版《衡东年鉴(2014—2015)》】 经衡东县委、县政府决定,2016年要编纂出版《衡东年鉴(2014—2015)》。年初,县委、县政府成立《衡东年鉴(2014—2015)》编委会。3月,中共衡东县委办公室下发关于认真做好《衡东年鉴(2014—2015)》编纂工作的通知。经过一年多的工作,于2017年7月正式出版。《衡东年鉴(2014—2015)》是衡东年鉴编委会主编的衡东县第6部综合年鉴,全书105万余字,设15个类目,书中配有衡东政区图、反映县内重大活动和各行各业发展风采的彩图近50余幅,图文并茂地记录衡东县2014—2015年经济社会发展成就和各行各业的发展概况。

【编纂出版《衡东县乡镇简志》】 《衡东县乡镇简志》是衡东建县以来的第一部乡镇志,由衡东县史志办公室历时3年(2015—2017年)编著而成,2017年底由方志出版社公开出版。简志按照详近略远的原则,以90幅精美的图照、35.2万精炼的文字,全面系统地记述至2014年年底衡东县24个乡镇自然、经济、社会等各个方面的历史与现状,以浓重笔墨记述从1989年撤区并乡设立24个乡镇以来的主要发展情况,力求突出时代特色和地方特色。各乡镇分设政区概况、经济发展、社会事业、基础设施、特色地情、文献辑存、领导名录7个部类,下设19个条目,以条目记述为主。该志图文并茂,是一部宝贵的地情史料,也是很好的地方乡土教材,能发挥资政作用,还具有相当高的收藏价值。尤其在2015年乡镇区划调整17个乡镇后,这部反映衡东24个乡镇发展概况的志书更有其重要的历史意义。

【编纂出版《魅力衡东》画册】 为纪念衡东县建县50周年,回顾总结并真实记录衡东经济社会的发展成就,存史资政,2016年史志办编纂出版《魅力衡东》画册。全书分为序言、衡东概况篇、领导关怀篇、衡东领路人、历史沿革篇、风景名胜篇、特色乡村篇、乡土文化篇、美食特产篇、衡东新貌篇、美丽衡东梦等11篇,图文并茂展示衡东魅力。该书是衡东的形象宣传画册,既可赠送外地来衡东客人,宣传衡东、推介衡东、投资衡东,也可供全县党员干部和各界人士阅读,以更好地了解衡东、热爱衡东、建设衡东、发展衡东。

(文君莉)

档案工作

【概况】 衡东县档案局(馆)是衡东县县委办公室直属的全额拔款事业单位。实行局馆合一,下设办公室、账务股、档案管理股、执法监督股、信息开发利用股、档案业务指导一股、档案业务指导二股七个股室,在职干部职工13人,全部拥有大专以上学历,其中高级职称2人,中级职称7人,中共党员共22人。2016年、2017年,连续两年被评为全省档案宣传工作先进集体;2017年,被评为全县办公室系统"五比五做"活动先进单位。

【"两学一做"学习教育】 2016年,衡东县档案局扎扎实实地完成"两学一做"学习教育的各项规定动作,按照"讲政治、有信念,讲规矩、有纪律、讲道德、有品行,讲奉献、有作为"四个专题,组织全局党员认真学习党章和习总书记系列讲话,积极开展专题讨论,征求各方面意见。在学习讨论过程中,领导率先垂范,普通党员个个争先。通过"两学一做"学习教育开展,增强局党组班子的凝聚力和战斗力,提高党员干部学习和工作积极性,全局上下形成一股人人想学习,人人想干事,你超我赶的浓厚氛围。

【重点档案抢救工作】 2016年,衡东县档案局(馆)不断加大馆藏重点档案抢救力度,确保重点档案保管安全。珍藏的清代皇帝圣旨,邓小平、胡耀邦、江泽民老一辈党和国家领导人的手迹,民国档案资料等国家重点珍贵档案达到12654卷(册),并分级分类进行扫描、仿真、复制或送省档案馆进行专业仿真修复。同时又对馆藏民国档案进一步清查摸底,重新确定馆藏民国档案6842卷(册),是衡阳地区馆藏民国档案最多的县档案馆。

【精准扶贫档案管理工作】 2017年,衡东县档案局被县委、县政府定为全县贫困人口100人以上的非贫困村的后盾单位,帮扶点为石湾镇清景村和坪里村。局党组多次召开专题会议研究部署相关工作,分别就资金、人员、帮扶措施等进行多次讨论,针对不同的帮扶村,分别制定了帮扶措施。一是派出两名驻村干部蹲点,参与督导工作,及时跟进相关工作。二是局党组多次深入到帮扶贫困户家中面对面交流,深入了解他们的实际困难,给他们排忧解难。积极组织全局干部职工献爱心捐款3400元,全部送到了帮扶贫困户手中。三是多方争取县委组织部和县扶贫办支持,为驻点村解决资金各2.5万元,为贫困党员李国华送去800元慰问金。四是按照省档案局和扶贫办文件要求,组织局业务骨干到扶贫点上以及全县33个省级贫困村进行精准扶贫档案规范化指导,先后建成大浦镇青鸦村、吴集镇江山村、洣水镇大山村、高湖镇新旺村以及石湾镇清景村、坪里村6个精准扶贫档案规范化示范点,采取以点促面的形式,全面推动全县精准扶贫档案规范化工作的开展。

【档案馆库后期配套建设】 2017年,衡东县档案局积极争取县委、县政府支持,完成档案新库房的各项配套设施建设,项目于2017年元1份整体验收通过,并于3月进行消防、监控等设施设备验收,政府采购约600立方的档案密集架,将老库房保存的珍贵档案以及使用率较多房产、林权等档案资料全部搬入新库房,新库房全面投入使用。办公室整体搬入新库房一楼办公,新建门卫房,进行封闭式管理,改善办公环境,从而提升全局干部职工的工作积极性。

【农村土地确权档案管理工作】 2017年,衡东县档案局积极组织骨干力量对全县土地确权档案跟踪指导服务。土地确权档案工作,以局领导班子成员为组长,带领业务指导人员分别深入全县五个标段公司和各乡镇各村现场指导,确保土地确权档案收集齐整,整理规范。并组织本局、县农村经营服务中心、全县五个标段公司负责人及业务技术骨干进行培训,让他们全面掌握农村土地确权档案的整理规则与流程,为该项工作全面验收打下坚实的基础。

(周映飞)

人民代表大会

衡东县人大常委会

【概况】 2016年是县十六届人大常委会依法履职的最后一年，2017年是县十七届人大常委会行权履职的开局之年。在这两年里，共举行常委会会议18次，主任会议40余次，听取和审议“一府两院”工作汇报50余次，作出决议、决定31个，为加快推进“五县五化”、决胜全面建成小康衡东做出积极贡献。

【重大事项决议决定】 一是强化计划工作监督。在抓好年初计划编制初审工作的同时，听取和审议“十三五”规划纲要编制情况的报告，督促县政府科学安排重要指标、重大建设项目，提高规划纲要的科学性和可行性；审议批准《衡东县人大常委会国民经济和社会发展计划审查监督办法》，增强计划审查监督工作的约束力和实效性。二是强化预算工作监督。分年度抓好预算编制的初审工作，听取和审议县政府半年预算执行情况，审查、批准财政决算和预算调整方案，要求县政府及相关职能部门要进一步细化财政预算，尤其是对涉及面广、影响力大的教育部门，要直接预算到县直中学、乡镇教育管理服务中心和学校；对财政“同级审”中发现的问题，常委会坚持跟踪督办，每年12月听取和审议县人民政府关于上年度县财政预算执行和其他财政收支的审计工作报告中指出问题整改情况的报告。三是强化对政府融资的监督。在全市率先出台《衡东县人大常委会关于政府购买服务项目监督暂行规定》，从程序上对政府购买服务项目的审查与监督作出规范；专题听取了县人民政府《关于富城公司城中村改造中长期贷款资金使用管理工作的汇报》。四是审议批准相关议案。先后审议批准了县人民政府《关于提请审议将衡东县省道S314线城关段、S315线大浦段提质改造建设工程项目实行政府购买服务的议案》《关于对我县养老服务机构的建设和运行实行财政补贴的相关议案》《关于提请审议将衡东县河西新区棚户区改造项目实行政府购买服务的议案》《关于提请审议实施衡东县污水处理厂二期扩建及一期提质改造项目的议案》《关于提请审议衡东县河西新区棚改（城中村）安置小区项目增加金额实行政府购买服务的议案》《关于提请审议将衡东县农村综合公共服务中心建设项目实行政府购买服务的议案》《关于将草市灵山庙渡改桥和杨林至高湖公路新建项目实行政府购买服务的议案》等10多个融资议案，专项用于县内基础设施建设和民生项目建设，有效破解衡东经济社会建设中资金不足的问题。

【工作监督】 一是加强对民生工作的监督。为确保合村并乡后的乡镇中小学布局调整合理，对全县中小学布局情况进行调研，听取和审议了县政府关于学校布局调整工作情况的汇报；为推进扶贫工作开展，作出调整扶贫资金预算的决议，扶贫资金由1550万元增加到2015万元；为提升全县农业机械化水平，听取和审议县政府关于贯彻实施《中华人民共和国农业机械化促进法》工作情况的报告，督促县政府要进一步加大财政投入，加快农机推广，加强农机安全生产监管。二是加强对城乡建设的监督。每年听取和审议上年度的城乡规划执行情况和本年度的城乡规划安排情况，推动城乡规划落到实处；听取和审议《关于吴南公路改建工程建设情况及超概算情况的报告》，督促相关部门依法使用资金，尽快完成公路建设的扫尾工作。三是加强对政府依法行政的监督。组织对《中华人民共和国行政许可法》在衡东县的贯彻实施情况进行专题调研，针对个别部门行政许可不规范、服务不到位、事后监督缺失等问题，要求政府部门进一步规范许可行为，不断提高行政许可的质量和效率。四是加强对司法工作的监督。完善《衡东县人大常委会执法监督员管理办法》，出台《衡东县人大常委会关于“两院”司法工作人员执法信息管理暂行办法》，通过建立执法信息档案，为准确评价“两院”司法工作人员业务能力和工作实绩，提供客观依据；认真开展临案听审和规范性文件备案审查工作，审议修改《衡东县人大常委会规范性文件备案审查办法》，两年共接收报备、审查的规范性文件100件，审查出超越权限的问题文件1件，发回发文机关进行修改并重新报备。五是协助做好立法调研工作。协助市人大做好《衡阳市城市市容和环境卫生管理条例(草案)》的立法调研工作，并向市人大提交《关于加强对衡阳市湿地进行保护的立法建议》，得到市人大的高度关注和重视。六是扎实开展“四行”活动。坚持一年一个主题，持续开展“四行”活动，推动农产品质量安全、生态环境保护、农村医疗卫生服务、民族团结等民心工程的顺利实施。七是认真做好信访工作。2016—2017年，受理群众来信来访，申诉控告600多件，接待群众来访1100余人次，有效化解各类矛盾纠纷35起，对事关群众切身利益、社会影响较大、群众反响强烈的涉法涉诉案件进行重点交办和跟踪督办，全力维护群众的合法权益。

【人事任免】 两年任免国家机关工作人员76人次，在任免工作中，严格按照法定程序，认真做好任前调查了解、法律知识考试、任前询问、表态发言、颁发任命书、向宪法宣誓等工作，确保人事任免的规范性和严肃性。认真做好随届任命，在县十七届人大常委会第一次会议上，依法任命26名新一届县政府工作部门主要负责人。注重加强任后监督，每年年底组织“一府两院”有关人员进行述职并对其测评。同时，根据全省统一安排和部署，人大常委会还及时做好县监察委员会主任、副主任、委员的选举任命等前期准备工作。

【代表工作】 一是开展业务培训。先后举办县十七届人大代表初任履职培训班和全县国、省、市代表和部分县代表履职培训班，进一步提高代表的履职水平。二是搭建履职平台。两年邀请县人大代表80余人(次)列席常委会会议，扩大代表的知情知政渠道。组织部分市、县人大代表深入衡阳市第一强制戒毒所和县直相关部门，调研全县禁毒工作开展情况。组织在衡东的省、市人大代表及部分县人大代表90余人，集中调研全县重点项目建设情况。三是组织开展活动。审议通过《衡东县第十七届人大常委会组成人员联系人大代表方案》，组织人大代表持续开展“心系群众，为民履职”为主题的实践活动及“6·25”为民服务日活动，引导代表主动为基层群众排忧解难。组织动员全县的国、省、市、县、乡五级人大代表1338名和县、乡人大工作者100余名，积极开展“人大代表为民履职脱贫攻坚‘五个一’行动”，助力全县精准扶贫工作，确立6个“人大代表扶贫工作基地”，做到每位代表结对帮扶一户贫困户，通过技术支持、争取政策、个人捐款等措施，帮助贫困户早日脱贫。四是认真办理代表议案、建议。两年召开县十六届人大五次，县十七届人大一次、二次共三次会议，收到人大代表提出的议案1件，建议、批评和意见194件。其中，在县十七届人大一次会议上，同意将由林金初等20位代表提出的《关于在县城兴建一所九年一贯制公办学校议案》立案为议案，交县人民政府办理。为确保议案办理到位，还组织部分代表对议案进行专题督办，现场察看杨山实验中学和武家山完全小学建设情况。五是分批次组织市代表进行届内任期述职，进一步增强市代表的履职意识和法纪意识。

【换届选举】 按照市委、市人大常委会的统一部署，从2016年7月下旬至10月下旬，衡东县进行县、乡(镇)两级人大代表的换届选举工作。为搞好这次换届选举工作，在县委的领导下，人大常委会认真履行组织责任，先后审议通过《关于成立衡东县选举委员会的决定》《关于成立各乡镇选举委员会的决定》，对涉及合并的吴集镇、草市镇、洣水镇、三樟镇4个乡镇的代表名额数进行重新确定，批准涉及更名的洣水镇、三樟镇2个乡镇的第一届人民代表大会筹备组成员名单,为县、乡人大换届选举顺利进行提供组织保障。确定10月18日为全县选举日,与县委组织部、宣传部、统战部等部门一起,紧扣各个时间节点,认真做好动员培训、代表名额分配、选区划分、代表候选人提名、协商、确定、投票选举等各项工作。与上届换届选举不同的是,此次换届代表候选人的提名、协商、确定由县委组织部具体负责。此次换届选举,衡东县登记选民约58.8万人,有选举单位24个(17个乡镇、6个机关选区及1个驻军部队选区),划分大选区125个,小选区518个,成功选举产生252名县人大代表和1107名乡(镇)人大代表。在代表顺利产生后,各乡镇的新一届乡镇人大一次会议规定在2016年10月28日统一召开,县十七届人大一次会议也于11月19日胜利召开。

【自身建设】 一是加强政治建设和作风建设。集中深入学习党的十九大精神和习近平总书记系列重要讲话,深入开展"两学一做"学习教育和"三学三争"主题实践活动,切实提高常委会和机关干部的政治意识和工作效率。二是加强组织建设。2016年,根据市编办《关于规范县(市)区、乡镇(街道)人大机构设置的通知》要求,县人大对原有的办公室、财经(预算)工作委员会、内务司法工作委员会(下设规范性文件备案审查室)、教育科学文化卫生工作委员会、选举任免联络工作委员会、农业与农村工作委员会、城乡建设环境与资源保护工作委员会、研究室、信访室9个内设机构进行了规范,撤销财经(预算)工作委员会,设立县人大财政经济委员会和法律委员会2个专门委员会,及常委会预算工作委员会、法制工作委员会2个工作委员会,规范后的12个机构均为正科级。三是加强机关建设,主动压缩"三公"经费,严格执行中央八项规定,认真抓好机关日常管理,成功创建市二星级文明单位,增强机关参谋助手作用和服务保障水平。四是参与中心工作。按照县委的统一部署,常委会领导都能积极主动参与全县的重点项目建设、新农村建设和精准扶贫工作,做到每一位常委会领导至少联系一个重点项目、一个新农村建设示范村或精准扶贫村。

【县十六届人大五次会议】 2016年3月5—8日在县城召开。会议听取和审议廖义智代表县人民政府所作的《政府工作报告》;审查和批准衡东县2015年国民经济和社会发展计划执行情况与2016年计划草案的报告,批准衡东县2016年国民经济和社会发展计划;审查和批准衡东县2015年预算执行情况与2016年预算草案的报告,批准衡东县2016年财政预算;审查、批准衡东县国民经济和社会发展第十三个五年规划纲要;听取和审议谭向勤代表县人大常委会所作的《县人大常委会工作报告》;听取和审议冯卫代表县人民法院所作的《县法院工作报告》;听取和审议刘永忠代表县人民检察院所作的《县人民检察院工作报告》。

会议于2016年3月8日补选阳水源为衡东县第十六届人民代表大会常务委员会副主任,补选向阳辉为衡东县第十六届人民代表大会常务委员会委员,并组织这两位同志公开向宪法进行宣誓。

【县十七届人大一次会议】 2016年11月18—22日在县城召开。会议分听取、审议工作报告和选举两个阶段。11月18—20日,会议分别听取和审议徐志毅代表县人民政府所作的《县政府工作报告》,谭向勤代表县第十六届人大常委会所作的《县第十六届人大常委会工作报告》,肖海军代表县人民法院所作的《县人民法院工作报告》,刘永忠代表县人民检察院所作的《县人民检察院工作报告》。

11月21—22日,会议选举谭向勤为县第十七届人民代表大会常务委员会主任,选举(按姓氏笔画为序)阳水源、李上峰、陈磊、康培远4人为县第十七届人民代表大会常务委员会副主任,选举(按姓氏笔画为序)文朝晖(女)、邓富云、冯义东、朱水清、向阳辉、向海华、向晓燕(女)、汤小奇、汤丽云(女)、吴 琼(女)、吴艳华、谷慰峰、陈 瑶(女)、易洪、赵伟忠、胡 华、唐志军、曾明勇、谢志勇、谭民中、颜红雄、颜丽娟(女)22人为县第十七届人民代表大会常务委员会委员;选举徐志毅为新一届县人民政府县长,选举(按姓氏笔画为序)丁秋文、王春生、刘敏（女）、刘光荣、钱永明、谭志兴、颜亚华为新一届县人民政府副县长；选举肖海军为县人民法院县长；选举刘永忠为县人民检察院检察长；并组织以上当选人员公开向宪法宣誓。

会议还选举包昌林、郭露璐（女）、廖晟、易彬（女）、彭有贵、王江英（女）、文秋成、文新学、尹聪（女）、尹乙鸣、尹友平、左国辉、龙珊（女）、龙检成、朱兰香（女）、刘红丽（女）、刘涌涛、孙海滨、阳丰生、李上峰、李宇星、李春辉、肖清明、吴伟生、林玉华（女）、林盼杰、罗明华（女）、周志波、赵琼（女）、赵金生、赵庚成、夏长清、徐志毅、郭元珍（女）、康红辉（女）、董国良、曾萍（女）、谭向勤、谭顺平、颜薇（女）、颜家根41人为衡东县出席衡阳市第十五届人民代表大会代表。表决通过《衡东县第十七届人民代表大会第一次会议关于设立衡东县第十七届人民代表大会专门委员会的决定（草案）》，衡东县第十七届人民代表大会各专门委员会主任委员、副主任委员和委员名单（草案），同意将由林金初等20位代表提出的《关于在县城兴建一所九年一贯制公办学校议案》立案为议案。

【县十七届人大二次会议】 2017年3月9—11日在县城召开。会议听取和审查了衡东县2016年国民经济和社会发展计划执行情况与2017年计划草案的报告；审查和批准衡东县2016年国民经济和社会发展计划执行情况的报告与2017年计划；听取和审查衡东县2016年财政预算执行情况与2017年财政预算草案的报告，审查和批准衡东县2016年财政预算执行情况的报告与2017年财政预算。

会议于2017年3月11日选举（按姓氏笔画为序）文晓春、彭庆桃、谭水光3位同志为衡东县第十七届人民代表大会常务委员会委员，并组织当选人员公开向宪法宣誓。（谢志勇）

附录：衡东县第十七届人民代表大会第一次会议各代表团代表名单（共252名）

一代表团（大浦20、石滩14）34人

吴伟生	刘卫平	晏志君
文朝晖（女）	尹友平	胡国粒
袁亚平	赵伏平	陈冬秀（女）
雷　浪	李淑玲（女）	毛金姣（女）
刘　哲（女）	陈　瑶（女）	罗青香（女）
许玲丽（女）	汤小奇	陈少东
尹会清	贺正书	罗水英（女）
向阳辉	蒋小平	单梦平
刘晓军	陈美华（女）	邓细启
马凤生	邓于军	文建秋
陈玉翠（女）	唐小娟（女）	唐美生
尹满英（女）		

二代表团（吴集26、甘溪12人）38人

徐志毅	赵良成	颜亚华
谢正辉	文小辉	宋佳华
秦生富	阳建水	朱水清
周飞燕（女）	梁亚林	颜红雄
胡启徕	陈林芝（女）	曾凡云
文月林	罗春连（女）	赵芳霞（女）
罗冬兰（女）	赵润清（女）	曹合明
胡辉燕（女）	胡依成	康永红（女）
阳汉雄	刘　铮	谷慰峰
刘　峰	肖正中	谭海波
阳银吾	董珍美（女）	陈秋香（女）
刘社东	稂红波（女）	刘立清
秦雪娥（女）	戴冬云	

三代表团（杨林11、草市17、南湾6、高湖11）45人

陈　磊	谭作仁	刘雄建
欧海斌	彭桂华	董炳云
陈光云	董建湘	陈淑丽（女）
胡艳梅（女）	罗麦娥（女）	赵伟忠
向海华	李远韶	吴红波
肖松林	李福林	刘冬文
陈善良	张林香	宋灵凤（女）
颜小红（女）	单国平	刘　云（女）
王文姣（女）	欧俊芳（女）	黄小红（女）
陈建秋	胡雪松	陈中华
马宇真	阳中华	蔡连生
蔡照华	向晓燕（女）	向　前（女）
向文聘	廖吉献	欧秋英（女）
刘爱云	李立生	董长桂

肖文华　　单福永　　罗　利(女)

四代表团(杨桥12、蓬源10、荣桓11)33人

李一帆　　谭民中　　冯义东
李振华　　罗香蓉(女)　夏玉群
颜立新　　颜　咪(女)　颜　慧(女)
向　炜(女)　刘军民　　胡伟民
谭祖春　　彭宏平　　丁明修
彭少平　　侯　志　　刘水元
罗金花(女)　胡晶晶(女)　彭艳丽(女)
吴晚娥(女)　曾明勇　　吴艳华
尹乙鸣　　向友同　　裴　丽(女)
罗岳云　　刘西林(女)　刘启宇
刘新根　　谷正文　　肖国娥(女)

五代表团(新塘18、霞流16)34人

谭向勤　　刘　敏(女)　阳水源
胡　华　　赵　健　　刘术华
罗永年　　彭建社　　谭子游
陈自力　　向建岳　　易开平
罗卫红(女)　龚迟爱(女)　文麦平(女)
龙香连(女)　谷素芳(女)　谷金元(女)
向忠华　　吴　琼(女)　许长城
邓新文　　曹邦春　　陈　燕(女)
文　艺(女)　梁小荣　　李江云
林麦冬(女)　许奇生　　康冬云
毛　亮(女)　康晓琴(女)　方鑫星(女)
阳冬香(女)

六代表团(石湾12、三樟13、白莲10)35人

夏崇礼　　李上峰　　谷建辉
刘武扬　　黄旭辉　　文国旗
谭剑平(女)　王丽平(女)　马礼香(女)
刘月华　　周　璐(女)　徐岳衡
陈　龙　　唐志军　　刘春元
陈佳东　　陈月朋(女)　龙　凤(女)
谭碧玉(女)　徐金平(女)　陈新云(女)
熊永志　　夏喜光　　龙　卫
康天俊　　邓富云　　宋迪云
朱爱国　　郭永奇　　丁孟炳
谭春香(女)　向社明(女)　罗志辉
谭云成　　向俊红(女)

七代表团(洣水21、机关12)33人

贺　殷　　康培远　　龚　飘
谢志勇　　邓小杨　　赵伟科
王光珍(女)　吴余珍(女)　阳秋林
陈启明　　阳晶晶(女)　刘梅莲(女)
李金玉(女)　向红华(女)　胡小月
文新平(女)　陈　钟　　刘丽衡(女)
段红梅(女)　贺婷艳(女)　胡新清
丁雄斌　　徐　益　　周铁兰(女)
汤丽云(女)　冯红华(女)　旷燕芝(女)
颜丽娟(女)　易　洪　　胡玲俐(女)
林金初(女)　陈海军　　罗俪芬(女)

人大各办委工作概况

【办公室、研究室】　一是办文办会方面。两年共制发各类文件100余份,起草常委会工作报告、常委会主要领导讲话稿、各类调研汇报等文稿200多份,按时做好重要文件的转发、传阅、保密、归档等工作。共召开常委会会议18次,主任会议40余次,其他各类会议100多次,办公室严格按照“会前精心准备,会中认真服务,会后善始善终”的原则,精心做好各类会议的服务工作。二是参谋协调方面。坚持紧紧围绕全县改革发展大局和人大常委会工作重点,年初向人大常委会提出全年建议议题,起草了常委会工作要点(草案),协助常委会抓好常委会作出的决定、决议、审议意见及领导交办事项的督办落实,当好领导的参谋和助手;及时加强与党委以及“一府一委两院”综合办事机构和其他有关部门的协调和对接,做好上级各部门到衡东调查、视察、执法检查以及兄弟县市到衡东交流考察的接待工作,确保各项活动如期进行。三是后勤保障、日常管理方面。认真做好机关人事、党建、编制、后勤等各项日常工作,全面落实公车改革制度,严格规范“三公”经费支出,抓好机关工作人员的业务学习和党风廉政建设,扎实开展“两学一做”学习教育,成功创建市二星级文明单位,组织开展机关干部脱贫攻坚结对帮扶活动。在新塘镇潭泊村驻村办点,帮助该村成功创建为全省美丽示范村。协助常委会健全人大机关内设机构，由9个委室增加到12个委室。

（陈洪清）

【财政经济委员会】 一是加强计划审查监督。为加强和规范对计划的审查监督工作，起草并协助人大常委会审议通过《衡东县人民代表大会常务委员会关于国民经济和社会发展计划的审查监督办法》。加大对计划草案和计划执行情况的审查监督力度，促进经济社会持续健康发展。二是强化预算审查监督。分别对全县年度预算、决算及预算调整方案草案进行初步审查，对预算执行情况进行调查，推动人大财政预算监督工作深入开展，不断提高监督实效，有力促进预算编制和财政管理水平的提升。三是加强政府购买服务监督。起草并协助人大常委会审议通过《衡东县人民代表大会常委会关于政府购买服务项目监督的暂行规定》。分别对县人民政府提出的《关于提请审议将衡东县省道S314线城关段、S315线大浦段提质改造建设工程项目实行政府购买服务的议案》《关于将衡东经济开发区工业园区和安置区两区共建项目实行政府购买服务的议案》《关于衡东县河西新区衡东大道等5条道路及配套设施项目实行政府购买服务的议案》等七个政府购买服务议案进行调查和初步审查，为人大常委会审议通过以上议案做好基础工作，促进县域经济发展。四是开展执法调研。按照市人大常委会执法调研工作安排，对全县贯彻实施《中华人民共和国预算法》（以下简称《预算法》）情况进行调研检查，有效促进《中华人民共和国预算法》在全县的贯彻实施。五是开展专项工作调查。牵头组织对衡东县吴南公路改建工程建设及超概算情况进行调查，详细了解相关情况，在县人大常委会议上提交《关于吴南公路改建工程超概算情况的调查报告》，为人大常委会审议该事项做好了扎实的前期工作。对政府六个融资平台公司的融资贷款及其资金使用情况进行全面调查，向县委、县人大、县政府主要领导提交《关于衡东县政府融资平台公司融资情况的调查报告》，为领导们掌握全面情况和决策提供依据。

（谷慰峰）

【法制委员会】 2016年11月，衡东县十七届人民代表大会设立法制委员会。设立以来，法制委牢牢把握坚持党的领导、人民当家作主和依法治国的基本原则，围绕中心，服务大局，依法履职。一是积极配合市人大做好立法调研相关工作。两次配合市人大到衡东县开展《衡阳市城市市容和环境卫生管理条例（草案）》的立法调研，组织召开座谈会、征求社区干部、县人大代表的建议和意见，及时反馈草案修改意见。二是推荐甘溪镇作为市人大的立法联系点。设立基层立法联系点，开通立法“直通车”，扩展立法社会参与度，成为立法工作的创新性举措。三是配合市人大开展《中华人民共和国城乡规划法》实施办法执法检查，确保法律正确贯彻实施。四是完善机制，提高工作质量。法制委正确处理完善机制、依法履职和创新工作方式的关系，不断提升工作水平和效能。

（吴　琼）

【内务司法工作委员会】 一是深入调研，依法开展法律监督和工作监督。2016年，开展评议政法机关“打黑除恶”工作“回头看”调研，要求政法机关各家对“黑恶”违法犯罪行为保持高压严打态势，巩固2014年评议政法机关“打黑除恶”工作成果。近些年来，衡东县的治安环境得到根本好转，人民群众的安全感进一步增强；2017年3月调研全县的禁毒工作，为禁毒工作建言献策；8月，调研了《反家庭暴力法》在衡东县贯彻实施情况，为维护妇女儿童的合法权益鼓与呼；8月中旬，开展《行政许可法》贯彻实施情况调研活动，指出问题，提出具体审议意见，促进政府依法行政；继续开展代表“临案庭审”活动，两年共组织100余名市县人大代表参加10余次旁听法院庭审活动，进一步拓宽司法监督工作渠道。二是建章立制，规范监督工作。2017年，牵头起草《关于“两院”司法工作人员执法信息管理暂行办法（草案）》《衡东县人大常委会执法监督员管理办法（草案）》，于当年10月，提请县十七届人大常委会六次会议审议通过实施。三是密切与人民群众的联系，提升自身形象。耐心接待群众来信来访，积极倾听百姓呼声。对群众反映的合理合法的诉求，依法督促相关部门解决落实，切实维护其合法权益，受到

人民群众一致好评。（向海华）

【教育科学文化卫生工作委员会】 一是开展县级公立医院综合改革情况专项调研，针对衡东县公立医院综合改革推进较慢、财政配套政策落实不到位、医疗服务整体水平不高、基金监管存在一定风险等问题，向常委会递交了调查报告。常委会上提出了审议意见，进一步将公立医院改革向纵深推进。二是开展全县中小学布局调整专题调研，为整合教育资源，优化教育结构，促进教育均衡发展，对全县中小学布局情况进行走访了解、分析具体情况、撰写调研报告，同时针对城区大班额现象非常严重，通过走访学校、了解民情、实地调查等方式，形成可行性调查报告。在县第十七届人大一次会议上提出在县城新建一所九年一贯制学校的议案。县政府积极响应着手规划落实，将在2019年完成新建任务，缓解就学压力。三是继续开展“三湘农民健康行”和“民族团结进步行动”活动。2016—2017年，衡东县的“两行”活动工作开展有声有色。2017年全市人大系统建设健康村镇现场观摩会在衡东举行，得到全市同仁的一致好评。（邓亚非）

【农业与农村工作委员会】 一是紧扣“三农”工作主题，依法履行职责，实施法律监督和工作监督。2016年5月，组织部分常委会委员深入到新塘镇等10个乡镇贫困村调研，专题听取县农村扶贫开发办扶贫工作情况汇报，提请县十六届人大常委会第三十五次会议对该项工作进行审议，并向县政府交办审议意见，督促县人民政府高度重视，明确职责，落实任务，扎实推进全县扶贫开发工作顺利开展。2017年7月，提请县十七届人大常委会第五次会议上听取和审议县政府贯彻实施《农业机械化促进法》情况报告，督促县政府进一步提高认识，采取切实有效措施，大力促进全县农业机械化发展。二是深入开展调查研究。围绕群众关心的热点，分别开展全县农村饮水安全工程建设、全县林权改革情况及扶贫攻坚情况专题调研，形成调研报告，为县政府决策当好参谋。三是组织开展农产品质量安全行和抓好代表扶贫基地建设工作，同时作为省人大农业委重点联系单位，积极参加省人大农业委组织的相关活动，加强各方面联系，加强自身建设，较好地完成各项工作任务。（邓富云）

【选举任免联络工作委员会】 一是组织换届，夯实人大工作基础。按照市委、市人大常委会的统一部署，从2016年7月下旬至10月下旬，依法成功选举产生252名县人大代表和1107名乡（镇）人大代表。二是扎实深入地做好代表工作，全面组织开展代表培训工作，深入开展“为民服务日”活动，认真抓好代表建议、批评和意见的办理工作，继续开展县人大常委会组成人员联系基层县人大代表活动，组织人大代表集中视察。三是做好选举任免工作，两年共依法任免国家机关工作人员76人次，终止14名代表资格，补选10名同志为衡东县第十七届人民代表大会代表，依法选举文晓春、彭庆桃、谭水光三位同志为县十七届人大常委会委员。四是认真负责地做好代表联络服务工作，同时助力脱贫攻坚，制订2017年联村工作计划，走访慰问贫困户，帮助他们解决实际困难，接待代表来信来访，依法做好代表维权相关工作。五是督办县十七届人大一、二次会议代表批评、建议和意见135件，对县十七届人大一次会议一号议案《关于在县城兴建一所九年一贯制公办学校》进行专题督办，真正做到让代表满意、群众满意。（郑玉斌）

【城乡建设环境与资源保护工作委员会】 一是提请县人大常委会对2016年城乡规划执行情况和2017年城乡规划安排情况进行审议。二是围绕县人民政府2016年环境状况、环保目标完成情况开展工作监督，并提交常委会进行审议。三是开展世纪行活动。紧扣“守护碧水蓝天，建设美丽衡东”主题，围绕“珍惜饮用水源，珍爱生命健康”这个中心制订活动方案，形式多样开展系列活动，在全县产生积极影响，发挥很好的宣传导向和监督作用。四是进行专项督办。对衡东县第十七届人大一次全体会议和二次全体会议上涉及城乡规划和管理、环境资源保护的代表所提建议、意见，进行专项督办。（文晓春）

【预算工作委员会】 一是做好人民代表大会预算审查服务工作。组织对县级年度预算草案和部门预算草案进行初步审查,促进财政部门科学、完整的编报预算,推动预算编制的科学化、精细化。二是扎实做好预决算审查监督工作。分别对年度财政预算草案、决算草案及预算调整方案进行初步审查,对预算执行情况进行调查,向县人大常委会提交相应的审查报告,有效推动人大财政预算监督工作深入开展。三是积极开展走访调研。分别对县财政局、审计局、国税局、地税局、交警队、经开区、工业园区及相关政府性平台公司等有关单位进行专题调研,向县人大常委会提交相关的调查报告,提出调查意见和建议,为常委会审议通过以上议案做好相关工作。四是加强部门联系,充分发挥监督职能。为进一步加强与各相关部门的联系,及时了解掌握相关部门的工作情况,要求所有联系部门向预算工委报送单位基本情况、年度工作总结及年度工作重点。同时对联系部门单位基本情况、重点工作任务等进行学习梳理,进一步增强对联系部门单位的了解,更利于充分发挥监督职能。 (阳金平)

【法制工作委员会】 2016年年末,县人大及其人大常委会换届,根据机构改革的要求,常委会设立法工委,主要承担规范性文件备案审查的日常工作。2017年,常委会适应《中华人民共和国立法法》修改的需要,相应修改《衡东县人大常委会规范性文件备案审查工作办法》,并进一步理顺了内部审查工作流程。法工委两年间共接收报备的规范性文件共100件,主动审查20余件,无一起被动审查的案例,审查出问题文件1件,交发文单位自行修改。县政府及其相关部门制定规范性文件的规范性和程序性进一步增强,依法行政的法律意识逐步提高。

(向海华)

【信访室】 2016—2017年,县人大信访办公室坚持围绕中心,服务大局,找准人大监督切入点和突破口,把受理人民群众信访申诉作为履行监督职能、增强监督实效的重要渠道和了解民意、关注民生、促进和谐的重要工作来抓,受理群众来信来访,申诉控告600多件,接待群众来访1100余人次,有效化解各类矛盾纠纷35起,为群众排忧解难5起,督办各类信访案件102件。 (唐志军)

人民政府

衡东县人民政府

【经济工作】 2016—2017年，面对经济形势复杂多变、多重压力叠加的严峻考验，新一届政府在市委、市政府和县委的坚强领导下，团结带领全县人民，凝心聚力，砥砺奋进，积极应对各种困难和挑战，较好地完成各项目标任务。一是主要指标稳定增长。2016年，全县完成地区生产总值261.70亿元，增长7.9%；完成财政总收入13.25亿元，增长6.5%；完成固定资产投资152.01亿元，增长18.2%；完成社会消费品零售总额89.52亿元，增长11.6%；城乡居民人均可支配收入分别为28226元、16989元，分别增长9%、8.1%。2017年，完成地区生产总值293.76亿元，增长8.7%；一般公共预算收入12.76亿元，税占比达66.8%，同比提升9.7个百分点；完成固定资产投资179.57亿元，增长18.1%；社会消费品零售总额99.08亿元，增长10.7%。二是三次产业协调发展。2017年，三次产业结构优化为15.41：34.28：50.31，第三产业占比突破了50%，高新技术产业增加值占GDP比重提高到8.5%。工业方面，2016年完成工业总产值171.5亿元，增长5.6%；规模工业增加值增长7.2%。2017年，全县完成规模工业总产值205亿元，增长18%，规模工业增加值增长7.8%。经开区园区面积新增1.6平方公里，大浦污水处理厂、北片区道路提质改造、南片区供电专线、安置区公租房等项目全部完工；完成工业总产值146.58亿元，同比增长22.5%。河西新区全年开工项目31个，新征收土地260亩，坪桥、坪石安置小区和学府路、坪桥路、沿江路等项目加速推进，新区承载力和聚集力不断增强。农业方面，2016年，粮食总产达41.87万吨，继续保持全国产粮大县、全省粮食生产先进县、全国生猪调出大县地位，荣获全国油茶产业发展示范县称号。2017年，粮食总产47万吨，同比增加0.6万吨，被评为全省粮食生产优秀县。实施世行贷款土地治理项目，完成高标准农田建设1.08万亩。农业产业化水平不断提高，农产品加工业实现产值135亿元；新增规上农产品加工企业11家，规上农产品加工实现产值63亿元。三产方面，2017年，累计接待国内外游客340.16万人次，实现旅游综合收入25.35亿元；成功举办第四届“土菜文化旅游节”，有力促进土菜、文化、旅游产业融合发展，全县土菜产业链上从业人员超过10万人，县内餐饮店发展到400多家，县外直营连锁店达500余家，土菜产业链产值达30亿元以上，同比增长10%；养老养生产业、金融服务业取得新的突破性进展，旭达国际养生生态园开工建设，衡东新阳村镇银行签约落地；成功举办首届“房交会”，全年成交商品房5611套(宗)，成交金额25.86亿元，有效去除房地产库存。三是发展活力不断增强。2016年、2017年，累计签约引进项目108个，合同引资额218.2亿元。2016年11月30日，湖南机油泵股份有限公司的成功上市，实现衡阳市近20年来IPO上市零的突破。成功引进聚味堂农副产品加工、土菜文化产业园、尚达现代农业产业园、生态种养循环经济示范基地、冷链市场及城市综合体建设等一批带动性强的大项目；累计实施重点项目148个，完成投资约106.05亿元，南岳高速东延线正式通车，湖南机油泵年产260万台发动机泵类产品生产线、力源动力年产2万台履带式拖拉机、建材市场二期、盛世电缆、显尚家具、3D打印粉末生产厂、年产1万吨冰晶石生产厂等一大批项目建成投产，大浦、霞流光伏发电项目实现并网发电。

【城乡建设】 坚持城乡统筹发展,城乡面貌明显改观。一是加快新老城区建设。河西新区加快开发,衡东大道建成通车,县城西大门全面敞开;天英学校开学招生,河西体育馆、中医院、双园大道等项目快速推进。老城区加快提质,武家山公园如期开园,兴衡大道建设进入扫尾阶段,武家山路建设、东风路提质改造、丽都路防洪排涝工程顺利实施,背街小巷提质改造有序推进。二是强化城市管理。城区环卫实行全天候保洁、全覆盖清运,完成沿江亮化提质工程,实施"见缝插绿"计划,重点抓好市容市貌、车辆停放、夜市摊点等专项整治,干净整洁已成市容常态,成功创建省级文明县城。三是完善农村基础设施。大力完善农村基础设施,近年来累计实施农村通畅工程1020公里、农村公路窄路加宽240.7公里,改造危桥40座,"畅、安、舒、美"的城乡路域环境逐步形成;实施农村安全饮水巩固提升工程,农村自来水普及率达76.69%。大力加强农村环境整治,完成53个重点村整治任务,17个乡镇的429.6公里道路实行市场化保洁。白莲镇马房村获评第五届全国文明村,新塘镇潭泊村成功创建省级美丽乡村示范村,荣桓镇南湾村被评为全省"最美文化传统村落"。四是改善生态环境。以迎接中央环保督察为契机,集中力量打好水、气、土壤污染防治攻坚战,解决一批群众反映强烈的突出环境问题。大力抓好燃煤锅炉淘汰、油气回收、餐饮油烟等专项治理,城镇空气质量优良率达85.2%。全面推行"河长制",建立县、乡、村三级河长网络体系,圆满完成湘江保护和治理第一个"三年行动计划",启动洣水保护行动,率先实行干流和支流同治,衡东经验被省、市推介。持续推进森林禁伐三年行动,森林覆盖率提高到52.7%,森林蓄积量275.57万立方米,增长4%;全国林业信息化应用率测评获县级第一名。湘江流域退耕还林还湿试点建设面积达748.5亩,建成杨林、新塘2个湿地保护管理站,洣水湿地公园顺利通过国检验收,获评国家湿地公园。

【民生事业】 2016—2017年,民生事业在和谐兴县战略引领下更趋均衡。2017年,小康总体实现程度达到90%,较上年提升6.3个百分点,在全市二类县中率先实现小康达标。老百姓的安全感不断增强。加强和创新社会综合治理。进一步建立健全信访第三方评判、信访积案专班化解、息诉息访公证等机制,持续压实基层信访维稳责任,有效化解信访积案,圆满完成党的十九大期间安保维稳工作任务。全面落实安全生产企业主体责任,获评全省安全生产工作先进县。健全社会治安防控体系,深化"平安衡东"创建,推进网格化服务管理,在全市率先启动"一村一辅警"工作,加快推进"雪亮"工程,完成县、乡、村三级综治中心指挥平台建设,全县社会大局和谐稳定。老百姓的幸福感不断增强。加快公共文体设施和活动场所建设,全面推进"村村响"工程,完成17个乡镇广播站机房建设和文化站评估定级工作。成功举办"全民健身毅行""文化和自然遗产日""文明衡阳·鼓舞衡东"衡东县首届武林大会等文体活动,群众文体生活更加丰富。大力倡导全社会践行社会主义核心价值观,开展"我是衡东人,我为衡东做什么""让衡东更温暖""爱护母亲河"等一系列活动,社会正能量更加强劲。老百姓的获得感不断增强。民生投入不断增加,2017年县财政用于民生支出达28.81亿元,占总支出的82.11%。省市下达的重点民生实事年度任务指标全部完成,2017年重点民生实事考核位列全市第一。社会保障制度进一步完善,农村低保标准和扶贫标准"两线合一"有序推进。统筹推进城乡义务教育一体化,投入1.26亿元实施改薄项目130个,义务教育均衡发展工作经验在全省推介。医疗卫生惠民力度加大,就医环境不断改善,大浦镇中心卫生院获评全国百佳乡镇卫生院;计划生育工作实现升类进位,获评全省良好单位。

【法治建设】 一是加快政务改革。深入推进"两集中两到位"改革,行政审批项目进入政务服务中心,审批权限归口到位,对窗口首席代表充分授权,实现行政审批事项在窗口办理到位。在政务中心设立"帮办窗口"和"建设领域一站式服务窗口",提高办事效率。"12345"热线服务水平不断提升,回访群众满意率达90.36%。2017年,衡东县简政放权改革获全省先进。二是推进依法行政。全面落实重大决策风险评估等制度，科学民主决策机制不断完善。大力开展“七五”普法，行政机关工作人员法治教育全面普及。严格实行行政执法人员持证上岗和资格管理制度，1600多名行政执法人员换发执法证。推进行政执法“三项制度”试点改革，改革经验获省政府推介。三是加强政务公开。建立严格的信息公开审核机制和保密审查制度，通过县政府门户网站及时、准确、全面公开政府信息。保留、规范行政审批中介服务事项116项，形成《衡东县政府部门行政审批中介服务事项目录(2017年版)》并予以公布。制定、公布县级行政权力事项2626项、乡镇权力事项90项，实现权力清单县、乡(镇)两级全覆盖。四是促进政风清廉。深入开展“干部作风建设年”“转作风、下基层、抓中心、促发展、见成效”主题月活动，持续深化“雁过拔毛”式腐败问题专项整治，全力推进“互联网+监督”平台建设，认真开展清理国家公职人员违规参与涉矿等6项经营性活动专项整治，干部作风持续改进。全面落实党风廉政建设责任制，各领域监察审计力度不断加大，政风行风持续好转。（罗　帅　凌成衡）

衡东县人民政府办公室

【督促检查工作】　县政府督查室紧紧围绕全县工作大局和县政府重大决策、重点工作和重点项目的实施，抓好县政府常务会议、县长办公会议、专题会议相关议定事项的落实，督促县长交办件、领导批示件的办理，做好人大代表建议和政协委员提案的办理，及时落实省、市安排的督促检查等各项任务，制定下发《衡东县人民政府办公室关于进一步加强政务督查工作的通知》等一系列文件，切实加大督查督办工作力度，不断完善督查机制，改进督办方法。2016—2017年，组织参与“为民办实事”、环境保护、信访维稳、脱贫攻坚、作风建设年活动、重点项目建设等工作的督查督办，配合中央环保督察完成督查工作，累计组织、参与专项督查120余次，助推了工作任务的完成。组织实施县政府序列绩效管理考核。办理人大代表建议批评和意见194件，政协委员提案209件，办复率、满意率100%。共下发县长指示(批示)交办函12件，跟踪督办县长重要批示件129件，编写《衡东政务专报》16期、《衡东政务督查》7期，下发督办函26件、交办通知67件；完成了35项重点民生实事工作任务，开展会纪会风督查120余次。督查督办工作得到市政府以及县政府主要领导的充分肯定和高度评价。

【综合信息工作】　2016—2017年，县政府研究室紧紧围绕政府的中心工作，充分发挥参谋、协调、服务三大职能作用，把工作目标定位在紧扣中心、强化服务、提高效率、多出精品上，认真扎实开展工作，较好地完成了各项工作任务，为全县经济社会发展提供了有效的智力支持。一是突出以文辅政，文稿质量精益求精。坚持从“以文立室”入手，把文稿起草工作作为“精品工程”来打造。2016—2017年，承担了县委经济工作会议、县“两会”、县政府全会等大型会议和活动的文稿起草工作，撰写领导讲话、大会报告、发言材料、县长办公会议纪要和专题会议纪要等400余篇，上报综合汇报材料90余篇，为部门修改把关材料100多篇。二是围绕领导决策，提高信息调研水平。组织综调人员深入乡村、企业开展调查研究，收集、整理相关信息，提出符合实际的对策建议，为领导决策提供了第一手资料，为政府宏观调控提供了重要参考依据。形成了《大力发展全域旅游，实现“旅游活县”目标》《擦亮土菜名县招牌，助推全域旅游发展》等一系列调研文章，在省市多家刊物发表。三是密切关注政务动态，加强信息收集报送。注重从上级文件和会议精神中找准关键，从上级政策与全县县情的结合点上找准突破口，为领导科学决策提供参考和依据。加强同电子政务办的联系，定期采集、分析“12345”热线收集到的群众诉求，将反映较多的问题列为关注重点，适时汇总上报。

【应急管理工作】　2016—2017年，县政府应急管理办公室(县政府总值班室)围绕应急管理工作重点，狠抓常规基础工作，认真履职，全县应对和处置突发事件的能力不断提高，基层应急管理规范化建设工作获省市高度肯定，被《衡阳日报》专版推介。一是认真分析研判，有效处置突发事件。县应急办接到各乡镇、各部门报送的突发事件信息后，迅速向相关领导报告，并按领导指示，结合以往处置经验，及时调度相关部门进行科学处置，2017 年共成功处置突发事件 40 余起，比较重大的如 1 月的 H7N9 禽流感事件、马来西亚游艇沉船事件、"6・28"洣水潭泊段挖砂船走锚事件、"6・29"金花燃气站燃气泄漏事故、"11・29"杨桥东烟村交通事故等。二是强化日常管理，认真做好值班值守。严格按照上级要求做好值班值守工作，未出现重大工作失误，2017 年下达通知 1200 余份，向领导短信报告通知规范及时，会议室安排科学合理。三是深入调查研究，扎实做好应急管理规范性文件汇编工作。共起草各类报告材料 80 余份，编制应急管理规范化建设资料集 4 本，下发相关文件 7 个，修订专项应急预案 4 个。

【秘书工作】 秘书组作为县政府办的窗口岗位，工作人员切实履行工作职责，树立良好的机关形象。一是热情接待来访群众，积极主动服务群众、服务基层单位；二是认真做好公文收发工作，区分急件、普通件以及国、省、市、县不同级别的来文，分类分层传送，提升批文效率。制作专门的发文登记册和流转登记册，从公文起草、校核、送阅、排版到打印都统一编号、按序流转。每个文件的拟办过程中，分别由专职人员、分管副主任、办文单位进行三轮以上的校稿，确保公文严谨准确；三是加强文档、印信管理，严格执行保密规定，无违规用印、泄密情况发生。2016—2017 年，审核、制发县政府（办）文件 520 件、政府会议纪要 137 个，处理上级来文 1478 余份。文件收发工作没有出现任何错误、遗漏现象。

【外事侨务工作】 2016—2017 年，县外侨办深入贯彻落实上级外侨港澳工作会议精神，秉承以人为本、为侨服务的宗旨，围绕全县经济社会发展大局，充分发挥外事侨务部门的独特优势，为衡东县经济社会发展做出应有的贡献。一是规范外事管理，保证涉外安全。县外侨办和县侨联、国安等部门多次赴欧中走访调研，了解赴美留学教师近况、外派留学生发展现状和美籍外教工作、生活情况，掌握欧中外事长远发展规划；外教还在指导下合法依规参与衡东本土跨文化交流活动，如本地电商平台"中国味道，衡东味道"文化沙龙交流活动，衡东县妇联、衡东电视台举办的"传国学，诵经典"庆"六一"活动等，社会反响很好。二是强化因公出（国）境管理，避免漏洞出现。近两年县外侨办严格执行逐级审核审批制度，协助省、市外侨办办理因公出国（境）审核报批 4 批 4 人次，其中 2 批、2 人次顺利取得因公护照并出访。三是树立服务意识，做好外事接待。2016 年 10 月，衡东县成功举办了"纪念黄彰任先生诞辰一百周年暨衡东欧阳遇实验中学三十周年庆典"活动。活动规格高、涉及面广，黄家亲友来自美国、澳大利亚、泰国和香港等地，县外侨办积极为欧中赴省市外侨部门办理好活动审批手续，并与统战部门自始至终陪同黄氏亲友，做优服务工作，得到外宾一致好评。四是助力华裔少年寻根之旅，深化国际交流。"亲情中华"海外华裔青少年湖南夏令营是中国侨联为弘扬和传播中华优秀文化，加强对海外侨胞和侨社团的联系服务，促进中外交流而开展的一项品牌活动。通过市县侨联努力争取，2017 年 6 月衡东县喜获承办权，7 月 18 日上午，夏令营走进衡东县少林文武学校，来自英、美、加、意、老挝等 14 个国家和地区的近百名华裔青少年聚集校园，参观武术教学和训练基地，观看武术会演，学习武术基本功，了解中华武术文化。中华武术的博大精深让他们感叹赞叹不已，活动取得圆满成功。五是应对突发涉外事故，开展领保工作。2017 年 1 月 28 日，马来西亚发生一起游艇沉船事件，其中有 5 人为衡东籍人士。衡东县高度重视，快速反应，积极应对，按照中央、省、市主要领导批示精神，迅速采取相关措施，对人员摸底、信息报送、护照办理、家属安抚、法律援助等后续工作事无巨细做好安排并分工到人，有效确保事情取得预期效果。

【机关服务工作】 衡东县机关服务中心是隶属于县人民政府办公室的副科级事业单位，现有在职人员 28 人。在县政府办直接领导下，认真贯彻执行县委县政府的统一部署，圆满完成各项工作任务。一方面扎实做好机关大院安全保卫和后勤保障工作。2016至2017年,积极协助信访部门及时劝阻制止堵大门、堵车、堵办公室、缠访等各种非正常上访行为,全力维护机关大院治安秩序和信访秩序;积极配合城管局整治县政府机关大院环线内不按秩序泊车的乱停乱放行为,改善大院的工作环境;积极加强监控管理力度,保卫室实行24小时轮流值班,对恶性上访、干扰办公环境的外来人员仔细登记备案,切实保障了政府机关工作场所的安全稳定,为县委县政府提供了良好的办公环境。另一方面,积极做好各项会务接待工作。武家山会务中心2017年接待全县党政各级单位会议、社会商业活动240多场次,接待与会人员36000余人次,圆满完成了县"两会"、省级钢琴演奏观摩、全省民俗文化交流等大型会议接待活动,会务中心优质的服务赢得了社会各届好评,为县委县政府塑造良好的窗口形像。

【民族宗教工作】 县民族宗教事务局属于县政府办内设机构,主要从事全县的民族宗教事务管理工作。县民宗局坚持深入贯彻中央和省市民族宗教工作精神,坚决执行党和政府关于民族宗教工作的决策部署,以改革精神和优良作风推进民族宗教工作,积极发挥宗教界人士和信教群众在促进全县经济社会发展中的积极作用,努力推动全县民宗工作持续健康发展,为全面深化改革创造和谐稳定的社会环境。2017年,县民宗局结合党的十九大精神,以"发挥正能量,共筑中国梦"为主题,在全县宗教界开展"宗教政策法规学习月"主题活动。

【行政后勤工作】 行政组主要负责政府办行政、后勤服务、公务接待、内务卫生、车辆管理、财务等工作。一是认真完成接待任务。严格执行中央八项规定要求,按照"勤俭节约、个性、热情、绿色"的接待原则,制订接待方案,联系协调有关部门,圆满完成了迎送陪同、会见座谈、交流考察、会议宴请等活动,为衡东形象提供有力的后勤支撑。二是加强公车管理。积极适应形势和工作需要,进一步完善制度,特别是对公务车辆维修实行专人调度、监督、加强对司机队伍管理,确保规范、安全出行。三是加大基础设施投入。设立廉政文化宣传栏,并对大院前坪进行亮化;拆除了重点办前面的八间车库,修建50个车位的停车坪,对重点办办公大楼门亭、楼梯踏步、厕所进行改造,营造一个良好的办公环境。

(罗　帅　凌成衡)

政务服务工作

【概况】 2016—2017年,县政务服务中心认真贯彻落实习近平系列重要讲话精神,按照县委、县政府开展"改革创新年、法治建设年、作风建设年"活动的决策部署,以全心全意为人民服务作为工作的立足点和出发点,坚持问题导向,着力解决联系服务群众"最后一公里"问题,助推县域经济又好又快发展。2016年,受理办理各类事项58975件,办结数58975件,办结率100%;2017年,受理事项152461件,收取各类规费37881482元,群众满意率100%,为推进衡东县机关行政效能建设做出积极贡献。2016年,政务中心被评为服务企业先进单位、改革工作先进单位。2017年,被评为办公室工作先进单位、服务企业先进单位,并创建县级文明单位。

【深化"放管服"改革】 一是全面推行行政审批"两集中、两到位"改革。以改革为主线,以"便民、规范、高效、廉洁"为目标,确保进驻职能和人员调整归并到位,并开通并联审批"绿色通道"。二是继续推行建设领域行政审批"两集中、两整合、两公开"改革。通过实行"一个窗口进出,一枚公章受理",部门审批时间大大缩短,对政府投资项目审批时限控制在75个工作日内,企业投资项目审批总时限控制在47个工作日以内。

【优化政务服务】 一是提供便捷优质服务。为更好的服务群众,县政务中心于2017年9月1日,在全市率先设立"建设领域一站式服务窗口"和"帮办服务窗口"。"建设领域一站式服务窗口",通过推行综合受理、联办代办、多评合一和资源共享等举措,真正开启"统一受理、并联办理、限时办结"的项目审批运行新模式，提高建设项目行政审批效率，压缩建设项目审批周期。帮办服务窗口对所有提出申请帮办服务的办事群众一律提供无偿帮办服务。同时，对路途遥远来回不便的群众提供代办服务，相关证件办理完毕后可寄件上门，实现“让群众好办事，为群众办好事”，群众满意率不断提升。二是创造良好服务环境。积极推进政务服务大厅标准化建设，在服务大厅柜台上摆放宣传资料和业务办理指南，方便群众及时了解政策及业务流程，同时在服务大厅安置热水机、休息座椅等服务设施。为解决办事群众停车难的问题，2017 年，在县委、县政府大力支持下，在政务中心前面修建停车场；在政务中心侧面和正面修建摩托车雨棚，解决了办事群众雨天淋雨、热天暴晒的痛苦。三是推进服务行为规范化，加大窗口人员的培训力度，全面提升服务能力水平。

【加强管理力度】 一是完善各项管理制度。完善首问负责制、一次性告知制、限时办结制、服务承诺制、责任追究制等一系列规章制度，并制定窗口绩效考核办法，考核意见作为县委、县政府对所在部门绩效考核是否合格和年度政风行风测评的重要依据。二是严格执行查岗制。由专人负责，每日对大厅窗口工作人员不定时的查岗，并将查岗情况如实报至大厅管理人员，一周一通报。三是严格执行请假制。窗口工作人员不得擅离职守，因公外出办理有关事项或请假的，要书面报告首席代表审批签字，再交分管大厅的领导。没有按时进行工作考勤又未履行请假手续的，视为旷工，取消季度评先评优资格。三是主动接受群众监督。通过在窗口柜台上设置服务评价器的方式，接受办事群众监督。

【加大公开力度】 认真贯彻落实《政府信息公开工作条例》，坚持以“公开为常态、不公开为例外”，扎实开展政务公开工作。在原有的公开栏、电子屏、办事服务指南、网站等公开渠道上，加大政务公开力度，不断拓展新渠道，在全市县区率先推出衡东县政务服务中心微信公众号，覆盖办理指南、窗口公示、政策宣传、政务新闻等咨询，加强与群众的互动，使其成为党的大政方针和县委、县政府重点工作、政务服务中心工作的宣传窗口。（单永丰）

矿产资源税费集中征收管理

【概况】 衡东县矿产资源税费集中征收管理办公室为县人民政府办公室所属正科级公益一类事业单位，代表县政府对全县矿产资源所有税费依法进行集中征收管理。内设综合股、财务票证股、征收管理一股、征收管理二股、稽查监管股、公安执勤室等 6 个机构。全办共有在编和其他工作人员 76 名，其中科级干部 5 人，党员 20 人。

【征管工作】 2016 年实际入库 1.15 亿元：其中矿产资源税费 8222 万元，较上年增长 33.1%；河道拍卖价款 3291 万元。2017 年实际入库 8773.86 万元：其中矿产资源税费 6397.86 万元，税费按各部门核定的数据全部收缴到位，历史老欠全部追缴到位；追缴河道拍卖价款 2376 万元，按县委、县政府的要求已基本追缴到位。为实现矿产资源税费规范征管，县征管办着力抓好以下方面的工作：一是开辟税源，规范征收。根据征管办权责清单及工作路径，2016 年 5 月 12 日，组织水利、国土、交通、两税、财政、法制等职能部门人员召开会审会，形成初步方案。职能部门会签后报县政府领导审签同意，以县政府办文件形式下发《衡东县 2016 年矿产资源税费征收方案》。为避免税费流失，《方案》明确开征黏土、高岭土、陶土、砂岩 4 种新矿产品种，并确定了征收标准。根据国家相关政策的调整，自 2017 年起，取消征收拍卖标段河道砂石环保排污费、水土流失防治费。矿产品取消征收水土流失防治费，改征水土保持补偿费。二是查处偷、逃、漏缴矿产资源税费行为。2016 年 4 月，根据县政府工作安排，针对衡东境内矿产资源生产销售合法及非法企业的偷、逃、漏缴税费情况，进行深入调查，摸清底子。对红狮水泥收购未税矿产品黏土，高湖、蓬源、草市、荣桓等乡镇非法开采瓷泥不及时缴纳税费，蓬源和白莲镇非法开采山砂等现象，及时整理上报县政府。组织专门人员，依法惩治，立案查处偷、逃、漏缴矿产资源税费行为。2016年上半年共对长龙建材有限公司、国盛建材公司等4家企业供应红狮水泥粘土查补征收税款20万余元。三是建立矿产资源管理联席会议制度,开展惩治矿产资源领域违法违规行为专项整治行动。经县委、县政府领导批准,2017年6月7日,县人民政府办公室下发《关于建立衡东县矿产资源管理联席会议制度的通知》,明确了联席会议的主要职责、组织架构、工作要求、责任追究等。联席会议办公室设县征管办。根据县政府和召集人的安排,县联席办牵头组织召开4次联席会议,部署研究打击矿产资源领域违法违规行为专项整治工作,每次会议均拟发会议纪要。组建工作专班,对全县72个矿山企业或矿点进行摸底调查,建立台账(含非法采矿点19个,页岩砖厂26个,其他矿山企业、矿点27个)。对查实的19个非法开采矿点进行全面调查取证,梳理分类,由县国土资源局牵头组织严厉惩治。

【追缴河道拍卖价款】 2013年6月26日,衡东县举行洣水永乐江采砂权有偿出让,共拍得成交价款4.34亿元。由于多种原因,截至2017年年底,洣水、永乐江一标至四标4个拍卖标段共计欠缴三期价款7333.058万元(永乐江五标经县政府批准,同意转让并顺延缴纳二期和三期拍卖价款)。在履行河道采砂合同中,出现了一些新的客观因素影响了河道砂石的正常开采,受让方请求县政府核减部分采矿权价款。县政府组织相关部门到实地进行了调查,召开会议进行了专题研究,并制定了相应的处理措施。2017年11月,县委常委会、县政府常务会研究决定,本着对受让方负责、坚持依法行政和尊重契约的原则,对一标、二标、三标、四标4个标段共计核减价款5127.8万元,4个标段实际应缴三期价款2205.258万元。针对砂石公司欠缴拍卖价款的情况,一是重点突破,报请县人民政府督促县人民法院,对欠缴金额最大、拖欠时间最久、影响范围最广的采砂公司依法起诉,强制执行。二是整体推进,办党组带领工作人员深入各河道企业,宣传法律政策,晓之以理,动之以情,全力追缴河道拍卖价款。2017年共计追缴河道拍卖价款2376万元(含洣水三标原欠缴的二期拍卖价款)。

【河道采砂整治工作】 根据洣水国家湿地公园迎国检及最严格水资源保护要求,2017年3月,全县启动河道采砂专项整治工作,实行城区范围内河道砂石禁采,并取缔城区5个上砂码头。县征管办协同县水利局、国土局、交通局、公安局、属地乡镇等,率先拆除吴集码头,力促洣水国家湿地公园和最严格水资源保护迎国检顺利通过。

【党建工作】 根据中共衡东县委《关于推进"两学一做"学习教育常态化制度化的实施方案》文件精神,及县委组织部相关党建工作要求,矿管办以开展"机关党旗红,服务五县五化在行动"主题实践活动为契机,严格执行"三会一课"制度,全面深化"五个日子"制度,积极推行党员积分管理,认真开展"四比四看"活动。一是比学习,看党性修养。组织全体党员集中学习,突出理想信念教育,突出党性教育,突出党风党纪教育,健全学习机制。二是比品性,看道德素质。开展"讲文明'除陋习"活动及党员志愿服务活动,组织党员到县城街头进行文明劝导,到兴东社区为居民打扫卫生,到吴集镇莫园村慰问困难群众,积极为病患者进行义务献血,做到党员志愿服务活动常态化。三是比业绩,看责任担当。机关党员在税费征管及其他各项工作中充分发挥先锋模范带头作用,为推进衡东"五县五化"建设创造一流的工作业绩。四是比作风,看整体形象。制定《征管办内部控制工作相关制度》,出台《征管办干部作风建设重申督查方案》。对违纪违规行为进行严厉查处,明确分管副职及股室站长实行"一岗三责",追究连带责任。力促工作作风转变,各项工作稳步提升。

【精准扶贫】 作为精准扶贫后盾单位,办党组组织党员干部深入省级贫困村吴集镇莫园村、软弱涣散村新井村及贫困人口在100人以上的面上非贫困村杨梓坪村走访。一是仔细排查,确保精准识别与退出。全办出动帮扶责任人260余人次,车辆20余次,走访48户。二是依托项目,加强基础设施建设。

配合扶贫牵头单位县市监局，大力加强莫园村基础设施建设：争取上级立项新修断头路3公里；争取旅游开发鸡公岩立项，修路2公里。三是找准路子，发展特色产业。帮助莫园村成立了勤酬农民合作社，组织、发动31户贫困户参股，建设近100平方的牛棚，购买21头黄牛，进行黄牛养殖。四是精神扶贫，重拾生活信心。扶贫工作队员通过个别交流、会议、上门走访等形式与村里的贫困户交心谈心，户平每月2次以上，重点户达到5次以上。开展“凝心聚力献爱心，精准扶贫奔小康”专项捐赠活动，办党组书记带头捐助800元，发动全办职工共捐款20400元。为莫园村14户特困户送去慰问金14500元，帮助解决莫园村帮扶资金48000元，为新井村解决资金20000元，为杨梓坪村解决资金10000元。

（陈建平　谷香萍）

民政工作

【概况】 衡东县民政局共有工作人员106人（行政编制15人，事业编制90人，工勤编制1人）。内设办公室、政工人事股、区划地名股、优抚安置股、救灾救济股、基层政权和社区建设股、社会福利和社会事务股、计划财务股、政策法规股9个行政股（室），内设婚姻登记处、募捐办、慈善办、军队离休干部管理所、救助管理站、殡葬管理所6个全额事业单位，下辖老年人服务中心、光荣福利院、殡仪馆、社会救助管理中心（参照公务员管理）、民间组织服务中心、坪源园艺场6个事业单位，其中，老年人服务中心、光荣福利院、殡仪馆、城乡社会救助管理中心、社会组织服务中心为副科级单位。全县17个乡镇民政办业务上接受民政局指导。

2016年—2017年，全县民政工作在县委、县政府和上级主管部门的正确领导下，民政系统干部职工精诚团结，努力工作，取得一定的成绩，先后荣获全市民政工作先进单位、全市慈善工作先进单位、全市涉军信访先进单位等荣誉称号。

【区划地名工作】 纵深推进全国第二次地名普查，完成地名资料收集、外业调查、内业处理，展开深度地名文化挖掘。自2017年3月29日、4月19日，全国第二次地名普查市级、省级验收组分别对衡东县地名普查工作进行了验收，对组织实施、地名调查等方面进逐一打分，并对地名数据库内业核实、外业实地调查，衡东县最终获得94.9的高分，成功通过省普查验收。

【殡葬改革】 为营造殡葬改革氛围，采取多种形式进行广泛宣传，共出动宣传车40多台次，张贴通告2000余份，发放《殡葬改革宣传手册》及宣传单共50000余份。实施违规殡葬劝导和执法20多起，县城区范围内搭设灵棚治丧、主要街道抬棺出殡的现象明显减少；按规定必须强制火化的对象（国家公职人员）火化率逐步提高，非强制火化对象自觉火化现象开始显现。厚养薄葬、文明节俭办丧事的殡改新风日益浓厚。

【基层政权建设】 衡东县村（社区）“两委”换届选举工作自2017年3月3日启动以来，县委、县政府高度重视，始终以高度政治责任感，抓严抓实抓细换届工作。3月13日前，全县17个乡镇已全部召开村（社区）“两委”换届选举动员会，完成256个村（社区）财务清理和审计工作；4月20日，完成3个试点单位（其中，1个市级试点村、1个县级试点村、1个县级试点社区）换届试点工作；7月5日，已完成村（居）民委员会正式选举有256个，完成率100%；随后相继完成新老村（居）民委员会工作移交、推选村（居）民小组长、议事会、监督委员会和健全自治组织群团等后续工作；总体而言，选举各项工作平稳有序，风清气正；大幅提高村（居）组织运转经费标准，稳步推进社区“两化两体系”建设，开展城乡社区建设示范创建。

【社会救助】 全县城乡低保对象共计7594户、14627人（农村低保对象6553户、13058人，城镇低保对象1041户、1569人），占全县总人口的比率1.97%。2016—2017年共发放城镇低保资金2138万元，农村低保资金6068.5万元，切实保障困难群众的基本生活。城乡特困人员总数3536人，分散供养标准达到4000元/年，集中供养标准达到6600

元/年。

【防灾减灾】 2016—2017年,衡东出现几次较大的洪涝自然灾害,每次灾情发生后,一是及时跟各乡镇联系,收集灾情数据,第一时间将受灾情况上报县应急办和市民政局。县领导、局领导、救灾股工作人员第一时间赶往乡镇实地查灾,及时组织乡村干部、村民抗灾救灾和生产自救。二是在汛期救灾股工作人员实行24小时值班制度,及时与气象局、水文站了解信息数据,密切关注雨情、水情的发展动态。三是认真做好上传下达工作,在灾害发生前能及时通过网络和电话告知乡镇做好灾前应对准备,有效地减轻了重大灾情、险情给村民带来的灾害损失,做好有灾抗灾,无灾防灾的准备工作。四是两年争取灾情资金1600万元,保障受灾困难群众基本生活。积极开展防灾减灾示范社区创建活动,2016年以来,吴集镇大势塘村和洣水镇迎宾社区被评为"全国综合减灾示范社区",蓬源镇横路村被评为"全省综合减灾示范社区",蓬源镇蓬源村被评为省级综合减灾示范社区,至此衡东县共创建六个省级和两个国家级综合减灾示范社区。

【优抚安置及双拥工作】 县政府于2017年10月18日召开安置工作会议,研究审核并通过安置方案,并在现场办理了档案交接、签收手续,县安置办开出安置介绍信,2017年,衡东县退役士兵安置工作圆满完成。及时足额各项优抚资金,全县共有享受优抚待遇的6448人,两年共发放优抚资金8000多万元。积极稳妥做好涉军群体信访工作,在"十九大"特护期间,衡东涉军人员信访维稳首次实现"零上京、零非访"工作目标,分别被市、县两级评为"十九大期间"安保维稳先进单位。

【扶贫攻坚】 继续开展"一对一"帮扶、走访、慰问,落实惠民政策;继续做好无房户的易地搬迁,D级危房户的改造,做好贫困户低保兜底、贫困学生助学、贫困残疾人医疗康复等扶贫措施落实;完成草市镇江坪村村级基础建设和公益事业,改造原江坪村村委会,新建村级老年人活动中心,引导发展传统种植(油菜)产业、稻田养鱼,发展壮大恒源油茶合作社和蔬菜基地;美化村容村貌,树文明村风,打造江坪村成为旅游小乡村的精准脱贫目标;2016—2017年,脱贫36户、98人,实现脱贫目标。

【社会管理】 按照"社会组织培育、公益资源对接、社会组织能力建设"功能定位,委托第三方运营机构——长沙市培源社会工作服务中心入驻负责运营管理社会组织孵化基地,争取省级财政资金25万元用于社会组织培育工作,举办5次能力建设。积极推进行业商会协会脱钩工作,2016—2017年年底,31家行业协会商会中有7家办理注销,24家全部完成脱钩,实现了机构、职能、资产财务、人员管理、党建外事等五分离。社会福利和慈善事业快速发展,2016—2017年共销售福利彩票4402万元,筹措慈善资金760多万元。为全县1775名60周岁以上失能半失能老年人发放基本养老服务补贴170.4万元。婚姻登记处以创建"3A"级婚姻登记机关为载体,以优质文明服务为目标,圆满完成了婚姻登记的各项工作,两年共办理结婚登记8351对,离婚登记2107对,补领结婚登记2409对,补领离婚登记212对。 (杨 帆)

卫生和计划生育

【概况】 根据《中共衡东县委衡东县人民政府关于印发〈衡东县人民政府职能转变和机构改革方案的实施意见〉的通知》精神,设立衡东县卫生和计划生育局,为县人民政府工作部门。下设办公室、政工人事股、财务股、规划信息与项目股、政策法规与综合监督股、行政审批股、疾病预防控制股、医政医管医改股、农村卫生与基药管理股、妇幼健康服务股、爱国卫生股、计划生育基层指导股、流动人口计划生育服务管理股、计划生育家庭发展股、宣传与科技教育股、内审股、安全生产监督管理股等17个内设股室。

【大浦中心卫生院被评为全国"百佳乡镇卫院"】 2017年,衡东县大浦中心卫生院被中国农村卫生协会评为全国"百佳乡镇卫生院"。大浦中心卫生院始建于1968年,地处衡东县南大门,位于衡东、衡山、衡南、衡阳、南岳四县一区交界之地，全镇16个行政村，2个居民委员会，服务人口近7万。大浦中心卫生院建筑面积8000平方米，近年新建有5层的住院楼、消毒供应中心、中医馆。有干部职工115人，其中专业技术人员102人，设有内科、外科、儿科、妇产科、五官科、骨伤科、检验科、放射科、药剂科等十几个临床及医技科室，年门诊3万余人次，年住院6千余人次，年业务收入1300余万元。

【全省首创县级医院治愈禽流感】 H7N9禽流感患者杨桥镇颜某，经过县人民医院三个月的治疗，2017年4月18日上午康复出院，为湖南省首例在县级医院治愈的H7N9禽流感病例。

【计生服务管理】 2017年，衡东县计生工作坚持“报实数据、抓实工作、夯实基础、压实责任”的工作思路，重构指导、督查、考评“三大体系”，狠抓各项工作落实。据统计，2016年10月至2017年9月，衡东县共出生8703人，出生率为12.35‰，自然增长率5.16‰；符合政策生育率为89.97%，比责任指标高1.84个百分点；出生性别比为114.86。各项指标均完成市下达的责任目标值，省、市考核衡东县为计生工作良好单位，位列全市七个农村县市第三，圆满完成年初县委、县政府制定的“升类进位”工作目标。其中“1+1+3”考评机制被市人口和计划生育领导小组评为全市计划生育服务管理创新奖一等奖、第一名。

【深化卫计改革】 2017年，卫计局持续深化各项改革。一是卫生计生深度融合。推进县乡村三级卫生计生工作融合，对基层卫生计生机构的功能定位、人员配备、办公场所、宣传阵地、工作职责等进行规范，各乡镇统一设立卫生计生办公室和卫生计生综合监督执法所，实行“一个机构，两块牌子”，全面履行卫生监督协管职能，同时明确村专干与村医的工作职责，真正实现了队伍大融合、工作大融合、人心大融合。全年开展各类卫生计生监督执法269例，立案处罚248起。率先完成惩治“两非”任务，扎实推行计生失信惩处机制建设。二是医改工作有效推进。通过破除“以药补医”、改革医保支付和人事收入分配制度，稳步推进公立医院改革，初步实现医院得发展、群众得实惠、政府得民心。三是管理体制改革试点成功。在全市率先探索中心卫生院托管一般卫生院的管理新模式，按照“全面帮扶、稳步推进、资源共享、提升服务”的原则，将南湾卫生院交草市中心卫生院托管，实现服务优化、业务增长、群众满意，得到了社会各界的一致好评。

【落实卫计民生实事】 妇幼健康服务不断优化。2017年，农村适龄妇女“两癌”免费检查项目在7月底已完成计划的105.03%，是全市7个农村县市率先完成任务的单位；健康扶贫深入开展。2017年，出台落实一系列健康扶贫政策，对农村贫困人口中的患者实行分类救治，对腹股沟疝、痔疮、大隐静脉曲张、老年性白内障等一次性能治愈的疾病，集中力量进行治疗，其中174例白内障手术治疗患者已出院。深入开展“扶贫送健康，义诊暖人心”精准扶贫医疗服务活动，历时4个月，范围涉及17个乡镇的33个贫困村以及周边群众，通过下乡义诊送健康的方式，集中解决群众看病难、看病贵的问题。

【提升医疗服务能力】 一是强化医疗质量和医疗安全管理。成立医疗纠纷调处中心，目前调解20起纠纷。在3家二级医疗机构设立警务室，公安局派出片警常驻县医院，有效惩治了一批影响医院正常工作的不法行为，着力构建平安医院。2017年县内医院赔偿医疗事故（纠纷）费用同比下降52.69%。大力开展整顿医疗秩序、惩治非法行医专项行动，查处违法案件29起，取缔无证非法行医“黑诊所”4家，规范超范围执业医疗机构10家，有效规范了全县医疗市场秩序。二是全面提高中医药服务水平。扎实推进基层医疗卫生机构中药诊疗区（中医馆）服务能力建设项目，洣水镇卫生院已经建成使用，吴集卫生院正加快建设。三是加快推进信息化建设。互联互通一期已顺利完成，二期年底前能完成。贫困居民健康卡建设方案已出台，将于年前完成贫困居民健康卡发放工作。四是加强项目规划建设。将县人民医院定位向三级医院规模发展，县中医医院整体搬迁至河西，建成以中医特色为龙头的二级综合医院，妇幼保健计划生育服务中心整体置换到现在的中医医院,建成以妇女儿童保健和计划生育技术服务为特色的二级专科医院。甘溪卫生院住院楼并周转房建设和吴集卫生院门诊住院楼改扩建项目已基本完工,中医院整体搬迁项目加快建设。同时,制订投资6000万元的乡镇卫生院改扩建项目具体计划。

【队伍建设】 一是加大人才培养力度。2017年,卫计系统共设立300个岗位公开招考。二是深入开展医德医风教育。组织开展“学习仁医胡佩兰,争当时代楷模”主题系列活动,评选出“最美护士”10名、“最美医生”10名、最美乡村医生1名、最美接种医生1名,高水平举办颁奖典礼。

【分级诊疗体系建设】 2017年,在县域内组建以县级综合医院为龙头、基层医疗机构为基础的“2-1”纵向医疗联合体,24个乡镇卫生院也可选择1—2家县级综合医院组建“2-1”纵向医疗联合体,建立健全“基层首诊、双向转诊、急慢分治、上下联动”的分工协作机制。草市镇中心卫生院于2016年12月份对地处边远、医务人员匮乏的南湾乡卫生院进行托管。草市中心卫生院派出一名副院长全面负责南湾卫生院的医疗业务工作,选派3名副主任医师到托管卫生院长期坐诊,同时给予设备、经费等全方面的支持。通过以上措施,有力推动南湾乡卫生院的发展,其中门诊人次、住院人次、业务收入分别同比增长31%、70%和100%,收支结余18万元。

【健康教育】 相继开展中国公民健康素养66条、合理膳食为主题宣传教育活动、“健康的生活方式拥有健康的血压”、“无烟生活”、“高血压——合理用药”、“合理用药,共享健康”等健康巡讲,巡讲现场听众共计达2700余人次/场。

【无偿献血工作】 全县将无偿献血工作列入重要议事日程,作为为民办实事的大事来抓。一是健全领导机构。在无偿献血领导小组基础上,2017年成立衡东县公民献血委员会,由分管卫生工作的县委常委任主任,县政府分管领导任常务副主任,卫计、红会、教育、文化、公安、宣传、财政、交警、城管、建设、规划、水利等有关部门主要负责人为成员,全面负责无偿献血工作的组织协调和工作实施。二是充实工作力量。成立无偿献血服务中心,机构设县卫计局,核定全额事业编制3人,配备献血管理工作人员。各乡镇和单位均配备无偿献血工作兼职人员,确保有人做事。三是保障经费。县财政安排专项工作经费和表彰经费20万元,保障无偿献血工作正常开展。自2013年以来,县委、县政府首创性地将无偿献血工作纳入年度绩效考核,尤其是2017年县政府把绩效考核分值由原来的10分提高到20分,为全县无偿献血工作提供强有力的政策支撑和组织保障。2017年采血3802人,占总任务98.5%,连续五年居全市前列,为无偿献血工作做出应有的贡献。

(李　科)

信访工作

【概况】 衡东县信访局于2002年8月由县信访办公室更名而来,属正科级行政单位。内设办公室、办信办案室、复查复核室、督查督办室,下设县人民来访接待中心,为财政全额拨款事业单位。2011年,县信访局加挂县委群众工作部牌子,实行“一个机构”,合署办公,由县信访局长兼任县委群众工作部部长。近年来,在县委、县政府的重视关心下,县委群众工作部、县信访局工作力量不断强化,现全局在职在编人员19人,其中领导班子成员4名。2016年,县信访局荣获衡阳市三星级文明单位、衡阳市信访工作优胜基层单位;衡东县县直机关单位目标管理绩效考核先进单位、衡东县文明建设先进单位、衡东县社会管理综合治理工作先进单位等荣誉称号。2017年,县信访局荣获衡阳市全国两会信访维稳先进单位、衡阳市党的十九大期间安保维稳工作优秀集体、衡阳市信访工作优胜基层单位、衡东县社会管理综合治理先进单位等荣誉称号。

【畅通信访渠道】 党政主要领导率先垂范接访下访,县委书记吴伟生,县委副书记、县长徐志毅分别于每月第一个星期一和最后一个星期一到县信访局值班接访,并根据需要多次约谈利益诉求群体人员。

县“四大家”班子成员每周星期一在办公室开门接访,工作日轮流到县人民来访接待中心值班接访。2017 年,县委书记、县长分别在县人民来访接待中心接待来访群众 52 批、391 人次、43 批、254 人次,共批阅、批转群众来信 500 余件;值班县级领导在县人民来访接待中心接待群众 289 批、1948 人次。

【推进“阳光信访】 把建好网上信访平台、推进信访信息化建设、打造“阳光信访”作为信访改革的重要内容,加强组织领导,加大财政投入,确保按时投入应用。争取县财政投入 20 余万元为全县 62 个乡镇、部门开通电子政务外网,统一订购 CA 数字证书。县信访局切实加强了信访信息系统操作的培训力度,确保已联接新信访信息系统的乡镇、部门都能在网上受理办理信访事项,及时就地解决群众合理诉求。加大网上信访宣传力度,规范网上信访件办理,树立网上信访和来访同样管用的导向。坚持来访必录,2016—2017 年群众网上信访 2048 件,占衡东县全年信访量 58.8%,超额完成上级规定的网信占比 40% 的工作目标。

【化解积案】 推行信访第三方评判机制,由第三方评判机构对疑难复杂的信访积案开展调查评判,统一处理问题的原则和尺度,实现“情”“理”“法”的融合,提升信访公信力。推行信访救助公证机制,由公证机关对积案化解协议签订过程进行全程公证,有效确保“案结事就了”。衡东县第三方评判机制、信访救助公证机制均得到省、市信访部门的广泛宣传推介。综合运用法律、政策、经济、行政等手段和教育、协商、调解、疏导等办法,按照“诉求合理的解决问题到位,诉求无理的思想教育到位,生活困难的帮扶救助到位,行为违法的依法处理”三到位一处理原则化解信访积案。成立信访积案攻坚专组,在面上推动全县信访积案化解的同时,在点上就疑难信访积案与包案县级领导、责任单位共同提出化解方案并督促落实。对包案领导和责任单位有成熟化解意见的案件,县信访联席会议逐案研究化解。

【健全信访体制机制】 县委、县政府对信访工作高度重视,特别是新一届党政领导班子坚持将信访工作纳入县委常委会、县政府常务会议的重要议题,把信访维稳工作作为构建和谐社会的一项基础性工作,常态化进行研究。2016—2017 年,县委常委会议十余次研究信访维稳工作,传达学习中央和省委、省政府,市委、市政府关于信访工作的重要批示和系列决策部署精神,听取信访工作情况汇报,完善信访考核、督查、追责等措施,从思想层面、领导层面、体制机制层面、措施责任层面全方位剖析信访维稳工作存在的短板,明确目标责任,研究出台《关于加强信访工作责任的意见》《关于进一步明确信访维稳工作责任的意见》《衡东县信访维稳处置工作预案》等一系列规范性工作文件。县政府常务会议定期对各领域突出信访问题进行研究、调度和安排部署。县信访联席会议科学预判阶段性信访形势,协调解决信访工作中的具体问题。每年多次召开全县性信访维稳工作部署会、调度会,层层贯彻上级精神,持续传导压力,信访维稳责任得到空前压实。

【典型经验推介】 2016—2017 年,县信访局就信访第三方评判、“轻刑快办”等特色工作,复查复核等理论调研,尹朝晖、段国华等信访工作者先进典型和本地信访工作动态向省市信访期刊、网站、头条号投稿上稿四十余篇,《衡东县委书记开门接访解民忧》《十年坚守,勇做信访排头兵——记衡东县信访干部段国华》《信访复查复核实践探析》等调研文章和先进典型材料分别在《湖南信访》、《衡阳信访》、省市信访局官网、微信公众号等平台刊发,经验推介成果丰硕。

衡东县2016—2017年信访情况统计表

表1

年度＼人次＼内容	县级来信来访			市访	省访	京访	信访件办理
	合计	来访	来信				
2016	4372	4325	47	231	154	126	346
2017	5328	5276	52	229	295	224	1517
合计	9700	9601	99	460	449	350	1863

（柳文刚　吴文韬）

扶贫工作

【概况】　根据中共衡阳市委机构编制委员会办公室《关于衡东县农村扶贫开发办公室机构规格的批复》精神，衡东县农村扶贫开发办公室为县农业局所属的正科级公益一类事业单位，由副科级升格为正科级机构，编制由5名增加到15名。全县17个乡镇成立乡镇扶贫办，并按乡镇大小和贫困人口规模分别分配3—5名扶贫专干。全县256个村（社区）明确一名扶贫专干、一名信息员和兼职的扶贫档案员。县、乡镇、村三级基本建立一支稳定的扶贫工作队伍。2017年，派驻17支驻乡镇面上扶贫工作队，重点针对面上贫困人口开展帮扶；派驻33支驻贫困村扶贫工作组（其中市派工作队2支）和116支驻面上村扶贫工作组，重点开展驻村帮扶工作，驻村帮扶实现全覆盖。全年印发《扶贫工作要求》《脱贫攻坚到户主要政策》《脱贫攻坚到户政策口袋书》《脱贫攻坚到户政策告知书》《精准扶贫手册》《扶贫小额信贷项目指导手册》《衡东县脱贫攻坚工作手册》等各类资料7.5万余份，有效确保政策入户到人。

【贫困人口脱贫情况】　根据贫困人口脱贫验收标准和流程，2016年脱贫5322人，2017年脱贫4961人。至2017年年底，全县有建档立卡贫困户8833户、27109人。

【贫困村退出情况】　全县共有33个省级贫困村，根据贫困村退出验收标准和流程，2017年，全县实现20个贫困村退出，分别是新塘镇桔林村、高湖镇新旺村、霞流镇大泥塘村、白莲镇白莲村、蓬源镇冲排村、荣桓镇泉龙村、大浦镇青鸦村、草市镇福塘村和石旺村、石滩乡大泉村和江滨村、吴集镇南山村和胜利村及紫岗村、三樟镇和平村和塘源村、洣水镇大山村和北冲村及朗山村、甘溪镇夏浦村。

【扶贫问题整改】　2017年4月下旬到8月底，根据省市要求，深入开展脱贫攻坚突出问题“大排查、大诊断、大整改”活动。针对“对象识别不准”和“脱贫把关不严”这两个问题，组织动员县、乡、村三级干部职工到村到户，进行全面细致的“回头看”“回头查”，确保“实事求是、应退尽退、应进尽进”。8月底，全县共清退识别不准的对象1095户、3341人；标识为“不继续享受帮扶政策”的脱贫人口1697户、5712人；新增纳入符合条件的低保户、残疾人户、重灾户、移民户、大病重病户等“五类人群”1496户、4103人。

【“三化”示范创建活动】　全面开展以“台账资料规范化、阵地建设标准化、工作流程制度化”为主要内容的“三化”示范创建活动。明确县、乡、村三级专人专抓扶贫档案管理工作，确保县级20项、乡镇级26项、村级21项档案资料齐备完整、符合要求。推行户、村、乡镇、县四级分层分类立卷，建好“四套档案”，做到过程管理、台账跟踪、账实相符。同时，稳步推进“两站一室一点”（扶贫工作站、金融服务站、结对帮扶工作室、信息采集点）建设，确保全县33个省级贫困村“三化”创建达标，起到示范引领作用。

【扶贫重点工作推进】 以贫困村提升工程为抓手，做好“两个完善”。对标贫困村退出标准，加快实施基础设施扶贫和公共服务扶贫工程。交通部门全力推进“窄路加宽，断头路、边界路”建设，确保村主干道畅通，村组公路通达。水利部门大力实施农村安全饮水项目，解决饮水困难人口21238人。发改部门扎实推进易地扶贫搬迁，2016年以来完成易地搬迁安置任务476户、1293人。住建部门着力围绕“贫困户危房清零”目标，完成贫困户危房改造600余户。电力部门积极落实电力扶贫政策，加快实施贫困村电力扩容升级工程。扶贫、城建投等部门以“村级集体经济清零”为目标，积极发展光伏扶贫，顺利启动了工程总规模为9702千瓦的3处集中式光伏发电站建设。以贫困人口脱贫为抓手，确保“两不愁、三保障”。瞄准贫困户脱贫目标，积极推动落实“十大扶贫”举措。农业、扶贫、商粮、交通运输和旅游等部门加快推进产业扶贫、电商扶贫和旅游扶贫，积极引导和扶持一批新型经营主体参与精准扶贫、发展特色项目，如洣江生态公司枇杷高湖种植、三樟常青合作社黄椒种植、兆丰农业公司香菇种植、吴集化龙桥枳壳中药材种植、甘溪夏浦黄桃种植、杨桥湖南大博金蕨菜加工、霞流孔雀养殖、大浦文光青蛙养殖、洣水青青草乌石猪养殖、草市高田芡实中药材种植、新塘百叶沃柑种植、齐辉电商公司电商产业等，有效联结上万名贫困人口走向增收致富之路。教育部门扶贫成效显著，2017年落实各学段教育助学资金和减免资金2665.16万元，教育扶贫经验被全省推介。扶贫部门精准落实“雨露计划”，累计拨付“雨露计划”补助资金200万余元。卫计、人社等部门全力推进健康扶贫，积极落实健康档案、分类干预、分类救治、“三个一批”、先诊疗后付费一站式结算等举措，致力改善因病致贫贫困人口的健康状况，2017年，全县贫困户住院总费用报销比例达到81.7%。人社、民政、残联等部门加快落实城乡居民基本医疗保险，低保户、特困人员、残疾人等补助政策，不断提高社会保障水平。金融部门全力推动扶贫小额信贷，2017年新增发放小额信用贷款3534万元，全县累计达到4000万元以上。保险公司为贫困户量身打造“扶贫特惠保”，联合县财政为全县所有建档立卡贫困户购买“贫困家庭综合保障保险”，并建立绿色理赔通道。同时，全县各行业（部门）扶贫单位充分利用贫困人口数据，积极有效对接全县贫困户特别是年度预脱贫户，推动各项政策落地落户，为贫困人口脱贫打下坚实的基础。以社会扶贫为抓手，构建“大扶贫”。县人大积极落实人大代表为民履职脱贫攻坚“五个一”行动，组织全县1338名国省市县乡五级人大代表与1000余户贫困户“结对子”。县政协充分发挥职能作用，组织开展“助力脱贫、爱心圆梦”助学安居募捐活动，募集资金160万余元，全部帮扶贫困学生和特困危房户。县委统战部积极动员非公企业参与产业扶贫，精准对接贫困村、贫困户，带动贫困群众增收。全县所有县直机关单位合力推动“中国社会扶贫网”上线工作，有效完成贫困户注册5479户、爱心人士注册6012人，发起爱心捐赠1966次。全县各级各部门、社会各行各业联动协作参与脱贫攻坚的“大扶贫”机制日趋完善、氛围日益浓厚。

【特色亮点工作】 增强帮扶力量。全县从县直单位（含省市驻衡东单位）派出17支驻乡镇面上工作队，由相关单位班子成员任队长，重点针对面上贫困人口开展帮扶，并统筹协调乡镇面上脱贫攻坚工作；派出31支驻贫困村工作组（全县33个省级贫困村，其中31个村由县派工作组进驻，新塘镇桔林村、吴集镇南山村2个村由市派工作队进驻），由相关单位班子成员或中层骨干担任组长，重点开展对贫困村的帮扶工作；派出116支驻贫困人口在100人以上的面上非贫困村工作组，由乡镇包村干部担任组长、县直相关单位中层骨干担任组员，重点开展对面上村的帮扶工作。全体县级领导、驻村帮扶后盾单位领导带头与贫困户“结穷亲”，并动员单位干部职工与贫困户“结对子”；乡镇机关干部、村干部与乡镇面上村的贫困户实行结对帮扶全覆盖；全县1338名国、省、市、县、乡五级人大代表履职为民，按照脱贫攻坚“五个一”行动部署要求，全部与贫困户“结对子”。全县各级4300多名帮扶干部成为9040户贫困户的帮扶责任人。建立攻坚机制。一方面，建立全县易地扶贫搬迁工作联席会议制度和行业（部门）扶贫工作联席会议制度，分别在县发改局和县扶贫办设立联席会议办公室，统筹推进、及时调度和落实易地搬迁和行业（部门）扶贫工作。另一方面，形成常态化督查机制。从县扶贫办、组织部、纪委、水利、教育等部门抽调8名骨干，组建县常态化督查巡查组，结合工作实际，适时开展日常督查、专项督查和考核评估。压实各方责任。年初，县、乡、村三级层层签订《减贫责任书》，将脱贫任务分解到乡镇、到村、到户、到人。同时，为进一步落实贫困村退出和行业（部门）扶贫责任以及联点县级领导责任，全县17个乡镇、16个县直部门、40名联点县级领导分别向县委、县政府递交《贫困村退出工作责任状》《行业（部门）扶贫工作责任状》《脱贫攻坚工作责任状》。

夯实扶贫作风。重点针对需要集中整改的问题和督查巡查中发现的问题，采取“一单四制”工作法和联合县纪委约谈的方式，制定整改清单，下发限期整改函和约谈通知，做到问题不解决不放过、任务不落实不销号。全年下发整改函50多份，开展约谈2次，全县各类问题基本整改落实到位，各级干部抓脱贫攻坚的作风明显好转。推进“三化”创建。着力开展“台账资料规范化、阵地建设标准化、工作流程制度化”示范创建活动。按照台账资料规范化要求，明确县、乡、村三级专人专抓扶贫档案管理工作，确保县级20项、乡镇级26项、村级21项档案资料齐备完整、符合要求。推行户、村、乡镇、县四级分层分类立卷，建好“四套档案”，做到过程管理、台账跟踪、账实相符，每个工作环节有痕迹，基本实现精准扶贫精准脱贫工作可查询、可评价、可追溯。同时，稳步推进“两站一室一点”（扶贫工作站、金融服务站、结对帮扶工作室、信息采集点）建设，确保全县33个省级贫困村“三化”创建达标，起到示范引领作用。落实产业发展。坚持资金跟着穷人走、穷人跟着能人走、能人跟着产业项目走、产业项目跟着市场走的“四跟四走”产业扶贫路子，充分发动新型农业经营主体参与产业扶贫，助力脱贫攻坚。一是出台硬政策。出台支持鼓励产业扶贫的相关规定：对既有产业发展愿望，又有产业发展能力的贫困对象，采取直接帮扶模式予以扶持，扶持标准为1500—2000元/人；对采取直接帮扶模式的企业，按企业或能人帮扶贫困人员数的财扶资金总额的20%安排县产业资金进行支持或奖励；对采取委托帮扶的企业，按贫困户收益60%予以配套支持；对为贫困户提供就业机会的新型经营组织，按所支付贫困对象劳动报酬的40%予以扶持。二是涌现好典型。县洣江生态、兆丰农业、青青草合作社、荣鑫食品、齐辉电商等新型农业经营主体，坚持产业发展与精准扶贫相结合，带动3000多个贫困人口发展特色种养产业和电商产业，实现增收致富脱贫。湖南省洣江农林综合开发有限公司采取委托帮扶模式，带动贫困户500人，种植软条白沙枇杷100亩，同时通过其他开发项目带动近千人就近就业，其中吸纳贫困人口长期就业58人，人均月收入达2000元。衡东兆丰农业发展有限公司采取金融扶贫与产业扶贫相结合的方式，带动贫困户160人，种植大棚香菇1000平方米，贫困户年收益可达10%以上。衡东县青青草黑土猪养殖专业合作社采取直接帮扶模式，为贫困户提供种猪和技术指导，并以保护价收购贫困户产品，带动贫困人口326人实现增收。三是探索新模式。积极倡导贫困户抱团发展，共同脱贫。吴集镇江山村7户贫困户合作发展生猪养殖，成立盛丰生态种养合作社，年出栏生猪2000多头；草市镇桐桥村11户贫困户合作发展莲藕种植420亩，成立龙跃种植合作社，年纯收入60多万元。同时，将光伏扶贫和金融扶贫进行有机融合，在全县启动建设3处适度联村集中式光伏发电站工程，总规模达9702千瓦，2017年实现大浦镇青鸦村3500千瓦光伏发电系统建成并网发电，2018年实现草市镇马脑寨村3500千瓦和霞流镇大泥塘村2702千瓦的光伏发电系统建成并网发电。工程全部竣工后，可为全县32个省级贫困村每年每村带来近7万元的收益，为全县1297户以小额信贷资金入股的兜底贫困户每年每户带来5000元的分红。

【"中国社会扶贫网"上线情况】 全面启动"中国社会扶贫网"上线工作，完成贫困户注册6441户、爱心人士注册7967人，发布贫困户需求6180条，贫困需求对接成功率59%。（易 钊）

禁毒工作

【概况】 衡东县禁毒社会化工作办公室始建于2014年，与县禁毒委员会办公室实行两块牌子一套人马，合署办公，归口县委政法委管理，于2017年2月正式升格为县政府管理的正科级事业单位，内设综合股、宣传教育股、社区戒毒(康复)股，2017年有在编干部职工5人。

2017年，全县禁毒工作综合绩效评估成绩排名全市第一，被评为全市禁毒工作先进县。

【组织领导】 县委、县政府高度重视禁毒工作，坚持把禁毒工作放在突出位置，成立由县委副书记、县长任禁毒委主任，县委常委、县委政法委书记任禁毒委第一副主任，县政府副县长、县公安局局长任禁毒委常务副主任，县人大、县政协分管领导任禁毒委副主任，各乡镇和禁毒委成员单位分管副职为禁毒委委员的高规格禁毒委员会，切实加强领导，进一步完善禁毒工作责任制，全县县、镇(乡)、村层层签订责任状，严格考核奖惩，各职能部门狠抓工作措施落实，在全县范围内形成社会各界积极行动、人民群众广泛参与禁毒斗争的良好工作局面，有力地推动全县禁毒工作的健康发展。

【预防教育】 全县建立常态化的禁毒宣传工作机制，全面推进毒品预防教育进学校、进单位、进家庭、进场所、进社区、进农村等系列宣传活：深入推进青少年毒品预防教育"6·27"工程，认真组织实施毒品预防教育教学计划、大纲、师资、课时、教材"五落实"和常态化开展禁毒特色教育"五创新"竞赛活动；禁毒知识培训走进县机关、乡镇、企业和场所；组织召开县内娱乐场所负责人会议，逐一签订禁毒工作责任状；成员单位和乡镇广泛开展"无毒单位"和"无毒村""无毒社区"创建活动，确保禁毒法律法规和防毒知识家喻户晓，毒品危害人人皆知；建立永久性禁毒宣传阵地，各乡镇进出口要道及交通主干道上安装户外高清禁毒宣传广告，宾馆、酒店、网吧、KTV以及县城内各居民小区醒目位置张贴警示标牌；精心制作禁毒知识宣传手册、禁毒环保手袋、纸杯、宣传笔、围裙、棉袜、袖套等实用性禁毒宣传用品，不断提升了禁毒宣传工作的传播力、影响力和渗透力，实现禁毒宣传"立体式、全覆盖"，全县干群识毒、防毒、拒毒意识明显增强。

【缉毒执法】 全县始终保持对毒品违法犯罪的严控严打高压态势，强力推进惩治涉毒违法犯罪各项工作，成功破获了一大批大案要案，侦破多起省部督目标案件，摧毁多个贩毒团伙，斩断多条毒品运输通道，有力地震慑毒品犯罪活动为遏制毒品的蔓延。严格落实重嫌必检，做到"逢疑必检"、场所严检、酒毒同检、入所即检、高危群体普检五同步。常态化开展场所涉毒问题专项整治，适时组织集中清查行动，严守不发生"场所聚众吸毒"的底线。持续对易制毒化学品、精神药品、麻醉药品等生产、运输、经营、使用等环节的监管，依法查处非法生产、运输、经营、使用麻醉药品和精神药品的行为，坚决杜绝易制毒化学品漏管失控，严防其流入非法渠道。缉毒执法工作历年来获评全市先进。

【禁吸管理】 全力推进社区戒毒(康复)"8.31"工程，各乡镇均成立社区戒毒(康复)工作站，配置办公设施设备，配备专职工作人员，制定工作制度流程，规范社区戒毒(康复)人员一人一档台账档案，严格落实管控帮扶措施，实现社区戒毒(康复)工作常态化运转；有力推进"党员、国家公职人员"的涉毒查处，狠抓党员干部吸毒涉毒问题，整肃党员干部队伍作风，纯洁党员干部队伍形象，全县每年度对党员、国家公职人员进行涉毒尿液检测，凡涉毒的党员、国家公职人员，严格按照《衡东县关于党员、国家公职人员吸毒行为的处理办法》给予严厉处分。入党积极分子、公招人员、换届选举候选人新增涉毒检测项目，涉毒者一律取消资格。

电 子 政 务

【概况】 县电子政务管理办公室是县人民政府直属正科级公益一类事业单位,主要负责贯彻执行国家有关电子政务、数字城市工作的方针政策、法律法规规章以及全县电子政务的管理、统筹、协调、推进和技术支持等工作。承担县电子政务建设领导小组办公室日常工作。具体负责“中国衡东”党政门户网站的建设和管理;负责推进、指导、协调、监督全县政府信息公开工作;负责推进全县行政许可、行政审批项目和公共服务事项的在线办理及系统的建设运行维护;负责“12345”政府公共服务热线的建设管理、督查督办和考核;负责县政府网络中心机房及全县电子政务网络的建设、运行、维护和管理以及政府大院网络维护等工作。内设综合股、网站管理股、网络技术股、信息公开股、“12345”政府服务热线管理股5个股室,在编人员11人。

2016、2017年,县电子政务管理办连续两年被评为衡阳市电子政务工作先进单位。

【政府信息公开】 全面、准确、及时公开政府信息内容。2016—2017年度在政府网站上主动公开18600多条信息,审核发布18100多条。17个乡镇报送2692条信息,审核发布2427条,主动公开新闻发布6次,政策解读100多条。规范依申请公开渠道。衡东县政府门户网站设立依申请公开专栏。开通现场申请、数据电文申请、信函申请等渠道;公开依申请公开的受理部门、程序、办理时限等内容;依法依规办理公众提出的政府信息公开申请。两年接到依申请公开10件,已经全部回复,回复率100%。健全信息公开制度。出台《关于印发〈衡东县2017年政府信息公开工作目标管理考核办法〉的通知》《衡东县政府门户网站读网制度》《关于印发〈衡东县2017年政务公开工作要点〉的通 知》《关于进一步加强衡东县政府门户网站信息报送及审核工作的通知》等制度文件。加强督促,强化考核。信息公开工作实行一月一调度,县政府办对信息公开工作一季一通报。每月都通过信息公开QQ群、微信群、电话通知等形式及时调度,建立了部门和乡镇信息公开工作台账。县委、县政府对政府信息公开工作非常重视,纳入年底目标管理绩效考核。

【政府网站管理】 完成网站集约化建设。根据《国务院办公厅关于印发政府网站发展指引的通知》《关于加快推进县市区政府网站集约化建设的通知》(衡电政办发〔2016〕1号)要求,在“统一平台、统一域名、统一运维、标准规范、分级保障”基础上,实现了县党政门户网站与各部门网站信息资源的交换共享与综合利用。到2017年年底,全县党政门户网站平台已完成向市平台的整合上移,政府部门网站集约化建设已基本完成,基本实现“一个县市区一个政府网站”的目标。发挥新媒体影响力。衡东县党政门户网站注册“中国衡东党政门户网”微信公众号,策划“衡东政务、互动交流、办事指南 ”3个特色栏目,同步权威发布最新信息、政策解读。畅通政民互动渠道。搭建政府与公众交流的“政民互动”栏目,进一步完善了公众意见的收集、处理、反馈机制,及时了解民情,回应诉求,处理问题。2016—2017年,共发布回应关切3次,图文访谈4期,意见征集5期,征集调查7期,更新服务类信息近300条,网上办事服务已累计发布信息12万余条;“书记、县长信箱”板块,收集广大网民500多条来信信息,及时交相关部门办理、反馈,做到件件有着落,事事有回音。

【电子政务网络建设】 全面推进电子政务外网建设。2016—2017年,完成全县100多个单位接入电子政务外网的设备安装工作,实现全县多数副科以上单位和乡镇电子政务外网100%连通。启动全县村(社区)电子政务外网建设工作,已顺利开通114个村(社区)的电子政务外网信号,让国家企业信用信息公示系统、湖南信访、“12345”政府热线、综治网格化建设等信息化系统在外网上安全、稳定地运行,为智慧城市建设打下关键性基础。完成县政府机房的整体搬迁。新机房按照立足当前、着眼长远、统筹安排的原则进行规划设计,对线路的走向、电力的配置、硬件设施的摆设、防雷防静电等方面进行详细规划。上网行为管理系统的安装上线。为进一步加强网络安全管理，规范上网行为，提高工作效率，防范网络风险，县电子政务办安装调试上网行为管理系统，对以后县政府机关大院局域网内接入互联网的计算机上网行为进行管理并记录，包括网站访问记录、网页搜索记录等功能，加强日常监测，最大程度上保证县委院内办公网络的稳定和安全。加强对政府院内互联网维护工作。县政府内所有单位的互联网信号统一由电子政务办提供管理。2016—2017 年，坚持快速反应，高效处理，解决各类网络中断故障 90 多起，主动帮助县信访局、县人大等单位提供网络优化方案和安装技术指导，对损坏和老化的设备及时进行抢修和更换，确保院内网络稳定快速运行。完成电子政务内网机房建设。根据《关于加快推进全市电子政务内网建设的通知》，衡东县电子政务内网建设于 2016 年 10 月份启动，2017 年年底基本完成。

【“12345”政府服务热线】 围绕“让信息多跑路，百姓少跑腿”的目标，着力提升“12345”政府热线的服务效能，取得明显成效。2016—2017 年，热线共接收市民来电来信总量 49340 次（包括接收衡阳市党政门户网“书记、市长信箱”来信 49 件，县党政门户网“书记，县长信箱”来信 556 件，市 12345 平台转来工单 35 件），共形成有效电子工单 26798 件，及时办结 26573 件，及时办结率 99.16%。群众满意率为 95.36%。热线已逐步发展成为全县党群干群关系的“连心桥”，科学决策的“助推器”，社会矛盾的“减压阀”，得到了社会各界的广泛好评。县委、县政府将热线工作纳入对各单位、各乡镇的目标管理绩效考核，并明文规定热线工作达不到考核分值 80% 的，取消该单位当年评为县委、县政府目标管理绩效考核优秀、良好等次的资格。同时，县政府还将“12345”工单的办理工作纳入年初县政府与各乡镇人民政府、政府序列单位签订的重点工作责任状。县政府建立以县长为召集人的热线工作联席会议制度，协调解决重大、复杂、疑难工单。出台了《关于切实抓好县“12345”政府服务热线疑难工单办理工作的通知》。新建先进的信息化管理系统，组织“12345”政府服务热线成员单位热线办理员开展了管理系统操作培训。组织热线管理人员赴常宁、衡山现场学习取经，对接线员工坚持每个月培训两次等。

【互联网 + 政务服务】 完成了全省“互联网 + 政务服务一体化平台”系统接入工作，并做好政务服务事项梳理及填报工作。组织各政务服务实施机构相关人员开展了服务事项实施清单录入培训，与县编办、县政务中心共同组织全县各政务服务实施机构梳理并发布 277 项服务事项的目录清单（其中行政许可事项审核 148 条、公共服务事项审核 129 条），为全面推进“互联网 + 政务服务”工作打下良好基础。 （罗碧剑）

住房公积金管理

【概况】 衡阳市住房公积金管理中心衡东县管理部系衡阳市住房公积金管理中心分支机构，2017 年年末有干部职工 8 人，受市中心委托，负责全县住房公积金归集、提取、贷款等业务。市中心是直属衡阳市人民政府不以营利为目的的独立的正处级事业单位，对各分支机构实行“统一决策、统一管理、统一制度、统一核算”的管理模式。

【业务发展】 2016—2017 年，衡东县管理部以支持缴存职工购建住房为己任，充分运用住房公积金缴存和使用政策，着力提高住房公积金使用效率，全面提升资金运作和管理水平，各项业务均取得长足发展。

2016 年，全县新增缴存单位 9 家，新增缴存人数 1185 人；新增归集额 16224.65 万元，比 2016 年同期增加 4678.94 万元，同比增长 40.53%；提取 9960.33万元，比 2016 年同期增加 2989.65 万元，同比增长42.89%；发放住房公积金个人贷款 473 户，金额 14664.50 万元，比 2016 年同期增加 4625.50 万元，同比增长 46.08%。

2017年,全县新增缴存单位38家,新增缴存人数891人;新增归集额18067.07万元,比2016年同期增加1842.42万元,同比增长11.36%;提取12592.89万元,比2016年同期增加2632.56万元,同比增长26.43%;发放住房公积金个人贷款482户,金额14806.50万元,比2016年同期增加142万元,同比增长0.97%。

【惠民新政及宣传】 为响应国家号召,充分发挥住房公积金解决职工基本住房问题的作用,提高住房公积金使用效率,近两年多次出台住房公积金惠民新政促进房地产市场平稳健康发展:一是提高贷款额度。将最高贷款限额调整到50万元;二是降低自住住房首付款比例。将贷款最低首付款比例调整至购房总价款的20%;三是放宽贷款条件。职工自购房行为发生之日起五年内可申请住房公积金贷款,支持子女为父母或父母为子女购房贷款;四是降低提取门槛。实施"先取后贷"政策,支持子女为父母或父母为子女购房提取,同一套房符合条件可多次提取,无房职工每年可在限额范围内申请提取支付房租。

惠民新政出台后,为让政策快速地惠及到群众,通过多种渠道进行政策宣传:一是通过衡东县电视台等媒介,播出政策宣传短片,面向全县群众进行宣传;二是通过签约楼盘、业务委托银行等合作单位向群众发放宣传资料、进行讲解和宣传;三是通过驻政务中心服务窗口摆放宣传资料,供群众查阅;四是在衡东县房交会上设宣传点,进行提取、贷款政策面对面咨询。

【住房公积金贷款】 2016年以来,受房地产市场持续升温和去库存政策深度发力等多重因素影响,市场刚需和改善性住房需求集中释放推高楼市成交。衡东县管理部继续以提高住房公积金使用效率为目标,优先保障住房刚需贷款,尽力满足改善性住房贷款,积极助推县域经济和房地产市场发展。受国家宏观调控政策和衡东市住房公积金贷款新政的多重推动,住房公积金贷款发放量增长迅猛,近两年均保持在高位运行,较同期呈现大幅式增长。"低门槛、低利率、高额度"的优惠政策也使得住房公积金成为支持缴存职工购房的重要资金支持。2016—2017年,共发放贷款955户,金额29471万元,新增按揭楼盘5个,2017年底有按揭楼盘共计25个,累计为按揭楼盘提供贷款675户,金额16793.50万元。

【社会经济效益】 住房公积金作为职工缴存的长期住房储金,不仅解决职工个人购房资金困难的问题,还扩大住房建设资金来源,有效推动房地产经济能够在一个可持续的状态下迅速发展,对房地产行业经济,以及国民经济的发展都有一定的积极作用。

2017年年末,全县有437个单位,18380人建立了住房公积金制度,累计归集住房公积金99463.26万元,累计提取住房公积金48569.90万元,累计向4162户家庭发放住房公积金贷款75153.80万元。住房公积金个贷率达90.63%。

2016—2017年,通过住房公积金贷款和提取,拉动全县房地产市场消费74320.31万元,间接拉动室内装潢行业约29728.13万元,为政府增加税费收入31214.53万元。到2017年年末,累计拉动全县房地产市场消费119241.98万元,间接拉动室内装潢行业约47696.80万元,为政府增加税费收入50081.63万元。

2016年,从住房公积金的增值收益提取的用于衡东县廉租住房建设补充资金427.66万元,到2016年12月末,累计拨付廉租住房建设补充资金1478.49万元,为衡东县解决最低收入家庭住房保障问题提供强有力的资金保障。

2016—2017年,全县有955户家庭通过住房公积金贷款圆住房梦,累计有4162户家庭通过住房公积金贷款实现"住有所居"的梦想。两年内有19305人次因住房消费提取住房公积金18110.18万元,累计有38824人次因住房消费提取住房公积金37651.63万元。住房公积金在改善职工居住条件、去库存、促需求、稳定房地产市方面发挥重要作用。

【资金管理实现安全运行】 2016—2017年,中心先后出台完善十余项规章制度,从机制上保证资金使用的安全。规范业务操作流程,确定业务操作52个风险防控点,做到每个风险防控点相互监督和制约。对每一笔提取业务做到二级把关、贷款业务做到三级把关,以及两级稽核。2016 年以来,尽管业务量大幅增加,但实现资金的安全运行,全年未发现一起资金安全责任事件。

【提升服务效率】 为方便群众办事,提高工作效率,2016 年以来,采取多种举措积极提升服务效率。优化窗口服务工作,强化职工服务理念,树立为住房公积金缴存单位、缴存人服务的宗旨意识,建立优质服务长效机制,全面推行服务承诺制、首问负责制和限时办结制等制度,全面推行文明用语服务。简化办事流程,提高办事效率。将贷款审批时限由原来的 15 个工作日缩短至 10 个工作日,提取业务要件齐全当场办结。为进一步方便群众办事,在县政务服务中心设立住房公积金专岗,可满足群众的咨询、交件、提取业务需求。 (刘 媛)

地方金融工作

【概况】 县金融办自 2015 年 12 月成立以来,积极围绕县委县政府的决策安排,积极应对经济新常态,切实缓解实体经济和"三农"发展融资难题,不断畅通金融血脉,拓展金融发展空间,推进金融支持供给侧结构性改革,最大限度的发挥金融要素保障作用,促进全县经济健康持续较快发展。

2016 年主要工作:1. 银行业存贷规模稳步增长。年初及时召开行长联席会,下达全县信贷增量指导计划到各金融机构,并加强调度,2016 年金融运行保持良好态势。至 12 月底,全县金融机构存款余额为 175.7 亿元,增长 15.3%,各项贷款余额为 68.88 亿元,全年贷款净增 10.89 亿元,增长 18.7%,存贷比为 39.2%。2. 保险行业健康稳步发展。大力推动政策性和商业性保障保险发展。至 2016 年 12 月,全县保险行业实现保费收入 32761 万元,增长 5%,赔付 9939 万元,增长 8%。保险行业的健康稳步发展,发挥社会稳定器和经济助推器作用。3. 企业融资、上市大有突破。大力培育、扶持具有核心竞争力的工业企业到场内市场(主板、中小板、创业板)和场外市场("新三板")挂牌上市,增强企业直接融资能力。世纪钨材公司已在"新三板"上市。湖南机油泵股份有限公司已于 2015 年 11 月 30 号在上海证券交易所主板市场上市,成为衡阳市近 20 年来首家首发上市企业,首批融资2.16 亿元已到位。县城建投公司在 2015 年申请发行"城投债"12 亿元,获得国家发改委的批准,资金全部到位。"城投债"的发行将大大推进 全县基础设施建设和城镇化等建设 。4. 政银合作开创新高度。2016 年 3 月,县政府与中国农业发展银行衡阳市分行签订全面战略合作协议,市农发行将三年累放信贷额度 30 亿元 ;5 月,县政府与中国农业银行衡阳市分行签订全面战略合作协议,市农业银行将两年累放信贷额度 15 亿元 ;县政府在 2016 年 10 月份与华融湘江银行衡阳市分行签订合作协议,华融湘江银行衡阳市分行在协议签订后为衡东生产能力强、市场竞争力强、创税能力强的工业企业发放流动资金贷款 1.5 亿元 。5. 金融改革卓有成效。一是衡东农村商业银行于 2016 年 2 月正式挂牌成立,将更好地服务地方经济。二是金融服务"三农"工作稳步推进,提升了农户、家庭农场、农民合作社、农业企业的信贷能力,农村资产颁证抵押贷款不断增加。截至 2016 年 12 月,全县金融机构涉农贷款余额为 37.7 亿元,同比 2016 年增加 6.2 亿元,增幅 19.5%。全县共办理农村产权抵押贷款 3.1 亿元。金融服务"三农"工作是全市除耒阳(试点县)外,推进速度最快、最具成效的县。三是省农业担保公司衡东办事处于 2016 年 3 月正式挂牌成立,有效地解决 全县涉农企业、农业大户融资担保难问题。四是有序开展新型农业经营主体贷款保证保险工作。为新型农业生产经营主体提供由保险公司投保以银行为收益人的贷款保证保险,银行以此保险作为主要担保方式向农业经营主体发放贷款。现发放保证保险贷款 4 笔,发放金额 700 万元。五是方正证券成功进驻衡东,成为衡东第一家证券机构。六是金融精准扶贫工作取得实效,2016 年完成 33 个金融扶贫服务站建设,对建档立卡贫困户 1 万多户进行评级授信,发放小额扶贫贷款 3240 万元。6. 金融稳定局面良好。根据国家、省、市统一部署,开展全方位、广覆盖的“防范和处置宣传活动”,受到广大市民的广泛关注,取得良好的社会效果。建立各部门防范和处置非法集资工作机制,加强小额贷款公司日常监管,规范投融资中介公司运行。全年发放打非宣传资料6000多份,在电视台每日播放打非宣传片,及时处置融联中介公司借款人的风险,有力防范非法集资活动,全县全年没有发生重大的非法集资案件,维护金融安全稳定。

2017年主要工作:1.融资规模稳步增长 。至12月底,全县金融机构存款余额为195.44亿元,比年初增加19.7亿元,增长11.23%。各项贷款余额为81.49亿元,比年初增加14.7亿元,增长21.97%,存贷比为41.7%。大力发展企业上市和直接融资。企业上市培育数量为10家,新增上市企业2家(主板和新三板各一家)。2.金融服务水平进一步提高 。县金融工作秉持工业为重、项目至上、基础先行、民生优先的发展思路,对有困难的优势实体企业实行“一户一策”扶持机制,激发市场活力,推动县域经济发展。设立了企业流动资金贷款风险保证金5000万元,助保贷风险保证金1000万元,金融扶贫小额贷款风险保证金600万元,过桥资金1000万元。4月21日,衡东县人民政府与市金融信用信息服务中心签订战略合作协议,衡东县在市金融信用信息服务中心融资客户数为76户,获得资金15.1亿元。针对全县中小企业融资渠道较少,抵押物不足,融资难度大,一些项目得不到资金保障的情况,市金融信用信息服务中心与北京柒零鸿商投资基金管理有限公司还为 衡东县制订综合金融服务方案,建议县政府设立产业发展扶持基金,为全县中小企业融资提供更多渠道、更多选择。3.金融服务“三农”工作扎实推进。农户、家庭农场、农民合作社、农业企业的信贷能力不断提升,农村资产颁证抵押贷款不断增加。全县涉农贷款较年初增加5.96亿元,农村资产抵押贷款3.1亿元。省农业担保公司为 衡东县农业项目担保融资5000多万元,继续有序开展新型农业经营主体贷款保证保险工作,创新财政贴息模式,为借贷双方提供有力支撑。4.金融扶贫工作取得实效。衡东县完成33个金融扶贫服务站建设,对建档立卡贫困户1万多户进行评级授信。创新产业扶贫模式,已与多家公司洽谈,为扶贫工作摸索新的出路和契机。全县扶贫保险覆盖15900户,共发放小额扶贫信用贷款813笔,净投放3285万元,省市下达给 衡东县的任务数3274万元已完成。5.金融稳定局面良好。建立了各部门防范和处置非法集资工作机制,加强小额贷款公司日常监管,规范投融资中介公司运行。5月15日,“处非”宣传日,与公安局、人民银行、市监局共同开展“处非”宣传工作。发放打非宣传资料8000多份。在电视台每日播放打非宣传片,有力防范了非法集资活动,全县暂时没有发生重大的非法集资案件,维护了 金融安全稳定。 (赵 韬)

人民政协

重要会议

【政协衡东县第十三届委员会第五次会议】 中国人民政治协商会议衡东县第十三届委员会第五次会议于2016年3月4日至3月7日在衡东县城召开。会议认真听取和审议了《中国人民政治协商会议衡东县第十三届委员会常务委员会工作报告》和《中国人民政治协商会议衡东县第十三届委员会第四次会议以来提案工作情况报告》;列席了县人大十六届五次会议,听取和讨论了《政府工作报告》及其他报告;补选了向卫平同志任县政协秘书长和李建雄、罗华2名同志为政协常委。

会议赞同廖义智县长所作的《政府工作报告》,对2015年全县工作给予了高度评价。会议一致认为,过去的一年,全县上下在中共衡东县委的坚强领导下,认真贯彻落实中共十八大及十八届三中、四中、五中全会和习近平总书记系列讲话精神,积极应对复杂的经济形势、纷繁的改革重任,凝心聚力,加压奋进,全县经济社会发展呈现出稳中有进、后劲增强、民生改善、社会和谐的良好局面,为全面建成小康衡东奠定了坚实的基础。

会议指出,2015年,政协衡东县第十三届委员会及其常务委员会,在市政协的正确指导和中共衡东县委的坚强领导下,紧紧围绕全县改革发展大局,以富民强县为己任,以改善民生为重点,以深入开展"三严三实"专题教育为契机,不断改进工作作风,积极推进协商民主,着力促进社会和谐,切实增强履职实效,充分发挥了协调关系、汇聚力量、建言献策、服务大局的重要作用,为促进全县经济社会发展作出了新的贡献。

会议强调,2016年是全面建成小康社会决胜阶段和"十三五"规划的开局之年,也是全面推进结构性改革的攻坚之年。圆满完成2016年各项工作,任务艰巨、使命光荣。委员们建议,全县上下要深入学习贯彻中共十八大、十八届三中、四中、五中全会和习近平总书记系列重要讲话精神,按照"四个全面"战略布局和"五个发展"理念,认真落实中共衡东县委的各项决策部署,牢牢把握团结民主两大主题,全面提升履职能力,不断夯实履职平台,着力增强履职实效,为衡东经济社会健康持续发展作出新的贡献。

会议要求,面对新形势、新任务和新要求,全县各级政协组织和广大政协委员,必须充分认清形势、明确方向、忠实履职、服务大局、务实创新、和谐共进,为全面建成小康衡东、全面深化改革、全面依法治县、全面从严治党献计出力。要充分发挥人民政协作为协商民主重要渠道的作用,拓展协商内容、丰富协商形式、增加协商密度、提高协商实效。要积极开展民主监督,创新监督机制,增强监督效果。要立足经济发展新常态,围绕全县经济社会发展的重大问题,深入实际调查,积极建言献策,为县委、政府科学决策提供有益参考。要切实加强政协机关建设,不断改进工作方法,提升服务水平,不断开创人民政协事业新局面。

会议号召,全县各级政协组织、政协各参加单位和全体政协委员,要更加紧密团结在以习近平同志为总书记的中共中央周围,高举中国特色社会主义伟大旗帜,在中共衡东县委的坚强领导下,主动适应新常态,积极抢抓新机遇,不断谋求新作为,为全面建成小康社会、谱写中国梦的衡东篇章作出新的更大的贡献!

【政协衡东县第十四届委员会第一次会议】 中国

人民政治协商会议衡东县第十四届委员会第一次会议于2016年11月16日至11月20日在衡东县城召开。会议期间，委员们审议并通过了《中国人民政治协商会议衡东县第十三届委员会常务委员会工作报告》和《中国人民政治协商会议衡东县第十三届委员会常务委员会关于提案工作情况的报告》；列席了县人大十七届一次会议，听取并讨论了《政府工作报告》及其他报告；选举产生了县政协第十四届委员会主席、副主席和常务委员。

会议认为，过去的四年，全县上下在县委的坚强领导下，积极应对各种困难和挑战，凝心聚力，埋头苦干、加压奋进，经济实力不断增强，人民生活显著改善，社会事业全面发展，为全面建成小康衡东奠定了坚实基础。会议赞同徐志毅同志代表县人民政府所作的《政府工作报告》，《报告》总结过去四年工作实事求是，部署未来五年工作思路清晰、目标明确、措施有力。委员们对过去四年取得的成绩给予高度评价，对做好今后五年的工作充满信心。

会议指出，政协衡东县第十三届委员会及其常务委员会，在中共衡东县委的坚强领导下，紧紧围绕全县改革发展大局，以富民强县为己任，以改善民生为重点，不断改进工作作风，积极推进协商民主，着力促进社会和谐，切实增强履职实效，充分发挥了协调关系、汇聚力量、建言献策、服务大局的重要作用，为促进全县经济社会发展作出了新的贡献。

会议强调，今后五年，是衡东全面建成小康社会的决胜阶段，也是我县加快推进新型工业化、城镇化、信息化、农业现代化和绿色化的关键时期。面对新的任务和使命，县政协要高举中国特色社会主义伟大旗帜，坚持以邓小平理论、“三个代表”重要思想、科学发展观为指导，全面贯彻党的十八大及十八届三中、四中、五中、六中全会和习近平总书记系列重要讲话精神，按照“五县五化”的工作思路和发展战略，认真落实中共衡东县委的各项决策部署，紧扣团结与民主两大主题，扎实履行“政治协商、民主监督、参政议政”三大职能，为全面建成小康衡东再创新佳绩。

会议要求，面对新形势、新任务和新要求，全县各级政协组织和广大政协委员，必须充分认清形势、明确方向、忠实履职、服务大局、务实创新、锐意进取，为加快衡东发展献计出力。要充分发挥人民政协协商民主的重要作用，拓展协商内容、丰富协商形式、增加协商密度、提高协商实效。要积极开展民主监督，创新监督机制，增强监督效果。要立足经济发展新常态，围绕全县经济社会发展的重大问题，深入调查研究，积极建言献策，主动参政议政，为县委、县政府科学决策提供智力支持。要切实加强政协机关建设，不断改进工作方法，提升服务水平，不断开创人民政协事业新局面。

会议号召，全县各级政协组织、政协各参加单位和全体政协委员，要紧密团结在以习近平同志为核心的党中央周围，高举中国特色社会主义伟大旗帜，在县委的坚强领导下，主动适应新常态，积极抢抓新机遇，不断谋求新发展，为谱写中国梦的衡东篇章作出新的更大的贡献！

中国人民政治协商会议衡东县第十四届委员会第一次会议，按照《中国人民政治协商会议章程》的有关规定，经过充分酝酿协商，以无记名投票方式，于2016年11月20日选举产生了政协衡东县第十四届委员会主席、副主席和常务委员会委员，名单如下：

主　　席：夏崇礼

副主席（按姓氏笔画为序）：

邓岳华	向卫平	李思源
肖可员（女）	陈斌智	

常务委员（按姓氏笔画为序）：

王晓瑜	邓知云	邓昌鸿
匡雄君	朱坤联	延国兰（女）
刘　奕（女）	刘　焕	刘　静（女）
刘长知	刘晓红	许　娟（女）
许素珍（女）	阳　娟（女）	阳先飞
李文国	李建雄	李晓科（女）
吴新邦	陈　南	陈中平
陈忠诚	罗　华	罗国武
罗根平	周卫红（女）	周书清
单清娥（女）	赵艳刚	胡冬华
胡淑娟（女）	侯光耀	唐　雯（女）
彭　彦	董柏清	谢光明

谭　达　　谭洪波(女)　颜登高

附:政协衡东县第十四届委员会由 14 个界别,238 名委员组成。(分界别,按姓氏笔划排列):

一、中国共产党(37 人)

丁　奕　　王　华　　王晓瑜
文　勇　　邓东平　　邓知云
吕雨峰　　朱坤联　　向卫平
向正秋　　刘　方　　刘　焕
刘国庆　　刘建红　　许　浩
李建雄　　李思源　　李玲香(女)
何　侃　　宋罗清　　陈　南
陈　皓　　陈志平　　陈杨荣
范玉林　　罗　华　　罗国武
赵艳刚　　胡淑娟(女)　段金平
袁　丹(女)　聂小华　　夏永峰
夏崇礼　　唐　峰　　董仁杰
董柏清

二、无党派人士(24 人)

尹冬云　　邓岳华　　匡雄君
延国兰(女)　刘小玲(女)　刘　波
刘春生　　李文国　　李晓科(女)
肖可员(女)　吴新邦　　陈忠诚
陈建平　　陈　玲(女)　陈斌智
罗根平　　罗爱华(女)　周书清
侯光耀　　黄吟咏　　康立祥
彭　彦　　谭　达　　颜运科

三、工会和共青团界(7 人)

向琼燕(女)　许　娟(女)　李佳伟
陈宏荣　　陈思鹏　　罗永光
裴建淼

四、妇女联合会(11 人)

丁月娥(女)　刘卫红(女)　阳燕舞(女)
宋春英(女)　陈丽梅(女)　陈惠芳(女)
赵　娟(女)　曹燕辉(女)　谭　琳(女)
谭洪波(女)　谭燕丰(女)

五、工商业联合会(32 人)

丁柳升　　王岳平　　王建辉
王根生　　王　群(女)　文东山
刘水江　　刘长知　　刘立川
刘定坤　　许永平　　李红林(女)
李志辉　　何义芳　　何华实
陈许强　　陈建昆　　陈科夫
陈清华　　武小林　　罗运珍(女)
罗灵辉　　罗　键　　单国良
胡长茂　　侯红连(女)　钱　亮
郭思中　　黄云兰(女)　眭善中
康祖佑　　彭清香(女)

六、港澳台侨和民族宗教界(9 人)

王　俊　　刘牡鲜(女)(土家族)
许素珍(女)　李佑华(女)　罗建平
黄美华(女)　释脱尘(女)　谭清华
颜斌鹏

七、文化艺术界(6 人)

成桂香(女)　刘丽平(女)　何彩维
陈中平　　陈年华　　罗海宇

八、科学技术界(10 人)

刘炎新　　刘艳青　　阳　娟(女)
李冬水　　李青青(女)　赵能文
秦文杰　　唐　雯(女)　谢志兵(女)
颜　军

九、社会福利和社会保障界(11 人)

成雀平(女)　刘　奕(女)　刘　静(女)
刘庆秋　　李爱喜　　陈震海
赵生然　　胡良虎　　董　洁(女)
谭哲文　　谭继承

十、经济界(27 人)

文　伟　　尹伊芹(女)　向　星
向柏仲　　刘　斌　　刘铁鑫
阳先飞　　肖华保　　吴俊林
旷秋华　　陈文康　　陈佳杰
陈咏芳(女)　罗　勇　　周仁俊
周曙霞(女)　郑海港　　单善英(女)
唐　磊　　黄东升　　董柏宗
鲁　丹(女)　谢光明　　谭正伟
谭华咀　　谭军兵　　颜华晖

十一、农业界(26 人)

成麦林　　向金彪　　刘长青

刘　松	刘泽华	许岳林
许美清(女)	阳平晖	阳洪涛
李罗泉	宋雁峰	张和平
易南萍(女)	罗少华	罗列衡
罗金兰(女)	金定国	单清娥(女)
赵福春	胡冬华	胡纵天
聂利忠	夏建科	黄燕平
谭小清	颜俊峰	

十二、教育界(11人)

丁文华(女)	龙灵菲(女)	刘梅芳(女)
吴艳春(女)	陈太文	周卫红(女)
袁　琴(女)	眭耀文	彭　哲
谭水莲(女)	颜素卿	

十三、医药卫生界(7人)

马晓荣	文建平	文桂平(女)
邓昌鸿	李益平(女)	秦　萍(女)
戴文申		

十四、特别邀请人士(20人)

丁昭泉	文国安	文勤奇
刘国荣	刘晓红	李冬初
张仲俺	陈文辉	陈建军
周洣阳	周新涓	单五桥
赵夏梁	段冬云	袁国荣
龚永辉	廖丰媛(女)	谭科奇
谭清庚	颜登高	

政协衡东县第十四届委员会第二次会议前，按有关程序增补刘碧兰、罗柯、单秋珍(女)、钟亮、陈石恩、刘迎秋、周炳乾、谭鑫权等8名同志为政协衡东县第十四届委员会委员。

【政协衡东县第十四届委员会第二次会议】 中国人民政治协商会议衡东县第十四届委员会第二次会议于2017年3月8日至3月10日在衡东县城召开。本次大会，提案审查委员会共收到提案45件，根据提案工作的有关规定，经提案审查委员会逐一审查，共立案41件，立案率为91.11%。因内容相同作并案处理的2件，因不符合立案要求不予立案的2件。其中：围绕社会经济发展方面，共提出提案6件。围绕社会保障和改善民生方面，共提出提案19件。围绕促进社会和谐稳定方面，共提出提案16件。

会议按照《中国人民政治协商会议章程》的有关规定，经过充分酝酿协商，以举手表决方式，于2017年3月10日补选刘碧兰同志为政协衡东县第十四届委员会秘书长；补选刘国荣、罗柯、单秋珍(女)等3名同志为政协衡东县第十四届委员会常务委员会委员。

县政协主席夏崇礼在大会闭幕讲话时指出，本次大会的圆满成功离不开县委、县政府的高度重视。全县各级政协组织和广大政协委员要把坚定政治方向、服务中心大局、坚持为民宗旨、提高履职能力贯穿政协工作始终，围绕县委县政府重视，人民群众关心的问题，深入调查，精细研究，推进转化。要增强履职意识，提升履职能力，拓宽履职平台，加强履职管理。要在思路上、制度上、实践上创新政协工作，为推进县委“五县五化”战略，全面建成小康衡东作出新的更大贡献。

在完成所有大会议程后，县委书记吴伟生发表重要讲话。他强调，全县各级政协组织和广大政协委员要坚决拥护中国共产党的领导，切实增强政治意识、大局意识、核心意识、看齐意识，坚定不移的贯彻落实县委的决策部署，自觉做到思想上同心同德、目标上同心同向、行动上同心同行。政协组织要围绕中心、服务大局，主动把政协工作置于全县经济社会发展大局中来谋划、来开展，在履职尽责中体现价值、发挥作用、彰显作为。要把坚持为民宗旨贯穿政协工作始终，把实现好、维护好、发展好最广大人民群众的根本利益作为履职尽责的出发点和落脚点，当好人民的贴心人、代言人。

工作概况

【政治协商】 2016年县政协在深入调研的基础上，重点就“农产品质量监管”“农村合作医疗”等课题开展了专题协商议政活动，协商成果得到了县委、县政府的认可。在提案督办的基础上，选择一些县委、县政府十分关注、人民群众热切期盼和职能部门能够办好的议题，开展了提案办理协商。各专委会、活动组积极组织委员与相关职能部门开展了以对口协商、界别协商为主要形式的协商议政活动。根据县委人事安排，及时开展了人事协商。

2017年县政协围绕财政预决算、城建投公司发债融资、县委重要人事安排、洣水渔业资源保护、“四路一桥”PPP项目等重大工作和人民群众关注的焦点、热点问题，深入开展主席会议、常委会议协商。充分发挥大会发言的直接建言作用，提交大会发言材料10篇，7名委员在十四届二次会议开幕会上发言，得到了与会人员的充分肯定，提高了全会协商效果。针对“嘉兴园小区居民自来水开户”等提案，开展了提案办理协商；各专委会、活动组还积极组织委员与相关职能部门开展对口协商、界别协商等形式的协商议政活动。据统计，全年共召开各类协商会议13次，近100名委员参与协商，提出建设性意见、建议40余条，有效推动了协商民主工作开展。

【**调查研究**】 2016年，县政协坚持把调查研究作为履行职能的一项基础工作，认真策划、精心组织、切实开展。紧扣全县经济社会发展大局，注重选择具有综合性、全局性、前瞻性的重大课题，深入调查研究，为县委、县政府科学决策当好参谋。围绕油茶产业开发、非物质文化遗产保护、村账乡代管、精准扶贫、加强综治民调等事关衡东发展和群众关注的现实问题，开展大规模的专题调研活动7次，形成重大建议案3份、专题调研材料4份。同时，注重促进调研成果转化，《关于切实加强耕地保护的建议案》，得到了县委、县政府的高度重视和采纳，县政府及时下发了《关于进一步加强乡镇国土资源管理的通知》，并在全县开展了违法用地清理专项整治活动，有效遏制了乱占滥用耕地的现象。

2017年县政协组织政协委员围绕加强综治民调、提升城市品位、积极应对新高考、农村安全饮水工程、农业产业化等课题，开展大规模的专题调研活动12次，形成重大建议案2份、有深度的调研报告10份。县委书记、县长高度重视县政协的调研成果，第一时间作出批示，对《关于规范物业管理的建议案》《关于进一步加强新型农村合作医疗工作的建议案》，安排召开专题会议进行研究，使物业管理工作逐步加强，新型农村合作医疗工作存在的问题基本整改。

【**提案工作**】 2016年县政协经审查立案提案119件。按照“提案求精、立案求准、办案求实”的要求，切实抓好提案交办、办理协商、督促检查、追踪反馈、舆论推动等关键环节，做到办理过程与委员协商沟通，办理结果与委员联系回访，不断提高了提案办理实效。在继续采取主席督办和“两办”联合督办的基础上，把提案办理情况纳入政府绩效考核的内容，并严格考核评比，提高了提案办理的满意率。在衡东县电视台《政协之窗》栏目，对提案办理落实情况进行跟踪报道，扩大政协提案的社会影响。

2017年县政协十四届一次会议以来，经审查立案提案149件。为了使提案办得有影响、有效果，通过采用政协领导领衔办、重点提案协商办、委员参与现场办等方式，加大提案办理考核力度，提案办复率达100%，委员满意率达100%。为提高提案办理质量，将提案办理落实情况纳入县政府年度工作绩效考核内容，通过对提案办理情况进行专题督查、组织委员视察、开辟电视专栏追踪报道，使提案办理落到了实处。总的来看，2016—2017年的提案整体质量较高，内容丰富，针对性强，许多意见和建议被县委、县政府及相关职能部门采纳实施，对加快推进全县深化改革、经济发展、社会和谐、民生改善发挥了积极作用。

【**民主评议**】 2016—2017年，县政协先后对教育、环保、政务环境、洣水保护、精准扶贫等工作进行了专项民主评议。针对评议中委员们提出的意见、建议，各被评议单位高度重视，认真研究，积极整改，县政协及时对被评议单位整改情况进行“回头看”，使评议活动达到了深化交流、找准问题、促进工作的目的。其中2016年对教育部门学生资助的规范、政务中心办事效率的提高和作风的改善、洣水保护“三年行动”的实施等都是通过民主评议促成的。特别是2017年对全县精准扶贫工作开展民主评议，精心制定了工作方案,印发了工作手册,开展了相关业务知识培训。调研阶段,由政协领导带队,组织7个民主评议调研组,深入全县17个乡镇、33个省级贫困村和17个面上非贫困村、20个职能部门进行调研,走访农户1148户,登记调查表格1235份,掌握了大量第一手资料,梳理出问题8大类、19小项,提出意见建议60余条。评议会上,当场对精准扶贫责任单位进行了民主测评。评议大会召开后,各相关责任单位对照问题,积极整改,为顺利通过省检验收打下了良好基础。

【民主监督】 2016年县政协继续抓好民主监督小组工作,按照"有计划、有题目、有载体、有成效"的要求,督促各民主监督小组深入被监督单位,了解掌握相关情况,及时提出意见建议。继续抓好了"洣水三年保护行动"的跟踪监督,对政务环境评议整改落实情况进行了"回头看",进一步巩固民主评议成果。

2017年县政协派出48名政协委员、组成9个民主监督小组,分别进驻县人民法院、检察院、公安局、教育局、农业局等9个单位,开展了一系列民主监督活动,提出监督意见70余条,在帮助受派单位发现问题、改进工作、转变作风、提高效能等方面发挥了积极作用。连续三年对洣水保护行动进行跟踪监督,有效地促进了洣水水质的改善。县政协还对洣水湿地公园建设、薄弱学校改造、农业综合开发、全县重点工程项目等开展了专项视察,对"净化二中校园周边环境"等提案开展提案办理视察,有效促进了工作开展。

【委员活动日】 2016年,县政协将"委员活动日"主题定为"助力精准扶贫,贡献政协力量",组织委员开展走访群众、调研视察、扶贫帮困、兴办公益事业、"三个一"精准扶贫等活动。委员们按照活动要求,坚持履职为民、奉献社会宗旨,为贫困学子顺利入学深造、困难家庭生活改善、帮助困难家庭实现就业等做了大量实事、好事。据统计,在"政协委员活动日"活动中,委员们共走访群众300余人,资助困难学生150余人次,帮扶困难家庭50余户,捐资兴办公益事业20余处,各类捐款累计达160余万元。建立了长沙衡东商会、东莞衡东商会等2个县外委员工作室,收集群众意见建议,帮助群众解决具体问题,努力提升政协委员的知名度和美誉度。

2017年,县政协继续开展"委员活动日"活动,紧扣"我是衡东人,我为衡东添光彩"的主题,组织开展了"助力脱贫·爱心圆梦"活动,发动政协委员、商会会员捐资助学,奉献爱心。活动共募集善款162.45万元,资助全县33个省级贫困村所有建档立卡贫困学生319人,改善贫困村学校办学条件2所,资助受灾村8个。政协委员和商会会员的大爱义举、倾情奉献为贫困学子顺利入学深造、乡村学校办学条件改善、社会大局和谐稳定做出了积极贡献。组织委员开展"五下乡"活动,积极为群众提供科技、医疗、文化等方面服务,助推了脱贫攻坚战役的开展,得到了广大干部群众一致好评。

【社情民意】 2016年县政协荣获市政协年度社情民意信息工作先进单位、市政协门户网站信息采编先进单位;夏崇礼主席撰写的《加强基层政协协商民主建设的几点思考》,获得2016年度湖南省人民政协理论研究优秀论文评选二等奖,撰写的《乡村医生老龄化趋势亟待破解》,被评为市政协社情民意信息优秀稿件;衡东县政协办公室、研究室提交的理论文章、社情民意也荣获优秀稿件表彰。

2017年县政协充分发挥《社情民意》下连广大群众、上达各级领导的优势,围绕广大群众关注的焦点、热点、难点问题,积极反映社情民意信息,为各级党政领导掌握民情、科学决策提供了及时、有益的参考,帮助解决了一系列事关群众切身利益的民生问题。全年共收集社情民意信息90多条,编发《社情民意》专刊52期,其中有2篇稿件被省政协采用,25篇稿件被市政协采用,连续5年被市政协评为"全市政协系统社情民意信息工作先进单位"。

【主题教育活动】 2016—2017年,县政协通过多层次、多形式的宣传教育活动,提升政协机关领导干部和职工的政治理论素质,强化对党风廉建建设重要性认识,增强执行党风廉建建设和廉洁自律各项规定的自觉性。组织党员干部重点对《中国共产党廉洁自律准则》《中国共产党纪律处分条例》《关于新形势下党内政治生活的若干准则》和《中国共产党党内监督条例》等重要文件进行了专题学习，并要求班子成员结合履职工作实际，认真开展学习大讨论和撰写学习心得体会，深入理解、领会文件的精神实质。党的十九大召开后，县政协响应习近平总书记"在全党来一个大学习"的要求，坚持把学习党的十九大精神当作一项重要政治任务，制定印发了《关于认真做好全县政协系统党的十九大精神学习宣传贯彻工作的通知》，组织开展了机关干部和政协委员学习讨论、理论专家专题辅导、政协主席上党课等多形式、多层次的学习培训活动，在全县政协系统迅速掀起了学习宣传贯彻的热潮。

【党风廉政建设】 县政协机关以党风廉政建设理论为指导，以党风廉政建设的政策法规为依据，按照全面从严治党的要求，始终把党风廉政建设放在重要位置，坚持"标本兼治、综合治理、惩防并举、注重预防"的方针，修订完善了机关财务管理、车辆管理、请销假、来客接待、视察调研等 21 项管理制度。这些制度内容详实、要求具体、职责明确，基本涵盖了政协工作各个方面，也使党风廉政建设工作有章可循，有法可依，走上了制度化、规范化的道路，为积极落实党风廉政建设责任制建立了长效机制。

（单秋珍　彭　彦）

政协各办委工作概况

县政协机关设有一办五委一室，分别是办公室、提案委、财政经济委、人资环法委、教科文卫体委、文史学习委、研究室（2016 年新设）。两年来县政协办公室、各专委会、研究室严格按照县政协主席会议要求，紧紧围绕年度工作安排，立足岗位，求实创新，努力在助推衡东经济社会发展中发挥积极作用。

【办公室、研究室】 2016—2017 年，县政协办公室、研究室根据政协主席会议、常委会议总体要求，积极作为、主动谋划为政协履行职能提供了优质服务和可靠保障。1、抓好学习培训。坚持和完善集中学习制度，采取集中学习、以会代训、参加培训等形式，重点学习党的十八大、十八届三中、四中、五中、六中全会和十九大精神，学习习近平总书记系列重要讲话精神，学习省、市"两会"精神以及政协业务知识。扎实召开政协党组民主生活会以及专题组织生活会，严格党的组织生活，增强党员民主意识与党性修养。2、深入调查研究。围绕县第十三次党代会提出的"五县五化"发展思路以及人民群众普遍关心关注的热点难点问题，认真选题，扎实搞好调查研究，积极参政议政。通过听取汇报、开会座谈、走访调查、查阅资料、外出参观学习等方式，重点就"提高综治民调满意率"、"提高城市品位"、"推进农业产业化"、"农村村民建房"、"乡村公路建设"、"普及高中教育准备工作"等课题开展调研，并在调研的基础上，注重将调研成果转化为提案、建议案、社情民意信息。3、广泛协商议政。在深入调研的基础上，县政协办公室牵头重点就"小区物业管理"、"洣水渔业保护"、"财政预、决算执行情况"等课题开展专题协商议政活动。对新型农村合作医疗专题协商意见的采纳落实情况进行"回头看"，使协商成果落到实处、取得实效。4、积极组织视察。两年来政协办公室组织驻衡省、市、县政协委员就"重点项目建设"、"园区发展情况"、"农业综合开发"、"薄弱学校改造"、"洣水三年保护专项行动"、"农村电商发展"、"农村环境整治"等工作开展视察活动。发挥委员视察在服务中心、推动工作、促进落实和营造发展氛围方面的积极作用。5、强化委员管理。制定并下发《衡东县政协委员履职管理办法》，对政协委员出席会议、参加活动、撰写提案、反映社情民意、注重形象、日常工作等方面的情况，进行量化记分、量化考核。继续深入开展"委员活动日"活动，组织委员积极为衡东经济社会发展建诤言、献睿智、出实招、作贡献。充分发挥"委员工作室"的作用，更多更好地为人民群众解决实际困难。6、反映社情民意。举办特邀信息员座谈会和社情民意信息骨干座谈会，着力拓宽信息渠道、提升信息质量，继续在全市社情民意信息工作考评中争先创优。及时向县委、县政府反映群众的愿望呼声,帮助老百姓解决一些突出问题和实际困难。7、加强政协宣传。加强政协门户网站建设,及时更新信息;积极向各级新闻媒体报送政协工作动态信息与理论调研文章,强化政协工作宣传;对接并运用好湖南省政协着力打造的"政协云"平台,发出衡东好声音,展示衡东好形象;进一步完善"衡东政协微信群"、"衡东政协微信公众号",搭建让委员和群众更多地了解、参与政协活动的平台,提高政协凝聚力、影响力。8、加强机关内部管理。健全完善政协机关考勤管理、文件签发、公务接待、调研视察、学习培训、考核评估等各项规章制度,严格工作纪律,强化内部管理,改进工作作风,提高服务质量,努力把政协机关建设成政治坚定、学识丰富、业务熟练、作风优良、服务高效的坚强集体,为政协履行职能提供优质服务和可靠保障。

【提案委】 2016—2017 年,提案委紧紧围绕县政协常委会制定的工作目标,创新举措,狠抓落实,有效促进了工作开展。一、抓好提案工作。政协衡东十三届委员会第五次会议期间委员共提交提案建议 69 件,经过审查,立案 60 件。因不符合立案要求不予立案的 5 件,因内容相同作并案处理的 4 件。委员撰写的提案立意高、选题准、分析透、建议实,提案质量大幅度提升。两年来,提案办理实现了沟通率 100%、办复率 100%,委员满意率 100%。二、抓住突出问题,加强督办力度。县政协提案委员会与县政府督查室密切配合,采取"督重点、促全面、分层次、多形式"的督办方式,强力推进提案办理工作。对提案数量较多的交通和旅游局、住建局、城市执法局、教育局等部门,进行重点督办,紧紧跟踪他们的办理进度和实效。提案办理机制的建立,增强了办理人员的责任心,加快了办理的进度,提高了提案办理实效。三、开展视察调研,促进成果转化。围绕经济社会发展、民生改善和社会稳定等全县工作大局,组织提案委委员开展深入细致地调查研究;做好"扶贫攻坚存在的问题及对策"调研工作,广泛开展调查研究,切实了解社情民意,及时提出好的建议和意见,撰写社情民意 5 篇。

【财政经济委】 2016—2017 年,该委室严格按照县政协主席会议要求,紧紧围绕本年度工作安排,立足岗位,求实创新,在助推衡东经济社会发展中发挥积极作用。一是努力加强理论学习。坚持和完善集中学习制度,采取组织集中学习、讨论等形式,重点学习党的十八大、十八届三中、四中、五中、六中全会和十九大精神,学习习近平总书记系列重要讲话精神,学习省、市"两会"精神以及相关业务知识,做到领会精神,把握实质,指导实践。二是精心组织专题调研。该委室紧紧围绕县委提出的奋斗目标,按照县政协主席会议的要求,选择乡村公路建设等事关大局、关注民生、关注民心等课题,认真开展调研工作,提出有较高参考价值的建议。三是积极开展协商活动。在常委会的统一领导下,积极组织、参与各类民主协商工作,充分反映经济界委员的意愿和心声,表达委员的意见和建议,自觉履行好民主协商职能。两年来围绕"财政预决算"、"洣水渔业保护"等进行专题协商。对财政经济委督办的提案,组织提案人和办理单位面对面座谈协商督办,提升提案办理实效。四是认真履行监督职责。两年来,按照县政协工作要点安排,组织好民主监督小组对县水利局东风干渠维修项目、农田水利项目县建设实施情况等重点工作进行民主监督,组织委员对县工业园区发展情况进行视察,协助做好精准扶贫评议工作,更好发挥政协民主监督作用。

【人资环法委】 2016—2017 年,人资环法委在县政协常委会和主席会议的领导下,按照县政协工作总体部署,履行专委会职能,组织本委委员积极开展活动,圆满完成了各项工作任务,发挥了专委会的基础性作用。一是深入开展调研视察。2016 年 5 - 8 月,组织委员对我县精准扶贫工作情况进行调研,通过走访相关单位、企业、村民代表等形式,认真听取各方建议,全面了解全县精准扶贫工作情况,形成了《关于抓实我县精准扶贫工作建议》的调研报告。2017 年组织部分委员对我县洣水保护工作进行视察。视察中,委员们充分肯定了我县洣水保护工作取得的成效,洣水水质已明显好转。二是做实民主监督工作。2016—2017 年,人资环法委派驻在县法院进行民主监督。该委带领民主监督小组配合法院纪检组对全县基层法庭工作进行明察暗访，并参加了县法院工作安排会、法院案件案庭审等工作，并提出了全力从优待警，严格审判管理，落实廉政要求等三条建议并全部落实，取得了监督实效。三是抓好提案和社情民意工作。两年来该委提交的《农村“地下六合彩”出现蔓延趋势必须严厉打击》和《关于取消高空坠物“连坐”担责的建议》两篇社情民意被市政协采用。

【教科文卫体委】 2016—2017年，县政协教科文卫体委在政协常委会和主席会议的领导下，积极组织委员认真履行政协职能，开展形式多样的活动，圆满完成了各项工作任务。一、调查研究有高度。教科文卫体委密切关注全县教育、卫生、文化等社会事业发展，重点组织了对全县新型农村合作医疗的调研和对全县薄弱学校的视察活动。参与了县政协组织的对农村居民饮水安全、洣水保护等课题的调研活动。二、民主监督有力度。两年来对县教育局工作进行了民主监督。对教育局在教师队伍管理、教师公开招考、高中招生、学生资助、教育收费及大班额的化解等方面的工作进行了监督协商交流。有效促进了全县教育事业的发展。三、联系群众有深度。教科文卫体委组织本委委员在深入调研、广泛收集资料的基础上，认真撰写提案、社情民意，切实履行政协职能职责。两年共报送社情民意8篇，2篇稿件被省、市政协采用。

【文史学习委】 2016—2017年，文史学习委在县政协党组、主席会议、常委会的领导下，认真学习党的十八大、十九大精神；围绕党和政府的中心工作，恪尽职守，较好地完成各项工作任务。一是开展“两学一做”学习教育。学习中，该委室注意把学习积累与服务衡东经济发展相结合，与总结经验规律相结合，与开展调查研究相结合。通过学习党章和习近平同志系列讲话精神，进一步解放了思想，转变了观念，提高了委室人员的政治敏锐性和政治坚定性，进一步增强了做好新时期政协工作的责任感和紧迫感。二是印刷出版《衡东政协志》一书。为纪念衡东县政协成立60周年，文史委组织力量，历时两年多，编写出版了首部记载我县政协发展历程的《衡东县政协志》。该志书分概述、大事记、组织机构、基本职能、委员作为、机关建设、文件选编等七章，较为全面系统客观的记述了衡东县政协的产生、发展过程及履职工作史实。为研究衡东政协事业规律，促进我县政协事业发展提供了宝贵的文献资料，具有重要的参考价值。三是组织开展调研视察活动。文史委按照县政协党组会、主席会议和常委会的安排部署，围绕提高城市品位、农村电商发展等全县各个时期的中心工作，认真开展调查研究，为衡东经济社会发展服好务。

社会团体

工商联

【建立健全商会网络】 2016—2017年，深圳衡东商会、佛山衡东商会相继成立。中山衡东商会、海南衡东商会正在筹建中。衡东县青年创业者协会、衡东县女商会、东莞衡东商会、上海衡岳商会、长沙衡东商会等商（协）会组织正在不断发展完善，衡东县商（协）会网络逐步建立健全。各商（协）会以“自益”“互益”“群益”“公益”为出发点和落脚点，在经济信息交流、整合各类资源、规范经营行为、维持市场秩序等方面起到不可替代的作用；是化解纠纷、平衡利益、增进团结的“润滑剂”；是“下情上达”“上情下达”、协调关系、保障权益、救危扶困、解决社会矛盾、维护社会稳定的“缓冲器”。

【招商引资推介】 2017年，分别在长沙和深圳两地承办衡东籍异地商会代表人士座谈会和衡东县招商引资推介会。将衡东县经济的发展战略、经济政策、项目资源等，多平台、多场合向外展示。努力践行自身承诺，竭尽全力为外来投资商和回乡创业者提供一切便利条件，以优质服务引“凤”来“巢”，成果丰硕。如：鲜盛农产品有限公司的生态种养循环经济项目（总投资1.3亿元人民币）建成投产，湖南领安农产品有限公司的水产品中转基地项目（总投资5000万元人民币）经签约落地，深圳宏祥玻璃有限公司的日产1200吨超白浮法玻璃生产项目达成投资意向。

【引导履行社会责任】 积极动员全县广大非公有制经济人士致富思源、回馈社会，以实际行动践行社会主义核心价值观。2017年8月11日，县政协办、县委统战部、县工商联举办“助力扶贫、爱心圆梦”大型慈善公益活动，共募集善款162.45万元，其中各异地商（协）会及会员企业、爱心人士捐助的资金达130余万元，共资助贫困学子319名，改善乡村学校办学条件2所，资助受灾群众200余人，为全县的扶贫攻坚工作有序有效推进做出积极贡献。8月29日，组织工商联组政协委员深入南湾乡江东村走访慰问10户建档立卡贫困家庭，捐赠现金5000元，衣物粮油等物资价值2000余元。

【推动“村企联建”，助力精准扶贫】 2016—2017年，把精准扶贫工作列为本单位被考核的三项重点业务工作之一，着力推动产业项目与省级贫困村的有效对接，并涌现出一批优秀典型。如湖南恒建农林综合开发有限公司的油茶产业项目、衡阳领安农产品有限公司的生态养殖和休闲旅游项目等。至2017年，全县参加帮扶的非公企业共24家，实施项目106个，投入资金19349万元，受帮扶村88个，受帮扶贫困人口3690人。实现全县33个省级贫困村全覆盖，通过直接帮扶、土地流转、劳务聘用、股份合作等扶持方式，与贫困村、贫困户建立利益连接机制，使贫困村有稳定增收的产业，贫困户有稳定增收的办法。全面完成市工商联下达的2017年度“万企帮万村”精准扶贫行动工作计划。省扶贫检查组将此项成绩列为衡东县精准扶贫工作亮点之一。

【衡东县工商联（县总商会）第十二届委员代表大会】 2016年是衡东县工商联换届之年，工商联严格按照中央和省委提出的关于代表、委员人选的“五好标准”，以及不得推荐提名或继续提名的“十六种负面清单”，认真把好政治关、素质关、结构关，确保代表、委员政治可靠、素质优良、结构优化;规范推荐提名程序,坚持广泛征集各方面意见后由党组集体研究确定推荐提名人选;强化组织审查把关,认真核实调摸底后拟推荐代表、委员人选的每一条资料信息,准确认定代表、委员人选身份,避免出现身份失真失实或变换身份规避审查;坚决把“九严禁”“十个不准”纪律要求,落实到推荐提名工作的各个环节、各个方面。建立责任倒查和追究机制,实行谁推荐谁负责、谁提名谁负责。工商联推荐的非公经济界的23名县政协委员、1名市政协委员、3名市人大代表候选人均顺利当选。

附:选举结果

县工商联主席:陈斌智

县工商联副主席:谭　达　　文付中

谭永健(兼职)　贺建昌(兼职)

罗建平(兼职)　龙金平(兼职)

县工商联秘书长:谭　达(兼)

县总商会会长:陈斌智

县总商会副会长:谭　达　　文付中

邹文清(兼职)　胡长茂(兼职)

邓细启(兼职)　陈红亚(兼职)

宋建中(兼职)　谢铁冬(兼职)

县总商会秘书长:文付中(兼)

工　会

【概况】　2016—2017年,全县各级工会以学习宣传贯彻党的十九大精神为主线,深入学习贯彻习近平新时代中国特色社会主义思想,特别是关于工人阶级和工会工作的重要论述,牢固树立和努力践行五大发展理念,增强“三性”、去除“四化”,坚持“三贴近”(贴近中心促发展,贴近职工办实事,贴近基层搞服务),推进法治化,着力强基层,聚焦抓改革,大力弘扬劳模精神,倾力维护职工合法权益,打造企业文化,团结动员广大职工为加快推动“五县五化”建设建功立业。至2017年年底,全县共有系统(局行)工会196个,基层工会882个,女职工组织254个,职工68036人,会员64896人,其中女会员21845人。2016年,获全市工会系统目标管理考核第一名,市三星级文明单位,县绩效考核先进单位;2017年获全市工会系统目标管理考核第一名,县党风廉政建设先进单位,县绩效考核先进单位等。

【组建工作】　随着全县国有集体企业改革的不断深入和县委、县政府招商引资力度的加大,全县国有集体企业基本改制为非公企业。在民营经济占主导地位的形势下,县总工会因势利导,把工会组建的重心转移到了非公企业。根据上级工会“把农民工都吸引到工会组织中来”的指示精神、县总工会确定“党建带工建,工建促党建”的工会组建工作思路,形成“党委领导、政府支持、多方配合、职工参与、工会运作”的工会组建工作格局。一是突出质量建会,稳步推进工会组织覆盖面。以农民工集中入会行动为契机、以未建会企业和新建企业为组建重点,深入开展未建会企业和新建会企业、新经济组织和新社会组织工会组建工作。农民工入会完成13150人次,超额完成1050人次,建会率达98%,入会率达95%。二是深化标准建家,推进“五型”工会建设。把职工人数较多、规模以上非公企业工会作为建家工作的重点,按照建设“五型”职工之家要求,着重在全县工业园区、乡镇工会、中小型创业基地开展建家活动。做好国、省、市级模范职工之家的推荐、命名工作,推进“会、站、家”一体化建设,不断增强基层工会的活力。2016年,荣桓水电站工会获评湖南省模范职工之家,林业局工会、红狮水泥工会获评衡阳市模范职工之家,恒瑞国际大酒店客房部获评衡阳市模范职工小家。三是着力规范创优,加强基层工会组织建设。按照“强基础,健机制,抓重点,树形象”的要求,深入开展工会规范创优竞赛,年内评选先进工会组织20个,优秀工会干部30名。切实加强开发区工会组织建设,树立和畅食品、世纪钨材两个示范企业建设,实现辖区内企业建会率和职工入会率达到90%以上,突出抓好乡镇工会建设,完善乡镇、村(社区)、企业“小三级”工会组织网络;突出抓好乡镇工会规范化建设,通过县委下文明确乡镇由专职党委副书记兼任工会主席,并配专

(兼)职副主席,有专门的办公场所,活动场所。对每个乡镇安排2万元工会工作经费。

【维权工作】 2016—2017年,从稳定大局、促进和谐出发,在维护职工合法权益方面,主要做了以下几项工作:一是扎实推进厂务公开和民主管理工作。健全和完善企、事业民主管理制度和劳动关系协调机制。为确保企事业单位厂务公开,民主管理工作的顺利推进,通过春季要约行动,使全县90%以上的国有企事业单位、股份制企业都建立职代会和厂务公开制度,80%的非公企业建立平等协商集体合同制度,特别是为落实春季要约行动,配备工资协商指导员,并进行专门的培训,县总工会多次到衡阳红狮水泥有限公司、恒瑞国际大酒店等5家示范企业落实企业工资集体协商活动。由县总工会和乡镇工会上下联动深入企业参与工资集体协商,实现签订工资集体协商合同538家,全面完成工作任务。通过工资集体协商,使员工与企业得到和谐相处、使全县企业发展环境得到了稳定。加大对企业老弱病残职工和农民工权益的维护力度。2016—2017年,先后接待职工来访300多人次;提供法律咨询200多人次;解决影响较大的上访事件2起;参与调解、仲裁各类劳动争议案件8起。推动企事业单位普遍开展"公开解难题、民主促发展"活动。按照"两建六有六公开"的要求,推动非公企业扩大厂务公开民主管理覆盖面,加强职工代表大会制度的规范建设。二是加强工会劳动法律监督,强化制度保障。开展"送法进企业",禁毒宣传进企业、进社区等普法宣传活动,引导工会干部和广大职工群众增强法治观念,不断提高广大职工法律素质。

【劳动竞赛】 完善劳动竞赛体制机制,健全劳动竞赛组织机构,构建劳动竞赛委员会全覆盖的网络体系。重点在工业企业、重点建设项目、服务行业和窗口单位、非公企业开展竞赛活动,指导开展区域发展示范性劳动竞赛。2016年7月,联合县住建局开展建筑业金牌砌筑工、钢筋工劳动职业技能竞赛活动,来自全县建筑行业的11支砌筑工队伍和8支钢筋工队伍参加竞赛活动,取得很好的社会效应。以"工人先锋号"创建活动为载体,着力深化"班组建设年"主题活动。围绕两型社会和"美丽衡东"建设,广泛深入开展"我为节能减排做贡献"活动。进一步扩大"安康杯"竞赛的覆盖面,实现参赛企业数增长10%的目标。2016—2017年,全县各级工会以富民强县为目标,以经济建设为中心,以经济技术创新为重点,广泛开展以"双创杯""安康杯""芙蓉杯""争创工人先锋号,争当五一先锋""创学习型工会""争做知识型职工"等竞赛活动,每年有650多个企事业单位,4780多人参赛,单位参赛率达81%,职工参与率达79%,并在全县各系统选树160个单位挂牌参赛,在上述各项竞赛活动中,先后有9个单位和个人被评为省市"安康杯""芙蓉杯"等称号。农商银行营业部、县妇幼保健院儿科获市"芙蓉标兵岗",农商银行李伟、县妇幼保健院何金利获市"芙蓉百岗名星",陈华良获省"中国梦劳动美永远跟党走"书画大赛二等奖,廖湘林获省"中国梦劳动美永远跟党走"书画大赛优胜奖,城关镇卫生院获衡阳市其层卫生岗位练兵和技能竞赛团体优胜奖,大浦镇中心卫生院谭川获个人三等奖,草市镇卫生院曹玉莲获个人一等奖,同时被授予"衡阳市五一劳动奖章"。通过开展各种类型竞赛活动,不仅调动和激发全县广大职工的生产积极性和技术创新能力,提高了企业的安全生产管理水平和职工的安全防范能力,而且有力地促进全县经济的快速发展。

【劳模管理】 一是在全县组织衡阳市"五一劳动奖章","工人先锋号"推荐评选活动。推荐评选东健药业三胶车间/切胶班为市"工人先锋号";推荐评选衡东县第一中学周卫华老师、草市卫生院曹玉年医生、力源动力的一线工人胡永国为市"五一劳动奖章"获得者;推荐评选衡东县地税局干部左朝晖为省"五一劳动奖章"。二是大力宣扬劳模精神。在电视台开设以《榜样的力量——劳动者之歌》为主题的宣传专栏,重点宣传20多位各级劳模及基层一线有突出贡献的劳动者的先进事迹,大力宣传劳模先进事迹,弘扬劳模精神。举办"中国梦·劳动美"劳模讲坛活动,充分发挥劳模的示范引领作用。积极培育和弘扬社会主义核心价值观,大力营造劳动伟大、劳动光荣的氛围,用爱岗敬业、争创一流,艰苦奋斗、勇于创新、淡泊名利、甘于奉献的伟大劳模精神引领社会风尚。每年“五一”召开劳模座谈会,并对全县的劳模进行慰问,两年发放慰问金11万多元,年底,对省部级劳模进行慰问,发放慰问金1000元/人。2015年,为15位低收入和7位重大病的市级以上劳模申请生活困难补助金6.28万元。

【“双联”帮扶】 全县各级工会树立服务理念,加大困难帮扶力度,精准帮扶困难职工,为困难职工办实事、解难事。一是品牌服务成效显著。开展工会帮扶工作管理系统困难职工档案全面清理,做好“四季送”、职工医疗互助、大病救助、工会日常和项目化帮扶等工作品牌,覆盖面和受益面不断扩大。开展职工医疗互助活动,两年组织动员400多个单位,2.5万人次参加,1300人次获补偿报销159万元,6人申领特殊疾病保障金2万元。大病救助项目投入58.9万元,惠及76名困难职工。“金秋助学”活动资助困难学子41名,发放助学金10.4万元。开展夏送清凉活动,花费资金5万多元,为900多名一线环卫工人、交警、城管执法人员,每人配发一份绿豆、白糖和防暑药品,给在烈日下坚守岗位辛勤工作的劳动者们送上一份清凉。二是“双联”帮扶精准到位。两年全县筹集送温暖资金101万元,走访困难企业22家,慰问困难职工家庭1173户。与县领导共同慰问全国及省、部级劳模22人,金额3.94万元。三是脱贫攻坚持续发力。全县各级工会融入脱贫攻坚大局,县总工会深入联点贫困村胜利村和大桥湾社区,建好村级综合服务平台,解决公路硬化、安全饮水等问题,扶持中秋酥脆枣、生猪养殖,油茶种植和光伏发电等4大产业扶贫项目。继续推进“一户一产业工人,一会一培训基地”培养工程。针对困难职工和农民工及子女实施免费技能培训300人次。

【自身建设】 一是加强队伍建设,不断提高工会干部履职能力。按照“两学一做”学习教育活动的要求,从严管理干部,巩固教育实践活动成效,进一步改进工作作风。加大干部教育培训力度,不断提升工会干部的素质和能力。在2015年评选先进工会的基础上,继续开展先进工会评选活动,激发全县基层工会干部的工作积极性。注重工会干部队伍素质教育,两年县总工会选送8批、15人次到省、市总工会参加培训。2016年3月,联合县就业局举办为期一个星期的衡东县2016年SIYB(创业培训)班,来自全县各行各业的创业青年88人次参加本次培训班。2016年11月,组织全县部分基层工会主席赴浙江大学进行系统的工会知识培训,通过学习,基层工会干部对工会工作有系统的、全面的了解,极大地增强了工作信心,激发了工作热情。二是组织各级工会开展有益职工身心健康的文体活动。2016年4—11月,县总工会牵头成功举办全县性的“美丽衡东 智在快乐 奔向健康”2016衡东县职工智跑挑战赛,1000余人参加预赛,55个机关单位、乡镇的385名选手参加决赛,有20多个单位获得奖励。2017年5—9月,县总工会牵头成功举办全县性的“薪火相传 土菜飘香”火炬传递活动,10000余人参加活动,尤其是8—9月在各乡镇与县城的火炬传递亮点纷呈,推介衡东,起到很好的轰动效应。2016年5月,组织二支队伍参加衡阳市第三届职工羽毛球联赛并获得组织奖。通过开展活动,丰富了职工群众的文化生活,增加彼此之间友谊,赛出团结协作的精神,在全县上下各界反响相当好,大家一致认为这是县总工会做的大好事、实事。三是机关文明建设有声有色。把干部作风建设与自身工作实际结合起来,切实改进干部作风,把困难职工帮扶中心搬到前面一栋一楼临街面办公,做到窗口前移,方便办事群众。对来工会办事的职工做到“六个一”,即一腔热情接待、一张笑脸相迎、一把椅子让座、一杯清茶暖心、一丝不苟办事、一句好话相送。形成待人、接物及办事新风,使广大职工群众感受到工会组织的温暖,切实增进与职工群众的深厚感情。

【文明创建】 文明单位的创建,是县总工会党的群众路线教育实践活动取得成果的关键,是工会创建市级文明单位的有效载体。为加强对创建工作的领导,县总工会把创建工作作为“一把手”工程来抓,把“创建星级文明单位”建设纳入党组议事日程,成立工会申创市星级文明单位领导小组,由主席谭民中任组长,实行一把手负总责,由党组成员任副组长,分管负责人具体抓好创建工作,各部室负责人任创建小组办公室成员,负责协调及创建工作的具体落实。从而使创建工作做到责任到位、任务明确、既有分工、又有合作,充分体现出一个团队的协作互助精神。为实施申报星级文明单位计划,县总工会秉着节俭高效的原则,对机关庭院进行全面整修。一是全面改建职工之家,改善职工活动场地。争取省、市总工会和县委政府支持,通过市、县发改局审批,将收回的工会家属宿舍改建成职工之家,年底主体工程已全部完工。二是对院内环境全面进行整理。将原来一个杂草丛生、灌木成林的庭院全部进行硬化、美化、亮化,使整个机关庭院显得整洁卫生、美观大方。三是积极开展争创活动。为推进工会机关创建市星级文明单位,促进规范化服务型机关建设,努力营造舒适整洁、文明有序、和谐进步的机关环境,县总工会在全体工作人员中积极开展"五讲五创"活动,力求做到讲文明,知荣辱,树新风,促和谐,谋发展。通过开展创建活动,衡东县总工会2016年被评为市三星级文明单位。 (向琼燕)

共青团

【概况】 2016—2017年,中共衡东县委共青团始终高举中国特色社会主义伟大旗帜,坚持以党的十九大精神和习近平新时代中国特色社会主义思想为指导,深入学习贯彻落实习近平总书记系列重要讲话精神特别是关于青少年和共青团工作的重要指示精神,坚决贯彻落实县委和团市委的决策部署,牢牢把握增强政治性、先进性、群众性和克服"机关化、行政化、贵族化、娱乐化"的根本要求,探索构建"凝聚青年、服务大局、当好桥梁、从严治团"四维工作格局,牢固树立改革创新意识,扎实推动工作,切实改进作风,团结带领广大团员青年为推进"五县五化"做出新的贡献。

【凝聚青年】 坚持用社会主义核心价值体系教育引导青少年,引领青年听党话、跟党走。把握"五四""六一""七一"等重要时间节点,普遍开展"与信仰对话""红领巾相约中国梦""奋斗的青春最美丽"等主题教育活动。组织开展"青春瞩目十九大""一学一做"教育实践、"我是衡东青年人,争做衡东活雷锋"志愿者服务活动、"青春喜迎十九大·不忘初心跟党走"集体入团仪式、"争当绿色小先锋"、书法进校园等活动。选树榜样发挥引领作用,开展"团员先锋岗(队)""优秀共青团员""优秀共青团干""最美"系列等评选表彰活动,让中国梦构建起广大青少年的精神坐标。加强新媒体运用,进一步加强网络文明志愿者队伍、网宣员队伍、微博、微信、网站等团属网络宣传平台的建设和管理。发挥"衡东共青团"微博、微信公众号、"微邦""青年之声"、共青团"网军"队伍作用,鲜明有力发出青年好声音。

【服务大局】 践行"生态立县"理念,组织开展"我是衡东青年人 我为衡东添光彩"为主题的植树节活动,在洣水国家湿地公园的恢复重建区建立衡东"共青林",规划面积75亩,专门用于团县委组织全县青年志愿者植树。把握"民营强县"要求,做大做强青创协,推荐创业青年谭燕丰的洣水花千谷项目在衡阳市创新创业大赛中勇夺第一,获得奖金10万元;推荐创业青年罗慧婷在湖南省创新创业大赛中勇夺第一,获得奖金15万元;为5名衡东创业青年争取湖南省大学生创业基金无偿资助金34万元。成功引进湖南机油泵股份有限公司光储能微电网项目。该项目于2017年12月26日顺利并网并发电,年平均发电量约195万千瓦时,节约标准煤691.2吨,减排二氧化碳1725吨。项目总投资1400余万元,可实现年均纳税逾60万元。服务"旅游活县"战略,组织10000人次志愿者参加创建省级文明县城、抗洪救灾、衡东县第四届土菜文化旅游节等志愿活动。扎实开展共青团"青春扶贫"工作通过项目化、品牌化推进"希望工程"事业,利用"金虎·成就梦想"助学、"一元捐"品牌活动对一大批建档立卡的贫困少年儿童进行资助,为全县贫困村和贫困户学生争取资金40.4万元。

【当好桥梁】 “和谐兴县”,不遗余力服务青少年群体。加强服务阵地建设,在全县35个留守儿童比较集中的边远乡镇学校建设留守儿童快乐家园,为留守儿童提供一个安全稳定的学习活动场所,搭建一个与家长、监护人沟通交流的互动平台。竭力帮扶青少年弱势群体,结合大学生暑期三下乡活动,对接大学生支教队伍到衡东,在贫困村为留守儿童开展学业辅导、亲情陪伴、自护教育等关爱活动,累计服务1000人次。维护青少年合法权益。加强未成年人权益保护工作,充分发挥衡东县预防青少年违法犯罪工作专项组的职能,主动介入100余起青少年违法犯罪案件中,维护青少年合法权益。关爱未婚青年男女,组织全县适婚单身青年开展“情暖冬日,缘来有你”2017年青年交友联谊会,安排破冰行动、游戏竞赛、才艺展示、真情告白等精彩环节,给未婚青年男女们搭建一个展示自己,互相交流的健康平台。

【从严治团】 切实推进共青团改革,推动出台《中共衡东县委关于加强和改进党的群团工作的实施意见》。加强团的基层组织建设,精心谋划,全县233个村、23个社区和17个乡镇全部完成换届选举工作,选举产生团支部书记256名,副书记256名,形成一张完整的团组织工作网络,为全县基层团组织工作开创新局面奠定良好基础。加强团的干部队伍建设,严格按照“一学一做”学习教育要求,紧扣衡东共青团工作实际,组织团县委机关和全县共青团系统,聚焦突出问题,扎实有序推进“一学一做”教育实践,切实把团干部的思想政治建设抓在日常、严在经常,有效促进干部队伍的作风提升。以落实“1+100”团干部直接联系青年制度为总揽,以“机关专题开放日”为载体,统筹“走转改”大宣讲大调研、向基层报到、常态化下基层等活动,大力推进团干部转变工作作风。加强团的先进性建设,编发《关于做好2017年全县发展团员调控工作的通知》,严格入团标准和程序,实行发展团员总量调控,推行发展团员编号制,着力调控中学团青比例,逐步提升全县共青团员质量和先进性水平。 （陈岳飞）

妇　　联

【概况】 2016—2017年,衡东县妇女联合会深入贯彻落实全国妇女十一大精神,坚持以服务大局、服务妇女为宗旨,发挥本部门的组织优势和职能优势,以建设“坚强阵地”和“温暖之家”为目标,在推进妇女基层组织建设、参与社会管理、维护妇女儿童权益、促进妇女发展等方面做出新成绩,有效促进全县妇女儿童事业的新发展,为推进小康衡东建设作出新的贡献。至2017年,县妇联连续第十四次被评为全省“妇联系统宣传工作先进单位”。

【新农村建设】 围绕中心,服务大局,在全县经济发展中贡献力量。一是开展“春风行动”,搭建妇女就业平台。继续联合县人社局开展“春风行动”,在县城主要街道张贴标语,悬挂横幅,印制宣传单,并在全城所有公告栏上公布“春风行动”招聘会广告,为广大群众充分提供就业机会,切实加强城乡就业进程。二是实施小额担保贷款,加强妇女创业服务。自妇女小额担保贷款项目实施以来,县妇联一直注重加强与财政、人社等成员单位的通力合作,扎实推进妇女小额担保贷款工作,有效地支持和帮助妇女创新创业。三是强化职业技能培训,提升妇女创收能力。利用农广校,“金果果油茶”“龙牙百合”、洣水花千谷、千年白莲风情园等巾帼示范基地、家政培训学校等平台,开展各种种养殖技术、就业技能、创业项目培训,鼓励扶持妇女积极就业和自主创业。并积极选派妇女参加各类职业骨干培训班,强化骨干带头作用,2016年,选派7名妇女参加国省市举办的各类培训班。四是深化“巾帼建功”活动,带动妇女建功立业。进一步推进“巾帼建功”活动向纵深发展,引导和激励广大妇女立足岗位、创先争优、建功立业,培树一批技能标兵和文明窗口,引领城乡妇女“服务创一流、巾帼展风采”。2016年,县交警大队车管所被评为“全省巾帼文明岗”,获“全省十佳巾帼文明岗”称号,县农商银行城东支行营业部被评为湖南省三八红旗集体。五是深入开展精准扶贫。在就业、产业扶贫上想方设法。通过开展“春风行动”现场招聘会,组织市县企业提供就业岗位1500多个,为陪读妈妈、高校毕业生、就业困难群体搭建就业服务平台,特别是让农村外出务工返乡劳动力、建档立卡农村贫困劳动力顺利转移就业。联合县委组织部扶贫工作队、杨桥镇妇联在荆竹村开办巾帼扶贫手工编织培训班,免费教贫困妇女手工编织技术,并提供订单进行产品回收,促进贫困妇女脱贫脱困。2017年,在荣桓镇长岭社区驻点扶贫期间,班子成员走访慰问贫困户多次,为贫困户送去粮油、慰问金等物资。年底,对17个乡镇贫困两癌妇女及贫困离任村妇女干部开展集中慰问救助,共计发放救助金39500元。

【“巾帼建功”活动】 以“示范创建”为抓手,引领妇女建功立业。深化示范创建工作,培树一批技能标兵、文明窗口和示范家庭,引领城乡妇女“服务创一流、巾帼展风采”。2014年,县房产局房产服务中心被评为省巾帼文明岗,县民政局婚登中心被评为市巾帼文明岗,衡东金果果油茶种植专业合作社被评为省农村妇女岗位建功先进集体,白莲镇马房村丁冬芽家庭被评为省两型示范家庭,新塘镇文峰社区胡云云家庭被评为市两型示范家庭。同时积极培树巾帼科技示范基地,选报龙牙百合种植合作社及种植基地参创省级巾帼现代农业科技示范基地,并选派其负责人参加全国新型职业女农民培训班。带领创业人员到长沙市妇联家政服务中心参观学习,扶持开办家政培训学校,准备以家政培训学校为平台,大力培训家政服务人才。2015年,表彰巾帼示范村(社区)10个、巾帼文明岗5个、巾帼建功标兵10个,并开办《花开灿烂——巾帼风采录》电视专栏,大力宣传巾帼模范们的先进事迹,发挥先进的示范带动作用,激发广大妇女的积极性和创造性,引导她们在全面深化改革的伟大实践中发挥主体作用。以“小额担保贷款”为平台,引领妇女积极创业。与财政、人社等部门密切合作,宣传妇女小额担保贷款政策,指导妇女大力发展投资少、风险小、周期短、见效快的项目,主动为城乡妇女申请小额担保贷款提供帮扶。

【文明创建活动】 巾帼志愿活动切实推进。充分发掘蕴藏在广大妇女中的志愿服务潜力,弘扬志愿精神,培育志愿文化,壮大巾帼志愿者队伍。“远离乳腺癌志愿宣传活动”“义诊”“健康宣传”“送法下乡志愿活动”“男女平等基本国策志愿宣传活动”“禁毒、防艾”“春蕾助学”“关爱留守妇女儿童”“保护母亲河”“爱心助老、义务剪发”等等志愿活动,已经成为衡东县巾帼志愿的常规活动。寻找“最美”系列活动成效显著。在全县大力开展寻找“最美家庭”活动,以“妇女之家”为平台,发动妇女和家庭踊跃参与活动,深入挖掘、宣传感人事迹。同时广泛开展议家风家训家规、晒家庭幸福生活、讲家庭和谐故事、展家庭文明风采、秀家庭未来梦想等丰富多样的活动,引导广大妇女和万千家庭树立家庭美德观念,形成良好文明家风,以家庭文明和谐促社会文明和谐。到2015年年底,评选出县“五好文明家庭”36户,县“最美家庭”7户,县“最美湘女”8名,推选向莲生家庭、刘美萍家庭被评为全省“最美家庭”,李卫兵家庭被评为全国“最美家庭”。

【儿少工作】 “春蕾计划”不断拓展。每年资助“春蕾女童”130余名,共计资助金额26万余元。关爱留守儿童不断深化。2014年10月,启动全县农村留守儿童信息数据库建设工作,采集建库农村留守儿童信息5.56万条。以关爱留守儿童为主题,配合县委群众路线教育实践活动领导小组、县委宣传部、湖南电视台“心得乐”公益栏目组及县里其他相关单位,在滨江广场举行“心得乐”大型爱心慈善捐助活动,以“面对面捐助”的形式,募集资金300余万元,捐助贫困学生110名;在县文体广场举办“有爱,就有视界”亲子活动;联合县新华书店、县荣桓图书馆走访慰问65名贫困留守儿童,送去慰问金和点读机、书包、饮水杯、书籍等用品;县直各机关单位以及各乡镇妇联还联合各地学校采取不同形式,开展丰富多彩、寓教于乐、健康向上的关爱庆祝活动。推进“六一”系列活动开展。全县各级妇联纷纷开展文艺汇演、歌咏比赛、亲子游戏、征文活动、走访慰问等形式多样的“六一”庆祝活动,丰富孩子们的节日生活。

【普法维权】 大力营造男女平等社会氛围。以弘扬先进性别文化为主题，联合公安、检察院、法院、司法等10余单位，开展男女平等基本国策宣传月活动，以集中展出展板、政策解答、法律咨询等方式，提高广大群众基本国策的知晓率，各机关、企业、乡镇、村（社区）也开办了宣传栏、悬挂宣传横幅，推动男女平等基本国策进学校、进机关、进企业、进社区、进乡村。社会稳定工作不遗余力。继续开展一年一度的“三八维权周”活动，大力宣传男女平等基本国策、《中华人民共和国妇女权益保障法》《中华人民共和国婚姻法》和《中华人民共和国未成年人保护法》，不断提高妇女儿童的法律意识；切实履行禁毒工作职责，组织乡镇妇联主席观摩全县禁毒知识抢答赛，倡议广大妇女珍爱生命、拒绝毒品，在全县营造“远离毒品 、呵护家园”的良好氛围。加大维权信访接待力度。一是认真接待来信来访群众；二是完善人民陪审员制度，积极参与陪审工作。副主席陈惠芳作为人民陪审员，积极加强业务学习，认真履行人民陪审员职责，为有需要的妇女提供法律援助服务。三是综治项目化。成立首个“婚姻调解委员会”。以“平安家庭”创建为契机，深入开展“防邪知识进家庭”“不让毒品进我家——无毒万家兴”活动。充分发挥心理专家团队优势，积极探索家暴妇女心理干预机制，实施“家庭暴力案件危险性评估”项目，倡导健康文明、积极向上的生活理念，有效促进社会和谐稳定。省“母亲健康快车”项目运行良好。项目运行以来，共进行义诊1045人次，健康普查1343人次，运送孕产妇34人次，运送其他病人32人次。“乳腺癌”免费普查有序推进。继续铺开农村妇女乳腺癌免费检查项目，认真完成农村妇女手诊任务。完成“中美提升乳腺癌预防意识教育与培训试点项目”终期评估，受到全国和省市妇联的好评，在踏庄乡开办的“中美提升乳腺癌预防意识教育与培训试点项目农村妇女骨干培训讲座”成为全国推广的示范讲座；两年来，对普查确诊的23名特困乳腺癌患者给予每人10000元的救助金。着力推进妇女儿童发展规划实施。县妇儿工委以推动实施妇女儿童发展“十二五”规划为主线，以研究解决妇女儿童发展中的重点难点问题为着力点，认真履行职责，强化组织协调，形成党委重视、政府统筹、妇儿工委办公室牵头、各职能部门各司其职、齐抓共管的良好格局。县妇儿工委办和各成员单位对妇女儿童“十二五”规划进行认真的评估总结，并顺利通过市政府妇儿工委的评估督导，并且已完成妇女儿童“十三五”规划的编制工作。

【自身建设、组织建设】 深入开展党的群众路线教育实践活动。围绕“为民务实清廉”的主题，按照“照镜子、正衣冠、洗洗澡、治治病”的总要求，对照理论理想、党章党纪、民心民声、先辈先进“四面镜子”和“三严三实”要求，妇联党组组织党员认真学习、讨论、深入基层走访征求妇女意见建议、撰写对照检查材料、召开民主生活会和组织生活会，制定整改措施，并紧扣“群众路线”主题，自主创新“自选动作”，多次开展各种志愿活动，以实际行动做到边整边改、立行立改。全县的女干部、女党员们积极参与本单位的教育活动，以群众路线教育实践活动的深入扎实开展，切实加强女干部、女党员的作风建设，强化宗旨意识，密切与妇女群众的关系。推进基层妇联组织建设。一是完善妇联组织建设网络，加强县直机关妇委会建设，公安局妇委会按照规范程序进行改选。二是加强农村妇女组织建设，全县农村妇代会主任100%进村支“两委”班子，确保妇女参与村务的决策与管理。三是切实完善“妇女之家”建设。坚持“党建带妇建、妇建服务党建”的原则，完善妇联组织建设网络，以“大妇委会”的理念，在全县所有村、社区挂牌建设“妇女之家”，完善“妇女之家”的管理队伍，并创建一批示范“妇女之家”。至2017年，全县创建省级示范“妇女之家”1个，县级示范“妇女之家”24个。推进妇女干部队伍建设。全面掌握全县女干部情况，及时完善更新女干部人才库。以提高女干部工作能力为着力点，拓宽女干部学习渠道，积极推荐女干部参加各级培训，认真组织女干部完成在线学习，组织100余名相关部门女干部参加社会工作师的培训和考试。以提高农村妇女干部综合素质为立足点，在多个乡镇开展农村村支两委女干部、妇代会主任、妇女组长和妇女骨干培训班，培养她们的参政议政能力、为民服务能力。推进妇联组织自身建设。进一步加强妇联组织和妇联干部能力建设,提高组织、宣传、教育、服务妇女的本领,切实做好党的妇女群众工作。健全妇联干部教育培训机制,加大教育培训力度,积极推动妇女成才成长。

(蒋岫曦)

科　　协

【概况】 衡东县科协设主席1人,副主席2人,下设普及部、学会部、办公室、财会室,现有在职人数8人。

【科普宣传】 1.开展"科技周"活动。2016年5月16日,县科协联合农学会、林学会、农机学会、畜牧水产学会、卫生学会、药学会、药监学会、科技局等一起在县文体广场开展一场宣传推广健康防疫及农村卫生保健,防灾减灾、农村应用技术,食品、药品安全科普知识活动。发放宣传资料5000余份,赠送科技图书500余册,展出科技板报23块,受益群众1万余人次。2017年5月17日,县科协联合农学会、林学会、卫生学会、药学会、司法局等一起在县文体广场开展一场宣传推广健康防疫及农村卫生保健,防灾减灾、农村应用技术,食品、药品安全科普知识活动。发放宣传资料2000余份,赠送科技图书600余册,展出科技板报20块,受益群众2万余人次。2.举办"全国科普日"集中宣传活动。2016年9月19日上午9时,组织科技局、农业局、畜牧局等11多个涉农涉科单位及滨江、嘉兴、迎宾社区,在城关滨江社区举办科普宣传活动,通过悬挂过街标语、设立咨询台、发放科普图书、展出科普版面等方式,宣传科技引领未来等方面的知识,这次展出科技图片30多幅,散发科技资料、科技刊物2000余份,接受群众咨询500余人次,解决群众生产生活中的疑难问题50余例。2017年"全国科普日"期间利用赶集的时机,深入大浦镇、石湾镇、石滩乡发放各类种植、养殖资料1500多册,其他资料1000多册,受益群众达3万多人。

【科技三进工作】 2016年,组织农业技术专家、科普志愿者20余名深入农村开展实用技术知识指导。围绕衡东县设施农业发展实际和农民生活方面的热点、难点问题,如:农作物防灾减灾技术、蔬菜栽培技术、安全健康等方面的知识,采取集中讲解、服务咨询和现场指导等。向农民发放科技资料2000多份;在滨江小区、嘉兴小区、迎宾小区等举办科普进社区宣传活动,同时,在宣传栏内更换科普宣传挂图,及时将新的科技知识普及到社区居民,切实提高社区居民创新科技的新理念,用实践行动提高生活品位和生活质量,共同建设绿色环保县城、文明和谐县城、生态良好县城,促进县全国文明县城建设;在县一中进行科普讲座,科普宣传展览,更新科普画廊、校园专栏、板报内容。2017年4月,科协干部职工、农技协、基地技术人员一同参加衡东县"三下乡"服务活动,深入石滩乡开展科技支农、科普资料发放、解答农民疑难问题活动。发放4种资料3000余份,受益人群1万多人。

【防灾减灾工作】 2016年5月,联合科技局、气象局、地震指挥部、防汛指挥部、应急办5月12日在县八中开展防灾减灾宣传和1000多名师生参加地震应急疏散活动。共展出板报21块,悬挂宣传图20余幅,发放各类宣传资料7种、1000余份。

【科技惠农】 2016年,培养农技协2个,科普示范基地2个,科普带头人6户;衡东县彩云飞苗木种植科普示范基地被评为2016年湖南省"基层科普行动计划"奖补单位。2017年,培养省级科普带头人1户,市科普示范基地1户;荣鑫绿色食品有限公司、大浦托财渔业养殖专业合作社、荣恒秀源生态农庄有限公司、衡东弘烺种养专业合作社等全县科普示范基地4个,衡东一中的市青少年科普示范学校获得市级认定通过。

【科技扶贫】 2016年,走访新塘镇石洋村农户251户,占全村农户的91.2%,走访慰问贫困户、残疾人、孤寡老人、留守儿童和妇女15人,发放慰问金3000元。为全村农户发放《农民致富》《养殖技术手册》《家禽防疫读本》等6种科普资料、620份。2017年,针对石滩乡长源村2户贫困户,精准施策,从教育扶贫、产业扶贫上制订脱贫方案,资助教育扶贫资金2000元。针对2户不同情况,分别购买生猪、黑山羊、美国三红紫薇、桂花苗木等。从养殖、种植方面着手,引进品种,引进技术,了解市场行情信息,让农户既增了收入,既帮助他们脱贫,又让他们掌握致富的本领。"七一"期间,走访慰问贫困党员农户3户,每户发放慰问金500元;危房户1户,发放慰问金1000元。同时为全村农户发放《农民致富》《养殖技术手册》《家禽防疫读本》等5种科普资料、200多份。

(陈艳辉)

文　　联

【概况】 衡东县文学艺术界联合会成立于2011年9月,正科级,参照公务员管理单位,现有编制5名,下设一个办公室,增设文联组织联络室,增加2个全额事业编制;还增设陈少梅美术馆,为股级公益一类事业单位,核定全额事业编。2017年9月,衡东文联搬进陈少梅美术馆内办公。文联下有是个文艺社会团体:衡东县摄影家协会、衡东县舞蹈家协会、衡东县作家协会、衡东县音乐家协会、衡东县青年音乐家协会、衡东县书法家协会、衡东县演讲协会、衡东县民间文艺家协会、衡东县文峰诗社等。2016—2017年,连续两年获省基层先进文联。

【文艺书籍出版】 《人文衡东》图文并茂,比较全面介绍了衡东人文底蕴,覆盖到县直机关单位、本届县人大代表和政协委员、省市相关单位、来陈少梅美术馆参观的嘉宾。2016年,谢芳芳出版诗歌集《香枫有约》和散文《浅浅》两个文集,并成功加入中国散文学会;孔志勇出版小说集《绯红》,2017年,进入毛泽东文学院学习并加入湖南省作家协会;王月华出版地域散文《衡东记忆》;谭南森出版《九工十八匠》,里面的文章在《衡阳日报》连载。

【文学艺术奖评选】 评选2016年度文学艺术奖和第二届德艺双馨文艺家,较好地激发全县文艺工作者的创作积极性,切实繁荣衡东县文学艺术事业。2016年度文学艺术奖获得者名单:陈永忠、罗海华和陈晓玉、陈启国和吴爱萍、何彩维、刘立文、向耀楚、周季子、王月华、许适文、谭南森、眭耀文、吴亚雄、雷雄、文韬、何显标、雷久和、刘常清、廖湘林、赵青、陈华良。第二届德艺双馨文艺家名单:文新学、刘伟南、罗恒保、罗桐生、谭南海、许松槐6人。

【文艺活动】 围绕县委政府举办第四届土菜文化旅游节,先后承办"三樟黄贡椒节剪纸展览和现场展示活动"、"衡东土菜"主题征文、书画摄影征稿及展览活动。每个活动均有声有色,好评如潮。

(谢芳芳)

侨　　联

【概况】 衡东县归侨侨眷联合会(简称衡东县侨联),是党领导的人民团体,是党和政府联系广大归侨侨眷和海外侨胞的桥梁和纽带,是团结服务归侨侨眷和海外侨胞的群众组织。归口县委统战部管理。近两年县侨联,坚持为侨服务的宗旨,坚持"两个拓展",做好"引导、服务、联谊"三篇文章,紧紧围绕全县中心工作,认真履职尽责,充分发挥自身优势,为服务衡东经济社会发展,维护侨界和谐作出较大的贡献。

【联络联谊】 县侨联一直十分重视海外联谊工作,积极开展与港澳同胞和海外侨胞的联络联谊活动,坚持实施"走出去,请进来"战略,巩固老朋友,结识新朋友,深交好朋友,通过亲情、乡情和商情"三情"并举,不断深化国际交流与合作。节日问候:每年元旦、春节期间,向衡东籍的海外华人华侨和港澳同胞寄送贺卡200多份,电子邮件多份。中秋、端午等传统佳节进行电话慰问,加强海外联谊。搞好活动:2017年,配合好省侨联组织好"亲情中华"暑期海外华裔青少年湖南夏令营活动,来自美国、加拿大、英国、意大利、老挝等14个国家和地区的近百名华裔青少年走进衡东、品衡东土菜、学中华武术。展示风貌:认真组织侨资学校参加第十九届华人作文大赛,活跃学生课外学习生活,弘扬中华文化,展示涉侨学校的独特风貌。作好宣传:以联谊会为实体平台,以微信群为虚拟平台,加强与港澳侨胞的联系,2017年,建立衡东旅美联谊会及相关的微信群,了解衡东旅美人士的情况,并频繁地与他们即时交流,不定期发送衡东县招商合作信息、创业、人才政策、重大活动方案等,引导广大旅美人士宣传好衡东。热情接待:每年接待海外华人华侨和港澳台同胞30余人次,先后接待旅德华侨,台湾著名专栏女作家,香港城市大学教授龙应台,台湾旅港著名画家雷正凡、雷来学父女,美籍华人黄彰任博士的大女儿黄敦锦、二女儿黄敦钰、五儿子黄敦錡等。根据商务活动、寻根问祖、探亲等不同来由,合理安排行程,细致周到地做好接待工作,让他们有宾至如归的感觉。

【维侨护侨】 依法护侨是侨联的基本职责,维护归侨侨眷合法权益责无旁贷。法治宣传:加大《中华人民共和国归侨侨眷权益保护法》及其实施办法的宣传贯彻力度,实现好、维护好、发展好侨界群众的根本利益。在街头、社区等公共场合发放涉侨涉台政策法律汇编1000余本。通过发放有关涉侨法律等资料,引导广大侨界群众依法维权。困难慰问:在元旦、春节期间开展"献爱心、送温暖"活动,每年发放扶贫帮困资金20000元。尽力帮助解决他们工作、生活中的实际困难,体现党和政府对老年和困难归侨的关心和厚爱。服务侨企:2017年,全县共有涉侨企业6家,全部是衡阳市侨商会会员单位,其中银都大酒店和雅士美容机构是湖南省侨商会会员单位。邀请市侨商会的侨商多次来衡东"传经",主要就营造企业文化、创建企业品牌、强化企业管理、企业转型等方面为衡东县侨商授业解惑。

【参政议政】 积极推荐引导侨界人士参政议政,利用每次人大政协换届的契机,推荐侨界群众进政协任委员、进人大做代表提名人选。有县政协委员、县人大代表共8人。加强与侨界人大代表、政协委员的沟通和联系,组织好学习、视察、调研等活动,收集好侨界群众的意见建议。每年全县两会期间,侨界委员都要提交提案议案10余件,为县委和政府科学决策提供参考依据,同时也表达侨届群众的诉求,维护侨界群众的合法权益。

【募捐扶贫】 县侨联积极引导港澳同胞、海外侨胞、侨眷侨属等参与全县各项社会慈善事业。千侨帮千户:对全县贫困归侨侨眷摸底走访,精准扶贫,深入走访贫困户,通过组织义诊、联系教育局减免学杂费、提供就业机会等帮扶形式,助力贫困侨界群众早日摘到贫困户的帽子。关心残疾人士:接受香港吴星可基金会捐赠的轮椅5台,发放给家庭贫困的肢体残疾人士,解决他们的实际问题。关爱寒门学子:在"'大爱暖衡州'统一战线资助千名寒门学子圆梦校园"大型公益活动中,侨界代表人士共筹集15500元助学金。

【侨心工程】 充分发挥自身优势,广集海内外侨胞之力,广泛开展"侨心工程"活动。助力侨资学校:2016年10月,参与组织"欧阳遇实验中学建校30周年暨黄彰任先生诞辰100周年"大型纪念活动,在校师生近5000人参与活动。黄氏家人现场捐款4万元,广大校友纷纷慷慨解囊支持母校,或承建项目,或捐资捐物,总捐款(含物品)超过100万元。这两年欧阳遇中学通过黄彰任基金选送2名教师赴美学习交流,2名学生去海外留学。助推侨心项目:2017年香港阅读梦飞翔基金会又捐资10万在新塘镇小学和大桥完小建设2个图书馆,到2017年年末,该基金会已在全县建成8个图书馆,培训了一大批小学教师,受到各界人士好评。

【服务经济】 两年来,为推动衡东县社会稳定和经济发展,积极宣传衡东县的发展前景和战略举措,介绍投资环境和优惠政策,努力为衡东县引资引智牵线搭桥。广泛宣传衡东土菜,组织美国外教与县内电商平台共同探讨衡东土菜蕴含的饮食文化,通过微信群,发送大量精美图片,一瞬间衡东土菜穿越时空,名扬四海,广大衡东籍海外侨胞爱乡思乡之情空前高涨。主动对接涉外经贸团体,通过省市侨商会加强与海外侨胞特别是华侨华人科技和经贸团体的联系，积极引荐他们回国、回家乡考察、投资、创业等。积极扶持侨资、侨属企业发展，与香港铜锣湾项目进行多次洽谈。组织衡东县侨企多次参加省、市各级侨商会活动，向各级侨商会组织介绍衡东的招商引资环境和优惠政策，推荐衡东的重点工程建设项目。

（邓红漫）

残　联

【概况】　衡东县残疾人联合会成立于1992年，2002年升格为副科级单位，2003年升格为正科级单位。机关参照公务员法管理，内设办公室、康复股、证件管理股、辅助器具管理股、财务股等，下辖康复中心、就业服务所等二级机构，机关现共有工作人员29人，其中正式员工27人，临时工2人。衡东县共有残疾人5.2万，约占全县总人口76万的6.85%，其中已办证残疾人18799人，占残疾人总数的3.61%。智力残疾人1457人，精神残疾人1303人，肢体残疾人10658人，视力残疾人2429人，听力残疾人1282人，言语残疾人922人，多重残疾人748人。两年来，衡东县残疾人工作在就业、扶贫、康复、教育等方面取得较大的成绩，残联组织不断健全，队伍素质不断提高，残疾人生活状况不断改善、地位不断提升，为建设和谐文明的新衡东做出新的贡献。

【两补资金】　配合民政局，两年来对符合条件的7000多名一、二级重度残疾人发放护理补贴900.7万元，对符合条件的7000多名困难残疾人发放困难生活补贴879.2万元。

【康复工作】　根据省、市残联精准康复年度目标和衡东自身实际，全力为残疾人提供个性化、专业化的精准助残康复服务，残疾人服务面扩大，保障力度加大，康复专业化、精准化加强。一是重点突出0—10岁儿童抢救性康复项目。两年完成抢救性康复项目233人。二是免费安装假肢。两年全县免费安装假肢120例。三是免费为残疾人摘除白内障，共摘除白内障320多例，四是免费发放精神病药物。两年共免费发给120多人精神病患者各种药物10多万元。五是免费发放辅助器具。近年来免费发放辅助器具力度越来越大，数量越来越多。2017年，全县发放对象已达1500多人，发放数量2000多件。

【教育培训、劳动就业】　劳动就业、教育培训全面拓展。一是残疾人就业保障金收缴工作进一步加大，两年共收取残疾人就业保障金887余万元。二是在吴集、三樟、杨林、石滩、白莲、栗木、大桥等乡镇开展电动缝纫、商品鸭养殖、草莓种植等职业技能、实用技术培训班，两年共培训残疾人510人。二是向25名残疾人大学生和贫困残疾人家庭大学生发放助学金6.9万元。三是向103名高中阶段残疾学生和高中阶段贫困残疾人家庭子女发放助学金11.8万元。四是帮助多名残疾人入学省特教中专。五是出台《衡东县城乡居民养老保险实施办法》，为一、二级重度残疾人缴纳养老保险。六是做好残疾人托养工作，每年日间照料30名，居家托养300名，其中，通过政府购买服务形式，由丽成家政和怡康居家托养公司向450名残疾人开展家政、健康理疗、辅助性就业等服务。为100名居家托养残疾人发放每人每年600元补助金。七是对44名创业残疾人进行扶持，发放创业扶持资金60万元。八是成立县残疾人就业示范基地和扶贫示范基地。县残联被省残联评为2016年度县市区残联教就工作甲等优秀单位。

【扶贫助残】　一是春节期间投入资金60多万元对1200多名贫困残疾人实施临时救助。二是开展春节慰问活动，为300多户贫困残疾人家庭送去棉被、米油和慰问金。三是开展“连千村、帮万户”工程、“基层党组织扶贫助残”工程等活动，帮扶贫困残疾人20余户。四是为916人次发放残疾人燃油补贴23.8万元。五是帮助131户残疾人家庭实施无障碍设施改造，极大地方便残障人士的出行和生活。六是开展全县残疾人基本服务状况和需求专项调查动态更新工作，为落实各项惠残政策提供数据支持。

【办证管理】 2016—2017年,办理、换发新证4451人次。为规范残疾人证的办理工作,确保办证工作的公平、公正,根据《中华人民共和国残疾人证管理办法》,建立健全一套办证管理制度。一是建立健全集体担责、集体审批制度,成立专门的办证工作领导小组,对评残工作集体研究,集体审批,集体担责。二是建立健全办证便民制度。对于残疾人瘫痪在床、行动不便,县残联分管领导、办证人员、鉴定医生在周四、周五下乡上门办证。部分精神病患者不愿配合鉴定,家人或其他监护人无法带其办证的,县残联邀请市第一精神病医院的专家,为全县17个乡镇有办证需求的精神残疾人下乡鉴定办证。三是建立健全办证监管制度。①严控残疾证件。周一限量投放,周末清理对账。做到存量、用量完全相符。②证件印章分割管理。未用证件由办证主任负责保管,由分管领导负责投放。印章由分管领导亲自掌控,亲自使用。③严审纸质档案。分管领导不仅要注重网上资料审核,更要详细审核纸质文档,并且要妥善保管,便于随时查对。④建立公示、办证随访、举报、纠错改错制度,全面加强监督。建立办证阳光栏,将新办证信息(包括姓名、性别、地址、评残类别、定残等级)公布在阳光栏内,一季一更换,接受社会监督;建立办证随访制度,办证人员不定期随访了解新办残疾证的社会反响。重点随访残疾人所在村(居)委会、社区干部和残疾人专职委员;建立举报制度,设立举报信箱,公布举报电话;建立纠错改错制度,一旦发现证残不符,无残装残、蒙骗医生和办证人员的迅速查处,依法取缔,严加训诫和惩治。

【宣传文体】 积极向红网、《衡阳日报》、衡阳市党政门户网、中残联网、省残联网、市残联网、衡东手机报投稿。其中,在中残联发表稿件135篇,湖南省残联发表稿件140篇,红网发表3篇,《衡阳日报》发表7篇,衡东手机报发表95篇,名列衡阳市残联系统第一。2017年11月底,衡东县残联作为衡阳市12县市区唯一一个县(区)参加湖南省通讯员干部业务培训班并作典型发言,受省、市好评。《残疾父子齐上阵,艰辛打拼不等闲》获2016年评选的2014—2015年度全省残疾人事业好新闻评选二等奖;获衡阳市残联举办的全市无障碍知识竞赛抢答赛二等奖。

【信访维权】 2017年6—7月,衡东部分残疾人或家属先后两次进京上访,这对衡东县造成非常不好的影响。此事件发生后,通过召开党组会,全体干部职工会,专题研究、部署残疾人信访维稳工作,让全体班子成员和所有干部职工务必统一思想认识,提高政治站位,把做好残疾人信访维稳工作当作残联当前乃至今后的头等大事,重点做好几个方面工作。一是分解责任,层层传导压力。充分发挥所有班子成员和全体干部职工作用,压实乡镇民政办工作责任。二是深入基层,面对面了解情况。把握重点乡镇。把两次有进京上访人员的重点乡镇,与乡镇党委、政府一一了解情况、交换意见,探讨残疾人信访维稳工作策略。抓住重点人员。对涉稳重点人员,由班子成员带队一一上门做工作,与这些骨干成员进行深入沟通。了解重点诉求。残疾人的共同诉求主要是低保问题、住房问题、扶贫问题,将这三大诉求作为重点,同时也关注他们的其他诉求。三是健全制度,确保残疾人队伍长期稳定。①建立班子成员带队联系乡镇制度。5个班子成员带队包干联系全县所有乡镇,明确要求联系乡镇的主要任务是做好所包乡镇残疾人的信访维稳工作,要求每个组一年走访残疾人不少于500户。②建立残联定期研究残疾人信访维稳工作制度,规定每月研究1次。③建立领导班子带班接访制度,从周一到周五班子成员轮流值班接访。④建立残联信访维稳工作应急预案。

(刘　素)

红十字会

【概况】 根据湖南省机构编制委员会《关于进一步完善县市区红十字会管理体制有关问题的通知》和衡阳市委机构编制委员会办公室《关于明确县市区红十字会管理体制的通知》精神,衡东县红十字会于2017年正式独立运作,机构升格为正科级,列入群团序列,参照公务员管理,由县人民政府领导直接联系。2017 年 2 月，会长到任，制订“三定方案”，内设办公室、财务股、赈济服务股、救护培训股，核定全额事业编制 10 名；8 月，副会长到任；9 月，搬迁到泳水镇顺风路 50 号办公。2017 年，衡东县红十字会开拓创新，勤奋工作，做到事业有新发展、工作有新特色，充满生机和活力，为彰显“人道、博爱、奉献”的红十字精神，服务衡东社会经济和谐发展做出积极的贡献。

【内部管理和廉政建设】 一是落实主体责任。虽然暂时只有 2 名党员，既没有党组，也无法成立党支部，但县红十字会做到切实把党风廉政建设主体责任放在心上、扛在肩上、抓在手上，自觉接受派驻纪检组的监督。二是加强制度建设。县红会以干部作风建设年活动为契机，按照县委有关文件和干部作风建设实施方案的要求，结合红会工作实际，制定 22 项管理制度，涵盖机关工作的方方面面，建立监督体系，扎牢制度的笼子，形成《机关管理制度汇编》，使各项工作有章可寻。三是抓好信息公开。严格按照总会和省、市红会的要求，切实抓好捐赠人信息公开、受助信息公开，完善捐赠信息公示公告制，及时在微信公众号和县手机报上公开捐赠信息，使财务情况进行“阳光操作”。

【备灾救灾】 衡东县 2017 年度的备灾救灾工作成果被推荐为省红十字系统的亮点工作，在湖南省红十字会首届志愿者春晚暨志愿服务表彰大会现场展出。一是组织赈灾义演，筹集善款救济灾民。6 月，连续暴雨，全县部分乡镇受灾严重，为弘扬红十字精神，发动社会爱心人士捐资救助受灾群众和弱势群体，在县委、政府主要领导的重视下，经过紧张筹备，县红十字会于 7 月 26 日晚在县滨江公园成功举办“汇爱成海 · 红十字博爱音乐会”大型义演活动。发动 129 名音乐人和志愿者不计报酬，打造一台精彩纷呈的音乐会。活动有近万名群众参加，爱心企业和爱心人士踊跃捐款，现场共为受灾群众和弱势群体筹集善款 553074.5 元。筹集善款后，县红会根据捐赠人意愿，及时发放救灾款 219000 元，救助 15 个乡镇的 161 户受灾户。二是积极汇报，争取上级红十字会的支持。通过省红十字会争取石家庄以岭药业股份有限公司对衡东县捐赠防禽流感和流感药品“连花清瘟胶囊”5 件，价值 29600 元。争取市红十字会的支持，在物资非常有限的情况下，对衡东县下拨救灾款 10000 元、棉被 300 床、冲锋衣 40 件、夹克衣 50 件、食用油和大米各 10 份。

【人道救助】 2017 年，向求助对象发放人道救助金 109042 元，发放棉被 137 床，大米 50 包，食用油 50 桶，驱蚊包 50 个，藿香正气水 130 盒，家庭医药急救箱 46 个，棉衣和夹克各 27 件。

【三献工作】 一是全力做好无偿献血宣传工作。按县政府的安排，县红会按程序与广告商签订合同，投入资金 75050 元，在县城周边主要路口和公路旁设置宣传无偿献血的大型广告牌 3 块、不锈钢宣传牌 18 块、租赁大型广告位 1 处。同时组织无偿献血志愿者 51 人，献血 16800 毫升。二是广泛动员志愿者捐献造血干细胞，通过发放宣传资料、设置宣传展板、微信等方式进行广泛的宣传发动，登记 38 人。三是宣传捐赠遗体和人体器官。2017 年，衡东县的赵先生因意外去世，他捐献的两个肾脏救回两个生命垂危的人。他的妻子布女士与南华大学附属二医院签署器官捐献志愿书，成为一名器官捐献志愿者。

【红十字精神宣传】 通过多种形式大力宣传“人道、博爱、奉献”的红十字精神，形成全社会积极参与红十字事业的浓厚氛围。一是结合重要纪念日开展宣传。在 5 月 8 日世界红十字日、5 月 12 日全国防灾减灾日、6 月 14 日世界献血者日、9 月 8 日世界急救日、12 月 1 日世界艾滋病日等开展集中宣传活动，围绕红十字会的宗旨和任务，传播国际人道主义，宣讲红十字精神。二是以专题活动为载体进行宣传。5 月，组织百名志愿者上鸡公岩清除垃圾，倡导“环保出行，做文明衡东人”；6 月、7 月、9 月、10 月组织县红十字应急救护师，同济医院、福诚骨科等医院红十字志愿者多次进社区、进贫困村开展应急救护培训、义诊活动等进行宣传。三是利用农村赶集日进行巡回宣传。逢农村赶集日组织志愿者一道到集市上摆摊设点,开展以倡导无偿献血、捐赠造血干细胞等为主要内容的宣传活动,2017 年开展 8 次赶集日的宣传活动。四是利用网络媒体、微信公众号、手机报等进行宣传。2017 年,组织各类宣传活动 18 次,发放宣传资料 20000 余份、发放免费药品价值 35600 元、义诊 532 人、接待咨询 1300 余人次、发放安全套 500 余只,发展个人会员和红十字志愿者 98 名,刊发微信公众号文章 23 篇,县手机报发表信息 15 篇。使广大群众认识红十字、理解红十字、支持红十字、热爱红十字、扩大红十字会的影响。

【扶贫工作】 2017 年 6 月 4 日,县红会作为队员单位,派工作队员进驻面上非贫困村吴集镇三垅村开展工作。按县里的要求,在人、财、物方面全力支持面上村扶贫工作。作为刚刚成立,且当时正式工作人员只有会长 1 人的小单位,结对帮扶 3 户贫困户。在单位人头经费为零的情况下,投入 25950 元扶贫款到村,另外为全村 41 户贫困户发放价值 5725 元帮扶物资。结对的 3 户贫困户中,有 2 户因病致贫、1 户因病因学致贫,都因户施策制订切实可行的帮扶措施,严格按要求开展"六个一"活动,每月走访 2 次,深受贫困户的信任。 (李　毅)

计划生育协会

【概况】 衡东县计生协会于 2007 年由社会团体进入群众团体,正式"参公",2012 年 "入序",县编委下发关于计生协会"三定"文件,明确主要职责、内设机构,核定编制,领导班子设置会长、常务副会长、副会长、秘书长职位,常务副会长为正科实职,其他均为副科实职。全县有 297 个计生协会组织,其中乡级计生协会 17 个,村级计生协会 256 个,民营企业计生协会 2 个,流动人口计生协会 18 个,会员7.5万余人。2016—2017 年,全县各级计生协会围绕卫生计生工作的总体部署,以"服务科学发展、服务卫生计生工作、服务社会和谐稳定、服务计生群众"为工作重点,以加强协会组织建设、队伍建设、思想建设、作风建设为抓手,以计生基层群众自治为重点,以开展生育关怀为主线,以宣传教育为先导,以增强计生协组织的生命力、凝聚力为目标,发挥群团组织"政治性、先进性、群众性"优势,全面落实"六项重点任务",扎实开展各项活动。2016 年,县计生协会被省、市计生协会考核评估为模范县,杨桥镇东烟村被评为全国计生协会村级先进单位。2017 年,县计生协会被省、市计生协会考核评估为先进县。

【组织建设】 计划生育协会的工作重点在基层,协会组织延伸到所有乡、村(居)、部分民营企业和流动人口聚居地,形成"纵到底、横到边"覆盖家家户户的组织网络。乡级计生协配齐配强会长、副会长、秘书长,明确专职工作人员;村级计生协选配了一批威望较高、素质较强、善于协调、工作热情的"五老"(老党员、老干部、老模范、老职工、老长辈)人员为专职副会长;村(居)民小组配齐了协会小组长,协会会员大都是村(居)两委领导、群众中的骨干积极分子和"五老"人员,有威信、有经验又有工作热情,善于与群众沟通、做思想工作,创造平等交流、和风细雨的群众工作新路径。协会抓小组、小组抓会员、骨干会员联系户,会员"管自己、教子女、帮亲戚、带四邻",以身作则、带头示范的工作方式,形成"多数人做少数人工作"的可喜局面,把人口发展、卫生健康、关怀服务等相关工作事项落实到户、到人。

【宣传教育】 基层计生协会普遍建立"会员之家""人口学校",有的成立文艺宣传队,每年各级计生协在"5·29""7·11"纪念日、"12·1"世界艾滋病宣传日及传统节日期间,与有关部门和单位联合开展形式多样的宣传活动,营造大人口、大卫生、大健康氛围,为群众提供政策法规、生殖健康保健知识咨询服务 5860 余人次,免费义诊 2530 人次,免费发放药具 4200 盒,发放宣传资料 1.21 余万册。积极宣传全县计生协会工作的进展动态、创新举措等,在《中国人口报》《人生》《新人口》,省、市计生协会网站等平台发表稿件 53 篇。

【计划生育基层群众自治】 坚持把计生基层群众自治作为贯彻落实党的群众路线,创新计划生育治理体系的重要途径，健全“两委领导负总责、协会承做当骨干、依法建章定制度、群众参与做主人”的工作机制，充分发挥计生协枢纽型社会组织作用，做好群众的诉求表达、矛盾调处和权益维护工作，引导群众广泛开展计划生育自我管理、自我服务、自我教育、自我监督，推动完善政府引导、社会参与、群众受益的多元治理体系。继续完善基层群众组织“领导联点”推动机制，县人口计生领导小组出台《县乡领导干部计划生育基层群众自治联系点制度》，进一步明确县级领导和乡级副科以上领导联系点和工作责任，将基层群众自治示范村（居）创建活动与县乡领导干部办点示范和后盾单位帮扶工作相结合，实行责任捆绑，同进共退，督查考核促动，并以信函形式向联点领导反馈工作情况。将自治工作与诚信计生、阳光计生结合起来，按照新调整完善的生育政策，修订完善村规民约、深化维权和服务，促进基层群众自治与政府管理的有效衔接，推动计划生育工作转型。继续开展国家、省、市、县四级计生基层群众自治示范村（居）创建活动。积极开展示范乡镇、村居创建活动，县计生协每年都按照创建标准办好1—2个示范点。2016年，蓬源镇长冲村被省、市分别评估为省、市计划生育基层群众自治示范村。2017年，杨桥镇评估为全省计划生育基层群众自治示范乡镇，荣桓镇长岭社区评估为全省计划生育基层群众自治示范社区。

【计生困难家庭帮扶】 坚持服务群众的宗旨，按照“群众所需、政府所及、协会所能”的要求，积极协助基层党政为群众开展生产、生活、生育和生殖健康服务，在精准扶贫、生育关怀行动、幸福工程、“三结合”项目、计划生育创业扶贫贷款贴息项目、优生优育、生殖健康和计划生育系列保险等方面做出突出成绩。

县计生协会以生育关怀行动为主题，积极开展精准扶贫，节假日走访慰问常态化。春节期间，开展生育关怀“新春送温暖”活动，“5·29”活动期间开展以“关怀一群人、办好一个精准扶贫点、开展一场送健康服务活动”为主要内容的活动，对部分计生特困户开展精准扶助。2016—2017年慰问失独家庭231户、计生困难户102户、贫困母亲68户、流动人口32户、精准扶助计生特困户32户，发放慰问金28.7万元，发放慰问物资及药品1.98万元，送保单1230份，保费13.097万元，受益人数4500余人。

【公共卫生计生服务工作】 一是开展卫生计生宣传工作。广泛开展卫生计生科普知识普及，宣传计划生育家庭奖励优惠等政策和现行生育政策。设置健康教育宣传栏和免费资料发放点，定期开展基本公共卫生计生政策宣传，举办健康知识讲座，组织健康义诊活动，倡导健康生活方式，提高人口健康素养，引导广大群众更好地接受服务。二是参与基层卫生计生工作。配合做好基本公共卫生计生服务项目，组织会员发动群众自觉参与预防接种、慢性病普查、卫生监督协管等基本公共卫生计生服务工作；配合做好新农合、精准扶贫、健康教育等方面的基层基础工作；积极推进“村级三件事”，配合建设健康文化墙、开展中医适宜技术培训、组织健康讲座等，提升基层群众健康素养。三是开展爱国卫生工作。充分利用乡村计生协会的组织优势，全面推进乡村爱国卫生工作，重点抓好乡村环境卫生整治、饮水安全信息收集反映、爱国卫生知识传播等工作。四是配合做好流动人口服务工作。

大力开展流动人口“关怀关爱”活动，深入流动人口群体，开展关爱活动，慰问困难家庭，提升流动人口卫生计生基本公共服务均等化水平，县计生协会以“生育关怀到基层，扶贫助困暖人心”为主题到杨桥镇驻株洲流动人口计生协开展“6+1”流动人口健康服务活动，现场对因病致贫、身患重疾、子女残疾或丧偶单亲的五户计划生育特殊家庭进行慰问，共发放宣传资料200余份，接受群众咨询50余人次，发放计划生育药具100余份。五是做好出生缺陷防治工作。认真实施生育关怀“助孕工程”项目，配合开展婚前医学检查、免费孕前优生健康检查等出生缺陷干预工作。具体负责出生缺陷防治培训宣传、叶酸发放、跟踪随访、督导检查等工作。

（郑双美）

社　科　联

【概况】　衡东县社会科学界联合会(简称县社科联)为2017年8月成立的正科级单位,归口县委宣传部管理。核定财政全额拨款事业编制5名,其中主席1名(晏晓华),副主席2名(李孝刚、周巍)。主要职责是对全县的社科类社会组织进行业务指导和管理;推动和组织哲学社会科学学术团体、研究机构开展学术研究活动;组织编辑社会科学研究与普及的有关图书、期刊、资料;组织社会科学优秀成果评奖和优秀社会科学专家评选;组织开展社会科学普及活动。完成岗位设置后,社科联对全县社科类社会组织进行了摸底调研,参与制定一系列意识形态领域规范性文件。

【理论宣讲】　在学习宣传贯彻党的十九大精神工作中,县社科联发挥了主力军的作用,组建党的十九大精神县委宣讲团,制定宣讲方案与细则,开展集中备课,宣讲团成员迅速深入基层一线进行宣讲宣传。通过举办报告会、研讨会、座谈交流等多种形式,推动党的十九大精神进企业、进农村、进机关、进校园、进社区、进网络,在全县迅速掀起宣讲热潮。全县范围内共组织各类宣讲报告会200余场,受众近3万人次。

【理论培训】　2017年12月14日,衡东县学习宣传贯彻党的十九大精神理论辅导员培训班在全市县(市)区中率先开班,县社科联参与培训组织和理论授课。培训内容包括:十九大的主题、时代背景和意义;习近平新时代中国特色社会主义思想;新时代的新战略新举措;推进全面从严治党等。经过两天的学习培训,140多名理论骨干回到各自工作岗位,他们成为推动党的十九大精神进一步深入基层、深入群众的中坚力量。

【理论成果】　晏晓华牵头负责的课题组撰写的《增强党内政治生活‘四性’构建风清气正政治生态》一文获省委党校系统理论研讨会二等奖;撰写的《新形势下村级组织换届选举工作的分析与思考——以衡东县吴集镇为例》一文获市委党校系统理论研讨会二等奖。周巍撰写的《在新时代奋勇前行》一文在全县"贯彻党的十九大精神,书写改革进程新篇章"主题征文比赛中获三等奖。

法　治

政法委及综治

【概况】 2016—2017年，全县政法综治工作以依法治理为主线，以社会治安防控体系建设为抓手，坚持严密防控、强化管理、精准打击、服务发展，为全县经济社会发展创造安全稳定的社会环境、公平正义的法治环境、优质高效的服务环境。全县社会大局持续稳定，没有发生重大群体性事件，没有发生规模越级上访事件，没有发生群死群伤治安灾害事故和安全责任事故，没有发生重大影响的刑事、治安案事件，没有发生严重的司法腐败案件。群众满意度继续保持稳定，2016年综治工作获衡阳市先进。

【社会管理综合治理】 继续深化社会管理综合治理工作，2016年出台《衡东县乡镇社会管理综合治理考评办法》《衡东县机关单位社会管理综合治理考评办法》，并注重运用通报、约谈、挂牌督办、黄牌警告、一票否决等方式进行处罚。（1）做好治安防控体系建设。2016年，县委、县政府投入专项财政资金4000余万元，编制“平安衡东”三年发展规划，建成视频监控点600个、电子卡口10个、电子警察5个、电子信息采集系统12套。2017年，狠抓三大建设，划分全县村（社区）基础网格160个，完成县综治中心和5个乡镇、64个村的综治中心标准化建设，“雪亮工程”建设全面铺开，实现县、乡、村三级主要路口高清视频监控全覆盖。（2）加强对重点人员的管理。出台《衡东县2016年重点民生实事项目“重性精神疾病患者救治救助工程”实施方案》，建成精神病患者定点救治医院，共救治35人，对三级以上精神病患者做到应治尽治；开展“净土行动”，全面清理核查全县登记在册吸毒人员，2016—2017年，社区戒毒共计511人，强制隔离戒毒483人；规范社区矫正人员的管理，全部实行GPS定位跟踪。（3）加强对社会面治安防控。制定出台《衡东县乡镇治安巡逻实施方案》，乡镇治安巡逻员达225人，统一配备巡逻制服、自行车、警械、袖章、手电筒等，在夜间、节假日、赶集日、特护期等时段对居民小区、医院、学校、厂矿、集市实行治安巡逻，实现乡镇治安巡逻制度化、常态化，并在有条件的村、社区成立义务治安巡逻队，有效维护辖区治安秩序，预防、控制、减少可防性案件的发生。（4）做好平安创建基本功。开展“平安村居”“平安家庭”和平安创建电话用户“十户”联防活动；扎实开展“三实”信息采集工作，实现“三个100%”的工作目标。两年来政法干警走访农户5.8万余户，发放联系卡6万张，发放平安创建宣传资料10万份。2017年巡逻人员共开展巡逻1396次，疏导交通592次，调解纠纷115次，协助抓获犯罪嫌疑人15人，乡镇治安巡逻工作得到群众充分肯定和高度赞扬；驻所调解室充分整合调解资源，化解矛盾纠纷278起；蓬源、甘溪镇“一村一辅警”试点工作取得实效，驻村辅警全年采集“三实”信息4.08万条，巡逻800余次，驻村辅警严格履职，扎实开展宣传走访、治安巡逻、事务代办、信访维稳、为民服务、协助办案等工作，在创新和加强基层社会流治理中发挥不可替代的作用，得到当地干群的一致认可和衷心拥护，有效提升群众安全感。（5）做好网格化管理。积极探索实行社会管理网格化，按照三级平台（县、乡镇、村），四级覆盖（县、乡镇、村、组）的工作要求，下发《关于网格化管理划分实施方案》，对所有乡（镇）、村、组网格实行统一编码，按照每一个网格对应一组编码的要求，绘制网格图，2016年，全县17个乡镇村民小组和社区居委会都统一进行编码,做到每一个网格对应唯一一个编码。县城中心所在地的洣水镇5个社区全部实行网格化管理,配备电脑终端,加强数据录入。其他乡镇镇政府所在地的村或社区实行网格化。2017年,成立全县网格化管理工作办公室,出台网格化管理与服务工作实施方案,由县公安局和各乡镇具体组织实施。明确县城和乡镇人民政府所在地25个村(社区)为第一批网格化管理村(社区),按照社区300—700户或900—2100人、行政村以村民小组为标准,划分基础网格160个,明确村(社区)干部、社区辅警、村民小组组长为网格管理员。专群结合,依靠群众,全力开展平安社区(村)、平安单位、平安家庭、平安校园等基层创建活动,以各种形式的平安创建为抓手,推动矛盾化解、严打整治等基础工作落到基层,落到实处,使社会平安建设的成果惠及千家万户。

【社会矛盾化解】 立足于抓小抓早抓苗头,全力推进人民调解、行政调解、司法调解的衔接联动,认真开展信访维稳突出问题的集中治理,最大限度地把问题解决在基层、消除在萌芽状态。(1)全力化解社会矛盾纠纷。全县共有人民调解员2000余人,进一步完善了人民调解工作室、立案调解工作室、五老调解工作站、医疗和交通事故专业调解组织、调解干警包村等矛盾化解多种工作机构,形成横向到边、纵向到底的人民调解体系。2016年,制定出台《衡东县人民调解案件"以奖代补"实施细则》,由政府出资设立人民调解经费,对矛盾纠纷调处给予适当补助,极大地调动了调解员的积极性和工作责任感,提升了工作实效。2016—2017年,排查化解矛盾纠纷3693件,调处成功率达98%以上,有效预防"民转刑"案件和因纠纷引发的群体性事件的发生。(2)妥善处理涉稳突发事件。2016—2017年,出勤1010人次,处置突发事件107起,其中意外死亡事件52起,各类突发事件或群体性事件56起,依法处置2016年"3·12"县人民医院医闹事件"、2016年"3·28"县中医院医闹事件",圆满完成十八届六中全会、全国"两会"、"一带一路峰会"、"十九大"及县内土菜文化旅游节等各项安保维稳和涉军群体的稳控劝返工作任务。(3)依法依规处理信访问题。推行"轻刑快判",2016—2017年,行政拘留64人,警告211人,训诫420余人次;2017年,刑事拘留2人,非访势头得到遏制。(4)扎实做好专项安全工作。反邪教工作实现"三零二防"工作目标,2016—2017年,均获评全市先进县;2016年国安侦查侦破工作获省先进单位;2017年,评为一类县级国安办。

【社会治安整治】 坚持以打击、防控、清查整治为抓手,着力净化社会治安状况,提升人民群众安全感。2016—2017年破获各类刑事案件1348起,刑事拘留1024人,逮捕543人,移送起诉1174人,查处行政案件3438起,行政拘留3073人,保持连续10年命案全破且低位运行的良好局面。始终坚持严打整治,2016—2017年,计抓获涉恶团伙成员111人,破获各类侵财案件604起,移送起诉317人。查处涉黄赌行政案件122起,行政拘留481人;破获涉毒刑事案件53起,刑事拘留59人,移送起诉66人,其中2016年成功破获部督"2016-939"毒品目标案,摧毁一个层次达7级的特大贩毒网络,斩断了一条涉及广东、湖南、吉林三省的贩毒通道。严打食药环烟犯罪。2017年,破获食药环烟犯罪刑事案件11起,刑拘23人,移诉16人;查处污染环境违法案件9起,行政拘留11人。食药环惩治处理数在全市名列第一。成功破获"2016-641"部督特大生产销售假药案等一批有影响的重特大案件,该案涉案价值600余万元。持续抓好交通秩序管控,2016—2017年,查处酒驾1373起、毒驾99起、各类交通违法行为313863起,确保道路畅通。

【政法综治队伍建设】 积极争取县委重视,对全县政法系统干部进行全方位调整,配齐配强政法各单位领导班子和中层骨干,理顺工作机制。进一步加强对政法工作的领导,制定《政法机关党组(党委)重大事项向县委政法委报告制度》《政法新闻宣传工作制度》《政治培训工作制度》《工作责任追究办法》等一系列规章制度,实现以制度管队伍管人管事。同时严管队伍、严格执纪,2016—2017年,处理违法违纪政法干警13名,有效整肃纪律,改进了作风。2016年，扎实开展“两学一做”学习教育、执法检查等活动，开展各类专题学习培训70余场次，培训人员1200余人次，选送政法干警参加上级单位培训200余人次。2017年，开展“我心中的（国）警徽”主题教育，通过集中宣誓、征文、演讲比赛、大讨论等一系列活动，进一步纯洁干警思想，激奋了干警斗志、凝聚警心警魂。政法委组织政法系统全体干警深入开展“一村一警”大走访活动，在全县所有行政村实行一名乡镇干部和一名政法干警的“1+1”联点工作机制，2016—2017年政法干警共走访农户11.8万户，发放联系卡12万张，发放平安创建宣传资料20万份，收集各类问题建议500多条。

（文　锐）

法治政府建设

【规范性文件合法性审查】 规范性文件是否与宪法、法律、行政法规保持一致，直接影响依法治国、依法行政进程。法制办切实落实《湖南省规范性文件管理办法》的要求，坚决执行“三统一”制度，即统一登记、统一编号、统一公布，对规范性文件、通告、布告严格审查，对违法或者没有法律依据的坚决不予发布。两年来，以政府和政府办名义制发规范性文件、通告、布告共29件，向市政府、县人大报备规范性文件92件，没有一件被市政府撤销。2016年，对全县229件规范性文件进行清理，通过清理，宣布53件规范性文件失效，废止12件，重新公布8件，156件继续有效。2017年，废止43件，宣布失效13件。

（赵艳刚　廖衡兵）

【行政复议】 行政复议是为了防止和纠正违法或不当的具体行政行为，保护公民法人和其他组织的合法权益，保障和监督行政机关依法行使职权。县法制办坚持凡是有人申请复议，就依法受理。两年共受理行政复议案件38起，并全部审结。当事人不服上诉2起，人民法院全部维持县政府复议决定。

（赵艳刚　廖衡兵）

【行政复议、行政诉讼应诉】 2016年、2017年，承办以县政府为被申请人（被告）的案件47起，法制办积极应对，陈述政府作出具体行政行为的事实、理由和法律依据，确保胜诉率，确保政府的形象和威严。推行行政负责人出庭应诉制度，2016—2017年，行政负责人出庭应诉20余次。

（董兴国）

【行政执法监督】 为切实履行这项职责，法制办一是以切实贯彻落实《湖南省法治政府建设实施纲要（2015—2020年）实施方案》。2016—2017年，请省市法律专家授课组织各行政执法单位执法人员1000余人次进行法律培训。二是对全县行政执法人员进行执法资格电子化考试和换发行政执法证。2016年，全县有35个执法单位，共计2300人参加考试，取得行政执法证人员1381人，全县执法人员持证上岗、亮证执法。三是强化行政执法责任追究。出台《衡东县2017年行政执法专项评议考核奖惩办法》《行政执法错案责任追究办法》《行政负责人出庭应诉工作办法》《衡东县行政执法人员执法行为规范》等文件，明确各执法单位的执法权限、内部办事流程和违法责任追究。积极推行依法行政，强化行政执法监督，创新行政执法评议考核制度。

（廖衡兵）

【推行三项制度改革】 认真落实党中央、国务院决策部署推行行政执法“三项制度”改革，制定《衡东县法治政府建设（2015—2020年）》实施方案及考核方案，出台《衡东县推行行政执法公示制度、执法全程记录制度、重大执法决定法制审核制度工作实施方案》和三个办法，敲定改革时间表和路线图。县地税局、交警大队、国土局等7个试点单位均制定了相应的实施方案和细则，配备执法记录仪161台及数据存储设备20台，形成以“一方案三办法”为核心的改革制度体系。通过推行“三项制度改革”，全县各执法部门特别是试点单位不断加强执法队伍建设，执法人员业务能力不断提升，执法的透明度明显增加，执法行为进一步规范，社会反响良好，为全县经济社会发展提供了良好的“软环境”。衡东县“三项制度”改革在《湖南日报》《人民网》《法制周刊》

等都予以专题报道,徐志毅县长在全省法治政府建设工作推进会上作《扎实推行“三项制度”改革、助推“法制衡东”建设》的典型发言。（廖衡兵）

【法律服务】 充分发挥参谋助手和法律顾问的作用。一是为政府的决策提供法律支持和法制保障,凡是重大行政决策原则上均要法制办出具审查意见。二是完善政府合同管理机制。县政府常务会议专题研究政府合同管理工作,出台《关于印发《衡东县政府合同管理暂行办法》的通知》,明确合同送审单位和审查单位各自职责,规范政府合同管理。凡是以政府名义签订的合同,均由县法制办进行合法性的审查;各部门签订的合同,涉及金额 200 万元以上的、合同期限 10 年以上的送县政府法制办审查,法制办不审签认可的,政府不呈签。2016—2017 年审查签订的政府各类合同共计 51 件,涉及金额 100 余亿元。由于审查严格,有效提升合同质量,避免经济损失和大量争议。（赵艳刚　廖荣俊）

公　安

【概况】 衡东县公安局 2017 年有内设机构 14 个,其中 1 个正科级单位:交通警察大队;13 个副科级单位:指挥中心、国内安全保卫大队、刑事侦查大队、治安管理大队、政工室、纪委(监察室)、法制大队、警务保障室、人口与出入境管理大队、经济犯罪侦查大队、禁毒大队、巡特警大队、网络安全保卫大队。直属机构 2 个(副科级):衡东县看守所、衡东县拘留所。派出所 19 个(副科级):城关、新塘、大浦、石湾、吴集、霞流、杨林、杨桥、荣桓、草市、踏庄、甘溪、石滩、珍珠、白莲、洣水、大明、大桥、高湖。派驻机构 3 个,其中 2 个副科级单位:驻河西新区治安室、经济开发区公安分局;1 个股级单位:矿产资源税费集中征收管理办公室公安执勤室。2016 年,衡东县公安局被评为全国“两会”安保维稳工作成绩突出集体、全省反恐怖工作先进基层单位、全省公安机关“三实”信息集中采集专项行动成绩突出集体;吴集派出所被评为全省公安机关“210 工程”建设成绩突出集体;车管所被评为 2016 年“五一”期间交通安保成绩突出集体,湖南省“十佳”巾帼文明岗。2017 年,衡东县公安局被评为全省“三实”信息集中采集专项行动成绩突出单位;新塘派出所被评为全国公安一级派出所、全省公安机关深入推进户口登记管理清理整顿工作成绩突出集体;车管所被评为全省一等县级车管所,全省十佳巾帼文明岗;事故中队被评为全省一等道路交通事故处理岗位。

衡东县公安局 2016—2017 年主要业务指标统计表

表 1

项目/数据	侦察破案		打击处理(人)			行政(治安)案件(起)		接处警情况（起）	
	立案(起)	破案(起)	移诉	强制戒毒	行政拘留	受理	结案	接处警	调解纠纷
2016 年	1401	606	593	172	1314	1879	1354	12544	1960
2017 年	1300	739	576	179	1702	2347	1774	12162	1561

【维稳安保】 一是加强矛盾纠纷大排查大化解体系建设。2016 年,排查化解矛盾纠纷 3520 余起,没有发生“民转刑”案件和因纠纷引发的群体性事件;2017 年,全面排查化解矛盾纠纷 2400 余起,有效预防“民转刑”案件和因纠纷引发的群体性事件。二是加强涉法涉诉信访案件的办理。2016 年,受理人民群众初信初访 138 件,办结 126 件,办结率 91%;2017 年,受理的人民群众初信初访件 65 件,已办结 60 件,办结率 92%。三是加强信访维稳工作。2016 年,整合国保、网安、技侦、指挥中心等警种资源,固化“日研判、周会商、月通报”工作机制,圆满完成六中全会、G20 峰会、全国省市县“两会”、党代会、十

九大期间维稳等安保任务。成功稳控县内“E租宝”投资受损及衡阳融联中介公司债权人群体涉及700余人,没有发生投资人到市省集访的情形;稳妥处置京珠高速雁城服务区新疆籍维族人员强行摆摊烧烤问题。2017年,在十九大安保维稳期间,4306名管控对象无一漏管失控,平台签收率和反馈率均达100%,全方位筑牢维护衡东稳定的坚固屏障。四是加强反恐防暴。2016年,成立衡东县反恐怖工作领导小组,明确反恐怖成员单位职责,不断夯实基层基础,有效破解与重点关注对象的沟通难题,工作经验在全省推广,全县反恐怖工作大格局基本形成。五是加强应急处突。2016年,完善应急指挥、联动处置、舆情引导“三同步”应急处突机制,成功处置各类突发群体性事件66余起,完成建县50周年、第四届土菜文化旅游节、全县基层换届、首届房交会等各类大型安保活动52场次。特别在中央环保督察期间,主动对接工作,强化惩治与疏导,查办各类涉环案件11起,有效消除涉环涉稳隐患。2017年,成功处置各类突发群体性事件30余起。全力确保全县基层换届选举平稳推进、中央环保督察期间工作对接、第四届土菜文化旅游节期间系列活动及主题晚会的万无一失。六是强化对重点群体和重点对象及邪教组织人员的排查、核查和稳控工作。2016年,组建合成作战中心并投入实战运行,未出现重点对象漏管失控的现象,全局情报信息导防导侦导控能力不断提升。2017年,核查重点群体人员4091人,未出现重点对象漏管失控的现象。七是深入开展网络安全大检查大排查、网上政治谣言和有害信息集中清理打击整治工作。2016年,及时发现网民微博发布“江西巨贪可以逍遥法外与某国家领导人有关”的信息情报,得到上级机关的高度肯定;3次成功处置境外反共组织对衡东县网站的攻击,有力地维护全县网络安全。2017年,及时发现网民微博发布“江西巨贪可以逍遥法外与某国家领导人有关”的信息,3次成功处置境外反共组织对衡东县网站的攻击,有力地维护全县网络安全。

【严打整治】 2016年,全年破获各类刑事案件606起,刑事拘留501人,移送起诉593人;查处行政案件1879起,行政拘留1314人。一是实现命案全破。全面落实命案侦破“四长联动”机制,全年破现行命案3起。二是深化打黑除恶。按照“打早打小、露头就打、除恶务尽”的原则,快速侦破“1·7”嘉年华KTV故意伤害致人死亡案、“2·5”恒瑞宾馆门口持枪寻衅滋事案和“5·26”嘉盛酒店故意伤害致人死亡案,破获恶势力团伙7个,抓获涉恶团伙成员75人,移送起诉72人,年度打黑除恶工作排名全市第二。三是推进“打多”行动。以“打系列、打流窜、打团伙”为重点,破获各类侵财案件356起,刑事拘留150人,移送起诉167人,五类侵财案件起诉数排名全市第一。四是整治黄赌行为。共破获涉黄涉赌刑事案件23起,刑事拘留40人,移送起诉52人;查处涉黄涉赌行政案件132起,行政拘留322人。五是整肃毒品问题。破获涉毒刑事案件42起,刑事拘留48人,移送起诉46人;行政拘留515人,社区戒毒158人,强制戒毒152人,缴获毒品13公斤。成功破获部督“2016－939”毒品目标案,斩断了一条涉及湘、粤、吉三省的贩毒通道。六是惩治食药犯罪。成功破获部督“向某平”系列生产销售假药案,捣毁非法制药作坊3个,查获各类假药588.64公斤。七是护航经济发展。破获“三强”刑事案件1起,采取刑事强制措施3人;查处行政案件3起,行政拘留5人,训诫教育80余人次;破获经济类案件25起,采取刑事强制措施33人,为国家和集体挽回经济损失800余万元。

2017年,全年破获各类刑事案件739起,刑事拘留523人,移送起诉576人;查处行政案件2347起,行政拘留1759人。一是实现命案全破。破获现行命案3起,快速侦破“12·11”抢劫杀人沉尸案;成功抓获2名潜逃近20年的命案逃犯,命案侦破工作排名全市第一。二是深化打黑除恶。深入推进整治村霸及宗族恶势力专项行动,破获各类涉恶刑事案件40余起,抓获涉恶团伙成员36人,快速侦破“2·18”天英学校建设工地持械寻衅滋事案、“1·6”恒盛花园小区门口持械寻衅滋事案,打黑除恶工作排名全市第一。三是推进“打多”行动。破获各类侵财案件310起,移送起诉162人,打击多发性侵财工作排名全市第一。四是集中追缉逃犯。开展集中追逃行动，共抓获上网逃犯63人，历年上网逃犯下降率70.79%。五是整治黄赌行为。破获刑事案件11起，移送起诉20人；查处行政案件68起，行政拘留210人。六是整肃毒品顽疾。推进“禁毒风暴”行动，破获涉毒刑事案件50起，捕诉43人；查处行政案件480起，行政拘留582人，强制戒毒164人，社区戒毒191人。破获省督“2017－114”毒品目标案件，成功摧毁涉及衡东县杨桥、荣桓、蓬源等乡镇的贩毒网络和毒品流入通道。七是严打食药环犯罪。破获刑事案件11起，刑事拘留23人，查处行政案件9起，行政拘留11人，成功破获“2016—641”部督特大生产销售假药案等一批有影响的重特大案件，年度工作排名全市第一。八是严打涉医违法犯罪。快速处置2起有影响的医闹事件，刑事拘留1人，治安拘留9人，其他行政处罚9人，有利地维护医疗机构和医护人员人身安全，全县就医环境得到明显好转。九是护航经济。调处各类涉企矛盾纠纷60余起，侦办各类涉企违法犯罪案件16起，刑事拘留11人，行政处罚8人，训诫教育70余人次；破获经济类案件21起，一审有罪判决15人。

【社会治安管理】 2016年，持续开展“酒驾、毒驾”“严重交通违法行为”专项整治行动和“畅安”行动，共查处酒驾412起，毒驾20起，多项工作指标排名全市前列。深入开展“今冬明春”火灾隐患排查整治、“六小场所”消防安全专项治理、夏季消防安全检查等专项行动，发现火灾隐患1262处，督促整改1248处，整改率98.9%。破获涉枪涉爆刑事案件24起，移送起诉26人；查处行政案件38起，行政拘留34人；销毁非法爆炸物品4000余公斤，收缴枪支弓弩169支，管制刀具88把，涉枪涉爆在逃人员缉捕率达100%，专项行动战果排名全市第一。2017年，先后开展“畅安行动”、集中整治严重交通违法“百日会战”等行动，年内查纠各类交通违法行为10.3万起，其中，酒驾961起、毒驾79起、醉驾94起，“卫士之光”“畅安行动”等多项工作排名全市第一，并在全省会议上作经验介绍，年度道路交通安全工作排名全市第一。深入开展“今冬明春”火灾隐患排查整治等专项行动，检查消防安全单位2341家次，发现火灾隐患5045处，督促整改5023处，顺利完成挂牌重点消防隐患单位城关集贸市场的关闭搬迁工作。破获涉枪涉爆刑事案件8起，移送起诉18人；查处涉枪涉爆行政案件26起，行政拘留21人，收缴各类非法枪支66支、弩4支、各类枪弹372发、炸弹1枚、烟花858件、管制刀具87把，缉枪治爆工作排名全市第一。开展平安1—8号清查行动，共组织全局性集中统一清查12次，警种性清查行动20余次，破获一批案件，抓获一批违法犯罪嫌疑对象。

【基层基础建设】 2016年，一是做强基础建设。完成大桥、洣水派出所和入境接待大厅、巡特警大队、技侦工作站的新建；新监管中心项目正在加紧建设；“平安城市”视频监控项目，已启动招投标程序。二是做实“三实”信息集中采集工作。录入“三实”信息93.92万条，其中实有人口76.47万条，实有单位5912条，实有房屋16.85万条，实现采集录入率、准确率和及时率100%的工作目标，得到省厅、市局的一致好评。三是做尖刑事技术，提升信息作战、合成作战能力。完成技侦车辆、设施的新置和刑事科学技术室的升级改造，建成三级图侦工作室；抓紧建设情报一体化管控平台，平台签收率和反馈率均达100%。四是做好巡逻防控。坚持囤积街面、动中备勤，构建“四位一体”联勤巡逻机制，严格落实“护学岗”“警灯”工程和农村赶集日巡逻制度，最大限度增加和谐因子，确保社会面治安秩序良好。

2017年，一是推进“雪亮工程”建设。争取县委、县政府支持，规划新增高清摄像头1000个，接入社会面视频370套，建成无线Wi－Fi采集系统185套，联网电子卡口26套。二是完成荣桓市际公安检查站的建设并投入使用。三是大力推进“3＋X”警务机制改革。极大地提升情报研判和侦查实战效能。四是推进基层网格建设。启动全县“网格化”工作，初步完成网格划分，率先在全市推动“一村一辅警”试点工作，试点乡镇刑事、治安案件呈明显下降趋势。五是圆满完成刑事科学技术室的升级改造。顺利通过省检验检测机构资质认定现场评审，并被评为全市公安机关优秀技术室。

【执法规范化】 2016年,一是执法培训常态化。定期开展随岗培训,坚持每案一评、每月一讲,常态化开展随案考评工作,组织民警参加执法资格考试,73.4%的民警取得中级执法资格,7名民警取得高级执法资格。二是执法管理制度化。完善执法权力运行机制,严格规范案件办理程序,实现案件办理网上流转,认真落实四级审查制度,严格执行"四个一律",纠正执法突出问题。三是执法活动流程化。以执法规范化建设为抓手,严格法制员派驻,成立受立案中心,推进刑事案件"三统一"、执法办案积分制改革,实现执法闭环式管理。2017年,一是坚持严格规范文明执法。定期开展随岗培训,坚持每案一评、每月一讲,完善执法权力运行机制。二是严格法制员派驻。推进刑事案件"三统一"、执法办案积分制改革。三是实现案件办理网上流转。认真落实四级审查制度,严格执行"四个一律",纠正执法突出问题,执法质量稳步提升,刑事案件批捕率75.9%,移诉率82.7%,执法质量排名全市第一。

【队伍建设】 2016年,一是坚持铸魂育警。扎实开展"两学一做"学习教育,优化党支部设置,常态化开展"三会一课""训练日""半月谈"等活动,深入推进转型提质升级"大讨论"。二是坚持从优待警。民警政治待遇与经济待遇"双提升"。定期启动战时表彰;法定津补贴、民警荣誉仪式制度、意外伤害保险等从优待警政策全面落实。三是坚持从严治警。突出主题教育,狠抓源头防范,强化监督管理,切实增强队伍建设内驱力。2017年,一是落实从优待警政策。警员职务套改、职务职级并行等各项惠警措施进一步落实,队伍凝聚力、向心力明显提升。二是加强民警基本功训练。不断增强核心战斗力,逐步构建日常训练、专题训练和综合训练于一体的教育训练模式。三是突出主题教育。扎实开展"作风建设年""我心中的警徽"等主题教育活动,主动查纠,严抓作风。 (李　俐)

【道路交通安全管理】 衡东县公安局交通警察大队为正科(局)级机构,内设办公室、法宣办、车管所、安监股、特勤中队、事故处理中队、救助基金管理中心7个单位,下辖城关、新塘、大浦、荣桓、杨林、石湾、吴集、杨桥8个外勤中队,现有民警职工82人,其中民警58人,职工24人,另招聘交通管理员133人。担负着全县境内3100多千米的省县乡村四级道路、7.6万余名驾驶人、6.5万余辆机动车的交通安全管理任务。2016—2017年,围绕"事故少、秩序好、群众满意"这一主线,以打牢交警基础工作,强化安全意识、法律意识、服务意识为推手;以主导预防、压事故,强化路面见警率、管事率,严抓严管为抓手;以规范工作行为,全面落实绩效考核及必须遵循的"九个规定动作"为龙头的创新工作模式,埋头苦干,狠抓落实,在维护全县道路交通安全、畅通、服务群众等方面取得较好的成绩。

2016年获全市公安交警部门"绩效评估先进单位",被省委法治湖南建设领导小组评为"2016—2018全省依法办事示范窗口单位",被衡阳市政府评为"依法行政示范单位",车管所被省妇联评为"十佳巾帼文明岗",城关中队被团市委评为"青年文明号",新塘镇宋坪村被省道交委评为"全省文明交通示范村"。

2017年,被评为全省公安交警系统"春运工作先进单位""党的十九大安保工作先进单位"。被衡阳市人民政府评为"园林式单位",获"全市道路交通安全管理工作突出集体"称号。

事故防控　2016—2017年,强力推进交通事故月研判机制,科学分析道路交通安全形势,落实事故预防针对性措施;深入开展道路交通安全大检查"回头看""隐患排查治理"等专项行动,严格落实交通安全隐患治理"一单四制",共排查上报安全隐患点段116处;排查隐患车辆375台,隐患驾驶人198人,排查主体责任落实不到位的运输企业3家,下达《整改通知书》356份,并督促及时整改到位。组织对"五类重点车辆"违法"清零"221起;果断处置安捷公司安全隐患,3次约谈公司负责人,并远赴公司实际运营地广东省,对公司名下13台达到报废标准的货运车和危险化学品车辆贴上封条,车辆牌照予以收缴;圆满完成"两节""两会""五一""十一黄金周"等重要活动交通警保卫任务100余次。2016年共发生道路交通事故4386起,死亡62人,伤1234

人,直接经济损失616.5万元,事故四项指数同比分别-1.29%、-2.25%、-1.53%、-3.26%。侦破事故逃逸案件13起,破案率100%。2017年,发生道路交通事故4865起,死亡48人,伤1448人,直接经济损失560.42万元,事故四项指数同比全面大幅下降,特别是死亡人数比2016年死亡62人减少14人,同比下降22.58%。全年发生的15起交通事故逃逸案件全部侦破,破案率100%。

基础建设　2016年,启动并完成石湾中队业务用房主体工程建设于2017年11月底投入使用,共计投入资金420余万元。2016年,着手筹备吴集中队、杨桥中队业务用房建设;2017年,完成选址、征地、规划设计和立项等前期工作。2016年,积极向省交管局申报建设小型机动车驾驶人科目二考场得到同意建设批复。2017年,完成机动车科目二分考场办公楼主体工程建设。2016—2017年,大队共计投入500万余元加强民警执勤执法设备和装备,其中新建红绿灯、电子警察6套,新增交通标志(牌)221套,施划标线11038平方米,在文冲西路、金堰广场至金花小学路段增设交通隔离护栏2200米,新建大队涉案车辆管理系统,配发酒精快速排查仪5台,执法记录仪50台。

“两站两员”建设　2016—2017年,坚持党政主导,突出联动共融、多元共治,有序推动农村地区“两站两员”建设,多次召集县道交委主要成员单位,开展重大问题研究会商;强化督导检查,督促、压实客货运企业履行安全生产主体责任;春运、春节期间的保安保畅工作,基本形成由县政府办牵头,各乡镇政府,以及公安、交通、公路、城管、交警等相关职能部门联动协调、齐抓共管工作机制,保障全县道路交通安全、有序、畅通。特别是2017年,认真贯彻落实省政府“一办法两方案”,充分发挥道安委、道安办的议事协调和考核督办职能,积极报请县委县政府将道路交通安全工作纳入对乡镇政府的年度目标绩效考核,强力推动乡镇政府落实属地管理责任,切实加强农村地区“两站两员”建设。衡东县加强“两站两员”建设工作经验在全省地州市道路交通安全工作会议上作典型发言。

安全宣传　2016—2017年,紧密结合“文明交通行动计划”,不断拓宽宣传途径,创新宣传模式,扩大宣传阵地和覆盖面,共开展各类交通安全宣传活动592场次,举办“两客一危一校”安全培训39场次,送发各类交通安全宣传资料100万余份;组织开展文明交通劝导活动1000余次;在中央、省、市、县各级媒体刊发交管信息888条次;利用电视、LED屏、《红绿灯》《手机报》、衡东交警微博、微信等刊播宣传、提示和服务信息16万余条次,广大交通参与者的文明交通安全意识明显提升。2017年,在全县各国省道每隔1.5千米设立一块永久性安全宣传牌,共156块。特别是2017年3月,大队联合县文明办、县教育局举办的“尊法守规明礼、安全文明出行”文明交通小宣讲员评选活动,得到全社会的高度关注和一致好评,关注衡东交警微信公众号的人数达8.3万人,点击率超过104万人次。

秩序管理　2016—2017年,持续推进“大排查大管控大整治”“严重交通违法行为集中整治”“卫士之光”百日竞赛、“畅安行动”等系列专项行动,大队纠违总数、人均纠违等多项工作指标排名全市第一。2016年,率先建立道路交通事故快处快赔服务中心,共办理案件297起;持续推进“集中整治摩托车”专项行动,严格落实摩托车“带牌销售”、对无牌无证摩托车实行限制加油、办理摩托车牌证优惠政策、驻乡进村办理摩托车牌证等便民利民举措,实现摩托车上户率、持证率、年检率、投保率上升;“涉摩”道路交通事故起数、死亡人数、受伤人数、直接经济损失下降的“四升四降”的预期工作目标。2016年,查处各类交通违法行为20.99万起,其中酒驾471起、醉驾39起;刑事拘留39人,逮捕(直诉)38人,行政拘留119人;吊销驾驶证26个;强制报废机动车1035辆;收缴遮阳伞2242套。2017年,查纠各类交通违法10.39万起,其中,酒驾961起、毒驾79起、醉驾94起,同比分别增加162%、618%、327%;刑事拘留121人,逮捕(直诉)72人,行政拘留119人,吊销驾驶证26个;同比分别增长211%、89%、162%、273%;强制报废机动车1497辆;收缴遮阳伞2499套;黄标车淘汰攻坚战取得决定性胜利,淘汰率达100%。创新推行省县道沿线集镇赶集日,辖区中队民警提前介入指挥疏导交通模式，确保全年没有发生有影响的交通拥堵。

队伍建设　2016年，成立大队党总支部委员会，并下设3个支部，进一步提升队伍凝聚力和战斗力；建立完善《工作绩效》系列考核办法、“九个规定动作”、执勤执法全程动态监督机制，严格指纹考勤，加强日常督查，严格奖惩兑现；加强从优待警，全体民警职工均购买补充医疗、互助医疗和意外保险，进行一次健康体检；全体协警均办理工伤保险、意外保险和养老保险，落实从优待警一系列激励机制；开展迎“国庆”练兵健体、乔阳杯男子篮球比赛等系列活动，夺全县“智跑”挑战赛第一名，摘全县“我是衡东人，我为衡东做什么”演讲赛桂冠。2017年，扎实开展“优秀警队创建”活动，升级“忠诚正义、担当奉献，快乐工作、幸福生活”警队理念，切实提高执法服务水平；继续推行预约服务、限时服务、微笑服务等多种便民利民惠民举措，高质高效办理机动车牌证、交通事故处理及交通违法处罚业务；大力推行简易道路交通事故快处快赔服务，共办理案件710起，同比增长139%；采取日回访反馈、周整改小结、月通报讲评工作机制，确保件件有回应，事事有落实，共办结人大建议、政协提案、信访件62件，回复“12345”政府热线353件；大队警务调查回访工作在全市一直名列前茅。深入学习贯彻党的十九大精神，推动“两学一做”学习教育常态化制度化，扎实开展扶贫攻坚、“干部作风建设年”活动；积极争取县公安局、县委政法委、县委组织部和县总工会、团县委、县妇联的重视、关心和支持，新提拔18名民警职工到中层干部岗位，对7名中层干部予以重用，对8名中层干部进行岗位调整，进一步激发队伍活力；积极开展迎“第四届土菜文化旅游节”火炬手选拔、“干部成长感恩谁”征文等系列活动，夺全县政法系统“我心中的国(警)徽”演讲比赛第一名，充分展示新时代衡东公安交警创优争先、勇于拼搏的精神面貌；共有12个集体和63名个人受到县级以上表彰奖励；大队在全县优化经济发展环境测评中排名行政执法类第三名。　（刘任文　吴阳俐）

检　察

【概况】　衡东县人民检察院坐落在衡东县洣水镇衡岳北路，内设15个机构：办公室、政治部、纪检监察室、反贪污贿赂局、反渎职侵权局、案件管理中心、侦查监督科、公诉科、监所检察、职务犯罪预防科、控告申诉检察科（设举报中心）、民事行政检察科、技术科、法警队、行财装备科。反贪、反渎、侦监、控申、案管、预防、监所、纪检等部门被市院评为“先进单位”。尤其是反贪、侦监、控申、案管在全市名列第一，反渎在全省排名第三。

【反贪污贿赂】　县人民检察院认真贯彻中央和最高人民检察院关于反腐败工作的总体部署，坚持“老虎”“苍蝇”一起打，惩治、预防两手抓，把党风廉政建设引向深入，忠实履行反贪工作职责，重拳出击，查办一批大案要案。2016年，县人民检察院共立案查办贪污贿赂犯罪案件9件、11人，比较典型的案件有：配合市院立案查办的岳阳市原市委常委、副市长陈四海受贿、滥用职权案，衡山县原县委书记周健涉嫌受贿案；立案查办县农商银行原理事长李家生涉嫌受贿案等。2017年，立案查办贪污贿赂犯罪案件8件、8人，比较典型的案件有：立案查办的衡阳市中心医院原院长申某等人涉嫌的受贿案。

【渎职侦查工作】　县人民检察院反渎职侵权局始终坚持把解决人民群众反映强烈突出问题作为履职重点，着力在转变执法观念、强化规范执法、完善工作机制、提高执法素能等方面下功夫。2016年，依法查办渎职侵权犯罪案件6件、9人，共向发案单位提出检察建议3份。2017年，查办渎职侵权犯罪案件8件、11人，较典型的案件有衡山县原副县级干部旷某等8人涉嫌的专项资金诈骗案。

【刑事检察】　2016—2017年，面对刑事案件多发、治安形势严峻的局面，县人民检察院坚持“严打”工作方针，认真贯彻落实宽严相济的刑事政策，加强与公安、法院的联系配合。2016年,批捕各类刑事犯罪嫌疑人378人,提起公诉469人。突出惩治黑恶势力,涉枪、涉爆、涉毒、多发性侵财犯罪,依法严惩危害食品药品安全、环境污染、个人极端暴力犯罪,增强人民群众安全感,共批准逮捕涉嫌故意杀人、强奸、抢劫、绑架、放火、爆炸等严重暴力犯罪嫌疑人17人,提起公诉20人,批准逮捕涉恶犯罪嫌疑人53人,提起公诉68人,批准逮捕危害食品药品安全犯罪嫌疑人4人,提起公诉6人。依法适用刑事和解,对于犯罪嫌疑人真诚悔罪,通过向被害人赔偿损失、赔礼道歉等方式获得被害人谅解,达成和解协议的,不批捕15人,不起诉47人。探索建立未成年人犯罪分案起诉制度,对16名未成年犯罪嫌疑人、被告人开展社会调查,对2名未成年犯罪嫌疑人依法作出附条件不起诉决定,有2名青少年重返校园。积极办理刑事申诉和刑事赔偿案件。2017年,县人民检察院共受理提请批准逮捕的各类刑事犯罪案件241件、301人,经审查,依法批准逮捕191件、234人。突出惩治黑恶势力、暴力恐怖、涉枪涉爆、涉毒等严重影响人民群众安全感的犯罪行为,积极配合开展"禁毒风暴"等专项工作,批准逮捕故意杀人、"两抢一盗"、毒品犯罪等犯罪嫌疑人115人。

【监所检察】 2016—2017年,县人民检察院以防止超期羁押、违法办理减刑、假释、保外就医为重点,不断强化羁押和执行活动的监督,向监管场所提出纠正违法通知书1份,书面检察建议19份,监督纠正监管场所刑罚执行和监管活动违法情况7件(次),进行羁押必要性审查12人,强化对看管场所的安全防范,配合公安机关排除安全隐患4次,提出安全防范建议4次。加强社区矫正工作,清理发现监外执行脱管、漏管1人。

【民事、行政检察】 县人民检察院积极开展"基层民行工作推进年"活动,强化对民事行政生效裁判、民事执行的监督,共办理不服生效裁判监督案件3件,不服民事执行监督案件2件,加强对行政机关行政执法的监督,办理督促履职案件5件。

【控告申诉检察】 县人民检察院始终坚持以群众工作统揽控告申诉工作,不断创新工作思路,超前谋划,多措多举,在维护群众合法权益,及时反映社情民意,化解矛盾纠纷等方面做了大量富有成效的工作,严格落实举报线索保密制度,着力排查涉检信访,积极化解社会矛盾。2016—2017年,共受理来信来访共计158件、198人,安排检察长接待日66次,检察长接待群众来访30次,批阅来信22件。

【预防职务犯罪】 县人民检察院以老百姓关注的热点问题为切入点,积极开展预防调查,先后在中小学食品安全监管、动物(生猪)检疫监管等领域开展预防调查2次。深入开展预防宣传警示教育活动,组织40余人参观办案区、观看预防职务犯罪宣传片,在县委党校、县农机局等单位上法制课7次,受教育人数达500余人。注重预防成果转化,结合查办案件有针对性地提出改进管理、加强防范的检察建议3份,撰写犯罪分析报告3篇。坚持"惩防一体"方针,贯彻落实"除虫护花""依法容错"等机制,充分发挥预防宣传、警示教育、预防调查、检察建议等职能,为全县营造风清气正的正能量氛围作出不懈努力。同时,充分发挥行贿犯罪档案查询、个案预防、系统预防、重点工程预防的社会服务功能,在尽量减少职务犯罪存量方面发挥较好的职能作用。

(贺　栋)

法　院

【概况】 2016—2017年,衡东县人民法院全院上下凝心聚力,充分发挥审判职能,瞄准"争当人民满意法官、争创现代文明法院"的工作目标,开拓创新、团结拼搏、攻坚克难,共受理各类案件8491件,审执结各类案件7897件,结案率93%,审限内结案率99.63%,连续两年获"全市法院综合考评先进单位",特别是2017年审判绩效居全市法院第2位,其中平均审理天数为63.4天,居全市法院第1位、全省法院第18位。

【刑事犯罪】 受理刑事案件760件，审结716件，结案率为94.21%。突出惩治重点，持续保持对严重危害人民群众生命和财产安全犯罪高压态势，审结“两抢一盗”案件、故意毁坏财物、聚众斗殴等犯罪案件215件、355人，如妥善处理嘉盛酒店寻衅滋事案，依法判处谢某、苏某有期徒刑各四年、两年，并主动作为促成该案刑事附带民事部分调解。严厉惩治“黄赌毒”犯罪，审结毒品类案件68件、75人，如许某运输冰毒98.45克，被判处有期徒刑10年。积极促进反腐倡廉建设，审结贪污贿赂、渎职等职务案件12件18人，均取得良好的法律效果和社会效果。

【民事纠纷】 受理各类民商事案件4973件，审结4608件，结案率为93.34%。注重金融安全，积极防控金融风险，妥善审结如京湘茶荣公司破产重组等一批矛盾纠纷大、社会关注高的重大敏感案件，为全县经济平稳运行提供有效保障。高度关注民生改善，注重对老、弱、病、残等弱势群体的利益保护，如雷某诉刘某离婚纠纷一案中，发出衡阳地区首份人身安全保护令，开出湖南地区首张人身安全保护令“罚单”，施暴者刘某被司法拘留5日，促使妇女权益得到有力保障，被衡阳新闻头条播出，受到全国妇联高度关注。在办案中积极开展调判结合，践行“枫桥经验”，基本实现民事审判工作“案结、事了、人和”的价值追求，维护了社会和谐稳定。

【行政纠纷】 坚持保护行政相对人合法权益与监督，支持依法行政相并重的原则，完善行政首长出庭制度，妥善化解“民告官”纠纷。2016—2017年审结行政诉讼案件110件，既保护了行政相对人的合法权益，又支持了行政机关依法行政。运用法律手段服务控违拆违工作，积极为洣水河道砂石开采权拍卖、红狮水泥、经济开发区、河西开发区、S211线等重点项目建设提供强有力的司法服务。支持行政机关依法征收社会抚养费案件70件，征收社会抚养费110余万元。选派业务精通的法官到行政机关开展行政诉讼法知识讲座40场次，大幅度提升行政人员依法行政水平，行政机关依法行政意识进一步增强，有力助推了法治政府建设。

【破解执行难题】 不断完善执行机制，丰富执行举措，向执行难全面宣战，2016—2017年执行结案2383件，执结率91.65%，执兑标的额达3亿元。巧妙利用微信执结涉案标的为75.2万元工资的台商案，69名失业职工联手送锦旗表示感谢。实行“零佣金制度”网拍，在淘宝平台网络司法拍卖13起，减轻了当事人诉累。通过网易媒体直播执行工作，搭建多方公开“对话”平台，让14万网友以看得见的方式感受到司法文明和温度，激发群众对执行工作的理解、支持和关注。在电视台、微信、微博等平台公布失信被执行人200余人，50名失信被执行人因此主动兑现，20名失信被执行人因此丧失人大代表、政协委员等资格。为“老赖”定制失信彩铃，进一步压缩被执行人生存空间，倒逼社会诚信。与公安、检察联合开展惩治“拒执犯罪”专项行动，依法严惩“老赖”，司法拘留36人次，因涉嫌拒执罪移送公安机关5件。

【司法改革】 司法改革蹄疾步稳，实现人员分类管理稳妥推进，首批36名员额法官的遴选工作如期完成。院、庭长办案实现常态化，2017年院、庭长共结案1004件，占全院结案数的24.86%。优化审判权运行机制，率先在衡阳地区成立速裁审判团队，该团队自2017年8月成立以来，共承办案件420件，结案411件，结案率高达97.86%，结案周期缩短到17.3天，当庭宣判率为90%，当场制作、送达法律文书300件，真正实现繁简分流、简案快办。

【信息化建设】 衡东县人民法院被上级法院列为信息化建设的第一批试点单位，按照信息化3.0版建设要求，借力互联网+，加快智慧法院建设。2017年实现网上立案113件，电子卷宗随案生成2073件，入库电子档案31577件。同时开展电子签章、审判智能辅助系统应用等工作，实现立案、审判、案卷归档等工作与信息化深度融合，“网络化”“阳光化”“智能化”法院已基本成型。

【司法为民】 积极开展精准扶贫，采取“安全饮水朗山模式”、建成3个专业合作社，如期通过省、市脱贫验收。建成"一站式"诉讼服务中心,配备诉讼服务自助终端一体机,设立律师调解室、法官接待室,诉讼服务更加便民利民。执行举措不断丰富,失信惩戒力度不断加大,促被执行人主动履行法律义务。健全特邀调解制度和法院专职调解制度,在交通、医疗、婚姻等矛盾多发领域建立多元化解机制,尽可能的诉前分流纠纷。加大案件调解力度,促进当事人服判息诉,2016 年以来实现涉诉信访零增长,2017 年化解涉诉信访老案 3 件。

【队伍建设】 积极贯彻党的十九大精神,结合"干部作风建设年""机关党旗红,服务五县五化在行动"等内容,深入开展"两学一做"主题教育学习活动,引导法官干警明使命、知责任、善作为、勇担当。深入推进审判业务学习研讨活动,采取"请进来""走出去"等方式为干警全方位充电助力。加强司法警察警务能力,提升警务保障水平,成功创建"五星级警队"。2017 年,获县级以上集体荣誉 22 项、个人荣誉 40 项。

【衡东县人民法院获"2016 届湖南省文明单位"】 2016—2017 年,衡东县人民法院瞄准"创一流业绩、建一流法院"的工作目标,以文明创建工作为总抓手,大力弘扬司法文明,树立文明新风,始终把建设高素质的法官队伍作为重中之重,大力加强思想作风建设和职业道德建设,队伍整体素质显著提高,精神文明建设与审判工作共同发力,有力地促进法院各项工作发展。2017 年 6 月,衡东县人民法院被湖南省精神文明建设指导委员会授予"2016 届湖南省文明单位"称号,这是衡东县人民法院继创建"衡阳市三星级文明单位"之后的又一文明创建新成果。

【大浦人民法庭被最高人民法院评为"全国法院先进集体"】 大浦法庭成立于 1966 年 3 月,坐落在大浦镇京珠、泉南、衡大三条高速交汇处,新审判大楼于 2009 年 5 月建成投入使用,审判庭建筑面积 846 平方米,2017 年开展绿化、亮化、信息化"三化"建设,是衡阳首家拥有科技法庭的派出法庭。下辖大浦、石滩、吴集 3 个乡镇,辖区人口 14 万余人,是该院管辖人口、案件最多的人民法庭。现有干警 5 人,均系本科以上文化,是一个年轻、精干、团结战斗的集体。近五年来,审结民商事案件 1300 余件,其中调撤率达 70% 以上;在所办结的案件中,无一发回重审、重大改判、上访缠诉和超审限案件,案件合格率 100%。创建了巡回法庭和高调解率两个工作品牌,考核成绩在本院五个法庭中名列前茅。被市中院评为全市法院"十佳法庭"、被衡阳市委市政府嘉奖并荣记集体三等功、被省高院评为"全省法院先进集体",2017 年获"全国法院先进集体"称号。

【首批入额法官】 2016 年 12 月 30 日,衡东县人民法院首批入额法官 36 名:肖海军、单鲁超、旷文林、张振中、陈红彤、宋威、谭志刚、周书清、谭伟雄、许文韬、陈志华、刘金良、陈戈、唐建平、向碧洋、吴旭红、赵艺平、李翔、颜丽、刘尚球、单振华、徐卫平、谭发生、岳志勇、陈琳、刘芬芬、秾彬淑、肖彬、郭朋程、刘吉、贺诗魏、谢红军、旷建军、戴元东、陈足平、邓磊磊。

【肖海军当选法院院长】 2016 年 11 月 21 日,衡东县第十七届人大第一次会议第三次全体大会上,肖海军高票当选为衡东县人民法院新一届院长,也是衡东县人民法院有史以来首位女院长。

【"湖南好人"谢茂湘】 谢茂湘于 1982 年 2 月 3 日从部队转业到衡东县人民法院工作,期间担任过大浦法庭副庭长,2003 年退休后,他不舍其热爱的审判事业和相守了 20 多年的大浦法庭,主动向院党组提出继续留在大浦法庭,负责诉前调解工作且无需任何报酬。14 年来,他在平凡的岗位上用坚守与奉献谱写着不平凡的人生。他扎根基层不怕苦不怕累,成为衡东县人民法院"不上榜"的诉前调解能手,年均诉前调处各类纠纷近 50 件,有效分流了近 25% 的来诉案件,他凭着一副热心肠,奔波忙碌在基层诉前调解一线,用自己的辛勤和智慧为辖区广大人民群众调处矛盾、化解纠纷,把工作做到群众心里,把矛盾纠纷化解在萌芽中,被大家亲切称为"谢伯""和事佬"。2017 年,谢茂湘被评为"湖南好

人”。　（胡海鹏）

司法行政

【概况】 衡东县司法局系县人民政府组成部门，设办公室、政工室、宣教股、基层股、计财装备股、公律股、法规股、社区矫正管理局、法律援助中心、公证处及17个司法所、1个律师事务所、2个法律服务所、2个司法鉴定所。2017年，全县司法行政系统在职干部职工122人。主要担负普法依法治理、人民调解、社区矫正、公证服务、法律服务、法律援助、司法鉴定等工作职能。2016年，衡东县获评“全国‘六五’普法先进县”，衡东县司法局获评“全省法治建设信息工作先进集体”；2016年，楚云律师事务所陈钟获评“第五届全国法律援助先进工作者”，张广军获评“湖南省‘六五’普法先进个人”，宣教股谭华彬获评“全省法治建设信息工作先进个人”；2017年，衡东县司法局获评全市司法行政系统“公共法律服务”“技能比武和专项活动”先进单位。

【普法依法治理】 专项普法宣传。牵头开展“两打”专项行动法治宣传，配合参加全市“三下乡”，联合开展“三八”妇女维权法治宣传，配合参加公证法律宣传，牵头开展农村法治宣传月、青少年法治宣传周、“12·4”法治宣传日等活动。媒体普法宣传。继续做好自办“两网两微”（衡东司法行政网、法治衡东网、法治衡东建设微博、微信）阵地，运用红网、衡东电视台、县党政门户网等公众媒体开展普法宣传，联合宣传部办好衡东手机报“一句话学法”专栏，加强户外阵地更新和维护，重点针对新塘高速口宣传牌、滨江法治广场等户外普法阵地。普法学习机制。普法公职人员，建立大普法新机制，进一步建立机制落实“谁执法谁普法”普法责任制具体工作，纳入目标绩效考核，出台考评办法，提出责任清单，推动各部门做好以案释法。应对普法学法及考试的新系统，配合全省普法平台改革建设，认真组织全县国家公职人员年度学法及考试，10544人录入如法网干部学法用法考试系统，参加率和通过率位居全市前列。开展依法治理。加强基层民主法治，扎实开展各项活动，创建白莲马房、新塘宋坪第八批全省民主法治示范村，培育253名具有一定法治素养的法律明白人，涌现向莲生等全省优秀农村法律明白人典型。组织推动各部门行业法治建设，成功创建交警大队、新塘司法所、农业执法大队、地税局、安监局5个“2016—2018年全省依法办事示范窗口单位”。

【人民调解】 注重加强人民调解员队伍建设，通过多种形式培训把握人民调解工作的新形势、新要求，交流人民调解工作的新经验、新做法，不断提高人民调解员的政治素质、业务能力和调解技巧；积极吸纳退休法官、检察官、警官，以及律师、公证员、法律工作者等志愿者参与人民调解工作，不断优化调解员队伍；全面实行以奖代补，建立工作经费保障机制，实行按辖区办公经费补贴、误工补贴、案件补贴，切实关心爱护广大人民调解员，帮助解决实际困难，解除他们的后顾之忧，引导好、发挥好、保护好他们的工作积极性；加强矛盾纠纷排查，建立矛盾纠纷排查制度，经常深入到居民群众中了解社情民意、明确治保员和义务联防队员矛盾纠纷信息员身份，利用他们入户走访巡逻的时间调解纠纷，成功率大。对已处理的纠纷，建立回访制度等防范措施，把排查、调解、处理有机地结合进来，做到抓早抓小，堵塞漏洞，完善制度，落实责任，及时有效地消除不安定隐患；强联动重化解，三调联动工作开展方法灵活，合理配置纠纷解决资源，着力抓好三调联动衔接与对接联动，建立联动调委会，明确责权利；开展人民调解进派出所、进法院、进检察、进校园、进企业。准确把握与法院诉前、诉中调解，减轻人民法院“法官少案子多”压力；协助派出所化解治安案件，杜绝民转刑案发生；见证和调解好刑事和解案件，配合党委、政府整治校园、企业周边环境；2016—2017年，全县各级人民调解组织共排查调处各类矛盾纠纷1.3万起，防止民转刑19起，避免群体性械斗41起，矛盾纠纷得到有效化解，维护了衡东一方平安与发展。

【法律援助】 完善法律援助便民服务措施，畅通法律援助“绿色通道”,扩大法律援助覆盖面,最大限度地满足困难群众的法律援助需求。不断夯实法律服务平台基础,以建设公共法律服务中心、站、点和“法润三湘”志愿点为契机,推进全县法律援助工作网络全覆盖,为法律服务工作提供组织保障。全县共有乡镇法律援助工作站17个,村(居)法律援助联络点233个,并在老年协会、妇联、县总工会、县法院、县检察院、县看守所、律师事务所、法律服务所等设立驻站,逐步形成县、乡镇、村(社区)三级法律服务体系全覆盖,打通法律服务群众“最后一公里”,为群众提供高质量的、多种形式的法律援助服务,使法律援助更贴近群众需要,方便就近获得法律服务;紧扣“应援尽援,应援优援”主题,不断扩大法律援助社会受益面,降低法律援助门槛,拓展援助渠道,提高法律援助质量,为符合法律援助条件的群众提供法律援助,服务重点民生工程。2016—2017年,县法律援助中心共接待各类咨询6000余人次,办理各类法律援助案件690件,为群众挽回经济损失2900多万元。

【法律服务】 强化对公证律师基层法律服务、监管,进一步完善其申报、年度考核、注册、检查监督等机制。全县公证业务量每年在递增,业务领域有所拓展;律师业务量每年在递减。通过组织律师、公证人员深入开展全民创新创业专项法律服务活动和律师参与涉法信访工作,积极引导公证员、律师服务政府、服务企业、服务民生。紧紧围绕全县经济建设提供法律服务。2016—2017年,公证处共办理各类公证6156件,无一错、假证;楚云律师事务所担任法律顾问20家,承办各类案件161件。法律服务所收案875件,其中诉讼代理586件,非诉讼调解271件。阳光和中天两家司法鉴定所办理各类司法鉴定1751件。为维护社会公平正义、为建设美丽生态衡东、服务改善民生发挥较大的作用。

【社区矫正】 社区矫正是我国一种新兴的与监禁刑相对应的刑罚执行方式,是将被判处管制、被宣告缓刑、被暂予监外执行、被裁定假释,并在社会上服刑的四种罪犯置于社区内,矫正其犯罪心理和行为恶习,促使其顺利回归社会。自2012年1月衡东县全面启动社区矫正工作以来,通过系统培训工作人员,建立完善工作制度,社区服刑人员开展衔接和矫正,截至2017年12月31日,全县累计接收社区服刑人员1378名,监管率为100%,确保不脱管、不漏管,不出现重新犯罪。同时,通过加强完善帮教网络,定期回访,拓宽就业渠道等措施,切实做好刑满释放人员安置帮教工作。两年来,接收刑满释放人员515人,其中重点帮教人员71名,均及时建立档案,纳入信息化管理,落实帮教责任,帮教率100%。2017年,衡东县社区矫正管理局被衡东县委政法委评为“先进基层单位”。2017年9月12日,衡东县代表整个衡阳地区接受省司法厅“社区服刑人员行为规范教育”考核验收,获得一致好评。

【基础设施建设】 根据上级要求,在全市率先建成社区矫正中心,公共法律服务实体平台建设快速推进。为各司法所配置电脑、打印机、投影仪、照相机等办公设备,进一步改善司法所办公条件和环境,增配空调等设施,对新塘、杨桥、荣桓等司法所重新装修改造。继续开展规范化司法所考核评比工作,建立动态奖惩机制。继新塘、杨林、大浦、吴集司法所创建“全省规范化司法所”后,大浦司法所获评“全省模范化司法所”。

【队伍建设】 通过制定学习培训考试制度,开展“我心中的国(警)徽”主题系列活动,定期开展各项业务培训,并以考试形式促学习效果和学习积极性的提升。2016—2017年,把各项业务学习培训与“三会一课”、党员活动日等党建经常性工作结合,以“两学一做”常态化、制度化专题教育活动为载体,以十九大精神为核心,扎实推进社会主义核心价值观观念的培养,全县司法行政队伍整体的岗位基本技能、业务知识显著增强,进一步筑牢“四个意识”思想,教育引导干部队伍加强党性修养,坚持实事求是,改进工作作风。通过制定完善机关股室和司法所的工作目标精细化考核制度,采取每月抽查、每季度督查、年终综合考核等方式,全县司法行政队伍的工作作风明显改进,工作效能明显提高,人民群众对司法行政机关和队伍的满意度明显提升。通过全省公务员招考和县事业单位招考,2016 年省考,新进 8 名法律专业的优秀大学本科毕业生;2017 年县事业单位考试又新进 5 名法律专业同志,他们被充实到基层司法所工作,在一定程度上提高了队伍的整体素质。就基层司法行政队伍人员编制、队伍保障等问题上,县司法局以"政法专项编 + 地方事业编制 + 政府购买服务"三种途径为切入点,用足用好中央政法专项编制,及时填补空缺,通过政府购买服务解决基层人少事多问题,进一步促进司法行政工作快速发展。

(文卫兵)

军　事

衡东县人武部

【概况】　衡东县人民武装部于1966年建县时成立。1986年5月，由军队建制改为地方建制。1996年4月，由地方建制收归军队建制，全称为中国人民解放军湖南省衡东县人民武装部。

【思想政治建设】　2016—2017年，衡东县人武部党委在警备区党委的正确领导和县委、县政府的关心支持下，严格落实党委中心组理论学习制度，同步参加了省军区、警备区和县委的理论学习培训，深入学习习主席系列重要讲话精神，切实把讲话蕴含的立场观点方法转化为思考问题、干事创业的精神法宝。

衡东县人武部认真贯彻全军政工会议精神，严格落实“五步法”要求，扎实开展“两学一做”学习教育、纪念红军长征胜利80周年专题教育和经常性思想教育，结合全县专武干部业务技能培训和民兵工作会议，围绕“认清形势、拥护改革，努力开创党管武装工作新局面”等内容，给全县34名专武干部和17名基层武装部政治教导员作专题辅导，增强各级党政领导党管武装的责任意识。结合乡镇党委班子换届选举，会同县委组织部就专武干部队伍调整配备情况进行了调研，向县委、县政府主要领导进行专题汇报。通过抓调整配备，进一步盘活专武干部队伍，激发专武干部工作动力。严格落实“六进”制度，将国防教育纳入县委党校科干班培训计划内容，2016年以来，部领导和机关干部到地方单位和学校进行国防知识讲座11次，切实增强党政干部、青年教师和民兵预备役人员的国防观念。县人武部联合县委宣传部在衡东县少年军校组织召开湖南省国防教育基地授牌仪式，产生很好的社会反响；4月，县教育局被市国教委评为“国防教育先进单位”，少年军校校长李彦军被评为“国防教育先进个人”；5月，市国防教育工作会议后，全县及时召开国教委例会，传达上级工作会议精神，部署年度国防教育工作；同时，以“双带双促”活动为载体，大力宣传欧阳海烈士纪念馆馆长谭雪根同志等一批优秀复退军人典型。

【军事工作】　2016年，在民兵组建布局上，力求实用；在专业分类上，力求对口；在人员编组上，力求落实，全县共计编组基干民兵2475人，应急队伍1115人，支援队伍828人，储备队伍532人，上级抽调2个分队共300人。同时，优化应急队伍编组，主要围绕县乡行政中心和人员密集的单位布局，确保县本级和各乡镇有一支可靠的应急力量。按照年度军事训练计划，先后完成三期共290人的的民兵军事训练任务，组织4名新任职专武干部参加省军区组织的专武干部集训。年初，按照省军区抓建基层“两个转变”工作要求，投入经费30余万元，为全县17个乡镇民兵应急分队补充配齐单兵携行具（迷彩包、迷彩服、搭包、水壶）、盾牌、警棍、头盔，配发器材架；同时，为乡镇重新制作上墙制度牌，并为部分乡镇购买了防盗门、办公桌椅和文件柜。投入经费对全县合并后的256个行政村（社区）民兵营重新制作门牌，结合合乡并村同步挂牌；借鉴祁东县做法，积极协调县委、县政府出台衡东县《关于加强村级民兵营规范化建设的意见》，基层阵地建设明显改观。

2017年，组织对大规模防卫作战等4类、20个方案进行对接修订；严格落实战备值班值勤，认真编组整训民兵应急连，结合元旦、春节和清明战备防护期3次组织民兵应急连进行实兵演练拉动;先后完成了三期共315人的民兵军事训练任务以及"舟桥分队实兵演练",提高民兵应急连遂行应急应战任务能力;组织县人武部全体干部参加省军区组织的"非转专"集训和2期、256人的民兵营长集训。先后4次出动民兵应急分队195人次,赴石湾、石滩和霞流开展抗洪救灾,2次出动民兵应急分队120人次参加县城集贸易市场关停和金堰广场天然气管道泄漏安保行动。

【兵役登记和征兵工作】　2016—2017年,县人武部突出政府领导职能,严格落实兵役登记,协调公安、教育、卫计等部门对全县符合兵役登记的人员进行统计摸底,确保年满18周岁的男青年兵役登记率达100%。狠抓年度征兵任务落实,先后召开全县征兵工作会议和对口培训,深入基层宣传发动,并利用民兵营长集训,广泛开展宣传和发动。同时,严格按程序征兵、公开征兵、透明征兵、廉洁征兵,严把体检、政治考核关,认真落实征兵宣传"十个一活动",启动"新兵质量百日跟踪活动",确保年度兵员征集任务的圆满完成。

【扶贫工作】　严格落实县委、县政府有关要求,在组织民兵完成抗洪救灾和应急维稳任务的同时,积极参加地方精准扶贫。加强组织领导,夯实工作机制。县委常委、人武部部长赵乔峰作为白莲镇联点县级领导,在脱贫攻坚推进会召开的第二天,带领县人武部、县委宣传部、县文体广新局、县广电台等后盾单位的党政一把手,以及面上工作队长、队员,白莲村工作组长、组员进驻白莲镇、白莲村进行工作对接。县人武部唐锋任工作队队员。作为后盾单位,全面筹措资金,保障帮扶到位。按照每年5万元的帮扶资金以及1万元的工作经费用于扶贫,在积极协调县直部门对口扶持的同时,先后投入经费8万元用于白莲镇白莲村维修水池、渠道以及帮扶对象。另在全县各行政村、社区均建立10名基干民兵的扶贫小组,建档立册,开展精准扶贫工作。

【涉军维稳】　在涉军维稳问题上,解决问题是根本。2016—2017年,始终以解决具体问题为根本,运用各种措施,努力配合解决各种问题。一是积极加大接访和沟通工作力度。严格落实"常委接访日"工作制度,武常委坚持定期到信访局办公,配合做好来访的退役人员的接访和劝导工作;2016年以来,先后3次召开退伍军人座谈会,与退伍老兵代表面对面沟通;在人武部政工科设立退伍军人上访接待室,接待退伍老兵130余人,均做到了认真接待、耐心劝导、积极协调、妥善处理。二是积极走访,切实解困。利用民兵整组、征兵宣传以及下基层检查时机,多次组织下村走访,看望涉军人员,组织专武干部、民兵营长上门宣讲优抚政策,每年组织慰问家庭困难退伍老战士不少于20户,做到在生活中体现关爱,用真情感化他们。三是积极协调,推动解决工作力度。对接访、座谈、走访反映出来的问题,逐一登记、凡符合国家政策规定没有及时解决的问题,均向有关部门进行了反馈,并督促解决落实;若不符合规定反映的情况,(如2011年边防一师退伍老兵反映的关于参战退役人员补助标准过低等5个方面的问题)均协调民政局等相关部门,面对面向退伍老兵当面解释,耐心细致地做好劝导工作,获得老兵的高度评价,感叹人武部不愧是他们的娘家人。2016—2017年,武装部积极协调、配合民政局、人事局和编办,解决衡东县2007—2011年城镇退伍兵的退伍安置问题,除去调走或没退役人员,其余122名退伍士兵均按政策予以安置,极大地推进衡东县涉军维稳工作。

【荣誉奖励】

2016年度警备区先进团级单位党委

2016年度警备区新闻宣传工作先进单位

2016年度警备区军事训练先进单位

2016年度衡阳市抗洪抢险先进单位

2016年度警备区优秀党务工作者　赵乔峰

2016年度警备区结合工作写报道先进个人　龚飘

2016年度警备区优秀机关干部　胡凯

2017年度衡阳市抗洪抢险先进单位

2017年度警备区安全工作先进单位

2017年度警备区优秀机关干部　欧阳鲁

（向庄晋）

人民防空

【概况】　衡东县人民防空办公室是根据《中华人民共和国人民防空法》,中共衡阳市委机构编制委员会《关于规范县(市)人防机构设置的通知》和2007年7月30日县委议军会议(东办纪委〔2007〕8号)精神决定设立的,为准军事化管理正科级行政单位,现有干部职工15人,是衡东县国防动员委员会的常设办事机构和县人民政府防空工作的主管部门。于2008年8月成立党组。内设综合股和工程股,通信指挥股下设人民防空执法队。

衡东县人防办自成立以来,认真贯彻实施《中华人民共和国人民防空法》和《湖南省实施〈中华人民共和国人民防空法〉办法》,紧紧围绕人防法制的宣传教育、人防行政程序的规范、人防政策的配套、人防行政执法、人防规费征收、人防设施建设、防空袭预案制订、人防机关"准军事化"的建设等中心工作,人防事业不断向前发展。县人防宣传教育、人防行政执法、人防工程建设、人防通信警报等工作步入全市先进行列,2017年荣获全市人防工作先进县市光荣称号。

【机关队伍建设】　始终坚持依法行政,依法办事,在人防执法工作中,严格遵守人防执法程序,执法人员实行亮证执法,实行文明执法,做到以理服人、以情感人、以法律约束人。在全年的人防执法过程中,没有发生一起人防执法过错行为。在执法收费过程中,全员坚决杜绝吃、拿、卡、要、报的现象,从源头抵制了腐败现象的滋生。创办以来,机关多次开展多种形式的人防知识、人防法规素质培训,坚持持证上岗,2016年省举办的执法考试通过率达到90%,有效提高全办人员人防专业素质,人防知识测试合格率100%。

【人防制度建设】　制定和完善机关内部管理各项制度,明确分工职责,依法制定行政审批、行政征收、行政处罚程序,使各项工作有章可循、有法可依。在政务中心建立人防审批窗口,进驻政务中心以来,未发生过一起人防收费减、免、缓现象。建立相关的城市建设人防"结建"联审制度,使人防行政规范化、制度化。

【人防宣传教育】　每年县人防办均以会议汇报、电视媒体、街头横幅板报、发送光碟书籍、疏散演练等多种形式,开展人防进机关、进社区、进校园的宣传教育活动。2016年—2017年,创新人防宣传形式与县教育局相关股室面向县一小、二小、三小、机关幼儿园等几所中小学、幼儿园发放"人防小博士"实行上至老师、学生下至家长的纵向宣传模式,在社会各界引起广泛关注,取得很好的宣传效果。为最大限度的预防和减少全县各类灾害造成的损失,保障公众的生命财产安全,有力提高全县保障公共安全和处置突发事件的能力,在杨山建立人防疏散兼宣传教育基地,大力宣传人防法律法规和人防知识,提升人民群众的人防意识。

【应急救援】　2017年7月3日,衡东县遭受暴雨,城区大面积内涝成灾。县人防办迅速组织应急救援队10人,在霞流镇新拜桥村与宋桥村漫堤现场,扛包筑堤,奋战抢险一线。从3日下午六时到4日凌晨四点连续在暴雨中奋战10个小时,始终战斗在防汛抢险和救灾的最前沿,无条件服从安排,赶赴现场参与防汛抗灾,并发扬英勇善战、连续作战、不怕疲劳的精神,做到召之即来,来之能战,战之必胜。

【人防通信警报建设】　2016—2017年,全办投入资金近50万元,先后购置固定防空警报器3台,使城关警报覆盖率达100%。2017年,添置人防"指挥通信车"一台并顺利地通过省"双百"达标验收,同时每年11月1日均精心组织鸣放演习活动。通过警报试鸣,既检验警报网的技术性能,又向社会做人防宣传,收到很好的演练效果。

【人防组织指挥建设】　衡东县人防应急指挥所(即

15024工程)自2009年提出规划以来,是衡东八大重点项目之一,该工程位于河西新区坪桥路东南侧,紧邻规划的坪桥路。项目已于2017年12月完成一期工程主体建设。项目的建成将有利于促进全县国防建设,提升城市品位,增强城市整体防护功能。

【人防工程建设】 拟编制规划《衡东县县城人防工程建设规划》,施工建设完工人防地下室两处,正准备修建人防结建工程两处。在全年的人防执法过程中,没有发生一起人防执法过错行为。在执法收费过程中,全员坚决杜绝吃、拿、卡、要、报的现象,从源头抵制了腐败现象的滋生。创办以来,机关多次开展多种形式的人防知识、人防法规素质培训,坚持持证上岗,2016年,省举办的执法考试通过率达到90%,有效提高全办人员人防专业素质,人防知识测试合格率100%。

(伍 舟)

综合经济管理

发展和改革

【概况】 衡东县发展和改革局(以下简称发改局)是县人民政府的组成部门。2016 年度衡东县获全市项目前期工作深度开发先进单位,县价格成本调查队获全省农产品成本调查工作先进集体称号;2017 年度衡东县获全市“项目推进年”活动先进单位。

【规划编制】 严密对接上级发展思路、发展目标,紧密结合县情,精心编制《衡东县国民经济和社会发展第十三个五年规划纲要(2016—2020 年)》,获县十六届人大五次会议上审议通过,为衡东县未来五年的发展描绘了蓝图。

【争资跑项】 积极与国家、省、市发改委保持沟通和联系。2016 年,争取上级资金 4.2 亿元。其中在 2016 年前三批专项建设基金项目申报中为全县争资 3.54 亿元,尤其在第二批专项建设基金项目申报中争资 2.26 亿元,争资额在全市县(市)区中位列第二。2017 年,争取中央、省预算内资金 11267 万元,“滨江城中村”棚户区改造、21 个农村综合服务平台建设、“135 工程”标准厂房奖补等项目获上级资金支持。

【项目建设】 固定资产投资。2017 年,全县固定资产投资 179.37 亿元,增长 18.0%,成为经济增长的主要拉动力。PPP 项目。推进 PPP 项目融资,到 2017 年年底,全县共有 6 个项目录入财政部 PPP 项目储备库。大力推进“四路一桥”等一批 PPP 项目。新能源发展。金觉峰、坳家台等风电项目顺利推进,大浦托源光伏、大浦工业园厂房屋顶光伏等项目正在筹建中。项目的策划包装。完成策划包装项目 50 个和深度开发项目 35 个,超额完成市下达任务。

【推进改革】 2015 年 10 月因机构改革,撤销原衡东县物价局,设立衡东县发展和改革局,原物价局职能划入县发展和改革局。稳步推进公车改革。根据省市公车改革相关文件精神,稳步推进公车改革,协调车补发放等相关事宜。规范招投标运行。出台《关于完善国有投资建设项目招标投标监管机制 预防和打击围标串标行为的意见》,加强对国有投资建设项目招标投标行为的监管。牵头推进衡东县社会信用体系建设。相继出台《衡东县守信激励与失信惩戒实施办法》《衡东县企业失信行为联合惩戒暂行办法》,形成部门联动惩戒的工作思路,组织开展信用信息“双公示”,社会信用体系建设向纵深推进;积极推行投资项目网上并联审批,全县已实现省市县纵向贯通,横向贯通正在努力推进。

【易地扶贫搬迁工作】 认真贯彻落实中央、省、市关于易地扶贫搬迁工作的决策部署,成立以县长任组长的易地扶贫搬迁联席会议制度,制定《衡东县“十三五”易地扶贫搬迁规划》《衡东县易地扶贫搬迁工作实施方案》。全县各乡镇、各相关县直单位向县委县政府递交责任状,实行“挂图作战”,2016 年,完成年度任务 449 户,1221 人;2017 年,完成 27 户,72 人。住房建设完成率、入住率、搬迁精准率均为 100%。确保易地扶贫搬迁工作任务如数如质如期完成。

【价费管理】 一是在2016年成功举行衡东县县城供水价格调整、简化分类和居民用水实行阶梯水价听证会，为自来水价格进一步改革打下基础。二是严格规范收费。根据省、市相关文件要求，取消6项、放开1项、暂停6项经营性收费项目。三是进一步深入公立医院改革，对单病种收费开展前期调研工作，对下一步全县的单病种收费政策的出台打下基础。

【价格监督检查】 开展春运客运票价检查及客运票价的常规监管。配合县政府、县纪委、县财政局、县教育局、县减负办开展春、秋两季教育收费督查。妥善受理各类价格举报（咨询）件，2017年全年受理各类价格举报（咨询）65件，按时反馈率、承办率为100%。

【价格认证】 2017年，接受公、检、法、司及行政执法单位委托的各类涉案物价格鉴证512件，涉案金额达173.62万元。所出具的评估鉴证报告书公正准确，无一复核裁定，无一行政复议，无一行政诉讼，受到委托方和社会的一致好评。

（肖斌艳　熊扬策）

人力资源和社会保障

【概况】 2016年1月，衡东县人力资源和社会保障局由原来所在的城关镇衡岳北路办公楼整体搬迁到原武家山宾馆改造而成的现有场地办公，当时所属二级机构全部纳入集中办公。2016年5月，又将原卫生局所属的新农合相关职能和人员全部划归人社部门管辖，也搬迁进入人社局集中办公，形成现有的人社部门基本框架。局机关内设办公室（信访室）、政工人事股、行政审批股（法规股）、公务员管理办公室（军转干部安置办公室）、就业促进与失业保险股、养老保险股、工资福利退管股、事业单位人员管理股（事业单位公开招聘办公室）、医疗生育保险股（工伤保险股）、财务股、基金监督股、安全生产监督股十股二室；局下辖就业服务中心、社会劳动保险所、机关事业单位养老保险所、职工医保管理服务中心、工伤保险基金管理中心、人力资源服务中心、劳动保障监察大队、劳动人事争议仲裁院、城乡居民社会养老保险管理服务中心、城乡居民医疗保险管理服务中心10个副科级二级机构和国家职业技能鉴定所、培训考试信息中心、社会保险基金征缴中心3个股级二级机构。全局现有工作人员233名，其中副科级以上干部27人，在编人员178名，三支一扶3人，临聘人员15名，公益性岗位37人；另外退休人员49人。2016—2017年，衡东县人力资源和社会保障局坚持稳中求进工作总基调，主动适应经济发展新常态，围绕“民生为本、人才优先”工作主线，科学编制人力资源和社会保障事业发展计划，牢固树立“大就业”“大人才”“大民生”“大保障”“大服务”的工作理念，全面加强人才队伍建设，完善社会保障体系，深化人事制度改革，努力构建和谐劳动关系，团结协作，真抓实干，加压奋进，锐意进取，推动人力资源和社会保障事业新发展。为民办实事、基金风险内控管理、信访维稳、综合目标管理等工作先后评为省市县先进。人社队伍的公信力、认知度和社会形象进一步提升。

【就业创业】 2016年，进一步贯彻省、市关于双创工作的文件精神，加强双创工作的推进，优化创业创新环境，为大众创新创业提供强有力的支撑。对符合小额担保贷款初审条件的241名申请人开展8班次的创业培训，通过联席会议审核通过发放创业贷款216户、2026万元，培训后创业成功率达到60%以上。积极落实高校毕业生就业创业扶持政策，鼓励返乡农民、专业技术人员带资金、带技术回乡创业，及时为创业者提供创业贷款和社会保险补贴等方面的政策服务。对全县2016年的高校毕业后未就业的168名毕业生，实行跟踪服务，确保每个人能享受2次以上免费职业介绍服务，向大学生免费提供创业工作室，累计实现创业51人，带动就业130余人。通过多措并举，全县新增创业主体2258户，带动就业1683人；城镇登记失业率控制在3.98%以内，全县创业创新工作取得较好成效。利用治安协警、交通协理员、城管、环卫等岗位积极安置零就业家庭成员、大中专毕业生、军退人员、城镇下岗失业人员910人,其中:公安协警169人,交通协警117人,城乡环境综合治理310人。零就业家庭动态清零保持100%。2月,在县人力资源市场、新汽车站、珍珠、草市、杨林、蓬源等多地组织春风行动现场招聘和政策宣传,共发放春风行动宣传资料15000余份,免费服务人数30000余人。2017年,4次组织召开劳务协作脱贫工作专题会议,8月就业服务中心组织工作专队,到各个乡镇进行上门辅导和督导,按时完成6287人的农村贫困劳动力的基础信息采集工作任务。在洣水、甘溪开展2期、100人的建档立卡贫困劳动力就业培训;开展"就业扶贫行动日"专项活动,促进贫困劳动力与用人单位进行岗位对接,贫困劳动力就业1215人。利用治安协警、交通协理员、环卫等岗位积极安置零就业家庭成员、大中专毕业生、军退人员、城镇下岗失业人员1012人,其中公安局180人,交警队119人,法院40人,检察院24人,乡镇保洁372人。进一步加强公益性岗位监督管理,对公安局、交警队安置超过3年的公益性岗位人员,按政策予以清退83人。2017年,发放创业担保贷款2000万,带动就业300余人;建立担保基金140万元。为456名持《就业失业登记证》灵活就业的就业困难人员后办理养老保险补贴,共计补贴187万元。为符合政策人员办理《就业失业登记证》832个。积极开展2017年度衡东县创业带动就业优秀典型申报、审核相关工作,已组织县内初创企业4家、个体工商户8家参加市级双创评选,现已通过市级评选。9月,组织县创业先进乡镇1个、企业1家、个体工商户1人参加省级双创评选。全县城镇新增就业4972人;失业人员再就业1790人,其中:就业困难人员再就业525人,完成全年目标任务的105%;新增农村劳动力转移就业4742人,农村贫困劳动力转移就业575人,创业贷款发放2002万元,城镇登记失业率控制在3.8%以内。

【社会保障】 2016年,各项社会保险基金征缴共计6.86亿元,其中征缴城乡居民养老保险费2532万元;征缴企业养老保险基金10646万元;征缴机关事业养老保险基金15357万元;征缴城镇职工医疗保险基金6851万元;征缴城乡居民医疗保险基金31800万元;征缴失业保险基金203万元;征缴工伤保险基金947万元;征缴生育保险基金272万元。基金规范运作率及安全完整率均为100%。社保卡发放稳步推进,全县持卡人数已达39.8万人。累计发放退休人员养老金2.6亿元。全年累计支付城镇职工医疗保险金5665万元;支付生育保险金1557万元;新农合共补偿兑付2.55亿元,对2015年度大病保险进行追补,共追补2032人次,追补金额847万元。自2014年村干部养老保险在衡东县成功启动,使衡东县成为全省第一个实行村干部养老保险试点县。三年县财政累计为6781名次的村干部拨付补贴1017万元。全县2016年经相关部门审定的现任村干部2244名,县财政拨付补助资金336.6万元。全县基础养老金提标(75元/月提高到80元/月)全部发放到位。1—12月,全县城乡居保待遇领取人员10.8万人,累计发放养老金1.07亿元,月均发放养老保险金近900万元。为480名死亡参保人发放丧葬补助金28.8万元。实现参加补充工伤保险率82%,收入72万元。参与工伤事故调查75起,完成工伤认定420例,组织劳动能力鉴定62人;基金支付1956.7万元(含上解826.8万元),享受工伤待遇1123人次,基金运行总体收支平衡。2017年,企业养老保险参保人数31252人,缴费人数12766人,新增扩面人数1468人,征缴基金13000万元,同级财政补助到位156万元,机关事业单位养老保险完成参保13230人,职工医疗保险征缴7380万元,工伤保险征缴基金1018万元,生育保险征缴305万元,失业保险征缴征缴171.56万元,参保总人数33780人,失业保险基金滚存结余141.93万元;居民医疗保险共筹集个人参保资金8406.87万元,参保率99.7%,城乡居民社保养老保险征缴基金2581.72万元,市政府下达的各项社会保障基金征缴指标全部完成。截至11月,为11659名企业离退休人员发放养老金22177万元;为4539名机关事业单位退休人员实行社会化发放,月发放金额达1635万元。并根据湘人社发〔2017〕48号文件要求,全面完成机关事业单位退休人员2017年调待。

本次调整退休人员共6393人,定额调整32.33万元,挂钩调整64.47万元,倾斜调整50.56万元,调整总额101.87万元,人均月增资额达159.34元;发放城乡居民养老金9957.22万元,按时足额为43名失业人员发放救济金18.9万元、医疗补助金6.5万元;支付职工基本医疗保险金5221.21万元;城乡居民医疗保险补偿兑付132704人次,补偿金27275.4万元,平均住院费用补偿率达50.66%;支付各项工伤保险待遇669万元,其中工伤医疗待遇支出252万元,伤残待遇支出146万元,工亡待遇支出271万元;支付生育保险金388.54万元。

【人事人才管理】 2016年,完成2015年度全县机关事业单位年度考核奖励工作,共评选出优秀人员2114名,呈报市委、市政府记二等功4人,248人记三等功奖励,1862人嘉奖奖励;配合省市全面完成公务员招录计划,已经全部到岗,手续办理积极稳妥。完成全县机关事业单位2017年度财政预算工资基金审核工作,完成日常增资和职务与职级并行的待遇兑现工作,按东政办函〔2015〕50号文件精神,对全县已进行岗位设置事业单位相关人员进行相对应的岗位工资调整;办理退休人员审批220人;办理机关事业单位职工调动工作工资关系转移审批76人,办理机关事业单位工作人员死亡后待遇发放审批55人;按照工资政策规定,对60名机关、事业单位新录(聘)人员进行工资定级。继续严格执行凡进必考的原则,录用教师131人,有力的充实全县基层教师队伍。积极开展各级专业技术职称的评聘工作,在全县事业单位岗位设置的基础上,初任初级专业技术职称184人,并转发省厅评审通过高级职称51人,转发市局评审通过中级职称90人,申报高级职称职数171个,中级职称职数120个,并根据市局统一安排,在规定时间内完成4400余名教师的职称晋升过渡工作。2016年,办理人事代理421人,为已代理的116人办理转正定级、工资异动,5人申报专业技术职称;全年共办理215名新聘人员的档案审查、合同鉴证工作;共接待毕业生就业指导167人,为265人开具调档函,已接收学生档案1100册;完成农村人力资源三年行动计划3010人。2017年,衡东县配合省市公开招考公务员29人,已经全部到岗;公务员信息建设进一步完善,全年严格按照《中华人民共和国公务员法》及配套规定完成公务员职务任免与升降、调动及年度考核等日常工作;组织2016年全县年度考核工作,考核结果兑现全部到位。全面启动第二批职务与职级并行工作,科级以上办理143人,科级以下办理25人,及时落实相关待遇。全年任免政府序列干部4批次,共计291人,保障任免工作的顺利进行。岗位设置管理工作稳慎开展,已完成岗位设置的单位达148个,完成率在98%以上;事业单位进人逐步规范,事业单位公开招聘制度进一步完善,全县公开招聘教师99名,严格执行招聘方案核准备案制度,过程公开、考试公平,操作规范;专业技术人才队伍建设不断加强,依据事业单位岗位设置情况,全县拟申报高级职称职数155人,中级职称职数121人,职称评审严格规范,并逐步完善了职称评审和聘任制度,进一步优化全县专业技术人才队伍结构;配合省、市积极做好工人等级考试,全县参加初级等级的73人、中级等级的86人、高级等级的195人。认真落实上级有关工资福利及退休人员管理工作的各项政策规定,全年转正定级518人,调整工资11167人,为287人办理退休手续,并完成其他事业单位绩效工资实施的各项工作。根据衡人社发〔2016〕23号文件精神,联合财政局制定农业、林业、环保、畜牧相关单位有毒有害岗位津贴的实施细则。

【劳动维权】 2016年,加强矛盾纠纷的排查处理,畅通投诉举报渠道,联合公安局、建设局等部门协调处理,通过日常巡查加强对违法行为的源头治理,切实履行维护劳动者合法权益的责任。共开展4次专项检查,检查用人单位58家,涉及劳动者2632余人;对存在违法、违规行为的用人单位视情况做出相应的处理,通过严格的执法检查,一方面纠正用人单位的违法违规的行为,另一方面也切实的维护了劳动者的合法权益。积极开展劳动用工备案,对象重点是企业和个体经济组织,涉及劳动者8962人。内容包括劳动合同、工资支付、社会保险等方面,确保全县劳动合同签订率达到96%以上。积极开辟困难群体劳动争议仲裁“绿色通道”,对符合受理条件的劳动争议案件,坚持快立,快审,快结。全年共处理劳动争议案件82件,共结案82件。调解54件,案外调解8件,接待来访群众380多人次,处理群体性事件3起。全县办案条件在全市甚至全省都处于一流水平,办案的效率,案件质量也大幅提升,得到省市的充分肯定,2016年,被市院推荐为全省示范仲裁院。2017年,根据省、市劳动保障部门的统一部署,结合衡东县的实际情况共开展“农民工工资支付情况”“清理整顿劳动力市场秩序”“用人单位遵守劳动用工和社会保险法律法规情况”以及“建设领域农民工工资支付等情况”4次专项执法检查,检查用人单位162户,涉及劳动者8962人,对存在违法、违规行为的用人单位视情况做出相应的处理。全年接待来访群众1097人次,受理举报投诉案件35件,立案26件,责令限期改正20件,结案23件,为633名农民工追回工资620万余元,移送公安案件5件,移送法院2件,正在处理中案件3件,涉及劳动者202人,涉及金额60万余元。无一起劳动监察案件被行政复议或行政诉讼,没有一起因违反劳动保障法律法规行为处置不当造成的群体性上访事件发生。劳动仲裁共受理案件49起,结案47起,其中调解30起,调解率达63.8%,案外调解8起,接待群众来信来访和法律咨询485人次,到政府接访6批次,书面回复信访案件3起,处理群体性案件2起。仲裁硬件工作得到不断加强,标准化仲裁庭的建成,各种办案设备的购买,使全县办案条件在全市甚至全省都处于一流水平,办案的效率,案件质量也大幅提升。

【扶贫工作】 全面完成全县5199名贫困劳动力的信息采集和信息维护工作,农村贫困劳动力新增转移就业575人,完成全年目标任务的100%。对有培训意愿的贫困人员,通过免费开展种植、养殖等农村实用技术培训,帮助他们发展生产,在甘溪镇金觉峰社区和洣水镇大山村各开展两期就业扶贫培训班,涉及建档立卡贫困户220余人。2017年10月,在县城老四牌楼冒雨举办“就业扶贫行动日”专项招聘会,蓝思科技、富士康等十余家企业参加此项活动,提供就业岗位达五千余个。向过往群众现场发放企业岗位招聘简章、就业优惠政策宣传资料5千余份,现场接待群众咨询七百余人次,达成用工意向二十余人。通过劳务协作人工匹配平台成功推荐建档立卡贫困户两名实现就业。对跨区域外出务工的建档立卡贫困劳动力,按照省外、省内、市内县外三个标准,据实给予400元、200元、100元一次性交通补贴。对依法签订劳动合同且实际在岗12个月以上,并依法缴纳社会保险费的,按每人每年1000元标准给予用人单位岗位补贴,其中贫困地区对企业吸纳当地建档立卡贫困劳动力补贴标准提高至每人每年1500元。2017年,为34144名贫困对象进行城乡居民医疗保险参保补助,其中特困人员3495人,建档立卡中非低保对象28363人(含低保户15262人),社会保障兜低对象2286人,补助金额695.2万元。为348名农村贫困人员大病保险住院起付线降低50%,大病保险报销比例提高5%。对全县9484名农村贫困人口住院报销比例提高10%,补助金额2165.1万元。积极落实“公益扶贫光明行”惠民工程。与衡阳爱尔眼科医院签订协议,对城乡居民贫困人口白内障超声乳化手术按2150元/人进行支付,同时增加贫困人口翼状胬肉手术治疗项目,按1500元/人进行支付。根据县委政府安排,建档立卡贫困户、重残及计生低残人员纳入城乡居民养老保险政府代缴,由县人民政府代缴最低缴费档次(100元/人/年)。 (赵立志)

国土资源管理

【概况】 衡东县国土资源局是主管全县土地、地质矿产等自然资源的规划、管理、保护、合理利用和测绘事业的县政府职能部门。局机关设9个内设机构、5个二级事业单位、2个国土资源分局,17个国土资源所。2016—2017年,衡东县国土资源局认真贯彻五大发展理念,主动适应经济发展新常态,坚决落实上级重大部署,满怀大地深情,弘扬泥土精神,主动作为,默默耕耘,把保障发展作为第一要务,把保护资源作为第一责任,既严格规范管理,又积极主动服务，做到保护与保障并举，管理与服务并行，国土资源管理各项工作有序推进。

【用地管理】 2016—2017 年，完成 52 个项目用地报批，面积 124.2426 公顷，其中 2017 年 25 个项目用地已拿回批文 14 个，剩余 11 个用地项目省厅已审批通过；完成农民个人建房涉及农用地转用报批 309 户，面积 4.2172 公顷。向省厅争取 40 公顷用地指标，争取用地指标数和用地报批总量创近几年新高。2016 年，完成吴集镇、大浦镇、新塘镇、石湾镇、高湖镇、杨桥镇等 7 个乡镇的土地利用总体规划修改工作。完成 16 个黏土砖厂的拆迁复垦工作，新增农用地 42.2117 公顷。2017 年，对 27 户贫困户共计 72 人进行易地分散安置，协助县扶贫办对 2018 年易地扶贫搬迁户进行实地调研。

【耕地保护】 完成永久基本农田划定工作任务。落实耕地保护责任，层层签订《衡东县基本农田保护目标管理责任书》，对基本农田实行发卡到户。严格控制农民建房占用耕地，严禁占用基本农田，引导、鼓励农村村民建房向小城镇和中心村集中。按照建设占用耕地占补平衡的要求，建立补充耕地储备库，实行耕地先补后占。推进土地开发整理，2016—2017 年，实施土地整治项目 23 个，建设规模 2670.03 公顷，总投资额 6859.86 万元。截至 2017 年年底，衡东县 2017 年耕地保有量为 45543.5459 公顷，基本农田保有量 39008.13 公顷。

【矿政管理】 加强矿产资源监督管理，落实矿山采矿权和探矿权年检年审制度。组织新设采矿权的出让，加强已设矿山的日常监管。2016—2017 年，办理完成县级新设采矿权登记 4 宗，已设采矿权的延续和变更登记 14 宗，共收取采矿权价款 1720.32 万元。开展全县矿山“打非治违”工作，为防止露天开采矿山超深越界开采，对尚未树立界桩的矿山进行清理，完成衡阳红狮水泥戴家矿区和鑫安采石场等几家矿山的界桩树立工作。对天光山省级自然保护区内的矿山进行清理和关闭工作，做到“六个不留”，较好的完成中央环保督察组交办案件的整改工作。加强地质找矿。2016 年 4 月，戴家矿区水泥灰岩矿作为全县大型招商引资企业由湖南省国土资源厅挂牌出让，衡阳红狮水泥有限公司摘牌取得采矿权，于 12 月初办理采矿许可证；2016 年 4 月，对杨桥镇金盆温泉采矿权进行挂牌出让，湖南四方蓬源旅游开发实业有限公司以 150.12 万元摘牌取得金盆温泉采矿权；提交由县财政出资进行勘查的高湖镇羊角、印心村陶瓷土勘查项目的勘查成果报告，并将这两处矿点作为新设采矿权列入全县第三轮矿产资源总体规划(2015—2020)中。2017 年，完成全县采矿权配号系统数据清理工作。

【土地执法监察】 2016 年，县政府出台《衡东县国土资源动态巡查办法》《衡东县耕地保护目标考核办法》《衡东县农村违法用地查处及责任追究办法》等一系列文件，基本建立县、乡、村三级监管体系，将巡查责任和国土资源监管职责合理分解到县、乡、村三级。与法院建立提前介入机制，与检察部门建立联席会议制度，并出台《检察机关依法支持、督促国土资源行政主管部门维护国家和社会公共利益联席会议实施办法》。2017 年，依法查处衡东忠益塑胶制品有限公司擅自改变土地用途、涉嫌非法转让土地、倒卖土地使用案，毛金勇非法转让土地案，荣桓鑫狮建材经营部非法开采案，荣桓洪平建材经营部非法开采案、高湖镇兴旺村非法开采瓷泥案、湖南朝阳建材有限公司非法占地案等一批性质严重、影响恶劣的国土资源违法行为，共移送公安机关立案侦查 4 件，刑事拘留 22 人。

【地灾防治】 完善地质灾害防治体系，落实防灾责任。对全县 186 处地质灾害隐患点的防治实行县级领导联点和部门乡镇领导具体包干的捆绑责任制。加强汛期地质灾害应急处置。2016 年，汛期共发生 15 处重大险情隐患，2017 年 6 月下旬，连续强降雨天气致使全县发生地质灾害险情 70 多处，接到险情报告立即组织技术单位第一时间赶赴现场紧急疏散撤离受威胁群众。其间，未发生一起因地质灾害造成的伤亡事件。对于一些威胁零星散户的地质灾害隐患，通过给予群众一定补助，引导受威胁群众主动参与防灾除险,逐步建立和完善"政府引导、公助自投、群众参与、全力防灾"的地质灾害防灾新机制。2017年6月,在欧阳遇实验中学开展一次地质灾害应急演练。积极推进地质灾害工程治理项目。共投入地质灾害治理资金456万元。

【不动产管理】 不动产统一登记工作稳步开展。不动产登记工作基本形成权界清晰、分工合理、权责一致、运转高效、法治保障的不动产统一登记体系。截至2017年年末,发放不动产权属证书、证明共计17891本,其中证书8546本、证明9345本,档案利用近35000余条。历史登记数据移交、历史登记数据整合工作基本完成,于11月向省厅不动产登记中心提交第一批13000多条数据汇交,是继常德市、衡阳市之后,全省第三个汇交单位,也是全省第一个县级汇交单位。改革创新,正确对待历史遗留问题,建立三级问题处理机制,制订《衡东县不动产登记赔偿基金管理试行方案》;积极主动,推进不动产登记向乡镇延伸,启动乡镇不动产登记站点建设工作和林权登记工作。

【国土资源宣传】 利用"4·22"世界地球日、"5·12"防灾日、"6·25"全国土地日、"12·4"全国法制宣传日和国土资源宣传月,开展丰富多彩、形式多样的国土资源宣传活动。

【扶贫攻坚】 按照中央、省、市、县的安排部署,扎实做好扶贫攻坚工作,用足用活土地政策,为异地搬迁扶贫,光伏扶贫提供用地保障;全面完成省级贫困村杨林镇新芙村年度扶贫工作任务,受到领导和群众充分肯定和好评;开展局股级以上干部对口帮扶杨林镇杨林村、柴埠村的贫困户收到良好效果。

【作风建设】 2016年出台《关于进一步加强作风建设的暂行规定》《作风建设年度考核办法》《基层国土资源管理工作考核办法》《关于加强作风建设的"十条禁令"》等一系列规章制度;2017年持续推进"干部作风建设年""制度建设年""责任落实年""素质提升年"等活动。以"作风建设年"活动为重点,加强对党员干部的教育、管理和监督,深入推进党风廉政建设。

(文婵丹)

审　计

【概况】 县审计局是县人民政府组成部门,负责全县审计工作。内设办公室、法制审理股、财政金融审计股、行政事业审计股、工商企业审计股、农业与国土资源环保审计股、计划财务股、计算机股七股一室,下设经济责任审计办公室、固定资产投资审计中心两个副科级二级机构。2016—2017年,县审计局以党的十九大精神为指导,转变工作作风,创新工作思路,内强素质,外树形象,不断增强依法审计能力,着力强化审计监督,较好地完成各项审计工作任务,有效促进中央政策落实、部门职能履行和财政资金管理绩效。两年来,共完成审计项目214个,查出各种违纪违规问题金额14.78亿元,审减工程造价806万元,审增25.35万元;移送县检察、公安、纪委、主管部门案件4起,提出审计建议意见199条。编发审计要情,撰写专题报告10篇,被县主要领导批示10篇。报送各类信息231篇,被国家、省、市刊物及衡东手机报采用200篇。报送的审计项目在省市审计项目质量评比中,1个获省厅、市局优秀项目奖,1个获省厅嘉奖,2个获市局优秀项目奖,1个获市嘉奖。报送的8个计算机应用实例在省审计技术成果评比中全部获奖,2个获省"优秀奖"、3个获省"应用奖"、3个获省"鼓励奖"。报送计算机应用实例在市审计技术成果评比中2个获市"二等奖"、2个获市"三等奖"。

【财政预算执行审计】 围绕中央政策措施贯彻落实,深化财政预算执行审计。开展以推动健全政府预算体系、规范资金分配管理、盘活财政资金存量、优化财政资金增量、调整财政支出结构、促进资源优化配置和提高财政资金使用绩效为目标的财政预算执行审计。审计以财政为主线,采取"1+N"审计模式,这两年对县广播电视局、县住房和城乡建设局、县国土资源局、县矿产办、县水利局、县农业局等

18个单位的部门预算执行情况及14个单位的领导干部经济责任情况进行审计，重点抽查饮水安全工程专项资金，延伸调查县“四大家”及所有县委常委单位的财务收支情况。审计重点关注财政资金统筹使用和绩效情况、“三公”经费的使用情况，查出财政预算和部门预算中存在年初预算未细化到具体单位和项目、财政超预算批复支出、随意调整单位间支出预算指标、应收未收土地出让金、税费征收不及时、专项资金未使用等问题。对审计发现的问题，县政府高度重视，召开专题会议，研究、督促整改，各单位制定整改方案，出台相关制度，查出的问题基本整改到位，整改情况向县人大常委会作专题汇报。

【政府投资项目审计和项目跟踪审计】 围绕提高项目质量和资金使用效益，强化政府投资项目审计和项目跟踪审计。开创性地实行复核、会审、审理质量控制模式，固定资产投资审计实现量的跨越、质的飞跃。两年共完成政府投资审计项目131个，审核工程送审金额45117.46万元，整体核减工程造价7531.12万元，在财政评审初评的基础上审减工程造价806万元，审增25.35万元。重点关注工程核算中是否存在弄虚作假、虚报或隐瞒工程造价、编制假账假表，提供虚假会计资料等严重违反财经法规的问题。通过审计，发现一些项目的结算资料的工程量与现场实际测量不符，重复计算工程量；有的项目结算数据前后不符合逻辑，编制竣工资料不严谨；一些项目超合同约定比例拨付工程款，违规采购材料，不按规定组织变更会审等问题。审计在财政评审的基础上再核减成效明显，个别项目在财政评审基础上再核减达14%，有效保障建设项目施工质量，提高全县固定资产投资效益。

【领导干部经济责任审计】 重点关注部门行业政策法律执行情况，落实中央、省、市关于改进作风系列规定情况，资源、资金、资产分配管理使用情况，项目建设绩效情况，制度建设、运行机制及部门行业监管情况，服务经济社会建设所承担职能内责任分工落实情况，廉政建设情况等，从事业发展、职能履行、经济决策、政策执行、管理监督和廉洁从政等方面作出审计评价，为组织选人用人提供参考依据。两年完成领导干部经济责任审计项目52个，被审计对象72人，直接收缴县财政864.46万元，移送案件2起，发现的主要问题涉及：专项资金使用方面、支出方面、征缴方面、收费方面、金融管理规定执行方面、财务管理、会计核算方面和其他方面存在的问题。其中：对县广播电视台工作人员收取广告宣传费不及时与单位财务结账问题已移送县检察院进一步查处；对延伸审计发现的中华联合财产保险公司衡东分公司通过乡镇账外套取工作经费的情况立即移送主管部门进一步查处，现已对3个经办人进行诫免谈话，并给予降半级工资的处分。针对普遍性、系统性存在的问题，向县主要领导上报审计要情、审计专报4份，书记、县长作出重要批示，其中针对发现的乡镇和机关事业单位目标管理考核办法不规范、部分单位滥发乱补问题，以审计专报的形式提出《关于在全县行政事业单位实行统一目标管理考核办法的建议》和《关于乡镇和机关事业单位补助补贴审计中存在的现象及审计建议》，被县委县政府采纳，出台统一考核方案，明确考核奖励发放标准，补贴发放相关规定由有关部门牵头制定。

【重点民生资金和项目审计】 一是根据省厅的统一安排，2016年，县审计局抽调精干力量分成三个小组正在开展医疗保险基金审计，对全县城镇职工基本医疗保险、城镇居民基本医疗保险和新型农村合作医疗、城乡大病保险等医疗保险基金进行专项审计，现已发现医保、农合基金管理中心和南华附一、卫生院10名工作人员利用职务便利为其亲属重复参保、重复报销费用17.07万元的问题，移送县纪委进行进一步查处，现已全部从套取人手中收缴返回社保基金账户。二是根据审计署统一安排部署，县审计局于2016年、2017年分别派出6人和9人审计组开展祁东县2015年和衡东县2016年保障性安居工程跟踪审计工作，每年都历时2个多月，运用计算机技术，采取内查外调等方式，查处保障性安居工程套取农村危房改造资金、安居工程专项资金管理使用不规范、违规扩大范围审批住房保障待遇的问题，对于存在的严重违纪行为移送市纪委进一步查处,分别由祁东县纪委给予涉案的8人党内严重警告和警告处分,祁东县住房和城乡建设局给予涉案的2人警告处分,并追回危房改造资金5万元。三是根据市审计局统一安排,2016年,对衡东县人防办及所属单位2014年1月至2016年5月下洞费补助发放情况进行专项审计调查,提出明确具体坑洞作业人员,实行下洞考勤,杜绝将下洞费作为单位一项固定津补贴发放的审计调查建议。四是在财政预算执行审计中重点对2005年全县农村饮水安全工程专项资金进行审计调查,发现集中供水工程建成闲置率过高、项目规划设计不完善、管理主体不明确等问题,提出加快项目督导、加大推进力度、完善项目管护和水厂运行机制等审计建议,相关情况向县委、政府、人大作重点汇报,问题正在整改,原建成闲置的水厂已有8处运行通水,其他各水厂也在与所在乡镇政府进行交接。五是根据市审计局的统一安排,抽调4名审计人员参加全市其他4个县区建设用地存量、开发利用和耕地保护情况审计项目,两名审计人员配合参加衡东县审计项目。六是根据市审计局的统一安排,抽调精干力量分成两个小组开展扶贫资金审计和环保专项资金审计。发现环保项目完工后未及时申请验收、扶贫资金滞留在村级账上等问题,并提出加强环保工程项目的管理,在项目完工后及时组织项目实施单位申请验收,尽快交付使用,发挥资金效益;积极整合各部门扶贫资金,充分发挥扶贫资金整合规模效应等审计建议。

【两学一做】 按照中央要求和部署,开展“两学一做”学习教育活动,深刻领会党章党规党纪和习近平总书记系列讲话的丰富内涵,立足审计职责和使命,总结审计发展实践,查找问题和不足,号召大家做合格党员。充分运用上党课、知识竞赛、业务竞赛、座谈等方式,组织各种形式的主题学习教育活动,规定每月的十日为学习活动日,开展集中自学和交流讨论。开展以“强素质、作表率”为主题的“党课讲坛”活动,班子成员每人一主题轮流上课。着眼于“学”和“做”,围绕党章和其他重要党内法规,以党小组为单位开展分组讨论,总结心得体会。树好“典型”和“榜样”,要求全体党员对局机关涌现的“有爱心”“有恒心”“讲奉献”的身边人学习看齐,深入践行“责任、忠诚、清廉、依法、独立、奉献”的审计核心价值观。

【机关党建】 一是狠抓基层党支部建设。注重基层党务干部培训,积极落实“三会一课”“五个日子”、民主评议党员、支部主题党日等制度。督促支部充分利用互联网+、“网上支部”、红星云等媒体平台开展形式多样的学习和教育活动,并配备必要的学习资料,为他们及时学习和掌握党的新动态、新精神创造条件。二是狠抓主题实践活动。在全局机关党员队伍中深入开展“机关党旗红,服务‘五县五化’在行动”主题活动,立足审计岗位作贡献;开展“党组书记讲党课”“支部书记讲党课”等活动,组织干部职工走上街头进行文明劝导等志愿服务活动,贯彻落实两学一做常态化。

【脱贫攻坚】 县审计局多次召开班子成员会议,专题研究扶贫工作,且多次召开全局机关干部扶贫工作推进会,并派驻工作队安排股级以上干部25人,对全村贫困户每人不少于2户实施一对一结对帮扶。开展慰问送温暖集中大走访,并由干部职工捐款25500元给每户送去400元慰问金;开展“六个一”(拉好一次家常、宣讲一次政策、填好一本手册、完善一项对策、实现一个小心愿、参加一次劳动)集中走访月活动。二是因户施策 、精准帮扶。结合各项扶贫政策,在对贫困户走访摸底的基础上,根据各贫困户的贫困原因开展教育助学扶贫,学生情况摸底并上报教育局;实施金融扶贫政策,有3户贫困户获得小额扶贫贷款15万元;开展健康扶贫政策宣传,联系中医院和吴集镇卫生院对全村困难群众进行义诊活动,并对个别特别困难户实行全免住院治疗;按照住有所居的政策要求,已对有意向异地搬迁8户与危房改造9户贫困户摸底上报。对缺少劳动力或无劳动力的贫困户实施民政救助政策,2017年,有17户贫困户纳入低保对象,且1户为兜底户。三是制订奖扶政策、搞好产业扶贫。2017年为鼓励和帮助全村贫困户脱贫致富,大力发展贫困户产业养殖,在2016年制订的奖扶方案的基础上加大奖扶力度继续实施奖扶政策，并在村里成立有5户贫困户合伙的种植养殖合作社1个，同时鼓励贫困户参与种植养殖合作社合作发展种植养殖项目。到2017年，已有29户贫困户发展产业养殖，贫困户养殖鸡鸭3000余只、养猪60余头、养牛10余头、养羊30余只。发放奖扶资金7万余元。四是积极筹措扶贫资金、搞好项目建设。根据贫困户饮水安全状况，对贫困户饮水安全问题进行排查摸底，共投入饮水安全项目资金13万元，解决贫困户饮水安全问题；根据全村电压负荷较大，已跟供电局衔接联系增容变压器2台；对交通不便、贫困户集中的3组1.75千米山路，县审计局筹资22万元对其进行硬化；根据村支两委集中排查摸底水利设施情况，结合资金状况对村内目前急需解决的水利项目拟投入10余万元进行改造兴建。

【党风廉政建设】 （一）加强组织领导，强化责任落实。县审计局党组从思想上深刻认识落实主体责任的重要性，切实强化党要管党、从严治党的政治责任意识，以身作则，带头执行审计"八不准"工作纪律和各项廉政纪律，严格执行"三重一大"议事规则和民主集中制。成立以党组书记为组长，其他班子领导为成员的落实党风廉政建设主体责任领导小组，抓好党风廉政建设主体责任落实，制订年度党风廉政建设工作计划、党风廉政建设目标管理考核办法和责任分工等，对党风廉政建设和反腐重点工作，坚持重要问题亲自研究、重点环节亲自协调、重大案件亲自督办。（二）加强制度建设，强化权力监督。一是健全审计执法制度。建立健全以审计执法责任制为核心的《审计过错责任追究制度》《审计项目回访制度》《集体议事制度》等，明确审计工作主要环节的责任与目标。二是实行项目"送审"制度。规定对于不在城关的项目单位实行送审制，将审计现场移回审计局，减轻被审单位的负担。三是强化审计纪律。在审计中如发现审计人员有违反审计"八不准"纪律的，一律停职调查。四是推行廉政"回访"。从人大、政协、纪检、组织等部门聘请人员不定期开展审计廉洁自律回访，监督审计纪律落实。五是营造廉洁从审良好氛围。加强廉政文化建设，在审计局机关兴建"审计文化书屋"，悬挂格言警句，营造"守纪为荣、违纪为耻"的良好氛围。六是引入外部监督机制。通过发放行风评议表、设立意见箱、公布举报电话等形式，广泛征求意见，接受社会监督和评议。 （刘素莲、罗　武）

统　　计

【概况】 衡东县统计局是主管全县统计和国民经济核算工作的县人民政府工作机构，成立于1980年，现共有干部职工24人，其中党员19人，专业技术人员7人，拥有大学以上学历的20人。内设办公室、综合业务股、政策法规股3个股室，下辖衡东县社会经济调查队、衡东县统计电子计算站2个事业单位。

【联网直报】 进一步细化部门工作职责。认真落实统计数据不代报的制度，落实各行业主管部门指导、督促企业联网直报的第一责任，对责任落实不到位的相关部门，及时督促行业主管部门深入企业、基层单位调查研究、促使其履行工作职责；全力新增联网直报"四上"企业。2016年，新增联网直报"四上"企业28家，其中：工业企业14家，商贸企业9家，服务业企业3家，房地产企业2家。2017年，新增联网直报"四上"企业37家，其中：工业企业20家，商贸企业9家，服务业企业5家，房地产企业3家。

【统计基层基础】 加强乡镇统计工作力量。结合粮食监测、畜禽监测、农业普查等工作，要求各乡镇按照"四化"的标准，规范乡镇统计工作，充实乡镇工作力量，做到各乡镇配备1名兼职统计员；完善村级统计网络。明确由村会计兼任统计员，负责统计工作，完成上级安排的各类统计调查任务；加强企事业单位统计工作。积极争取各企事业单位主管部门支持，明确设立统计岗位，配备统计人员，并要求健全统计资料的审核、签署、交接、归档等管理制度。

【住户调查工作】 城乡居民收入调查工作量大，调查对象分布分散，将调查对象分成12个小组，聘请12名辅助调查员，按要求做实居民收入调查各项工作。2017年是住户样本轮换年，将样本轮换工作分成6个小组，从8月起，认真开展全县农村住户和城镇居民户的样本轮换。11月1日起，已开始新点试记、12月1日起正式记账。

【统计名录库】 2016年，完成统计名录库数据新变注1389个，清退规上工业企业8家。2017年，完成统计名录库数据新变注1645个，清退规上工业企业11家。

【统计信息发布】 按期在县政府网站、县手机报、市统计局网站等媒体上发布全县月度、季度主要经济指标完成情况和年度经济社会发展公报。及时向县委、县政府提供主要统计数据，为县委、县政府参谋决策服务。2016—2017年，被省、市、县网站采纳的各种分析报告、动态110余篇。

【全国第三次农业普查】 深入宣传家喻户晓。充分利用网站、手机报、微信等手段，开展针对性强、形式多样的宣传活动，确保普查对象依法自觉配合调查。2017年1月1日，全县三农普入户登记启动仪式在高湖镇乌塘村成功举行；入户登记又好又快。2017年，入户登记期间，全县动员组织1400多名普查员、普查指导员和普查工作人员，携带普查专用的PDA，对全县1091普查小区、近68万普查对象进行地毯式现场入户登记和普查数据采集。县农普办采取分片包乡镇机制，分成5个组7个片，各组各片对所管乡镇的普查进度、数据质量进行跟踪，每周开例会，研究、探讨入户登记过程的各类问题，总结好的方法，并加以推广，确保入户登记又好又快；数据审核狠抓质量。普查员入户登记、PDA录入时与摸底数据相对比，严格数据审核，避免错登、重登、漏登现象。各乡镇PDA数据上报时，及时与部门的数据相对比，对异常的数据，认真研究，及时改正。

【畜禽监测、粮食监测】 两大监测涉及中央财政转移支付资金数额较大。全县生猪监测点23个，中小型规模养殖户113户，大型养殖场5个。粮食监测点涉及全县14个乡镇、15个村、75个样方。国家、省、市对两大监测要求高，为做好两大监测，统计局上下通力协作，克服人手少，经费有限的困难，圆满完成两大监测工作任务。

【招商引资】 2016年年初，发动统计局干部职工利用自己的优势主动招商，经过大家的努力成功引进衡东县乡间农家腌腊食品有限公司，建设厂房1100平方米，引进资金500万元，2016年收入达2000万元以上。2017年，成功引进衡东县万泉竹业有限公司，引进资金2000万元，于11月成功进入“四上”企业。

【创新统计培训】 为加强统计局党员干部职工理论水平和业务能力，加快建设现代化服务型统计，推动统计工作上水平上层次，2017年10—12月，开展“统计大讲堂”活动，每周开讲1次，每次2人上课，内容为讲政策理论、思想道德、专业知识、工作技能、工作经验和工作体会等。

【扶贫工作】 2017年，统计局干部职工为贫困户捐款1万多元，同时为草市镇灵山社区提供扶贫发展资金6万元；二是开展“一对一”真情帮扶活动，与灵山社区重点贫困户结对2户，为一户临时搭建简易板房。三是开展帮扶“六个一”活动，局全体党员干部参加走访，看望慰问贫困户，送上食用油等生活物资，和每户贫困户亲切拉起家常，帮助贫困家庭干农活、整理家务、维修小家电、打扫卫生等。

（肖　宇）

食品药品工商质量监督管理

【概况】 衡东县市场和质量监督管理局于2015年10月27日正式成立。根据《关于衡东县人民政府职能转变和机构改革方案的实施意见》《衡东县人民政府职能转变和机构改革方案》《衡东县市场和质量监督管理局主要职责内设机构和人员编制规定》，将原县工商行政管理局、原县质量技术监督局、原县食品药品监督管理局的职责、县商务局的酒类食品安全监督管理职责整合，组建县市场和质量监督管理局，加挂县食品安全委员会办公室牌，为县政府工作部门。2017 年，根据县编办《关于县乡两级市场和质量监督管理机构更名的通知》文件，更名为衡东县食品药品工商质量监督管理局。内设办公室、政工人事股等 18 个股室，设注册服务中心、执法大队、投诉举报中心、食品药品检验检测中心 4 个副科级二级机构。2017 年，成立新塘、石湾等 17 个乡镇食品药品工商质量监督管理所。在职人数 190 人。2017 年度，衡东县食品安全工作被省食安委评为食品安全工作先进单位。

【市场准入】 加强商事制度改革。继续推行“先照后证”改革。除法律明确工商登记前置审批事项和国务院保留的工商登记前置审批事项外，一律实行“先照后证”，保障市场准入制度规范统一。实施“多证合一、一照一码”改革，整合公安、住建、农林、商务等 20 个部门涉企证照事项实行“多证合一”。推进工商注册便利化、“最多跑一次”、企业全程电子化登记和电子营业执照改革。继续实施注册资本认缴登记制度、企业住所改革。实施企业名称改革，开放企业名称库。2016 年，新注册登记企业 616 家，新登记个体工商户 1633 户。2017 年，新注册登记企业 660 家，新登记个体工商户 2527 户。严格实施食品经营许可证申请的审查和现场核查，加强对食品经营者的许可事项进行监督检查。

【重点领域市场监管】 加强网络市场监管。2017 年建立衡东县网络经营食品流通经营者、生产经营者、餐饮经营者 3 本台账。加强广告监管。广泛开展新《中华人民共和国广告法》宣传。强化日常监管，规范广告市场秩序。依托国家工商总局广告数据中心和全省广告监测系统，对县电视台广告节目 24 小时全天监测，及时掌握全县媒体广告发布及广告违法情况。2016 年，共监测各类广告数量 5000 余条次，监测违法广告 600 条次。2017 年，共监测各类广告数量 5000 余条次，监测违法广告 500 条次。加强特种设备安全监管。主要负责全县锅炉、压力容器、压力管道、电梯、起重机械、场(厂)内机动车辆，大型游乐设施等特种设备的安全监察。通过签订《安全生产责任状》，开展应急救援演练、特种设备详细普查、定期检验及各类专项安全大检查。2016 年，查处事故隐患 16 处，2016 年，查处事故隐患 13 处。

【质量监管】 支持优势企业参加国家标准、行业标准、地方标准制修订。2016 年到 2017 年，激励县内企业参与《盆栽食用菌种植技术规程》标准制定，鼓励企业参与 JB/T8413. 1《内燃机车 机油泵第 1 部分：总成 技术条件》和 JB/T8413. 1《内燃机车 机油泵第 2 部分：总成 试验方法》的起草。以衡东县第四届土菜文化节为契机，围绕“土菜灵魂”制定衡东土菜地方标准，将其纳入湘菜地方标准。开展电线电缆专项监督检查。2016—2017 年，共排查重点工程项目 102 个，对两家电线电缆产品生产厂家检查 12 次，检查电线电缆产品达 136 批次，对有涉嫌有问题的产品抽样送检 5 个批次。

【商标品牌】 积极支持和培育“三樟黄贡椒”地理标志、“衡东土菜”“衡东印章”集体商标等县域品牌的发展。2016 年，全县引导申请注册商标约 132 件，2016 年内核准数约 215 件。2017 年，全县引导申请注册商标约 305 件，核准数约 204 件。截至 2017 年年底，全县有效注册商标累计 1252 件，国际马德里商标注册 2 件，现存有效的湖南省著名商标 14 件，中国驰名商标 1 件，省著名商标培育单位 4 家。

【打击传销】 2016—2017 年，全县出动执法人员 200 多次，车辆 90 多台次，检查门店、商铺、出租屋 300 多家，出动宣传车辆 78 台次，发放室传资料 900 多份，做到村村反传销，镇镇查传销。

【食品药品市场监管】 保障群众饮食用药安全。严抓食品生产源头，确保食品质量安全。2016 年，建立食品生产检验制度,进行巡回检查、回访、监督抽查、强制检验等日常监管措施。根据食品企业分级定等要求,对全县正常生产的食品生产企业巡查2次。2017年,与县内食品生产企业、小作坊签订《衡东县食品生产企业质量安全责任承诺书》,印发《衡东县食品生产者风险等级评定方案》,对食品生产企业进行评级。大力开展食品生产企业抽检工作。2017年,抽检食品生产企业食品39个批次,其中只有1个批次不合格,抽检合格率为97%。强化食品流通监管,推进餐饮服务等级评定。持续开展护苗行动和春秋季学校检查。2016年,计检查学校(含幼儿园和托幼机构)196所。共出动执法人员220人次,执法车辆61台次,填写《衡东县学校食品安全检查表》196份,下达责令改正通知书84份,共计约谈食品安全状况较差的学校(托幼机构)20所。2017年,共计检查学校(含幼儿园和托幼机构)220所,下达责令改正通知书37份。积极开展食品安全责任强制保险试点工作,2017年,全县已有95家单位办理食品安全强制保险业务。推行小餐饮风险等级评定工作,对餐饮店实行量化分级、动态评级管理,发放"笑脸、平脸、哭脸"公示牌。开展专项整治解决食品安全突出问题。2016—2017年开展的主要专项行动有:农村食品安全无证无证经营专项整治、农村食品安全专项治理、猪肉及制品专项整治、畜禽水产品抗生素几禁用化合物专项整治、校园周边食品安全专项整治、网络食品安全清网行动专项整治、两会两节食品安全专项整治、高速服务区食品安全专项整治、酒类食品安全整治、食用农产品市场推进专项整治、野生毒蘑菇动植物市场专项整治、三小专项行动整治等。加大药械监管力度,净化药械市场。2016年,开展疫苗专项整治工作,加大力度对辖区内疫苗的监督检查。一是根据线索检查辖区内是否存在涉案疫苗,二是对疫苗的流通、贮存、运输、使用全过程进行监督检查,确保人民群众使用疫苗安全。共检查疫苗使用单位33家,出动执法车辆17车次,执法人员51人次,对未按要求配备冷藏设备备用电源、未按疫苗批次及时索取《生物制品批签发》等问题下达责令整改通知书33份,收到医疗机构疫苗自查报告33份。检查中未发现有涉案疫苗流入衡东县,未发现从非法渠道购进疫苗、向个人销售疫苗等行为。每年组织开展城乡结合部和农村地区药店诊所(包括小药店小诊所)药品质量安全集中整治及药品零售连锁经营企业专项整治。组织开展辖区内药品经营企业(零售)飞行检查,对检查中发现的问题,按要求依法公告和后续处理到位。开展药械不良反应监测工作。2017年,上报药品不良反应257份,其中严重报表43份,死亡病例1份;医疗器械不良事件124份;化妆品不良反应56份。有序开展抽检工作,确保抽检常抓不懈。为严格把控流通环节食品质量安全,切实维护广大消费者的合法权益,每年都开展流通领域食品安全大抽检,圆满完成流通领域食品抽检任务。

【消费权益保护】 推进"12315""五进"工作。2016年,新建"12315"消费维权服务站8家;2017年,新建"12315"消费维权服务站10家,全县有"12315"消费维权服务站45家。注重消费纠纷调解。对于消费者来电来信等,投诉举报中心以成为让领导满意、受群众称赞、为民办实事的机构为目标,坚持事事有回音、件件有落实,24小时全天待命受理消费者来电咨询、投诉和举报。2016年,受理上级转办、消费者来人或来电575起,其中投诉117起,举报50起,咨询408起,已全部处理完毕,办结率100%,共为消费者挽回经济损失131.2万元。2017年,受理上级转办、消费者来人或来电722起,其中投诉131起,举报63起,咨询508起,办结率100%,共为消费者挽回经济损失120万余元。 (杨章华)

安全生产监督管理

【概况】 衡东县安全生产监督管理局是2003年11月根据县机构编制委员会《关于设立衡东县安全生产监督管理局的通知》组建,为县人民政府直属正科级事业单位。2005年,县委县政府《关于印发〈衡东县人民政府机构改革方案的实施意见〉的通知》文件将县安监局由县人民政府直属事业单位改为县人民政府工作部门。内设机构六股两室(矿山安全监督管理股、危险化学品安全监督管理股、烟花爆竹安全监督管理股、行业安全监督管理股、行政审批股、职业卫生健康监管股、办公室、应急管理办公室),下设三个副科级全额财政拨款事业单位:安全生产行政执法大队、安全培训中心、经开区安全监管分局。全体干部职工36名,在编在岗34名。其中行政编制15名,工勤编制3名,全额事业编制16名,临聘人员2名。退休人员1名。2016年,被湖南省委法治湖南建设领导小组办公室评为2016—2018年全省依法办事示范窗口单位,获湖南省委、省人民政府安全生产优秀单位,被衡阳市委、市人民政府评为安全生产先进单位;2017年度衡东县被湖南省委、省人民政府评为安全生产优秀单位,被衡阳市委、市人民政府评为安全生产先进单位,衡东县安监局被湖南省人民政府授予“湖南省安全生产先进集体”称号。

【安全监管】 2016年,严格执行安全生产“党政同责、一岗双责”制度,实行县级领导包乡镇、包企业的安全生产捆绑责任制,县、乡两级安全生产责任状签订实现全覆盖;各乡镇人民政府与驻镇站(所)、村(居)也一一签订责任状,安全监管责任延伸到基层,落实到一线。2017年,为厘清安全生产综合监管和行业监管的关系,明确部门责任,县委、县政府下发《县委县政府安全生产工作责任清单》《衡东县县直部门安全生产责任清单》。为督促企业落实安全生产主体责任,县委、县政府制定《衡东县安全生产经营单位安全生产主体责任清单》,要求企业强化安全管理,建立健全安全领导和管理机构、配齐配全安全管理人员,加大安全生产投入,加强职工教育培训,建立隐患排查治体系,扎实开展职业卫生工作,建立岗位安全生产责任清单。

【安全资金投入】 2017年,安全生产专项资金从人平3元提高到人平5元;给予每个乡镇安监站和经开区安监分局拨付5万元的安全生产工作经费;对全县第一批烟花爆竹安全存放仓进行补助,烟花经营业主自愿购买安全存放仓的县财政扶持8000元/个。

【考核督导】 2016年,派出6个常年驻点督导组,分乡镇、分部门开展驻点督导,每组还派出一名台账业务辅导员,全面推动乡镇和安委会成员单位安全监管台账上水平。7月中旬,按照县委、县政府安排,县安委会组成6个考核督导组,对全县17个乡镇上半年的安全生产工作进行考核评估,根据考核情况分乡镇下发反馈意见,着重点出每个乡镇的亮点工作、存在的问题以及下阶段的工作重点。2017年,县委、县政府成立安全生产专项督查组,各乡镇和相关示范创建企业进行半年和年度专项督查和考核。

【打非治违】 2016年,县安监局联合公安局依法立案查处原鑫盛烟花爆竹厂非法生产行为,现场查获黑火药15.7公斤,对相关责任人采取行政强制措施。县政府烟花爆竹“打非治违”办对全县原烟花爆竹生产企业再次进行彻底清查,确保没有留存任何烟花爆竹成品、半成品及药物。全县共取缔烟花爆竹非法违法经营26户、惩治非法运输3起,查扣价值15万余元的非法违法烟花爆竹产品。对未办理非煤矿山安全生产许可证的4个页岩砖厂下达监察指令,责令其停产整顿,限期办理相关证件;并聘请湖南有色冶金劳动保护研究院的专家对全县5座尾矿库进行全面安全检查,下达责令整改指令书10份。责令3家危化企业停业整顿,暂扣1家危险化学品企业经营许可证;联合县商粮、公安等部门取缔非法加油点5个。对全县工矿商贸行业企业下达文书23份,查找隐患87处,整改87处。2017年,烟花爆竹联合执法40余次,依法依规惩治取缔无证经营店95余家,捣毁非法储存点17余处、查处违法经营户54户,没收违法违规烟花爆竹产品共计价值30余万元,查没非法烟花1089件(箱)爆竹1298件(盘),刑拘2人,在重点乡镇和街道推广“安全存放仓”28个。检查危险化学品生产经营企业,下达执法文书78份,发现重大安全隐患2处,责令停产停业整顿企业3家。非煤矿山出动执法60余次,发现安全隐患120条,下达各类执法文书355份。对辖区内的人员密集场所、宾馆、医院、超市等经营场所计划执法,下达文书25分,发现安全隐患28处,整改28处。

【宣教培训】 (1)安全培训。2016年9月26日,邀请省安委办副主任、省安监局副局长罗德龙为县委中心组开展安全生产专题讲座。10月25日,全县233个村(社区)党组织书记开展安全生产专题学习。2017年6月29日,继续邀请省安委办副主任、省安监局副局长罗德龙为县委中心组进行专题讲座。安监局培训中心为企业提供上门服务,免费开办安全生产培训班35期,培训安全生产从业人员6000余人。(2)安全宣传。2016年,利用"衡东安监"公众微信号,播报安全生产动态,曝光非法生产经营,宣传安全生产法规,用信息化手段助力安全生产宣传工作;县电视台《安全时空》专栏全年播出节目24期;县政府常务副县长发表电视讲话,传递安全生产正能量;在广场和风光带设立15块安全宣传栏;在衡东手机报开展安全生产月专题宣传;在城区醒目位置LED屏循环播出安全生产标语、宣教片。2017年,在6月安全生产活动月,县委常委、县政府常务副县长丁秋文发表电视讲话,倡导全社会广泛参与"安全生产月"活动;安监局组织开展"安全文化进社区"、安全生产宣传咨询日,播放安全生产警示教育片等活动;发放宣传手册5万余份;组织企业、个体经营户和居民共签订安全生产入户承诺书48100份。

【烟花爆竹淘汰关闭退出】 2015年,衡东县11家烟花爆竹生产企业全部如期平稳关闭退出,被省市作为工作典型推介。2016年10月18日,省安监局抽查组在对原春泉烟花爆竹厂的转产情况进行资料查阅、调查走访、现场查看后,一致认为该厂可谓湖南省落后烟花爆竹生产企业退出转型之样本,其经验值得在全省推广。

【示范乡镇创建和企业标准化创建】 衡东县是全省首批安全生产示范县,2015年通过省安委的复查验收。2016年,荣桓镇、南湾乡分别成功创建省级、市级安全生产示范乡镇。全县成功创建为二级标准化企业2家,成功创建为三级标准化企业4家。2017年,大浦镇成功创建市级安全生产示范乡镇。17个乡镇有5个乡镇成功创建省级安全生产示范乡镇,17个乡镇全部成功创建市级安全生产示范乡镇。创建衡东县安全生产示范企业10家、示范村(社区)18个,对验收合格的企业和村(社区),县财政分别奖励2万元、1.5万元。

【重大隐患"一单四制"】 2017年,对洣水镇集贸市场消防重大安全隐患实行挂牌督办,并完成整体封闭和搬迁工作。11月,县长徐志毅召开专题会议研究甘溪水轮泵水电站大坝公路桥重大安全隐患的整治方案。12月20日,县长徐志毅采用"四不两直"的方式对甘溪河坝和嘉盛大酒店两处重大隐患的整治情况进行现场督查。

【救援体系】 2016年,有11家企业进行应急预案备案,7家企业通过专家评审。6月30日,组织开展天然气管网泄漏事故应急演练,演练模拟场面真实,应急措施处置到位,得到市安监局领导的充分肯定。4月因河水暴涨造成渡船冲撞衡山湘江大桥事故、8月运砂船侧翻事故,县政府紧急调度,主管部门迅速行动,相关部门积极配合,两起事故都没有发生人员伤亡,救援获得圆满成功。2017年,成功化解"3·22"洣水新大桥船体侧翻事故、"6·28"洣水潭泊段挖砂船走锚险情,稳妥处置"6·29"金花村天然气泄漏事故,确保人民群众生命财产安全。县安监局联合县运管部门、县城市客运部门、县交警部门组织县内豪华客运公司、和畅公交公司、湘衡运输公司、金惠运输公司和湘衡校车公司安全管理人员在育星小学旁边道路上开展一次城市客运车辆因意外发生火灾消防安全应急演练。并再次联合县运管部门组织企业安全管理人员、运管所干部职工在衡东汽车站内进行消防演练。

【职业卫生管理工作】 2016年,县财政安排专项经费55万元用于105名职业史符合要求的疑似尘肺病患者到湖南省职业病防治院进行医学观察和职业病诊断。2017年,县财政再次安排专项经费55万元用于100名疑似尘肺病患者到湖南省职业病防治院进行医学观察和职业病诊断。

【信息化管理工作】 2017年,全体执法工作人员熟练掌握安全生产行政执法管理系统执,实现执法文书100%入网上传。湖南安监电子政务系统用的得心应手,办文、办会、办事均在系统平台上完成。

（刘晓玲）

重点工程建设工作

【概况】 根据《中共衡阳市委机构编制委员会办公室〈关于明确衡东县重点工程建设办公室机构规格的批复〉》精神,设立衡东县重点工程建设办公室,为县人民政府办公室所属正科级公益一类事业单位。衡东县重点工程建设办公室全额事业编制15名,其中:主任1名、副主任2名、纪检组长1名;股室负责人4名。设办公室、项目前期股、项目管理股、项目稽查股等4个股室。

【项目建设】 2016年,全县第一、二批计划实施的重点项目共84个,总投资132.28亿元,年度计划投资53.89亿元。84个重点项目开工建设76个,开工率为90.5%,完成投资约50亿元,为年初目标任务的111.1%(年初,政府工作报告中年度计划完成投资45亿元);其中,26个省、市重点项目全部开工,开工率100%,完成投资44亿元,占市下达任务数的125.7%(市下达衡东县任务数为35亿元)。各项任务指标在全市7个县市区中均排名第一。全年共完成重点工程建设项目24个。2017年,三批次重点建设项目97个,总投资225.2亿元,年度计划投资74.94亿元。其中,省、市重点建设项目共30个,总投资136.38亿元,年度计划投资47.64亿元。截止12月底,全县97个重点项目已开工建设88个,开工率为90.7%;完成投资64.67亿元,为年度计划的86.31%。30个省、市重点项目全部开工建设,开工率为100%;完成投资52.07亿元,为年度计划的109.31%。超额完成市县下达的各项目标任务,各项任务指标在全市7个县市区中均排名第一。全年峻工重点建设项目24个。

【经开区路网项目】 项目总计投资0.96亿元,2016年完成宁国路、浦宁路、永旺路、朝阳路、望远路共计9.6千米长,36—28米宽道路、排水、交通配套设施工程、景观、照明、管线综合工程,进一步完善经开区基础建设,提升经开区的整体形象。

【洣江生态观光园项目】 坐落在衡东县高湖镇,项目于2015年开工,总计投资4.6亿元,规划用地2万亩,分三期建设,2017年11月完工。生态观光园集水果采摘、娱乐休闲、军事体验、生态度假、农耕文化、越野运动、水上娱乐6大核心功能为一体的生态休闲旅游区。项目建设为衡东的休闲旅游业又添一个生态旅游景点,带动第三产业发展提供良机;为外界了解衡东、推介衡东、提升衡东外部形象提供一条渠道。

【向阳幼儿园项目】 坐落在洣水镇、县城东北区风景秀丽的武家山公园旁。项目总投资0.42亿元,占地43亩,建筑面积1.6万平方米,可办30个教学办的中心幼儿园。项目建设进一步增强了小城镇基础配套设施,健全小城镇功能,为全县基础教育教学提供又一兴教热土。 （杨水华）

国有资产管理

【概况】 衡东县国有资产管理中心是根据《中共衡东县委、衡东县人民政府关于印发〈衡东县人民政府职能转换和机构改革的实施意见〉》和《中共衡东县委、衡东县人民政府关于衡东县人民政府机构设计的通知》精神,在原衡东县财政局副科级二级机构衡东县国有资产管理局基础上设立的主管全县国有企业、行政事业单位国有资产的县政府职能部门,为县人民政府直属正科级公益一类事业单位。国有资产管理中心于2015年10月成立,共有干部职工29人,其中班子成员5人。根据机构设置“三定”方案,中心设立办公室、计划财务股、投融资股、行政事业资产管理股、企业资产管理股等5个股室和1个二级机构(湖南衡鑫国有资产管理有限责任公司)。国有资产管理中心承担原国有资产管理局的行政事业单位国有资产管理职责、承担原县投融资管理办公室的国有资产投资和融资职责、承担其他部门的国有资源性资产监管职责;承担原粮食局、经济和信息化局、供销社、二轻联社等部门企业改制后闲置、未处置资产的监管职责;承担县国有工商企业改革改制办公室日常工作;监管全县行政事业单位公务用车使用、调配、处置等职责。

【资产归集】 2013年7月,根据《关于印发〈衡东县行政企事业单位国有资产归集整合及处置管理实施细则〉的通知》精神,县国有资产管理中心通过精心组织,统筹安排,以无偿划转方式将全县行政事业单位用于出租、出借的门面、房屋或闲置未使用的房地产及由于单位撤并、搬迁需调剂的资产,国集体企业及企业化管理事业单位改制未处置资产等全部归集到二级单位湖南衡鑫国有资产管理有限责任公司。至2014年年底,共归集经营性门面213空(处),归集闲置资产近15亿元充实到县属各投融资平台公司。通过资产归集经营性资产,有效减少经营性资产管理上的漏洞,年租金收入近800万元,比资产归集前增收24.5%;通过归集闲置资产,增强投融资公司的经济实力,为各公司开展投融资工作创造有利条件,2015年,为保证城建投公司顺利发行企业债券,县国有资产管理中心根据县政府安排,先后归集草席厂、草市园艺场、大浦萱塘农场等资产评估价43亿元,满足了城建投公司发行企业债券的需要,为全县经济建设发展做出贡献。截至2016年,共完成门面租金收入500余万元。特别是国资升级之后门面管理上了一个新的台阶。一是对门面租金催缴拟定规范流程。每月月初根据台账核实租金金额,拟定好到期门面租金催收文书和催缴通知签收单。二是完善更新台账。通过11月、12月的门面到期租金催缴,更新并完善门面台账,对每户重新编号并绘好图纸,做到信息准确不遗漏,以及租赁户信息的及时变更。三是及时移交接管。根据领导安排及时对各单位原管理权限到期的门面(住建局15空门面,市监局9空门面,洣水派出所5空门面。)进行接管,部分租赁户已与衡鑫公司签订合同。确保所管理的到期门面到期续租的稳定,平稳。10月,对全教育部门中、小学经营性资产情况摸底,掌握部分县办中学、县城小学对外出租的情况,准备2017年对教育部门经营资产按合同逐步接管。需要说明的是2017年同期门面租金收入少于2016年同期,主要原因是,人社局(105万)、体育局(18万)共计123万元因各种原因没有上交。2017年,对门面租金催缴拟定规范流程。每月月初根据台账核实租金金额,拟定好到期门面租金催收文书和催缴通知签收单。更新并完善门面台账,对每户重新编号并绘好图纸,做到信息准确不遗漏,以及租赁户信息的及时变更。截至2017年11月30日,完成门面租金收入420万元。7月,举行原衡东宾馆土地及房屋资产公开拍卖会,经过激烈竞价,最终以1.05亿元的价格成交,确保国有资产的保值增值。高度重视集贸市场和原人社局23户门面搬迁工作,确保集贸市场和原人社局办公楼门市关闭工作的顺利进行,并全力配合新集贸市场的开业,完善相关设施建设和设备配置,营造浓厚的商业氛围,让商户和市民真正受益,实现安居乐业,也实现对国有资产的有效管理和合理使用。11月9—11日,在全县范围内开展债务资产清查登记工作培训暨数据录入工作,此项工作的主要目的是全面摸清债务资产家底并实现动态监管,为规范和加强资产管理、防范债务风险奠定基础。

【资产处置】 2014—2015年,县国有资产管理中心对因机构改革而撤并的乡镇和机关单位资产通过实地调查、广泛听取意见、科学安排,全部进行合理调剂,保证国有资产的安全完整和合理使用,杜绝国有资产流失现象。为严格控制公务用车,减轻财政负担,根据县人民政府《衡东县公车处置实施方案》精神,在县纪委、县公安局交警大队的配合下,县国有资产管理中心于2014年8月先后收缴全县各单位超编公车46辆,通过鉴定、评估,于2014年9月12日举行公开拍卖,实际拍卖成交车辆43辆,成交价124万元,在全市范围内首开公车拍卖先河,受到社会的良好评价。2017 年,按照《衡东县公务用车制度改革总体方案》的统一部署,依法依规统计、审核拟处置车辆相关数据和车辆档案;下发处置批复;确定车辆评估、拍卖、报废解体机构;组织车辆移交、评估、拍卖和报废;指导规范固定资产处置账务工作。3 月份举行公务用车制度改革取消车辆拍卖会。拍卖会共有 72 辆公车参加拍卖,最终 71 辆公车成功拍卖,总起拍价为 122.36 万元,总成交价 211.84 万元,溢价 89.48 万元。车辆拍卖和报废的处置收入抵扣相关税费后按照非税收入管理有关规定统一上缴国库。根据县公车改革领导小组有关文件精神,对 2017 年度全县 54 台公务车辆和 8 台应急车辆共计 62 台,统一购置车辆保险。另托管公车的运行经费中批准的油费、过桥、过路费、保养费、车辆维护费等按照县财政预算安排经费到县国资中心报账。

【闲置资产管理】 2016 年, 一是对机构改革撤销合并后,闲置的资产进行接收和合理配置。对原农村公路管理所办公用房、原洣水派出所办公用房,共计 1200 余平方米办公用房进行接收管理,对原城关派出所办公用房调配至司法局社区矫正中心使用,实现了对闲置办公用房的清理腾退和合理配置。二是行政事业资产管理股于 2016 年 9 月对全县合并乡镇的闲置资产情况进行摸底,并形成文字汇报材料,报送至相关领导。三是对县城范围内所管行政事业单位闲置资产进行安全排查走访。其中对人社局原办公楼安全管理问题,停车场消防设施等问题进行及时整改。

【资产清查】 2016 年 6—8 月,为全面规范和加强行政事业单位国有资产管理,根据《湖南省财政厅关于开展 2016 年全省行政事业单位国有资产清查工作的通知》等相关文件精神,组织在全县开展行政事业单位国有资产清查工作,较好的完成此次工作任务。通过资产清查,摸清行政事业单位“家底”,清查合计资产总额约为 34 亿元。并完善行政事业单位国有资产基础数据库,实现资产动态管理。

【企业监管】 2016 年,为加强对国有企业的监管,制定“纠‘四风’、治陋习”自查自纠月报机制,使整治工作常态化、长期性。根据县纪委、国资中心的工作安排和企业自查自纠情况,成立“纠‘四风’、治陋习”专项整治工作督查组,8 月 29 日起至 9 月 22 日,专项督查组对县辖所属 12 家国有企业认真开展了专项督查。督查通过采取谈话、查人员到岗到位、查阅制度、抽查 2015 年 1—12 月和 2016 年 1—7 月份账务等方式,着重督查违规公款吃喝、违规发放津补贴或奖金福利、违规操办婚丧喜庆事宜、违规收送红包礼金及礼品、上班在岗情况、公车使用情况、涉赌涉毒等“四风”问题以及认“干亲”、党内称呼庸俗等陋习问题。此次专项督查上交县纪委违规报销发票款 3600 元,单位个人上交财务违规报销发票款 11865 元;将违规发放的补贴冲减之前欠干部职工的绩效工资 51.56 万元;停发违规发放补贴 6 项。通过专项督查整改,坚决纠正“四风”,遏制腐败蔓延势头,有力推进企业管理机制、管理水平不断完善,使国有企业更好地在市场经济中健康发展。

【项目融资】 2014 年,国有资产管理中心与华融湘江银行衡东县支行经多次协商,成功融资 9800 万元,其中 3500 万元用于县草席厂、衡东宾馆、恒鑫影业公司改制和职工安置,6000 万元用于河西新区和大浦经开区征地拆迁及开发建设费用。2014 年 12 月,与衡阳担保集团公司、湘融资产管理公司成功发行“向日葵”2 号证券 1 亿元用于城建投公司基础设施建设和经开区标准化厂房建设等项目。与此同时,积极配合城建投公司交通投公司、河西富城公司开展项目融资活动,先后帮助归集注入有效资产近 20 亿元,满足各公司项目融资所需要的抵押资产。2016 年,湖南衡鑫国有资产管理有限责任公司采取各种融资方式,对接金融机构融集资金,为金虎集团公司、广益铜业再生产借款 1000 万元,为县草席厂改制安置房筹集资金 1165 万元,为衡东武警中队、看守所搬迁建设贷款 1156 万元,为支持老年科协项目建设贷款 25 万元,根据县委、政府批示以 388 万元成功接转衡东县农业银行处置不良资产 3233.49 万元。与财政局金融债务股衔接列入省财政厅债务置换计划的 1.18 亿衡鑫国有资产管理有限责任公司债务资金落实情况，与华融湘江银行和湖南湘融资产管理公司签订好提前还款协议书，为确保“向日葵二号”债券基金按期兑付进行资金准备。2016年，衡鑫国资公司全年完成税收近6000万元。截至2017年11月30日，衡东县城市建设开发投资有限公司、湖南浦园建设开发投资有限责任公司、湖南富城新区开发建设投资公司、湖南衡鑫国有资产管理有限责任公司、衡东大地交通投资有限公县属投融资公司、衡东县水务投资有限公司6家投融资公司已完成融资授信8.0亿元，其中交通投1.01亿元、城建投2200万元、水务投1亿元、衡鑫公司7000万元、浦园公司2.17亿元、富城2.9亿元，实际到账资金3.53亿元；已完成项目投资额4.5亿元；完成土地储备738亩；完成招商项目10个，引资3.38亿元。

【投融资平台管理】 根据县委、县人民政府《衡东县投融资公司管理办法》和《衡东县投融资公司经营业绩考核及薪酬管理暂行办法》精神，县人民政府授权县国有资产管理中心对县属投融资公司实施监管。为确保各平台公司规范运作，全面完成县委、县政府制定的各项年度目标任务，2015年，国有资产管理中心组织专门班子，不定期地对各平台公司进行调查研究、对各项任务完成情况进行督查，年末严格按照绩效考核及薪酬管理办法对各公司进行考核计分。通过加强管理，有效规范各平台公司的投融资行为，调动各投融资公司的积极性。2017年，各平台公司充分发挥投融资功能，特别是在城市基础设施建设、功能性项目实施和生态环境改善等方面发挥不可替代的作用，促进全县经济社会快速发展。但同时也还存在管理不够规范，制度执行不到位，资金闲置，公司与园区责权不清等问题。为进一步理顺管理考核机制，做大做强全县投融资公司，经县委、政府同意明确2017年投融资公司改革的重点和具体措施：1.出台《关于进一步加强县属投融资公司管理的实施意见》。该实施意见理顺了公司与所在经开区和河西管委会的关系，提高投融资效率，加快衡东县县属投融资公司的转型发展。2.出台《衡东县县属投融资公司董事会管理意见》《衡东县县属投融资公司监事会管理意见》，进一步加强对县属投融资公司董事会、监事会的管理，健全公司法人治理结构，提升县属投融资公司管理水平。3.根据《中华人民共和国公司法》《中华人民共和国企业国有资产法》等法律法规，参照市委、市政府对市属投融资公司重大事项报告管理办法，结合衡东县实际，制定《县属投融资公司重大事项报告管理办法》。明确县属投融资公司所有重大事项分类、逐级备案、申报、审批制度。切实履行企业国有资产出资人职责，维护所有者权益，确保国有资产保值增值。4.明确县属投融资公司的主要职责、内设机构和人员定额三个方面。公司人员由县政府定额，严格审批。公司职能职责根据公司的战略定位和分工进行了明确、公司内设机构也进行统一规范，促进公司健康快速发展。5.按照“责、权、利”相结合的原则，以融资指标、投资指标、经营指标、特殊指标四个指标为县属投融资公司的考核基数，根据实际情况对部分考核指标进一步完善细化，做到有利于充分调动各投融资平台的积极性，便于考核运作。

（何永新）

园区经济·投融资管理

衡东经济开发区

【概况】 湖南衡东经济开发区始建于1992年。最初选址在衡东县新塘镇，原名衡东新塘经济开发区，2006年更名为衡东工业园，升格为副处级单位，并经国家发改委审核批准为省级工业园。2010年，与衡东县大浦工业园合并，组建新的衡东工业园，并将园区四至调整至衡东县大浦镇。2012年5月，经省发改委批准更名为湖南衡东经济开发区，规划总面积19.82平方公里，近期控规9.66平方公里。2013年9月，被省人民政府批准为省级循环经济试点园，是湖南省十个承接沿海产业转移基地之一，已成为衡东县招商引资和发展工业经济的重要平台，是县域经济的重要增长极。园区地处湖湘中脉，居湖南"3+5"城市群范围之内，拥有水、陆、空全方位立体、交通体系。京广铁路、京港澳高速、泉南高速、湘江航运在此交汇，有铁路货运站一个，高速互通口两个，通用机场一个，规划建设千吨级码头一个，距高铁衡阳东站仅18公里，距南岳机场约1小时车程。优越的区位交通条件，造就了园区参与长株潭经济区产业配套，承接沿海产业转移，接受"珠三角""长三角"经济区、中部经济区辐射影响的独特优势。2016年、2017年，园区分别完成工业总产值116.23亿元、143.17亿元，实现工业增加值28.57亿元、36.26亿元，上交税收4.51亿元、5.18亿元，新增建成区面积1平方公里、1.6平方公里。

2017年，被湖南省经济和信息化委员会指定为湖南省中小微企业创业创新基地；在2017年衡阳市"四比一创"竞赛活动中荣获二等奖；被评为2017届衡东县级文明单位；统计工作连续两年被省有色金属管理局评为统计工作先进单位。

【基础设施建设】 园区围绕宜居、宜业、宜商目标，以基础设施、公共服务为先导，完善园区功能，为承载大项目和大开发奠定基础。两年来，园区累计投入3.8亿元，着重围绕环境保护、交通、土地收储、安置、厂房建设、商贸配套等基础功能狠抓一大批项目建设。(1)污水处理厂工程。项目总投资9300万元，已建成正在进行试运行。(2)北片区道路提质改造工程。项目总投资6800万元，已顺利完工。(3)朝阳路、兴园路工程。项目总投资1500万元，已完成路基建设。(4)工业大道建设。项目概算总投资2.12亿元，已完成设计图审等准备，正在进行征地扫尾工作。(5)中小企业服务中心。已于2017年9月正式动工。(6)集中安置区公租房建设项目。规划建设公租房4栋约2.5万平方米，目前土地平整已完成，正在进行桩基建设。(7)标准厂房建设项目。20万平方米标准厂房建设全面铺开，已建成标准厂房13万平米，入驻企业近20家，入驻率达80%以上。(8)南片区供电专线，目前架设完工并投入使用。(9)千吨级大浦码头建设项目，已进入可研阶段。(10)"智慧园"文化广场，完成初步设计。为加快项目建设提速，一是落实项目进场责任。由班子成员牵头工程、国土等前期手续办理部门，分析项目建设推进情况，统筹协调存在的问题，限期解决推进中的问题，确保项目迅速完成前期土地征拆、立项、环评、规划要点及方案设计，具备进场条件。二是落实项目建设责任。对项目指定具体项目责任人，指导、协助项目建设中办理规划许可、消防审查、施工许可、招标程序、图纸审查、质检等等各项手续，协调项目建设中出现的杆线搬迁、自来水、矛盾协调等问题，直至项目竣工投产。三是落实项目实施环节。定期召开部门工作例会,每周一次分析、点评项目当前进展;定期组织项目施工方工作会,协调解决项目建设中的问题,确保项目快速推进。

【招商引资】 2016—2017 年,园区新引进项目 16 个,其中 2016 年引进 5 个,2017 年引进 11 个。2016 年,聚豪管业、创大钒铁、广信化工、子廷有色 4 个项目完成技改投资。同时园区与各大金融机构积极商洽融资工作,已和国家开发银行达成 2.17 亿元的融资协议,已到位贷款资金 6000 万元;积极争取到国家发改委专项建设资本金 1.66 亿元,分别用于工业大道建设和创新创业园建设两个项目;与其他金融机构达成贷款意向 1 亿元;积极争取省"135"工程扶持资金等各类无偿资金约 2000 万元。2017 年 4 月、9 月,举办集中签约、集中开工两次重大活动。签约项目:盛世电缆、显尚家具生产项目、文斌再生建筑骨料分选、衡盛金属表面处理项目、科顺防水建材、禹虬防水建材等项目陆续建成投产;弘盛机械汽车零部件、天然气储配站、锦程新能源汽车等 8 个项目已动工建设;南东有色退城入园、60 兆瓦生物质热电联供项目正积极开展项目前期筹备。在招商引资工作上,园区建立主要领导亲自抓、分管领导各负其责的组织领导和责任分工体系,落实专项推进、定期调度、督促检查等关键举措,有力推进重大项目的落地见效。同时,紧紧抓住沿海等发达地区产业转移的机遇,认真包装项目进行招商,积极做好先进制造业和现代物流业的对接和承接。整合招商资源,充实招商队伍,创新招商举措,强化专业招商、以商招商等有效方式,不断提高招商引资实效。对一批转化率高的在谈项目,明确专人紧盯不放。以四大特色区中园为平台载体,实行"园中园"招商,形成主导产业集聚,形成产业特色化。通过进一步整合资产,拓宽融资,加大投入,为下一步壮大园区经济实力奠定了坚实的基础。园区发展将更加接近"两年打基础、三年见成效、五年大变化"的目标,驶入"二次创业"的快车道。

【优化服务】 一是积极为企业提供"一对一"精准扶持式服务及全程"保姆式"代理服务。在完善制度建设的基础上,进一步简化办事流程,完善项目服务方式,利用开发区网站及《办事指南》对办事流程进行政务公开,争取做到项目报批一次性通过。两年以来,共帮助企业办理项目报批手续 286 宗。二是积极做好企业开工协调服务。竭尽所能地为企业把能够办好的事尽快办好,办不了的事帮助办好,主动帮助企业解决项目开工建设中的实际问题,通过牵线搭桥,多方联系各相关部门,确保企业用水、用电、围墙建设等问题得到解决,以加快项目落地投产达效。全年为企业协调各类矛盾纠纷 210 次。三是提升企业政策对接服务。狠抓政策对接,积极帮助企业争取上级资金扶持,大力宣传各级政府扶持中小企业发展政策,帮助企业理解掌握政策内容,指导企业充分利用政策资源。同时加快扶持资金的兑现,进一步发挥政策和资金的引导作用。2016 年,协助华亚玻璃、朝阳动力、大地泵业争取"135"工程专项资金 1500 万元,协助和畅食品、安申服饰争取省商务厅承接产业转移专项资金 50 万元,解决困难职工帮扶资金 2 万元。让区内企业得到实惠的同时,更直接调动了企业加快建设生产的积极性。

【综治维稳】 秉持发展是第一要务,稳定是第一责任的方针,不断强化矛盾纠纷排查调处,着力解决群众反映突出问题,为经开区经济社会协调发展营造良好的环境。一是切实加强综治工作领导。管委会成立了专门的工作领导小组,健全了综治领导机构,强化了综治工作力量。二是建立健全综治工作机制。明确综治工作职责和任务,制定和完善综治工作制度。三是加大矛盾纠纷排查调处力度。贯彻"调防综治、以防为主"的方针,做到"排查一起,调解一起"。对问题突出的采取一个领导,一个方案,一抓到底的办法,切实做到工作不到位不放过,问题不解决不放过,全年无越级上访事件。四是扎实开展普法宣传工作。园区组织各企业负责人进行一次综治业务培训会议。使公司员工对综治工作的参与率和知晓率明显提高,增强职工的法律,道德观念。

【环境保护】 始终坚持"既要金山银山,也要绿水青山"的发展方针,立足长远,不断规范项目准入,牢固树立选商意识，通过不断完善招商引资工作流程，严把项目准入关口。严格项目审核，坚决禁止引进高耗能、高污染、高排放企业。不断加强节能减排和工业污染治理，继续抓好洣水沿岸化工冶炼企业搬迁入园，推动园区冶炼企业优化升级。针对2017年4月，中央环保督察组在园区督查中所提问题，督促相关单位立即整改，按照要求落实到位。

（周红玉）

河西新区

【概况】 河西新区地处衡东县城洣河西部，总规划面积为10.98平方公里。作为衡东县城"一江两岸"的新城区，河西新区的功能定位为宜居新城、现代服务业中心。河西管委会于2011年10月成立，负责河西新区开发建设的管理和实施；富城公司于2012年5月成立，作为融资平台，主要负责项目融资，土地收储、开发和项目建设的实施，截至2017年10月，公司总资产为16.62亿元。河西新区立足功能定位，主抓招商融资、基础设施、征地拆迁、工程项目建设等中心工作，不断提升资本运作与经营管理能力，努力实现"新常态"下转型、突破、跨越的发展目标，走出一条适应新形势，切合市情、县情的新的发展之路。几年来，河西新区完成融资12.8亿元，累计投入资金29.56亿元，完成征地4500多亩，完成土地报批3000余亩，拆除房屋200栋；完成坪桥1号安置区、龙江安置区、秋波安置区共计86011平方米安置房建设；安置拆迁户220余户；完成衡东大道、双园大道一期、坪桥路总长度9.5公里的通车里程；完成总建筑面积39115.4平方、共计672套的公租房建设。截至2017年，河西新区已建、在建项目达41个。

【征地拆迁】 一是征地工作形成以吴集镇为主、河西协助配合的模式，根据项目需要实行即时征地。2016年实现新征地335亩，2017年，实现新征地200亩；二是以河西管委会为主体开展桥头一号地等项目拆迁工作，采用"大兵团作战、小分队突击"的模式，限期设奖、公开透明、阳光拆迁、强势推进，工作成效明显，其中2016年签订房屋拆迁协议20户，拆除房屋18栋。2017年，完成拆迁协议签字77户，拆除57栋，打破了多年来桥头1号地拆不动的僵局。

【项目建设】 2016年，河西新区着力健全"一个项目、一套班子、一位领导、一抓到底"的"四个一"运作模式，狠抓项目建设，打造精品工程。2016年，河西新区项目建设稳步推进，全年实现项目开工22个，总投资达8.9亿元，河西作业区的项目完成投资1.02亿元。2017年，河西新区实现双园大道北延段、学府路、沿江路、坪桥路、聚味堂、天英学校、少年军校、金城土菜文化产业园、杨山实验中学、奥体中心、职业中专、承远博览、中医院河西新院区、坪石路、新洲路、河西工业片区、福诚骨科医院、烈士陵园、人防应急指挥中心、洣水新城、一号地建设、农商行综合楼、万象城、污水处理厂、坪塘生态湖、坪石安置区、坪桥2号安置区、龙江安置区等28个项目开工建设（含续建项目），总投资达16.9亿元，其中省重点项目有人防应急指挥中心、烈士陵园、职业中专、中医院、奥体中心5个，市重点项目有天英学校、聚味堂、杨山实验中学、金城土菜产业园、污水处理厂、农商行、少年军校、坪塘生态湖8个，其余15个为县重点项目。其中，坪桥路项目于2017年4月份开工，8月底高标准完成建设，目前成为河西新区标志性地段；天英学校于2016年9月动工建设，在不到一年的工期里完成学校所有设施建设，确保2017年9月1日正常开学，首批招生1800余人；聚味堂项目于2017年6月开工，3个月时间完成2栋车间工程、绿化亮化等建设，圆满完成了第四届土菜文化节比赛场地任务；奥体中心等其他项目均取得良好进展。2017年，河西项目完成投资10.9亿元，其中，河西新区作为业主的项目完成投资2.43亿元。

【招商引资】 2016年，全年完成融资近10亿元，其中含5.4亿元的棚改贷款、1个亿的棚改基金和1200万中央预算内资金、向农商行贷款1亿元以及向华融湘江银行申请的流动资金贷款4900万元，另外以衡东大道等五条道路向农业银行申请的2.9个亿的项目贷款完成了资料审批。2017年,河西新区实行多措并举抓招商融资,取得了较好成绩:融资方面,以衡东大道等5条道路向农业银行申请贷款2.9亿元到账;招商方面,随着河西新区基础设施逐步完善,很多大项目、好项目都有意向入驻河西,落实了铜锣湾集团、红星美凯龙、香港国际幼儿园、承远博览、福诚骨科、东兴路桥总部大楼等项目的签约,签约项目总投资额达8.5亿元。(刘建明)

投融资管理办公室

【概况】 根据《中共衡东县委衡东县人民政府关于衡东县人民政府机构设置的通知》精神,衡东县投融资管理办公室为县人民政府直属正科级公益一类事业单位。

一、主要工作任务

1. 负责全县投融资政策调研,会同有关部门编制年度投融资计划。

2. 负责对全县投融资公司申报的融资方案进行初审,提出初审意见;受理全县投融资公司商业性项目的备案。

3. 会同有关部门组织建立政府投资项目库,参与重点投融资项目建设管理。

4. 指导全县投融资公司制定完善内部管控系统和还债机制;

5. 参与对全县投融资公司的年终绩效考核。

6. 承办县委、政府交办的其他工作。

二、内设机构

(一)综合股

负责综合协调和内部管理工作;负责文电、会务、保密、信访、政务公开、统计和档案管理工作以及后勤、接待、政工人事、财务等。

(二)业务股

对全县投融资公司申报的融资方案进行初审,提出专业的初审意见;受理县属投融资公司商业性项目的备案;负责全县投融资政策调研,会同有关部门编制年度投融资计划;指导全县投融资公司制定完善内部管控系统和还债机制;参与对县属投融资公司的年终绩效考核;会同有关部门组织建立政府投资项目库,参与重点投融资项目建设管理;

(三)人员编制

县投融资管理办公室全额事业编制8名。其中:主任1名,副主任2名;股室负责人2名。目前到岗6人。

衡东县城市建设投资开发有限公司

【概况】 衡东县城市建设投资开发有限公司成立于2000年8月,由原衡东县滨江建设综合开发有限公司重组。2009年7月、2011年9月分别与新成立的湖南兴衡城市农村建设投资有限公司、衡东县投融资管理办公室"三块牌子、一个机构"合署办公。2015年10月因机构改革,城建投公司、兴衡公司与投融资办分设。根据县委办东办发〔2015〕6号文件精神,城建投公司、兴衡公司为县国有独资公司,独立法人单位;实行"独立核算,自主经营,自负盈亏,自我发展"的原则,建立"借、用、还"相统一的法人实体和市场主体的投融资管理体制。2016年,为深化改革,兴衡公司变更为城建投公司下属公司;2017年9月,为推进产业扶贫工作,新增衡东县兴衡光伏发电有限公司为下属公司。2017年,根据县《关于加强县属投融资公司管理的实施意见》通知要求,配齐了董事长、监事会主席、正副总经理、纪检、财务总监、工会主席等班子成员,不断完善企业法人治理结构,逐步建立现代化企业管理机制。公司现内设一室六部,员工40人。

公司主要职责:(一)编制城市建设项目融资计划和资金使用计划,负责城市建设项目资金的募集、管理、使用、偿还和监督。

(二)承担市政公用设施和公益性设施建设项目的业主职责,负责项目的策划包装和对项目建设进行监督与管理。

(三)负责用于建设、融资、增值的国有土地的收购、储备,以及筹措收储土地的资金和前期土地开发整理工作。

公司经营范围:城市建设投资、土地开发、市政工程建设、建筑材料销售、水利设施建设、保障性住房建设、基本公共服务。

【经营概况】 公司以“服务社会,造福百姓”为宗旨,围绕县委、县政府提出的“五县五化”宏伟目标,推进企业运行机制,实施绩效管理考核,加强企业文化建设,保障了城市建设资金,拓展了城市设施建设,助推了公司不断发展。

【融资工作】 公司以深化改革为动力,一改过去从银行融资、债务转让、p2p 等融资模式,拓展融资渠道,2016 年底成功发行了“16 城投专项债”12 亿元,不仅是全市县级融资平台发行企业债券的先行者,也是 2016 年全市唯一一支审批成功的债券,更为县城基础设施建设提供了有力的资金保障,推进了县域养老事业和城市停车场建设。

【工程建设】 按照县委、县政府“五县五化“总体目标,致力重点工程建设,两年完成工程建设投资总额 3 亿余元,建设大小项目 21 个。主要有:集民俗文化、廉洁文化于一体的武家山公园于 2017 年 9 月 19 日开园,提升了县城品位;3.8 公里的兴衡大道扩建工程已全线贯通,有力缓解了县城南北通道的压力;金湘路、兴衡大道延伸段油化、绿化、亮化工程的全部完成,助推了台湾物流园的建设;先锋路公租房于 2017 年底入住新居。武家山路、中医院综合楼、民兵武器仓库、全县十大扶贫产业的光伏发电等项目也于 2017 年下半年进入施工。

【土地开发】 通过受让、归集、征收等方式储备土地 625 亩开发土地 300 余亩,为工程建设用地和公司的发展奠定了良好的基础。 (曹时忠)

衡东县水务投资有限公司

【概况】 衡东县水务投资有限公司是县人民政府的国有独资公司,注册资金 1 亿元人民币;公司下设四个部门:综合部、财务与投融资部、工程建设部经营管理部;负责全县城乡供水、污水处理,以及与水务相关的项目和县人民政府指定的其他项目的投融资、建设和运营以及县人民政府授权的其他业务等。并对全县国有水务资源、资产以及县人民政府授权的其他国有资产行使相应的经营权、担保权,并进行资本运作。公司按照“水务投主管、乡镇负责、部门配合、业主经营”的思路,由水务投逐步承担乡镇、部门水厂资产归集及相关管理工作。公司采用统一归集、分级管理、独立核算、自负盈亏的经营模式。根据衡东县人民政府常务会议纪要〔2017〕第二期和书记办公会议纪要〔2017〕8 号文件精神,县自来水公司及大浦水厂划归其管理。

2016 年自来水公司完成收入总产值 1259 万元;实现上水量 640 万吨,销售水量 387 万吨,水费回收率和水质综合合格率均达 98%;铺设直径 100 毫米以上的管道 6400 多米,发展新用户 3400 余户;上缴税金 35 万元;2017 年自来水公司收入总产值 2643 万元。铺设直径 100 毫米以上的管道 6429 米,铺设直径 100 毫米以下管道 15686 米,新开户 3489 户;供水量 768 万吨,水回收量 553 万立方米;水回收率 72%(不含公益用水),上缴税金 126 万元;2017 年度,衡东县自来水公司荣获湖南省“A 级集中式供水单位”的荣誉称号。

【城关供水秩序集中整治】 从 2017 年 6 月开始,公司对城关所有供水区域无死角全方位进行清理、普查,严厉打击破坏城市供水秩序,私接水管、偷水、长期拖欠水费和破坏供水设施等行为。集中整治供水秩序工作期间,整治人员加大整治力度和采取多种催缴措施,收回水费总收入 949.26 万元。更换水表 153 块;清洗水表 500 多块;更换表前阀 599 个;维修漏水点 70 多处;催费停水 4000 多人次;查处私搭乱接违章用水未开户 89 多户,补交开户材料工费 27.4 万元,补交水费 18 万余元;规范有水表无交费户头 41 户,补交水费 6.15 万元;整治工作还解决了公司水厂日夜流往县政府东面山上的达七年之久漏水问题,堵住了公司该处常年巨大的经济损失有,收到了非常好的经济和社会效益。整治工作开始后,又解决了两处历史遗留问题:一是嘉兴园小区水费问题,二是城北安置区76户居民无偿使用自来水问题。公司重新投入26.5万元资金,对该安置小区内的供水主管道、阀门、每户的总水表(无线远传智能水表)、进户水管等重新进行安装整改。

【工程项目建设】 根据衡东县人民政府常务会议(17届8次)精神,公司启动衡东县石湾镇自来水厂及管网工程项目和衡东县城第二自来水厂项目建设,石湾镇自来水厂及管网工程项目为整体搬迁重建,在石湾镇城区上游建设一座现代化的新水厂,总设计日供水规模为20000吨、分两期建设,近期规模10000吨/日,远期规模20000吨/日,水源为湘江水;新自来水厂厂址初步定在石湾镇荷塘村12组地段,规划建设用地约23亩(含二期预留用地);工程概算总投资约4600万元。2017年公司已完成该项目的规划选址、可行性研究、立项、方案设计、国土、林业手续办理及报批、环评、水资源论证、用水许可批复以及工程项目EPC总承包公开招标。

为进一步改善供水质量,不断提高供水保障率,保证县城发展安全供水需求,建设最美衡东,确保县域经济可持续发展,实现"五县五化"的宏伟目标。根据县城总体规划,计划在河西新建一座现代化的自来水厂,暂命名为衡东县第二自来水厂,水源为洣河水,工程估算总投资约1.2亿元(以设计预算为准),设计供水规模为远期8万吨/日,近期4万吨/日;规划建设用地约80亩(含二期预留用地);主要建设内容为取水工程、净水工程、水质检测中心、综合办公室、供水管网等。

为解决原核工业七一二矿周边农村饮水不安全问题,县委、县政府高度重视,关注民生并召开政府专题会议(49期),专题研究衡东县原712矿及周边农村供水管网建设工作。会议明确了由丁秋文副县长任组长,钱永明副县长任副组长的项目建设协调领导小组,并明确县水务投资有限公司负责工程项目实施,先期一次性解决712矿及周边原大明、新庄、油草堂、浦泉等4个村1310户4620人安全饮水问题。民生无小事,公司受领任务后迅速的行动起来,和大浦镇政府、清泉供水公司到村里召开现场调度部署工作会议,并委托具有资质的公司做项目的可研,1310户挨家挨户的做调查、逐点逐线做测量,用了不到两个月时间就完成了可研批复和初步设计,主要建设内容为延伸和扩建主干管,扩大供水范围内新建配水管网,共需铺设供水管网约152620米,配水系统为树枝状管网,项目估算总投资1583.93万元,资金来源为自筹。目前该项目进展正常,争取在2018年底前让4个村的村民喝上安全放心的自来水。

(陈　侃)

湖南浦园建设开发投资有限责任公司

【概况】 湖南浦园建设开发投资有限责任公司于2010年6月注册成立,现注册资金8.3亿元,为具有独立法人资格的县属投融资平台公司,主要职能是承担园区内土地开发、道路建设、标准厂房建设、园区绿化和拆迁户安置、小区建设、基本公共服务、建筑材料购销等工作,以及园区资产的归集和管理工作。2017年被湖南省经济和信息化委员会指定为湖南省中小微企业创业创新基地。

【项目建设】 1.续建衡东经济开发区公租房小区配套设施项目,完成路基土方工程、雨水管、污水管工程。项目合同造价650.3万元,现完成投资约400万元。

2.续建衡东经济开发区大浦工业集中区1#区标准化厂房工程,一标段合同造价1273万元,完成投资约1000万元,二标段合同造价1301万元,完成投资约1000万元;

3.续建衡东经济开发区大浦工业集中区2#区标准化厂房工程,合同造价4730万元,已竣工验收;

4.续建衡东经济开发区大浦工业集中区2#区标准化厂房附属工程,合同造价870万元,完成投资约800万元;

5.续建衡东经济开发区大浦工业集中区食堂宿舍工程,一标段合同造价637万元,完成投资约600

万元，二标段合同造价906万元，完成投资约650万元，三标段合同造价911万元，完成投资约720万元；

6.完成衡东经济开发区创新创业园中小企业服务中心建设项目招投标工作，已于9月底动工；

7.完成衡东经济开发区特色安置小区地基与基础建设工程，完成投资300万元；

8.衡阳美仑颜料化工有限责任公司遗留厂区及周边环境重金属污染综合整治项目总投资2000万元，已于11月底开工，春节前完成地面原有建筑的拆除工作。

9.北片区道路提质改造工程。项目总投资6800万元，已完成路面硬化和油化及人行道的铺设，道路两旁绿化基本完成，路灯已全部安装好并通电试运行，12月份可全部完工并投入使用。

10.根据政府要求和工程建设需要，已完成一级土地储备680亩。

11.衡东港大浦作业区一期工程建设。项目总投资预计17992.61万元，项目采用政府与社会资本合作（PPP）模式，该项目已进入可研阶段。工程于2018年1月开工建设，预计2019年12月建成交工。

12.工业大道建设。项目概算总投资1.45亿元，已完成立项、规划设计初评工作，全线涉及4个村、17个组，到目前为止，已完成征地14个组，只有3个组的地没有完全征好，现正在抓紧征地扫尾工作。

为加快项目建设提速，一是落实项目进场责任。由班子成员牵头工程、国土等前期手续办理部门，分析项目建设推进情况，统筹协调存在的问题，限期解决推进中的问题，确保项目迅速完成前期土地征拆、立项、环评、规划要点及方案设计，具备进场条件。二是落实项目建设责任。对项目指定具体项目责任人，指导、协助项目建设中办理规划许可、消防审查、施工许可、招标程序、图纸审查、质检等等各项手续，协调项目建设中出现的杆线搬迁、自来水、矛盾协调等问题，直至项目竣工投产。三是落实项目实施环节。定期召开部门工作例会，每周一次分析、点评项目当前进展；定期组织项目施工方工作会，协调解决项目建设中的问题，确保了项目快速推进。

【融资及经营】 公司目前融资总额70700万元，具体如下：

1.国家开发银行中长期贷款21700万元，年综合财务成本5.5%，该笔贷款主要用于衡东经济开发区大浦工业集中区标准化厂房建设，该项目以与政府签订回购协议，利息纳入年度财政预算，到期还款主要是政府回购资金。

2.农业发展银行项目基金16600万元，年综合财务成本1.2%，该基金主要用于工业大道和创新创业园项目建设，到期还款主要是政府回购资金。

3.北京银行4900万元流贷、华融湘江银行4900万元流贷，今年又以高达10%的利率从平台公司借款偿还银行9800万元。

4.农商行流动资金贷款1100万元，年综合财务成本7.56%，该笔贷款主要用农商行入股，到期还款主要是公司自筹资金。

5.华融湘江银行中长期项目贷款19000万元，目前总行已经授信批准，期限5年，年综合成本8%，争取在2018年元旦节前待抵押物到位后放款。

6.农商行流动资金贷款2500万元，期限3年，年综合成本6.3%，目前基础工作已基本完成，争取元旦节前放款到位。

2017年公司1—9月份营业收入共计1043万元，利润总额800万元，目前完成税收1500万元。

【公司制度】 公司有健全的内部管理制度，落实董事会、监事会的管理机制。财务上认真执行《会计法》和有关财务制度，严格遵守财经纪律。财务工作人员办理会计事项必须填制或取得原始凭证，并根据审核的原始凭证编制记帐凭证。会计、出纳员记帐，都必须在记帐凭证上签字。定期进行财务清查，保证帐簿记录与实物、款项相符。根据帐簿记录编制会计报表上报浦园公司负责人。会计报表每月由会计编制，财务部门负责人负责审核。对不真实、不合法的原始凭证，不予受理；对记载不准确、不完整的原始凭证，予以退回，要求更正、补充；发现帐簿记录与实物、款项不符时，应及时向相关领导报告，并请求查明原因，作出处理。财务工作人员对上述事项无权自行作出处理。在项目管理方面，出台

《工程项目建设暂行管理办法》,进一步规范了工程项目管理模式,理顺了相关管理机制。 (赵雄宇)

衡东大地交通水利建设投资有限公司

【概况】 衡东大地交通水利建设投资有限公司于2014年12月注册成立,为国有控股公司,注册资金为1亿元,下设办公室、财务部、工程管理部、市场开发部、资产经营部、成本合约部六个部室,共有干部职工36人,在编人员11人。

公司具有独立法人资格,按照“政府主导、企业主体、市场运作、遵循经济规律”的原则组建运行,以市场化投融资作为经营定位,是“产权明晰、权责分明、政企分开、管理科学”,具有完善法人治理结构的市场化运作主体,也是一个独立核算、自主经营、自负盈亏、自求平衡的国有控股公司。

【融资能力】 面对客观经济下的新形势、克服融资难、规模小等问题,开辟多种途径,分别与华融湘江银行、华夏银行、农商银行、农业发展银行、湖南三湘银行等5家银行进行对接,公司2016—2017年累计完成融资到位资金2.56亿元,其中2016年到位资金1.55亿元,2017年到位资金1.01亿元。

【项目建设】 2016年公司承担了7个项目的建设,分别是:欧阳遇实验中学道路改造、新塘晓霞路提质改造工程、吴集五里坪路灯安装工程、县公安局柴山路公租房附属工程、杨林湾头洲土地开发工程、国土增减挂钩项目、启动了衡东互联网+交通服务平台建设工程项目;2017年公司承担了12个项目的建设,分别是:衡东互联网+交通服务平台建设工程(科目二考场建设项目、交通产业园石油管道保护涵、交通产业园泄洪管道)、G4京港澳大浦平交口改造项目、2016年农村综合服务平台建设项目、新塘双月路改造和新建牌楼、保障性住房场外配套基础设施建设、大浦通用机场道路、白莲景区道路建设、大浦政府院内油化工程、草市灵山庙渡改桥、杨林至高湖道路改建工程。

【集金机动车安全检验公司】 公司于2015年6月以市场价格收购衡东县集金机动车安全检测站,注册为集金机动车检测公司,属县交通投下属子公司。2016年车检公司共完成检测量5200台,收入159万元,2017年车检公司共完成检测量6150台,收入167万元。为了提供更好的服务,公司加大投入,先后新增安全检测线一条,环检线新增重柴、小车测线线条各一条。公司将本从科学、公正、廉洁、满意的服务宗旨,竭诚为广大车主提供快速、高效的优质服务。 (苏根林 肖 俊)

湖南衡鑫国有资产管理有限责任公司

【概况】 湖南衡鑫国有资产管理有限责任公司创办于2013年,为衡东县财政局的二级机构。2016年,衡鑫公司与县国有资产管理中心从县财政局分离出来,升格为正科级机构,但仍然与县国有资产管理中心以两块牌子,一套人马合署办公。2017年10月,衡鑫公司从县国有资产管理中心分离出来,按照公司独立运营。

湖南衡鑫国有资产管理有限责任公司为国有独资企业,法定代表人武文澜,注册时间为2013年07月,注册资金为5000万元整,公司内设机构及经营范围:公司内设办公室、财务部、工程部、投融资部、综合经营部5个部门。负责城市建设投资、土地开发、市政建设、保障性住房建设、廉租房建设和棚户区改造及其他产业投资与开发、打包处置金融债务、县政府授权公司管理的国有资产出租、出售和合作开发等经营业务;供应链管理和服务,机械设备、五金产品及电子产品、化工产品、金属制品及金属矿的采购和销售。

企业文化

夯实资本平台,增强融资功能,服务经济社会,助推衡东发展。

经营理念

争创国资先锋，当好经济卫士　　　　（武文澜）

湖南富城公司

【概况】 富城公司于2012年5月16日成立，属衡东县国资局独资的国有公司，地址在衡东县河西新区坪桥路公租房2栋二楼大厅，法人汤迪儒，注册资本贰亿元整，经营范围为城市基础设施、公共事业项目、标准化厂房、保障性住房等项目的建设、投资、运营；县政府授权的河西新区国有资产行使担保权和资本运作；土地整理及综合开发；广告传媒；建筑材料经营；苗木，林木的销售；政府授权的其他业务。2012年5月—2015年10月，公司与管委会实行一套人马，两块牌子，人财物没有分离，公司董事会高层（正、副董事长）均由县委、县政府县级领导兼任。2016年6月，公司配备了专职的董事长、总经理、监事会主席、财务总监，分别为汤迪儒、聂进军、文健帆、蒋俊儒；2017年，公司班子全部配齐，为独立的法人实体，根据县委、县政府文件有关文件精神，富城公司与河西管委会实行合署办公，重大事项实行管委会、富城公司班子联席会议决策制度。

【主要业绩】 作为县政府融资平台，富城公司立足功能定位，主抓招商融资、基础设施、项目建设实施等中心工作，不断提升资本运作与经营管理能力，努力实现“新常态”下转型、突破、跨越的发展目标，走出一条适应新形势，切合市情、县情的新的发展之路。截至2017年10月，公司总资产为16.62亿元，共完成融资12.8亿元；招商方面，2017年落实了铜锣湾集团、红星美凯龙、香港国际幼儿园、承远博览、福诚骨科、东兴路桥总部大楼等项目的签约，签约项目总投资额达8.5亿元；项目建设方面，累计投入项目建设资金29.56亿元，已完成坪桥1号安置区、龙江安置区、秋波安置区共计86011平方米安置房建设，安置拆迁户220余户；完成衡东大道、双园大道、坪桥路总长度9.5公里的通车里程；完成总建筑面积39115.4平方、共计672套的公租房建设并成立了专门的物业公司对公租房进行管理；此外，学府路、双园大道二期、荣桓广场、杨山实验中学、沿江大道、文冲西路等项目正在紧张建设中。　（刘建明）

农　业

农　业

【概况】 衡东县农业局是全县农业生产和农业经济工作的行政主管部门，承担着农业技术推广、农业行政执法、农产品质量安全监管、农业环境监测、蔬菜基地建设与管理、农业产业化、农口及涉农单位农村改革的协调指导、文明村镇建设和乡风文明建设督查考评等综合职能。2017 年，有在职人员 158 人，其中干部 105 人，工人 53 人，退休人员 117 人，高级职称 12 人，中级职称 35 人，初级职称 52 人，具备大学学历 50 人，大专学历 70 人，中专或高中学历 38 人。内设办公室、政工人事股、计划财务股、内审股、科技教育股、政策法规股、行政审批股、农业产业化股、综合信息股、新农村建设指导股、安全生产监督股和农产品质量安全监管股 12 个股室；下属衡东县农村扶贫开发办公室正科级全额拨款事业单位，衡东县生态能源管理局、衡东县农民素质教育管理办公室、衡东县人民政府蔬菜管理领导小组办公室、衡东县农业行政执法大队、衡东县种子管理站、农村环境与卫生综合整治办公室 6 个副科级全额拨款事业单位，衡东县农业技术推广中心、衡东县粮油生产站、衡东县植检植保站、衡东县农业土壤肥料管理站、衡东县经济作物站、衡东县农业环境监测管理站、衡东县农产品质量检验检测站、衡东县农业技术培训部、衡东县农业科学研究所 9 个股级全额拨款事业单位。

2016 年度被市农委评为农产品质量安全工作先进单位、衡阳市农业环保工作先进单位；"创建 2016—2018"全省依法办事示范窗口单位。

2017 年，衡东县实现粮食生产十三连增，被评为湖南省粮食生产先进县。农业局被市农委评为农产品质量安全工作先进单位；衡阳市种子管理工作先进单位；衡阳市农业环保工作先进单位；衡阳市农产品质量安全检验检测工作先进单位。

【粮食生产】 2016—2017 年，农业部门紧紧抓住"稳面、绿色、提质、增效"这个目标，认真落实国家农业"三项补贴"政策，并通过开展水稻集中育秧、高产创建、湘米产业项目、测土配方施肥、病虫害专业化防治等系列项目活动，稳定全县粮食播种面积、提升粮食产品质量，增强粮食产品的综合竞争力，确保粮食生产安全。全县粮食播种面积 101.74 万亩，其中水稻播种面积 91.72 万亩，旱粮种植面积10.02 万亩），比上年增加 0.55 万亩，增长 0.6%。粮食总产达 44.5 万吨，比上年增加 1.88 万吨，增幅为 4.4%。旱粮种植面积 10.02 万亩，同比 2016 年增加 0.47 万亩，总产 5.87 万吨，比 2016 年增加 1.04 万吨。全县双季稻生产实行台账化管理，双季稻总播面积 88.61 万亩，比 2015 年增加 1.39 万亩，双季稻面积占稻田面积 80.5% 以上。高档优质稻发展趋势良好，2017 年全县发展高档优质稻 14 万亩，以"早加晚优"模式为突破口，按照"市场 + 基地 + 主体 + 品牌"产业化开发模式，融合湘米工程、集中育秧等项目，创建以高档优质稻为核心的绿色高产高效生产基地。

衡东县2016—2017年粮食作物播种面积及产量统计表

表1 单位:万亩、吨、公斤

年度	耕作面积	粮食播种情况			其中					
					水稻			旱粮		
		面积	总产	单产	面积	总产	单产	面积	总产	单产
2017	45.15	101.74	445327	437.7	91.72	386609.8	421.5	10.02	58717.2	586
2016	45.07	100.72	426491	423.4	91.17	378264.3	414.9	9.55	48227.5	505

【农业产业化】 2016—2017年,继续强化上游产业链建设,发展高标准原料生产基地,以“一村一品”“一乡一业”为指导,引导龙头企业与基地,实现与农民合作社、家庭农场、专业大户有效对接。到2017年末,全县规模农产品种、养、加工企业达230多家,其中市级以上农业产业化龙头企业34家,包含养殖型6家,种植型9家,生产加工型19家。34家龙头企业中,省级龙头企业7家。全县休闲农业企业(休闲农庄、农家乐等)达到40多家,其中国家五星级休闲农庄1家,省三星级以上休闲农庄7家。2017年,全县规模以上农产品加工业产值实现65亿元。在龙头企业的带动下,全县农业产业化经营因地制宜,充分挖掘和发挥资源潜力,县域特色产业逐步形成,粮食、畜禽、果蔬、油料、茶叶、土菜、中药材、休闲农业等产业初步形成基地化生产、规模化种养、商品化营销的格局,主要农产品结构不断优化、农产品质量不断提高、农产品市场竞争力不断增强。2017年9月20—21日,成功举办衡东县第四届土菜文化旅游节农副产品博览会,实现销售额1047100元,达成较大订单90多单,其中黄贡椒、油茶、酒曲饼、小龙虾、孔雀、香猪、香鸡、黑豚等订购量比较大,取得良好的经济效益和社会效益。2016—2017年,组织有关企业参加衡阳市第七、八届农博会和2016—2017年湖南省农产品博览会,有效推介和宣传衡东的特色农产品,提高衡东县农产品的市场影响力。

【农业技术服务】 2016—2017年,继续推进基层农技推广体系改革,组织实施基层农技推广体系补助项目,扎实推进衡东县新增粮食产能规划2014、2015、2016年田间工程项目建设。2016、2017年,分别在全县遴选技术指导员65名、125名,围绕水稻、油菜、蔬菜三大主导产业科技示范主体500名进行服务,全年每个技术指导员人平入户指导30次以上,另外每年创建农业科技试验示范基地3个。2016年,选送20名指导员到省城培训,选送6人参加专、本科学历提升;2017年,选送30名指导员到省城培训,选送9人参加专、本科学历提升,组织农技人员举办测土配方施肥、病虫专业化防治、油菜高产栽培等实用技术培训300期次,印发技术资料12万余份,培训农民10万余人次,发布《病虫情报》27期4万余份,《衡东县农产品质量安全检验检测简报》22期2200份,发行《中国农技推广》《湖南农业》等科普杂志1万多份,发送农技短信4万余条,不断提高农民科技素质,也为广大农户提供“看得见,摸得着,用得上”的实惠。

【农业项目建设】 2016—2017年,严格按照项目的要求,全力以赴抓落实,确保各项项目的顺利实施。衡东县农业技术推广中心自2016年起承担衡东县新增粮食产能规划田间工程建设任务。2016年度新增粮食产能规划田间工程项目建设地点分布在草市镇洣坪村、福塘村、石旺村、红村、羊角村、五桥村6个村,主要建设内容是新建灌水渠5834米、改造灌水渠11362米、维修灌水渠3047米,新建排水渠1599米、改造排水渠936米,改造田间道7384米、维修田间道3280米,维修山塘7口,新建配套渠系建筑物等工程,建设高标准农田0.5万亩。2014、2015、2016年项目于2017年12月全面完工并通过县级初步验收,工程完工后已交付使用,极大促进项目所在地农民增收、农业增效。

【蔬菜产业】 2016—2017年,全县蔬菜总播种面积19.96万亩,蔬菜总产量39.24万吨,总产值8.67亿元。在三樟乡油麻村新建2000亩特色蔬菜黄贡椒生产示范基地;在衡东至新塘S315线新建兆丰香菇标准化生产基地和蔬菜大棚基地;在白莲和甘溪镇扩建2000多亩莲藕生产基地。黄贡椒是衡东县的特色蔬菜,是衡东土菜之魂。2017年,黄贡椒种植面积2.18万亩,实现产值2.3亿元。黄贡椒被省、市确立为全县特色蔬菜产业,从黄贡椒的育苗、生产、加工等方面进行了全面的规划。拟通过3—5年努力,把黄贡椒生产面积达到5万亩、产量达5万吨、年综合产值达5亿元。2017年9月,举办的第四届土菜文化旅游节期间,全县有4家蔬菜(特色种植)种植基地和3家养殖基地被评为衡东土菜“十佳”原料生产基地;在农副产品博览会,衡东县特色蔬菜黄贡椒、香菇销量领先,成交额达100多万元。

【农业行政执法】 2016—2017年,不断加强农业行政执法力度,加大对《中华人民共和国种子法》《农药管理条例》《中华人民共和国农产品质量安全法》等法制教育宣传,组织开展“放心农资下乡进村”和“农产品质量安全”等专项宣传活动,出动宣传车40余次,开展咨询活动10余场次,印发宣传资料5000余份,县电视台专题报道2辑,市电视台新闻报道2次。对全县200多家农资经营户三次地毯式检查,对部分种粮大户、农民合作社等进行入户农资调查,检查农药品种500多个、肥料品种50多个、水稻种子组合100余个、油菜子种子组合20余个。抽取种子样品30余个,送检8个,肥料送检14个,立案查处14起。妥善处理农户投诉,有效化解质量和非质量农业生产事故,共受理农户投诉60余起,依法依规配合保险公司农业保险理赔工作,让近百户农户300多亩受灾农田得到合理赔付,为农民挽回损失近百万元。

【农产品质量安全监管】 2016—2017年,按照“属地管理”和“打防结合、标本兼治”原则,突出重点产品、重点区域和薄弱环节,深入排查问题隐患、强化监督抽查、严格监管执法,集中整治违规违法经营使用农药行为;通过专项治理,使全县农药经营市场秩序进一步规范,违规使用农药行为得到有效遏制,确保稻谷、蔬菜、水果、茶叶等大宗农产品消费安全,提升农产品质量安全监管效能。两年间,主要农产品实现无公害认证,培育、开发、认证无公害农产品、绿色食品和有机食品共8个,建设县级水稻、蔬菜、葡萄、黄贡椒农业标准化基地6个;衡东县被省农委确定为省级农产品质量安全县创建单位,大浦镇、甘溪镇被省农委确定为省级农产品质量安全监管示范站创建单位。2016年开始,按照农产品质量安全省级示范县创建要求,继续加强县、乡、村、组四级农产品监管体系建设。制定县、乡、村、组农产品质量安全监管责任制,明确各自监管的重点和内容。全县17个乡镇农产品质量安全监管站,建立29项基本制度。全县每个乡镇农产品质量安全监管站明确一名负责人和两名以上监管人员,全县251个村(社区)明确了一名村级协管员,全县每个组明确一名组级协管员。结合基层农技推广服务体系建设项目,17个乡镇落实和完善检测场所,统一配置农药残留速测仪等监管设备和检测仪器,落实监管经费,真抓实干,全年每个乡镇柚检果蔬400—500批,确保乡镇监管工作正常开展、依法履责。

【重金属污染修复治理】 2016年,根据省农委方案的要求,衡东县继续在湘江流域的大浦镇、霞流镇、新塘镇、石湾镇、三樟镇5个镇实施重金属污染耕地应急性修复面积134840亩,其中大浦镇36560亩、霞流镇30130亩、新塘镇20110亩、石湾镇17920亩、三樟镇30120亩。全县重金属污染耕地修复治理工作取得了初步成效。2016年,在大浦镇集贤湾村开展VIP+n修复技术模式1070亩标准化示范片工作。2016年,高湖镇铁塘村被省农委定为农业面源污染防治工程项目建设重点示范村。通过实施农业面源污染防治工程,使示范村清洁生产技术推广入户率达到90%以上,生活垃圾处理率达到80%以上,生活污水处理率达到80%以上,农村清洁工程建设相关规章制度制定健全，成立物业管理站，构建长效机制。通过农村清洁工程的实施，有效解决了农村生产、生活和生态污染问题，在全县范围内起到良好的示范效果。同时，抓好农业面源污染监控、为修复稻田提供依据。2016—2017 年，在大浦镇新石村、霞流镇平田村，洣水镇采霞村建设 3 个面积 30 平方米长方形监测小区规格径流池体积 1.2 立方米，农业环境定位监测小区。每年对监测点的采集土壤样品 9 个、水样样品 21 个、稻谷样品 6 个，送到省农委指定的检测机构进行检测，较好地完成全年监测点的各项工作。

【种子管理】 2016—2017 年，衡东县围绕新修订的《中华人民共和国种子法》，依法开展种子市场监管和新品种展示示范与安全跟踪评价工作。市场监管检查种子经营门店 1200 余次，检测水稻品种 150 批次，油菜品种 52 批次，抽取 65 批次种子样品送省市检测品种真实性和转基因成份，查获未审未引品种 22 个，没收违法品种 210.5 公斤，完成“四种”经营主体备案率达 89%。对全县 4 个乡镇、3000 余亩制种生产田从申报备案到收种全程跟踪监管并抽样送检。对政府采购的水稻、油菜种子从采购到田间严把种子质量关。2017 年，新品种展示示范与安全跟踪评价项目争资 41 万元，展示示范品种 64 个，面积 258 亩，筛选出全县 2018 年主导品种 10 个；安全跟踪评价品种 70 个，面积 1081.5 亩，建议慎重推广品种 6 个。2017 年，种子管理站正式升格为全额事业副科法人单位，负责全县种子管理工作，新修善办公场地，添置全新办公用品和检测设备，配强管理人员（6 人）。

【农村环境整治】 2016—2017 年，衡东县的农村环境和卫生综合整治工作按照市委、市政府的统一安排部署，精心组织，强化措施，扎实工作，全面推进，取得了阶段性的成果。2016—2017 年，全县清除垃圾 10.625 万吨，新增垃圾桶 2 万个；新建垃圾收集池 4921 个（含垃圾房 1085 座）、垃圾中转站 21 个；新购手推式垃圾斗车 17 辆、垃圾电动清运车 622 辆，洒水车 8 辆。2017 年年末，有保洁队伍 37 个，村级保洁员 706 名，所有乡镇集镇保洁采取市场化运作，市场化保洁公路 440 公里。全县各乡镇都成立保洁公司，有保洁队伍，制定考核管理办法，形成长效保洁机制。全县重点路段、重点区域基本不见成堆暴露垃圾。由于环境卫生整治工作常抓不懈，群众的环卫意识有所提升，逐步养成将垃圾入桶入池的良好习惯。乡镇将环境卫生整治工作提升为中心工作，扎实推进，成效显著，深得全社会公认的好评。

【能源工作】 2016—2017 年，衡东县大力推进农村清洁能源开发与利用，促进“五县五化”建设。2016 年，农村能源工作主要以中央预算内投资农村沼气项目建设和多能互补能源示范项目为重点，各项工作稳步有序推进。完成 2013 年度国债项目任务 40% 以上，新建户用沼气 83 口、小区联户 8 处。推进 2016 年农村能源示范村专项项目——新塘镇潭泊村太阳能路灯建设。国家投入资金 10 万元，安装太阳能路灯 28 盏，12 月验收合格。2017 年继续实施好中央预算内投资项目建设，2016 年度湘泰畜禽养殖合作社大型沼气工程建设项目完工，中央投资 105 万元，建设厌氧消化罐 700 立方米，湿式贮气柜 200 立方米。实施完工两处能源示范项目建设：一是三樟镇澎陂港村太阳能路灯项目建设，投资 8 万元，新安装太阳能路灯 25 盏；二是白莲镇铁坪村户用沼气改造项目，投资 10 万元，完成改造 106 户沼气农户。两个项目于 10 月底通过验收，群众满意率达 95%。

【新农村建设】 2016—2017 年，衡东县的新农村建设主要以示范片建设、美丽乡村创建和文明村镇创建工作为主，通过开展村庄整治建设，完善农田基础设施，完善公共服务，加快产业结构调整，推进社会管理创新，以省级美丽乡村创建为标准，打造一些有特色有代表性的美丽乡村，以此辐射周边地区农村的发展，成效显著，取得较好成绩。新塘镇潭泊村以全市第一名的成绩成功通过省考核组的验收，获得省级美丽乡村的殊荣。霞流镇、石湾镇和蓬源镇分别被评为市二星级文明村镇。2016 年，全县各示范村共引进建设项目10余个,新发展种植养殖大户20余户,新建种养基地9个。2017年的示范片建设共流转土地6000余亩,扩建农业基地9个,引进各类公司企业5个;向省厅申报大浦镇岭茶村、吴集镇江山村和石湾镇光明村为省级美丽乡村创建村,3个创建村开展产业类建设项目、基础设施建设项目和公共服务类建设项目共计10余个,其中硬化公路15公里,新挖渠道4公里,新建村级综合服务中心2个,生态公厕4个;全县派驻县直工作队的新农村示范村共7个,各示范村利用宣传栏、墙报、路牌、横幅等方式开展形式多样的宣传活动,如潭泊村制作20多块宣传牌,宣传环境整治、计划生育、森林防火、综治维稳等内容。各示范村把"卫生评比"作为农村环境整治的一项重要内容来抓,分为最清洁、较清洁与不清洁等档次,并发放少量物品作为奖励,对不清洁的,在全村曝光。同时,加强群众精神文化建设,很多示范村都成立自己的腰鼓队,自行开展活动。此外,开展各种培训,提高农民素质。各示范村都设有公示栏,凡党务公开、村务公开、财务公开的内容全部进行公示,成立村务监督委员会,聘请村纪检监察员,全程监督村支两委的村务活动。2017年,在各部门和后盾单位的支持下,在工作队和村支两委的不懈努力下,工作成效显著,取得较好成绩。新塘镇潭泊村成为衡东县第五个省级美丽乡村建设示范村。

(陈新华)

林　业

【概述】 衡东县林业局是衡东县人民政府组成部门。下设办公室、政工人事股、财务股、政策法规股、资源林政股、绿委办、行政审批股、安全生产监督股、监察室、营林站、生态公益林办、林调队、野保站、基层管理中心、工会、防火办、林技推广中心、林业产业管理所、林权办、执法大队、森林公安局及17个乡镇林业站、3个木材检查站、四方山林场和苗圃,有在职干部职工292人,其中具有中、高级以上技术职称51人。2016年,局工会被衡阳市总工会评为衡阳市模范职工之家。2017年,局工会被评为衡阳市职工代表大会三星级单位。

【造林绿化】 2016年,全县完成荒山造林7万亩,其中重点工程造林1万亩,面上造林6万亩;营造生物防火林带160公里;对2015年2300亩不达标小班进行补植补造。2016年,营造林工作被评为全市先进单位。2016年,衡东县苗圃被省林业厅评为全省林木种苗工作先进集体。2017年,投资300多万元全面完成苗圃种苗基地改造,新建标准化苗木大棚3000多平方。全县完成营造林任务7.13万亩,其中中央财政森林抚育项目代表衡阳市通过国家林业局验收,并获得好评。2017年,全县森林覆盖率达52.71%,森林蓄积量275.57万立方米。

【通道绿化】 2016年,采取多元筹资模式,投入31224万元;其中项目联动580万元,县财政300万元,开展县直单位联村建绿活动筹资120万元,个人捐资38万元,村民义务投工186万元,其他社会资本投入3亿多元。全县完成通道绿化1098.6公里;建设秀美村庄62个(120个小村)。2017年,全县道路绿化提质完成592.7公里:其中绿化提质普通铁路62.7公里,乡村道路530公里,村庄96个;县政府财政出资苗木款317万元。全县义务植树共栽植苗木156万株。

【油茶产业】 2016年,全县已建成1000亩以上的油茶产业园30个,对衡东县油茶产业发展起到了示范带动作用。恒建农林公司在荣桓镇新建油茶基地5000多亩,成活率在90%以上,又为衡东创立一个高标准省级示范园。中联天地衡东分公司增加投入2400万,流转林地6.1万亩,新栽油茶2.5万亩,在全县14个乡镇建立53个标准化示范基地,为农民增收1300多万元。2017年,完成油茶造林1.77万亩,油茶低改2.0176万亩。重点推进油茶全产业链建设,重点扶持湖南恒建农林公司在吴集镇新建油茶小镇500多亩,建设好两条高品位油料生产线,建立衡东自己的油茶品牌。扶持湖南中联天地衡东分公司继续推进油茶生产基地的建设,投入资金4000万元,完成油茶栽种1.3万亩,提质增效5万亩,为农民增收3000万元以上。获衡阳市2017年度油茶产业建设工作突出贡献奖。在全省2017—2018年新一轮产油大县申报工作中,争取到产油大县项目资金2000万元以上。

【社会林业】 2016年,衡东县高湖农业综合开发有限公司首次被纳入省级林下经济示范基地名单,花果果、洣江生态新增为省级林业龙头企业。2017年,扶持恒建农林建好两条高品位油料生产线,打造本土茶油品牌;扶持中联天地油茶基地建设。重点推进衡东圣竹农林有限公司等3家林产加工企业进入衡东工业企业上规模企业。引导15家林业企业、种养合作社开展林下种养和景观利用,目前产值达480万元。发展衡东县平光农业发展有限公司等14家特种养殖场,预计年产值达3000万元。

【资源林政】 2016年,始终保持对涉林犯罪的高压态势,共办理林业行政案件115起,刑事立案20起,移诉15起,刑拘11人,罚款143万元。其中李某某非法收购、出售国家濒危野生动物案行政处罚18起20人,刑事强制2人,罚款41万元。2017年,加大惩治破坏森林资源的违法犯罪行为,全年立案查处各类案件115起,其中刑事案件27起,已办结并依法移诉21起,刑事拘留13人,治安行政处罚1人,行政拘留1人;林业行政案件88起,行政处罚61人次,罚款52万元。收缴救护国家二级重点保护野生动物鹰、鸮等猛禽共15只,收缴放生"三有"野生动物蛙类和蛇类600余公斤、麂2只、石鸡8只。衡东县森林公安局获全市林业行政处罚优秀案卷三等奖,获全市森林公安机关2017年度执法质量考评第三名。

【生态保护】 2016年,严格种苗产地检疫,规范森林植物调运检疫,全年检疫种子200公斤,苗木786万株,木竹3250立方米。开展松毛虫、竹蝗等病虫监测调查;发布预测预报;防治松毛虫400亩;首次采用无人机防治油茶炭疽病4.3万亩。开展松类树种普查工作,调查、检测枯死松树280株,严防"松树癌症"——松材线虫病的传入。2017年,组织开展了白蚁、茶梢蛾、松材线虫病除治工作。洣水国家湿地公园顺利通过国家林业局验收并正式授牌。湘江流域新塘镇杨泗港退耕还林还湿试点工作顺利通过省项目专家评估验收,位居全省第二。获衡阳市2017年度退耕还林还湿工作突出贡献奖。

【林业信息宣传】 2016年,全县以森林防火为重点,开展多层次多角度的宣传工作。安排专人管理衡东林业门户网和林业电子政务网,及时更新信息,发布登陆动态。向湖南林业网报送简报155篇;向政府网报送简报393篇,采用191篇,排在全市前列。局林业信息宣传工作被评为2016年度全省林业宣传和生态文化建设先进单位。2017年,林业局加大对重点工作的宣传力度,开展林业大宣传。在网站上设置常规栏目和专题栏目,开通局长信箱和网上咨询,加大信息上网公开力度,做好网上舆情处置,电子办公和宣传信息有效推进,在衡东林业门户网首页发布信息359条,局域网点击量达39526次,衡东林业门户网站访问量达102300次,通过电子政务网处理公文1295件,向湖南林业网站报送专题简讯52篇,向政府网站报送简讯300篇。衡东林业信息化应用率连续两年获全国县级林业信息化应用率第一;局门户网连续两年在全国县级林业网站绩效评估中位列第一。

【民生事业】 2016年,积极为企业办好使用林地手续。通过努力,全年为省航空运动管理中心、朝阳动力等重点企业办好18宗林地手续,面积93.87公顷。全年收到人大建议、政协提案各1件,都及时进行回复。接到信访部门交办案件8起,"12345"热线案件8起,全部派人进行实地调查处理,已办结14件,息访2件。积极调处山林权属争议,全年接待权属纠纷41起,55人次,立案受理35起,已调处35起。林业窗口共接到行政许可申请件811件,受理811件,办结811件,按时办结率100%,满意度100%。全面推行林业站"一站式、全程代理服务",实行首问负责、一次性告知、限时办结和轮流值班制度。2016年,衡东县新塘镇林业站被省林业厅评为全省"一站式全程代理服务示范林业站"。配合县委、政府的精准扶贫政策,出台《关于组织精准扶贫对象进行2016年油茶低产林改造的通知》,将油茶低改工程优先安排贫困户。2017年,高效快捷地做好工程建设项目征占用林地审核上报工作,全年办理12起征占用林地手续,35.1767公顷。全年林业局共接到人大建议1件、信访系统案件12起、信访交办函9件、“12345”热线案件12起,都及时派人进行调查处理,且全部办结。积极调处山林权属争议,全年接待群众来信来访98起、268人次。政务中心林业窗口共受理行政许可申请件873件、办结873件,按时办结率100%,满意度100%。新建扶贫点苗木培育4000多平方,新造油茶130多亩,引导精准扶贫户投资10多万元新建龙虾基地3亩多。对精准扶贫对象和贫困村共实施林业工程面积23360.5亩,从全县精准扶贫对象中聘请生态公益林护林员233名,有4029户贫困人口享受生态公益林资金补贴68.57万元,发动扶贫对象开展油茶垦复6000多亩,发放资金130多万元。

【森林防火】 2016年印发张贴《禁火令》、防火挂历各5000份;开展防火宣传10场次;出动防火宣传车50台次;组织野外用火巡查200余次。采取县级领导包乡镇,乡镇干部包村、党员组长包户,林业局党委包片,全局干部包乡镇的分级管理模式落实防火责任。完善森林防火信息系统建设。“12119”指挥平台全面施行,南部防火信息指挥系统全县推行应用。全年共接处森林火警34起,拘留4人,办理行政案件9起,刑事案件13起,移送检察机关8起。2016年度森林公安工作综合考评全省第一。2017年,森林防火工作被动局面全面扭转。通过健全防火机制,落实防火责任,抓好基层预防,夯实防火基础,森林防火工作整体形势日趋好转,工作水平全面提升,森林防火工作取得了明显成效。全县森林火灾发生起数比上年度减少50%以上,受害森林面积控制在0.9‰以下,未发生重特大森林火灾和人员伤亡事故。衡东县森林公安局获全市森林公安机关2017年度综合考评第一名,并记嘉奖一次。

【林业改革】 2016年制订《衡东县林业局机关工作目标管理考核方案》和《衡东县林业局乡镇林业站目标管理考核办法》,对局机关和林业站工作实行目标管理考核。2017年,根据县委、县政府深化乡镇机构改革的要求,将林业站的人、财、物下放到乡镇管理,同时扩大林业站授权范围,将林业工程项目申报、野外用火查处、15亩以内火警案件的查处、农村居民建房审批等权力下放到乡镇。全面深化农村土地制度改革,实行土地所有权、承包权、经营权“三权分置”,加快推进农村土地(林地)经营权流转、林权抵押贷款及林业保险改革。至年底,全县共流转林地21.3万亩,办理抵押贷款共7笔,额度5800万元,抵押面积2.3万亩。在现行生态公益林政策基础上健全生态保护补偿机制,完善生态公益林落界工作;划定生态红线,确定补偿区域、范围,确定补偿面积和补偿对象,加强生态保护加快建设生态强县。

(毛益春)

水　利

【概况】 2016年,以发展民生水利、打造安全水利、构建生态水利为抓手,扎扎实实做好水利各项工作,实现全系统和谐稳定发展。年内,为民办实事“农村饮水安全自来水普及率”在年度考核中排名全市第一,县水利局被评为全市水利建设先进单位,并推荐为全省水利建设先进单位等荣誉。2017年,水资源管理绩效考核中,代表市人民政府参加国考与省考,以满分通过考核,荣获现场检查考核全省并列第一名;代表衡阳市接受全省2017年河长制考核验收现场核查,受到省、市一致好评,在2017年度全市全面推行河长制工作现场考核中,综合排名全市第一名;2017年度衡阳市水利系统目标管理绩效考核中被评为优先单位,荣获一等奖;2017年度农村饮水安全巩固提升工程建设在全市重点民生实事和扶贫攻坚考核中名列第二名,被评为全市优秀单位;扶贫工作省脱贫攻坚实地考核验收中,水利扶贫工作(农村安全饮水)扎实、到位,为行业扶贫亮点工作;2017年度水利建设安全生产工作被评为衡阳市水利系统安全生产年度考核第一名,并被推荐为市人民政府接受省人民政府考核，被评为全省优秀单位；防汛抗旱工作获得2017年全市抗洪救灾“先进集体”称号。实现全系统和谐稳定发展，确保一方平安，全力促进“十三五”规划的全面实施。

【水利经济】 2016年，全系统实现经济总收入9351万元，较上年增加1961万元，增长26.5%；完成发电量20613万度，较上年增加4512万度，增长28%，超年计划33%，创建县以来发电最高纪录；完成发电收入7270万元，较上年增加1428万元，增长24.4%，超年计划30%；上缴国家税金276万元，各项经济指标实现跨越式发展。2017年，全系统实现经济总收入9945万元；完成发电量19472万度；完成发电收入6604万元。上缴国家税收289万元，全年争取各类水利建设资金投入1.37亿元。招商引资总投资8000万元，第一期投入资金4000万元建设洋塘河坝硅酸铝纤维投资项目工程。

【防汛抗旱】 认真做好防汛保安各项工作，落实以行政首长负责制为主的防汛抗旱各项责任制，2016年，下达预警通知35次，发送预警短信52次7904条，完成存在严重安全隐患水利工程应急除险104处，对应急抢险队伍进行为期7天的冲锋舟实战演练，对八大灌区渠道进行清淤清障和损毁渠道、险工险段维修，甘溪、洋塘、望日岩3座水轮泵站共提水8000万立方，洪旱灾害损失降到最低，群众生命财产安全得到保障。2017年，立足于“思想早动员、汛前早检查、预案早修订、物资早准备、队伍早整训”的思想，认真做好防汛保安各项工作，落实以行政首长负责制为主的防汛抗旱各项责任制。全年电话下达预警通知10次，发送预警短信30次4740条，全面排查防汛重点部位，及时消除隐患。县防指组建90多人的应急抢险队和应急救生队，并于4月中旬进行为期3天的冲锋舟实战演练；6月29日，开展500人参演的大型山洪地质防御演练。成功应对10余次强降水，如6月下旬衡东县突发的特大洪水事件，及时调度物资，组织人员，对重点部位把守巡查、加强预警，排除险情50多处，紧急转移安置群众420多人，把洪旱灾害损失降到最低，使群众生命财产安全得到保障，实现“不垮一塘一库一坝，不死一人”的工作目标。

【水利建设】 2016年，主要完成荣桓水闸除险加固第二期工程，完成投资3200万元；完成44座小型水库除险加固，完成投资3080万元；完成“四水治理”城东防洪堤建设，完成投资970万元；完成4处电站增效扩容改造、20多处面上水利工程除险加固和新建、节水灌溉项目和小型农田水利建设项目、2013—2015年农村饮水工程扫尾和验收结算等。全面开工建设冬修水利项目，投入资金3300万元，在杨桥、荣桓两镇打造冬修示范片。2017年，主要完成管冲、荷叶塘等22座小二型病险水库除险加固工作；完成新塘、衫树塘等50口骨干塘整修加固和2000口山平塘清淤扩容项目建设。完成草市保护圈永乐江段防洪堤护岸工程建设；协调配合审计部门开展2011—2013年洋塘、大兴等43座小型病险水库除险加固工程审计工作；完成2012年小农水重点县工程财政审批、规划2018年小农水项目；投资1800万完成了甘溪灌区东风干渠全线硬化工程；完成铜铃坪防洪堤、杨梓坪防洪堤修建工程主体工程建设；完成草市、杨林及蓬源2017年中央财政农田水利建设项目；完成吴集杨梓坪段、原青草湖段等15处河堤水毁段及14处损毁闸门除险加固改造；投资100万元对甘溪、洋塘灌区等20处渡槽进行维修加固；完成100口山平塘、2处电灌站、37处灌溉渠灾后重建工作；完成荣桓水闸除险加固二期工程建设；完成8大灌区及荣桓水闸和草市园艺场渠道灾后重建工程；投资614万元兴建集中供水工程37处；杨桥镇水厂水源地改造巩固提升工程正在扫尾中；实施以水利项目建设为抓手助力扶贫工作；超额解决吴集镇胜利村等33个贫困村、7733贫困人口饮水问题，全县解决饮水困难人口21238人；研究制定农村饮水安全工程和运行模式，切实解决全县农村饮水不安全问题；超额完成年度重点民生实事农村饮水安全工程指标任务，农村自来水建设普及率达81.08%，超指标80%完成。

【水政管理】 2016年，水资源管理共开展2次大型宣传活动，组织120名志愿者清理河西河岸垃圾。对县城饮用水水源保护区内的入河排污口、畜禽养殖、种菜和砂石码头进行集中清理，完成28家取水许可单位办理水资源论证、延续评估手续和换发新证，编制《衡东县洣水饮用水水源地安全保障达标建设方案》和入河排污口核查成果书。全年依法办理行政审批事项70多项，下达责令改正水事违法行为通知书14起，水土保持站检查建设项目33个，收缴水资源费55万元、水土保持补偿费72万元。四座电站打捞漂浮物3160余立方，近5500吨，德圳水库水质治理成效明显，市局对衡东县20座小型水库水质抽查检测全部合格，在年度考核中位列全市第二。用水总量没有突破上级下达的用水计划任务数，万元工业增加值耗水量、单位GDP水耗同比略有下降，水功能区水质达标率100%。2017年，收缴水资源费25万元、水土保持补偿费178万元。按照市局安排，代表市人民政府参加国考与省考，以满分通过考核，荣获现场检查考核全省并列第一名；开展广泛深入的宣传活动，通过宣传报导，进一步提高公民水资源保护和责任意识；7月，衡东县按省市会议要求，及时召开县级相关部门专题工作会议，水利水电局配合市局完成对长江经济带饮用水水源地安全专项检查工作，加强全县重要用水水源地的保护与监管。

推动法治建设，实行依法责任制。聘请10名优秀人代表、党代表、政协委员和乡村领导担任执法监督员，召开专题会议，对全局执法人员进行专题培训；依照法律法规，依托政务中心，建立审批流程制度，作为建设领域项目规划审批的前置；根据“放管服”改革要求，优化办事程序，下放2项行政许可，取消3项行政许可，减轻了企业运营负担，提高了企业办事效率。全年依法办理行政审批事项32项，行政罚款6.64万，窗口服务人员多次评为“优秀红旗窗口”和“优秀服务标兵”。

【河道采砂建立新秩序】 河道采砂综合执法队2016年共调处采砂矛盾纠纷400余起，责令改正河道采砂违法行为30起，立案查处2起，罚款2万元，没收非法采砂船启动电瓶18组，多次与衡山县开展联合执法行动。全县河道采砂秩序进一步规范，采砂业主与沿河村民关系得到明显缓解，群众因采砂问题到县级以上政府部门上访的次数明显减少。

【河长制工作】 设立县河长制工作委员会办公室，组成县、乡、村三级河长网络体系；成立由水利、公安、环保、国土、畜牧、海事等部门组成河道管理联合执法大队，依法取缔非法码头7处，关停5家排污企业，将河岸1000范围内的47家养殖场全部拆除，开展河道普查行动，建立“一河一档”，设立乡村级公示牌。

河道管理联合执法大队制定全县三年采砂规划，采取日常巡查、重点蹲守、严厉处罚等多种举措严格监管，及时化解采砂矛盾400余起，严厉查处违法行为，责令改正河道采砂违法行为40多起，立案查处5起，罚款4.34万元，没收非法采砂船启动电瓶10组。

【队伍建设】 2016年，通过开展“两学一做”学习教育，全面落实从严治党“两个责任”，开展“纠‘四风’治陋习”和“雁过拔毛”式腐败问题专项整治工作，局纪委对下属单位督查3次，办理自查案件4起、上级交办案件5起。进一步深化精神文明建设，新闻报道和舆论宣传力度有所加大。局机关举办建党95周年庆祝大会和文艺汇演、举办“移动杯”拔河比赛，荣桓水电站争创省级“模范职工之家”，园艺场对场内设施改造，并安装健身器材，白莲水库举办趣味运动会等。进一步加强干部队伍管理，对基层3个党总支、19个党支部完成换届选举。全年县委、县政府议定、交办事项全面完成，人大代表建议案6件、政协委员提案2件都按时办结，代表、委员们反馈满意率100%。安全生产工作在全市水利系统年度考核中位列第一名，并被推荐代表市政府接受省政府考核，评为全省优秀单位。局机关开展“党员进社区”活动投入资金2万元，精准扶贫投入资金5万元，软弱涣散村投入资金5万元，帮扶济困、走访慰问发放资金1.5万元。甘溪、荣桓、白莲、大浦电灌站、园艺场等单位公租房全部分房到户，还有法治建设、工会和人口与计划生育、社会管理综合治理、后勤保障等工作也全部按要求保质保量圆满完成。各单位和各股室工作都各具特色、亮点纷呈，全系统无一例群体越级上访事件，无一例违法乱纪行为，实现水利“四个安全”，全系统和谐稳定发展。

【扶贫攻坚成果】 根据衡东县精准扶贫工作要求，局党委班子亲自牵头，组织下属单位抽调人员成立10余人扶贫工作队，进驻贫困村。通过党政扶贫、产业扶贫、技能扶贫、就业扶贫等多种科学手段开展扶贫工作，制定全县贫困村安全饮水总体规划。共计筹集投入扶贫资金200万余元，其中包括局机关投入90万元，局属15个单位党员干部捐款47980元，对接的吴集胜利贫困村栗柏支渠护砌硬化工程项目投入60万元，全县贫困村饮水安全工程投入13万元。胜利村（省级贫困村）投入154万元，德圳村（省级贫困村）投入10万元，洣河村投入5万元，巷子村投入5万元。扶贫资金的投入较好地促进了胜利村脱贫摘帽任务的完成。11月15日，在县委吴书记到村督查工作中，作为全县20个脱贫摘帽任务村之一，胜利村脱贫工作得到书记充分肯定与较好评价。

（陈　建）

畜牧水产

【概况】 根据《中共衡东县委衡东县人民政府机构设置的通知》文件，衡东县畜牧水产局为县农业局所属的正科级公益一类事业单位，负责全县畜牧水产管理工作，并接管原县商务局承担的牲猪定点屠宰监管职能，内设7个股室：办公室、财务股、政工人事股、畜牧股、水产股、兽医医政药政股（加挂行政审批股牌子）和畜禽水产品质量安全监督管理股（加挂饲料管理办公室和政策法规股牌子），下辖10个二级机构：衡东县人民政府生猪定点屠宰办公室（副科级）、衡东县动物疫病预防控制中心（副科级）、衡东县畜牧工作站、衡东县水产工作站、衡东县渔政管理站、衡东县畜牧水产技术推广服务中心、衡东县动物卫生监督所、衡东县农产品质量安全检验检测站、衡东县种畜场、衡东县萱塘园艺畜牧场。2017年全局有干部职工94人，其中：参公管理人员15名，高级技术职称1名，中级技术职称18名，初级技术职称22人，事业单位管理及工勤人员38人。

2017年，全县养殖业持续健康发展，标准化规模养殖水平进一步提高。全县年出栏生猪113.7万头，存栏59.8万头，其中能繁母猪5.98万头；出笼家禽936.5万羽，存笼643.8万羽；出栏牛0.8万头，存栏3.45万头；出栏羊6.17万只，存栏6.98万只；肉类总产量106318吨；畜牧业总产值24.18亿元。水产品总量3.03万吨，同比增长1.5%，其中捕捞产量1058吨，同比增长4%，渔业综合产值5.35亿元，同比增长4.1%。

2016年，获得“省畜禽水产品质量安全监管示范县”称号，并以排名第一的成绩评为“全市养殖业先进单位”。2017年，在全省畜禽养殖污染防治年终绩效考核中以排名全市第一的成绩评为“先进单位”。

【牧渔业产业化建设】 2016年，衡东县成功创建“鲜盛农产品有限公司”省级示范场和“盛丰养殖有限公司”“三晖养殖合作社”两家市级示范场，并全部通过验收合格。全年新发展存栏生猪300头以上的养殖户15户，发展存栏蛋禽2000羽以上的养殖户8户，发展存栏牛50头以上的养殖户5户，存栏羊300只以上的养殖户6户，发展特种养殖户8户。2017年，在已有省、部级养殖示范场的基础上，又成功创建省级示范场一家和两家市级示范场，并全部通过验收合格。截至2017年年底，全县拥有畜禽规模养殖户557户，其中生猪504户、禽39户、牛羊14户。发展鳜鱼、藏香猪、鹿、孔雀、石蛙、中华豚、攸县麻鸭、乌石猪等特色养殖品种。

【养殖业污染防治和养殖废弃物资源化利用】 2016年，衡东县9家规模养殖场节能减排重点项目建设全部完工，均通过环评验收，改建养殖场面积2900平方米，扩建面积2100平方米，新建沼气池320立方米、沉淀池2540立方米。全年完成143户规模养殖场粪污治理工作，并在全县划定禁养区和限养区，从源头上控制养殖污染。2017年，在进一步做好湘江一号重点工程养殖场拆迁、退养，养殖反弹督查工作的同时，多部门联合认真做好规模养殖场污染防治工作，关停退养10户，完成中央环保督查整改件25件。全年共完成粪污设施建设120户、资源化利用废弃物处理试点项目5户，达到全县畜禽养殖场粪污处理设施建设率75%以上和养殖废弃物资源化利用率80%的目标。

【重大动物疫病防控】 2016年，全县重大动物疫病防控工作做到“七不漏”“五个100%”。口蹄疫、高致病性禽流感、高致病性猪蓝耳病、猪瘟、鸡新城疫等5种重大动物疫病免疫密度为100%。猪瘟、口蹄疫、蓝耳病和禽流感的免疫抗体合格率都在88%以上，鸡新城疫免疫抗体合格率在75%以上，全部达到或超过了省市要求。2017年的春秋两季动物疫病防控，衡东县提前部署，层层落实责任，并召开全县动物疫病防控专题会议，要求各乡镇集中行动、集中免疫，坚决做到“七不漏”、“五个100%”。全年两次集中免疫和三次紧急补免，免疫接种生猪110万头次，牛6万头次，羊7万次，鸡810万羽次，鸭140万羽次，免疫密度和免疫率100%。全年未发生区域性重大动物疫情，有力地保证畜牧业的持续健康发展。根据省市动物防疫工作会议精神和县政府安排，2017年下半年，在大浦、吴集、新塘、南湾4个乡镇启动重大动物疫病强制免疫兽医社会化服务试点工作，并取得良好的效果，此举降低重大动物疫病强制免疫工作成本，提高重大动物疫病防控效率，将在2018年进行全县推广。

【畜禽水产品质量安全监管】 2016年，根据农业部的要求和省市主管部门安排部署，衡东县组织开展动物检疫证明电子出证工作，并顺利完成实施，此举实现动物检疫数据的互联互通和可追溯性，同时规范动物检疫行为，提高检疫效率，确保了畜禽水产品质量安全监管的源头控制。2017年，在做好动物产地检疫、屠宰检疫的同时，积极开展瘦肉精、饲料、兽药、水产品、贩运病死动物及动物产品等专项整治及排查。全年排查饲料、兽药经营店102家，养殖户500多户，检测生猪尿样2900多份，检测结果均为阴性；开展专项整治行动11次，出动宣传车35台次，执法和检测人员320人次；查处贩卖病死猪肉案件3起，经营不合格饲料案件1起，销售伪劣兽药案2起，没收并无害化处理病死猪肉200多公斤，查封问题饲料350公斤，没收伪劣兽药55包，并对2家兽药经营户下达限期整改通知书，有力惩治违法行为，确保全县畜禽水产品质量安全，保护消费者利益。

【渔业增殖保护和渔政执法】 2016、2017年，全县连续在洣水镇沙子码头举行大规模的鱼类人工增殖放流活动，两年投放青鱼、草鱼、鲢鱼、鳙鱼等鱼苗鱼种700万尾，大大改善县境内洣水、湘江鱼类生态平衡情况。按照省人民政府发布的《关于实施湘江干流春季禁渔期制度的通告》，全县在禁渔期间加大对江河的巡逻力度和工作宣传，禁止一切形式的捕捞行为，并联合相关部门积极开展渔业执法，2017年出动巡逻船艇55次以上，查获非法电捕渔船12艘，没收电捕渔设备3台套，有力地震慑违法捕捞行为，江河渔业生产秩序进一步好转。

【牧渔业抗灾救灾和灾后恢复重建】 2017年6月26日至7月2日，衡东县强降大到暴雨，对养殖业造成严重灾害。据调查统计，全县17个乡镇因灾倒塌损毁猪舍面积7930平方米、家禽舍面积6143平方米，损坏养殖设备9台(套)，因灾死亡大牲畜近百头、生猪900多头、羊500余只、家禽9万多羽，损失饲草面积130多亩，直接经济损失1360多万元；渔业受灾面积4万余亩，损毁堤岸200多米、渔船50多艘，损失水产品8750吨，直接经济损失10580多万元。为做好抗灾救灾，减少灾害损失，及时恢复生产，县畜牧水产局迅速成立抗灾救灾领导小组，制定详细的救灾重建措施，并组织技术人员分成6个小组，深入基层了解核实养殖户受灾情况，帮助受灾养殖户开展生产自救，修复栏舍，及时排除安全隐患，切实指导养殖户做好补栏补注，疫病防控和环境消毒，防止灾后疫情的发生；同时通过多种渠道筹集救灾资金50多万元，发放到各乡镇受灾严重的养殖户手中，帮助养殖户开展生产重建。

(尹跃辉　谭海峰)

农业综合开发

【概况】 县开发办是县财政局所属正科级公益一类事业单位，是管理全县农业综合开发的职能部门，下设综合股、财务股、土地治理股、产业股、工程评审股。在2016年期间申报草市镇大对河项目区高标准农田建设项目，衡阳市衡东县500亩油茶种植基地新建项目（两个）、衡阳市衡东县6万羽肉鸽养殖基地新建项目、衡阳市衡东县1200头仔猪养殖基地新建项目、衡阳市衡东县2000吨稻谷储存保鲜库新建项目、衡阳市衡东县2000吨油茶籽储藏保鲜库新建项目，在2017年期间实施以上项目。

县农业综合开发办于2016年被市农开办评为产业化管理、计划报表先进单位。

【衡东县吴集镇紫光高标准农田项目】 于2016年10月开工，2017年4月底竣工。项目区涉及合村后的吴集镇紫光村、龙奉村，新塘镇潭泊村，高湖镇印心村、旺垅村5个行政村（其中合村后的紫光村由原紫光村、秧山村组成；龙奉村由原文凤村、龙门前村、文昭村组成；潭泊村由原潭泊村、风根村组成；印心村由原印心村、红村组成；旺垅村由原大旺垅、长垅、建设村组成。5个行政村共146个村民小组，1.93万人，土地总面积6.06万亩，耕地总面积1.69万亩。该项目规划建设高标准农田1.08万亩。项目总投资1593万元，其中财政资金1593万元（中央财政资金1138万元，省财政资金455万元）。主要建设任务为：1.水利措施——更新改造电灌站5座，新建机电井1座。衬砌骨干灌渠8条/5.82千米，衬砌骨干排渠10条/7.51千米，衬砌田间渠道23条/8.28千米，新建渠系建筑物16处（其中机耕桥7处，堰闸8处，标志牌1处），扩建加固山平塘19口。2.林业措施——营造防护林100亩，植树0.39万株（其中红叶石楠1200株，黄杨1500株，桂花1200株。3.科技措施——举办技术培训4期、800人次，发放资料800份，购置诱蛾灯32盏。4.田间道路——新建机耕路11条总计长度8.18千米。

项目建成后，改善灌溉面积0.65万亩，改善除涝面积0.43万亩，新增节水灌溉面积0.43万亩，年节约水量35.81万立方米；增加防护林面积100亩，年增加水稻生产能力76万公斤，油菜籽10万公斤，蔬菜61万公斤，新增种植业总产值304.5万元，农民纯收入增加总额172.7万元。

【草市镇大对河项目区】 2017年10月开工，2018年4月底竣工。项目区涉及草市镇的大对河（新洲村、坪山村、大对河村）、横联（联盟村、横岭村）、江田（江坪村、江田村）、山田村，荣桓镇的南湾村5个行政村，46个村民小组，人口1.31万人，土地总面积4.76万亩，其中耕地面积1.18万亩，规划建设高标准农田0.8万亩。项目总投资1204万元，其中财政资金1204万元（中央财政资金860万元，省财政资金344万元）。主要建设任务为：1.水利措施——衬砌渠道20.566千米（其中骨干灌渠15条/11.72千米，衬砌骨干排渠5条/3.56千米，衬砌田间渠道16条/5.286千米，新建渠系建筑物18处（其中机耕桥10处，堰闸7处，标志牌1处），扩建加固山平塘22口。2.林业措施——营造防护林100亩，植树0.2万株（其中红叶石楠1000株，桂花1000株。3.田间道路——新建机耕路8条总计长度4.573千米。其中干道1条总计长度0.42千米，支道6条总计4.153千米。

项目建成后，改善灌溉面积0.48万亩，改善除涝面积0.32万亩，新增节水灌溉面积0.35万亩，年节约水量30.25万立方米；增加防护林面积100亩，年增加水稻生产能力72万公斤，油菜籽6万公斤，蔬菜9万公斤，新增种植业总产值273万元，扣除成本后，项目区年净增效益196万元，农民纯收入增加总额114万元。

【产业化项目】 2016年8个产业化项目分别是：衡阳市衡东县1000亩油茶种植基地新建项目总投资149.98万元，其中财政资金70万元、自筹79.98万元。衡阳市衡东县2万羽蛋鸡养殖基地新建项目总投资120.9万元，其中财政资金35万元，自筹85.9万元。衡阳市衡东县5000吨粮食储藏保鲜库新建项目总投资190.26万元,其中财政资金70万元、自筹120.26万元。衡阳市衡东县500亩油茶种植基地新建项目总投资74.95万元,其中财政资金35万元、自筹39.95万元。衡阳市衡东县900头黑山羊养殖基地扩建项目总投资93.51万元,其中财政资金35万元、自筹58.51万元。衡阳市衡东县10万羽蛋鸡养殖基地新建项目总投资204.19万元,其中财政资金70万元、自筹134.19万元。衡阳市衡东县300头大约克母猪繁育基地扩建项目总投资150.06万元,其中财政资金56万元、自筹94.06万元。衡阳市衡东县2000亩优质稻种植示范基地改建项目总投资119.35万元,财政资金56万元、自筹63.35万元。

2017年6个产业项目分别是:衡阳市衡东县500亩油茶种植基地新建项目(项目建设单位:衡东县金枫林木种植专业合作社)总投资80万元,其中财政资金35万元,自筹45万元,建设内容为:机械清理林地、平整土地500亩,挖机打坑、栽种500亩,新建砂石主干道800米,新修林道1500米,新修排水沟1000米,购买种苗5万株。衡阳市衡东县六万羽肉鸽养殖基地新建项目总投资83.6万元,其中财政资金35万元,自筹48.6万元,建设内容为:新建鸽舍1200平方米、新建浆砌石护坡75立方米、新建机井1口、新购水泵1台、新建路面硬化178平方米。衡阳市衡东县1200头仔猪养殖基地新建项目总投资74.64万元,其中财政资金35万元、自筹39.64万元,建设内容为:新建妊娠舍204平方米、新建保育舍238平方米,新建道路硬化133米、新建排污沟110米、新建雨水沟104米、新建母猪隔栏室、消毒室55米、新建机井1口、新购水泵1台、新建沉定池1个、水电安装3栋、产床10套、高床14套、水风机4台、消毒设备1台、固液分离系统1套、引进原种大约克母猪20头。衡阳市衡东县2000吨稻谷储存保鲜库新建项目总投资86.52万元,其中财政资金35万元、自筹51.52万元,建设内容为新建散粮仓850平方米、新建烘干机库房200平方米、通风系统1套、密封系统16套、水分检测器3套。衡阳市衡东县500亩油茶种植基地新建项目(项目建设单位:衡东县高塘洲先油茶种植专业合作社)总投资72.8万元,其中财政资金35万元,自筹37.8万元,建设内容为:机械清理林地、土地平整500亩、挖机打坑、栽种500亩、新建机耕道800米、新建水沟2000米、购置种苗5万株。衡阳市衡东县2000吨油茶籽储藏保鲜库新建项目总投资159.67万元,其中财政资金70万元、自筹89.67万元,建设内容为:新建仓库1200平方米、晒坪硬化1020平方米、林地清理,挖机整平2460平方米、通风系统1套、密封设备1套、温控系统1套、烘干设备1台。

【世行项目】 衡东县2016年度世界银行贷款可持续发展农业项目实施地点是衡东县三樟镇。规划建设高标准农田面积2.25万亩,总投资452.12万元,财政资金388.87万元[中央财政资金(世行贷款)240.15万元、地方财政资(省级)148.72万元,自筹资金(其中投工投劳折资)63.25万元]。主要建设任务,1机构能力建设:采购稻谷烘干机1台,组合米机1台,冷藏设备2套,农业措施——采购苗木19530株。开展黄贡椒栽培技术、种植技术及用水户协会会员培训、油菜全程机械化高产栽培技术推广(三樟镇)0.25万亩,三樟黄贡椒水肥药一体化高产效栽培技术0.2万亩,项目建成后新增农田林网防护面积0.02万亩,提高农业竞争力(绿色/无公害基地面积0.18万亩、新技术示范面积0.75万亩)、新增油料7万公斤,受益农户数量3710户,受益人口数量1.4万人,农民纯收入增加总额28.19万元。衡东县2017年度世界银行贷款可持续发展农业项目涉及衡东县石湾镇风景村、甲枣村(现在甲枣村由甲枣、双风、枣山3个村合并而来),地域面积大,规划建设高标准农田面积1.68万亩,总投资1918.56万元,财政资金1784.91万元,其中中央财政资金(世行贷款)1305.69万元、地方财政资(省级)479.22万元,自筹资金(其中投工投劳折资)133.65万元。主要建设任务为:1.水利措施——新建砂石机耕路1150米,衬砌防渗渠道支渠长度5950米,衬砌防渗渠道斗农渠长度1800米整修山塘口4口,防渗渠道支渠11330米,砂石机耕道路2530米,土地平整33.96公顷,堰坝改造4座。2.农业措施——经济林苗木采购1.35万株。3.人民培训348.33人/月。项目建成后新增和改善灌溉面积1.008万亩，新增和改善除涝面积0.672万亩，新增节水灌溉面积1.44万亩（年节约水量207.6万立方米）。推进新品种示范面积0.78万亩，新技术示范面积0.01亩，年新增粮食207万公斤，油料36.9万公斤，果蔬268.9万公斤，农户受益户3696户，受益农业人口15359万人，农民年纯收入增加总额531.36万元。

【争资跑项成效显著】 2016—2017年，农开办在县委、县政府和上级主管部门的指导下，加强与上级业务主管部门的联系，及时掌握上级农业综合开发的新政策、新要求。认真开展项目申报和争资跑项工作，2018年正在申报衡阳市衡东县吴集油茶优势特色农业产业园项目，项目总投资2992万元，其中财政资金1000万元，项目通过省农开办专家评审。

【加强科技示范推广】 2016—2017年，全县农业综合开发加大科技投入力度，加强了对农民的技术培训，在高标农田、世行项目区聘请农业专家对项目区的农民进行了培训，下发培训资料，并大力推广优良品种和先进适用的农业技术，提高项目区农民种植的科技含量，让项目区率先适应现代农业的发展要求。2016年，紫光高标项目科技培训为4次、800人次，2017年世行农民培训167堂课、19634人次，同时2017年利用各级财政的农业产业化经营项目资金557.23万元实施衡阳市衡东县500亩油茶种植基地新建项目、衡阳市衡东县6万羽肉鸽养殖基地新建项目、衡阳市衡东县1200头仔猪养殖基地新建项目、衡阳市衡东县2000吨稻谷储存保鲜库新建项目、衡阳市衡东县500亩油茶种植基地新建项目、衡阳市衡东县2000吨油茶籽储藏保鲜库新建项目等一批农业产业化项目，推动农业科技进步，提高项目区和实施项目区产业化企业的科技含量和开发效益。

（廖晓萍　吴素红）

农业机械管理

【概况】 2016—2017年，县农机局按照“全程、全面、高质、高效”发展要求，实施“机械化耕作、标准化生产和品牌化建设”的发展战略，以农机化供给侧结构性改革和转型升级提质增效为主线，以粮食作物机械化提档升级、经济作物机械化突破发展为主攻方向，以全程机械化示范创建为总抓手，突出重点，壮大主体，务实创新，攻坚克难，推动农机化又好又快发展，各项工作均取得较好的成绩。

2016—2017年，连续两年荣获“全省农机工作先进单位”“全省水稻育插秧机械化技术推广先进单位”，下属县农机化技术推广总站连续两年荣获“全省农业机械化技术推广先进站”。2016年，荣获“全省农机购置补贴工作先进单位”“全省农机科教质量工作先进单位”。2017年，荣获“全省油菜生产机械化工作先进单位”、全省农机“三减量行动”先进单位，下属县农机安全监理大队获得全省农机安全监理“为民服务创先争优”示范窗口单位。

【农业机械化发展工作】 2016—2017年，全县农机化事业继续保持良好的发展势头。2017年年底，全县农机总动力达到73.3万千瓦，同比2015年，增长8.05个百分点。农业机械资源布局逐步由小型分散格局趋向于大小兼容、合理配套的科学配置格局。耕、种、收几个主要农业生产环节，农业机械已实现全方位渗透。水稻耕、种、收综合机械化水平达74.67%，同比2015年，增长4.57个百分点。机耕率98%，机收率88.7%，机插有大的突破，达到31.5%。机械化育插秧技术被越来越多的种田农户认同接受，已进入全面普及推广阶段。农机作业经营模式由过去单一的个体经营和家庭经营逐步转入农机专业合作社和农机大户与单个经营相共存的格局。农业机械化的发展，激发全县农业生产的活力，推动新农村建设的进程，为农民增收提供了可靠的物质保障。

衡东县2016—2017年农业机械拥有量情况表

表2　　单位:万亩、吨、公斤

年度	农业机械总动力(台/千瓦)	其中						
		大中小型拖拉机	收割机	插秧机	水田耕整机	谷物烘干机	植保机械	其它机械
2016	127632/698103	3991/55539	1857/76135	468/1972	26893/97842	36/446	1901/2205	92486/463964
2017	131509/733081	4278/59684	1963/80726	537/2262	27031/98344	45/558	1948/2259	95707/489248

衡东县2016—2017年农业机械作业水平情况表

表3

年　度	耕、种、收综合机械化水平	机耕面积(千公顷)	机械化收获面积(千公顷)	机插面积(千公顷)	农用飞机植保面积(千公顷)	农机运输量(万吨公里)
2016	71.11%	60.15	47.84	17.36	1.32	25321
2017	74.67%	59.51	58.71	19.34	0.37	26769

【农机购置补贴工作】　2016—2017年,国家农业机械购置补贴政策操作模式继续实行“全价购机、县级结算、直补到卡”。两年来,全县落实农业机械购置补贴资金1370万元,补贴机具2732台(套),受益农户226户。其中大中型拖拉机109台,联合收割机220台,插秧机126台,耕地机械1565台(套),其他机械712台(套)。这些农业机械的投入,有效地提升全县农业机械装备和农机作业水平,尤其是收割机、拖拉机和插秧机的投入,彻底改变水稻耕种收3个环节的生产面貌,让农民从繁重的体力劳动中解放出来,既提高生产效率,又减轻劳动程度,节约劳动成本,为农业增效,农民增收创造有利条件。同时,社会评价明显提高。在部门联合检查和省市局抽检中,群众满意度高,全县农机购置补贴操作做到公开、公正、公平,得到上级有关部门的充分肯定和农民群众的一致好评。

【现代农机专业合作组织建设】　2016—2017年,按照“注重发展质量,规范建设水平”的要求,将发展现代农机专业合作组织摆在农机化工作的突出位置,思想上高度重视,工作上重点倾斜,资金上专项安排。两年间,新创全国农机合作社示范社1家,省级现代农机合作社15家,入社社员81人,拥有各类机械270余台(套),资金总额达1800余万元。这些现代农机专业合作社在农机作业上实现耕、种、收一条龙服务,在加速土地流转、跨区作业、促进双季稻生产和农民增收致富等方面做出积极的作用。

【农机安全生产工作】　认真落实省市相关会议文件要求,牢固树立“红线”意识和“底线”思维,以“农机安全生产源头治理”和“安全生产大检查”为重点,以“平安农机”示范创建为平台,落实农机安全监管职责,健全农机安全监管网络,强化农机安全监管执法,创新工作方法,提升服务水平,保持全县农机安全生产形势平稳向好的局面。积极开展“变型拖拉机道路交通安全专项整治行动”“报废、灭失和长期脱检拖拉机专项清查行动”和“平安农机”示范乡镇、示范合作社建设活动。2017年,县农机安全监理大队获得全省农机安全监理“为民服务创先争优”示范窗口单位。石滩乡成功创建“平安农机”示范乡镇。在安全生产工作中注重抓好“两个结合”和严把“三关”。一是宣传教育与专项治理相结合。二是提高农机“三率”与平安创建相结合。三是严把考试关、注册登记关、检审关,严格农机登记入户。

【农机教育培训工作】　2016—2017年,县农机局以

“服务三农、兴机富民”为理念，创新工作方式，拓展培训范围，提升培训实效。一是坚持“五个结合”。即坚持农机培训与农机购置补贴、农机新技术推广、农机安全生产、农业生产实际、新型职业农民培育相结合，拓宽了培训范围。二是创新培训方式，提升培训实效。在培训方式上，变“灌输式”为“互动式”；在培训地点上，变“学校”为“基层”；在培训时间上，变“一段式”为“三段式”；在培训制度上，变“松散”为“系统”。两年来，完成新型职业农民培训、机插育秧培训、农机操作手培训、湘农线上培训、扶贫实用技术培训等3200余名。通过形式多样的培训，一方面增加农民群众的劳动技能和素质；另一方面，新机具、新技术通过他们得以快速而广泛推广，从而使农机新技术节本增效的作用不断显现，进一步激发农民生产的积极性。

【秸秆机械化还田技术示范推广演示现场会】 2016年8月29日，县农机局与衡阳市农机技术推广站在石湾镇茶石村举办全市水稻全程机械化生产暨秸秆机械化还田技术示范推广演示现场会。衡阳市下辖各县（市）农机局分管局长、农机推广站长以及衡东县农机局全体干部职工、各乡镇农机站长、农机专业合作社负责人参加会议。衡阳市农机局局长侯明星、总工程师周文及省、市农机推广站等有关领导出席会议。与会人员先后观摩水稻生产从耕、种、收、植保和秸秆还田等全程机械化作业演示和以秸秆粉碎还田机械为主的农机产品现场展示，全面了解水稻机械化育插秧、农用无人机植保、收割及秸秆粉碎还田、秸秆机械化捡拾打捆等农机化新技术、新机具。此次现场会的召开，取得较好的效果，为全县水稻秸秆机械化还田技术推广工作乃至推动全县水稻全程机械化进程起到积极作用。

【油菜生产全程机械化演示会】 2017年10月19日，县农机局在吴集镇建新村油菜机械化生产示范区举办一场精彩的油菜生产全程机械化演示会。全县各乡镇分管农业副镇长、各乡镇农机站站长、农机合作社负责人、油菜种植大户以及当地村民约200余人参加现场观摩。衡阳市农机局副局长王斌、衡东县副县长钱永明及相关部门领导出席会议。通过此次现场会的召开，促进油菜规模化种植，提高土地利用效率，增加种植户经济收入，同时也满足老百姓的实用需求。

【农机中心站改革】 2017年3月，县农机局根据县委、县政府关于简政放权和乡镇站所改革的相关规定，制订《衡东县乡镇农机站工作人员安置方案》，经报县深化改革办同意，撤销新塘镇农机中心站、杨桥镇农机中心站、大浦镇农机中心站、吴集镇农机中心站、杨林镇农机中心站、石湾镇农机中心站6个下属单位，同时，秉着以人为本、就近就地的原则，积极稳妥地将局农机中心站在编的40人全部移交到乡镇管理，乡镇农机站在编的59人由乡镇统一管理。

（赵雪坤）

农村经营服务

【概况】 2015年机构改革后，由经营管理局变更为农村经营服务中心。中心的工作紧紧围绕保供增收惠民生、改革创新添活力的目标任务，牢牢抓住现代农业建设，创新农业生产经营体制这条主线，大力推进农村集体“三资”管理机制创新，大力推进农村土地有序流转，大力推进农民专业合作社规范发展，大力推进农民负担监管长效机制健全，加快构建集约化、专业化、组织化、社会化相结合的新型农业经营体系，以维护好农民合法权益为出发点和落脚点，以落实惠农政策、治理涉农乱收费、规范一事一议项目操作为重点，进一步创新工作思路，拓宽监管领域，强化监管手段，创新监管方式，积极探索标本兼治的途径和办法，不断提高农民负担监管工作实效和水平，实现全县农村经营管理和农民负担监管工作新进步：2016年，农民合作社省级示范建设被评为省先进单位、全国农村固定观察点被评为省先进单位。2017年，全国农村固定观察点工作荣获全省先进单位、新型农业经营主体建设工作荣获全省先进单位称号，信访工作、粮食生产工作工作均荣获全县先进单位称号。

【农村土地确权登记颁证工作】 衡东县于2015年启动确权登记颁证工作,作为全省第二批整体推进县,各乡镇按照要求,压实责任,主动作为,创新推动,工作进展总体顺利。至2017年年底,17个乡镇233个行政村、23个社区、5843个村民小组、150844户承包农户,农村耕地"二调"面积67.65万亩,应确权(家庭或二轮承包)面积56.29万亩,此次确权调查实测面积55.99万亩。全县5个中标技术公司已经全部完成农村承包地确权成果第一轮和第二轮公示等外业工作。2017年8月14日,成功向省确权办递交基本任务完成报告书;2017年12月18日,向杨桥镇承包农户颁发了第一批经营权证证书,标志全县确权登记颁证工作基本完成。2018年2月8日,引入的第三方技术服务单位已经进行第一轮县级自查。2018年3月31日,实现省委、省政府要求的"三个90%",即:完成确权"二调"面积、承包农户数、农户颁证率分别达到90%以上,确权工作中矛盾问题到市赴省进京的零上访,确保全县全面完成土地确权登记颁证工作并通过省确权办和农业部的验收。

【村级财务管理工作】 一是规范农村"三资"管理。全县于2009年10月全面实行村账乡(镇)代管,目前全县17个乡镇均设立村账乡(镇)代管中心,对233个行政村和23个社区的村级财务工作进行监管,乡(镇)代管中心会计业务全部实行电算化管理,并建立健全了村级财务管理制度,开展2次村级财务大检查,对30多起村级财务上访件进行及时处理,把矛盾化解在萌芽状态,维护农村大局稳定。二是认真抓好村级财务审计。2016年8月至2017年3月,以"雁过拔毛"式腐败问题专项整治工作为契机,结合村级换届选举工作,组织各乡镇对农村集体"三资"和村级财务进行清理审计,出具审计报告256个村和居委会,张榜公开的村和居委会256个。审计的资产总额45163.52万元,审计的总收入34576.46万元,总支出36979.41万元。查处2013—2016年以来所违规违纪村数24个,退赔资金104万元,处理村干部28人。三是启动农村集体产权制度改革。按照《中共中央国务院关于稳步推进农村集体产权制度改革的意见》《中共湖南省委湖南省人民政府关于稳步推进农村集体产权制度改革的实施意见》文件要求,启动农村集体产权制度改革,通过全县的摸底,确定白莲镇白莲村、三樟镇澎陂港村2个集体资产较多、村级运行状况较好的村作为农村集体产权制度改革工作的试点村。

【农民负担监管工作】 坚持以中央、省、市有关减负惠农政策为依据,以规范农民负担监管为目标,周密部署,严格实行"谁主管、谁负责"的领导负责制和部门责任制,2017年年初,县减负办与乡镇和部门签订减负工作责任状。同时把清理整治涉农乱收费乱摊派问题作为强化农民负担监管、改进工作作风、落实"三严三实"的重要抓手和举措,加大监督检查力度,对各乡镇和县直有关单位开展涉农乱收费乱摊派清理整治活动,对各类涉农乱收费乱摊派行为深挖细查,做到发现一起,查处一起,追责一起。2017年,配合省、市减负办共排查出减负惠农政策落实不规范、不到位的问题共计3大类、14个,其中涉农收费方面2个,惠农政策落实方面5个,村级财务管理方面7个。目前所有问题都全部整改到位,整改中共清退违规收费34329元,处理责任人1人(通报批评),确保全县各项减负惠农政策落实到位。

【发展新型农业经营主体】 新型农业经营主体主要包括专业大户、家庭农场、农民合作社、农业产业化龙头企业和农业经营性服务组织,它们是在坚持以家庭承包经营为基础上,创新我国农业经营体制机制、加快构建集约化、专业化、组织化、社会化相结合的新型农业经营体系的骨干力量,是推进现代农业发展的核心和基础,是现代农业建设,保障国家粮食安全和重要农产品有效供给的重要主体。近年来,在发展和培育新型农业经营主体上,重点做了以下几项工作。

一是规范有序推动农村土地流转。2017年,全县土地流转总面积63.97万亩,其中耕地流转面积25.95万亩,全县参与流转耕地的农户8.1万户,共签订流转合同3.7万份。同时,针对日益突出的土地流转纠纷矛盾问题，采取积极措施。一是建立机构开展服务。全县建立县、乡、村三级土地流转服务机构，县农村经营服务中心设立土地流转服务中心，负责服务和指导监管全县土地流转工作。乡镇相应设立农村土地流转服务中心和农村土地承包调解委员会，村设立土地流转和承包纠纷调解员，专门为农村土地流转服务，处理土地流转和承包中的矛盾纠纷。对流转农户承包地的业主资质、资金及运行情况进行严格审查和把关。对流转农户承包地合同是否规范、合同内容是否符合法律要求、承包期限是否在政策允许范围内等情况进行指导和监管对因流转农户承地出现的纠纷，指导乡镇农经站按政策要求妥善处理，严防因土地流转纠纷导致群体事件或不稳定因素。二是开展金融服务三农试点工作。按照“政府主导、市场运作、部门配合、农户参与”的原则，启动衡东县“四中心、两公司、一协会”。开展金融服务“三农”试点工作，通过实地踏勘，中心已经为霞流镇、石湾镇、吴集镇、杨桥镇等镇农村土地承包流转农户办理农村土地流转经营权证和衡东县农村土地流转经营权抵押证书，为农村土地流转大户扩大规模提供了资金保障。三是大力培育家庭农场。衡东县于2013年开始启动家庭农场工商注册登记和农经部门申报认定工作，经过发展，全县共发展家庭农场381个，2017年共发展32家，培育示范性家庭农场2家，其中省级示范家庭农场1家，市级家庭农场1家。流转土地5.35余亩，家庭劳力1111个，常年雇工745个。共争取省农业委和省财政厅扶持家庭农场项目110个，累计申请补贴资金361万元。四是扎实推进农民合作社建设。全县在中心备案登记的农民合作社462家，其中国家示范社3家，省级示范性合作社8家，争创省级示范社的合作社6家，市级示范社9家，县级规范化合作社30家，注册商标11个，国家无公害农产品产地认证的5家。2017年，发展合作社27家，培育大型合作社3家，其中省级示范合作社1家，市级示范合作社2家。衡东农民合作社正在带动越来越多的农民从“小生产”走向“大市场”，从一家一户分散经营走向专业化，规模化经营，成为发展现代农业，促进农民增收，繁荣农村经济的重要力量。

【干部队伍建设】 2017年，针对农经队伍力量严重不足的现状，及时向县委县政府汇报，公开招考19名农经工作人员充实到乡镇，配齐配强乡镇经管队伍，对抓好当前农经工作、提升农经工作整体水平起到非常重要的作用。（陈飞泽）

移民开发工作

【主要荣誉】 2016年，分别荣获全市移民系统移民工作优秀单位和全市移民系统移民计生综治工作优秀单位称号；2017年，荣获全市移民系统政务信息工作先进单位。

【基础设施建设】 2016—2017年，在全县库区和移民安置区累计投入基础设施项目建设资金747万元，实施项目79个，完成渠道建设16千米，山塘水库建设21口，道路建设47公里，安全饮水2处等项目工程。

【产业开发扶持】 2016—2017年，不断创新移民产业开发扶持模式，在移民产业开发扶持上改“输血”为“造血”，全力建设“一库一品一特色”产业格局。累计投入移民产业开发扶持资金581万元，完成新建油茶种植面积2000余亩、水果种植面积600余亩、蔬菜种植面积1600余亩、蛋鸭养殖20多万羽、商品蛋鸡养殖40多万只、牲猪养殖5000余头等产业开发项目。

【技术技能培训】 运用“整合有效资源，共同服务移民”的理念，依托社会办学、库区龙头企业、政府职能部门等有利资源，充分征求移民群众的意愿，为移民开设新型职业农民、农村电子商务、育婴师、家用电子产品维修等就业技能培训和水稻高产培育技术、油茶种植、油菜种植、西瓜种植等实用技术培训，累计投入移民培训资金53.81万余元，完成移民培训1398人。

【开展脱贫攻坚】 为确保特困移民如期脱贫致富，

全局采取“整村推进、分步实施、精准投入”方式,对移民贫困户实行“一户一档、一户一策”,在加大对移民贫困村的基础设施建设力度的同时,组织对移民贫困户开展“献爱心、送温暖”等精准扶持活动。累计投入移民脱贫攻坚资金200多万元,移民脱贫674人,其中产业脱贫157人。

【移民避险搬迁】 一是稳妥实施移民避险解困。2017年,全县共完成158户、563人特困移民避险搬迁新居建设,投入资金660.675万元。二是大力推进大浦民主街居民房屋搬迁安置。2016—2017年,拆除旧房屋17栋,新建房屋3栋,完成排水系统建设400米、挡土墙365米、街道硬化128米等基础设施项目。（粮文杰）

洣水湿地管理

【概况】 根据《中共衡阳市委机构编制委员会办公室关于同意设立衡东洣水国家湿地公园管理处的批复》精神,于2015年11月设立衡东洣水国家湿地公园管理处,为县林业局所属正科级公益一类事业单位。2016年3月6日,衡东洣水国家湿地公园管理处正式挂牌。定编30人,设办公室、财务股、资源保护股、规划建设股、宣教旅游股5个股室,下设草市、杨林、甘溪、吴集、新塘5个湿地保护管理站。2017年4月,通过国检验收评估;12月,国家林业局正式批准成为“国家湿地公园”;退耕还林还湿新塘试点是衡阳市唯一的试点,代表衡阳接受省湘江保护委员会办公室评估验收。

【管理体系建设】 2016年3月,衡东洣水国家湿地公园管理处挂牌成立,在洣水沿线乡镇设立5个湿地保护管理站,其中杨林和新塘站建设独立站房,聘请51个村级巡护员开展日常巡护,构建湿地公园管理处、湿地保护管理站和巡护员三位一体巡护保护网。明确划定公园规划范围,在公园各个边界设立8块界碑、350个界桩。建设巡护道、游步道、停车场、码头等基础设施。2016年12月28日,出台《湖南衡东洣水国家湿地公园管理办法(试行)》,实现“一园一法”,为依法开展湿地保护管理工作提供制度保障。设置鸟类、鱼类、水质、水生植物等12个监测点,开展水资源、水质、动植物、鸟类等监测项目,完善湿地公园的基础数据信息资料,并建立电子档案,为保护公园的动植物提供科学依据。

【生态系统保护】 51名村级巡护员负责湿地公园日常巡护工作,对在公园内栖息、迁徙的鸟类进行保护;严格规范外来物种的引进、防止外来生物的入侵,在洣水杨林段开展加拿大一枝黄花的清理;联合水利执法大队、森林公安严厉惩治公园内的乱排乱放、采砂、滥捕滥猎等违法行为;2017年1月,县人民政府发出通告,取缔洣水县城段7个上沙码头;洋塘河坝下游至湘江入口段挖沙退标2600万元;在洣水杨林镇潭江口段划定5.5公里范围为鸳鸯保护区,有效保护园内动植物及水质水体的安全。

【宣教体系建设】 建立宣教中心、宣教长廊、标识系统、宣传海报、湿地课堂、媒体、互联网等组成的完备的宣教体系。建设380平方米的湿地科普宣教中心,室外科普宣教区设置了52块宣教长廊牌,竖立152块宣教标识标牌;全县中小学开设生态教育课,建立湿地书屋;在县电视台开设“清澈洣水”专题;建立衡东洣水国家湿地公园网站、洣水湿地微信公众号和LOGO标志;在湿地中国网首页开通“洣水科普大讲堂”专辑和首页导航窗口;建立“720”移动终端互动宣教系统,实现3D实景720°成像、文字图片解说互动。

【退耕还林还湿试点建设】 退耕还林还湿工作是湘江保护和治理“一号重点工程”的重要举措。从2017年5月开始,在新塘镇大培村、洣河桥村、石杨村实施湘江流域退耕还林还湿试点建设,该试点于11月通过省湘江办评估验收。试点区主要是以幸福河—杨泗港河道为主线,河道总集水面积约74平方公里,涵盖新塘镇、洣水镇和白莲镇3个乡镇大部分区域,受纳约5万村镇人口的生产生活排污和农业面源污染。试点区域退耕还林还湿总面积824.6

亩,其中退耕还湿面积684.56亩,占总面积的83.1%;退耕还林面积140.04亩,占总面积的16.9%。每年可净化新塘镇、洣水镇以及白莲镇农业面源污染和村镇生活污染的水体约2000万吨左右,生态和社会经济效益显著。　(吴　娅)

水文水资源

【概况】　衡东县水文水资源局为正科级县域水文局,管辖全县境内2个基本水文站、9个水质监测断面、1个中小流域站点、5个洪水易发区站点、12个山洪自动雨量站点、17个山洪自动水位雨量一体站点、95个山洪简易站点。所属衡东水文站为国家重要水文站,列于国家基本站网,监测项目有:水位、雨量、流量、泥沙、水质、墒情、水情预报、山洪预警、水资源调查评价、水土保持面上监测等。参加全县的洪水调度,为全县防汛抗旱提供强有力的技术支撑。有职工11人,在职7人,退休4人,在职职工中,4个本科学历,2个大专学历,1个中专学历。局长刘四林2017年度被评为衡阳市防汛抗旱先进个人。

雨情　2016年,全年降水总量1367.0毫米,降水总天数138天,最大日降水量为5月19日89.0毫米,年降水量略高于历年平均值。

2017年,全年降水总量1167.2毫米,降水总天数137天,最大日降水量为3月21日49.0毫米,年降水量略低于历年平均值。

水情　2016年,年平均水位47.88米;年最高位51.95米,出现在5月20日;年最低水位46.99米,出现在2月8日。

2017年,年平均水位47.81米;年最高位52.52米,出现在6月29日;年最低水位46.78米,出现在7月9日。

流量　2016年,年平均流量322立方米/秒,年最大流量为3740立方米/秒,出现在5月20日;年最小流量30.0立方米/秒,出现在10月15日。

2017年,年平均流量269立方米/秒,年最大流量为4130立方米/秒,出现在6月29日;年最小流量7.85立方米/秒,出现在7月10日。

泥沙　2016年,年输沙量74.0万吨,输沙模数73.4吨/平方千米,最大断面平均含沙量为0.716千克/立方米,最小断面平均含沙量为0.004千克/立方米。

2017年,年输沙量78.5万吨,输沙模数78.9吨/平方千米,最大断面平均含沙量为0.710千克/立方米,最小断面平均含沙量为0.003千克/立方米。

水质　按照省水文总局统一部署,每月定期在境内草市、渡头坪、衡东水文站、洣水河口、大浦、新塘、石湾、石湾水厂、三樟9个水质断面采样,汇总2016—2017年监测成果,县境内9个采样断面水质基本达到地表水Ⅲ类标准。

山洪预警监测　2016、2017年,在汛前、汛中、汛后对全县所有山洪预警监测站点进行检测与维护。经过现场检修、仪器更新,山洪预警站点能正常运行,对全县范围内山洪灾害预防起到积极作用。

(刘湘林)

气　象

【概况】　衡东县气象局内设综合管理办公室、防灾减灾科、下设气象台(内设国家一般气象观测站)、人工影响天气领导小组办公室、衡阳市防雷中心衡东县防雷检测所。现有在编人员9人,其中局班子成员3人,本科学历4人,大专学历4人,中技职称3人。

【气象业务与服务】　为提高测报质量和气象防灾减灾救灾服务水平,坚持以下从3个方面下功夫:一是加强学习,提高业务质量,熟练掌握各种业务流程和技术操作。二是强化工作责任心。一方面加强思想教育引导,使全局每一名同志认识到气象工作的重要性;另一方面,采取有效的奖勤罚懒的激励机制,有效杜绝迟到早退的现象,并激发职工的自觉性和主观能动性。三是不断改进气象服务方式,完善气象服务手段,拓展气象服务领域,丰富气象服务产品。狠抓重大灾害性、关键性、转折性天气过程。重点工程建设、重要活动、重大节日及汛期的气象灾害和次生灾害预警,做好防灾减灾救灾服务。利用广播电视、网站、预警短信平台、电子显示屏、"96121"声讯台、微信等手段开展多样性、针对性、及时性的气象服务。2016—2017年发布天气信息118期,决策短信服务15800余条。

汛期期间,向县委、政府、防汛办、各乡镇等相关单位报送重要天气消息,为领导科学决策提供服务保障;将气象信息第一时间传播到社会公众手中,提高人民群众的防灾避险意识。2016年4月9日、5月2日、2017年3月22日、6月5日等强降雨天气过程,通过电话、短信平台、网络向县委、县政府、防汛办、国土局、各乡镇等相关单位、社会公众发布强降水天气消息,及时收集区域自动站的雨量数据,了解各乡镇的雨情,并提醒相关单位和社会公众做好防汛和地质灾害的准备。为各部门、行业及时制定应对措施赢得宝贵的时间,最大限度地减轻人民群众的经济损失和人员伤亡。

2016年6—8月、2017年7—9月衡东出现持续高温天气,县气象局严密监视天气变化,在干燥少雨季节、清明节前后等森林火灾易发时段,积极做好火险等级预报、预警信息发布工作,多渠道多途径全方位开展森林防火气象服务保障服务。据统计,2016年县气象局发布森林火险预警信息9次,每批次220余人。

【为农气象服务】 完成气象信息员的网站入库,出台衡东县气象灾害防御规划,气象灾害应急准备认证工作和气象灾害应急预案。建立畜牧水产养殖大户、农民合作专业组织、国土局的山洪泥石流易发点信息员、林业局的防火信息员、水利局防洪责任人信息库;与农业局签订为农业气象服务合作协议,国土局、林业局、水利局的服务协议。制作衡东县地质灾害分布图。

【自动区域站】 为保障汛期自动区域站的传输质量,及时准确掌握各乡镇气象资料,气象局采取多项措施保证区域自动气象站正常运行:一是将16套区域自动站,进行全面的升级改造,把所有采集器更换为第二代采集器;二是要求业务值班人员每天每个小时查看区域站运行情况,确保第一时间发现故障站点并进行维修,同时定期组织人员对全县区域自动站进行巡检维护,对区域站仪器设备进行现场检查、清洗等工作,使仪器运行保持最佳状态,为确保汛期气象数据采集和传输正常提供切实保障。

【人工影响天气】 安全、高效完成人影各项工作。安全、高效完成人影各项工作。2017年春节、清明期间,全县干旱少雨,森林火险等级较高,防火形势严峻。对此,县气象局进行周密部署,召开人影工作会议,全体人员进入人影紧急作业状态,安排人影火箭炮车流动作业,连续奋斗在人影作业一线,发射火箭增雨弹6发,均产生有效降水。

【气象行业管理】 认真履行社会管理职责,以创新提高监管水平。加强气象防灾减灾救灾、防雷安全的安全管理和服务工作,努力减轻和避免气象灾害;开展防雷安全宣传月活动,对矿山炸药仓库、油库、液化气站防雷安全进行专项检测和检查。

(管薇薇)

工业·交通
邮电·通信

经济、科技和信息化工作

【概况】 衡东县经济科技和信息化局是根据《关于衡东县人民政府职能转变和机构改革方案的实施意见》精神,由原经济和信息化、科学技术局撤并后新组建的行政单位,属县政府工作部门。内设机构:内设10个股室,分别为:办公室、政工人事股、安全生产监督股、经济运行股、政策法规股、中小企业股、科技计划股、高新技术发展股、知识产权管理股、信息化股。下属单位:下设8个事业单位,分别为:技术信息市场管理办公室、散装水泥管理办公室、墙体材料改革办公室、科技信息中心、中小企业服务中心、电力行政执法大队、地震管理办公室、工交技校。2017年度工业经济运行考核荣获湖南省先进单位称号;2017年度“双打”工作荣获衡阳市先进单位称号。

【工业经济】 2016年,规模企业93家。工业总产值完成171.55亿元,同比增长5.6%。完成工业增加值41.69亿元,同比增长7.1%。战略性新兴产业工业总产值完成56.1亿元,同比增长-9.55%;占规模工业总产值比重的32.7%。工业固定资产投资完成75.28亿元,同比增长6.1%;其中技术改造完成38.66亿元,同比增长-10.1%。全县规模以上工业综合能源消耗总量同比下降17%。工业用电5.417亿千瓦时,同比增长10.96%。全县重点工业项目共11个,纳入市重点项目4个,其中新建5个,续建6个。全年开工建设8个。计划总投资16.97亿元,完成投资9.1亿元,占年度计划的88.35%。2017年,规模企业116家,2017年,新增规企20家。完成规模工业总产值202.6亿元,同比增长为26.07%;全县六大支柱行业中五大行业实现较大增幅,其中:机械制造行业增长40%;有色冶炼行业增长11.61%;化工医药行业增长44.06%;农产品加工行业增长62.04%;建材行业增长33.34%,轻工陶瓷行业增长-31.59%。完成工业增加值53.7亿元,增速8.4%,全市排名第四;工业固定资产投资完成80.7亿元,同比增长7.2%;其中技术改造完成40.8亿元,同比增长5.5%。工业用电5.1亿千瓦时,同比增长-5.93%。重点工业项目17个,纳入市重点工业项目4个,其中新建项目13个,续建项目4个,项目计划总投资22.19亿元,年度计划投资14.76亿元;完成投资8.79亿元。

【科技创新】 2016年,全县高新技术企业6家,其中新增2家;进入高新技术统计笼子企业30家,其中新增8家。全年高新技术增加值19.16亿元,同比增长19.58%,占GDP比重为7.3%。全年完成专利申报455件,其中发明专利185件,实用新型专利176件,外观设计专利94件。2016年,申报发明专利超额完成上级考核目标,万人有效专利拥用量按上级要求完成任务。获得授权专利129件,其中发明专利16件,实用新型专利72件,外观设计专利41件。全年累计有40件有效发明专利。万人有效发明专利拥有量为0.54件/万人。2017年,全县高新技术企业9家,其中新增3家;进入高新技术统计笼子企业41家,其中新增13家。高新技术产业产值126.08亿,高新技术产业增加值26.8亿,同期增长40%,高新技术产业增加值占GDP的9.1%。全县R&D研发经费投入5.2亿,占GDP比重达到1.8%。专利申请448件,其中发明专利申请194件,实用新型专利申请148件,外观专利申请106件。专利授权182件,其中发明专利21件,实用新型专利83件,外观专利授权量为78件。累计目前有效发明专利58件,万人有效发明专利拥有量为0.78件/万人。

【信息化建设】 2016年,牵头起草《关于衡东县全面推进"宽带中国·光网乡村"工程建设方案》。全县17个乡镇入村率达到75%以上,洣水、石湾2个乡镇100%完成光网乡村计划;全县560个村,已有480个村完成光纤到村任务,达标村162个,全县平均入村率达到86%。2017年,电信运营企业全年投入近2亿元,形成一个包括3G、4G通信网络,4G覆盖率达到96.9%。继续推进"宽带中国·光网乡村"工程建设的工作,光纤通达率完成100%,超市对县绩效考核指标25个百分点,在全市率先实现光纤通达全覆盖。全县互联网普及率达到51%左右,电信宽带用户7.22万户,其中电信公司约5.41万户,移动公司约1.5572万户,联通公司2500户,覆盖人口约35万人。

【扶持优势企业上市】 立足衡东县企业特点,对优势企业挂牌上市工作进行重点扶持,主动靠前服务。11月30日,县优势规模企业湖南机油泵股份有限公司正式在上海证券交易所挂牌上市,股票简称"湘油泵",股票代码"603319"。创造了衡东工业企业上市记录,实现衡阳市近20年来IPO上市零的突破。

【明确工业发展方向】 调整思路,多措并举,强化扶持政策的引领作用,出台《关于加强县域经济发展的决定》、《关于加快工业经济发展的决定》《衡东县科技创新奖励办法》等文件,提振全县企业发展信心,力促资本回归实体经济的热潮,推动全县优势产业进行技术改造和产品的提质升级。依托现有工业基础和资源条件,努力破解工业经济发展中的矛盾和难题,制定出台《衡东县推进新型工业化专项奖励管理办法》《衡东县〈关于印发2017年县直部门和乡镇服务于新型工业化工作目标管理考核办法〉的通知》、《衡东县科技专项资金管理办法》等文件,文件有更多的"干货"、更硬的措施,真正起到引领和促动工业发展的作用。

【生产要素保障有力】 设立工业发展基金。县委、县政府决定设立工业企业发展帮扶基金5000万元,与华融、工商、邮政银行深度合作,力求达到信贷放大10倍的目的,帮扶全县企业进行融资。落实扶持工业企业人才津贴政策,全县规上企业享受政府人才津贴38人,其中硕士研究生12人,一本院校学士26人,累计发放津贴24.87万元。

【落实各级惠企政策】 根据县委、县政府文件精神,落实2013、2014年推进新型工业化工作中5家企业技术改造、3家企业创著名商标、1家企业建省级企业技术中心、1家企业创著名商标、5家企业获得发明专利、3家企业获得省级科技进步奖等进行奖励,总计奖励21家企业98.96万元。

【政策引导】 补短板成效明显,帮助13家重点工业企业进行融资抵压,打通企业生命活力,如衡东县金平铜业、子延有色两家企业实现正常生产经营,产品市场价格回升。6月,组织召开全县推进新型工业化暨科技创新大会,对11家企业进行技改、科技创新等进行表彰,发放奖励资金130.8万元;引进、培养高层次人才,实行工业企业人才津贴政策,其中博士研究生1人,硕士研究生13人,一本院校工科学士29人,发放人才津贴30.48万元。

二轻工业

【概况】 衡东县二轻集体工业联社,服务和管理县域二轻集体工业企业。下辖集体工业、企业、公司13家,衡东县先锋瓷厂、衡阳飞雁胶鞋厂、衡阳佳利草织厂、大浦草席二厂、新塘五金二厂、衡东县轻工业供销公司、衡东县轻工工贸公司、衡东县服装厂、衡东县皮件厂、衡东县蓝天化工厂、衡东县精细化工厂、衡东县橡胶制品厂、衡东县虹宇锻造厂。

【二轻企业改制】 衡东县二轻集体工业企业曾经是县域工业的主力军,为县域经济做出重大贡献。随着经济体制的改革,在县委、县政府统一安排部署下,二轻集体工业联社对所有企业、公司进行改制,职工身份置换。2016—2017年,秉着“无情推进,有情操作,统一规划,平稳着落”的原则,采取“统一思想,提高认识;统一领导,分工负责;统一规划,摸清家底;分类实施,分步推进;一厂一策,分厂安置”的措施,加快所属企业改制步伐,至2017年年底,在县政府有关部门的大力支持下,在改制办及改制企业的共同努力下,改制企业遗留问题正在逐步解决,并达到预期目标。截止年末,通过转让政府资产,激活存量,引进增量,使一批企业的闲置资产重新发挥效益。其中县皮件厂、县锻造厂、县精细化工厂、县服装厂、县先锋瓷厂、县轻工供销公司、县五金二厂、县橡胶厂、县蓝天化工厂9家企业全面完成企业改革改制;佳利草织厂的棚户区改造工作正在进行。只有衡阳飞雁胶鞋厂、县工贸公司、大浦草席二厂的改革改制工作较为特殊,历史遗留问题复杂,现在这三企业的改革改制工作目前进展缓慢,需要拟定合适的周全的方案,在政府各部门的配合下来完成这两家企业的改革改制工作。

【棚户区建设】 衡东县佳利草织厂安置房位于衡东县交通东路579号,总用地面积20亩,可以建设安置房面积约21000平方米,总投资3000万元。佳利草织厂安置房采用“自筹与政府拨款”的模式进行开标建设。安置房5栋,可安置120户拆迁户,现在安置小区已建好,正在进行附属工程的扫尾工作。廉租房2栋,将安置175户职工,即将进行抽勾分配。

【为民办实事】 二轻企业因多年停产,职工下岗,大部分职工处于贫困状态。虽然大部分企业已完成改制,改制企业职工移交所属地社区管理,但职工总认为自己的“娘家”还属二轻联社。针对职工的现实困难状况,二轻联社从不放弃,主动为职工解决实际问题。一是动员全系统下岗职工参保,并与劳动部门协调办理参保手续,切实解决职工老有所养;二是为下岗职工办理失业保险,使职工能够享受失业保险待遇;三是为退休只享受低进低出的职工解决享受正常退休职工待遇,提高他们的养老待遇;四是为无房户职工办理廉租房补贴,申请廉租房以及安置房指标,切实解决下岗职工无房问题;五是为特困职工争取特困金,在春节前及时发放到特困职工手中,使特困职工真正享受到党和政府的关怀。

2017年,根据县委组织部要求进行脱贫攻坚活动,社深入精准扶贫联系点衡东县霞流镇新拜朝村进行脱贫攻坚工作,二轻联社成立了脱贫攻坚工作队,并专人长期驻村扶贫,驻村队员走访入户80%以上的村民及所有贫困户家庭。通过调查,在13户贫困户中,有12户低保户,有伤残户4户,全家在外打工1户,仅留老人在家1户,老年低保兜底户4户。经统计,需要重点帮扶的困难户共13户、46人,致贫的主要原因是劳动力不足,同时村民思想保守、缺乏技术和资金。通过走访调查,确定扶贫的重点对象,真正做到底数清、问题清。在走访过程中,工作队员积极宣传党的惠民政策,争取村民对精准扶贫工作的理解和支持。二轻联社主要以产业扶贫对贫困户实现脱贫致富;对没有劳动能力,年老户将进行低保兜底扶贫;对符合异地搬迁的,将进行异地搬迁扶贫;对子女读书的,将进行助学扶贫。到2017年年底,该村贫困户全部脱贫。

【二轻维稳及安全】 企业改制是个复杂的工程,尤其在职工安置方面。二轻所属企业都属特困企业,基础差,家低薄,不可能按政策十全十美安置到位,因此造成一些矛盾,积蓄一些怨言,诱发一些职工的不满情绪,很容易造成个体上访和群体上访事件的发生。二轻联社针对这些问题,积极做好每个职工的思想工作,宣传党的政策,并想方设法与各职能部门协调,为职工解决一些实际性的问题,稳定职工情绪。对2017年到二轻联社上访人员,更是做了大量的工作,派出专人对其进行管理、帮扶,做耐心细致思想教育工作,解决他们的实际困难,使他真正感受到党和组织对他的关怀,从面取消越级上访的念头。2017年以来,二轻系统职工无越级上访案例。

由于自然坏境的影响,导致二轻下属企业衡阳飞雁胶鞋厂、衡东草席二厂部分危房倒塌,存在很大的安全隐患。2017年来,联社主任、党委书记康红军同志多次召开紧急会议,对下属企业危房问题作了紧密工作安排部署。联社支部书记和联社安全维稳组的所有人员多次先后来到衡东草席二厂、衡阳飞雁胶鞋厂对危房进行勘察,及时张贴了警示牌和公告,并现场告知两厂负责人相关安全隐患,要求他们加强对危房区域的巡视,现场签订《安全责任书》。随后联社领导和厂区负责人与居住在危房中的人员进行谈话,并且与相关人员签订了协议书,要求住在危房内的人员在协议签订之日起搬出危房。

(向文武)

交通运输和旅游

【概况】 2015年12月25日,衡东县人民政府办公室下《关于印发〈衡东县交通运输和旅游局主要职责内设机构和人员编制规定〉的通知》。根据《中共衡东县委衡东县人民政府关于印发衡东县人民政府职能转变和机构改革方案的实施意见》和《中共衡东县委衡东县人民政府关于衡东县人民政府机构设置的通知》精神,设立衡东县交通运输和旅游局,为县人民政府工作部门。内设办公室、政工人事股、政策法规股、行政审批股、计划基建股、安全生产监督管理股、财务股、业务指导股8个股室。下辖县道路运输管理所、县地方海事处、县交通工程质量与安全监督所、县旅游服务中心4个副科级单位,以及县城市公共客运管理中心1个股级单位。

根据文件要求,将原县地方海事处、县港航管理所、县视频监控中心等单位合并组建县地方海事处,重新组建县旅游服务中心,于2018年1月31日正式挂牌办公。

2016年,被评为全省交通运输行政执法评议考核优秀单位。2017年,被评为全市交通运输安全工作目标管理考核先进单位。

【交通】 京广铁路贯穿县境南北,在新塘镇设有衡山火车站。截至2017年年底,全县有公路里程2741.301千米。有京港澳、衡大、衡炎、衡岳4条高速过境,长119.866千米;有国道1条,长79.975千米;有6条省道过境,长210.11千米;有县道26条,长279.386千米;乡道76条,长474.949千米;村道850条,长1687.451千米;专用道5条,长9.43千米。有客运公司5个,班线客车310辆、6501座;有货运公司4个,货运车辆1681辆、13448吨;有危货运输公司1个,危货运输车辆5辆、133.98吨;有出租车公司2个,出租车100辆;有公交公司1个,公交车辆75辆;有一级客运站1个(衡东汽车站),有农村客运站场12个,有农村客运招呼站242个;有驾驶员培训机构6个;有各类汽车维修厂家24个。境内有湘江(85千米)、洣水(75千米)、永乐江(15千米)3条通航河流,总长175千米。湘江为Ⅲ航道,最大通航能力为1000吨级船舶,有德圳、枣禾、白莲、江东4座中型水库。有船乡镇15个,有渡口码头49处,客渡船147艘。

【出台交通运输政策文件】 为做好交通扶贫工作,2017年,编制交通扶贫三年规划,制订全县33个贫困村交通年度扶贫计划,县政府办下发《衡东县农村公路窄路加宽路基工程建设奖励考核办法》。

【交通基础设施建设】 2016年,总投资37083.88万元的吴南公路完成交工验收,总投资7372.36万元、全长11.569公里的杨林至高湖公路,完成施工招标,进入征拆和施工准备阶段。总投资估算

47433.3万元、全长42.36公里的朱亭至金花公路，完成工可编制。农村公路窄路加宽完成路面铺装75公里。农村公路安保完成70公里。农村公路危桥改造完成3座。总投资2063万元的霞流公路跨铁桥项目，于10月4日正式建成通车。总投资约4400万元的草市灵山庙洣水大桥渡改桥项目完成施工招标。完成总投资129万元的60座农村客运招呼站建设。衡东港总体规划已取得了市人民政府、省水运管理局的同意批复。草市灵山庙洣水大桥渡改桥、杨林至高湖公路项目前期工作已完成并开工建设。完成农村公路建设353.992公里（其中2017年农村公路窄路加宽127.748公里；2016年农村公路窄路加宽未完成的任务113.04公里；33个省级贫困村交通扶贫项目窄路加宽54.648公里、通畅工程新建路34.271公里；面上贫困村窄路加宽与新建路24.285公里）。完成农村公路安保设施建设64公里。完成总投资102.9万元的40座农村客运招呼站建设。

【“四路一桥”PPP项目】 “四路一桥”PPP项目，即衡东县坪塘大道至S314连接线工程，衡东大桥至金花公路改建工程，衡东县经济开发区浦宁路至大浦通用机场及千吨级码头进出场道路工程，衡东县文冲西路道路建设工程，衡东县白洲渡改桥（文冲大桥）工程。“四路一桥”PPP项目估算总投资237680.10万元，该项目是衡东县域经济健康可持续发展的重大基础设施工程。根据县委、县政府要求，2017年按PPP模式依规快速推进各项前期工作，取得阶段性成果，项目录入国家财政部、湖南省财政厅PPP信息库平台，完成社会资本采购开标评标。年末，“四路一桥”PPP项目受国家财政部、湖南省政府相关政策影响，被省财政厅清理出PPP项目库，处于停滞状态。

【道路运输】 2016年，许可衡东到东烟客运班线1条车辆3台，新增货车542台，吊销危货企业1家（衡东县安捷运输有限公司）。新增驾驶员培训机构1家，教练车24台。全县行政村撤并后，建制村通班车率达到98.8%。申报2015年度燃油补贴293台、5061座，补贴585万元。2017年，组建40人的专业源头治超队伍，重点对县内红狮水泥、泰源公司、鑫砂建材、旺建建材4个货运源头企业加强监管，共查处超限超载车辆1907台次、处罚498台次。建制村通班车率达到99.5%。7月，全市道路旅客运输暨“隐患清零”工作推进会在衡东县召开，推广衡东县道路运输安全“隐患清零”工作经验。申报2016年度燃油补贴275台、4914座，补贴525.99万元。

【城市客运】 2016年，对城区公交站台牌、指示标志、公交站点名称等进行完善和补充，在河西规划公交站点。发放2015年出租车燃油补助款154万元，公交车燃油补助款83.09万元。2017年，引进省外资金2000多万元注入全县公交行业，新购60台新能源公交车投入运营。公交充电停保场占地20亩，正在填土和建设中。发放2016年出租车燃油补助款137万元，公交车燃油补助款47万元。

【海事工作】 2016年，新增货船7艘，到期换证11艘，货船年审34艘。对全县49处渡口82座码头、147艘客渡船舶实行常态化监管。2017年，完成全县管辖水域173公里内的船舶摸排和全县49处渡口、码头的安全巡查工作。检查水上运输企业16家，排查隐患10条，完成整治10条。

【质量监督】 2016年，对通村公路尾留项目16条27.487公里、60座招呼站、15座危桥改造项目和窄路加宽项目进行了质量监督及工程检测。2017年，受监项目共159个。其中11座危桥改造，新建和窄路加宽的85条农村公路（总里程262.365公里），交通安全生命防护工程60条公路共计隐患里程179.824公里，县道X129线窄路加宽1条（14.3306千米），大浦通用机场公路改建1条（3.199千米），吴南公路水毁抢修抢险工程。

【旅游综述】 2016年，全县接待游客530万人次，实现旅游综合收入35亿元；2017年，全县接待游客360.51万人次，实现旅游综合收入27.14亿元。

2016 年,衡东县荣获全市旅游发展工作先进单位二等奖;绿康生态山庄、洣江生态观光园被评为全省四星、五星级乡村旅游服务区(点);湘江南温泉开发建设项目进入 2016 全国优选旅游项目名录,衡东鸿达湘莲种植专业合作社入选国家旅游局"合作社+农户"旅游扶贫示范项目。2017 年,衡东县荣获全市旅游业发展先进单位称号;甘溪果乐园、德圳水库休闲区、草市叶子塘休闲山庄、大浦王家湾度假村创评为全省四星级乡村旅游服务区,台湾物流园农特产品展示厅创评湖南省旅游购物示范点,金华旅行社创评为三星级旅行社。

【出台旅游政策文件】 为深入贯彻落实省、市旅游发展大会精神,根据中央、省、市实施全域旅游发展战略的文件要求,县委、县政府于 2016 年 11 月出台《关于实施全域旅游发展战略加快推进"旅游活县"进程的决定》,县本级设立每年不少于 3000 万元的旅游业发展引导资金,主要用于支持旅游宣传促销、旅游专项规划编制、旅游招商引资、旅游产业项目扶持、旅游人才培训等。2017 年,出台《衡东县促进旅游经济发展实施办法》,为全县全域旅游发展提供坚实的组织保障。

【旅游项目建设】 2016 年,旭达大健康国际生态园项目稳步推进完成发改立项、规划和国土的报批,项目规划进行专家评审,启动征地拆迁工作。湘江南温泉项目已完成规划编制并进行专家评审,地勘作业基本完成。千年白莲风情园新种植湘莲 2000 亩,完成景观桥建设、白莲港规划整治,完善旅游基础设施,全年共接待游客 12 万余人次。洣江生态观光园项目投入 600 多万元建设大型极速滑草场、自由滑草场、迷宫、射箭场、烧烤场、露营区等游乐项目,国庆节对外接待游客。完成 6 座旅游厕所新建、改建任务。建设安装和更换通往县内各主要景点旅游交通指示牌 10 处。2017 年,整合荣桓水库、锡岩仙洞、金觉峰和罗帅出生地新大屋等旅游资源,创建罗荣桓故里国家 AAAAA 级旅游景区。锡岩仙洞景区投入 140 余万元,对 4.5 公里的通景公路进行全面维修,完成洞内灯光改造、锡岩山庄维修、周边环境风貌整治。千年白莲风情园投入 1500 万元,新增湘莲种植面积 1000 亩,对景区道路进行油化、亮化。洣江生态观光园投入资金 150 万元,新建成水滑道、水上游乐中心,启动生态餐厅建设。湖南盛和生态农业旅游示范园流转土地 3500 余亩、建设和绿化园区公路 15 公里,完成 1200 亩百果园建设。新塘胜任百果园完成景区牌楼、主游步道、观光亭台、标牌标识、购物点等设施建设,国庆前正式开园。北京东方园林、中信旅游、香港铜锣湾、深圳华侨城等知名企业与衡东县商谈旅游项目建设,中信旅游与县政府签订投资 46 亿元的衡东文旅新城项目框架协议,北京东方园林与衡东县 ppp 项目正在商谈中。年内,完成 18 座旅游厕所建设。

【旅游节会】 2016 年 9 月 26 日,由衡阳市旅游外侨民宗局、衡东县人民政府主办,县委宣传部、县农办、县交通运输和旅游局、高湖镇人民政府、湖南省洣江农林综合开发有限公司承办的衡东乡村生态旅游文化节暨洣江生态滑草场开园活动在洣江生态观光园开幕。2016 年国庆期间,接待游客 6 万余人次。10 月 6 日,2016 湖南·衡东乡村生态旅游文化节系列活动之"衡东味道"乡村旅游趣味运动会在杨林镇隆重举办。2017 年,县第四届"土菜文化旅游节"期间,交通运输和旅游局牵头组织"乡村旅游季"启动暨"三樟黄贡椒节""衡东乡村休闲体验游"等活动;指导举办"洣江枇杷熟了"开园仪式、甘溪果乐园葡萄采摘仪式等节会。

【旅游宣传营销】 2016 年,在《衡阳日报》上发表《做好旅游+土菜的无缝结合》文章;组织百名摄影家走进衡东,用镜头发现衡东山水之美;组织开展"发展乡村旅游"专题调研;在《衡阳日报》推出专版,推介衡东景区景点;邀请湖南电视台公共频道到衡东采访,《市井发现》专栏分 6 期播出;组织峥嵘中药饮片、三樟黄贡椒旅游产品生产企业参加 2016 国际张家界旅游商品展示周活动。2017 年,面向全国完成衡东旅游形象宣传广告语、旅游标志(LOGO)征集评选;组织开展"中国好风光——乡韵衡东"全国摄影大展采风创作活动;精心组织土菜文化旅游节会宣传，今日头条等30余家媒体对节会进行全方位报道。

【旅游规划】 2016年，对《衡东乡村旅游规划》进行评审修改并发布实施。2017年，编制完成罗荣桓故里旅游区国家AAAA升国家AAAAA级旅游景区规划。

【旅游行业管理】 2016年，协助省、市旅游局，抓好罗荣桓故居景区暗访存在问题整改。对星级宾馆、A级景区、旅行社及旅行社服务网点进行了专项检查，共查出1家非法旅行社、4个方面的安全隐患，逐一整改处理。2017年，联合乡镇、公安、质量监督等部门开展旅游市场执法检查，惩治违法违规经营及诱导、欺骗、强迫消费等行为，强制拆除锡岩仙洞景区1户群众擅自搭建的活动板房，对在景区厕所强行收费人员予以行政拘留。依照有关规定，取消金桥宾馆国家二星级旅游饭店称号。

（陈美林　文灿虹）

公路管理

【概况】 衡东县公路管理局为财政全额拨款正科级事业单位。现有干部职工247人。其中：在职职工148人，离退休职工99人。局机关43人，路政执法大队47人，公路管理站56人。内设机构：公路局机关设办公室、政工人事股、财务审计股、养护机务股、农村公路管理股、工程股、计划统计股、安全生产监督股，共8个股室，1个工会，下设衡东县公路路政执法大队（副科级）、13个公路管理站（股级）。2016年8月1日，县农村公路管理所成建制并入县公路局后，主要职责是：负责全县范围国省干线公路和农村公路的养护、建设、管理工作。管养衡东县境内的国省干线公路共计270.445公里，其中有国道79.975公里、省道146.519公里、县道43.951公里；管养国省干线公路桥梁50座计1894.45延长米，其中，国道13座计690.12延长米、省道32座计1157延长米、县道5座计47.3延长米；管养衡东县农村公路里程共计2470.856公里，其中，省道63.591公里、县道235.435公里、乡道474.949公里、专用公路9.43公里、村道1687.451公里；管养农村公路桥梁360座计6306.38延长米，其中，省道14座计484.6延长米、县道62座计1406.12延长米、乡道82座计1671.07延长米、村道202座计2744.59延长米。

2016年，被省公路局评为全省公路系统2015—2016文明建设先进单位；被衡阳市公路局评为全市公路工作目标管理先进单位一等奖、全市干线公路养护先进单位一等奖、全市路政管理工作先进单位一等奖、全市公路安全生产目标管理先进单位称号。

2017年，被衡阳市政府评为县（市区）公路工作目标管理考核红旗单位；被衡阳市公路局评为全市农村公路提质改造目标管理优秀单位、全市农村公路养护工作优秀单位、全市公路安全生产目标管理先进单位、全市农村公路安保设施建设目标管理优秀单位、全市群众性养护示范乡镇；被衡阳市治超办评为全市车辆超限超载治理工作优秀单位。

【公路养护】 2016年，根据年初制定的路况优良率指标，严格按照省局关于日常养护的要求，坚持“三同”标准：“国省干线和农村公路养护工作同步推进、日常养护和预防性养护同时加强、养护资金投入与养护管理力度同时加大”，着力抓好全县公路养护工作。累计投入公路维修、水毁抢修、养护工程资金1900万元，投入60万元购置两台全自动路面清扫车，有力保障管养公路通畅、路容整洁、行车舒适。

2017年，严格按照普通干线公路和“四好农村公路”的养护要求，对管养的431.731公里国省干线和农村公路一级养护线路，扎实开展日常养护工作。一是国省干线和农村公路养护工作同步推进。对全县的干线公路和农村公路进行全面调查摸底，完成了APP外业采集及数据完善，采集桥梁442座，其中国省干线51座，农村公路381座。分级建立数据库，有计划地实施干线公路和农村公路及公路桥梁养护和水毁重建工作。二是日常养护和预防性养护同时加强。及时完成水泥路面清灌缝、处治沥青路面坑槽沉陷和砂石路面坑槽沉陷、水泥路面板底灌乳化沥青、浆砌片石挡土墙、水沟等日常性养护作业。及时进行水毁抢修清理塌方、涵洞修复、修复损毁钢护栏、新装标志牌块标线等应急和预防性养护作业,全力保障全县公路桥梁安全畅通。三是养护资金投入与养护管理力度同时加大。全年干线公路和农村公路共投入养护资金1580万元,有力保障雨季公路水毁抢修、保畅施工和公路日常养护工作顺利开展。

【工程建设】 2016年,坚持"稳中求进"的主基调和"十三五"的总体部署,着力抓好重点民生实事工程项目,累计完成工程投资3000余万元。完成项目有:S211线石岗至杨桥段路面大修工程6.556公里;生命安全防护工程34.722公里;农村公路窄路加宽60公里;危桥改造2座;南湾街道路面改造工程1.3公里;X008线K0+000-K1+545(金堰广场至水湖村段)路面改造1.545公里。

2017年大力实施项目建设,全年共实施完成农村公路窄路加宽240.788公里。其中:完成2017年农村公路窄路加宽127.748公里(超额完成2017年120.025公里计划任务)、完成2016年农村公路窄路加宽未完成的任务113.04公里;完成农村公路生命安全防护工程64公里;完成2016年计划2017年实施的危桥改造11座;投入资金400万元,发动群众筹集资金600余万元,对破损的老路进行换板维修,更换水泥路面板35000平方米,实现改造路段全面提质的效果;另外,为打好脱贫攻坚战,按照县政府要求,组织计划统计股、工程股、养护股的全部技术力量,对全县33个省级贫困村的道路情况进行全面调查摸底,完成衡东县交通扶贫的规划编制。并结合行业扶贫工作重点,积极推进实施交通扶贫项目窄路加宽和新建通畅公路,完成交通扶贫项目建设113.204公里,其中:窄路加宽54.648公里、通畅工程新建路34.271公里,面上贫困村窄路加宽与新建路24.285公里。

【路政管理】 2016年,路政人员累计上路巡查1700余人次,里程达6.6万公里,全年共查办各类路政案件96件,其中行政处罚案件83件,赔补偿11件,行政许可案件2件,查处率和结案率均达100%。开展清理路障行动24次,拆迁公路上摆摊贩127处,清除路上堆放物960余处。

2017年,严格按照路域环境"八无"要求,采取常态巡查、加强管控、重点整治措施,大力开展路域环境整治工作,对公路两旁占路为市、违章建筑、堆物作业等现象进行重点整治。治理路边违规乱搭乱建100余起,拆除省道S314线、S315线、S211线等干线公路两旁违建厂棚27栋、广告牌30块,拆除S315线跨路龙门架1座,行政立案查处公路边违法建房83起。

【两超治理】 2016年,衡东县公路管理局作为全县治超主力军,安排53名路政员,6辆执法车,与交警、运管协同治超的16名执法人员和2辆执法车,组成69人的联合治超执法队伍。执法队伍分成4个中队,实行潭泊超限检测站24小时全天候治超、治超点"白+黑""5+2"治超,运用"固定+流动"相结合的方式,坚持"四最"标准,以高压态势大力开展路面治超。全年查处超限超载货车601辆,卸载转运货物6653.94吨、罚款104.01万元。

2017年,按照"政府主导治超、公路担当主力、交警运管协调配合"的工作格局,以固定站点24小时坚守+流动查处"方式,坚持"逢车必检、逢超必卸、逢超必罚"的原则,在全县织密治超网,积极推进科技治超不停车预检系统建设,扎实有效开展路面治超行动。全年处罚超限超载车辆776台,卸货5133.19吨,罚款249.31万元,通过长效的治理,全县货车超限超载现象基本杜绝,实现站点超限超载率有效控制在0.3%以内的目标。

【大事记】 2016年,衡东县委、县政府立足长远,创新思路,全面深化交通公路体制改革,撤销县农村公路管理所,将农村公路所的职能及人、财、物全部并入衡东县公路管理局。8月1日,衡东县公路管理局顺利完成交接仪式,同步完成内设机构及人员的调整,建立国省干线、农村公路规范养护管理机制,在全市率先实现公路养护统一管理模式,以有力的体制保障推动公路工作跨越发展。

2017 年 3 月,衡东县公路管理局实行“管养分离、事企分开”的新型公路养护模式,将公路养护全面推向市场,建立市场化公路养护竞争体系,采取定目标、定任务、定资金、定人员的方式,将管养的干线公路和农村公路日常养护分段承包给两家具有养护经验的劳务公司养护,推动公路管理部门由管理、生产型向纯管理型转变。衡东县农村公路自实施市场化竞争体系后,一线养路工出勤率、上路率大为提高,日常养护更有序,路况、路容、路貌大幅提升,公路通行能力明显提升。 (陈丹丹)

地方海事

【概况】 根据中共衡阳市委机构编制委员会办公室《关于地方海事管理职能移交县(市)有关机构编制事项的通知》、中共衡东县委衡东县人民政府《关于印发衡东县人民政府职能转变和机构改革方案的实施意见》精神,2016 年 12 月,县地方海事处、县港航管理所、县水上交通安全视频监控中心整合,正式组建县地方海事处,为县交通运输和旅游局所属副科级公益一类事业单位。衡东县地方海事处内设办公室、财务股、安全法规股、水运港政股、船舶船员股、综合计划股、执法中队、信息统计中心 8 个股室。

衡东县地方海事处主要是对衡东县辖区内通航水域实施水上交通安全监督管理。衡东县辖区内有湘江、洣水、永乐江 3 条通航河流和 4 座中型水库,通航里程 173 公里,其中湘江衡东段 87.1 公里,洣水衡东段 74.5 公里,永乐江衡东段 11.4 公里,辖区内有各类在册船舶 210 艘,14743 总吨,6201 千瓦。有 49 处渡口 84 处码头,客渡船 147 艘,5036 客位。主要工作任务是:一是宣传贯彻执行国家、省、市、县有关水路交通管理方面的法律、法规、规章和制度,负责拟定水上交通管理的规范性文件并组织实施;依据法律法规授权和县交通运输和旅游局的委托,负责全县水路交通行政执法的监督检查。二是拟定辖区内水路交通行业中长期发展规划和年度计划,经批准后组织实施;负责本行业统计信息工作。三是组织、指导、协调、监督辖区内水上交通安全和防治船舶污染水域工作;监督管理船舶所有人安全生产条件和水运企业安全管理体系;负责通航秩序和通航环境监督,划定并管理航路、禁航区、交通管制区、港外锚地和安全作业区;参与水上水下施工作业(含使用岸线)许可和监督检查,发布航行警(通)告;负责组织和指导水上搜寻救助、水上应急搜救演习及沉船沉物打捞;负责职责范围内的水上交通安全和船舶污染事故的调查处理。四是负责辖区内船舶登记、船舶进出港管理和船员的日常监督管理。五是承担港口、码头、渡口的监督管理;负责辖区内港口、码头、渡口建设、养护的监督管理工作;负责辖区内水路运输市场、港口搬运装卸市场、水路运输服务业市场的行业监督管理;参与协调水资源的综合利用;组织协调水路战备运输和防汛抢险工作。六是负责辖区内水路交通规费的征稽和管理。七是指导水路交通科技工作及新技术、新工艺和新材料的推广应用。八是承办县交通运输和旅游局交办的其他工作。

【日常管理】 2016 年,新增货船办证 7 艘,到期换证 11 艘,货船年审 34 艘。2017 年,按照上级规定在当年 4 月 30 日之前完成货运船舶年审换证工作,其中货船到期换证 11 艘,年审 34 艘。均严格按照上级要求把关,对资料不齐或不合格者一律不予办理,并及时通知原因,告知经营人补齐资料,以免影响船舶正常的营运。同时,对船舶基础台账进行更新,建立客渡船、货运船舶档案。

2016 年年初,对全县 2015 年度岛际和农村水路客运用油量进行统计申报,共上报客渡船舶 147 艘,客位 4700 个,船舶总吨 1568 吨,船舶功率 2579.11千瓦,补助用油量 1080 吨。11 月,完成水路客运燃油补助系统的船舶渡口信息录入工作,下一步将根据省水运管理局制订的具体实施方案,做好农村水路客运船舶成品油价格补助政策改革文件的宣贯,并按文件要求完成 2015 年度燃油补助金额的申报和补贴发放的工作。

2017 年,申报 2016 年度岛际和农村水路客运用油量,首先是填写农村水路客(渡)运船舶情况申报表,随后做好船舶数据资料的核查和统计工作,确保上报数据的准确,对符合申报条件的客渡船的行驶里程、客位、燃油消耗量等数据信息进行认真统计、核对,将申报资料进行归档,确保一船一档。全县2016年度申报油补船舶总数仍为147艘,由于2016年全县有49艘标渡船替换原老旧渡船,故客位和功率发生变动,客位增至4948个,总功率为2480.28千瓦,总吨为2178吨。2017年该项资金还尚未发放,现正在制订《衡东县2016年度农村水路客(渡)船柴油补贴资金分配表》,根据市海事局制订的具体发放方案进行实施,并做好后续的公示工作,以及水路客运燃油补助系统的船舶用油量和补助资金录入工作。

【基础建设】 2016年9—10月,对全县所有渡口"三牌一线"的损毁情况进行全面清查,统计渡口安全责任牌、安全警示牌、渡口守则牌和停航封渡线损毁的程度,并整理上报上级主管部门进行修复。

2017年7月,对全县16条安装3G视频监控的客渡船进行设备清查,全面启用3G视频监控,对客渡船进行全程动态监管。

全县49条标渡船在2016年年底全部配置完毕并投入运营,其替换下来的老旧渡船拆解工作于2017年全部完成。

2017年年底,按照《湖南省交通运输厅关于推动全省重点渡口气象公示牌建设的通知》要求,在全县22个重点渡口码头建设气象公示牌,用于接收当地气象部门实时气象信息,并能自动发布于公示牌上,为民众渡运出行提供参考帮助,并且政府可以在辖区内渡口气象公示牌上发布安全警示标语或其他公告,以加强渡运安全宣传,提升民众安全意识。

【安全监管】 一是春运工作。进入春运之前,执法人员对投入春运的船舶技术状况和码头等场地进行全面检查,认真排查各类安全隐患,并及时落实整改措施,确保不留隐患死角。在春运之前对所有的"四客一危"(客船、渡船、高速客船、旅游船、危险品船)船和渡口、客运站(点)进行全面的安全检查,把好"三关",即船舶技术关、船员资质关、签证关,确保参运船舶符合安全营运要求,对不合格的船舶严厉要求禁止营运。春运期间,所有工作人员都保持24小时通信畅通,在春运工作中,各监管人员对各自负责区域的春运检查信息做记录,严格按照"以客为主、安全第一、服务至上、保障有力"的总体要求,紧绷安全这根弦,严格履行监管职责,公正文明执法,确保辖区内春运期间水上交通运输安全零事故。二是汛期工作。汛期安全是水上交通安全的重中之重,是保障水上平安的关键时段。衡东县在进入汛期时,为保障水上交通安全,海事处立刻成立汛期检查小组并迅速制订行动方案,各工作人员认真负责各自辖区的安全监管工作,到各自辖区的重点渡口、客运站(点)和集市水域进行现场值班,加强对水运企业、船舶所有(经营)人、船员的汛期安全教育,督促和协助船舶所有(经营)人、船员落实好防汛安全措施。对辖区内所有客渡船和采砂船、自卸驳船及报废船舶进行全面的安全隐患大排查摸底。在防汛期间,一旦水位达到停航封渡水位线时,客渡船一律禁止航行。当洪水达到警戒水位时,除防洪抢险和救助船舶外,责令一切船舶必须停止航行。并加强与水文部门联系,随时掌握雨情汛情动态,一旦出现险情,迅速上报并及时组织人员处理,保障生命和财产的安全。三是开展"安全生产月"活动。按照上级下达的《关于开展2017年"安全生产月"活动的通知》文件精神,海事处于6月开展水上交通运输"安全生产月"活动,并结合海事处实际情况,制订活动方案,认真组织学习习近平总书记关于安全生产重要讲话精神。6月22日,在县城主要街道展开"安全宣传月"的宣传活动,向市民群众发放有关水上交通安全生产传单,面向社会集中宣传坚守红线意识深刻内涵、安全生产法律法规、安全生产常识与安全生产的职能,通过工作人员认真耐心地讲解使更多人了解水上交通安全知识,加深人民群众的水上交通安全意识。四是开展水上交通安全生产大检查行动。对全县水上交通运输行业各生产经营单位进行安全生产大检查,主要以企业自查自改和突击检查两种方式进行,重点检查企业安全管理责任落实情况、安全管理制度建立和执行情况、安全风险管控情况、隐患排查治理情况、应急管理情况,到目前为止,开展自查企业15家,排查隐患8

项，完成整治8项。海事处检查企业16家，排查隐患10项，完成整治10项。五是开展船舶摸底排查工作。2017年8月5日至9月5日，对全县水域进行摸底排查，此次摸底排查任务重、情况复杂，全县水域共173公里，其中湘江水域线85公里，涞河水域75公里，永乐江13公里，包括有证的、无证的、挖砂船、运砂船，一般货船以及没有作业的无人管理船。通过开展摸底行动统计正常作业挖砂船、运砂船271条，报废船只（包括挖砂船、运砂船）124条，并发现3个问题：①较多报废船只找不到船主，大部分无人看守，有的下沉、有的就停靠在岸边，锚地不牢固，在汛期时容易断裂，对下游的船只和设施造成安全隐患；②正常作业的挖砂船、运砂船大部分没有办理船舶证书，驾驶员没有经过培训也没有办理船员适任证书，对正常航行的过渡客渡船造成影响；③超载现象严重，且船上安全设施不齐全，有的达到报废年限没有报废，如继续正常作业容易造成安全事故。六是开展全县第三季度巡航安全大检查行动。根据市地方海事局《关于开展全市三季度巡航安全大检查的通知》的要求，海事处迅速组织开展2017年第三季度全县巡航安全大检查，深入推进“打非治违”行动，并制订工作方案，成立衡东县地方海事处三季度巡航安全检查领导小组。按照衡东县地方海事处第三季度巡航计划，分3个方向、5个标段、3处水库进行巡航，重点巡查通航环境、渡口渡船的安全设施、“三项制度”的落实情况、船舶超载情况、非法载客情况等。巡航发现很多船舶救生衣丢失或已破损，缺少256件，补齐175件，其余的救生衣正在购买中，还有灭火器共有34个失效，全部整改到位。七是开展全县客渡运安全管理大检查大整治行动。为认真吸取常德“8·11船舶碰撞事故”教训，海事处制订全县客渡运安全大检查分组行动责任片区划分表，时间从2017年8月25日至10月25日，对辖区内所有渡口、渡船、客运码头、客运船舶等进行一次全面的安全监督大检查大整治行动。主要检查渡口是否经过合法审批和渡口、客运码头、客渡运船舶责任主体单位落实安全管理责任情况、客渡运船舶是否存在超载、夜航、超航线运输、超经营范围等营运行为、客渡运船舶安全状况。

【队伍建设】 随着职能转变和机构改革的实施，海事和港航的职责职能合并，为加强海事队伍素质建设，不断增强行政执法工作的能力和水平，县海事处通过培训学习和日常自学等方式，学习相关的海事业务理论和实操知识。并积极响应省市举办的各类培训班，参加湖南省水运管理局举办的港口运输行政管理人员执法资格培训班，在培训期间学习《中华人民共和国行政处罚法》、《中华人民共和国行政许可法》、《中华人民共和国行政强制法》、港口运输专业法律和法规以及执法文书的制作。还组织参加内河小型船舶营运检验基础知识培训班、海事安全监督管理业务培训班、全省海事系统海事行政执法资格培训班，学习船舶检验知识、海事业务知识、执法工作内容。（向丁雅）

电　　力

【概况】 2017年10月30日，国网湖南省电力公司衡东县供电分公司变更为国网湖南省电力有限公司衡东县供电分公司。

国网湖南省电力有限公司衡东县供电分公司设置6个部室（综合管理部、发展建设部、调度控制中心、运维检修部、营销部、安全监察质量部），8个班组（变电运维班、变电检修班、输电运检班、配电运检班、营业班、计量班、用电检查班、仓储班）、6个中心供电营业所（吴集供电所、大浦供电所、新塘供电所、石湾供电所、杨林供电所、杨桥供电所）。

公司供电区域内，以220千伏栗木变为中心，有110千伏变电站4座，35千伏变电站9座；公司管辖5条110千伏线路共88.2千米；17条35千伏线路共223.4千米；70条10千伏公配线路共2372.4千米；共有配电变压器2599台（城网专变155台，公变291台；农网专变528台，公变1625台）。县域内有小水电站4座，装机容量32.8兆瓦。公司管辖用户数22.61万户。

2016年，完成售电量6.73亿千瓦时，实现主营业务收入4.76亿元，上缴税收1605.9万元。全网日最大负荷16.1万千瓦。

2017年,完成售电量6.52亿千瓦时,实现主营业务收入3.79亿元。全网日最大负荷16.1万千瓦。全网日最大负荷16.097万千瓦。

【电网建设】 2016—2017年衡东县35—110千伏主网建设投资合计3297.73万元。2016年,完成新建35千伏白莲变电站;2017年,完成110千伏堰湾变电站、35千伏家坪变电站和丫塘变电站扩建工程。

新建、改造10千伏线路16条,8个县城台区,57个行政村(合并前),其中全面完成省级贫困村33个(合并前)。改造后的贫困村和中心村户均容量在1.46—2.7千瓦之间,供电半径在0.44—0.89千米之间。完成全县低压集抄改造工程,实现集抄全覆盖。

【优质服务】 培训以"以客户为中心"的服务导向,坚持人民电业为人民的服务宗旨,以营销现代化建设为契机,对营销机构、岗位、职责全面进行优化,抄表、集抄监控等业务实行集约化管理。加强业务培训、严格工作考核,建设一支工作及时、高效闭环的营销队伍。建立开放互动的客户服务体系,建立台区经理制,开通多种缴费方式,为客户提供多样化、个性化服务。

【主要荣誉】

2016年度国网湖南省电力公司安全生产先进集体

2016年度国网湖南省电力公司衡阳供电分公司先进集体

2017年度国网湖南省电力有限公司企业文化建设工作先进集体

2017年度国网湖南省电力有限公司生产管理先进集体

2017年度国网湖南省电力有限公司营销服务先进集体

2017年度国网湖南省电力有限公司衡阳供电分公司先进集体

2017年度国网湖南省电力有限公司衡阳供电分公司四好班子

2017年度被评为国网湖南省电力公司衡阳供电分公司安全生产先进集体

邮　　政

【概况】 中国邮政集团公司湖南省衡东县分公司于2017年6月进行经营组织架构改革后,县公司下设2个机关部室(综合办公室、市场经营部),5个专业部门(金融业务部、包裹快递部、渠道平台部、文化传媒部),13个农村支局、3个直管所,担负全县24个乡镇的邮政通信服务工作。

衡东邮政分公司网络体系畅通、业务体系完备、管理体系严密、企业文化与时俱进,以此为基础,衡东邮政事业实现了快速发展。2016年,被市公司授予"创新发展年先进单位"称号;全省代理金融跨年度竞赛中,被市公司授予"特别贡献奖";石湾支局荣获省公司"百强"支局称号;霞流、珍珠支局荣获省公司"百优"支局称号。2017年,被市公司授予"绩效考评先进单位"称号;兴衡东路所、大浦迎宾所荣获省公司"百强"支局称号;大浦支局荣获省公司"百佳"支局称号。

【企业体系】 畅通的网络体系。衡东邮政运用现代信息技术,建立覆盖所有服务网点的邮政综合信息网、邮政金融信息网以及各类业务信息网;依托中国邮政邮乐网、邮掌柜、邮乐小店、邮三湘等线上平台,构建线上线下相结合的邮政服务体系,形成邮政"物流、信息流、资金流、商流"四流合一的优势。

完备的业务体系。依托畅通的网络体系,衡东邮政可为社会大众提供信件寄递、包裹寄递、报刊发行、集邮、汇兑等传统邮政业务,代办电信、代购火车票和机票、代收水电通信费等便民业务,邮政储蓄、金融信贷、代发工资与养老金、代理保险与证券等金融业务,文化传媒、农村电商、现代快递等增值服务业务,服务范围已经延伸到经济社会的各个领域,触及到人们生活的各个方面,成为一个全社会共享、共用的"公众服务平台"。

严密的管理体系。一是人力资源不断优化，转聘工作稳妥推进。二是规范经营，专业管控能力有效提升。三是精细管理，财务管控体系实现创新。四是加强预防，安全管理水平全面提升。五通信质量管理不断加强。狠抓通信服务质量工作，建立健全责任追究制，建立监督体系，实行齐抓共管，做到检查频次、深度、覆盖面的三到位，确保各项服务质量稳步提高，提升企业现代化管理水平，保障企业发展、生产、管理有序高效。

与时俱进的文化体系。具有百年悠久历史的中国邮政，树立“情系万家 信达天下”的企业使命、“建设世界一流邮政企业”的企业愿景、“用户至上 员工为本”的核心价值观、“创新 协同 诚信 担当”的企业精神、“人民邮政为人民”的服务宗旨等企业文化核心理念，构建新时代下的中国邮政企业文化体系。以此为引领，衡东邮政积极倡导“挑战自我、敢于拼搏、上下同欲、追求卓越”的精神和“知行合一、追求卓越”的执行力，在融入地方经济、服务地方经济中加快发展、建设幸福衡东邮政。履行国企担当，践行“精准扶贫”，大力发展农村电商助推农产品进城；积极参与公益活动，以实际行动关爱留守儿童、关心贫困村组，彰显邮政品牌形象。

【业务发展】 2016年，全公司实现业务收入5126.69万元，完成计划103.57%，超产176.69万元，同比增幅18.74%，收入和增幅均排全市第三。2017年，公司认真贯彻落实省、市公司工作布署，紧紧围绕集团公司“一体两翼”经营发展战略和省公司构建“幸福湖南邮政”目标，以推进“五个新衡邮”建设为重点，坚持改革创新，加快转型升级，各项工作取得新成效，全司累计完成业务收入6298万元，完成年计划106.07%，超进度360万元，同比增幅22.85%，进度、增幅均排名全市第一。（谭奥琪）

电信公司

【概况】 中国电信股份有限公司衡东分公司下设二部一室，即：综合办公室、销售服务部、网络部；另设农村支局12个：新塘支局、大浦支局、石湾支局、杨林支局、杨桥支局、吴集支局、霞流支局、石滩支局、白莲支局、大桥支局、甘溪支局、草市支局。在册正式员工59人。

【通信能力】 2016年，投资主要转向转型业务和“光进铜退”及4G网络的建设、光缆入村全面推进。城区宽带提速和光纤入户建设拉开帷幕，接入网向农村2千米，城区500米的目标挺进，4G网络全面覆盖城区、乡镇和主要干道。全县固定电话装机容量4.5万门，宽带出口带宽20G，宽带装机容量10万线。CDMA移动通信放号能力达6.5万线。2017年，投资主要转向转型业务和“光进铜退”及4G网络的建设、光缆入村全面推进。城区宽带提速和光纤入户建设拉开帷幕，接入网向农村2千米，城区500米的目标挺进，4G网络全面覆盖城区、乡镇和主要干道。全县固定电话装机容量6.5万门，宽带出口带宽20G，宽带装机容量9万线。CDMA移动通信放号能力达6万线。

【工程建设】 2016年，CDMA基站的建设全年完成26个，新建4G基站109个乡镇覆盖率100%。光网示范村建设全年完成142个村，架设光缆线路1300皮长公里。城区商业楼宇、各个小区光纤到达率分别达到100%。2017年，新建4G基站32个，开通光网行政村68个，新建光纤宽带端口9400个，村委会所在地固网宽带覆盖率达100%。

【业务完成情况】 2016年，收入指标全面完成完成年度计划的104%。全年发展宽带完成年度计划的114%。全年发展移动用户完成年度计划的110%。2017年，收入指标全面完成完成年度计划的102.69%。全年发展宽带完成年度计划的147.55%。全年发展移动用户完成年度计划的119.83%。（许鹤平）

移动公司

【概况】 中国移动通信集团湖南有限公司衡阳市衡东县分公司(以下简称县分公司),是中国移动通信集团湖南有限公司在衡东县设立的独资经营分支机构(港资),上级主管单位为中国移动通信集团湖南有限公司衡阳分公司。县分公司设有“三部”(综合部、市场经营部、网络部)、“三心”(政企中心、渠道中心、客户服务中心)、“两厅”(东街中心营业厅、北街中心营业厅)。县分公司有在职员工65人,其中,合同制员工57人,劳务派遣制员工8人;员工平均年龄约35岁;本科及以上学历37人,大专学历26人。

2016—2017年,衡东县移动公司在县委、县政府的领导下以及省、市公司各级部门的大力支持和帮助下,县分公司上下不遗余力,本着加快移动通信建设步伐,增强移动通信能力,服务民生的目标,始终坚持追求客户满意服务的宗旨,积极转变思想观念,大力加强企业文化建设,努力提升企业生产经营,积极促进企业与社会和谐发展。2016年,上缴地方财政税收355万元; 2017年,上缴地方财政税收182万元(税率降低原因,税收相较减少)。衡东县移动公司被县人民政府授予“纳税大户”的荣誉称号。2017年,衡东县移动公司在湖南移动全省职工之(小)家建设“建管用”评选中排名全省前三;被评选为衡阳移动2017年先进部门工会。

【通信能力】 建设值得信赖的网络、保障客户权益、营造健康通信环境是中国移动最为基本的责任。衡东县移动公司自成立以来,一直坚持“网络质量是通信企业的生命线”理念,积极致力于移动通信网络建设,全面支撑客户需求和市场发展,确保客户的网络满意度持续改善。近年来,通过网络建设维护人员的不懈努力,县分公司全面完成各项建设任务。县内交通干线信号做到无缝联接,城乡均实现网络信号覆盖。

2016年,新建4G基站总计78个,移动基站数累计355个,当年累计完成固定资产投资6000多万。2017年,新建4G基站总计128个,移动基站数累计483个,宽带交维端口数累计52561个,当年累计完成固定资产投资8000多万。

【业务发展】 为满足客户多元化通信需求,衡东县移动公司加快业务转型,积极开拓业务,持续扩大分公司网络领先优势、资源规模优势及人员素质优势,努力完成上级下达各项指标。

2016年,县分公司年均完成运营收入达1.01亿元,移动用户累计达21万户,宽带用户数9027户;营业网点遍布城乡,有130家一级代办网点。2017年,县分公司年均完成运营收入达1.3亿元,移动用户累计达22万户,宽带用户数16834户;营业网点遍布城乡,深入农村末梢,已有138家一级代办网点,建立宽带授权点85家。

【窗口服务】 衡东县移动公司始终坚持以客户满意度为主导,在提升服务水平上下功夫,力求把服务标准做“高”、做“优”。

2016年,县分公司大力开展“10分”满意活动,努力做到硬件、软件双提升。在营业厅内提供电视、饮水机、报刊读物、药品、老花镜等公用设施,人性化的服务拉近了与客户的距离,大大提升了营业厅形象;一线营业人员做到热心关注每一个用户,耐心为客户答疑解惑,用心受理每一笔业务,努力追求客户“10”分满意。2016年,县分公司客户满意度指标排名全市第一,并在全区经验发言;2017年,分公司NPS领先和满意度指标持续保持领先。

【队伍建设】 为提升员工队伍的综合素质和技能水平,营造比、学、赶、帮、超的学习型文化氛围,公司组织开展了一系列培训、学习教育活动等。每季、每月依托手机客户端“10086”直播间、“微信课堂”和“现场面对面教学”“师徒结对传帮带”等教学方式,充分调动了员工学习、工作积极性,形成了创先争优的共识和良好氛围,团队合力和集体荣誉感明显增强,逐步成长为一支敢打硬仗、能打硬仗、能打胜仗的优秀团队。2016—2017年,衡东县移动公司多次在市公司组织的各项业务竞赛比武中取得优异成绩。

县分公司人才队伍不断充实扩大。2016 年,新进大学生 3 人(含二名硕士研究生); 同年,公司内有 24 名劳务派遣制员工通过湖南移动内部定向招聘考试,在职合同制员工达 56 人。2017 年,新进大学生 1 人; 同年,公司严格按照上级要求组织开展乡镇营业部竞聘、部门员工双选工作,进一步规范和明确了各部门员工岗位职责,不断加强员工队伍建设。

【企业文化建设】 衡东县移动公司坚持以“正德厚生,臻于至善”作为企业核心价值观,把“创无限通信世界,做信息社会栋梁”为已任,努力“成为卓越品质的创造者”。

2016 年,积极开展企业文化教育、文明创建活动、“暖心工程建设”等。其中,县分公司积极克服场地有限困难,将员工办公室整体搬迁至北街综合楼。腾出东街办公场地用于改造建设“移动职工之家”,建设中添置乒乓球台、桌球台、跑步机等健身器材设施,以丰富员工业余生活,陶冶员工情操。

2017 年,县分公司积极组织开展市公司组织的“走听转”活动、“暖心工程建设”活动、庆“三八”员工户外登山活动、“幸福 1 +1 系列活动”、员工慰问(节日慰问、困难慰问、生日慰问、生病慰问等);积极组织开展“3·15”消费者权益保护日义务咨询、高考送温暖、为土菜文化节等县内大型活动应急通信保驾护航、爱心献血等公益活动;持续开展“两学一做”学习教育,认真抓好党风廉政建设,深入开展中共十九大精神学习教育。各项活动的开展,有效增强员工的归属感与责任感,提高公司凝聚力和向心力。

(丁丽华)

联通公司

【概况】 中国联合通信有限公司衡东县分公司隶属中国联合网络通信有限公司衡阳市分公司,下设 1 个杨桥乡镇基层单元,3 个营销部,营业网点 100 余个,遍及衡东县各个乡镇,提供全业务的通信信息服务,包括固定电话、宽带接入、2G 移动通信、3G 移动通信、4G 移动通信、数据传输、互联网等多种电信业务、以及与上述业务相关的视频监控、系统集成、信息咨询等多种服务。2017 年,面对全新的竞争格局及经营模式转型的整体推进,衡东联通全体干部员工在渠道建设、队伍建设、网络建设及文化建设等方面都取得成绩,公司各项业务实现有效发展。

【网络质量更为完善】 2017 年,集团公司实施成本压降的巨大压力下,衡东联通全体克服困难,持续稳定增长,实现全年创收 4000 多万元,全年用户新增 4 万余户。固网持续推进光网村建设及城区深度覆盖,相应国家号召,降费提速,实现 8M—20M 到 50M—100M 的大飞跃。同时,2017 年,衡东联通新建 80 余个 4G 基站,在县城与乡镇重要位置做到 4G 信号全方面覆盖,全县覆盖率达 96%. 网络质量重回第一,为衡东信息化发展做出了重大贡献。

【客服服务持续提升】 2017 年,重点推进落实转型、分级服务,通过改进服务短板,降低投诉,基本实现客户回复率达到 100%,客户对通信业务投诉处理情况的满意率达到 100% 的工作目标。围绕“追求客户满意服务”的经营宗旨,长期坚持集中学习,交流经验,学习新知识、新业务和企业文化;积极组织员工参加专题培训;鼓励员工通过多种渠道提升自己的学历和能力;同时坚持每月一次业务考核,员工的业务素质在不断的“练兵”中得到全面提升。运用多种形式,开展业务知识竞赛、服务讨论、互学评优、与客户联谊等丰富多彩、健康向上的文化体育活动,寓教育于活动之中,用健康、活泼、向上的活动牢牢占领员工的思想文化阵地,员工风貌积极向上。

【全力打造高绩效团队】 在队伍建设方面,坚持以员工成长为魄,重点落实推进员工“职位体系、激励体系、晋升体系、培训体系”四个体系的建设工作,强化各级管理团队和员工队伍建设。一是围绕“员工成长”和“提高人均效能”的核心目标,做好员工职业生涯发展规划和人员结构性优化配置,尽快建设一支适应新形势、新环境的员工队伍,提高工作效能;打造学习型组织,设立学习基金、成立读书会,营造良好的学习氛围,把员工学习制度化、体系化,让员工在学习中成长。二是在管理干部队伍建设方面,树立起“有为才有位,有位必有为”的意识,一切靠业绩说话,靠发展赢得尊重和地位。要求干部员工必须具备敢于担当的责任意识,追求卓越的精神,敢于自我批评的勇气,实事求是的态度和敢担当的责任。

2018 年,衡东联通将应发展之需崛起壮大衡东联通,牢牢把住市场脉搏,始终扭住发展通信业务和加强网络建设两大重点,不断促使企业发展壮大,再攀高峰。

财政·税务·商贸

财　　政

【概况】 衡东县财政局内设办公室、综合规划股、税政法规股、政工人事股、预算股、行政政法股、教科文股、经济建设股、农业股、社会保障股、企业股、对外经济贸易股、国库股、金融与债务股、会计股、信息网络管理股、绩效管理股、乡镇财政管理股、政府采购股、财政监督检查股等20个股室以及非税资金服务中心、乡镇财政服务中心、国库集中支付中心、农村综合改革办公室、投资评审办公室5个副科级二级事业单位和工资统发中心、衡东县政府和社会资本合作(PPP)中心、中华会计函授站3个股级事业单位。下辖17个乡镇财政所、衡东经济开发区财政分局和县中等财会职业学校。

2016—2017年，县财政局以培植壮大财源、促进财政收入平稳较快增长作为中心任务，以打造"学习型、服务型、创新型、廉洁型、阳光型"财政为工作目标，着力优化支出结构、优先保障和改善民生、不断深化财政改革、大力加强队伍建设，财政各项工作齐头并进，为全县经济社会发展提供坚实的财力保障，得到上级的充分肯定。2016年，荣获"全省财政投资评审工作先进单位称号""全省市县财政部门预算绩效管理工作考核优秀单位称号""全省市县财政管理绩效综合评价实施透明预算单项奖"、"全省市县预算执行分析工作先进单位"。2017年，荣获"全省非税收入征收管理工作先进单位称号""全省财政监督检查工作先进单位称号""全省预算绩效管理工作先进单位"称号"全省财政综合工作考核先进单位"称号"全省市县财政管理绩效综合评价规范预算编制引导奖""全省财政社会保障综合工作综合考核先进单位"称号"全省财政金融与债务管理工作先进单位"称号"全省财政税政法制工作绩效评价奖""全省市县预算执行分析和财政决算工作先进单位"称号"全市乡镇财政财务管理绩效考评先进单位"称号"全市预算执行分析工作先进单位"称号"全市部门预算工作先进单位"称号。

衡东县2016—2017年财政收支情况表

单位：万元

年　份	公共财政收入	增　量	增幅%	公共财政支出	增　量	增幅%
2016年	132470	8091	6.5	350152	37767	12.09
2017年	127639	－4827	－3.64	354354	4202	1.2

【财税征管】 坚持以财源建设为要务，狠抓收入征管。2016年，全县一般公共预算收入完成132470万元，比2015年增收8091万元，增长6.5%。2017年，全县一般公共预算收入完成127639万元，占年度调整任务的100.03%，收入结构进一步优化，税占比为66.9%，比2016年提高9.7个百分点。一是明确目标抓落实。落实收入目标管理责任制，明确国税、地税、财政全年的工作目标和任务。二是强

化措施抓征管。建立国、地、财、库综合治税机制,完善财税联席会议制度,积极研究增收补欠措施,形成征管合力;加强收入调度管理,实行周调度、月分析、季落实的财税工作任务责任机制,全面落实综合治税考核办法。三是源头控制抓非税。规范非税收入管理,加强监督检查及重点收入来源监测,严格落实以票管收、源头控收,保障非税收入依法依规及时、足额征收。

【经济发展】 充分发挥财政资金杠杆作用,积极促进县域经济发展。一是切实帮扶实体经济。2016年,全县安排企业发展资金1亿元,兑现县招商引资各项优惠政策,其中5000万元用于华融湘江银行抵押担保,成功撬动1.5亿资金投入企业,支持13家中小企业生产发展。落实结构性减税和普遍性降费政策,为企业减轻负担4600多万元。2017年,出台一系列财政优惠政策,安排企业发展资金1亿元,支持企业技术改造和科技成果转化及应用,推动产业转型升级。认真落实结构性减税和普遍性降费政策,全年取消、停征、降低76项收费,为企业减轻负担4800多万元。二是积极向上争取资金。2016年,争取上级转移支付资金和财政补助收入23.35亿元,比2015年增加2.24亿元,增长10.8%,为加快衡东发展提供有利支撑。2017年,争取上级转移支付资金23亿元,争取调度资金26.6亿元,比上年增加3.3亿元,确保了全县工资发放、机关运转、改革发展以及民生项目的需求。三是重点支持基础设施建设。2016年,安排资金1.06亿元,支持S211线、X008线、吴南公路、杨山公园、北街提质改造等重点工程建设,改善基础设施,带动相关产业发展。2017年,安排资金1.18亿元,改善基础设施,推进城镇美化亮化工程,支持衡东大道,兴衡大道、武家山路、双园大道建设和东风路等背街小巷提质改造,加快推进河西体育馆、中医院搬迁、杨山实验中学等项目建设。四是突出支持旅游业发展。2016年,大力实施全域旅游战略,主动融入大南岳旅游经济圈,加快推进罗荣桓故居国家AAAA级旅游景区复检和国家AAAAA级旅游景区创建,以旅游业为龙头带动城镇建设、土菜产业、商贸物流等第三产业提速发展。2017年,安排旅游发展引导资金3000万元,重点支持“罗帅故居”旅游综合开发、武家山公园、杨山公园建设,成功举办“衡东县第四届土菜文化旅游节”,营造良好的旅游环境,加快培育旅游支柱产业,使之成为新的财源增长点。

【民生保障】 在“保工资、保运转、保稳定”的基础上,财政支出重点向“三农”、教育、医疗卫生、住房保障等民生领域倾斜。2016年,全县民生支出26.98亿元,占总支出的77.1%。2017年,全县民生支出28.26亿元,占财政总支出的79.98%,民生保障能力持续增强。一是加大“三农”投入力度。2016年,全县“三农”支出5.96亿元,用于惠农补贴、水利、农业保险等,其中发放惠农资金57项,惠农资金2.55亿元。2017年,全县“三农”支出6.3亿元,用于惠农补贴、水利、农业保险等,其中发放惠农资金55项,惠农资金2.6亿元。二是支持教育优先发展。2016年,全县教育支出6.8亿元。其中拨付教师工资福利3.82亿元,拨付学校建设和学校改造重点项目工程资金7047万元。2017年,全县教育支出7.35亿元,增长8.1%。其中拨付教师工资福利4.30亿元,拨付学校建设和学校改造重点项目工程资金8132万元。三是完善社会保障体系。2016年,全县社会保障支出4.6亿元。其中拨付就业扶持资金2074万元、城乡居民低保金5518万元、五保户补助金3082万元、残疾人补助金878万元。2017年,积极落实社保提标扩面政策,社会保障和就业支出6.18亿元,增长34.2%。其中拨付就业扶持资金2342万元、城乡居民低保金4113万元、农村特困人员救助金2189万元、残疾人补助金888万元、自然灾害救济金917万元。四是深化医疗卫生改革。2016年,全县医疗卫生支出4.26亿元。城乡居民医保人均补助标准由380元提高到420元,基本公共卫生服务人均补助标准由40元提高到45元;拨付基本公共卫生服务补贴2889万元。2017年,进一步完善基本医疗保障制度,推进公共卫生服务项目,医疗卫生与计划生育支出4.24亿元。城乡居民医保人均补助标准由420元提高到450元,基本公共卫生服务人均补助标准由45元提高到50元;拨付基本公共卫生服务补贴3293万元、城乡居民医保金26500万元、基层卫生机构和县级公立医院基药改革补助金5120万元。五是加快保障性住房建设。2016年全年拨付保障性安居工程建设资金1.03亿元,完成2195套保障性安居房开工建设;拨付农村危房改造资金858万元,完成农村危房改造1000户。2017年,安排住房保障资金5601万元;拨付农村危房改造资金933万元,完成农村危房改造331户。六是坚决打赢脱贫攻坚战。2016年,集中财力打赢扶贫攻坚战,统筹资金4855万元,落实国家精准扶贫政策,建设易地扶贫搬迁房451套。2017年,累计投入扶贫资金7000多万元,完成易地扶贫搬迁27户,危房改造331户,33个省级贫困村"三化"创建工作全部达标,实现5548个贫困人口脱贫、20个省级贫困村退出。

【财政改革】 大力推进改革创新,增强体制机制活力。一是稳步推进预算改革。全面推行零基预算,贯彻落实《中华人民共和国预算法》关于各部门要按照功能分类和经济分类编制预算的规定,改进预算编制方法,全面启动支出经济分类科目改革工作。全面推行政府预决算、部门预(决)算公开和部门决算核查批复工作。2016年和2017年,全县所有部门预算单位的财政预(决)算及"三公"经费均在衡东县政府门户网站公开,提高了预算管理透明度。二是积极推进国库集中支付改革。进一步落实"横向到边,纵向到底"的改革目标,对财政性资金实现全覆盖,工程建设、物资采购等大额资金全部纳入直接支付范围,直接支付比例达90%;全县128个县直行政事业预算单位以及17个乡镇一次性全部推行国库集中支付改革;全县123家单位全面推行公务员结算制度改革。三是深入推进财税体制改革。全面推开"营改增",将范围扩大到建筑业、房地产业、金融业、生活服务性行业,并将企业新增不动产所含增值税税率纳入抵扣范围,进一步降低企业税收成本,确保各行业税负只减不增。四是大力推进投融资改革。进一步拓展政府投融资渠道,创新政府投融资模式,积极推进PPP项目发展。2016年,正式成立PPP办公室,制定出台《衡东县政府和社会资本合作项目财政管理暂行办法》,建立PPP项目库。

【财政管理】 构建财政大监督体系,进一步提升科学化、精细化管理水平。一是全面实施资金绩效管理。将绩效目标申报正式纳入预算编报系统中,真正做到绩效目标申报与预算编制同步进行。2016年,组织交通、环卫、教育、农业和民政等13个项目单位14个项目进行绩效目标申报,申报金额1.1亿元;对民政局、住建局、环保局5个项目进行重点绩效评价,评价金额1.18亿元;对8个单位安排绩效自评,自评金额1.23亿元。2017年,组织23家一级预算单位对年初预算资金安排50万元以上的49个项目进行绩效目标申报,申报金额3.24亿元;对14个项目进行重点绩效评价,评价金额4.98亿元。评价结果将作为以后年度部门预算安排的重点依据,对资金使用效益不高的项目,将予以调减或取消。二是强化政府采购和投资评审力度。进一步完善政府采购制度,不断扩大采购规模和范围,继续在行政事业单位推进编制政府采购预算。2016年,完成政府采购合同金额累计1.69亿元,节约资金1607万元,节约率9.5%。2017年,全县完成政府采购合同金额累计1.25亿元,节约资金1198万元,节约率为9.6%。进一步加大政府性投资项目评审工作力度,发挥财政源头控制作用。2016年,共审查投资项目429个,送审资金14.54亿元,审定资金11.26亿元,审减资金3.28亿元,审减率22.5%。2017年,审查投资项目463个,送审资金15.29亿元,审定资金11.56亿元,审减资金3.72亿元,审减率24.36%。三是规范财政监督管理。全面开展专项检查和整治,进一步规范财政资金的使用。2016年,检查县直机关及乡镇等单位26家,重点检查乡镇卫生院城乡居民医疗保险资金、危房改造资金的使用情况;开展行政事业单位公用经费、政府采购执行情况、财政重点专项资金、项目招投标4个专项检查。2017年,开展"涉农资金发放"专项整治工作。全面清查全县强农惠农资金的发放和管理情况,重点检查"一卡通"发放的各项惠农补贴资金。开展"一事一议"财政奖补工作全程跟踪监督。结合"四项专项检查”工作的要求,开展财政收入监督、会计监督、财政内部监督、财政支出监督等各项检查。重点督查全县贫困村定向扶贫资金、危房改造资金等扶贫资金落实情况。对检查发现的问题进行跟踪,督促相关单位按时整改到位。四是加强政府债务管理。对全县地方政府性债务进行清理甄别,厘清政府债务底子。积极开展债务置换,2016 年,债务置换债券 9.16 亿元;2017 年,债务置换债券 666 万元,有效化解了政府债务风险和压力。五是开展互联网 + 监督工作。创新工作方法,积极运用“互联网 +”思维,让资金监管透明化,提升工作效率,完善工作机制。

【队伍建设】 坚持以“两学一做”为重要抓手,坚决贯彻新时代党的建设总要求,推动全面从严治党迈向纵深,打造高素质专业化财政干部队伍。一是加强思想教育。结合“两学一做”学习教育常态化制度化活动,组织学习中共十八大,十八届三中、四中、五中、六中全会精神,习近平总书记系列重要讲话精神以及党的十九大精神,切实加强党风廉政教育,全面筑牢党员干部廉洁从政思想道德防线。二是加强干部作风建设。结合干部作风建设年活动,严抓工作纪律,规范工作秩序。进一步完善各项制度,加强制度执行力度,坚持用制度管事管人,推动干部作风持续好转。三是密切党群干群关系。召开局党组扶贫攻坚专题会议、全体党员和支部扶贫工作民主生活会,安排部署全体干部党员开展结对帮扶活动,圆满完成上级下达的脱贫摘帽任务。 (熊丽芬)

国　　税

【概况】 2016—2017 年,在市局和县委县政府的正确领导下,衡东县国税局全面贯彻落实党的十八大和十九大精神,以组织收入为中心,不断完善征管措施、持续优化纳税服务,以“两学一做”学习教育为契机,不断提升干部队伍素能,强化廉政纪律教育,圆满完成各项工作任务。2017 年,荣获湖南省国税局、湖南省地税局“一窗一人”联合办税先进单位,衡阳市国税系统绩效考核先进单位,衡阳市工人先锋号等荣誉称号。

【国税收入】 2016—2017 年,在经济下行压力增大,重点税源萎缩的情况下,全县国税干部上下一心,攻坚克难,认真抓好税收预测分析,不断强化税源控管,切实加大收入调度力度,全面落实“四个坚决”要求,认真抓好组织收入。实行局党组定期研究制度,每月专题研究一次组织收入工作,做到心中有数、指导有方、督促有力。建立组织收入月汇报制度,在每月的分析例会上,专门听取组织收入落实情况汇报。精心周密组织税源调查,深入全面摸清税源底子,了解重点企业实际生产经营情况及困难,全力抓好税收预测工作。组织专门力量对房交会积极跟进,按照成交套数和金额逐个对房地产公司进行了结算。摸清全县重点项目工程家底,及时掌握施工进度,确保税收入库。2016 年,入库各项税收 34894 万元,另入库车辆购置税 2412 万元。2017 年,入库各项税收 46119 万元,另入库车辆购置税 3365 万元,圆满完成各项税收任务。

【税收征管】 全面强化纳税评估和税收分析应用,注重数据多元化比对分析,突破征管薄弱环节。加强对重点税源企业的监控,及时掌握生产经营趋势、税收变动情况,有效监控收入完成进度及收入质量情况。2016 年,新认定一般纳税人 180 户,一般纳税人简易办法征收备案 84 户次。加大个体税收清理,强化个体户籍管理,通过信息稽核比对,共核定上线个体户 344 户。积极做好“营改增”各项准备,按时完成营改增信息交接、采集、确认以及录入工作。建立营改增业务绿色通道,加大宣传力度,积极举办相关业务的培训。

2017 年,国地税两家召开专题会议,确定定税指导意见,基本完成定期定额核定工作,共核定个体工商户 3266 户,其中起征点以上纳税人 411 户。由政府牵头,国地联合,各部门共同参与,在全县范围内开展个体税收大检查。全面深化落实国地合作工作。加强与地税等部门的沟通联系,细化各项工作任务清单。联合开展纳税信用评价,合作征收税款,联合开展业务培训,举办纳税人学校。联合开展税收宣传,成功举办了全国第26个税收宣传月活动。制订《国地税联合开展税务稽查工作实施方案》,建立公安、国税、地税联合工作机制,健全惩治涉税违法犯罪工作新机制。协同县公安局经侦大队破获"6·22"非法制造发票案,获取各类发票20多万份,抓获犯罪嫌疑人10人,该案由省国税局上报全国发票打假办公室。

【依法治税】 探索以风险管理为导向的税收专业化管理模式,不断提升风险应对质效。2016年,推送64户风险纳税人,应对率100%,其中稽查27户,纳税评估37户。加强出口企业"免抵退"税管理,为生产出口货物企业共审核免抵退申请资料77户次。2017年,推送风险纳税人55户,按风险管理流程分别对其采取移送稽查和开展评估等应对措施,有问题户数为54户,风险分析识别准确率达到了98%。55户完成风险管理全流程,风险任务应对完成率为100%,风险管理成效贡献率为全市之首。

严格落实税收优惠政策。认真开展执法督察工作,有针对性的对"四大块"内容进行督察,对督察中发现的问题及时整改落实到位。扎实开展普法教育,认真组织无纸化学法用法考试,参考率和通过率均达100%。积极落实三项制度试点,荣获"2017—2019年湖南省国税系统法治基地"称号。

【纳税服务】 2016年,以"改革合作"为主题,深入开展"便民办税春风行动",逐步提升纳税人获得感、满意度、遵从度。不断完善服务制度,建立健全纳税服务绩效评价体系,全面提高纳税服务质量。加强国地深度合作,共驻政务中心联合办税,统一办税窗口标牌,规范各类标识,合理开设窗口。实行首问责任制,提供延时服务、预约服务、免填单服务,方便纳税人办税。建立国地税合作多层面的沟通机制,确保"一人一窗双系统"通办模式正式运行,实现了"进一家门,办两家事",并在全市税务系统办税服务工作推进会上做典型经验介绍。认真开展"需求大征集、服务大走访"活动,积极征求纳税人建议意见,不断提高服务水平。2016年,在全市纳税服务满意度测评当中,取得第二名的好成绩。

2017年,持续开展"便民办税春风行动"。实行首问责任制,提供延时服务,预约服务,"免填单服务",让办税省事又省心。积极引导纳税人进行网上办税和自助办税,实现线上线下业务无缝对接。全面推行实名办税,大力简并涉税资料、简化办税流程。持续加强纳税辅导。举办纳税人学校,开展电子税务局、企业所得税汇算清缴等业务培训。开辟线上咨询辅导渠道,利用微信、qq等方式与纳税人进行互动,及时解决各种涉税问题。稳步推行"一窗一人双系统"办税模式。国地共驻政务中心,于2017年1月1日正式推行"一窗一人双系统",实现"一窗通办",减少纳税人"来回跑"的负担,大大提高纳税人满意度。2017年,全国人大代表、湖南省机油泵股份有限公司董事长许仲秋致信国家税务总局局长王军,对衡东国税提供的优质服务表示感谢,王军对衡东国税为纳税人精心服务表示肯定。

【队伍建设】 2017年,组织干部职工认真学习十九大报告、新党章以及省局、市局重要会议精神、及时传达和学习上级领导讲话精神。积极鼓励和组织年轻干部参加"三师"考试,以"岗位大练兵、业务大比武"活动为抓手,切实加强干部培训学习工作。严格按照晋升条件,确保职级晋升的真实性、准确性。稳步推进数字人事系统,积极开展数字人事征文活动,成功举办数字人事知识趣味竞赛。发放文明创建倡议书,积极开展"四大文明行动"。组织参观科技巡展,提高科学素养。广泛开展"智跑"、毅行户外、羽毛球比赛等活动。成立网络文明传播志愿者工作小组,加入文明劝导志愿者队伍。认真开展"身边好人"线索征集活动,积极参加"文明衡东,鼓舞衡东"、无偿献血等活动。深入开展老干部"为党和人民的事业增添正能量"活动,继续开展精准扶贫、驻村帮扶工作,为减贫脱困贡献国税力量。

【党建工作】 2016年,认真学习党章党规和习近平总书记系列重要讲话精神,扎实开展"两学一做"学习教育和"三员"身份意识教育,通过党课、交流会、大讨论、民主生活会等多种形式提高党员干部队伍素质,增强党员干部的“四个意识”。加强党风廉政建设,严格落实“两个责任”,细化惩防体系建设实施方案,明确岗位职责与责任追究,促进党风廉政建设目标有效落实。严格执纪监督,促进廉洁从税,强化对重点岗位、重点工作环节的监督。开展整治“纠四风、治陋习”和“雁过拔毛”式腐败问题的专项活动,认真组织学习巡视整改文件精神,扎扎实实做好整改工作,并将立行立改与长效机制建设有机结合,巩固活动成果。

2017年,紧跟党中央步伐,及时召开会议传达学习十九大精神,安排全体党员学习十九大相关文件,认真领会习近平新时代中国特色社会主义思想。积极推进“两学一做”学习教育常态化、制度化。加强基层党组织标准化建设,建设“两室两中心”。拨付5万扶贫资金,并筹集扶贫捐款19800余元,4次送爱心到扶贫点荣桓镇知塘村,帮助十余户贫困户。狠抓“两个责任”落实,逐级明确党组、党组书记、党组成员及各科室负责人担负的主体责任和纪检监察部门监督责任。强化责任提醒,规范廉政谈话制度。开展特色纪检日活动,组织廉政知识测试。开展学纪知纪守纪教育活动、常态化警示教育,筑牢拒腐防变的思想防线。深化两项专项整治和巡察整改工作。积极查处“雁过拔毛式”腐败问题和四风问题。深入开展政治生态专项检查、违规从事或者参与盈利性活动及收受红包礼金专项清理等工作。针对省市局巡察发现的共性问题和市局巡察发现的问题,分解任务,全面深入开展整改。加强廉政监督检查,坚持抓早抓小,及时发现党员干部的苗头性、倾向性问题,做到早提醒、早监督、早处理。 (龚小伟)

地　　税

【概况】 衡东县地方税务局成立于1994年9月28日,2017年,机关内设职能科(室、局)10个,下设税务分局4个。现有干部职工93人,其中在职干部76人,退休17人;中共党员68人(含退休党员13人)。负责全县17个乡镇、1200余户企、事业单位和3000余户个体工商户的地方税收征管。2016年,被评为“2016—2018年全省依法办事示范窗口单位”、衡阳市二星级文明单位、衡阳地税系统党风廉政建设先进单位、衡阳地税系统绩效考核先进单位、衡东县直机关目标管理先进单位、衡东县综合治理工作先进单位。2017年,被评为“全省税务系统‘一窗一人’联合办税先进单位”“全省地税系统法治基地(第二批)”“全市地税系统‘三项制度’试点工作先进单位”“2017—2018年度县直机关基层党建示范点”,县局团支部被评为“湖南省五四红旗团支部”,县局青年志愿者被评为“衡东最美志愿团队”。2017年11月15日,省地税局党组书记、局长周巧艺到衡东县调研,充分肯定全县地税系统近年来的工作,给予“精神面貌好、工作业绩好、各方评价好”的高度评价,认为衡东县地方税务局“党建主体责任落实到位,‘三项制度’试点工作扎实,推进征管转型工作主动,综合治税迈出可喜步伐,内部管理井然有序”。

【组织收入】 努力克服“营改增”、经济增速放缓、政策性减收明显、征管难度加大等一系列严峻挑战,坚持组织收入原则,贯彻“业务立局”理念,全面加强税收征管基础工作,强化税源管理和税收数据分析,优化税政管理,突出抓好税务稽查、土地增值税专项检查、欠税清查,严格征管质量考核,促进全县地税勤征细管,挖潜堵漏,完成任务。2016年,全县地税完成政府考核口径收入43020万元,比上年同口径增收6154万元(剔除2015年6—12月营业税收入情况进行计算),增长16.67%,收入增幅(16.67%)比全市地税收入平均增幅(2.97%)高13.7个百分点,增幅在全市排第6位,在县区排第3位,地税收入占到全县财政总收入的32.5%,地税收入增量(6154万元)占全县财政总收入增量(8087万元)的76.1%。2017年,完成政府考核口径收入41998万元,占年度计划的107.69%,比上年同比增收6666万元(剔除2016年营业税收入情况进行计算),增长18.87%,比全市平均增幅高5.6个百分点,收入增量居县区第二,增幅居全市第三,收入实现总量稳健增长、质量持续提升的目标。

【纳税服务】 倡导大服务的理念，着力服务纳税人，服务经济发展。在国地互派人员办税的基础上，于2016年8月国地税整体进驻政务中心，实现“一窗两人”联合办税，2017年1月升级实现“一窗一人双系统”融合办税，提升服务效率。坚持与国税真诚合作、务实合作，2016—2017年，召开8次联席会议，联合定税、联合税务稽查、联合信用评定等51个合作事项稳步推进。组建专家团队对口服务重点企业，支持了湖南机油泵成功上市。优质开展延时服务、免填单服务、一站式办结服务，扎实开展“纳税服务日”“需求大走访、服务大提升”“问需求、优服务、促改革”走访等主题活动，广泛收集意见和建议，优化征管质效，助力企业发展。推进“放管服”改革，大力推广网上办税、自助办税终端，提升了纳税人的满意度。开展衡东首届房交会专场税收宣传，多途径、多媒介大力宣传环境保护税、个人所得税等税种。加强国务院“1+4+6”系列减税政策的落实和后续管理。2016年，办理审批类困难减免11例、减免房土两税273万元。2017年，为企业备案减免2016年度高新技术企业优惠政策减免税719万元、研发费用加计扣除额1330万元，207户小型微利企业享受政策性减免税91万元，核准减免14户企业的房产税125万元、土地使用税257万元，为企业发展增添活力。

【依法治税】 全局上下牢固底线思维，强化风险意识。增强依法治税的定力，坚持应收尽收，无税禁收，既保持全县地税收入稳健增长，又做到了不虚收、不空转、不预缴，提升收入质量。着力推进“三项制度”试点，持续厚植法治文化，在全市地税系统率先举办“税务模拟法庭”、率先配备执法记录仪、率先建成税务综合执法室、率先形成“执法公示、执法记录、数据保管、数据使用、税务约谈、法制审核”六位一体的试点模式，被评为“全省地税系统法治基地”、全市地税系统“三项制度”试点先进单位一等奖。2017年，全市、全市地税系统“三项制度”试点工作推进会均在县局召开，先后有14批单位到县局参观交流，省地税局指出衡东地税的“三项制度”试点很成功，为全省地税出经验。制作法治文化宣传长廊和展厅；编印《衡东地税法治文化手册》，浓厚法治氛围，全局干部职工的法治意识、风险意识进一步加强，税收执法进一步规范。

【税收征管】 积极贯彻落实中央和省市的改革部署，务实创新，全速推进税制转换和征管转型。2016年，“营改增”顺利完成，并加强对房地产、建安、金融保险等行业的营业税清理清缴，带动收入的增长；加快征管转型的步伐，从人员、机构、职能、征管范围四个方面，统筹安排，全面调整，组建风险管理团队和纳税评估机构，建立以信息管税为基础、以风险管理为导向、税源分类分级管理的征管框架。举办风险管理实务操作培训，制定《地方税收分税种风险管理操作指引》《纳税评估管理办法(试行)》。推进税收保障体系建设，与县人民法院建立破产企业税收清算协作机制，与县工资统发中心签订个人所得税代扣协议。2017年，提效挖潜堵漏、提速征管转型、提升综合素质，全力参与全市地税系统“四优四赛”，其中在企业所得税管理竞赛、征管质量竞赛、土地增值税管理竞赛中获得1个二等奖、2个三等奖；加强考学赛学，每季开展业务考试，提升业务能力，推动向精细化、现代化的税收征管迈进，2017年，月申报期申报入库的税款占月度入库总税款的比例都在85%以上，全年完成风险应对2304条，补税612.8万元，纳税评估123户，补税5171.8万元。

【团队建设】 坚持从党建入手带动团队建设，深入开展“两学一做”学习教育，着力抓好十九大精神的学习宣传贯彻，多种形式多重推进，切实学懂、弄通、做实。抓实支部标准化建设，新建党员活动中心，对党员实行建档立卡、痕迹管理、积分考核。全面落实“两个责任”，实行履责痕迹化管理。坚持挺纪在前，积极开展谈心谈话、明察暗访、督查通报，组织干部职工深入厂矿车间接受廉政教育，举办廉政论坛，学廉、讲廉、倡廉，深入开展“雁过拔毛”式腐败专项整治和“涉矿经营”自查自纠，加大对侵害纳税人利益、作风纪律等方面的提醒监督，形成干事创业风清气正的良好氛围。创办湘洣讲堂，推行“以师带徒”制度，促进干部一起提升。举办税收征管、风险管理、金三操作等各类培训20余次;开展“岗位大练兵、业务大比武”活动,6人在市局竞赛中取得优异成绩,1人被授予“全省地税系统第五届省级优秀办税服务员”称号。2017年,通过压缩“三公”经费,支出13万元扶贫资金,用心用情用力支持精准扶贫,各支部党员深入15户贫困户帮扶慰问,干部职工爱心帮扶捐款10700元,青鸦村赠送“情系贫困村、心贴贫困户”的锦旗。深入开展文明单位创建系列活动,全局总动员、干部齐参与,开展20余次志愿服务活动,累计捐款及各类物资逾8万元。组织形式多样的主题党日活动,提振全体党员攻坚克难、忠诚担当的精气神,涌现出一批先进个人,两年共有50余人次荣获县级以上各类荣誉称号,其中:左朝晖获得“湖南省五一劳动奖章”“湖南省十佳女职工标兵”,税文章获得衡阳市“忠诚税务人”称号,尹水兰和唐磊被评为“衡阳市地税系统优秀税务工作者”。（李 威）

商务和粮食

【概况】 2016—2017年,全县商务和粮食系统以“主动适应新常态,努力实现新作为,加快建设新衡东”为目标,全力推进招商引资,努力搞活商贸流通,倾力保障粮食安全,各项工作取得较好的成绩。2016年,被评为省外经工作先进单位、市招商引资工作先进单位;2017年,被评为省商务行政执法优秀队伍、省商务工作(外经)先进单位、市商务和粮食工作先进单位。

【招商引资】 始终把招商引资作为首要任务来抓,不断完善招商机制,主动服务招商项目,大力实行精准招商,项目引进成效显著。2016年,创建衡东县招商网站,组建专职招商机动分队。共开展小分队招商活动16次,先后赴“珠三角”“长三角”、成都等地考察洽谈,充分利用以情招商,以商招商等多种招商方式寻找商机,发展合作。2017年,完善出台《衡东县招商引资若干规定》《衡东县招商引资项目落户操作规程》《衡东县招商引资目标管理考核办法》等一系列政策措施,进一步落实招商领导责任制,推行招商引资工作月调度机制,确保责任上肩,责任到人。利用“港洽周”“衡州经济论坛”“第四届土菜文化旅游节”等招商活动平台,举办衡东县专场招商引资推介会,“引老乡,回故乡,建家乡”,推项目洽谈、促项目签约。2016—2017年,全县新增招商引资项目179个,承接产业转移内联引资项目132个,累计投资258亿元,到位资金达17.7亿元。引进阿里巴巴农村淘宝、城市综合体建设、清雅田园综合体及万亩名优水果种植、衡东坳家台风电场开发、城北农贸及冷链市场等一批大项目好项目。

【三外经济】 2016年,全县完成自营进出口额4000万美元,同比增长10%,实现破零倍增企业5家;全县对外承包工程和劳务合作新签合同额552.36万美元,实现营业额995.57万美元,完成外派劳务368人,分别完成年度任务的92.1%、99.6%、92%;实现利用外资10011.84万美元,超额完成全年任务。2017年,全县完成外贸进出口10626万元,实现破零、倍增企业4家;完成加工贸易566万元,同比增长21.3%;1—12月,完成对外承包工程和劳务合作1125.2万美元,同比增长13%;实际利用外资13901万美元,同比增长6.3%。

【消费品零售】 2016—2017年,全县社会消费品零售总额增长迅速。2016年,全县社会消费品零售总额90.5亿元,同比增长12%,新增限上企业8家;2017年,全县社会消费品零售总额99.08亿元,同比增长10.7%,新增限上企业9家。从消费需求看,基本生活类商品零售保持稳定增长。随着市民生活水平的提高,对汽车的需求量增大,使得交通类商品在全县零售市场占较大份额。此外,餐饮、通信器材、体育、娱乐用品类商品增长较快。

【电子商务】 全县农村电子商务蓬勃发展。2016—2017年,县内电商企业(含个人网店)达2300家,实现农特产品线上交易额6000多万元,工业品下乡总额2亿余元。电商平台引进迅速。引进阿里巴巴、京东、苏宁易购等10余个国内知名第三方电子商务服务平台入驻衡东。2017 年 12 月 29 日,阿里巴巴农村淘宝衡东县服务中心于投入运行,农村淘宝 4.0 模式率先在县启动。同期,25 家天猫优品体验店和服务站正式营业。本土电商发展迅速,县域内共 3 家省厅认定电商企业。宠惑电商、衡东味道、齐辉电商、威怡电商、宸兴电商等企业脱颖而出,成为本土电商的主力军。其中,宠惑电商稳居淘宝同类行业前三名。电商扶贫精准有效。制订《衡东县电商扶贫专项行动实施方案》,大力发展"公司 + 贫困户"模式,畅销农产品电商渠道销售。共帮扶 15 户贫困家庭开办网店,17 个省级贫困村开设电商便民服务站。2016—2017 年,贫困村农产品电商上行达 200 万元,直接带动贫困群众人均增收 1000 多元,增加就业 600 余人。2017 年,县电商扶贫工作在省厅考核中被评为优秀。

【市场建设】 按照深化农贸市场改革工作要求,不断加强市场管理与服务,强力推进专业市场和农贸市场建设改造,县内市场体系逐步完善。2016 年,杨林、霞流等农贸市场进行提质改造,并且顺利通过验收;通过公开招标模式,启动荣桓农贸市场的重建工作。2017 年 5 月,原城关集贸市场整体搬迁工作启动;7 月,新城关集贸市场开业运营,为老百姓经营、购物提供了更加舒适、更加安全的场所;8 月,长岭农贸市场、建材大市场二期工程主体工程基本竣工;12 月,城北农贸市场升级改造方案通过政府常务会议审定,进入组织实施阶段。

【衡东土菜】 衡东土菜,家的味道。具有"鲜、香、辣、美"等特点,深受广大消费者的喜爱。近年来,衡东土菜产业得到快速发展。2016 年,土菜产业链实现产值 22 亿元,同比增长 19%;土菜产业链贡献税收 5100 万元,同比增长 12%。2017 年,第四届土菜文化旅游节中,牵头承办其中 10 项子活动,公开征集衡东土菜 LOGO,发布《衡东土菜标准》、打造衡东土菜标准示范店、举办"家的味道 · 衡东土菜品鉴会"、举办钻石名厨和绝味厨娘比赛、百道名菜展示、招商引资项目集中签约等等,圆满完成各项节会任务,给全县人民、给关注这场盛大节会的各界人士交上了一份满意的答卷。2017 年 11 月 16 日,《关于加快发展衡东土菜产业的意见》印发,科学规划土菜产业的发展目标、相关措施、优惠政策等。在节会的带动下,县土菜产业发展迅速。截至 2017 年年底,县内餐饮店达到 450 余家,县外直营连锁店 550 余家。衡东土菜产业链上从业人员超过 12 万人,土菜产业链产值达 30 亿元以上,同比增长 10%。间接创税 9000 多万元、餐饮企业创税 2100 万元,同比增长 12.5%。

【粮食收购】 准确把握粮食生产、收购形势,制订《衡东县粮食收购工作方案》和《跨界送粮预案》,做好最低价粮食收购价格政策、质量标准、收购流程宣传工作,并在县域内各粮食收购点公示。在收购期间,加大对各收购点进行监督检查力度,严肃查处"执行粮食最低收购价政策不严""打白条"等违规现象,解决农民卖粮难问题,切实维护农民利益。全县粮食供求总量基本稳定,确保县域内粮食安全。

【仓库改造】 2016 年,根据《关于做好"粮安工程"仓储智能化升级改造工作的通知》要求,积极争取中央财政投资 170 万元,县级财政配套投资 165 万元,企业自筹资金 450 万元,全面实施"危仓老库"维修改造计划,大修、简单维修改造仓容 3.8 万吨,功能提升仓容 2 万吨,仓储设施条件得到进一步改善和提升。2017 年,成功申报"吴集阳家坡中心粮库"建设项目。霞流仓库被评为"三星级粮库"。

【粮油产业发展】 重点抓好省、市粮油产业专项资金项目的申报工作,为推进粮油产业发展获得项目资金支持。县内有 5 家粮食企业纳入省粮油"千亿产业"专项资金项目库。项目建设有序推进。湖南长乐粮油贸易有限公司 1.8 万吨标准储粮仓库工程建设项目已经验收合格;粮食产后服务建设项目、粮食质量安全检验监测站项目均成功申报。2017 年,全县粮油产业实现总产值 7.2 亿元,超额完成目标任务。衡阳丰食园粮油食品贸易有限公司等 2 家企业被评为全省放心粮油示范企业。

【商务和粮食综合执法】 利用“粮油食品安全”宣传月、“3·15”消费者权益日、“5·12”全民应急安全宣传活动日、“世界粮食日”等宣传平台,大力宣传商务粮食法律法规,印发宣传资料4000余份,接待群众咨询1000余人次,收集意见建议60余条。着重加大对粮油食品安全、成品油打非治违、油气回收综合治理等领域的执法力度。2016—2017年,出动执法人员428人次,检查各类经营主体265户,查处纠正违规违法案件46例,取缔非法加油站(点)8处,下达责令改正通知书27例,口头警告51例。

(黄吟咏)

供销合作

【概况】 衡东县供销合作社联合社(以下简称衡东县供销社)是参照公务员管理的事业单位,核定事业编制20人。2017年,有在编人员18人,设理事会主任1人,监事会主任1人,理事会副主任3人,下设办公室、政工人事股、财务股和合作指导股。下辖直属公司8个,领导班子由党委书记、理事会主任文洪斌、党委委员、监事会主任许冬富、理事会副主任黄旭辉、李应龙、彭国平组成。衡东县供销社始终坚持为农服务的宗旨,围绕“三农”为主题,不断改进工作作风,提升服务水平,增强为农服务功能,进一步全面深化供销合作社综合改革,不断凸显供销新作为。2017年,衡东被评为“2018年度湖南省深化供销合作社综合改革惠农综合服务工程示范县。”

【综合改革】 2017年3月,衡东县深化供销合作社改革领导小组正式成立;6月,县委、县政府出台《关于深化供销合作社综合改革的实施意见》和《关于深化供销合作社综合改革的实施方案》;7月,县委召开全县全面深化供销合作社综合改革动员大会。

【供销宣传】 采取多渠道、多形式宣传供销改革政策,扩大社会影响,重树供销形象。2017年5月,由县委政府主办、县供销合作社承办县第四届土菜旅游文化节之“洣江枇杷熟了,供销社回来”的开园仪式。仪式上,县供销合作社和洣江生态农林的万亩枇杷基地签订购销合同。7月,由县委统战部主办、县供销合作社承办的“爱洒洣水·果香甘溪”衡东县非公企业产业扶贫暨果乐园葡萄采摘体验活动在甘溪生态果乐园举行。8月,承办三樟黄贡椒采摘节农产品展销活动,通过这些节会共发放供销政策宣传资料1000多份,印制彩旗500多条,板报15块,并通过电视台、《衡阳晚报》、衡东宣传等平台进行宣传报道,淡出人们视线二十多年的供销合作社,重新登上时代的舞台。中共十九大胜利召开之际,深入学习十九大各种精神,供销改革迫在眉睫,需要讲好供销改革的故事,12月,由县委改革办主办,社承办的《贯彻党的十九大精神,书写供销改革新征程》主题征文比赛、诗文朗诵会,充分展现供销人的凝聚力和奋发图强的优秀品格。通过衡东电视台、红网手机报等渠道把供销改革政策滚动宣传两个多月,引起社会的关注和领导的重视。2017年5月,建立衡东供销微信公众号,并积极号召干部职工在红网、手机报、政府门户网站、中华合作时报、《衡阳日报》、《衡阳晚报》投稿,投稿104篇。其中手机报85篇,市供销合作社官网9篇,省供销合作社官网10篇,通过衡东宣传、大衡之东、嗨转衡东等公众平台多渠道进行宣传,取得良好的效果。12月,制作《衡东供销改革纪实宣传片》,展现供销社改革的面貌和深远意义。通过一段时期的宣传报道,供销改革政策在老百姓当中口口相传,家喻户晓,到县社上门咨询供销改革政策的农户和涉农企业老板络绎不绝,供销社越来越受到人们的重视和关注。

【重建供销县级服务平台】 成立衡东供销惠农服务有限公司和衡东惠农供销资产管理有限公司、衡东供销禾信电子商务有限公司3个全资企业,控股和参股8家为农服务企业。为整合电子商务优势资源,利用平台实行线上线下融合发展,致力打造一支农村电商的“国家队”,衡东大格局的电商航空母舰,服务全县农村电子商务发展,同时,组建由县供销社为主导的,涵盖电子商务、微商、农产品加工、农业生态旅游为成员的“衡东电子商务协会”,以协会为基础,以电商为手段,引领衡东农业、衡东旅游产业通过互联网发展壮大。

【建立3个农业示范基地】 在大浦镇三才村打造200亩的供销社生态特色种养示范基地,供销社持股40%,社会资本持股60%,主要以200亩的稻田养蛙、禾花鱼、生态水稻种植以及600亩的肯德基专供蔬菜种植等为主,基础设施已全部完成,通过基地示范,带动全县的稻田种养结合达到节本增收、农民致富的目的。在三樟镇油麻田打造200亩黄贡椒育苗种植产业扶贫示范基地,可种植黄贡椒达15000亩,供销社控股的兴益达黄贡椒种植专业合作社作为参股运营单位,参股33%,主要是为缩短在大田中的生育期,提高土地利用率,减少种子用量降低生产成本,达到培育优质壮苗的目的,真正扩大黄贡椒的种植面积,使全县黄贡椒产业进一步做大做强,同时基地免费为三樟、石湾、白莲、吴集镇等周边贫困农户1000多户、3000余人提供黄贡椒苗(由县扶贫办向基地采购)、技术服务和产品最低保护价格收购,优先解决有劳动能力的贫困户劳动就业,确保贫困农民增收脱贫。在新塘镇潭泊村打造3300亩现代农业产业扶贫示范园,主要以水果、蔬菜、苗木花卉种植、稻田养虾、养鱼为主,通过引领带动和资源整合,逐步打造田园综合体,为县政府打造的旅游观光走廊添砖加瓦。

【建立农产品展示销售窗口】 由政府出资,县供销社负责产品组织和运营,在长沙高桥市场中部国际农创园投资100万元设立衡东县农产品展销中心,把全县优质农产品集中在长沙展示销售,成为永不落幕的农博会,同时结合线上线下,宣传推介衡东农产品。

【建立乡镇村两级惠农服务平台】 在新塘镇以农资网点为依托,建立新塘镇供销惠农服务中心。在杨桥镇镇以农民专业合作社为龙头,组织种养大户、农产品经纪人,进行农业技术指导和咨询服务为依托,建立杨桥镇供销惠农服务中心,以土地托管农事服务为切入点,带动全镇农业生产的发展。

【精准扶贫】 县供销社牵头对接非公企业,在吴集镇早禾村(贫困村)签订扶贫协议,通过多措并举,带领贫困户脱贫致富。一是种植扶贫。联系71户贫困户,以成片种植和房前屋后种植的方式相结合,落实种植黄贡椒120亩,蜜本南瓜300亩,同时免费提供200吨有机复合肥,产品由兴薇三樟黄贡椒农产品公司提供保底价收购。二是电商扶贫。通过衡东供销禾信电子商务有限责任公司,针对贫困户实际情况,推广"农家散养土鸡"项目,提供种苗补助,发放饲养补助,并提供保底价收购。三是养殖扶贫。会同县扶贫办、县畜牧局和县青青草黑土猪养殖专业合作社,推广"黑土猪"养殖扶贫项目,免费提供猪仔并保底收购。四是贷款扶贫。主要开展小额扶贫贷款服务。五是修路扶贫。帮助吴集镇早禾村修建水泥路38公里。 (刘相知)

石　　油

【概况】 衡东县石油分公司隶属中国石化销售有限公司,为中国石化衡阳石油分公司的垂直管理县级机构。拥有14座加油站和易捷便利店,主营业务已从传统的成品油、润滑油及石油制品的零售和批发发展成为包括烟、酒类、预包装食品类、日用百货类等非油品多元化服务项目。公司以党的十九大精神为指引,坚决贯彻执行集团公司提出的"向销售第一梯队看齐"的要求,努力把衡东石油建设成"中而强"的一流现代综合服务商。公司秉承新型企业文化10大理念,以"五要六为七引领"为总体思路,拼搏创新,2016年和2017年的成品油零售销量稳定在2.6万吨左右,易捷便利店的年销售额由2016年的740万增长为2017年的983万。

【企业管理】 全体总动员,狠抓优质服务。2016—2017年常态化开展"优质服务月"活动,全面提升服务水平,提高客户满意度。强化关键,抓实HSE工作。全员行动、科学组织,未发生人员伤亡和环保事件。认真落实防范措施和值班制度,确保十九大召开期间安全稳定。提升数质量管理,确保质优量足。扎实推进ISO 9000质量管理体系换版工作,加大液位仪系统应用推广力度,整体完成情况良好。夯实“三基 ”,加强风险防范。实施“三基”工作任务清单,落实强化主体责任;严肃经营纪律,加强发票等风险防控,公司已全面完成普票系统上线。

【非油品营销】 1. 做强做大门店销售。加强现场培训和帮扶,细化商品陈列和库存标准,抓实门店专业化运营。2. 强强合作,拓展优势。加强与集团大客户合作,市分公司与衡阳邮政集团签署了战略合作协议,为优势互补、油非融合、做大油品和非油品奠定了基础。3. 强化互联网营销,有效引导“油非互促”。利用湖南石油公众微信号平台开展大型线上营销活动,满足客户全方位需求。

【党建工作】 1. 突出全面从严治党。开展“党建责任落实年”专题活动,扎实推进“两学一做”学习教育常态化制度化;加强干部员工队伍建设,强化教育培训。2. 扎实抓好基层党建。推行全面、严格、深入的检查考评和分类定级,通过查找问题,推动整改,促进公司党建工作整体水平的提升。3. 严格党风廉洁工作。加强廉洁教育,实施微腐败专项整治。

(彭玲燕)

烟 草 专 卖

【概况】 2016—2017 年,衡东县烟草专卖局(分公司)在县委县政府和衡阳市局(公司)党组和的正确领导下,以中共十八大、十九大精神为指导,认真贯彻落实“五稳五进”工作思路,坚持稳中求进总基调,积极应对“四大难题”和“五大压力”的挑战,齐心协力进一步完善工作机制,认真做好各项工作,较好地完成了各项工作任务。2016 年,衡东烟草销售卷烟 23743.07 大箱,上缴税收 3376.37 万元,并获得衡东县纳税大户称号;2017 年,销售卷烟 23566 箱,上缴税收 4333.99 万元,并查获符合国家烟草局、公安部标准的售假网络案件 1 起。

【基层党建】 2016 年,衡东烟草认真贯彻落实中央关于全面从严治党相关要求,着力夯实基础,实现基层党建强基固本。一是认真抓好专项巡视整改工作。确定 4 大方面、31 个问题、79 项整改任务,组织开展 12 项专项整治和治理, 79 项整改任务已立行立改销号整改到位 24 项,55 项需长期坚持落实。同时紧跟湖南省局党组专项巡察工作步伐,认真对照问题清单开展自查,建立问题台账,明确整改措施、责任人和整改时限,重点抓好全面从严治党、落实中央八项规定精神等问题整改,整改问题 15 个。二是扎实推进“两学一做”学习教育。紧跟上级安排部署,以规定动作为主、自选动作为辅,扎实有序推进“两学一做”学习教育。全年共开展集中学习 11 次、组织观看教育影片 10 次、党小组学习 18 次,进行测试 4 次、组织专题讨论 5 次、开展党组书记、支部书记、支委委员和普通党员讲党课各 1 次,班子成员上党课 2 次,为退休党员送学上门 4 次,开展捐助活动 2 次,党员下市场 2 次。三是认真落实党建工作主体责任。坚持党建工作与业务工作同安排部署、同检查考核,成立单位党建工作领导小组,研究制定单位《党建工作要点》,明确党组书记党建工作第一责任人责任和分管领导、各部门具体责任;制订下发“三会一课”执行方案和中心组学习方案,规范推动学习开展,主动梳理全体党员异动台帐,并按照要求对 2008 年 4 月以来党费清缴到位,全面夯实党建基础。

2017 年,衡东烟草紧紧围绕“全面从严治党永远在路上”这一要求,着力推进基层党建向纵深方向发展。一是坚决履行党建工作主体责任。完善“三会一课”、主题党日等制度,夯实制度基础。抓好巡视整改,对 25 个问题、66 条整改措施,限时整改到位;下发党建工作整改清单 6 项,限期整改到位。推进党支部建设,配备 1 名党务专干,增设 1 个物流党小组,选举退休支部委员会,开展党员志愿服务活动 6 次,吸收预备党员、正式党员各 1 名,有力提升支部建设水平。二是坚决推进“两学一做”学习教育常态化、制度化。坚持学懂弄通,定方案、做计划,开展专题讨论 5 次、组织观影 4 次、组织党员撰写心得各 5 篇,召开民主生活会、组织生活会各 2 次。坚持真抓实干,开展市场调研、走访帮扶对象活动 60 余次,开展谈心谈话 30 人/次,解决群众难题 20 余个;坚持打好扶贫“攻坚战”,明确 8 名干部为帮扶责任人,捐助扶贫资金24万元,组织党员扶贫捐款0.9万元。三是坚决推进党风廉政建设和反腐败工作。召开党组会部署党风廉政工作3次,制定下发文件2个,签订落实全面从严治党主体责任责任书8份,开展廉政谈话10人,确保责任落实到位。开展廉政教育活动11次,观看警示教育片4部,开展专题讨论1次,筑牢思想防线。实施“三重一大”事项38起,中层干部调整4人、岗位员工调整11人,公示信息90余条,均由党组集体决策。开展制度执行力检查12次,排查廉政风险点5个,约谈2人次,有效防范廉政风险。

【卷烟经营】 2016年,衡东烟草着力夯实市场基础,实现卷烟销售“稳量、提质”同步推进。一是在经济下行压力明显、市场行情持续低迷的情况下,率先在全市系统内实施全员营销,集合全员之力实现卷烟销量的稳步推进。自4月推行全员营销以来,辖区销量进度得到大幅提高,4—12月,平均月销量进度为105.85%,全员营销效果明显。二是紧跟省局市局工作重心,在确保销量进度的同时迅速调整工作重心,精准有力推进销售额和单箱均价工作,狠抓结构提升。2016年,实现销售收入5.44亿元,进度排名全市第三,共完成有效事件营销活动42场。三是率先采用党组成员挂片、相关股室参与、专销结合主导的“2+1”集中服务模式。全年开展“2+1”集中服务291场次,服务客户4681户,其中每个党组成员及对应股室均参与28场以上的集中服务。2017年,在经济整体下行情况下,积极面对“四大难题”和“五大挑战”,着力创新营销方式,打好卷烟营销攻坚战。一是有序推进自律小组建设。明确每个片区建设1个高质量自律小组的目标,制订方案,明晰组长、组员职责,督促小组成员订立自律公约,逐步稳定卷烟市场价格。目前,建成自律小组42组,辐射客户587户。二是有序推进品牌培育工作。加强工商协同,携手安徽、河南、湖南中烟开展品牌培育,推动培育品牌落地消费。2017年,黄山品牌销量占全市总销量的22.58%。三是有序推进客户服务工作。开展“2+1”集中服务,解决零售户货源投放、客户评级等问题10余个,有力提升零售户满意度。

【专卖监管】 2016年,衡东县烟草专卖局查处各类案件92起,查获各类违法卷烟108.704万支,取缔无证经营户31户,辖区市场净化率在96%以上。一是2016年,被外单位查获卷烟2.5万支,比去年同期下降13.56万支,非法流通总量由2016年全市第一退至全市第八,辖区真烟非法流通蔓延态势得到有效遏制,全年查获真品卷烟非法流通案件43起,其中案值5万元以上案件1起,查获案件总数同比增长18.57%,共查获真品卷烟72.16万支。二是深度推进打私打假,全年共破获假烟、走私烟案件49起,查获假烟、走私烟36.544万支,移送公安机关2人,确保辖区市场净化率在96%以上。

2017年,衡东县烟草专卖局着力创新市场监管方式,实现市场监管转型升级。全年查获案件121起,查获各类违法卷烟222.91万支,同比增长105%,查获符合国家局标准的网络案件1起,判刑3人。一是突出对物流寄递渠道的监管,以大数据分析、情报研判为抓手,查处假私烟案件102起,查获假私烟120.1万支,同比增长144%。二是锁定带有批发性质的销售大户这一关键人群,建立监管台账,实行不定时排查,取缔12户违法大户经营资格,查处真烟非流案件19起,查获案值超5万元/20万支的案件3起,查获真品卷烟102.81万支,同比增长72%。

【企业管理】 2016—2017年,衡东烟草着力夯实内部管理基础,不断提升企业管理水平。一是严格执行全员预算管理。将全年预算按月、按人分解到位;在执行过程中,分部门建立台账,随时关注费用执行进度,不断提升预算管控精准度。二是扎实推进精益管理、降本增效工作。对接上级要求,制订单位降本增效方案,明确全年降本目标,连续两年圆满完成衡阳市局下达的年度降本增效目标,并连续2年获全市系统“精益三甲”集体称号。三是扎实做好后勤服务工作。推行标准化公文和会务管理,在规范化、程序化的基础上,加强督查,建立公文办理督查台账,严格按照一般公文3日内办结、会商性公文2日内办结要求进行,并签署具体意见。2年来,共编发公文54份,做到了收发文及时、畅通,精简的要求;严格实行会前审批制,严控会议规模、时间,确保会务管理规范。实行车队和综合管理标准化,严格执行公务用车派车制度,实行无派车单一律不出车,严格执行车辆管理“三登记”:登记行驶里程、油料消耗数量、维修费用,确保车辆工作合规到位;及时开展对固定资产进行全面盘底清查,做到账实相符;食堂管理要做到帐实分开,确保管理符合要求。四是夯实安全生产管理基础。抓教育,组织全员开展安全培训和应急演练,提高安全意识。抓重点,建立完善安全生产标准化管理台帐,定期对驾驶员等重点岗位进行安全教育培训;抓好节日期间及雪天、汛期等重点阶段的安全监管;认真抓好消防安全、安全保卫等重点工作。抓整改,按照职业健康安全体系的要求,组织员工辩识危险源,制定控制措施,严格落实综合治理和安全生产风险抵押承包责任制,执行安全检查制度。抓活动,按照上级部署,认真开展“安全生产月”、“119”消防宣传周活动,大力推进安全生产法律法规的宣传贯彻,普及安全知识,大力营造安全生产氛围。（王定焕）

衡东县烟草专卖局2016—2017年主要经济指标一览表

年　度	卷烟销量(集装箱)	卷烟销额(亿元)	上缴税收(万元)
2016	23743.07	5.44	3376.37
2017	23566	6.47	4333.99

盐务管理

【概况】 衡东县盐务管理局(盐业公司)认真贯彻落实县委县政府目标管理考核指标,大力推进各项工作稳步、健康发展。2016年,累计调入各类盐产品2945吨,销售各类盐产品3697吨,完成全年目标利润的80%。2017年,累计调入各类盐产品4007吨,销售各类盐产品3554吨,完成全年目标利润85.5%;查封扣押省外品牌食盐约206吨。

【市场监管】 在县委县政府的大力支持下,衡东县盐务管理局(盐业公司)坚定不移地抓好盐政管理工作。2017年,衡东县盐务管理局(盐业公司)在盐改形势下,紧扣食盐安全主题,主动加强与食药、工商、卫生等职能部门的对接沟通,进行无缝合作。先后开展了四次联合整治食盐市场专项行动,查封扣押违规盐产品约206吨,下达责令改正通知书21起,简易处罚2起,一般立案2起。

【品牌宣传】 2016年,食盐包装加入二维码,不仅为消费者辨别真假食盐提供了便捷的方式,更有效地防止假冒伪劣产品流入市场危害消费者的用盐安全。衡东县盐务管理局(盐业公司)通过“3·15”、“5·15”,联合当地工商部门、疾控中心,开展宣传活动,告诉消费者如何扫描手机二维码轻松辨别真假食盐,同时以发放资料配合现场讲解的形式,让消费者对“雪天”产品有更深入的认识,提高消费者对食盐安全和科学补碘的全面认识。

【电商平台】 集团公司结合国家“互联网+”行动计划,主动顺应市场趋势,打造“服务消费市场、服务零售终端、服务百姓生活”的电商平台——“开门生活”。2016年起,衡东县盐务局(盐业公司)开始对辖区范围的终端网点进行走访、签约、协同、指导下单,让终端客户更加便捷地进行线上操作。

【综合管理】 衡东县盐务局(盐业公司)在日常工作中严格监控,强化管理,通过外勤365系统和钉钉办公软件,对员工进行严格考核的同时,也极大地提高办公效率。（颜靖靖）

金　融

人民银行

【概况】 中国人民银行衡东县支行成立于1990年，系中国人民银行总行派驻衡东的分支机构，下设办公室、人事政工股、业务股、国库会计股。2017年12月，在职干部职工18人，其中中级技术职称人员12人，初级技术职称人员4人。

2016年，人民银行衡阳市中心支行工作业绩考评先进支行。2016年，人民银行衡阳市中心支行先进党支部。2016年，武汉分行级先进基层党组织。2016年，武汉分行五四红旗团支部。2017年，人民银行衡阳市中心支行先进党支部。

2016—2017年衡东县金融业务发展情况表

表1　　　　单位：万元

年度＼项目	各项存款年末余额	储蓄存款年末余额	各项贷款年末余额	贷款净投放	利润总额
2016	1757065	1493526	668137	88157	14735
2017	1954427	1647334	814924	146787	18948

【开展金融精准扶贫工作】 随着“四个全面”战略布局的不断推进，贫困地区和贫困人口脱贫的任务迫在眉睫，金融作为助推脱贫攻坚的重要力量，必需发挥其应有的作用。截至2016年年底，衡东县尚有33个贫困村、10105户贫困户、2017年，全县要实现20个贫困村、5504名贫困人口的脱贫，任务艰巨。2017年人民银行衡东县支行带领指导辖内金融机构深入开展金融精准扶贫工作，取得了丰硕成果。一是出台政策规定。制定《衡东县金融精准扶贫创新工作的通知》，提请县政府出台《衡东县农村金融服务基础设施建设规划（2017—2019）》，对“三站”融合，金融支持精准扶贫特色产业发展提出具体要求。二是加强部门联动。成立由人民银行、金融办、扶贫办、财政局和各金融机构共同参与的金融助推脱贫攻坚联动协调领导小组，建立联席会议制度，定期会商，研究部署金融扶贫工作，形成金融精准扶贫合力。三是广泛开展宣传。积极开展金融扶贫宣传月活动，先后两次为全县脱贫攻坚培训班406名学员讲授《金融精准扶贫知识》，两次深入对口扶贫村开展金融精准扶贫政策宣讲。8月，在吴集镇江山村召开助农取款、小额扶贫信贷和农村电商平台知识专场授课。11月，又在该村进行全市“喜庆党的十九大，金融知识乡村行”宣传演出活动。通过群众喜闻乐见的多种方式宣传金融精准扶贫等政策、知识，受到老百姓欢迎。四是注重风险防控。要求涉农金融机构建立扶贫小额信贷风险分散和化解机制。提请县财政建立600万元扶贫小额信贷风险补偿基金。五是建立考核机制。建立金融精准扶贫专项统计制度，将金融精准扶贫纳入“两综合、两管理”，作为综合评价的重要条件，并根据综合评估结果实行实行不同政策优惠和倾斜。六是助推产业扶贫。针对农村发展水平参差不齐，贫困户情况千差

万别的县情,在金融扶贫中实行多措并举,精准施策。①传统产业带动。引导金融机构对有经营头脑、有创业意识的贫困户,在资金和项目确定上给予帮扶和支持,提升贫困户自我造血功能。②龙头产业带动。农商行按照“资金变股金、农民变股东、收益有分红”的办法,和当地农业龙头菇类企业以分贷统还模式对贫困户进行贷款支持。③新型产业带动。2017 年,衡东县把光伏产业发电作为精准扶贫的途径之一,为此支行将“光伏扶贫”作为金融扶贫新的着力点,积极引导衡东农商行探索创新“光伏扶贫”产品和模式。七是取得明显成效。截至 11 月底,全县建立 33 个金融扶贫服务站,提前 2 年完成上级指标任务;完成 12 个金融扶贫服务站三站融合工作,完成上级任务数的 120%;对全县所有建档立卡贫困户进行评级授信,授信面达 100%,总授信 1.34亿元,发放小额扶贫信用贷款 1366 笔,金额 3285 万元,超额完成省市下达的任务,比上年增长 10 倍,惠及贫困人口 2880 人。发放光伏扶贫小额贷款 1890 万元,惠及 378 户贫困户,发放分贷统还贷款 160 万元,支持 42 户贫困户产业脱贫。

【助农金融服务点】 2015 年年底,衡东县辖内共布放 827 台助农机具,其中 20% 助农机具未使用,全县有空白行政村 78 个。便利支取各种涉农补贴等小额资金已成为当前农村最广泛、最迫切的一项基本金融服务需求,其中空白村支付结算的需求矛盾尤为突出。为此,从 2016 年起,人行衡东县支行全面安排部署推动“助农金融服务点”全覆盖,通过在全县选定农村商户、村委会等布放先进、适用的金融支付机具,提供取款、汇款、转账、缴费、查询等安全便捷的基础金融服务,打通农村支付服务“最后一公里”。一是精心组织,周密部署。人民银行成立助农金融服务点全覆盖工作领导小组,并建立相关目标考核机制,与金融机构签订任务承诺书。二是协调各方,形成合力。以金融扶贫站建设为契机,加强与政府扶贫办、电信营运商等相关部门的协调配合,共同推进“全覆盖工作”。三是着眼实际,解决问题。相继解决偏远地区通信线路匮乏、转账款项不能及时到账、邮储银行与邮政部门合作等问题,并向上级申请60 万元站点建设资金,为每个服务点配备了验钞仪,并争取到电信部门的相关优惠政策。四是分层布局,精选布点。以金融服务站加载助农取款服务机具、以邮政电子商务服务点加载助农服务点建设、以村委会为依托设立助农取款服务点三种方式解决偏远地区布放难、网点业务少萎缩的问题。五是强化督查,开展调研。多次召开行长联席会、调度会通报“全覆盖工作”进度,分析问题,制定措施。先后 6 次会同相关涉农金融机构人员深入寒水村等 16 个村调研、巡检。通过两年工作,改善农村支付结算环境、解决农民取款难问题、落实国家支农惠农政策、降低农民获取金融服务的成本,受到广大农村居民的欢迎。

【试点新型农业经营主体贷款保证保险业务】 2016—2017 年,为深入贯彻十八届三中全会关于“加快构建新型农业经营体系”的重大战略决策,认真落实《关于金融服务“三农”发展的若干意见》和财政部、农业部《关于调整完善农业三项补贴政策的指导意见》等文件精神,积极促进金融支农,大力扶持新型农业生产经营主体快速、健康发展,有效解决新型农业生产经营主体融资难、融资贵等问题,结合衡东县“新型农业经营主体”发展特征,利用“窗口指导”这一抓手,衡东县支行积极采取强有力措施,加强指导、不断创新,积极推进新型农业经营主体贷款保证保险业务在辖内的试点工作,并取得可喜的成绩。主要做法:一是出台支持政策。促请县政府出台《衡东县新型农业经营主体贷款保证保险试点工作实施细则》,成立试点工作领导小组,明确小组成员单位工作职责,形成多方联动,共同推进工作格局。二是加强宣传引导。通过专题会、行长联席会议、货币信贷季度分析会、调研等活动,加强试点工作宣传,积极引导试点银行与保险公司有针对性地制订各具特色的信贷支持“新型农业经营主体”发展规划,督促中国农业银行衡东支行、中华联合财产保险公司衡东支公司加强对接和协调。三是实地调查督促。深入辖内新型农业经营主体、试点银行与保险公司,积极开展调研,详细了解金融支持“新型农业经营主体”发展项目创新、信贷投入等情况，及时反馈和协调解决业务发展中的问题，督促试点银行与保险公司不断创新信贷模式，改进服务态度，确保试点工作健康发展。四是开展信用创建。积极开展“信用村”创建活动，引导农行、农商行等涉农金融机构建立新型农业经营主体信用评级制度，率先在新塘镇、霞流镇、高湖镇开展新型农业经营主体信用评价试点工作。五是完善帮扶机制。出台《衡东县新型农业经营主体金融服务主办行制度实施办法》，推动落实主办行制度，实行“一对一”金融帮扶。同时，在全县 33 个贫困村建立金融扶贫服务站，解决农村金融服务缺失问题；增加 ATM 机、CRS 存取款机、POS 机等自助机具在农村地区的布放，提升银行卡助农取款服务质量。　（陈国庆）

工商银行

【概况】　中国工商银行股份有限公司衡东支行下设综合管理部、业务营销团队，一个营业网点，四个自助银行。现有员工 32 人，其中经济师 13 人，大专以上学历员工占总人数的 95%。衡东县工商银行在上级行党委领导下，在县委、县政府及人民银行的关心支持下，秉承“工于至诚，行以致远”的核心价值理念，以支持经济发展服务社会民众为已任，坚持以质量效益为中心，以客户拓展壮大为基础，进一步把风险防控摆在突出位置，加快经营转型和结构调整，全面提升竞争发展能力，实现新常态下的提质增效升级和健康平稳发展。

【存款工作】　存款是经营和发展的重要基础。通过激励机制有效的激发员工揽存激情，对一些优质客户单位走访，加强交流，努力做好客户公关和优质服务工作，充分挖掘客户资源。认真做好优质客户资料的整理，及时提供金融信息和产品等方法加深与客户的情感交流，使优质客户忠诚逐渐增加。

【贷款营销和消费信贷】　多次举办专题性强的营销培训课程，从营销理念上和营销技巧上对信贷业务人员进行充电，确保队伍素质不落伍，在人员配备上不断充实信贷队伍，使我行在激烈的市场竞争中站稳脚跟。牢牢抓住现有的客户资源的同时大力寻求新客户，抓住合作机遇，努力营销新市场，拓展了以碧桂园、洣水新城等十多家按揭楼盘，且继续保持着良好的发展势头。

【贷款管理】　建立贷款风险预警机制，在发放贷款前首先考虑的就是信贷资产的安全可靠性，重调查研究、重安全效益，积极开展贷款管理工作。进行信用等级划分，列出信贷工作的重点对象、发展方向、工作目标。加强对已发放贷款的管理，努力提高信贷资产质量。对已发生劣变的贷款加快批量转化工作，以时间换空间，使企业客有回旋的余地，尽最大努力使我行贷款少受损失。

【拓宽增收渠道】　积极转变观念，创新思维，全面提高我行的经济效益，为客户提供全方位服务，拓宽增收渠道。为满足客户的多元化金融需求，不断整合出优质业务品种，如投资理财、网上银行、贵金属业务、代理工资发放等为客户特别是优质客户提升多功能的金融服务。

【队伍建设】　开展“创一流服务，树工行品牌”活动，追求服务上档次。坚持深入开展服务技能练兵和比赛、规范化服务流程演练。坚持服务创新，通过推行重点客户的精准服务，产生良好的区域性社会影响力，提升银行的竞争力。坚持“人才兴行，以人为本”，着力提高员工综合素质，营造精神和物质上良好氛围，充分挖掘员工的积极性和创造力。

（李思思）

农业银行

【概况】　衡东县农业银行，作为四大国有银行之一的一级支行机构，秉承“面向“三农”、服务城乡、回报股东、成就员工”的企业使命，以“客户至上、始终如一”的服务理念，为衡东地方经济发展提供优质服务，作出巨大贡献。在国家宏观经济结构性调整、市场同业竞争激烈的情况下,衡东支行逆流而上,各项业务指标稳步提升。截至2017年年末,衡东支行各项存款余额374861万元,各项存款日均余额390993万元。各项贷款余额69301万元,其中个人贷款余额47997万元。累计实现中间业务收入1277万元。各项核心业务指标,与区域内同业相比,位居前列。其中,对公存款,连续3年蝉联业内排名第一。

【支持地方经济建设】 2016年,衡阳市政府确定衡东新塘镇、杨林镇、石湾镇3个乡镇为衡东行扶贫试点乡镇。衡东行以此为突破口,加大对特色种养殖业、水电资源开发、光伏旅游等扶贫项目信贷扶持,积极推广富农贷、光富贷、油茶贷、粮食贷等精准扶贫产品。为解决融资难的问题,衡东行积极发展政府担保公司增信、保险合作增信、市场内互联互保等担保方式,推动精准扶贫农户贷款发放。做强贫困地区农村基础金融服务,打造衡东农行金融扶贫的特色和亮点。

【支持地方基础设施建设】 2016年5月,与衡东县人民政府签订全面战略合作框架协议。2016年7月,衡东行积极配合衡东县城市建设投资开发有限公司综合养老产业和城市停车场建设专项债券发行,并托管募集资金7.15亿元。2016年下半年,积极开展政府购买服务项目合作,先后审批通过衡东县S314(城关段)、S315(大浦段)路段提质改造工程建设项目和衡东县河西新区衡东大道等5条道路及配套设施建设项目,审批资金共3.4亿元,已投放1.25亿元,为衡东县基础设施建设提供极大的金融支持。

(王征宇)

农业发展银行

【概况】 中国农业发展银行衡东县支行成立于1996年12月,有职工16人,内设3个部室,即办公室、客户业务部、财务会计部。担负衡东县的粮油收购、销、储备资金供应,农村基础设施贷款、农业科技贷款、农村流通体系建设贷款及农、林、牧、畜、渔产业化龙头企业贷款、加工企业贷款的发放和管理工作。

中国农业发展银行衡东县支行始终坚持“至诚服务、有效发展、以人为本、构建和谐”的核心理念,主动顺应农业供给侧结构性改革要求,全力服务衡东粮食安全、服务农业现代化、服务城乡发展一体化、服务区域发展战略、服务扶贫攻坚,在农村金融体系中发挥主体和骨干作用,为保障国家粮食安全、保护农民利益、维护农产品市场稳定、促进城乡发展一体化做出重要贡献。2016—2017年,支行先后被县委、县政府授予“文明单位”“金融机构服务县城经济先进单位”和“社会治安综合治理先进单位”称号,连续五年被评为衡东县纳税大户,总行授予“省文明卫生单位”和“模范职工之家”,并连续保持四好班子合格单位。

【服务区域发展】 2016年,各项贷款余额8.73亿元,各项存款余额3.95亿元。2017年,各项贷款余额9.84亿元,各项存款余额2.8亿元,支持衡东县农业农村基础设施建设3个,贷款余额5.45亿元,其中湖南省衡东县城河西棚户区改造项目4.36亿元、湖南省衡东县城河西新区农民安置房项目0.7亿元、湖南省恒建农林有限公司油茶丰产林基地建设项目0.39亿元,发放救灾应急贷款0.7亿元,支持重点建设基金项目4个、金额2.98亿元。为地方经济调结构、惠民生提供资金支持。

【党建工作】 2016年,牢固树立“党建抓实就是生产力,抓细就是凝聚力、抓强就是战斗力”的理念,坚持把全面从严治党的责任扛起来,把加强党建的各项工作抓起来。领导班子以身作则,先后主讲专题党课3次,做学习活动“领头雁”,以实际行动引领全行党员干部,形成上级带头、领导示范、上行下效的良好局面。规定动作不打折扣,详细制定了学习计划,通过集中学、听党课、写心得、抄党章、学习讨论等一系列学习活动开展,督促员工加强学习。制作“两学一做”专题宣传板报,创办学习心得栏,张贴心得体会18篇,悬挂《党章》抄写本9本,刊发

"两学一做"学习教育活动专刊8期，开展"两学一做、庆七一，争先创优、务三农"为主题的七一文艺会演活动，扎实推进"两学一做"学习教育活动，使全行党员干部的思想认识水平得到进一步提高。坚持党建引领促进业务稳健发展。准确把握党建工作和经营发展的交融点，把党建工作同业务发展、风险化解等工作有机结合起来，充分发挥党组织战斗堡垒作用和党员的先锋模范作用，实现党建工作与业务工作"双促进"。

2017年，狠抓责任落实，强化党管意识。成立党建工作领导小组，制定实施细则，明确责任分工，形成了支部书记亲自抓、分管行领导具体抓、班子其他成员配合抓的良好局面，确保党建工作常抓不懈；持续推进"两学一做"学习教育制度化、常态化，规定每月第二个星期四为全体党员学习日，共组织集中学习12次，人均学习笔记5000字以上，严格党内政治生活，坚决落实"三会一课"、民主评议党员、组织生活等制度，全年召开民主生活会1次，组织生活会1次，全体党员会议6次，支部委员会议12次，领导班子成员带头讲党课4次，开展集中学习讨论2次；投入6.5万元建设"六有"规范化党员活动室，添置投影仪、手提电脑等硬件设施，以党员活动室为载体，组织开展多种形式党员活动，充分发挥硬件设施作用。

【清收不良贷款】 2017年，有不良贷款企业3家，不良贷款22878万元。面对艰难局面，行领导不懈怠、不畏难，全力以赴清收不良。压实责任与上下动员相结合。坚持"一企一策"清收策略，落实责任人、明确清收时限，全面压紧压实人员责任，形成全员参与不良清收良好局面；依托政府与支持发展相结合，为清收打好基础；加强监管与重点帮扶相结合。一方面全面核查不良贷款企业资产负债和抵押物，及时掌握企业经营动态，做到底数清、情况明；另一方面，想方设法帮助企业通过挖掘增收潜力、处置闲置资产化解风险；依法维权和债权转让相结合。根据企业实际情况，择机启动依法诉讼程序。同时，为最大限度减少贷款损失，积极调整思路，探索风险化解路子，抓住各种机会向地方党政领导专题汇报，宣传化解对策，打消领导顾虑，促使县政府同意以债权转让方式化解金宇公司4000万元不良贷款；在平台公司"守"，反复解释转让方案，商谈转让事宜，消除畏难情绪，成功达成转让意向；多次上门约谈企业负责人，"晓之以理、动之以情"，消除抵触情绪，安排客户经理跟踪进度，加快取得股东决议；在上级行全力支持下，经过多方协调、反复协商，克服重重困难，最终以债权转让方式依法合规实现现金清收不良贷款4000万元。

（陈岳衡）

建设银行

【概况】 中国建设银行股份有限公司衡东支行是建行下属的一家县级支行，在衡东县共设有2个营业点：中国建设银行股份有限公司衡东支行营业部、中国建设银行股份有限公司衡东云鼎支行，一个离行自助银行，功能齐全、经营稳健、服务优良。有员工23人，其中中级技术职称人员7人，初级技术职称人员12人。衡东支行各届领导班子坚持以科学发展观为指导，紧紧围绕"以人为本，以德治行，构建和谐团队"的办行思路，坚持"以市场为导向，以客户为中心"的服务理念，紧紧依靠员工，牢牢把握客户，始终坚持合规，不断改善服务。2016—2017年，建行衡东支行先后被建行湖南省分行评为"四星级"网点，"平安建行创建活动先进单位"；"双基管理案件防控先进单位"；"双基"管理合规团队；"标杆网点"等。

【主要经营指标】 2016—2017年，中国建设银行衡东支行存款增加3.0亿元；2016年年末存款余额17.6亿元，2017年年末存款余额18.51亿元；存款年均增幅为9.6%。

2016—2017年，中国建设银行衡东支行累计投放各类贷款5.6亿元，贷款余额增加3.4亿元；2016年年末贷款余额3.12亿元，2017年年末贷款余额5.52亿元；贷款年均增幅为80.1%。

2016年，中国建设银行衡东支行实现利润2681万元，向当地缴纳税收180万元；2017年实现利润

2951 万元,向当地缴纳税收 200 万元。

【提升服务水平】 2016—2017 年,中国建设银行衡东支行加大对基础服务设施建设和智慧网点建设的投入,在衡岳北路增设一个离行自助银行,在网点投入智慧柜员机 10 台,网点服务环境大大改善,服务智能化水平和服务效率进一步提高。为服务乡镇群众,打通金融服务最后一公里,建行衡东支行在村镇开通"金湘通"便民服务代办点 130 个,办理缴费、查询、汇款、小额取现、支付结算等业务。在推进网点渠道建设的同时,建行还狠抓窗口服务,改进客户体验,得到了客户和群众的好评。

【服务实体经济】 为了适应衡东县域经济发展的特点,更好的服务好县内的外贸进出口企业,2016 年,衡东支行营业部开通外汇结算和贸易融资服务渠道,大大方便企业外汇业务和贸易融资业务的办理。建行衡东支行成为湖南机油泵股份有限公司、湖南创大钒钨有限公司等企业办理外汇结算和贸易融资业务的主办银行。2017 年,中国建设银行衡东支行成立普惠金融业务部,大力发展普惠金融业务。针对中小企业和个体工商户融资难、抵押担保难的问题,建行衡东支行大力推广大数据信贷业务,通过小微企业快贷和个人快贷,累计为 50 余户小企业和 100 户个体工商户累计发放纯信用贷款 3600 万元。针对工业企业融资难问题,中国建设银行衡东支行继续利用助保贷款平台发放小企业贷款 5 户,发放金额 4800 万元。为帮助本地企业湘油泵实现产业链延伸,向衡东领中机电有限公司发放并购贷款 9700 万元,用于并购株洲易力达机电有限公司。

【化解信贷风险】 2016—2017 年,针对多家企业还贷资金困难,相继出现违约情况,建行衡东支行积极争取上级行政策,主动作为,为湖南创大钒钨有限公司、湖南朝阳建材有限公司、衡阳天健锡业有限公司、湖南荣桓科技有限公司等出现风险的企业贷款采取借新还旧、延长贷款期限、调整结息周期、降低利率等措施,不压贷,不断贷,降低企业成本,维持企业正常运转。将不良贷款控制在较低的范围,使得区域内的信贷资产质量保持良好。

【履行社会责任】 2016—2017 年,累计向地方政府缴纳税收 380 万元,多年来一直是县里的纳税大户。支行积极开展金融消费者权益保护活动和金融知识进万家宣传活动,并且在支行设立的金融消费者权益保护办公室。积极落实社会综合治理各项要求,实现安全生产,没有上访群访事件。在县政府组织的无偿献血活动中,支行在人员少的情况下积极动员,完成计划任务。积极落实精准扶贫战略,在衡东县南湾乡设立金融扶贫工作站一个;与衡东县国资局、供销社等单位共同联系帮扶贫困村吴集镇早禾村,扎实开展精准扶贫工作。 (唐琥珀)

中国银行

【概况】 中国银行股份有限公司衡东支行系垂直管理单位,衡东支行内设营业部,下辖北街支行 1 个营业网点。有员工 31 人。

2016—2017 年,中国银行衡东支行紧紧围绕"担当社会责任,做最好银行"的战略目标,认真贯彻行党委的工作部署,实行"调整结构、扩大规模、防范风险"的工作总方针,坚持从严治行、科学兴行,加大市场拓展力度,加强不良催收,在严峻的经济环境和激烈的市场竞争下,促使全年全行各项工作平稳健康发展,各项业务状况明显改善,经营效益明显提高。通过全行员工的努力拼搏,绩效考核在全市中行系统排名中名列前茅。

【调整资产机构,支持县域经济】 调整贷款结构,制定抓好现有公司类维护和选择性企业培植前提下,将个人消费类贷款列为资产业务新的增长点,营销按揭楼盘,提高银行贷款时效,以高效服务赢得开发商和客户的信任,最大限度地投入信贷资产,2016—2017 年累计投放各类信贷资金近 5 亿元。湖南机油泵股份有限公司为衡阳市唯一一家民营上市企业,2017 年,通过全力营销,成功批复机油泵 1 个亿的项目贷款;2016—2017 年年累计投放授信金额超亿元。

2016—2017 年主要业务发展情况表

表 2

年　度	存款余额（万元）	贷款余额（万元）	不良贷款率（%）	实现利润（万元）
2016	133777	54195	1115	366
2017	151987	55343	1057	1854

【完善金融服务，创新业务品种】 2017 年，存款市场不断开阔，在做大总量的同时逐步推进负债业务经营转型。强调提升存款市场份额，降低资金成本。在全力营销，努力扩大业务规模和市场份额的同时，重点抓工资代发和社保卡的发卡。公司板块重点营销司法网络拍卖的三个专户，吸存资金达 5 个多亿，为支行业务的稳步发展打下良好基础。

【强化内控建设，确保合规经营】 2016—2017 年，在有条不紊发展业务的同时，衡东支行依然贯彻“抓合规、控风险”的工作宗旨，有效控制业务差错，防范经营风险，未出现重大违纪违规事件，在反洗钱工作中，辖内内控副职尽职尽责，全年视频查看两个网点均实现零违规；持续保持做到平安网点，确保各项工作健康持续发展。为提高员工合规操作的责任意识，有效降低业务差错，衡东支行根据上级行绩效考核标准，制订员工内控合规履职评价方案，每月根据内控履职评价得分情况对员工进行点评和通报，及时实施奖励和处罚措施。把“合规免责、违规追责”理念植根于各项工作之中，提高合规经营自觉性。

（柳爱群）

农村商业银行

【概况】 2016 年 2 月 25 日，由原衡东农村信用合作联社社改制而成的湖南衡东农村商业银行股份有限公司（以下简称衡东农商银行）正式挂牌成立。在县委、县政府的正确领导下，在各级各部门的大力支持下，衡东农商银行切实按照上级的总体部署和工作要求，坚持以提高质量和效益为中心，着力转变作风、深化改革、强化管理，各项工作向纵深迈进。截至 2016 年年末：（1）存款稳步增长。全行各项存款余额 610911 万元，较年初净增 56478 万元，存款增长率 10.19%。（2）信贷有效投放。全行各项贷款余额为 306872 万元，较年初净增 41500 万元，其中贴现余额 151709 万元，较年初净增 23134 万元，贷存比例 50.23%。（3）收入效益持续增长。全行实现总收入 39467 万元，同比增加 2384 万元，各支行实现贷款利息收入 13356 万元，同比增加 2578 万元。实现账面利润 8356 万元，净利润 6487 万元，经营利润为 9429 万元，同比增加 199 万元。（4）主要风险指标有所改善。全行表内不良贷款余额 8392 万元，较年初增加 2396 万元，不良贷款占比2.73%。表外不良贷款本息共计收回 3369 万元。贷款损失准备余额 14060 万元，拨备覆盖率和资本充足率分别达到 167.54% 和 12.51%。（5）内控管理逐步加强。全年各类案件率为零，继续保持数年来全年安全经营无责任事故和案件的好局面。

2017 年，党委班子以服务创新、产品创新、管理创新作为提质升级、增强发展后劲的工作主线，围绕省联社的各项经营指标真抓实干，奋发作为，较好的完成了各项业务经营指标。（1）存款规模持续壮大。各项存款余额为 70.31 亿元，比年初净增 9.22 亿元，增长 15.09%；存款市场份额 35.98%，比上年提升 1.21 个百分点，稳居县域金融机构首位。（2）各项贷款快速增长。各项贷款余额为 36.61 亿元，比年初净增 5.93 亿元；法人客户净增 30 户；贷款个人客户净增 3423 户。贷款市场份额 44.93%，稳居县域金融机构首位。（3）信贷资产风险有效防控。年末不良贷款余额为 1.07 亿元，比年初增加 0.23 亿元，不良贷款率为 2.93%，比年初上升 0.20 个百分点，实现3%的控制目标；贷款到期收回率为97.10%，同比提升2.1个百分点；全年收回表外不良贷款5293.93万元，完成省联社年度任务的133.36%。（4）经营效益显著提升。银行实现财务总收入4.8亿元，比上年同期增加8571万元，增幅21.72%；实现经营利润1.39亿元，同比增加4508万元；实现净利润6763万元，同比增加276万元。（5）经营绩效等级大幅上升。在全省农信系统绩效考核中，年度绩效等级达A+，比上年提升7个等级，主要监管指标全部达到上级监管要求。（6）电子银行加快发展。手机银行开户净增3665户；手机银行动户率49.07%；电子银行替代率达78.04%；社保IC卡激活率87.43%。（7）内控管理逐步加强。全年各类案件率为零，继续保持数年来无安全经营责任事故良好局面。

衡东农商银行全体员工攻坚克难，迈着坚实的步伐一路走来，挥洒汗水、取得成绩、收获荣誉。2016年，行营业部被市妇联评为“三八”红旗集体称号；2017年荣获县金融消协工作“先进单位”称号；荣获县“2017年度社会治安综合治理工作先进单位”称号；荣获县“2017年，度驻村扶贫优秀工作者”称号；荣获市农商行系统“2017年内控案防目标管理先进单位”称号；荣获“2017年度驻村扶贫优秀工作组”称号；被银行业协会评为“2017年度信息工作先进单位”。

【业务拓展】（1）抢抓机遇、活动助力，深挖客户资源。以衡东农商银行成立1周年活动为主线，开展为期3个月的感恩大回馈，邀请著名书法家为客户免费书写春联，除夕夜7—11点连续4小时春节拜年微信直播等活动，获得客户一致好评。持续开展“访客户、问需求、优服务”活动，主动融入衡东县103个重点工程建设，做好上门维护，加强与县域重点工程项目的一对一对接，拓展湖南富城新区开发建设投资有限公司、衡东县兴衡光伏发电有限公司等一批大客户。开展支农服务活动，共走访行政村42个、组336个、村民4500余户，直接或间接提供信贷支持5000万余元。（2）优化流程、提升服务，提升客户满意度。一是优化办事流程。积极推行“阳光信贷”“限时办贷”和“上门办贷”，在依法依规前提下，放宽贷款抵押物属性，调整产品价格，增开新塘、大浦网点住房按揭贷款业务，尽可能为优质客户开通绿色通道。实时关注市场变化，制定出适应市场形势的新产品，推出汽车按揭贷款、“小微企业流水贷”、致富宝等系列信贷产品，满足小微企业主、公职人员、县域种养殖户等不同类型客户的资金需求。以抓“晨会”“夕会”督导入手，提升网点文明规范服务，增设业务窗口提高办理效率，聘请大堂经理方便客户业务办理，推行规范化流程，提升服务水平，同时对14个营业网点进行装修改造，不断改善服务环境。（3）找准定位、依托市场，筑牢业务发展根基。大力支持衡东中小微企业发展，做实基础客户，要求全行年内增加10万元以内的个人贷款客户1000户以上，每个员工熟记100个客户电话，推动客户分层管理落到实处。重点拓展商品房按揭贷款市场，新增12个楼盘，授信24000万元。8月，参加全市植优补短政银企签约洽谈会工作，组织衡东盛和现代农业开发有限公司等5家企业参会，现场签约金额达6000万元。不断加大对法人信贷客户营销力度，主动营销机关事业单位、县域重点高中、医院以及电力、水利、燃气等客户贷款。积极培育新型农业经营主体，支持工业企业、商业流通企业等发展壮大。到年末，农商行小微企业贷款余额87076.7万元，比年初增加18952.7万元，增速为27.82%，位列全市农商行系统首位，超过全省平均增速8.43个百分点；涉农贷款余额134651万元，比年初增加22281万元。（4）适应形势、拓宽渠道，不断扩增盈利空间。农商行在风险可控的前提下积极开拓资金营运市场，获取资金收益最大化。电子银行业务加速发展。开通社保IC卡专用服务窗口并提供上门激活服务，日均激活量达200余张，社保IC卡激活率87.43%。有序发放两卡两折。出台《惠农补贴“一卡通”发放管理实施方案》，保证惠农补贴明白折和扶贫补贴明白折发放及时到位。同时，加大网银、手机银行、自助设备、助农终端宣传和建设，打通农村金融服务“最后一公里”。（5）统筹调度、有序推进，确保新系统顺利上线。为确保新系统顺利上线，农商行加强组织领导，安排专门力量，全力做好新系统上线各项工作。全行上下发扬以奉献精神、合作精神、工匠精神、担当精神为核心的“新一代精神”,主动作为,确保新一代业务系统顺利上线。(6)突出政治站位,加大金融扶贫力度。根据省联社、办事处以及县委县政府的要求,将金融精准扶贫作为一项重大政治任务、民心工程来抓,出台《衡东农商银行打赢脱贫攻坚战实施方案》,明确金融扶贫的目标任务、具体措施和考核办法,全年发放扶贫贷款3302万元,完成衡东县委、县政府分配的扶贫贷款任务(3000万)的110.07%。为做好金融扶贫联系点的帮扶工作,安排两名扶贫专干全职从事扶贫工作,安排莫井支行、吴集支行两位行长协助从事扶贫工作。积极对吴集镇江山村79户贫困户(经核减后为67户)实施一对一结对帮扶,明确总行机关人员一对一的帮扶对象、帮扶方式、帮扶措施,利用节假日对帮扶贫困户送去慰问金、生活必需品、仔猪、仔鸡等共计67人次,金额5万余元。建成21个金融扶贫服务站,已有吴集镇江山村、甘溪镇夏浦村、杨桥镇荆竹村等4个金融扶贫服务站完成三站融合工作。在吴集镇江山村推动了易地扶贫安置点酥脆枣项目和衡东盛丰农业生态种养专业合作社扶贫项目建设,大力开展产业扶贫项目促脱贫。

【案防建设】 (1)加强合规管理。扎实开展“合规管理年”活动,推进合规文化建设。举办“合规知识”抢答赛,在衡东农商银行微信平台开辟“合规管理大家谈”专栏,开展“合规标兵”评选,柜面风险防范培训等专题活动,筑牢员工思想防线。风险预警率在全市排名第二,比全市平均风险预警率18.35‰低6个千分点(全市风险预警率最低9.16‰、最高40.26‰)。(2)提高安全保卫水平。紧紧围绕“安全就是信誉、安全就是效益、安全才能发展”宗旨,切实加大安全保卫工作力度,落实各项安全措施。对全行31个网点及监控中心进行了安全保卫检查144余次。在夜间不定期到基层网点对守库、守行及值班情况进行现场检查。开展武装押运演练,为安全防范“上紧发条”。重点抓实“营业场所、金库、守库室、报警设施、消防器材”五个环节的防范设施建设。对25个在行式和2个离行式的自助银行报警监控联网工作进行自查,对监控模糊不清、监控主机老化等问题及时解决,使各支行现金通道无盲区。(3)守住案防底线。以省联社“专项整治”为契机,深入开展党风廉政建设和反腐败工作。开展《领导干部利用职权或者职务上的影响在金融活动中谋取私利专项整治》等系列活动,着力落实从严治党要求,规范领导干部行使权力,规范行业管理,着力构建不敢腐、不能腐、不想腐的长效机制,切实做到用制度管人、管事、管权。进一步做好“雁过拔毛”式腐败问题专项整治“回头看”工作;做好春节、端午、中秋等节前廉洁警示,增强党员干部“免疫力”,着力营造崇廉尚洁良好氛围。加大检查、处罚和内控管理力度,增强案件防范意识。

【信贷管理】 面对经济下行压力,农商行以防范信贷风险为核心,推出管理新措施,信贷质量明显提升。一是推出“五项新措施”。启动班子成员挂牌督办清收机制,针对表内外前十大户不良贷款,由包片班子成员、包行部门负责人进行一对一跟踪清收,发挥领导效应带动全行清收。至12月末,已成功化解5户,处置盘活不良贷款3385万元。出台《新增不良贷款责任追究暂行办法》,对贷款责任人新增不良贷款,按本金的1‰缴纳贷款风险保证金,极大增强贷款包收人的责任心。出台公示清收,先后在全县开展3批次公示清收活动,向社会公示名单共23953笔、金额40746.36万元,共计出动700余人次,张贴公示5700余张,衡东新闻、《衡阳日报》累计宣传9次,微信公众号宣传18次,浏览量8000余人次。对借款人起到很大震慑力,清收不良贷款1804笔、金额1542.57万元。首次将客户经理工作业绩纳入考核范围,按季对任务完成情况进行考核,有力促进客户经理履职尽责。启用不良贷款日报制,安排专人统计数据,供总行领导随时掌握不良贷款情况,按月对支行到期贷款下发督办函。同时,对压降落后支行行长进行约见谈话,全年约见10名行长谈话12次,有效推动了清收进度。二是强化常规措施。通过强化司法清收、责任清收、资产公司清收等措施,有效提高贷款压降成效。截至2017年12月底,收回表外不良贷款本金5294.22万元,其中收回股东购买1922.44万元、政府置换1590.6万元、央行置换54.47万元、核销1726.71万元。

【企业形象】 (1)加强党建工作。一是深入贯彻党的十九大精神,领会精神实质。加强党员教育,从思想上、政治上与党中央保持一致。加强党性修养和道德修养,切实增强全行干部员工的"四个意识"。二是认真落实班子成员联系支部的党建工作责任制度。按照"两个一以贯之"的要求,不断改进和加强全行党的建设,把加强党的领导和完善农商银行法人治理统一起来。召开庆祝建党96周年暨"七一"表彰大会,各支部开展主题党日活动,组织3名新党员进行入党宣誓,老党员重温入党誓词。对3个先进基层党支部、21名优秀共产党员、12名优秀党务工作者进行表彰。邀请衡阳市委讲师团主任、教授成新平结合衡阳近五年来的变化对党的十九大报告进行了全面解读,深入领会十九大的精神内涵等。(2)提升员工幸福感。为让基层员工感受到看得见,摸得着的关怀,总行班子成员与包片部室负责人深入基层,对50余名困难职工和21名生活困难的党员进行走访慰问。积极改善好基层办公及住房条件,对5个条件特别艰苦支行的办公场所和住房进行租赁,食堂伙食费、工会经费、交通补贴、守库值班费不断向基层倾斜。借鉴通道农商银行先进做法,对新塘、栗木、石滩等支行进行实地调查摸底,确定将新塘支行建成"五小建设"标杆网点。成立爱心基金帮助困难员工。先后开展为320余名员工举行集体生日。5月,召开"优秀青年表彰大会暨青年员工座谈会"。9月,举行"凝心聚力"杯拔河赛等。进一步了解了基层员工心声,增强队伍的凝聚力和战斗力。(3)加大对外宣传。通过加大宣传力度,积极推荐工作中的好做法、好经验。借助电视台、网站、微信等平台开展"开门红""周年庆"系列活动、国家网络安全宣传周、反假币宣传、"三站融合"示范点宣传等活动,为群众现场答疑解惑。截至2017年12月末,在中国农村金融、地方金融发表稿件3篇,省联社内网发表930篇,省联社官网发表81篇,《湖南农信》杂志《衡阳晚报》《衡阳日报》、衡阳市银行协会发表9篇,当地手机报、政府网站发表73篇,微信公众号推荐109篇。衡东农商银行社会影响力不断扩大,社会形象不断提升。

【队伍建设】 (1)着力作风转变,提高思想认识。以作风建设破题开路,牢固树立全员"行兴我荣、行衰我耻"的大局观念。召开机关城区作风建设动员会议,全行掀起了转思维、改作风、优服务的高潮。6月末,党委班子成员靠前指挥,抗击洪峰,不眠不休4天3晚,确保了支行人身和资金安全。推行首问责任制,优化办事流程,全心全意做到"机关为基层服务、员工为客户服务",经过测评,基层员工对机关各部室测评平均分数达到了97分。(2)着力考核创新,激发员工活力。在考核办法上推陈出新,实行"多劳多得,按业绩论英雄"的分配机制,队伍主动作为意识全面激活。(3)着力教育培训,提升岗位动能。采取"请进来,走出去"方式,通过业务拓展、讲师授课、外出学习等加强对员工的教育培训。全年相继开展了涵盖服务礼仪、贷款营销、不良资产清收处置、合规风险防范、系统上线等全员培训共计20余次,参训人员达5000人次,其中外训人员达400余人次。通过岗位交流、中层提拔,让年轻同志多岗位历练,为经营管理注入活力。 (罗小娟)

邮政储蓄银行

【概况】 中国邮政储蓄银行股份有限公司衡东县支行于2008年4月18日挂牌成立。全县有18个网点,其中自营网点2个、代理网点16个。衡东县支行现有员工30人,90%以上员工具有大专以上的学历。县支行各项业务平衡发展,2016年年末贷款结余3.3亿元,存款规模5亿元;2017年年末贷款结余4.1亿,存款规模5.6亿元,收入完成情况排全市第一,利润完成情况排全市第二名,连续两年被评为衡阳市分行先进支行。

【金融扶贫】 坚决打赢脱贫攻坚战是党的庄严承诺。衡东县支行高度重视金融精准扶贫工作,2016年在全县建立金融扶贫点4个,发挥网络覆盖城乡、资金规模庞大的优势,逐步探索出一条以特色产业为依托、以产品创新为基础、以风险分担为保障的商业可持续金融扶贫新模式。精准支持贫困乡镇基础设施建设和特色产业发展,建设金融扶贫示范支行;在充分了解贫困乡镇状况的前提下,结合当地特点,整合多方资源,因地制宜打造出众多特色金融扶贫产品;创新推出"扶贫+扶智""银政合作""产业引领""能人带动"等多种模式,因地制宜地促进贫困乡镇扶贫产业发展。

【支持地方经济】 衡东县支行积极发展绿色金融,助力生态文明和美丽衡东建设,"绿水青山,就是金山银山",绿色发展功在当代,利在千秋。衡东支行始终坚持绿色发展理念,制订绿色信贷战略与发展目标,切实将理念融入业务发展与信贷管理之中,不断完善绿色金融服务和管理体系,积极打造具有较强影响力与可持续发展能力的一流绿色银行,助力生态文明和美丽衡东建设。

2017 年,衡东支行持续完善绿色信贷战略规划,成立绿色银行建设领导小组;完善绿色金融差异化授信政策,明确绿色金融支持方向与重点领域,严格控制不符合国家产业政策调控导向领域的信贷投放;实施环境和社会风险的全流程管理,加快管理与产品创新,不断完善绿色金融政策制度体系。在绿色信贷方面,衡东支行积极倾斜资源配置,重点围绕绿色交通运输、可再生能源及清洁能源、绿色装备制造等十大重点领域,加大信贷支持力度。截至 2017 年年末,衡东支行绿色信贷余额为 3 亿元,同比增长 60%,有力地支持绿色经济发展。 (王友国)

华融湘江银行

【业务情况】 截至 2016 年年底,支行存款余额 48813 万元,贷款余额 37339 万元。

截至 2017 年年底,支行存款余额 49894 万元,较 2015 年增长 8514 万元;贷款余额 40904 万元,较 2015 年增加 20114 万元。累计发放贷款 19083 万元,累计收回贷款 15517 万元,净投放 3566 万元。

政府帮扶贷款:2016 年 10 月底,华融湘江银行与县政府进行帮扶企业贷款合作,由政府提供担保措施,向符合要求的企业发放 1.5 亿元贷款,截至 2016 年年底已投放 12390 万元,其中衡东县支行发放 4790 万元帮扶贷款。

【资质开通】 支行特色化发展有效突破,通过政务金融加强与政府合作,获取国库集中支付、财政零余额账户、社保、非税、房维、住房公积金、国土网拍、财政工资代发等资质。

【金融扶贫】 2016 年 9 月 11 日,华融湘江银行衡东县支行作为主联系行在衡东县吴集镇莫园村挂牌成立金融扶贫服务站。

【精准扶贫】 2017 年,驻村帮扶吴集镇紫岗村,一对一结对帮扶四户,落实 3 万元帮扶资金。

(赵文君)

人民财产保险公司

【概况】 中国人民财产保险股份有限公司衡东支公司隶属于中国人民财产保险股份有限公司衡阳市分公司,坐落于衡东县洣水镇先锋路 50 号公司设经理室、综合部、车险业务部(直销业务部、续保业务部、营销业务部)、商业非车险业务部、农村保险事业部、新塘营销服务部、杨桥营销服务部、大浦营销服务部,现在有员工 40 人,持证代理人员 150 人。

2016 年和 2017 年,衡东支公司紧紧围绕"品质卓越,跑赢市场,进一跨百"战略目标,始终坚持"加大改革创新力度,继续保持稳健增长,更加注重有效发展"的工作思路。凭借公司经理吴珠红及班子成员集体智慧及全体员工共同努力,较好地完成了上级公司下达的各项任务。2016 年,完成保费收入 3994 万元,上缴税收(含代扣代缴)456 万元;2017 年,完成保费收入 4396 万元,上缴税收(含代扣代缴)450 万元,创历史新高。实现保费增速跑赢市场,综合成本率优于市场,客户满意度领先市场。

始终牢记"人民保险、造福于民"的使命,通过诚信服务赢得市场,通过树立品牌形象赢得客户,得到了社会各界的广泛认可。2016 年,公司被衡阳市人民政府金融办公室和衡阳市保险行业协会评为"诚信服务示范窗口",被省分公司评为"2016 年度发展十佳支公司",被市分公司评为"2016 年度经营绩效考核二等奖"。多次收到客户送来的锦旗,"灾难无情 人保有爱""办案热情 理赔迅速""人保千里送保障 人民保险为人民"。

【队伍建设】 公司要发展,关键在队伍。要带好队伍,离不开一个"严"字,一是构建企业文化。坚持每天召开晨会,加强对公司企业文化的宣导,增强员工服务客户、服务社会的主动意识;灌输"人民保险,造福人民"的服务宗旨、灌输"效益优先,依法合规"经营理念。通过以德育人、以文化人,达到"思想同心、目标同向、行动同步"的目标,会上通报每日业务进度,安排好当天的工作。二是强化绩效考核。公司在年初对各个科室及员工制定了各个险种的详细目标,定期和不定期督促团队经理加强业务追踪。公司根据业务发展需求,开展阶段性业务竞赛,充分调动广大员工的积极性,实现物质和精神文明的双重奖励,从公司有限的费用挤出一部分用作奖励费用,对任务完成好的科室及业绩突出人员在公司大会上进行点名表扬,作为年度考核的一项内容,充分激发员工展业积极性。

【业务发展】 公司各项工作都面临着很大的压力和困难。外部环境恶劣,无序竞争,内部保费任务重,业务发展需要填补的缺口大。为了确保今年各项经营目标的实现,公司班子成员团结协作,集思广益,开拓创新,采取积极有效措施,加大公关力度,奋力推进业务快速发展。一是积极培育业务增长点,努力寻找业务发展突破口,拓展业务发展新领域,使农业险、责任险等效益险种业务获得了快速发展。二是积极开展业务竞赛。加大营销力度,推进业务发展。2016—2017 年,公司开展多次业务竞赛和业务突击活动,采取政策扶持、费用倾斜业务一线措施,调动员工的展业积极性,使公司整体业务发展得到良好的效果。三是积极拓展营销模式。根据分散性业务经营特点,采用科学有效的经营策略,建立、健全营销网络。应用灵活多变的的营销手段,采取直接营销、兼职营销、专职营销等方式,促进销售渠道和方式多样化,创新分散性业务营销模式,最大限度地挖掘分散性险种的市场潜力。

【服务群众】 保险人与被保险人之间的关系其实就是服务与被服务的关系,服务贯彻穿于整个保险活动中,是保险的生命。保险服务质量好坏,服务水平高低,决定保险公司兴衰存亡。要客户购买保险就必须要客户信任保险公司,要客户相信保险公司就必须要客户感受到保险公司全面贴心的专业服务的公司,主要抓四个方面服务。一是微笑服务。公司要求每位员工善用文明用语,微笑服务,时时刻刻体现人保员工的涵养和精神风貌。要求员工统一着司服,带工牌,服务过程中做到"三有两声一双手",力争温馨化服务。真诚服务零距离,对待客户要耐心周到,视客户如亲朋。二是规范服务。公司在营业大厅设置承保、理赔业务办理流程图,健全"首问负责制""限时办结制""一次性告知制"三项制度,将工作落实到科室,细化到个人,保证公司员工各司其职、各尽其责,确保各项工作稳中求进,落到实处。特别是理赔工作要抓严抓实,能赔的不惜赔,不能赔的不乱赔。三是便捷服务。一切以方便客户办事为原则,简化办事程序,提高办事效率。对提供资料齐全的群众当场受理,对无法当场办结的告知办结时限,并留下服务对象联系电话以便及时反馈办理情况。对提供资料不齐全的客户一次性告知,待资料完善后再办理,实现"一站式,一条龙,一体化"服务。2017 年 6 月初,衡东出现大范围的持续强降雨,造成 200 多户农户房屋受损。公司经理室科学决策、合理部署,迅速派出 3 个理赔查勘定损小组,第一时间奔赴各乡镇受灾现场,与当地民政工作人员及村干部组成农房查勘小组,深入受灾农户家中查勘施救及定损,并开通绿色理赔通道,把赔款及时打到受灾群众手中。四是满意服务。公司坚持人性化服务,针对边远地区特设远程出单点,在交通大队设立服务窗口以方便客户投保。在新塘、大浦、杨桥设立营销服务部。特别是对一些残疾人、孤寡老人等行动不便群众，实行上门服务，同时在服务窗口提供饮水机、纸杯、老花镜、笔、纸等物品，方便客户办事，客户满意度逐步提升。

【内部管控】 公司不断强化合规培训，引导公司员工树立“依法合规”经营意识，正确认识和看待规模与速度、质量与效益的关系，从根本上坚定了“效益第一”的发展理念。为进一步提高可持续发展能力提供有力保障。一是强化责任意识。切实树立起“对行业负责、对公司负责、对员工负责、对自己负责”的责任意识，进一步提高依法合规经营的主动性和自觉性。二是强化规范意识。要把账外账、小金库等违法违规行为作为一条红线，不得逾越、不得触犯，切实维护经营管理制度的严肃性。着力推进内控合规建设，开展培训工作，逢会必讲合规，切实提高公司展业和理赔等业务活动的规范性，确保财务业务数据的真实；三是强化风险意识。未雨绸缪、防患未然，从源头上进一步加强风险防范，切实防止和纠正忽视风险、片面追求业务规模而不讲原则、不计成本的观念和做法。公司无论业务多忙，都始终把依法合规经营放在突出位置来抓。严格风险管控，经理室经常定期或不定期组织检查，特别是在财务制度执行、系统权限管理、单证管理等方面查漏补缺，完善管理制度和措施，坚决做到依法合规经营。在经理室的严格管控之下，公司没发生任何案件，和管理出现严重漏洞的现象，公司业务始终保持在良好的运行状态之中。

【精准扶贫】 积极参与县委县政府及其各级机关单位安排、组织的会议及活动。按照县扶贫办安排，公司2017年精准扶贫对象是衡东县蓬源镇冲排村9户贫困户，要求公司派工作队驻村入户。由于受历史、自然等诸多因素的制约，冲排村经济发展层次低，生产方式原始，产业发展滞后，农民增收困难，经济社会发展缓慢，全村贫困面大，贫困程度深，返贫率高。是省扶贫工作对象建档立卡贫困村。为做好贫困户精准识别摸底调查工作，掌握第一手资料。2017年5月24日，公司党支部书记、经理吴珠红带领中层骨干分别走到各自的挂钩帮扶对象家里，家长里短拉家常，宣传扶贫政策，调查了解情况。按照精准识别摸底调查工作的要求，对照文件，吃透政策，实事求是，操作规范，逻辑清楚，填好表格。在5月24日完成冲排村9户精准识别摸底调查工作。在上级公司的支持下，予以5万元的扶贫帮扶资金。全方位、多层次、多角度关心支持群众，使他们尽快找准致富门路，彻底摆脱贫困。从根本上把问题解决好，努力做到扶贫一年、稳定一方、发展一方。

（吴　平）

人寿保险公司

【概况】 中国人寿保险股份有限公司衡东支公司是中国人寿保险股份有限公司设在衡东县的分支机构，坐落于衡东县洣水镇先锋路28号。现有员工24人，内设个险部、团险部、银保部、综合部、客户服务中心、新农合补偿中心，下辖城关、新塘、大浦、石湾、杨林五个营销服务部。公司经营主要险种有：人身保险、健康保险、短期意外险、新农合意外补偿保险等产品。公司始终秉承“用心经营、诚信服务”的经营理念，践行“服务到永久的”服务宗旨，为客户服务，为政府分忧。2016年，上缴地税115万元，2017年，上缴地税132万元。2016年，评为衡东县消协工作“先进单位”。2017年，被地税局纳税评级A级企业。2017年年底，中国人民银行衡东支行根据“金融稳定、反洗钱、金融科技、金融消费权益保护”四个方面非现场监管和现场检查情况，评定公司为A级机构（东银〔2018〕5号文）。

【业务创新】 公司于2016—2017年保费逐年增长。2016年，完成总保费8176万元，占据市场份额35%；2017年，完成保费1.05亿，全年突破1亿元大关，稳居市场主导地位。2016年，赔款支出3904万元，2017年，赔款支出5957万元。理赔按照“主动、迅速、准确、合理及坚持实事求是”原则，无一起客户因理赔不满引起的重大纠纷。经县政府同意，新农合意外伤害补偿中心挂牌成立后，为全县近30万农村客户服务。公司团险部开展村干部意外保险、教育系统的学生平安保险、城镇居民意外保险等业务,2017年,公司新开发“扶贫特惠保”业务,新增保费86万多元,为全县50%贫困人口提供保障,公司开展的保障适度、保费低廉、保单通俗的保险产品为广大城乡居民提供较好的风险保障,取得了较好的经济效益和社会效益。

【队伍建设】 公司一直狠抓队伍建设,一是员工和销售队伍的出勤管理,所有在岗员工和销售人员实行考勤机打卡,采用最先进的人脸识别考勤机,严格上班制度和出勤管理。二是加大销售队伍增员力度,销售人员2016年达成480人,2017年年底达成590多人,许多在家待岗的无业人员通过重新就业进入中国人寿,找到就业赚钱成功机会,为政府分了忧。三是加强员工和销售队伍培训学习,提升整个队伍的素质和战斗能力,合规销售,远离非法集资、洗钱等违法行为,服务客户意识不断加强,工作作风有所改变,工作效率得到提高。

【服务管理】 为强化客户服务观念,创新客户服务模式,公司在2016年至2017年做大量工作:一是规范客户中心工作人员的服务行为,改善服务质量,促进优质服务常态化。坚持周一至周五工作日开早会,规范柜员服务礼仪和服务用语,坚持微笑服务,耐心接待客户,解决问题,对外公示报案电话,公司实行24小时报案值班制度,方便出险客户及时报案。二是做好理赔服务,简化理赔手续,缩短理赔款到账时间,公司个险专门成立了收展部,现有队伍有200多人,为全县所有客户提供催交续收服务,减少保单失效率,保障了客户的合法权益。通过一系列优质服务举措,受到了客户普遍认可和好评,提升中国人寿品牌知名度。

【勇担责任】 中国人寿保险股份有限公司衡东支公司作为国有企业,积极防范和化解金融系统重大风险,守住不发生系统性风险底线,多次开展“非法集资宣传月和反洗钱宣传月”活动,让员工和客户远离非法集资及洗钱犯罪。2016—2017年,公司投入大量的人力、物力、财力,积极参与县里脱贫攻坚战,两年累计投入20多万元。对县里安排的综治维稳、无偿献血等工作不遗余力。 (肖剑峰)

中华财险公司

【概况】 中华财险衡东县支公司成立于2006年4月,地处衡东县衡岳北路594号,公司内设经理室、综合科、非车险科、车险科、意健险科、农险科等科室。现任支公司经理周志宏,拥有签约员工20人,其中经理室成员4人,员工16人。此外,聘请理赔顾问1人,乡镇农业保险协保员120人。在上级公司的正确领导与精心指导下,公司秉着“忠诚服务、笃守信誉、回报社会”的企业宗旨,坚守“主题是发展、主导是服务,主攻是效益”的经营理念,以人为本,求真务实,稳健经营,实现支公司从无到有,由小到大的蜕变、并取得较好的经济效益和社会效益。自2006年起,多次被评为全省先进基层机构,县直机关单位目标管理绩效考核先进单位,优质理赔服务奖,各业务线条业务发展奖及贡献奖。12年来,累计实现保费收入3.5亿元,实现利润2000余万元,人均创利170余万元。

【业务拓展】 公司经历12年的发展历程,一致认为:经营之路发展才是根本,大发展小困难,小发展大困难,不发展更困难。通过分析市场形势,结合衡东支公司实际,制订工作目标,以“效益为中心,以守住农险为底线,做大做强商业险”为工作目标。为实现这一目标,一方面,经理身先士卒,同时要求全体员工发扬拼搏精神,争夺市场份额。全体员工紧绷业务发展这根弦,凭着一股子初生牛犊不畏虎的精神,充分调动各自人脉资源争夺市场,力图全体员工突破自我。另一方面,公司充分认识到保险工作离不开各方面的大力支持与配合。只有通过协调各方关系,才能营造良好的发展环境。经理室成员坚持定期或不定期地向县委、县政府主要领导汇报工作,争取县委、县政府的高度重视和大力支持,不断扩大农业保险业务及非车险领域。2016年,石亮经理因工作需要,调往湘西中支任职,周志宏受省公司委派任衡东支公司经理,经他多方与政府各部门沟通,协商,使公司业务在原来的规模基础上稳定发展,2018年元月完成城乡居民医保签单,保费规模由原来的600多万,提高至840万元,在经理室的集体努力管理，严格要求下，大大降低赔付，大力惩治虚假赔案。2017 年，根据中央创新精准扶贫驻村帮扶机制，扎实推进精准扶贫的要求，以及《中共衡东县委办公室衡东县人民政府办公室印发〈关于坚决打赢脱贫攻坚战的实施方案〉的通知》要求，支公司经理室成员组成帮扶人员，在南湾乡江东村设立扶贫点，派驻专人在东江乡开展扶贫工作。以周经理为首的班子成员马上成立了领导小组，其中队长 1 名、队员 4 名，每人名下有 4 个贫困帮扶家庭，牵头落实村级脱贫规划和年度工作计划，以及派驻单位的各项帮扶措施，参与南湾乡江东村扶贫项目的组织实施和管理，协助做好“进穷村、结穷亲、帮穷富”工作。

【队伍建设】　针对衡东支公司员工队伍素质情况，定期对公司员工及营销骨干力量开展培训，全面增强广大员工的责任感，使命感和紧迫感；推行“一岗多能”创新管理机制，使青年员工能接触创新业务，开拓新视野，在提升本职业务能力水平同时提升整体工作效率，掌握多项工作技巧，真正做到“一岗精，二岗会，三岗懂”的综合性人才。

【内部管理】　公司除了日常管理制度外，还推行《衡东支公司员工考核办法》，以此来充分调动员工工作积极性，提高工作效率，建立起以岗位为基础，以公司业务价值发展为核心的正向激励机制，把员工的半年奖、年终奖与岗位责任、业绩密切结合起来，实现半年奖、年终奖分配的制度化，规范化。2016 年组织员工开展“车险百日”专项劳动竞赛和“大干 37 天，我为公司做贡献”等专项劳动竞赛活动，激发员工的工作热情，形成和谐的工作氛围和强大的合力。2017 年，中华联合财产保险股份有限公司北京分公司成立寿险公司，为有效宣传公司寿险业务，湖南分公司特意推出“世纪精英”“百万 E 保”等一系列健康险种，公司把优质服务作为加强管理的最终目标，因为，做保险更多的就是做服务，客户的需求就是公司的服务。公司大力倡导“服务意识时时有，服务举措日日新”，“一次入保、终身服务”的理念，要求员工与客户建立良好的互动关系。公司把合规经营视为企业的生命线，坚持定期对本公司的所有业务活动进行合规和风险排查，防范于未然，发现问题及时整改，确保做到零违规零处罚。

（周　莺）

城建环保

住房和城乡建设

【概况】 衡东县住房和城乡建设局为县人民政府工作部门。内设办公室（信访办）、政工人事股、财务股、安全生产监督股（危房鉴定办）、政策法规股、行政审批股、公用事业股（给排水办公室）、房地产市场管理股、市政工程股、建工股、房屋征收管理办公室、物业管理股、科技与建筑节能股、总工室14个职能股室。下设建筑管理站、建筑工程质量监督站、市政工程建设管理站、建筑勘测设计院、城建档案室、住房保障服务中心、城镇建设综合开发管理办公室、风景名胜服务中心、村镇办、物业专项维修资金管理中心、房地产交易中心、城市建设综合开发有限公司、白蚁防治所、房地产测绘所、燃气管理办公室15个二级机构。有干部职工236人，其中退休人员72人；有7个党支部，121名党员。

2017年，全市新型城镇化考核第一名。全市物业管理工作单项考核第一名。全省建筑行业安全生产先进单位。全市农村危房改造工作第二名。全市住房保障工作先进单位。全市质量检查考核第一名。

【城镇化水平】 全县南北长72.9公里，东西宽53.6公里，总面积1926平方公里，总人口74.7万人，辖17个乡镇（建制镇15个），233个行政村，23个社区居委会。2017年全县城镇化率达到40.7%，比上年提高2.4个百分点，2016年全县城镇化率为38.3%。2016年农村垃圾集中处理率为98.4%，比上年提高1.1个百分点；完成湘江保护和治理"一号重点工程"第一个"三年行动计划"；全力推进农村环境综合整治工作，扎实开展"三边造林"和裸露山地造林，完成通道绿化1098.6公里，建设秀美村庄62个。2017年，县建成区绿化覆盖率为30.3%，活立木总蓄积量274.87万立方米，活立木增幅4.0%，持续推进森林禁伐三年行动，森林覆盖率提高到52.7%；农村垃圾集中处理率100%，农村生活污水处理率67.0%，城镇污水处理率77.6%；全面推行"河长制"，建立县、乡、村三级河长网络体系，结合省"一号重点工程"，积极推进洣水三年保护行动计划，完成湘江流域退耕还林还湿试点建设总面积748.5亩，洣水国家湿地公园顺利通过国检验收，获评国家湿地公园。截至2017年，城镇建成区面积达到49.7平方公里；县城污水处理率达92%；县城建成区面积为11.2平方公里，县城人口规模达12万人；城镇建成区绿化覆盖率41.7%，城镇功能得到进一步完善，城镇集聚辐射能力进一步增强。

【城镇基础设施建设】 两年先后实施城市建设重点工程22项，总投入4.24亿元。新（改、扩）建道路15条，长24.35公里，硬化（油化）路面73万平方米；新建供水管网4.9公里，城区供水普及率达90%；新建天然气管网217公里，新增天然气用户2936户，城市燃气化率达到47%；新修污水管网12.48公里。重点建设杨山公园游步道、衡东大道、兴衡大道、天英学校、武家山公园等重点工程项目，改造了城北S314线、县自来水厂、县城污水处理厂二期工程、大埔污水处理厂、洣江大道二期、丽都路改造、东风路改造、县城防洪排涝等工程，完成甘溪镇夏浦村肖家大屋、杨林镇杨林老街、草市镇高田村田垅大屋三个传统村落的修缮保护。不断加强市政设施维护，对滨江小区、芙蓉小区、峥嵘路95#、96#栋消防通道等基础设施进行改造；完成兴衡大桥人行道铺装、金堰广场东侧停车场改造；两年及时维修人行道14800平方米、路缘石710米、挡车球75个、无障碍通道48个，更换不锈钢栏杆465米，更换下水道盖板350块，沥青路面裂缝清、灌缝69500米，清理下水道20余公里；启动金堰广场至污水处理厂污水干管改建、政务中心至武家山南路污水干管建设，城镇基础设施日趋完善，功能不断增强，综合承载能力不断提升。

【建筑业】 2016—2017年，建筑业完成建安产值26.15亿元，其中对外开拓产值7.3亿元，实现利润8100万元，上缴税金9650万元；开工工程项目105个，总建筑面积1761479平方米，工程造价19.4亿元，施工安全事故频率控制在1‰以下，无重特大安全事故发生；完成项目设计面积47.5万平方米；办理竣工验收备案119个工程项目，建筑面积21.7万平方米。其中2016年全县建筑业完成总产值11.9亿元，比上年增长11.1%；建筑业增加值5.39亿元，增长3.9%；房屋建筑施工面积73.9万平方米，下降1.3%；房屋建筑竣工面积48.71万平方米，下降5.0%。2017年，完成建筑业总产值14.25亿元，比上年增长增长19.7%；实现建筑业增加值6.09亿元，增长5.3%，全县建筑业企业达到41家，其中施工总承包企业11家、劳务分包企业30家，其中湖南启辉建筑工程有限公司、湖南恒建建筑工程有限公司、湖南志洪建筑工程有限公司、湖南天谷水利工程有限公司为施工总承包国家二级企业；9个项目获衡阳市考评优良工地；衡东县全民健身活动中心、衡东县人民法院审判庭、衡东县河西新区兴衡西路延伸段、玉壶路工程为省优工程。

【房地产开发及市场情况】 2016—2017年，全县房地产开发投资18.06亿元，商品房施工面积235.24万平方米，商品房竣工面积29.73万平方米，商品房销售面积82.87万平方米，商品房销售额29.34亿元。其中2016年全县房地产开发投资6.43亿元，增长3.5%；商品房施工面积100.34万平方米，增长21.8%；商品房竣工面积21.61万平方米，增长56.7%；商品房销售面积37.31万平方米，增长64.5%；商品房销售额13.29亿元，增长82.3%。2017年，全县房地产开发投资11.63亿元，增长80.8%。商品房施工面积134.9万平方米，增长30.5%；商品房竣工面积8.12万平方米，下降62.4%；商品房销售面积45.56万平方米，增长22.1%；商品房销售额16.05亿元，增长20.8%。开发续建了锦泰新城、东方欣城、世纪星城、伴山帝景、紫金湾、米水新城、星河湾、尚达雅苑、碧桂花园、建材大市场等项目（楼盘），新建台湾物流园、金鹰城、翰林学府、湘江.物格、凤凰台、金汇玉园、万和国际公馆、碧桂园.翡翠湾、湘江明珠等项目（楼盘）。2017年1月8日至2月17日，在县城举办“和谐宜居·幸福衡东”衡东县首届房交会，共计成交房屋2438套（宗），面积29.83万平方米，销售额达10.22亿元。加强规范物业管理，建立物业管理联席会议制度，制定《衡东县物业管理工作考核办法》，将物业管理纳入城市管理范畴，并从机构、编制、经费等方面予以保障，开展恒盛花园小区物业管理试点工作，在2017年衡阳市城市管理委员会组织的各县（市）区考评中，名列全市第一。年末，全县有衡东县城市建设综合开发有限公司、湖南省湘东房地产开发有限责任公司、衡东县旭日花园房地产开发有限公司、湖南太同兴房地产开发有限责任公司、湖南厚道置业投资有限公司、湖南旺润房地产开发有限公司、湖南省晟成房地产投资开发有限公司、湖南富房房地产集团有限公司、湖南省蓝筹房地产开发有限公司、衡东金马房地产开发有限公司、衡东碧桂园房地产开发有限公司、湖南省福祥房地产开发有限责任公司、湖南省乐居房地产开发有限公司、湖南锦泰房产开发有限公司、湖南长金房地产开发有限公司、衡阳湘衡房地产开发有限公司、衡东县锦华房地产开发有限公司、湖南恒志房地产开发有限责任公司、湖南佳盈房地产开发有限公司、湖南富盈房地产开发有限公司、衡东楚南房地产开发有限公司、湖南尚达置业有限公司、湖南省蓝筹房地产开发有限公司、衡阳恒汇通房地产开发有限公司、湖南千帆房地产开发有限公司、衡阳市福霖房地产开发有限公司、衡东景城房地产综合开发有限责任公司、湖南慧翰房地产开发有限公司、湖南省春信房地产开发有限责任公司、湖南省弘谷房地产有限公司、衡阳美仑房地产开发有限公司、湖南风云浙商投资开发有限公司、湖南省玉宇房地产开发有限责任公司、湖南汇富房地产开发有限公司、衡阳琮益房地产开发有限公司、湖南恒建房地产综合开发有限公司、衡阳市亿龙房地产开发有限公司衡东分公司、湖南省麒麟房地产开发有限责任公司、湖南省恒兴房地产开发有限责任公司、衡阳时代房地产开发有限公司、衡东大兴房地产开发有限公司、衡阳湘源房地产开发有限公司衡东分公司、湖南省绿宸房地产开发有限公司、衡阳市金虎房地产开发有限公司、衡东县鑫成置业有限公司、湖南启辉房地产开发有限公司、湖南志洪房地产开发有限公司等47家房地产开发公司。

【住房保障工作】 住房保障水平逐年提高。全力推进"租购并举"的住房制度改革,加快解决中低收入家庭和外来务工人员的住房保障。2016年,全县开工建设保障性安居工程2195套,其中建设公租房2.96万平方米520套,竣工2.96万平方米520套,分配入住520套,完成棚改1675户,实物安置780户,货币安置713户,筹措资金6.43亿元;2017年建成各类保障房1010套,完成往年续建的公共租赁住房250套、棚户区653套,棚户区改造项目107套,分配公共租赁住房878套,发放租赁补贴700户,有效解决部分城镇困难家庭的安居问题。积极稳步推进农村危房改造,两年共完成农村危房改造1331户。2016年,建成的莫井乡江山村易地扶贫搬迁项目,投资323万元,建筑面积1092平方米,作为全市唯一一个农村危房改造与易地扶贫搬迁整体推进项目,受到湖南省住建厅交叉检查组高度评价,在省扶贫简报上予以典型推介。

城乡规划

【概况】 根据县政府2015年年底新的"三定"方案城乡规划局内设6个职能股室:办公室、政工人事股、财务股、政策法规股、总工室、行政审批股,下设城乡规划服务中心和城乡规划勘测测绘队两个事业单位。核定财政全额事业编制28名。年末,实有在职人员45人(包括规划设计院聘请人员6人、借调人员6人),中级以上职称人员15人。现有班子成员6名,其中局长1名、副局长3名、纪检组长1名、工会主席1名。

【城乡规划编制和城乡规划体系】 1.启动县城总规的修编工作。按照建设富有活力、功能完善、宜居宜业、协调发展的美丽县城的总体定位,尽快形成"一江两岸,山水环绕,三轴四片,井字构架"的城市布局,到2020年,力争县城区建成区面积超过25平方公里、人口超过25万人;以县城建设带动和促进美丽乡村建设,培育建设一批具有浓郁衡东特色的工业强镇、农业重镇、商贸旺镇、文化古镇、旅游名镇。在总规的指导下,组织编制近期建设规划、道路交通、给排水等专项规划,老城区、河西新区、城北片区等控制性详细规划,10余个乡镇总体规划修编和233个村庄规划编制,正在进行霞流镇、蓬源镇、石滩乡、草市镇、三樟镇的总规编制及潭泊村、仙南村等7个美丽乡村规划。主城区控规覆盖率达100%,乡镇总体规划编制覆盖率达100%,村庄规划编制覆盖率达75%。2.完成了县向阳幼儿园、台湾物流园、县天英学校、县经开区中小企业服务中心、湖南盛和现代农业示范园、湖南旭达养老养生产业园、衡东县武家山完全小学的详细规划,共计用地面积100余万平方米。3.继续高标准规划锦泰花园居住小区三、四期、伴山帝景住宅小区、尚达峰景、凤凰台、翰林学府、恒建紫金湾二期、金汇玉园二期、翰林学府等住宅小区。

【规划管理和规划审批】 1.继续实行规划一张图、管理一支笔制度。从体制制度方面入手,进一步规范审批,增强规划审批的公正性、严谨性和透明度。加强重大项目规划审批的后评估机制,主动接受社会监督,确保规划管理的科学性、严肃性和一贯性。充分发挥规委会科学、民主决策的作用。在规委会审议中,注重以规划行政技术准则与公众利益的合理把握。两年来,规委会共审议议题24项,组织局技术审查会,审查大中小型项目规划设计方案39

个。完成土地出让前的规划条件通知书75份，并出具规划选址意见书68份，选址意见函116件。此外，通过批前公示和批后公告为市民提供了多种反馈意见的渠道，规划决策的透明度和公众参与程度大大增强。2. 强化“一书三证”的审批管理，严格依法行政。在办理“一书三证”的过程中，严格执行国家强制性规范和标准，严格依法、依程序进行许可，把好建设项目审查关。以“一书两证”核发为重点，强化服务，全面加强规划服务的质量、效率和形象建设。两年来，一共办理建设用地规划许可证540份（其中公房187份，私房353份），审批用地面积533万平方米（其中公房525.5万平方米，私房7.5万平方米）；办理建设工程规划许可证229份（其中公房123份，私房106份），审批建筑面积109万平方米（其中公房92.8万平方米，私房16.2万平方米）；办理乡村规划许可证38份，审批用地面积1.51万平方米，建筑面积0.78万平方米。3. 高度重视来信来访的办理力度。立足于服务民生和维护社会稳定大局的角度，高度重视群众来信来访的办理。两年接访130余起，其中网上信访20起，办结18起，在办2起，基本做到了件件有回复，事事有回音。受理“12345”热线87起，办结87起。行政复议案件4件，行政诉讼案件4件，举办听证会5次，人大建议反馈4件，政协提案反馈3件，办结率100%，研究处理重大信访事项8起，特别是清源小区和老干家属楼，规划局组织1次听证，10余次接访，耐心细致的解释说明，尽可能的获得信访人的理解，确保特别维稳期工作平稳。4. 严格批后管理和实行竣工验收。进一步规范了建设工程规划验收程序，加强重点地段、重要街区和安置小区私房的立面控制，强化批后监督管理，严格工程竣工验收。重点抓好了房地产项目的配套设施建设、园林景观配置、地下工程资料备案等方面的工作，为完善项目配套、营造城市景观、方便后期管理打下良好的基础。

【严格执法】 1. 建立违法建设第一时间报告制度，力求做到“快”“准”“狠”。“快”就是管理执法人员发现及时，并在第一时间内报告主要领导；“准”就是对违法案件的定性准确；“狠”就是对违法案件的处理要狠，始终保持对违法建设的高压态势，两年来共立案违法违规建筑9.7万余平方米，处罚面积近2万余平方米，处罚金额90余万元，全部上缴财政，结案率80%以上。下发《违法建设停止通知书》180余份，强制停工近150起，下发拆除继续建设决定书190起，处罚决定书130起，强制拆除违法建筑38起，调解建房纠纷50余起。2. 跟踪检查在建工程。建立在建工程跟踪检查台帐，收集在建项目“一书三证”等有关资料并登记备案，对城市规划区内的建设项目从开工到竣工实行全过程检查，把违法行为发现在萌芽状况，为违法行为的处理减少工作难度。3. 强化执法责任制和过错责任追究制，提高执法水平，推动执法工作。建立过错责任追究制度，局纪检组加强了规划审批、执法的监督检查。

【勘测测绘工作和规划基础数据】 规划测绘方面以服务经济建设为目标，大力推进测绘依法行政，积极实施基础测绘，主要通过参加培训班以及自学，认真学习测绘理论知识并与实际操作相结合，逐步提高测绘业务能力和专业水平。地形图测量：长江水务花卉地形测量，面积8.8万平方米；武家山会务中心停车场测量，面积7.3万平方米；县驾驶人考试中心科目二考区场地测量，面积近4万平方米；三樟镇广场、市场地形测量，面积2.8万平方米；霞飞路地形测量，面积1万余平方米；县兆丰农业发展基地测量，面积4.3万平方米；农村服务平台测量共14处，面积6.6万平方米，其他小面积碎部测量、补测地形等计1500余亩，全部数字化成图。竣工测量：完成碧桂园、洣水新城、香格里、金领100等住宅小区的竣工测量，面积近10万平方米。市政测绘、设计工作：完成县城迎宾北路、新塘双月路1∶500市政设计地形图测量共360米；县城五处停车场设计，面积9.8万平方米等。放线工作：两年来规划建筑放线计60余户，全部符合要求，无一例出错。

【规划队伍建设】 1. 加强业务学习，努力提高规划队伍的技术水准。积极组织领导干部和工作人员加强法律法规和相关规定政策文件的学习，讨论，主要组织学习《湖南省实施〈中华人民共和国规划法〉办法》,让所有人对部门法律要求了然于心。定期组织业务学习,轮流主讲,给干部职工压担子,推动学习气氛的形成。推动项目审查、技术审查与业务学习、交流相结合,让技术人员更多的机会来学习、探讨、提高。积极委派业务骨干到上级部门和发达地区学习培训,两年累计派出近40人次,干部继续教育10人次。2. 夯实党建工作,深入推进党风廉政建设。为把"两学一做"推向深入,两年来,进一步加强了党建工作建设,放大党员作用,做强支部,组织生活开展得如火如荼,每月召开两次民主生活会,使全局党员有对照检查、剖析自己的平台。出台激励考核干部办法,为强化干部激励考核,激发干事创业的事业心、责任感,局党组研究制定《县城乡规划局目标管理考核办法》,实行绩效挂钩,奖优惩劣。严格干部选拔任用制度。认真执行干部选拔任用制度,把好干部标准落实到选拔任用工作中,提升选人用人科学化水平。两年新录用干部3名、规划设计院选聘4名。派出4人参加扶贫工作,并选派1名副主任科员到霞流镇新拜朝村担任"第一书记"。

按照"党要管党,从严治党"的方针,不断完善监督约束机制,认真贯彻落实党风廉政建设"两个责任",积极开展"纠四风、治陋习"作风大提质活动和"雁过拔毛"式腐败问题专项整治工作,不断强化党风廉政建设。将党风廉政建设与城乡规划效能监察、优化经济发展环境等专项工作融为一体,纳入全年工作考核机制。 (罗志红)

环境保护

【概况】 衡东县环境保护局内设办公室、财务股、政工股、法制宣教股、行政审批股、开发监督和自然生态保护股、污染防治股、污染物排放总量控制和监测科技股、核与辐射和固废管理股9个股室,下辖县环境监察大队、县环境监测站、县经开区环保分局3个副科和环境应急中心1个股级二级机构。

2016—2017年,全县环境质量持续改善:地表水洣水、湘江衡东段水质保持稳定向好,达标率100%,其中洣水衡东段出境水质2016年、2017年均有7个月达到地表水Ⅱ类标准,湘江衡东段2016年有8个月达到,2017年有11个月达到Ⅱ类标准,县城区饮用水源地水质2016年7个月达到地表水Ⅱ类标准,2017年10个月达到地表水Ⅱ类标准;城镇空气质量改善明显,2016年优良天数280天,全市排名第7,优良率76.5%,2017年优良天数303天,优良率83.0%,全市排名第5;农村生活废水处理率达到70%以上。

【水污染防治】 切实加强湘江保护和治理,在全市率先实行干流支流同治,积极开展洣水保护行动;强化饮用水源保护,开展县城饮用水源地规范整治和1000人以上集中式饮用水源保护区的划定工作;积极推进水污染防治,完成水污染治理项目30余个,争取国家、省级水污染治理项目专项资金3933.18万元。严厉打击沿江沿河非法排污行为,关停淘汰涉重企业2家、小造纸企业1家、小化工企业1家,有效推进县域内水衡东段水环境质量持续改善。

【大气污染防治】 全面实施《衡东县大气污染防治行动计划实施方案》,建立大气污染防治工作联席会议制度。以工业企业废气治理、燃煤锅炉淘汰改造、加油加气回收、道路扬尘治理为重点,共完成大气污染治理项目60余个,淘汰燃煤锅炉13台、改烧生物质锅炉7台;推进机动车污染控制,开展了机动车排气检测和黄标车淘汰工作。

【主要污染物减排】 制订《衡东县2016年主要污染物总量减排工作实施方案》,将减排目标任务科学分解到县经开区、县住建局、县畜牧局、县经信局等职能部门,形成部门各司其职,共同推进污染减排工作的良好工作局面。全面推进了裕华化工、县城污水处理厂、大浦污水处理厂、红狮水泥、垃圾填埋场等重点减排项目建设;推进重点减排项目在线监控设备安装运行,及时组织对比监测结果有效性审核。加强国控源管理,推进减排监测工作发展。组织国控源单位制订2016年自行监测方案,下发《2016年度重点减排项目监测工作配合要求》《衡东县2016年环境质量监测任务》,推动企业监测信息公开发布，做到发布率100%。2017年，水污染物减排COD削减276.53吨，超额完成1.76倍，氨氮削减340.4吨，超额完成16倍。

【**辐射固废监管**】 规范危废处置，开展涉危废企业清查，完成10家问题企业整改；完善危险废物转移行政审批，严格执行危险废物转移联单制度，建立健全危险废物转移档案；强医化疗废物的管理处置，实现了全县医疗机构医疗废物实现集中规范处置；加强危险废物经营许可管理，对县城内2家危险废物经营许可证企业实施监督管理，加强核与辐射安全许可管理，严格落实辐射审批制度，对23企业单位办理了辐射安全许可证。

【**农村生态环保**】 2016年，衡东县农村环境综合整治整县推进项目获省环保厅批准，项目总投资19800万元，其中上级环保专项资金3000万元，覆盖全县256个村（社区）对农村饮用水源保护、农村生活垃圾处理、农村生活污水处理和畜禽养殖污染治理等四个方面开展环境综合整治工作。全县农村生态环境得到有效改善，其中霞流镇获得国家级生态乡镇称号；白莲镇、草市镇、荣桓镇等8个乡镇获得省级生态乡镇称号。2017年，全面完成衡东县生态红线保护区域划定工作，划定范围包括县内重点生态功能区、生态敏感区、省级及以上自然保护区、风景名胜区、湿地公园、公益林、退耕还林退耕还湿等，划定面积305.97平方公里，占全县面积的15.86%。同时，认真抓好了“两区三园”的监管，对天光山自然保护区开展卫星遥感监测数据实地核查，强化新改、扩建项目环评审批和监督管理。

【**环境监管**】 2016年，成立环保违规建设项目清理整治工作领导小组，制订《衡东县清理整治环保违规建设项目工作实施方案》，对全县环保违规建设项目落实环评、“三同时”制度情况进行全面排查，共排查出环保违规建设项目148家，其中整顿规范100家，备案管理43家，淘汰关闭5家，相关情况在县政府门户网站进行了公示公开。为全面落实环境日常监管随机抽查制度，2016年，制订执行《关于全县污染源日常环境监管随机抽查制度的实施方案》；2017年，制订执行《日常环境监管“双随机”抽查工作实施方案》，建立了具有“双随机”摇号功能的污染源日常环境监管动态信息库，全县89家规模企业纳入信息库，其中重点污染源45家，一般污染源44家，为进一步加大执法力度，制订执行《衡东县环境监察网格化和精红化管理工作方案》，对全县17个乡镇，159家企业事业单位划分为两个网格区区域，细化为5个单元网格，企业到人、责任到人。严肃纪律、严格执法、重拳打击。2016年，查处环境违法案件6件，其中移送公安机关5起，申请法院强制执行1起，处理环境信访纠纷176件；2017年，查处环境违法案件36件，其中罚款72万余元，移送公安行政拘留7起，查封扣押1起，处理环境信访纠纷363件，荣获市年度打击环境违法犯罪工作先进单位。

【**环境宣传教育**】 2016—2017年，为进一步贯彻县委县政府“生态立县”“绿色化”发展的要求，营造良好生态文明建设和环境保护社会氛围，环保局通过多种形式开展丰富多彩的环境宣传教育活动，在县手机报上开通“环保新政”专栏，在县电视台时政频道开设“碧水蓝天”环保专栏，积极开展“5·12”环境应急宣传。特别是紧扣“六五”世界环境日主题，“绿水青山就是金山银山”，结合全县实际，开展了以“守护碧水蓝天，建设美丽衡东”为主题的一系列环保宣传活动，派发宣传资料3000余份，接受群众咨询800余人次。以“环保从点滴做起，肩负起时代的使命”为主题的百姓微宣讲活动；与衡东环保世纪行组委会共同举办“聚焦饮用水源”系列宣传报道和“珍惜水资源”板报展览活动；积极组织开展土壤污染防治宣传工作，向17个乡镇、233个村164500户下发170000册宣传海报和宣传。

2017年4月，中央环保督察组进驻湖南省以来，衡东县共接到中央环保督察组信访交办件58个、反馈件8个和省政府交办件3个，环保局以问题为导向，严格按要求、按时限，强化措施、迅速行动，实现了办结率100%。同时，衡东县坚持依法行政，对环境违法行为做到“全覆盖、零容忍、严执行、见实效”,共依法立案查处28起、责令整改40起、罚款237.8万元,立案侦查4起、行政拘留3人、刑事拘留7人;对问题整改不及时不到位的,由纪检监察部门对有关责任人启动问责,共约谈8人、问责22人。总之,中央环保督察工作,全县上下高度重视,行动迅速、措施有力、效果明显,举全县之力集中解决了一批群众反映强烈的突出环境问题,得到上级充分肯定、也得到人民群众的充分认可,如三樟镇非法炼油举报案件的查处,获得中央第六环保督察组、省委省政府的通报表扬;红狮水泥周边非法取土案件的查处,获得当地群众的一致点赞,投诉人向中央第六环保督察组寄出感谢信,并被《中国环境电子报》刊文登载。

【环境管理改革创新】 落实环境保护“党政同责”和“一岗双责”,建立健全党委、政府环境保护议事协调机制,2017年4月,成立衡东县生态环境保护委员会,由县委书记任顾问、县长任主任,统筹全县生态文明建设和环境保护工作,全面构建“党政主导、环保综合协调、部门共治、企业为主体、全社会参与”的大环保工作格局。县政府明确由常务副县长分管环保工作,各乡镇明确人大主席为分管领导,并设立乡镇环保站,233个行政村全部配备环保信息员,形成了县、乡、村三级监管责任体系。

【环境基础能力建设】 制订执行《衡东县突发环境事件应急预案》《衡东县重污染天气应急预案》和《衡东县饮用水源地环境污染事故应急预案》,截至2017年年底,对68家企业进行备案管理,建立一企一档资料;投资150万元,率先开展全省第一个县级环境信息监控预警平台项目建设,实现在线监测数据与企业排污情况的在线视频监控预警,荣获衡阳市2017年“十佳改革创新项目”。加强环境监测网络体系建设,全县已建成1个空气自动监测站和2个水质自动监测站、尚有1个水质自动监测站正在建设。全面完成环境质量监测任务,通过对湘江、洣水控制断面、饮用水源地、地下水及环境空气点位开展环境质量监测工作,共获得县域环境质量数据2016年4015个,2017年4600余个;完成污染源监督性监测任务,对81家重点企业开展监督性监测,每年出具有效数据800余个;积极完成应急和信访执法监测任务,2016年完成40余起,2017年完成81起。加强业务能力建设,通过认真选拔,结合岗位需要,共选派了5位同志赴省环境学院脱产学习;在持证上岗考核中,2016年监测站通过11人次、41个项目,2017年通过11人次、36个项目;在2016年全市的环境监测大比武中,监测站获得团体第三名,个人第三名的好成绩,2017年获团体优秀组织二等奖。

城市管理行政执法

【概况】 衡东县城市管理行政执法局成立于2015年11月,属于县人民政府直属正科级公益一类事业单位,根据《关于印发〈衡东县城市管理行政执法局主要职责内设机构和人员编制规定〉的通知》的规定,城管局主要承担县城区城市管理和开展城市管理相对集中行政处罚权工作的职责。城管局机关于2015年12月启动办公,2016年2月4日正式挂牌成立,党组成员6人,内设8个股室,分别是办公室、政工股、计财股、督查考核股、政策法规股、行政审批股、安全生产股和数字城管中心。下辖城管执法大队(为副科级全额拨款事业单位)、环境卫生管理处(为副科级全额拨款事业单位)、园林管理所(为副科级公益一类全额拨款事业单位)、路灯管理站(为正股级全额拨款事业单位)4个单位。

(周志波　刘　武)

【城管执法】 2016年,市容市貌整治成效显著,实现四个“有序化”。一是市容环境整治有序。对城市主次干道、各类市场及学校周边存在的占道经营、违章乱建乱搭、违法户外广告和车辆乱停乱放等现象实施综合整治,共拆除违法和存在安全隐患的龙门架、烟囱和雨棚23处、破旧户外广告56处,清理“牛皮癣”2万多处,拆除违法占道棚亭16个、木屋13个,拆除违章乱建12起,查处各类无证摊贩、早餐夜市烧烤等违法占道行为34起,整治新疆维族人占道经营3起，暂扣处罚违章停放摩托车、电动车800余辆。二是禁烟限爆管理有序。通过电视广告、宣传车和户外广告等多种形式开展禁烟限爆宣传工作，对各街道、小区进行巡查监管，对城区丧葬户上门做工作，及时制止燃放烟60多起，查处违规燃放烟花爆竹50多起。三是街道招牌规范有序。打造洣江大道西线3公里"五个统一"的招牌设置示范街，以线带面，在全城逐步推广，基本实现了城区主干道的同一建筑物招牌标准规范化。四是控违拆违整顿有序。从2017年县政府明确城管局为违法建筑强制拆除执行主体责任部门以来，通过精心协调，严密组织，严格实施法律程序，重拳出击，依法强制拆除5栋违法建筑，违法建筑面积共480.73平方米，有效地遏制违法建设的蔓延势头。其它还有城区校园周边环境的整治，对物流占道的整顿，对广告位的清理，对夜宵烧烤的治理等等，通过这些整治活动，实现了城区市容环境秩序明显好转。

2017年，城管执法大队积极开展城市管理的各项工作，做文明执法的劝导员，明显改善了城区市容市貌环境，集中做了以下6件事：(1)取缔马路菜市场，开展校园周边环境治理。执法大队联合公安、交警等部门组织对幸福路马路菜市场进行整治，取缔幸福路的马路菜市场，并规范沿街的店面的经营行为。同时，加强对迎宾小学、兴东中学、一中、十中、文冲小学、金花小学及城区幼儿园周边的巡查管控，确保校园周边环境秩序井然。(2)规范中北街占道现象，把人行道还路于民。暂扣保存商业宣传播放使用U盘20多个、音箱7个，处罚6起，商业噪音扰民现象得到有效控制。加大对车辆乱停乱放治理的宣传力度，张贴通告200余份，散发宣传单500余份，坚持每天对城区乱停乱放的摩托车、非机动车辆进行整顿和规范，全年共查扣违停摩托车1846辆，小车587辆，处罚教育驾驶人近2000人，城区主次街道的车辆乱停乱放现象已有明显好转。(3)规范夜宵烧烤摊点，治理油烟污染。开展集中整治5次，取缔占道经营的夜宵、烧烤摊点。开展饮食业油烟噪音污染专项治理工作，下达通知书200余份，拆除1处米粉加工燃煤锅炉，联合环保部门执法十多次。(4)开展安全隐患排查，加强户外广告管理。执法大队累计排查出有安全隐患的广告牌352处，并且拆除新塘过街龙门架1处和广告立柱牌1处，拆除县城跨街龙门架3处和楼顶破损广告牌9处，拆除广告牌153处，加固220处，拆除临街门店伸缩帐篷、阳雨篷和灯箱广告1600余处；清理"牛皮癣"7000余处，收缴各类广告宣传单4000余份；通过加强户外广告管理，严格审批程序，规范户外广告的设置。(5)严控门店装修，实行装修施工围挡。加强对城区范围内临街门店装修的规范管理，要求所有门店装修必须围挡施工。对临街门店施工、破道等围档98次，围档面积1800多平方。(6)成立控违拆违中队，加大对违法建设的监管。抽调精干力量成立控违拆违中队，对河西违法建筑开展地毯式排查，并联合规划等部门制止违法违章建设30多次，组织拆除违建砖瓦房6栋、773.57平方米，遏制违法建设行为。（颜伏里　刘　武）

【环境卫生管理】 2016年，环境卫生管理工作全面提升，实现四个"净化"。一是环卫作业步入市场化。通过公开招标，由长沙玉诚清洁服务有限公司承担对城区的主次街道及背街小巷进行全天候清扫保洁，提高清扫保洁水平；由湖南现代环保科技有限公司负责对垃圾场生活垃圾无害化处理。这样实现事企分开，管干分离的管理模式，推动衡东县环卫事业的健康稳步发展。二是精细环卫管理现代化。2017年，衡东县环卫服务面积逐年向城乡结合部拓展，由2012年清扫保洁服务面积92万平方米，递增至到今年的112万平方米，城区环卫服务作业，除城中村外已全城覆盖。坚持精细化管理理念，坚持清扫保洁作业高标准、严要求。根据路段等级，实行定人、定责、定岗、定区域、定路段的原则，实行两班制作业，从凌晨5:30至晚上10:30点，全天候17小时清扫保洁，清扫保洁合格率达90%；提高机械化作业率，洒水、吸尘按照实际情况，及时增加作业车辆，增加作业次数，做到无缝对接，及时压尘，净化空气，洒水降尘率达90%；机械洗扫围绕城区刷黑路段、重要路段机动车道、人行道采取循环洗扫方式，从根本上改变城区灰尘大，扬尘多问题；目前城区主要干道约40多万平方米的道路已基本实行机清扫、人保洁的作业方式,机械化清扫率达30%;另外改进垃圾收集模式,实行日产日清标准。三是城乡生活垃圾无害化处置一体化。按照城乡垃圾无害化处理要求,城区生活垃圾实行"收集、压缩、中转处置"模式,乡镇生活垃圾实行"村收集、乡集中、县处理"模式,环卫处及时压缩、中转城乡生活垃圾,做到垃圾无害化处理不积压,垃圾处理体系顺畅。四是渣土运输管理市场规范化。严禁工地建筑材料档外堆放,要求围档粉刷施工,车辆进出口应采取道路硬化,并建好冲洗平台,严禁运输车辆带泥上路。为迎接创建"省级文明县城"验收,从8月到12月在城北、政务中心东头清理建筑垃圾14000余立方。从10月28日起,城管局牵头交警、交通和公路部门对违规运输渣土的车辆进行集中整治,先后整治教育违章车辆20余辆,扣押8台无牌无证运输渣土车,整治行动正在进行中。

2017年,衡东县被评为"市级文明县城",衡东县环卫处连续两年被市环卫处评为"环卫工作先进单位";2017年5月,衡东县被评为"省级文明县城",并通过维修改造城市公厕,被住建部中国城市环境卫生协会评"最美公厕"综合奖、科技奖、管理奖。这些城市的"美容师"的具体做了5件事:(1)升级改造公厕和垃圾中转站。2017年,对县城10座公厕进行全面改造,改造面积为1150平方米。还升级改造3座生活垃圾中转站,全部采用密闭式垃圾集装箱,避免对环境造成二次污染。(2)添置更新环卫设施。争取政府投资200多万元,新购置压缩式垃圾车、吸污水车各一台,摆臂式垃圾车、20吨洒水车各二台;添置移动式垃圾桶700个,船型式垃圾斗20个,环卫作业机械化、现代化水平的不断提高,推动环卫事业健康发展。(3)清理打捞河道垃圾。对县城区域内洣水河道自岳宵至紫金湾段7公里左右的水面上的漂浮物的清理打捞工作,形成常态化机制,全年共清理垃圾300余吨,坚决杜绝洣水沿岸垃圾现象。(4)清扫"城中村"卫生死角。环卫处出动清扫人员1500余人次,动用机械设备120台次,清理"城中村"、华泰家居等地段的卫生死角60余处,清运生活垃圾4500余吨、建筑垃圾14500余吨,城市环境卫生面貌明显改善。(5)规范管理垃圾清运。根据县政府提出的"村收集、镇集中、县处理"的模式,全县垃圾转运工作从原来的8个乡镇扩大至17个乡镇,为切实做到定点定时清运,确保"垃圾日产日清",做到不撒、不漏、保证安全,杜绝二次污染。全年共收集、运输、处理生活垃圾5.84万吨(含乡镇),无害化处理率100%。

(赵生科　刘　武)

【园林建设】 2016年,县城园林建设进一步扩面提质,实现四个"绿化"。据统计,衡东县城区绿化覆盖率提升到41.6%,建成区绿地面积提升到395.36公顷,公园绿地面积提升到139.11公顷,人均绿地面积提升到7.93平方米。一是全面完成县城绿化提质改造建设任务。完成城建投的康嘉路中心花池800平方米绿地改造;完成金堰广场加油站旁园林街景的景观建设工程;完成河西开发区边道花池改造项目,栽植各类小苗9.69万株、香樟树408株;完成洣江风光带河岸提质改造项目,绿化提质面积约24900平方米。二是逢重大节日期间,例如"五一"和"十一",在文体广场、嘉汇广场等处进行花卉景观布置,悬挂灯笼400多个,摆放花卉6000多盆,品种达100种之多。三是植树节活动,城区栽种各种树木120余株。四是严格实施绿线管理,创建园林县城。衡东县获得国家级园林式单位1家,获得省级园林式单位6家,获得市级园林式单位29家,2017年又有景泰新城、金领世家和育星小学等6家单位申报市级园林式单位,验收达标。严格控制绿线规划,县小区绿化基本达标。

2017年,园林所全体干部职工以"创省级园林县城"为工作核心,做城市园林绿化的守护神,具体做了4件事:(1)衡东大道、状元路和沿江风光带的绿化美化。园林所将衡东大道红绿灯处至新大桥路段老树、老苗移栽至状元路两旁,另采取两棵樟树间搭配一棵红叶石楠的样式及时对衡东大道和状元路进行了绿化栽种,后按照衡东大道新大桥至红绿灯处按照高速进口的设计方案要求再次对分车岛位置进了绿化改造。沿江风光带共补栽灌木8000多株,树木18棵,有效提升了风光带的绿化质量。(2)滨江公园绿化养护、硬化修缮和娱乐秩序的大力整治。

半年以来对公园绿化苗木修剪 20 余次，病虫防治施药 10 余次，并补栽苗木 2373 平方米，球类植物 103 个，及时装配了新的绿化灌溉设施；更换石板 700 多块，维修护栏 20 余次；申请财政资金近 20 万元，对年久失修的广场音乐喷泉进行了彻底维修翻新。(3)城市公共环境的的美化、绿化及全时养护管理。以元旦、春节、“五一”“七一”“十一”中秋等重大节日为契机分别在文体广场、河西新区、金堰广场等主要城区节点摆放了各种样式的迎宾花墙；2017 年，在芙蓉园和政府大院等相关绿化点位共补栽绿化苗木 3 万多株，更换破损绿化附属设施 100 多处，除草防病治虫 10 余次，集中园艺化修剪 3 个波次，同时对全县城区主干道的移动花厢整体换花 3 次，补栽花厢苗木 6000 多株。(4)绿化面积、绿化覆盖率的循序提高和先进园林式小区的评选。今年全县绿化面积由 1488.12 公顷增长至 1496.38 公顷，绿化覆盖率由 29.97% 提高到 30.13%；县城区绿化覆盖面积已由 465.92 公顷增长至 474.18 公顷，绿化覆盖率已从 41.60% 提高到 42.34%；督促指导县住建局、县公安局、育新小学、外滩一号、金领世家、锦泰新城六单位小区成功评选为市级园林式单位和小区。 （赵志文　刘　武）

【路灯管理】 2016—2017 年连续两年衡东县路灯站被省路灯协会评为先进工作单位，2016 年，县城路灯照明建设可圈可点，实现四个“亮化”。一是积极开展道路照明建设，高质量完成路灯安装和改造任务，基本实现城区亮化无死角。安装路灯 279 杆，拆除旧路灯 198 杆，在背街小巷、居民小区安装寄杆灯 225 盏。二是科学设置景观照明，逐步实现县城景观立体靓化。下半年，按照县政府安排，继续对洣江大道(从政务中心到金堰广场段)沿街建筑外墙景观亮化空缺部分建设和完善，已经验收完工，实现沿江景观亮化一体化。三是 2017 年启动县城区的智慧照明路灯改造项目，立项资金 1138 万，分 5 年实施完成，从而实现路灯照明的智慧控制和节能环保。四是加强路灯维护管理，确保城市道路照明正常运转。确保了城区路灯亮灯率在平时为 95% 以上，重大节假日在 98% 以上，设施设备完好率在 95% 以上。

2017 年，路灯管理站长期做城市照明的“太阳神”，具体做 3 件事：(1)抓好县城路灯的日常管理养护。全城路灯灯杆 3000 多杆、5000 多盏。全年维修路灯 1700 多盏，紧急抢修 23 次，处理破坏路灯设施的行为 12 次，维修检修井盖 400 多个，更换主电缆 500 多米，电表 22 个，检修加固控制箱 19 个等等，通过扎实工作，保证了照明设备设施的完好率达到了 98%，亮灯率平时在 95% 以上，重大节日达 99%，为市民提供了良好的照明条件。(2)抓好景观照明建设和管理。搞好城北亮化、衡东大桥亮化、县政府大院亮化等几项亮化工程，加上原有的洣江大道亮化、杨山亮化、中国结等，县城夜景已成为一道靓丽风景。(3)抓好重点工程建设。县城绿色智慧照明建设是县委县政府批准的一个重要项目，总投资 700 多万元，7 月完成公开招标，目前正在实施，分为 LED 灯头节能改造和智慧照明两大部分，预计 11 月底可完工。该项目建成后，县城可实现全夜亮灯、按需照明，真正做到节能环保，同等条件下每年节约用电 200 多万度，同时由传统的人工管理变为智能管理，衡东县的路灯管理工作将迈上一个新台阶。 （谢正恒　刘　武）

教 育 文 化

教 育

【概况】 2016 年上学期，衡东县有各级各类学校 177 所，根据合乡并村情况，2017 年，乡镇教育管理机构从中小学校剥离出来，机构更名为教育管理服务中心，数量从 24 个减少为 17 个；中小学校调整为 159 所，其中教师进修学校 1 所、县直普通中学 7 所、职业中专学校 1 所、乡镇初中学校 24 所、九年一贯制学校 6 所、完全小学 54 所、村校和联校 60 所、民办学校 6 所。2017 年下学期，有学生 86291 人，其中小学 51961 人、初中 22019 人、普通高中 10594 人、职业高中 1717 人。共有幼儿园 147 所，其中民办幼儿园 132 所（含普惠性幼儿园 99 所）、公办幼儿园 15 所，在园幼儿 16789 人。在编教职工人，其中专任教师人，女教师人，中共党员 1143 人。全县学前教育入园率 86.6%，小学入学巩固率达 99.93%，初中入学巩固率 98.5%，普高年巩固率 98.62%，职业高中年巩固率达 97.21%。2017 年，顺利通过国家义务教育发展基本均衡县评估认定，并获得省政府表彰奖励 500 万元，县级教育工作两项督导评估被湖南省教育督导委员会评为优秀等级。县教育局先后获得第十九届”全国青少年五好小公民“老师您好 我的好老师”主题教育活动先进集体、第 20 届全国青少年五好小公民主题教育读书活动先进集体等 6 项省部级荣誉，获得湖南省平安校园建设先进县市区立项单位、“国培计划”项目县实施工作评估为 A 类县、湖南省教育阳光服务平台建设奖补单位等市厅级荣誉 13 项，获得衡阳市普通高中教育教学质量先进单位、为民办实事工作全市（7 县市）同行业排名第一、校车安全管理工作优秀奖、衡阳市“十三五”教育科研先进单位、2016 年度县市区教育行政部门工作评估考核优秀单位、党风廉政建设优秀单位等县处级荣誉 23 项。（秦官仂）

【教育教学常规管理】 2016、2017 年，修订完善《衡东县中小学教育教学管理规范》，每年坚持对全县所有完小以上学校开展一次教育教学常规管理交叉检查，检查情况通报全县。出台《衡东县教育局教育教学质量定期会商工作实施方案》，每年召开一次全县范围的教育教学质量会商工作会议，围绕“如何提高教学质量、如何化解城镇学校大班额、如何减少优秀生源外流、改革初中和高中招生办法、教师队伍建设、年级组教研组管理、课堂教学改革、如何加强学生养成教育、班主任队伍建设、如何开展大课间活动”等问题进行交流，形成建设性意见、建议和决议在全县推行。抓学生思想政治建设，把社会主义核心价值观“24”字内容融入到学生管理、课堂教学和社会实践等环节，开展“争创文明家庭致家长一封信”活动、三月学雷锋活动、六一儿童节庆祝活动、“十一”爱国主义教育活动等，创建 2 所市级示范性家长学校，衡东县第二中学被评为第十九届全国五好小公民“老师您好，我的好老师”主题教育活动示范学校，衡东县第一中学被衡阳市委宣传部授予全市基层思想政治工作示范点。深入开展禁毒教育，落实禁毒教育“五个一”活动，县教育局被评为“衡东县禁毒工作先进单位”，在全县作典型发言。

（秦官仂　许中平）

【教研教改】 2016、2017 年，出台《衡东县校校结对帮扶工作实施方案》和《衡东县实施集团化办学改革方案》，组建了衡东六中教育集团和衡东九中教育集团，辐射乡镇初中 8 所，实行合作办学、捆绑发展。同时，开展校校结对帮扶，受援校和施援校共结成帮扶对子27对，引进省教科院、石鼓区人民路小学等优质教育资源进行对口帮扶。组织全县初中学校校长、分管教学的副校长和教务主任50人到深圳、浙江、上海参加“核心素养的初中教育教学变革”，邀请华东师范大学一附中、哈尔滨师大附中、衡阳市教科所的专家名师到衡东讲座；组织开展小学英语说课比赛、初中作文教学研讨会、初中历史教师新教材培训、地理教师多媒体制作及演示比赛、初高中数学教师解题大赛、初高中青年物理教师教学比武等10次大型活动，以兴东中学为现场开展同课异构观摩活动；积极推进楚天中学、衡东县第九中学、高湖、荣桓等学校建设高效课堂；大力推行错题本。推进“一师一优课，一课一名师”活动，1208名教师参与“晒课”活动，其中获部级优课5节、省级优课14节、市级优课18节，县教育局获优秀组织奖。家庭教育科研课题申报立项省级2项、市级4项。

（秦官仂　吴镇硅）

【学生素质教育】　2016、2017年，深入开展武术段位制进校园活动，集中培训武术教练员3次，组织10个试点学校的校长和体育教师近30人组团赴长沙县学习交流，全县400名学生参加中国武术段位制段前级考试并全部通过，在衡东县第一中学、兴东中学、甘溪镇前进完全小学等学校举办了首届武术进校园展演活动。参加湖南省首届校园武术段位比赛决赛，衡东少林文武学校获得小学组一等奖（第一名），衡东少年军校获得中学组一等奖，育星小学获得小学组二等奖。2016年，全国武术段位制推广经验交流会在江苏省太仓市举行，衡东县在会上作题为《坚持文武并重 强力推进武术进校园》经验介绍。实施校园足球计划，衡东县第一中学、衡东县第六中学、洣水镇文冲完全小学和育星小学、楚天中学、蓬源镇完全小学遴选为国家级青少年校园足球特色学校。学校场地设施、器材配备基本达到国家标准，学校把足球作为体育课的必修内容，每周用一节体育课进行足球教学，通过说足球、画足球、办小报等形式，营造一种良好的校园足球氛围。三年级以上建有班级、年级代表队，学校建有校级男、女足球代表队，衡东县第一中学荣获衡阳市青少年校园足球联赛高中组二等奖。衡东县第一中学、楚天中学、育星小学分别代表高中组、初中组、小学组参加衡阳市班级合唱比赛，均获得二等奖。参加全市中小学生“三独”比赛，15位同学分别获得一、二、三等奖，3位老师获优秀指导奖，选送节目获得全市教育系统文艺会演优秀奖并代表衡阳市赴省汇报演出。

（秦官仂　刘笃中）

【教学质量】　2016、2017年普通高中高考，一本上线分别为469、488人，上线率15.07%、14.98%；二本上线1338、1545人，上线率42.98%、47.41%；600分以上分别为60、57人。2016年，文科人平总分全市第二，理科人平总分全市第一；2017年，文、理科人平总分以及各科单科人平分均居衡阳市第一。2016、2017年，初中学业水平考试及格率分别为41.87%、43.30%，在衡阳市七个县市中名列第四名和第三名；优秀率分别为13.86%、12.64%，在衡阳市七个县市中名列第一名和第二名。在衡阳市职业学校公共基础课抽查中，衡东县职业中专学校语文合格率全市第一，数学合格率县区第二。工艺美术专业技能抽查合格率100%；服装设计专业合格率100%，优秀率85.7%，全市第一；电子技术应用专业技能抽查合格率100%，优秀率63.6%，全市第五。职业院校学生技能大赛，团体总分位列衡阳市第七名，其中果蔬嫁接、单片机项目均获湖南省一等奖、全国三等奖，跻身全国20强。在全国第十三届职业院校文明风采大赛中，共获得全国三等奖2个、优秀奖3个，占衡阳市获奖总数的四分之一。

（秦官仂　袁卫果　吴镇硅　刘新星）

【党风廉政建设和反腐败工作】　2016、2017年，出台《衡东县教育局党委落实党风廉政建设主体责任清单》《衡东县教育局廉政谈话约谈制度》《衡东县教育局家乡师德师风建设的“十条禁令”》《衡东县中小学幼儿园教师师德师风个人档案建设实施办法》等；推进廉洁文化进学校、进机关、进家庭，举办廉政征文、党纪条规竞赛，重点选学《关于严禁教育系统公职人员操办和参加“庆功宴”“谢师宴”有关事项的通知》《关于党员干部拒收拒送红包礼金的九条规定》和选举换届"九个严禁""九个一律""九个不"以及衡山县严重违反换届纪律的案件等。开展"四风"突出问题和"雁过拔毛"式腐败问题专项整治,对在职教师违规办班补课、有偿家教家养、教辅材料征订、教育乱收费等进行集中整治,联合县纪委、县电视台等到校外机构明察暗访。查处高塘乡完全小学教师教育质量监测舞弊案,对4名直接责任人进行纪律处分,责任追究行政领导2人。协助县纪委办理"校园超市案",警示教育15人,诫免谈话11人,党纪政纪处分26人。县教育局被评为2017年度衡东县落实党风廉政建设责任制先进单位。

(秦官伪　欧阳洁)

【教师培训】　2016、2017年,公开招考新教师227人,录取特岗教师156名,招收农村定向免费师范生150名。大力开展国培、市培、县培和校本研修,两年共培训教师9308人次。成功申报6个教师工作坊、3个省级基地校与乡村校手拉手共460人的送教下乡培训项目,530人的乡村教师网络研修、55人的乡村幼儿园教师培训、140人的乡村教师访名校等多项国培研修项目。2016年10月,湖南省国培计划送教下乡管理者高研班现场会在衡东县召开,与会人员分学科观摩衡东县第二中学、衡东县欧阳遇实验中学、衡东县吴集镇中学三个现场,县教师进修学校代表衡东作题为《与国培同行 优化校本研修,助力教师专业发展》的国培经验交流。11月,教师工作坊管理模式和小学语文教师工作坊经验在全省推介。2017年,衡阳市教师培训工作管理现场会在衡东县召开,教师工作坊经验在全省推介,《"八张清单"撬动送教下乡的兴奋点》在教育部优秀案例评比中位列全国第四、湖南省第一。

(秦官伪　刘启贤)

【名师建设】　2016、2017年,出台《衡东县关于名师队伍建设意见》,县教育局会同人社局、财政局下发《衡东县教师学历提升有关规定》,对在职提升到本科的给予1000元奖励,研究生学历给予5000元奖励,硕士学位5000元奖励,县级骨干教师给予1000—3000元不等奖励和一定工作经费。2016年9月7日,县委、县政府在武家山县政府会务中心召开庆祝第32个教师节暨"三优"表彰大会,20万元重金奖励优秀教育行政干部、优秀班主任、优秀教师100人,县委书记吴伟生,县委副书记、代县长徐志毅,县委常委、县委办主任丁秋文,县人大常委会副主任阳水源,副县长刘光荣。县政协副主席李思源出席会议。同时,评选县级骨干教师100人,开展对学科带头人、市县级骨干教师考核工作,认定优秀等级8人,合格等级58人。廖湘楚高中数学优质空间课堂被评为湖南省基础教育优质空间课堂,2人被评为湖南省未来教育家、湖南省青年精英教师。

(秦官伪　刘中泽　曾笑光　刘启贤)

【教育装备】　2016、2017年,全县采购常规实验教学仪器设备2669种、7464个(件、瓶、套),装备音乐、美术教室设备18套,安装交互式电子白板多媒体系统22套,新建、改建学校电脑网络教师(含云桌面终端网络)46间,电脑(含云桌面终端)1379台,添置交互式多媒体教学一体机367台,解决48所学校的多媒体教学问题,使21所学校多媒体设备到教师。装备学校图书423万元。加快"宽带网络校校通"工程,补助村联校(含刚升格为薄弱完小)初装网络费1500元/校,村联校网络开通率达65.6%,乡镇完小以上学校10M以上光纤到校率100%。2017年,投入788万元,推进"拍翼教学资源网"捐建工作,完小以上学校实现100M光纤入校,完成95所学校"拍翼教学资源网"和22所学校班级多媒体建设工作。推进微智校园建设,根据工作需要及时更新内容,反映教育发展新情况,传达文件会议精神,展现师生教学成果。

(秦官伪　刘夏云　单利文)

【招生改革】　2016、2017年,出台《衡东县初中和高中阶段招生工作方案》《衡东县小学招生入学工作实施办法》《关于进一步规范招生行为的实施办法》等文件,各学校与教育局签订规范招生行为责任状。从2016年秋季起全面取消普通高中择校招生,将优质高中招生计划的40%按比例合理分配到辖区初中学校，堵住低分学生升入普高的“侧门”，普职分流比达到1∶1.05。停止涞水镇幸福完全小学、迎宾完全小学、文冲完全小学的附属幼儿园招生，改进小学入学办法，依据“有户有房”优先原则，在划定招生区域内按“有户有房”“有户无房”“有房无户”和“进城务工、经商人员的子女”生源排序，积极化解大班额。县城小学一年级新生班额严格控制在65人以内，中学初一新生班额控制在55人以内。从2017年起，小学升初中实行“综合考察，免试入学”，民办初中招生首次采用“计划到校、免试入学、电脑随机派位”方式进行。实行优质高中招生计划50%按比例合理分配到初中学校的招生办法，阳光招生。2017年下学期，全县中小学66人以上超大班额全部化解，县城小学大班额从2014年的81.88%下降到36.86%，初中大班额从2014年的85.15%下降到15.2%。 （秦官伪　许中平）

【教育扶贫】 2016、2017年，制定出台《衡东县教育精准扶贫实施方案》《衡东县教育扶贫存在问题整改方案》《衡东县教育扶贫资金实施方案》等文件，定期调度、推进，对吴集镇紫岗村、秋波村贫困户实行“一对一”帮扶，对贫困学生开展大走访，落实教师对建档立卡学生“一对一”帮扶政策，认真开展“六个一”活动。对建档立卡贫困学生，综合运用“减、免、补、奖”等办法，对符合国家资助政策的，按最高标准给予资助，同时优先接受社会资助。两年资助学生50768人次，资助金额3549万元；享受免费教科书29775.5人次，计资金1785.73万元；县级专项扶贫资金补助建档立卡贫困学生12145人次，计资金622.9万元；生源地贷款1007人，计资金813.87万；免收建档立卡初二、初三学生学业水平测试费7万余元。“助力脱贫 爱心圆梦”募集助学金140余万元，资助学生319人，“泛海助学”行动资助61人，争取其他社会捐款305.3万元。在吴集镇紫岗村举办农村实用技术培训3期，免费为贫困户提供幼牛2头，猪仔13头，羊仔3只，鱼苗1万条，鸡苗3千只，鸭苗3千羽，发展产业带动一批。硬化村级道路9.1公里，建好60千瓦光伏发电站和3处集中安全饮水点，新增变压器一台，投资75万元新建村级活动中心，添置办公用具（品）。同时，通过异地搬迁、就业安置、医疗救助等，帮助贫困户脱贫。紫岗村扶贫工作队刘社成被评为“最美扶贫人”，教育扶贫工作在2017年衡阳市教育脱贫攻坚推进会上作经验介绍，学生资助工作在2018年3月份的湖南省学生资助工作座谈会上作典型发言。

（秦官伪　向培奎　刘社成）

【学校安全工作】 2016、2017年，出台《关于成立衡东县教育系统安全工作领导小组和落实“一岗双责”规定的通知》《衡东县学校（幼儿园）安全工作考核和奖惩办法（修订）》等26个规范性文件，坚持安全隐患“日报、周报、月报”制度和重大安全隐患治理“一单四制”，实行量化考核。开展“文明交通示范学校”创建活动，为学校配备130万元的灭火器、应急灯、安全指示牌等消防设备，衡东县第二中学、衡东县第五中学、衡东县三樟镇大桥中学成功申报湖南省安全文明校园。制定《衡东县校车公司校车安全工作管理与考核办法》《校车安全驾驶“十不准”》《关于进一步规范校车签单发车和有关交接手续的通知》等，对校车公司实行量化考核，强化学校（幼儿园）、校车司机和照管员的安全责任，落实民办幼儿园校车安全管理“三挂钩”措施，联合交警、交通等部门开展校车集中整治，联合交通局和海事处对有学生乘渡的6个渡口、16条渡船及8所学校开展渡船安全检查。建设校车站点站牌293块，在校园门口设立专用校车信息公示牌135块，设立重大安全隐患线路校车禁行警示牌25块。安全生产工作年终考核得分全县第一，校车安全管理被衡阳市校车管理办公室评为先进。加强学校安全物防技防人防建设，完小以上学校都安装校园监控系统和安防设备，大部分学校门卫室都配备了基本的物防设备和门卫。2017年，开展“食品安全护苗行动”，下发整改通知114份，排查食品安全隐患94处，约谈校长15人。投入经费240万元，用于农村学校直饮水净化系统建设。

（秦官伪　谭柏生　阳艳雄　谭思鸣）

【薄弱学校改造】 2016年，完成12所村联校的合格学校建设和4所农村中心幼儿园建设任务,重点民生实事项目年终考核得分全市同行业第一。2017年,投入1.42亿元实施义务教育学校“改薄”项目140个,其中114个项目交付使用,10所教育实事项目建设校、备案校及自建项目校通过市级评估验收,达到合格标准。学校“四改三化”(改造宿舍、食堂、旱厕、澡堂,绿化、亮化、美化)完成年度投资2235万元,改造旱厕33个、澡堂25个,维修改造22所学校的食堂和20所学校的宿舍,60所学校实施了绿化、亮化工程,并启动新建8所学校食堂和9所学校宿舍。改薄工作在年度考核中排名湖南省第六、衡阳市第一,获得省级奖励150万元。2017年11月,湖南省人民政府在资兴召开全省县域内城乡义务教育一体化改革发展现场推进会,衡东县人民政府以《全力实施薄弱学校改造工程 助推城乡义务教育一体化发展》为题进行经验交流。12月22日,《衡阳日报》头版头条以《衡东全面推进教育提质工程》为题进行宣传报道。 (秦官伪　罗明宋　谢永奇)

【重点工程建设】 2016年,实施教育基础设施建设项目231个,竣工项目182个。9所学校生活污水治理工程验收合格,衡东县第一中学生活综合楼、衡东县青少年活动中心等8个项目竣工交付使用,5个项目被评为2016年衡东县重点项目建设优秀奖。2017年9月,天英学校开学招生;向阳幼儿园主体工程完工,进入装修和景观绿化建设阶段;杨山实验中学计划投资2.43亿元,开挖土石方45万方,完成工程招标;武家山完全小学计划投资1个亿,完成网上审图、土地平整等工作,进入挂网招标阶段;衡东县职业中专学校搬迁工程二期的教学楼通过基础验收,学生公寓抓紧施工。 (秦官伪　谢永奇)

【党建工作】 2016年3月,率先成立机关党委,督促各基层党支部按时完成换届选举,为乡镇教育管理服务中心配备书记、专(兼)职纪检监察员。多渠道查找“空挂党员”和“失联党员”,核查党员身份信息,健全完善党员档案。坚持“三会一课”,邀请衡阳市委讲师团凌正华宣讲十八届六中全会精神,邀请衡东县委党校副校长胡金华作《向罗荣桓元帅学习,加强党性修养》红色讲座。开设“五个课堂”(固定课堂、流动课堂、网络课堂、互助课堂、田间课堂)、开展“四类党课”(党章党规党课、理论政策党课、优秀事迹党课、学习体会党课),分3个批次轮训教育行政干部820人。开展“政治清明新衡东,我该怎么做”“脱贫攻坚见行动”等4次专题讨论,举行“进社区报到”等一系列志愿者服务活动,“两学一做”学习教育代表衡东接受省委、市委检查获好评,湖南省委“两学一做”学习教育督导组组长、湖南省教育厅党组成员、教育工委副书记夏智伦评价衡东教育系统“两学一做”学习教育“领导示范好、全民覆盖好、工作举措好、行业特色好、统筹结合好”。衡东县教育局党建工作在县委党建工作会议上作经验推介。衡东县教师进修学校党支部被评为湖南省教育系统先进基层党组织(衡阳2个)。

(秦官伪　肖秋芳)

【教育宣传】 《湖南日报》2016年7月21日版以《三十春华竞芳菲》为题对衡东县欧阳遇实验中学30年办学历程进行长篇报道,2017年7月18日刊发衡东县委副书记、县长徐志毅署名文章《五大举措促进义务教育均衡发展》。《科教新报》2016年1月14日版以《满园花正香》,4月21日版以《衡东营造风清气正的教育生态氛围》,11月24日版以《衡东中小学劳动实践教育亮特色》,2017年2月22日版以《五小工程让教师舒心从教》,3月22日版以《聚合“小平台” 带动“大服务”》,5月17日版以《改手模对接 群众随时督查—衡东县筑牢校车安全防线》为题,六次报道衡东教育。《衡阳日报》2016年3月3日版以《“每周论坛”青年教师唱主角》,10月20日版以《三十而立 大器初成》,12月3日版以《田间地头是孩子们的第二课堂》,2017年4月20日版以《让孩子高兴上学、平安回家—衡东县171辆校车全部安装GPS监控设备》,10月19日版以《培养一个孩子 改变一个家庭》,12月25日版以《只要还能站起来,我就要走上讲台—记衡东县甘溪中学教师胡明秋》为题对衡东教育进行宣传报道。《湖南教育》总第901期以《接好农村教育的“接力棒”——衡东县青年教师成长纪实》对衡东经验进行深度报道，总第905期以《“走，到教师工作坊学习去！”》为题报道衡东县教师工作坊建设情况，总第964期2篇文章报道衡东“党委进课堂，局长上讲台”活动，总第927期教育影像宣传“国培计划(2016)项目年终评比汇报展示活动”，总第949期对衡东县开展一个月的学前教育宣传月活动进行报道。湖南教育电视台、红网湖南频道各报道2次，中国网传媒经济发稿23件，湖南教育新闻网12件，湖南教育网发稿9件，衡阳教育新闻网79件，《衡阳教育政务信息》发稿7篇，华声在线衡阳频道发稿74篇，衡东手机报刊发信息241条。

（秦官仂　刘娟娟）

文体广电新闻出版

【概况】　衡东县文体广电新闻出版局是县人民政府的工作部门。内设办公室、公共文化艺术股、群众体育和竞技训练股、社会管理股（行政审批股）、广播电影电视管理股（安全生产监督股）、产业发展股（体育彩票管理站）、政工人事股、财务股共8个股室。加挂县版权局、县“扫黄打非”领导小组办公室牌子，负责全县文化、体育、广播电影电视、新闻出版、版权管理等行政职能，下辖文化市场综合执法大队、文物局、全民健身服务中心、文化馆、荣桓图书馆、恒韵花鼓戏演艺有限责任公司、恒鑫影业有限责任公司、非物质文化遗产保护中心8个单位。县文化市场综合执法局为全额拨款副科级行政单位，前身为衡东县文化市场综合执法局，负责全县文化、文物、广播电影电视、新闻出版、版权等文化市场日常的监督管理，对违反法律、法规的案件实施行政处罚，并承担全县“扫黄打非”等相关执法工作；县文物局为全额拨款副科级行政单位，负责全县文物保护行政职能、欧阳海烈士纪念馆、柴山洲特别区第一农民银行旧址纪念馆日常免费开放工作；县全民健身服务中心为副科级全额拨款事业单位，负责推动全民健身计划，指导并开展群众性体育活动，组织参加和承办重大的体育竞赛；县文化馆为股级全额拨款事业单位，国家二级文化馆，主要负责全县群众文化活动；县荣桓图书馆为股级全额拨款事业单位，国家县级一级图书馆，是全国唯一一家以元帅名字命名的县级图书馆，主要负责图书馆日常免费开放、文化信息共享以及全民阅读活动；县恒韵花鼓戏演艺有限责任公司是县文体广新局下属企业，是全省唯一获得“全国服务农民服务基层文化工作先进集体”的县级剧团；县恒鑫影业有限责任公司是县文体广新局下属企业，负责全县农村公益电影放映；非物质文化遗产保护中心是县文体广新局下属股级全额拨款事业单位，负责辖区内非物质文化遗产的挖掘、保护、开发、传承。

【公共文化服务】　一是公共文化服务体系不断完善。县文化馆、县荣桓图书馆、17个乡镇综合文化站、233个村级农家书屋持续发挥作用。县文化馆、县荣桓图书馆不断改善馆舍条件，提高免费开放水平；县文化站定级为部颁一级标准3个，部颁二级标准5个，部颁三级标准6个，文化站评估定级达标率82.4%，基层综合性文化服务中心建设和乡镇综合文化站上等级率均达省级标准。切实完成公益电影放映、送戏下乡等文化惠民工程。

二是大型群文活动异彩纷呈。打造文化品牌，扩大群文活动的深度和广度。

2016年，组织参加衡阳史上艺术水平最高的合唱比赛——衡阳市纪念中国共产党成立95周年“红旗颂”大型群众合唱比赛。为纪念红军长征胜利80周年精心创作大型衡东莲花闹情景剧《红军师长王光泽》，赴衡阳参加“欢乐潇湘·幸福衡阳”2016年全省群众文艺会演决赛（衡阳专场）演出。举办“美丽衡东·智在快乐·奔向健康”2016年全县职工智跑挑战赛。为庆祝建县50周年举行衡东“风华五十年”暨“欢乐潇湘·美丽衡东”文艺会演。为了给建县五十周年献上一份特别的礼物。举行湖南·衡东乡村生态旅游文化节暨洣江生态滑草场开园仪式文艺演出。组织乡镇、机关篮球联赛、“农商行杯”篮球联赛，“农商行杯”羽毛球赛、“市监杯”羽毛球赛、“国艺杯”围棋赛、传统校杯羽毛球赛、三对三篮球挑战赛、湘赣周边县市乒乓球邀请赛、机关大院篮球赛等大型赛事。五一体育之夜与八月八全民健身日以及体育专项单场的活动展示，推动了全民健身计划实施，丰富了市民文体生活。

2017 年，承办和协办第四届土菜文化旅游节系列活动中的 11 个项目，民俗文化大观园项目由县局承办，共展出皮影、剪纸、根雕作品数百件，皮影、戏曲、大桥剪纸进行了展示展演和现场表演，据不完全统计已接纳观众达三万人次以上。承办县城站火炬传递活动，全程 8 公里多 136 个火炬传递点。承办开幕式，活动规模宏大，气势恢弘，规格高，节目精，设计独特。举办衡东县“文化和自然遗产日”文化遗产展示活动，是衡东县“非遗”保护项目的一次集中展示，有 2000 余人次参加了活动。举办湖南省武术文化展演(衡东站)暨衡东县首届武林大会系列活动，促进对武术传统文化的传承。承办“幸福花开·十九大精神润衡东”文艺宣讲活动，是学习贯彻党的十九大精神的重要途径。开展少年儿童读书系列活动 15 次，参加人数达 5 万人次以上。主办假期故事会、亲子朗诵会、少儿公共交通安全知识讲座、《朗诵技巧》讲座、建军 90 年故事演讲比赛和军史书籍板报展等活动。丰富少年儿童的文化生活，增长知识。承办的第五届“夏青杯”衡东赛区朗诵比赛，得到了社会的广泛认可。举办美术、音乐、舞蹈培训班两期，招收特困户子弟 150 人。在参加省市的文艺赛事中取得不错的成绩。组织培训学员排练出器乐、舞蹈、声乐、戏曲节目 20 多个，丰富全县群众文化生活，促进文化资源共享。编排的原创舞蹈《厨·火》参加 2017 年“欢乐潇湘”群众文艺会演，得到领导和专家的好评。承办 2017 年衡东县全民健身羽毛球、篮球联赛，突出“一县一品”特色，受到广泛关注。承办省青少年轮滑联赛，来自全省 15 支队伍，近 300 余人参赛，提高衡东的知名度。承办“8 月 8 日全民健身日”毅行活动，参与人数达到 3000 多人，为衡东县历年规模最大的群众体育活动。

【公共体育服务】 继续推进“为民办实事”农民健身工程与“送器材下乡”建设。2016 年，累计发放安装篮球架 141 套，乒乓球台 282 张，社区健身路径 18 套，完成全县社区路径全覆盖，注重体育人才骨干队伍的建设与培养。安排专人参加省、市级的体育指导员培训，并组织乡镇人员参加县体育指导员培训，全县获得体育专业社会体育指导员资格证书的达到 180 人。组织重点体育社团的的骨干进行专业裁判员培训，教练员培训，提高体育社团组织活动的能力与水平。同时，围绕“一县一品”，做好业余体校羽毛球竞训工作，业余体校羽毛球项目队员有 30 余人。积极组织篮球、羽毛球、足球、乒乓球、自行车等队伍，外出参加省、市级比赛，提高水平。2017 年，对自 2009 年农民健身工程实施以来已到达使用年限的 56 套篮球架进行更新维护，对社区发放安装 19 套健身路径，实现社区健身路径全覆盖，为广大群众提供舒适安全的健身环境。

【文化市场整治】 文化市场综合执法大队坚持从“重点市场、重点部位、重点时段、重点内容”这四个重点方面开展执法工作。常年开展春节、“两会”和高考等重要时期的“百日行动”“高考静音行动”、教辅市场大排查等一系列文化市场专项整治行动，加强“扫黄打非”宣传力度，开展“清源”“护苗”“固边”“秋风”“净网”系列“扫黄打非”专项整治行动。对全县文化经营场所进行专项检查整治，重点检查了歌舞娱乐、电子游艺、网吧等公众聚集场所的消防、安全情况；网吧违规接纳未成年人、不核对消费者有效身份证件、超时营业和经营非网络游戏等违法经营行为；出版物市场违法制售政治性非法出版物、盗版教辅材、违规征订教辅材等情况。推动全县文化市场朝着健康、有序、规范、繁荣的方向发展。

【文物保护工作】 文物工作遵循“保护为主，抢救第一”和“有效保护，合理利用，加强管理”的新时期文物工作基本方针和指导原则，对全县现有文物加大保护力度，同时积极开展文物普查活动、古村古镇古街挖掘保护工作，加强欧阳海烈士纪念馆、柴山洲特别区第一农民银行旧址纪念馆日常免费开放工作。2016 年，开展纸质文物抢救性修复。邀请省博物馆专家对文物库房部分纸质文物进行保养、修复。完成第一次全国可移动文物普查工作，确认登记入册 1551 件可移动文物，文物数据信息已经上报省文物局，并通过了复核审查。2017年，省、市、县文物部门对大浦通用机场进行考古发掘工作，共清理出古墓葬50余座、古窑址18处。这些古窑址与古墓葬规模宏大，保存完整，具有非常重要的历史文化价值，是重要的文物资源。

【主要荣誉】

2016年：

县文体广新局获湖南省武术段位制推广工作先进单位。

县文体广新局获市体育产业专项调查工作先进单位。

恒鑫影业有限公司获市“农村公益电影放映优秀集体”称号。

荣桓图书馆《为白莲村扶文化富脑袋精准扶贫项目服务》项目获省公共图书馆服务成果评比三等奖。

荣桓图书馆《为白莲村扶文化富脑袋精准扶贫项目服务》项目获市公共图书馆服务成果评比二等奖。

廖哲清摄影作品《蓝喉蜂虎的爱情故事》入选“沃土生精华—湖南省文化馆成立60周年优秀美术书法摄影作品展”。

廖哲清摄影作品《长征故事》获《红旗飘飘——纪念中国共产党成立95周年，红军长征胜利80周年摄影作品展》优秀奖。

廖哲清摄影作品《合计》获第四届长沙“轨道杯”摄影大赛铜质收藏。

廖哲清摄影作品《妙漫满天》评为全国第八届“群艺杯”摄影艺术展览优秀作品。

廖哲清摄影作品《传承》入选“民族魂中国梦”纪念中国共产党成立95周年暨红军长征胜利80周年湖南省优秀美术、书法、摄影作品展。

2017年：

荣桓图书馆通过国家一级图书馆验收。

文化馆原创节目《厨·火》获省“欢乐潇湘”群众文艺汇演二等奖。

文化馆获省“欢乐潇湘”群众文艺汇演优秀文艺单位。

县文化市场综合执法大队胡柏生、文艺办理的“衡东县阳光文体书城发行非法出版物案”获得2017衡阳市十大案件称号。

县文化市场综合执法大队阳金友、文艺办理的“衡东县新塘镇金地网吧未按规定时间保存登记内容、记录备份案”获得2017衡阳市十佳优秀案卷称号。

曹昭英获省“欢乐潇湘”群众文艺会演组织工作先进个人。

廖哲清摄影作品《指尖上的绝活》获第三届省非物质文化遗产摄影大展入选作品。

荣桓镇获省文化厅颁布的“湖南省经典文化村镇”称号。

茹仁礼获市“扫黄打非”工作先进个人。

恒鑫影业有限公司获市“农村公益电影放映先进集体”称号。

廖先悟、廖哲清家庭被全国妇联授予“2017年全国最美家庭”称号。

参加省跆拳道锦标赛获2金1铜，在省轮滑锦标赛中获2金1银，在省跆拳道大奖赛衡阳分区赛获3金4银5铜，在市体育舞蹈锦标赛获得2个第一名、4个第二名、7个一等奖。（陈环珺）

【武术协会】 衡东武术协会经会员民主选举产生，历经四届，现由罗铁辉任主席。下设有太极拳协会、赵堡太极拳协会、南岳衡山拳研究会、气拳道研究会、湖南天龙太极文化传播有限公司，共有会员2000余人。2015年11月，主席罗铁辉在长沙参加中国武术段位制“国考”，成功晋升中国武术七段。2016年来，县武术协会以弘扬武术文化，推动全民健身，振奋民族精神为抓手，以争创“全国武术之乡”为目标，开展武术进校园、进社区、进乡镇、进企业、进机关、进军营活动。实施校园武术段位制推广。研究和挖掘民间武术文化，2016年创立南岳衡山拳研究会，收集和整理南岳衡山拳拳法。采取“走出去、请进来”的办法，广泛开展武术文化交流，积极组织参加国际、国内各项武术大赛，2017年，成功举办“湖南省武术文化展演（衡东站）暨衡东县首届武林大会”。

武术进校园。衡东县2014年列入湖南省首批9个实施校园武术段位制推广试点县,先后有少林文武学校、少年军校、楚天中学、兴东中学、吴集中学、育星小学、栗木泉新完小、迎宾小学、甘溪前进小学、白莲尚德学校10所学校被列入校园武术段位制试点校。衡东县按照试点县工作要求,大力推进校园武术文化。至2017年年底,培训武术教师110人,有3万余名学生学会了武术操,5000余名学生掌握了自卫防身术。先后有衡东少林文武学校、衡东县少年军校、栗木泉新完小成功举行中华武术段位制初段位或段前级考试,有1600余名学生成功晋段晋级。2017年,被评为全省校园武术段位制推广先进单位。

衡东首届武林大会。2017年12月14日,衡东县委、县政府在县体育馆举办"湖南省武术文化展演(衡东站)暨衡东县首届武术大会太极推手大赛",来自全国11省、市的11支代表队60余名太极高手参加比赛。

经过激烈的角逐,衡东县湖南天龙太极代表队选手刘亮获得男子组70公斤级金牌、归元武学文化传播有限公司吴言、邯郸学院张自力、邯郸学院刁大洲分获男子组65、80、90公斤级冠军,湖南工业大学科技学院武术协会吴佩芝获得女子组55公斤级冠军,长沙蓝青武术陈本鲁娃、蓝青龙泉分获少儿组30、40公斤级冠军。

12月15日上午,在县洣江广场举行湖南省武术文化展演(衡东站)暨衡东县首届武林大会"帅乡武魂"大展演。

武医。2015年12月7日上午,湖南省武术协会武医专业委员会在衡东恒瑞国际大酒店举行成立挂牌仪式。中国武术七段、湖南武术协会荣誉主席、县委领导罗铁辉荣任主任。湖南武术协会主席陈正培出席,并授予衡东县"湖南省武术协会武医专业委员会"牌匾。

12月7日下午,湖南省武术协会武医专业委员会首届武医学术论坛在衡东县中医院举行。湖南省武术协会领导、各专业委员会负责人、武医专业委员会顾问和全体委员,省内外武医名家学者及县武医爱好者100余人参加。

中华传统武医研究院副院长、中国武医文化研发中心副主任、福建海西创业大学客座教授林宏,广东中山大学教授陈肩,县中医院院长、主任医师马中建分别作《中医健康管理模式初探——从民间武医学谈起》《国学与医道复兴》《武术医学与绿色医疗》的学术报告。

武术传承。2015年8月,湖南省武术协会举行传统武术门派拳种研究会、传承人命名大会,县南岳衡山派和气拳道获正式命名,认定罗铁辉、吴满元、李彦军、罗城斌、向明明等为南岳衡山派传承人,认定罗明帅、罗铁辉等为气拳道传承人。

2016年3月31日,衡东少年军校举行南岳衡山派武术传承仪式,中国武术六段、衡东少年军校校长李彦军收纳弟子48人。6月5日,衡东少林文武学校举行南岳衡山派武术传承仪式,43名弟子遵循最传统的拜师礼仪,拜中国武术六段、南岳衡山派传承人吴满元为师。2018年6月12日,衡东少林文武学校再次举行武术传承仪式,校长吴满元再次收纳弟子40名。（章焱平）

广 播 电 视

【概况】 衡东县广播电视台内设7个职能股室,即:办公室、总编室、政工股、计财股、产业经营股、技术播控部(安全生产监督股)、广播电台编辑部。下设3个股级全额事业机构,衡东时政频道、衡东经济频道、公共频道。根据中央、省、市有关规范频道整治要求,2016年年底撤并衡东公共频道。下设2个股级差额事业机构,县广播电视传输网络中心和县农村无线数字电视开发管理中心(含杨林、杨桥两个网络经营部)。有在职干部职工144人,拥有各类专业技术人员50人,其中全县学科带头人1人、高级职称2人。

2016—2017年,衡东县广播电视台以宣传为中心抓导向,以事业为基础抓重点,以队伍建强抓管理,各项工作成果丰硕。在习近平新时代中国特色社会主义思想指引下,衡东县广播电视台以"新闻立台"为宗旨,以"整合、高效、精干、服务"为原则,正全力夯实以电视台为龙头，集手机台、广播电台、微信公众号、杂志为一体的全媒体发布平台；奋力建强“村村响”“户户通”和有线、无线数字电视相结合的广播电视立体覆盖网络；着力打造一支“政治坚定、业务精湛、作风优良、做党和人民放心媒体”的广电劲旅，以更高的目标和更严的要求，履行党媒政网龙头职责，发挥主流媒体作用，唱响时代主旋律，开创广电新辉煌。

【新闻宣传】 衡东县广播电视台主打栏目《衡东新闻》周一至周五每天播出，《一周要闻》周六播出，实现新闻日播。每期时长15分钟，立足全面准确及时，传递重大信息，把握时政大局，感知时代脉搏。2016年，推出《“五县五化”一把手访谈》等栏目，对项目建设、农业生产、惠农政策、食品安全、反腐倡廉、环境保护、新农村建设、文明县城创建、美丽乡村生态游、“两学一做”专题教育活动、党建工作、精准扶贫、防汛救灾、城乡环境综合整治、治超治限、安全生产、道路交通秩序整治等工作，以系列报道、专题专栏等形式，深层次、多方位进行重点报道；2017年推出《全面推进五县五化》《工业腾飞》《脱贫攻坚在行动》《行动中的共产党员》《美丽衡东行》《喜迎十九大》《环保世纪行》《众志成城、防汛抗灾》《万众一心、情注衡东》《中国好风光》《一封家书》《我是衡东人》《土菜文化节》《洣水作证》《湖南衡东第四届土菜文化旅游节系列报道》等20多个专栏，共编发《衡东新闻》260期，播发新闻稿2400多条。

【专栏宣传】 衡东县广播电视台以《今日衡东》栏目为平台，在继续办好《洣水学习之窗》《为民办实事》《阳光视窗》《食品药品监管之窗》《红绿灯》《衡东民政》《法庭内外》《电力时空》《教育新视野》《建设新农村》《安全时空》等栏目。2017年，为突出经济民生，《今日衡东》改名为《形象衡东》，专题节目中开办《洣水学习之窗》《人大之声》《政协之窗》《阳光视窗》《衡东农业》《教育新视野》《人社之窗》《卫计时空》《法治衡东》《衡东农业》《市监之窗》《安全时空》《红绿灯》《使命》《电力时空》《医疗与健康》《芙蓉花开别样红》《聚焦发改》《春华秋实满庭芳——聚焦重点工程项目》等20多个专题，子版块448个。编发《形象衡东》130期，编发子栏节目390个。

【宣传创新】 1.与湖南卫视合作，首次策划摄制衡东旅游形象宣传片《衡东·乡村的记忆》。该片从“乡情、乡味、乡韵、乡愁”四个部分，高质量地展示了衡东的秀美风光、人文历史、风俗民情和衡东土菜文化。2.首次策划推出《爱上衡东爱上你》微电影，以电影片段形式，展现衡东县优美的自然风光，浓厚的历史文化积淀和乡村旅游美丽景色。3.首次策划创作《烟雨杨山》《我从衡东来》《点亮衡东》《三樟黄贡椒》《记得你的好》等MV原创作品和《衡久流传》《带你去夏浦》两部原创歌曲。这些作品歌词、音乐与衡东秀美风光融为一体，乡音乡情浓郁，在衡东电视台两个频道、“掌上衡东”手机台、“大衡之东”微信公众号等媒体平台播出后，点燃全县人民热爱家乡、建设家乡的热情。

【平台创新】 1.恢复建立衡东人民广播电台。2017年6月1日起，衡东人民广播电台“村村响”广播正式播出，每天分早、中、晚三个时段播报三期节目。“村村响”广播具有“全县一网，三级联控，应急优先”等特点和政策宣传、应急服务、广播会议、文化娱乐等功能。设有《衡东新闻》《在一起——电台之声》《音乐之声》《阳光三农》《曲艺荟萃》5个固定性栏目，成为一个全新的农村宣传思想文化阵地。2.创建“掌上衡东”手机台。“掌上衡东”手机台于2017年5月15日开始试运行，倾力打造的互联网新媒体平台，是集新闻资讯、电视直播、阳光政务、电子商务、互动平台和便民服务于一体的移动终端。开设《新闻快报》《社会民生》《现场直播》《党建天地》《精彩活动》《衡东新闻》《清风衡东》《直播衡东》《文明衡东》《乡镇风采》等32个版块，至2017年年底，注册用户已突破1万户，使用用户10.9万户，资讯总量1520条，视听总量355条。3.创建“大衡之东”微信公众号。2017年3月8日，定位为“塑造衡东形象，宣传美丽衡东，新闻权威发布，代言百姓声音，深耕衡东本土，成就大衡之东”的微信公众号——大衡之东”正式上线,每天一期,除转发《衡东新闻》《形象衡东》节目外,还设有《看点》《文艺》《生活资讯》等版块,上线以来,深受社会各界欢迎和喜爱。

【活动策划】 2016 年,配合县庆五十周年做好《县总工会智跑赛》《风华五十年群众文化活动》等宣传报道和活动录制。成功举办大型庆典《相约锦泰 见证真爱——衡东县纪念三八妇女节暨“最美家庭”“最美湘女”颁奖》《黄彰任诞辰 100 周年纪念》等活动。2017 年,承办第四届土菜文化旅游节十八项活动中的三项活动和“中国好风光——乡韵衡东”全国摄影大展采风创作、赈灾晚会、扶贫知识竞赛等多项重大活动,并保证各项活动圆满成功。三项活动为“第四届土菜文化旅游节礼仪形象大使评选”“最多组家庭同剁黄贡椒”创大世界基尼斯纪录和“衡东土菜·民间美味大搜寻”活动。其中,第二项活动成功开创衡东首个大世界基尼斯纪录。第三项活动共拍摄“茶担”绝活 9 期,绝味厨娘 12 期,并有 7 位厨娘在土菜节“绝味厨娘”评选中获选。

【外宣创优】

衡东县广播电视台 2016—2017 年宣传创优获奖作品一览表

表 1

年度	类　别	节　目　标　题	获奖种类及等次	作　　者
2016	短消息	“湘油泵”A 股上交所上市,衡阳近 20 年来 IPO 上市实现零突破	衡阳广播电视奖一等奖	王　峥　周　蜜
2016	连续报道	南湾李飘香	衡阳广播电视奖三等奖	陈正威　刘慧玲　曹莉
2016	长消息	一毛钱帮扶迅速摘掉“移民户”帽子	衡阳广播电视奖三等奖	王　峥　刘星野
2017	电视文艺	我从衡东来	衡阳广播电视奖一等奖	文　星　周海平　廖　晗　王宇锋　李永红
2017	电视长消息	网红奶奶何红英	衡阳广播电视奖 一等奖	文　灿　侯毅强
2017	电视消息	一项新基尼斯纪录在衡东诞生	衡阳广播电视奖三等奖	文　灿
2017	电视消息	衡东首次发现汉代古墓群	衡阳广播电视奖三等奖	王　峥

【有线电视】 在电信 IPTV、移动 OTT 等信息媒介市场竞争日益激烈的新形势下,加大宣传力度,落实优惠政策,新发展有线电视用户 632 户、广电宽带用户 1013 户。新建设新塘镇新田村、杨林镇湾头洲村两个村级有线广播电视机房,新发展农村有线电视用户 326 户、农村广电宽带用户 224 户。

【事业建设】 户户通工程:农村直播卫星电视户户通工程要求完成 13157 套直播卫星设备的安装调试验收,重点落实到边远农户、山区农户和“五个优先户”(五保户、低保户、残疾户、烈军属户、计划生育困难户)。涉及到 11 个乡镇抄录授权发放安装等相关工作,录入率 100%,开通率 100%,得到省市领导及广大用户的一致好评,并通过省市验收,被市里评为先进单位。

农村广播“村村响”工程:为落实省政府提出的在 2017 年年底前实现全省县乡村“村村响”广播全覆盖的目标要求,台组织 5 个工程队深入全县各乡镇村实施农村广播“村村响”工程建设,完成 1 个县级广播中心和 17 个乡镇广播站机房的建设,256 个行政村的安装,2017 年年底已通过市级“村村响”工程验收。

【宣传设备】 投入 20 万元购买佳能摄像机、小摇臂、导轨、飞行器等摄录设备;投资近 100 万元对广播电台中心机房进行全面改造和设备更新;投资 90 多万元对电视播出设备进行升级改造;投入 16 万余元对杨山电视发射塔灯光亮化设施和滨江广场 LED 屏进行全面维修。

【广播电视大事记】

2016 年大事记

3 月 3 日，衡东台承办的“相约锦泰 · 见证真爱”衡东县庆祝三八国际妇女节 106 周年暨首届“最美家庭”“最美湘女”颁奖典礼在县城武家山会议中心举行。

3 月 14 日，衡东县广播电视台公共娱乐频道主办，碧桂园衡东翡翠湾全程总冠名，全县各乡镇大力协办的 2016 衡东碧桂园杯广场舞大赛开始。3 月 30 日，举办总决赛。霞流镇活力广场舞代表队以他们整齐的舞步，充满激情的舞姿征服评委，夺得大赛的冠军。

8 月 31 日，记者曹莉参加全市新闻战线开展“好记者讲好故事”演讲活动，获市二等奖，参加全省“好记者讲好故事”演讲，获省三等奖。

2017 年大事记

3 月 6 日，衡东台“微信公众号——大衡之东”正式上线。

3 月 18—21 日，“中国好风光——乡韵衡东”全国摄影大展第一次活动，3 月 19 日，由中国摄影家协会艺术摄影专业委员会，衡东县人民政府主办，衡东县广播电视台承办的“中国好风光 乡韵衡东”全国摄影展启动仪式在衡东县城举行。3 月 19 日—21 日，来自美国、北京、上海、浙江、江苏、广东、江西、福建等国内外 20 多名摄影名家，先后来到衡东县城、潭泊、杨林、高湖、草市等地采风创作。

3 月 23 日，衡东台时政频道《一份老家书》节目开播。该节目旨在通过一封封老家书，让观众感受郁郁苍苍的真挚感情、掷地有声的鼓励鞭策、家国情怀的慷慨陈词以及令人闻之落泪的舐亲之情。整个活动成为推动衡东文化发展的新起点，成为构建精神文化建设的一个新亮点，点燃全县人民热爱衡东、建设衡东的情怀。

4 月 30 日，衡东县广播电视台主办“衡东土菜文化礼仪形象大使选拔大赛”正式启动。该活动历时四个月，举办初赛、复赛共 4 场。

5 月 15 日，“手机台——掌上衡东”试用行。“手机台—掌上衡东”，为衡东台倾力打造的互联网新媒体平台，是集新闻资讯，电视直播，阳光政务，电子商务，互动平台和便民服务于一体的移动终端。

6 月 27 日，大型电视专栏《美丽衡东行》在罗帅故居举行开机启动仪式。

7 月 7 日，衡东县广播电视台、衡东县妇女联合会主办的“衡东，让我为你朗读诵”中央人民广播电台第五届“夏青杯”衡东赛区决赛举行。

8 月 31 日，“衡东土菜文化礼仪形象大使选拔大赛决赛暨颁奖晚会”在县滨江广场举行，此次大赛选拔出 10 名文化礼仪形象大使。

9 月 20 日上午 11:00，由衡东台承办的“湖南衡东第四届土菜文化旅游节——最多组家庭同剁黄贡椒创大世界基尼斯活动”正式开始，该项活动是衡东县第四届土菜文化旅游节节会的重头戏，一百余组家庭向全世界展示衡东土菜的重要辅料——剁黄贡椒的制作过程。

10 月 17 日，由衡东台承办的“衡东县脱贫攻坚政策知识竞赛”活动圆满完成。

11 月 14 日，衡东台承办衡东县新闻工作者“宣传十九大精神，建设美丽新农村”走进青鸦村文艺演出系列活动。新闻工作者走进田间地头，宣讲十九大精神，向村民免费发放十九大报告和书籍，开展义务劳动，为青鸦村贫困户免费安装“户户通”设备，助力扶贫攻坚，展示新闻工作者的风采。

12 月 26 日，承办“我心中的国(警)徽演讲比赛暨主题教育活动总结颁奖晚会”

（郑艳雄）

新 华 书 店

【概况】 衡东县分公司是行业垂直与当地党委双层管理的科级文化企业单位，人、财、物直属湖南省新华书店有限责任公司管理。2016 年 9 月 13 日，党支部换届选举，产生由支部书记成桂香、纪检组长伍乐军、组织委员康慧娟组成的新一届党支部班子成员。内设机构有综合管理部、资产财务部、教材业务部、图书业务部(含连锁门店)、文化用品部 5 个中层部门。全县建有图书发行网点 5 处，校园书店 5 家，覆盖全县主要乡镇。

【领导视察】 2016年3月24日上午,省新闻出版局市场处、省新华书店教材公司、市新闻出版社局、市新华书店等相关领导一行到县城关镇第二完全小学进行视察,分别就学校“课前到书”及“校园书店”等情况做调研工作。上级领导肯定县新华书店的工作,强调提升服务质量,弘扬正版图书发行渠道,把教辅图书直接配送到每个班级,并希望衡东县分公司为当地教育事业做出更大的贡献。

2017年8月3日,湖南出版投资控股集团党委书记、董事长,中南出版传媒集团董事长龚曙光,湖南出版投资控股集团党委副书记胡建勇,在湖南省新华书店有限责任公司董事长黄楚芳、党委书记贺正辉、总经理周亦翔等陪同下深入衡东县分公司进行调研。龚曙光指出,在新的政治环境、新的营商环境、新的技术环境下,如何将教辅专项整治化危为机,整体提升服务社会、适应环境、重造主业,新华书店在接下来的工作中,必须要做到守法守规经营,要精准精细服务,要创新创业地工作。

【政协提案】 2016年10月,成桂香当选为第十四届县政协委员。

2016年11月16—11月21日,成桂香经理作为十四届政协委员参会,提交两个有关文化发展的两个提案。一个是关于举办“全民阅读”活动,推动文化产业的提案,另一个则是关于建立衡东县河西文化产业城的提案。

【教辅服务】 2016年10月底,成桂香经理和伍乐军副经理,专程走访调查全县十七个教育管理中心和九个县办高中、初中及四个民办学校,发放对公司“教辅小组包片人员工作情况”等征求意见单,和近百名师生亲切交谈,听取他们对公司发展进步的许多宝贵意见和建议。

衡东县新华书店严格落实教辅新政,从2017年8月20日起,用一个月的时间,在全县各乡镇开展“金秋学生用书大联展”,通过网上书城与城乡流动摆摊售书等方式,宣传中小学教辅材料推荐选用新政策。向广大师生展示并推荐一批优质的文学类、科普类图书和学生们常用的各个经典工具书品种,为学生提供极大的便利。

【校园书店】 继2014年9月衡东县第一家校园书店——衡东县兴东中学校园书店正式投入使用以来,城关中学校园书店、欧阳遇中学校园书店、五中校园书店于2016年11月28日、2017年8月20日、8月24日相继开业。一中校园书店、二中校园书店将于2018年开业。一家家校园书店的兴建及投入使用,不仅便利学校师生购书,而且为师生们开辟专门的阅读时段,为推动书香校园建设、培养学生阅读习惯创造有利条件。

【国学大赛及创文大赛】 2016年12月6日上午,新华书店衡东县分公司联合县教育局在局六楼会议室举办了“小先生·十五志于学——2016首届湖南省青少年国学大赛”衡东县初赛活动,相关赛事具体由衡东县分公司承办,县教育局领导、衡东县分公司经理室及中层干部出席了活动。来自八所县办中学的40名初中学生汇聚比赛现场。经过激烈的比赛,兴东中学的小选手们在一锤定音这个环节表现优秀,获得比赛第一名。

2017年4月15—17日,公司组织全县中小学生进行“寻找中国写作之星”2017年创文大赛的决赛。大赛由省文明办、关工委、语委、省教育厅、中南传媒集团以及多个权威媒体、写作学会联合举办,分县区初赛、市州复赛和全省总决赛等多个环节,规模盛大,影响宽广。意在为全省青少年搭建展示写作和国学知识的绝佳平台,一方面激发青少年作文创作热情,提倡“爱阅读、擅表达”。另外一方面大力弘扬国学国艺,推动优秀传统文化尤其是湖湘特色文化的广泛传播。全县有多个中小学校多名学生在决赛中获得名次。

【重点图书发行】 公司认真组织和策划重点文献发行营销活动,与县委宣传部联合召开《习近平总书记系列重要系列讲话读本》《胡锦涛文选》、十九大党政文件等重点政治读物专题发行会议,组织精干人员深入到党政机关、企事业单位开展宣传、推荐工作。同时,以在发行《读本》以契机,带动“两学一做”相关书籍配套发行。公司共售出《胡锦涛文选》《朱镕基答记者问》《全面从严治党面对面》《习近平讲故事》上万册，十九大政治读物100多万码洋，圆满完成发行任务。

【平台建设】 2017年1月下旬，开通阅达书城网络购书平台，在实体书店也能享受到与网上书店同样的便捷与购物体验，门店升级改造成一个体验互动的场所。自“阅达书城”上线以来，注册用户已达上万人次，它利用互联网+的优势，实现线上和线下业务相互融合和促进，阅达书城主打“半日达”本地化服务理念已深入人心。

【全民阅读】 2017年4月26日上午，衡东县2017年“全民阅读·文明衡东”全民读书月活动在洣江广场启动，旨在全面提升市民思想文化素质，助推“五县五化”建设。县委书记吴伟生宣布活动启动，县委副书记、县长徐志毅宣读全民阅读倡议书，新华书店衡东县分公司作为承办单位早在活动前两个月全体员工就深入全县机关、企事业单位发动爱心人士参与爱心捐助活动。仅仅在一个多月的时间里，就取得预收书款40万元、捐书30万元的好成绩。启动仪式上，县新华书店、县地税局、县农商银行等20余家单位、企业向30所贫困学校捐赠30万元图书。县司法局、县新华书店向30名贫困学生捐赠每人价值500元的学习用品及精品图书。

【社会效益】 2016年1月8日，衡东县“新华杯”教职工文艺会演在武家山会务中心举行，全县乡镇中心学校、县直学校、相关民办学校共选派38个节目参加演出。整场演出精彩纷呈，高潮迭起，城关中心学校、石滩中心学校、育星小学获得一等奖。演出由新华书店冠名，展现新华书店对县教育工作者的时代风采的讴歌，以及对教育事业开展的热情及高度的社会责任感。

1月中旬，衡东县2016年“新华杯”全县中小学生广播体操、武术操汇报表演赛暨颁奖大会在衡东县第一中学隆重举行，公司经理袁峰陪同衡东县副县长刘光荣、县委办主任丁秋文、教育局局长陈宏建等领导一同观看近3个小时的精彩比赛。此次展演是衡东县“新华杯”中小学广播体操、武术操比赛成果的一次集中展示。此次活动是由县教育局和县新华书店联合组织开展的。此次比赛参与范围广，参加人员多，比赛时间长。这是近年来衡东县举行的最大规模的体育赛事，也体现新华书店对教育事业的极力支持。

【扶贫捐赠】 为全面贯彻落实县委县政府精准扶贫的总体工作部署，全力以赴担起扶贫责任，对贫困村南湾镇桃源村落实帮扶资金5万元。2016年6月5日，新华书店衡东分公司经理成桂香、副经理伍乐军邀请果树种植专家董建湘一行三人冒雨到南湾乡桃源村走访看望贫困户和公司驻村干部旷德。给贫困户送去油、大米、衣服等慰问物资，并充分肯定驻村同志脚踏实地所作的成绩和辛劳的付出，出资3000元为贫困户修房补漏。公司驻村干部旷德4月中旬起驻守在南湾乡桃源村，实实在在对贫困户肖旭平，单夏生、晏玉平进行帮扶。同时，公司搭建平台，扶持后期种植技术，切实提高农民增收致富的能力，帮助他们脱贫致富。

2016年6月7日，衡东县分公司积极响应县委精神文明办的倡议，踊跃参加“闲置衣物回收利用”爱心志愿捐赠活动，全公司职工向灾区和贫困地区捐献衣物200多件。

2017年5月31日上午9点钟，“传递一份爱心·共享一片蓝天”关爱留守儿童活动在衡东县甘溪镇石岗完小拉开序幕。此次活动是由中共衡东县委县政府主办，由县妇联、县教育局等承办，新华书店衡东县分公司、县邮政局等5家公司协办。2017年11月，公司在三樟和平完小再次协办“扶贫关爱——留守儿童”活动，现场捐赠了图书2000元，复读机16台。活动使更多部门、企业和爱心人士加入到关爱留守儿童的队伍来，促进留守儿童健康快乐成长。活动的举行是为呼吁和引导更多部门、企业和爱心人士加入到关爱留守儿童的队伍来，构建好关爱留守儿童服务体系，促进留守儿童健康快乐成长。

【先进个人】 2016年5月10日,在衡东县武家山县政府会务中心召开的2016年宣传思想工作大会上,公司被评为2015年度全县宣传系统“创先争优”先进集体,李红梅、范哲华二人被评为2015年度全县宣传系统“创先争优”先进个人。

2017年3月23日,在县委县政府召开的2016年度全县宣传思想工作表彰会上,公司经理成桂香被评为2016年度全县宣传思想工作先进个人。

【企业文化】 2016年5月14日下午,公司响应衡东县总工会的号召,举办“美丽衡东,智在快乐,奔向健康”衡东新华书店智跑赛。

2017年5月27日上午9点钟,新华书店衡东县分公司“薪火相传·土菜飘香”圣火火炬传递选手、运动员选拔赛在河西开发区洣水新城正式拉开了序幕。此次比赛是为切实推进“五县五化”战略,促进社会和和谐进步,迎接县第四届土菜文化旅游节而隆重举行,同时,也是为丰富单位干部职工的业余文体生活。 (颜胜岚)

乡镇概况

涞水镇

【行政区划】 涞水镇辖迎宾、滨江、杨山、兴东、嘉兴、涞江(原渡头村)、金堰(原金堰村)、堰湾(原堰湾村)8个社区;金花、金峨、岳霄、鹤祥(鹤祥、合桥2村合并)、大甸(大甸、月塘2村合并)、踏庄(踏庄、桐霄2村合并)、大托、大塘(大塘、枫垅2村合并)、仙楠(正坪、仙楠、花园3村合并)、仙林(中森、木林、枫林3村合并)、荆茗(荆茗、茗岗2村合并)、朗山(上朗、中朗、朗山3村合并)、珍珠(珍珠、大乌、小乌3村合并)、石江、北冲(北冲、石头2村合并)、采霞(印湘、山冲、富塘3村合并)、大山(小山、岭岩2村合并)、状元(双凤、同心、黄梓堂3村合并)、大兴(大江、新开2村合并)、南塘(小江、大塘2村合并)20个建制村,由原来的44个村减少到20个。

【农业】 涞水镇有水田面积28000亩,林地面积6万余亩。2017年年末,有耕地面积31200亩,有效灌溉面积25318亩,农作物播种面积42000亩,粮食作物播种面积36752亩,生产粮食21652万吨。

森林面积共8.977万亩,覆盖率65%,林业主产用材林、经济林,尤其丰产杉木、楠竹、板栗、油茶等。近年来,花卉种植专业合作社兴起,从事各种药材、花卉、苗木培植,镇内的花卉种植合作社25家,共占地428亩。2017年年末,全镇造林6518亩,其中防护林259亩,经济林6259亩。住宅四旁种植林16万株,森林覆盖率90%,为衡东县主要用材林基地之一。荆茗村内,生长着一种通身金黄的金竹,有较高观赏价值。

2017年年底,出笼家禽108360羽,禽蛋总产量38吨;年末生猪存栏38466头,耕牛存栏389头,羊存栏4210头;水产养殖面积1180亩,总产量190.9吨;年内生猪出栏56781头,年末大牲畜存栏2518头,肉类总产量4478.4吨,其中猪肉3896吨。

2017年年末,有农业技术服务机构2个,农业技术服务机构从业人员26人;种植大户135户;养殖大户59户。

【工业】 至2017年,有工业企业87个,规模以上工业企业3家,工业总产值140220万元,其中规模以上工业产值64960万元。

【财政金融】 2017年,镇公共财政收入2390.03万元,公共财政支出2347.09万元。至2017年,有银行、保险等各类金融机构网点22个。

【社会发展】 在教育科技方面,2017年年末,有幼儿园36所,在园幼儿4742人,专任教师318人;小学10所,在校生15173人,专任教师549人,小学适龄儿童入学率100%;初中3所,在校生1946人,专任教师184人;省示范性普通高中1所。小学升初中率100%,九年义务教育覆盖率100%。

在文化体育方面,2017年,镇域范围内有体育场馆2个;公园及休闲健身广场4个;各类民间艺术表演团体30个,演职人员1683人;乡镇综合文化站1个,已建村级农家书屋28个,总藏书10500册。2017年,有田径场12个,篮球场36个,羽毛球场5个,足球场3个。在医疗卫生方面,2017年,新型农村合作医疗参保人数8893人,参合率80.16%。受益补偿金额913.41万元。在社会保障方面,至2017年,境内社会福利收养性单位1个,床位53个;有"五保"对象281人,其中集中供养262人,分散供养19人,金额151702.00元。2017年年末,有农村低保对象405户,855人,总金额151430.00元;有城镇低保对象286户、459人,总金额139930.00元。2017年,农村医疗保险参保人数10265人,缴费人数8893人,参保率86.63%;缴费金额166.72万元,发放919.41万元;城镇居民医疗保险参保70138人,缴费56212人,参保率80.16%,缴费金额1011.816万元。

【镇村建设】 2017年,开展创建国家卫生县城和城乡环境整治,投入资金10万余元,订制470个环保垃圾桶放置到20个行政村、452个村民小组安放点;投入资金164500元,配备47辆垃圾转运车,投入资金472000元,建垃圾池472座,20个村清除垃圾共1500余方,同时,取缔流动摊点,清理整顿店招破损、不合规格17家。 (刘 玲)

新塘镇

【行政区划】 2017年末,辖15个建制村1个社区,分别是欧阳海村、湘广村、丰塘村、文桥村、宋坪村、桔林村、新樟坪、龙头村、潭泊村、石杨村、洣河桥村、大培村、兴发村、雷市村、新义村、文峰社区。

【农业】 2016—2017年,在新塘至县城省道S314线两旁,流转土地10000余亩,集中优势资源,以水果和花卉为主脉络,以洣水湿地公园石杨花海、胜任果园、兆丰农业、百川十八潭、龙头现代农业基地为骨架,以引进的十余家现代农业公司为基础,打造万亩现代农业示范园。园区内种植有黄桃、葡萄、西瓜、草莓、火龙果、沃柑、百香果、翠冠梨、枇杷、猕猴桃等时令水果和各种绿色蔬菜,蘑菇基地、西兰花基地、稻虾混养基地创收创税。2017年的梨花节、桃花节、格桑花节、土菜文化节吸引游客20万人次。

【城镇建设】 完成双月路人行道和路面改造,新建京港澳高速新塘出口牌楼,完成东健大道、晓霞路和双月路的中间隔离护栏安装工程,新安装和维修路灯120盏。

【民生】 坚持发展为民、发展惠民,2016—2017年发放城乡三类低保金计191.91万元、农村五保金74.46万元,残疾人补助金106.91万元,各项救灾救助资金47.57万元,城乡居民医疗保险筹资553万元,参保率达94%,居民养老保险参保率达92%。完成农村危房改造15户,新塘中心敬老院的新建主体工程全部完工,可实现搬迁入住。利用原开发区办公楼改建的镇便民服务中心完成改造并投入使用。继续加大脱贫攻坚力度,经省里验收确定脱贫64户、210人,易地扶贫搬迁工程4户,18人实现全部搬迁入住,省级贫困村桔林村完成脱贫摘帽工作。办好民生实事,21项重点民生实事指标圆满完成。计生工作迎难而上,不断加强计划生育综合管理,提供优质计生服务,提高人口出生素质,全面落实各项奖励扶助政策,发放计生奖励扶助资金84.1万元,不断加大全面二孩政策宣传。

【政务】 民主法制稳步推进。认真组织落实政务村务公开,在全县率先启动互联网+监督工作,保障群众的参与权、知情权和监督权。强化安全生产工作,深入开展安全生产知识培训和打非治违专项行动,突出隐患排查治理,连续五年无重大安全事故发生。深入开展平安创建,2016—2017年调解各类纠纷60余件,在全市乡镇一级率先成立禁毒协会,禁毒工作在全市挂牌督办下成功摘帽。综治维稳工作进步明显,获得全市先进。认真做好群众来信来访工作,处理"12345"投诉90余条,信访案件40余件,全镇社会政治和谐稳定。"三公"经费支出从严控制,公务接待全面规范,干部作风明显好转。

大浦镇

【行政区划】 2017年末,辖16个建制村,2个居委会。青鸦村，岭茶村，浦泉村，太平村，堰桥村，长丰村，大明楼村，新庄村，三才村，清泉村，新石桥村，托源村，渡江浦村，蓟江潭村，新开村，狮塘村，东浦社区，浦园社区。计425个村民小组。

【经济】 2017年，全镇实现地区生产总值82亿元，比上年递增18%；完成工业增加值6.8亿元，年均递增16%以上；农业总产值9.25亿元，年均递增7%以上；财政一般预算收入2018万元，年均递增9.5%以上；农民人均收入21650元，年均递增9%以上；计划生育率保持在90%以上。

【农业】 一是狠抓水稻种植，确保粮食安全。全镇水稻种植面积两季达5万亩，粮食总产量达3.6万吨。二是调整产业结构，大力促进土地流转。现有种植100亩上的大户5户，新增合作社2个，家庭农场8家。引进项目和资金，在新庄村流转土地200亩，建成了稻蛙养殖基地；堰桥村流转土地近400亩，建成生态葡萄采摘园；三才村流转土地200亩西瓜种植。三是进一步壮大养殖规模 。规模养殖能有效规避风险，提高经营效益，镇政府在宣传这一思想认识的基础上，帮助立项，争取国家政策性项目资金的支持等多项优惠政策，全镇现有鸡、鸭、牲猪养殖大户231户，积极推行特色养殖。四是继续实施抓好稻田重金属治理。在青鸦、浦泉、太平、新开、狮塘等村进行生石灰撒放的扫尾工作，共计投入资金80余万元，覆盖稻田面积6958亩。

【交通水利】 2016—2017年，全镇16个自然村新修水泥路11.5公里，窄路加宽硬化28公里，极大方便村民的生产生活。农村水利设施建设进一步完善。投入63万元对10座病险水库、塘进行维修加固；投入资金65万元，维修灌溉渠道6.8公里。

【招商引资和项目建设】 一是大力发展园区建设，不断加大招商引资和项目建设力度，强力实施“招商引资和项目建设”双带动战略，坚持引进绿色环保企业，以项目建设带动工业发展。完成征收面积239亩，其中狮塘村31亩、浦泉村179亩、新石桥村29亩，引进3个项目。帮助企业解决具体问题20多个，进一步优化企业周边环境。二是大力支持重点项目建设，2017年以来，完成通用机场进场道路的征拆工作和机场用地的1123座坟墓的迁移工作。工业大道迁坟完成62座，拆除房屋5栋。

【城镇建设】 一是投入70余万元，添置发放垃圾桶600个；安装不锈钢垃圾屋12个；全镇所有村组均修建了垃圾收集池，共计425个。二是升级改造大浦镇垃圾中转站，年处理垃圾近5千吨。三是对老城区所有私搭的棚、广告牌等进行统一拆除。完善世纪星城、东方欣城正两个繁华而靓丽的宜居宜商小区的周边环境建设。

【社会事业】 一是卫计工作稳步提升。人口出生率稳定在11.5‰以内的低生育水平，计划生育率控制在90%以上；引导农民积极参加农村新型合作医疗，全镇参合人数达到4.1万余人，参合率达到98%。进一步完善镇卫生院医疗设施，加强公共卫生体系建设，积极开展“创人民满意医院”活动，整顿行业风气，提升医疗品质，为全镇人民健康提供强有效的服务。二是教育工作取得新成绩。坚持科教兴镇、教育强镇战略，全面落实普九教育，大力改善办学条件，狠抓教育教学质量和管理水平，全镇学校适龄儿童入学率、小学升学率、中学升学率均达98%以上，升入省市示范性高中优秀率居全县乡镇中学第二，教育教学工作连续五年获市县先进单位。三是民政工作稳步进行。通过逐户摸底调查，村民代表大会评议，镇、村干部研究核实，镇党委、政府审核等环节重新核定低保对象。全镇共有674户城乡困难家庭、1193人享受最低生活保障，其中城镇158户、215人，农村516户、978人，“五保”对象255人；做到应保尽保。

【精准扶贫】 充分运用“领导重视是给力、部门包抓是动力、干部帮扶是合力、贫困户发展是主力”四种力量落实帮扶责任，形成扶贫攻坚主战线。成立扶贫开发监督工作领导小组，实行“一联双包”责任制，精准识别抓扶贫，责任到人，严格目标责任考核，重点采用四种方式，因地制宜，因人施策，有效推进扶贫攻坚事业稳步发展。一是易地扶贫。重点抓好全镇2016年12个村、50户、102人分散搬迁安置任务。50户房屋主体已完工已100%入住，2017年实施异地搬迁1户、1人。二是产业扶贫。在贫困村青鸦建立万亩牡丹花基地，大型光伏发电站也在积极筹备中，堰桥生态农业发展有限公司产业扶贫已对接贫困户60户。在捆绑使用扶贫互助、扶贫产业扶持等项资金的基础上，投放资金创业促就业小额担保贷款，重点扶持贫困村、贫困户发展农业产业。投入县级资金50万发展养殖业，新建和维修圈舍546平方米，帮扶贫困户发展养牛、养猪、养鸡；堰桥村发展葡萄种植户、大棚户、紫薯种植户、油菜种植户，力争全镇所有贫困群众都能建立起稳定的致富产业。仅此一项每年计划收入25万余元，人均增收1800元。三是教育医疗扶贫。全面推行贫困户子女学前免学费教育，并对贫困家庭子女学前教育每学期给予600元的生活费补助；对贫困户因病和意外事故产生的住院费用，除按规定报销外，根据其困难程度，再给予不低于40%的医疗救助；对特殊无劳动能力和"五保"、老龄等人员实行政府精准兜底保障。四是低保兜底扶贫。对丧失劳动能力，无法通过产业扶贫和就业帮助实现脱贫的贫困户将全部纳入农村低保。通过逐户摸底调查，村民代表大会评议，镇、村干部研究核实，镇党委、政府审核等环节精准识别贫困户，对全镇贫困户实现帮扶全覆盖，并根据贫困户主要致贫原因、自身实际需求采取切实可行的帮扶措施，2016年实现脱贫126户、291人，还有贫困对象490户、1416人，贫困户异地搬迁50户，基本完工，将会按时按质交房。今年累计完成50户危房改造，其中特扶9户、一般扶助27户、修缮14户。

【党风廉政建设】 明确党政领导班子成员"一岗双责"，将党风廉政建设责任分解到业务工作中，层层传导压力。强化对党务、政务、村务的监督，促进党务、政务、村务的三公开。深入学习和贯彻党的十九大会议精神，组织全镇机关干部、各村社区在家党员集中观看十九大的开幕式、闭幕式。印发十九大报告全文和新修订的党章1500余册，及时组织主题讨论，将十九大会议精神融入全镇各项工作的开展中。组织班子成员传阅2016年查处的衡阳市部分领导干部忏悔录，组织镇村干部100余人观看警示教育片，转发了县内个别乡镇发生的典型案例通报2期。利用微信、短信、QQ群等方式开展党纪党规送学活动。开展低保、精准扶贫等惠民资金的专项检查，走访农户60余户次，发现问题线索5条，核查5条，廉政谈话14人次，提醒谈话16人次，诫勉约谈1人次。

【换届选举】 2017年是村社区"两委"的换届选举之年，在村、社区"两委"的换届选举中，严守各项纪律，严格按照程序，确保按时换届，没有发生一起违纪违法事件，没有发生一起因换届的信访事件。换届后新的村社区两委班子平均年龄降低3岁，高中以上学历增加30%，初中及以下学历减少15%，有效的提高了村支两委干部素质和能力水平。

吴　集　镇

【概况】 吴集镇位于洣水河畔的杨山脚下，北面与衡东县城隔河相望，三桥相通。相传吴三桂率部来此后，见前后左右有龙、象、猴、狮形诸山相簇，地势险峻，易守难攻，拟于此建立行辕，厉兵秣马，作长远计。后因掘井不得水，便率部到衡阳。据《衡山县志》载："吴集市后，广袤五里，为吴三桂集兵之处。"吴集因而得名。

吴集镇辖区面积275平方公里，约占全县面积的14.2%，下设33个村，1个居委会，共872个组，总人口104120人，水田面积5.82万亩，山地26万亩，属典型的江南丘陵地貌。解放初期，吴集属衡山县第二区，1952年属第十区，包括吴集镇和吴集乡，1958年属英雄人民公社，后更名为吴集人民公社，1989年撤区并乡，将原吴集、红坪、双园三个乡镇合并为吴集镇。2015年，合村并镇，将原莫井乡、德圳乡、栗木乡、吴集镇合并为现在的吴集镇。

【基础设施】 2016—2017年，吴集镇基础设施逐渐改善，人民群众生活水平明显提升。农村危房改造210户，易地搬迁80户，移民帮困建房61户；公路实施畅通工程182公里，窄道加宽32公里，实现镇内交通网络化；完成水库除险加固工程6座，启动五小水利工程建设村4个，渠道维修护砌16公里，启动五小水利工程建设村6个，山平塘、骨干塘清淤60余口，各类渠道维修护砌24公里，新建堰坝5座，启动小流域治理5公里；同时，完善路网、管网等市政工程设施建设，完成S315线、双园大道的绿化、亮化和美化工程，完成衡东老大桥的维护修理工程。全力服务河西新区的推进和功能的完善，两年来，共完成征地230亩，迁坟300余座，拆迁76户，天英学校建成开学，双园大道建成通车。

【镇域经济】 2017年，吴集镇城乡居民人均可支配收入分别达到28380元和17319元，2016—2017年，两项指标年均增速均超过10%。招商引资成效显著，2016—2017年，分别引进进河西聚味堂、金觉峰风电项目、坳家台风电项目、天英学校、杨山中学、少年军校、烈士园、奥体中心、洣水新城等多个大项目、好项目，预计总投资超过40亿元，项目建设顺利推进，为全县经济发展注入强大力量。特色农业逐步壮大，农业产业链不断延伸，大力发展巷子村名贵苗木基地、南山村罗汉果基地、中国油茶庄园、兆丰香菇生产加工基地等特色农产品基地。乡村旅游资源非常丰富，地理位置优势明显，有文化底蕴的吴集古街和杨山庙，奇山怪石的鸡公岩，风景秀丽的德圳水库，天然氧吧的江山村，计划投资5000万元把江山村打造集休闲、娱乐、住宿、餐饮为一体的乡村旅游，围绕鸡公岩山脉打造集登山、探险、观光、度假、郊游为一体的多功能的旅游胜地。

【社会事务】 2016—2017年，新增低保203户、423人，发放低保资金600余万元，五保资金280余万元，民政优抚资金430余万元；新型农村社会养老保险参保率接近60%，发放养老金1800万元，安置城镇新增就业人员300人，下岗失业人员再就业111人，就业困难对象再就业41人，零就业家庭安置率100%；2017年吴集镇共完成3个省级贫困村脱贫退出，脱贫291户、1055人，进一步整合资源开展扶贫工作，联系省、市、县人大代表开展“五个一”行动，帮助一个省级贫困村发展乡村旅游，同时组织部分政协委员进行爱心助学活动，协助卫生局开展了义务就诊活动。

【科教文卫】 文化事业潮气蓬勃，文化活动开展的有声有色，协助衡东县开展“薪火相传，土菜飘香”土菜文化旅游节吴集镇火炬传递活动，组织了10组家庭参加100组家庭剁辣椒申请吉尼斯纪录活动，在洣水河西举办大型的舞狮子比赛，吴集镇锣鼓队在县锣鼓大赛中勇得第二名。2016年，投入30万元对镇文化站进行全面的升级改造，增添了娱乐、健身等器材，2017年，投入100多万元对吴集镇卫生院进行全面维护改造，维修院内的硬件设施，添置一批先进的医疗设备，医疗条件快速改善。

【综治维稳】 快速建立科学的综治维稳防控体系，设立民事调解委员会，强化镇村干部维稳责任，出台信访维稳追责“铁五条”。2016—2017年，共调解纠纷400余起，化解矛盾1800余起。2017年，实现在十九大、一带一路、省两会等重点维稳时期无非正常上访案件。

【换届选举】 2017年，吴集镇以全市换届选举示范点杨梓坪村为突破口，顺利完成34村(社区)两委换届选举工作，所有村全部按上级设定的职数选满，村干部数量由355名下降为190名，减少幅度为46.7%，达到进一步优化村级干部队伍结构的目的，杨梓坪村的换届选举工作经验被全市推介。

【坳家台、金觉峰风电场进展顺利】 2016年引进的坳家台风电项目，总投资4.3亿元，2017年8月工程在鸡公岩山脉开工，2018年2月主体道路完工，目前正在进行发电机安装工程，预计2018年8月并网发电。金觉峰风电场于2017年12月开工，预计2018年11月并网发电。两个风电场年发电量达18000万千瓦，年产值超过1亿元。

【江山村获省级美丽乡村建设村庄】 2017年,江山村被省委农村领导工作小组评为美丽乡村建设村庄,江山村为省级贫困村,环境秀美,气候宜人,为衡东县林区最大的村庄,近两年发展非常迅速,基础设施逐步完善,正积极发展乡村旅游产业。

【便民服务中心建设】 2016年,对吴集镇便民服务大厅进行改造和升级,将各站所集中统一办公,分类设置窗口,开放集中办公,实行一站式受理、协同办理、咨询、代办行政审批服务事项,服务中心现入驻职能部门10个,办事人员22人,按照综合业务、农业农村、国土城建、社会事务四大类开设劳动保障、民政、不动产登记、财税、国土城建、农机农技、卫生计生等8个固定工作窗口,分别负责对口或相关业务的办理、咨询和指导,办事人员服务热心、工作细致,群众办事方便、快捷,是全县优秀的便民服务中心。（尹太平）

甘溪镇

【概况】 甘溪地处衡东腹地,位于县城以东10公里。与荣桓乡、杨桥镇、踏庄乡、吴集镇相接。总面积109平方公里,古时该地有一溪港,出自武阳山,流入洣水。流经之处森林茂密,水清甘甜,故将该溪港定名为甘溪。新中国成立初期,甘溪属衡山县吴集区,1958年成立人民公社,1984年建镇,1989年5月,撤销夏浦乡并入甘溪镇。甘溪自然风光秀丽,景色迷人。座落在金觉峰下的夏浦溶洞,千姿百态,奇异纷呈;洣河两岸满目青山,怪石林立,有着“小桂林”之美称。甘溪镇盛产稻谷、花生、黄豆、红枣、板栗、油茶等主要农产品。矿产资源亦很丰富,主要有石灰石、铅、锌、钨、铜、金、银等,镇内有全国闻名的衡东县铅锌矿。甘溪镇交通便利。省道1820线和1815线穿境地而过,啰河由南而北流经境内10余公里。甘溪水轮泵水电站和县火力发电厂座落其境,水、电条件得天独厚。甘溪镇优越的自然条件,坚实的经济基础,促进各项社会事业的繁荣,教育、文化、卫生、广播电视等各项工作取得了巨大的进步,精神文明和物质文明建设同步发展。

2017年,被评为全县综治工作先进乡镇、信访工作先进单位、安全生产工作先进单位、计划生育工作先进乡镇、森林防火工作先进单位、党的十九大安保维稳等工作先进单位。

【基层党建】 一是政治建设常态化。镇党委一班人坚决执行党的路线方针政策,严守政治纪律和政治规矩,对党忠诚、为党分忧、为党尽责、为民谋利,做到政治信仰不变、政治立场不移、政治方向不偏,班子政治建设常抓不懈怠。二是正风肃纪法治化。镇党委全面推进党风廉政建设和反腐败工作,严格落实党风廉政建设党委主体责任和纪委监督责任,认真组织学习贯彻《中国共产党廉洁自律准则》和《中国共产党纪律处分条例》,深化落实中央八项规定精神,切实纠正“四风”,营造风清气正、干事创业的浓厚氛围。与各党总支(支部)签订《党风廉政建设责任书》,建立横向到边,纵向到底的责任体系,全年开展廉政谈话21人次;完善机关管理,财务管理,党员发展等规章制度,坚持制度管人、管事、管钱。镇纪委不定期对干部作风、工作纪律等情况进行巡查监督,全年开展作风巡查5次,对镇、村干部及个别村全体党员进行毒品检测。全年查办案件9起,给予党纪政纪处分3人。持续深化“平安甘溪”建设,坚决打赢“扫黑除恶”斗争,依法惩治“黄赌毒”等违法犯罪活动,群众的安全感进一步增强,全省民调排名大幅进步。三是两学一做有形化。思想建设是党的基础性建设,以“支部主题党日”活动作为“两学一做”的活动载体,让“两学”具体化、有形化。镇党委班子成员及各支部书记带头讲党课,引导教育党员牢记党的宗旨,做到将党章内化于心、外化于行,切实做到为党分忧、为国尽责、为民奉献。四是支部建设规范化。村(社区)两委换届挺纪在前,组织提名人选全部高票当选,提拔2名党建实绩突出的村副职担任支部书记,整个过程实现“零用警”。推进以村(社区)为主的绩效考核,增加党建分值,每月督查情况与镇、村干部的待遇直接挂钩。投入80多万元新建1个农村综合服务平台。投入30余万元更新全镇远教设备和村级党务政务公开栏。五是党员形象旗帜化。扎实开展“我是甘溪人,我为甘溪做什么”大讨论活动,广大党员结合各自本职工作,扶贫攻坚任务、十九大安全维稳等中心工作作出承诺,认真履责。走访慰问困难党员、退职村干部及困难群众,及时将党和政府的关爱送到基层困难党员群众的手中,确保每一位共产党员都是一面鲜红的党旗。

【保障民生】 新敬老院主体工程全部完工,投入使用后能容纳68个床位,进一步缓解域内孤寡老人养老的压力。前进完小综合楼建成,教育基础设施进一步完善。镇卫生院完成提质扩容,改善医护条件和医疗设施。组织800多名已婚育龄妇女进行“两癌筛差”,提高妇女同志的健康意识和疾病预防能力。严控危房改造指标落地,党政负责人带队对危房改造指标进行核查,确保指标用到真真需要的群众身上。加大了危房改造任务,全年完成危房改造17户,其中新建10户、修缮10户,无房户、危房户的生存环境将得到有效改善。集中开展扶贫对象建档立卡信息数据复核工作,删除四有、识别不准、分户拆户的贫困户共87户、257人,彻底解决了贫困人口底数不清、情况不明的问题。继续开展结对帮扶,各级“两代表”一委员、镇村干部结对帮扶贫困户100多户。发挥油茶产业在脱贫工作中的作用,帮助贫困户种植油茶150多亩。城乡居民最低生活保障对象经过复核,退出33户、99人,新增32户、63人,社会保障更加公平、有效。新农合收缴比例突破90%,覆盖面更广,有效缓解因病致贫的情况。赢取抗洪抢险胜利,临时紧急转移受灾群众63人,兑现党委、政府“不溃一堤、不伤一人”的庄严承诺。

【思想文化建设】 持续加强对意识形态工作的领导,开展马克思列宁主义、毛泽东思想、邓小平理论、科学发展观、十九大精神的宣传教育活动,习近平新时代中国特色社会主义思想深入村组。文化活动有新亮点。《鼓舞甘溪》获“鼓舞衡东”大赛金奖,土菜文化节火炬传递甘溪站活动、全县“六一”关爱留守儿童石岗完小文艺活动、“十九大精神润衡东走进夏浦”有声有色,有效凝聚人心。武术进校园活动在前进完小顺利举办,掀起全民健身活动热潮。组织创作、传唱本土民谣——《带你去夏浦》,提升甘溪美誉度。

【环境治理】 坚持“绿水青山就是金山银山”的科学理念,加大生态资源保护力度。切实保护好森林资源,将5.1万亩森林纳入天然保护林范围。严控森林火灾,镇村干部在重要时间节点、重要山头林地值守,提高全民火灾防控意识,实现森林火灾“零”记录,获评全县先进。实行最严格的湿地公园环境保护政策,严厉打击盗采、盗猎、盗捕行为,维护洣水湿地公园的生态稳定和物种多样性。对洣水甘溪河坝段的水生漂浮物集中清理,改善洣水水质和通航安全。全面落实河长制,安排党政负责人任境内洣水流域及12条主要溪流的河长,树立河长制工作责任牌25块,压实镇村两级履行保护河流的责任。依法推进污染防治,大力抓好金龙矿区环保综合整治,将污水治理、饮水安全、水渠修复、农田平整、尾库闭库五大块进行集中整治,五十余年的历史遗留问题即将得到有效解决。严控新的污染源,严把污染型企业和资源掠夺型企业的准入关,拒绝2家污染企业落户甘溪,依法关停3家矿石开采场和4家环评不达标的养殖场。深入实施农村环境整治,在制度、人力、物力、财力等方面向农村环境整治工作倾斜,大力清运成堆老旧垃圾,过去垃圾成山、垃圾绕屋的现象有较大改观,农村人居环境有较大改善。

【多元发展 振兴乡村】 推动经济结构调整和发展方式转变。顺应农村集体土地承包制度改革大势,全力推进农村土地确权颁证工作,目前已经完成土地确权颁证二轮公示工作。巩固传统产业,全力确保农业和粮食生产安全。加大水利设施建设,提高农业生产自然灾害抵御能力。年内新修水渠6.5公里、修缮水渠3公里、清淤11公里,山塘水库加固7口。坚守耕地红线不退让,基本农田面积年内无减少,全年双季稻种植率在2016年的基础上增加6.3%,全年性抛荒较去年减少5%,粮食总产稳中有增。做优做强优势特色产业,支持甘溪果乐园、美中餐豆腐乳做大做强,积极推介甘溪土菜产业走向衡东。发展绿色新兴产业,搭载衡东县全域旅游平台对萧家大屋进行修缮,围绕金觉峰逐步形成山、水、人文汇聚的乡村旅游景点。（聂佳恺）

杨　林　镇

【概况】　杨林镇位于县城东南部,镇域面积121平方公里,距县城32公里,四周与吴集镇、草市镇、高湖镇、南湾乡接壤,衡炎高速穿境而过。全镇辖12个村,1个社区,229个村民小组,总人口35168人,其中城镇居民2672人,党员739人;耕地面积15450亩,其中水田13484亩;森林总面积124756亩,其中林地87519亩,竹林地26476亩。杨林镇土质肥沃,物产富饶,自然资源丰富。矿产资源有金、钨、汞、硫、石灰石、砂砾石等;林业资源有杉木、松、楠竹、油茶等;主要农副产品有稻谷、柑桔、红枣、板栗、湘莲、海狸等。

2017年,综治工作获市先进。信访工作、党风廉政建设工作获县先进。

【三农工作】　杨林镇始终坚持将农业增效、农民增收、农村稳定放在全镇工作的重要位置,突出支柱产业,实现全镇农民收入的持续稳定增长。

2016年,全镇粮食生产总面积稳中有升,基本消除了农田抛荒现象,早稻种植4700多亩,油菜种植面积在全县名列前茅,种植面积达1.2万亩,实现全面丰收。江东灌区全年完成渠道清淤6公里,小二型水库除险加固多处,石峡、小岳洲等村硬化通组公路,解决部分村民出行难的问题。

2017年,农民人均收入近6000元。全镇特色农业种植规模进一步扩大,大棚蔬菜种植面积达70余亩,油茶开发新增3000亩,油菜种植面积达1.2万亩,脐橙种植面积达500多亩,种植脐橙的农户达150多户,为农民人均年增收5000元以上。对洣水两岸、湿地公园、杨林老街等区域进行大力保护,为全县实施全域旅游战略打下坚实基础。

【项目建设】　2016年,党委政府明确稳增长为推动发展的首要任务,抢前抓早、抓住关键、精准施策,千方百计破难题稳增长。大力优化企业周边环境,安排专人负责企业周边环境协调,确保企业正常生产运行,不断增强服务意识,着力营造亲商、安商、扶商的宽松环境。大源冲村至大塘村沿吴南公路3公里长的工业走廊已初具规模,廊内已聚集企业12家,形成冶金、化工、建材、旅游四大支柱产业,产业聚集效应日益明显,具有较强的市场竞争力和影响力。

2017年年底,成立杨攸公路修建工作领导小组,对公路修建、征地拆迁和其他问题进行协调处理,实行一条龙服务,通过加大工作力度,效果比较明显。目前,杨攸公路征地拆迁任务已基本完成,款项发放有序进行,工作稳步推进。

【社会事业】　一是民政和社保工作。五保、低保核查通过上设“高压线”,干部走访摸底排查,群众相互监督的方式,坚决杜绝人情保、关系保,严格做到应退尽退,不多一户,应保尽保,不落一户,核查后,2017年全镇五保户86人,低保户251户、562人。救灾救济实行动态常态管理,全年共发放救灾款近20万元,医保、社保和新农合参保率稳中有升。二是精准扶贫工作。镇党委政府2017年年初制订精准扶贫工作方案、脱贫攻坚突出问题集中整改方案,对全镇脱贫攻坚存在的突出问题进行深入查摆和集中整改,对贫困户信息进行全面清理。成立爱心志愿者队伍,对贫困学生共捐资捐款2万余元。积极组织易地搬迁户入住,扎实开展“六个一”帮扶活动,落实扶贫帮扶措施,做好脱贫验收和三化创建等工作,确保精准识贫、精准扶贫,精准脱贫,全年脱贫251人。三是教育文化工作。按照就近入学、划片招生的原则,化解大班额难题,实现小班额教学;通过日常排查、明察暗访和突击检查,确保校车安全零事故。更新配置了镇文化站、农家书屋和体育器材,丰富村民的文娱活动。开展最美系列评选活动,表彰5类、29个最美典型,进一步落实县委县政府关于市民素质提升工程精神,引导广大干部群众争做社会主义道德的示范者、奉献爱心的引领者,推进社会主义核心价值体系建设。

【综治维稳】 镇党委政府大力强化重点地段、重点时段治安巡防力度,重点做好全国两会和十九大期间的稳控安保工作,确保无人进京越级上访。做好民事纠纷调解工作,做实民调工作,大力开展禁赌禁毒工作,扎实促进平安创建工作的开展。实行信访维稳重大事件领导包案督察督办制度。共解决杨攸公路、河道采砂、换届选举等矛盾纠纷等20余起,有效维护全镇社会和谐稳定。

【安全生产】 年初,与相关单位签订责任状,开展"安全生产月""打非治违""食品安全大排查"等系列活动,重点抓好食品安全、交通安全、校园安全和厂矿企业安全,加强安全生产教育培训工作,注重常态隐患排查,严格执行"党政同责、一岗双责"和"一单四制"制度,切实做到覆盖全面、排查严密、不留死角、措施到位,全年无任何安全责任事故发生。

【镇村建设】 2016年新建垃圾中转站,投资20万元,经提议,选址,建房,引进中转设备等程序,已正式投入使用,方便全镇生活生产垃圾的集中运转,优化全镇卫生环境。认真开展"农村环境卫生大扫除、大评比"活动,制作环境卫生宣传横幅30多幅,宣传标语200多张,确保各村主干道、池塘沟渠、房前屋后的清洁卫生常态化。

2017年成立专班,扎实开展马路市场专项整治行动,对占用主干道、人行道的流动或固定摊点一律予以清除,引导商户进入农贸市场内进行有序经营。整治行动持续2个月,开展集中行动5次,拆除违章建筑700多平方米、占道燃气灶20个、占道摊位32个,整个行动依法依规开展,平稳有序推进,解决多年来的老大难问题,规范市场经营行为,消除了安全隐患,净化街道环境,改善了交通状况,得到广大群众的认同和理解。 (周 栋)

高 湖 镇

【概况】 高湖镇位于衡东县东南洣水之滨,距县城35公里。东邻攸县,北接荣桓,南壤草市镇,西与杨林隔河相望。高湖镇下辖1个社区、10个行政村:耕地面积32533亩、总人口32488人. 农业总收入2.5亿元,主要农产品有:粮食(水稻)、棉花、油菜、百合、蔬菜、瓜果. 小Ⅱ型水库24座,山塘1185口,电排170处,陂坝27座。有龙虎塘、紫丰楼两座小I型水库,水利资源丰富。高湖段的河卵石取之不尽;煤、锰等矿床储量甚多,企业发展方兴未艾。

【农业农村】 全镇耕地3.2万亩(其中水田2.8万亩)。但因地处三年两涝的特殊地段,导致农业灾情泛滥,严重影响了老百姓的实际收入,极大地挫伤老百姓的种粮积极性。镇政府因地制宜,采取一系列措施,以此弥补不足:2016年一是大搞油菜生产,缓解来年早稻生产的风险和压力,切实提高群众收入,全体镇、村干部带领群众齐上阵,全年各级投入资金40余万元,打造油菜之乡。完成连片12000亩,重点地段5000亩,全镇20000亩的油菜种植;二是形成油茶产业基地,有恒建、金果果等四家公司加合作社在 境内大搞油茶开发,共计2万余亩;三是种植枇杷,由湖南洣江农林开发公司打造的枇杷基地,历经两年的努力,完成了涉及5个村、22个村民小组的7000亩山地的租赁协议,种植枇杷500亩,打通山内公路20公里。

【生态旅游】 2016年,高湖镇大力开发旅游资源,实施"旅游兴镇"振兴乡村战略 。以乡村生态旅游为抓手,巩固古刹古庙等传统文化,打造洣江生态旅游这一优势品牌,开创油菜花旅游文化节,洣江生态观光园发展迅猛,洣江生态园和洣河景观,合理开发,极力打造好洣江生态滑草场、开心农场、水上乐园、水果文化长廊和洣河油菜花等特色景观。2016年,成功举办"衡东县第四届土菜文化节"和"洣江生态园枇杷熟了开园仪式"。为衡阳地区的油菜花观赏胜地,前来赏花的游客络绎不绝。每年接待游客近3万人。被评为衡阳市规划特色乡镇和省级生态乡镇。

【城镇建设】 高湖镇按照《2016—2017年高湖镇总体发展规划》,结合杨攸线和草市渡改桥项目的实施,进一步做好科学规划,力争到2026年城区面积达到4平方公里,城镇人口达1万人以上,完善城镇基础配套设施。2017年,完成新修街后街排污沟一条240米,硬化城区横街一条200米,组内水泥硬化路为800米。年前,启动人行道建设及绿化、美化、亮化伍湖大道工程。高湖三级客运站正在建设中,中心幼儿园、中海油加油站已全部竣工使用,正在筹备高湖水厂供水工程,完善供水管网系统,尽早向居民供水;规划和申报高湖物流园建设项目。

【社会保障和精准扶贫】 高湖镇有低保户439户、841人。由于识别不规范,有的是“亲情保”“干部保”群众对其反映强烈的问题,镇党委镇政府高度重视,限期整改,争取为群众多办好事多办实事。搞好低保、五保清理整治工作,此次清理率全县乃至全市之先,后被县、市作为典型推介。取消不符合要求的农村低保64户、197人,新增农村低保23户、101人,城镇低保2户、3人,农村五保20户、98人。虽然该项工作的实施面对来自各方面不少的压力,但在老百姓中大快人心,真正做到公平、公正、公开,使群众中的弱势群体感受到了党的温暖。为能更好地倾听群众心声,了解最真实的情况。2014年,高湖镇启动精准扶贫工作,高湖镇建档立卡贫困户565户、1867人、贫困村1个新旺村。其中2016年,脱贫455人、2017年脱贫460人,2017年新旺村摘掉贫困村帽子。2016年异地搬迁13户、47人;2017年异地搬迁户2户、5人。与洣江生态园枇杷产业结对帮扶141户、502人。与湘黄种植合作社结对帮扶15户、50人。

【干部作风建设】 高湖镇对机关干部职工进行考勤制度,每月签到不少于22天、晚班不少于8晚。领导干部带头开门接访制度,专人专班接待群众来信来访,并要求各村干部在村级活动中心轮流值班,使群众有问题找得到干部,使矛盾尽可能处理在萌芽状态,有效遏制了越级上访事件的发生。开展义务巡逻,机关干部逢集日组织上街疏散交通,处理突发事件,晚上统一着迷彩服,带警棍上街巡逻,为老百姓的生命财产安全作坚强后盾。通过此举,极大地提高机关干部在群众心目中的威信和亲和力。

(罗秋茂)

草 市 镇

【概况】 衡东素有“锡岩仙洞之奇、洣水之绿、四方山之野、草市芙蓉镇之古”的美称。草市镇地处衡东县东南,东与攸县菜花坪镇、鸭塘镇接壤,南与南湾乡为邻,西连杨林镇,北接高湖镇,距县城43千米。境内吴南公路与衡炎高速穿镇而过。草市是衡东与攸县、茶陵、安仁沟通交流的要冲之地,属洣水流域重镇,是全县东南物资的集散地。草市镇有逾千年历史,明清两代曾设巡检司,以巡检司和练兵的草坪而名草司,清咸丰三年(1853年)更名为草市。2015年底,经过乡镇区域规划调整草市镇与原高塘乡合并成立新的草市镇。全镇面积144.7平方千米,辖18个行政村、1个社区,人口6.1万余人。2016—2017年,草市镇以党的十八大、十八届中央历次全会和十九大重要思想为指导,深入贯彻县委“五县五化”发展思路,着力打造“生态乡镇、小康草市”,带领全镇人民,抢抓机遇、迎难而上,实现镇域经济连续增长,各项工作均取得较好成绩。

【镇域经济】 2016年,全镇实现国内生产总值约4.39亿元,比2015年增长7.8%;农民人均纯收入13422元,比2015年增长8.7%。2017年,全镇实现国内生产总值约4.72亿元,比2016年增长7.5%,农民人均纯收入14563元,增长率为8.5%。

【农业】 2016—2017年,草市镇大力推动农村土地承包经营权确权登记颁证,扎实开展第三次农业普查,为农业发展摸准数、澄清底。草市镇引导土地适度流转。按照依法自愿有偿原则,引导农民以转包、出租、转让、股份合作等形式实现土地流转近万亩,用于适度规模水稻种植或油茶产业开发。草市镇大力推动农业机械化。机耕机种率在30%以上,机收率接近100%,确保全镇粮食生产稳中有升。通过技术指导、奖励扶持等举措积极培育种粮大户,有

30 亩以上种粮大户达 150 户，新增 38 户；新增家庭农场达 5 家，达到 20 户；种植专业合作社达 30 个。

【项目建设】 2017 年，经省市立项，草市灵山大桥已开工建设。灵山大桥横跨洣水两岸，连接桐桥村和大对河村，规划双向 4 车道，计划投资 1.2 亿元，建成通车后，能有效破解草市洣坪片的交通瓶颈，成为连接衡东、攸县、茶陵等地的便捷通道。按照县委的规划，衡东县扶贫光伏发电基地落户草市镇马脑寨村，装机容量 3.5 兆瓦。截至 2017 年年底，光伏发电基地已完成土地流转、清表和主体工程建设。

【财政金融】 草市镇金融业发达，各类金融机构均在草市镇开设网店。至 2017 年，全镇共有农商银行、邮政储蓄银行、农业银行等 4 家金融服务网点。

【脱贫攻坚】 2016—2017 年，草市镇坚持党建促脱贫攻坚，按照“五级书记抓扶贫”的要求，加强脱贫攻坚的组织力量，强化制度、落实脱贫攻坚责任。经过 2017 年数据清洗后，现有贫困户 1001 户、2744 人，其中已脱贫 502 户、1369 人，未脱贫 499 户、1375 人。草市镇对各村下达减贫责任书，明确任务，并签订脱贫攻坚责任状。镇党委政府将严格按《草市镇精准扶贫考核细则》对村落实责任考核，建立帮扶台账。要求全体驻村干部、扶贫工作队员和村支两委入户走访调查、开座谈会、评议会等形式，对 2014 年纳入时不符合要求的贫困户进行删除、对目前符合贫困户条件的应进则进，并推行“两线融合”。草市镇因户施策，落实帮扶措施。一是产业扶贫。安排有劳动能力的贫困户 35 人担任村级保洁员和森林护林员；成立桐桥村荷花扶贫基地和火龙基地；发展鸡、鸭、黑山羊养殖，正准备在市盐化司的帮扶下发展养牛项目；特别成立由致富能人带头，贫困户加入组成的专业合作社，如江坪村的蔬菜合作社、洲西村油茶合作社、两路新村的渔业合作社；石旺村发展黑山猪养殖；想方设法通过产业发展增加贫困户的收入。二是狠抓易地扶贫搬迁政策落实。2016 年，18 户、57 人全部入住；2017 年 1 户、2 人，已完工。三是加大对危房改造的扶贫，全镇 2015—2016 年对 37 户贫困户的危房进行改造，彻底解决 37 户贫困户的住房安全问题。2017 年，对 23 户进行危房改造（包括修缮）。四是开展医疗救助扶贫。邀请衡东县中医院医生到马脑寨村和两路新村集中开展义诊活动，并免费发放药品；组织贫困户参加湘雅附二医院专家团到衡东人民医院的义诊活动，解决部分贫因户就医难的问题。五是推动教育助学扶贫。由县政协组织的“助力脱贫爱心脱贫”捐助活动资助贫困户学生 18 人，县统战部组织的非公经济人士捐助学生 6 人，泛海行动对全镇 9 名 2017 年高考三本以上（含三本）的贫困户学生进行资助，县教育局对全镇义务教育阶段贫困户学生进行“两免一补”。六是实行社会兜底扶贫。七是大力发展金融扶贫。

【教育事业】 2016 年，草市镇充分利用合格学校创建的契机，争取资金 367.2 万元，横岭小学、黎明小学、山田小学、大对河小学四所学校进行校门改建、厨房、厕所新建、操场硬化，校园绿化，极大地改善办学条件。高塘中心幼儿园高标准通过市督导组的合格验收，草市完小教学楼当期交付使用，米坪完小教师公租房完工。积极推进义务教育学校标准化建设，通过均衡招生、规范招生和联合办学，全镇小学一年级平均班额控制在 39 人，有效地缓解“大班额”现象。深入开展学前教育、义务教育、“三残儿童”入学资助等工作，全年资助困难学生达 500 多人次，发放资助金额 25 万元以上。2017 年，草市镇向上级争取资金 623 万元，新建校舍面积 4000 多平方米，改造维修校舍 2000 多平方米，改造运动场地超过 1000 平方米，全镇区域内学校基础设施得到极大地改善。电教设备投入达 80 余万元，完小以上学校基本实现班班通、计算机教室、标准监控系统全覆盖。全镇选派骨干教师到长沙、衡阳、湘潭参加各类听课活动，积极参加县教育局组织的各类听课研讨、观摩学习。制订青年教师三年培养计划，不断加强青年教师业务素质培训。2017 年 5 月 27 日，高塘完小的《农村小学生心理健康教育现状与策略研究》获省级课题立项，极大地调动年轻教师的科研积极性。在论文评选方面，获国家级一等奖 6 人，国家级二等奖1人,三等奖1人,省级二等奖1人;在微课比赛中,获市级一等奖1人,县级一等奖1人,三等奖1人,在赛课活动中,获县级一等奖1人,二等奖1人。

【基础设施建设】 2016—2017年,草市镇加快推进水利设施建设,全镇各村(社区)强化机遇兴修、维修、改造各类小水库10座、山坪塘48口、渠道43千米,为农业生产增产增效创造有利条件。2016—2017年,草市镇面对并村后,断头路增加的难题,积极多方筹措,加快窄路加宽建设。完成福塘—丫塘线,两路新—山塘线、山塘—石旺线、横黎—洣坪线等村级公路的加宽工程,极大缓解村民生产生活交通出行压力。洲先—西石公路已完成路基工程。

【集贸市场建设】 2017年,草市镇政府启动集贸市场整治行动,拆除各类棚子50余处,整理规范线路3千米,翻新集贸市场,实行集市划区域经营。多方筹集资金,安装路灯200余盏,地下污水管网也已进行施工,成功实现街道美化、亮化。

【村支两委换届选举】 2017年,是村支两委换届之年。草市镇党委坚持依法依纪依规进行换届。全镇驻村干部深入各村各组了解村干部、党员、群众的心思和动态,通过扎实、耐心、细致的工作,做到"一个程序不省、一个环节不漏,一个问题不放过",平稳、快速选出党性觉悟高、群众口碑好、组织领导能力强、致富带富能力突出的村支两委领导班子。

【安全生产】 "安全无小事",草市镇始终高度重视安全生产工作,严格落实"党政同责、一岗双责"等制度。2016—2017年,广泛开展安全知识宣传,发放《应急管理手册》《市民安全常识手册》1200余份,悬挂横幅,张贴安全生产标语100余份。配齐配强力量,加强巡逻、强化监管。实时监控20户爆竹零售经营、41只客渡船、21艘挖砂船和运砂船。扎实开展打非治违行动,2017年县打非办、县公安局和镇人民政府安监站联合进行烟花爆竹零售经营检查3次,共排查出安全隐患6处,已整改6处,实现源头防范和长效管理。2016—2017年,草市镇未发生一起生产经营性安全事故,促进全镇安全稳定发展。2017年,草市成功通过省级安全生产示范乡镇复核。

【环境保护】 草市镇严格落实河长制,由镇党委书记担任总河长、镇长担任副总河长,明确河长办和各大小河流的河长,执行最严格水资源保护和管理。加快推进湿地保护工作,退耕还林、还水、还湿。强化森林防火、封山育林,山清水秀、生意盎然。草市镇组建镇、村两级环卫队伍,实行网格化管理,配备64台环卫三轮车和一台大型垃圾转运车,启用草市、高塘两个垃圾中转站,镇区街道、田间地头、房前屋后均得到有效清理和维护,实行常态化督察和交办整改机制,城乡环境质量大为改观。

【信访维稳】 2017年是建军90周年、十九大召开之年,各类信访隐患多。草市镇加强对各类信访隐患的排查,抓好"开门接访"和"领导干部轮流值班接访"工作制度,健全信访联席会议制度,对于小部分复杂的矛盾纠纷,采取信访化解和纪检立案"双管齐下",尽力化解,确保稳控。按照"五个一"信访包案制度,着力推动信访积案化解。

【作风建设】 2016年,草市镇制定并完善《草市镇财务管理制度》《草市镇村级"三资"管理制度》《草市镇机关干部管理制度》,从财务、会务、考勤、工作质量完成等各个维度加强对干部管理,干部作风大为转变,群众办事满意度明显提升。按照县委统一部署,2017年6—7月,县委第二巡察组进驻草市镇开展巡察。对县委巡察组反馈的问题,草市镇明确整改要求、责任分工、整改期限。通过扎实有效的工作,相关问题逐一销号、落实整改,并建章立制、从制度上进一步完善。 (朱义忠)

荣桓镇

【概况】 荣桓镇地处衡东县西部,东为攸县桃水镇,南为高湖镇、杨林镇,西为甘溪镇,北为杨桥镇。人民政府驻地长岭社区,截至2017年,辖长岭1个社区和中湖、泉龙、杉山、横板、南湾、锡岩、知塘7个建制村,面积为86平方千米,共计8954户,总人口31757人,其中:农业人口31110人,占97.6%;男性16374人,占51.5%,60岁以上4895人。党员751名,其中农村党员693名。为纪念共和国元帅罗荣桓诞生于当地南湾村得名。地势以丘陵为主,低山高岗为辅,地形为丘陵岗地。衡东境内第二高峰金觉峰坐落其中,海拔740.8米。属亚热带季风湿润气候,年均气温17.8℃,最低月均气温5.3℃。年均降水量1369.3毫米。境内已探明的矿藏有金、银、铜、铁、铅、锌、钨锰、铀、钴、镍、煤、瓷泥、萤石、石英石、重晶石等30余种。

【农业林业】 荣桓是农业大镇。镇内耕地面积2.789万亩;林地面积7.793万亩。粮食作物以水稻为主,2017年,生产粮食11064.6万吨,人均350千克,其中水稻10464.6吨。主要经济作物有油菜、油茶等。2017年,蔬菜种植面积0.4万亩,产量160吨,主要品种有黄瓜、辣椒、茄子。畜牧业以养猪、养鸡为主,生猪饲养量1.3万头,年末存栏0.7万头;牛饲养量0.08万头,年末存栏0.068万头;羊饲养量0.4万头,年末存栏0.25万头;家畜饲养量15万羽。截至2017年年末,境内累计造林875亩,其中防护林450亩,经济林425亩,林木覆盖率60%。渔业以淡水养鱼为主,养殖面积1030亩,产量10万吨;境内拥有农业机械120台(辆);名优农产品有板栗、布朗李;农民人均年纯收入18050元。大力推进土地流转,流转土地12000余亩,建成全县最大的农业科技示范片;积极发展养殖业,三黄鸡、生猪、鱼等养殖基地小有名气;大做山里文章,开发山地200亩,船湾村的名贵苗木基地、洪江村的药材基地初具规模。以船湾、车路、增加、横板、洪江为中心的万亩茶油基地已挂果。

【水利】 2017年,全镇各类水库12座,骨干塘293口,水渠78条,累计398千米,覆盖全镇8个村、235个村民小组。2017年,全镇总投入资金120万余元维修加固水利设施,抵御自灾害的能力显著增强。

【工业】 荣桓是工业新镇。2017年,镇域内有各类企业30余家,全县最大的招商引资项目——红狮水泥落户本镇中湖村。该项目采用目前国际先进的新型干法窑技术,年产高标号水泥400万吨,年销售额12.8亿元,利税1.5亿元,带动电力、运输、采矿及第三产业的快速发展。泰源商混凝土、普云包装等小微企业崩发出强大活力,产销两旺,带动当地上千群众走上致富路。荣桓燃气站已完成前期工作,即将正式动工。

【商贸服务】 荣桓镇是衡东东部的重要集镇。近年来,依靠优越的地理位置以及生态旅游业在带动下,全镇有各类大小商铺600家,直接从业人员5000多人,服务业从业人员4000多人。

【教育】 2017年,荣桓镇有9所学校,其中1所中学(中心学校),3所完小(荣桓、船湾、鱼形),5所村校(冲塘、铁村、知塘、锡岩、岳英);独立幼儿园10所,其中民办幼儿园5所。中小学生2000多人,幼儿园学生共有600多人,中小学生毛入学率保持在100%。全镇中小学在编在岗教师93人,其中具有本科学历45人,专科学历42人,中师学历5人。

【文化】 荣桓镇是著名的“诗词之乡”。到2017年,全镇共有农家书屋27个,其中镇机关1个,全镇原26个村每村1个,镇文化站站长1人、村文化辅导员26人,全镇共计藏书5万册。近年来,荣桓镇依托丰富红色资源,大力开展“重走元帅路”“映山红旅游文化节”“登临金觉、放眼洣水“幸福衡东”等活动,丰富人民群众的精神生活。

【医疗卫生】 镇内有卫生院1个,有卫生室26个,医疗床位50张,执业医师2人,注册护士6名,卫生从业人员31人。医疗环境卫生,设备先进,基本实现“小病不出镇,大病有保障”。

【社会保障】 2017年,全面完成新农合、新农保计划,“新农合”参保人数24786人,农村养老保险参保人数27320人;建立健全老年人、留守妇女、留守儿童、残疾人等弱势群体关爱服务体系;组织2000余名农村妇女进行“两癌”免费检查。全面开展产业、教育、医疗、信贷、光伏、油茶、易地搬迁等多种扶贫方式,2017年脱贫92户,337人,省级贫困村泉龙村实现整体脱贫。

【镇村建设】 2017年长岭集贸市场基本建成。同时下大力气整治马路市场,成立专门治安队伍,逢场日集中维护马路的畅通。深入开展“平安荣桓”建设,大力倡导文明健康的生活习惯,营造“人人爱干净、家家讲清洁”的良好氛围,广泛动员党员干部群众,以清理“五边”为重点,基本建立农户清理、专业保洁队伍日常维护相结合和村收集、镇运转的垃圾处理模式,确保农村垃圾能够及时得到处理。大力加强交通建设,着力完成村级断头路、通组公路建设,2017年年底,全镇已实现95%的自然村组通水泥路。

(阳志丹)

杨　桥　镇

【概况】 杨桥镇位于衡东县城北部,距县城28千米,北与株洲交界,南靠荣桓,东接蓬源,西连白莲、甘溪,总面积104平方千米,2017年,辖14个村、1个社区、343个村民小组、总人口36376人。水田21867亩,旱土1745亩。杨桥镇交通便利,物产丰富,农产品以稻谷为主,农副产品有生猪、鲜鱼、山羊、大豆、花生、板栗、油茶等;矿产资源有石灰石、青膏石、铁矿石、白瓷泥、铅锌、金、银、铜等,其中石灰石探明储量约3亿吨。

【镇域经济】 2016年,全镇工农业生产总值达2.42亿元,比2015年增加0.23亿元,增长11%;农民人均纯收入10325元,增加2030元,增长20%;2017年全镇工农业生产总值达2.65亿元,增长9.5%,农民人均纯收入11667元,增加1342元,增长13%。一是以土地流转促进传统农业,引进安邦公司、湘贵公司、佳禾种植合作社等。全镇土地流转面积目前达5000余亩。二是大力扶持种粮专业合作社和种粮大户。全镇新增50—100亩种粮大户3家,100以上18家,200亩以上11家,500亩以上2家。指导发展专业种植合作社8家,培育发展衡东县中桃粮油有限公司规模企业1家。三是积极发展特色农业,建成葡萄、冬枣、蔬菜、苗木、西瓜、铁皮石斛等特色农业基地6个,已完成荒山造林4000多亩。

【项目建设】 一是凤凰山1100千伏风力发电项目输电塔和500千伏输电塔项目全面完成,已正式投入使用。二是总投资500万元民办博康医院建成并正式运营。三是青雅田园万亩果木基地项目,已签订协议4500亩,正开工建设。四是2万吨粮食仓储加工基地项目落户杨桥村,计划投资200万元,征地工作现已完成,正在兴建仓库厂房。五是湘·江南温泉开发项目一期开发工程正式奠基开工,项目总投资11.8亿元,一期开发项目总投资3.8亿元。

【民生工程】 一是投资600余万元新建成杨桥中心敬老院,占地100亩,建筑面积1200平方米,床位100套,空调、热水器、电视机等配套设施齐全,于2017年12月正式搬迁使用,现供养五保户和孤寡老人45人,成为衡阳市乡镇敬老院条件最好,设施最齐的示范敬老院。二是多方筹措500多万元,新建成一条荆竹至香花7米路基6米水泥路面长达10.5千米的“扶贫大道”,2017年年底正式通车使用,不仅彻底改变杨桥镇省级贫困村荆竹村交通闭塞的落后状况,而且连通沿线相关村,使全镇公路交通真正实现纵横交错,四通八达。三是争取水利局立项改造工程,对杨桥自来水厂进行升级改造,投资80多万元,经重新勘测,新打两口大型机井,并已投入使用,确保自来水厂水质达标和日供水量500吨以上,彻底解决街道居民用水老大难问题。

【社会保障】 一是精准扶贫真抓实扶,全镇有建档立卡贫困户442户、1309人,2016年完成脱贫44户、143人,2017年完成脱贫102户、364人。二是全面实施易地扶贫搬迁和危房改造工程。2016—

2017 年,完成易地扶贫搬迁 13 户、20 人,2016 年完成危房改造 44 户,2017 年完成危房改造 24 户。三是社会救助力度不断加大,2016 年全镇低保保障户 437 户、964 人,发放各类低保残疾等政府补贴 230 多万元,发放临时救济资金 30 多万元,2017 年全镇低保保障户 403 户、886 人,发放低保残疾政府补贴 240 多万元,发放临时救济资金 28 万元。四是参加农村合作医院和社保人数增加,2016 年全镇参加农合人数 3.24 万人,参保比例 90%,兑付农合医疗补偿款 140 多万元,农村社保参保人数 1.5 万人,2017 年参加农合数 3.28 万人,参保比例 92%,兑付农合医疗补偿款 150 多万元,农村社保参保人数 1.6 万人。

(吴果林)

蓬　源　镇

【概况】 蓬源镇位于衡东县东北部,东南和攸县相连,西与杨桥镇、荣桓镇接壤,北与株洲县交界,距离县城 45 公里,因境内有山峰蓬源仙而得名。2015 年年末,由原来的 28 个行政村并为现在的 1 个社区、10 个行政村、265 个村民小组,农业人口数 28200 人,全镇总面积 84.7 平方公里。

【经济发展】 2017 年,蓬源镇以服务“三农”为出发点和落脚点,积极推进农业产业化经营,全镇农业特色彰显明显。通过全面推动完善土地流转、农村三项补贴改革、村帐镇代管、一事一议财政奖补等农村综合改革,进一步解放生产力,增强发展活力,稳定粮食生产。一是粮食播种面积达 2 万亩,年总产量达 1.5 万吨,30 亩以上种粮大户达 283 户,200 亩以上 13 户,500 亩以上 1 户,建立新型农业合作社 12 个;二是结合全镇农业优势,引进新技术,发展小龙虾养殖千余亩,打造蓬源特色养殖新形象;三是规模种养健康发展,良种繁育不断扩大,新增规模养殖大户 38 户,翠冠梨、中药种植等初具规模,种养基地有长足的发展;四是油茶产业较快发展,以潭江衡东大桃油茶基地为辐射,完成油茶垦复 1500 亩,成立以油茶、翠冠梨等农作物生产合作社二十余家。

【社会民生】 2016—2017 年,蓬源镇始终坚持以人为本,认真贯彻中央各项惠民政策,精准落实到符合条件的受益群体。2016 年,争取临时救助和落实优抚救济资金 40 余万元,办理低保户 245 户,五保户 126 户,有效解决弱势群体生活困难。2017 年,一是逐步完善敬老院基础设施,五保特困供养人员 19 名全部入住到新建的敬老院,不仅改善五保特困供养人员的住宿条件,还丰富了他们的精神生活;二是全镇农村养老保险参保人 8183 人,全镇待遇发放人数 4805 人,享受退休金 450 万元,医疗保险参保人 26974 人,退休村主干、乡村医生、民办教师、军属优抚、重度残疾补助全部按国家规定发放到位;三是精准扶贫异地搬迁 18 户、54 人已全部入住,全镇共计脱贫 50 户、180 人,省级贫困村如期脱贫;四是退耕还林、粮食生产及种粮大户等各项补贴年达 250 余万元;五是农村环境卫生经过大力整治,环境明显得到了较大的改善。

【文化教育】 教育方面,实施“以人为本,德育为首”的教育方针,全面推进基础教育稳步发展。2016 年,学生入学人数 1313 人,中小学毕业合格人数 256 人。2017 年,云集中学新建公租房一栋,大力改善了办学条件,有效整合了教育资源。

【基础设施建设】 2017 年,镇党委、政府狠抓基础设施,大力完善服务功能。道路建设方面:一是投资 15 万元,完成长冲村窄路加宽 5 公里项目;二是投入 80 余万元,实施建设蓬源村、云集村窄路加宽计划。水利建设方面:争取立项投资 100 余万元,完成大阁灌区主干渠改造,投入 5 万元对引水渠道进行修护,保证大阁水库的水源供给,并消除安全隐患,完成塘坝维修 15 口,渠系改造共计 1 千余米等规模水利项目,实施农村饮水安全工程 6 处,2017 年全部验收通过,解决社区、东方村、兴民村、合兴等村 6000 余人的饮水安全问题。村级活动场所建设方面,新建冲排村 600 平方米的活动场所,扩建横路社区活动场所近千平方米。村级公路美化方面,在公路实现村村通、组组连的基础上,完成 X005 线、长冲村、双溪村、合兴村乡村公路通道绿化工程。电力建设方面:争取供电部门的支持,实施完成社区、冲排村、广塘村、蓬源4个村农电网二次升级改造。

【安全维稳】 2016年,蓬源镇健全完善维稳工作机制,层层落实维稳责任,深化信访源头的防范和化解,加大重点信访案件办理推进的督查、通报和问责力度,使全镇信访维稳和社会治安综合治理工作有新突破,信访老户基本结案,矛盾纠纷能得到及时调处,基本做到"小事不出村,大事不出镇,矛盾不上交";安全生产工作实行"一岗双责",党政班子成员按照上级"四不两直"的要求,带队检查分管领域,村主干明确各村安全生产信息联络员和其工作职责,要求每月上报本区域内安全隐患,形成整改意见并及时传达落实,2017年内未发生一起安全生产事故。

霞　流　镇

【概况】 霞流镇位于衡东县西南部、湘江东岸,距县城20公里,京广铁路、京珠高速、衡岳高速、南岳高速东延线贯穿全境。大源渡水电枢纽工程坐落境内。2017年年末,辖15个行政村和1个居委会,全镇总人口4.6万人。2016—2017年,霞流镇以建设"平安、幸福、小康"霞流和稳固"全省安全生产示范乡镇"为目标,积极开展工作,全镇综合实力稳步增强,知名度显著提升,先后荣获"全国环境优美乡镇""国家级生态乡镇"湖南省"诗词之乡"等称号。

【农业农村】 一是农业结构不断优化。2016年,以重金属污染耕地修复治理工程在全镇有序推进为契机,层层落实粮食生产工作责任制,将粮食生产工作作为年终绩效考核的主要指标,并与各村签订责任状,杜绝耕地常年抛荒,控制季节性抛荒,通过万亩优质稻示范片的带动,全镇优质稻播种面100%,双季稻种植率稳定在90%以上;机耕机种机收率在90%以上,确保全镇粮食生产稳中有升;通过技术指导、奖励扶持等举措积极培育种粮大户,截至2016年年底,全镇共有30亩以上种粮大户达200户,100亩以上68户,500亩以上3户;重金属污染耕地修复治理项目实施面积3万余亩,发放生石灰、有机肥、优质稻种子、阻控剂、绿肥种子累计1.1万吨。牲猪、蛋鸭、蛋鸡、鱼业养殖及加工已成为霞流镇新的农业增加值。油茶、美国黑橙、天麻、蔬菜、苗木种植相继落户霞流镇,全镇共成立种养专业合作社46家,流转土地8300亩,规模以上农产品加工产值占农业总产值比重提高到35.6%。二是层层落实粮食生产工作责任制,培育种田大户,通过万亩优质稻示范片的带动。2017年,全镇优质稻播种面100%,双季稻种植率稳定在90%以上,粮食生产获全市先进;进一步拓展农产品加工、水产物流发展。绿然养殖新增笼养蛋鸭15万羽,湘泰牲猪养殖、聚凤蛋鸡等新项目落地投产。三是加强农村新型经济组织建设,引导种养大户、农村经济能手,新增专业合作社6家,流转土地15000亩,全年发展500亩以上种田大户4户,100亩以上33户,创省级平安农机示范合作社2家。

【城乡环境整治】 2016年,顺利实施县政府在黄崎等3个村环境连片整治试点,在16个村(社区)成立专业保洁队伍,投入资金修建垃圾池90余个,垃圾中转站1个,垃圾焚化炉2个,城乡环境整治工作"组集中、村清扫、镇清运"的网络格局已经形成,垃圾清扫处理形成常态化,城乡环境整治工作多次被市、县评为先进单位,农村居住环境得到逐步改善。2017年,以中央环保巡察为契机,大力加强环境保护工作,全年投入经费60多万元,认真抓好成家大塘等环保信访事件,开展湘江、洣河水资源保护行动,持续推进省政府"湘江一号"保护工程,实施牲猪养殖户退养12户,启动养殖场排污整治7处;完成4家页岩砖厂脱硫项目,加强土壤污染风险防控宣传教育,开展禁止焚烧桔秆行动,实施李花村生活污水集中处理、净化项目,有效保护了环境,同时开展河道专项整治,建立河长制工作,实行一河一档、一河一策、一河一考核的工作机制,全年巡河30余次,开展河道集中整治2次,并大力开展城乡环境卫生整治,完善环境卫生管理机制,2017年新建垃圾收集池278个,配备环卫车35台,2017年第三季度环境卫生工作被评为“全市十佳乡镇”。

【社会综合治理】 2017年组建霞流治安巡逻队，司法调解进派出所，全年调处各类矛盾纠纷120余起，化解信访积案3起，全镇安全感不断提高；禁毒工作取得新成效，被评为全市禁毒工作先进单位。坚持安全生产长抓不懈，科学制订应急预案，定期对重点区域、重点行业开展专项检查，深入开展“大排查、大管控、大整治”和“安全生产主体责任年”专项活动，从源头上杜绝安全隐患，防范安全事故，加大安全隐患治理，对黄崎、宋桥、鑫霞、洣河、大源渡、大村湾7处道路公共安全隐患进行治理，通过不同形式采用“四不两直”的方式深入一线检查安全生产12次，排除险情11处。成功通过省级示范乡镇的复核验收。

【扶贫攻坚】 2016年，通过多轮精准识别，全镇建档立卡贫困人口共578户、2010人，通过对所有贫困户采用挂图作战、镇村干部包户、制定具体脱贫措施，已(预)脱贫266户、948人，纳入2016年易地扶贫搬迁户20户、62人，于2016年12月10日前全部入住。2017年，通过产业、小额信贷、助学等精准帮扶措施，完成危房改造20户，落实小额信贷39户，投入产业帮扶资金50万元，成功接受省级第三方评估机构现场核查，实现减贫346人，省级贫困村大泥塘村摘帽退出。

【基础设施建设】 一是扎实推进村级公路改造，2016年，完成镇村道路硬化138公里，实现通村公路硬化率100%，公路改造基本到组，部分到户，极大地改善了群众交通出行条件；2017年，完成了村道提质窄路加宽14.9公里，修复京广铁路桥建设绕行公路添枝——双桥——大桥——李花公路7公里。二是全面提高抗旱防灾能力，2016年重新恢复红旗、洋塘灌区供水。除险加固小Ⅰ、Ⅱ型水库4座、骨干塘28口，山平塘清淤扩容267口，整修堤坝5处，改造拦水坝2处，新建电排9座，新打抗旱机井800余口；投资100余万元新建洋塘灌区大水田补水站，缓解大水田、李家桥、大崎等8个村的抗旱压力。2017年，抓住冬修水利有利时机，完成骨干塘扩容改造12口，清运土方20万方，改造拦水坝2处，维修电排5座，维修洋霞渠道鸿霞段渡槽，对洣河防洪堤5处险段进行加固处理，对113.62公里支、毛、斗渠进行了清淤除障，积极争取水利部门重视，将栗木至黄崎渠道列入国家节水灌溉项目，提升了防灾、抗风险能力。三是全力以赴抓重点项目建设，封闭四年的霞流公跨铁路桥在2017年10月初竣工正式通车运行；“湘江一号”治理工程、洣水生态保护行动顺利完成养殖户退养拆除，通过省市县验收；南岳高速东延线按时完成征地拆迁工作任务，镇村组织专班，及时协调处理化解工程建设矛盾纠纷，项目建设有序推进，建设施工环境得到市县肯定；按时完成“衡攸”500千伏输电线路架设工程征地拆迁任务，完成通信基塔建设21个。2017年，强力推进白衣港光伏发电项目，积极做好工程建设过程中的矛盾协调，第一、二台机组于12月29日成功并网发电，稳步推进大泥塘光伏扶贫项目，完成镇城乡规划总体修编，城镇框架进一步拉开。四是推进美化亮化工程，2016年，采用以奖代补的方式推进镇村道路绿化，完成镇新街和村主干道绿化31公里，推进秀美村庄建设，镇村主干道亮化在镇内基本普及，并逐步在李花等村实施由太阳能路灯向节能直流电路灯的改造升级，投入近10万元对城镇街道的路灯进行了提质改造。2017年，配备改装洒水车、环卫垃圾车2辆，疏通下水道6300米，安装路灯200盏，绿化村主干道20公里。投入近10万元对霞流新街绿化进行提质改造，通过推进美化、亮化工程，人居环境大为改善。

【社会事务】 一是全面落实社会救助，2016年完成低保和贫困户兜底清查清理工作，确保实现应保尽保，应退尽退，到年底为止，纳入城乡低保供养353户781人，落实特困人员五保供养218人，各项救助资金100%采用一卡通打卡发放。新型农村合作医疗参合率连年稳定在100%，城乡居民养老保险参加率达到95%。2017年，全年发放各类救济救助30万元，接受救助315人。二是稳步推进并村改革，选优配强村级班子。2016年按照县委、县政府的统一安排部署,在做好并村前的财务、“三资”清理工作的基础上,按照地域相近,文化相通,历史渊源相连等原则圆满地完成了并村试点工作,为全县并村改革工作提供经验。将原有的35个建制村合并为15个村、1个居委会。通过周密部署扎实工作,各新村运转正常、各项工作进展顺利。2017年,从严压实村支两委换届工作责任。坚持严格执行政策,用生命走好程序,用铁腕挺纪在前的要求,因村施策采用“四个一批”(确保第一批,抓好第二批,谋划第三批,整治第四批)的工作思路,高标准、严要求,推进村(社区)两委换届选举工作,到6月上旬,圆满完成16个村(社区)两委换届选举工作,选优配强村(社区)两委班子,实现霞流镇换届选举工作历史性突破,首次在规定的时间内完成全部选举工作任务,首次一次性全部选满职数,首次未出现群体性的上访事件。三是精神文明创建卓有成效,洣河龙舟队代表衡阳市农民龙舟队参加湖南省中华龙舟赛,成功举办洣河龙舟邀请赛,圆满举行衡东县土菜文化旅游节火炬传递活动,腰鼓、街舞等群众健身娱乐活动在全镇普及开展。

【干部作风】 扎实推进干部作风年建设活动,坚持制度管人。严格执行“三重一大”集体决策制,深入开展纠“四风”、治陋习和“雁过拔毛式”腐败专项整治活动,全面落实中央“八项规定”、省委“九条规定”、市委“十条规定”和县委“十条规定”要求,持续推进机关干部作风转变,提高工作效能,进一步完善机关干部考勤、窗口工作人员工作值班等制度,规范公车、公务接待管理,狠刹奢侈浪费之风,与此同时,坚持考核问责,规范镇村干部考核管理,健全完善镇村财务制度,推行村级财务“互联网+监督”,规范项目资金和涉农惠民资金监管,定期开展村级财务清查清理。扎实抓好县委巡察组交办事项,认真做好自查、自纠和整改工作。镇纪检监察室针对群众反映的侵占集体资金和违反换届纪律等敏感问题,立案11起,党纪政纪处分10人。通过正风肃纪,进一步纯洁干部队伍,拉近干部群众距离。

石湾镇

【概况】 石湾镇地处衡东县城以北35公里的湘江东岸,北连株洲、湘潭,西临衡岳,107国道隔江而行,京珠高速、京广铁路纵贯南北,水陆交通十分便利。辖11个村、1个居委会、人口3.8万余人,镇域面积77.6平方公里,石湾历史悠久,人文荟萃,以附近西北湘江东岸“迴澜山直插江中,石峰卓立于高岸,湘江百折至此潆迴”而得名,早在明清时期,石湾就是湘江流域一水陆重镇。迴澜山是镇内名胜古迹,南岳七十二峰之一,素有“小雁峰”之称。历代文人骚客,多会于此,饱览风物,撰文赋诗。

石湾是全国有名的日用瓷生产基地,已有一百七多年历史,享有“瓷都”的美称,企业主要生产日用瓷。石湾烧饼采用面粉、红糖为原料,传统的制作方法,美味可口,远近闻名,是衡东有名的土特产。菩萨岭位于石湾镇兴源村,是一座少见的石山,海拔260多米,山上自然风景秀丽,山顶上巨石林立,有的突起如人身,酷似神像,故名“菩萨岭”,是一个颇有名气的景点。石湾镇山林广布、土地肥沃,通过速生丰产林和名优特经济林建设,全镇山林已形成一个取之不尽、用之不竭的“绿色银行”,木材蓄积量达9万多立方米。林业已成为全镇农业经济的一大支柱。主体在石湾镇内的“株洲—石湾”杉木林基地在全国林业系统很有名气。石湾小城镇建设日新月异,是全省小城镇建设的典型的样板。

【镇域经济】 2016—2017年来,充分发挥石湾镇区位和资源优势,重招商、抓项目、促发展,努力营造经济发展的良好氛围,全面完成县委、县政府下达的招商引资任务。2017年,引进年产值千万的腊肉加工厂1个、注册资金过千万的农业开发公司1家,落户国家重点工程1个,盘活瓷业、旅游产业3个,洽谈农业、工业项目10余个,以项目的引进、实施拉动石湾经济社会全面发展。全镇经济社会发展取得了新的成绩,实现了地区生产总值(GDP)增长10%,工业总产值增长8.5%,财政收入增长7.9%,固定资产投资增长 8.3%，农民人均纯收入达 16216 元，高于全县平均水平，全面小康总体实现程度达 90%，人民群众生活更加殷实、更加幸福。

【农业农村】 始终坚持实施农业稳镇战略方针，抓农业即抓生产。一是层层落实粮食生产工作责任制，将粮食生产工作作为年终绩效考核的主要指标，并与各村签订责任状，杜绝耕地常年抛荒，控制季节性抛荒；加大财政投入，稳定和培育更多更优种粮大户，加快土地确权颁证工作，积极引导农民开展土地流转，流转土地数千亩，鼓励农民发展新型经济组织，2017 年新发展种植专业合作社 5 家、家庭农场 8 家，带动 300 余户农户增收。引进农业优质企业，发展沃柑种植、小龙虾规模养殖、草皮培育等新兴农业产业，推进农业农村现代化建设。夯实农田水利基础设施建设，2016—2017 年，渠道清淤近 100 千米，其中干渠清淤近 16 千米，2017 年骨干塘维修整固 11 口，湘江防洪堤护沏 230 余米，河堤闸门维修 3 处。二是强化农业培训，对种粮大户技能培训 12 次，新发展 100 亩以上的种粮大户 4 户，2017 年特大洪涝灾害共启动农业保险赔付 2600 亩到位，发放油菜种子 4000 包。

【社会事业】 一是低保工作，认真落实好城镇低保核查及农村低保困难补助、重度残疾人特殊生活补助及护理补贴款等的发放工作，切实解决贫困人口的生活困难问题。2016 年，农村低保 620 户、1092 人，经过镇村干部的核查，到 2017 年，石湾镇农村低保 297 户、人数 560 人，新增 35 户、55 人；城镇低保 198 户，320 人，其中新增 1 户；农村五保 202 人；享受重度残疾人护理补贴 421 人，已享受重度残疾人特殊生活补助 413 人。二是林业工作，2017 年为防火信息员配发专用服装和便携宣传音响，半专业扑火队扩充了 2 名人员力量，目前共计 15 人，组织了一次人员拉练和消防技能比武，在重要节假日和高温、高热天气开展森林防火宣传 50 余次，发放森林防火宣传资料近 5000 份。两年新植树造林 1000 余亩，森林抚育 1600 亩。三是加大环境卫生整治资金投入。2016—2017 年，投入卫生承包费 80 余万，新建垃圾池 232 个，电动三轮车按 1000 元/台标准全部配发到位。四是危房改造工作：对各村上报的危房进行鉴定，全镇符合标准的危房共计 92 户，其中 D 级危房 43 户，C 级危房 31 户；2016 年改造 34 户，修缮 23 户，2017 年已改造 19 户，其中 D 级 1 户 C 级 17 户。五是完成全镇 26000 余亩土地确权颁证指界工作，对全镇 290 个组，700 多户，24000 余人的户籍资料进行收集整理归档。六是通过政府的协调，石湾燃气的价格从 4.65 元降至 2.95 元。

【脱贫攻坚】 一是认真贯彻落实中央、省市县关于精准扶贫工作部署，坚定信心，坚决打赢脱贫攻坚战。2017 年以来，召开 19 次党政联席会、15 次镇村干部大会和 40 多次群众代表大会，专题安排部署精准扶贫工作。二是摸排到位。按照“应进尽进，应删尽删”的原则，严把入户调查、民主评议、公示公告三个关键环节，对全镇在册贫困户情况进行重新调查摸底，精准识别。经核查，2016 年石湾镇有贫困户 421 户、1275 人，精准识别后，删除 103 户、349 人，2017 年石湾镇的建档立卡贫困户 318 户、926 人，稳定脱贫 83 户、291 人；“回头看”返贫人员 7 户、19 人，新增人员 5 户、11 人；“两线融合”低保整户纳入户 25 户。三是“精准施策”。按照“六个精准”“五个一批”以及“一超过、两不愁、三保障”“四看一算”的要求，瞄准分类施策的靶向，依据清单推进，按照节点销号。2016 年，落实大病救助 11 人；2017 年，落实大病救助 9 人，社会兜底保障 109 户、176 人；推行“雨露计划”扶贫助学惠及贫困学生 354 人；全力推进易地扶贫搬迁工程，核定 2016 年异地搬迁户 38 户、79 人，2017 年，异地搬迁 20 户、41 人；2017 年，积极宣传光伏扶贫项目，59 户贫困户、161 人参与获利。全镇开展产业帮扶项目 100 余个，产业帮扶惠及 145 户、308 人，全力增强扶贫“造血”功能。

【社会综合治理】 全面落实“领导包案、信访接待日、信访专题联席会等制度，不断畅通信访渠道，加大问题解决和矛盾化解力度，做好信访维稳工作。一是对重点信访人和各类特殊利益群体再次进行全面排查,全镇17重点人、8个群体均建立了台账,严格落实"五包一"措施,责任到人,看死盯牢,稳控到位;二是在十九大期间,指派3名同志到北京、株洲、衡山火车站值班,并制订社会维稳突发事件应急预案,安排2辆备勤应急车辆值班,确保重要时期未发生来自石湾镇的干扰;三是建立领导包案、信访接待日、信访例会等制度,以追责倒逼责任落实,共化解矛盾12起,成功化解刘桂运、武朗生两起积案,并且签订息访息诉协议,切实维护社会大局稳定。

坚持"安全第一、预防为主、综合治理"的方针,2016—2017年石湾镇组织开展安全隐患专项排查30次,尤其是对湘江石湾段沿线码头和船舶加强日常监管,着力消除安全隐患,保障全镇安全生产形势的持续稳定向好。以镇域内各生产企业为重点,定期开展安全生产监管督查,避免生产安全事故的发生。组织开展农村道路交通安全专项整治活动12次,尤其对校园周边环境治理和农用车、摩托车、货车载人、客车超载及各种违规接送学生和违规载客现象进行了整治。2016—2017年,全镇没有发生重特大安全生产事故。防灾救灾减灾工作扎实有效,全面打赢2017年7月防汛抗灾攻坚战,消除佳埗村湘江河堤管涌和各地质灾害险情,做到了人员"零伤亡",重大事故"零发生"。

【党建工作】 一是精心谋划、落实党建工作。年初镇党委按照"细化、量化、科学化"的要求,合理确定党建工作目标,全面推行目标责任书管理,建立定性与定量相结合的考核指标、考核制度对党建工作做到逐项落实。2016年,按照县委、县政府的统一安排部署,在做好并村前的财务、"三资"清理工作的基础上,按照地域相近,文化相通,历史渊源相连等原则圆满地完成并村试点工作,为全县并村改革工作提供了经验。将原有的25个建制村合并为11个村,1个居委会。通过周密部署扎实工作,各新村运转正常、各项工作进展顺利。尤其是在2017年的3月村"两委"换届工作中,石湾镇在时间紧、任务重的情形下,做到纪律上严要求,程序上严把关,确保换届工作圆满完成。二是强化队伍、配齐党务力量。乡镇层面,形成了领导班子、党建工作站、驻点干部齐抓共管的格局;村级层面,实行"书记抓、抓书记",各村明确1名党建专干,配强党务力量。三是牢抓基础、强化党建阵地。以深入学习贯彻十九大精神为契机,抓好各村的阵地建设,做好光明村综合服务平台建设验收工作,为各支部购置液晶电视机9台、打印机9台、电脑2台、显示器1台。

【从严治党】 一是坚持党要管党、从严治党,落实"两个"责任,加强廉政教育,营造风清气正的政治生态环境。2017年,结合"干部作风年"活动谈心谈话环节,对基层单位主要负责同志逐一进行廉政谈话37人次。二是突出专题教育。组织镇村党员干部深入学习党章、基层干部廉洁履职若干规定等廉政知识和法规10余次;开展党委书记讲廉政党课,全年党委理论中心组专题学习反腐倡廉2次,开展党风党纪教育2次,有效提升全镇干群的反腐倡廉意识。三是严格监督惩治,完善《石湾镇机关管理办法》,建立健全各项工作制度以及周末和节假日轮班制度,全年定期或不定期采取多种形式进行作风建设监督检查,明察暗访10余次,开展会风会纪专项整治工作,通报批评违反会风会纪9人。2016—2017年以来,全镇本级受理信访举报件16件,接上级转(交)办件27件,已信访办结25件,正在调查2件。共立案查处违纪案件1件,目前结案1件,给予党内警告处分1人。 (*廖海波 张意平*)

白莲镇

【概况】 白莲镇位于衡东县城以北17公里处。全镇辖10个行政村1个社区,镇域面积84平方公里,人口3.01万。白莲镇山青水秀,风光旖旎、源远流长、人杰地灵。白莲水库碧波荡漾,又名"白莲仙湖";乌琴峰挺拔高耸,山色如黛,夕照如画,美曰"乌琴夕照";加上"白莲古寺""千年荷塘""爱莲书院""荷塘月色""王家奇寨""鱼跃荷浪""及第马房""小初茶海"白莲十景,各具神韵,引人入胜。白莲镇底蕴深厚,文化璀璨,白莲皮影戏蜚声湖广,传唱数百年。尚德学校历经百余载风雨沧桑,桃李满天下，辛亥革命先驱向燊，抗日英烈向大复，湖南花鼓大师丁云开，现代煤气汽车创始人向德等仁人志士、贤才英雄皆诞生如此。

镇党委、政府站在新的历史起点上，确立建设“生态旅游名镇”的目标，以乡村振兴战略为契机，采取PPP模式、招商引资等方式，直接投资1.5亿元，吸引项目资金5亿元，引入莲园生态、星级旅游农庄和蔬菜基地项目，培育两千亩生态有机田，启动具有地域文化特色的小镇城建设，自主打造了别具风格的“千年白莲风情园”。秉承“绿水青山就是金山银山”可持续发展理念，着力建设具有生态宜居产业发达的湖湘“生态旅游小镇”。

【居民收入】 在努力向城镇化发展的过程中，2016年实现农业总产值14601.4万元，工业总产值1469万元，民营经济产值21766万元。2017年白莲镇全镇地区生产总值40238.5万元，同比增长10%，财政收入增长18%，财政运行良好；社会固定投资率年增长15%，农村储蓄存款年增长21%；农民人均纯收入达18200元，增长11%，全镇社会经济步入了大提速、大发展的崭新阶段。

【农业生产】 白莲镇为衡东县农业大镇，镇党委立足“生态白莲”实际，抓住经济发展新机遇，不断优化农业生产结构。2016年，白莲镇的荷花种植面积达到3000余亩。2017年，全镇优质稻田约在15000亩左右，其中再生稻发展最快，已超过8000亩左右，复种面积将近5000亩，湘莲连片种植超过3500亩左右，优质红薯种植面积1500亩，各种蔬菜3000亩左右，适度经营规模户30亩以上有135户，100亩以上有40多户，1000亩以上的合作社2家，机械设备超150万的合作社1家，被评为省级示范家庭农场6家，被评为市级示范合作社1家，观光农业、休闲农业正在形成。

【民生保障】 根据“六个精准”“五个一批”的要求，白莲镇实施了基础设施、产业发展等多个扶贫项目。通过培训种养殖、电子商务、劳务输出等措施，增强贫困户自力更生的能力；通过完善基础设施、协调生产物资、指导生产技术、引进市场主体、搭建销售平台，对贫困户脱贫致富进行跟进式帮扶，脱贫攻坚扎实有效。在不断加强镇村两级卫生医疗机构建设上，各村致力于解决农民看病难、买药贵等难题，认真做好“新农合”工作，农民参合人数逐年增加，参合率高达85%。全镇社会保障能力明显增强，计划生育社会抚养费收缴110万元、83例。支农惠农政策全面落实，劳动力再就业工作成绩显著。

【社会安全】 白莲镇坚持以人为本，努力构建和谐社会。每年与各村（社区）、相关单位签订安全生产责任状，组织交通、农机等单位到村开展安全生产培训工作，到中小学开展安全知识宣传教育活动。一年来，在强化社会治安治理过程中，共受理群众来信来访85件，排查出各类社会矛盾纠纷128件。突出抓好环境卫生整治，全镇新建垃圾池180个，新增垃圾转运电动三轮车25辆，并对村主线公路进行绿化；森林防火、防汛抗旱、信访维稳等基层基础工作也稳步推进。

【文化教育】 为大力发展乡村文明建设，白莲镇整合资源，加强社区、农村群众文化队伍建设，以民间文艺组织为基础构筑了乡村文化发展平台。两年累计组织民间艺术队和电影放映队到村（社区）演出放映100多场次。重视文教事业发展，两年来，全镇小学入学率始终保持为100%，2017年年初中入学率为98.6%。为改善学生就读环境，2017年白莲镇争取项目资金200多万元，投入150万元，对尚德中学的教学楼进行了维修；投入20余万元对小初完小校门口处道路拓宽并硬化。各社会组织团结一致，稳步推进各项事业良性发展，全镇民兵武装、工会、共青团、妇女儿童、老龄和残疾人等事业得到同步推进。白莲镇从基础设施、文化培育、农村环境卫生整治等方面入手，整体提升城乡品味，取得一定成效，

白莲村2016年被评为衡阳市文明村，2017年被评为农村环境和卫生综合整治先进村。马房村在2017年被评为全国文明村、衡阳市民主法治示范村。2017年，白莲镇被衡阳市列为7个重点建设特色旅游小镇之一，并多次被评为衡阳市农村环境和

卫生整治先进单位。

【城镇建设】 为加快新农村建设,推进"特色生态旅游"小镇发展进程,2016—2017 年投入 150 多万新建两座公路桥;投入资金 50 多万元,完成谭子冲、杨利冲水库维修加固工程;维修水渠 5500 米,骨干塘和山坪塘清淤扩容 21 口;全镇累计兴建沼气池已达 800 余口,发展沼气灶用户 700 余户;踏白公路的拓宽硬化已基本完成;荷花园景区 4 条沥青路的铺设已经全部竣工;投入 20 余万元对小初完小校门口处道路拓宽并硬化;各村窄路加宽共计 30 公里;对莲花大道违章建筑进行集中拆除,整体改造项目正在进行,全镇面貌焕然一新,确保城镇的清洁美观,提升城镇品位。

【旅游产业】 自镇党委决定大力推广荷花种植、发展荷花旅游产业以来,2016 年白莲镇荷花种植面积达到 3000 余亩,直至 2017 年年底荷花种植面积已达到 4000 余亩,吸引来自四面八方的众多游客,产生良好的社会和经济效益。为加快白莲镇旅游业建设,镇党委以打造"特色生态旅游小镇"为发展目标,2016 年 4 月,成功申报湖南省"十三五"规划的特色旅游小镇,成为全省 20 个特色旅游小镇之一,9 月又被衡阳市列为重点发展的 7 个特色旅游小镇之一,吸引各界旅游项目投资已超 8000 万元。千年白莲风情园、莲园生态旅游休闲山庄等重点旅游项目已初见雏形,游客服务中心、莲花广场正在紧锣密鼓的施工中。

【交通建设】 为顺利打造出"荷花小镇"的称号,白莲镇加大招商引资力度。2016 年累计完成通组公路 140 公里,顺利完成莲踏公路的拓宽和莲花大道的水泥硬化,新建马房村、白莲村桥梁 2 座。直至目前,S339 省道拓宽工程(已纳入省道建设规划)正在建设中,项目建成后,20 分钟内可直达衡东县城、衡山火车站、罗荣桓故居,40 分钟内可直达衡山高铁站,以衡东为中心,交通网辐射整个湘中南地区,实现长株潭地区 1 小时经济圈全覆盖。

三 樟 镇

【概况】 三樟镇位于衡东的最北端,是衡东乃至整个衡阳的北大门,地处湘潭、株洲、衡山、衡东三市四县交界之处,东部与株洲县朱亭镇交界,南部与衡东县石湾镇相连,西部、北部临湘江河畔,距县城 45 公里,境域面积 112.19 平方公里,总人口 44783 人,耕地面积 30506 亩,林业面积 73092 亩。2015 年 12 月,由原三樟乡和大桥镇成建制合并而成,新政府驻地设在原大桥镇政府。全镇下辖 14 个行政村、1 个社区,境内有中国共产党最早的农民银行———柴山洲第一农民银行旧址,林业资源丰富,是全省的杉木林基地,作物以种植双季水稻为主,盛产黄椒和湘莲,被誉为"中国黄椒第一乡""中国剪纸之乡"。

【农业农村】 2016 年、2017 年,均实现双季稻种植面积 80% 以上,种植早稻面积 9000 多亩、中稻面积 20000 多亩,晚稻面积 10000 多亩。大力发展优质稻、基本杜绝耕地抛荒。2016 年,种田大户发展到 170 多个,其中 300 多亩以上 4 户,100 亩以上 33 户,30 亩以上 141 户。2017 年,种田大户发展到 240 多个,其中 300 多亩以上 8 户,100 亩以上 33 户,30 亩以上 200 户。办农民学习培训班 6 期,培训人数 400 余人,出动宣传车 7 次,发布病虫情报 20 期。重金属污染治理工作继续全面推行,2016 年发放低镉种子 37.28 吨,有机肥 2000 吨,生石灰 3600.75 吨,叶面积阻控剂 38900 瓶,深翻耕 14100 亩。为促进农业生产,2016 年,发放绿肥面积达 13000 亩,其中澎坡港、岭林连片 1500 亩,开沟 1300 亩。绿肥种植紫云英 19500 公斤、油菜子 2600 公斤。2016—2017 年,完成农机购置补贴机具 161 台套,发放补贴金额 487400 元。新增高插机 3 台,手扶插秧机 2 台,机插面积达到了 6000 多亩。新增全喂入联合收割机械 4 台,全镇机械化收割达到 95% 以上,并且定期组织农机手培训,还组织 52 人的农业机械大户到外地考察。

三樟镇是全省的杉木林基地,森林防火工作尤为重视,为加大对森林防火的宣传力度,2016—2017年,发放宣传资料15000多份,固定宣传牌10块,书写宣传标语700余条,发放、张贴森林防火《禁火令》350余份,送达森林防火户主《致全县人民的一份公开信》及宣传册6000余份,2017年木材采伐数量为790立方米,其中:自用材实际采伐量为360立方米,商品材430立方米。2017年,完成退耕还林3700余亩。完成中、幼林抚育1700余亩;全面落实完成乡村通道绿化任务,分别在澎陂港等5个村实施,共计里程30余公里。落实荒山造林绿化面积1200余亩,为提前完成消灭荒山的任务打下坚实的基础。

【特色产业—黄贡椒】 黄辣椒种植已有1800年历史,由湘江泥沙冲积形成的特殊沙质土壤,赋予三樟黄贡椒皮薄肉厚、甜辣爽脆、营养美味的特点。相传清朝嘉庆年间,衡东状元彭浚把三樟黄辣椒带入宫廷,皇帝品尝后龙心大悦,钦点为"贡椒",三樟黄贡椒由此得名。2008年,三樟被国家辣椒新品种推广中心和湖南省人民政府蔬菜办公室联合授予"中国黄椒第一乡"美誉,三樟黄贡椒荣获第二届"中国国际辣椒产业博览会金奖"。作为衡东土菜的灵魂,三樟黄贡椒种植历史悠久,已发展成为富民兴镇的特色产业和地方名片。2017年8月18日,在油麻田黄贡椒采摘园成功举行"三樟黄贡椒节"活动,活动突出"以椒为媒、以旅惠农"主题;叫响"三樟黄贡椒、衡东土菜魂"口号;活动期间的系列报道网页点击量达100000人次,关注度创下历史新高,掀起一股三樟黄贡椒热潮。共种植黄贡椒上万亩,年产辣椒7500吨,加工企业十多家,专业合作社二十多家,年产值近亿元。

【招商引资】 党委政府确立"以项目促发展、争项目快发展"的指导思想,围绕这一思想,一是成立专门招商引资班子,由党政主要领导亲自管、亲手抓,把招商引资作为全镇经济工作的重中之重,积极引导本镇在外成功人士回乡创业,义门村村民刘志衡原在株洲经商,得到政府关于招商引资的召唤后,积极组织资金回乡投资创业。刘志衡投资3000多万元,在衡东大浦工业园征地24亩,成立湖南禹虬防水建材有限公司,建成一个规模较大的规范化防水材料生产基地,现已竣工验收,投产经营。

【基础设施建设】 在"十三五"期间三樟镇规划农村公路窄路加宽总任务是60公里,2016年6月,在镇召开全县窄路加宽现场动员大会后,全镇干群士气高涨,踊跃参与,年底有三樟镇政府到油麻,三樟镇政府到黄双等六条线路完成窄路加宽路基工程32公里。2017年,完成道路拓宽硬化40多公里,并在主干道和分叉路口统一设置道路交通标志牌。

针对大桥湾社区一段大弯路影响居民出行,存在严重安全隐患问题,2016年镇政府拨付资金20余万元用于平整拓宽路面,并"拉直"弯路,清除安全隐患。

2016—2017年,投入资金400多万元维修硬化骨干塘50多口,维修渠道7000多米,维修电灌站2处,为三樟镇农业生产提供有力保障,确保农田灌溉,农民增产增收。

结合"中国黄椒第一乡""中国剪纸之乡""中国共产党最早农民银行旧址"等三樟元素,大力发展乡村旅游。塔冲村的水竹山庄是镇发展生态观光旅游的一大亮点,该山庄占地面积7公顷,建筑面积500平方米,投资2000万元,基础设施完善,已正常对外开放。

【精准扶贫】 全镇共有贫困户582户、1808人,省级贫困村3个。2014—2016年合计脱贫218户、739人,还有364户、1069人尚未脱贫。其中,2017年脱贫114户、333人,2018年预脱贫220户、659人,2019年预脱贫30户、77人。

2017年,上级财政专项扶贫资金共拨付三樟镇113.5万元,其中中央财政下拨扶贫资金33.5万元,县财政专项扶贫资金80万元。镇政府强化责任落实、认真执行政策,扎实开展精准扶贫工作:一是推进特色产业扶贫。扶贫资金用于贫困农户发展种植养殖业,并采取以奖代补的形式补助到贫困农户。黄贡椒已成为三樟镇的一张名片,是三樟农民脱贫致富的主要途径之一。对于种植黄贡椒的贫困农户,给予资金补助,2016 年已有 60 户贫困户得到黄贡椒产业资金扶持,每户补助 1000 元。二是实施易地搬迁扶贫,通过认真调查,核定 15 户易地搬迁对象,合理确定搬迁规模,有序组织实施,精准实施搬迁,搬迁一户,脱贫一户,到 2017 年 15 户贫困户全部入住新房。落实 16 户危房改造的贫困户补助资金 9.6 万元,拟定 24 户作为 2018 年异地搬迁对象。三是落实兜底扶贫。对没有劳动能力的贫困户实行兜底扶贫,按政策开展教育扶贫、医疗救助扶贫,对残疾贫困家庭发放生活补贴和护理补贴,确保在扶贫路上不落下一个贫困对象。(彭　达　文金花)

石　滩　乡

【概况】 石滩乡位于县城西南部,距县城 39 公里,乡域面积 94 平方公里,四周与大浦镇、吴集镇,衡南县的铁丝塘镇、洪市镇、咸塘镇相邻。京珠高速、衡茶吉铁路穿境而过。是全县的农业大乡,共有耕地 37128 亩,林地 46470 亩,总人口 41500 人,地形以丘陵为主,兼有平原和山地。

建国初,石滩属衡山县第七区。1958 年,改为人民公社,属大浦区。1989 年撤区并乡,真塘乡并入石滩,成为现在的石滩乡。相传,石滩附近最早多冬茅,名冬茅堰。清代时,因这里系深山老林,遮天蔽日,人烟稀少,盗贼横行,乡里人出于迷信,凿石建庙,祈求平安,称石头庙。至民国时,山林被毁,水土流失,年深日久,显露出一大片红砂石岩,远看象似石滩,更名为石滩庙,石滩乡由此而得名。境内的真陂村沈陂塘系抗金名将岳飞后裔的聚居地。

【基础设施】 2016—2017 年,乡基础设施逐渐改善,人民群众生活水平明显提升。公路实施畅通工程 40 余公里,窄道加宽 20 余公里,极大改善了全乡的交通条件,方便群众出行;完成小(二)型水库除险加固 7 座;新建电排 3 座;山坝塘清淤扩容 25 处,山塘维修 52 处;完成渠道清淤 12 公里,高标准备维护修砌水渠 1000 余米;

【乡域经济】 2016—2017 年,分别引进金觉峰风电项目、扶贫光伏项目、欧塘跑马场、110 千伏变电站项目。特色农业逐步壮大,农业产业链不断延伸,大力发展了家族农场 12 个、专业合作社 6 个、新建村苗木基地、大泉村无花果种植基地、新造油茶基地、香瓜种植基地、江滨村金槐示范种植基地、发展扩大传统养殖"真塘鱼"品牌、大泉村引进益健养殖专业合作社等特色农产品基地。全乡累计实现规模户 45 户。发展生猪养殖 2.9 万头,出栏 1.7 万头,牛羊 1800 余头;渔业养殖 3700 余亩,产出鱼 10 万斤,鸡鸭小家禽养殖 27 万羽;蜜峰 200 余箱。同时,江滨村、新白村原乙田片的国土平整项目的大力投入,其中江滨村投入资金约 1200 多万元、新白村投入约 200 多万元。

【社会事务】 2016—2017 年,石滩累计新增低保户 71 户、人数 156 人,发放低保资金 270 余万元,五保资金 83 余万元,民政优抚资金 60 余万元;新型农村社会养老保险参保率接近 80%,累计发放救济资金 30 余万元,危房改造资金 19.2 万元;2017 年,完成 2 个省级贫困村脱贫退出,脱贫 73 户、231 人,进一步整合资源开展扶贫工作,联系省、市、县人大代表开展了结队走访"六个一"行动,同时组织部分政协委员进行爱心助学活动,协助卫生局开展义务就诊活动。

【科教文卫】 2016—2017 年,文化事业朝气蓬勃,文化活动开展的有声有色,协助开展"薪火相传,土菜飘香"土菜文化旅游节石滩乡火炬传递活动。2016 年投入 300 万元,高标准新建了石滩乡中心学幼儿园,建筑面积 600 平方米;对乡村文化站进行全面的升级改造,增添了娱乐、健身等器材;2017 年投入 50 多万元对乡卫生院进行全面维护改造,维修院内的硬件设施,添置一批先进的医疗设备,医疗条件快速改善。

【综治维稳】 快速建立科学的综治维稳防控体系,设立民事调解委员会,强化乡村干部维稳责任,2016—2017,共调解纠纷 24 余起,化解矛盾 100 余起，化解群众上访10余次。2017年，综治民调综合排名全县第一名，全市第二名，居全省第76名，比2016年上升了97个名次。努力建设高效、文明、生态和谐的新农村。

【换届选举】 2017年上半年，在全县率先完成全乡11个行政村的村两委换届工作，此次村级换届是合并村以来的首次村支两委换届工作；石滩乡第十五届妇女代表大会、第九届乡团代会顺利召开，圆满完成了换届工作。

【生态环境】 2016—2017年，累计完成新造林面积400余亩，长江防护林200亩，油茶新造150余亩，点播火烧迹地1000亩；完成村级主要公路道路绿化50公里，完成中幼林抚育300亩，油茶锄复770亩，完成天然商品林保护资金发放造册2万余亩，生态公益林资金发放造册2.9万余亩，发放退耕还林资金3千亩。

【城乡环境】 实行“组收、村集、乡转运”的管理模式，做到辖区11个村保洁全覆盖，保洁员具体工作任务由村委会按照乡要求统一安排，统一购买保险，严格按照标准模范保洁，确保条条道路有人扫、处处垃圾有人清。全乡共配备保洁员46名。（其中两条主干道6名、村级40名）。进一步加大投入，全力保障整治工作实施。投入资金10万余元，配备1辆垃圾车，确保公路沿线垃圾池垃圾及时清运。投入资金11万多元，配备32台垃圾转运车，确保村级垃圾清运及时。 （颜亨信）

南　湾　乡

【概况】 南湾乡位于衡东县东南部北纬26°47′04″—26°56′00″，东经113°03′28″—113°08′13″。东与安仁县渡口乡接壤，南连安仁县禾市镇，西邻衡南县宝盖镇，北接草市镇、杨林镇。史称欧阳南湾的武士路经此地，迷恋这里的秀美山水定居于此，屋前牌楼上书“南湾门”三字，集镇因此命名。乡政府驻南湾街，距县城50千米。

南湾乡处高日塘山脉和四方山支脉地带，构成山地地貌。境内地形起伏，层峦叠嶂，地势为四面高，中间低，呈盆地形。最高峰天光山海拔814.9米，为县境最高峰。属亚热带季风湿润气候，年均气温17.9℃，年均降水量1301毫米。矿产资源丰富，已探明的地下矿藏有金、银、铜、铁、钨、石晶石等，尤其是钨、金储量较大，品位较高，矿体较厚，埋藏较浅，易于开采。

2017年年末，辖新南、松源、合江、江东、桃源5个建制村，109个村民小组。2017年年末，辖3710户，总人口14646人，男性7631人，女性7015人。2017年年末，辖区总面积为78平方千米，是衡东县的一个边远山区小乡，山多田少，人稀地广。

2016—2017年，乡党委、政府在县委、县政府的正确领导下，团结带领全乡人民，以富民强乡为目标，立足南湾实际情况，进一步解放思想，更新观念，克服困难，紧紧围绕建设“宜居集镇、秀美乡村、特色农业、活力边贸、旅游强乡”的新南湾发展思路和工作目标，克难奋进博发展，竭尽全力惠民生，促进了南湾乡经济和社会各项事协调发展，南湾乡综合实力明显增强，全乡人民群众安居乐业，开创了社会和谐发展新局面。

【经济发展】 境内粮食作物以种植水稻为主，2017年，有耕地面积9540亩，农作物总播种面积24636亩，其中粮食作物播种面积14542亩，粮食总产量5701吨，辖区内双季稻面积高达89%。主要经济作物有柑橘、李子、板栗、芝麻、花生、生姜、药材，经济播种面积2700亩。荸荠、玛李和乌豆是南湾的土特产，乌豆加工成豆油作为调味品，清香可口。2017年年末，全乡109个村民小组的农村家庭承包土地的第一轮和第二轮公示及纠错已顺利完结，土地确权工作已完成调查摸底、外业调查指界、公示制图、家庭成员信息核对，正在有序推进。

乡内以养殖生猪、家禽、牛、山羊、鱼等畜禽水产为主，野生动物主要有獐、麂、鹿、兔、黄鼠狼、穿山甲、野猪、野牛等10余种。2017年年末，生猪存栏12300头，家禽存笼47490羽，牛1116头，山羊存栏

11200 只。渔业以淡水鱼类为主,养殖面积 1335 亩,产量 286.83 吨。

2017 年年末,境内山林面积 97437 亩,其中油茶林 4586 亩,楠竹、杉树、松树 8 万多亩,森林覆盖率 86.2%。境内有楠竹加工厂,生产加工竹筷子、麻将凉席、竹凉席。

2017 年年末,有农业技术服务机构 1 个、农业技术服务机构从业人员 5 人,家庭农场 3 个,农民合作社 1 个,种植大户(100 亩以上的大户)有 7 户,畜禽养殖大户 6 户。

【财政金融】 2017 年,公共财政收入 840 万元,财政支出 840 万元。有农商银行 1 家金融服务机构。

【教育文化】 2017 年年末,全乡有 1 所九年一贯制学校、1 所完小和 2 所村小,25 个教学班,含 6 个初中教学班和 19 个小学教学班,共有中小学生 887 人,其中初中生 249 人,小学生 638 人。近二年南湾乡小学生每期的入学率及巩固率都达到了 100%,初中生每期的入学率 100%,巩固率在 99% 以上。小学升初中率 100%。

全乡校舍面积小学 12487 平方米,生均 12.85 平方米,中学 3568 平方米,生均 12.17 平方米。现存图书中小学共有 23474 册,生均 24.15 册,理化生教学实验仪器按一类标准配备,全乡配备学生计算机 110 台,办公用 20 台。2013—2017 年全乡校舍建设资金投入达 1015 万元。先后修建南湾学校综合楼、南湾完小综合楼、南湾学校教师公寓、江东小学综合楼,南湾完小学生宿舍及食堂综合楼,配备大量先进的教学仪器设施和生活设施,大大促进南湾教育的现代化,改善师生的学习和生活条件。

2017 年,争取资金 140 余万元,分别对南湾中学篮球场、中、小学宿舍进行标准化翻新与装修;全县大规模教育工作现场会在中学召开,顺利通过义务教育均衡发展国检。

全乡共有正式编制教师 54 人,35 岁以下青年教师有 28 人,占全乡教师的 51.9%。中小学教师学历合格率都达 100%,中学教师共 19 人,达到本科学历者 15 人,占 79%,小学教师共计 35 人,工人 2 人。小学教师研究生 1 人,专科及以上学历者 28 人,占 83%,全乡超过学历要求的教师占教师总数的 81.5%。100% 符合应有的教师资格证书。

2017 年下期,全乡主要有 3 所民办幼儿园,另有 3 所公办学校附属幼儿园,适龄入园儿童 525 人,入学 450 人,学前三年入园率 85.7%。

2017 年,全乡乡镇综合文化站 1 个,配文化辅导员 2 人,负责文化行政管理和群众文化辅导工作。有图书室 1 个,藏书 5800 余册。村级农家书屋 5 个,总藏书 16900 册。

2016 年年末,5 个村通电话,1 个村通宽带;2017 年年末,5 个村通宽带。

【信访维稳】 2016—2017 年,认真办理来信来访,诚心诚意地解决信访诉求,做到事事有记录,件件有答复。加强信息情报的收集,密切关注乡内信访动态,为及时化解矛盾提供线索。对排查出来的不稳定因素,实行领导包案,有关工作人员配合,相关部门协助,进行集中化解和处置。对报结的信访案件,做到事实清楚,处理恰当,群众满意。推行便民办公制度,严格执行值班考勤,实现依法行政、高效行政、廉洁行政、阳光行政。2017 年,南湾乡获衡阳市信访工作"三无"乡镇荣誉。

【医疗卫生】 南湾乡卫生院座落在南湾乡新街,占地面积约 3 亩,是一幢综合性的医疗用房,被草市医院托管。2017 年年末,有职工 13 人。2017 年,对卫生院的医疗用房进行一系列的改造,投入 120 余万元添置先进的医疗设备,进一步提高了医疗环境;逢场赶集日,卫生院确保有一名副主任医师坐诊,卫生院为辖区内的群众建立居民健康档案,把重点人群纳入管理,2016—2017 年,每年都免费对重点人群进行一次体检。

【社会保障】 2017 年年末,农村低保对象 196 户、395 人、特困供养人员 46 人、优抚对象 109 人,重点优抚对象 38 人。2017 年,完成危房改造户 10 户、38 人,民政灾后重建 6 户,移民避险解困 8 户。大病救助 17 人次,累计金额约 34000 元。

2016年，城乡居民养老保险人数3310人；2017年，城乡居民养老保险缴费人数3420人，缴费金额417300元。

2017年，新农合参保人数9064人。

2016年，南湾乡贫困户352户、1155人，脱贫62户、208人。2017年，南湾乡贫困户279户、1062人，脱贫49户、204人。成立专业合作社，鼓励贫困户以土地入股的形式加入合作社共同发展生产。2017年，发展巩固特色基地3处，分别是手牵手经济种植合作社、高山红自然生态开发有限公司和衡东仙山种养合作社，通过让贫困户入股、请贫困户务工等形式，从而带动贫困户致富；大力实施光伏发电项目，2017年，对全乡符合贷款政策的兜底贫困户的19户办理了95万元贷款手续，入股光伏发电项目。

【换届选举】 2017年5月5日，全乡有5个村的"两委"换届工作全面完成，是全县进度最快的乡镇。共选举产生村干部29名，80后的村干部5名，整体文化素质明显提高，村支两委战斗力、凝聚力得到加强。2017年，完成基层妇联组织改革换届工作，全乡5个村全部完成村妇代会改妇联及村妇联换届选举工作。5个村妇联改革换届后，产生新一届妇联执委成员75名，5名妇联主席，10名村妇联副主席。5名妇联主席进"两委"率为100%。乡妇联换届选举工作经过精密筹划于2017年7月26日圆满完成，共选出专职主席1名，副主席3名，执委25名，壮大队伍，延伸妇联的左膀右臂，扩大妇联的影响力，为妇联工作打下坚实的基础，充分发挥妇联执委，妇女代表等骨干力量的作用，广泛了解妇女的发展意愿，维权要求，畅通联系妇女的渠道，切实为妇女儿童办实事，做好事，解难事，努力推动妇女工作实现新发展。

【基础设施建设】 2017年，对南湾街道进行油化靓化，划线经营，在政府院内划停车位等，改善了南湾赶集拥堵的状况；实施农村道路拓宽和通畅工程，全乡共投入资金880万元，拓宽道路23公里，新硬化道路17.4公里。实施"村村通""组组通"工程，硬化梅花冲至原塘下，原茶旺至原塘江的道路，实现村村通水泥路，通村、通组路网不断完善。

2017年年末，有邮政代办点1处，快递点1处，投递人1名。

【水利】 2017年年末，加强河长制的管理与整治，对南湾河进行全面清理；全年共争取资金150余万元，对2016年因水毁所造成的隐患工程进行及时的修复和加固；完成全乡骨干塘的清淤扩容，硬化松源支渠下游段800米。投入60万元，除险加固桐子塘水库防洪堤7000余米，维修加固骨干塘3处，确保人民生命财产安全；保障建设资金50余万元，对重难点防洪水利设施及时维护，共计维修电排灌站3座次。

【乡村建设】 2016年年末，在南湾街道安装路灯70盏，实行全天制电子控制；2017年，在2016年的基础上另加装、更换、维修40余盏次。2017年，投入60余万元，对南湾农贸市场进行维修并进行了划区经营，使居民"菜篮子"商品更安全、环境更卫生、服务更优质。2016年3月，垃圾处理场正式启用。加大城乡环境整治力度，2017年，组织开展垃圾清理专项行动，对街道周围溪港内的垃圾进行定时清理，疏通了堵塞的溪港。新建垃圾池120个，购置环卫桶200个，聘请街道专职保洁员5名，实行全天候保洁，垃圾日产日清。2017年年末，全乡累计完成乡村两旁绿化工程13公里，完成裸露山地绿化1000余亩；新创建林业示范样板及基地1处；全乡累计开展义务植树800余株。（邓卫群）

人　　物

说明：人物部分刊录中共衡东县第十三届委员会书记、副书记、常委；衡东县第十七届人大常委会主任、副主任；衡东县第十七届人民政府县长、副县长；政协衡东县第十四届委员会主席、副主席。任职资料截止到2018年1月。

一、中共衡东县第十三届委员会书记、副书记、常委

吴伟生

吴伟生，男，汉族，湖南衡阳县人，1964年9月出生，1985年7月参加工作，中共党员，硕士研究生学历。其主要工作经历为：1982年9月至1985年7月，为湖南农学院常德分院农学专业学生；1985年7月至1988年8月，任衡阳县第一职业中学教师；1988年8月至1990年6月，为河南农业大学农学系植物学专业硕士研究生；1990年6月至1993年4月，任衡阳市南岳区树木园技术干部；1993年4月至1994年12月，任衡阳市南岳区树木园副主任；1994年12月至2000年11月，任衡阳市南岳区农林局局长、党组书记；2000年11月至2001年2月，任衡阳市南岳区统战部部长；2001年2月至2002年12月，任衡阳市南岳区政协副主席、统战部部长；2002年12月至2006年7月，任衡阳市南岳区人民政府副区长；(2006年3月至2007年1月，挂职湖南省工商局市场监督规范管理处（合同监督管理处）副处长）；2006年7月至2010年6月，任中共衡阳市南岳区委常委、政府常务副区长；2010年6月至2016年7月，任衡阳市林业局局长、党委书记；2016年7月起，任中共衡东县委书记。

徐志毅

徐志毅，男，汉族，1975年10月出生，湖南南岳人，研究生学历，1994年7月参加工作，1994年6月加入中国共产党。其主要工作经历为：1994年7月至1997年10月，任中共衡阳市南岳区委办公室干事（1997年4月至1999年6月湘潭大学文秘专业自考本科毕业），（1997年5月至1997年10月，在中共衡阳市委组织部跟班学习）；1997年10月至1997年12月，任中共衡阳市南岳区委办公室副主任科员；1997年12月至2001年1月，任中共衡阳市委组织部办公室副主任科员；2001年1月至2003年3月，任中共衡阳市委组织部干部一科主任科员；2003年3月至2003年4月，任中共衡阳市委组织部干部一科副科长、主任科员；2003年4月至2005年5月，任衡阳市人大常委会研究室综合科科长；（2004年9月至2007年7月，为中共湖南省委党校经济管理专业在职研究生班学员）；2005年5月至2008年9月，任

衡阳市人大常委会研究室副主任；2008 年 9 月至 2014 年 3 月，任中共衡东县委常委、纪委书记；2014 年 3 月至 2016 年 7 月，任中共衡阳市委督查室主任、市委办公室正处级干部；2016 年 7 月至 2016 年 8 月，任中共衡东县委副书记、县人民政府县长候选人；2016 年 8 月至 2016 年 11 月，任中共衡东县委副书记、县人民政府副县长、代理县长、党组书记；2016 年 11 月起，任中共衡东县委副书记、县人民政府县长、党组书记。

贺　殷

贺殷，男，汉族，湖南衡阳市人，1973 年 6 月出生，1996 年 8 月参加工作，中共党员，硕士研究生。其主要工作经历：1992 年 9 月至 1996 年 7 月，在安徽财贸学院市场营销专业本科班学习；1996 年 7 月至 1996 年 8 月，待分配；1996 年 8 月至 2000 年 4 月，任衡阳市广播电视局办公室科员；2000 年 4 月至 2002 年 9 月，任衡阳市广播电视局办公室副主任；（2002 年 4 月至 2003 年 12 月，为湖南大学工商管理专业 MBA 班学员，获工商管理硕士学位）；2002 年 9 月至 2006 年 6 月，任衡阳市广播电视局人事宣教科科长、团委书记；2006 年 6 月至 2011 年 6 月，任中共衡南县委常委、统战部部长；（2010 年 4 月至 2011 年 1 月，湖南省科技厅挂农村科技处副处长）；2011 年 6 月至 2013 年 4 月，任中共衡东县委常委、组织部部长、统战部部长、县政协党组副书记；2013 年 4 月至 2016 年 8 月，任中共衡东县委常委、组织部部长、统战部部长、县政协党组副书记、县委党校第一校长；2016 年 8 月起，任中共衡东县委常委、副书记、县委党校第一校长。

丁秋文

丁秋文，男，汉族，1965 年 8 月出生，湖南衡东人，本科学历，1986 年 7 月参加工作，1993 年 5 月入党。其主要工作经历为：1983 年 9 月至 1986 年 6 月，衡阳师范高等专科学校中文科学生；1986 年 6 月至 1986 年 7 月，待分配；1986 年 7 月至 1989 年 6 月，任衡东县第一中学教师；1989 年 6 月至 1995 年 2 月，任衡东县委办干部；（1988 年 9 月至 1991 年 6 月，为湖南教育学院中文专业学员）；1995 年 2 月至 1997 年 3 月，任衡东县委办秘书；1997 年 3 月至 1998 年 2 月，任衡东县委政研室主任；1998 年 2 月至 2001 年 2 月，任衡东县委办公室副主任兼县委政研室主任；2001 年 2 月至 2002 年 3 月，任衡东县委办公室副主任；（2001 年 4 月至 2003 年 4 月，兼任县直机关工委委员）；2002 年 3 月至 2006 年 3 月，任衡东县财政局党组书记、副局长；2006 年 3 月至 2008 年 9 月，任衡东县财政局党组书记、局长；2008 年 9 月至 2010 年 1 月，任中共衡东县委常委、县财政局党组书记、局长；2010 年 1 月至 2011 年 6 月，任中共衡东县委常委；2011 年 6 月至 2016 年 8 月，任中共衡东县委常委、县委办公室主任；2016 年 8 月至 2016 年 11 月，任中共衡东县委常委、县人民政府党组副书记；2016 年 11 月起，任中共衡东县委常委、县人民政府副县长、党组副书记。

陈　嘉

陈嘉，女，汉族，湖南衡东县人，1970 年 5 月出生，1992 年 7 月参加工作，中共党员，研究生学历。其主要工作经历为：1989 年 9 月至 1992 年 7 月，为衡阳师范专科学校政教专业学生；1992 年 7 月至 1997 年 3 月，任衡东县第五中学教师；（2001 年 6 月湘潭大学法律专业自考本科毕业）；1997 年 3 月至 1998 年 4 月，任衡东县委宣传部理教专干；1998 年 4 月至 2002 年 1 月，任衡东县委宣传部理教组组长；2002 年 1 月至 2002 年 3 月，任衡东县委宣传部理教组组长、副科级研究员；2002 年 3 月至 2003 年 2 月，任衡东县广播电视局副局长、纪检组组长、党组成员；

2003年2月至2005年2月,任衡东县南湾乡党委副书记、政府乡长;(2004年9月至2007年7月,为湖南省委党校经济管理专业在职研究生班学员);2005年2月至2007年12月,任衡东县南湾乡党委书记;2007年12月至2014年3月,任衡东县人民政府副县长;2014年3月至2016年8月,任中共衡东县委常委、县人民政府党组成员、副县长;2016年8月至11月,任中共衡东县委常委、统战部部长、县人民政府党组成员、副县长。2016年11月起,任中共衡东县委常委、统战部部长。

段忠贤

段忠贤,男,汉族,湖南衡东县人,1974年10月出生,1994年10月参加工作,中共党员,本科学历。其主要工作经历为:1990年9月至1994年7月,为长沙农校农学专业学生;1994年7月至1994年10月,待分配;1994年10月至1995年5月,任衡东县杨桥镇团委书记;1995年5月至1999年8月,任共青团衡东县委干事、社会活动部部长;(1996年9月至1999年6月,为湖南省委党校经济管理专业函授大专班学员);1999年8月至2003年2月,任共青团衡东县委副书记;(2001年9月至2003年12月,为湖南省委党校法律专业函授本科班学员);2003年2月至2005年2月,任共青团衡东县委书记;2005年2月至2007年2月,任共青团衡东县委副书记(主持全面工作);2007年2月至2007年4月,任荣桓镇党委副书记、政府镇长候选人;2007年4月至2008年2月,任荣桓镇党委副书记、政府镇长;2008年2月至2011年8月,任荣桓镇党委书记;2011年8月至2014年3月,任衡东县人民政府党组成员、政府办主任、党组书记;2014年3月至2014年5月,任中共衡东县委常委、政法委书记、县人民政府党组成员、政府办主任、党组书记;2014年5月起,任中共衡东县委常委、政法委书记。

刘卫平

刘卫平,男,汉族,湖南衡南县人,1974年5月出生,1997年8月参加工作,中共党员,在职研究生学历。其主要工作经历为:1994年10月至1997年8月,为湖南公安高等专科学校治安管理专业学生;1997年8月至1998年8月,任衡阳市公安局郊区分局刑侦大队见习民警;1998年8月至2001年4月,任衡阳市公安局郊区分局刑侦大队科员;2001年4月至2002年12月,任衡阳市公安局经济犯罪侦查支队科员;(2001年8月至2003年12月,中央党校函授学院法律专业学习);2002年12月至2005年7月,任衡阳市公安局经济犯罪侦查支队经济犯罪举报中心主任;2005年7月至2007年7月,任衡阳市公安局监所管理支队纪检员(副科级);2007年7月至2010年6月,衡阳市公安局经济犯罪侦查支队党总支委员、政秘法制科科长(正科级);2010年6月至2013年8月,任衡阳市公安局纪委(监察室)副书记(主任);(2012年9月至2015年6月,为湖南省委党校法学理论专业在职研究生班学员);2013年8月至2016年6月,任常宁市公安局副处级干部、政委;2016年6月至2018年1月,任中共衡东县委常委、纪委书记;2018年1月起,任中共衡东县委常委、纪委书记、县监委主任。

李一帆

李一帆,男,汉族,湖南衡阳市人,1974年8月出生,1998年9月参加工作,中共党员,在职研究生学历。其主要工作经历为:1994年9月至1998年9月,为武汉汽车工业大学电子与信息学院电气专业学生;1998年9月至1999年5月,任衡阳市军用供应站干部;1999年5月至2000年5月,任衡阳市民政局社

团科帮助工作;2000年5月至2001年12月,任衡阳市军用供应站办公室副主任;2001年12月至2004年4月,任衡阳市军用供应站办公室主任(副科);(2003年7月至2005年7月,在石鼓区松木乡挂职任党委副书记);2004年4月至2007年5月,任衡阳市军用供应站副站长;(2005年9月至2008年7月,为中共湖南省委党校经济管理专业在职研究生班学员);2007年5月至2011年6月,任衡阳市军用供应站站长、党总支书记;2011年6月至2013年10月,任衡阳市民政局副局长、党委委员;2013年10月至2013年12月,任衡南县人民政府副县长候选人、党组成员;2013年12月至2016年8月,任衡南县人民政府副县长、党组成员;2016年8月起,任中共衡东县委常委、组织部部长。

赵乔峰

赵乔峰,男,汉族,湖南祁东县人,1973年11月出生,1991年12月参加工作,中共党员,本科学历。其主要工作经历为:1991年12月至1992年3月,为47集团军炮兵旅战士;1992年3月至1994年8月,任47集团军炮兵旅三营部文书;1994年8月至1996年7月,为长沙炮兵学院学员;1996年7月至1998年10月,任47集团军炮兵旅三营部指挥排长;1998年10月至1999年4月,任21集团军61师坦克团司令部作训股正排职参谋;1999年4月至2001年12月,任21集团军61师坦克团二连副连长;2001年12月至2005年4月,任衡阳县人武部军事科参谋;2005年4月至2007年12月,任衡阳警备区后勤部助理员;2007年12月至2008年6月,任祁东县人武部军事科参谋;2008年6月至2009年6月,任衡山县人武部军事科参谋;2009年6月至2013年6月,任衡阳警备区后勤部助理员;2013年6月至2015年4月,任衡阳警备区后勤部战勤办主任;2015年4月至2016年8月,任衡东县人武部部长;2016年8月起,任中共衡东县委常委、县人武部部长。

刘运仕

刘运仕,男,汉族,湖南常宁人,1972年9月出生,1995年7月参加工作,中共党员,本科学历。其主要工作经历为:1992年9月至1995年7月,为衡阳师专中文系学生;1995年7月至2001年7月,为衡阳日报社记者;2001年7月至2004年3月,任衡阳日报社特刊部副主任;(2000年8月至2002年12月,为中央党校函授学院经济管理专业本科班学员);2004年3月至2008年2月,任衡阳日报社编委、特刊部主任;2008年2月至2011年5月,任衡阳日报社编委、总编室主任;2011年5月至2015年5月,任中共衡阳市委政策研究室副主任、室务会成员;2015年5月至2015年6月,任衡东县人民政府副县长候选人、党组成员;2015年6月至2016年8月,任衡东县人民政府党组成员、副县长;2016年8月至11月,任中共衡东县委常委、宣传部部长、县人民政府党组成员、副县长。2016年11月起,任中共衡东县委常委、宣传部部长。

晏志君

晏志君,男,汉族,湖南衡东人,1965年11月出生,1988年7月参加工作,中共党员,本科学历。其主要工作经历为:1985年9月至1988年7月,为衡阳市农业学校农作专业学生;1988年7月至1989年5月,任衡东县洋塘乡团委书记;1989年5月至1991年2月,任衡东县霞流乡计育组副组长、组长;1991年2月至1992年4月任衡东县霞流乡党委组织干事;1992年4月至1993年10月,任衡东县霞流乡党委组织委员;1993年10月至1995年10月,任衡东县霞流乡党委副书记;(1992年9月至1995年6月,为湖南省委党校函授

大专班经济管理专业学员);1995 年 10 月至 1995 年 12 月,任衡东县三樟乡党委副书记、乡长候选人;1995 年 12 月至 1996 年 3 月,任衡东县栗木乡党委副书记;1996 年 3 月至 1998 年 2 月,任衡东县栗木乡党委副书记、乡长;1998 年 2 月至 1998 年 6 月,任衡东县石滩乡党委副书记、乡长候选人;1998 年 6 月至 2000 年 6 月,任衡东县石滩乡党委副书记、乡长;2000 年 6 月至 2003 年 1 月,任衡东县高塘乡党委书记;(2002 年 8 月至 2004 年 12 月中央党校函授学院本科班法律专业学员);2003 年 1 月至 2006 年 3 月,任衡东县杨桥镇党委书记;2006 年 3 月至 2012 年 11 月,任衡东县委组织部副部长、正科级组织员;(2008 年 3 月起,任衡东县第十五届人大常委会委员);(2008 年 3 月至 2012 年 11 月,任衡东县残联第二届代表大会主席团副主席);(2011 年 7 月起,任中共衡东县第十二届委员会委员);2012 年 11 月至 2012 年 12 月,任衡东县人大常委会副主任候选人、县委组织部副部长、正科级组织员;2012 年 12 月至 2013 年 6 月,任衡东县人大常委会副主任、党组成员、县委组织部副部长、正科级组织员;2013 年 6 月至 2016 年 8 月,任衡东县人大常委会党组成员、副主任;2016 年 8 月至 11 月,任中共衡东县委常委、县委办主任、县人大常委会党组成员、副主任;2016 年 11 月起,任中共衡东县委常委、县委办主任。

二、衡东县第十七届人民代表大会常务委员会主任、副主任

谭向勤

谭向勤,男,汉族,1963 年 5 月出生,湖南衡东人,本科学历,1980 年 1 月参加工作,1984 年 12 月入党。其主要工作经历为:1980 年 1 月至 1984 年 2 月,任衡东县交通运输公司职工、办公室主任;1984 年 2 月至 1985 年 8 月,任衡东县伟田煤矿人秘股长、团委书记、工会副主席;1985 年 8 月至 1987 年 7 月,为长沙铁道学院经济管理专业学生;1987 年 7 月至 1993 年 8 月,任衡东县经委综合组副组长、组长;(1989 年 3 月至 1992 年 2 月兼任湖南机油泵厂副厂长);1993 年 8 月至 1995 年 3 月,任衡东县工业局办公室主任;1995 年 3 月至 1995 年 9 月,任衡东县二轻联社党委副书记、第一副主任(主持党政全面工作);1995 年 9 月至 1999 年 3 月,任衡东县二轻联社党委书记、主任;(1998 年 12 月至 1999 年 3 月,抽调市委党校学习);1999 年 3 月至 2000 年 10 月,任衡东县政府办党组成员、副主任;2000 年 10 月至 2003 年 2 月,任衡东县霞流镇党委书记;2003 年 2 月至 2003 年 4 月,任衡东县政府党组成员、政府办党组书记、主任;2003 年 4 月至 2005 年 3 月,任衡东县政府党组成员、政府办党组书记、主任兼政务中心主任、县房改办主任;(2004 年 8 月至 2006 年 12 月,为中央党校函授学院法律专业本科班学员);2005 年 3 月至 2008 年 8 月,任衡东县委常委、统战部长、县工交工委书记、县民营企业工委书记、大浦工业园管委会党工委第一书记;2008 年 8 月至 2009 年 11 月,任衡东县委常委、统战部部长、县工交工委书记;2009 年 11 月至 2010 年 2 月,任衡东县委常委、统战部部长、县政协党组副书记、县工交工委书记;2010 年 2 月至 2011 年 7 月,任衡东县委常委、统战部部长、县政协党组副书记、县工交工委书记、衡东工业园管委会党工委书记兼大浦镇党委第一书记;2011 年 7 月至 2012 年 7 月,任衡东县委正县级干部;2012 年 7 月至 2012 年 12 月,任衡东县政协党组第一副书记、主席候选人;2012 年 12 月至 2013 年 12 月,任衡东县政协党组书记、主席;2013 年 12 月

至2014年1月,任衡东县政协党组书记、主席、县人大常委会党组书记;2014年1月起,任衡东县人大常委会党组书记、主任。

阳水源

阳水源,男,汉族,1962年6月出生,湖南衡东人,本科学历,1982年7月参加工作,1985年7月入党。其主要工作经历为:1979年9月至1982年7月,为湖南农学院衡阳分院农学专业学生;1982年7月至1986年1月,任衡东县供销社干事;1986年1月至1990年4月,任衡东县财委干事;1990年4月至1991年7月,任衡东县财委副科干事;1991年7月至2001年2月,任衡东县财政局党组成员、副局长;(1996年8月至1998年12月,为中央党校函授学院本科班经济管理专业学员);2001年2月至2002年3月,任衡东县财政局党组成员、副局长、主任科员级干部;2002年3月至2007年8月,任衡东县卫生局党委书记、副局长;2007年8月至2008年6月,任衡东县卫生局党委书记、局长;2008年6月至2011年7月,任衡东县卫生局党委书记、局长兼县直属机关工委委员;2011年7月至2011年8月,任衡东县纪委副书记、县卫生局党委书记、局长兼县直属机关工委委员;2011年8月至2015年9月,任衡东县政府党组成员、县纪委副书记、县监察局局长;2015年9月至2015年10月,任衡东县政府党组成员、县纪委副书记、县监察局局长、衡东县人大常委会副主任候选人;2015年10月至2016年3月,任衡东县人大常委会党组成员、副主任候选人;2016年3月起,任衡东县人大常委会党组成员、副主任。

李上峰

李上峰,男,汉族,1965年12月出生,湖南衡东人,本科学历,1986年7月参加工作,1997年6月入党。其主要工作经历为:1983年9月至1986年7月,为湖南省长沙农校水产专业学生;1986年7月至1991年3月,任衡东县畜牧水产总站技干;1991年3月至1997年12月,任衡东县畜牧水产总站渔政站副站长、水产中心副主任;1997年12月至1998年2月,任衡东县畜牧水产局水产中心主任;1998年2月至2000年3月,任衡东县畜牧水产局副局长;(1999年8月至2001年12月,为中央党校函授学院本科班法律专业学员);2000年3月至2001年2月,任衡东县畜牧水产局党组成员、副局长;2001年2月至2001年11月,任衡东县畜牧水产局党组书记、副局长;2001年11月至2003年2月,任衡东县吴集镇党委副书记、镇长;2003年2月至2007年2月,任衡东县吴集镇党委书记;2007年2月至2007年4月,任衡东县委办副主任;2007年4月至2013年4月,任衡东县旅游局党组书记、局长;2013年4月至2015年10月,任衡东县人大常委会党组成员、办公室(研究室)主任;2015年10月至2016年11月,任衡东县人大常委会党组成员、办公室主任;2016年11月起,任衡东县人大常委会党组成员、副主任。

康培远

康培远,男,汉族,1963年6月出生,湖南衡东人,大专学历,1983年7月参加工作,1986年6月入党。其主要工作经历为:1981年9月至1983年7月,为衡阳技校学生;1983年7月至1985年9月,为衡东县石湾瓷厂工人;1985年9月至1987年7月,为湖南广播电视大学党政管理专业学员;1987年7月至1989年2月,任衡东县石湾湘江瓷厂生技科长;1989年2月至1989年12月,任衡东县三樟乡农业工作队队员;1989年12月至1992年3月,任衡东县石湾湘江瓷厂工作、副厂长;1992年3月至1995年10月,任衡东县杨林镇企业组副组长;1995年10月至1998年3月,任衡东县石湾镇科员;1998年3月至1998年12月,任衡东县石湾镇镇长助理;1998年12月至2001年2月,任衡东县石湾镇副镇长;2001年2

月至2003年2月,任衡东县石湾镇党委副书记、政协联络工委主任;2003年2月至2003年5月,任衡东县石湾镇党委副书记;2003年5月至2005年2月,任衡东县石湾镇党委副书记、人大主席;2005年2月至2008年5月,任衡东县珍珠乡党委副书记、乡长;2008年5月至2013年6月,任衡东县珍珠乡党委书记;2013年6月至2015年10月,任衡东县物价局党组书记、局长;2015年10月至2016年11月,任衡东县发展和改革局党组书记、局长;2016年11月起,任衡东县人大常委会党组成员、副主任。

陈　磊

陈磊,男,汉族,1968年8月出生,湖南衡东人,大专学历,1990年8月参加工作。其主要工作经历为:1987年9月至1990年7月,为湖南商业专科学校审计专业学生;1990年7月至1990年8月,等待分配;1990年8月至1994年1月,任衡东县审计局审计员;1994年1月至1995年1月,任衡东县审计局办公室副主任;1995年1月至1995年8月,任衡东县审计局办公室主任;1995年8月至2008年2月,任衡东县审计局副局长;2008年2月至2008年3月,任衡东县城关镇政府镇长候选人;2008年3月至2015年10月,任衡东县城关镇政府镇长;2015年10月至2016年11月,任衡东县畜牧水产局局长;2016年11月起,任衡东县人大常委会副主任。

陈检春

陈检春,男,汉族,湖南省衡东县人,1968年3月出生,1990年7月参加工作,1998年9月加入中国共产党。其主要工作经历为:1986年9月至1990年6月,为湖南师范大学历史系专业学生;1990年7月至1992年8月,为衡东县第八中学教师;1992年8月至1996年3月,为衡东县第一中学教师;1996年3月至2000年6月,任中共衡东县委办公室干事;2000年6月至2002年3月,任中共衡东县委督查室副主任;2002年3月至2003年2月,任中共衡东县委督查室主任;2003年2月至2003年5月,任衡东县大浦镇党委副书记、镇长候选人;2003年5月至2008年2月,任衡东县大浦镇党委副书记、镇长;2008年2月至2010年1月,任衡东县吴集镇党委书记;2010年1月至2011年9月,任中共衡东县纪委副书记;2011年9月至2015年10月,任中共衡东县纪委副书记、县直属机关工委委员(兼);2015年10月至2018年1月,任衡东县人民政府党组成员、中共衡东县纪委副书记、县监察局局长;2018年1月起,任衡东县人大常委会党组成员、副主任。

三、衡东县第十七届人民政府县长、副县长

徐志毅

徐志毅,男,汉族,1975年10月出生,湖南南岳人,研究生学历,1994年7月参加工作,1994年6月加入中国共产党。其主要工作经历为:1994年7月至1997年10月,任中共衡阳市南岳区委办公室干事(1997年4月至1999年6月湘潭大学文秘专业自考本科毕业),(1997年5月至1997年10月,在中共衡阳市委组织部跟班学习);1997年10月至1997年12月,任中共衡阳市南岳区委办公室副主任科员;1997年12月至2001年1月,任中共衡阳市委组织部办公室副主任科员;2001年1月至2003年3月,任中共衡阳市委组织部干部一科主任科员;2003年3月至2003年4月,任中共衡阳市委组织部

干部一科副科长、主任科员；2003年4月至2005年5月，任衡阳市人大常委会研究室综合科科长；(2004年9月至2007年7月，为中共湖南省委党校经济管理专业在职研究生班学员)；2005年5月至2008年9月，任衡阳市人大常委会研究室副主任；2008年9月至2014年3月，任中共衡东县委常委、纪委书记；2014年3月至2016年7月，任中共衡阳市委督查室主任、市委办公室正处级干部；2016年7月至2016年8月，任中共衡东县委副书记、县人民政府县长候选人；2016年8月至2016年11月，任中共衡东县委副书记、县人民政府副县长、代理县长、党组书记；2016年11月起，任中共衡东县委副书记、县人民政府县长、党组书记。

丁秋文

丁秋文，男，汉族，1965年8月出生，湖南衡东人，本科学历，1986年7月参加工作，1993年5月入党。其主要工作经历为：1983年9月至1986年6月，衡阳师范高等专科学校中文科学生；1986年6月至1986年7月，待分配；1986年7月至1989年6月，任衡东县第一中学教师；1989年6月至1995年2月，任衡东县委办干部；(1988年9月至1991年6月，为湖南教育学院中文专业学员)；1995年2月至1997年3月，任衡东县委办秘书；1997年3月至1998年2月，任衡东县委政研室主任；1998年2月至2001年2月，任衡东县委办公室副主任兼县委政研室主任；2001年2月至2002年3月，任衡东县委办公室副主任；(2001年4月至2003年4月，兼任县直机关工委委员)；2002年3月至2006年3月，任衡东县财政局党组书记、副局长；2006年3月至2008年9月，任衡东县财政局党组书记、局长；2008年9月至2010年1月，任中共衡东县委常委、县财政局党组书记、局长；2010年1月至2011年6月，任中共衡东县委常委；2011年6月至2016年8月，任中共衡东县委常委、县委办公室主任；2016年8月至2016年11月，任中共衡东县委常委、县人民政府党组副书记；2016年11月起，任中共衡东县委常委、县人民政府副县长、党组副书记。

刘光荣

刘光荣，男，汉族，1964年1月出生，湖南衡东人，本科学历，1988年6月参加工作。其主要工作经历为：1984年9月至1988年6月，为湖南师范大学生物系生物专业学生；1988年6月至1988年9月，任白沙矿务局干事；1988年9月至1991年4月，任衡东县卫校教师；1991年4月至1995年8月，任衡东县计委干事、办公室副主任、主任、计划股长；(1992年1月至1992年12月，任县委驻南湾乡工作队队员)；1995年8月至2002年12月，任衡东县监察局副局长；(1999年1月至1999年12月，任县委驻踏庄乡工作队队长)；2002年12月至2012年11月，任衡东县监察局副局长、县政协副主席(兼)；2012年11月至2012年12月，任衡东县人民政府副县长候选人、县政协副主席(兼)；2012年12月起，任衡东县人民政府副县长。

王春生

王春生，男，汉族，1964年3月出生，湖南衡南人，本科学历，1985年7月参加工作，1992年12月入党。其主要工作经历为：1983年9月至1985年7月，为湖南省警察学校法律专业学生；1985年7月至1988年10月，任衡南县公安局栗江派出所干部；1988年10月至1993年9月，任衡南县公安局刑警队干部；1993年9月至1996年7月，任衡南县公安局刑警队副队长；1996年7月至1998年2月，任衡南县公安

局三塘镇派出所所长,副科级侦察员;1998年2月至2000年6月,任衡南县公安局副局长、副政委、副科级侦察员;2000年6月至2000年9月,任衡南县公安局副局长、副科级侦察员;2000年9月至2007年11月,任衡南县公安局副局长、正科级侦察员;(2000年9月至2002年12月,为中央党校函授学院法律专业本科班学员);2007年11月至2012年10月,任常宁市公安局政委、副处级干部;2012年10月至2012年12月,任衡东县人民政府党组成员、副县长候选人,公安局党委书记、局长;2012年12月起,任衡东县人民政府党组成员、副县长,县公安局党委书记、局长。

谭志兴

谭志兴,男,汉族,1982年12月出生,湖南衡东人,研究生学历,2006年9月参加工作,2008年1月入党。其主要工作经历为:2002年9月至2006年7月,为北京工业大学环境工程专业学生;2006年7月至2006年9月,待业;2006年9月至2007年10月,任衡东县人口和计划生育局干事;2007年10月至2010年1月,共青团衡东县委副书记(公开招考);(2008年3月至2009年1月,衡阳市建设局挂职办公室副主任、公用事业科副科长);2010年1月至2010年3月,任衡东县栗木乡党委副书记、乡长候选人;2010年3月至2011年3月,任衡东县栗木乡党委副书记、乡长;(2008年9月至2011年6月,为湖南省委党校在职研究生班经济管理专业学员);2011年3月至2012年11月,任衡东县杨林镇党委书记;2012年11月至2012年12月,任衡东县人民政府副县长候选人、杨林镇党委书记;2012年12月至2013年4月,任衡东县人民政府党组成员、副县长、杨林镇党委书记;2013年4月起,任衡东县人民政府党组成员、副县长;(2015年3月至2016年1月,湖南省食品药品监督管理局挂职综合处副处长)。

刘 敏

刘敏,女,汉族,1974年1月出生,湖南衡东人,本科学历,1994年10月参加工作,1996年6月入党。其主要工作经历为:1992年9月至1994年7月,为湘潭大学哲学系社会工作与管理专业学生;1994年7月至1994年10月,等待分配;1994年10月至1995年9月,任衡东县杨林镇政府干部;1995年10月至2000年6月,任衡东县政协办公室干部;2000年6月至2003年4月,任衡东县政协办公室副主任;(2002年8月至2004年12月,中央党校函授学院本科班法律专业学员);2003年4月至2005年2月,任衡东县对外贸易经济合作局(招商局)党组副书记、副局长;2005年2月至2007年2月,任衡东县白莲镇党委副书记、镇长;2007年2月至2010年1月,任衡东县德圳乡党委书记;2010年1月至2012年11月,任衡东县妇联党组书记、主席;2012年11月至2012年12月,任衡东县人大常委会副主任候选人、县妇联党组书记、主席;2012年12月至2013年6月,任衡东县人大常委会党组成员、副主任、县妇联党组书记、主席;2013年6月至2016年11月,任衡东县人大常委会党组成员、副主任;2016年11月起,任衡东县人民政府党组成员、副县长。

钱永明

钱永明,男,汉族,1972年11月出生,湖南衡东人,本科学历,1992年8月参加工作,1997年3月入党。其主要工作经历为:1989年9月至1992年7月,为衡阳市农业学校农学专业学生;1992年7月至1992年8月等待分配;1992年8月至1994年4月,任衡东县大桥乡企业组干部;1994年4月至1998年4月,任衡东县大桥乡团委书记;(1996年9月至1999年

6月，湖南省委党校函授大专班经济管理专业学员）；1998年4月至1998年10月，任衡东县大桥乡副乡长；1998年10月至2001年1月，任衡东县大桥乡党委副书记；2001年1月至2003年2月，任衡东县大桥乡党委副书记、政协联络工委主任；（2001年9月至2003年12月，中共湖南省委党校函授本科班法律专业学员）；2003年2月至2003年5月，任衡东县三樟乡党委副书记；2003年5月至2005年2月，任衡东县三樟乡党委副书记、乡长；2005年2月至2010年1月，任衡东县三樟乡党委书记；2010年1月至2011年8月，任衡东县新塘镇党委书记；2011年8月至2014年3月，任衡东县民政局党组副书记、局长；2014年3月至2014年5月，任衡东县民政局党组书记、局长；2014年5月至2016年11月，任衡东县人民政府党组成员、县政府办党组书记、主任；2016年11月起，任衡东县人民政府党组成员、副县长。

颜亚华

颜亚华，男，汉族，1974年5月出生，湖南衡东人，本科学历，1991年8月参加工作，1995年6月入党。其主要工作经历为：1988年9月至1991年7月，为衡阳市农校园艺专业学生；1991年7月至1991年8月等待分配；1991年8月至1993年3月，任衡东县杨林镇统计员、经营管理干部；1993年3月至1997年3月，任衡东县杨林镇团委副书记、团委书记；（1995年9月至1997年8月，湖南省委党校函授大专班经管专业学员）；1997年3月至1998年3月，任衡东县草市镇党政办公室主任；（1997年8月至1999年12月，中央党校函授学院本科班经管专业学员）；1998年3月至1999年3月，任衡东县草市镇党委组织委员兼党政办公室主任；1999年3月至2001年10月，任衡东县草市镇党委组织委员；2001年10月至2002年1月，任衡东县草市镇副科级干部；（2000年10月至2002年1月，县委党建办、县委组织部跟班学习）；2002年1月至2002年4月，任衡东县委副科级组织员；2002年4月至2003年4月，任衡东县委副科级组织员、组织部组织组副组长；2003年4月至2005年4月，任衡东县委副科级组织员、组织部电教室主任、远程教育中心主任；（2004年2月至2004年6月，衡阳市委组织部远程教育中心跟班学习）；2005年4月至2006年3月，任衡东县委副科级组织员、组织部办公室主任；2006年3月至2006年5月，任衡东县甘溪镇党委副书记、镇长候选人；2006年5月至2008年2月，任衡东县甘溪镇党委副书记、镇长；2008年2月至2011年8月，任衡东县蓬源镇党委书记；2011年8月至2013年6月，任衡东县新塘镇党委书记；2013年6月至2016年11月，任衡东县委组织部副部长（排第一）、正科级组织员；2016年11月至2017年2月，任衡东县人民政府党组成员、副县长，县委组织部副部长（排第一）。2017年2月起，任衡东县人民政府党组成员、副县长。

邹燕矫

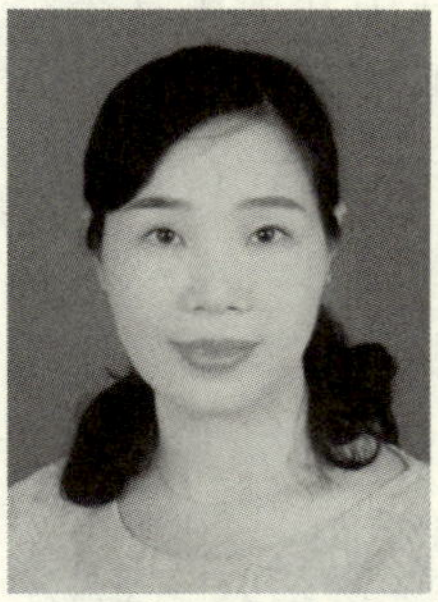

邹燕矫，女，汉族，1981年7月出生，湖南衡阳县人，博士研究生学历，2004年7月参加工作，2001年12月加入中国共产党。2000年9月至2004年7月，为衡阳师范学院思想政治教育专业学生 ；2004年7月至2007年10月，任衡阳师范学院中文系辅导员 ；2007年10月至2010年12月，任衡阳师范学院中文系辅导员（副科级）；（2008年6月 获武汉大学法学硕士学位；2009年9月至2012年6月，为武汉大学思想政治教育专业在职博士研究生班学员，获法学博士学位）；2010年12月至2011年7月，任衡阳师范学院生命科学系辅导员（正科级）；2011年7月至2011年9月，任衡阳师范学院正科级干部 ；2011年9月至2012年12月，任衡阳师范学院宣传统战部宣传科科长 ；2012年12月至2013年10月，任衡阳师范学院人文社会科学系讲师 ；2013年10月至2017年7月，任衡阳市社科联副主席、党组成员 ；2017年7月起，挂职衡东县人民政府党组成员、副县长（挂职两年）。

四、政协衡东县第十四届委员会主席、副主席

夏崇礼

夏崇礼,男,汉族,1964 年 11 月出生,湖南衡东人,本科学历,1987 年 7 月参加工作,1987 年 3 月入党。其主要工作经历为:1984 年 9 月至 1987 年 7 月,为衡阳市农校农学专业学生;1987 年 7 月至 1988 年 4 月,任衡东县夏浦乡团委书记、党委委员;1988 年 4 月至 1989 年 5 月,任衡东县红坪乡宣传委员;1989 年 5 月至 1990 年 1 月,任衡东县吴集镇组织干事;1990 年 1 月至 1994 年 8 月,任衡东县吴集镇组织委员;1994 年 8 月至 1997 年 5 月,任中共衡东县委组织部副主任科员;(1995 年 7 月,湖南师范大学公共关系专业自考专科毕业);1997 年 5 月至 1998 年 5 月,任中共衡东县委组织部组织组组长;1998 年 5 月至 2001 年 2 月,任中共衡东县委组织部纪检组长、组织组组长;(1999 年 8 月至 2001 年 12 月,中央党校函授学院法律专业本科班学员);2001 年 2 月至 2001 年 5 月,任中共衡东县委组织部副部长、主任科员;2001 年 5 月至 2006 年 12 月,任中共衡东县委组织部副部长、县直机关工委书记;2006 年 12 至 2007 年 12 月,任中共衡东县委组织部副部长;2007 年 12 月至 2008 年 2 月,任衡东县人民政府副县长、县委组织部副部长;2008 年 2 月至 2011 年 7 月,任衡东县人民政府党组成员、副县长;2011 年 7 月至 2014 年 1 月,任中共衡东县委常委、政府副县长;2014 年 1 月起,任衡东县政协党组书记、主席。

李思源

李思源,男,汉族,1969 年 3 月出生,湖南衡东人,本科学历,1987 年 7 月参加工作,1993 年 12 月入党。其主要工作经历为:1984 年 9 月至 1987 年 7 月,为湖南三师学生;1987 年 7 月至 1990 年 8 月,任衡东县珍珠乡中心小学教师;1990 年 8 月至 1991 年 3 月,任衡东县南湾乡政府工作;1991 年 3 月至 1992 年 6 月,任衡东县南湾乡政府财贸组副组长;(1989 年 9 月至 1992 年 7 月,衡阳师专历史专业学员);1992 年 6 月至 1994 年 8 月,任团县委宣传部副部长;1994 年 8 月至 1995 年 9 月团县委办公室主任;(1994 年 9 月至 1996 年 12 月,中央党校函授学院经济管理专业学员);1995 年 9 月至 1996 年 8 月,任共青团衡东县委副书记;1996 年 8 月至 1999 年 7 月,任共青团衡东县委书记;1999 年 7 月至 2000 年 11 月,任衡东县珍珠乡党委书记;2000 年 11 月至 2005 年 2 月,任出国学习(私费);2005 年 2 月至 2011 年 8 月,任衡东县委办副主任;2011 年 8 月至 2015 年 10 月,任衡东县城乡规划局党组书记、局长;2015 年 10 月至 2016 年 8 月,任衡东县交通运输和旅游局党委书记、局长;2016 年 8 月至 2016 年 11 月,任衡东县政协党组副书记、衡东县交通运输和旅游局党委书记、局长;2016 年 11 月至 2017 年 1 月,任衡东县政协党组副书记、副主席,衡东县交通运输和旅游局党委书记、局长;2017 年 1 月起,任衡东县政协党组副书记、副主席。

邓岳华

邓岳华,男,汉族,1962 年 12 月出生,湖南祁阳

人，大专学历，1984年8月参加工作。其主要工作经历为：1981年9月至1984年7月，为湖南省建筑学校建筑与城市规划专业学生；1984年7月至1984年8月，毕业待分配；1984年8月至1986年9月，任衡东县建设环保局技术员；1986年9月至1989年9月，任省广播电视大学工民建专业学生；1989年9月至1993年10月，任衡东县建委干部；1993年10月至1995年10月，任衡东县建设局规划站副站长、站长；1995年10月至1996年7月，任衡东县建设局城乡规划管理办公室主任；1996年7月至2002年12月，任衡东县建设局副局长；2002年12月至2010年1月，任衡东县政协副主席（兼）、县建设局副局长；2010年1月起，任衡东县政协副主席（兼）、县住房和建设局副局长。

陈斌智

陈斌智，男，汉族，1968年4月出生，湖南衡东人，本科学历，1992年8月参加工作。其主要工作经历为：1988年9月至1992年7月，为湖南农学院师范部果树专业学生；1992年7月至1992年8月，毕业待分配；1992年8月至1995年2月，任衡东县新塘镇团干、武装干事；1995年2月至1995年12月，任衡东县新塘镇武装部副部长；1995年12月至2001年2月，任衡东县新塘镇副镇长；2001年2月至2006年11月，任衡东县科技局副局长；2006年11月至2008年10月，任衡东县工商联（总商会）会长；2008年10月至2011年1月，任衡东县工商联主席、县总商会会长（职务名称变更）；2011年1月至2011年3月，任衡东县政协副主席候选人（兼）、县工商联主席、县总商会会长；2011年3月起，任衡东县政协副主席（兼）、县工商联主席、县总商会会长。

肖可员

肖可员，女，汉族，1965年8月出生，湖南衡东人，本科学历，1986年7月参加工作。其主要工作经历为：1984年9月至1986年7月，为上海铁道学院电子计算机专业学生；1986年7月至1993年8月，任衡东县计划委员会干事、投资组组长；1993年8月至1995年2月，任衡东县计划统计物价局综合计划股副股长；1995年2月至1998年2月，任衡东县计划物价局基建股股长；（1994年9月至1996年12月，中央党校函授学院本科班经济管理专业学员）；1998年2月至2005年4月，任衡东县统计局副局长；2005年4月至2007年4月，任衡东县人口和计生局副局长、工会主席；2007年4月至2012年11月，任衡东县人口和计生局副局长；2012年11月至2012年12月，任衡东县政协副主席候选人、县人口和计生局副局长；2012年12月至2016年9月，任衡东县政协副主席（兼）、县人口和计生局副局长；2016年9月起，任衡东县政协副主席（兼）、县卫生和计划生育局副局长。

向卫平

向卫平，男，汉族，1966年12月出生，湖南衡东人，大专学历，1989年4月参加工作，1993年12月入党。其主要工作经历为：1989年4月至1990年12月聘用为衡东县白莲乡经营管理干部；1990年12月至1995年3月，任衡东县石湾镇经营管理干部；1995年3月至1995年10月，任衡东县珍珠乡党委委员；1995年10月至1998年3月，任衡东县珍珠乡党委委员、组织委员；（1997年12月录用为参照管理机关工作人员）；1998年3月至1998年9月，任衡东县珍珠乡党委副书记；1998年9月至2000年6月，任衡东

县珍珠乡党委副书记、政协工委主任;2000 年 6 月至 2001 年 2 月,任衡东县珍珠乡人大主席候选人、党委副书记;2001 年 2 月至 2003 年 5 月,任衡东县石滩乡党委副书记、人大主席;2003 年 5 月至 2006 年 3 月,任衡东县石滩乡党委副书记、乡长;2006 年 3 月至 2011 年 8 月,任衡东县石滩乡党委书记;(2005 年 9 月至 2007 年 7 月,中央广播电视大学函授大专农村行政管理专业);(2007 年 11 月至 2012 年 12 月,衡东县第十五届人大代表);2011 年 8 月至 2015 年 10 月,任衡东县农业局(乡镇企业局)党组书记、局长;2015 年 10 月至 2016 年 3 月,任衡东县政协党组成员、秘书长候选人、办公室主任;2016 年 3 月至 2016 年 11 月,任衡东县政协党组成员、秘书长、办公室主任;2016 年 11 月起,任衡东县政协党组成员、副主席。

文件索引

县委文件

东　发

2016年2月23日　东发〔2016〕1号　关于制定衡东县国民经济和社会发展第十三个五年规划的建议

2016年2月22日　东发〔2016〕2号　关于表彰2015年度全县纳税大户、餐饮业纳税大户的决定

2016年3月1日　东发〔2016〕3号　关于实施绿化增量提质攻坚进一步促进林业生态建设的意见

2016年3月8日　东发〔2016〕4号　关于做好2016年粮食生产工作的意见

2016年3月25日　东发〔2016〕5号　关于认真做好乡镇党委换届工作的实施意见

2016年4月22日　东发〔2016〕6号　关于2016年度县委中心组理论学习专题安排的意见

2016年6月15日　东发〔2016〕7号　关于转发《中共衡阳市委印发〈关于党员干部拒收拒送红包礼盒的九条规定〉》的通知

2016年6月28日　东发〔2016〕8号　印发《关于加强村级民兵营规范化建设的意见》的通知

2016年7月14日　东发〔2016〕9号　关于转发《中共衡阳市委印发〈关于加强换届风气监督的暂行办法〉的通知》的通知

2016年9月26日　东发〔2016〕10号　关于2016年度全县目标管理绩效考核工作意见

2016年8月22日　东发〔2016〕11号　关于转发《中共衡阳市委关于衡山县部分领导干部违规聚餐严重违反换届的纪律案处理情况的通报》的通知

2016年8月23日　东发〔2016〕12号　关于表彰2015年度文明建设先进单位,先进村(社区)的决定

2016年9月7日　东发〔2016〕13号　关于印发《衡东县县乡人大代表推荐提名工作方案》的通知

2016年9月13日　东发〔2016〕14号　关于印发《政协衡东县第十四届委员会委员推荐提名协商工作方案》的通知

2016年9月14日　东发〔2016〕15号　关于表彰2015年度全县机关事业单位年度考核先进个人的决定

2016年9月18日　东发〔2016〕16号　关于进一步做好统一战线工作的意见

2016年12月1日　东发〔2016〕17号　关于简政放权加强乡镇工作的决定

2016年12月1日　东发〔2016〕18号　关于加快县域经济发展的决定

2016年12月1日　东发〔2016〕19号　关于实施全域旅游战略,加快“旅游活县”进程的决定

2016年12月1日　东发〔2016〕20号　关于进一步加强和改进城市规划建设管理工作的决定

2016年12月8日　东发〔2016〕21号　关于加快工业经济发展的决定

2016年12月28日　东发〔2016〕22号　关于做好党外干部和代表人士培养、选拔、社团和管理工作的意见

2017年2月14日　东发〔2017〕1号　关于印发《中共衡东县委2017年工作要点》的通知

2017年2月14日　东发〔2017〕2号　印发《中共衡东县委常委会议事规则》的通知

2017年3月1日　东发〔2017〕3号　印发《衡东县村(社区)党组织和村(居)民委员会换届选举工作实施方案》的通知 2017年3月23日　东发〔2017〕4号　关于鼓励招商引资的若干规定

2017年3月31日　东发〔2017〕5号　关于2017年度县委中心组理论学习专题安排的意见

2017年4月11日　东发〔2017〕6号　转发《县委宣传部县司法局关于在全县公民中深入开展法治宣传教育的第七个五年规划(2016－2020年)》的通知

2017年4月12日　东发〔2017〕7号　关于印发《衡东县第四届"土菜文化旅游节"总体方案》的通知

2017年4月25日　东发〔2017〕8号　印发《关于加强信访工作责任的意见》的通知

2017年6月14日　东发〔2017〕9号　印发《关于进一步加强和改进新形势下机关党的建设工作的意见》的通知

2017年6月20日　东发〔2017〕10号　关于深化供销合作社综合改革的实施意见

2017年8月9日　东发〔2017〕11号　关于印发《衡东县优化经济发展环境管理办法(试行)》的通知

2017年9月7日　东发〔2017〕12号　关于表彰2016年度全县纳税大户、餐饮业纳税大户的决定

2017年9月28日　东发〔2017〕13号　关于2017年度全县目标管理绩效考核工作意见

2017年11月7日　东发〔2017〕14号　关于加快发展衡东土菜产业的意见

2017年11月13日　东发〔2017〕15号　关于表彰2016年度全县机关事业单位年度考核先进个人的决定

201年12月7日　东发〔2017〕16号　关于表彰衡东县2016年度文明建设先进单位、先进村的决定

2017年12月18日　东发〔2017〕17号　关于印发《衡东县深化国家监察体制改革试点工作实施细则》的通知

2017年12月19日　东发〔2017〕18号　关于加强和改进党的群团工作的实施意见

2017年12月29日　东发〔2017〕19号　关于深入学习贯彻党的十九大精神以习近平新时代中国特色社会主义思想引领衡东"五县五区"新发展的意见

东办发

2016年1月27日　东办发〔2016〕1号　关于转发《中共衡阳市委办公室、衡阳市人民政府办公室印发〈关于进一步规范党和国家机关工作人员饮酒行为的暂行办法〉的通知》的通知

2016年2月23日　东办发〔2016〕2号　关于印发《衡东县党风廉政建设"两个责任"落实年活动实施方案》的通知

2016年3月1日　东办发〔2016〕3号　关于印发尹胜生等同志分工的通知

2016年3月14日　东办发〔2016〕5号　衡东县关于深化社会治安防控体系建设的实施意见

2016年3月18日　东办发〔2016〕6号　印发《关于从乡镇事业编制人员、优秀村干部、大学生村官中择优比选乡镇领导班子成员预备人选工作实施方案》的通知

2016年3月18日　东办发〔2016〕7号　印发《关于从乡镇事业编制人员、优秀村干部、大学生村官中择优比选乡镇领导班子成员预备人选资格审查及责任追究办法》的通知

2016年3月26日　东办发〔2016〕8号　关于印发《衡东县重点项目管理办法》的通知

2016年3月28日　东办发〔2016〕9号　关于印发《衡东县"12345"政府服务热线工单办理工作考核方案》的通知

2016年4月19日　东办发〔2016〕10号　关于印发《衡东县"雁过拔毛"式腐败问题专项整治工作方案》的通知

2016年4月19日　东办发〔2016〕11号　关于

印发《中共衡东县纪律检查委员会机关（衡东县监案局）主要职责内设机构和人员编制规定》的通知

2016年5月4日　东办发〔2016〕12号　关于印发《衡东县河西新区征拆工作专业班子岗位设置与管理方案》的通知

2016年5月9日　东办发〔2016〕13号　关于印发《衡东县创建省级文明县城实施方案》的通知

2016年5月25日　东办发〔2016〕14号　关于进一步加强最低生活保障和特困人员供养工作监督管理的意见

2016年5月27日　东办发〔2016〕15号　关于印发《中共衡东县委全面深化改革领导小组2016年工作要点》的通知

2016年5月30日　东办发〔2016〕16号　关于印发《衡东县实有人口、实有房屋、实有单位管理和服务实施方案》的通知

2016年6月15日　东办发〔2016〕17号　关于转发《中共衡阳市委办公室、衡阳市人民政府办公室关于切实做好当前防汛救灾工作的紧急通知》的通知

2016年6月14日　东办发〔2016〕18号　关于加强重症精神病患者救治救助工作实施方案

2016年8月19日　东办发〔2016〕19号　印发《关于推进行业协会商会与行政机关脱钩的实施方案》的通知

2016年8月10日　东办发〔2016〕20号　关于在全县各级国家机关中实行"谁执法、谁普法"责任制的意见

2016年8月25日　东办发〔2016〕21号　关于印发《衡东县"十三五"时期易地扶贫搬迁工作方案》的通知

2016年9月5日　东办发〔2016〕22号　关于表彰全县优秀教育行政干部、优秀班主任、优秀教师的决定

2016年9月7日　东办发〔2016〕23号　关于印发《衡东县人大代表、政协委员推荐提名与审查把关责任追究办法》的通知

2016年9月8日　东办发〔2016〕24号　关于印发《衡东县易地扶贫搬迁项目资金管理办法》的通知

2016年9月14日　东办发〔2016〕25号　关于印发县委领导分工的通知

2016年10月24日　东办发〔2016〕26号　关于印发《衡东县农村环境和卫生综合整治工作实施方案》的通知

2016年10月26日　东办发〔2016〕27号　关于印发《衡东县重点项目建设管理考核办法》《衡东县重点项目征地拆迁工作管理考核办法》和《衡东县服务项目建设环境考核办法》的通知

2016年11月24日　东办发〔2016〕28号　印发《关于在全县办公室系统开展"五化五做"主题活动的实施方案》的通知

2016年11月25日　东办发〔2016〕29号　印发《2016年衡东县重点工程建设项目增列计划表（第二批）》和《2016年衡东县第一批重点工程项目退出名单》的通知

2016年12月2日　东办发〔2016〕30号　关于印发《衡东县全面深化改革工作考评及奖励实施办法》的通知

2016年12月2日　东办发〔2016〕31号　关于印发《关于进一步加强信访工作的意见》的通知

2016年12月13日　东办发〔2016〕32号　关于印发《衡东县公务用车制度改革总体方案》《衡东县党政机关公务用车制度改革实施方案》的通知

2016年12月13日　东办发〔2016〕33号　关于印发《衡东县党政机关公务用车使用管理暂行办法》的通知

2016年12月13日　东办发〔2016〕34号　关于转发《中共衡东县委组织部中共衡东县委宣传部关于在全县开展"我是衡东人，我为衡东做什么"主题系列活动工作方案》的通知

2016年12月13日　东办发〔2016〕35号　关于印发《衡东县2016年重点民生实事项目实施意见》的通知

2016年12月16日　东办发〔2016〕36号　关于印发《衡东县纪检监察信访举报工作责任追究办

法(试行)》的通知

2016年12月19日　东办发〔2016〕37号　关于印发《中共衡东县委统战部与组织部、宣传部联席会议制度》的通知

2016年12月22日　东办发〔2016〕38号　关于印发《衡东县“十三五”脱贫攻坚工作考核办法》的通知

2016年12月22日　东办发〔2016〕39号　关于印发《关于进一步加强基层医疗卫生服务体系建设的实施方案》的通知

2016年12月29日　东办发〔2016〕40号　关于印发《2016年度县委序列目标管理绩效考核指标》的通知

2016年12月29日　东办发〔2016〕41号　关于印发《党的十八届六中全会精神学习宣传贯彻工作方案的通知》

2016年12月29日　东办发〔2016〕45号　关于印发《2016年度县委序列目标管理绩效考核指标》的通知

2017年1月13日　东办发〔2017〕1号　印发《乡镇纪委书记、副书记提名考察办法(试行)》《县纪委派驻纪检组组长、副组长提名考察办法(试行)》《关于对派驻投融资公司纪检机构实行统一管理办法(试行)》的通知

2017年2月24日　东办发〔2017〕2号　印发《关于坚决打赢脱贫攻坚战的实施方案》的通知

2017年3月1日　东办发〔2017〕3号　关于印发《政协衡东县委员会2017年工作要点》的通知

2017年3月9日　东办发〔2017〕4号　关于印发《中共衡东县委巡察工作领导小组工作规则》的通知

2017年3月9日　东办发〔2017〕5号　关于印发《中共衡东县委巡察工作实施办法(试行)》的通知

2017年3月21日　东办发〔2017〕6号　印发《关于全面推行河长制约工作方案》的通知

2017年3月23日　东办发〔2017〕7号　印发《衡东县文明单位、文明乡镇、文明村(社区)评选和管理办法》的通知

2017年3月23日　东办发〔2017〕8号　印发《衡东县关于落实党委(党组)意识形态工作责任制实施方案》的通知

2017年3月23日　东办发〔2017〕9号　印发《关于在全县开展“深入基层、调研献策”活动的方案》的通知

2017年3月23日　东办发〔2017〕10号　关于印发《衡东县2017年招商引资工作目标管理考核办法》的通知

2017年3月27日　东办发〔2017〕11号　关于印发《关于县直机关单位党外正职与中共党组织书记关系有关工作规则》的通知

2017年3月29日　东办发〔2017〕12号　转发《县委宣传部关于全县科级以上党委(党组)中心组2017年理论学习专题安排意见》的通知

2017年4月19日　东办发〔2017〕13号　关于印发《打赢脱贫攻坚战的责任清单和2017年度任务清单》的通知

2017年4月20日　东办发〔2017〕14号　关于印发《衡东县开展干部作风建设年活动的实施方案》的通知

2017年4月20日　东办发〔2017〕15号　关于印发《衡东县市民素质提升工程实施方案》的通知

2017年4月26日　东办发〔2017〕16号　关于印发《衡东县党政机关差旅费管理办法》的通知

2017年5月5日　东办发〔2017〕17号　关于转发《中共衡阳市委办公室印发〈关于从严监督管理党员干部的十项措施〉的通知》的通知

2017年5月11日　东办发〔2017〕18号　关于印发《衡东县2017年小学招生工作实施方案》的通知

2017年5月11日　东办发〔2017〕19号　关于印发《衡东县2017年初中招生工作实施办法》的通知

2017年5月15日　东办发〔2017〕20号　关于印发《衡东县农村电网改革与改造升级三年行动方案(2017－2019年)》的通知

2017年5月15日　东办发〔2017〕21号　印发《关于开展严格出勤考核专项整治工作方案》等10个“干部作风建设年”活动配套工作方案的通知

2017年5月15日　东办发〔2017〕22号　关于印发《衡东县基层妇联组织改革实施方案》的通知

2017年5月31日　东办发〔2017〕23号　关于印发《衡东县基层团组织换届选举工作实施方案》的通知

2017年6月9日　东办发〔2017〕24号　关于印发《衡东县科技专项资金管理办法》的通知

2017年6月9日　东办发〔2017〕25号　关于印发《衡东县推进新型工业化专项资金管理办法》的通知

2017年6月9日　东办发〔2017〕26号　关于印发《衡东县开展“转作风、下基层、抓中心、促发展、见成效”主题月活动实施方案》的通知

2017年6月15日　东办发〔2017〕27号　印发《关于对新提拔任职的乡科级党员领导干部进行任前党的基本知识考试的暂行办法》的通知

2017年6月15日　东办发〔2017〕28号　印发《县委常委班子落实“两学一做”学习教育常态化制度化的十项措施》的通知

2017年6月15日　东办发〔2017〕29号　印发《关于推进“两学一做”学习教育常态化制度化的实施方案》的通知

2017年6月15日　东办发〔2017〕30号　印发《关于开展“机关党旗红，服务“五县五化”在行动”主题实践活动的实施方案》的通知

2017年6月15日　东办发〔2017〕31号　印发《县委书记2016年度抓基层党建工作述职评议后续整改工作方案》的通知

2017年6月15日　东办发〔2017〕32号　印发《衡东县基层党建工作问责办法（试行）》的通知

2017年6月15日　东办发〔2017〕33号　印发《关于进一步健全党员县级领导干部与党外人士、非公有制经济人士联谊交友制度的实施方案》的通知

2017年6月19日　东办发〔2017〕34号　关于印发《中共衡东县委全面深化改革领导小组2017年工作要点》的通知

2017年7月10日　东办发〔2017〕35号　关于印发《衡东县统一战线聚力脱贫攻坚行动方案》的通知

2017年7月17日　东办发〔2017〕36号　关于印发《衡东县进一步加强扶贫宣传工作的实施方案》的通知

2017年7月17日　东办发〔2017〕37号　关于印发《衡东县领导干部“三走访三签字”工作实施方案》的通知

2017年7月28日　东办发〔2017〕38号　关于印发《衡东县2017年度法治政府建设工作要点》的通知

2017年7月31日　东办发〔2017〕39号　关于调整部分县委常委工作分工的通知

2017年8月7日　东办发〔2017〕40号　关于印发《衡东县加快推进全县“互联网+监督”工作实施方案》的通知

2017年8月9日　东办发〔2017〕41号　关于印发《衡东县2017年优化经济发展环境工作方案》的通知

2017年8月14日　东办发〔2017〕42号　关于印发《衡东县2017年度乡镇信访工作目标管理考核办法》的通知

2017年8月14日　东办发〔2017〕43号　关于印发《衡东县2017年度县直机关和省市驻衡单位信访工作目标管理考核办法》的通知

2017年8月14日　东办发〔2017〕44号　关于印发《党的十九大特护期衡东县信访维稳工作方案》的通知

2017年8月14日　东办发〔2017〕45号　印发《关于进一步明确信访维稳工作责任的意见》的通知

2017年8月14日　东办发〔2017〕46号　印发《衡东县信访维稳处置工作预案》的通知

2017年9月5日　东办发〔2017〕47号　关于印发《衡东县筹备湖南省第十三届运动会青少年羽

毛球项目总体方案》的通知

2017 年 9 月 8 日　东办发〔2017〕48 号　印发《关于建立综治民调“四包”工作机制的实施方案》的通知

2017 年 9 月 21 日　东办发〔2017〕49 号　印发《关于进一步加强县属投融资公司管理的实施意见》的通知

2017 年 9 月 21 日　东办发〔2017〕50 号　印发《县属投融资公司重大事项报告管理办法》的通知

2017 年 9 月 28 日　东办发〔2017〕51 号　印发《关于加强县纪委派驻机构建设的意见》的通知

2017 年 9 月 28 日　东办发〔2017〕52 号　关于转发《衡阳市 2017 年度县市目标管理绩效考核指标》的通知

2017 年 9 月 30 日　东办发〔2017〕53 号　转发《关于领导干部干预和插手重大事项留痕备案的若干规定(试行)》的通知

2017 年 10 月 16 日　东办发〔2017〕54 号　关于印发《衡东县委县政府领导安全生产工作责任清单》《衡东县县直部门安全生产责任清单》《衡东县生产经营单位安全生产主体责任清单》的通知

2017 年 12 月 5 日　东办发〔2017〕55 号　关于印发《衡东县 2017 年度乡镇落实党风廉政建设党委主体责任检查考核实施方案》的通知

2017 年 12 月 5 日　东办发〔2017〕56 号　关于印发《衡东县 2017 年度落实党风廉政建设责任制检查考核实施方案》的通知

2017 年 12 月 6 日　东办发〔2017〕57 号　关于进一步规范和落实党内报告工作制度的意见

县政府文件

东政发

2016 年 3 月 2 日　东政发〔2016〕1 号　关于印发《衡东县 2016 年民兵整组实施方案》的通知

2016 年 3 月 30 日　东政发〔2016〕2 号　关于印发《衡东县安全生产巡查督办管理办法》的通知

2016 年 4 月 22 日　东政发〔2016〕3 号　关于印发《关于完善国有投资建设项目招标投标监管机制预防和打击围标串标行为的意见》的通知

2016 年 5 月 5 日　东政发〔2016〕4 号　关于印发《衡东县环境保护工作责任规定试行》的通知

2016 年 5 月 16 日　东政发〔2016〕5 号　关于全面建立困难残疾人生活补贴和重度残疾人护理补贴制度的实施意见

2016 年 5 月 16 日　东政发〔2016〕6 号　关于印发《衡东县临时救助制度实施办法》的通知

2016 年 6 月 21 日　东政发〔2016〕7 号　关于做好第三次全国农业普查的通知

2016 年 7 月 28 日　东政发〔2016〕8 号　关于印发《关于进一步加强内部审计工作意见》的通知

2016 年 11 月 8 日　东政发〔2016〕9 号　关于印发《衡东县公共租赁住房管理办法》的通知

2016 年 12 月 16 日　东政发〔2016〕10 号　关于印发《2016 年县政府机关单位绩效考核实施方案》的通知

2016 年 12 月 30 日　东政发〔2016〕11 号　关于取消和调整一批行政职权事项通知

2016 年 12 月 30 日　东政发〔2016〕12 号　关于印发《湖南衡东洣水湿地公园管理办法》的通知

2016 年 12 月 30 日　东政发〔2016〕13 号　关于印发衡东县妇女发展规划〈2016—2020 年〉和《衡东县儿童发展规划〈2016—2020〉》的通知

2017 年 4 月 18 日　东政发〔2017〕1 号　关于加快发展养老服务业的实施意见

2017 年 4 月 26 日　东政发〔2017〕2 号　关于印发全民健身实施计划(2016—2020)年》的通知

2017 年 5 月 10 日　东政发〔2017〕3 号　关于公布衡东县城镇基准地价更新成果的通知

2017 年 5 月 11 日　东政发〔2017〕4 号　关于印发《衡东县政府投资项目管理暂行办法》的通知

2017 年 6 月 2 日　东政发〔2017〕5 号　关于进一步规范政府投资项目招投标活动实施意见(暂行)

2017年6月28日　东政发〔2017〕6号　关于公布衡东县乡镇政府权力清单的通知

2017年7月7日　东政发〔2017〕7号　关于印发《衡东县政府合同管理暂行办法》的通知

2017年7月26日　东政发〔2017〕8号　关于印发《衡东县推行行政执法公示制度，执法全过程记录制度，重大执法决定制审核制度试点实施方案》的通知

2017年8月1日　东政发〔2017〕9号　关于印发《衡东县城乡居民基本医疗保险实施细则》的通知

2017年8月7日　东政发〔2017〕10号　关于印发《关于进一步加强全县土地储备工作意见》的通知

2017年8月30日　东政发〔2017〕11号　关于印发《衡东县建设领域行政审批制度改革实施方案》的通知

2017年12月6日　东政发〔2017〕12号　关于进一步健全我县特困人员救助供养制度的实施意见

2017年12月26日　东政发〔2017〕13号　关于取消一批行政许可事项的通知

东政办发

2016年2月3日　东政办发〔2016〕1号　关于明确衡东县被征地农民社会保障资金征收标准的通知

2016年2月26日　东政办发〔2016〕2号　关于印发《衡东县新型农业经营主体贷款保证保险试点工作实施细则》的通知

2016年3月1日　东政办发〔2016〕3号　关于印发《衡东县人民政府办公室领导成员工作分工》的通知

2016年3月1日　东政办发〔2016〕4号　关于印发《衡东县中小学教师继续教育“十三五”规划》的通知

2016年4月12日　东政办发〔2016〕5号　关于 认真做好2016年政府信息公开工作的通知

2016年4月19日　东政办发〔2016〕6号　关于印发《衡东县村级财务管理补充办法》的通知

2016年4月22日　东政办发〔2016〕7号　关于印发《规范政府性投资建设项目建设单位管理的有关规定》的通知

2016年4月22日　东政办发〔2016〕8号　关于印发《衡东县政府性投资建设项目工程变更管理办法》的通知

2016年5月5日　东政办发〔2016〕9号　关于印发《衡东县科技创新奖励办法》的通知

2016年5月25日　东政办发〔2016〕10号　关于印发《衡东县政府购买棚改服务实施办法》的通知

2016年5月25日　东政办发〔2016〕11号　关于印发《衡东县集体土地征收与房屋拆迁补偿安置工作实施细则》的通知

2016年5月25日　东政办发〔2016〕12号　关于印发《衡东县集体土地征收与房屋拆迁补偿安置操作规程》的通知

2016年5月27日　东政办发〔2016〕13号　关于印发《衡东县粮食应急预案》的通知

2016年6月16日　东政办发〔2016〕14号　关于印发《衡东县出生缺陷防治工作实施方案》的通知

2016年6月23日　东政办发〔2016〕15号　关于印发《衡东县乡村教师支持计划（2016—2020年）实施细则》的通知

2016年6月29日　东政办发〔2016〕16号　关于印发《衡东县小学招生入学工作实施办法》的通知

2016年10月10日　东政办发〔2016〕17号　关于印发《衡东县农村集体聚餐食品安全管理办法》的通知

2016年11月28日　东政办发〔2016〕18号　关于印发《衡东县实行最严格水资源管理制度考核办法》的通知

2016年11月30日　东政办发〔2016〕19号　关于印发《衡东县实行最严格水资源管理制度实施

方案》的通知

2016年12月15日 东政办发〔2016〕20号 关于印发《衡东县入河排污口监督管理办法》的通知

2016年12月15日 东政办发〔2016〕21号 关于印发《衡东县人民政府领导成员工作分工》的通知

2016年12月28日 东政办发〔2016〕22号 关于印发《衡东县城市供水重大事故应急预案》的通知

2016年12月30日 东政办发〔2016〕23号 关于公布《衡东县乡镇便民服务事项目录(审批)的通知

2016年12月30日 东政办发〔2016〕24号 关于印发《关于加强农村留守儿童关爱保护工作实施意见》

2016年12月30日 东政办发〔2016〕25号 关于印发县级储备粮管理办法(试行)的通知

2016年12月30日 东政办发〔2016〕26号 关于认真做好县级储备粮收储工作的通知

2017年2月8日 东政办发〔2017〕1号 关于调整衡东县人民政府部分领导成员工作分工的通知

2017年2月22日 东政办发〔2017〕2号 关于加强政务督查工作的通知

2017年3月27日 东政办发〔2017〕3号 关于印发《衡东县医疗卫生服务体系规划(2016—2020)》的通知

2017年3月28日 东政办发〔2017〕4号 关于调整衡东县人民政府常务领导成员工作分工的通知

2017年4月13日 东政办发〔2017〕5号 关于印发《衡东县畜牧业发展区域规划(2016—2020年)》的通知

2017年6月19日 东政办发〔2017〕6号 关于印发《衡东县促进旅游经济发展实施办法》的通知

2017年6月28日 东政办发〔2017〕7号 关于公布《衡东县乡镇政府公共服务 第二批》的通知

2017年6月30日 东政办发〔2017〕8号 关于印发《衡东县财政资金管理办法》的通知

2017年7月3日 东政办发〔2017〕9号 关于印发《衡东县防讯应急预案》的通知

2017年7月26日 东政办发〔2017〕10号 关于印发《关于在市场体系建设中建立公平竞争审查制度的实施方案》的通知

2017年8月3日 东政办发〔2017〕11号 关于印发《衡东县不动产登记赔偿基金管理办法(试行)》的通知

2017年8月3日 东政办发〔2017〕12号 关于印发《衡东县物业管理实施准则》的通知

2017年8月8日 东政办发〔2017〕13号 关于调整衡东县人民政府部分领导成员工作分工的通知

2017年8月22日 东政办发〔2017〕14号 关于印发《衡东县城乡居民基本养老保险待遇领取资格认证实施办法(试行)》的通知

2017年8月23日 东政办发〔2017〕15号 关于印发《衡东县农村金融服务基础设施建设规划(2017—2019年)》的通知

2017年9月8日 东政办发〔2017〕16号 关于印发《衡东县城镇范围内不动产登记工作若干问题的处理办法(暂行)》的通知

2017年9月29日 东政办发〔2017〕17号 关于印发《衡东县县属投融资公司监事会管理意见》的通知

2017年9月29日 东政办发〔2017〕18号 关于印发《衡东县属投融资公司监事会管理意见》的通知

2017年10月13日 东政办发〔2017〕19号 关于印发《衡东县政府投融资管理暂行办法》的通知

2017年10月19日 东政办发〔2017〕20号 关于印发《衡东县推进分级诊疗制度建设工作实施方案及操作细则》的通知

2017 年 10 月 20 日　东政办发〔2017〕21 号
关于印发《衡东县 2018 年度试乡居民基本医疗保险筹资方案》的通知

2017 年 10 月 30 日　东政办发〔2017〕22 号
关于印发《关于切实做好我县就业扶贫工作的实施意见》的通知

2017 年 11 月 10 日　东政办发〔2017〕23 号
关于印发《衡东县金融机构支持地方经济发展考核奖励办法》的通知

2017 年 11 月 13 日　东政办发〔2017〕25 号
关于印发《衡东县黄标车提前淘汰财政补贴发放实施办法》的通知

2017 年 11 月 8 日　东政办发〔2017〕26 号
关于印发《衡东县中小企业过桥资金管理暂行办法》的通知

2017 年 11 月 25 日　东政办发〔2017〕27 号
关于印发《衡东县危险化学品安全综合治理实施方案》的通知

2017 年 12 月 11 日　东政办发〔2017〕28 号
关于印发《衡东县贯彻落实“健康中国 2030”规划纲要实施方案》的通知

2017 年 12 月 13 日　东政办发〔2017〕29 号
关于印发《衡东县健康扶贫工程实施方案》的通知

2017 年 12 月 20 日　东政办发〔2017〕30 号
关于印发《2017 年度县政府序列机关单位（含驻衡单位）目标管理绩效考核指标》的通知

资料辑存

领　导　讲　话

在县委经济工作会议上的讲话

中共衡东县委书记　程少平

（2016年2月23日）

这次会议的主要任务是，全面贯彻落实中央、省委、市委经济工作会议精神，总结2015年经济工作，分析当前经济形势，研究部署2016年经济工作，动员全县上下统一思想，坚定信心，开拓创新，真抓实干，主动适应新常态，努力谋求新发展，实现“十三五”良好开局。

一、客观总结2015年经济工作

2015年，面对复杂多变的宏观环境、持续加大的经济下行压力和艰巨繁重的改革发展稳定任务，县委团结带领全县广大干部群众，迎难而上，力推改革，力促发展，力保稳定，保持了经济社会平稳健康发展的良好态势，实现了“十二五”圆满收官。

（一）经济实力进一步提升。全县完成地区生产总值236.45亿元，增长8.5%。完成财政总收入12.43亿元，增长12.15%。纳税1000万元以上的企业11家，纳税200万元以上的企业46家。产业结构持续优化，三次产业结构调整为16.88∶36.82∶46.3。工业经济逆势上扬，全县完成规模工业总产值160亿元，增长12.5%；实现规模工业增加值40亿元，增长7.3%，新增规模工业企业14家。经开区主要经济指标全面翻红，完成工业总产值109.48亿元，增长13.7%；完成工业增加值30.11亿元，增长12.5%；实现税收3.71亿元，增长11.7%；完成标准化厂房建设20万平方米。现代农业稳步发展，粮食总产达47.15万吨，规模以上农产品加工产值占农业总产值比重提高到33.6%。第三产业加速扩张，实现第三产业增加值109.48亿元，增长12%；土菜产业链实现产值25亿元，重点餐饮企业实现税收1200万元，其中纳税100万元以上的餐饮企业1家，纳税10万元以上的餐饮企业11家；全年接待游客285万人次，增长11%，旅游业实现综合收入20.01亿元，增长9.9%。

（二）项目建设进一步加快。深入开展“项目建设年”活动，34个省、市重点项目全部开工，完成投资44.1亿元。吴南公路建成通车，红狮水泥余热发电、华亚玻璃、志洪沥青材料生产线、大地泵业、和畅食品、益力盛电子、鑫德成鞋业等竣工投产或试投产；河西八大项目同时开工，大浦通用机场、省道S314改造、南岳高速东延线、中油金鸿天然气利用工程、洣江生态观光园等项目加快推进。招商引资来势良好，新增投资5000万元以上的项目16个，亿元以上的项目10个，成功引进台湾物流园、旭达养老养生、湘江南温泉、碧桂园、天英学校、电商产业园等一批大项目、好项目，合同引资额57.4亿元。全年落实银企对接签约项目资金23.1亿元，完成征地2000余亩，批回建设用地104.7公顷，工业用电4.88亿度。

（三）城乡面貌进一步改变。全年实施市政工程项目10个，其中市政重点工程项目5个，完成投资1.1亿元。新、续（改、扩）建道路11条，重点抓好了洣江大道二期金领世家至金花段、武家山公园、污水处理厂、永佳路提质改造。大力推进河西新区开发建设，县中医院、职业中专、衡东体育馆、荣桓广场、农商行大厦、天英学校、家具市场、杨山公园、烈士公园、人防应急指挥中心、沿江大道等项目加快推进，“一江两岸”的发展格局逐步形成。县城建成区面积达到11.2平方公里，城镇化率提高到36.2%。狠抓禁烟限爆工作，全面整治县城交通秩序和市场经营秩序，统筹推进“四城同创”，城镇建成区绿化覆盖率达28.3%。扎实推进湘江保护和治理“一号重点工程”，启动了洣水保护三年行动计划，农村环境综合整治和新农村建设取得新进展。

（四）改革力度进一步加大。坚持以改革破解发展难题，全县9大类、42项改革按进度要求完成年度任务。县政府职能转变和机构改革全市领先，率先推行权力清单制度，全县各涉改单位职能整合到位、主要负责人配备到位、办公场所调整到位。乡镇区划调整改革全市率先完成，工作经验在全省推介，乡镇数量由24个调整为17个，行政村数量由561个减少为233个，行政村数量减少幅度达58.6%，农村发展治理格局进一步优化。加快投融资平台建设和投融资体制改革，出台了投融资公司管理和绩效考核办法。村干部养老保险试点、国有林场改革等全面完成。金融服务“三农”工作稳步推进，成立了县级“三农”金融服务中心，成功组建农村商业银行，发展动力活力进一步释放。

（五）民生福祉进一步改善。全面小康实现程度达到82.5%，较2014年提升5个百分点。全年用于民生支出达24.96亿元，占财政总支出的79.89%。城乡居民人均可支配收入分别达到25895元、15716元，增长8.8%、9%。19项重点民生实事项目全部或超额完成。扎实推进精准扶贫，减少贫困人口8229人，脱贫率达25.47%。加大创业就业扶持力度，新增城镇就业5709人、农村劳动力转移13.2万人，零就业家庭保持动态清零，社会保障水平整体提升，人民群众有了更多获得感。社会事业全面进步，城区大班额问题有效缓解，医疗环境不断改善，文化体育惠民工程深入实施，成功举办纪念抗战胜利70周年大型合唱赛暨第四届群众文化艺术节。大力开展打黑除恶、打击赌博、地下六合彩和摩托车专项整治，积极化解信访积案，在全市率先启动“轻刑快办”；持续优化经济发展环境，成立了河道采砂综合执法队伍；严格落实安全生产责任，顺利通过全省“安全生产示范县”复评，群众安全感、满意度不断提高。民调全省排名第72位，全市第4位，综治工作荣获全市先进。

这些成绩的取得来之不易，我们必须倍加珍惜，倍加巩固和扩大成果，倍加努力争创新的业绩。同时也要看到，我县经济发展中存在的困难和问题。主要是：经济下行压力加大，部分行业和企业生产经营状况不容乐观，传统优势产业效益下降，实体经济特别是小微企业处于艰难爬坡阶段；产业转型任务艰巨，面临着传统产业不强、又要向新兴产业调整，旧动力不足、又要向新动力转换，存量不大、又要去产能等诸多双重压力；要素保障制约加剧，重点领域和关键环节改革推进力度不大，破解融资难、征地拆迁难等瓶颈问题仍然办法不多、效果不佳；经济发展环境不优，“三强”行为时有发生，政务环境有待改善，干部“为官不为”、懒政怠政现象依然存在。对于这些问题，我们要高度重视，认真研究，切实解决。

二、准确把握经济发展形势

准确研判经济发展形势，对于做好经济工作非常重要。对今年的经济发展形势，我们重点要把握好三个方面。

（一）准确把握经济发展新常态呈现的特征。我们要准确领会新常态下经济运行的特征，增强工作的预见性和主动性。一是增长速度变化。资源环境约束加大、劳动力等要素成本上升，高投入、高消耗、高污染的粗放式增长难以为继，经济潜在增长率下降，正从高速增长转向中高速增长。二是经济结构优化。扩大内需特别是消费需求，提升第三产业发展水平，加快区域协调发展和新型城镇化，逐步成为推进经济结构调整的主攻方向。三是发展动力转换。传统人口红利逐步消退，技术创新效益日益增强，经济增长动力正从要素投入驱动转向创新驱动。推进供给侧结构性改革,是适应和引领经济发展新常态的重大创新和必然要求。因此,我们要主动适应经济发展新常态,狠抓结构性改革,既要让经济运行处于合理区间,防止经济增速惯性下滑,更要摆脱速度情结,加快转型升级,实现质量更高、效益更好的可持续增长。

(二)准确把握国家经济政策带来的机遇。用好用活用足政策是加快发展的重要法宝。宏观政策方面,积极的财政政策将加大力度,国家实行减税政策的同时,将阶段性提高财政赤字率,保障政府应该承担的支出责任;稳健的货币政策将更加灵活适度,融资成本将进一步降低。产业政策方面,国家将在推进农业现代化、加快制造强国建设、加快服务业发展和提高基础设施网络化水平等方面实施一系列重大举措,特别是“中国制造2025”“互联网+”等战略加速实施,为加快产业转型提供了有利条件。投资政策方面,国家将继续扩大有效投资,加大对产业升级、城市基础设施、保障性住房、棚户区改造、农村电网改造和宽带建设等领域的投资,投融资政策将更为宽松。社会政策方面,国家针对扶贫开发、户籍制度、职业教育、医疗卫生与养老服务结合等方面出台了一些新政策。这些政策的叠加效应、乘数效应将不断释放。我们一定要高度关注,深入研究,主动对接,努力把政策红利转变为发展效益。

(三)准确把握我县经济发展蕴含的优势。我们要充分看到衡东发展的优势,把优势转化为推动发展的巨大能量。一是企业家思维活跃。我县矿产资源比较贫乏,地处内陆地区,原料、市场两头在外,发展企业先天不足。但衡东的企业家敢想敢干,敢闯敢试,无中生有,借鸡生蛋,民营经济异军突起,被外界誉为“衡东民营经济现象”。经过多年的摸爬滚打,衡东成长了一大批企业家,这些企业家思维活跃,开拓精神强,加之积累了丰富的经验,是衡东经济发展的宝贵财富。二是产业基础较好。我县现有规模以上工业企业79家,初步形成了机械制造、有色冶金、建筑材料、化工医药等支柱产业,具备了较好的产业基础。加之,近年来,一批产业项目、基础设施项目、民生服务项目先后落地开工,发展后劲进一步提升。支柱工业、特色农业、现代服务业建设取得积极进展,具有衡东特色、比较优势产业体系已经初步形成,产业竞争力明显提升。三是国有资产盘活。我县拥有政府性投融资平台5家,各投融资平台积极发挥作用,盘活国有资产,是衡东经济社会发展的重要推手。衡东宾馆、县人社局老办公楼等黄金地段,区位优越,升值潜力大,可以打造成为衡东经济新的增长点。四是发展愿望强烈。随着全面建成小康社会和精准扶贫深入人心,群众对过上小康生活、脱贫致富充满期待,主人翁精神和主体意识明显增强,坚决拥护、全力支持、积极参与成为自觉行动,将为我们加快发展提供内驱动力。五是民间资金充沛。2015年底,我县各金融机构各项存款余额为152.38亿元,各项贷款余额为63.63亿元,存贷比仅为41.76%,说明衡东民间资金充足,衡东加大投资的潜力非常大。只要存贷比提升10个百分点,全县增加的投资就会突破15亿元,将会极大地拉动衡东的发展。因此,我们一定要有更加强烈的机遇意识和进取精神,充分发挥各种优势,乘势而上,奋发有为,推动衡东经济持续健康发展,加快全面建成小康衡东步伐。

三、明确今年经济工作的目标要求和重点工作

2016年是全面建成小康社会决胜阶段的开局之年,也是推进结构性改革的攻坚之年,更是我县建县50周年的喜庆之年,做好经济工作意义重大。我县经济工作的总体要求是:认真贯彻落实党的十八大、十八届三中、四中、五中全会和中央、省委、市委经济工作会议精神,按照“五位一体”总体布局和“四个全面”战略布局的要求,牢固树立和贯彻落实“创新、协调、绿色、开放、共享”发展理念,主动适应经济发展新常态,牢牢把握稳中求进总基调,坚持稳增长、促改革、调结构、惠民生、防风险,着力加强结构性改革,促进经济持续健康发展和社会和谐稳定,努力实现“十三五”良好开局。

主要预期目标是:地区生产总值增长9%;财政总收入增长10%以上;固定资产投资增长18%以上;社会消费品零售总额增长12.5%;城乡居民人均可支配收入分别增长9%、10%;全面完成省市下达的节能减排等约束性指标任务。

做好今年的经济工作，重点要抓好五个方面的工作。

（一）抓结构优化，加速转型升级。坚持在供需两端发力，把结构性改革作为主攻方向，努力实现更高水平、更高质量效益、更可持续的发展。所谓供给侧结构性改革就是从供给、生产端入手，通过解除供给约束，积极进行供给干预促进经济发展。当前，推进供给侧结构性改革要重点解决好以下四个问题：一是加快培育各种创新主体，如创业者、创新型企业、创新型园区、创新型政府；二是激发各主体的积极性和创造性；三是主动释放风险，退出僵尸企业，淘汰落后产业，培育有市场竞争力的新产业和新产品；四是促进技术进步、人力资本提升、知识增长等要素升级。推进供给侧结构性改革，工作重点是创新体制机制，基本要求是提高供给质量和效率，根本目的是提高全要素生产率，解放和发展社会生产力；主要途径是做好“加减乘除”四则运算，去产能、去库存、去杠杆、降成本、补短板，增强持续增长动力。

1. 加快推进新型工业化。助推工业增长方式由粗放型向集约型转变，提高工业经济的质量和效益，构建“结构合理、特色鲜明、绿色低碳、竞争力强”的现代工业体系。一要壮大传统产业。推动以湖南机油泵、朝阳泵业、大地泵业、力源动力为龙头的机械制造业，以金虎铜业、创大钒钨、世纪钨材为龙头的有色金属产业，以东健药业为龙头的生物医药业，以红狮水泥为龙头的建筑材料业，以华亚包装为龙头的轻工产业等传统产业做大做强，努力向产品高端化、发展循环化、产销网络化迈进。二要培育潜力产业。对接中国制造“2025”，大力发展装备制造、新能源、新材料等战略性新兴产业；发挥森林资源优势，借鉴江西南康经验，发展家具产业。三要淘汰落后产能。引导企业积极适应市场，淘汰落后产能，升级节能环保技术，大力发展循环经济，延伸产业链条，做好化工企业的转型升级和循环经济改造。要综合运用市场、经济和行政等手段，对长期亏损、债台高筑、无药可救的“僵尸企业”，让其退出市场。四要帮扶困难企业。对那些产品有市场、经营有效益但暂时遇到困难的企业，开展企业帮扶活动，对重点企业进行逐一分析、逐一研究、逐一扶持，实现“精准帮扶”。

2. 加快推进农业现代化。稳定粮食产能，加快农业结构性改革，确保粮食安全和农产品有效供给。按照“经营集约化、产销一体化、生产标准化、耕作机械化”的要求，全面推进农业现代化。一是促进农产品加工业发展。突出发展油茶产业、养殖业、果蔬产业、经济林产业，重点推进黄贡椒、禽蛋、油类、风味食品、竹制品等农产品加工开发，不断提高农产品附加值和农业比较效益。年内力争新增规模以上农产品加工企业 4 家，农产品加工总产值增长 20% 以上。二是促进农业新型业态发展。着眼休闲农业、城市农业、旅游农业、创意农业等新型业态，重点抓好新塘现代农业观光园、高湖洣江生态园建设，积极申报一批星级农庄，加快推进湘南农业公共服务平台暨电商产业园建设。三是促进新型农业经营主体发展。深入推进“一流转五服务”工作，加快农村土地流转，抓好农村金融服务创新，加强新型职业农民培训，积极培育和发展农村合作社和家庭农场。

3. 加快发展现代服务业。坚持生产、生活并重，现代、传统并存，培育、引进并举，实现服务业整体升级。一要大力发展商贸物流业。坚持走“专、特、精”路子，加快构建优势突出的专业市场、辐射力强的批发市场。重点加强建材、家具、汽配、机电、农产品等专业市场建设，规划建设好县城蔬菜、水果批发市场，扎实抓好新农村农贸市场及城市商业综合体和台湾物流园项目建设。二要大力发展旅游业。充分挖掘地方旅游资源，积极筹办乡村生态旅游文化节，主动融入大南岳衡山旅游经济圈。三要大力发展土菜产业。完善土菜产业链条，支持土菜产业向外拓展，打响土菜产业品牌。四要大力发展金融业。规范发展小额贷款公司、融资担保公司、民间融资中介机构；支持机油泵股份有限公司上市；进一步完善投融资公司法人治理结构，推动投融资公司做大做强。五要大力发展养老养生业。以旭达养老养生项目为依托，抢占养老养生产业制高点。

（二）抓项目带动，提高投资水平。坚持把项目建设作为推进经济社会发展的主载体和总抓手,坚定不移地实施项目带动战略,全力以赴争上大项目、好项目,以项目促投资、稳增长、增实力、强后劲。

1.强力推进项目。深入开展“项目建设年”活动,继续推行项目建设板块负责制,全年力争实施重点项目90个以上,完成年度投资50亿元以上。重点推进旭达养老休闲农庄、台湾物流园、中南家具产业园、建材市场二期、交通产业园、电商产业园、10万吨铜材深加工等一批带动力强的产业项目建设,全力推进南岳高速东延线、大浦通用机场、高湖—杨林公路改造、中油金鸿天然气、草市渡改桥、大浦千吨级码头、朱亭—金花干线公路升级改造、文冲大桥渡改桥等基础设施项目建设,加快天英学校建设和县中医院综合楼搬迁,完成职业中专、武家山休闲公园、体育馆、杨山公园等社会民生项目建设。

2.致力包装项目。紧盯国、省政策支持方向,结合“十三五”规划编制,积极对接“中国制造2025”、“互联网+”行动、11个重大工程包,加强项目特别是重大项目的深度开发及策划包装,力争更多项目进入国、省重点支持范围。要积极谋划和储备一批项目,建立动态的重点项目库,提高项目筹划、设计、包装和运作水平,实现项目建设有序衔接和滚动发展。

3.大力建设园区。着眼于建设好“要素支撑、技术创新和新产品研发、市场开拓、综合服务、物流”五大平台,加大对园区的政策支持力度和有效投入强度。衡东经开区要坚持以基础设施建设和强化功能配套为切入点,加快从“建区”到“造城”的战略转型,同步推进工业聚集区、功能配套区、产城融合区建设,促进园区提档升级,重点抓好工业大道、东浦大道、中小企业服务中心、标准化厂房等基础设施建设;紧扣园区产业发展规划,集中力量打造机电机械、生物医药、电商物流等专业园区,形成特色产业聚集群。

(三)抓改革开放,释放发展活力。坚持问题导向,紧盯重点领域和关键环节,真刀真枪推改革,动真碰硬促落实,以改革破解发展难题,以先行先试争创体制机制优势,最大限度地激活各种发展要素,增强发展活力动力。

1.着力抓好重点改革。按照“突出问题导向、突出精准发力、突出制度完善、突出督察落实”的要求,扭住关键环节,推动各项改革举措落到实处。金融体制改革方面,着力完善金融发展整体规划,制定支持金融发展政策措施,加强政银企合作,有效整合金融资源。经济体制改革方面,深化商事制度改革,强化事中、事后监管,构建“一库三平台”信息化服务体系;推进财税制度改革,落实减税政策,完善全过程预算绩效管理机制。农村综合改革方面,结合乡镇区划调整,综合设置“一办五中心”,加大向乡镇简政放权力度;完成农村土地承包经营权登记颁证工作;加大以农村产权质抵押贷款为核心的农村金融改革创新力度,提升金融服务“三农”水平。社会体制改革方面,抓好医药卫生体制改革;完成机关事业单位养老保险制度改革,同时,统筹推进价格、文化、教育、不动产登记、生态文明等领域的改革。

2.着力抓好创新创业。深入实施创新驱动发展战略,推动大众创业、万众创新。政府要做创新创业者的“后台服务器”,着力清除制约“双创”的障碍,营造全社会支持“双创”的浓厚氛围。大力实施衡东经开区创新创业园区“135”工程,推进建材大市场、华太家居两大创业孵化基地争创省级创业孵化基地。优化创新创业环境,降低市场准入门槛,简化行政审批手续,建立健全支持体系,全面实施创新创业资助工程,重点扶持高校毕业生、返乡农民工自主创业,积极鼓励本地在外企业家回乡创业,支持企业与高校、科研院所组建产业技术创新战略联盟。

3.着力抓好招商引资。抓紧调整招商引资优惠政策,加快招商网站建设,继续把工业园区作为招商引资的主阵地,瞄准国内知名企业,主攻基地型龙头产业、科技型高端产业、成长型新兴产业,进行登门招商、驻点招商、产业招商和节会招商,积极引进关联度高、市场潜力大的好企业、大项目,带动全县工业经济加快发展。创新招商引资方式,定期召开招商引资工作领导小组成员联席会,研究解决招商项目在推进过程中遇到的困难和问题,促进招商项目早落地、早开工、早投产；对投资超过1亿元的招商引资项目，开辟绿色通道，实行并联审批，简化办事流程。科学分配招商引资工作任务，严格奖惩，力争完成到位资金20亿元以上。

（四）抓城乡统筹，促进协调发展。统筹做好新型城镇化和新农村建设两篇大文章，全力破除城乡二元结构，加快推进城乡一体化进程，不断提升发展的协调性和平衡性，全面优化城乡区域格局。

1. 注重县城提质扩容。当前，在县城建设上，我们重点要抓好以下几个方面。一要坚持规划引领。推进“县城五年倍增”计划，按照“山水生态宜居城市”的定位，强化城市总体规划修编和管控工作，优先发展城东、城北、河西“三大片区”，扮靓衡炎高速、金花、吴集“三个敞口”，建好杨山公园、武家山公园、坪塘生态湖“三座公园”。同时，完成好金花片区、武家山路周边修建性详规及道路交通、绿地系统等专项规划编制工作。二要完善基础设施。改造集金北路、丽都路，改造拉通霞飞路，进一步完善城市交通路网架构；统筹推进供水供气、排水排污等市政设施建设，完成水厂和城区供水管网提质改造，加快推进县城防洪排涝工程建设和燃气网点改造，不断提高城市配套功能。河西新区要突出民生项目和基础设施项目建设两大重点，有序推进沿江路、双园大道北延段、学府路南段、平桥路东段、通园大道等交通网络建设，加快推进居民安置小区建设，加大征地拆迁和拆违控违工作力度。三要加强城市管理。以创建全国文明卫生县城为总揽，统筹推进“四城同创”，提高城市管理科学化、精细化、长效化水平。严格城市规划执法，加大城区和城乡结合部乱修乱建整治力度，严厉打击违法用地、违法建设行为。抓好宣传教育，不断提高市民文明素质，营造整洁、有序、畅通、文明的宜居环境。

2. 注重小城镇建设。认真做好新一轮乡镇总体规划修编工作，充分发挥资源优势，找准发展路子，打造主导产业，谋求差异性发展，重点推进新塘、大浦、吴集、高湖、荣桓、石湾、霞流等中心镇示范点建设，培育建设一批具有浓郁本土特色的工业强镇、农业重镇、商贸旺镇、文化古镇、旅游名镇。

3. 注重新农村建设。科学制定新农村建设规划，突出乡村风貌，传承乡村文化，保留乡土气息，体现地方特色，因地制宜建设一批山水风光型、生态园林型、古村保护型、休闲旅游型等特色村庄。要积极引导村民规范有序建房，促进建房适当集中，注重整体风格和色调协调，建设一批新型农村社区。注重保护古村落的历史风貌和乡村风情，保留历史的积淀和记忆。着力完善农村基础设施，推进农村公路、电网、宽带、农田水利、河流治理、饮水安全等项目建设，尤其要打通合乡镇并村后新村内部、村与村、村与乡镇之间的断头路。深入开展农村环境卫生综合整治，建立健全“户减量、村收集、镇运转、县处理”的农村垃圾治理模式，推进农村垃圾资源化利用，改善农村人居环境。积极开展健康向上的群众文化活动，引导村民破陋习、讲文明、树新风。

4. 注重生态建设。贯彻绿色发展理念，加强环境保护和生态建设，全面实施“健康森林、美丽湿地、绿色通道、秀美村庄”建设，深入实施“三年绿化行动”，开展森林禁伐三年行动，启动洣水国家湿地公园和武家山植物园建设，抓好“秀美村庄”示范点建设。大力推进有色冶金、建材等重点行业以及建筑、交通等重点领域节能降耗。加大环境治理力度，做好重金属污染耕地修复，净化农产品产地环境；深入推进湘江流域保护和治理第二个“三年行动计划”。

（五）抓民生改善，共享发展成果。按照“守住底线、突出重点、完善制度、引导舆论”的基本思路，充分考虑经济发展新常态带来的新情况新矛盾，在推动发展中持续改善民生，切实保障群众基本生活和基本公共服务。

1. 坚决打赢扶贫攻坚战。扶贫攻坚是事关贫困群众根本福祉、事关全面建成小康社会的一项重大政治任务。要以“两不愁、三保障”为基本目标，努力解决就业、教育、医疗、社保、收入、住房等群众最关心最直接最现实的利益问题，确保年内完成扶贫开发投入2000万元以上，全县贫困村居民人均可支配收入达到4250元以上，增长10%以上，减贫率达到23.5%以上，实现脱贫4981人以上。

2. 进一步发展社会事业。认真落实各项惠民政策,不折不扣地完成为民办实事各项考核指标任务。实施更加积极的就业政策,开辟就业渠道,创造就业岗位,鼓励多渠道多形式就业。落实教育优先发展战略,积极推进公益性普惠型幼儿园建设,深入实施城区大班额化解攻坚行动。巩固基本药物制度实施成果,推动乡镇卫生院与乡镇计划生育机构资源整合,加快乡镇卫生院、村卫生室标准化建设,提升医疗服务能力和水平。落实"全面二孩"政策。加强食品药品全过程监管,确保舌尖上的安全。大力推进"村村响""户户通""无线数字化覆盖"等文化惠民工程。

3. 不断完善社会保障体系。大力推进社会保障提质扩面,加快促进社会保险全覆盖,着力抓好个体工商户、灵活就业人员等重点人员的参保工作。稳步推进医保城乡统筹,全面推进大病保险工作。加强对受灾人员、城乡低保户、五保户、孤老孤儿、残疾人等特定人群特殊困难的精准帮扶,编牢社会保障安全网。

4. 全面加强和创新社会治理。牢固树立安全红线意识,继续打好"四大攻坚战",统筹抓好交通、采矿、建筑等重点行业、领域安全生产工作,有效减少事故总量,坚决遏制较大及以上安全事故发生。扎实做好信访工作,深化信访"五零"专项行动,全力化解信访积案和矛盾纠纷。改进社会治理手段,不断完善立体化社会治安防控体系,严厉打击各类违法犯罪行为,确保社会大局和谐稳定。

四、不断提高领导经济社会发展的能力和水平

经济工作是党的中心工作。能不能适应新常态、引领新常态,实现"十三五"良好开局,关键在于提高党领导经济社会发展的能力和水平。

(一)要大力推进思想解放。在新常态下,要保持经济持续健康发展,必须不断打开解放思想"总开关"。现阶段解放思想,要体现在困难面前有勇气。干事业、抓发展,困难无处不在,无时不有,关键是如何对待。一味地喊难畏难,前怕狼后怕虎,就会一事无成。要冲破思想的束缚,迎着困难上,顶住压力干。要体现在框框面前有办法。各级领导干部要克服言必问典、行必循矩的僵化思想,善于找政策条文与实际工作的结合点,善于用灵活务实的办法解决问题、打开局面。要体现在风险面前有担当。干事和风险永远是并存的,重要的是面对可能的风险敢于承担,不上交矛盾,不推诿扯皮,特别是领导干部,要做敢于担当的表率,该决策时果断决策,该拍板时大胆拍板。

(二)要充分吃透国家政策。只有全面、系统、准确地吃透中央、省、市政策,把握政策的精神实质,我们的工作才能找对方向,精准发力。一要提高抢抓政策机遇的能力。要把思想认识统一到中央的大政方针、省委的决策部署和市委的要求上来,深刻领会"宏观政策要稳、产业政策要准、微观政策要活、改革政策要实、社会政策要托底"五大政策体系的精神内涵,敏锐洞察国家、省、市最新政策,将政策机遇转化为发展优势。二要提高谋划对接政策的能力。要吃透、掌握国家和省、市的政策导向和投资投向,深入分析研究,密切跟踪对接,结合我们自身经济发展实际,制定实施针对性强、含金量高的政策措施。三要提高政策落地的能力。要紧紧抓住时机,把上级政策及时转化为推动衡东发展的实际行动,狠抓政策落地生根。

(三)要形成干事创业合力。越是处于改革攻坚期,越需要汇集众智、增强合力;越是处于发展关键期,越需要凝聚人心、众志成城。要进一步营造干事创业、勇于担当的浓厚氛围,让干部敢干事、能干事、干成事,努力形成齐心协力谋发展、抓发展、促发展的强大合力。

(四)要优化经济发展环境。新形势下的区域发展竞争,归根到底是发展环境的竞争。要营造良好的政务环境。紧紧围绕提质提速,继续推行行政许可事项分类管理和流程再造,建立健全行政审批提前介入、跟踪服务、手续代办等制度。加快推进联合审批制和联席会议制,最大限度提高审批效率。要营造良好的市场环境。各级各部门要正确处理好"放"和"管"的关系,该放的彻底放掉,该管的管到位。要营造良好的法治环境。大力规范权力运行,严肃查处"索拿卡要"、不作为、乱作为、慢作为等行为。切实优化企业、项目周边环境,严厉打击"三强三霸"等违法行为。要营造良好的人文环境。全面打造诚信政府,树立政府言必行、行必果的良好形象，不折不扣地落实招商引资各项优惠政策，积极营造重商、亲商、安商、富商的投资环境，让来衡东投资成为广大客商的一种口碑、一种愿景。

今年是县乡领导班子同步换届之年。各级各部门要切实加强领导，抓住关键环节，做细思想工作，严格纪律要求，统筹谋划推进；全县领导干部要坚持讲政治、顾大局、守纪律，自觉服从组织安排，正确对待进退留转，严格遵守换届纪律，确保换届风清气正、圆满成功。

凝心聚力　加快发展
为全面建成小康衡东而努力奋斗
——2016年8月28日在中国共产党衡东县第十三次代表大会上的报告

中共衡东县委书记　吴伟生

中国共产党衡东县第十三次代表大会,是在我县全面建成小康社会进入决胜阶段召开的一次十分重要的会议。这次大会的主题是:高举中国特色社会主义伟大旗帜,以邓小平理论、"三个代表"重要思想、科学发展观为指导,深入学习贯彻习近平总书记系列重要讲话精神,凝心聚力,加快推进"五县五化",全面建成小康衡东。

一、过去五年的工作回顾

五年来,县委团结带领全县人民,全面贯彻党的路线、方针、政策,认真落实省委、市委各项决策部署,以"四个全面"战略布局为总揽,解放思想,开拓创新,奋勇前行,攻坚克难,全县经济实现平稳较快发展,社会大局保持和谐稳定,党的建设得到新的加强,全面小康迈进新的阶段。

(一)迎难而上,经济实力稳步提升。主动适应、引领经济发展新常态,实现了经济总量、发展质量、人均均量同步提升。2015年,全县完成地区生产总值236.45亿元,是2010年的1.9倍;完成财政总收入12.43亿元,是2010年的2.26倍;三次产业结构比由2010年的21.6∶38.5∶39.9调整为16.88∶36.82∶46.3。新型工业化的推动作用进一步增强。2015年,全县完成规模工业总产值160亿元,实现规模工业增加值40亿元,全县规模工业总产值年均增长14%,工业对地区生产总值的贡献率为46.2%。规模工业企业发展到88家,初步形成了机械制造、有色金属、化工医药、建筑材料、轻工陶瓷和农产品加工等六大支柱产业。湖南机油泵公司成为全国最大的机油泵生产厂家,被授予国家认定企业技术中心,"湘江"牌机油泵荣获中国驰名商标。全国水泥行业10强之一的红狮水泥集团在我县建有年产300万吨的分厂,湖南世纪钨材公司在新三板上市。对石湾瓷业实行煤改气工程,淘汰了合林铜业、乔阳水泥等企业落后生产线。衡东经济开发区被评为省级循环经济试点园区,初步形成了机电机械制造、有色冶金、化工和轻工四大支柱产业。现代农业的基础性作用进一步夯实。2015年,全县实现农业总产值74.16亿元,是2010年的1.59倍;粮食播种面积67.4千公顷,粮食总产量达到40.59万吨。继续保持全国产粮大县、全省粮食生产先进县、全国生猪调出大县地位,荣获全国油茶重点示范县称号。全县拥有规模农产品种植、养殖、加工企业230多家,其中市级以上农业产业化龙头企业38家。大力推进重点干旱死角村治理、水库水闸除险加固工程、山平塘清淤扩容和农村"五小"水利工程建设,提高防汛抗旱能力。服务产业的拉动作用进一步显现。2015年,全县完成社会消费品零售总额80.21亿元,是2010年的2.1倍;土菜产业链实现产值25亿元,重点餐饮企业实现税收1200万元;接待游客285万人次,实现旅游综合收入20.01亿元,分别是2010年的3.13倍和4.47倍。成功创建全省旅游强县,罗荣桓故居纪念馆成功获评国家AAAA级旅游景区,荣桓镇列为全省旅游名镇。

(二)狠抓项目,发展后劲持续增强。牢牢抓住项目建设这一"牛鼻子",坚定不移地实施项目带动战略,以项目促投资、稳增长、强后劲。2015年,全县完成固定资产投资133.6亿元,是2010年的3.22倍,年均增长26.3%。深入开展"项目建设年"活动,采取"一个项目、一名县级领导、一套工作班子、一条龙服务、一抓到底"的工作机制,着力破解资金、土地等生产要素瓶颈,保障项目建设需要。2015年末金融机构存款、贷款余额分别为132.06亿元、

63.63 亿元,存贷比为 44.9%。成功创建市级金融安全区。在全市率先出台了投融资公司管理和绩效考核办法,投融资公司承担的重点工程项目建设资金逐年提升。五年累计批回土地 436.94 公顷,做到了项目成熟一个、报批一个、落地一个。在衡东经济开发区、河西新区深入开展“征地拆迁大会战”活动,共储备土地 3000 多亩。着力整治“三强三霸”,大力开展打黑除恶,切实优化经济发展和项目建设环境。五年累计实施重点项目 377 个,完成总投资 422.49 亿元,完成了 S211 线、S315 线、吴南公路改造,拉通了衡东大道、文冲路、世纪路、洣江大道二期、双园大道等县城主干道,建成了衡东汽车站、建材大市场、全民健身活动中心、洣江风光带、育星小学,红狮水泥、华亚玻璃等一批重大工业项目相继建成投产。衡东经济开发区累计完成基础设施投入 5.2 亿元,构建了道路交通网络体系,完成了 10 万平方米标准化厂房建设,推进了污水处理厂、北片区道路提质改造、20 万平方米标准化厂房等建设项目。

(三)开拓创新,改革开放不断深化。坚持把改革开放贯穿到经济社会发展的各个领域各个环节,增强发展活力动力。着力推进重点领域改革。深入推进行政体制改革,在全市率先推行权力清单制度,率先完成县政府职能转变和机构改革;乡镇区划调整改革工作经验在全省推介,乡镇数量由 24 个调整为 17 个,行政村数量由 561 个减少为 233 个,行政村数量减少幅度达 58.5%,高出省市要求 11 个百分点。深化财政金融体制改革,大力推行财政零基预算。有序推进农村综合改革,农村土地承包经营权确权颁证工作全面铺开,“一流转五服务”全面推进,国有林场改革全面完成。成立了县级“三农”金融服务中心,农村商业银行挂牌成立。投融资体制、工商登记制度、不动产登记制度、县级公立医院等改革有序推进。着力扩大招商引资。强化招商引资目标管理考核,全面开展产业链招商、以商招商、亲情乡情招商。五年来,全县共引进内外资项目 220 多个,到位资金 40 多亿元。

(四)统筹推进,社会事业加快发展。注重协调推进,坚持民生优先,社会事业全面发展,人民生活水平稳步提高。2015 年,城乡居民人均可支配收入分别为 25895 元、15716 元,是 2010 年的 1.7 倍、2.12倍;我县全面小康实现程度为 80.9%,比 2012 年提高了 9 个百分点。社会民生强力保障。五年来,全县共实施省市重点民生实事 127 件,累计投入民生资金 90.27 亿元,年均增长 24.82%。加快社会保障提质扩面,建设廉租房 1726 套、公租房 3604 套,改造农村危房 2900 户、棚户区 626 户,城乡居民尤其是弱势群体的基本生活条件得到有力保障。加大创业就业扶持力度,认真抓好大学生、城镇就业困难人员、农村转移劳动力、退役军人、残疾人等重点人群的就业工作,全面推进“大众创业、万众创新”,城镇登记失业率控制在 4.5% 以内。扎实推进精准扶贫,深入开展“一进二访”,2014 年脱贫 5730 人,2015 年脱贫 5824 人。人居环境有效改善。县城按照“山水生态宜居城市”的定位,深入实施“五年倍增行动”,加快推进河西新区、城北片区开发,县城建成区面积扩大到 11.2 平方公里,“一江两岸”的发展格局逐步形成。积极推进县城供水供气、排水排污设施建设,完善交通路网,改造背街小巷,城市功能进一步提升。统筹推进“四城同创”,抓紧抓实禁烟限爆,成功创建市级文明县城。小城镇建设步伐加快,新塘镇列为全国重点镇。加快农村基础设施建设,建成大桥、杨桥、草市 35 千伏变电站和栗木 220 千伏变电站,农电网改造实现清零,实施农村通畅工程,完成里程 784.4 公里,实现了村村通水泥公路。加大农村环境综合整治力度,大力推进湘江保护和治理“一号重点工程”,启动洣水保护三年行动计划,湘江流域保护和治理工作省、市现场会均在我县召开,重点推介衡东经验;扎实推进通道绿化和乡村、裸露山地造林绿化,全县森林覆盖率为 48.69%。社会事业协调推进。落实教育优先发展战略,普通高中教育质量位居全市前列,民办教育、职业教育加快发展,城区大班额问题有效缓解。完善基层医疗卫生服务体系,强化基本公共卫生服务,实施药品零差率销售。落实全面二孩政策,促进人口均衡发展。群众文化体育活动蓬勃开展,顺利通过全国文化先进县复评,成功举办罗荣桓元帅诞辰 110 周年系列纪念活动以及“首届感动衡东人物和杰出经济人物”评选活动。其它各项工作和事业都取得了新的发展和进步。

(五)依法治县,民主法制建设成效明显。坚持科学执政、民主执政、依法执政,充分发挥县委常委班子统揽全局、协调各方的领导核心作用。切实加强对人大、政协工作的领导,大力支持人大、政府、政协依据法律和章程履行职能、开展工作。充分发挥工商联和无党派人士参政议政作用,统筹推进民族、宗教、侨务、对台等工作。工会、共青团、妇女儿童、文联、科协、侨联、残联等工作取得新的成绩,群团组织的桥梁纽带作用进一步增强。基层民主建设深入推进,党务、政务、厂务、村务公开深入开展,村(社区)自治功能进一步强化。大力加强国防教育和国防动员建设,深入开展双拥共建,军政军民团结进一步巩固和发展。全面推进依法治县,致力打造“法治衡东”,深入实施“六五”普法,荣获全国法治宣传教育先进县称号。严格落实安全生产责任,严厉防范安全生产事故发生,顺利通过全省安全生产示范县复评。深入推进社会治理创新,在全市各县市区中率先开通“12345”政府服务热线。积极化解信访积案,大力推行第三方评判机制,在全市率先启动“轻刑快判”工作。社会大局和谐稳定,民调排名稳步提升。

(六)从严治党,党的建设全面加强。坚持把党的建设摆在突出位置,坚决贯彻落实从严治党要求,着力营造良好的政治生态。狠抓专题学习教育。深入开展党的群众路线教育实践活动、“三严三实”专题教育、“两学一做”学习教育,学习教育常态化。在党的群众路线教育实践活动中,县委常委班子群众路线教育实践活动专题民主生活会、新塘镇宋坪村党支部专题组织生活会暨民主评议党员大会的情况被制作成视频短片,在全省作为典型经验予以推广,为全省树立了标杆,提供了经验。狠抓干部队伍建设。坚持从严教育、从严管理、从严要求、从严监督,着力清理“三超两乱”、“吃空饷”、编外聘用人员等问题。深入开展“千名干部下基层,抗旱一线受教育”“万名干部大走访,驻村联企促发展”“转作风、解难题、抓关键、见实效”等活动,着力改进干部作风。坚决贯彻执行中央八项规定,着力整治“四风”问题。狠抓党风廉政建设。严格落实“两个责任”,健全责任分解、检查监督、倒查追究等机制。大力支持和保障纪检体制改革,配齐配强乡镇纪委和县直机关纪检监察机构人员。始终保持反腐败高压态势,做到有案必查、有腐必惩、有乱必治,查处了一批大要案件,维护了党纪国法的严肃性。狠抓基层基础建设。在全省率先开展村干部养老保险试点,着力整治软弱涣散村党组织,创新推出党建工作“四化三强”新举措,大力实施“贤人治村”工程,基本实现村级活动场所全覆盖,搭建县、乡(镇)、村(社区)三级党建网格化管理服务平台,大浦镇荣获全国先进基层党组织称号,《人民日报》党建周刊连续4期报道衡东农村基层组织工作。

五年的实践探索,深刻地昭示着我们:

出路在解放思想。思想决定行动,观念决定出路。五年来,我们始终坚持实事求是、解放思想、与时俱进、求真务实,消除求稳思想,克服畏难情绪,在深化认识中增强动力,在统一思想中凝聚合力,引领了经济社会平稳较快发展。

希望在项目建设。衡东的发展需要项目建设,衡东的未来寄希望于项目建设。五年来,我们坚持用创新的理念引领项目建设,用实干的精神推动项目建设,有效破解了资金保障、土地供应、征地拆迁等难题,引进了一批支撑作用大、产业链条长、税收回报多、辐射带动强的项目,为做强产业、扩大投资、做大总量提供了有力支撑。

动力在改革创新。改革创新是动力源泉。五年来,我们始终坚持改革创新,创造性地开展工作。针对宏观环境复杂多变、区域竞争压力加大、要素瓶颈制约明显等新情况,我们坚持把改革创新贯穿全过程,以创新的思路谋划工作,以改革的办法解决问题,为推动全县发展提供了强劲动力。

关键在真抓实干。空谈误国,实干兴邦。五年来,我们紧紧围绕既定目标,始终坚持以高度负责的精神、真抓实干的作风、锲而不舍的毅力,强力推进各项工作落实,在全县上下营造了干事创业的浓厚氛围。

保障在从严治党。事业兴衰,关键在党。五年来，我们认真贯彻党要管党、从严治党的方针，切实加强党的思想、政治、组织、作风、制度和反腐倡廉建设，不断改进领导方式和工作方式，较好地发挥了县委的核心领导作用、基层党组织的战斗堡垒作用和党员的先锋模范作用。

在总结成绩的同时，我们也要清醒地看到我县经济社会发展中存在的困难和问题。突出表现在：一是县域经济发展不足。我县经济总量不大，人均财政收入较低，税收占财政总收入的比重不高，2015年还只有58.2%；城镇化率不高，2015年仅为36.19%，比全省平均水平低14.7个百分点，比全市平均水平低13.01个百分点；骨干企业带动力不强，全县没有一家产值上10亿元的企业；经济下行压力大，部分行业和企业生产经营比较艰难，融资难已成为企业发展的瓶颈。二是全面小康实现程度不高。2015年我县全面小康实现程度为80.9%，在全省47个二类县中排名第41位；部分群众生活比较困难，全县还有贫困人口20876人，扶贫攻坚任务依然艰巨。三是社会维稳压力增大。城乡之间发展不协调，征地拆迁工作压力大，涉军涉法涉诉等信访问题和信访积案居高不下，医疗纠纷、交通事故等引发的突发性事件时有发生，社会治安和安全生产形势不容乐观，影响社会稳定的因素比较多。四是党的建设存在薄弱环节。一些基层党组织软弱涣散，战斗力、凝聚力不强；一些党员干部不作为、慢作为、乱作为的现象仍然存在；对党员干部的管理失之于宽、松、软，一些党员干部不想腐、不愿腐的自觉意识还不强，一些“四风”问题隐形变种出现反弹。对于这些问题，我们要高度重视，认真加以解决。

二、今后五年的指导思想、奋斗目标

今后五年是全面建成小康社会的决胜阶段，全县工作的指导思想是：高举中国特色社会主义伟大旗帜，以马克思列宁主义、毛泽东思想、邓小平理论、“三个代表”重要思想、科学发展观为指导，深入贯彻习近平总书记系列重要讲话精神，协调推进“四个全面”战略布局，贯彻创新、协调、绿色、开放、共享发展理念，着力推进供给侧结构性改革，始终坚持“生态立县、农业富县、民营强县、旅游活县、和谐兴县”的工作思路，加快推进新型工业化、城镇化、信息化、农业现代化和绿色化，统筹推进经济建设、政治建设、文化建设、社会建设、生态文明建设和党的建设，全面建成小康衡东。全县经济社会发展主要奋斗目标是：地区生产总值年均增长9%，财政总收入年均增长10%以上，规模工业增加值年均增长10%，固定资产投资年均增长16%，社会消费品零售总额年均增长12.5%，城镇化率达到60%，非公经济占地区生产总值比重达到58.5%，旅游综合收入占地区生产总值比重达到14%，森林覆盖率达到52%以上，城镇居民人均可支配收入年均增长9%，农村居民人均纯收入年均增长10%。

未来五年，衡东经济社会发展站在新的历史起点上，既面临难得的历史性机遇，也面临新的风险和挑战，但总体环境有利于衡东全面协调可持续健康发展，我们要科学判断和准确把握发展形势，明确发展定位，坚持发展经济与改善民生相结合，坚持统筹全局与重点突破相结合，坚持依法开发与依法保护相结合，坚持发挥人民群众的主体作用与加强党的领导相结合，充分利用各种有利条件，认真解决发展中的突出矛盾和问题，把衡东发展好、建设好。

三、加快推进“五县五化”，决胜全面小康

要始终坚持“生态立县、农业富县、民营强县、旅游活县、和谐兴县”的工作思路，加快推进新型工业化、城镇化、信息化、农业现代化和绿色化，让衡东民富县强、山清水秀、政通人和，把衡东建设成为宜居宜业宜商宜游的幸福家园，力争在2019年全面建成小康衡东。

（一）坚持生态立县，加快推进绿色发展。生态是最宝贵的财富，环境是最稀缺的资源。坚持生态立县，必须突出绿色发展，把保护绿水青山作为第一责任、第一底线，构建人与自然和谐发展的现代化建设新格局，打造山水生态衡东。一是要注重生态建设。突出尊重自然、保护自然、顺应自然的开发理念，合理划分重点开发、限制开发和禁止开发三类主体功能区，逐步形成人口、经济、资源环境相协调的空间开发格局。加强湘江、洣水、永乐江“三水”流域的生态建设和德圳水库、白莲水库、早禾冲

水库、江东水库、荣桓水库“五库”周边的生态保护,构建自然保护区、风景名胜区等“多区”并存的生态空间格局。加大对森林、湿地、农田、县城等生态系统的保护和修复力度,推进洣水湿地公园建设。加大植树造林、退耕还林、天然林保护力度,全面实施森林禁伐限伐,提高森林覆盖率。大力推进“森林城市”创建,全面加强城区绿化、通道绿化。科学合理开发利用森林资源,保护生物多样性。二是要加强环境保护。抓好工业污染、生活污染、农业污染、养殖污染和农村面源污染防治,加强天然气等清洁能源利用,实施煤锅炉淘汰工程,着力解决危害群众健康和影响可持续发展的突出环境问题,改善环境质量。持续开展湘江保护与治理“一号重点工程”,推进洣水、永乐江水体综合治理。建立非煤矿山退出机制,关闭影响洣水流域生态的石灰窑、采石场,保护好洣水这条母亲河。实行最严格的环境保护制度,加大环保执法力度,让衡东的天更蓝、地更绿、水更清、环境更优美。三是要推动低碳循环发展。严格限制高能耗、高污染、高排放产业发展,利用绿色技术改造提升传统产业,培育发展节能环保等绿色新兴产业;加强资源节约和综合利用,全面推进节能、节地、节水、节材;大力推广绿色交通、绿色建筑、绿色消费,形成文明、节约、绿色、低碳的生活方式和消费模式,加快“两型社会”建设步伐。四是要建设秀美乡村。按照村庄园林化、庭院花园化、道路林荫化的要求,把村庄绿化覆盖率提高到80%,打造一批森林村庄。推行城乡环境同治,逐步加大农村环境整治投入。到2020年,85%的行政村基本达到社会主义新农村建设要求,所有建制村基本完成村庄人居环境整治,建设50个美丽乡村,打造一批产业发展型、旅游休闲型、传统村落型、自然生态型等各具特色的秀美乡村。

(二)坚持农业富县,促进农民持续增收。衡东作为农业大县,要切实增强做好“三农”工作的责任感、使命感、紧迫感,始终把解决好“三农”问题作为工作的重中之重,实现农业强、农村美、农民富。一是要大力发展现代农业。大力推进农业供给侧结构性改革,巩固和提升农业的基础地位。按照“经营集约化、产销一体化、生产标准化、耕作机械化”的要求,全面推进农业现代化。突出发展油茶产业、经济林产业、生态养殖、特色种植,鼓励使用有机肥,重点建设一批无公害蔬菜、标准化水果、富硒优质稻、双低油菜、黄贡椒、中药材、油茶、楠竹、畜禽、家禽产业基地,打造优质农产品主产区。加快发展农民合作社、专业大户、家庭农场和农业企业,提高农业的规模化、集约化经营水平。大力发展生态农业、观光农业、休闲农业,重点支持新塘现代农业观光园、三樟黄贡椒特色产业园、荣桓生态农业体验园、洣江生态园、尚达盛和现代农业产业园、千年白莲风情园、鳌洲原生态度假岛、江山原味乡村休闲体验基地等项目。支持农业产业化龙头企业发展,大力培植壮大农产品加工业,促进农产品精深加工,提高农产品附加值,力争2020年全县市级以上农业产业化龙头企业突破50家,农产品加工转化率提高到60%,农产品加工产值达到农业产值的2.5倍,把我县传统的农业优势转变为产业优势。二是要不断完善农村基础设施和公共服务。有效整合涉农项目资金,集中资金建设一些老百姓最需、最盼、受益最大的项目,将资金用到最需要的地方、最能发挥作用的地方,提高资金使用效益。严格落实耕地保护制度,大力推进土地整治、中低产田改造和高标准农田建设,加强重金属污染耕地治理,提升农业机械化水平,稳定提高粮食产量。突出抓好农田水利建设,着力推进“衡邵干旱走廊”治理、中小型病险水库除险加固、骨干山平塘病险处理和八大灌区水利设施建设,提高防洪抗旱减灾能力。科学编制村庄规划,优化农村居民点、基础设施和公共空间布局,积极发展农村中心社区。推进科技、金融、人才、信息进村,加快发展农村无线数字电视和农村广播“村村响”。大力实施集中供水、宽带网络、电网改造、公路通达、清洁能源、危房改造等工程,分期分批打通合乡并村后新村内部、村与村、村与乡镇之间的断头路。扎实推进“一流转五服务”,加快土地流转,鼓励龙头企业与农民建立股份合作等利益联结机制,强化现代农业科技创新推广体系建设,加快培育新型职业农民。把社会事业发展的重点放在农村和接纳农业转移人口较多的城镇,加快推动城镇公共服务向农村延伸,提高农村公共服务水平。三是要加快农村综合配套改革。深入推进农村改革，着力破除城乡二元结构的体制障碍，释放农业农村发展新动能。深化农村集体产权制度改革，全面完成农村产权确权登记颁证工作，建立健全“归属清晰、权能完整、流转顺畅、保护严格”的农村产权制度。推行农地承包权、宅基地等抵押融资机制，鼓励和支持农村产权中介服务机构发展，逐步建立农村产权交易市场，促进农村资源资产化、资产资本化、资本股份化。进一步推进户籍制度改革，推进农村劳动力转移就业创业和农民工市民化，加快提高户籍人口城镇化率。四是要全力推进精准扶贫。按照“四个切实、五个一批、六个精准”的思路，因地制宜、因户施策、因人支招，做到精准扶贫、精准脱贫。深入组织实施脱贫攻坚行动，通过发展特色产业增收、引导劳务输出、实施易地搬迁、开展医疗保险和救助、实行保障兜底等措施脱贫。加快贫困村整村推进步伐，促进贫困村产业发展，改善贫困村基础设施。通过精准帮扶，确保2018年33个贫困村全部摘帽，2019年现有贫困人口全部脱贫。

（三）坚持民营强县，重振县域经济雄风。民营经济是衡东县域经济的主体，民营经济强，则县域经济强。要立足民营主体，最大限度地激发出民营经济的生机、活力和潜力，把我县建设成为充满活力的民营经济强县。一是要推进工业转型。壮大传统产业，推动以湖南机油泵、力源动力为龙头的机械制造业，以世纪钨材为龙头的有色金属业，以东健药业为龙头的化工医药业，以红狮水泥、恒裕建材为龙头的建筑材料业，以华亚玻璃为龙头的轻工陶瓷业，以衡金优农、鲜盛农产品、和畅食品为龙头的农产品加工业等六大支柱产业做大做强，利用“互联网＋”“＋互联网”对传统优势产业进行高端化、低碳化、智能化改造。紧密对接“中国制造2025”，推进制造业强基工程，实施百亿产业集群建设计划，着力打造机械制造、有色金属压延加工、精细化工三大产业基地。支持湖南机油泵、力源动力等核心企业瞄准国际国内知名厂家，大力发展上下游产业，延伸产业链条，形成衡东制造产业集群。加强品牌建设，支持优势工业企业上市，引导企业加强与高等院校、科研院所的合作，重点建设油泵应用工程技术研究中心、新型硬质材料生产及应用工程技术研究中心等技术创新平台，打造一批拥有核心技术和自主知识产权的“衡东制造”产品。抓住新一轮产业变革浪潮，大力发展移动互联网、装备制造、生物医药、新能源、新材料等战略性新兴产业，重点发展生物医药产业集群、新材料产业集群、林下产业集群和清洁能源产业集群。引导企业积极适应市场，做好化工企业的转型升级和循环经济改造。淘汰落后产能，对长期亏损、失去清偿能力和市场竞争力的企业，让其退出市场。二是要建好园区平台。加快衡东经济开发区现代化发展步伐，抓好工业大道、中小企业服务中心建设，推进标准化厂房、骨干企业生产配套、现代服务业配套、现代技术创新研发、新型实用人才培训五大体系建设，不断完善功能，增强承载能力，实行产城一体化，力争到2020年衡东经济开发区建成区达到10平方公里。按照“一区多园”的总体格局，集中力量打造交通产业园、家具产业园、建筑材料产业园、机械制造产业园、电商物流产业园五大示范园。三是要加快项目建设。坚持把项目建设作为经济工作的主抓手，加大项目建设力度，突出抓好重大项目和省市重点项目建设。着力破解土地报批、征地拆迁、融资贷款等瓶颈，实现无障碍施工。深化行政审批制度改革，开辟重大项目、重点项目建设手续“绿色通道”，狠抓项目开工率、建成率、投用率。加强项目库建设，建立有效投资重点领域导向机制，促进专项规划与项目安排有机衔接，提高前期项目转化实施率。四是要狠抓招商引资。坚持把工业园区作为招商引资的主阵地，调整招商引资政策，创新招商方式，营造全民招商氛围。重点围绕发展机械制造、有色金属深加工、新能源、新材料等产业，着力引进一批投资规模大、科技含量高、经济效益好、带动能力强的大项目、好项目。坚持走内源型与外源型相结合的发展路子，既引导本土民营企业通过自我积累滚动发展，又加快引入一些外资或外地民营企业到我县落户。探索和推广多种模式，引导和鼓励多元资本投资战略性新兴产业、支柱产业、基础设施以及医疗、教育等社会事业领域。五是要全面深化改革。抓住制约经济社会发展的突出问题,抓住牵一发而动全身的关键环节,积极稳妥地推进各项改革,力求在开放平台建设、承接产业转移、城市经营、要素供应、公共资源交易、事业单位改革等方面取得重大突破,激发经济社会发展活力。加快金融体制改革,搞好政企、银企对接,鼓励各类银行机构在我县设立办事机构,鼓励县内已有银行办事机构提格升级,获得更大的经营范围和审批权限。大力发展直接融资,利用政府投融资平台发行债券,培育多层次的资本市场。六是要鼓励大众创业。积极倡导艰苦创业、自主创业、全民创业风尚,激发全民创业热情。大力实施创新创业园区"135"工程,加快创业孵化基地建设,吸引外出务工经商人员返乡创业,扶持失业失地人员自主创业,鼓励高校毕业生自立创业,推动广大农民致富创业,激励各级干部干事创业,实现"民工潮"向"创业潮"转变,形成百姓创家业、能人创企业、干部创事业的喜人局面。七是要优化发展环境。坚决杜绝部门和行业不正之风,以铁的手腕严肃查处乱收费、乱罚款、乱作为和借检查之机向企业"索、拿、卡、要"等行为。严厉打击"三强三霸"等违法犯罪行为,严肃查处党员干部、国家公职人员充当黑恶势力"后台""保护伞"行为,大力净化企业周边环境。深入推进简政放权,放管结合,优化服务,大力弘扬企业家精神,建立"亲"和"清"的新型政商关系,充分调动市场主体活力。

(四)坚持旅游活县,带动各行各业发展。要充分发挥衡东的优势和特色,加快推进全域旅游,主动融入大衡山旅游经济圈,争创全国旅游强县。要进一步树立品牌意识,加强罗荣桓故居纪念馆、锡岩仙洞、四方山·洣水旅游景区、湘江南温泉等重点景区景点建设,建成景区循环交通网络,重点打造罗帅文化精品红色旅游线、探古寻幽古镇养生旅游线、生态农业观光旅游线,力争到2020年,罗荣桓故居景区创评国家AAAAA级景区,新创评国家AAAA级景区2家,新增星级休闲农庄50家,全县接待游客780万人次,旅游综合收入达到50.88亿元。依托旅游把城镇建设、土菜产业、商贸物流带动起来,形成"旅游一业兴,带动百业旺"的喜人局面。一是要与加快城镇建设相结合。要加强城镇基础设施、公共服务设施和配套设施建设,完善城镇功能,提升城镇承载力。要抓好县城提质扩容。加快推进衡东大道、兴衡大道、武家山路等道路建设,进一步构建和完善县城路网,美化、亮化县城进出口。统筹推进供水供气、排水排渍、地下管网等市政工程建设,加快河西水厂、河西污水处理厂和垃圾中转站建设,完善配套功能。实施市民素质提升工程,深入开展"四城同创",加强城市管理,努力创建全国文明县城、国家卫生县城、国家园林县城、全国平安畅通县。乡镇要高起点高标准高质量编制好城镇发展规划,抓好小城镇建设,完善城镇基础设施和公共服务,打造独具特色的小城镇风貌,培育建设一批具有浓郁本土特色的工业强镇、农业重镇、商贸旺镇、文化古镇、旅游名镇,赋予乡镇更多的自主权。新塘镇要充分发挥列为全国重点镇的优势,加快修订城镇发展规划,完善基础设施和市政功能,打响"土菜名镇"品牌,打造成为衡东次中心。二是要与发展土菜产业相结合。充分发挥"中国土菜名县"的品牌效应,延伸土菜产业链,积极支持土菜产业向外拓展。大力发展土菜精深加工,做到包装精美,制作精致,力争让土菜产品走进全国各大中城市超市专柜,成为航空、高铁专供食品。充分发挥文化的张力作用,加强土菜文化包装,展示土菜文化魅力,推动衡东土菜上档次、上品位。三是要与扩大商贸物流相结合。重点加强建材、家具、汽配、机电、农产品等专业市场建设,规划建设县城蔬菜、水果批发市场。依托国内大型物流公司,大力发展现代物流产业。实施"互联网+"行动计划,引进大型电商企业,发展电商物流,促进工业、农产品加工、土菜等行业线上线下融合,到2020年电子商务应用普及程度达到50%,培育2—3家年交易额超亿元的本土电商平台。

(五)坚持和谐兴县,提升群众幸福指数。社会和谐既是发展的目的,又是发展的保障。要始终坚持以人为本,致力保障改善民生,全面推进依法治县,全力维护社会大局和谐稳定,进一步提升群众的幸福指数和获得感。一是要推进"智慧衡东"建设。加大信息基础设施建设力度,推广物联网及智能信息技术，加快智能化城市基础与服务设施体系建设和电子政务网建设，构建“数字衡东”。推进“三网融合”，建设和完善宽带通信网、数字电视网和互联网，逐步实现光纤入户。发展智慧教育、智慧医疗、智慧文化、智能社区、智能社保、智能家居，倡导智慧化和低碳化生活方式。二是要发展社会事业。促进教育公平，提升教育质量，加快化解大班额、公益性幼儿园和义务教育公办学校建设，加快建设职业中专新校区、天英学校，大力整治家教家养、有偿补课，用心办好人民满意的教育。落实全面二孩政策，推进“健康衡东”建设，完善医疗卫生服务体系，加强公共卫生服务，努力为人民群众提供全生命周期的卫生与健康服务。完善基本药物制度，健全药品供应保障机制，加强价格监管，理顺药品价格。大力实施文化惠民工程，抓好衡东体育馆、游泳馆、全民健身馆等公共文化体育设施建设。大力发展交通运输事业，加快干线公路、农村公路和水路运输基础设施建设，构建现代综合交通运输体系。大力发展养老养生业，鼓励兴办老年卫生保健、老年教育、老年公寓等老年服务事业，逐步建立设施齐全、管理规范的现代养老服务体系。大力加强档案、史志、机构编制、老干部、审计、移民、人防等各项工作。三是要完善保障体系。大力实施全民参保计划，基本实现法定人员全覆盖。完善职工养老保险个人账户制度和被征地农民社会保障办法，全面推行城乡居民大病保险制度。整合城镇居民基本医疗保险和新型农村合作医疗，建立统一的城乡居民基本医疗保险制度。健全社会救助体系，扎实做好低保、五保等社会救助工作，完善城乡最低生活保障制度，加强临时救助。关爱留守儿童、留守妇女、留守老人和残疾人，抓好特殊群体关爱服务工作。加大保障性住房和棚户区改造力度，编牢社会保障安全网。四是要加强社会治理。健全党委领导、政府负责、社会协同、公众参与、法治保障的社会治理格局，突出抓好社会矛盾化解、社会治理创新、安全体系建设三项重点工作。加强社会治安综合治理，深化治安防控体系建设，严厉打击各种违法犯罪活动，努力提高人民群众的安全感和满意度。改革信访工作制度，完善涉法涉诉信访依法终结机制，大力推行“三调联动”和社会稳定风险评估机制，预防和化解社会矛盾。全面落实安全生产责任制，严格执行“党政同责、一岗双责、失职追责”的责任追究办法，进一步强化治安、生产、消防、食品、药品、防汛抗旱、森林防火等安全体系建设，有效防范和坚决遏制重特大安全事故。五是要推进民主法制建设。坚持党委总揽全局、协调各方的原则，不断巩固和发展民主团结的政治局面。尊重和支持人大依法行使职权和政协履行政治协商、民主监督、参政议政的职能，发挥党代表、人大代表、政协委员的作用。支持工会、共青团、妇联、文联、残联、侨联、工商联、科协、计生协会等人民团体依照法律和章程创造性开展工作，切实做好民族、宗教、对台和侨务工作，巩固和发展最广泛的爱国统一战线。扭住党管武装这个根本，突出政治建军、应急应战、依法治军这个主题主线，加强全民国防教育和后备力量建设，搞好双拥共建和拥军优属，大力实施军民融合深度发展战略，密切军政军民关系。深化“法治衡东”建设，坚持依法行政、依法办事、公正司法，推进“七五”普法教育，增强全民法制意识。深化民主法治村（社区）建设，强化社区服务和管理功能，进一步创新村务公开和民主管理制度，提升基层民主建设水平。

四、全面从严治党，切实加强和改进党的建设

圆满完成未来五年的目标任务，关键在人，核心在党。全县各级党组织要深刻反思衡阳破坏选举案和李亿龙严重违纪案，坚持党要管党、从严治党，担负起全面从严治党主体责任，永葆党的先进性和纯洁性，为衡东经济社会发展提供坚强有力的政治保障。

（一）加强思想政治建设，坚定理想信念。要抓好经常性思想政治教育，深入开展“两学一做”学习教育，当前要重点学习贯彻习近平总书记在庆祝中国共产党成立95周年大会上的讲话精神，切实提高广大党员干部的政治意识、大局意识、核心意识、看齐意识。扎实推进学习型党组织建设，强化对党员干部的教育培训，全面增强广大党员干部“四个自信”，坚定理想信念，加强党性修养，不忘初心，继续前进，做到心中有党、心中有民、心中有责、心中有

戒。高度重视意识形态工作,加强精神文明建设和思想宣传阵地建设,扩大对内对外宣传,牢牢把握领导权、主导权和话语权,弘扬正能量,唱响主旋律。

(二)加强干部队伍建设,提升整体素质。要认真贯彻落实《干部任用条例》和《关于全面贯彻好干部标准强化正确用人导向的决定》,注重敢于担当、群众认可、重视基层、能上能下的"四个导向",把政治强、懂专业、善治理、敢担当、作风正的好干部选出来、用起来。落实领导干部能上能下规定,优化领导班子结构,实行公务员职务职级并行,保持干部队伍的生机与活力。严格执行党政领导干部选拔任用工作有关事项报告制度和预审制度,深入整治选人用人不正之风,坚决防止干部"带病提拔"。强化干部日常管理,建立健全干部经常性提醒教育制度,通过个别谈话和任职谈话、年度考核、信访举报等,及时发现干部身上出现的苗头性、倾向性问题。

(三)加强基层组织建设,夯实执政基础。要巩固合乡并村成果,争取设立2个街道办事处,科学分流、优化配置乡镇行政人员,调优配强乡镇站所人员。分三年推进乡镇便民服务中心和农村综合公共服务平台建设,继续推进社区"两化两体系"建设,深化"网格化管理,组团式服务"。加强党员服务管理工作,与流动党员及时对接、强化管理。加强村干部规范化管理,建立健全激励约束机制,主动为村干部排忧解难。加强村级财务管理,进一步建立健全村账乡镇代管制度,认真开展村级财务专项审计。抓好村支两委换届工作,进一步强化农村基层组织建设。

(四)加强干部作风建设,提高服务效能。要深入贯彻执行中央八项规定,巩固拓展党的群众路线教育实践活动和"三严三实"专题教育成果,把作风建设一抓到底。创新党员干部正向激励机制,充分调动广大党员干部干事创业的积极性,持续点燃激情,全面提升效能。大力整治"中梗阻"、"基层板结"等问题,打通服务群众"最后一公里"。建立容错纠错机制,主动为敢担当者担当,以鲜明的态度和导向,大力弘扬求真务实、真抓实干的思想作风,大力弘扬雷厉风行、勇于担当的工作作风,形成同心同德谋发展、众志成城铸大业的生动局面。

(五)加强反腐倡廉建设,坚决惩治腐败。要坚持标本兼治、综合治理,惩防并举、注重预防,着力构建不敢腐、不能腐、不想腐的长效机制。坚持把纪律挺在前面,旗帜鲜明、理直气壮地支持纪检监察机关监督执纪问责,对各种违纪问题早抓早管、实抓实管,保持露头即查、即发即查的高压态势。坚持以"零容忍"的政治态度惩治腐败,强力"打虎拍蝇",决不让腐败分子有藏身之地。坚持发挥"关键少数"的"关键作用",党员领导干部要严于律己,以身作则,以上率下,形成一级做给一级看、一级带着一级干的示范效应,努力营造山清水秀的政治生态。

衡东县人民代表大会常务委员会工作报告

——2016 年 3 月 7 日在衡东县第十六届人民代表大会第五次会议上

衡东县人大常委会主任　谭向勤

2015 年是我县全面推进依法治国的开局之年，也是全面完成“十二五”规划的收官之年。一年来，常委会在中共衡东县委的正确领导下，围绕中心，服务大局，关注民生，推进民主，全年共举行常委会会议 9 次，主任会议 21 次，审议各类议题 39 项，依法作出决议、决定 6 个，圆满完成了县十六届人大四次会议确定的各项任务，为推动全县经济社会适应新常态、实现新发展做出了应有的贡献。

一、服务改革发展大局，在助推富民强县上主动作为

常委会始终坚持发展导向，围绕中心工作，抓住关键问题，加大监督力度，全力助推我县经济社会持续健康发展。

（一）关注发展质量，力促经济平稳运行。常委会密切关注宏观经济形势，注重抓好年初初审监督，听取和审议了全县计划和财政报告，为人代会批准这两个报告打下了良好基础。注重推动部门预算公开，首次要求县财政局将全县各单位的预算编制成书，在人代会上分发至各代表团，扩大了代表对预算的知情权。注重抓好预算执行监督，听取和审议 2015 年上半年预算执行情况，批准了 2014 年财政决算和 2015 年预算调整方案，针对预算执行中存在的问题，要求县政府及相关部门，狠抓财源建设、严格支出管理、深化预算改革。注重发挥审计监督作用，对财政“同级审”中发现的问题，常委会坚持跟踪督办，深入部分被审计单位，督促抓好整改，在常委会第三十一次会议上，专题听取了整改情况汇报。通过督办，进一步规范了财政资金的管理和使用。

（二）关注工业经济，力挺园区建设发展。为提高我县经开区的承载能力，加速产业聚集，常委会听取和审议了县政府提请的《关于提请审议将衡东经济开发区大浦集中工业区标准化厂房建设项目实行政府购买服务的议案》，认为在经开区建设标准化厂房，方便承接沿海产业转移，便于企业落户衡东，有利于企业规模化发展，审议批准了该议案。组织在衡东的全体省、市人大代表及部分县人大代表 90 余人，集中视察经开区建设情况，重点察看了环境保护、基础设施建设，招商引资、优化发展环境等方面情况，并就如何加快园区建设，如何加快县域经济发展，积极建言献策，提出了许多可行性的意见和建议。

（三）关注“三农”工作，力推“三农”稳步发展。以省人大农业委重点联系我县为契机，听取和审议了全县农业产业化情况的报告，组织部分常委会委员深入 10 多个乡镇，对 30 多家龙头企业、专业合作社、新兴农业企业进行了专题调研，针对我县农业企业规模偏小，示范带动能力弱，融资渠道不畅等问题，督促县政府进一步强化政府服务和引导扶持，促进了全县农业产业化发展。根据省人大农业委的安排，对全县农村金融改革情况进行了调研，形成专题报告上报省人大农业委，并送交县政府及相关部门办理，加快了我县农村金融改革步伐，促进了信用村的不断涌现，推动了农村经济发展。开展集体林权制度改革情况专题调研，对《农业法》进行了执法检查，督促县政府解决了我县耕地质量下降、林权证发放不到位等问题。

（四）关注文物保护，力保衡东文化传承。文物是传承历史的重要符号，为确保我县文物得到有效保护，组织部分常委会委员深入多个乡镇，对秦孝仪故居、彭浚状元墓等 20 个文物保护单位（遗址）的保护情况进行专题调研，听取和审议了《文物保护法》在我县的贯彻实施情况，客观地指出我县在文物保护方面存在投入不够、安全防范能力薄弱等不足。县政府及相关部门在收到审议意见后,积极宣传《文物保护法》,全力做好县内文物抢救、保护工作,投入20多万元,启动了纸质文物抢救性修复工作,制定抗日名将罗芳珪烈士墓修复扩建方案,上报省文物局审批,有力地保护了衡东的文化根基。

二、聚焦群众关注热点,在增进民生福祉上不遗余力

常委会始终坚持民生导向,聚焦人民群众最关心、最直接、最现实的利益问题,不遗余力地强化工作监督,最大限度地维护群众的根本利益。

(一)聚焦民生改善。为加快我县贫困群众脱贫致富步伐,根据县政府的提请,常委会依法作出了《关于同意将衡东县易地扶贫搬迁建设工程项目实行政府购买服务的决议》,通过政府购买服务的方式,在河西新区及大浦镇等7个乡镇政府所在地,由湖南富城开发建设投资有限公司建设安置区,集中安置部分贫困人口。针对我县新农合运行中存在的不足,组织部分常委会委员和县人大代表,深入三所县级公立医院、博爱医院、大浦镇等乡镇卫生院和村卫生室,对我县新农合运行情况进行了调研,听取和审议了县人民政府《关于全县新型农村合作医疗工作情况的汇报》,督促县政府及相关部门完善补偿方案,重新确定新农合二级医院单病种付费限额标准,健全监管机制,加大对新农合违纪违规行为的查处力度,改善群众办事环境,改造好服务大厅。

(二)聚焦群众呼声。围绕群众关心的乡镇区划调整改革,常委会专题听取了县政府关于我县乡镇区划调整改革情况的报告,审议批准了《关于提请审议〈衡东县乡镇区划调整改革实施方案〉的议案》;常委会领导更是主动协助挂点乡镇,带头做好撤并工作,如期完成撤并任务;要求涉及撤并的乡镇人大协助做好过渡期间的留守工作,目前,涉及合并的7个乡镇,有5个由原乡镇的人大主席留守负责;就新组建的乡镇是否提前换届等问题,及时向县委作了汇报,确保了区划调整后基层政权的平稳过渡。针对群众反映强烈的城区小学、初中"上学难、上学贵",常委会对是否要在县城兴办一所公立学校进行专题调研,先后走访了教育、财政等相关部门,一中、兴东中学等10多所公、民办学校及部分乡镇,听取学校班子成员及乡镇的部分党代表、人大代表及政协委员的意见,形成了专题报告。

(三)聚焦"四行"活动。认真开展"三湘环保世纪行""三湘农产品质量安全行""三湘农民健康行"和"民族团结进步行动"活动,推动了农产品质量安全、生态环境保护、医疗卫生、民族团结等民心工程的顺利实施。如为促进民族团结政策落实,常委会领导对在怀化市芷江侗族自治县支教的8名教师、12名少数民族学生及家庭,进行了走访慰问。为推动乡村卫生室建设,宣传我县农村医疗条件改善先进典型,省市县多家新闻媒体,对大浦镇中心卫生院,堰桥村和大长垅村等村卫生室的建设情况,进行了采访报道。为推进生态环境保护,督促相关部门加大对新《环保法》的宣传力度,对县政府制定的《衡东县湘江保护和治理第一个"三年行动计划"实施方案》,进行了跟踪督办。为保障舌尖上的安全,开展了全县茶油质量专项整治,对茶油加工掺杂使假的个人和单位进行严厉打击。

(四)聚焦来信来访。全年共受理群众来信460余件,接待来访820余人次,有效化解各类矛盾纠纷65起。对事关群众切身利益、社会影响较大、群众反响强烈的来信来访案件,常委会坚持重点交办或跟踪督办,全力维护群众的合法权益。

三、贯彻依法治国方略,在推进依法治县上不断创新

常委会始终坚持法治导向,推进普法教育,加强法律监督,致力构建严格执法、公正司法、全民守法的法治秩序。

(一)加强普法工作监督。为贯彻落实依法治国方略,推动县政府加强法制宣传教育,常委会听取和审议了县政府关于"六五"普法决议执行情况的报告,在充分肯定我县"六五"普法工作成绩的同时,就普法工作中存在的普法方式不灵活、保障机制不完善等问题,要求县政府及相关部门要进一步创新普法宣传方式,强化部门责任,科学规划"七五普法"工作,不断提高我县公民的法治意识,"一府两院"的依法行政和公正司法意识。

(二)加强评议整改监督。2014年12月,常委会对县人民法院、县人民检察院、县公安局相关工作情况进行了评议,发出16条评议意见。为确保评议意见落到实处,2015年3月,常委会派出三个调查组,深入20多个单位、乡镇及部分企业,对三个被评单位整改情况进行了回访,对个别没有整改到位的问题,及时进行跟踪督办。为提高整改效果,4月份,常委会专题听取了公、检、法三家整改落实情况汇报,并对整改情况进行了满意度测评。在常委会的强力督办下,三个部门认真整改,成效比较明显,自开展整改工作以来,全县"打黑除恶"一直保持高压态势,打击"三强三霸"力度不断加大,案件判决执行不到位等现象大有改观,查办和预防职务犯罪的力度明显加大,社会评价明显提升。

(三)加强司法工作监督。为进一步促进司法公开公正,常委会首次向司法机关委派执法监督员,出台了《衡东县人大常委会执法监督员管理暂行办法》,从本届县人大代表中,选聘了20名同志担任首批执法监督员,分别委派到县人民法院、县人民检察院、县公安局和县司法局,开展执法监督工作。继续开展旁听法院庭审活动,先后组织50余名人大代表,旁听法院庭审5次,拓宽了司法监督渠道。继续抓好了规范性文件备案审查工作,全年共接收报备的规范性文件48件,经审查,均符合规定。协助市人大做好了检察机关查办和预防职务犯罪、法院立案工作和行政审批制度改革等专题调研。

(四)加强人事任免监督。坚持党管干部和依法任免相统一原则,全年共任免国家工作人员92人次。在任免工作中,严格按照法定程序,认真做好了任前调查了解、组织法律考试、任前询问、表态发言、颁发任命书等工作,确保人事任免的规范性和严肃性。根据党的十八届四中全会提出的"建立向宪法宣誓制度",创新开展公开向宪法宣誓活动,并决定,以后凡经县人大及其常委会选举或者任命的国家工作人员,就职时都要公开向宪法宣誓。至目前为止,已组织42名新任命人员公开向宪法宣誓,切实增强了新任命人员的宪法意识。注重加强任后监督,年底组织"一府两院"有关人员进行述职并对其测评。

四、坚持人民当家作主,在激发主体活力上精准发力

常委会始终坚持服务导向,突出代表主体地位,改进代表活动方式,加强议案建议督办,支持和保障代表依法履职。

(一)继续开展主题活动,让代表联系群众更密切。继续开展"心系群众,为民履职"活动,扎实抓好人大代表联系群众工作站的硬件建设,积极引导代表依托平台开展活动,至目前为止,全县25个工作站共接待群众1000余人次,收集群众提出的问题100多个,大部分问题都已妥善解决。继续开展"6·25为民服务日"活动和"常委会组成人员联系代表,代表联系群众"活动,引导代表主动为基层群众排忧解难,活动开展一年多来,得到了省市人大常委会领导和基层群众的一致好评。

(二)丰富代表日常活动,让代表作用发挥更充分。在大会闭会期间,扎实抓好了代表培训、开展调研等活动,全年共组织开展代表培训两次,邀请代表参加各类视察调研90余人次,列席常委会会议80余人次。积极引导我县各级代表参政议政、为民代言,成效比较显著,如由省代表提出的《关于加大对农村薄弱职业学校扶持力度的建议》,得到省教育厅的高度重视,分三年给我县职业中专解决500万元扶持资金;由市代表提出的《关于依法规范管理农村村民建房的议案》,被市人大评为2015年度全市唯一的优秀议案;去年市人代会期间,我县提出的严厉打击地下"六合彩"赌博活动的建议,得到了市委、市政府主要领导的高度重视,市委书记、市人大常委会主任李亿龙当即对该项工作进行了安排,随后市政府出台了《关于严厉打击地下"六合彩"赌博活动的通告》。年底,我们还组织29名市代表进行了届内述职。

(三)加强议案建议督办,让代表对办理结果更满意。县十六届人大四次会议期间,共收到代表建议51件,目前所有建议都已全部办结。为确保代表建议落到实处,常委会继续推行代表建议重点督办制度,常委会领导每人至少带头督办两件代表建议。如为办理《关于将新塘镇卫生费纳入水费中收交的建议》,常委会领导组织住建、环保、财政等部门召开了现场办公会,妥善解决该问题。针对个别单位对代表建议办理存在重答复、轻办理的情况，常委会还组织部分委员对部分建议进行了跟踪督办。同时，协助市人大常委会督办了《关于依法规范管理农村村民建房的议案》，督促县政府加大对农村违法建房的打击力度。

五、不断强化自身建设，在践行“三严三实”上力求实效

常委会始终坚持问题导向，认真开展“三严三实”专题教育，扎实抓好问题整改，积极参与中心工作，不断强化自身建设。

（一）扎实开展专题教育。围绕“三严三实”主题进行了深刻的剖析和广泛的讨论，以整风的精神召开专题民主生活会，抓好了党组班子和个人不严不实问题的整改。认真开展“一进二访”活动，主动参与基层矛盾化解，如在了解到新塘镇丰根村低保户陈某无法报销医药费后，常委会领导当即要求办公室会同民政、卫计等部门进行了妥善处理。

（二）不断强化内部管理。认真抓好了机关的组织建设、廉政建设和日常管理。在县委的重视和支持下，成立了城市建设环境和资源保护工作委员会，分设了研究室，进一步健全了人大机关内设机构。组织机关干部集中学习了《中国共产党纪律处分条例》等廉政纪律，进一步增强了机关干部的廉政意识。严格执行上班签到、请假、休假等机关管理制度，主动压缩“三公”经费，进一步强化了中央八项规定的约束。

（三）积极参与中心工作。常委会领导都能积极参与全县重点项目建设和精准扶贫工作，做到了每一位常委会领导至少联系一个重点项目、一个精准扶贫村。如在重点项目建设方面，牵头协助县委、政府做好了S314线城关至新塘段新农村示范片建设、中医院整体搬迁、和畅食品加工槟榔生产、冰晶石生产线建设、董家园土地一级开发、聚合硫酸铁生产线、洣江生态观光园等多个重点项目建设。目前，一些项目如新塘镇潭泊村的千亩大棚西瓜、香菇基地已正式投产，并产生了较好的经济效益。兼职委员都能主动协助县委、县政府做好相关工作，有的带领当地群众，全力打造省级美丽乡村建设示范村和新农村建设示范村；有的大力发展葡萄种植、蛋黄加工等现代农业产业，带动当地村民发家致富；有的协助河西管委会或当地政府，积极化解各类矛盾，维护当地经济社会发展。

（四）主动开展上下交流。以省人大农业委重点联系我县为契机，主动加强与省人大的联系。认真做好对外宣传工作，先后有民族团结进步行动、公开向宪法宣誓、评议公检法等工作被省人大宣传推介。加强对乡镇人大工作的联系指导，督促乡镇按期开好人代会，确保了全县人大工作整体推进。

在总结成绩的同时，我们也清醒地认识到，常委会工作还存在一些差距，如监督工作的针对性和实效性还需进一步提升，关注民生、发挥代表作用的形式还需进一步创新，常委会及机关自身建设还需进一步强化。对于这些问题和不足，我们将在今后的工作中采取有效措施，切实予以解决。

2016年重点做好以下四个方面的工作：

（一）着眼全面小康，全力服务发展大局。牢牢把握事关我县改革发展的重点领域、关键环节，精准监督。重点要围绕县委确定的全县经济工作目标任务，综合运用依法决议、专题调研、代表视察等措施，支持、督促县政府全力抓好落实。要密切关注全县重点项目建设，适时开展视察调研，督促县政府全力服务项目发展，不断优化发展环境。要密切关注全县财政运行情况，听取和审议2016年上半年财政预算执行情况等工作报告，加大对审计查出问题整改情况的督办力度。要跟踪监督县“十三五”规划实施情况，促进五大发展理念在我县落地生根，推动“十三五”规划稳健起步。要依法搞好换届选举，按照市委、县委的统一部署，做好县、镇（乡）两级人大代表的选举工作，筹备好县十七届人大一次会议，依法完成各项选举任务，为我县率先全面建成小康社会提供强有力的组织保障。

（二）着眼法治引领，不断强化工作监督。深入贯彻中央关于全面推进依法治国的战略部署，督促政府依法做好各项民生实事，进一步增强人民群众的获得感和满意度。重点要加强对民生问题的监督，听取和审议全县精准扶贫工作情况、全县教育相关工作情况、2015年城乡规划执行情况和2016年城乡规划安排情况、全县环境状况和环境保护目标完成情况，督促县政府进一步优化全县治安环境，继续抓实四行活动。要加强对法律实施情况的监督，听取和审议《残疾人保障法》《农业机械化促进法》等法律法规在我县贯彻执行情况。要加强对司法工作的监督，出台《人民陪审员履职考核办法》，做好规范性文件备案审查、旁听法院庭审等工作。要加强对人事任免的监督，认真开展向宪法宣誓活动，创新抓好任后监督。

（三）着眼服务保障，充分发挥代表作用。不断创新代表工作，及时为代表履职提供服务和保障。重点要继续开展"心系群众、为民履职"活动，进一步完善代表联系群众工作站建设，让工作站成为汇聚民意的重要渠道；进一步完善"双联"工作，将其打造成为密切联系代表和群众的重要途径。要继续邀请代表列席常委会会议、参加视察调研，为代表参政议政搭建桥梁、提供保障。要完善代表建议督办机制，提高办理质量和效率。要加强与乡镇人大的联系，指导乡镇开好人代会，组织乡镇人大开展换届选举业务培训，指导乡镇人大依法做好换届选举各项工作。

（四）着眼夯实基础，扎实抓好自身建设。以思想政治建设、能力建设和廉政建设为核心，不断加强自身建设。重点要巩固"三严三实"专题教育成果，继续加强常委会组成人员和机关干部的思想作风建设。要发扬求真务实作风，围绕常委会工作重点和群众关心的热点问题，大兴调研之风。要继续加强对机关干部的教育管理，不断增强干部队伍活力，进一步发挥人大机关参谋助手作用和服务保障作用，努力开创全县人大工作新局面。

衡东县第十六届人民代表大会常务委员会工作报告

——2016年11月20日在衡东县第十七届人民代表大会第一次会议上

县人大常委会主任　谭向勤

过去四年主要工作回顾

县十六届人大常委会自2012年12月选举产生以来,在中共衡东县委的正确领导下,紧紧依靠全县人民和全体县人大代表,依法行使法定职权,各项工作均取得明显成效。四年来,共召开人民代表大会5次,常委会会议40次,主任会议95次,听取和审议"一府两院"工作汇报68次,开展工作评议3项,组织执法检查18次,依法作出决议、决定25个,圆满完成了县十六届人大各次会议确定的目标任务,为推动全县经济社会适应新常态、实现新发展作出了应有的贡献。

过去四年是全力助推富民强县、促进社会发展的四年

四年来,常委会始终坚持发展为第一要务,围绕富民强县目标和经济发展新常态,突出"五个强化",力求抓重点、议大事、求实效,全力助推我县经济社会持续健康发展。

一、强化对经济运行的监督。分年度抓好了计划和预算编制的初审工作,听取和审议了县政府半年预算执行情况,推动县政府进一步优化财政支出结构,严格预算执行;审查、批准了财政决算和预算调整方案,促进了财政收支平衡。对财政"同级审"中发现的问题,常委会坚持跟踪督办,进一步规范了财政资金的管理和使用。听取和审议了"十三五"规划纲要编制情况的报告,督促政府科学安排重要指标、重大建设项目,提高了规划纲要的科学性和可行性。大力推行全口径预决算审查监督,要求县财政局将全县各单位的预算编制情况,在第三次人代会上分发至各代表团,扩大了代表对预算的知情权。注重加强对政府融资的监督,在全市率先出台了《衡东县人大常委会关于政府购买服务项目监督暂行规定》,从程序上对政府购买服务项目的审查与监督作出了规范。

二、强化对城乡建设的监督。围绕建设宜居宜业的新县城,四年来,常委会分年度听取和审议了上年度的城乡规划执行情况和本年度的城乡规划安排情况,推动城乡规划落到实处。审议批准了河西新区调规议案,同意调增规划用地总面积,调减工业用地比例,为高标准、高起点建设河西新区夯实了基础。对沿江风光带建设和县城污水处理厂改扩建两个项目作出相关决议,推动了这两个项目顺利竣工,提升了县城城市品味,改善了县城环境质量。先后批准了县政府提请的多个融资议案,专项用于河西新区和县城的基础设施和民生项目建设,有效破解了我县城市建设中资金不足的问题。坚持对资金使用情况跟踪监督,为县政府规避债务风险、实施"县城五年倍增行动"计划打下了坚实的基础。

三、强化对工业经济的监督。为推动我县工业经济触底回升,了解当前我县工业发展困境,2014年,常委会深入安仁县、衡山县及本县部分企业进行走访调研,在此基础上形成调研报告,提出了解决制约衡东工业发展瓶颈的意见和建议,供县委、政府决策参考。为提高我县经开区的承载能力,加速产业聚集,破除资金瓶颈,常委会审议批准了县政府提请的《将衡东经济开发区大浦集中工业区标准化厂房建设项目实行政府购买服务的议案》。此外,常委会还多次组织部分省、市、县代表,集中视察经开区建设情况和全县工业发展情况,并就如何加快县域工业经济发展,提出了许多可行性的意见和建议。

四、强化对"三农"工作的监督。为保障粮食安全,常委会听取和审议了全县粮食生产工作情况的报告,提出了加大粮食生产投入、促进规模经营、加强粮食流通管理等审议意见。听取和审议了全县农业产业化情况的报告，督促县政府进一步强化政府服务和引导扶持，促进了全县农业产业化发展。组织开展对《农业法》《湖南省大中型水库移民条例》的执法检查，专题调研了农村金融改革、集体林权制度改革、农村土地流转、油茶产业开发等涉农工作，督促相关部门解决了林权证发放不到位等问题，加快了农村金融改革步伐，加大了对大浦民主街建设资金的投入，认真做好了农村土地流转、油茶产业开发等工作。

五、强化对社会事业的监督。为破除我县电力事业发展中的制度障碍，常委会批准了县政府电力改革相关议案，加快了我县电网建设步伐，提高了衡东电网保障能力。听取和审议《文物保护法》在我县的贯彻实施情况，督促县政府全力做好县内文物抢救、保护工作，投入20多万元，启动了纸质文物抢救性修复工作。审议批准了《关于提请审议〈衡东县乡镇区划调整改革实施方案〉的议案》，要求涉及撤并的乡镇人大协助做好过渡期间的留守工作，确保了区划调整后基层政权的平稳过渡。听取和审议了吴南公路改建相关情况，督促相关部门依法使用资金，尽快完成公路建设的扫尾工作。组织代表视察了全县的低保清查、环境保护、教育等工作，为群众解决了一大批实际问题。

过去四年是全力聚焦民生改善、增进民生福祉的四年

四年来，常委会始终坚持民生导向，坚持“五个围绕”，不遗余力地强化工作监督，最大限度地增加人民群众的获得感，努力让人民群众在做大“蛋糕”中能分享更多的“蛋糕”。

一是围绕病有所医。常委会听取和审议了县政府《关于全县新型农村合作医疗工作情况的汇报》，对我县新农合运行中存在的不足进行了跟踪监督，在常委会的强力督办下，相关部门重新确定了新农合二级医院单病种付费限额标准，加大对新农合违纪违规行为的查处力度。与市人大常委会联合开展了对《献血法》的执法检查，督促县政府在县城建成“爱心献血屋”，倡议党员、干部、公职人员带头献血，实现了一方供血保一方用血。组织调研组对《药品管理法》在全县的贯彻实施情况进行了调研，要求相关部门进一步理顺监管机制，提高检测能力，确保群众用上放心药。

二是围绕住有所居。常委会依法作出了《关于同意将衡东县易地扶贫搬迁建设工程项目实行政府购买服务的决议》，支持县政府以购买服务的方式，在河西新区及大浦镇等7个乡镇政府所在地建设安置区，集中安置部分贫困人口，确保了部分贫困群众住有所居。审议批准了《关于提请审议将衡东县河西新区棚改（城中村）安置小区项目增加资金实行政府购买服务的议案》和《县人民政府关于对我县养老服务机构的建设和运行实行财政补贴的相关议案》，帮助河西新区破解了棚改（城中村）安置小区建设项目的资金瓶颈，支持相关部门对我县养老服务机构的建设和运行实行财政补贴，推动了我县老龄事业的发展。

三是围绕居有所安。常委会于2014年对全县公、检、法三家进行了工作评议，并对被评单位班子成员和中层正职工作情况进行了无记名投票测评，对不满意票超过50%的两位中层骨干，建议县委对其免现职处理。由于评议力度较大，这次评议得到了社会各界的广泛关注。为确保整改落到实处，县人大持续跟踪监督，2015年3月，对整改情况进行跟踪督办；4月份，专题听取了公、检、法整改落实情况汇报，并对整改情况进行了满意度测评；2016年9月，主任会议再次听取了公、检、法、司四家的“打黑除恶”工作情况汇报。在常委会的强力督办下，全县“打黑除恶”一直保持高压态势，处理了一批主观恶意性大、影响极其恶劣的涉恶案件，“打黑除恶”工作的各项指标均居全市前列。

四是围绕学有所教。常委会对是否要在县城兴办一所公立学校进行专题调研，针对群众反映强烈的城区小学、初中“上学难、上学贵”等问题，先后走访了教育、财政等相关部门，一中等10多所公、民办学校，听取学校班子成员及乡镇群众代表的意见，形成了专题报告交县委、政府决策。为确保合村并乡后的乡镇中小学布局调整合理，既有利于整合教育资源，也有利于学生上学，常委会对全县中小学布局情况进行了调研，听取和审议了县政府关

于学校布局调整工作情况的汇报，建议县政府在调整时，要最大限度地考虑群众的要求，让调整工作得到家长和社会的广泛支持。

五是围绕“四行”活动。常委会坚持一年一个主题，持续开展“四行”活动，推动了农产品质量安全、生态环境保护、农村医疗卫生服务、民族团结等民心工程的顺利实施。如在“三湘环保世纪行”中，相关部门扎实开展了水污染防治和大气污染防治，开工并建成了经开区污水处理厂。在“三湘农产品质量安全行”中，督促县政府强化对果蔬、禽畜水产品质量安全监督检查，开展了全县茶油质量专项整治，对茶油加工掺杂使假的个人和单位进行严厉打击。在“三湘农民健康行”中，相关部门及时落实“启聪扶贫计划”，扎实开展村卫生室建设，提高了农村卫生服务保障能力。在“民族团结进步行动”活动中，常委会领导走访慰问在怀化市芷江侗族自治县支教的8名教师和12名少数民族学生，进一步融洽了民族感情。

过去四年是贯彻依法治国方略、推进依法治县的四年

四年来，常委会始终坚持以加快民主法治建设为己任，突出“四个全力”，强化法律监督，深化司法监督，支持和督促“一府两院”依法行政、公正司法。

一是全力推进依法行政。常委会对《社区矫正实施办法》等多部法律法规开展了执法调研，协助省、市人大常委会认真搞好了《农业法》《烟草专卖法》《风景名胜区条例》等二十多部法律法规的执法检查，督促“一府两院”进一步规范执法行为，解决了一批实际问题。听取和审议了县政府关于“六五”普法决议执行情况的报告，督促县政府及相关部门进一步创新普法宣传方式，我县的“六五”普法工作中期被评为全省先进，验收阶段被评为全国“六五”普法工作先进县。与此同时，还认真做好规范性文件备案审查工作，本届以来共接收报备、审查的规范性文件236件，从源头上规范了政府的行政行为。

二是全力推进公正司法。为进一步促进司法公开公正，常委会出台了《衡东县人大常委会执法监督员管理暂行办法》，首次向司法机关委派执法监督员，从本届县人大代表中，选聘了20名同志担任首批执法监督员，分别委派到县人民法院、县人民检察院、县公安局和县司法局，开展执法监督工作。继续开展旁听法院庭审活动，本届以来共组织市县人大代表200余人次，旁听法院庭审38次，拓宽了监督渠道，有力地助推审判、公诉工作的公开、公正、透明。协助市人大做好了检察机关查办和预防职务犯罪、法院立案工作和行政审批制度改革等专题调研。

三是全力做好人事任免。本届共任免国家机关工作人员265人次。在任免工作中，严格按照法定程序，认真做好了任前调查了解、法律知识考试、任前询问、表态发言、颁发任命书等工作，确保了人事任免的规范性和严肃性。根据党的十八届四中全会精神，创新开展公开向宪法宣誓活动，并决定，以后凡经县人大及其常委会选举或者任命的国家工作人员，就职时都要公开向宪法宣誓。至目前为止，已组织48名新任命人员公开向宪法宣誓，切实增强了新任命人员的宪法意识。注重加强任后监督，每年年底组织“一府两院”有关人员进行述职并对其测评。

四是全力做好信访工作。坚持热情接待群众来信来访，及时将信访案件转交有关部门处理，对事关群众切身利益、社会影响较大、群众反响强烈的涉法涉诉案件进行重点交办和跟踪督办，维护了群众的合法利益。本届以来，共受理群众来信300余件，接待来访1200余人次，有效化解各类矛盾纠纷100余起，全力维护群众的合法权益。

过去四年是全力加强代表管理、激发履职热情的四年

四年来，县人大常委会始终把加强和改进服务工作作为代表工作的着力点，坚持“四个进一步”，积极搭建履职平台，认真做好了代表的教育、管理和换届工作，代表主体作用得到了充分发挥。

一是以案为鉴，进一步强化代表教育管理。为防范和杜绝衡阳破坏选举案等类似事件的重演，常委会以案为鉴，加大了对代表的教育管理力度，出台了《关于加强人大代表学习培训工作的意见》、《衡东县人大常委会关于县人大代表履职管理办

法》等代表教育管理制度，先后多次组织代表开展业务培训，引导全体人大代表进一步加强价值观念教育，组织观念教育和法纪观念教育；组织代表开展系列活动，引导全县各级代表主动为民履职，全力改善代表形象。分批次组织市代表进行届内任期述职，进一步增强了市代表的履职意识和法纪意识。

二是开展活动，进一步激发代表履职热情。四年来，共邀请县人大代表200多人次列席常委会会议，拓宽了代表知情知政渠道；组织国、省、市、县人大代表200余人次，集中视察了全县的推进新型工业化工作、重点项目建设、新型农业经营主体发展等10多项工作，向县政府交办视察建议、意见46条。组织人大代表持续开展了“心系群众，为民履职”为主题的实践活动，在县人大机关及原24个乡镇设立了人大代表联系群众工作站，组织开展“6·25”为民服务日活动和“常委会组成人员联系代表，代表联系群众”活动，引导代表主动为基层群众排忧解难，切实解决人民群众日常生活中的实际困难。活动自2014年开展以来，得到了省市人大常委会领导和基层群众的一致好评。

三是跟踪督办，进一步提高建议办理实效。本届以来，共收到代表提交的建议240件，涉及农村水、电、路，城乡社会保障，教育事业发展，医疗卫生改善，食品药品安全等多个方面，全部按期办结并答复代表。为提高代表建议办理的满意率，常委会除每年都要听取和审议县政府办理情况的汇报外，还积极开展代表建议督办，确定部分社会影响较大、群众关注度高的代表建议作为重点督办件，由常委会领导牵头督办。至目前为止，已重点督办建议30余件，督促相关部门解决民生问题20多个。为进一步提高建议办理实效，2015年，常委会还对代表建议办理情况进行了满意度测评。

四是组织换届，进一步夯实人大工作基础。按照市委、市人大常委会的统一部署，从2016年7月下旬至10月下旬，我县进行县、乡（镇）两级人大代表的换届选举工作。这次县乡人大代表选举，政治性、法律性、程序性非常强，为搞好这次换届选举工作，常委会认真履行组织责任，紧扣各个时间节点，认真做好动员培训、代表名额分配、选民登记、选区划分和组织选举等工作，成功选举产生252名县人大代表和1107名乡（镇）人大代表，整个代表选举程序合法，风清气正，圆满成功，为做好今后五年的县乡（镇）人大工作打下了良好的基础。

过去四年是全力加强自身建设，紧跟时代步伐的四年

四年来，常委会始终把加强自身建设与机关建设摆在突出位置，以开展党的群众路线教育实践活动、“三严三实”专题教育和“两学一做”学习教育为契机，坚持“五个主动”，不断强化自身建设，推动人大工作与时俱进。

一是主动开展案件反思。衡阳破坏选举案发生后，常委会协助县委认真做好了涉案人员的思想稳控工作和涉案代表的辞补选工作，确保案件查处平稳推进。组织机关干部职工认真开展了“六问”专题讨论，先后4次召开案件反思专题民主生活会，确保了案件反思入脑入心，进一步增强了机关全体干部职工的党性修养、法纪意识和组织意识。

二是主动加强作风建设。认真开展党的群众路线教育实践活动、“三严三实”专题教育和“两学一做”学习教育，深入查找、整改自身存在的“四风”等方面的问题，自觉践行群众路线，主动帮助群众解决矛盾，切实转变了常委会和机关干部的工作作风，提高了工作效率。

三是主动加强机关建设。在县委的重视和支持下，机关正科级工作机构由6个增加到12个，进一步健全了人大机关的机构设置。主动压缩“三公”经费，严格执行中央八项规定，组织机关干部学习了《中国共产党纪律处分条例》等廉政纪律，增强了机关干部的廉政意识。认真抓好了机关日常管理，机关参谋助手作用和服务保障水平明显增强。

四是主动参与中心工作。按照县委的统一部署，常委会领导都能积极主动参与全县的重点项目建设、新农村建设和精准扶贫工作，做到了每一位常委会领导至少联系一个重点项目、一个新农村建设示范村或精准扶贫村。如常委会牵头做好了S314线城关至新塘段新农村示范片建设、中医院整体搬迁、洣江生态观光园等多个重点项目建设，着

力解决了项目建设中的困难和问题。

五是主动开展上下交流。注重加强与上级人大的联系交流，在县人大常委会的努力下，我县被省人大农业委定为14个重点联系单位之一。先后承办了衡阳市人大农业与农村工作联系会议、全市人大系统老年门球赛等多项活动。注重加强对乡镇人大的联系指导，督促乡镇按时开好人代会，确保了全县人大工作整体推进。

四年来的工作体会

一、必须始终坚持党的领导，把牢履职方向。只有坚持党的领导，自觉把人大工作放到党委工作大局中去谋划、去部署，才能保证人大工作始终沿着正确的方向发展。四年来，我们始终把人大工作置于党的领导之下，人大的各项工作都是紧紧围绕县委的决策部署来开展的，切实把党的领导贯穿于人大工作的全过程。

二、必须捍卫根本政治制度，增强制度自信。人民代表大会制度是我国的根本政治制度，最大的优越性在于能把坚持党的领导、人民当家作主和依法治国有机统一起来。通过深入反思衡阳破坏选举案，让我们对坚持和捍卫这一根本政治制度，有了更深刻的认识，对增强制度自信，做好人大工作，有了更深刻的体会。

三、必须围绕中心力促发展，把握履职要务。发展是执政兴国的第一要务，只有自觉把人大工作放在全县改革发展稳定大局中去谋划，支持发展、服务发展、促进发展，人大工作才会取得新成效。

四、必须维护人民群众利益，树牢履职根本。人大及其常委会由人民按照法定程序选举产生，对人民负责、受人民监督。人大工作只有坚持人民利益至上，努力为人民群众督大事、解难事、办实事，人大行权履职才会有坚实的基础。

五、必须依靠全体人大代表，夯实履职基础。人大代表是群众的“代言人”，是人大工作的主体，只有坚持尊重主体，依靠代表，充分调动代表履职热情，发挥代表模范作用，人大工作才能凝聚力量、集聚智慧、促进发展。

今后五年的工作建议

一、把握新机遇，实现人大新作为。县第十三次党代会对如何做好今后五年的工作作出了战略部署，新一届常委会要抢抓机遇、顺势而为，在围绕县委决策部署、服务全县发展大局中找准人大工作定位，谋划工作思路，确定工作重点，落实工作举措，使人大各项工作始终与中心大局同频共振、与人民群众同心共鸣。

二、回应新期待，展现监督新成效。随着全面深化改革的不断推进，社会各类矛盾也将日益突显，群众的呼声和期待也将发生新的改变。新一届常委会要完善监督方式，综合运用听取专项工作报告、视察调研、专题询问、工作评议等监督手段，加大对群众反映强烈的问题的监督力度，推动民生问题优先解决、民生工程加快实施、惠民政策全面落实，进一步增强人民群众的获得感和满意度。

三、立足新起点，谱写法治新篇章。随着“四个全面”战略布局的不断推进，我国民主法治建设必将站位新的历史起点。新一届常委会要立足新起点，以“七五”普法教育为契机，进一步加强法治宣传教育和司法监督，促进“一府两院”依法行政、公正司法，确保行政权、审判权、检察权等公共权力在阳光下运行。依法做好人事任免工作，继续落实宪法宣誓制度，为经济社会发展提供组织保障。

四、拓展新思路，彰显代表新风采。新一届常委会要强化代表教育管理，认真抓好代表业务学习培训，提高代表依法履职的能力。要规范代表建议办理流程，提高代表建议办理工作质量；要拓展代表主题活动的广度和深度，引导积极参加视察调研、专题询问等活动，提高代表活动实效，彰显代表为民履职风采，不断夯实人大工作基础。

五、适应新常态，树立自身新形象。新一届常委会要不断适应作风建设新常态，加强人大常委会和机关干部的思想、作风、组织建设，不断提高人大常委会依法履职水平和机关服务保障水平；做好对外交流工作，加强对乡镇人大工作的联系指导，形成工作合力，努力开创全县人大工作新局面。

政府工作报告

——2016 年 3 月 6 日在衡东县第十六届人民代表大会第五次会议上

衡东县人民政府县长　廖义智

一、“十二五”时期及 2015 年工作回顾

“十二五”时期是衡东发展历程中极不平凡、极具挑战的五年。面对复杂的经济形势、纷繁的改革重任，全县上下凝心聚力，加压奋进，总体完成了“十二五”规划的主要目标任务，为全面建成小康社会奠定了坚实基础。

这五年，经济发展稳中有进，综合实力大幅提升。2015 年，全县 GDP、财政总收入分别达到 236.45亿元、12.43 亿元，是 2010 年的 1.9 倍、2.26 倍，全县人均 GDP 达到 32679 元；年末金融机构存、贷款余额分别为 132.06 亿元、63.63 亿元，是 2010 年末的 1.85 倍和 1.84 倍，存贷比为 44.9%。完成社会消费品零售总额 80.21 亿元，是 2010 年的 2.1 倍。城乡居民人均可支配收入分别达到 25895 元、15716 元，是 2010 年的 1.7 倍、2.12 倍，人民生活正向全面小康迈进。

这五年，项目建设逐年加快，发展基础大力夯实。2015 年完成固定资产投资 133.6 亿元，是 2010 年的 3.22 倍，年均增长 26.3%。5 年来，全县新引进内外资项目 220 余个，到位资金 40 多亿元；累计实施重点项目 377 个，投资总规模达 422.49 亿元，建成了红狮水泥、华亚玻璃等一大批重点项目。融资平台不断夯实，成功创建市级金融安全区，成立了交通投公司，县内融资平台达到 5 家。园区平台不断巩固，新建标准化厂房 13.5 万平方米，基础设施更加完善；开展征地拆迁“大会战”，储备土地 2000 多亩，用地保障更加有力；2013 年经开区获批省级循环经济试点园区，园内初步形成了机电机械制造、金属压延加工、化工和轻工四大支柱产业。

这五年，城乡建设统筹推进，市容村貌大为改观。大力实施县城“五年倍增行动”，城市骨架逐步拉开。县城面貌焕然一新，高标准建设了县城防洪堤暨沿江风光带，城区主干道基本油化，背街小巷改造基本完成。在全市率先实行清扫保洁市场化运作，城市管理水平实现质的提升。扎实开展城乡环境整治，完善镇村基础设施，强化卫生保洁，乡村面貌发生深刻变化。交通路网和公路安保设施更加完善，县城主要进出口基本畅通，实施农村通畅工程 784.4 公里，实现村村通水泥路，群众出行更加方便、舒适、安全。

这五年，环境保护日益加强，生态环境持续改善。圆满完成湘江保护和治理第一个“三年行动计划”，启动了洣水保护行动，率先推进干流和支流同治，衡东经验被省、市推介。水污染、重金属污染、大气污染防治取得明显成效。扎实推进通道绿化和乡村、裸露山地造林绿化，全县森林覆盖率达 48.57%。霞流镇成功创建国家级生态乡镇，新塘镇荣获“全国重点镇”称号，荣桓、三樟等 8 个乡镇成功创建省级生态乡镇，杨林镇潭江口村、大浦镇堰桥村和堰城村成功创建省级生态村。

这五年，社会事业不断进步，人民生活愈加幸福。财政收入主要用于民生，民生投入累计达90.27 亿元，年均增长 24.82%。圆满完成 127 件重点民生实事，城乡居民尤其是弱势群体的基本生活条件得到有力保障。渠道全面清淤，红旗干渠、德圳灌区西干渠全线硬化，栗木等主要干旱死角得到有效治理。新建变电站 8 座，实现农网改造清零。在全省率先开展村干部养老保险试点，社保体系不断健全并向农村延伸。抓牢抓实底线工作，成功创评“全省安全生产示范县”，扎实开展“平安衡东”建设，社会大局和谐稳定，民调全省排名稳步上升。

（一）理清思路调结构，三次产业全面升级。三次产业结构优化为 16.88 ∶ 36.82 ∶ 46.30，第三产业占比提升 3.3 个百分点。新型工业增速提质。完

成规模工业总产值160亿元,同比增长12.5%;实现规模工业增加值40.49亿元,增长7.3%。工业固定资产投资完成53.76亿元,高新技术产业增加值占GDP比重提高到7.99%。经开区实现工业生产总值109.48亿元、工业增加值30.11亿元、创税3.71亿元,同比分别增长13.7%、12.5%、11.7%。重点推进了大浦污水处理厂、标准化厂房、园区道路提质改造和创新创业园建设,园区发展平台进一步夯实。现代农业加速转型。农林牧渔总产值达74.16亿元,增长3.8%。粮食总产达47.15万吨,实现十二连增。重金属污染耕地修复治理工作扎实开展,"一流转五服务"工作深入推进,流转土地面积58.15万亩。规模以上农产品加工产值占农业总产值比重提高到33.6%。实施了高湖万亩油菜花海、白莲荷花基地等观光农业项目,成功引进湘南农产品电商产业园。现代服务业快速壮大。投资过亿的台湾物流园落地开工,成功创建省级"农村电子商务示范县",目前我县"万村千乡市场工程"项目共建设农家店300余家,农村电商综合体平台可容纳商户2000户,月均销售额达1000万元以上。旅游业蓬勃发展,全年接待游客285万人次,实现旅游综合收入20亿元,分别增长11%、9.9%。成功举办"金觉映山红""洣水花千谷"等乡村生态旅游节会,荣桓镇荣获全市"最佳乡村生态旅游目的地"称号。

(二)改革开放添动力,发展活力全面迸发。乡镇区划调整改革平稳完成。创新思路实施合乡并村,乡镇数量由24个撤并为17个,行政村数量由561个减少为233个。在准确定位发展方向的基础上,设立了48个中心村。并村工作快速推进,较上级要求提前半年完成,工作经验在全省推介。重点领域改革实现突破。在全市率先完成政府机构改革,政府工作部门由38个精简为24个。深化政府融资平台改革,为平台公司注入优质资产,增强了融资能力;成功引入国开行资金2.17亿元,河西棚改项目7.9亿元投贷结合资金进入审批阶段,企业债券发行筹备工作全面就绪,破解了城市建设、园区发展的资金瓶颈。成功组建农村商业银行,金融服务"三农"、土地承包经营权确权登记颁证、土地流转等农村综合改革稳步推进。财政零基预算、公务卡结算制度全面实施。县级公立医院改革全面启动。养老保险制度改革、公车改革等工作有序推进。对外开放取得明显成效。全县实现自营进出口额3644万美元,位居全市第二。新引进项目65个,合同引资46.8亿元,其中投资过亿元的项目10个。碧桂园、天英学校、旭达养生养老等大项目、好项目落户衡东。机动车驾考科目二考点获省批复;4个项目成功挤进国家发改委笼子,争资额达1亿多元。

(三)建管结合抓统筹,城乡面貌全面改观。加快了扩容提质。县城建成区面积达到11.2平方公里,城区绿化覆盖率提高到41.6%。重点改造了洣江大道二期、文明西路、金堰广场,建设了污水处理厂二期工程和兴衡大道、衡东大道、兴衡西路二期等路网工程项目,加快了武家山公园和杨山公园建设。城北片区、河西新区、城东滨水区开发持续推进,县城"一江两岸"的发展格局基本形成。强化了城市管理。以创建全国文明县城为统揽,深入开展"四城同创"活动。扩大清扫保洁覆盖面,彻底清扫县城卫生死角,继续狠抓禁止燃放烟花鞭炮和殡葬改革工作,全面整治县城交通秩序和市场经营秩序,大力加强市政设施管护,深入实施"净化、绿化、美化、亮化"工程,县城绿化提质取得明显成效,洁净亮丽、舒适有序已成为市容常态。美化了乡村环境。扎实推进农村环境综合整治和乡风文明建设,镇、村生活垃圾集中处理率达97.3%,农村生活污水处理率达64%,乡村卫生状况明显改观,石湾镇、霞流镇被评为全市十佳乡镇,堰桥、宋坪、李花等村获评明星示范村。完成340公里通道绿化和50个"秀美村庄"建设,集镇建成区绿化覆盖率提高到28.3%,农村空气质量、地表水质等环境质量指数达标率均为100%。

(四)关注民生促普惠,社会事业全面进步。认真办好民生实事。省、市下达的19项重点民生实事指标圆满完成。吴南公路全线贯通,栗德公路拓宽改造全面竣工;高标准实施S314线洣水至新塘段、S315线大浦段油化和亮化,"畅、安、舒、美"的路域环境基本形成。完成永乐江大桥等17座桥梁改造,霞流公跨铁桥改造正在抓紧施工。实施了1座小一型、43座小二型病险水库除险加固工程;建设农村安全饮水工程33处,解决饮水不安全人数29970人。新增城镇就业5709人,城镇零就业家庭实现动态清零。改造农村危房600户,新建2所乡镇敬老院、23所农村幸福院和5个养老服务示范点。发放城乡低保、农村五保、医疗救助资金共计5676.1万元,保障了3.3万名困难群众的基本生活,城乡低保实现动态管理、应保尽保,月人均补助分别增至278元、120元。全面开展扶贫攻坚。向全县33个省级贫困村派驻扶贫工作队,投入资金1400多万元,“一户一策”实施精准扶贫,帮助8229人成功脱贫,减贫率为25.47%,省级贫困村人均可支配收入增至3850元。协调发展各项事业。实施农村学校“改薄”项目101个,新建农村公办幼儿园2所。新农合参合率达98%,基本药物制度实现基层全覆盖。县残疾人就业培训暨康复服务中心建成投入使用。全县人均公共文化体育设施面积达2.43平方米,提前达到小康水平。人口计生工作稳步发展。其他各个乡镇、各个单位、各项工作都取得新成绩,驻衡东解放军、武警、民兵预备役部队作出新贡献。着力夯实底线工作。推行信访“四三二一”工作法,实行依法治访,在全市率先启动“轻刑快办”,依法判决4人,全县没有发生重大群体性事件,信访工作经验获国、省推介。成立河道采砂综合执法队伍,有效规范河道采砂行为。扎实抓好安全生产工作,顺利通过全省“安全生产示范县”复评。深入开展摩托车专项整治,道路交通事故大幅下降。大力开展打黑除恶、打击非法集资和地下六合彩专项整治,破获刑事案件32起,刑拘13人,逮捕3人,移送起诉5人,查处行政案件45起,行政拘留83人。投入1500万元实施“天网工程”,新装视频监控摄像头400个,有效覆盖重点单位、重点区域、重点路段,全县社会治安形势持续好转,人民群众安全感和满意度不断提高。

(五)转变作风提效能,政府建设全面加强。在全市率先推行权力清单制度,部门权力清单、责任清单在政府门户网站公布。深入推进行政审批“两集中、两到位”,具有行政审批职能的单位均设立了行政审批股室,并进驻政务服务中心,群众办事更加便捷。在全市率先开通“12345”政府服务热线,群众诉求渠道更加畅通。严格执行“三重一大”集体决策制,充实法律顾问队伍,提升政府依法决策、科学决策水平;推行行政执法人员跟班学习制度,聘任了一批行政执法专职监督员,提高了队伍素质,强化了执法监督;自觉接受人大法律监督、政协民主监督和社会各界监督,全年办理人大代表建议51件、政协委员提案90件。扎实开展“三严三实”专题教育,大力整治“为官不为”,干部作风持续好转。全面落实党风廉政建设责任制,加大监察审计力度,严控“三公”经费支出,公务接待全面规范。

在肯定成绩的同时,我们也清醒地看到,当前经济社会发展中还存在一些比较突出的问题:一是政府工作团队的作风有待进一步加强,思想活力不够、工作定力不够、发展推力不够的问题亟待解决。二是补齐发展短板的措施有待进一步加强,工业经济整体竞争力不强、抗风险能力不强、园区平台建设和管理改革相对滞后的问题亟待解决。三是适应复杂经济形势的能力有待进一步加强,产业结构不合理、招商引资力度不够大、项目落地效率不够高等问题亟待解决,等等。对于这些问题,我们将高度重视,认真加以克服和解决,以强烈的责任心推动发展。

二、“十三五”时期总体思路及目标任务

“十三五”时期是全面建成小康社会的决胜阶段,是实现升级发展的关键时期,也是加快赶超的黄金时期。我们要准确把握战略机遇期内涵的深刻变化,有效应对各种风险和挑战,着力在优化结构、增强动力、补齐短板等方面实现突破性进展,坚定不移地为建成小康衡东而努力奋斗。

今后五年,全县经济社会发展的指导思想是:高举中国特色社会主义伟大旗帜,全面贯彻党的十八大和十八届三中、四中、五中全会精神,以马克思列宁主义、毛泽东思想、邓小平理论、“三个代表”重要思想、科学发展观为指导,深入贯彻习近平总书记系列重要讲话精神,坚持“四个全面”的战略布局,坚持创新、协调、绿色、开放、共享的发展新理念,协调推进政治、经济、文化、社会、生态文明建设,以建设“宜居县城、秀美乡村、特色农业、示范园区、物流大县、旅游强县”为主攻方向,确保提前建成全面小康社会,建设富饶美丽幸福新衡东。

“十三五”时期,全县要努力实现以下目标:

——经济保持中高速增长。地区生产总值年均增长9%左右,2020年总量达到363.81亿元。财政总收入年均增长10%以上,2020年总量达到20.01亿元。固定资产投资、社会消费品零售总额、进出口总额年均分别增长16%、12.5%、19%。规模工业增加值年均增长10%。

——经济结构进一步优化。工业化和信息化融合发展水平进一步提高,打造机械制造、有色金属压延加工、精细化工三大产业基地。加快推进农业现代化,建设优质农产品主产区,不断壮大规模种养业、农产品加工业和农村服务业。加快发展现代服务业,努力打造全省乡村生态旅游胜地,加快建设现代物流园区。创新能力显著增强,高新技术产业增加值占地区生产总值比重提高到20%以上。

——人民生活水平和质量全面提高。以改善民生为重点的社会事业建设全面推进。城镇登记失业率控制在4.5%以内,人口自然增长率控制在9.5‰左右。到2020年,城镇居民人均可支配收入、农村居民人均纯收入分别达到39842元、25310元。学前三年入园率达到90%,九年义务教育巩固率达到98%,高中阶段教育毛入学率达到90%。城乡居民逐步享有均等化的基本公共卫生服务。人均拥有公共文化体育设施面积大于3平方米。城乡基本养老保险参保率达到并稳定在90%以上,城乡基本医疗保险参保率稳定在95%以上。

——生态环境质量持续改善。节能减排效果明显,单位地区生产总值二氧化碳排放量降低18%以上,主要污染物排放累计减少10%—15%。森林覆盖率达到52.2%以上,湿地保有率保持在较高水平,县城生活污水处理率达95%以上,城区空气质量达标率100%,城乡生态环境明显改善,环境质量继续保持全省领先。

三、2016年工作安排

2016年是“十三五”开局之年,我们必须以务实的作风扎实抓好各项工作,为五年规划目标的实现奠定坚实基础。

今年全县经济社会发展的预期目标是:地区生产总值增长9%,财政总收入增长10%,固定资产投资增长18%以上,社会消费品零售总额增长12.5%,进出口总额增长15%,规模工业增加值增长8.5%左右,城乡居民人均可支配收入分别增长9%、10%,全面完成上级下达的安全生产、节能减排等约束性指标任务。

围绕上述目标,必须重点抓好以下八个方面的工作:

(一)深化改革创新,激发动力活力

全面理顺管理机制。深化政府机构改革,抓好合乡并村后续工作,理顺县、乡、村三级管理体制和服务机制。创新村级管理,试行村级代办服务。强化奖惩激励,树立事在人为的信念,保持积极进取的精神状态,激发干事创业的动力,着力解决不想为、不敢为、不能为的问题。

大力拓宽“双创”空间。培育和表彰一批创新创业典型,激发民众热情,营造良好氛围。优化创新创业环境,降低市场准入门槛,强化教育培训服务,实施创新创业资助工程,重点扶持高校毕业生、贫困人员、返乡农民工、专业技术人员创新创业。积极搭建工业、农业产业化、电子商务、乡村旅游等方面的创新创业平台,大力推进经开区创新创业园区建设,力争建材市场、华泰家居两大创业孵化基地创建为省级创业孵化基地。

持续深化重点改革。稳步推进财税体制改革,落实减税政策,加强财政支出资金绩效考评,加大财政资金整合力度,推进财政资金统筹使用。全面实施县投融资平台公司实体化转型改革,进一步增强融资平台承载力。加快推进不动产统一登记改革,实现统一登记发证。完成农村土地承包经营权登记颁证工作。深化公立医院综合改革,积极探索现代医院管理机制。对接上级要求,统筹推进城市管理、机关事业单位养老保险、公务用车、户籍、价格、文化、教育、生态文明等领域的改革。

(二)立足县情行情,提振工业经济

稳固优势产业。积极对接“中国制造2025”规划,实施名牌战略,重点打造机械制造、有色金属产业，通过放大优势，完善配套产业链条，做大做强现有优势企业；以湖南机油泵、创大钒钨、世纪钨材等龙头企业为支撑，努力打造全国性的泵业生产基地、钨铁生产基地、精密铸造生产基地和精密模具生产基地。

培育潜力产业。以东健药业为龙头，做大做强生物医药业。深化中投集团与金虎铜业合作，力争10万吨铜材深加工项目建成投产，着力打造铜业产业园，逐步形成产业链条。充分发挥石灰石、河砂等资源优势，以红狮水泥为龙头，着力打造建筑材料产业园，合理布局混凝土搅拌站，开拓销售市场，形成新的产业。借鉴南康经验，用五年时间打造以床为主导品种的百亿级家具产业园，坚持不懈发展家具产业。借鉴南充经验，努力打造辐射湘南的物流产业园，立足优势发展现代物流产业。

加快转型升级。大力推进供给侧结构性改革，清理"僵尸企业"，淘汰落后产能，减轻企业负担，化解过剩产能，通过依法破产和退出，逐步淘汰高能耗、环境污染严重的企业。加大产业结构调整力度，积极引进低能耗、低污染、高产出项目，推进节能减排和工业污染治理，启动洣水沿岸化工冶炼企业搬迁入园，推进经开区冶炼企业优化升级，引导产业向精、深加工转变。

建设现代园区。继续加强园区水、电、路、讯等基础设施建设，加快推进经开区中小企业服务中心、工业大道、朝阳路、兴园路、北片区道路提质改造、标准化厂房建设。重点推进交通产业园、电子商务产业园、物流产业园、家具产业园等专业园区建设。加快园区政务服务改革，理顺管理体制，推行集中代办制，实现"园内事园内办结"。

（三）夯实基层基础，发展现代农业

加快农业产业化。稳定粮食生产，重点抓好高产示范片建设，确保粮食总播种面积达到102万亩以上，粮食总产在45万吨以上。坚持以市场为导向，突出发展油茶产业、养殖业、果蔬产业、经济林产业，重点推进生猪、禽蛋、油类、黄贡椒等产业开发。整合本土优势资源，做大做强农业龙头企业，形成农业产业示范片区，重点抓好潭泊现代农业观光园、高湖洣江生态园、三樟"百椒园"建设。

创新农业经营体制。培育壮大新型农业经营主体，引导农村土地承包经营权规范有序流转，鼓励支持农民家庭承包土地向专业大户、家庭农场、农民合作社流转，发展多种形式的适度规模经营。全年新发展农民合作社25个，争创省级示范社1个，新发展家庭农场25个，培育有行业特色、有市场竞争力的示范性农场1—2家。加大金融扶持"三农"力度，创新农村金融产品和抵押信贷模式，设立涉农风险补偿金，提升农户、家庭农（林）场、农民合作社、农业企业的信贷能力。规范农村市场服务，推进农超、农企对接，促进农产品高效流通。

完善农业基础设施。整合各项涉农资金，加大"三农"投入，不断夯实农业发展基础。完善农田水利基础设施，分期分批硬化干渠，做好病险水库除险加固、中小河流治理、山塘渠坝整修等工作，抓好荣桓大型水闸除险加固二期工程建设。加快农村电网建设，建成白莲变电站，完成52个村农网升级改造。加强耕地质量管理，继续实施重金属污染耕地修复治理。加快移民后扶开发，着力完善库区基础设施。开展第三次全国农业普查，扎实做好防汛抗旱、森林防火工作，切实增强农业防灾减灾能力。

（四）放大资源优势，提质第三产业

做强土菜旅游业。依托县内旅游资源优势，融合本地特色文化，发挥土菜品牌效应，着力做好"旅游+文化""旅游+养生""旅游+土菜""旅游+农业产业化"的结合文章，重点开发原生态农产品、大桥剪纸、印章作品等旅游产品。举办系列乡村生态旅游文化节会。全面启动湘江南温泉等旅游项目建设，加快推进县内原有景区景点提质改造。突出抓好衡东旅游网站建设，充分利用新兴媒体，强化旅游宣传推介，扩大衡东知名度和美誉度。

做大电商物流业。立足交通区位优势，充分利用"互联网+""+互联网"等方式，大力发展现代物流业，促进工业、农产品加工、土菜等行业线上线下融合，形成便利快捷的流通网络，拓宽营销渠道，增加市场份额。积极引进大型知名物流、快递公司，加快推进经开区仓储物流中心、台湾物流园、湘南农产品电商产业园建设。争创全国农村电子商务示范县，农村电商综合体平台实现容纳商户3000

户、月销售额1400万元以上。

做优养老养生业。扎实推进旭达养老养生项目建设,探寻市场运作模式,引导社会资本进入养老服务业。丰富家政、健康、养老等服务产品供给,支持医养结合发展养老产业,打造适合老年人生活的硬件环境,改善、增加社区老年活动场所,推进政府购买养老服务。

做实金融服务业。创新金融产品和服务,引导金融机构扩大信贷投放规模。扶持湖南机油泵等公司上市,提高直接融资规模和比重。继续做好助保贷业务,壮大担保体系,帮扶中小企业健康发展。加快发展现代保险业,提升保险服务水平。加强民间融资管理,强化风险监测预警和处理,牢牢守住不发生区域性金融风险的底线。

(五)突出项目抓手,增强发展后劲

加大项目引进。调整招商引资优惠政策,加快招商网站建设。健全完善招商引资工作模式,分类建立项目库,分块落实工作任务,分项设立考核标准,分年度兑现奖惩措施,强化招商引资工作责任和考核奖惩。力争全年引进创税千万元以上的工业企业2—3家、年纳税500万元以上的企业3—5家,引进基础设施类项目、旅游类项目、农业龙头企业、电子商贸物流企业、文化产业企业各2—3家(个)。

加快项目建设。全年实施重点项目90个以上,年度计划完成投资50亿元。完成衡东体育馆、南岳高速东延线、霞流公跨铁桥、民兵武器仓库建设,力争建材市场二期、大地泵业、中油金鸿天然气等项目建成运行,加快大浦通航机场、文冲渡口渡改桥项目建设,完成大浦千吨级码头、通园大道、朱亭-金花干线公路升级改造项目的前期工作,力推杨攸公路、草市渡改桥项目早日开工。

加强项目保障。项目融资方面,引导金融机构加强对中小微企业的信贷支持,力争贷款净投放额增长10亿元以上;加强融资平台公司建设,拓宽融资渠道,支持社会资本特别是民间资本参与公共基础设施建设,发行企业债券8亿—10亿元。优化环境方面,实行重大招商引资项目审批与手续办理专人代办制,分类查处影响项目建设的各类环境问题,依法从重、从快打击"三强""三霸"等违法行为。

(六)推进城乡统筹,促进共同繁荣

科学谋划城乡发展。以行政区划调整改革作为城乡发展的新起点,把洣水、吴集、大浦等3个乡镇和48个中心村作为发展主战场,辐射带动周边地区,切实加快新农村建设和城镇化进程。突出规划引领,完成17个乡镇的总体规划修编、一批行政村的村庄规划,引导村民建房向集镇、中心村适度集中,保护和传承乡村地域特色文化。加强土地管理,规范村民建房,严格落实"一户一宅",坚决打击各类违法建房行为。

统筹推进城乡建设。着力"绿化衡东",实施吴南公路绿化工程,完成55个村庄绿化和743公里通道绿化,裸露山地造林7万亩,开展森林禁伐三年行动,启动洣水国家湿地公园和武家山植物园建设。着力"畅通衡东",继续提质改造主干道,加大农村道路建设投入,实施农村公路窄路拓宽工程,全面完成安保设施建设任务,逐步完善乡镇、村新辖区内的路网。着力"点亮衡东",高标准建设武家山公园音乐喷泉、水幕电影和洣水环城河段水上亮化工程,逐步推进集镇、村道亮化。着力"洁净衡东",开展农村环境综合整治整县推进工作,建立农村生活垃圾分类处理体系,完成13个乡镇垃圾中转站建设并投入使用,打造一批美丽宜居乡镇。加强生态环境保护,扎实做好湘江保护和治理工作,继续实施洣水保护行动,规范河道采砂秩序,推进生态养殖和标准化养殖,抓好规模养殖场无害化处理。

持续实施"五年倍增"。大力开发河西新区,加快沿江路、学府路、双园大道北延段等道路建设,进一步拉开河西发展骨架;突出公共服务设施建设,全力抓好天英学校、中医院搬迁、烈士公园等8个重点项目建设。提质改造老城区,加大背街小巷和城中村改造力度,重点抓好城东滨水片区开发,全面完成兴衡大道、城北S314线二期提质改造,高质量建设武家山公园、杨山公园。持续推进城区供水提质和防洪排涝设施建设,进一步提升县城的吸引力、凝聚力和承载力。

扎实推进"四城同创"。建立城市管理连环监督机制,着力改善城市面貌,重点抓好交通秩序、户外广告、违规经营等专项整治和园林单位创建，强力推进殡葬改革和城区禁烟禁爆工作。加快"数字衡东"建设，提升城市信息化管理水平。扩大卫生保洁覆盖面，做好城中村、城乡结合部的卫生保洁工作；抓好建筑施工和城区村民建房施工管理，严格规范渣土运输。

（七）发展社会事业，增进民生福祉

办好民生实事。全面完成省政府下达的16项24个重点民生实事项目。大力实施"创业带动就业"计划，落实就业扶持政策，加快镇村就业平台建设，开发公益性岗位，促进各类群体充分就业。加大社保扩面征缴力度，落实社会保险各项制度，努力提高保障水平。切实加大保障性安居工程建设，建成公租房750套，实施棚户区改造1675户。全面落实残疾人专项救助政策，加大对精神病人、单亲困境儿童的救助力度。加快乡镇中心敬老院建设，新增养老服务床位，逐步提高社会救助水平。

抓好扶贫攻坚。全面推进精准扶贫，积极向上级争取资金3亿元，实施易地扶贫搬迁工程，强化产业扶贫和责任管理，推进驻村、联村和结对帮扶全覆盖。年内完成扶贫开发投入2000万元以上，减贫率达到23.5%。到2016年末，贫困村居民人均可支配收入达到4250元以上，力争实现脱贫4981人以上。

发展社会事业。加快"教育强县"创建步伐，完成一小和四小改造，抓好文冲幼儿园和4所乡镇农村公办幼儿园建设，完成职业中专新校区二期工程建设，启动中小学布局调整及提质改造工程。优化医疗卫生资源配置，加大新农合惠民力度，全面实施新农合大病保险制度。扎实开展计划生育基本公共服务，实现免费技术服务全覆盖。巩固省级餐饮安全示范县创建成果，切实提升食品药品安全监管能力。以建县五十周年为契机，开展系列具有衡东特色、群众喜闻乐见的文化活动。建设衡东博物馆、大桥剪纸博物馆，加强可移动文物普查，做好文物非遗保护传承工作。加快农村有线电视"户户通"和"宽带乡村"建设，全面实施有线电视县乡联网工程，大力推进农村宽带升级提速，努力建设"智慧衡东"。大力发展科学事业，普及科学知识。强化国防教育和人防基础建设，抓好兵役工作和"双拥"共建，推进军民融合深度发展。

维护社会稳定。深入推进平安衡东建设，着力构建和谐稳定社会大局。加强社会治安综合治理，大力开展"两化解、两整治、三打击"百日大会战，持续抓好摩托车专项整治，严厉打击黑恶势力、地下六合彩、非法集资、吸毒贩毒等群众反映强烈的违法犯罪活动，切实提高人民群众的安全感和满意度。加强信访法制化、信息化建设，推进"阳光信访"和"责任信访"，强化初信初访和信访积案办理，有效化解各类矛盾纠纷。认真落实安全生产"一岗双责"，持续深化"打非治违"，坚决防止重特大安全事故发生。

（八）强化自身建设，提高服务水平

坚持依法行政。自觉接受人大法律监督、政协民主监督和社会舆论监督，认真办理人大代表议案、建议和政协委员提案。着力深化政务公开，进一步完善政府工作部门权力清单、责任清单制度，切实做到法无授权不可为、法定职责必须为。严格执行法定程序，健全重大决策民意征询制度、政府法律顾问制度，提升依法决策水平。加强普法宣传和执法队伍建设，落实行政执法责任制和公示制度，强化部门联合执法，打通行政执法"最后一公里"。

提高行政效能。强化政务服务中心管理，严格落实行政审批目录清单，全面深化行政审批"两集中、两到位"，加强电子政务网络建设，深入推进网上并联审批，进一步优化审批程序，为群众提供高效、便捷的"一站式"服务。建立政务巡视制度，加强政务督查，狠抓决策执行和落实，确保事事有着落、件件有回音。

加强廉政建设。全面落实廉洁从政各项规定，认真履行党风廉政建设主体责任和监督责任，健全廉政风险防控体系。加大违法违纪案件查处力度，始终保持惩治腐败的高压态势。强化对重点热点领域和关键环节的监管，确保全县"三公"经费只减不增。持续巩固党的群众路线教育实践活动和"三严三实"专题教育成果，全面净化政风行风，努力建设廉洁政府。

政府工作报告

——2016年11月19日在衡东县第十七届人民代表大会第一次会议上

衡东县人民政府代县长　徐志毅

一、过去四年工作的基本回顾

过去四年,本届政府在市委、市政府和县委的坚强领导下,在县人大和县政协的监督支持下,团结带领全县人民,抢抓机遇,加压奋进,积极应对各种困难和挑战,较好地完成了县十六届人大一次会议确定的各项目标任务。

四年来,我们聚精会神推动经济发展,实现了“三量齐升”。经济总量稳步上升。2016年,预计全县完成地区生产总值253.48亿元,是2012年的1.46倍,年均增长9.9%;公共财政总收入预计达到13.67亿元,是2012年的1.47倍,年均增长10.1%;预计完成固定资产投资153.64亿元,是2012年的2.31倍,年均增长21.2%;预计完成社会消费品零售总额89.76亿元,是2012年的1.75倍,年均增长11.9%。人均均量逐年攀升。预计2016年末全县人均GDP可达36790元,年均增长10.2%;人均财政收入可达2136元,年均增长9.6%;城乡居民人均可支配收入预计分别达到28562元、17225元,年均增长率分别为7.7%、9.7%。发展质量逐步提升。万元GDP能耗、万元GDP水耗连年降低;高新技术产业增加值占GDP比重提高到8.5%;全县小康实现程度预计达到87.6%,比2012年提高15.7个百分点,人民生活正向全面小康迈进。

四年来,我们稳打稳扎调整产业结构,实现了“三产提质”。三次产业构成比由2012年的19.1∶41.8∶39.1优化为16.88∶36.82∶46.30,第三产业占比提升了7个百分点。现代农业增产增效。2016年,预计实现农业总产值77.68亿元,是2012年的1.38倍。粮食总产达41.87万吨,继续保持全国产粮大县、全省粮食生产先进县、全国生猪调出大县地位,荣获全国油茶产业发展示范县称号。市级以上农业龙头企业发展到38家,规模以上农产品加工值占农业总产值比重提高到33.6%。深入推进“一流转五服务”工作,全县土地流转总面积达58.15万亩。新型工业转型升级。2016年预计完成规模工业总产值165亿元;实现规模工业增加值63亿元,是2012年的1.28倍。规模工业企业发展到88家,初步形成了机械制造、有色金属、化学化工、建筑材料、轻工陶瓷和农产品加工等六大支柱产业。经开区于2013年获批省级循环经济试点园区,今年预计可实现工业生产总值138.8亿元、工业增加值53亿元。湖南机油泵公司于今年11月在主板成功上市,“湘江牌”机油泵荣获“中国驰名商标”。第三产业快速壮大。旅游业蓬勃发展,2013年被省政府授予“湖南省旅游强县”称号,罗荣桓故居获评全国重点文物保护单位;2013年以来,全县累计接待国内外游客1203.4万人次,实现旅游综合收入84.25亿元。土菜产业链累计实现产值58.9亿元,实现就业10万人。成功创建省级“农村电子商务示范县”,申通快递、圆通速递均在衡东经开区设立湘南枢纽中心,新塘安邦物流中心、土菜配送中心已建成投入使用。

四年来,我们脚踏实地夯实发展基础,实现了“三个突破”。融资渠道全面拓宽。广泛开展政银合作,累计签约资金60亿元;积极争取上级各类专项资金,累计争资29.6亿元;成功创建市级金融安全区,县内5家融资平台公司累计融资17.86亿元,有效破解了项目建设资金瓶颈。用地保障更加有力。积极争取用地指标,累计批回项目建设用地466.62公顷;深入开展园区征地拆迁“大会战”,储备土地3000多亩。项目建设如火如荼。2013年以来,全县累计实施重点项目313个,完成投资额136.83亿元。建成了红狮水泥、华亚玻璃、恒建油茶产业基地、建材大市场、南岳高速东延线等一大批重点项目。经开区累计投入5.4亿元，建成了污水处理厂、10万平方米标准化厂房，推进了北片区道路提质改造、标准化厂房二期工程、中小企业服务中心等项目建设，园区配套设施更加完善。

四年来，我们攻坚克难推进改革开放，实现了“三个深化”。行政体制改革进一步深化。在全市率先完成政府机构改革，政府工作部门由33个精简为26个。乡镇区划调整改革工作经验在全省推介，乡镇数量由24个撤并为17个，社区数量由19个优化为23个，行政村数量由561个合并为233个，精简幅度达58.5%，高出省市要求11个百分点。重点领域改革进一步深化。成功组建农村商业银行，金融服务“三农”、土地承包经营权确权登记颁证、土地流转等农村综合改革稳步推进。财政零基预算、公务卡结算制度全面实施。县级公立医院改革、养老保险制度改革、行业协会商会与行政机关脱钩、不动产登记等工作有序推进。对外开放进一步深化。2013年以来，全县新引进内外资项目171个，其中30个项目投资过亿元，累计到位资金41亿元。天英学校、旭达大健康国际生态园等大项目、好项目落户衡东。

四年来，我们量力而行统筹城乡建设，实现了“三个改善”。基础设施明显改善。实施“县城五年倍增行动”，城北片区、河西新区、城东滨水区开发持续推进，县城建成区面积达到11.2平方公里，“一江两岸”的发展格局基本形成。累计实施121个市政工程项目，高标准建设了沿江风光带，拉通了文冲路，改造了交通路、洣江大道、文明西路、世纪路，县城主干道基本实现油化；城北汽车站、污水处理厂二期、育星小学、博爱医院等一大批功能性项目顺利建成，城市品位和城市功能大幅提升。实施农村通畅工程1020公里、安保工程190公里，改造农村公路危桥39座；完成S314线洣水至新塘段、S315线大浦段油化和亮化工程，吴南公路全线贯通，栗德公路拓宽改造、永乐江大桥、霞流公跨铁工程全面竣工，“畅、安、舒、美”的城乡路域环境逐步形成。完成小农水重点县、节水灌溉和电站增效扩容建设，渠道全面清淤，红旗干渠、德圳灌区西干渠全线硬化，栗木等主要干旱死角得到有效治理；建成8座变电站，农电网改造实现清零；建成乡镇垃圾中转站21个，农村基础设施日益完善。市容市貌明显改善。深入开展“四城同创”活动，成功创建市级文明县城，省级文明县城创建工作扎实推进。实施城市管理六大行动，在全市率先推行清扫保洁市场化运作，大力推进殡葬改革和禁烟限爆工作，强力整治县城交通秩序和市场经营秩序，全面实施“净化、绿化、美化、亮化”工程，干净整洁已成市容常态，县城人居环境更加舒适。生态环境明显改善。深入推进农村环境综合整治，圆满完成湘江保护和治理第一个“三年行动计划”，启动洣水保护行动，率先实行干流和支流同治，衡东经验被省、市推介。大力开展三年绿化行动，完成通道绿化1098.6公里，建设“秀美村庄”62个，全县森林覆盖率达52.11%。农村空气质量、地表水质等环境监测指标稳定达标。霞流镇成功创建国家级生态乡镇，新塘镇荣获“全国重点镇”称号，荣桓、三樟等8个乡镇成功创建省级生态乡镇，杨林镇潭江口村、大浦镇堰桥村和堰城村成功创建省级生态村。

四年来，我们全力以赴加强社会建设，实现了“三个进步”。坚持民生优先，四年来民生投入累计达85.72亿元，民生支出占公共财政支出比重达到79.89%。民生保障取得新进步。全力扩大就业，累计新增城镇就业人数2.6万人，下岗失业人员再就业1.1万人，城镇登记失业率稳定控制在4.5%以内。完善社保网络，全县职工医保、居民医保两项合计参保率达98%，新农合参合率稳定在98%以上，城乡养老保险缴费实现“同缴同补”。加强社会救助，累计发放城乡低保资金1.93亿元、医疗救助金4926.03万元、农村五保供养资金3107.8万元。开展扶贫攻坚，大力推进易地扶贫搬迁工程，累计脱贫16497人，脱贫率达51.65%。办好民生实事，圆满完成127项重点民生实事指标，解决16.9万农村人口饮水安全问题，建设保障性住房6900套，完成各类棚户区改造1400套，新增发放廉租住房租赁补贴1000户，新建乡镇敬老院8所。社会事业取得新进步。优先发展教育事业，全力改善办学条件，四年共创建合格学校35所，新建农村公办幼儿园

11所,城区大班额问题有效缓解,教育质量稳居全市前列。大力发展卫生事业,累计投入7460万元用于基础设施建设,完成11所乡镇卫生院改造,医疗服务体系进一步完善;县疾控中心荣获2015年度"全国疾病预防控制工作先进集体"称号;落实全面二孩政策,促进人口均衡发展,人口计生工作实现保类进位目标。强化食品药品安全监管,2014年获评全省餐饮安全示范县。广泛开展群众文化体育活动,顺利通过全国文化先进县复评,成功举办四届"欢乐潇湘·美丽衡东"群众文艺汇演、"首届感动衡东人物和杰出经济人物"评选等活动。强化国防教育和人防基础建设,稳步推进民兵武器仓库搬迁,民兵训练条件得到改善。驻衡东解放军、武警、民兵预备役部队在森林防火、抢险救灾等急难险重任务中作出重要贡献。工会、妇女儿童、青少年、老龄、民族宗教、史志档案等各项工作都取得新成绩。社会管理取得新进步。严格落实安全生产责任,着力夯实安全监管基础,强力推动安全监管执法,四年来未发生重大以上安全生产事故,顺利通过全省安全生产示范县复评。实行依法治访,积极化解信访积案,大力推行第三方评判机制,在全市率先启动"轻刑快判"工作,信访工作经验获国、省推介。维护社会治安,实施"天网工程",强力打黑除恶、打击非法集资和地下六合彩,人民群众安全感和满意度不断提高,民调排名大幅上升。

四年来,我们从高从严加强政府自身建设,实现了"三个推进"。民主法治建设深入推进。加强政府信息公开,在全市率先推行权力清单、责任清单、负面清单制度。严格执行《行政复议法》和重大行政决策合法性审查制度,依法举行重大行政决策听证会。加强普法宣传和执法队伍建设,"六五"普法成效明显,被评为全国法治宣传教育先进县。行政效能建设深入推进。完善绩效考核体系,强化考核结果运用,政府部门执行力、服务水平和办事效率大幅提高。大力推进行政审批"两集中、两到位"改革,规范行政审批程序,降低行政成本,搬迁了政务中心,群众办事更加便捷。在全市率先开通"12345"政府服务热线,群众诉求渠道更加畅通。党风廉政建设深入推进。扎实开展群众路线教育实践活动、"三严三实"专题教育和"两学一做"学习教育,大力整治"为官不为",干部作风明显转变。全面落实党风廉政建设责任制,加大监察审计力度,严控"三公"经费支出,公务接待全面规范,政风行风持续好转。

各位代表!以上成绩的取得,离不开市委、市政府和县委的正确领导,离不开县人大、县政协的大力支持,离不开全县人民、社会各界人士的团结拼搏,离不开历届政府打下的良好基础。在此,我代表县人民政府,向全县人民,向各民主党派、人民团体,向驻衡部队、武警消防官兵、政法干警,向关心支持衡东建设发展的各界人士,表示衷心的感谢并致以崇高的敬意!

在肯定成绩的同时,我们也清醒地认识到,当前经济社会发展仍然存在一些困难和问题,主要是:经济总量不大,产业结构还不够优,发展质量还不够高;支柱产业不强,特色还不够明显,抗风险能力还不够强;基础设施建设仍然滞后,城乡和园区承载力还不够强,聚集发展要素的吸引力还不够足;社会矛盾错综复杂,各项改革步入攻坚期,影响社会稳定的矛盾还比较多,保障和改善民生的压力还比较大,等等。对于这些问题,我们将高度重视,采取更加有力的措施,认真加以解决,努力把各项工作做得更好。

二、今后五年的发展目标和主要任务

今后五年,政府工作的指导思想是:高举中国特色社会主义伟大旗帜,以马克思列宁主义、毛泽东思想、邓小平理论、"三个代表"重要思想、科学发展观为指导,深入贯彻习近平总书记系列重要讲话精神,协调推进"四个全面"战略布局,贯彻落实"五大发展理念",紧紧围绕"五县五化"的工作思路和目标,着力厚植优势,全力补齐短板,大力改善民生,努力促进民富县强、山清水秀、政通人和,确保全面建成小康衡东。

全县经济社会发展主要预期目标是:地区生产总值年均增长9%左右,财政总收入年均增长10%以上,规模工业增加值年均增长10%,固定资产投资年均增长16%,社会消费品零售总额年均增长12.5%,进出口总额年均增长19%,城镇居民人均可支配收入年均增长9%,农村居民人均纯收入年均增长10%,城镇登记失业率控制在4.5%以内。

为实现上述目标,我们将突出抓好以下工作:

(一)推进生态文明建设,让衡东天更蓝、地更绿、水更清。围绕"国家森林城市"创建达标,加大造林绿化力度,5年内造林19.5万亩以上,全县森林覆盖率达到53.8%以上;打造一批森林村庄,村庄绿化覆盖率达到80%。深入开展农村环境综合整治整县推进工作,五年内建设50个美丽乡村,力争85%的行政村基本达到社会主义新农村建设要求。严格落实主体功能区制度,严守资源消耗上限、生态保护底线、耕地保护红线。加强大气、水、土壤等污染防治,持续开展湘江保护与治理"一号重点工程",推进洣水、永乐江水体综合治理;强化节能减排,加快淘汰落后产能,促进传统产业升级,确保单位地区生产总值二氧化碳排放量、主要污染物减排完成上级下达任务,城区空气质量达到或优于国家标准,县域环境质量持续改善。

(二)发展现代特色农业,让衡东农业强、农村美、农民富。继续巩固和提升农业的基础地位,按照"经营集约化、产销一体化、生产标准化、耕作机械化"要求,全面推进农业现代化建设,到2020年基本建成农业强县。加快农业产业化进程,大力发展油茶产业、经济林产业、特色种植和生态养殖,建设油茶林基地30万亩,培育和壮大黄贡椒、无公害蔬菜、食用菌等特色农业商品基地,力争创建2—3个省部级示范性养殖场;积极发展生态农业和旅游休闲农业,支持农业龙头企业发展,力争2020年全县市级以上农业龙头企业总数突破50家,农产品加工转化率提高到70%,创建3—5个国省名优品牌。不断完善农村基础设施和公共服务,科学编制村庄规划,优化农村居民点、基础设施和公共空间布局,积极发展农村中心社区,全面建设农村综合公共服务中心;大力实施集中供水、宽带网络、电网升级改造、清洁能源、危房改造、农村公路拓宽升级等工程,分期分批打通合乡并村后新出现的断头路,实现村村具备开通客运班车条件。全力推进精准扶贫,加快贫困村整村推进步伐,确保2018年现有贫困人口全部脱贫。

(三)壮大民营经济规模,让县域经济有生机、有活力、有后劲。加快推进工业转型升级,稳固优势产业、扶持新兴产业、淘汰落后产业,推进工业往集约化、高端化、绿色化方向转变。继续做大做强机械制造、有色金属、化学化工、建筑材料、轻工陶瓷、农产品加工业等六大支柱产业。加强园区平台建设,深入推进产城融合,完善园区基础设施,力争到2020年衡东经济开发区建成区达到10平方公里;按照"一区多园"的总体格局,集中力量打造交通产业园、建筑材料产业园、机械制造产业园、电商物流产业园等示范园。加快项目建设步伐,狠抓项目开工率、建成率、投用率,五年内实施重点项目300个,完成投资225亿元,工业项目固定资产总投资达到100亿元;强化项目策划包装,充实项目库,提高前期项目转化实施率;创新招商方式,力争引进投资额5000万元以上的项目80个。推进科技创新,鼓励企业兴办研发中心、技术中心,不断增强科技研发能力和转化能力,力争到2020年新增省级以上企业技术中心4家,全县高新技术产业增加值占地区生产总值比重提高到20%以上。

(四)做活全域旅游文章,让旅游带动城镇兴、土菜火、商贸旺。充分发挥衡东的优势和特色,加快推进全域旅游,同步带动小城镇建设,拉动土菜产业、商贸物流业发展。高标准编制全域旅游规划,逐步完善交通运输、旅游公路路网;着力做好山、水、城、乡文章,舞活罗荣桓故居红色旅游龙头,打造县城旅游中心,扮靓洣水百里画廊带,重点打造东区罗荣桓精品红色旅游线、北区生态休闲美食旅游线、南区观光体验工业旅游线;力争到2020年,罗荣桓故居景区创评国家AAAAA级景区,新创评国家AAAA级景区2家,新增星级乡村生态旅游服务区点50家,实现年接待游客780万人次,旅游年综合收入达到60亿元,争创"湖南省全域旅游示范县""全国旅游强县"。大力推进新型城镇化,加快县城扩容提质,不断完善城市功能,统筹推进供水供气、排水排渍、地下管网等市政工程建设。实施市民素质提升工程,深入开展"四城同创";加快"数字衡东"和"智慧衡东"建设,努力提升城市信息化管理水平。加快中心城镇建设,突出"一镇一品",

建设一批各具特色的工业强镇、商贸旺镇、文化古镇、旅游名镇、农业重镇。加快城乡绿化建设,力争创建省级园林式单位5个,市级花园式单位10个,人均公园绿地面积达8平方米以上,到2020年城镇化率达到48%。充分发挥"中国土菜名县"的品牌效应,推进土菜产业和旅游产业深度融合,提高衡东土菜和衡东旅游的知名度、影响力。大力发展商贸物流业,到2020年电子商务应用普及程度达到50%,培育2—3家年交易额过亿元的本土电商平台。

(五)加大民生保障力度,让群众更有安全感、幸福感、获得感。坚持以人为本,千方百计保障和改善民生,千方百计推动社会事业发展,努力提升群众的幸福指数。进一步完善社会保障体系,确保城乡基本养老保险参保率达到并稳定在90%以上,城乡基本医疗保险参保率稳定在95%以上;力争到2020年全县乡镇劳动保障服务平台全部建成,中心村劳动保障服务平台建设完成80%以上。加大保障性住房建设和棚户区改造力度,规划建设保障性住房6600套,实施棚户区改造6100户,确保全县住房保障覆盖面达20%以上。深入实施教育强县战略,确保学前三年入园率达到90%,九年义务教育巩固率达到98%,高中阶段教育毛入学率达到90%。推进"健康衡东"建设,让城乡居民逐步享有公平可及的健康服务。着力完善文体基础设施,推动乡村文体广场、社区文体活动中心建设,确保人均拥有公共文化体育设施面积3平方米以上。致力创新社会管理,加强政府自身建设,推进平安衡东、法治衡东建设,大力反腐倡廉,全面净化政风行风,切实维护社会公平正义、和谐稳定。

三、2017年工作安排

2017年是新一届政府的开局之年,起步关乎胜负,开局影响全局,扎实抓好明年的工作至关重要。全县经济社会发展主要预期目标建议为:地区生产总值增长9%以上,财政总收入增长9%以上,固定资产投资增长16%以上,社会消费品零售总额增长12.5%,进出口总额增长16%,规模工业增加值增长10%左右,城乡居民人均收入分别增长9%和10%,全面完成上级下达的安全生产、节能减排等约束性指标任务。

围绕全年目标要求,重点要抓好以下几个方面的工作:

(一)突出植优补短,全面提振工业经济。

壮大优势产业。放宽市场准入,引导和鼓励民间资本发展工业经济。健全激励机制,对生产能力较强、税收贡献较大、市场竞争能力较强的企业给予奖励。重点扶持湖南机油泵、力源动力、世纪钨材、东健药业、华亚玻璃、红狮水泥、和畅食品、衡金优农、鲜盛农产品等企业做大做强,继续壮大机械制造、有色冶炼、化学化工、轻工陶瓷、建筑材料、农副产品加工等传统产业。

加快转型升级。持续推进供给侧结构性改革,淘汰落后产能,对长期亏损、包袱沉重、运行艰难、没有市场竞争能力的企业,鼓励其转型升级或退出市场。严格项目审核,坚决禁止引进高能耗、高污染、高排放企业。不断加强节能减排和工业污染治理,继续抓好洣水沿岸化工冶炼企业搬迁入园,推动园区冶炼企业优化升级。大力培植新能源、新材料、装备制造、生物医药产业企业,加快形成新兴产业。

实施精准帮扶。设立工业发展基金,"一企一策"制定帮扶措施,搭建银企常态化对接合作平台,着力解决企业资金需求、技术支撑、产品销售、公共服务等瓶颈问题。加强金融风险防范,积极应对企业联保贷款问题,坚决防止企业为摆脱困境非法集资。建立企业诉求快速反应制度,继续推行县级领导联系重点企业制度,实现企业帮扶工作精准化和常态化。

鼓励创新创业。实施"创新驱动发展"战略,鼓励万众创新、大众创业,大力推动技术创新、品牌创新与商业模式创新。优化创新创业环境,降低市场准入门槛,简化行政审批手续,建立健全支持体系,重点扶持高校毕业生、返乡农民工及本地在外企业家回乡创业。支持科技型中小民营企业发展,对国家和省级认定的科技创新型中小民营企业给予奖励。大力推进经开区创新创业园建设,做优做强衡东建材大市场、华太家居市场两大创业孵化基地。

夯实园区平台。做好园区工业规划定位,严格按照规划抓好园区功能布局和产业分区，合理确定项目选址和用地规模。加大园区投入，继续完善园区水、电、路、讯等基础设施，加强污水处理厂运营管理，建成标准厂房二期项目，加快推进中小企业服务中心、工业大道和物流园建设，力争年内基本完成南片区道路骨架建设，进一步增强园区承载力。

(二)突出固本强基，大力发展现代农业。

巩固农业发展基础。稳定粮食生产，创建大浦镇粮食生产基地，抓好3个部级高产示范片建设，确保粮食播种面积达102万亩以上、粮食总产45万吨以上。整合各项涉农资金，实施土地整治、中低产田改造和高标准农田建设，完成新增粮食产能工程田间项目、紫光村高标准农田建设项目。健全基层农技推广服务体系，提升农业机械化水平，农机总动力达到75万千瓦，全年新发展现代农机合作社7家。加强农产品质量安全监管，提高农产品加工转化率。扎实抓好第三次全国农业普查工作。落实移民后扶政策，加大移民产业开发力度，着力完善库区基础设施。扎实抓好防汛抗旱和森林防火工作，增强农业防灾减灾能力。

创新农业经营体制。培育壮大新型农业经营主体，引导农村土地承包经营权规范有序流转，鼓励支持农民家庭承包土地向专业大户、家庭农场、农民合作社流转，发展多种形式的适度规模经营。全年新发展农民合作社25个以上，培育大型合作社3个；新发展家庭农场50个以上，培育示范性家庭农场2个。深化农村集体产权制度改革，加快推进农村产权确权登记颁证工作。加大金融扶持“三农”力度，创新农村金融产品和抵押信贷模式，提升农户、家庭农(林)场、农民合作社、农业企业的信贷能力。规范农村市场服务，推进农超、农企对接，促进农产品高效流通。

打造现代特色农业。积极发展生态农业和旅游休闲农业，重点抓好新塘现代农业观光走廊、三樟黄贡椒特色产业园、千年白莲风情园、洣江生态观光园、尚达盛和现代农业休闲产业园建设。支持农业龙头企业发展，培育壮大衡东土菜系列原材料生产基地和特色农产品生产基地，全年新增规模以上农产品加工企业4家。

(三)突出旅游带动，提质壮大第三产业。

优先发展旅游业。积极推进全域旅游，加快全国旅游强县创建步伐。提质改造县内原有景区景点，完成罗荣桓故居景区游客服务中心和停车场建设，加快推进罗荣桓故里生态景区、湘江南温泉等项目。力争白莲镇创建为全省旅游小镇，重点支持枫仙岭生态休闲农庄、德圳水库申报五星级特色乡村旅游服务区，创建一批特色星级乡村旅游点。举办系列乡村生态旅游文化节会，强化旅游宣传推介，提升衡东知名度和美誉度。

大力发展土菜产业。做好“旅游+土菜”结合文章，实现强强联合、相互促进。举办第四届土菜文化节，擦亮“中国土菜名县”招牌。进一步延伸土菜产业链，积极支持土菜产业向外拓展。加强对“衡东土菜”集体商标的保护，推进土菜产业园的规划建设。深入开发土菜、原生态农产品等旅游产品，让衡东土菜既作为美食摆上游客餐桌，又成为特产装入游客行囊。

加快发展商贸物流业。建设农产品、水果批发、建材等专业市场，完成建材大市场二期工程；强力推进乡镇农贸市场标准化改造，加快取缔大浦老街、S315线岭茶段等处的马路市场。继续实施“万村千乡”市场工程，推动商贸业提质发展；积极引进大型知名物流、快递公司，加快推进经开区仓储物流中心、台湾物流园建设，促进物流企业向物流园区集聚。大力发展电子商务，实施电商人才培训工程，构建优质农产品品牌策划、营销推广和可溯源体系，启动湘达通电商产业园建设，力争年内搭建3至5家县级网络销售平台，农村电商综合体平台实现容纳商户3000户、月销售额1400万元以上。

积极发展现代服务业。引导社会资本进入养老服务业，支持医养结合发展养老产业，丰富家政、健康、养老等服务产品供给；以旭达养生养老项目为依托，把养生养老业打造成新的特色产业；改善、增加社区老年活动场所，打造适合老年人生活的硬件环境。创新金融服务，继续做好助保贷业务，引导金融机构扩大信贷投放规模。加快推进“互联网+交通服务平台”项目，完成机动车驾驶人科目二考场项目建设。

(四)突出城乡同建,打造生态宜居家园。

推进县城扩容提质。按照“山水生态宜居城市”的定位,强化城市总体规划修编和管控工作。进一步健全公共服务设施,全力推动天英学校、河西体育馆、荣桓文化广场、河西污水处理厂、河西沿江风光带、武家山公园、杨山公园、烈士公园等项目;合理配置停车设施,逐步缓解停车难的问题。进一步优化城区路网结构,加大背街小巷改造力度,加快武家山路、沿江路、学府路、双园大道二期、坪桥路、文冲大桥等道路(桥梁)建设步伐;对S314线城关段、向阳路、兴衡大道实施提质改造;完成衡东大道、状元路的绿化、亮化工程。进一步推进安居工程建设,启动渡头村棚户区改造。进一步提高防灾应急能力,启动衡岳北路、文冲路、丽都路等防洪排涝工程,尽快解决县城“逢雨必涝”的问题。

加强城市精细化管理。大力推进“智慧衡东”建设,力争2017年完成智慧城管和智慧照明建设项目。逐步推广新能源公交车,加快城市公交事业发展;完善渣土运输、环卫、园林绿化等城市管理体制,重点抓好市容市貌、车辆停放、夜市摊点等专项整治;开展“存量违章建筑、非法广告设置”大排查大清理活动,坚决查处违法违章建设行为;扎实抓好禁烟限爆和殡葬改革工作,全面营造干净整洁、文明有序的城市环境,为争创省级文明县城奠定坚实基础。

打造现代美丽乡村。高标准编制城镇发展规划,完成一批乡镇的总体规划修编和中心行政村的村庄规划。抓好小城镇建设,完善城镇基础设施和公共服务。加强历史文化名镇、名村、传统村落、历史建筑的保护、修缮和管理,抓好草市镇高田村、杨林镇杨林村、甘溪镇夏浦村三个国家级传统村落的修缮保护工作。实施“水利设施修复完善工程”,完成22座小二型病险水库除险加固、50口骨干塘整修加固和2000口山平塘清淤扩容;兴建集中供水工程23处,解决农村饮水不安全人口2万人,年内完成大浦712矿供水管网延伸工程和霞流水厂、杨桥水厂建设;新建电排10处,新建和维修重点堰坝20座;完成荣桓水闸除险加固二期工程建设;对甘溪灌区东风干渠全线32公里进行防渗护砌,对支渠、斗渠、毛渠、农渠进行清淤清障和整修加固;对甘溪、洋塘灌区等存在较大安全隐患的20处渡槽进行维修加固;对吴集镇杨梓坪段、原青草湖段、石湾荷塘段等处的出险河堤进行修复加固。实施“农村电网升级改造工程”,年内完成113个村的电网改造建设。实施“乡村路网提质改造工程”,加快建设草市渡改桥、杨攸公路、踏白公路,启动金花至朱亭公路、荣桓至草市公路、衡南至莫井公路、大浦千吨级码头项目,拓宽升级农村公路150公里,实施安保工程119公里,建成农村客运招呼站60个,逐步完善优化农村路网。实施“生态环境保护工程”,启动湘江保护和治理第二个三年行动计划,继续实施洣水保护行动,规范河道采砂秩序,推进生态养殖和标准化养殖,抓好规模养殖场无害化处理;严格落实耕地保护制度,加强湘江和洣水流域重金属污染耕地治理。实施“城乡环境美化工程”,加强乡村绿化建设,完成造林面积4万亩、通道绿化500公里;持续推进森林禁伐三年行动,加快洣水国家湿地公园和武家山植物园建设,确保洣水国家湿地公园试点建设顺利通过国家验收;扎实推进农村环境综合整治,加大财政投入,同步实施农村环境卫生保洁、饮用水源保护、生活污水处理、畜禽养殖治理工程项目,完成46个重点村的整治,切实改善农村人居环境。

(五)突出项目建设,不断增强发展后劲。

加大项目引进力度。坚持把工业园区作为招商引资主阵地,创新招商方式,注重开展小分队招商、上门招商、亲情招商、产业链招商;强化招商引资工作责任和考核奖惩,进一步提高招商成功率和实效性;重大招商引资项目审批与手续办理实行专人代办制,进一步提高项目履约率、资金到位率和开工率。重点围绕机械制造、有色金属加工、新材料等产业开展精准招商,力争2017年新引进投资过亿元的项目5个以上,完成内外资到位资金10亿元以上。

加快项目建设进度。集中力量推进项目建设,以项目建设助推县域经济发展,全年实施重点项目80个以上,总投资130亿元以上,完成年度计划投资55亿元以上。重点实施华亚包装二期工程、力源动力年产2万台履带拖拉机、大地泵业、坳家台风电项目、经开区生物质热电联供、高温合金、金城土菜文化产业园等项目。

加强项目建设保障。项目争取方面，科学对接政策，精心策划包装一批项目、深度开发一批项目，争取更多项目列入国省计划笼子。要素保障方面，盘活闲置土地，提高土地利用效率，创新方式解决征拆难题，努力保障项目用地供给；理顺县内融资公司的管理考核机制，促进融资平台进一步做大做强，引导金融机构加强对中小微企业的信贷支持，力争贷款净投放额增长10亿元以上，努力破解资金瓶颈。优化环境方面，分类查处影响项目建设的各类环境问题，依法从重、从快打击“三强”、“三霸”等违法行为；畅通重大项目前期工作审批“绿色通道”，简化办事程序，实行“并联审批、限时办结、快审快办”，提高办事效率。

（六）突出民生改善，提升群众幸福指数。

坚决打赢扶贫攻坚战。围绕“两不愁、三保障”的基本目标，按照“四个切实、五个一批、六个精准”的要求，深入开展易地搬迁、雨露计划、安居扶贫、兜底保障等脱贫攻坚行动。注重对特定人群特殊困难的精准帮扶，推进驻村、联村和结对帮扶全覆盖，健全金融服务、责任考核、建档立卡、贫困对象退出等精准扶贫机制。到2017年底全面完成易地扶贫搬迁工程，实现33个贫困村全部摘帽，脱贫人口7000人。

努力提高民生保障水平。加强人才培训，促进各类群体充分就业，实现“零就业家庭”动态援助100%。健全保障体系，建立城乡统一的居民社会养老保险制度，完善职工基本养老保险制度和被征地农民社会保障办法，全面推行城乡居民大病保险制度。抓好留守儿童、留守妇女、留守老人和残疾人等特殊群体的关爱服务工作，加快发展老年人服务事业，完成2所农村敬老院建设。强化安居保障，完成保障性住房扫尾工程，实施棚户区改造107户。

大力发展各项社会事业。落实教育优先发展战略，深入实施城区大班额化解攻坚行动；继续加大教育投入，推进县域教育信息化建设，实施42个薄弱学校改造项目，加快职业中专搬迁二期工程、向阳幼儿园、河西公立初中建设。提升医疗卫生服务水平，深化公立医院改革，建立公立医院运行新机制，有效解决群众看病难、看病贵问题；加快河西中医院建设，实施2个乡镇卫生院住院部建设项目，进一步完善卫生基础设施；建立医疗纠纷调解机制，依法惩处涉医犯罪和“医闹”行为，构建和谐医患关系。坚持计划生育基本国策，实行生育服务登记制度，落实全面二孩生育政策。着力完善文体基础设施，推动农村广播“村村响”、乡村文体广场、社区文体活动中心建设。全面实施有线电视县乡联网工程，推动有线数字电视和广电宽带进村入户；推进“三网融合”，逐步实现光纤到户。加大食品药品监管力度，确保全县人民“舌尖上的安全”。加强国防教育和人防基础设施建设，加快推进人武部营院改造，抓好兵役工作和“双拥”共建，推动军民融合深度发展。统筹推进其他各项事业，实现与经济社会共同发展。

全力促进社会和谐稳定。改革信访工作制度，完善涉法涉诉信访依法终结机制，大力推行“三调联动”和社会稳定风险评估机制，积极推进网上信访，压实基层信访责任，有效化解社会矛盾。全力防范和打击非法集资，确保全县金融安全。深入推进“平安衡东”建设，健全社会治安防控体系，严厉打击涉黑涉恶、地下六合彩、吸毒贩毒等群众反映强烈的违法犯罪活动，切实提高人民群众的安全感和满意度。逐步完善公共法律服务体系，提升社会治理水平。以监管执法为主线，建立健全安全生产隐患排查和联合监管机制，切实加强道路运输、非煤矿山、烟花爆竹、建筑施工、危化品等重点行业领域的安全生产监管，坚决遏止较大以上安全事故。

（七）突出政府自身建设，努力提高服务水平。

巩固拓展党的群众路线教育实践活动、“三严三实”专题教育和“两学一做”学习教育成果，坚持依法行政、为民务实、廉洁高效，努力建设人民满意的服务型政府。

建设法治政府。自觉接受人大法律监督、政协民主监督和社会舆论监督，提高人大代表议案、建议和政协委员提案办理质量。积极推动政府信息公开，完善政府权力清单制度。坚持依法行政，科学决策，健全完善行政决策征求意见制度、重大决策民意征询制度。加强“七五”普法宣传和执法队伍建设，落实行政执法责任制和公示制度，强化部门联合执法，打通行政执法“最后一公里”。加强基层民主建设，加快推进社区“两化两体系”和农村综合公共服务中心建设，稳妥有序完成第十次村委会和第九次社区换届选举工作。

建设效能政府。加快政府职能转变，深化行政审批制度改革，实施行政审批事项目录化、编码化管理。进一步简政放权，推进扩权强镇，按照“放权、让利、分责”原则，扩大乡镇财权、人事权、行政审批事权，赋予乡镇更多的自主权。加强电子政务网络建设，加快推进网上并联审批，进一步优化审批流程，为群众提供高效、便捷的“一站式”服务。进一步完善“12345”政府服务热线平台，提高工单办理质量。加强政务督查，实行跟踪问效，严厉整治“庸、懒、散”和不作为、慢作为、乱作为等现象，提高行政效能。

建设廉洁政府。全面落实廉洁从政各项规定，认真履行党风廉政建设主体责任和监督责任，健全惩治和预防腐败体系。强化行政监察，推进审计监督全覆盖，严肃查处各类违纪违法案件，坚决纠正损害群众利益的不正之风，努力实现政治清明、政府清廉、干部清正。

中国人民政治协商会议衡东县第十三届委员会常务委员会工作报告

——2016年11月18日在政协衡东县第十四届委员会第一次会议上

夏崇礼

过去四年工作的回顾

过去的四年,是我县经济实现平稳较快发展、社会大局保持和谐稳定、党的建设得到新的加强、全面小康迈进新的阶段的四年,也是县政协积极进取、开拓创新、奋发有为、卓有成效的四年。四年来,在县委的坚强领导下,县政协常委会紧紧围绕中心、服务大局,牢牢把握团结、民主两大主题,积极履行政治协商、民主监督、参政议政职能,为促进全县经济社会发展作出了应有的贡献。

一、围绕中心,汇集智慧,为促进发展提供智力支持

四年来,县政协常委会紧紧围绕全县重点工作,深入实际调研,积极建言献策,为促进县委、县政府决策的民主化、科学化发挥了重要作用。一是深入调查研究。紧扣全县经济社会发展大局,注重选择具有综合性、全局性、前瞻性的重大课题,深入调查研究,为县委、县政府科学决策当好参谋。四年来,先后围绕油茶产业开发、非物质文化遗产保护、村账乡代管、精准扶贫等工作,开展大规模的专题调研活动52次,形成重大建议案2份、专题调研材料50份。同时,注重促进调研成果转化,《关于切实加强耕地保护的建议案》,得到了县委、县政府的高度重视和采纳,县政府及时下发了《关于进一步加强乡镇国土资源管理的通知》,并在全县开展了违法用地清理专项整治活动,有效遏制了乱占滥用耕地的现象。二是广泛协商议政。把加强协商民主作为履职的重点,通过全会协商、专题协商和对口协商等形式,丰富协商内容、完善协商机制、规范协商程序,提高了协商议政的效果。每次全会期间,委员们紧紧围绕全县经济、社会、民生等热点、难点问题进行协商讨论,意见建议得到了县委、县政府以及相关部门的高度重视和采纳落实。充分发挥大会发言的直接建言作用,本届政协全会共组织大会发言3次,提交大会发言材料30篇,引起了与会人员的强烈共鸣,对党政科学决策、部门改进工作,起到了积极推动作用。四年来,共召开主席会议30次,常委会议19次,先后就财政预算、摩托车管理、县城“五年倍增行动”、合乡并村、县城渣土管理、“十三五”规划、重要人事安排等与县委、县政府领导和有关部门负责人进行面对面专题协商讨论。去年针对单亲困境儿童的专题协商,县政府采纳了“设立单亲困境儿童专项扶助资金”的建议,按照每人每月200—400元标准定期打卡到人,有效改善了该群体生活质量。湖南省政协门户网站、湘声报、衡阳日报等媒体予以重点报道。四年来,先后就重点提案办理、惠农政策贯彻落实、新型农村合作医疗等工作开展对口协商15次,提出意见建议60余条;针对“烟花生产企业平稳退出”等提案,首次开展了提案办理协商,拓展了协商范围。三是积极反映民意。充分发挥《社情民意》下连广大群众、上达各级领导的优势,围绕广大群众关注的焦点、热点、难点问题,积极反映社情民意信息。四年来,共收集社情民意信息450余条,编发《社情民意》专刊120期;在上报的信息稿件中有1篇稿件被全国政协采用,有16篇稿件被省政协采用。2013—2015年连续3年被市政协评为“全市政协系统社情民意信息工作先进单位”。报送的“关于将农村终身未生育的计划生育家庭纳入奖扶政策范围”信息被省政协采用,并得到了省委、省政府的高度重视,省政府下发文件,明确“农村终身未生育的计划生育家庭享受奖扶政策”从2016年起在全省范围内开始执行。

二、拓宽渠道,加强监督,为优化发展营造良好氛围

四年来,县政协常委会坚持从实际出发,不断加大民主监督力度,拓宽民主监督领域,做到提案监督求实效,评议监督讲实话,民主监督有实招。一是认真抓好提案办理。四年来,共收到委员提案362件,经审查立案338件。通过政协领导督促办、难点提案协商办、委员参与现场办等办理方式,提案办复率达100%,委员满意率达96.8%。针对委员提出的《关于在衡东城区设置公交停靠站点的建议》,及时与县政府和相关部门衔接,在最短时间内完成了城区42个公交站点的规划建设,得到了广大群众的充分肯定。为提高提案办理质量,将提案办理落实情况纳入县政府年度工作绩效考核内容,通过对提案办理情况进行专题督查、组织委员视察、开辟电视专栏追踪报道,使提案办理落到了实处。二是精心组织民主评议。四年来,先后对教育、环保、政务环境、洣水保护等工作进行了专项民主评议。针对评议中委员们提出的意见、建议,各被评议单位高度重视,认真研究,积极整改,县政协及时对被评议单位整改情况进行"回头看",使评议活动达到了深化交流、找准问题、促进工作的目的。其中教育部门学生资助的规范、政务中心办事效率的提高和作风的改善、洣水保护"三年行动"的实施等都是通过民主评议促成的。三是集中委派民主监督员。改变以往由被监督单位自行聘请民主监督员的做法,按照"认真、求真、较真"的要求,由县政协集中委派参政议政能力强、思想作风过硬、敢于和善于监督的政协委员到县直有关单位担任民主监督员。四年来,先后向19个县直单位派驻了19个民主监督小组、111名民主监督员、下发《民主监督建议书》53份、提出意见建议130余条。制定出台了相关工作制度和考核办法,每年进行总结表彰,确保了政协民主监督工作不走过场、落到实处。

三、搭建平台,创新举措,为加快发展贡献委员力量

我们始终把发挥委员主体作用作为打造"有为政协"的前提,密切委员联系,夯实履职平台,发挥自身优势,有效提升了委员履职实效。一是主动走访,委员联系得到新加强。四年来,县政协常委会把加强与委员沟通联系作为提高委员履职热情的基础,印发了委员联系办法,完善了委员联系制度,并由正副主席带队,对县内外政协委员进行走访,了解委员履职及生产、生活情况,听取委员的意见和建议,力所能及地帮助委员解决实际困难。二是搭建平台,委员作用得到新体现。委员活动日影响深远。为强化委员的委员意识、履职热情和奉献精神,自2014年以来,明确每年的8月21日为我县"政协委员活动日",组织委员开展走访群众、调研视察、扶贫帮困、兴办公益事业、"三个一"扶贫等活动。委员们按照活动要求,坚持履职为民、奉献社会宗旨,为贫困学子顺利入学深造、困难家庭生活改善、社会大局和谐稳定做了大量实事、好事。据统计,"政协委员活动日"活动开展以来,委员们共走访群众近万人次,资助困难学生600余人次,帮扶困难家庭200余户,捐资兴办公益事业90余处,各类捐款累计达700余万元。委员工作室创建成效明显。我们把创建委员工作室作为推动政协工作向基层延伸的重要平台,先后建立了"谭达委员工作室"等4个县内委员工作室,并创造性的建立了长沙衡东商会、东莞衡东商会等2个县外委员工作室。各委员工作室按照职责要求,积极履职、主动作为,成立以来,共收集整理群众意见建议100余条,帮助群众解决具体问题40余件,一大批群众和务工人员从中受助受益,政协委员知名度和美誉度不断提高。委员回乡创业激情高涨。我们充分发挥政协联系广泛的优势,积极引导委员回故乡、建家乡、富老乡,通过开展"委员创新创业"经验交流会,组织委员对衡东经济开发区、河西新区进行视察等活动,激发了委员们回乡创业的激情。据统计,目前全县由委员创办、领办的非公企业达60余家,吸纳就业3000余人,成为推动县域经济发展的一股重要力量。三是严格要求,委员形象得到新提升。县政协制定下发了《关于进一步发挥委员作用和完善例会制度的决定》、《关于开展"厉行勤俭节约,反对奢侈浪费"主题活动的通知》等文件,将委员参加会议、调研视察、撰写提案、反映社情民意等日常工作纳入考核范围,对积极履职的40名政协委员、16名

政协工作者、6个政协委员活动组进行了表彰，对违纪违法、履职不力、考核不合格的委员严格按照相关规定予以处理，提升了委员队伍形象。四年来，选派委员参加电视问政、法院案件庭审、各类听证等活动200余人次。在各次活动中，委员们敢讲真话、实话，提出的意见和建议得到了相关部门的重视采纳，展示了政协委员风采。

四、增进团结，扩大交流，为和谐发展发挥积极作用

四年来，县政协常委会坚持把增进团结、凝心聚力、促进和谐作为履行职能的着力点，为建设美丽衡东发挥积极作用。一是团结各界聚力量。加强与无党派人士和各人民团体联系，尊重和保障他们利用政协履职平台发挥更多更好的作用；加强与工商联和非公经济人士联系，通过全面走访外地衡东商会、召开衡东籍在外商界成功人士座谈会，进一步增强了凝聚力；加强与宗教界人士联系，引导他们爱国爱教，坚定不移走社会主义道路。通过更好地团结各界人士，为加快衡东发展聚集了正能量。二是广泛联谊增共识。加强与上级政协的衔接配合，认真做好国、省、市政协到衡东调研视察接待工作，圆满承办了“2014年市政协社情民意信息工作经验交流会”，协助市政协做好了《衡阳农业文化遗产》《衡阳政区变迁录》的组稿工作，有效扩大了衡东影响；加强与兄弟县市交流联系，先后到浙江嘉善、郴州桂阳等地学习民主监督、提案办理经验做法，热情接待了广西宜州、江西修水等兄弟县市到衡东交流联谊，达到了互相沟通、增进共识、展示衡东的目的。三是强化宣传促和谐。加强与省、市各类新闻媒体的联系，积极宣传推介衡东，在湖南省政协门户网站、湘声报、衡阳日报、衡阳政协门户网站等媒体上共发表各类宣传稿件160余篇。加强政协理论的研究，有6篇理论文章先后被省、市政协刊物和《衡阳通讯》采用，有效提升了衡东政协的知名度、美誉度和影响力。完善宣传平台，升级改版了县政协门户网站，拓展扩充了《政协之窗》电视专题栏目，建立了衡东政协微信公众平台，精心编纂了《衡东县政协志》，为建设和谐衡东发出好声音。

五、积极进取，严格要求，为科学发展夯实履职基础

县政协常委会坚持把加强自身建设作为提高履职能力的基础，强化学习，扎实工作，严格管理，致力提升政协工作科学化水平。一是强化学习培训，提升综合素质。扎实开展党的群众路线教育实践活动、“三严三实”与“两学一做”专题教育，达到了提高党性修养、增强宗旨观念、改进工作作风的目的。积极开展党组书记讲党课活动，《讲政治、有信念，做合格党员》党课在全市党政领导干部党课评选活动中荣获二等奖。有计划、分批次选送机关干部参加国、省、市政协组织的相关培训，开展“互联网+”等业务知识讲座，有效提升了政协机关干部综合素质。二是参与中心工作，提升干事能力。积极投身衡东经济社会发展主战场，在实践中增强本领、提升能力。主动做好招商引资工作，积极引导外地成功人士、企业家到衡东投资兴业，通过加强联系、选派政协机关干部到引进的企业跟踪服务等，有效助推了县域经济发展。近两年来，由政协牵头引进的企业7家，投资总额近5亿元。积极参与城北开发、汽车站搬迁、经开区征地拆迁大会战、大浦污水处理厂建设等，极力推进全县民生工程建设实施，使政协工作与全县中心工作融为一体、互为促进。全力抓好政协联点村的精准扶贫工作，积极发展桑葚种植，引进客商投入资金进行旅游开发，有效加快了脱贫步伐。三是严格内部管理，提升工作水平。结合实际，重新修订出台了26项规章制度，提请县委下发了《关于政治协商、民主监督、参政议政规定的实施办法(试行)》《关于民主评议工作办法(试行)》，县政协出台了《委员工作室工作考核办法》《委派民主监督小组实施办法》等多项规章制度，形成了科学合理、环环相扣的制度体系。在县委的重视、关心下，增加了各专委会的领导职数，增设了正科级研究室，为规范履职、科学履职、高效履职奠定了基础。各位委员、同志们，四年来，我们取得的成绩有目共睹，也来之不易。

四年的实践探索，深刻地昭示着我们：

坚持“维护核心”，是发展政协事业的根本保证。始终坚持中国共产党的领导，始终坚持坚定的

政治方向,是做好政协工作的根本保证。四年来,我们自觉将政协工作置于县委的领导之下,在年初工作目标制定上,主动将政协工作要点呈送县委审定;在日常具体工作中,主动围绕县委、县政府决策部署,履职尽责,始终做到思想同心、目标同向、工作同步。县委、县政府对政协工作高度重视,书记、县长做到政协重大活动亲自参与、重要建议积极采纳、重要问题优先解决,确保了政协工作的有序开展。事实证明,正是由于县委、县政府的高度重视和大力支持,我县政协事业才保持了蓬勃发展的良好局面。

坚持"服务中心",是履行政协职能的重要任务。只有围绕发展的大目标,立足发展的大格局,才能实现人民政协的大作为。四年来,我们紧扣党政工作重点,精心选择经济社会发展中具有综合性、全局性、前瞻性的课题开展专题调研和协商议政活动,为党政科学决策提供参考;主动参与中心工作,在项目建设、招商引资、改善民生和维护稳定等方面,发挥优势、积极作为、倾心服务,得到了县委、县政府和社会各界的认可与赞扬。事实证明,只要我们始终围绕中心善谋实干,紧贴发展履行职能,就一定能实现政协工作有为有位。

坚持"凝聚人心",是发挥政协优势的内在要求。团结汇聚力量,民主促进和谐。四年来,我们始终把发扬民主、增进团结、凝聚人心、促进和谐作为履行职能的重要着力点,努力搞好与工商联、人民团体和社会各界人士的团结协作;积极支持政协委员运用提案、大会发言、反映社情民意等方式建言献策;鼓励和引导委员加强同群众的联系,主动参与捐资助学、扶贫帮困、兴办公益事业等社会公益活动,为维护社会稳定、促进社会和谐作出了积极贡献。事实证明,只要我们充分发挥政协联系广泛、位置超脱、人才荟萃的优势,开展具有政协特色的凝心聚力活动,政协工作就能生机勃勃、常干常新。

坚持"开拓创新",是做好政协工作的不竭动力。开拓创新,是推动事业发展的不竭动力和源泉。四年来,我们坚持以创新谋发展、以作为树形象,积极探索完善协商议政新形式、民主监督新举措、提案督办新机制、委员履职新平台、信息反馈新办法,促进了一批事关衡东发展的重点问题和群众关注的热点问题得到解决,形成了一批高质量的参政议政成果。特别是在政协机关规范化建设上,我们进一步创新和完善政协履行职能的各项制度和委办目标管理考评体系,提升了政协工作科学化水平。事实证明,政协工作要不断取得新成果,就必须在实践中大胆创新,在创新中不断前进,努力使政协工作更好地体现时代性、把握规律性、富有创造性。

在总结成绩的同时,我们也要清醒地看到工作中还存在一些问题和不足:如何通过改进工作和加强宣传,进一步提高社会各界对政协工作重要性的认识;如何理顺体制机制,进一步推进履行政协职能的制度化、规范化和程序化;如何创造更好的条件,使政协的各项活动更为活跃有序,委员的整体优势得到充分发挥等等,都有待我们在今后的工作中认真加以研究改进。

今后五年工作的建议

衡东县第十三次党代会为我们描绘了加快推进"五县五化"、全面建成小康衡东的宏伟蓝图,也为政协工作提出了更新更高的要求。县政协第十四届委员会承载着推进衡东政协事业发展的使命,前景广阔,任重道远。今后五年,县政协工作的指导思想是:高举中国特色社会主义伟大旗帜,以邓小平理论、"三个代表"重要思想、科学发展观为指导,全面贯彻党的十八大及十八届三中、四中、五中、六中全会和习近平总书记系列重要讲话精神,按照县委提出的"五县五化"的发展战略,紧扣团结与民主两大主题,扎实履行"政治协商、民主监督、参政议政"三大职能,全面提升履职能力,不断夯实履职平台,着力增强履职实效,为全面建成小康衡东作出新贡献。为此,提出以下建议:

一、加强学习,提高综合素质

学习是人民政协的优良传统,是我们提高素质、履行职能,保持政协工作与时俱进、开拓创新的内在需要,也是人民政协的一项重要工作任务。一是要突出学习重点。学习贯彻中共十八大以来历次全会和习近平总书记系列重要讲话精神,当前尤其要认真学习领会十八届六中全会精神实质。要深入学习《政协章程》以及中央、省、市关于加强人民政协工作的政策要求，熟练掌握调研报告、提案、社情民意撰写等知识，做到懂政策、熟业务、有方法，不断提高理论素养和业务水平。二是要丰富学习形式。通过落实政协常委专题学习、专委会和委员活动组自主学习、机关干部集中学习等学习制度，有计划地选派政协机关干部参加国、省、市政协组织的学习培训，提高综合素质和参政议政能力。三是要增强学习效果。切实把加强政治理论学习同联系实际、推动工作结合起来，运用调研报告、提案、社情民意等履职手段，积极参政议政，努力做到学有所用，学以致用，解决问题，推进工作。

二、积极履职，彰显政协作为

十四届县政协要按照履职为民的要求，突出重点，创新举措，狠抓落实，做到协商有高度，监督有力度，议政有深度。一是政治协商要有高度。要增强协商民主意识，认真贯彻中央、省、市关于加强协商民主的系列文件精神，围绕全县重大决策以及生态环保、农业农村、民营经济、全域旅游、民生工程等重要问题，精选议题，深入调研，开展全方位、多层次的政治协商活动，力争每年开展各种形式的协商议政活动不少于10次。要创新协商民主方式，在搞好全会协商、专题协商、对口协商、界别协商的基础上，进一步加强提案办理协商，发挥大会发言协商议政作用，使大会发言常态化，不断提高协商民主的质量和效果。要推进协商成果转换，通过《政协之窗》栏目跟踪报道、督办重点提案、报送《社情民意》等方式，抓好参政议政、民主协商成果的转化，努力做到件件抓落实，事事有回音。二是民主监督要有力度。要发挥提案作用，加强与县委、县政府督查室和提案承办单位的联系协作，加大督办力度，避免“文来文往”；要开展提案办理评议，努力提高提案的办理质量；加大对提案办理跟踪问效力度，做到既重结果更重过程，既重委员评价更重实际效果，使提案充分发挥应有的监督作用。要发挥民主评议作用，紧扣群众关注的热点、焦点问题，每年选择1—2个专题，开展监督性的评议活动，确保监督不走过场、落到实处。要发挥民主监督员作用，按照“有计划、有题目、有载体、有成效”要求，继续向相关单位委派民主监督员，完善激励机制，加强调度考核，增强监督实效。三是参政议政要有深度。在参政议政作用发挥上，要建立健全参政议政的各项工作制度，充分发挥专委会的主体作用、委员活动组的基础作用和界别的积极作用，形成参政议政的合力。在参政议政主题选择上，紧紧围绕“十三五”规划、“五县五化”推进等全县经济社会发展问题，深入开展调查研究，提出有见解、操作性强的意见和建议。在参政议政具体操作上，要根据县委、县政府各个阶段的重要决策部署，积极推进协商议政与调研视察、提案办理、社情民意信息工作有机结合、相互衔接，切实将协商民主贯穿于政协履职的各个环节，落实到政协工作的各个方面，体现在政协服务群众的各个领域，确保参政参在点子上，议政议在关键处。

三、激发活力，发挥委员作用

发挥委员优势，完善履职平台，为委员充分履职、科学履职、高效履职创造条件。一是要加强委员联系。完善“主席联系常委，常委联系委员，委员联系群众”制度，加强联系，增进感情；建立健全走访委员和委员意见、建议的跟踪反馈机制，尊重和依法保护委员的各项权利，最大限度帮助委员解决实际问题。二是要多与委员互动。通过专题调研、民主评议、协商视察、督办提案等活动平台，组织委员广泛参加相关活动，积极与委员进行互动交流，扩大委员知情权，切实发挥“人才库”“智囊团”的作用。三是要发挥委员作用。各专委会、乡镇政协、委员活动组要组织引导委员践行责任担当、传承社会公德、弘扬奉献精神，深入开展“委员活动日”、“三个一”扶贫、公益助学、爱心帮困等活动，尽心尽力帮助困难群众和弱势群体解决生产生活中的实际困难。充分发挥政协优势，引导委员积极招商引资、回乡创业，在县域经济发展中再立新功。

四、凝心聚力，促进社会和谐

新形势下，人民政协要充分发挥联系面广、包容性强的优势，团结一切可以团结的力量，激发一切可以激发的活力，凝聚一切可以凝聚的智慧，为构建和谐衡东凝心聚力。一是要团结联谊，促进和谐。加强与工商联、各人民团体、无党派人士、新的社会阶层人士的联系，按照民主协商、平等议事、求同存异、体谅包容的原则，坚持定期通报情况，广泛开展联谊活动，沟通思想，增进共识，不断扩大各界人士有序参与政治活动，努力营造团结、民主、和谐的社会氛围。加强与兄弟友好单位及发达地区的交流联谊，学习先进经验，取长补短，共同发展。二是要尽职尽责，助推和谐。按照贴近中心、贴近实际、贴近群众原则，围绕县委、县政府工作重点，选择群众普遍关心的社会保障、医疗卫生、食品安全等民生问题，深入基层群众，了解掌握情况，真实反映民意，积极建言献策，努力为民解忧，为实现人民群众学有所教、劳有所得、病有所医、老有所养、住有所居贡献自己的力量。三是要扩大影响，增进和谐。加强与文史工作者、文史爱好者的联系交流，编纂出版更多更好团结人、教育人、鼓舞人的文史资料。重视与各级各类新闻媒体的联系合作，充分发挥《政协之窗》电视专栏作用，扩大政协工作的宣传面。建立“十四届衡东政协微信群”，完善“衡东政协微信公众号”，创造条件让委员更多地了解、参与政协活动，提高政协影响力。

五、夯实基础，加强自身建设

加强自身建设是政协工作永葆生机和活力的必然要求。新一届政协要坚持以组织建设为核心，以制度建设为抓手，以作风建设为保障，不断提高政协工作整体水平。一是要加强组织建设。要发挥政协党组作用，加强政协党组建设，规范党内政治生活，净化党内政治生态，使政协党组成为推进全县政协事业发展的坚强领导核心。要发挥政协常委会作用，增强常委会组成人员的政治意识、大局意识、核心意识和看齐意识，团结带领广大委员切实有效地履行职能。要发挥专委会作用，每年选择1—2个县委、县政府高度重视、人民群众普遍关心、自身又有条件做好的课题，深入开展调研视察、协商议政、民主监督等履职活动，提高政协工作成效。要发挥乡镇政协作用，加强工作调度考核，帮助解决履职经费，使各项工作的开展更加规范有力、高效有序。要发挥各界别和委员活动组作用，完善活动机制，丰富活动形式，增强活动次数，提高活动质量和效果。二是要加强制度建设。在抓好已有制度贯彻落实的基础上，要不断探索完善相关规章制度，建立健全委员管理办法和委员履职评价考核激励机制，促进政协工作进一步向制度化、规范化、程序化迈进。三是要加强作风建设。严格工作纪律，加强内部管理，提高服务质量，努力把政协机关建设成政治坚定、学识丰富、业务熟练、作风优良、服务高效的坚强集体，为政协履行职能提供优质服务和可靠保障。

文 件 选 编

中共衡东县委 关于制定衡东县国民经济和社会发展第十三个五年规划的建议

(东发〔2016〕1号)

(2016年2月22日中国共产党衡东县第十二届委员会第八次全体会议通过)

"十三五"时期是全面建成小康社会的决胜阶段。为夺取全面建成小康社会的伟大胜利,中国共产党衡东县第十二届委员会第八次全体会议,认真学习贯彻党的十八届五中全会、省委十届十五次全会和市委十届八次全会精神,结合我县实际,总结成绩,分析形势,谋划未来,就制定"十三五"规划提出以下建议。

一、适应经济发展新常态,全面建成小康衡东

1."十二五"时期我县发展取得的巨大成就。"十二五"时期,面对国内外环境的复杂多变,全县上下以富民强县为目标,以提升经济增长质量和效益为中心,坚持稳中求进总基调,主动适应经济发展新常态,促进"三量齐升",推进"四化两型",全面深化改革开放,努力加快全面小康社会建设步伐,为"十三五"发展奠定了良好的基础。综合经济实力持续提升,经济结构明显优化。2015年实现地区生产总值236.45亿元,五年年均增长13.8%;按常住人口计算,人均地区生产总值达到32679元。2015年财政总收入达到12.43亿元,年均增长17.7%。2015年,2015年,三次产业比重为16.88∶36.82∶46.30,三产业占GDP的比重较大幅度上升,现代服务业发展提速。基础设施建设不断完善,发展支撑力明显增强。实施"县城五年倍增"计划,全面加快了城北片区、河西新区开发建设,城市骨架逐步拉开,县城建成区面积达到11.2平方公里。华亚玻璃、红狮水泥、和畅食品、东健药业、朝阳重机、创大钒钨、湖南机油泵、荣桓科技等一批重大工业技改项目竣工投产或试投产,湖南世纪钨材股份公司成功取得新三板上市。南岳高速东延线基本建成,吴南公路改造、大桥35千伏变电站、杨桥35千伏变电站、栗木220千伏变电站等一批交通能源项目建成投入使用。外向型经济稳中有升,商贸流通发展明显加快。2015年实际利用外资3896万美元,是2010年的2.95倍。社会事业不断发展,民生水平明显提高。2015年,城乡居民人均可支配收入分别为25895元、15716元,年均增长率分别为11.3%、16.3%。发展环境明显改善,生态文明建设成效显著。紧紧围绕建设"秀美山川、绿色家园"的目标,注重生态环境保护,加强生态环境整治,生态文明建设成效显著。2015年,空气质量达标率为100%;全县国土绿化达标率为47.6%,比2010年增加了10.9个百分点。

2."十三五"时期我县面临的发展环境。"十三五"时期,我县仍将处于大有作为的重要战略机遇期,但战略机遇期的内涵和条件正在变化,改革红利空前释放,要素质量不断提高,既面临难得的历史性发展机遇,也面临劳动力成本上升、资源环境约束强化、传统比较优势弱化等严峻的现实挑战。

国际经济环境出现新变化,不稳定不确定因素仍然较多。世界外贸形势依然严峻,全球供需结构仍将进行深度调整,国际市场需求的弱增长态势和结构变化仍将持续。发达国家劳动力成本上涨趋势有所放缓,高端技术优势增强了发达国家垄断优势,我国低成本比较优势将不断削弱,制造业回流发达国家与低梯度发展中国家加速承接产业转移并存。金砖国家、新兴市场经济体异军突起,新兴国家在全球经济治理的话语权和决策权不断增强,将有力推动我国企业加速对外投资和向外产业转移。全球将迎来更加激烈的科技竞争,占据创新的制高点成为国与国竞争的焦点,我国在全球创新体系的角色也发生重大变化,将从引进模仿创新者转变为创新集成者、自主创新者,从创新跟随者转变为创新领先者。

国内经济发展进入新常态,加速进入转型、创新、人本发展的新阶段。随着国际经济环境变化和国内资源供给约束趋紧、经济总量基数增大,我国经济发展进入新常态。在增长速度上由高速增长转为中高速增长,保持经济增速的相对稳定。在发展方式上,从规模速度粗放增长向质量效率集约增长转型,推进绿色和可持续发展。在发展产业上,由中低端水平迈向中高端水平,提升产业在全球价值链中的地位。在发展动力上,由要素驱动向创新驱动转变,打造新的经济增长点。在资源配置方式上,由市场基础性作用向决定性作用转化,调控更灵活宏观。在发展福祉上由非均衡型向包容共享型转变,鼓励创业带动就业,更加注重合作开放共赢,更加注重民生发展,更多考虑民众的获得感、舒适感和幸福感。

国内外环境变化带来的机遇大于挑战,衡东加快发展具备诸多有利条件。一方面,衡东面临加快发展与加快转型的双重任务和双重压力,资源环境要素硬约束的矛盾非常突出,消费能力不足,开放度不高,创新能力不强,新型工业化、新型城镇化水平较低,社会事业发展相对滞后,收入差距较大,生态环境综合整治任务艰巨。另一方面,衡东经济社会发展站在新的历史起点上,面临难得的历史性机遇。从国际上看,全球经济形势的改善,“一带一路”战略的实施,亚洲基础设施投资银行的成立,将为我县扩大开放带来实质利好;从国内看,党中央“四个全面”重大战略布局,“长江经济带”战略持续推进,绿色化、两型化发展成为社会共识,长江中游城市群的获批,积极财政政策与稳健货币政策的实施,将为我县经济发展注入强劲动力;从全省看,“一带一部”战略的推进,发展平台的新突破,长株潭城市群两型社会综合配套改革试验区、长株潭国家自主创新示范区、湘南承接产业转移示范区、湘江新区、国家新型城镇化综合试点等国家平台建设,京港高铁、沪昆高铁的开通,泉南高速公路、怀邵衡铁路湖南段全面启动,将为我县发展提供更多增长点;从全市看,衡阳作为国家级重点开发区,经济发展稳中有进,经济综合实力稳居全省第一方阵,又享有“两型社会”综合配套改革试点城市、国家服务业综合改革试点、全国加工贸易梯度转移重点承接地、湘南大开发重点城市和“三网融合”试点地区的优惠政策,将为我县发展提供更多的政策红利。

综合判断,“十三五”时期国内外环境总体上有利于衡东加快发展,必须科学判断和准确把握发展形势,明确发展定位,充分利用各种有利条件,脚踏实地解决发展中的突出矛盾和问题,走出一条具有衡东特色的县域经济转型发展之路。

3. 指导思想。高举中国特色社会主义伟大旗帜,全面贯彻党的十八大和十八届三中、四中、五中全会精神,以马克思列宁主义、毛泽东思想、邓小平理论、“三个代表”重要思想、科学发展观为指导,深入贯彻习近平总书记系列重要讲话精神,坚持“四个全面”的战略部局,坚持创新、协调、绿色、开放、共享的发展新理念,协调推进政治、经济、文化、社会、生态文明和党的建设,以建设“宜居县城、秀美乡村、特色农业、示范园区、物流大县、旅游强县”为主攻方向,将衡东打造成全市重要经济增长极,确保提前建成全面小康社会,建设富饶美丽幸福新衡东。

4. 基本原则。坚持发展第一要务与人民主体地位相结合,坚持统筹全局与重点突破相结合,坚持依法开发与依法保护相结合,坚持发挥市场决定性作用与政府有效作用相结合。

5. 发展理念。坚持创新发展,坚持协调发展,坚持绿色发展,坚持开放发展,坚持共享发展。

6. 奋斗目标。围绕全面建成小康社会总目标,按照发展社会主义市场经济、民主政治、先进文化、和谐社会、生态文明的要求,今后五年,努力实现以下目标:

——经济保持中高速增长。增速继续保持高

于全市平均水平，到2020年地区生产总值和城乡居民人均收入比2010年翻一番，人均地区生产总值与全国平均水平差距明显缩小。主要经济指标相互协调。率先迈向基本现代化。

——经济结构进一步优化。工业化和信息化融合发展水平进一步提高，产业迈向中高端水平，先进制造业加快发展，新产业新业态不断成长，服务业比重进一步提升，农业现代化取得明显进展。投资效率和企业效率明显上升，出口和消费对经济增长的作用明显增大，经济外向度提升，经济增长的科技含量提高。县域经济、非公有制经济、开放型经济、金融业做大做强。

——人民生活水平和质量全面提高。以改善民生为重点的社会事业建设全面推进，就业比较充分，就业、教育、文化、社保、医疗、住房等公共服务体系更加健全，基本公共服务均等化水平稳步提高，劳动年龄人口受教育年限明显增加。收入差距缩小，中等收入人口比重上升。现行标准下农村贫困人口实现脱贫。户籍人口城镇化率加快提高。

——国民素质和社会文明程度显著提高。社会主义核心价值观更加深入人心，爱国主义、集体主义、社会主义思想广泛弘扬，向上向善、诚信互助的社会风尚更加浓厚，人民思想道德素质、科学文化素养、健康素质明显提高。全社会法治意识不断增强，依法治县深入人心，和谐社会建设谱写新篇章。公共文化服务体系基本建成，文化产业在经济中比重明显提高。

——生态环境质量持续改善。低碳、绿色生产生活方式基本形成，节能减排效果明显，能源、资源利用效率显著提高，主要污染物排放总量大幅度减少，城乡生态环境明显改善，环境质量继续保持全省领先。主体功能区布局和生态安全屏障基本形成，森林覆盖率、湿地保有率保持在较高水平。

——各方面体制机制更加完善。治理体系和治理能力现代化取得重大进展，系统完备、科学规范、运行有效的制度体系基本形成。人民民主不断扩大，法治政府建成，司法公信力明显提高，产权得到有效保护。开放型经济体制基本形成。党的建设制度化水平显著提高。

二、构建现代产业体系，提升产业竞争实力

坚持以新理念引领新发展，推进“五化”同步，促进“三量齐升”，努力实现更有效率、更加公平、更加协调、更可持续、更高水平的发展。

7.加快推进工业转型升级

推进制造业强基工程。加强基础协调和政策促进，支持先进制造业企业着力突破一批关键基础材料、核心基础零部件（元器件）、先进基础工艺、产业技术基础，提高核心竞争力。推进制造业结构调整，培育一批主业强、规模大、技术新、产品优的企业集团，发展一批成长性好、竞争性较强、专业化程度较高的中小微企业集群。

推进集群集聚发展。发挥核心企业引领作用，明确主攻方向，加快引进上下游关联配套企业，不断拉长和完善产业链条，提升价值链，提高集聚集群发展水平，着力打造三大产业基地。大力发展高、精、深、新产品和高附加值产品，延伸下游产业链，培育新的增长点。

推进两化深度融合。把智能制造作为工业化与信息化深度融合的主攻方向。建设1－2个具有领先水平和示范意义的数字化车间和智能化工厂，推进衡东经济开发区等“两化融合”试验区建设。

明确新兴产业主攻方向。抓住新一轮产业变革浪潮，结合产业基础和资源优势，引入深加工新技术，引进配套项目和企业，发展壮大生物医药、新能源、新材料等产业。

推进工业园区专业化、规模化发展。挖掘比较优势，明确主导产业定位，进一步完善差异化配套政策，引导产业相似、技术相近的企业和项目集聚发展，延长产业链，促进园区专业化、规模化发展。大力推进园区水、电、路、气、讯以及标准厂房等设施建设，夯实园区发展基础，破解发展瓶颈，助推园区升级发展。支持发展飞地园区。打造智慧园区。建设和完善绿色生态体系，建设绿色园区。

优化工业经济发展服务。优化企业发展环境。开展降低实体经济企业成本行动，优化运营模式，增强盈利能力。限制政府对企业经营决策的干预，减少行政审批事项。清理和规范涉企行政事业性收费，减轻企业负担。加快壮大投融资服务和支持平台,助推工业转型升级。

8. 巩固发展现代农业。稳定粮食产能,加快推进农业供给侧结构性改革,努力形成结构合理、保障有力的农产品供给体系。发展生态养殖,坚持标准化、规模化、绿色生态化发展战略,着力打造牲猪、牛、羊、家禽等畜牧养殖供应基地。发展特色种植,形成经济作物集约化种植产业。加快发展设施农业,加强抗旱防涝和病虫害防治服务体系建设,建设智能灌溉系统、信息监测系统,建立基地自动灌溉喷洒系统和信息监测、收集和处理系统。大力发展适度规模经营,提高产业化经营辐射能力。促进农产品高效流通。加快农村综合配套改革,建立"归属清晰、权能完整、流转顺畅、保护严格"产权制度。推进农业科技服务,集中推广、转化一批新品种、新技术、新成果。加强农村金融与风险防范服务,创新农村金融产品和信贷模式。开展新型职业农民培训服务。强化农村市场运行服务。

9. 大力发展现代服务业

大力发展现代物流。突出发展面向区域外市场的高端健康农产品物流,积极推进农产品交易、批发市场和乡镇农贸市场建设。完善农产品物流配送体系,积极开展多种形式的"农超对接",加大特色农产品营销力度。

大力发展县域金融。完善金融市场体系。进一步发展货币市场,壮大银行业。完善管理制度,规范发展保险市场。着力培育资本市场,发展证券业。开展金融改革创新。积极搭建中小企业融资对接平台,创新融资合作载体。健全金融保障机制。加强金融机构与地方职能部门的联系、协调和沟通。加快信用体系构建。

提升服务多样化水平。构建便捷信息服务。逐步建设信息衡东,大力推进多媒体智能化公用信息平台建设。逐步建设农村互联网工程。大力发展农业科技服务、环保科技服务,构筑以科技服务为目标的公共服务平台。积极发展电子商贸,开拓产业发展多渠道。

10. 突出发展生态旅游和特色农产品加工产业

全面发展生态旅游。挖掘衡东自然资源、红色资源优势,不断加快生态旅游、红色旅游发展,努力把衡东建设成为湘赣红色旅游线上的重点节点、大湘东旅游经济带上的旅游胜地、湖南著名的浪漫乡村生态旅游地,争创全国旅游强县。加快"一心两带三区四线"的基础设施建设。

壮大特色农产品加工产业。充分发挥衡东生态及"富硒"资源优势,打造生态健康的农产品加工、旅游休闲食品加工和保健食品加工等产业,积极开发特色生态食品,形成规模化生态产业集群。

11. 加快发展四大新型产业集群

生物医药产业集群。围绕药材系列产品进行综合开发,加大科研投入,打造加工能力突出、产品研发能力强的药材加工产业基地。积极发展林药植物提取产业,打造涵盖药用植物种植、医药中间体、医药研发、成药生产的产业链,形成技术齐全、资源集中、特色明显的生物医药产业集群。

新材料产业集群。依托丰富的有色金属资源,发展有色产业,积极开发有色系列多元产品,鼓励企业加强沟通,突出各自技术特点,积极发展有色金属及相关新材料产业,推动有色金属产业由资源优势向产业优势发展。

林下产业集群。积极引进和培育龙头企业,大力推广"龙头企业 + 专业合作组织 + 基地 + 农户"运作模式,因地制宜发展品牌产品,形成一批各具特色的林下经济示范基地。

清洁能源产业集群。加快推进衡东气化工程,规范发展小水电,充分利用水能资源,注重区域滚动发展,以数量换取规模效应,服务地方经济发展。建立和完善新能源产业发展机制,因地制宜开发风能、生物质能等新能源,把衡东建设成为国家级的生物质能源产业示范区。

12. 努力打造五个示范园区

交通产业园。整合交通产业资源,发挥行业优势,对汽车行业良性规范与积极引导,建立良好的市场秩序,推动交通汽车行业有序发展。

建筑材料产业园。利用衡东丰富的石灰石、河砂等资源,以红狮水泥为龙头,构建现代建筑制造业、建筑建材装备制造业、建筑用机电产品制造业、建筑金属结构制品制造业、建筑用木制品制造业和现代建筑产业配套服务体系。

家具产业园。按照现代工业园区的设计理念，实行统一规划、统一设计、统一基础设施，打造湘南较大的品牌家具企业生产制造区。重点支持中南家具城建设。

机械制造产业园。巩固现有的优势企业，支持树品牌、搞创新。抓住国家提出“中国制造2025”的机遇，把机械制造业和有色金属业作为重点来打造和帮扶，通过扩大优势，完善配套产业链条，发展一批特色鲜明、竞争力强、市场信誉好的产业集群。

电商物流产业园。充分利用“互联网＋”、“＋互联网”等方式，大力发展现代物流园，促进工业、农产品加工、土菜等行业线上线下融合，形成物流管理、仓储、运输、交易、冷储等一体化的现代电商物流产业园。

三、优化空间布局，推动区域协调发展

在主体功能区划分过程中，突出尊重自然、顺应自然的开发理念，将衡东的自然条件适应性作为开发的基础。合理划分三类主体功能区。

13. 推进主体功能区形成。突出体现主体功能区的战略性、基础性和约束性，根据不同地区的主体定位确定“十三五”期间开发的主体内容和发展的主要任务，确定不同地区的生产、生活和生态空间比例关系，制定相关空间形态布局方案，推动各地走向具有区域特色的现代化发展的轨道上来。合理划分重点开发、限制开发和禁止开发三类主体功能区。

14. 优化城镇空间格局

巩固“一心”的中心地位。培育壮大县城的中心极核，将其打造成全县的政治、经济、文化中心，对外开放的窗口，招商引资的平台，文明进步的标志，调结构、转方式的载体。建成以对外交通、现代物流、旅游接待、休闲娱乐、生活居住为主体，基础设施完善、环境优美的宜居宜商宜业的县城。合理编制特色县城规划。按照起点高、设计精、特色明、定位准的要求，科学规划，丰富内涵，提升品位。

提升“二副”的空间战略层次。将大浦镇、新塘镇提升为县域副中心城镇，使其成全县城乡统筹的重要节点。

明确“三轴”的空间扩展战略。以三条轴线为纽带（一是依托S315和S314沿线有效联系吴集、霞流、大浦、石滩、新塘、石湾、三樟等乡镇，打造县城南北方向发展的重要轴线和区域对接主城区。二是依托京珠高速公路、泉南（衡炎）高速公路作为连接衡阳市、长沙市等地区的重要通道，带动经济开发区和河西新区及新塘小城镇的发展。三是依托京广铁路，连接北京、深圳等大中城市，加快物流业的发展），强力推进秀美乡村建设。

优化“五区”的空间布局职能。对“五区”的中心职能进一步优化，实行差异化发展，打造以县城为核心的综合性经济区；以大浦为主的西南经济区；以荣桓镇为主的东北经济区；以草市镇为主的东南经济区；以新塘镇为主的西北经济区。

15. 优化农业空间格局

打造“三区三带”。洣水镇、高湖镇重点建设有机蔬菜循环经济示范区；三樟镇重点建设“衡东土菜”种植、加工区；吴集镇重点建设高品质油茶示范区；荣桓镇重点建设农业循环经济产业带；霞流镇重点建设优质水稻、蔬菜、大型畜禽产业带；大源渡库区重点建设水产养殖产业带。

重点建设十大农业产业基地。南湾、杨林等乡镇扩大楠竹基地建设规模；三樟、石湾等乡镇打造具有区域品牌的黄贡椒种植基地；洣水、吴集、甘溪等乡镇打造时鲜蔬菜基地；大浦、高湖等乡镇打造标准化水果基地；大浦、石滩、高湖等乡镇打造双低油菜基地；荣桓、高湖、草市、白莲等乡镇打造油茶基地；霞流、大浦等乡镇打造富硒优质稻基地；杨林、草市等乡镇打造优质中药材基地；霞流、大浦、新塘等乡镇打造畜禽基地；吴集、杨桥、蓬源等乡镇打造家禽基地。

16. 优化生态空间格局。加强湘江、洣水、永乐江“三水”流域生态建设。加强白莲水库、德圳水库、望日岩水库、江东水库、早禾冲水库“五库”周边的生态保护。构建四方山、天光山、杨山、武家山、金觉峰等自然保护区、风景名胜区等“多区”并存的生态空间格局。

四、统筹城乡均衡发展，提升综合承载能力

统筹规划交通、水利、能源、通信等基础设施建设，加快构建交通便利、内外连通、功能配套、安全高效的现代化城镇交通体系，为全县经济发展创造良好条件。

17. 构建现代化城镇交通体系。扩展对外交通，加快开放步伐。推动衡东成为联通湘南周边地区的重要交通枢纽，布局相关产业或项目。完善道路网络，形成“纵横交错、外畅内联、结构优化、路面硬化”的公路网络体系。完善通航设施，改善通航条件。

18. 完善城乡基础设施体系。统筹城乡公共服务设施建设，在重点城镇大力推进公共服务设施和交通基础设施，形成区域公共服务设施的重要核心节点，加快推进城镇基础设施扩容提质工程，建设安全饮水、沼气池，改造危房，改善自然村环境，加强电网建设。加强能源、水利等基础设施建设，优先发展天然气，加强新能源开发，积极发展风电、生物质能等项目，不断普及农村自来水通水率，以病险水利工程治理为主，不断完善防洪体系。创新多渠道、政企结合的融资模式，提高国家或地方政府部门与其它企业或其它投资者合资建设市政公用事业项目的积极性，加大城镇市政基础设施建设的投入。提高市政基础设施管理水平。

19. 推进“智慧衡东”建设。加大县域信息基础设施建设力度，在县城率先推进物联网及智能信息技术，对全县现存经济、社会及县域基础系统进行智能化改造，构建“数字衡东”，推进智能化城市基础与服务设施体系建设和电子政务网建设。推动城镇管理和基础设施智能化。加强电子商务基础平台的建设。营造更美好的智慧县城生活。

五、加快生态文明建设，增强发展可持续性

按照生态文明和主体功能区建设总体要求，正确处理发展与保护之间的关系，将生态环境综合治理和保护建设作为重要任务和长期任务，维护区域生态安全。

20. 重视生态建设。保护和建设森林生态系统，加大造林绿化力度。发展碳汇林和森林经济。保护和建设湿地生态系统，加强对河流、水库、滩涂等湿地资源的管护，重点加强县城水厂水源保护区和湘江、洣水饮水水源的保护与建设。加强采矿区生态修复。优化城市和农田生态系统，推进森林城市创建工程，加强城乡绿化。维护生物多样性，推进珍贵动植物繁育基地建设工程。

21. 强化环境保护。推进重点流域综合治理，对不同流域按照饮用水源保护区、工业用水区、农业用水区和景观娱乐用水区，实施水功能区差别化管理和水资源开发。强化城镇污染控制和治理，推进城区污水管网改造、城镇污水处理设施升级和河西新区清污分流工程。强化农业面源污染和土壤污染治理。加强环境保护能力建设，提升环境监测水平。

22. 注重防灾减灾。强化气象、地质、生物灾害预防控制体系建设，提高预警预报和应对能力，减少灾害事件对自然资源和社会经济发展的影响。

六、全面保障改善民生，实现发展成果共享

加大对就业、科教、文体、医疗卫生、社会保障等方面的投入力度，特别是弥补农村医疗、教育、文化等普遍性薄弱环节的历史欠账，促进公共服务资源的合理配置，提高利用效率，实现城乡基本公共服务均等化。

23. 提高城乡居民收入。健全和落实就业扶持政策，对不同就业群体完善就业援助制度。实施创业带动和项目拉动就业，鼓励全民创业、家庭创业和电商等新形式创业，落实民营经济发展的各项政策措施。建设和完善城乡就业服务平台，完善人力资源市场的服务功能。加强人才引进力度，建立健全科研人才双向流动机制。

24. 发展教育事业。提升学前教育发展水平。建立区域教育集团，全面提升教育教学质量。推进义务教育均衡发展，加大标准化学习建设力度，积极化解“大班额”，充分保障进城务工就业农民子女、残疾儿童少年享有同等受教育权益。普及高中阶段教育。加快建设现代职业教育体系，实现职业教育资源、专业设置、培训管理全县统筹。加强学习型社会建设。强化师资队伍建设，健全教师补充长效机制。推进教育信息化。

25. 加强科技工作。依靠科技创新加速产业发展，全面实施科技兴农，发展高新技术产业。加强科技创新平台和项目建设，引导企业创建省级工程技术中心、重点实验室等技术创新平台。鼓励各类创业服务中心、技术市场、生产力促进中心等科技服务机构建设。

26.发展文化和体育事业。完善公共文体服务设施，加大基础设施建设中对文化体育设施的投入力度，开展展现地域特色的城市文化公园建设，街道社区规划休闲广场建设。推进全民健身工程。强化品牌建设和人才培养。

27.提高卫生和计划生育服务水平。完善公共卫生服务和应急体系。优化医疗机构布局和建设，完善乡镇卫生院建设，加强医院综合技能建设，加强各级乡镇卫生院中医中药能力建设。探索城市社区卫生服务建设新模式，促进社区卫生服务中心与居民住宅同步规划、同步建设、同步投入使用。完善医疗人才引进和使用制度。加大卫生计生执法监督力度。提高基层计生服务水平，完善宣传倡导、依法管理、优质服务、政策推动、综合治理的计划生育长效工作机制。提高人口素质和改善人口结构。合理引导人口流动。落实流动人口卫生计生均等化服务。

28.完善社会保障体系

完善城乡社会保险制度。建立城乡统一居民社会养老保险制度，推进机关、事业单位养老制度改革，完善企业职工基本养老保险制度，做实基本养老保险个人账户，完善被征地农民的社会保障办法。探索改革城镇职工医疗保险个人账户使用办法。完善新型农村合作医疗制度。完善失业保险政策。完善生育保险制度。建立多层次社会保障体系，大力推进补充养老保险、补充医疗保险、企业年金和职业年金。

推进社会保险扩面征缴和提高待遇。全面启动基本养老、医疗保险全民参保登记试点，重点推进农民工、非公有制经济组织从业人员、灵活就业人员参加社会保险，扩大社会保险覆盖范围。

完善劳动保障体系。健全多元化社会养老服务。加速住房保障民生工程建设。加强社会保障公共服务能力建设。

促进妇女儿童全面发展。关爱青少年健康成长。提升残疾人服务保障水平。

29.提升社会治理水平。推进智慧城区管理，促进社区管理模式创新，实施智慧社区示范工程，实现居民与社区管理人员无障碍沟通，实现服务零距离。健全公共安全体系，强化食品安全、药品安全、安全生产、社会治安、应急管理等领域工作。创新社会矛盾化解机制，加强社会矛盾化解工作，完善多部门联合接访运行机制，提高工作效率。

七、推进全面深化改革，加快体制机制创新

认识新常态、适应新常态，顺应全球科技革命和产业变革的大趋势，以“省管县”为重大契机，推出一批有利于长远制度安排的改革举措，千方百计释放改革开放红利、创新创业红利，使发展动力从传统增长点转到新增长点上来，以改革开放促进经济社会发展。

30.创新体制机制。加快政府职能转变，建设法治政府、创新政府、廉洁政府和服务型政府，增强政府执行力和公信力。坚持创新管理，强化服务，全面实行政务公开，推广电子政务和网上办事，着力提高政府效能。深化农村集体土地产权制度改革，促进适度规模经营。积极推进户籍制度改革，把符合条件的农业转移人口逐步转为城镇居民。创新投融资机制，深度激活民间投资，加快投融资体制改革和创新，探索PPP、资产证券化、股权融资等投融资模式。

31.推动内外开放。提升开放平台载体，打造园区开放平台，着力提升开放平台的功能性、集成性和影响力，提升承接产业转移的吸引力和集聚力。加强供给侧结构性改革，重点做好“减量、增量、存量、变量、需量”五篇文章，减量要主动，积极稳妥处置“僵尸企业”，化解各种库存；增量要有效，加快培育新产业，扩大公共产品、服务有效供给，加强环境污染治理；存量要激活，增强现有产业和企业的修复动力，为企业“减负松绑”，推动产业优化升级；变量要稳控，注意防范和化解各类风险；需量要扩大，培育消费增长点，进一步扩大有效投资。创新开放合作模式，加快接受珠三角延伸辐射，实现联动互补发展，强化市、县联动，推进跨领域、跨行政隶属关系的合作，积极发展“飞地经济”。

32.发展民营经济。鼓励全民创新创业，坚持就业优先，以创业带动就业，制订互联网+中小微企业计划,引导鼓励各类创业者开展创业。加大财税扶持力度,为民营企业提供融资服务,加大民营经济和中小企业财政资金扶持力度。强化科技创新驱动,大力发展科技型中小民营企业,扶持民营企业特别是中小企业科技创新、管理创新和市场创新。着力优化发展环境,维护市场秩序,营造各种所有制经济依法平等使用生产要素、公平参与市场竞争、同等受到法律保护的体制环境。

33. 培育市场体系。发挥市场机制作用,正确处理政府和市场的关系,创新公共服务供给。培育新型经营主体,发展专业大户、家庭农场、农民合作社、龙头企业等新型经营主体。丰富金融市场产品,鼓励金融机构在县城和中心镇布局网点机构,加快发展村镇银行、小额贷款公司等新型农村金融组织,加快金融产品创新,鼓励企业上市直接融资。

八、广泛健全民主法治

加强社会主义民主法治建设,全面落实依法治县方略,提高各领域的法治水平,促进社会正义,维护社会和谐稳定。

34. 发展社会主义民主政治

健全协商民主制度。推进协商民主广泛多层制度化发展,坚持协商于决策之前和决策实施之中。发挥统一战线在协商民主中的重要作用。完善民族宗教工作机制和制度。支持政协开展有组织的民主监督,鼓励政协委员积极参政议政。

完善基层民主制度。畅通民主渠道,健全基层选举、议事、公开、述职、问责等机制。开展形式多样的基层民主协商。健全以职工代表大会为基本形式的企事业单位民主管理制度,保障职工参与管理和监督的民主权利。

健全权力运行制约和监督机制。贯彻民主集中制,完善决策机制和程序。依法公开权力运行流程。完善党务、政务和各领域办事公开制度。

加强反腐倡廉。坚持标本兼治、综合治理、惩防并举、预防为主的方针,建立健全教育、制度、监督并重的惩治和预防腐败体系,遏制腐败蔓延势头。严格落实党风廉政建设责任制,落实党委主体责任和纪委监督责任。

35. 全面推进依法治县

建设法治政府。依法全面履行职能,推进政府事权规范化、法制化。深化行政执法体制改革。坚持严格公正文明执法,落实执法责任制。强化对行政权力的制约和监督。加大政务公开力度,重点推进财政预算、公共资源配置、重大建设项目实施、社会公益事业建设等领域的政府信息公开。

严格公正司法。推进司法体制改革,确保依法独立公正行使司法权。健全领导干部违法干预司法活动预防、惩处制度。

建设法治社会。推进全民守法,树立全民法治意识。健全普法宣传教育机制,深入开展法治宣传教育,建设社会主义法治文化,增强全社会厉行法治的积极性和主动性。

九、全面加强党的领导,为实现“十三五”提供坚强保证

“十三五”时期是深入推进衡东建设的关键时期,是各项国家、省级战略平台在衡东发挥效果的重要阶段,必须依据规划方案,推动规划落实,科学推进全县经济社会在新常态下实现新发展。

36. 加强制度保障。加强党的建设和组织领导,发挥各级党组织在经济社会发展中的引领作用,加强基层党组织建设,优化基层党组织的服务方式和服务意识;坚持党管干部原则,提高专业岗位配置领导干部的专业化水平。健全利益协调机制,建立部门联席会议制度,建立各乡镇联席会议制度。落实绩效考核和责任追究制度,完善激励机制和约束机制。

37. 加强要素保障。优化政府投资方向,引导政府资金向重点区域、重点行业、重点企业、重点项目流动,发挥财政资金的撬动作用。强化资金保障,加大招商引资,争取上级财政资金,争取落实国家支持承接产业转移、产业结构调整、激励自主创新等方面的税收优惠政策。强化土地保障,争取适度加大用地计划,支持城市基础设施和主导产业用地。强化人才保障,正确引导和促进人才合理流动。加强国防和后备力量建设。统筹推进军民深度融合发展,扎实抓好国防动员、民兵预备役、武警、应急动员、人防及军事设施保护工作。深化兵役制度改革,提高民兵质量。广泛开展全民国防教育和“双拥”共建活动,认真落实军转安置任务。

38. 争取政策支持。争取和推动重大项目建设,推进产业发展、城乡统筹、基础设施、区域发展等方面的项目直接申报,重点争取固定资产投资项目、投资补助建设项目,开发储备重大项目。争取财政政策支持,积极争取国家、省加大对县财政转移支付力度,争取取消专项转移支付资金的县级配套。探索产业政策创新,改革和打破部门壁垒,对重点区域、重点建设项目实施资金打捆使用,考核整合进行。探索要素资源有偿使用政策,积极推进开展土地利用指标、节能减排指标、污染物排放指标等指标的有偿使用试点。争取环保政策支持,实施差别化污染物排放标准、总量控制指标和差别化产业准入环境标准。探索城乡统筹和人口政策创新,健全以工促农、以城带乡、工农互惠、城乡一体化发展的体制机制。

全县上下要更加紧密地团结在以习近平同志为总书记的党中央周围,高举中国特色社会主义伟大旗帜,同心同德、群策群力,锐意进取、艰苦创业,努力开创“十三五”时期我县发展新局面,共同夺取全面建成小康社会决胜阶段的伟大胜利!

中共衡东县委　衡东县人民政府
关于表彰2015年度全县纳税大户、餐饮业纳税大户的决定

(东发〔2016〕2号,2016年2月22日)

2015年,全县各纳税户严格执行国家税收政策,自觉依法纳税,涌现了一批业绩优良、贡献突出的企业纳税大户。为了激励企业发展,鼓励企业多做贡献,在全社会进一步营造依法经营、诚信纳税、尊重纳税人、支持纳税人的良好氛围,县委、县政府决定,对湖南省烟草公司衡东县分公司等46家纳税200万元以上的企业、衡东县恒瑞国际大酒店有限公司等11家纳税10万元以上的餐饮企业予以表彰,并分别授予“2015年度衡东县纳税大户”“2015年度衡东县餐饮业纳税大户”荣誉称号。给予46家纳税大户分别奖励5000元;给予衡东县恒瑞国际大酒店有限公司奖励2万元,其他10家餐饮业纳税大户分别奖励2000元。

希望受表彰的企业再接再厉,乘势而上,再创佳绩。全县广大纳税户要以“纳税大户”为榜样,为推进全县经济持续健康发展作出新的更大的贡献。

附件:1. 2015年度衡东县纳税200万元以上的企业名单

2. 2015年度衡东县纳税10万元以上的餐饮企业名单

附件2

2015年度衡东县纳税10万元以上的餐饮企业名单

序号	企业名称	纳税额(万元)	序号	企业名称	纳税额(万元)
1	衡东县恒瑞国际大酒店有限公司	131	7	衡东县三樟乡下土菜馆	13
2	衡东城关源安酒家	26	8	衡东县又一村原味土菜馆	13
3	金城大酒店	20	9	欧阳海休闲山庄	12
4	衡东县昇汇缘酒店	17	10	衡东县新塘镇景然大酒店	11
5	衡东三樟农家故事土菜馆	15	11	衡东县江南印象餐馆	10
6	衡东嘉盛大酒店	13			

中共衡东县委　衡东县人民政府
关于2016年度全县目标管理绩效考核工作意见

（东发〔2016〕10号,2016年9月25日）

为促进全县各级各部门认真履行职责,全面完成县委、县政府确定的年度目标任务,推动全县经济社会全面协调可持续发展,现就做好2016年度全县目标管理绩效考核工作提出以下意见。

一、考评对象及分类

(一)17个乡镇(不分乡、镇序列)。

(二)115个县直机关单位和省市驻衡单位分县委、县人大、县政府、县政协4个序列进行考核。

1. 县委序列(24个):纪委、县委办、组织部、宣传部、统战部、政法委、法院、检察院、党校、罗荣桓故居管理处、总工会、工商联、史志办、档案局、老干局、编办、团县委、妇联、科协、残联、接待处、文联、侨联、对台办。

2. 县人大序列(8个):人大办、内司工委(规审办、信访室)、财经工委(预算工委)、教科文卫工委、农经工委、城环工委、选举任免联络工委、研究室。

3. 县政府序列(76个):分为综合服务部门、经济管理服务部门、司法执法监督部门、省市驻衡单位和国有投资公司五个组别。

①综合服务部门(10个):监察局、信访局、人社局、文体广电新闻出版局、民政局、教育局、卫生和计划生育局、广播电视台、政务服务中心、电子政务管理办。

②经济管理服务部门(27个):县政府办、发改局、农业局、经科信局、财政局、住建局、国土资源局、交通运输和旅游局、水利局、林业局、商务和粮食局、统计局、国有资产管理中心、供销社、移民开发局、畜牧水产局、公路局、农机局、矿产资源税费集中征收管理办公室、农村经营服务中心、农开办、衡东经济开发区管委会、河西新区管委会、县政府金融办、公共资源交易中心、重点办、洣水国家湿地公园管理处。

③司法执法监督部门(11个):公安局、司法局、县政府法制办、城乡规划局、城市管理行政执法局、审计局、环保局、安全生产监督管理局、市场和质量监督管理局、人防办、交警大队。

④省市驻衡单位(22个):电力公司、邮政局、烟草公司、国税局、地税局、人民银行、盐务局、气象局、移动公司、联通公司、电信公司、中国银行、建设银行、农业发展银行、工商银行、农业银行、邮政储蓄银行、农商银行、华融湘江银行、人寿保险衡东支公司、人民财产保险衡东支公司、中华联合保险衡东支公司。

⑤国有投资公司(6个):衡东县城市建设投资开发有限公司、衡东大地交通水利建设投资有限公司、湖南富城新区开发建设投资有限公司、湖南浦园建设开发投资有限责任公司、湖南衡鑫国有资产管理有限责任公司、水务投资公司。

4. 县政协序列(7个):政协办、提案委、财政经济委、人口资源环境和法制委、教科文卫体委、文史学习委、研究室。

县直被考评单位主管(代管)的人财物独立、实施和参照公务员法管理的二级单位,由其主管(代管)部门参照本方案制定考核方案,报县考核办备案后组织实施考评。

二、考评内容和方法

(一)绩效综合考核。主要评估各单位贯彻落实中央、省、市重大决策部署和完成省、市全面建成小康社会监测评价指标任务,省、市、县全面深化改革年度工作目标任务,市下达我县绩效考核年度目标任务以及履行法定职责的情况,特别是落实县委常委会工作要点、县委经济工作会和《政府工作报告》明确的主要目标、重点工作、重点工程、重点民生实事项目的情况,以及经济发展、民生建设、改革创新、法治建设、环境优化、干部作风转变、廉政建设、差异性工作等内容。考核基准分值为1000分，采取指标评估、公众评估、内部评估三种方式进行，分别占绩效考核总分值的85%、5%、10%。

1. 指标评估。县考核办会同相关数据采集单位对照考核指标，采取“听、查、看、访”的方式定期或不定期对被评估单位完成工作的数量、质量和效益等进行评估打分，全面考核各项工作完成情况。

2. 公众评估。由县考核办会同相关部门，选择会议测评的方式进行，向党代表、人大代表、政协委员、企业法人、党外人士、基层群众等社会各界人士征集意见。评估结果向全县通报（具体评估内容、方式和计分办法由县考核办另行制定）。

3. 内部评估。包括县级领导评价和单位互评。县级领导评价占绩效评估总分值的5%，由县委、县人大、县政府、县政协领导班子成员对各乡镇党委、政府和县直机关各单位、省市驻衡单位进行评议；单位互评占绩效评估总分值的5%，由县直机关各单位、省市驻衡单位评价各乡镇党委、政府和乡镇党委、政府评价县直机关各单位、省市驻衡单位组成。内部评估由县考核办组织开展，评估结果向县委办、县人大办、县政府办、县政协办通报（具体评估方式和计分办法由县考核办另行制定）。

（二）单项工作考核。社会管理综合治理、人口和计划生育、安全生产等三项工作对乡镇和县直机关单位、省市驻衡单位进行单项考核。分别由县综治委、县人口和计划生育领导小组、县安委会制定具体考核细则并组织实施，年终将考评结果报县考核办。

三、考评程序

（一）制定指标。乡镇绩效综合考核指标体系由县考核办根据县委、县政府的部署要求，会同相关部门研究制定，经县委常委会审定后实施。县直机关单位、省市驻衡单位绩效综合考核分四个序列进行，分别由县委办、县人大办、县政府办、县政协办制定具体考核指标体系和下发本序列考核的具体实施办法，并报县考核办备案。各项工作考核原则上以量化指标考核为主，各项指标计分主要采取扣分办法。年内如有临时性安排的重要工作需纳入全县目标管理绩效考核的，需报县委、县政府主要领导同意，下发补充意见，增设合理分值进行考核计分，再按1000分除权计算综合得分。

（二）日常督查。县考核办和各数据采集责任单位对被考核单位绩效指标完成进度、质量和效益情况，进行定期和不定期跟踪督促检查，及时掌握、通报情况，并建立工作台账实行动态管理，以此作为全年考核的重要依据。

（三）单位自评。12月中旬，各乡镇和县直机关各单位、省市驻衡单位对绩效指标完成情况进行年度自评，12月22日前将自评报告报县考核办并按序列报送县委办、县人大办、县政府办、县政协办。

（四）数据采集和报送。按照县考核办的统一安排，各数据采集责任单位将各被考核单位绩效指标完成情况和测算评分情况（必须附详细说明和依据），经单位领导班子集体审核和县委、县政府分管领导审核签字后，加盖单位公章报送县考核办并按序列报送县委办、县人大办、县政府办、县政协办。

（五）年终考评。年终，县考核办组织对各乡镇和县直机关各单位、省市驻衡单位年度绩效进行综合考核评估。各数据采集责任单位原则上依据平时台账管理情况计分，年终不得单独组织到乡镇考核验收，确需现场核查验收的，由县考核办统一组织或批准后方可进行，核查情况要当场反馈并报送县考核办。县直机关各单位、省市驻衡单位年终考评分别由县委办、县人大办、县政府办、县政协办具体实施，分序列组织对各单位职能工作完成情况进行现场核查。

（六）加分与减分。下列情形予以加分：①年内受到党中央、国务院，省委、省政府（国家部委）及市委、市政府（省厅）表彰的，分别对应在综合得分中每次加4、3、2分。②某项工作受到市委、市政府及以上作为典型经验推广（不含新闻媒体报道、个人典型事迹）或在相应会议上作典型发言的，每次加2分；③承担市委、市政府目标管理绩效考核指标任务的单位，如涉及本单位的考核指标在全市综合评分中另行有加分的，在全县综合评分中加5倍分值，涉及本单位的各项考核指标综合得分位列本组别第一（不含并列名次）加8分、位列本组别第二（不含并列名次)加6分、位列本组别第三(不含并列名次)加4分;④差异性工作中全年整体评估为“好”、“较好”的分别加2、1分。下列情形予以减分:①年内受到党中央、国务院,省委、省政府(国家部委)及市委、市政府(省厅)通报批评的,分别对应在综合得分中每次减8、6、4分;②在省、市对县考核中,造成综合评分中另行有扣分的单位,在全县综合评分中扣除5倍分值,或因单位领导班子成员失职渎职造成重大损失或恶劣影响的,每次(项)扣3分;③差异性工作中全年整体评估为“较差”、“很差”的分别减1、2分;④数据采集责任单位数据(结果)采集出现差错的,每次扣1分(以上事项可跨年度扣分),或未按要求分类提供差异化考核结果的,每次扣3分。

此类重大加(减)分项目原则上是反映本年度工作,必须提供有效依据,同一事项以最高加(减)分项为准,不重复加(减)分,年终经县考核办审核,报县委、县政府主要领导审定。

(七)汇总考评情况。县考核办汇总评估情况,得分计算方式为:被考核单位绩效考核综合得分=指标评估除权得分+公众评估除权得分+内部评估除权得分+加(减)分。

(八)审定考评结果。县考核办审核、汇总绩效考核结果,报县委常委会议审定后,在一定范围内进行公示。

四、考评等次及名额

年度绩效综合考核结果按各单位综合得分高低,分类确定为优秀、良好、合格和不合格4个等次。

1.优秀等次名额。根据各单位综合得分从高到低分类确定,其中乡镇评选5个,县委序列评选5个,县人大序列评选2个,县政府序列中综合服务部门评选3个、经济管理服务部门评选8个、司法执法监督部门评选3个、省市驻衡单位评选7个、国有投资公司评选2个,县政协序列评选2个。

2.良好等次名额。除去优秀等次单位后,根据各单位综合得分从高到低分类确定,其中乡镇评选7个,县委序列评选8个,县人大系列评选4个,县政府序列中综合服务部门评选4个、经济管理服务部门评选11个、司法执法监督部门评选5个、省市驻衡单位评选8个、国有投资公司评选2个,县政协序列评选3个。

3.合格等次。除去优秀、良好等次单位后,综合得分在600分及以上的为绩效合格单位。

4.有下列情形之一的单位,取消评为优秀、良好等次资格。年内社会管理综合治理、人口和计划生育、安全生产工作有被市、县“一票否决”的,或累计被市黄牌警告达2次(个)的;重点工程建设目标责任制、项目落地环境、征地拆迁工作年度考核不合格的;“12345”政府服务热线、信访工作年度考核结果低于指标分值80%的;单位党政领导班子中发生重大腐败案件,或因班子不团结造成重大损失或恶劣影响的;数据一、二级责任单位工作出现严重失误,影响评估结果的;承担2016年市委、市政府绩效考核指标任务的单位未履职尽责,涉及本单位的考核指标综合得分位列本组别最后一名的,或出现有一项位列本组别最后一名且得分达不到指标分值60%或被一票否决的;因单位履职不到位,造成本单位所承担全面建成小康社会监测考评指标未达到本年度目标值的。

5.有下列情形之一的,为工作绩效不合格单位。综合得分在600分(不含600分)以下的;有上述取消评为优秀、良好等次资格情形中3种及以上情形的;其他年内因工作失职渎职造成重大损失和恶劣影响的,经县委、县政府主要领导审定,认定为不合格的。

县委常委任主要负责人的县委各部办委不参与优秀、良好单位评选,按综合得分参照相应等次执行考评结果运用。

五、考评结果运用

1.作为评先评优的依据。①作为单位确定公务员年度考核优秀比例的依据。年度绩效综合考核结果为优秀、良好、合格、不合格等次的单位,其公务员年度考核优秀比例分别确定为20%、15%、10%、5%。②作为单位和领导班子成员评先评优的依据。年度绩效综合考核结果为优秀等次的单位,可推荐评选文明单位,领导班子可推荐参评优秀领导班子,单位主要负责人在年度考核中可推荐评优;年度绩效综合考核结果为不合格等次的单位,领导班子成员年度考核不能评优,单位及班子成员不得参加其他奖励项目的评选。

2. 作为行政奖励的依据。①年度绩效综合考核为优秀、良好、合格等次的乡镇分别奖励10万元、6万元、4万元;年度绩效综合考核被评为优秀、良好等次的县直机关单位分别奖励4万元、2万元。②年度绩效综合考核被评为优秀、良好、合格等次的单位,其全体工作人员按本人当年12月份全额工资标准分别计发2个月、1个半月、1个月年度奖金。③单项奖。对社会管理综合治理、人口和计划生育、安全生产三项单项考核工作设置单项奖。其中乡镇根据得分奖励单项排名前6名,分三个等次奖励:一等奖1名奖励2万元、二等奖2名各奖励1万元、三等奖3名各奖励5000元;县直机关单位和省市驻衡单位的社会管理综合治理、安全生产工作根据得分奖励单项排名前10名,分三个等次奖励:一等奖2名各奖励1万元、二等奖3名各奖励6000元、三等奖5名各奖励3000元;人口和计划生育工作对计生综治单位根据得分奖励排名前6名,设一等奖1名、二等奖2名、三等奖3名,其他的县直机关单位和省市驻衡单位根据得分奖励单项排名前10名,设一等奖2名、二等奖3名、三等奖5名,分三个等次奖励:一等奖各奖励1万元、二等奖各奖励6000元、三等奖各奖励3000元。④年度绩效综合考核被评为优秀等次的乡镇和获单项奖的单位以县委、县政府名义颁发奖牌。

省市驻衡单位不发奖金、奖牌,考核结果由县委、县政府向其上级主管部门致函,并提出相关奖惩建议。

3. 作为行政问责的依据。对年度绩效综合考核结果为不合格等次的单位,给予通报批评,要求限期整改,其主要负责人向县委、县政府作书面检讨,县委、县政府视情况对该单位主要负责人进行诫勉谈话或予以组织调整。绩效综合考核连续2年为不合格等次的单位,对该单位党政主要负责人予以免职,对其领导班子进行调整。对因严重失职、渎职造成重大损失或恶劣影响的人员,由县纪检监察机关或司法机关按照有关规定追究责任。

六、重大贡献奖和"一事一议"奖

对争取到国家、省级重大发展平台和重要优惠政策、引进重大战略性产业项目等为衡东经济发展和社会稳定作出重大贡献的单位和企业,授予"重大贡献奖",奖励5万元。承担市委、市政府目标管理绩效考核指标任务的单位,如涉及本单位的考核指标成绩突出,在全市综合评分中另行加分3分及以上的,原则上可优先参评重大贡献奖。该奖项由县考核办提出推荐名单,提请县委常委会议审定后确定。凡没有纳入年度目标绩效管理考核的工作以及乡镇差异性工作,对表现特别突出的单位和企业,县委、县政府可视情况增设"一事一议"奖予以表彰,奖励2万元。

七、表彰通报。获奖乡镇和获单项奖单位在2017年县委经济工作会议上进行表彰和颁奖,考核结果向全县通报;县直机关单位、省市驻衡单位绩效综合考核待省市考核结果公布后再进行通报表彰。

八、考评工作要求

(一)深化认识。绩效管理是县委、县政府推动工作落实的重要抓手,各级各部门要深刻认识抓好绩效评估工作的重要性和导向性,不断增强落实绩效指标的责任感和主动性,创新工作方法,加大工作落实力度,助推全县经济社会平稳健康发展。

(二)精心组织。县考核办要认真履行职责,发挥好统筹协调作用,确保绩效考核工作有序开展。各考核责任单位要及时制定考核细则,强化日常监管。各被考核单位要对照考核方案和考核指标,认真落实绩效考核工作任务。县直各单位要认真组织对所属二级机构的绩效考核,并及时将考评结果报送至县考核办,对未接受绩效考核的行政机关和事业单位,原则上不予发放年度绩效奖金。

(三)严肃纪律。实施绩效考核是对各级各部门年度工作的全面检阅,各单位要实事求是反映工作情况。各数据采集责任单位要严格评分标准,认真开展年度绩效考核工作,确保考核过程风清气正、考核结果公开公平公正。全县所有的考核评比活动统一归口县考核办统筹总揽,任何部门和单位未经县考核办批准一律不得擅自组织检查评比考核验收活动。凡是绩效考核工作中出现违规违纪情形的单位一律不能参加年度各类评先活动,情节严重的要追究有关当事人的责任。

中共衡东县委　衡东县人民政府
关于表彰2015年度文明建设先进单位、先进村(社区)的决定

(东发〔2016〕12号,2016年8月23日)

2015年全县各级各单位深入贯彻落实党的十八大和十八届三中、四中、五中全会精神,大力推进社会主义核心价值体系建设,广泛开展文明创建活动,公民文明素质和城乡文明程度进一步提升,为促进全县经济社会又好又快发展和市级文明县城的成功创建发挥了重要作用,涌现出一批成绩突出、影响广泛的先进典型。为表彰先进,树立榜样,推动文明创建活动深入开展,县委、县政府决定,授予县政府办等15个单位为"衡东县文明建设先进单位"荣誉称号,授予杨桥镇金山村等24个村(社区)为"衡东县文明建设先进村(社区)"荣誉称号。

希望受表彰的单位珍惜荣誉,发扬成绩,再接再厉,在推进精神文明建设中,更好地发挥示范带头作用。全县各级各单位和广大精神文明建设工作者要认真学习先进经验,更加广泛、深入、扎实地开展群众性精神文明创建活动,为全县经济社会可持续发展和省级文明县城创建提供强大的精神动力和良好的社会环境。

附件:衡东县2015年度文明建设先进单位、先进村(社区)名单

(此件发各乡镇党委、人民政府,县直机关各单位,省市驻衡单位)

衡东县2015年度文明建设先进单位、先进村(社区)名单

一、县委、县政府表彰的县级文明建设先进单位(15个)

县纪委(县监察局)	县委宣传部
县人大办公室	县政府办
县政协办公	县总工会
县编办	县档案局
县民政局	县水利局
县司法局	县交警大队
县电子政务办	县信访局
大浦镇	

二、县委、县政府表彰的县级文明建设先进村(社区)(24个)

杨桥镇金山村	大浦镇荷塘村	白莲镇马房村
草市镇桐桥村	珍珠乡大塘村	德圳乡大岭村
荣桓镇横板村	栗木乡周田村	杨林镇柴埠村
南湾乡合江村	新塘镇宋坪村	大桥镇礼厚村
蓬源镇双林村	高塘乡高田村	霞流镇宋桥村
高湖镇长垅村	莫井乡江山村	石湾镇风景村
踏庄乡朗山村	甘溪镇新江村	吴集镇水湖村
三樟乡新塘村	石滩乡进宝村	
洣水镇嘉兴社区		

中共衡东县委　衡东县人民政府
关于表彰2015年度全县机关事业单位年度考核先进个人的决定

（东发〔2016〕15号，2016年9月14日）

2015年，全县上下在县委、县政府的坚强领导下，以党的十八大和十八届三中、四中、五中全会精神为指导，以“四个全面”战略布局为总揽，深入开展“三严三实”专题教育，解放思想、开拓创新、奋勇前行、攻坚克难，全县经济实现平稳较快发展，社会大局保持和谐稳定，党的建设得到新的加强，全面小康迈进新的阶段。为发扬成绩，表彰先进，激发全县广大干部职工干事创业的激情和奋勇争先的闯劲，全力推动全县经济社会转型升级跨越发展，县委、县政府决定给予谭水光等4位同志呈报市委、市政府记二等功奖励，向仲贤等248位同志记三等功奖励，陈钰等1862位同志嘉奖奖励。

县委、县政府希望受到表彰的同志戒骄戒躁，再接再厉，再创佳绩。全县上下要以先进个人为榜样，紧盯目标，真抓实干，攻坚克难，开拓进取，为开创全面建成小康衡东、全面深化改革、全面依法治县、全面从严治党新局面作出新的更大贡献。

2015年度衡东县机关事业单位
年度考核先进个人

呈报市委、市政府记二等功人员：

谭水光　赵自文　向正平　黄小林

县委办：

记三等功：

向仲贤嘉　奖：

陈　钰　周秀云　陈友力　肖文宇　向国华　吴红宇　李孝刚　陈逸谦　岳仕春

县人大机关：

记三等功：

胡　华

嘉　奖：

文朝晖　谢志勇　唐志军　赵伟生　陈洪清　吴志勇　刘俊涛

县政府办：

记三等功：

周金云

嘉　奖：

刘国荣　颜国辉　曹设文　胡　姝　康　志　尹汀汀　吴鹏崎　谭清华　谷建祥　赵晓兰　文新学　文志恒

县政协机关：

记三等功：

罗国武

嘉　奖：

朱坤联　向丽芬　谭鑫权

县纪委（监察局）：

记三等功：

陈检春　冯义东

嘉　奖：

单秋珍　邓秀平　宋新元　刘上红　胡晓亮　罗俊斌　李　洪

县委、县政府接待处：

嘉　奖：

刘志新

县委组织部：

嘉　奖：

刘　俊　谭海青　贺喜阳　文　闻

县老干局：

嘉　奖：

肖　萍　曾棣华

县编办：

记三等功：

郑从福　刘正东

嘉　奖：

尹会英　谢　芬　刘周矗　周悦妍

县委宣传部：

记三等功：

周跃程

嘉　奖：

罗　华　符　蓉　刘心红　肖友新　邓晓斌

县人民法院：

记三等功：

谢冬云　丁小钦　刘芬芬

嘉　奖：

单鲁超　周书清　谭伟雄　李　翔　朱金贵
陈　坚　岳志勇　黄志坚　周　军　贺诗魏
肖　彬　谢红军　林毅鹏　邓　辉　刘尚球
文艳平　陈足平

县人民检察院：

记三等功：

李水雄　陈　明

嘉　奖：

陈从晓　龙　伟　匡雄君　李岳平　阳永恒
李松泰　贺美珍　向燕辉　刘　佳　肖　姣
赵小玉　陈　琼

县总工会：

嘉　奖：

谭伟平　王建东　戴玉成　刘永红　阳发运
向琼燕

县科协：

嘉　奖：

胡　培

县委统战部：

嘉　奖：

陈涤峰　赵　玲

县工商联：

嘉　奖：

李　红

县法制办：

嘉　奖：

陈宜中　廖衡兵　刘　寅

县史志办：

嘉　奖：

向立立　颜知明

县政法委：

嘉　奖：

颜新民　赵艳刚　颜亨伏　张晓慧　谭钰颖

县档案局：

记三等功：

刘晓林

嘉　奖：

颜金楚　周映飞　慕颖强

县委党校：

嘉　奖：

王月华　刘志毅　陈素芬　陈建国

县妇联(机关幼儿园)：

嘉　奖：

文　明　蒋峭曦　陈志红　李艳芳　刘象贤

县文联：

嘉　奖：

谢芳芳

县经济科技和信息化局：

记三等功：

吴扬辉

嘉　奖：

向立中　康芳平　陈红星　陈一枝　廖丽萍
曾再华

县发展和改革局：

记三等功：

熊阳策

嘉　奖：

赵一峰　郭小玲　陈志荣　刘　方　谭红雨
许　鹏　王宇飞　阳　政

县统计局：

记三等功：

李中林　赵然青

嘉　奖：

单破荒　肖　宇　汪仁杰　凌　霄

县住房和城乡建设局：

记三等功：

王易军　许烈福　颜中华　谭岳灿　许斌斌

嘉　奖：

赵智平　谭凌云　陈玉文　谭鸿辉　文冬青
周建春　文新华　单福清　徐成生　刘凤国
刘华明　谭庆军　许迪虎　肖国辉　许南华
李亦平　李　秾　周太平　许丽平　龚剑锋
徐佳盛　文桂年　罗国铮　汪　骥　杨成生
胡新林　刘建峰　罗志军　单国平　董国良
颜红梅　文彬华　陈团华　曹姣芝　梁志超
刘新宇　刘海英　康　立　唐文海　郭海云
谭治湘　李艳君　李　霞　李爱军　胡国靖
廖红莲　李新娥　戴斯达

县教育局：

记三等功：

旷小虎　汤前文　刘文台　罗　辉　颜岳清
金伟清　邓建华　阳展平　颜磺业　成昌有
罗红梅　陈永光　段德祥　李俊华　尹水元
刘燕强　赵清发　苏龙光　刘　澜　文忠泉
聂锦辉　吴良志　袁珍辉　曾　静　罗文昭
邓云华　向丽琼　刘交平　胡　艳　王彬彬
夏建群　刘泽民　胡宏泽　彭　娟　罗树林
胡拥军　赵向科　董知云　罗麦娥　赵金花
周丽涯　陈接云　向诗礼　单雄斌　刘　慧
阳华云　李　平　黄盼勇　肖晚清　欧秋英
刘云飞　刘志勇　刘水平　吴艳春　颜志礼
文　奕　赵志强　董恢平　吴春元　陈伯秋
董仁相　秦美雄　廖　静　张子龙　向彬湖
谭美平　文天栋　谭正光　阳晓红　陈连升
边志高　袁建平　阳发清　邓银梅　罗爱年
何建华　肖清波　李珍秀　陈秀芳　黄　敏
邓文婷　邓　星　刘晋涛　胡　颢　熊唐汤

嘉　奖：

李香宇　康立和　吴九龄　刘水清　刘孟冬
晏建华　刘文根　罗利辉　肖志泉　黄　卉
王水雄　秦泽云　陈红伍　肖　勇　阳宏晖
谢永奇　刘笃中　赵长军　罗明宋　阳树清
谷　芬　刘社成　许友生　谭征兵　胡冬成
胡恒坤　向玉平　曹水莲　单　杰　柳雪年
苏立军　康永红　宋佳琪　肖宁其　周海霞
谭诗琪　夏伟平　李灵芝　廖湘楚　刘海华
李　丽　朱护国　罗爱忠　周利军　陈爱平
赵亦晴　罗　勇　伍秋平　陈崇庄　武立军
廖铁庄　单扬飞　单　晋　林　薇　欧　龙
颜仁贵　孔志勇　肖志坚　李雪冬　陈美泉
罗国文　颜冬成　李亚飞　董　勇　周建林
周杰科　刘建辉　李小红　林　娟　单咏莲
刘巧玲　陈永恒　阳星平　张建锋　侯润衡
谭伟红　王向东　黄　涛　徐　琪　吴水泉
穰素芬　文　颖　阳军红　许文轩　吴艳萍
廖朝辉　颜　雯　李美玲　胡　青　吴建平
雷云峰　尹冬梅　向北红　周　辉　刘益樑
谭柏良　包衡湘　杨春华　武水华　向　羽
谭周桂　刘友生　薛晨辉　罗红星　陈红彬
刘翠娥　罗建军　谭　超　彭岳建　罗泽华
颜　勇　陈卫红　康毅梅　阳晓清　谭海英
王伟成　邹德凤　陈青莲　罗凤姣　陈小清
陈慧辉　李燕军　阳　明　郑琼瑶　刘朝升
向晓艳　刘丽雅　刘福清　刘雄伟　刘念秋
丁春娥　柳　花　李桂香　谭利娟　秦海峰
陶樟香　李福娥　单京燕　刘凤云　赵玉香
彭银娥　唐美兰　阳雪香　谢国平　廖田花
刘秋平　刘夏珍　王碧群　陈美华　胡美姿
李文娟　周竹青　孔秀芳　谢晓丽　谢雪妹
毛自丰　姚爱清　廖玫霞　陈爱云　文　洁
蔡林雄　单爱平　邓奕花　段金梅　龚永红
刘珊珊　罗慧平　宋　琴　谭旭萍　肖兰江
阳　郁　刘　菲　向　红　丁　鑫　陈　婕
李春晖　赵恒章　曹倩峰　康小平　李　剑
赵姣伟　颜其实　尹菊香　吴春晖　刘　科
丁国修　阳　华　向龙江　王乐平　刘忠洪
刘海涛　邓　楠　尹姣云　单慧贞　陈　芳
单振兴　胡伟平　胡艳红　阳小燕　向晓娟
胡福庄　王　利　阳　颖　李岳锋　刘麦春
阳建伟　阳晓燕　侯中华　谭伶俐　谭　欣
曹晓慧　阳怀清　赵润青　杨代平　谭建军
柳春兰　颜正光　谭正会　谭国华　邓石林
罗　俭　刘丽莎　旷文杰　颜洁珊　陈志远
肖　艳　颜　辉　单春连　段　炼　颜玉华
李中娜　谭晚英　单艳云　秦凤湘　侯志强

单小勇 邓一蕾 丁祖修 尹 炀 彭益春
刘梅芳 单 华 谭 静 康 明 罗惠姿
罗夏云 刘 华 单桂成 赵 雯 尹 哲
单春华 罗义德 单丁文 段坤坤 刘新姿
蔡深华 颜春云 张艳芬 刘 亚 岳 婵
刘细焱 阳凤娟 曾双燕 欧永明 侯小红
马 亮 刘晚云 罗林珍 单立祥 董玲玲
陈素娟 肖育锋 罗 森 眭矿花 陈秀珍
黄国云 肖外华 肖媛媛 侯朝智 刘观清
稂金尧 颜佳兴 刘先文 谭茜婷 文忠良
刘连芬 唐中南 罗美华 龙薇薇 曹 洁
李 莎 阳笃云 刘培魁 肖凤英 杨小玉
刘芝如 刘云光 蔡 权 陈习文 肖文娥
陶正华 陈文娟 曾向婷 陶红青 朱 创
刘凌云 刘利美 刘玉晖 颜小玉 颜崇云
刘芝福 金冬娥 曹桐莲 颜 巧 康 森
边 青 陈红春 稂凌飞 罗祖云 刘愈涛
刘年青 阳艳菊 宁 迪 廖金花 康 乐
秦淑香 王湘青 陈秋香 肖锦花 陈小元
赵忠红 曹路遥 刘根深 赵青松 肖庆伟
阳美清 毛秋平 段湘华 陈 平 邓美丽
王韶红 文志伟 李朝显 李雪梅 陈艳芬
周 婷 彭晓春 周 炫 李冬梅 彭金元
丁丙菊 李 达 向小红 谭华平 颜罗桂
李 芳 龙 波 阳洪春 谭素琴 刘德平
李正明 刘嗣芳 肖 娜 谭 峰 刘新国
郭金华 李青山 袁 平 谷新平 李 雄
张 薇 陈爱湘 胡社芽 陈建华 文国奇
刘春桃 李 赞 颜牡丹 阳社栋 谭立丰
罗世民 向伏林 向柯香 刘水林 罗建华
罗卫平 周永科 谢中元 肖柏雄 刘 伟
马春齐 王海军 袁志勇 刘 勇 谭燕伟
张永波 苏 畅 陈锡光 刘碧霞 陈晓莉
罗姬发 文 剑 胡月堂 文武锋 陈星艳
刘云华 罗玉琼 肖银云 陈业伟 曹梦洋
李俊果 颜韶青 周 娟 蔡 艳 成亚玲
彭水平 许海霞 胡艳林 罗桂珍 李新红
颜 琼 阳晚辉 欧阳碧帆 谷雪莲 郭定芳
李海春 王美莲 赵庚和 贺玉莲 陈翔天
曾文新 彭卫华 刘韦芬 向海燕 谭桂香
陈雅琼 毛国泰 宋 洁 赵 娜 文果嫦
秦 艳 单玉兰 廖丽萍 丁玉玲 谢治云
晏玉平 邓 芳 袁美华 袁荷花 邓红玲
邓梦萍 尹文华 颜青山 易庚新 旷国昌
陈 琴 陈卓林 周卖槐 李新国 王秋生
宋斌辉 周 剑 李春光 何俭水 罗业章
谭泉波 谭金平 曹湘丽 易 新 袁 伟
朱细华 邓星琼 周 颖 蒋玉红 康国媛
宋冬晓 曹思慧 黄俊芳 刘玉婷 赵晓红
李 敏 陈秋英 邓小军 罗文秀 周灵敏
刘舒婷 尹卫红 李振香 李格悦 谢 璐
魏 妍 李 咏 文 花 谢社林 谢云芳
陈玉学 陈小平 肖 婷 袁晓华 陈培国
刘春燕 刘 森 刘向荣 罗 聪 刘香平
罗 永 刘谷生 芦新根

县公安局：

记三等功：

黄邓虎 刘岳松 廖仁可 刘晓红 罗晨晖
谢 波 彭文斌 朱伟峰 段映春 侯志伟
戴伟平 黄 波 廖中维

嘉 奖：

胡永平 刘吉宏 周小平 邓 峰 旷湘涛
刘 佳 梁振兴 曾强庚 康国柱 马 飞
谭科奇 袁铁军 文国堂 罗夏生 戴东升
曹冬桥 刘国庆 阳发良 刘泽平 莫志军
黄岳镇 向源典 陈琪文 肖卫敏 刘旺学
万文华 苏翠平 曾 融 张天顺 罗振华
邹 峰 颜炬春 刘小敏 许 强 李雄威
刘海洋 颜文浩 安 睿 阳 荣 张 镇
孟 吕 李 鹏 李 凯 吴健伟 汤 竟
全杨志 李 兴 肖衡虎 赵 博 王文川
李伟平 彭 翔 罗煌辉 阳 琼 李丰东
秦 凤 吴佳恺 陈岳平 王东林 王耀辉
向 帅 龙 彪 刘任文 蒋菊香 刘 军
袁清华 董永辉 陈冬华 胡长贵 颜莫羿
王晓雪 曹志雄 肖世彬 罗俊杰

县司法局：

记三等功：

刘焱熙　陈　斌

嘉　奖：

李旭峰　张广军　文卫兵　谭华彬　李艳芳
谭旭初　高旭东　毛传政　谭　彦　于　敏
罗绍平　谭红朵

县民政局：

记三等功：

康迪义

嘉　奖：

颜志刚　苏忆秋　曹庆华　阳东兰　刘应玉
赵一慎　康文彬　阳朝晖　王冬冬　边　韬
阳亚光　彭银华　尹丹丹　文雪峰　郭　亮
谢林香　陶湘娟　稂　科　朱雪姣　齐　吉

县财政局：

记三等功：

阳满生　吴艳华　颜　嵘　刘晓雄　文　智
马俊华　陈艳平　袁建军

嘉　奖：

单社山　罗小青　周小平　陈智坤　池旭东
谭克虎　向晓年　李中林　白红迪　曾　达
刘星亮　陈雨灿　聂　煜　胡秋瑛　李春桂
刘林杰　刘喜萍　刘人瑜　肖睿君　郭　娟
彭海军　尹小红　许文哲　袁　俊　卢美华
龙明珠　陈志文　张社平　向金辉　唐美玉
武海宾　欧阳洁　武冬香　王　俊　文　春
伍晓燕　苏平水　谭德荣　尹晓璐　单志华
丁加成　李思泉　单卫华　唐玉龙　吴国华
向晓华

县人力资源和社会保障局：

记三等功：

马　亮　贺宇平　邓红波

嘉　奖：

邓怀春　文洪斌　颜　颐　谭继承　李树平
单樟云　谭　凯　刘辉明　周晓燕　刘雄鹰
刘文杰　刘端梅　谷建锋　李丰其　向　园
单祖秀　吴　尚　丁　凌　单将云　阳　韩
何爱媛　邓在衡

县农业局：

记三等功：

谭文灵　阳洪科　文小霞　喻凌治　李主亮
胡冬华

嘉　奖：

阳洪涛　李志康　叶铁军　丁云华　刘立坚
符晓春　谭香莲　李　灿　吴　哲　刘佑云
陈嘉莉　王晓林　刘　丹　陈小兰　胡华姣
刘玉华　陈绪维　周桂林　谭正光　胡顺清
肖文华　单文芳　李大志　刘凤和　陈志新
符晓红　李敏华　陈新华　罗冬华　向长云
田　婧　胡冬娥　裴湘立　董柏平　刘运中
陈远明　李柏生　谭平香

县交通运输和旅游局：

记三等功：

陈剑明　彭建新　谭　斌　文新旺　阳曙明

嘉　奖：

阳　勇　刘江文　罗　艺　周立斌　罗明喜
肖洪亮　康衡斌　夏娣兰　刘素红　占衡湘
张志平　李日新　文灿虹　丁裕妮　陈晓玲
单仿华　阳　琳　陈任君　罗　文　彭燕雄
欧海坤　陈理洪　刘海燕　向丁雅

县林业局：

记三等功：

周　晖　陈意中　王集林　罗鹏周

嘉　奖：

廖文鸽　金子成　马志前　彭松涛　郭建军
谭娅彬　廖志平　李清平　罗冬华　罗丽萍
李知华　颜水华　陈水军　延　洁　徐　亮
康才武　容艳兵　袁国平　彭水平　罗乐军
阳石生　周世祺　刘凤良　阳　明　甘志军
文国华　段连英　聂根林　赵娟兰　彭岳云
赵生林　胡仲年

县水利局：

记三等功：

刘仁秋　许合莲　彭小月　康岳华　宋　平
宾洪文　廖俊辉　李建社　胡新华　龙红芳
陈清华　林盼杰　刘　杰　罗根年　周清荣
杨基祥　柳志刚　毛小东　李　睿　贺伟民
谢红军　袁杰春　李卫中　刘彦彬　董石坚
卢建国　旷建平　谭振家　刘文芳

嘉　奖：

周汉凡　冯铁明　邓春云　郭郁芬　陈俊霞
向慧玉　向　前　胡亚衡　刘爱萍　成　钧
肖玉琼　甘玉成　刘玉霞　易　洪　刘冬平
何　姿　李　花　彭小俊　文旭桥　刘　瑜
罗辉文　罗日辉　赵　倩　谭　进　谭翼菊
康森红　刘元光　李　明　向云香　吴知云
胡少云　罗文海　赵枚芳　赵云徕　陈红云
刘润芝　林立桥　阳　亮　段新建　陈　帅
谢小云　彭理强　罗月芝　袁麦清　杨新妤
陈卫华　许革平　郭利军　谢小平　颜美玉
邓晓龙　康华春　卢正奎　王长云　文庆常
向桂华　李红波　刘利群　李双峰　阳光亮
唐正春　董水良　向卫东　陈银娥　旷国平
廖卫华　粟新民　谭维新　廖俊伟　陈　立
阳泽云　谢冬华　夏新华　龙逢雨　罗宁光
何伟民　周泳忠　刘玉双　朱红梅　阳局章
缪　龙　阳玉平　钟红桃　闵旭斌　李玉华
周燕平　谭长俊　文渺生　吕春花　谭　政
肖　强　阳正年　胡玲俐　谭震泽　苏柏青
付友乐　李高华　曹忠明　金洁琼　胡庆丰
罗建华　肖卫华　文伟雄　何信云　陈伟平
黄卫华　刘望能　刘义辉　谭运珍　胡风华
唐红艳　单海燕　成祥宝　唐建华　谭向阳
罗爱民　胡海晖　刘　湘　陈晓红　贺小培
蒋定秀　单石瑜　李小平　刘大平　林献乐
王宁东　董小平　王检仔　彭珍华　刘小平
董灵武　文　莉　陈　伟　罗红光　罗新华
胡喜忠　刘建新　王建平　符荣宗　曾中凡
李建成　刘端清　过东华　颜昌凡　王东生
赵彬彬　汪　亮　许　永　尹　花　陈衡初
李　华　刘志强　侯秋桂　罗国辉　李江华
裴庆雄　谢钢军　肖志红　陈　燕　周　维
喻湘平

县农机局：

嘉　奖：

曾志林　袁秋平　康迎春　杨奇志　罗莉娟
罗祖荣　向咏梅　杨素芳　单清娥　颜文平
陈仁水　陆海虹　谢建国　李　军　旷衡丰
向咏华　蒋忠平　罗莉苹　聂华国　朱永辉
伍回清　刘凤波　张新国

县畜牧水产局：

记三等功：

颜泽峰　向秋黄　文　革　罗治平　稂麦清
刘桃仔

嘉　奖：

董松华　颜昌辉　董根云　刘笃海　刘煌新
李春阳　尹跃辉　刘　伟　徐佳丽　夏科杰
刘益中　李石泉　汤石生　刘　玮　陈善祥
肖晚云　吴运明　谭奇少　陈俊道　李明初
周少林　阳吾宗　杨年荣　彭光明　周　强
刘煌辉　向秋焕　谢治云　曹中林　李永东
陈湘东　曹建民　颜叶青　颜桂芳

县农业综合开发办：

嘉　奖：

颜鹏程　李伟军　龚志伟　廖晓萍　周祖龙

县文化体育广播新闻出版局：

记三等功：

罗海宇

嘉　奖：

文　星　曹昭英　冯美菊　旷新歌　彭学林
陶辉斌　罗艳芝　董国荣　刘艳华　廖哲清
周铁兰　侯廉平　左朝霞　胡柏生　符　秀
朱菲菲

县卫生和计划生育局：

记三等功：

陈政扬　阳德义　刘　惠　阳明芳　邓昌鸿
刘朝辉　秦湘梅　刘晓年　廖旭辉　张新华
周　平　欧桥莲　李　湘　刘爱平　董月华
陈红波　谭华明　彭庆高　胡运秀　谭志斌

嘉　奖：

彭剑飞　向献群　赵春和　肖冬妹　彭辉煌
肖易波　叶忠平　肖文新　周朝晖　陈　文
罗龙华　彭荟兰　文　芳　徐坤香　陈青香
樊定成　龙永红　邓雄剑　朱国香　江　东
贺小林　陈立芝　颜湘华　单晓芳　康许连
曹艳贞　许　伟　胡　玲　刘雅丽　张　霞
武文忠　陈　思　罗慧敏　向仲林　谭　喜

文秋辉 刘建祖 蒋亚辉 赵兴兰 朱亚斌
董韶鹏 周咏华 贺湘君 黄海燕 田 平
刘育才 刘立冬 成福兰 秦冬华 阳 洪
毛平平 周卫东 文 程 曾风华 谭芳丽
单建丽 文桂平 邓立新 刘亚清 陈佩霞
阳柏发 袁志强 陈韶清 陈银珍 肖艳红
朱松杰 陈玉云 颜 杨 秦 芬 谭朝霞
谭文娟 曹燕霞 马骁妮 蒋 斌 欧阳文任
冯三艳 康华佳 周文新 刘秋吾 陈海军
朱丽辉 黄 莲 刘 云 丁国良 赵红霞
彭琼华 谭 婕 李 林 袁 泉 喻平妃
谭宏德 颜忠祥 戴灵利 谭红忠 唐海平
罗雄杰 邓水红 马国建 刘平波 袁洪波
肖建球 罗 薇 谭忠林 刘国秋 王 芳
黄琼美 马建红 聂红晔 陈 钰 刘小燕
李 新 罗燕红 刘亚典 周新伟 谭晓洁
阳丽君 胡小红 刘小兰 单气高 许雪珍
罗 娜 毛美华 邓岳峰 李艳清 袁庆平
向民政 肖静娴 颜玉华 张红波 向小云
晏国芳 周 玲 郭 波 康文萍 肖云光
黄 亮 眭自力 欧阳超 李 毅 颜俊华
肖岳平 文铁臂 谷森红 王光平 何圣生
阳伟毅 阳洪辉 徐志红 李利衡 王 勇
谷丽平 王润华 谢志红 边美丽 旷澄宇
文 姣 胡亚平 董成文 侯利华 颜艳媛
阳希吾 袁建丰 袁小卫 刘 哲 葛永朝
周俐伶 陈恢兰 曾衡军 冯 燕 舒 阳
谭利琴 胡凤玉 李 玲 陈志华 胡小平
彭青华 夏新平 曹玉年 欧梅成 向 敏
谭红娅 颜桂兰 胡夏珍 陈俊宇 罗红亮
张旭峰 罗子可 文秋庭 刘 敏 向元森
罗金星 秦海燕 刘兰玉 曹清香 谭庆平
刘莉衡 刘小科 康正球 刘威雄 向英武
颜庭芳 康会兰 胥 萍 黄江凤 颜韶辉
刘芳伟 陈 燕 阳双英 向金平 李建平
阳红景 李麦芝 邓清华 王丽云 单志文
李剑林 梁志晖 陈珊湘 罗冬兰 邓丽媛
颜昌义 陈秋玉 边亚云 吴美春 马亚辉
李元娟 陈桂梅 陈建辉 陈新和 兰艳青
颜亚斌 康自力 颜飞岳 单梦春 黄新泉
夏开荣 罗松林 向小端 黄基根 刘红波
候利兵 单蔚蓉 罗爱明 谭水祥 刘湘衡
尹承东 董检华 董麦华 颜澄清 刘晓莉
谷岳芬 董承贵 秦 虹 康华良 颜令菲
陈南林 赵飞飞 胡兰秀 余 斌 陈铁雄
丁孟炳 向成波 文伟清 向云峰 文伟仪
刘湘华 刘春雷 茹志华 肖建芝 邓 罡
单爱华 颜彬方 罗 锋 单泽忠 邓晶晶
谭 琳 谭 政 颜宁桃 文红桔 谭慧斌
陈巧云 李敏俐 肖红峰 阳伟平 苏 欢
毛清平 潘 洁 文益芳 汤月辉 侯冬姬
赵 龙 李程前 马星星 唐 伟 雷王奇
阳艳衡 郭麦云 林海燕

县审计局：

记三等功：

肖合云

嘉 奖：

向平少 吴娅佳 侯茂良 罗立华 王香莲
周素元 罗朝晖 侯志平 赵 利 刘素莲
廖小燕 阳一洲

县安全生产监督管理局：

记三等功：

刘碧兰 黄 鹏

嘉 奖：

谭晚林 夏立龙 阳洪建 侯茂志 廖用林
王文治 刘 静

县国土资源局：

记三等功：

颜登高 陶旭飞 谭铁飞 成亚辉 张 辉

嘉 奖：

边文清 茹 鹏 陈红勇 曹时美 向志斌
陈 斌 王文彬 陈育球 向 波 向荣力
樊春林 周清平 胡俊杰 王晓华 肖岳衡
文建国 陈金平 金月芳

县商务和粮食局：

记三等功：

李发荣

嘉 奖：

文和平　武丽霞　刘水华　欧阳奇　谭红伟
汤前春　向玉洁　赵清元　李嘉俐　周凤娇
陶飞鸽　陈慧媛　李燕飞　张金芝　张　衡
董石华　周美芳　陈强敏

县环境保护局：

嘉　奖：

陈和平　陈　玲　曹　伟　袁　舒　周小英
谭光凤　成爱云　曹　燕　朱外姣　吴四发
邓铖铖　刘国辉　陈　莺　张荣宗　文锦泽
周月娥　陈文建　武　彪　周政威

县信访局（县委群众工作部）：

嘉　奖：

肖珍珠　尹朝晖　杨太源　李玉华　段国华
柳文刚　刘　波

县广播电视台：

记三等功：

沈知明　谭哲湘　刘星野

嘉　奖：

彭庆桃　董少清　谭慧珍　文　峰　谷幼平
延文章　周海平　刘晓钰　刘宗哲　廖　晗
王庆丰　颜永志　刘晓芳　尹金子　陈忠红
晏书平　李岳云　李铁峰　吴岳峰　陈　坤
秾金玉

衡东经济开发区管理委员会：

嘉　奖：

武文澜　周新涓　龙朝辉　李平华

县二轻联社：

嘉　奖：

吴冬清　何　喆

县供销社：

嘉　奖：

许冬富　王飞红

县残联：

记三等功：

刘国锋

嘉　奖：

董新莲　赵贵雄　张美兰　陈红梅　李　衡
阳册金

县移民局：

嘉　奖：

董水和　秾文杰　尹建丰　文　浩

县城乡规划局：

嘉　奖：

刘艳青　罗志红　刘　扬　尹泉源　刘　伟

县电子政务管理办公室：

嘉　奖：

阳明勇　罗雯芳　罗碧剑

县政务服务中心：

记三等功：

刘文君

嘉　奖：

罗　娅　肖子妮

县罗帅故居管理处：

嘉　奖：

刘思进　尹俊清　李　斌　向　敏

县公路管理局：

记三等功：

欧和彬

嘉　奖：

单美中　陈富咀　罗松盛　李　华　郭永红
胡岳辉　廖湘川　颜俊红　肖建国　刘永清
殷新华　许春云　张正庆　谭冬庚　王光平
赵和荣　冯丽娟　尹美华　尹小红　李凯红
罗纪华　谭飞鹏　张建华　谭　敏

县人防办：

嘉　奖：

邓细志　刘晓红　谭　婕　曾石林

县农村经营服务中心：

嘉　奖：

刘晴川　刘志宏　陈飞泽

县重点工程建设办公室：

嘉　奖：

毛传科　颜学婧　丁昭泉

县城市管理行政执法局：

记三等功：

刘石生　何东林　唐晓兰　邓永梅

嘉　奖：

肖剑锋　眭文平　秾燕舞　陈益云　谷伟雄

文英姿　杨英姿　邹卓娅　邓新辉　刘炎高
肖勇华　陈恢桂　罗文香　边永艳　陈　良
董国平　段红平　颜定生　赵丽华　陈亿雄

县河西新区管理委员会：

嘉　奖：

陈春龙　延国峰　罗爱国

县矿产资源税费征收办：

嘉　奖：

李仲鹏　孔新宇　罗进军　刘丽静

县市场和质量监督管理局：

记三等功：

苏金平　单晓华　刘澄毅

嘉　奖：

杨岳峰　颜跃进　董根云　刘志雄　杨勇华
侯合刚　罗冬新　尹正平　朱麦平　邓晓辉
周海清　刘学军　谭　琳　颜少东　谢艺华
邓　昀　汤昕昕　罗永红　刘天乐　陈俊杰
阳新辉　何　丹　汪一专　向晓萍　杨　相
朱伟奇　宋虹亮　温小忠　彭剑杰　罗仕林
武迪辉

县公共资源交易中心：

嘉　奖：

陈术勇

县国有资产管理中心：

记三等功：

刘庆秋

县金融工作办公室：

嘉　奖：

罗　湘　颜年平

大地建设投资有限公司：

嘉　奖：

王小林

渌水镇：

记三等功：

夏永峰

嘉　奖：

汤迪儒　邓小杨　曹邦春　谭志斌　董冬槐
曹晓芬　袁　丹　丁　奕　何碧波　王美平
刘　锋　刘　琳　杨水华

吴集镇：

记三等功：

汪小花

嘉　奖：

朱学军　彭会村　李　勇　罗水文　颜国平
马玉芬　郭志平　陈　凤　尹太平

大浦镇：

记三等功：

尹友平　胡国粒　袁亚平　邓东平　谭熙龄

嘉　奖：

文成武　旷志雄　刘　桓　李俊科

蓬源镇：

嘉　奖：

刘志鹏　刘金星

新塘镇：

记三等功：

赵　健

嘉　奖：

刘术华　王　华　何　侃　彭　彦　曾　光
康素敏　戴芙蓉

杨桥镇：

嘉　奖：

夏玉群　夏　坤　侯　丹　刘金梅

荣桓镇：

嘉　奖：

刘　科　刘升荣　吴金龙　龙光宇

杨林镇：

记三等功：

毛中祥

嘉　奖：

罗岳春　谢艳军

草市镇：

嘉　奖：

李小林　钟　毅　颜水平　黄庚成　陈运平

高湖镇：

记三等功：

谭钧枥

嘉　奖：

陈志平　文中华　康文浩

霞流镇：

嘉　奖：

许长城　郭茂林　刘　涛　尹松柏　刘庆中

阳冬平　张崇祥

甘溪镇：

嘉　奖：

张湘林　邓为生　孔德忠　罗琼兰

石湾镇：

记三等功：

文　勇

嘉　奖：

刘雄标　丁岳华　夏　丹

三樟镇：

嘉　奖：

刘春元　刘水文　陈佳东　陈月朋　谭爱丰

廖海波　甘铁辉　罗立平　武亚恒　柳松柏

白莲镇：

记三等功：

刘建红

嘉　奖：

李海军　谢介鹏　刘若庸

南湾乡

嘉　奖：

胡雪松　陈中华　王志翔　蒋寒艳

石滩乡：

记三等功：

蒋小平

嘉　奖：

单梦平　谭三远　刘晓军　聂小华　罗柱梁

杨献忠

县委特派员：

嘉　奖：

贺龙华　黄冬林　康启东　李罗泉

科技特派员：

嘉　奖：

单国香　李建忠

新农村工作队：

记三等功：

向立新　宾武荣

嘉　奖：

李　辉　聂万鹏　刘秋艳　文宏伟　陈　超

傅芳芳

精准扶贫工作：

记三等功：

左莹林　詹金初　罗逸群

嘉　奖：

谭登文　单振华　刘　琨　邓知云　毛志明

胡一辉　赵水平　丁正伟　徐　峰　袁青松

廖建国　吴　颖

整顿软弱涣散村

嘉　奖：

周　峰　侯灵平　刘高强

计划生育综合治理：

嘉　奖：

刘永兴　陈　南　欧　昕　刘正湘　李春兰

刘　奕　尹　曼　单德周　向美清　段玉春

陈小珍　罗飞燕　周书平　刘艾平　粮　银

刘金良　肖玉华　谭艳芳　彭艳红　颜银香

中共衡东县委　衡东县人民政府
关于简政放权加强乡镇工作的决定

（东发〔2016〕17号，2016年11月30日）

一、总体目标

按照“小政府、大服务”的改革思路和模式，通过实施简政放权，积极完善有利于乡镇发展的体制机制，有效强化乡镇公共服务和管理职能，促进管理权力下放、工作重心下移、服务阵地前移，切实增强乡镇公共服务功能和经济社会发展活力，努力促进乡镇经济社会可持续健康发展，协调推进城乡一体化。

二、基本原则

（一）坚持依法放权的原则。法律、法规明确赋予乡镇行使的管理事项，必须全面落实到位；通过委托、交办等方式和途径下放给乡镇行使管理的事项，应当符合法律、法规、规章的规定。

（二）坚持便民高效的原则。凡是乡镇直接面对企业和群众、完全有能力和条件管理的事项，都要下放给乡镇办理；凡是扩权给乡镇的事项，都要向社会公开，并进入乡镇便民服务中心集中规范高效办理。

（三）坚持权责利一致的原则。凡是下放给乡镇管理的事项，必须建立严格的管理制度、考核机制和责任机制，坚持放管结合、权责利一致，做到职责明确，利益清晰，责任落实，失职必究。

三、改革措施

（一）扩大乡镇人事和机构管理权限

1. 强化乡镇党委在抓班子、带队伍和干部管理使用上的权力。赋予乡镇党委对乡镇股级干部（不含乡镇纪委副书记、武装部副部长）的任免权；对村（社区）干部，按照党章和《村民委员会组织法》、《社区居民委员会组织法》的规定进行管理。

2. 赋予乡镇党委、政府对辖区内站所（不含教育、卫生、派出所、财政所、法庭、司法所、邮政、银行等部门）人员的调配权。乡镇站所负责人在同一岗位满8年，因工作需要，有计划地进行交流；同一岗位满15年的必须轮岗或交流，可以在本乡镇站所间轮岗，也可以进行跨乡镇交流，县直相关部门应予以支持。具体由县委组织部牵头，县人社局、县编办配合实施。

3. 乡镇教育、卫生、派出所、财政所、法庭、司法所、邮政、银行等部门主要负责人调整，其主管部门必须征求乡镇党委意见；因工作需要，乡镇党委要求对其进行调整的，乡镇党委应书面函商，其主管部门要支持乡镇党委，并在1个月内予以书面答复。

4. 乡镇党委、政府在机构和人员编制限额内，报经县编委批准同意，可以因地制宜设置和撤并乡镇所属二级机构，有序推进乡镇机构改革。

（二）实施财政激励政策

1. 从2017年1月1日起，实行下列财税激励政策，一定5年。

（1）乡镇土地出让总价款剔除按中央、省和县级相关文件要求计提的各项基金（资金），扣减土地出让成本后按85%返回给乡镇，用于乡镇基础设施项目建设，土地出让成本由乡镇负责。洣水镇、大浦镇、吴集镇在县城、经开区、河西新区规划范围外出让的土地享受同等政策，在县城、经开区、河西新区规划范围内出让的土地只给予工作经费，其节余部分由乡镇自主调配，可用于基础设施建设、弥补运转经费等开支，严禁滥发乱补。县交通投修建干线公路筹资储备土地实行一事一议。

（2）乡镇新办工业企业自投产日起所产生的税收县级留成部分80%返回给乡镇，坐落在县城、经开区、河西新区规划范围内的企业所产生的税收除外；对乡镇新引进的落户县城、经开区、河西新区规划范围内的企业，新增税收县级留成部分50%返回给乡镇，30%返回给所座落乡镇，连续返5年。

(3)非金属矿矿权价款、特许经营权价款县级收入财政实得部分实行县乡6∶4分成。

(4)可由乡镇支出的各项基金(资金),乡镇以项目的形式报县政府审定后安排给乡镇,乡镇承担相应的支出责任,确保专款专用。

(5)计划生育社会抚养费和国土清查罚没款实行收支两条线管理,财政按全额安排给乡镇,用于相关支出。

2.进一步完善乡镇财政运行和保障机制。根据乡镇服务对象的多少和地域大小,以及承担公共事务的公职人员多少、自然条件优劣情况,县级财政合理、足额预算乡镇人员经费和运转经费。逐步建立乡镇事权与财权相匹配的运行机制。

(三)逐步下放相关事权

1.分批下放便民服务事项。当前能下放的便民服务事项,于2017年1月1日全部下放给乡镇;暂时还不能下放的,要积极创造条件,于2017年7月1日下放给乡镇。乡镇要建立并完善便民服务中心,所有便民服务事项原则上都必须进入乡镇便民服务中心办理,实行"一站式服务",不得新增收费项目和搭车收费。具体下放事项由县编办牵头,县政务服务中心、县法制办和县直相关部门密切配合,制定清单。

2.明确乡镇规划建设管理权。根据《中华人民共和国城乡规划法》,各乡镇要认真组织编制乡镇总体规划、详细规划、专项规划和村庄规划,负责核发辖区内不占用农用地和使用原有宅基地的农村村民住宅乡村建设规划许可证,负责辖区范围内所有规划建设项目的初审、报批和监管工作,负责辖区范围内规模私人建房的安全监管和拆违治违控违工作。要认真组织实施好村镇布局规划、总体规划和土地利用规划编制工作,为乡镇今后发展预留空间。

3.赋予乡镇建设用地指标的使用权和管理权。(1)支持和鼓励乡镇通过拆除农村空心房、宅基地整治、土地整理、改造旧镇、建设集中居住点,开发利用荒地和废弃地,集约节约利用,切实保护耕地。(2)实行造地与用地指标挂钩,乡镇投入并经省市批准认可的新增耕地面积,其中可抵作建设用地指标的70%留给乡镇作为建设用地指标,同时可以在县内进行市场化流转。

4.赋予乡镇国有资产依法管理处置权。各乡镇对辖区内现有国有资产进行统一调配盘活、合理利用、提高效率,确保国有资产保值增值。配合县国有资产管理部门对辖区内国有资产进行登记,全面掌握资产存量,原则上除学校、医院、储备粮库和尚未改制完成的县直部门垂直管理单位外,其他均交由乡镇管理,并可根据实际依法合理处置,所得收益50%返回给乡镇,用于乡镇基础设施项目建设。

(四)加大对先期重点发展镇的支持力度

确定新塘镇、大浦镇为先期重点发展乡镇,除享受以上各项政策外,每个乡镇由1名县级领导联点,明确县城乡规划局、县环保局作为大浦镇帮扶单位,县住建局、县商粮局作为新塘镇帮扶单位,按照统一规划、适度超前、统筹兼顾、完善功能的原则,加快先期重点发展乡镇的道路、供电、供排水、污水处理、垃圾处理、环境卫生、广播电视、网络通讯等建设,完善与经济社会发展相适应的基础设施体系,建立健全公共设施维护机制。同时,根据先期重点发展乡镇城镇发展和项目建设需要,在其用地指标不足时,可在县级计划指标中统筹安排。

(五)设立支持乡镇发展专项资金

县财政每年设立800万元的支持乡镇发展专项资金,用于乡镇项目建设。

(六)加强乡镇政府性债务管理

建立乡镇举债上审一级制度,乡镇因项目建设需要可适度举债,但必须报债务收支计划,由县政府审核审批,从严控制规模,防范乡镇债务风险。

四、工作保障

(一)加强组织领导。县委、县政府成立简政放权、加强乡镇工作领导小组,由县委书记担任组长,县委副书记、县长担任第一副组长,县委专职副书记,县人大主任,县政协主席,县委常委、纪委书记,县委常委、组织部长,县委常委、常务副县长,县委常委、县委办主任、县委改革办主任(常务),县政府分管城建、国土工作的副县长担任副组长,县纪委、县委办、县政府办、县委组织部、县委改革办、县编办、县财政局、县人社局、县政务中心、县国土资源局、县住建局、县卫计局、县林业局、县文广新局、县司法局、县水利局、县城乡规划局、县农业局、县市监局、县畜牧局、县农机局、县经管中心、县国资管理中心、县法制办、县委督查室、县政府督查室等单位主要负责同志为成员,办公室设县委改革办,负责日常组织、协调和推进工作。

(二)明确工作职责。各乡镇主要领导要着力提高领导水平,按照“权责利对应”原则,正确履行管理职权,主动承担相应责任。县直有关部门要抓紧做好职能授权放权衔接工作,全力支持配合,加强跟踪服务,切实做好相关工作人员的业务培训指导工作。各乡镇要根据下放的相关经济管理权限,做好对接,相应落实好工作人员。

(三)强化督促检查。简政放权、加强乡镇工作领导小组各成员单位要通力协作,主动作为,及时研究解决工作中遇到的困难和问题,确保各项改革措施落到实处。领导小组办公室要发挥牵头抓总作用,建立完善好信息报送制度,适时组织开展专项督查,及时掌握各项工作开展情况,重大问题及时报告。

(四)建立考核机制。年初要制定各乡镇项目建设、新增税费和社会事业等目标任务,县考核办、县委改革办加强对加快乡镇经济发展工作的考核评价,根据完成年度目标任务情况实施奖惩。

中共衡东县委　衡东县人民政府
关于加快县域经济发展的决定

(东发〔2016〕18号,2016年11月30日)

为进一步提升县域经济发展水平,厚植优势、补齐短板,推动全县经济可持续、健康发展,确保如期建成全面小康衡东,根据《中共衡阳市委、衡阳市人民政府关于加快县域经济发展的决定》(衡发〔2016〕16号)精神,作出如下决定。

一、明确发展思路

1. 指导思想

深入贯彻落实党的十八大、十八届三中、四中、五中、六中全会和习近平总书记系列重要讲话精神,坚持以“创新、协调、绿色、开放、共享”五大发展理念为引领,坚持“生态立县、农业富县、民营强县、旅游活县、和谐兴县”的工作思路,加快推进新型工业化、城镇化、信息化、农业现代化和绿色化,突出补齐县域经济四大短板(投融资、园区建设、农业产业化、发展环境),不断增强县域经济发展的动力与活力,促进企业增效、财政增长、农民增收,力争一年有新进展、三年有新突破、五年上新台阶。

2. 总体目标

到2020年,全县地区生产总值年均增长9%以上,地区生产总值过364亿元,力争达到500亿元;特色产业优势更加突出,县主导产业体系基本建立,县财政收入年均增长10%左右;城乡居民可支配收入保持9%以上的增速;全面建成小康衡东,在全市县域经济考核中排名前移,在全省全面建成小康经济强县与经济快县排名中位置前移。

二、突出发展重点

3. 补投融资短板,加强基础设施建设

加快和规范投融资公司发展。要参照市里推进投融资公司发展和转型的方法,做大做强配齐县域投融资公司。一要做大总量。根据衡东实际,组建衡东水务投资有限责任公司,进一步明确我县现有公司的主营业务与发展方向,实现差异化发展。条件成熟时,组建以湖南衡鑫国有资产管理有限责任公司为母公司的集团公司。拓宽融资渠道,不断扩大融资总量,争取国家政策性银行、商业银行、非银行金融机构年融资授信金额20亿元,实际到帐融资额不得低于10亿元。根据工程项目进度,融资额及时落实到工程项目,转化为项目建设资金。二要做强实力。加大土地注入和现金流充实力度,县国有资产管理中心和湖南衡鑫国有资产管理有限责任公司对目前归集的国有资产以及政府性存量经营资产依法依规分别划转注入各公司。政府对各公司竞拍的土地收入,在提取20%的工业发展基金、农田水利建设基金和教育基金后,全部拨入公司管理,以及部分政府建设资金也拨入公司,转增公司资本金,形成完善的政府资本注入公司制度。每年安排一定的重大项目交付给投融资公司承建,政府以保本以上价格在财政预算中安排资金进行回购,确保投融资公司有稳定的收益来源。三要做优管理。大力推进市场化运作、企业化管理,规范公司与政府关系,参照市里的"一意见六办法",建立科学合理的融资管理、项目建设、人员招聘、薪酬激励等制度,确保投融资公司规范有序运行。(牵头单位:县国资局;责任单位:县财政局、金融办等)。

大力推进新型城镇化。实施县城建设三年攻坚行动,着力完善服务功能,增强承载能力,提升城市品质,打造有历史记忆、地域特征、山清水秀、宜居宜业宜游的美丽县城。县城按25平方公里、25万人口远期规划建设,将其打造成全县的政治、经济、文化中心,对外开放的窗口,招商引资的平台,文明进步的标志,调结构、转方式的载体。每年抓好1—2个特色集镇建设,着力打造一批经济强镇、特色小镇。将新塘打造成衡东的次中心,支持大浦建成工业强镇,引导霞流、三樟等建设农业重镇,将石湾、高湖建成商贸旺镇,推进白莲、荣桓等旅游名镇建设。增强城市环境自净能力和智能智慧水平,深入构建海绵城市。构建快速路、主次干道和支路搭配合理的道路网系统,优化城市路网结构;大力推进城市地下综合管廊建设,解决"马路拉链"问题;积极争取中央防洪排涝专项建设基金,切实解决县城主次干道"逢雨必涝"问题。统筹推进农村环境和卫生综合整治、美丽乡村、乡风文明建设和文明村镇创建等工作,全面启动文明村镇创建工作,力争到2020年60%的乡镇、30%的村庄达到市级和县级二星级文明村镇标准。(牵头单位:县住建局;责任单位:各乡镇人民政府、县农业局、县发改局、县城乡规划局、县国土资源局等)。

加快交通基础设施建设。进一步加强县城与各乡镇、各产业集群、旅游景点、工业园区之间的交通基础设施建设。畅通县城出口,建成南岳高速东延线,打通河西新区交通大动脉。提质改造干线公路构建衡东大交通网络,建成杨林至高湖公路,提质改造S212荣桓到草市公路,新建通园大道S340城改公路,提质改造S339、S214朱亭至金花公路。深入统筹推进城乡交通网络建设,加快国省县乡四级公路提级改造,实施建制村畅通工程。到2020年,有条件的建制村通客运班车。(牵头单位:县交通运输和旅游局;责任单位:各乡镇人民政府、县公路局、县交通投、县住建局、县发改局、县城乡规划局、县财政局等)。

加强水利基础设施建设。规划上报新建小型水库2处。规划上报防洪治涝工程建设。湘江衡东段河道9个保护圈,洣水衡东段河道5个保护圈,白莲河、永乐江等河道第二期综合治理,大旺港、莫井河200平方公里以下小溪港治理。规划上报洋塘、甘溪、望日岩3座大型水闸除险加固建设和德圳、荣桓2座中型水库、旷王冲等44座小二型水库除险加固建设。规划上报甘溪河坝、白莲水库等中型灌区续建配套及节水改造,实施高效节水灌溉工程和实施杨桥余水水库东、西、低三条干渠渠首段除险加固。规划4000口山平塘清淤扩容、整修加固。规划30口坝高五米以上库容3万立方以上重点骨干塘除险加固。规划加固、改造堰坝150座。规划改造小型电灌站、泵站72处。规划新建山平塘250口、堰坝50座。规划完成17个乡镇农村饮水安全供水提质扩容工程,解决农村饮水不安全问题。全县规划上报每年完成13个重点村的小塘、小坝、小渠道、小电灌站、小水窖为建设内容的五小水利建设。(牵头单位:县水利局;责任单位:各乡镇人民政府、县发改局、县财政局、县农业局等)。

加快教育基础设施建设。深入推进学前教育三年行动计划,完成县城2所公办示范性幼儿园建设,规划新建洣水新城、紫金湾、碧桂园小区配套幼儿园,新建8所乡镇示范性公办幼儿园。实施城镇标准化学校和教育信息化建设,推进大班额化解工程,在县城新建1所公立初中和2所公立小学,扩建一所高中,完成职业中专新校区和天英学校建设,提质改造涞水镇幸福完小、涞水镇金花完小,扩建楚天中学、育星小学,在新塘、大浦、杨林、杨桥、石湾等中心集镇新建第二小学,整体搬迁草市完小。实施县一中、县二中高中扩建扩招项目,完成县欧阳遇中学和县五中提质改造。(牵头单位:县教育局;责任单位:各乡镇人民政府、县发改局、县财政局、县住建局、县国土资源局、县城乡规划局等)。

提升能源信息保障能力。加强电力电网建设和新一轮农村电网改造,大力实施农村电网改造升级行动方案,大幅提升农村电网户均配变容量、供电安全性和保障能力,确保发展用电需求。积极发展生物质能源、风能、太阳能等可再生能源,重点推进坳家台、金觉峰等风力项目和衡东县经开区60兆瓦生物质能源热电联供项目建设。(牵头单位:县发改局;责任单位:各乡镇人民政府、县经科信局、县林业局、县国土资源局、县城乡规划局、县电网公司等)。

积极推进“三网融合。加快完善县城连接中心镇的高速通信骨干网和遍布县域的宽带网络。到2020年,农村宽带网络普及率达到100%,农村平均宽带接入速率达到4M以上;加大政策扶持力度,切实降低农村网络费用;每年创建2个信息化示范乡镇和15个信息化示范村,所有建制村均设农村综合信息服务站。(牵头单位:县经科信局;责任单位:各乡镇人民政府、县文体广新局、县电视台、县农业局等)。

完善电子政务内、外网建设。2020年之前完成电子政务外网的升级改造,实现全县所有机关事业单位、村(社区)全部接入电子政务外网,支撑政务信息资源导航、共享、交换,为各类政务信息化应用提供网络基础、应用支撑和安全保障。同时按照上级的统一部署,积极推进电子政务内网建设和乡、村两级农村综合服务平台建设。(牵头单位:县政府办;责任单位:各乡镇人民政府、县委办、县委组织部、县电子政务办、县发改局、县交通投等)。

4. 补园区建设短板,加快新型工业化进程

提升经开区的综合实力和承载能力。到2020年,园区产值达到200亿元以上,占县工业产值的70%以上。要高起点、高标准做好产业园区规划,突出产业特色。经开区大力发展机械制造、化工、有色金属、高新技术(新能源、电子信息)等产业。加大园区土地储备和开发力度,扩大园区规模。把园区建设与城镇建设有机结合起来,统筹规划,加快基础设施、配套设施建设。加快推进园区标准化厂房建设,提升标准化厂房利用水平。不断完善路网、供电、供水、供气、通讯等基础设施,重点建设大浦千吨级码头。加强园区投资融资、物流信息、产品检测、会计咨询、信息综合等服务平台建设,形成生产、服务、基础设施配套的功能完备的园区产业生态系统,提高园区的产业发展承载能力。“十三五”期间,园区每年新增开发面积1平方公里以上,新增标准厂房15万平方米以上。(牵头单位:县经开区;责任单位:县发改局、县经科信局、县住建局、县国土资源局等)。

推进重大工业项目建设。重点支持湖南机油泵、大地泵业等核心企业发展壮大,延长产业链条。大力推进重大项目和省市重点项目建成投产,形成新的产能。推进核能、风力、光伏、生物质等新能源发电项目前期工作,促使项目早日开工建设,确保工业投资增速高于全社会投资10个百分点以上。到2020年,培育2户过20亿元、5户过10亿元、10户过5亿元的工业企业。(牵头单位:县重点办;责任单位:县发改局、县经科信局、县城乡规划局、县国土资源局、县商粮局等)。

大力发展非公经济和中小企业。公平对待各种所有制的市场主体,建立起民营经济与公有制经济平等的保护机制。放宽市场准入条件,支持民间资本进入城镇公用事业、基础设施和社会事业领域,拓展非公经济发展空间。实施中小企业成长工程,促进中小企业“专精特新”发展,引导更多的中小微企业转型升级。加强对非公经济、中小企业发展的服务和指导,帮助和支持有实力、有条件的民营企业上市。(牵头单位:县经科信局;责任单位:各乡镇人民政府、县委统战部、县发改局、县财政局、县人社局、县金融办、县工商联等)。

5. 补农业产业化短板,大力发展现代农业

加快农业产业化进程。出台支持、鼓励农业产业化发展的具体政策,按照做大基地、做大规模的

原则,加强潭泊现代农业产业园建设,带动和推进全县特色农产品生产。科学确定农业产业布局和规模,依托产业化龙头企业联农户、建基地,引导农村土地承包经营权向专业大户、家庭农场、农民合作社、农业龙头企业有序流转。支持衡金优农、鲜盛农产品、中联油茶、恒建农林、洣江农林、尚达盛和、晨映渔业、兴薇黄贡椒、方兴菜篮子、和硕种植、绿然养殖、嘉圣食品、兆丰农业等农业产业化龙头企业做大做强,实施农业产业“五五”工程。到2020年,全县每年扶持5家以上农民专业合作社发展,土地流转面积和新型农业经营主体经营面积比重均超过60%。(牵头单位:县农业局;责任单位:各乡镇人民政府、县发改局、县商粮局等)。

做长农产品加工产业链条。引导特色农产品及食品精深加工企业进入河西新区。实施农业产业化龙头企业提升工程,推进品牌农业战略和农产品溯源建设,大力发展无公害农产品、绿色食品和有机食品产业,支持地理标志农产品认证,提升黄贡椒、油茶的知名度。到2020年,全县农产品加工转化率达到70%,农产品加工业产值达到300亿元,年均增长26%,至少要新培育打造2个农产品品牌,建立2家过亿元的农产品网络销售平台。(牵头单位:县农业局;责任单位:各乡镇人民政府、县林业局、县市监局、县商粮局等)。

因地制宜发展特色农业。实施现代农业发展工程,三年内全县培育1家领军型龙头企业,15个现代农业特色产业园,100个示范家庭农场,500个农村致富带头人。加强新产业、新业态、新模式创新。支持连片种植油菜、花卉等经济作物,油茶、黄桃、枇杷、杨梅等经济林木和楠木、罗汉松等珍稀植物等特色农业;打造一批果蔬种植、水产养殖、绿化苗木、珍稀用材、储备林基地,发展采摘捕捞等体验农业;扶持发展集休闲、餐饮、观光、康养于一体的家庭农场、生态农庄。规划和调整全县养殖区域布局,形成特色鲜明、生态安全的优势畜禽水产品产区,发展“龙头企业+合作社+家庭养殖场”的现代养殖示范场,打造一批集养殖生产、良种繁育、精深加工、废弃物综合利用于一体的现代产业集团。加强经营主体监管,建立健全行业标准,推行互联网营销。到2020年,全县规模休闲农业企业达到20家,休闲农业营业收入年均增长15%以上。(牵头单位:县农业局;责任单位:各乡镇人民政府、县林业局、县畜牧水产局、县经科信局等)。

实施精准扶贫攻坚。突出基础设施扶贫,到2018年贫困村全部通电、通路、通电视宽带,通村公路全部硬化;突出产业扶贫,实施产业精准扶贫示范工程和易地扶贫搬迁工程等,重点发展以种养加工为主的家庭增收项目。确保每个扶贫对象户有1个劳动力掌握1—2门实用技能,每一户有1个劳动力就业。巩固和发展专项扶贫、行业扶贫、社会扶贫“三位一体”大扶贫格局,落实精准扶贫各项任务,确保2017年易地扶贫搬迁户全部进入新居,实现33个贫困村全部摘帽,2019年现有贫困人口全部脱贫。(牵头单位:县农业局;责任单位:各乡镇人民政府、县发改局、县财政局、县民政局、县经信科局、县林业局、县人社局、县移民局、县卫计局、县教育局、县扶贫办等)。

6.补旅游经济短板,加快服务业发展

着力发展现代旅游。按照全县旅游规划确定的发展思路,充分发挥衡东的优势与特色,加快推进全域旅游,主动融入大衡山旅游经济圈和大湘东旅游经济带,创建湖南省全域旅游示范县,争创全国旅游强县。进一步树立品牌意识,加强罗荣桓故居纪念馆、金觉峰、锡岩仙洞综合旅游景区,四方山省级森林公园、天光山省级自然保护区、洣水旅游景区、湘江南温泉等重要景区建设。建成景区循环交通网络,重点打造东区罗帅精品红色旅游线,北区生态休闲美食旅游路线,南区观光体验工业旅游线。加速推进“旅游+”步伐,着力打造洣江生态观光园等旅游新业态项目。到2020年,全县接待游客780万人次,旅游综合收入达到60亿元。罗荣桓故居景区创评国家5A级景区,新创评国家4A级景区2家,创建8个以上特色旅游村,新增星级乡村生态休闲旅游服务区(点)50家。(牵头单位:县交通运输和旅游局;责任单位:各乡镇人民政府、县发改局、县城乡规划局、县农业局、县国土资源局、县文体广新局等)。

提升发展商贸业。加快交通运输、通讯、保险、金融、信息等生产性服务业发展。大力发展商贸、餐饮等生活性服务业，推广连锁经营、特许经营等流通形式，完善商贸流通网络，促进城市流通向农村延伸。支持大型农产品电子商务平台县级服务中心在我县早日开工建设，建立网商平台镇、村服务站点。发挥我县省级“农村电子商务示范县”的作用，加强电商人才培训，创建一批农产品电商销售示范镇、示范村，争创“全国电子商务示范县”。壮大发展茶油等期货交易，开发茶油等农产品期货交易新品种。改造建设一批农产品批发市场，实现马路市场清零，规划建设一批专业市场、交易中心，积极建设社区商业服务网点，推进连锁经营店进乡镇，加强农产品的就地消化和外销体系建设。（牵头单位：县商粮局；责任单位：各乡镇人民政府、县发改局、县农业局、县供销社、县市监局等）。

积极发展现代物流业。实施“互联网＋”行动计划，引进大型电商企业，发展电商物流和冷链物流，促进工业、农产品加工、土菜等行业线上线下融合。加快培育一批物流园区、物流配送中心和专业批发零售市场，形成区域性“物流园区—物流配送中心—物流企业”三级物流运作网络，重点建设大浦物流中心和台湾物流园。到2020年，培育1—2家年交易额超过亿元的本土电商平台。（牵头单位：县商粮局；责任单位：各乡镇人民政府、县交通运输和旅游局、县发改局、县国土资源局、县城乡规划局等）。

三、攻克发展难点

7.破解要素瓶颈

放大财政资金效应。整合各类涉农资金，由县政府统筹规划安排，相关部门对口争取，财政实施集中支付，项目实施集中建设管理。整合棚户区改造、独立工矿区搬迁改造、易地扶贫搬迁等资金，加快县城市政基础设施、停车场、养老服务体系、地下管网等建设。（牵头单位：县财政局；责任单位：县发改局、县农业局、县经信科局、县水利局、县农开办、县国土资源局、县住建局等）。

激活金融市场。县各类金融机构要加大支持县域经济发展的力度，加大贷款发放规模，进一步创新融资模式和产品，改善中小微企业融资环境，简化手续，适度降低抵押、担保等门槛。加强诚信安全的县域金融生态环境建设。在保障性安居工程、污水处理、医疗卫生、教育等领域，通过实施特许经营、政府购买服务、发行专项债券、设立引导基金等方式促进政府和社会资本合作。（牵头单位：县金融办；责任单位：县财政局、县发改局、县住建局、县教育局、县卫计局等）。

全力保障土地供应。在实行严格的耕地保护制度的前提下，结合县城总体规划修改和村镇体系规划编制，高质量、高起点编制县土地利用总体规划。狠抓节约集约用地，大力盘活存量土地，大力推进农村“空心村”、砖瓦窑场和工矿废弃地整治和复垦，提高土地使用效益。优先保障重点项目、重点产业和工业园区的建设用地。对县级实施的重大项目用地指标确有困难的，向省、市申报，争取统一调剂优先安排。（牵头单位：县国土资源局；责任单位：县城乡规划局、各平台公司、县经开区、县交通运输和旅游局、县重点办等）。

积极培育引进人才。保持县直机关、乡镇领导班子成员相对稳定，对表现优秀的提拔重用，提高熟悉经济工作成员比例。加大干部交流力度。加强以企业家队伍、高技术人才、农村实用人才等为主体的县域人才队伍建设，要出台引进和支持创新创业的优惠政策，吸引各类专业技术人才到县就业创业。（牵头单位：县委组织部；责任单位：各乡镇人民政府、县编办、县人社局、县教育局、县经科信局等）。

8.大力招商引资

实施全县招商引资三年提升工程。进一步加强对招商引资工作的组织领导、目标导向、动态考核、结果运用，完善招商引资工作考核办法和奖励措施，提高全社会招商引资的积极性，助推项目的洽谈、引进、落地、投产。配优配强招商力量，创新招商方式，注重开展小分队招商、上门招商、亲情招商、产业链招商，增强招商引资的针对性和实效性。（牵头单位：县商粮局；责任单位：各乡镇人民政府、县经科信局、县经开区等）。

9.创新体制机制

深化行政审批制度改革。优化权力运行环境，全面实施“三清单一目录”工作。推进简政放权,优化政务服务环境,深化“两集中、两整合、两公开”工作,精简审批环节,优化审批流程,缩短审批时间。推进网上并联审批,提高审批效率,强化事中事后监管。结合实际,探索实施简政放权,加强乡镇改革。(牵头单位:县改革办;责任单位:县委组织部、县编办、县审改办、县法制办、县政务服务中心、各乡镇人民政府等)。

理顺园区管理体制。强化对园区工作的领导,明确规定党政主要负责人联系园区工作。推进园区行政审批制度改革,依法依规向园区下放行政审批权限,减少办事环节和优化工作流程,实行“一站式服务”和全程代办服务,加快实施“互联网+服务”,促进政务公开。逐步理顺完善园区财税体制,构建符合现实发展需要的园区财税体制。完善园区安全规划及融资平台,鼓励实施“飞地”税收分成政策,建立“飞地经济”示范园区,促进产业优化布局发展。(牵头单位:县编办;责任单位:县发改局、县财政局、县民政局、县经科信局、县经开区、大浦镇等)。

加快推进统筹城乡改革发展。健全城乡发展一体化体制机制,促进城乡要素平等交换和公共资源均衡配置。深化农村产权制度改革,建立农村产权交易平台,彰显土地、林权等资源价值。推进农村土地管理体制改革,进一步明晰农村土地权属。到2018年,基本完成农村宅基地、集体建设用地使用权和土地承包经营权确权登记颁证工作。建立城乡统一的建设用地市场,在符合规划和用途管制前提下,规范集体经营性建设用地转让、租赁、入股等。盘活农村闲置宅基地,探索建立宅基地退出补偿激励机制。鼓励银行等金融机构创新农村金融体制,支持放宽农村金融准入,扩大农村有效担保物范围,鼓励社会资本进入农村。(牵头单位:县农业局;责任单位:各乡镇人民政府、县发改局、县国土资源局、县林业局、县财政局、县金融办等)。

10.优化发展环境。全面清理针对企业的检查评比,进一步完善检查评比内容,加强中央、省、市级开展的“两随机、一公开”监管,取消一切不合规、不合理的检查评比活动。着力优化项目建设施工环境,坚决打击阻工扰企、强买强卖、欺行霸市等黑恶势力行为,依法打击漫天要价、敲诈勒索、暴力对抗等阻碍政府合法拆迁行为,保障项目顺利建设和企业正常经营。建立健全优化环境责任追究机制,对工作不力导致经济发展环境不优或恶化的,要严肃追究相关责任人责任。建立容错纠错机制,鼓励探索、宽容失误,让敢担当、敢创新的干部没顾虑、有舞台,切实提高和激发党员干部的能动性和创造力。(牵头单位:县重点办;责任单位:各乡镇人民政府、县直相关单位等)。

四、强化发展保障

11.加强组织领导。县委、县政府成立县域经济补短板专项行动领导小组,负责确定经济发展总体目标,研究解决县域经济发展中的重大政策、规划、资金等问题,指导、督促、讲评、考核县域经济发展情况。结合实际,制定具体工作方案,重点抓好工业园区、投融资、重大项目建设和领导示范带动等工作,把各项目标和重点任务分解落实到县直部门、乡镇,确保各项工作取得实效。(牵头单位:县域、工业、旅游经济“植优势、补短板、促发展”行动领导小组办公室;责任单位:各乡镇人民政府、县直相关单位)。

12.坚持示范引领。县级领导要联系工业园区、融资平台及乡镇并进行指导,开展示范创建,培育先进典型,特别是在重点工作突破、难点问题解决等方面探索路子。在加强全省特色县域经济重点县申报创建的基础上,启动县域经济发展先行示范乡镇创建工作,作为全县县域经济发展示范乡镇,在政策法律允许下先行先试,探索积累有益经验,形成示范带动效应。(牵头单位:县域、工业、旅游经济“植优势、补短板、促发展”行动领导小组办公室;责任单位:各乡镇人民政府、县直相关部门)。

13.严格考核奖惩。研究制定县域经济发展考核奖惩办法和问责办法。对县域经济发展情况实行一月一督查、一季一通报、半年一讲评、一年一考核,年中召开县域经济发展分析讲评会,年终对县域经济发展实行综合考核。加强考核结果运用,将其作为责任单位领导班子工作评价的重要依据,作为干部选拔任用的重要参考。(牵头单位:县域、工业、旅游经济“植优势、补短板、促发展”行动领导小组办公室；责任单位：各乡镇人民政府、县直相关部门）。

（此件发各乡镇党委、人民政府，县直机关各单位，省市驻衡单位）

中共衡东县委　衡东县人民政府 关于实施全域旅游战略加快“旅游活县”进程的决定

（东发〔2016〕19号，2016年11月30日）

为深入贯彻落实省、市旅游发展大会精神，根据中央、省相关文件和《中共衡阳市委衡阳市人民政府关于实施全域旅游战略加快建设旅游强市的决定》（衡发〔2016〕15号）文件精神，作出如下决定。

一、总体要求

（一）指导思想。深入贯彻落实中央、省委、市委的决策部署，树立和贯彻“创新、协调、绿色、开放、共享”五大发展理念，坚持“政府引导、市场主导、企业主体”原则，围绕“城乡风貌景观化、项目建设精品化、产业发展融合化、配套设施人性化、服务体系标准化、全域管理一体化”目标，大力实施全域旅游战略，进一步挖掘潜力、补齐短板、拉长链条，发挥大湘东旅游经济带的联盟作用，依托长株潭、融入大南岳，努力将衡东打造成为乡村生态休闲旅游示范区、湘南红色旅游目的地，把旅游业培育成为我县经济社会发展的战略性支柱产业，以全新的面貌迎接大众旅游时代的到来。

（二）发展目标。到2020年，力争全县旅游接待总人次达到780万人次、旅游总收入达到60亿元。罗荣桓故居景区创评为国家5A景区，新创评国家4A景区2家；新创建特色旅游小镇2个、特色旅游名村8个；新评定四星级旅游饭店1家、三星级旅游饭店3家；新增旅行社1家、旅行社服务网点3家；新增乡村生态休闲旅游服务区（点）50家；旅游业直接就业人数达2万人，实现由旅游资源大县向全域旅游强县跨越，争创“湖南省全域旅游示范县”、“全国旅游强县”。

二、重点任务

（三）坚持规划引领。编制好《衡东县全域旅游发展总体规划》，促进“多规合一”，促进旅游业与其他产业的融合发展、互动发展。认真落实《衡东县旅游发展总体规划》《衡东县乡村旅游发展规划》《衡东县“十三五”旅游发展规划》，形成以罗荣桓故居为龙头、县城为中心、旅游特色乡镇为基础、景区景点为支撑的全域旅游规划布局，扮靓衡东县城，做美衡东乡村，促进全区域、全要素、全产业链发展，实现全域共建、全域共融、全域共享。乡镇、部门要因地制宜、科学规划，各景区（点）及周边村镇严格控规、统一建筑风格，健全全域旅游要素，完善全域旅游功能，打造全域旅游示范区。突出做好山、水、城、乡文章，统筹规划“一龙头、一中心、一廊带、三区域”旅游产业空间，即：舞活罗荣桓故居红色旅游龙头；打造县城旅游中心；扮靓洣水百里画廊带；打造东区罗帅精品红色旅游线、北区生态休闲美食旅游线、南区观光体验工业旅游线。

（四）突出地方特色。深度挖掘衡东独特的历史文化，加大旅游吸引物建设力度，做强红色旅游、做特县城、做优乡镇、做美乡村，提升旅游整体竞争力。

1. 舞活红色旅游龙头。突出罗荣桓故居景区红色旅游特色，深度研究罗荣桓军事思想、政治思想、群众路线思想，成立罗荣桓思想研究会；进一步充实罗荣桓生平业绩陈列馆、罗荣桓军事博览馆馆藏资料和内容；按照国家AAAAA景区标准，完善各项旅游软硬件设施；发挥龙头作用，整合县内红色旅游资源，主动融入湘赣红色旅游线路；开发军事体验、农业观光休闲体验等旅游产品，增强红色旅游景区的吸引力和自身“造血”功能;通过做活红色旅游文章,发挥罗荣桓故居景区引擎带动作用,有效整合洣水、锡岩仙洞、金觉峰、四方山、洣江生态观光园、天光山、湘江南温泉等优势旅游资源,打造全域旅游示范区。

2. 完善县城旅游功能。推进城市建设与旅游业的融合发展,实施城区绿化、美化、亮化、净化工程。在河西新区建设游客集散中心、旅游商贸一条街、元帅广场、绿道、文化博览馆、体育馆、坪塘生态湖;完善县城洣水两岸风光带旅游基础设施和游览功能,充实文化历史内涵;抓好杨山公园提质改造,完成滨水游步道建设;建成武家山路和相关休闲配套设施,武家山公园对外开放;规划并建成旭达大健康国际生态园、洣水花千谷、尚达盛和现代农业休闲产业园、油茶小镇、枫仙岭生态庄园、鸡公岩户外运动基地,方便游客休闲、游乐。抓好恒瑞国际大酒店硬件提升和服务质量提高,在县城新增1家四星级旅游饭店、3家三星级旅游饭店,全面提升县城旅游集散和服务功能。

3. 强化旅游产品支撑。乡镇、部门要依托不同文化和资源特色,着力建设独具特色的产品体系,积极扶持房车营地、候鸟式养老、研学旅游、康体旅游等新业态形成,积极引进具有品牌效应的大型文化、游乐项目。利用现有旅游资源,抓好相关旅游景区(点)建设。“十三五”期间,重点推进罗荣桓故里生态旅游景区、湘江南温泉、旭达大健康国际生态园、新塘现代农业观光走廊、洣江生态观光园、衡莲生态农业旅游山庄等旅游重点项目建设。乡镇要根据自身实际,确定旅游重点建设项目内容,抓好辖区内的重点旅游项目建设。

推动精品景区创建,“十三五”期间,罗荣桓故居景区创评为国家AAAAA景区;洣水国家湿地公园、千年白莲风情园、洣江生态观光园、尚达盛和现代农业休闲产业园等景区要围绕A级景区标准条件,抓好创建工作,争创国家AAAA景区。

打造精品旅游产品线路,重点开发洣水百里画廊带、东区红色旅游线、北区生态休闲美食旅游线、南区观光体验工业旅游线。加强洣水及两岸自然风光保护,逐步取消洣水河道采砂,加大河道疏浚力度,恢复“洣水三坝”通航船闸,完善渡口、码头;适度开发洣水沿岸古村镇及山水旅游资源,适当修建游步道、自行车栈道、自驾车游览道,规划种植观赏性植物;开通洣水游轮观光,开辟洣水漂游项目,做靓洣水百里画廊风情带。以罗荣桓故居景区提质改造为契机,依托四方山、天光山自然秀美风光,抓好湘江南温泉、洣江生态观光园项目,做强东区红色旅游线;串联千年白莲风情园、鳌洲岛、欧阳海山庄、新塘现代农业观光走廊优势旅游资源,发挥新塘“土菜名镇”品牌效应,做大北区生态休闲美食旅游线;利用大浦通用机场、七一二矿遗址、大源渡航电枢纽工程,开展低空运动、开辟工业遗址、开发“雷溪双月”水世界和大源渡渔村,做优南区观光体验工业旅游线。推动衡东与省内市州、周边省市重点景点实现联线组合,打造区域合作线路,形成以衡东为起点或重要节点、覆盖全省和周边省市的旅游精品线路。

(五)破解资金瓶颈。积极探索旅游业发展的投融资机制,建立旅游投融资平台,加强旅游交流合作,精心筛选优质旅游资源和项目,采取PPP等新型融资建设模式,大力引进一批实力雄厚的旅游大企业、大集团、大品牌入驻发展。加大信贷经营支持力度;鼓励中小旅游企业和乡村旅游经营户以互动联保方式实现小额融资。支持符合条件的旅游企业通过上市、发行企业债券等方式筹资融资;支持旅游企业采取项目特许权、经营权、旅游景区门票相关收费权抵(质)押等方式扩大融资规模。整合各种项目建设资金,加大旅游基础设施投入。实施强强联合,推进旅行社混业经营、旅游饭店连锁经营、旅游交通企业联合经营和旅游景区集团经营,加快培育具有核心竞争力的大型旅游企业和旅游综合体,探索建设旅游产业园区,真正实现由“政府引导”向“企业主体”的转变。

(六)拓展宣传营销。坚持政府宣传与企业推介相结合、“请进来”与“走出去”相结合,重点打造“荣桓元帅故里、中国土菜名县”品牌,主动融入“大南岳”旅游经济圈,加强与南岳及周边县市的旅游协作,积极打造“南岳—衡东”的旅游线路。挖掘罗荣桓元帅、三樟黄贡椒独特文化内涵,设计和建立标志物和标志牌；加大在央视、省内外主要媒体的旅游宣传力度；加大新浪、凤凰网等主流门户网、自媒体、手机客户端等新媒体的线上宣传力度；加大南岳机场、高铁站、汽车站、邮政网点、饭店等重要公共场所的宣传力度。引进国际国内高水平专业团队对衡东旅游进行策划包装，争取每年创意策划1—2个在全省、全国有影响力的营销活动，通过举办旅游节会，重点推介1—2个精品项目。

（七）促进产业融合。积极推进“旅游+”，推动旅游业与新型工业化、城镇化、信息化、农业现代化和绿色化等紧密结合，与一、二、三产业加速融合，积极培育旅游新业态新产品。

旅游+城镇，突出“一镇一主题”，围绕民俗、艺术、文化、运动等不同主题，加快新型城镇化建设，创建荣桓红色小镇、白莲皮影小镇、新塘土菜小镇、三樟贡椒小镇、高湖休闲小镇等一批特色旅游小镇。

旅游+工业，依托衡东经济开发区、七一二矿工业遗址、机油泵生产基地、红狮水泥、石湾瓷业基地等工业旅游资源，建立工业旅游和工业遗址旅游区。

旅游+农业，坚持“农业富县”思路，发挥乡村旅游富民、美乡效应，打造油茶小镇、枫仙岭生态庄园、高湖万亩油菜花海、霞流种养殖基地、三樟黄贡椒种植基地、千年白莲风情园、洣江生态观光园、新塘现代农业观光园、洣水花千谷等农业休闲观光项目，积极研发生态农业商品，建立农耕文化体验产业园，开发一批特色鲜明、个性突出的乡村旅游产品。

旅游+生态，瞄准“生态立县”目标，加强对森林、山地、湿地、水库、河流等生态资源的保护与开发，建设和完善好洣水国家湿地公园、洣水国家水利风景区、四方山森林公园、天光山自然保护区、晓霞峰、金觉峰、南湾竹海、潭江渔村、江山村、鳌洲岛、白莲水库、德圳水库、江东水库等景区。

旅游+互联网，加强与国内知名旅游互联网企业合作，加速建成衡东旅游电子商务平台；大力支持在线度假租赁、旅游租车、旅游网络购物、网上预订和支付等“互联网+”新业态旅游企业发展。

旅游+养生，大力发展休闲、健康、养老、养生等现代新型旅游产品，建成旭达大健康国际生态园、尚达盛和现代农业休闲产业园、湘江南温泉、衡莲生态农业旅游山庄等度假旅游项目；开发好东健阿胶、峥嵘中药饮片、精制山茶油等医养产品。

旅游+土菜，依托“中国土菜名县”品牌效应，研究制定衡东土菜标准化体系，建设衡东土菜原材料供应基地。鼓励土菜名店走出衡东，开设分店和连锁店。做强县城沿江土菜一条街、河西旅游商贸一条街、衡东土菜文化博览馆、新塘土菜城，做大衡东土菜“六件宝”、京湘藤茶等土特产品。

旅游+文化，深入挖掘衡东红色文化、廉政文化、状元文化、剪纸文化、皮影文化、诗词文化、校园武术文化、古村镇文化、民俗文化。整合罗荣桓故居景区、柴山洲特别区第一农民银行旧址、欧阳海烈士纪念馆、红军师长王光泽烈士故居、李洁李广烈士墓、罗芳珪烈士墓、刘阳生烈士碑等红色旅游资源，弘扬红色文化；在罗荣桓故居景区、千年白莲风情园建设廉政文化教育基地；修缮彭浚状元第，建设剪纸和皮影文化艺术博物馆；保护并开发草市古镇、吴集古镇、夏浦村萧家大屋、杨林村、高田村等民俗旅游；串联晓霞峰、凤凰峰、金觉峰、蓬源仙和观音寺、永宁寺、灵山庙、杨山祠等宗教资源，打造礼佛朝拜游。

旅游+运动，建成河西体育馆，争取承办重大赛事；重点开发和建设大浦通用机场低空运动项目、洣水水上运动基地、“雷溪双月”水世界、洣江滑草场、德圳水库和鸡公岩户外运动区；建立自驾车和房车营地，发展越野车、山地自行车、徒步、登山、露营、探险、写生等户外运动及赛事。

旅游+扶贫，落实精准扶贫要求，整合部门扶贫资金，做好吴集镇江山村、白莲镇白莲村、甘溪镇夏浦村、三樟镇柴山村、草市镇江坪村、石湾镇鳌洲岛等旅游重点村扶贫开发，通过发展民俗旅游，实施乡村旅游扶贫“八大行动”，实现环境整治、旅游开发、脱贫致富目标。

（八）完善基础设施。充分发挥县内各投融资平台功能，加快推进旅游项目包装招商和旅游基础设施、旅游公共服务体系、旅游景区的开发建设。罗荣桓故居景区按照AAAAA景区标准完善各项设施,修缮罗荣桓出生地新大屋。建立健全旅游咨询和集散体系,在罗荣桓故居景区新建游客服务中心、大型停车场,在县城河西新区新建游客集散中心、旅游商贸一条街、元帅广场。到2020年,实现重点旅游景区、旅游线路、旅游咨询全覆盖。加强罗荣桓故居景区、锡岩仙洞、洣水、四方山、湘江南温泉等主要景区旅游公路建设,建成罗荣桓故居至罗荣桓出生地新大屋连接公路,实施四方山渡改桥、省道S212改建、锡岩仙洞旅游公路建设,达到二级公路标准,形成东区旅游公路环线;完成金花至朱亭省道改造,努力实施新塘至石湾、石湾至三樟公路提质改造,形成北区旅游公路环线;推进城关—大源渡-霞流-大浦公路改造,形成南区旅游公路环线。道路两旁封山育林、美化亮化;加快建设河西新区绿道。健全洣江生态观光园、四方山、德圳水库、白莲水库、杨林车头等地自助游、自驾游、特种旅游项目配套设施建设。科学设置、合理布局景区停车场、旅游标识标牌、紧急救援设施等。加快推进"旅游厕所革命",按照"数量充足、干净无味、实用免费、管理有效"要求,到2017年,全县所有旅游景区、旅游交通沿线、旅游集散地旅游厕所全部达标。强化旅游信息服务和智慧旅游,建设衡东旅游信息服务平台,加强与上级旅游信息平台对接,实现旅游行业管理与服务的数据化和信息化。优化电子政务、推进电子商务、强化旅游公共服务。

三、保障措施

(九)加强组织领导。成立全县全域旅游领导机构和工作机构,明确工作职责,加强对旅游业发展的组织协调和督促检查,及时协调和解决全域旅游产业发展过程中的重大问题。建立目标管理制度,将"旅游活县"工作纳入年度目标管理绩效考核,严格考核,兑现奖惩。实施人才强旅工程,积极引进旅游专业人才,加强旅游从业人员教育,打造高层次的旅游发展智力支持平台。

(十)落实优惠政策。落实门票优惠政策。全县所有收费旅游景区要根据自身营销需要制定门票优惠政策。

落实税费优惠政策。实行增值税后,旅游企业税征基数应扣除代旅游者支付给其他单位和个人的住宿费、餐费、交通费、旅游景点门票等费用;旅游企业上缴的行政性收费依法在应纳所得额中扣除;旅游企业用于宣传促销的费用依法纳入企业经营成本。落实收费和价格优惠政策,排放污染物达到国家标准或地方标准并已进入城市污水处理管网的旅游企业,缴纳污水处理费后,免征排污费;对旅游星级饭店电话中继线服务费和数字电视收视费给予优惠,支持星级旅游饭店数字智能影视系统的应用;星级饭店与一般工业企业享受同等水、电、气价格政策。

落实用地优惠政策。对纳入省、市、县旅游重点项目建设的,优先支持;重大旅游项目用地确需调整土地利用规划的,依法按程序及时调整。对大型旅游景区项目,景区内植物园、绿地、水体用地,根据实际情况办理只征不转手续或集体土地使用权流转手续;景区内公共设施(道路、厕所、停车场等)、纪念性建筑等,按公益事业或基础设施用地政策优先办理;在实行最严格的耕地保护制度前提下,对农民就业增收带动作用大、发展前景好的乡村旅游项目用地,将其列入土地利用总体规划和年度计划优先安排。对乡村旅游项目临时性建设用地,符合条件的按相关规定办理临时用地手续,但项目退出时,项目业主要按照国家相关法规要求对已建设地块进行土地复垦。乡村旅游项目确需使用建设用地的,可利用项目所在地的集体土地和闲置宅基地整理、土地整治等建设用地,建设用地控制在项目总面积的5%以内,最多不超过50亩,可按农村集体建设用地依法申请办理审批手续。

落实优化环境政策。对县内外专业旅游巴士和旅游汽车给予同业优惠政策,交通运输和旅游、交警部门对旅游车辆轻微违章和一般交通事故的处理要从简、从快,尽可能减少游客滞留时间。对星级饭店实行定点管理,星级饭店由县公安局治安大队管辖,无案不查房,因办案确需查房的须报经县公安局长同意,并由饭店负责人协同定点查房。

(十一)加大扶持引导。加大资金扶持力度,县本级设立每年不少于3000万元的旅游业发展引导资金。旅游业发展引导资金主要用于支持旅游宣传促销、旅游专项规划编制、旅游招商引资、旅游产业项目扶持、旅游人才培训等。积极推动旅游投资和消费,设立旅游人数奖、旅游节会奖、旅游基础设施建设奖、旅游品牌创建奖等,对旅行社及旅行社服务网点引客入衡,乡镇和有关部门承办或举办旅游节会活动、旅游厕所建设、景区生态停车场建设、旅游重点项目建设和等级景区、星级旅游饭店、星级旅行社、全域旅游示范区、国家和省级旅游度假区、特色旅游名镇、特色旅游名村、星级乡村旅游服务区(点)等旅游品牌的创建实行奖励。

(十二)加强市场监管。深入开展旅游服务质量提升行动,不断提高宾馆饭店、景点景区、旅行社及旅行社服务网点等服务水平,建立行政执法、社会监督、舆论监督相结合的旅游质量监督网络和旅游满意度评价体系与反馈机制。建立健全旅游执法和投诉受理机构,全面受理旅游投诉、旅游服务质量检查和旅游行政执法工作。加快组建县旅游服务中心、交通运输和旅游综合执法大队。条件成熟时按规定程序设立旅游警察、旅游巡回法庭、旅游工商分局等。建立健全旅游综合协调、案件联合查办等监管机制,交通运输和旅游、发改、公安、市监、商粮、卫计等部门要各负其责,定期开展旅游市场联合执法和集中整治行动。建立政府主导、行业自律、企业参与的旅游诚信体系,成立旅游协会,发挥协会作用,建立旅游企业和从业人员诚信数据库,探索完善诚信激励机制和失信惩戒制度。

(十三)部门联动发展。单位部门要采取得力措施,做好文明卫生县城创建、抓好农村环境综合整治、加强群众素质教育和旅游从业人员培训,创造洁美的自然环境和人文环境,树立衡东旅游良好形象。组织和宣传部门要把旅游业法规政策理论纳入干部培训课程和中心组学习范畴,及时准确解读国家和省、市发展旅游的决策部署、政策举措。发改部门要把旅游发展特别是旅游基础设施、旅游重点项目建设纳入国民经济和社会发展规划。交通运输和旅游部门要对旅游景区连接道路优先安排,将通往等级景区的公路纳入通乡、通村公路建设规划。统计、交通运输和旅游部门要建立完善县、乡镇、旅游企业三级旅游统计系统,定期发布旅游统计公报。编制、人社部门要建立、完善旅游专业人才的培养、引进机制,落实带薪休假制度;财政、农业、林业、水利、税务、规划、民政、国土资源、住建、教育、城市执法、经信、文体广新、商粮等部门要共同做好旅游资源的综合开发和利用工作。公安、发改、交通运输和旅游、市监、环保、安监、城市执法、卫计、气象等部门要加强对旅游客运、旅游价格、旅游餐饮、旅游商品、特种旅游设备、旅游气象等方面的监管和服务,确保旅游安全。电力、通讯等部门要优先解决旅游景区相应配套设施问题。县各新闻单位要积极开设专栏,策划旅游品牌宣传,开展系列深入报道,广泛宣传全县旅游业发展的成就、先进典型和经验做法,营造全社会关注旅游事业、支持旅游发展、参与旅游创新的浓厚氛围,提振信心、创建全域旅游强县。

(此件发各乡镇党委、人民政府,县直机关各单位,省市驻衡单位)

中共衡东县委　衡东县人民政府
关于进一步加强和改进城市规划建设管理工作的决定

(东发〔2016〕20号,2016年11月30日)

为进一步加强和改进城市规划建设管理工作,解决制约城市科学发展的突出矛盾和深层次问题,加快打造富有活力、功能完善、宜居宜业、协调发展的美丽县城,根据《中共湖南省委湖南省人民政府关于进一步加强和改进城市规划建设管理工作的若干意见》(湘发〔2016〕15号)的精神,结合我县实际,作出如下决定。

一、总体要求

(一)指导思想。全面贯彻党的十八大和十八届三中、四中、五中、六中全会及中央、省委和市委城市工作会议精神,认真落实习近平总书记系列重要讲话精神,贯彻创新、协调、绿色、开放、共享的发展理念,以"四城同创"为引领,创新城市管理体制,破解城市发展难题,补齐城市发展短板,努力打造富有活力、功能完善、宜居宜业、协调发展的美丽县城。

(二)基本原则。统筹空间、规模、产业三大结构,统筹规划、建设、管理三大环节,统筹改革、科技、文化三大动力,统筹生产、生活、生态三大布局,统筹政府、社会、市民三大主体,推动城镇化和城市发展与经济发展相辅相成、相互促进,推动城市布局与产业发展相协调,推动城市空间拓展与人口规模、城市功能相匹配,推动城市规划建设与资源环境承载能力相适应。

(三)总体目标。按照建设富有活力、功能完善、宜居宜业、协调发展的美丽县城的总体定位,尽快形成"一江两岸,山水环绕;三轴四片,井字构架"的城市布局,到2020年,县城区建成区面积超过25平方公里、人口超过25万人;以县城建设带动和促进美丽乡村建设,培育建设一批具有浓郁衡东特色的工业强镇、农业重镇、商贸旺镇、文化古镇、旅游名镇。让城市建设更具特色,城市发展更具后劲,城市治理更为科学,城镇体系更趋优化,城市生活更加美好。

二、强化城市规划工作

(四)完善规划编制体系。推进"多规合一",依据县城总体设计,综合统筹产业发展规划、县城人防工程建设和地下空间开发利用规划、土地利用总体规划、生态环境保护规划、园林绿地系统规划等各类规划。依法加强规划编制,重点强化专项规划和控制性详细规划的地位和作用,优先制定综合交通体系、道路交通安全、市政公用设施、公共服务设施、资源环境保护、住房建设、公共安全、地下综合管廊管沟建设、县城自行车、海绵城市等专项规划,实现控制性详规全覆盖。近期要启动县城总体规划的修改工作,编制完成霞流、蓬源、石滩三个乡镇的总体规划,进一步修改完善2013年已编制完成的乡镇规划,在2020年底完成185个自然村和48个中心村的规划编制工作。加强城乡近期建设规划编制,明确近期重点开发建设区域、项目,合理引导城市建设时序。县城乡规划局须会同衡东经开区、河西新区制定好园(新)区各类专项规划和近期建设规划等。

(五)加强规划管理。全面落实《中华人民共和国城乡规划法》、《湖南省实施〈中华人民共和国城乡规划法〉办法》确定的审批原则和程序。深入推进"阳光规划",建立由相关部门、专家、公众代表组成的城乡规划委员会,审议和协调城乡规划制定、修改和实施中的重大事项。年度规划实施和计划情况要定期向县人大报告,并接受监督。

(六)严格规划违法行为责任追究。严格实行规划实施责任追究制度,加大对违规干预或擅自修改城乡规划等违法行为的责任追究和处置力度,对城乡规划实施情况进行绩效考核。全面开展建成区违法建设的清理工作，严格控违拆违工作考核，建立重点案件督办机制，2018 年底前完成清查、处理工作，并坚决遏制新增违法建设。

三、完善城市功能

（七）健全公共服务设施。完善公共服务设施建设，鼓励社会资本参与公共服务设施建设和运营。严格落实《湖南省停车场管理办法》和配套建设停车场“四同步”制度，合理配置停车设施，加快中心城区公共停车场和堰湾排渍站停车场建设，逐步缓解停车难的问题；加快建设公交停车站场，道路修建（改造）时同步建设公交停靠站点；全力推动天英学校、河西体育馆、荣桓文化广场、中医院新院区、杨山公园、大型影剧院、大型城市综合体、农贸市场、水果批发（零售）市场、互联网 + 交通服务平台、旅游商贸一条街、家具文化场、一体化物流配送中心建设，全面提升城市公共服务设施建设水平。

（八）优化城区路网结构。提高和改善城市通透性和微循环，树立“窄马路、密路网”的城市道路布局理念，制定路网加密和背街小巷改造规划，对丽都路、文明东路、东风路、集金北路、金堰路、堰湾路、归航路、车站路等实施提质改造；打通“断头路”“丁字路”，如武家山路、集金南路、向阳路、霞飞路等，提高道路通达水平；树立建设生态城市的理念，加快推进洣江大道沿江风光带东段、河西沿江风光带建设；加快沿江路、学府路、双园大道二期、坪塘大道、文冲大桥等道路（桥梁）建设步伐，进一步拉开河西路网，将县城河东与河西融为一体。同时，在新、改、扩建道路工程时，要按照《国务院关于加强道路交通安全工作的意见》（国发〔2012〕30 号）文件精神，严格落实交通安全设施与道路建设主体工程同时设计、同时施工、同时投入使用的“三同时”制度，严格安全评价，确保道路（桥梁）交通安全。

（九）全面推进安居工程建设。加快推进“租购并举”的城市住房制度改革，满足居民多层次住房需求。采取实物保障和货币化补贴相结合的保障方式，加快解决中低收入家庭和外来务工人员的住房保障步伐，到 2020 年实现困难群体基本住房需求保障应保尽保。加快推进成片连线棚户区改造，大力推进城中村、危旧房改造，实施城市道路、供水、供气、污水处理、垃圾处理等基础设施与棚户区改造项目同步建设。尽快启动渡头村、滨江社区（邓家湾处）、金花村城中村改造。建立健全保障性住房分配和管理制度，提升保障性住房后期营运政府购买服务社会化、专业化水平。

（十）推进地下综合管廊管沟建设。综合考虑城市发展远景，预留和控制地下空间，按照“宜廊则廊，宜沟则沟”的原则，将大浦工业园区工业大道、河西新区建设地下综合管廊管沟作为试点，积极、稳妥、有序推进地下综合管廊管沟建设；加快老城区既有地面架空线入地工程，并结合旧城区改造、棚户区改造、道路改造、河道治理、地下空间开发等统筹安排地下综合管廊管沟建设。

（十一）提高防灾应急能力。加强地下管线管理，建立地下管线数字化管理，力争 2017 年底建成衡东县城区地下管线综合管理信息系统。规范排水许可管理，按照县城排水专项规划，实施管网雨污分流和排水管网改造，2017 年启动县城防洪排涝工程，在衡岳路、文冲路、丽都路等城区易内涝点建设雨污分流设施，切实解决县城“逢雨必涝”的问题。新建河西水厂及管网，提升供水应急能力。加强饮用水源保护，全面封堵污水直排口，建设县城水厂与大浦水厂两地备用水源互补管网，确保饮水安全。加强燃气行业监管，严厉打击燃气市场存在的违法违规行为，加快建设城区液化气集中配送中心，确保城镇燃气安全、稳定供应。提高城市抗震、防冰、消防等综合防灾和安全设施建设配置标准，加强城市防灾避难场所建设，全面提高突发事件应急处置能力。

四、打造绿色宜居环境

（十二）推进海绵城市建设。改善城市道路排水系统，新建道路要配套建设雨水综合利用系统，已建成的道路排水系统要抓紧升级改造，提高道路对雨水的渗滞能力。推进城市绿地建设，丰富山体植被，涵养水源；加强城市排水管网和河网衔接，保护现有湿地，严禁随意填埋河道水系，提高河道输排水能力。将新塘镇作为我县海绵城市的试点镇。至 2020 年底，完成武家山公园、河西坪塘生态湖湿地公园、洣水湿地公园、金花港、堰湾排渍站、金堰排渍站建设,建成区20%以上的面积能够实现60%的降雨就地消纳和利用。

(十三)修复城市自然生态。制定并实施生态恢复工作方案,有计划有步骤地修复被破坏的山体、河流、湿地、植被,积极推进采矿废弃地修复和再利用,开展土壤污染状况调查,制定并实施土壤污染防治行动计划实施方案,加快建设武家山植物园,实施县城杨梅潭片区生态修复工程,恢复城市自然生态。以大浦镇等地区为重点,推进重金属污染土地治理修复示范工作。至2020年底,创建省级园林式单位5个,市级花园式单位10个,城市建成区绿地率、绿化覆盖率、人均公园绿地面积分别达到40%、42%和12平方米/人。

(十四)强化水大气污染治理。加快城镇污水处理设施建设与改造,加强配套管网建设,尽快启动河西、新塘污水处理厂建设,逐年推进其他15个乡镇污水处理厂及管网的建设,全面提升城镇污水收集处理能力,到2020年,力争实现污水全收集、全处理。积极推进城市污泥无害化资源化利用,污泥无害化处理率达到100%。积极稳妥推进再生水利用设施建设,逐步实现绿化浇灌、生态景观、市政环卫等生产、中水回用,中水回收率达到15%以上。实施燃煤锅炉淘汰工程,大力推广使用天燃气等清洁能源,到2020年使县城内天燃气普及率达到85%以上,重点完善城关、石湾天燃气气站及管网工程,实施大浦、新塘气站及新塘、县城燃气管网建设项目。推进县城大中型餐饮企业和单位食堂油烟治理,逐步建立餐厨垃圾收集处理系统,实现城区空气优良天数比率在85%以上的目标。

(十五)加强城市环境治理。推进垃圾综合治理,加快环卫设施提质改造,统筹城乡垃圾处理,做到垃圾无害化处理不积压,垃圾处理体系顺畅。建立政府、社区、企业和居民协调机制,通过分类投放收集、综合循环利用,促进垃圾减量化、资源化、无害化。加强餐厨废弃物、建筑垃圾管理,高标准建设并运行好餐厨废弃物资源化利用和无害化处理等项目,采取激励政策建立餐厨废弃物、建筑垃圾回收和再生利用体系。到2020年,力争将垃圾回收利用率提高到35%以上。整治公共空间和秩序,重点解决广告乱张乱贴、乱搭乱建、摊点乱摆乱设、道路乱挖乱占、车辆乱停乱放、燃放烟花爆竹等问题,合理设置、有序管理方便生活的菜市场、摊点、流动商贩疏导点等经营场所和服务网点。治理道路和施工扬尘,实施道路清洗和机械化湿式清扫,推进清扫保洁延时扩面、洒水降尘全城覆盖。规范建筑施工现场管理,严格工地文明施工标准,全程管控渣土堆放和运输。规范机动车停车场建设和管理,推进新世纪大市场、集贸市场改造,改善人居环境。

五、提升城市建设品质

(十六)加强城市设计。城市设计作为优化城市空间的一种手段,需要立足于衡东自身实际情况、资源特色,突出“山水生态宜居城市”的特点,将城市与自然山水融为一个整体,将老城区与新城区,进行总体城市设计。有差别地做好城市中心地区、特色街区、老旧城区等重要片区的城市设计,留住特有的地域环境、文化特色、建筑风格。单体建筑设计方案必须在形体、色彩、体量、高度等方面符合城市设计要求,坚决遏制城市建筑贪大、媚洋、求怪等乱象,真正形成具有衡东独特魅力的城市风格,大大提高衡东的吸引力和影响力。

(十七)改进建筑设计管理。强化“适用、经济、绿色、美观”建筑方针和“节能、节水、节地、节材”等设计理念,最大限度节约资源、保护环境。加强公共建筑和高层建筑设计监管力度,提升建筑设计标准,强化设计责任追究。加强城市规划和城市设计对建筑形态、风貌的管控,创造具有江南特色的衡东建筑形象。完善建筑设计招投标决策机制,规范决策行为,提高决策透明度和科学性。培育和规范建筑设计市场,依法严格实施市场准入和清出,推动建筑设计走出一条注重原创、保证质量、节约资源、传承文化的良性发展道路。

(十八)保护历史文化风貌。加强历史文化名镇、名村、传统村落、历史建筑等的保护、修缮和管理,将已列入国家第二批全国传统居民古村落的高田村新大屋、杨林村和夏浦村进行修缮与开发利用;力争将南湾村老街、吴集老街、草市老街、大浦堰城村堰城、杨林寺门前村楼下大屋、荣桓新屋村新大屋、草市(原高塘)石塘村大屋7处申报成为全国传统居民古村落,积极向上争资,保护历史文化遗产,改善人居环境,实现传统村落的可持续发展。

六、加快城市管理转型升级

(十九)改革城市管理体制。推进执法体制改革,实现"小城管"向"大城管"转变,坚持以人为本、源头治理、权责一致、协调创新的原则,加快构建权责明晰、服务为先、管理优化、执法规范、安全有序的城市管理体制。匡定城市管理各部门职责范围,合理划分城市管理事权,界定城市管理职责边界,理顺各部门城市管理工作职责分工。建立城市管理连环监督机制,强化督查考核,提升城市管理水平。规范执法队伍管理,配优配强行政执法力量,改进执法方式,打造一支"人性化、规范化、精细化"的城管执法队伍。

(二十)创新城市治理方式。引入市场机制,通过公开招投标、政府购买服务等方式,吸引社会力量和社会资本参与供水、供气、污水处理、垃圾处理、路灯照明、综合管廊、园林绿化、环卫保洁等市政公共服务,不断完善市政公共设施,提升公共服务水平。以创省级文明县城为契机,引导市民积极参与群众性精神文明创建,广泛开展文明单位、文明社区、文明家庭、文明学校等创建活动,提高市民文明素质。推进社区网格化管理,将城市管理工作责任和目标下放到社区,强化社区"门前三包"责任,把社区的市容市貌、环境卫生、园林绿化和景观亮化等工作与基层干部的年度考核挂钩。制定并实施新的《衡东县城市管理若干规定》,招聘一批市容义务监督员,加强对不文明行为的巡查、纠正与处罚,构建文明洁净新衡东。

(二十一)推进城市智慧管理。积极推进城市管理数字化、精细化、智慧化,建立数字城管平台。运用网格化管理手段,借助数字信息技术,整合城市管理资源,将市容市貌、环境卫生、园林绿化、户外广告、公共服务设施、防洪排涝、照明亮化、渣土管理及车辆停放等内容纳入网格化管理,落实城市管理责任。整合"12345政府服务热线"与"12319城市管理服务电话热线"平台,实现数字化、信息化城市管理与市民公众参与城市管理无缝对接。大力推进"智慧衡东"建设,完成智慧城管和智慧照明建设项目。通过大数据、云平台,实现智慧规划、智慧市政、智慧社区、智慧交通和智慧水务等多方面的融合统一,进一步提升城市管理水平。

(二十二)推动物业管理转型升级。加快出台衡东县物业管理相关政策,建立健全物业管理机制,推进物业管理市场化、规模化、专业化、信息化建设。推进物业行业诚信体系建设,开展物业信用信息等级、物业服务项目星级评定、优秀物业服务企业评比工作,加快培育一批信用度较好的物业服务企业转型升级,做大做强,提高市场竞争力。完善老旧小区综合整治和改造,完善既有小区共用设施设备建设,普及物业管理,新竣工商品房小区全部实行物业管理。到2020年,新建住宅小区前期物业招投、物业承接查验、物业管理覆盖率均达到100%,旧住宅小区物业管理覆盖率达到60%以上。

七、加强建筑行业监管

(二十三)落实工程质量责任。完善工程质量安全管理责任制度,落实建设单位、勘察单位、设计单位、施工单位和监理单位五方责任主体工程质量终身责任。强化政府对工程建设全过程的质量安全监管,重点强化对工程监理履职的监管;抓好预拌商品混凝土专项整治;提高从业人员素质,加强执业道德规范和技能培训;加强建筑市场监管,严厉查处违法发包、施工转包、非法分包和资质挂靠等行为,逐步推进工程质量标准化管理;加强住宅工程常见质量问题专项治理示范引领作用,推进建筑市场诚信体系和工程质量安全监管一体化平台建设。

(二十四)加强建筑施工质量安全监管。持续开展建筑质量安全整治行动,重点抓好房屋建筑、高边坡、深基坑等工程运行使用的安全监管,确保外脚手架、悬挑脚手架、模板支撑体系、起重(提升)机械设备、临时用电等重大危险源可控。督促责任主体单位做好汛期、高温季节、大风天气、冬季施工等特殊时期、重点时段的安全生产工作。加强对既有建筑改建、扩建、装饰装修、工程加固的质量安全监管,对在建项目或即将上马项目实行全天候、全方位、无死角的督查、巡视,确保质量、施工无安全责任事故,全面排查城市老旧楼房、危房的安全隐患,采取有力措施限期整改,严防发生垮塌等重大事故,保障人民群众生命财产安全。

(二十五)推广新型建造方式。推动建筑行业向产业化、现代化转型。推广装配式建筑,减少建筑垃圾和扬尘污染,缩短建造工期,提升工程质量。按照衡东县住宅产业化的工作要求,十三五期间实现建筑部品部件工厂化生产,鼓励建筑企业装配式施工,现场装配,力争到2020年装配式建筑占新建建筑的比例达到20%以上。

八、推进节能城市建设

(二十六)推广建筑节能技术。提高建筑节能标准,推广绿色建筑和建材,实施湖南省居住建筑、公共建筑65%的节能设计强制性标准。政府投资公益性建筑和2万平方米以上的大型公共建筑以及保障性住房全面执行绿色建筑标准。作为全国的可再生能源建筑节能示范县,县城区范围内30%(按面积)以上新建建筑完成绿色建筑设计标识。国家机关办公建筑和大型公共建筑必须按照《国家机关办公建筑和大型公共建筑分项能耗数据采集技术导则》设计安装建筑能耗监测数据采集系统,实施建筑节能分项计量,并与能耗监测平台数据联网。到2020年,全面完成党政机关及国有企事业单位的建筑节能改造。争取1个以上项目列入省绿色建筑创建计划。

(二十七)实施城市节能工程。建设绿色城市,根据环境容量和城市综合承载能力确定城市定位和规模,全面实行绿色规划、设计、施工标准,发展绿色能源、绿色建筑、绿色交通,实施生态廊道建设和生态系统修复工程。加大天然气、液化石油气、风能、太阳能、生物质燃料等清洁能源的供应和推广力度,引进环保型太阳能垃圾桶、节能型LED路灯及遥感路灯控制系统改造,力争60兆瓦生物质新能源发电项目建成投产,逐步提高城市清洁能源使用比重。

九、完善保障措施

(二十八)加强组织领导。成立以县委书记挂帅的县城市规划建设管理工作委员会,加强对城市规划建设管理工作的领导,确定发展目标和任务,集中力量突破重点难题问题。要制定具体目标和工作方案,明确实施步骤和保障措施,落实工作责任和经费。实施城市规划建设管理工作监督考核制度,确定考核指标体系,定期通报考核结果,并作为党政领导班子和领导干部综合考核评价的重要参考。

(二十九)拓宽城市发展资金渠道。按照事权与支出责任相适应的原则,将城市规划建设管理经费纳入县财政预算。创新投融资体制,增强城市建设的投资导向能力,设计多种形式的城市建设金融产品,撬动更多社会资本进入城市公共设施建设。推广政府和社会资本合作模式(PPP),结合中长期财政规划统筹安排PPP项目所需财政资金,纳入财政预算管理。

县直各相关部门要认真贯彻落实本决定,明确责任分工和时间要求,确保各项政策措施落到实处。

(此件发各乡镇党委、人民政府,县直机关各单位,省市驻衡单位)

中共衡东县委　衡东县人民政府关于加快工业经济发展的决定

（东发〔2016〕21 号，2016 年 12 月 7 日）

工业经济是立县之本、强县之基、富民之要，加快工业经济发展是实现我县十三次党代会提出的“五县五化”发展思路的重要保障，是全面建成小康社会的必然途径。为了推进供给侧结构性改革，加快工业经济转型升级，重振我县工业雄风，根据《中共衡阳市委、衡阳市人民政府关于加快工业经济发展的决定》（衡发〔2016〕14 号）等文件精神，结合我县实际，特作出如下决定：

一、深刻认识加快工业经济发展的重大意义

1. 加快工业经济发展是推进供给侧结构性改革的内在要求。推进供给侧结构性改革，是适应和引领经济发展新常态的重大举措，是破解供需结构性矛盾、培育发展新动能的关键之举。工业经济是国民经济的主体，是推进供给侧结构性改革的主战场。当前，我县工业经济正处在爬坡过坎的关键时期，经济下行压力巨大，转方式、调结构、促发展任务重，我们必须在推进去产能、去库存、去杠杆、降成本、补短板等工作中，主动作为，厚植优势，补齐短板，培育新动能，加快工业经济发展，引领支撑全县经济社会全面协调可持续发展。

2. 加快工业经济发展是建设民营强县的现实要求。我县是老工业基地，起步较早，基础较好，到上世纪末本世纪初达到了高潮，曾被衡阳市媒体誉为“衡东民营经济现象”，工业经济在一段时期位居全市第一。我县具有雄厚的工业发展基础，县域经济发展潜力在工业，希望也在工业。我们要按照“衡东工业要重新成为全市第一”的目标要求，突破思想观念和体制机制的束缚，发挥资源和产业基础优势，坚持要素驱动和创新驱动，加快全县工业发展转型，快速做大工业体量，提升工业竞争力。

3. 加快工业经济发展是实现“五县五化”的必然要求。工业是经济发展的主导力量、财政税收的主要来源、劳动就业的主要渠道、各项事业发展的重要保障，是实现富民强县的第一推动力。近段时期以来，我县工业发展出现困难，呈现下行压力，支撑带动作用减弱，对县域经济的贡献下降。要实现“五县五化”的目标，建设经济繁荣、百姓富裕、生态优美、社会和谐、政治清明的新衡东，实现全面建成小康社会宏伟目标，必须大力发展工业经济。为此，我们要深刻认识到没有工业实力就没有经济底气，切实增强加快工业发展的责任感和紧迫感，全力以赴谋工业，全心全意抓工业，推动我县工业经济快速健康发展，加快富民强县步伐。

二、加快工业经济发展的指导思想、发展目标和基本原则

1. 指导思想

认真贯彻落实党的十八大、十八届三中、四中、五中、六中全会精神，牢固树立“创新、协调、绿色、开放、共享”的发展理念，坚持以推进供给侧结构性改革为主线，以转型升级为主攻方向，以项目建设为抓手，以园区平台为载体，以信息化为支撑，以优化服务为保障，厚植产业优势，补齐发展短板，加快工业经济发展。

2. 发展目标

——工业总量快速扩张。到 2020 年，工业经济综合实力显著增强，全县工业总产值、工业税收比 2015 年翻一番，工业对财政收入贡献率大幅提高。

——产业结构明显优化。到 2020 年，工业占地区生产总值的比重提高到 45% 以上，战略性新兴产业占规模以上工业增加值的比重达到 60% 以上。

——园区实力显著增强。到 2020 年，园区总产值过 200 亿元，园区规模工业增加值占全县规模工业增加值比重达到 70% 以上。

——规模企业不断增加。到2020年,全县规模以上企业达到150家,努力培育2户过20亿企业、5户过10亿企业、10户过5亿元企业。

——创新能力明显提升。到2020年,新增省级以上企业技术中心4家;全县规模工业企业研发经费支出占地区生产总值比重每年递增20%以上。

——绿色发展成效显著。到2020年,绿色制造技术得到广泛应用,集约化、节约化、低碳化生产成为主流,单位工业增加值能耗较2015年降低20%以上。

3. 基本原则

坚持项目带动。把项目建设作为工业发展的重中之重,贯穿工业发展全程,推动工业总量扩大、结构优化、转型升级。突出企业投资主体地位,强化政策、规划、服务推动,打造有利于项目建设的良好环境。

坚持聚集发展。把工业园区作为工业发展的主战场,推动各类资源向工业园区集中,引导产业加快聚集,补齐拉长产业链条,形成项目集中布局、产业聚集提升、资源循环集约、产城融合发展、功能集合完善的发展格局。

坚持创新驱动。实施创新驱动发展战略,构建以企业为主体,市场为导向,产学研相结合的技术创新体系。鼓励引导企业提高科技创新能力,大力引进国内外先进技术,推动产业优化升级,促进产品质量提高,实现全县工业绿色发展、循环发展,低碳发展。

坚持开放发展。充分利用国际国内两个市场、两种资源,加大招商引资力度,推进与央企、省企合作,推进产业对接和协作配套,高起点承接产业转移。

三、突出加快工业经济发展工作重点

1. 突出制造强县。积极对接“中国制造2025”,充分利用好各种优势,进一步扶持和引进一批机械装备企业,走“专、精、特、新”发展之路。实施名牌战略,把壮大现有品牌影响力和开发培育优质品牌作为提升我县机械装备业竞争力的重要战略任务。以现有制造企业为支撑,通过改善经济环境和招商引资,促进优势产业高端化和新兴产业规模化,形成比较优势明显及区域特色鲜明的制造企业集群,把机械制造业打造成为我县主导产业,到2020年,产值达到60亿元以上。

2. 突出产业集群。充分利用现有机械制造、有色金属的产业优势,进一步提高资源保障能力和资源利用率,加快产业结构调整和产业转型升级,大力发展机械制造、有色金属冶炼及压延加工业,做强钨业,促进钨、钒、锡等有色金属产品向高性能、高精度、高附加值发展,培育高性能硬质合金材料等战略性新兴产业,形成机械制造、有色金属产业集群。大力扶持化工企业进行技术改造,引进先进生产工艺流程,进一步降低能耗,减少污染,做大做强化学原料和化学制品制造业,形成化工产业集群。通过合资、合作、新建及并购重组等多种方式,对我县医药、轻工、建材、农副产品加工等产业进行升级改造,增强传统产业的竞争力。

3. 突出园区发展。坚持把工业园区作为大干工业的主战场、创新创业的集聚地、经济发展的增长极来打造。要加强园区基础设施建设,高起点、高标准规划建设好园区道路、通讯、水、电、绿化等各项配套设施建设,加快推进经开区中小企业服务中心、标准化厂房、物流中心建设,提高园区承载能力,全面提升园区综合竞争力。深化园区体制机制改革,加大下放经济管理权限力度,推进规划、国土、建设等职能进园区,推行项目建设园区代办制,理顺园区发展的体制、机制,推动园区管理向企业化运作转变,提高园区服务效率。

4. 突出项目建设。强化“抓经济必须抓工业,抓工业必须抓项目”的意识,充分发挥投资对工业发展的主导作用,狠抓项目建设。建设一批重大产业项目,着眼做优增量,扩大有效投资,增加工业用地每亩的投资强度,以新项目、大项目引领产业转型升级。实施一批重点技改项目,鼓励企业应用先进节能、节水、节材技术和工艺,鼓励企业加大安全生产、环境保护设备设施改造,鼓励实施新技术产业化项目,促进企业节能减排、降本增效。

四、强化加快工业经济发展的保障措施

1. 精准帮扶企业。按照“分类指导、一企一策”的原则,对发展良好的优势企业,要帮助他们做强做大,并力争形成产业链;对产品有市场、经营有效益、创税有能力,但暂时遇到困难的企业,要逐一分析、逐一研究,一企一议,倾力帮扶,帮助企业摆脱困境,恢复正常生产经营;对负债太多、包袱沉重、矛盾复杂、运行艰难、没有市场竞争能力的企业,鼓励其挂大靠强、兼并重组或转型升级;对运行情况较差的企业,采取以厂招商的形式,引进投资者参与企业合作,实现共同发展,并对合资后的企业连续3年进行奖扶。以原企业的最后3年平均税收为基数,在企业合资经营后的前3年,分别从新增税收中按县财政实得部分的90%、80%、70%进行奖励。每年列支300万元作为推进新型工业化专项奖励资金,列支300万元作为科技专项经费(从中拿出一定比例作为发展工业科技的专项奖励),两项专项资金均纳入财政预算,并根据财力增长情况逐年适度增加,由县经济科技和信息化局与县财政局制定专项资金管理办法,加强专项资金的管理。

2. 扩大融资渠道。设立5000万元工业发展基金,作为工业发展的引导资金,并根据财力增长情况逐年适度增加。加强银企对接,由县政府分管领导牵头,会同金融机构组成专门工作班子,对企业评级授信,确定优势企业和可帮扶企业名单。支持银行等金融机构创新金融服务和金融产品,增加对优势企业和可帮扶企业的信贷额度。要切实发挥融资平台对经济发展的推动作用。各投融资公司要吃透国家政策,积极争取国家和省市的重大专项资金,通过发行债券、私募股权、集合信托、产权交易等方式进行融资。要参照《衡阳市本级投融资公司管理办法》制定投融资公司发展的管理办法,建立科学合理的融资管理、项目建设等制度,有效防范各类风险。要引导社会资本共同参与,采用市场化运作,带动民间资本加大投入。大力拓宽直接融资渠道,支持工业企业发行短期融资券、超短期融资券、中期票据以及永续票据等创新型债务融资工具。公安部门要严厉打击金融领域的违法犯罪,从严规范金融秩序,严防区域性金融风险的发生,对因高息发生纠纷的,公安机关要及时协调和查处。

3. 培育领军企业。确定机油泵、红狮水泥、东健药业、华亚玻璃等优势企业为重点扶持对象,优先要素保障,帮助他们开展产业对接合作,围绕产业链上下游、企业配套,开展产需对接、帮助企业拓展市场。支持企业上市和申报高新技术企业。对总部设在本县并成功在主板上市或通过高新技术企业认定的企业,支持其大量引进高层次人才,对引进的高科技和高级管理人才的个人所得税县财政等额奖励给企业。上市企业前三年的企业所得税地方留成部分,县财政按一定的比例奖励给企业,其募集的资金用于本县投资的部分,享受招商引资的奖励政策。同时,要采取贷款贴息、奖励、补助等激励措施,支持全县规上企业实施扩产增效、设备更新、转型升级等技术改造项目以及相关服务机构建设。

4. 大力招商引资。发挥资源优势、产业优势、区位优势、人力资源优势,积极对接国家"一带一路""长江经济带"发展战略,积极招商引资。创新招商引资思路,积极开展定向招商、委托招商、以商招商、网上招商、小分队招商、亲情招商、乡情招商。将招商引资推向市场,培育扶持中介招商,开展专业招商,提高招商引资的质量和效益。要立足现有企业,以企招商,以股权合作的方式引进战略投资者,促使现有企业转型升级。要果断处置"僵尸企业",盘活"僵尸企业"的土地、厂房、设备、专利权、劳动力等有效资源,用于招商引资。要完善招商引资政策,调动全县社会招商引资的积极性。对重大招商引资项目可采取"一事一议"的方式赋予相应的优惠政策。

5. 鼓励创业创新。实施"创新驱动战略",鼓励万众创新、大众创业,大力推动技术创新、品牌创新与商业模式创新。鼓励企业加大研发投入,创建企业技术中心、工程中心、重点实验室等研发机构,研发新产品和新工艺。对新认定的国家、省级企业技术中心、技术创新示范企业和新产品列入"百项专利转化推进计划""百项重点新产品推进计划"的企业给予奖励。实施名牌质量战略,对新获得"中国驰名商标""中国名牌产品",争创省名牌产品和省著名商标、参与制订行业标准的企业给予奖励。加快科技转化平台建设,进一步提高科技成果转化能力,发挥科技支撑作用,推动企业转型升级、产业结构调整。鼓励大众创业,加快推进创业基地建设,为大众创业提供平台。鼓励成立创业服务机构,开展电子商务、融资担保、法律、财务、知识产权、项目咨询、管理咨询、人才培训等公共服务,提高创业成功率。

6. 加速两化融合。贯彻落实"宽带中国"战略,加快光纤宽带网络建设和无线宽带网络建设,大力推进4G、5G网络建设,加快城市重要公共区域无线局域网(WLAN)热点覆盖,提升信息支撑能力。促进工业生产数字化、网络化、智能化,积极开展数字化车间和智能工厂试点示范,推动智能制造发展。扎实推进"+互联网和互联网+"行动计划,推动移动互联网、云计算、大数据、物联网等新一代信息技术与工业融合,提高企业信息化水平,提升产品质量,提高经济效益。

7. 优化发展环境。落实县工业办的服务责任,把全部工业企业纳入服务对象,实现全覆盖。大力整治企业周边环境。严格执行县委、县政府有关优化发展环境的文件精神,对到企业无理取闹、寻衅滋事、强装强卸、强揽工程等地痞地霸行为,做到"零容忍",坚持露头就打,严惩重处。进一步优化政务环境。相关职能部门要勇于担责,按照"非禁止即许可"的原则,放宽准入条件;落实限期办结制,由政务中心受理负责代办,限时办结;发改、住建、人社、安监、环保、国土等相关职能部门要深入企业,主动上门服务,告知办事流程,政策法律法规、办理手续所需的资料等,坚决杜绝"不教而诛"的现象。对重点企业实行重点保护,任何部门和单位不能随意进入企业检查。要形成一套督促落实的机制。充分发挥县委、县政府督查室和县工业办、县重点办的职能作用,对企业反应请求解决影响企业发展环境的问题,采用一事一督查、一事一通报的模式,促使有关部门、乡镇尽快解决落实。健全优化环境责任追究制,对不作为、慢作为、乱作为的,要严肃追究相关责任人责任。各企业要切实履行社会责任,要积极配合各职能部门的工作,依法依规进行生产经营。企业的各类建设要克服惯性思维,坚持杜绝"先上车后买票" 的现象,避免人为增加非生产性经营成本。

五、切实增强加快工业经济发展的组织领导

1. 加强组织领导。成立以县委书记任组长的高规格工业经济发展领导小组,加强对工业发展的统一领导、统筹协调和督促检查,定期召开联席会议,协调解决推进发展工业经济的有关问题。县工业办要会同县委督查室、县政府督查室加强督促检查,定期通报工作情况。

2. 建立考核机制。建立工业发展督查考核机制,以目标和问题为导向,建立健全督查考核评价指标体系。从2017年起,县工业经济发展领导小组对相关单位发展工业经济情况进行单项考核,把各级党政领导干部"谋工业、抓工业"的绩效纳入考察领导干部个人和班子建设的重要内容,作为干部提拔任用的重要依据。考核结果名次靠后的,单位不得评先评优。各单位要把发展工业经济纳入绩效考核,作为干部年度评先评优的重要依据。对在工业经济发展中做出成绩的,年底评选一批服务企业先进单位和先进个人进行表彰。建立服务质量测评机制。每年3月份组织规上企业法人代表对相关单位进行公开测评,对前三名给予适当奖励,后三名单位要通报批评,其主要负责人要在测评会上就整改表态发言。

3. 营造良好氛围。切实加大加快工业经济发展的宣传力度,在全社会形成新型工业化是富民强县第一推动力的共识,积极营造关心工业、支持工业、发展工业的社会环境。要充分利用电视、报纸、网络等新闻媒体,加强对工业发展规划、产业政策法规、重点优势企业、名优新特产品和先进典型人物的宣传,大力表彰有突出贡献的企业家、科技人员、经营团队和产业工人,树立发展标杆,引导激发全社会创新创业热情,形成勇于创新、敢于竞争、善于突破的发展氛围。

(此件发各乡镇党委、人民政府,县直机关各单位,省市驻衡单位)

衡东县第四届“土菜文化旅游节”总体方案

（东发〔2017〕7号）

衡东县第四届“土菜文化旅游节”拟定于2017年9月20日至21日在衡东县城举行，为确保整个节会活动顺利推进，取得圆满成功，特制定本总体方案。

一、指导思想

深入贯彻党的十八大和十八届三中、四中、五中、六中全会精神，以县委“五县五化”发展思路为引领，发掘土菜文化内涵，延伸土菜产业链条，提升土菜餐饮品质，有效整合旅游资源，着力打造旅游品牌，助推衡东经济社会全面发展。

二、主办、承办单位

主办：中共衡东县委 衡东县人民政府

承办：县委宣传部、县总工会、县农业局、县商粮局、县文体广新局、县交通运输和旅游局、县广电台

三、活动主题

弘扬土菜文化 畅游灵秀衡东

四、组织领导

为确保第四届“土菜文化旅游节”圆满成功，成立活动筹备委员会（简称筹委会），筹委会下设办公室，具体负责活动策划、联络协调、资金筹措及日常工作。

（一）活动筹委会：

总 指 挥：吴伟生

主　　任：徐志毅

顾　　问：谭向勤、夏崇礼

副 主 任：贺 殷、丁秋文、陈 嘉、段忠贤、刘运仕、晏志君、李上峰、王春生、刘 敏、钱永明、颜亚华、李思源（常务）、陈斌智、肖海军、周叶华、刘凤华、谭民中

成　　员：彭庆桃、李建华、刘碧兰、谭文灵、阳满生、文和平、肖珍珠、陈中平、单外香、文 星、赵衡辉、苏金平、文 明、宋迪云、刘章云、何彩维、陈宏建、彭剑飞、周志波、阳明勇、尹 路、刘志新

（二）筹委会办公室：

主　　任：李思源（兼）

副 主 任：彭庆桃（兼）、刘碧兰（兼）、刘 焕、罗 华、罗 柯、颜国辉

工作人员：从有关单位抽调

五、主题活动

（一）前期系列活动

1. 衡东土菜“十佳”原料生产基地命名

时　　间：2017年6月—9月

牵头领导：钱永明

牵头单位：县农业局

责任单位：县商粮局、县畜牧局

活动内容：通过对全县从事土菜原辅材料种植、养殖和加工的专业合作社、生产基地、企业的考察，确定10家衡东土菜“十佳”原料生产基地。通过对确定的“十佳”原料生产基地进行扶持奖励，进一步延伸土菜产业链，带动衡东土菜品牌水平整体提升。

2. 衡东土菜示范店命名

时　　间：2017年6月—9月

牵头领导：颜亚华

牵头单位：县商粮局

责任单位：县食品药品工商质量监督管理局、各乡镇

活动内容：通过宣传发动、组织报名、群众投票、专家评审，确定10家衡东土菜示范店。对被确定为“示范店”的餐饮店统一授牌、挂牌。

3. 衡东土菜·民间美味大搜寻

时　　间：2017年6月—8月

牵头领导：陈　嘉

牵头单位：县广电台

责任单位：县商粮局、县文体广新局、县妇联、县文联、各乡镇

活动内容：各乡镇发现推荐民间精美绝味土

菜,组织民间美味搜寻组深入农家,寻访“茶担子”、“厨娘”等精美绝味土菜制作者,对菜式、绝味进行现场拍摄、品评,在衡东电视台开辟专栏进行展播,同时选送优秀民间美味菜品节目到中央、省、市电视台相关栏目播出。在节会期间集中组织“绝味厨娘大比拼”厨艺展示活动;组织民间“茶担子”在开幕式上进行绝活展示。4. 衡东土菜文化礼仪形象大使选拔大赛

时　　间:2017 年 7 月—9 月

牵头领导:刘运仕

牵头单位:县广电台

责任单位:县妇联

活动内容:充分利用协会优势,组织报名,通过海选、初赛、复赛、决赛等程序,评定 20 名衡东土菜文化礼仪形象大使,为衡东土菜代言,聘请为第四届土菜文化旅游节礼仪工作服务。

5. 衡东土菜·三樟黄贡椒节

时　　间:2017 年 8 月—9 月

牵头领导:刘　敏

牵头单位:三樟镇

责任单位:县文体广新局、县交通运输和旅游局、县商粮局、县广电台

活动内容:把黄贡椒生产基地游览休闲、采摘体验、加工观摩、美食品尝结合起来,确保“三樟黄贡椒”申报获批国家地理商标,丰富黄贡椒节的活动内容,提升黄贡椒节的品质档次。

6. 衡东乡村旅游季

时　　间:2017 年 8 月—9 月

牵头领导:刘　敏

牵头单位:县交通运输和旅游局

责任单位:罗荣桓故居管理处、县商粮局、县文体广新局、团县委、有关乡镇

活动内容:推出罗荣桓故居景区、千年白莲风情园、洣江生态观光园、枫仙岭、尚达盛和现代农业观光园等乡村生态旅游精品景点,挖掘具有乡愁意韵的新景点,精心组织线路,打造旅游品牌;开展“旅游+土菜、旅游+文化、旅游+武术”等丰富多彩的宣传促销活动,实现互促共生,融合发展;组织开发印章雕刻、剪纸工艺、楹联书法等具有衡东特色的文化创意旅游产品,丰富旅游要素的文化内涵;举办“乡村旅游发展论坛”,宣传推介衡东乡村旅游,吸引更多游客来衡东休闲、度假,品尝土菜绝味。

7. 征集衡东土菜形象标识、相关文艺作品及反映衡东风土人情的主题歌曲,组织设计文化创意作品,开展民俗文化交流活动

时　　间:2017 年 6 月 –8 月

牵头领导:刘运仕

牵头单位:县委宣传部

责任单位:县文体广新局、县商粮局、县广电台、县文联

活动内容:广泛发动关注衡东发展、关注衡东土菜、关注衡东旅游的文艺名家和文艺爱好者在文学、书法、绘画、剪纸、竹雕、印章、摄影等方面前来衡东采风体验、激情创作;征集与“衡东土菜·的味道”广告语相匹配的衡东土菜形象标识;在新闻媒体发布歌词、歌曲征集信息,请专家和听众进行评定,并在主题文艺晚会现场演唱;组织设计印章雕刻、剪纸工艺、楹联书法等具有衡东特色的文化创意作品;县民间文化协会邀请兄弟县市到衡东进行民俗文化交流,开展作品联展、文艺演出、参观研讨等活动。

8.“薪火相传·土菜飘香”——衡东县第四届“土菜文化旅游节”火炬传递活动

时　　间:2017 年 8 月—9 月

牵头领导:谭民中

地　点:县河西新区

牵头单位:县总工会

责任单位:县委办、县政府办、县公安局、县文体广新局、县广电台、团县委、各乡镇

活动内容:8 月底,在南岳祝融峰采集“祝融圣火”,通过徒步、慢跑等方式,在全县各乡镇进行传递,开幕式当天上午 9:00 传递至县河西新区开幕式现场,举行点火仪式。

9. 制定发布衡东土菜标准

时　　间:2017 年 6 月—8 月

牵头领导:颜亚华

牵头单位:县商粮局

责任单位:县食品药品工商质量监督管理局、县广电台

活动内容:县土菜行业协会拟定“衡东土菜制作标准”,通过与省质量技术监督局汇报衔接,获批出刊,在新闻发布会上予以发布;制定衡东土菜餐饮门店标牌、标识标准。

10.衡东县第四届“土菜文化旅游节”新闻发布会

时　间:2017年8月

地　点:湖南长沙

牵头领导:刘运仕

牵头单位:县委宣传部

责任单位:筹委会办公室、县总工会、县农业局、县商粮局、县文体广新局、县交通运输和旅游局、县广电台、县电子政务办

活动内容:邀请中央、省、市媒体记者出席,发布衡东县第四届土菜文化旅游节新闻和衡东土菜制作标准,介绍节会主题、主要活动安排和各项具体筹备工作。

(二)节会主题活动

1.衡东县第四届“土菜文化旅游节”开幕式

时　间:2017年9月20日上午

地　点:县河西新区

牵头领导:李思源

牵头单位:筹委会办公室

责任单位:县委办、县政府办、县委宣传部、县总工会、县公安局、县文体广新局、县商粮局、县广电台、县河西新区管委会、县妇联、团县委、相关乡镇

活动内容:“祝融圣火”传递到开幕式现场,举行点火仪式;衡东土菜“茶担子”绝活展示;演出衡东自编自演的反映土菜文化传承发展、经济社会发展进步的文艺节目。

2.100组家庭同剁黄贡椒申报“大世界基尼斯之最”

时　间:2017年9月20日上午

地　点:县河西新区

牵头领导:李上峰

牵头单位:县广电台

责任单位:县公安局、县商粮局、县文体广新局、县食品药品工商质量监督管理局、县妇联

活动内容:在开幕式后组织100组家庭同剁黄贡椒,以“最多组家庭”申报“大世界基尼斯之最”(中国之最),打造本届土菜节的炒作热点,扩大衡东土菜影响。

3.招商引资项目签约仪式

时　间:2017年9月20日下午

地　点:县恒瑞国际大酒店

牵头领导:颜亚华

牵头单位:县商粮局

责任单位:衡东经开区管委会、县河西新区管委会、县经科信局、县农业局、县畜牧局及其他招商引资责任单位

活动内容:营造浓厚的发展氛围,加大招商引资力度,争取更多好项目、大项目落户衡东。向与会嘉宾介绍我县招商引资情况,发布招商引资项目。在前期洽谈的基础上,确定几个投资额大、发展前景好的项目,集中举行招商引资签约仪式。

4.衡东土菜“钻石名厨”“绝味厨娘”厨艺展示

时　间:2017年9月20日—21日

地　点:待定

牵头领导:颜亚华

牵头单位:县商粮局

责任单位:县妇联、相关乡镇

活动内容:在开幕式后组织“钻石名厨”“绝味厨娘”进行厨艺展示。通过专家评审及群众投票,授予“钻石名厨”、“绝味厨娘”称号各10名。

5.衡东民俗文化“大观园”

时　间:2017年9月20日—21日

地　点:县武家山公园

牵头领导:肖海军

牵头单位:县文体广新局

责任单位:县商粮局、县文联

活动内容:将前期征集评选的优秀书法、绘画、剪纸、印章、摄影等作品和历届土菜文化节图文、视频资料,在节会期间进行集中展示;同时安排皮影戏、花鼓戏进行演出,将武家山公园打造成一个丰富多彩的衡东民俗文化大观园。拟定9月28日下午组织出席节会的嘉宾现场体验,感受衡东深厚的

文化底蕴。

6. 衡东农副产品博览会

时　　间:2017 年 9 月 20 日—21 日

地　　点:县文体广场

牵头领导:钱永明

牵头单位:县农业局

责任单位:县商粮局、县畜牧局、各乡镇

活动内容:展销推介土菜原辅材料及相关农副产品,对具有地域特色、知名度高、质量上乘的农副产品授予"金奖农副特产"称号;制作精美土菜旅游商品;组织电商企业与土特产生产、加工企业进行洽谈签约,推动线上线下互动发展。拟定 9 月 21 日下午组织出席节会的嘉宾现场参观。

7. 衡东乡村休闲体验游

时　　间:2017 年 9 月 21 日

地　　点:有关景点

牵头单位:县交通运输和旅游局

责任单位:罗荣桓故居管理处、县商粮局、县文体广新局、团县委、县接待处、有关乡镇

活动内容:集中推介"衡东乡村旅游季"打造的精品景点、线路,邀请出席节会的嘉宾游览衡东山水胜景,品尝衡东精美土菜,体验乡村休闲乐趣。

8."衡东土菜・家的味道"主题文艺晚会

时　　间:2017 年 9 月 21 日晚上 8:00

地　　点:县滨江广场

牵头领导:刘运仕

牵头单位:县委宣传部

责任单位:县公安局、县文体广新局、县广电台、县教育局、县卫计局、县城管局、县妇联等

活动内容:通过市场化运作,为衡东县第四届"土菜文化旅游节"量身定制、精心打造"衡东土菜・家的味道"主题文艺晚会,表演节目的同时穿插"钻石名厨"、"绝味厨娘"、衡东土菜"十佳"原料基地、衡东土菜示范店、基尼斯世界纪录证书等授牌活动。

六、活动要求

(一)统一思想认识。举办衡东县第四届土菜文化旅游节,上级领导高度关注,全县干部群众热切期盼,是全县的一件大事,一项重要工作。全县上下要紧紧围绕县委、县政府的决策部署,统一思想,深化认识,积极配合,主动担责,狠抓落实,确保衡东县第四届"土菜文化旅游节"各项活动有序推进,取得圆满成功。

(二)加强宣传造势。充分利用广播、电视、报纸和互联网、微信公众号等媒介,广泛宣传节会主题活动,做到信息发布及时、内容具体、形式新颖。加强与上级和各兄弟县市新闻媒体衔接交流,通过多种形式,努力扩大衡东县第四届"土菜文化旅游节"影响,为"衡东土菜"走出湖南、迈向全国营造浓厚的舆论氛围。

(三)完善相关政策。县委、县政府将出台扶持土菜产业发展的规范性文件,相关部门要就土菜产业的品牌宣传、创新研发、基地建设、人才培养、考核奖励等方面深入进行调查研究,广泛听取意见,提出切实可行的方案。

(四)推进项目建设。利用举办衡东县第四届"土菜文化旅游节"契机,推进项目建设,尤其要加快金城土菜文化产业园、湖南聚味堂和尚达盛和现代农业园等项目的建设。

(五)规范城乡管理。进一步完善县城基础设施,加大城市管理力度,巩固省级文明县城创建成果;加大乡村环境卫生整治力度,为节会营造良好环境和秩序。

(六)加强安全保卫。做好综治维稳、安全保卫、食品安全监管等工作,确保社会治安和谐有序,确保节会安全圆满。

(七)搞好接待服务。对所有来客嘉宾,按照"统一领导、对口负责、协调配合、热情简朴、服务周到"原则,做好接待服务;要精心制作具有文化创意、融合节会主题的会议宣传资料,向出席节会的嘉宾宣传推介衡东。

(八)严控经费开支。要严格按照湖南省委、省人民政府相关文件规定,厉行节约,严格控制规模、严格经费预算、严格活动开支,用小钱办大事,发挥资金最大效益。筹委会办公室要设立专门账户,安排专人做好财务工作。

中共衡东县委
关于进一步加强和改进新形势下机关党的建设工作的意见

（东发〔2017〕9号）

为全面贯彻落实《中国共产党党和国家机关基层组织工作条例》（中发〔2010〕8号，以下简称《条例》）和《湖南省贯彻落实〈中国共产党党和国家机关基层组织工作条例〉的实施办法》（湘发〔2012〕18号，以下简称《实施办法》）基本精神，更好地发挥机关党组织的战斗堡垒作用和机关党员的先锋模范作用，努力使机关党建工作走在全县党的基层组织建设前列，使广大机关党员干部把心思和精力用在推动县委"五县五化"目标任务的落实上，为全面建成小康衡东担当作为、加油助力。结合我县实际，现就进一步加强和改进新形势下机关党的建设工作提出如下意见。

一、加强和改进机关党建工作的重要意义与目标任务

（一）机关党建工作的重要意义

党的十八大以来，以习近平同志为总书记的党中央立足我国经济社会发展的阶段性特征，提出了全面从严治党的战略布局。习近平同志指出：机关党的建设是党的建设新的伟大工程的重要组成部分，是机关建设的"龙头"工程，在党的基层组织建设中具有示范带动作用，要把机关党建工作摆在重要位置，认真落实党建工作责任制，做到认识到位、措施到位、保障到位，在新的起点上进一步提高机关党建工作水平。机关单位是全县党员最集中、执政骨干最集中、权力与责任最集中的地方，其党组织是否健全，党组织凝聚力和战斗力的强弱，直接影响着单位整体职能作用的发挥；机关党员，特别是党员领导干部，政治上是否坚定、作风是否优良、能力是否适应新形势需要，直接关系着党在人民群众中的形象，关系到党执政地位的巩固。各级机关党组织和党员领导干部必须站在全面从严治党的新高度，充分认识加强机关党建工作的重要意义，切实增强抓好机关党建工作的责任感和使命感。

（二）机关党建工作的目标任务

当前和今后一个时期，加强和改进机关党建工作的主要目标任务是：围绕一个中心，即全县工作大局；实现两个"目标"，即推动"两学一做"学习教育常态化制度化，以"迎接十九大，做合格党员，建合格支部"为工作目标；强化五项建设，即机关党的思想建设、组织建设、作风建设、制度建设和反腐倡廉建设；打造"八型"机关，即学习型、服务型、竞争型、创新型、文明型、和谐型、清廉型、健康型机关，努力把机关党组织建设成为推动全县经济社会发展的坚强战斗堡垒，使广大机关党员干部充分发挥先锋模范作用。

二、进一步明确机关党建工作的组织设置与基本职责

（一）完善组织设置

1. 县直机关工委按照隶属关系领导县直属机关党的工作；县直机关工委实行委员负责制，主持日常工作的书记按同级党委部门正职领导干部选配，并作为同级党委委员提名人选；委员按同级党委部门副职领导干部选配。

2. 机关党员100人以上的，设立党的基层委员会；党员不足100人的，因工作需要，经上级党组织批准，也可以设立党的基层委员会。党的基层委员会由党员大会或党员代表大会选举产生。县直机关党的基层委员会，每届任期2—3年。机关党员50人以上的，设立党的总支部委员会；党员不足50人的，因工作需要，经上级党组织批准，也可以设立党的总支部委员会。党的总支部委员会由党员大会选举产生，每届任期2—3年。机关正式党员3人以上的，设立党的支部。党员7人以上的支部，设立支部委员会，支部委员会由党员大会选举产生；党员不足7人的党的支部,不设支部委员会,由党员大会选举支部书记1人,必要时增选副书记1人。党的支部委员会和不设支部委员会的书记、副书记,每届任期2—3年。

3. 机关党的基层委员会、总支部委员会、支部委员会书记、副书记通过选举产生,报上级党组织批准。机关基层党组织任期届满,换届选举的请示应当提前3个月报上级党组织审批。如需延期或者提前进行换届选举,应当报上级党组织批准。延长期限一般不超过一年,并在届满3个月前报上级党组织审批。

4. 机关党的基层委员会一般由5—7人组成。书记一般由本部门党组(党委)副书记或者分管干部人事工作的党员行政负责人兼任,也可以由同级党员干部专任。党员人数和直属单位较多的机关党的基层委员会设专职副书记。主持日常工作的专职副书记应当按部门内设机构正职配备,人选应当征求上级机关党组织意见。上级机关党组织与部门党组(党委)共同负责机关基层党组织书记、副书记的选配,对不具备应有素质、年龄不能任满一届的不推荐、不批准。书记、副书记在任期内调动,必须事先征得上级机关党组织的同意。

(二)明确基本职责

1. 县直机关工委的主要职责是:准确把握上级精神和决策部署,做好机关党建中长期发展规划,加强对机关党建的研究和指导,及时提出意见和建议;对所属机关基层党组织请示的有关问题及时作出决定、批复或者答复;督促指导所属机关基层党组织按期进行换届,严把所属机关基层党组织书记、副书记和纪委书记审批关,及时与部门党委(党组)沟通协商,坚持标准,认真考察,及时批复;会同有关部门抓好直属机关领导班子思想政治建设,建立思想作风定期调研检查制度,了解和掌握直属单位党委(党组)领导班子和党员领导干部思想作风情况,定期向同级党委报告;参与对党员领导干部民主生活会和党委(党组)中心组学习的督促检查和工作指导;指导所属机关基层党组织加强党风廉政建设,实施对党员特别是党员领导干部的监督,参加地方党委干部监督工作联席会议;指导所属机关基层党组织加强思想政治工作和精神文明建设;对所属机关基层党组织贯彻落实同级党的委员会决议、决定和重要工作部署的情况进行督促检查;对部门党委(党组)和所属机关基层党组织贯彻执行《条例》和《实施办法》的情况进行督促检查,每年向同级党的委员会报告;指导下级党的基层委员会的工作;履行同级党的委员会规定的其他职责任务。

2. 机关党的基层委员会(含不设党的基层委员会的总支部委员会、支部委员会)的基本职责是:宣传和执行党的路线方针政策,宣传和执行党中央、上级组织和本组织的决议,充分发挥党组织的战斗堡垒作用和党员的先锋模范作用,团结、组织党内外的干部和群众,支持和协助本单位负责人完成工作任务;组织党员深入学习马克思列宁主义、毛泽东思想、邓小平理论、“三个代表”重要思想以及科学发展观、习近平总书记系列重要讲话精神,学习党的路线方针政策,学习社会主义核心价值体系,学习国家法律法规,学习党的历史,同时广泛学习社会主义现代化建设所需要的经济、政治、文化、科技等各方面知识,推动“两学一做”学习教育常态化制度化,建设学习型党组织;对党员进行教育、管理和服务,督促党员履行义务,保障党员的权利不受侵犯;对党员进行监督,督促党员干部和其他工作人员严格遵守国法政纪,加强党风廉政建设,严格执行党的纪律,坚决同腐败现象作斗争;做好机关工作人员的思想政治工作,了解和反映群众的意见,维护群众的正当权益,帮助群众解决实际困难,推进机关社会主义精神文明建设与和谐机关建设;对要求入党的积极分子进行教育、培养和考察,做好发展党员工作;协助党委(党组)管理机关基层党组织和群众组织的干部;配合干部人事部门对机关行政领导干部进行考核和民主评议;对机关行政干部的任免、调动和奖惩提出意见和建议;领导机关工会、共青团、妇委会等群众组织,支持这些组织依照各自的章程独立负责地开展工作;按照党组织的隶属关系,领导直属单位党的工作。

三、充分发挥机关党建工作基础作用和不断创新党建工作载体

(一)发挥基础作用

1. 在加强党员的教育、管理、服务和发展方面发挥作用。一是推进学习型党组织建设。深化述学、考学和督学工作。根据不同类型、不同层次、不同岗位党员的实际需求,科学拟定计划,有步骤、有重点地组织开展机关党员教育培训。机关党员教育培训的主要任务是:始终把中国特色社会主义理论体系教育放在首位,对广大党员进行党章和党的基本理论、党的基本知识、党的历史、党的路线方针政策和形势任务教育、法律法规和党风党纪教育、业务知识和技术技能培训。广泛开展形式多样的读书学习活动,建立经常性教育与集中培训相结合的长效机制。党员每年参加教育培训的时间一般不少于24学时,其中党组织领导班子成员一般不少于40学时。建立健全党员集中轮训制度,注重发挥党校在党员教育培训中的重要作用。完善党员领导干部定期讲党课、作形势报告制度,部门党委(党组)负责人每年至少为机关全体党员讲一次党课。健全学习教育考核制度,对党员参加教育培训的情况进行跟踪管理,严格考核。二是深入开展"两学一做"学习教育。紧密联系机关实际,按照"五好五带头"的要求,以"服务中心、建设队伍、改进作风、提高效能"为主题,带头讲党性、重品行、作表率,着力构建上评下议的动力机制,加强党建示范点的创建工作,深入开展"机关支部联基层""在职党员到社区报到""双联"帮扶和"解难题,送温暖"等活动,充分发挥党组织的战斗堡垒作用和党员的先锋模范作用。三是严格党的组织生活,健全党内生活制度,坚持并创新"三会一课"制度。党支部每季度至少召开一次组织生活会。每年开展一次民主评议党员活动,严肃处置不合格党员或问题党员。严格执行党员领导干部参加所在党支部组织生活并向上级党组织报告情况的制度。把开展组织生活与建设学习型党组织、推动本部门中心工作、开展党员思想和工作交流等结合起来,通过党员互动交流、网上论坛、党员轮流主持组织生活会等方式,创新组织生活的内容和形式。落实组织生活登记制度,组织生活开展情况列入基层党组织书记年度考核的重要内容。四是建立健全党内激励、关怀、帮扶机制。关心党员思想、学习、工作和生活,了解党员需求,及时反映涉及党员切身利益的重要情况。坚持经常走访慰问老党员和生活困难党员制度,开展救助特困党员活动,通过党员捐一点、党费拿一点和财政每年拨一点等多渠道筹措特困党员救助基金,切实解决特困党员生活中的困难。做好离退休党员、流动党员的服务工作。五是有计划、有步骤地做好发展党员工作。按照坚持标准、保证质量、改善结构、慎重发展的方针和有关规定发展党员。加强对入党积极分子的培养、教育和考察,加大在优秀青年和业务骨干中发展党员的力度。

2. 在推进基层党内民主方面发挥作用。一是落实机关党员对机关基层党组织事务的知情权、参与权、选举权、表达权、监督权。建立健全充分反映党员意愿的机关党内民主制度,基层党组织定期向党员大会或者党员代表大会报告工作制度和党员定期评议基层党组织领导班子成员制度。二是推进机关基层党组织党务公开。健全党内情况通报制度,及时公布党内信息,畅通信息沟通渠道。机关基层党组织党务除涉及党和国家秘密等依照规定不宜公开和不能公开的外,都应当在一定范围内以适当方式向党员及时公开。建立健全例行公开、依申请公开、监督检查、考核评价等党务公开保障制度。三是推进机关基层党组织议事决策的民主化、科学化。机关基层党组织讨论决定重要事项前,应当充分听取党员的意见和建议。注重发挥委员的作用,实行集体讨论、民主决策,逐步推行重大事项票决制。机关基层党组织研究决定涉及党员、群众切身利益的重大问题,可以邀请党员、群众代表列席。

3. 在强化基层党内监督方面发挥作用。一是严格按照《条例》规定,加强对党员特别是党员领导干部的监督。不是部门党委(党组)成员的机关党组织专职书记或者副书记,列席本部门党员领导干部民主生活会;列席部门党委(党组)以及行政负责人召开的研究讨论重要工作任务、重要人事工作、重大项目安排、大额资金使用、机关内部建设和涉及机关干部职工切身利益问题的有关会议。二是加强对党员领导干部参加组织生活情况的监督检查。督促按期开好党员领导干部民主生活会,督促党员领导干部过好双重组织生活,做好党员群众意见的收集、转告和报告工作。督促本部门内设机构和直属单位党员领导干部开好民主生活会,督促所属基层党组织开好组织生活会,加强指导,定期检查并按规定报告情况。三是认真做好群众来信来访工作。对于群众意见较大的党员干部,要及时谈话提醒,必要时责成其作出说明。按照有关规定查处党组织和党员的违纪行为。

4. 在加强思想政治工作方面发挥作用。一是认真负责做好本部门本单位的思想政治工作,加强机关以及直属单位领导班子和领导干部的思想政治建设;对机关工作人员进行思想政治教育;指导机关工会、共青团、妇委会等群众组织根据各自的特点开展思想政治工作;定期向部门党委(党组)和本单位负责人汇报思想政治工作情况,提出改进工作的意见和建议。二是定期召开思想政治工作情况分析会,研究探索新形势下思想政治工作的特点和规律,解决问题,创新方法,提高水平。加强社会管理创新,深入开展机关文明创建活动,创建高效、廉洁、文明、和谐机关。三是党员领导干部要重视并带头做好思想政治工作,及时了解和掌握机关工作人员的思想、工作和生活状况,帮助解决实际困难和问题。

(二)创新工作载体

1. 丰富机关党建活动载体,深入开展"机关党旗红,服务'五县五化'在行动""迎接十九大,做合格党员,建合格支部""干部作风建设年"活动。通过深入开展行风评议、机关效能建设和"党员示范岗"等主题实践活动,充分发挥机关基层党组织的核心作用和服务保障作用。每年根据县委的中心工作,抓住重大活动、重要时间节点,有针对性地组织和设计一些时效性强、覆盖面广、内容丰富的党建活动,激励机关党员在"两学一做"学习教育中"走前头、作表率"。

2. 搭建机关党建工作平台,推进机关作风督查和行业纠风工作,推动服务型机关建设。加强对机关精神文明创建活动的具体指导和规范管理,深入开展文明机关创建活动,加强机关文化建设和廉政建设,活跃机关文化生活,建设文明和谐机关。

3. 创新机关党建工作模式,开展机关党建"五化"创建达标,推行党组织和党员积分管理制度,提高机关党建工作科学化水平。按照"便于管理、便于服务、便于集中、便于活动"的原则,将主题实践活动内容、举措分类进行全面量化,采取"即时积分、按月汇总、定期检查、年终考核"的形式,由机关党组织和党员对照积分标准进行活动积分,积分结果作为机关党建考核的重要依据,促进活动从感性评价到量化考核,解决活动操作难量化、效果难评价等问题。

四、进一步优化机关党务工作队伍和不断强化保障措施

(一)优化党务队伍

1. 充实机关专职党务工作人员。专职党务工作人员编制列入机关行政编制,一般占机关工作人员总数的1%—2%,在机关行政编制总额内调剂。机关工作人员总数在50人以下的,配备1名专职党务工作人员,因工作需要,也可以增配1名;机关工作人员总数在50—100人的配备1—2名;机关工作人员总数在100—150人的配备2-3名;机关工作人员总数在150—200人的配备3—4名;机关工作人员总数在200人以上的配备4名以上;直属单位和人员较多的部门,每千名职工增配1名专职党务工作人员。专职党务工作人员享受同级行政人员待遇。兼职的党务工作人员要认真负责地做好党务工作。

2. 严格按照《条例》规定的基本条件选拔机关党务工作人员。注重选拔优秀后备干部和有培养前途的中青年业务骨干到党务工作岗位锻炼,尤其注重选配年轻的专职党务工作人员。有组织、有计划地安排专职党务工作人员与行政、业务工作人员之间的双向交流。探索推行专职党务工作人员跨单位交流。机关党组织专职副书记、纪委书记任职满两届的,应当轮岗交流。

3. 切实加强机关党务工作人员的培训。县直机关工委负责指导全县机关党务工作人员的培训工作。各级机关党组织要制定机关党务工作人员教育培训规划,有计划地组织机关党务工作人员特别是基层党组织负责人到党员干部培训机构轮训。

县委党校是机关党务工作人员培训的主阵地，要将机关党务工作人员培训纳入主体班培训计划，并由同级财政拨付培训专项经费。新任机关基层党组织负责人一般任职后半年内要进行业务培训。

4. 规范完善考核奖励办法，及时发现、表彰和宣传机关党务工作人员中的先进典型，充分调动和发挥他们工作的积极性、主动性、创造性。各级党组织应当有计划地向上级党委和部门党组（党委）推荐党务工作人员交流任职或者提拔使用。

（二）强化保障措施

1. 要把机关党的工作列入部门党委（党组）工作议程，每年至少听取1次工作汇报，定期讨论、研究，提出指导性意见，发挥机关基层党组织在完成本部门各项任务中的协助和监督作用。部门党委（党组）要积极为机关基层党组织履行职责创造条件，提供保障，按照有关规定，研究解决机关基层党组织工作面临的实际问题；支持机关基层党组织对党员特别是党员领导干部进行监督。强化党委（党组）书记抓机关基层党建工作第一责任人的责任，分管领导要直接抓，领导班子其他成员根据分工抓好职责范围内的机关基层党建工作。党委（党组）成员要结合分工，建立基层党建工作联系点，以身作则，支持并积极参加机关党的活动，发挥表率作用。在指导机关党建工作方面，部门党委（党组）接受县直机关工委的协调和督查。

2. 加强对机关党的工作的领导，县委要制定机关党建工作规划，每5年至少召开1次机关党的建设工作会议。县委常委会每年至少听取1次机关工委的工作汇报，研究部署机关党的工作，并有针对性地解决存在的突出问题。要注意安排机关工委参与地方中心工作，参加地方党委、政府召开的重要会议，列席地方党委常委会有关会议，使机关党的工作更好地服务中心和大局。组织部门要在党委的领导下，加强统筹协调，支持机关工委工作，督促部门党组（党委）落实党建工作责任制。

3. 县直机关工委和部门党组（党委）要建立健全机关党的工作责任制，加强对机关党的工作的领导和指导。建立健全机关基层党建工作综合考核评价体系，科学设置考核指标，把上级评价、党内评价与社会评价结合起来，定量评价与定性评价结合起来，增强考核的针对性、准确性和导向性。对部门党组（党委）特别是党组（党委）书记抓机关基层党建工作责任的落实情况，上级党组织要做好考核评价。把考核结果作为领导班子及成员工作实绩评定的重要内容，并纳入绩效考核，作为领导干部选拔任用、培养教育和奖励惩戒的重要依据。

4. 保障和落实机关基层党组织的活动经费，机关基层党组织活动经费按不少于机关工作人员工资总额的2%列入单位行政经费年度预算；县直机关党员教育经费根据机关工委所辖党员人数，制定经费安排标准，列入同级财政年度预算，专款专用，并根据党员教育需要和财力情况逐步增加；专项工作单独列支，保障工作需要。

本意见自发布之日起施行。

中共衡东县委　衡东县人民政府
关于表彰2016年度全县纳税大户、餐饮业纳税大户的决定

（东发〔2017〕12号，2017年9月7日）

2016年，在县委、县政府的坚强领导下，全县纳税企业紧跟政策导向，加快供给侧改革，积极参与市场竞争，努力转变生产方式，涌现了一批业绩优良、贡献突出的企业纳税大户。为鼓励企业多作贡献，进一步营造依法诚信纳税的良好氛围，县委、县政府决定：

对湖南机油泵股份有限公司等43家纳税200万元以上的企业、衡东县恒瑞国际大酒店有限公司等4家纳税10万元以上的餐饮企业予以表彰，并分别授予“2016年度衡东县纳税大户”“2016年度衡

东县餐饮业纳税大户”等荣誉称号。给予43家纳税大户分别奖励5000元;给予衡东县恒瑞国际大酒店有限公司奖励1万元,其他3家餐饮业纳税大户分别奖励2000元。

希望受到表彰的企业珍惜荣誉,再接再厉,充分发挥依法纳税、诚信经营的示范引领作用,加快科技创新步伐,切实增强市场竞争力,不断促进企业做大做强。全县各类企业都要以纳税大户为榜样,加强管理、促产增效、诚信纳税,为提升县域经济综合实力、全面建成小康衡东做出更大的贡献!

附件:1. 2016年度衡东县纳税200万元以上的企业名单

2. 2016年度衡东县纳税10万元以上的餐饮企业名单

(此件发各乡镇党委、人民政府,县直机关各单位,省市驻衡单位)

附件1

2016年度衡东县纳税200万元以上的企业名单

金额单位:万元

序号	纳税人名称	法人代表	总计	备注
1	湖南机油泵股份有限公司	许仲秋	5,365	
2	衡阳红狮水泥有限公司	章小华	3,986	
3	湖南省烟草公司衡东县分公司	黄海涛	3,379	
4	衡东县农村商业银行	李来华	2,760	已剔除稽查税收500万元
5	衡东碧桂园房地产开发有限公司	杨文杰	2,742	
6	湖南蓬源鸿达矿业有限公司	刘　薇	1,914	
7	湖南尚达置业有限公司	宾文俊	1,682	
8	国网湖南省电力公司衡东县供电分公司	易建刚	1,537	
9	湖南东健药业有限公司	王　林	1,516	
10	湖南锦泰房产开发有限公司	李亚兰	1,366	
11	湖南省水运建设投资集团有限公司	周志中	1,337	
12	湖南厚道置业投资有限公司	陈吉霖	1,164	
13	湖南省恒兴房地产开发有限责任公司	周东山	1,036	
14	湖南省乐居房地产开发有限公司	彭凡光	806	
15	湖南恒建建筑工程有限公司	刘长知	748	
16	湖南志洪建筑工程有限公司	黄卫东	702	
17	湖南启辉建筑工程有限公司	邓细启	664	
18	衡阳恒汇通房地产开发有限公司	侯建勇	646	
19	衡阳市朝阳集团	李映红	573	
20	衡阳市亿龙房地产开发有限公司衡东分公司	邓海涛	483	
21	湖南世纪钨材股份有限公司	单水桃	449	含三三合金
22	中国人民财产保险股份有限公司衡东支公司	吴珠红	449	
23	湖南慧翰房地产开发有限公司	黄福彬	400	
24	衡东县鑫成置业有限公司	许定军	391	
25	湖南启辉房地产开发有限公司	邓细启	384	已剔除稽查税收6万元

续表

序号	纳　税　人　名　称	法人代表	总计	备　　注
26	湖南省福祥房地产开发有限责任公司	尹万仓	374	
27	中国移动通信集团衡东县分公司	赵　敏	352	
28	中国邮政集团公司衡东县分公司	洪生合	330	
29	湖南富盈房地产开发有限公司	周东山	308	
30	华融湘江银行股份有限公司衡东县支行	杨坤霖	293	
31	湖南金裕化工有限公司	桂成方	278	
32	湖南省蓝筹房地产开发有限公司	陈先云	275	
33	中国工商银行股份有限公司衡东支行	张　欣	265	
34	湖南省晟成房地产投资开发有限公司	邹文清	245	
35	湖南天谷水利电力工程建设有限公司	赵晓明	244	
36	湖南恒冠房地产集团有限公司	曹建国	241	
37	衡东县中洲科技有限公司	徐兆云	241	
38	中国农业银行股份有限公司衡东县支行	秦舰军	233	
39	湖南志洪房地产开发有限公司	文志定	224	已剔除稽查税收13万元
40	衡东县鑫砂矿业有限公司	文乐雄	217	
41	衡东县旺建建材有限公司	杨丽华	216	
42	中国石化销售有限公司湖南衡阳衡东石油分公司	彭鲜锋	207	
43	湖南省宏祥玻璃有限公司	曹银祥	206	

注：此表不含查补税收。

附件2

2016年度衡东县纳税10万元以上的餐饮企业名单

金额：万元

序号	纳　税　人　名　称	总计	备　　注
1	衡东县恒瑞国际大酒店有限公司	58	奖励1万元
2	衡东城关源安酒家	15	奖励0.2万元
3	金城大酒店	13	奖励0.2万元
4	衡东县昇汇缘酒店	12	奖励0.2万元

中共衡东县委　衡东县人民政府关于加快发展衡东土菜产业的意见

(东发〔2017〕14 号,2017 年 11 月 7 日)

衡东是"中国土菜名县",发展壮大土菜产业,对于扩大消费和就业,促进县域经济发展,实现"五县五化"富民强县战略目标具有重要意义。为加快衡东土菜产业发展,提升衡东土菜档次,打造衡东土菜品牌,结合衡东实际,现提出如下意见:

一、科学制定土菜产业发展规划

(一)总体要求。以习近平新时代中国特色社会主义思想为指导,"提升土菜品牌,弘扬土菜文化,打造美食衡东"为主线,树立"特色是发展之魂、品牌是发展之旗、创新是发展之源、管理是发展之基"的理念,按照"政府引导、市场运作、企业主体、创新发展"的思路,整合衡东土菜资源,加快土菜产业基地建设,实施衡东土菜研发创新工程和品牌工程,培育土菜龙头企业,加强人才队伍建设,延伸土菜产业发展链条,实现土菜产业提质升级,形成新兴支柱产业,不断推进衡东土菜产业品牌化、特色化、规范化、规模化,带动相关产业协调发展,为县域经济持续快速发展作出积极贡献。

(二)发展目标。到 2020 年,衡东土菜产业产值实现 40 亿元,年均增长 10% 以上。建设一批上规模的土菜原辅材料基地,打造标准化的原辅材料基地 20 个以上;培育一批带动力强的土菜龙头企业,年销售额 1000 万元以上的龙头企业 5 家以上,年销售额 500 万元以上的企业 15 家以上;创新一批具有本土风味特色的土菜菜品,核心菜品 30 个以上,土菜品牌工程初见成效;推出一批土菜烹饪大师名厨,培训土菜人才 3000 人次以上,土菜人才职业技术培训体系初步形成;发展一批土菜物流配送中心,打造大规模的物流配送中心 3 个以上,土菜物流配送网络基本建成,形成完整的衡东土菜产业发展链条;开展一批"土菜餐饮名店"评选、土菜品鉴展示活动,衡东土菜进周边省市取得重大进展,土菜影响力和知名度不断扩大。

二、全面打造土菜产业标准体系

(三)统一衡东土菜制作标准。建立衡东土菜质量标准、菜系特色,形成衡东土菜独特的主题风格。支持土菜行业协会、大型餐饮企业和科研机构有组织地对土菜加工各环节的技术标准和操作规程开展研究,对衡东土菜原辅材料和加工制作工艺进行全面系统的规范。引入现代科学技术、设备和手段,提高衡东土菜加工的科技含量,加快土菜的标准化进程。引导经典土菜、经典风味小吃、经典调料实行配方化、工厂化加工,批量化生产。

(四)建立食品质量安全标准。严格执行《食品安全法》等法律法规,在食品及原辅材料采购、验收、保管和食品加工制作、包装、运输、销售,以及厨房、餐具、餐厅、餐桌的清洁消毒等各个环节,建立完整的质量安全标准体系,推行标准化生产、标准化制作,切实保障消费者身体健康。强化食品安全管理制度,推行餐厨垃圾资源化处理。探索建立餐饮废弃油脂回收利用方式和机制,出台管理办法,大力发展环保型绿色餐饮。

(五)提升餐饮行业服务标准。建立餐饮服务业标准,统一标牌标识(VI 识别系统)、统一服务流程。严格执行餐饮服务人员上岗备案制度和岗前培训制度,加强对餐饮从业人员和经营者的培训,提高全行业的食品安全意识、卫生意识、服务意识、环保意识和法制观念。要引进先进的经营模式和管理方式,使衡东土菜从菜品、服务到管理方式等方面适应市场发展要求,不断提高餐饮企业的市场竞争力。

三、着力加强衡东土菜品牌建设

(六)加强品牌创建管理。积极引导土菜企业自觉树立品牌意识,注重文化和品牌塑造,努力构建以文化为支撑的企业管理理念和运作模式，争取成为“老字号”“百年店”。鼓励土菜企业注册和使用自主商标，对获得无公害、绿色、有机认证的衡东农副产品，获得省级以上著名商标的加工企业产品，获得行业知名品牌的餐饮企业实行专项奖励。县土菜行业协会会同相关部门负责对“衡东土菜”集体商标和“三樟黄贡椒”等地理证明商标、地理保护标志知识产权的统一申请、管理和维权，确保衡东土菜品牌的纯洁度和美誉度。

（七）创新土菜菜品研发。坚持“继承、发扬、兼容、创新”，支持土菜企业和行业协会加强与科研院所合作，设立新菜研发机构，把提升菜肴档次、推广美食文化、开发饮食器皿、培养专业人才等要素紧密结合起来，研发创新衡东土菜，适应大众对绿色、健康、环保菜品的要求，满足不同消费群体的需求。定期组织本土烹饪大师开展技艺交流，组织开展形式多样的衡东土菜创新菜品评选活动，促进新菜推广。鼓励和组织餐饮企业选派人员及自主创新菜点参加国内外餐饮行业的各种赛事，对获奖菜品给予专项奖励。切实做好土菜产品设计工作，积极培育和打造上档次、有品牌的土菜菜系，不断提升衡东土菜的整体档次和知名度。

（八）提升土菜文化品味。深入挖掘美食文化，注入更多文化元素，促进土菜餐饮与民俗文化、绿色食品文化、旅游文化以及中华饮食文化的融合。加强餐饮与艺术表演、旅游、会展等相关行业的结合，引导餐饮业整体形象策划，增加服务形式和功能，提升餐饮文化品位，增强美食的感染力和吸引力。

（九）扩大土菜宣传推介。要制定衡东土菜宣传规划，充分利用报刊、电视、广播、网络等各种宣传媒体，加大对外宣传，提升衡东土菜知名度。积极发掘土菜的亮点，认真组织好名店、名厨、名菜推荐认定，发现人才，推出菜品，推介特色店。根据餐饮企业运营规模、税收贡献以及品牌效应等要素，定期开展餐饮名店评选活动，对已评选的餐饮名店实行一年一审、动态管理。加大对县城洣江大道、河西兴衡大道、新塘镇、大浦镇的基础设施投入，积极引导餐饮企业逐步向土菜示范街区集中，形成集群效应。继续办好“土菜文化旅游节”主题节会活动，形成每3年左右举办一次节会的新常态，为土菜产业发展营造良好氛围。

（十）加快土菜“走出去”步伐。积极开展衡东土菜推广工作，通过举办推介会、品鉴会和土菜发展论坛，支持土菜企业参加各种展会促销等活动，扩大衡东土菜的辐射面和影响力。大力开展招商引资、文化交流、餐饮美食汇等活动，扩大衡东土菜对外输出。组建宣传营销团队，到全国各地营销推介，围绕进军全国知名湘菜连锁店进行宣传，推介衡东土菜中的经典菜品进入全国知名湘菜馆的菜谱。大力支持土菜名牌企业、连锁企业走出衡东、跨出湖南，发展直营店与连锁店，向周边省区市拓展。

四、不断延伸土菜产业发展链条

（十一）延伸原辅材料建设链。加快建设绿色、生态、环保餐饮原辅材料基地，重点支持一批企业发展土菜原料、辅料、调料生产加工基地，引导土菜产业和农业密切结合，创办为土菜企业直接服务的蔬菜基地、种养基地、水产品基地、调味品生产基地，为土菜企业提供无公害、符合标准的原辅材料。重点打造三樟、石湾万亩黄贡椒种植基地，吴集、洣水万亩蔬菜基地，吴集、高湖万亩高产油茶示范基地，白莲万亩湘莲基地，大浦、霞流规模生猪和蛋鸡蛋鸭养殖基地，石滩水产养殖基地等。积极探索“公司＋基地＋农户”“公司＋农户”模式，大力引导基地与餐饮企业、加工企业建立长期契约关系，实施集中采购，降低成本，保障供应。农业、畜牧水产等部门要积极为原辅材料基地提供优质技术服务，基地建设工作纳入对各乡镇的年度目标绩效考核。

（十二）延伸龙头企业培育链。推动土菜产业规模化发展，鼓励资本运作，支持有条件的企业通过联合、兼并、收购、参股、控股或特许经营等方式，发展连锁经营和集团经营。坚持扶优扶强，重点支持一批辐射面广、带动力强的土菜龙头企业，充分发挥骨干企业在开拓市场、创新菜品、培养人才、创立品牌等方面的示范作用。振兴“老字号”土菜企业，推进“老字号”企业按照现代企业管理要求，建立新的经营机制，创新营销方式，加快衡东土菜优化升级,提升土菜产业整体竞争力和市场占有率。

(十三)延伸物流网络配送链。土菜生产企业、加工企业和餐饮企业要加强联合,以生产企业连产品基地,加工企业连配送中心,餐饮企业连产品消费中心,形成从生产、加工、连锁配送到定销的相互配套、相互支撑的完整土菜产业体系。相关部门要积极争取中央、省预算内资金,加大对土菜冷链仓储物流配送中心项目的扶持。支持有条件的企业发展土菜原辅材料配送中心,扶持有条件的农民专业合作社组建社会性的菜品配送中心,重点在洣水、新塘、大浦等乡镇建立大规模的土菜配送中心,加强与阿里巴巴村淘、京东物流以及邮政等公司合作,逐步建立和完善辐射全国的衡东土菜物流配送网络,将衡东土菜原辅材料及加工成品推向全国。

五、持续加大对土菜产业的政策扶持

(十四)设立土菜产业发展专项资金。从2018年起,县财政每年预算土菜产业发展专项资金500万元,重点支持土菜产业发展规划制定、土菜原辅材料基地建设、土菜技艺创新和菜品研发以及土菜宣传推广与文化建设、土菜品牌打造等。具体使用管理另行制定《土菜产业发展专项资金管理办法》。

(十五)整合其他专项扶持资金。将符合条件、有一定发展规模的土菜龙头企业列入农业产业化龙头企业,在农业产业化资金中予以支持。在安排县旅游发展专项引导资金制作旅游形象广告时,融入土菜宣传内容,鼓励旅行社将品尝特色土菜列入旅行团行程安排,促进土菜与旅游有机结合。对培训土菜专业人才的职业学校、厨师学校和行业企业予以支持,对企业选派参加土菜专业人才培训,并获得相应资格的人员,从就业专项资金中给予培训补贴。鼓励土菜企业安排县内城镇失业人员和农村贫困人员就业,对年内新增安排的城镇失业登记人员和农村贫困人员就业的,县人社局按政策给予就业补贴。对获得中国驰名商标、中国名牌产品、湖南省著名商标,湖南省名牌产品的土菜企业,从县科技专项资金中给予奖励。对纳入规模以上工业企业的土菜加工企业投入固定资产用于技术改造转型升级的,在推进新型工业化专项资金中给予奖励。

(十六)出台系列奖扶政策

1. 降低运营成本优惠政策。对土菜餐饮企业,免征管理类、登记类和证照类行政事业性收费。对因洪水、干旱、地震等不可抗力自然灾害以及因突发卫生事件、火灾、他人破坏等遭受重大经济损失的土菜经营企业,按照有关规定,经书面申请,可减免、缓交排污费。对符合土地利用总体规划与城乡规划的土菜加工企业和土菜物流配送中心建设项目,优先安排年度供地计划,实行与工业项目用地同等的供地方式。降低餐饮企业用水、用气成本,参照一般工业企业同等价格执行。

2. 落实税收政策。对餐饮企业实行税收优惠,凡符合税收法律法规规定核定征收条件的,实行核定定额征税。对符合条件的土菜经营企业新招用持《再就业优惠证》人员,签订1年以上劳动合同并缴纳社会保险费的,3年内按实际招用人数予以定额依次扣减增值税、城市维护建设税、教育费附加和企业所得税,定额标准为每人每年4000元,最高可上浮30%,在2019年12月31日未享受满3年的,可以继续享受满3年止。对企业从事种植养殖(如蔬菜、畜禽、水生动物、水生植物等农产品初加工项目)的所得,按税法规定备案登记,免征企业所得税。对持《就业创业证》《就业失业登记证》《高校毕业生自主创业证》的人员从事个体经营的,在3年内按每户每年8000元为限额依次扣减当年实际应缴纳的增值税、城市维护建设税、教育费附加和个人所得税,限额标准最高可上浮20%。本区域内统一核算的连锁餐饮企业相互之间配送原材料,不重复征收增值税。

3. 创业创新奖励政策。鼓励扶持土菜企业做大做强,对成功申报进入国家、省、市级农业产业化龙头企业、产地产品认证、餐饮龙头企业的,从土菜产业发展专项资金中分别一次性奖励10万元、5万元、3万元。对在衡阳市域内开设300平方米以上餐饮企业按标准体系进行示范打造的,一次性奖励5万元。对向市外发展开设300平方米以上土菜连锁店或直营店,并按标准体系装修经验证符合要求的,一次性奖励6万元。对县域内获得ISO 9000,HACCP等质量认证的食品生产加工、农产品种植养殖、食品经营、餐饮经营的企业和组织，经相关部门认定，一次性奖励5万元。对年纳税10万元以上的餐饮企业给予纳税专项奖励。不定期组织开展创新菜品和土菜名厨评选活动，对获奖菜品、土菜名厨给予专项奖励。

4. 金融扶持政策。各银行金融机构要加大对土菜产业的扶持力度，积极采用有形资产抵押、知识产权和经营权质押、融资性担保等多种方式，对企业改造经营设施、开设网点、购买生产设备、投建配送中心等所需资金提供信贷支持，并积极落实相关利率优惠政策，完善相关配套金融服务。对获得省级餐饮龙头企业、农业产业化龙头企业或县级以上纳税大户的企业，各银行金融机构应给予一定的贷款授信额度，给予重点支持。要帮助餐饮企业推广使用POS机，微信支付等多种结算方式，逐步降低刷卡费率。

（十七）不断优化土菜产业发展环境。对农业部门在种植领域、食药工商质监部门在流通领域、餐饮服务环节和生产加工环节等方面开展的土菜行业食品安全检测给予重点支持，大力打造土菜安全检测平台。进一步规范收费项目和收费标准，禁止向经营者巧立名目乱收费、乱摊派、乱罚款，避免多头检查、重复检查，坚决制止以收费为目的的乱评比、乱授牌行为，有关部门要加强市场监管，维护餐饮企业的合法权益。切实加大县城和土菜示范街的基础设施投入，美化亮化餐饮企业周边环境，简化餐饮企业灯饰、广告的审批手续。在确保交通顺畅的前提下，市政、交警部门要积极推进车辆停放场所的设置和管理工作，帮助餐饮企业缓解停车难问题。

六、切实加强土菜产业发展的组织领导

（十八）成立发展土菜产业工作领导小组。领导小组由县委书记任顾问，县人民政府县长任组长，常务副县长、分管副县长任副组长，县委办公室、县委宣传部、县人民政府办公室、县商务和粮食局、县发展和改革局、县财政局、县国税局、县地税局、县食品药品工商质量监督管理局、县农业局、县林业局、县畜牧水产局、县交通运输和旅游局、县人力资源和社会保障局、县城市管理行政执法局、县卫生和计划生育局、县环境保护局、县城乡规划局、县住房和城乡建设局、县文体广电新闻出版局、县供销合作社、县广播电视台等相关部门主要负责人为成员，负责研究制定发展土菜产业的政策措施，协调解决土菜产业发展的有关问题。领导小组办公室设县商务和粮食局，负责日常工作。

（十九）发挥土菜行业协会的作用。要充分发挥县土菜办、县土菜行业协会和其他相关社团组织在促进土菜产业发展中的积极作用，督促行业协会履行行业服务、行业自律、行业代表和行业协调的职能，促进行业进步。餐饮业的调查研究、技能培训、业务技术等级评定、有关标准制定、技术比武和餐饮名店、名厨、名菜的推荐认定等方面的工作，由县土菜协会协助有关部门具体承担。

（二十）不断完善土菜人才培训机制。加大土菜产业经营管理人员和专业技能人员的在职教育培训力度，强化职业道德教育，不断提高从业人员素质。建立土菜产业培训基地，依托县职业中专等职业学校和厨师培训学校机构，积极整合现有土菜培训教育资源，大力加强土菜专业技术人才的培训和教育。

（此件发各乡镇党委、人民政府，县直机关各单位、省市驻衡单位）

中共衡东县委　衡东县人民政府
关于表彰2016年度全县机关事业单位年度考核先进个人的决定

(东发〔2017〕15号,2017年11月13日)

2016年,全县上下在县委、县政府的坚强领导下,以党的十八大和十八届三中、四中、五中、六中全会精神和习近平总书记系列重要讲话精神为指导,以"四个全面"战略布局为总揽,深入开展"两学一做"学习教育,加快推进"五县五化",解放思想、开拓创新、奋勇前行、攻坚克难,全县经济实现平稳较快发展,社会大局保持和谐稳定。为发扬成绩,表彰先进,激发全县广大干部职工干事创业的激情和奋勇争先的闯劲,全力推动全县经济社会转型升级跨越发展,县委、县政府决定给予肖文宇等147位同志记三等功奖励,刘焕等1905位同志嘉奖奖励。

县委、县政府希望受到表彰的同志戒骄戒躁,再接再厉,再创佳绩。全县上下要以先进个人为榜样,紧盯目标,真抓实干,攻坚克难,开拓进取,为开创全面建成小康衡东、全面深化改革、全面依法治县、全面从严治党新局面作出新的更大贡献。

(此件发各乡镇党委、人民政府,县直机关各单位)

2016年度衡东县机关事业单位

年度考核先进个人

县委办:

记三等功:

肖文宇

嘉　奖:

刘　焕　曹建湘　谷田俊　朱前乾　郭建国

谢　俊　刘　灿

县人大机关:

记三等功:

向晓燕

嘉　奖:

周春华　唐建国　唐菊花　胡春耕　向海华

谢志勇　邓富云　边立平　向星卫

县政府办:

记三等功:

罗　帅

嘉　奖:

刘丽香　贺玉雄　文忆祥　段金平　刘　瑛

周　健　谭国良　刘　峰　赵忠林　文林芳

县政协机关:

记三等功:

朱坤联

嘉　奖:

刘迎秋　邓知云　胡淑娟　王怀玉　向红燕

县纪委(监察局):

记三等功:

陈检春

嘉　奖:

向阳辉　曹辉湘　彭武知　刘　涛　刘上红

申再红　阳伟湘　罗俊斌

县委、县政府接待处:

嘉　奖:

刘志新

县史志办:

嘉　奖:

文君莉

县委组织部:

嘉　奖:

单外香　周　峰　刘永兴　肖兰雁　谭海青

陈　思　王永钊

县老干局:

嘉　奖:

董莉华　汪赞新

县编办：

记三等功：

向正平　刘正东

嘉　奖：

尹会英　丁金燕

县委宣传部：

嘉　奖：

罗　华　刘心红　侯云驰　谭珍利　许适文　何雁翔

县人民法院：

记三等功：

周书清　陈志华　邓磊磊

嘉　奖：

朱金贵　单鲁超　刘斌辉　陈　坚　岳志勇　谭发生　林毅鹏　胡燕美　刘　吉　郭朋程　江德应　谭祖川　丁小钦　刘芬芬　文艳平　徐月珍

县人民检察院：

记三等功：

李水雄　陈　明

嘉　奖：

陈从晓　龙　伟　李岳平　程　鹏　文爱梅　刘高强　赵小玉　彭　靖　李二庭　陈　琼　李　旺　綦小燕

县总工会：

嘉　奖：

戴玉成　阳发运

县委统战部：

嘉　奖：

赵伟忠　陈　南　邓红漫

县工商联：

嘉　奖：

吴　勇

县政法委：

嘉　奖：

赵艳刚　文晓春　李　军　谭登文　张晓慧　李劲夫

县档案局：

嘉　奖：

易朝晖　肖玮峰

县委党校：

嘉　奖：

刘志毅　林菊美　吴小红　谭顺平

团县委：

嘉　奖：

陈岳飞

县妇联（机关幼儿园）：

嘉　奖：

阳水平　康正秋　刘象贤

县科协：

嘉　奖：

唐　雯

县经济科技和信息化局：

记三等功：

李湘桂

嘉　奖：

向立中　尹新平　何　亮　邓凯峰

县发展和改革局：

记三等功：

陈亚平　熊阳策

嘉　奖：

熊知武　郭小玲　罗淼清　刘　方　邓小波　刘亚初

县统计局：

嘉　奖：

侯桂峰　刘　斌　肖　宇

县住房和城乡建设局：

记三等功：

文新华　谭庆军

嘉　奖：

陈震海　陈交云　刘幸福　喻润重　刘　娟　阳检徕　向检华　邓红一　谭治湘　李艳君　李海波　单福清　肖树新　王爱军　向清林　张文韬　杨成生　胡新林　文　煜　单国平　董国良　刘武俊　罗燕伟　文彬华　林国衡　毛宇红　周　力　欧阳锦炜　李　秾　向全斌　胡鹤林　王桂秋　张　荣　周建春　王易军　周　亮　唐文海　陈　伟　龚剑虹　陈亿香

颜中华　谭　娟　汪　骥　颜红梅

县教育局:

记三等功:

康立和　刘启贤　吴一中　陈丽玲　刘晓鹏
段盛意　雷绪成　张建锋　罗艳林　许生平
邓志扬　陈姿红　王启平　边少初　彭岳建
陈艳芬　董金华　罗云保　刘东明　刘理荣
朱翠平　汪海英　夏志科　文新平　黄建军
罗列云　周小姣　刘　华　罗　斌　金宏琨
罗文娥　稂平辉　康建良　周鹏程　刘根深
宋伏英　熊海燕　贺卫平　王玉龙　朱志辉
颜文慧

嘉　奖:

丁麦秋　单　望　王勋业　尹国平　钱升平
颜亚华　晏建军　秦官仂　刘新星　刘俊科
陈海林　陈碧森　刘中泽　陈　会　刘玫清
阳艳雄　赵礼荣　胡恒坤　单灵波　曹鲜艳
颜岳清　王秋玲　向耀吾　宾立芳　谭斌斌
阳东华　董仁思　侯耀文　周卫红　刘康平
刘松文　刘诗桂　肖　俊　廖开元　雷利平
段正林　罗　勇　陈亮培　文朝霞　向戈平
赵云保　赵馗明　刘武元　胡　敏　贺小衡
邓中华　肖　强　陈国华　金印国　黄医永
唐开军　崔光华　颜伟雄　彭　前　欧阳国陆
向　鹏　杨文辉　董仁雪　罗依明　赵　平
单　浩　赵午平　张仕燕　刘彩龙　汪宏业
岳学彬　向海琼　谭伟红　穰素芬　黄　涛
邓　超　徐　琪　刘爱玲　刘罗文　赵伟民
刘戴生　谭清娥　闵朝云　段志华　龙　腾
王小练　陈　衡　易小敏　谭青禹　刘　鑫
刘冬凡　谭桂清　罗延坤　朱建军　康峥玲
彭焕成　曹岳龙　李建华　单曙光　尹红兵
王艳丽　廖鹏飞　段海珍　陈建辉　陈小兵
刘永花　谭巨尤　眭广平　伍亚军　陈文武
陈美菊　王志芳　罗红星　刘永泉　刘美华
李　政　陈利人　罗伟红　罗建国　康丽君
彭新泽　熊海波　眭清美　胥正平　肖林凤
刘冬清　阳新兰　谭　康　刘启莲　王青花
刘昌吾　马会清　胡小月　邓平香　赵文胜
李鸣鹤　赵　娟　谭凤姣　颜伟香　向水云
尹　辉　颜阳红　向凤平　刘菊美　王姿姣
周晓兰　熊　莉　侯小玉　刘彬彬　林珍香
单　丹　张岳陵　陈姣娜　谭　芳　吴麦莲
文丽娟　赵跃平　陈丽荣　肖飞林　杨静锋
段　弘　梁卫红　李小瑰　丁义云　谭晚华
黄建平　杨燕飞　陈伯秋　向春林　文艳华
陈水宝　李俭勤　赵恒章　单达伟　董仁美
黄　炜　颜太安　陈芳明　陈　艳　易　萍
欧阳雪梅　肖永波　李新年　阳卫国　陈剑卿
向　亮　阳　艳　刘远燕　曹冬红　李新红
刘智忠　肖　琼　袁冰美　陈思帆　侯宇煌
阳正国　刘松林　谭光芒　刘　萍　陈晓燕
邓小英　许君伟　成彩平　向桂云　刘利平
陈美华　刘志芳　颜　琼　郑　琴　许柏生
陈万里　颜正光　颜光华　李小平　文俊娟
颜江民　许宇慧　胡　颢　曹建红　洪　姝
单桂花　刘福民　刘礼超　陈味味　单　星
文雅聪　刘洪伟　曾冬香　尹乐乐　陈绿松
单晚成　欧俊芳　谭林云　刘红波　段小庆
陈志雄　单春华　张福德　单文光　郑月明
刘　文　廖红卫　单　欣　阳剑辉　阳小华
龙雄才　阳　丽　向　丹　李金华　黄年桂
谭仁义　唐晶晶　阳安彬　刘　斌　刘　玉
罗灿丽　周燕平　肖春良　康艳华　王夏连
黄腊梅　王丽君　阳泽红　罗金花　胡伟玲
谭茜婷　周润楚　颜思旭　秦根香　刘吉良
罗春元　胡晓燕　杨　欣　肖文娥　董晓波
丁兆云　刘施武　刘晓佳　颜水良　肖双凤
谭红锋　朱年丰　刘桂莲　向再阳　向华开
陈小元　陈水金　王懿霞　刘伟雄　肖锦花
曹华鑫　罗利君　李利伟　赵和平　陈凤娥
李诚斌　曾红星　文燕丰　曾利娟　向云华
刘　莉　向小林　向月华　匡　敏　章　婕
旷丰良　卢淑琴　刘秋云　陈伟峰　文玉凡
王艳平　瞿名玉　茹新红　文　思　秦　叶
罗世民　谭立丰　杨平辉　向　琼　袁志勇
文天栋　张青云　夏金云　文　俊　夏铁珍
杨梓琼　夏玉桂　茹素娟　吴长佑　张　黎

唐美红　文志亮　李淑媛　曾水红　贺月娥
谷正元　朱玉贤　边亚辉　刘向前　阳运根
唐　娟　陈志强　肖志祥　赵满红　王　亮
向深根　罗玉元　肖　成　许慧平　邓文杰
罗爱国　梁在红　戴红斌　谢一定　曹清美
胡会元　吴湘平　陈麦香　李世雄　陈　涛
成燕平　王争文　邓秀发　黄艳平　胡雄凯
吴美虹　唐美容　聂琳娥　罗世华　尹美中
赵辉燕　贺冬成　尹　燕　黄代清　赵秀珍
陈红霓　刘冬英　罗学莲　刘水莲　蒋永红
陈桂林　邓秋云　张春芳　文良光　李秀英
陈　琴　王佳华　刘　星　刘晏明　李振香
陈美华　王少云　周海军　邓姗姗　袁佑民
苏桂玉　汪雄良　曾卓琳　秦　琦　胡　琨
曹新元　王清华　刘香平　廖建伟　李冬梅
陈检生　谭国华　刘卫平　秦和云　赵雍海
熊炳炎　单雄斌　刘文奇　刘谷生　秦美雄
边志高　龙炳坤　邓小毛　许中平　肖秋芳
胡少武　文　锐　朱金春　袁欢欢　罗利平
颜　鑫　聂红峰　谭征兵　马莉庄　朱端英
刘立新　张亚金　阳冬文　秦强辉　刘敏芬
谭励志　陈新莲　谭红聪　谭灵科　李美莲
阳美平　邓天昊　肖桂中　李荣国　谭昌平
刘吉成　曾芫蓁　曾　武　秦娟辉　周新华
罗红梅　谭晓东　陈永光　罗月红　何翠平
李美玲　文建军　吴立平　颜淑梅　曹海珍
肖晓云　何信华　杨春华　刘阳芳　罗　峰
刘艳红　罗菊辉　邓　青　皮永义　颜红辉
宋　婷　罗建军　吴　辉　谭海英　彭日成
阳红梅　李雪兰　胡金湘　李　红　罗向阳
董爱平　刘亿丰　金　伟　邓慧媛　袁世光
刘焱平　文清溪　陈　婕　龙春华　周德意
陈玉莲　李　弦　阳　婧　尹金梅　彭如云
旷文富　陈书娥　董　丹　陈雪晖　黄新辉
许小滔　武咏梅　康　健　谭建国　肖海云
赵树成　董　超　王雄清　赵活平　谭红梅
高伟华　许晓燕　谭正彪　王石平　刘伶俐
贺玉莲　肖岳平　罗晓燕　刘庆祥　冯秀英
许　佳　贺　璐　李上游　王泽萍　谭智慧
罗水丽　陈从国　许玉琼　杨　娟　刘晋涛
王　鸽　许朝霞　苏惊涛　谢立清　谭术云
张跃文　谭广萍　单　姮　文　芬　罗永红
赵红梅　周春花　谷　丹　文成军　许优良
刘雪慧　赵玉莲　林武平　董丽敏　李春光
罗祝岐　余　萍　阳桔生　刘雁群　宋　健
阳发清　谭长清　陈艳平　成春华　陈红云
罗鸿彬　何满红　谢姣云　赵　捷　龙小娟
刘育云　谭亚民　罗少衡　刘　璋　陈立丰
曾明新　刘文香　肖　娜　赵　安　向　立
向韶洁　段泽强　马春齐　夏桂宗　杨凌志
文金莲　罗燕飞　刘孟新　尹俭平　罗祖云
稂红波　侯志红　罗香远　向　莎　颜永霞
颜　巧　戴灵敏　侯才干　罗俊杰　李　倩
肖振如　罗　珊　刘丽娜　陈冬明　罗水良
陈润君　陈冬华　欧金良　稂红杰　苏　兰
杜子孝　赵　静　颜玉华　颜　萍　彭楚清
彭新民　刘新政　单鹏辉　刘　鹏　黄　艳
单小华　李丽芝　彭丽菊　韦灵芝　汤涤霞
吴　佩　阳正炎　蒋芳宗　单春香　周志红
张　杰

县公安局：

记三等功：

廖仁可　肖辉云　曾德中　谢　波　戴伟平
刘　森　曹志雄

嘉　奖：

汪　忠　颜国文　廖章平　邓　峰　刘　佳
梁振兴　刘俐华　谭　歆　谭科奇　陈民生
陈新华　刘正雄　许德和　曹玉林　谭井泉
阳纯华　文国堂　张振树　周东林　康国柱
阳发良　左莹林　刘晓红　刘泽平　黄香云
阳辉明　林飞岸　刘旺学　秦　凤　董碧徽
黄　波　曾启明　颜炬春　刘海洋　陈　柯
邵雨龙　李志林　单赋诗　颜文浩　刘　涌
侯耀东　周　林　彭　翔　陈　冰　黄　超
赵　博　廖中维　向月仙　曹全林　胡海燕
文静平　向铁军　谭黄飞　陈琪文　欧阳波
李　媛　曹文慧　向永衡　宋聂鑫　胡晓梅
吴梅莲　赵浩民　谢后金　刘鹏辉　龙　彪

肖　琦　肖焱林　阳　琼　肖卫敏　张　镇
陈　琳　单元林　刘书超　刘张泉　宾剑锋
雷　涛　文　辉　韦景电　陈镇国　谭星华
刘任文　董永辉　王晓雪

县司法局：

记三等功：

谭华彬

嘉　奖：

谭三远　赵文君　周志宏　陈　斌　李艳芳
谭长安　谭湘军　谭红朵　谭　彦　王艳芬
刘文雅

县民政局：

记三等功：

张红兵

嘉　奖：

赵自文　闵新明　康迪义　陈　明　杨　帆
罗桂珍　邓亚平　罗　毅　赵　莉　周楚建
谭志平　文雪峰　彭　阳　段美兰　候柏年
刘伟平　郑立新　谭新玲　单岳云　陈飞宏
曹立志　粮　科

县财政局：

记三等功：

阳满生　李环宇　吴　静　刘志强　向平红

嘉　奖：

刘　炼　谭克虎　曾祥军　池旭东　单杜山
肖凤莲　杨润生　谭朝晖　李玉美　陶　飞
李中林　罗　旭　向田力　谭小红　颜　嵘
谭民雄　茹伟雄　刘林杰　李春桂　康　庆
罗　刃　肖玉华　王欣欣　何　滢　廖荷香
林海波　眭单丹　廖琼英　罗劲华　龙明珠
张水如　曾风云　向金辉　文国林　丁雄飞
向金莲　阳满莲　文月红　李芝兰　尹晓璐
吴国华　彭运湘　丁加成　谭德荣　毛光华
武晓芳　汪子雄　罗艳波　刘羽洁　肖春涛
郭　娟　丁艳姣　贺龙武　谭　雯　谭志辉
刘金华　马俊华　叶光明　王艳梅　唐玉龙
单卫华　刘春云

县人力资源和社会保障局：

记三等功：

颜　颐　廖一帆　谭　凯

嘉　奖：

陈红光　茹志彬　康松柏　罗　敏　吴剑峰
李　磊　刘　奕　欧雅琴　杨映鹊　陈　希
赵立志　邓红波　欧晚英　周　驰　秾煊平
赵清明　冯艳辉　康文萍　袁洁琼　眭自力
李桂平　袁　懿　汪　敏　肖云光

县农业局：

记三等功：

谭文灵　傅芳芳　李建忠　李柏生　谭长水
陈新华

嘉　奖：

谭金生　丁荣华　李志康　谭文力　董满芽
叶铁军　谭金元　康志平　肖军花　罗义红
唐建平　廖丰姣　肖　密　颜焱炳　陈庆华
罗永红　单文芳　李艳本　丁建设　肖春芳
汪玲俐　罗　臻　胡华姣　邓金艳　袁岳斌
罗冬华　颜祝生　陈婕玉　吴　颖　王晓林
裴湘立　李斌志　陈绪维　陈伟平

县交通运输和旅游局：

记三等功：

罗　艺

嘉　奖：

罗清平　曹　珂　李文涛　陈立春　何　涛
雷　勇　吴　磊　李　璐　刘　莎　向英杰
陶进军　罗　志　胡传美　廖丰焱　陈理洪
胡孝思　罗丽华

县林业局：

记三等功：

侯锟鹏　谭朝晖　赵　峰　谭　辉　罗冬华

嘉　奖：

文国安　朱寒林　金子成　马志前　谭娅彬
边少华　邓宇祥　颜亚辉　廖志平　颜红玉
周德芳　康才武　冯丽华　郑建军　向伟新
陈意中　段边英　聂根林　丁文平　罗义丰
刘双辉　戴桂平　孙志勇　颜昌平　刘长清
曹建红　周　学　赵春花　许小贞　李　娟
文国华　康　淼　刘松林　李光成

县水利局：

记三等功：

单　飞　刘文芳　谭振家　向　前　陈俊霞
胡耀衡　李建社　何　姿　宾洪文　阳　亮
胡新华　廖卫华　谢冬华　罗宁光　高建飞
贺伟民　陈伟平　罗伟平　李高华

嘉　奖：

刘仁秋　李建新　许合莲　刘仲建　马志华
吴龄娟　肖马忠　韩卫军　马桂芳　喻湘平
向　东　刘爱萍　郭　艳　陈清华　文旭桥
刘冬萍　李麦秋　龙红芳　刘利群　王林生
邓小龙　廖俊辉　王岳衡　卢正奎　康　华
吴佳星　吴知云　刘　杰　吴红星　孔润斌
夏美兰　廖同山　赵文艺　吴佳良　罗立新
易艳萍　陈卫华　林盼杰　韩洪亮　李闻施
许革平　许焱坤　顾　娟　阳中林　袁绪成
何伟民　刘玉双　陈雅静　阳局章　周燕平
阳亚辉　罗艳华　廖俊伟　陈冬桂　陈苏林
阳朝辉　陈新华　阳正年　王光文　单艳平
谭　政　许玲玲　龙逢雨　金洁琼　颜雪华
刘爱祥　陈顺芝　曹忠明　肖知成　罗清良
罗爱民　曹海梅　向小林　阳彩芳　胡宜湘
夏国春　曹韶中　胡武民　旷建平　刘建标
贺小培　蒋定秀　单石瑜　刘小平　尹黎飞
刘双华　罗红光　温小平　符荣宗　阳社清
向伟雄　董亚平　王检仔　阳建平　过冬华
罗四清　肖智梅　赵晓晾　李　华　何乐成
邓洪涛　罗国辉　侯秋桂　颜正元　彭小月
康岳华　宋　平　稂正国　谭翼菊　罗日辉
文庆祥　段新建　邓少秋　王宁忠　谢小平
稂永华　周国锋　肖文祥　罗飞文　龙洪斌
刘润芝　林立桥　罗桂平　李红波　周翠云
成忠祥　颜金平　郭利军　谭　畅　张颖颖
刘　文　罗根年　赵云徕　肖敬芝　齐国华
肖艳华　杨正球　杨仁春　胡少云　向忠其
陈　帅　赵小燕　刘良斌　刘艳红　邓兰姣
彭小俊　谢小云　周清荣　粟新民　谢红军
周泳军　朱红梅　晏轶花　付依望　闵旭斌
钟红桃　刘柏荃　金大勇　刘文清　毛小东
谭维新　吴国辉　刘建辉　向桂平　单　略
罗平平　陈根连　吕春花　柳志刚　阳玉平
胡爱云　刘　琦　胡海晖　袁杰春　刘彦彬
李　芳　单扬波　尹　良　刘郁兰　李卫中
边树平　肖卫华　卢建国　王冬云　胡陆明
成祥宝　刘亚锋　罗亚强　周劲松　刘利华
曹遇缘　谭向阳　蒋后云　李小平　刘记华
赵瑞屏　刘庆武　邓志华　李雅琳　彭珍华
王宁东　文　进　李建成　曾中凡　罗国军
荣　栋　刘建新　陈　瑶　刘东标　陈志军
李晓红　许　永　陈衡初　文弘浪　甘玉成
谭菊云　董水良　李长水　许阳漪　钟　鸣
罗　文

县农机局：

嘉　奖：

刘　慧　赵赛兰　赵雪坤　尹金平　谢建余
陈仁水　段　芳　杨冰梅　罗　生　毛朝辉
谭富贵　秦晋新　聂华国　刘庚怀　曹时知
刘海荣　袁青松　谭轶平　刘合清　张艳红
颜文平　奉三润

县畜牧水产局：

记三等功：

刘笃海　董根荣　徐佳丽　刘　伟　曹中林

嘉　奖：

李罗泉　颜昌辉　尹跃辉　向秋黄　文　革
唐红菊　李永东　段满生　李观福　肖晚荣
谭玉新　李爱华　李　晖　文新吾　贺春生
杨亚云　刘益中　郑振根　胡　滨　胡月香
邓昌桂　段红利　李丽莎　吴红军　周树林
谭海峰　陈志新　向秋焕　阳跃峰　袁先军
何佳新　胡伟成

县农村经营服务中心：

嘉　奖：

谭绮梅

县农业综合开发办：

嘉　奖：

谭宜春　颜小波　周祖龙

县文化体育广播新闻出版局：

记三等功：

肖欣琴

嘉　奖：

王勤学　陈丽金　谭海燕　刘清婷　王　翔
谭　灵　刘俊超　陈晓玲　罗艳芝

县卫生和计划生育局：

记三等功：

赵夏梁　颜新云　阳　芳　陈红波　袁小卫
颜加岭　袁建峰　向卫平　康国赞　阳平根

嘉　奖：

阳发清　尹　炜　齐星飞　颜永征　陈建军
李雪峰　马晓武　陈　文　罗龙华　胡运秀
苏双华　赵　青　向小云　李　毅　欧晓燕
阳吉云　晏国芳　戴　荣　彭艳红　袁丽华
崔　健　曹翠玉　王静静　柳幼聪　向永贤
邓　婷　邓丽芳　颜　娟　李　安　陈琳园
谭国姣　龙晚香　邓玉琴　朱珊君　李俊花
康莉军　王文平　阳飞亚　苏　婷　蒋亚辉
罗丽君　单志伟　罗文凤　阳佳丽　阳艳梅
罗秋娥　马常春　胡　芳　文　钢　张志英
阳　立　刘朝辉　罗红兵　向清果　刘　敏
肖君君　金秀萍　刘英姿　欧永锋　夏桑枝
杨爱民　肖亚玲　陈芳芳　李水咀　邹跃平
赵　漫　龙　茜　谢晚玲　郭艳红　胡　斌
向云增　胡立辉　廖迪华　王润煌　周月秀
陈艳娥　彭岳珍　毛阳坤　赵春云　陈　萍
李衡丰　阳星星　刘喜庆　熊新华　李　意
廖英姿　向明珠　丁国平　向玲娜　许正媛
蒋小珍　曾祥花　夏利新　向璐璐　李　丹
王彦利　罗幼莲　刘春花　何金莉　成美峰
李新建　单健生　罗艳青　陈晓红　黄召武
何成英　罗咏辉　向树林　邓岳峰　罗安平
欧阳超　邓　诚　彭庆民　王光平　李楚文
文铁臂　刘国平　颜艳清　康小辉　黄　健
刘亚辉　周翠云　周书贤　刘　雅　皮素华
陈伶俐　阳东生　刘沿湘　赵燕红　刘国娥
向　荣　邓志萍　胡传民　谭美华　彭清华
周湘西　阳国良　曹宁真　茹新章　茹燕青
胡心丽　罗杰峰　向元森　刘亚辉　文冬泉
罗晓燕　陈阳佳　侯玉姣　成祥斌　周岳华
刘志华　陈文伟　刘永华　陈亚平　罗美红
李　慧　谭利永　梁志晖　陈华清　邓丽媛
侯利兵　黄基根　颜斌华　陈玉珊　颜中林
谭志光　董承贵　向阳军　向爱迪　刘建元
刘建兵　王石艳　康自力　董国辉　罗淑贤
马立峰　杨仕玲　颜岳衡　向云峰　胡志丹
陈蟠桃　许平辉　向春桂　罗美玉　樊涛蔚
陈建华　陈海军　欧艳辉　刘秋吾　董碧珍
田　平　刘翠云　武文忠　廖江科　李晓霞
袁长春　文秋辉　陈　妮　阳明芳　邓昌鸿
康国兰　陶　伟　刘嫦青　谭丽萍　刘巧红
刘　玉　颜新宇　颜仁炳　周平波　周文新
康华佳　谢　琼　黄　榕　陈文星　罗靖衡
颜艳香　文红梅　刘合平　宁雅平　康桂云
陈志国　陈燕虎　刘　建　李　意　刘　燕
戴逊威　袁　浩　谭　果　谭春娟　颜兰平
向　丹　许洪波　罗素艳　阳　辉　龙卫东
文新佳　胡亚平　谷丽平　侯利华　陈　鹏
李建华　赵　斌　吴　燕　欧枚臣　文　芳
王文姣　李　晖　谭　煦　张超英　龙振兴
彭岳峰　李志新　董雪竹　张旭东　彭　艳
罗　华　余　斌　陈珊湘　赵春花　罗剑虹
陈俊杰　胡朝平　邓晓锋　吴金峰　黄新泉
罗正平　颜澄清　吴春仔　李爱清　肖建芝
胡美莲　刘湘华　肖太华　颜彬芳　肖岳平
肖文新　陈洁军

县审计局：

记三等功：

赵　利

嘉　奖：

殷凤云　陈　龙　刘　琨　王香莲　罗朝晖
王慧玲　徐灵闻　罗正水

县安全生产监督管理局：

记三等功：

谭晚林

嘉　奖：

刘碧兰　黄　鹏　黄文武　向金香　刘晓玲
谷红丹

县国土资源局：

记三等功：

陈红勇　陶旭飞　陈金平
嘉　奖：
肖正华　罗宏芳　向　波　谭要武　戴美林
曹　韫　眭经略　罗志芳　谭东远　陈　斌
邓立国　成亚辉　向志斌　文建国　邓东辉
颜咏玉　何灵君　赵　晟　陈静芳　胡艳兰
李爱军　胡　娜　金月芳　刘利娟　颜龙科
眭亚鹏　周清平　胡俊杰　单　挚　谭铁飞
袁泽光　夏　娟　罗　琼　周海燕　王小华
陈育球　李辉云　边文清　茹　鹏　单志强
向晓玲　谷颖军　李新娥　罗伶俐　邓华利

县商务和粮食局：

嘉　奖：
邓国昌　欧阳奇　阳方龙　罗艳辉　彭清凤
刘　鑫　谭文华　杨文斌　董石华　文敬祖
马才芬　向铁果

县环境保护局：

嘉　奖：
吴怀彬　陈燕华　谭海青　黄　婷　廖端平
刘艳秋　文晓燕　肖忠良　邓志峰　谭光凤
曹　燕　易陈斌　董正新　董雄辉　颜振宇

县信访局(县委群众工作部)：

记三等功：
李玉华
嘉　奖：
肖珍珠　尹朝晖　谭志义

县广播电视台：

记三等功：
刘经纬　刘志坚　康焱忠
嘉　奖：
罗树政　伍岳平　邓春高　胡朝云　陈永忠
沈知明　罗春萍　曾　辉　颜立新

衡东经济开发区管理委员会：

嘉　奖：
黄芒青　孙　科

县二轻联社：

嘉　奖：
吴冬清

县供销社：

嘉　奖：
许冬富　刘相知

县残联：

嘉　奖：
匡咏梅　匡　路　冯　琳　林　震

县移民局：

嘉　奖：
刘国康　稂文杰　周洪林

县城乡规划局：

嘉　奖：
彭　勇　刘解平　胡　正　周思林

县电子政务管理办公室：

嘉　奖：
何春容

县政务服务中心：

嘉　奖：
肖子妮

县罗帅故居管理处：

嘉　奖：
董石贵　尹俊清　罗　红

县公路管理局：

记三等功：
罗松盛
嘉　奖：
单美中　陈六英　李　华　欧和彬　贺建国
刘正云　尹美华　贺族杰　尹小红　肖洪亮
刘水云　刘银辉　谭守文　许丁元　曹晚香
谭冬庚　夏娣兰　邹黄文　何水珍　赵和荣
贺妃玉　谭飞鹏　王光平　张正庆　周立斌
袁绪俊　武汇鑫　符香文　肖伟峰

县人防办：

嘉　奖：
刘水文　桂勇军　李　虎

县重点工程建设办公室：

嘉　奖：
丁昭泉　刘　阳　毛传科

县城市管理行政执法局：

记三等功：
颜伏里

嘉　奖:

刘　武　文英姿　陈　宾　阳　玮　谢文军
陈斌斌　丁正源　刘焱高　李　程　阳　平
刘红梅　肖勇华　谢冬梅　阳海平　何东林
赵龙雄　刘　永　单　毅　刘　平

县河西新区管理委员会:

嘉　奖:

颜美东　刘建明

县矿产资源税费征收办:

嘉　奖:

成文辉　谭志华　谷香萍

县食品药品工商质量监督管理局:

记三等功:

罗继平　刘天乐　武迪辉　温小忠

嘉　奖:

尹国珍　向亚辉　张建湘　任　键　夏　敏
卢忠德　尹正平　颜少东　单　雄　陈俊杰
程　军　汤　敏　汪菊雨　周书平　刘小云

县公共资源交易中心:

记三等功:

陈术勇

嘉　奖:

彭森林　王文彬　谭艳平

县国有资产管理中心:

嘉　奖:

罗春花　周　骞　罗根顺

衡东洣水国家湿地公园管理处:

嘉　奖:

颜水华　吴　娅　陈燕青

洣水镇:

记三等功:

曹晓芬

嘉　奖:

邓小杨　李亚辉　王美平　董冬槐　刘长庚
刘琴琴　谭建华　陈清波

吴集镇:

记三等功:

袁冬青

嘉　奖:

汪小花　郭春辉　尹太平　祝建辉　马玉芬
陈　凤　胡　斌

大浦镇:

记三等功:

文成伍

嘉　奖:

谭熙龄　刘　桓　旷志雄　陈启华

新塘镇:

记三等功:

曾　光

嘉　奖:

赵　健　章　涛　谭爱丰　陈卓平　戴芙蓉

杨桥镇:

嘉　奖:

刘红丽　龙光亚　肖艳辉　刘燕辉

荣桓镇:

记三等功:

胡飞平

嘉　奖:

刘志鹏　刘艳清

杨林镇:

记三等功:

肖　丽

嘉　奖:

谭升南　杨　进

霞流镇:

嘉　奖:

罗水文　尹松柏　彭　超

甘溪镇:

嘉　奖:

陈本桂　颜亚兰　谢滔滔

三樟镇:

嘉　奖:

甘铁辉　罗立平　李根泉　李植伟

石滩乡:

嘉　奖:

李婷丽　金光明　胡新兰

白莲镇:

记三等功:

宋迪云

嘉　奖：

朱爱国　杨　颖　罗　卓　李海军

石湾镇：

嘉　奖：

谷建辉　刘武扬　丁岳华　冯艳辉　廖海波

唐蜜甜　温术安

蓬源镇：

嘉　奖：

肖　芳　尹冬奇

南湾乡：

嘉　奖：

蒋寒艳

草市镇：

嘉　奖：

谭水初

高湖镇：

嘉　奖：

谭宏科　罗柱梁

大地建设投资有限公司

记三等功：

王小林

嘉　奖：

苏根林

城市建设投资公司

记三等功：

侯富喜

嘉　奖：

刘秋艳

中共衡东县委　衡东县人民政府
关于表彰衡东县2016年度文明建设先进单位、先进村的决定

（东发〔2017〕16号，2017年12月7日）

2016年，在县委、县政府的正确领导下，全县上下深入贯彻落实党的十八大和十八届三中、四中、五中、六中全会和习近平总书记系列重要讲话精神，大力推进社会主义核心价值体系建设，广泛开展文明创建活动，公民文明素质和城乡文明程度进一步提升，为加快推进“五县五化”和省级文明县城的成功创建发挥了重要作用，涌现出一批成绩突出、影响广泛的先进典型。为表彰先进，树立榜样，推动文明创建活动深入开展，县委、县政府决定，授予县纪委等24个单位“衡东县文明建设先进单位”荣誉称号，授予白莲镇马房村等17个村“衡东县文明建设先进村”荣誉称号。

希望受表彰的单位珍惜荣誉，发扬成绩，再接再厉，在推进精神文明建设和巩固省级文明县城成果中发挥示范带头作用。全县各级各单位和广大精神文明建设工作者要认真学习先进经验，更加广泛、深入、扎实地开展群众性精神文明创建活动，为加快推进“五县五化”、全面建成小康衡东提供强大的精神动力和良好的社会环境。

附件：衡东县2016年度文明建设先进单位、先进村名单

（此件发各乡镇党委、人民政府，县直机关各单位、省市驻衡单位）

附件

衡东县2016年度文明建设
先进单位、先进村名单

一、县委、县政府表彰的县级文明建设先进单位（24个）

县纪委	县委宣传部
县政府办公室	县人大办公室
县法院	县检察院
县总工会	县政协教科文卫体委员会

县信访局　团县委
县民政局　县财政局
县农业局　县重点办
县林业局　县安监局
县编办　县接待处
县疾控中心　县烟草局
县地税局　县国税局
白莲镇　大浦镇

二、县委、县政府表彰的县级文明建设先进村(17个)

白莲镇马房村　大浦镇岭茶村
石滩乡进宝村　吴集镇柏桥村
甘溪镇中心村　杨林镇湾头洲村
高湖镇瑶泉村　草市镇田心村
南湾乡新南村　荣桓镇泉龙村
杨桥镇杨桥村　新塘镇桔林村
霞流镇大泥塘村　石湾镇甲枣村
白莲镇白莲村　三樟镇大桥湾村
洣水镇状元村

中共衡东县委办公室　衡东县人民政府办公室《衡东县公务用车制度改革总体方案》《衡东县党政机关公务用车制度改革实施方案》

(东办发〔2016〕32号)

衡东县公务用车制度改革总体方案

为认真贯彻《党政机关厉行节约反对浪费条例》《中共中央办公厅国务院办公厅 < 关于全面推进公务用车制度改革的指导意见 > 的通知》(中办发〔2014〕40号)、《中共湖南省委办公厅湖南省人民政府办公厅关于印发 < 湖南省公务用车制度改革总体方案 > 和 < 湖南省省直党政机关公务用车制度改革实施方案 > 的通知》(湘办发〔2015〕46号)、《中共衡阳市委办公室衡阳市人民政府办公室关于印发 < 衡阳市公务用车制度改革总体方案 > 和 < 衡阳市市直党政机关公务用车制度改革实施方案 > 的通知》(衡办发〔2016〕11号),改革公务用车制度,规范公务用车运行管理,有效降低行政成本,特制定本方案。

一、指导思想、基本原则、总体目标

(一)指导思想

认真贯彻党的十八大、十八届三中、四中、五中、六中全会精神和习近平同志系列重要讲话精神,按照中央、省委、市委和县委厉行节约、反对浪费的要求,坚持社会化、市场化方向,加快推进公务用车制度改革,合理有效配置公务用车资源,创新公务交通分类提供方式,建立与社会主义市场经济体制相适应、与我县经济社会发展水平相一致、与现行行政管理体制相统一的公务用车制度。

(二)基本原则

1. 制度创新、保障公务。改革公务用车实物供给方式,取消一般公务用车,普通公务出行方式由公务人员自行选择,实行社会化提供并适度补贴交通费用,从严配备定向化保障的公务用车。

2. 统筹兼顾、政策配套。综合考虑各种因素,统筹兼顾各方面利益关系,科学制定改革方案和相关配套政策,增强可行性和协调性,确保新旧机制有效转换。

3. 统一部署、分步推进。县、乡(镇)两级同步推进全县党政机关及参公事业单位公务用车制度改革,驻我县的垂直管理单位同步推进。县、乡(镇)两级党政机关所属非参公单位、其他事业单位,县属国有企业的改革待中央、省相关政策出台后及时有序推进。

（三）总体目标

本方案经市公车改革领导小组办公室批准后立即实施，力争2016年12月底前基本完成全县党政机关公务用车制度改革。适时启动全县其他事业单位公务用车制度改革，用2－3年时间全面完成公务用车制度改革，建立健全公务用车制度改革后的长效管理机制，实现公务出行便捷合理、交通费用节约可控、车辆管理规范透明、监管问责科学有效，基本形成符合中央、省市改革精神和县情的新型公务用车制度。

二、参改范围

（一）机构范围

全县各级党政机关（本方案所称党政机关包括党委、人大、政府、政协、审判、检察机关和工商联、参照公务员法管理的人民团体、群众团体，事业单位）全部参加改革。

全县其他事业单位、国有企业公务用车制度改革待中央和省有关政策出台后另行实施。

垂直管理系统驻地方单位公务用车制度改革按照属地化原则，与驻地公务用车制度改革同步推进，补贴标准参照驻地标准执行。补贴经费由所对应的财政部门负担。

（二）人员范围

在编在岗的处级及以下工作人员（含机关工勤人员）全部参加改革。

县委、政府主要负责人按要求允许以适当集中的形式提供工作用车实物保障，但须严格规范管理，不得领取交通补贴。

（三）车辆范围

取消一般公务用车，保留必要的机要通信、应急、特种专业技术用车和符合规定的一线执法执勤岗位车辆及其他车辆。

三、主要任务

（一）改革公务交通保障方式

改革实物供给方式，对参改的处级及以下工作人员适度发放公务交通补贴，自行选择公务出行方式。根据实际情况合理确定本地公务交通补贴保障范围，公务交通补贴保障范围内的公务出行不再报销公务交通费用。公务交通补贴范围要与差旅费保障范围相衔接，超出公务交通补贴范围的公务出行按差旅费相关规定执行。

（二）合理确定公务交通补贴标准

按照节约成本、保证公务、便于操作的要求，综合考虑公务出行成本、经济发展水平、社会承受能力、辖区面积、自然地理环境、公务出行次数和距离、行政级别和实际承担的工作职责等因素，合理确定公务交通补贴层级和标准。全县按照不高于中央和国家机关交通补贴130%的标准执行。

县直党政机关执行处级1040元/月、正科650元/月、副科600元/月、科员550元/月、科员以下500元/月的补贴标准。乡（镇）公务交通补贴标准原则上与县直党政机关一致。

各参改单位根据实际情况，可从公务交通补贴中划出一定比例作为单位统筹使用，集中用于解决不同岗位之间公务出行不平衡问题，单位统筹比例由各单位根据自身实际情况自行确定，统筹比例原则上不超过补贴总额的10%。统筹资金使用要规范、公开、透明，具体管理办法由各单位自行制定。

公务交通补贴属于改革性补贴，列入财政预算，在交通费中列支，按月发放给个人，用于保障公务人员普通公务出行。依据经济发展、物价变动和交通成本等因素变化情况，公务交通补贴标准可适时适度进行调整，调整方案报市公务用车制度改革领导小组批准。未参改的单位和人员，不得发放公务交通补贴。

（三）严格核定保留车辆范围及比例

1. 机要通信、应急用车保留标准。按不超过现有一般公务用车数的30%核定本级（不含乡镇）保留的机要通信和应急用车。各乡（镇）在不新增车辆的基础上，原则上按照不超过2辆核定保留机要通信和应急用车，部分版图面积大、交通条件差且人口数量多的乡镇核定保留不得超过3辆。

2. 执法执勤用车保留标准。执法执勤部门统一参加公务用车制度改革，按规定保留的执法执勤用车要严格配备在一线执法执勤岗位，机关内部管理和后勤岗位以及机关所属事业单位一律不得配备。保留执法执勤用车的部门仅限于9个部门（系统），即法院、检察院、公安、纪委（监察）、司法、交通（海事)、农业(含农机、畜牧)、林业(含林业公安)、市场和质量监督管理。在全县满足节支率要求的前提下,保留的执法执勤用车比例,在省财政厅核定的执法执勤车辆编制数并扣除特种专业技术车辆编制数的基础上,按不超过70%的标准执行。执法执勤用车主管部门负责制定本级执法执勤用车改革的具体实施细则,报县车改领导小组批准后实施。

3. 接待、调研用车保留。允许县委、人大、政府、政协机关和部分具有接待职能并设有专项接待机构的单位适当保留少量调研、接待用车,保留数量单独核定,保留车辆以中巴车、商务车为主,实行总量控制、集中管理。

4. 特种专业技术用车按照"有编制、有预算、有设备、不新增"的原则,不突破现有特种专业技术用车数量,从严从紧核定保留,由公务用车制度改革领导小组办公室逐车审定。

(四)加强保留车辆集中管理

根据省市公车改革总体方案的要求,县级应由机关事务主管部门或国资管理部门建立公车管理服务平台,保障车改后正常公务出行。对于保留的机要通信和应急用车,按照"统筹统管、调配使用"的原则,由公车管理服务平台统一管理,各单位按需申请调配使用。在社会化交通方式提供不足或成本过高的情况下,机要通信和应急用车也可用于保障近距离出差、下乡等公务出行。

公车管理服务平台主要包括公车改革后保留下来的应急、机要通信、接待调研、行政执法等车辆;特种专业技术车辆由单位自行管理使用;9个执法部门的执法车辆暂由各单位自行管理使用。

公车管理服务平台车辆为行政单位资产,全县统一喷涂公车标识,各用车单位向公车服务平台管理部门申请,定向为参改单位人员出行提供服务。

行政执法车辆限于行政执法部门使用。

公车管理服务平台车辆的运行费用、司勤人员费用及管理费用一并纳入财政预算予以保障,由财政统筹安排划拨,也可由各部门按实结算。

(五)公开规范处置公务用车

1. 按照中央、省、市公务用车处置有关规定,由县公务用车主管部门牵头统一规范处置,处置结果向社会公开。

2. 对取消的公务用车,委托中介机构进行资产评估,在不低于评估价的基础上,采取公开拍卖方式进行公开处置。防止甩卖和贱卖,避免国有资产流失。

3. 处置公务用车所得收入,扣除有关税费后全部上缴财政。

4. 根据实际需要,对暂时未能处置的车辆,可采取设立过渡性车辆服务中心或社会化车辆租赁公司的方式,进行市场化运营,政府不得提供或变相为其提供财政补贴,不得长期闲置车辆造成国有资产流失,过渡期一般不得超过3年。

(六)妥善安置司勤人员

1. 车改单位要按照积极稳妥、以人为本、因地制宜的原则,加强岗位管理,挖掘内部潜力,通过内部转岗、开辟新的就业岗位、提前离岗等多种方式妥善安置。

2. 对距国家法定退休年龄5年(含5年)以内的在编正式司勤人员,经本人申请,单位同意,可以提前离岗,离岗期间工资福利等基本待遇不变,单位和个人继续按规定缴纳各项社会保险费,达到国家法定退休年龄时,办理退休手续。

3. 对于本人自愿与用人单位解除人事关系的在编正式司勤人员,用人单位应当按照《国务院办公厅转发人事部〈关于在事业单位试行人员聘用制度的意见〉的通知》(国办发〔2002〕35号)有关解除聘用合同的规定支付经济补偿。对于车改后不再使用的与车改单位具有劳动关系的其他司勤人员,车改单位应当依据《劳动合同法》等有关规定与其解除劳动关系,并支付经济补偿金。

4. 县人社部门负责制定党政机关公务用车制度改革司勤人员安置指导意见,车改单位按照"谁使用、谁负责"的原则,切实做好司勤人员安置工作,所需经费由单位按原经费渠道解决。

(七)完善公务出行保障机制

1. 一般公务出行保障。公务交通补贴保障范围内的公务出行,不再提供实物供给,由参改的工作人员自行选择公务出行方式,鼓励利用公共交通服务,及时解决公务出行遇到的实际问题,确保改革后公务出行得到有效保障。公务交通补贴保障范围以外的公务出行,按照差旅费管理相关规定执行。由财政部门根据公务用车制度改革需要,调整完善差旅费管理办法,做好公务交通补贴保障范围和差旅费保障范围的衔接。下乡、近距离出差等公务出行,鼓励公务人员利用公共交通工具和保留车辆出行,因公共交通不发达、工作急需等情况确需租赁车辆出行的,要在确保节约的前提下,经所在单位批准后实行,由县财政部门根据实际工作情况,按照不高于改革后费用支出的5%确定车辆租赁费用标准,统一纳入改革后支出。

2. 行政执法用车保障。对未纳入执法执勤部门的行政执法用车需求,由县公务用车主管部门按照不高于9家执法执勤部门执法执勤车辆保留比例,在保留的机要通信及应急用车中,核定一定数量的车辆编制,纳入跨部门的综合执法平台解决,所需经费由县财政统筹保障。

3. 特殊任务用车保障。对执行重大抢险救灾、事故处理、突发事件处置等特殊任务用车,由政府有关部门制定应急保障预案,报县政府批准。保障车辆原则上不新增。

(八)建立健全公务用车制度改革配套保障制度

1. 加强保留公务用车监督管理。县公务用车主管部门要会同有关部门严格核定定向化保障的公务用车编制及标准,用于机要通信、相对固定路线执法执勤等车辆配备更新时应选用新能源汽车。除涉及国家安全、侦查办案等保密要求的特殊工作用车外,按规定保留的机要通信用车、应急用车、执法执勤用车、特种专业技术用车及其他用车应当集中管理、统一实物标识,有条件的可采用卫星定位等办法进行监督。执法执勤用车配备应当严格限制在一线执法执勤岗位,机关内部管理和后勤岗位以及机关所属事业单位一律不得配备。县财政部门要制定公务用车使用管理办法,加强公务用车日常监督管理与科学调度。

2. 严格财务管理。县财政部门要严格公务交通补助预算管理,各单位要按照参改人员数量和职级核定车补数额,严格公务交通补贴发放,不得擅自扩大补贴人员范围、提高补贴标准。

3. 加强公务用车纪律检查和审计。严肃公务用车纪律,各单位不得以特殊用途等理由变相超编制、超标准配备公务用车,不得以任何方式换用、借用、占用下属单位或其他单位和个人的车辆,不得接受企业和个人赠送的车辆,不得以任何理由违反用途或固定给个人使用执法执勤、机要通信、应急保障等公务用车,不得以交通补贴名义变相发放福利。公务人员不得既领取公务交通补贴,又违规使用公务用车。纪检监察部门负责对公务用车制度改革执行情况进行监督监察,纠正和查处违纪违法行为。审计部门要对公务用车改革情况进行监督,并将改革后公务用车配备和运行维护费用、交通补贴发放、车辆处置情况等纳入日常和专项审计监督。

4. 切实保障公务出行。鼓励公务出行利用公共交通服务。采取有力措施,健全城市公共交通服务体系,完善出租车市场化运营管理方式,增加社会化交通供给。县财政部门制定和完善保障各类公务出行的衔接政策,切实保障正常公务出行。

四、组织实施

(一)加强领导,明确责任

各单位要成立公务用车制度改革领导小组,明确工作机制,负责落实各项改革任务。县公务用车制度改革领导小组主要负责指导、协调全县公务用车制度改革工作,制定并组织实施全县党政机关公务用车制度改革方案及配套政策,会同有关部门制定党政机关所属非参照公务员法管理的事业单位和县属国有企业公务用车制度改革方案。

县政府主要负责人要亲自抓公务用车制度改革,并担任领导小组组长。县领导小组要根据实际情况,负责制定并组织实施党政机关、事业单位和县属国有企业公务用车制度改革方案及配套政策。

(二)精心组织,扎实推进

各部门要健全工作机制,深入调查研究,细致统计测算,周密制定公务用车制度改革实施方案,明确时限要求,加强监督检查,及时有效解决改革中遇到的新情况新问题,确保在规定时间内完成改革任务。

(三)加强舆论引导,营造良好氛围

公务用车制度改革是探索建立符合国情的新型公务用车制度的重大改革,政治性、政策性强。各部门要切实做好新闻宣传和舆论引导工作,广泛宣传相关政策规定、典型经验和改革成效,及时回应社会关切,使广大公务人员和人民群众了解、支持改革,努力为改革营造良好的社会氛围。

衡东县党政机关公务用车制度改革实施方案

为贯彻落实《党政机关厉行节约反对浪费条例》、《中央关于全面推进公务用车制度改革的指导意见》(中办发〔2014〕40 号)、《湖南省公务用车制度改革总体方案》、《衡阳市公务用车制度改革总体方案》和《衡东县公务用车制度改革总体方案》,推进全县党政机关公务用车制度改革,加快建立新型公务用车制度,有效降低行政成本,制定本实施方案。

一、目标和原则

(一)总体目标

围绕建设节约型、廉洁型机关,坚持社会化、市场化方向,转变公务用车运行管理方式,合理有效配备公务用车资源,创新公务交通分类提供方式,实现公务出行便捷合理、公务交通费用节约可控、公车管理规范透明、监管问责科学有效,基本形成符合县情的新型公务用车制度。全县党政机关及参公事业单位公务用车制度改革,力争在 2016 年 12 月底基本完成。党政机关所属非参公事业单位和县属国有企业公务用车制度改革待中央、省市相关政策明确后及时推进。

(二)基本原则

坚持制度创新,改革公务用车实物供给方式,切实保障公务出行;坚持统筹兼顾,科学制定改革方案,确保新旧机制有效转换;坚持厉行节约,从严配备定向化保障公务用车,从紧管理公务用车,确保改革后公务交通支出低于改革前支出总额。

二、主要任务

(一)参改范围

1. 机构范围:县委各部门,县人大,县政府各部门,县政协,县纪委,县人民法院,县人民检察院,各人民团体、群众团体,县工商联,各乡镇,县各级党政机关所属参公事业单位。

2. 人员范围:在编在岗的处级及以下工作人员(含机关工勤人员)。

鼓励县委、政府主要负责人参加车改,确因环境所限和工作需要不便参加车改的,允许以适当集中的形式提供工作用车实物保障,但须严格规范管理,不得领取交通补贴,实物保障车辆范围及具体岗位严格控制在核定的总量范围内由县公务用车制度改革领导小组报市公务用车制度改革领导小组确定。

3. 车辆范围:取消一般公务用车,保留必要的机要通信、应急用车、特种专业技术用车和符合规定的一线执法执勤岗位车辆及其他车辆。

(二)改革方式

1. 对参改人员适度发放公务交通补贴,在本县公务交通补贴保障范围内自行选择公务出行方式,公务出行不再报销公务交通费用。公务交通补贴保障范围要与差旅费保障范围搞好衔接。

2. 按照节约成本、保证公务、便于操作的要求,全县党政机关交通补贴标准为:处级每人每月 1040 元,正科级每人每月 650 元,副科级每人每月 600 元,科员每人每月 550 元,科员以下每人每月 500 元(含机关工勤编制人员)。

3. 为解决单位内部不同岗位之间公务出行不平衡问题,允许各参改单位根据实际情况,自主决定集中部分公务交通补贴统筹使用,单位统筹比例原则上不超过补贴总额的 10%。统筹资金使用要规范、公开、透明,具体管理办法由各单位自行制定。

4. 公务交通补贴属于改革性补贴,列入财政预算,在交通费中列支,按月发放,用于保障公务人员普通公务出行。依据经济发展、物价变动等因素,报市公务用车制度改革领导小组审批适时调整公务交通补贴标准。

5. 未参改单位和人员，不得发放公务交通补贴。

（三）核定保留车辆

1. 机要通信、应急用车的保留。县直党政机关保留34辆以内的机要通信、应急用车由国有资产管理中心统一管理，车辆的运行费用、司勤人员费用及管理费用一并纳入财政预算予以保障。在社会化交通方式不足或成本过高的情况下，机要通信和应急用车也可用于保障近距离出差、下乡等公务出行。各乡镇保留的车辆由乡镇自行管理使用。

2. 执法执勤车辆的保留。执法执勤用车部门仅限于法院、检察院、公安、纪委（监察）、司法、交通（海事）、农业（含农机、畜牧）、林业（含林业公安）、市场和质量监督管理局等9个系统（部门）。保留比例在省财政厅核定的执法执勤车辆总编制数扣除核定数5.4%的特种专业技术车辆编制数的基础上，按70%的标准保留。

有执法执勤职能但未纳入9个系统的单位，一般特种专业技术车辆在不超过原有车辆数量下从严核定，其他车辆在严格控制总量的前提下，按照不高于9个执法执勤系统的车辆保留比例核定保留，加入全县保留车辆不得超过80%的标准比列，并纳入跨部门综合执法用车平台管理。

3. 其他车辆的保留。根据市车改办已核定的实物保障范围及具体岗位，县委、县政府主要负责人各给予1辆实物保障用车。

县委、县人大、县政府、县政协办公室根据各自工作需要可适当保留不超过1辆调研接待用车，以中巴车、商务车为主。

4. 保留车辆的审核。县财政局负责审核全县保留车辆，报县公务用车制度改革领导小组办公室备案。

（四）执法执勤用车制度改革

1. 执法执勤部门统一参加公务用车制度改革，执法执勤用车改革应坚持满足执法执勤工作需要，从严控制配备范围、编制、标准，做到保障与改革兼顾。

按规定保留的执法执勤用车要严格配备在一线执法执勤岗位，机关内部管理和后勤岗位以及机关所属事业单位一律不得配备。特种专业技术用车在不超过原有车辆编制数从严核定保留。

2. 县财政局负责制定《衡东县党政机关执法执勤用车制度改革实施细则》（附件2），报县公务用车制度改革领导小组审批后组织实施，结果报县公务用车制度改革领导小组办公室备案。

（五）车辆处置

1. 对县直党政机关取消的公务用车（包括执法执勤用车），由县国有资产管理中心负责制订《衡东县公务用车制度改革车辆处置方案》（附件1），报县公务用车制度改革领导小组审批后，由县国有资产管理牵头组织实施。

2. 对县直党政机关取消的公务用车，通过政府采购确定评估、拍卖机构，在不低于评估基准价的基础上，严格按程序向社会公开拍卖，防止国有资产流失。

3. 处置公务用车所得收入，扣除相关税费后上缴国库。县直机关取消车辆交县国有资产管理中心统一处置，处置收入扣除相关税费后上交县财政。

（六）司勤人员安置

1. 车改单位要按照积极稳妥、以人为本、因地制宜的原则，加强岗位管理，挖掘内部潜力，通过内部转岗、开辟新的就业岗位、提前离岗等多种方式妥善安置。

2. 对距离法定退休年龄5年（含5年）以内的在编正式司勤人员，经本人申请，单位同意，可以提前离岗，离岗期间工资福利等基本待遇不变，单位和个人继续按规定缴纳各项社会保险费，达到国家法定退休年龄时，办理退休手续。

3. 对于本人自愿与用人单位解除人事关系的在编正式司勤人员，用人单位应当按照《国务院办公厅转发人事部<关于在事业单位试行人员聘用制度的意见>的通知》（国办发〔2002〕35号）有关解除聘用合同的规定支付经济补偿。对于车改后不再使用与车改单位具有劳动关系的其他司勤人员，车改单位应当依据《劳动合同法》等有关规定与其解除劳动关系，并支付经济补偿金。

4. 县人社局负责制定《衡东县公务用车制度改革司勤人员安置实施办法》（附件3），车改单位按照“谁使用、谁负责”的原则切实做好司勤人员安置工作,所需经费由单位按原经费渠道解决。

三、改革步骤

(一)参改单位信息报送工作。全县各参改单位在本方案印发后,在规定时间内报送本单位参改人员信息、各职级人数和公务交通补贴总额、取消车辆信息、申请保留车辆信息、移交处置车辆信息、司勤人员安置情况等。所有信息表格须由单位主要领导签字,经相关职能部门审核后,报县公务用车制度改革领导小组审批。

(二)做好处置车辆封存移交工作。参改单位根据县公务用车制度改革领导小组的批复意见,按要求在规定时间内完成车辆封存,并移交县国有资产管理中心处置。

(三)妥善安置司勤人员。参改单位根据县人社局制定的《衡东县公务用车制度改革司勤人员安置实施办法》(附件3),做好司勤人员的安置分流工作。

(四)确定交通补贴计发时间。参改单位按要求完成车辆封存移交后,由公务用车制度改革领导小组办公室确定公务交通补贴计发时间。未按规定时间和工作要求完成的,暂不发放公务交通补贴,计发时间另外确定(不予补发)。

(五)健全公务用车管理机制。县财政局会同相关部门,制定出台《衡东县党政机关公务用车使用管理暂行办法》,按照厉行节约、保障运行的原则,健全、完善公务用车机制。

(六)开展车辆处置工作。县国有资产管理中心按照《衡东县公务用车制度改革车辆处置方案》,依法、公开、透明做好车辆处置工作。

四、保障措施

(一)加强留用车辆管理。保留的机要通信、应急用车要按照《政府机关及公共机构购买新能源汽车实施方案》(国管节能〔2014〕293号)要求,确保每年新能源汽车的购买达到一定比例。除涉及国家安全、侦查办案等有保密要求的特殊工作用车外,执法执勤车辆和应急、机要通信车辆应当喷涂“公务用车”等统一标识。保留的机要通信、应急、接待调研、行政执法等车辆由公车管理服务平台统一管理,过渡时期也可以暂由公车管理服务平台委托相关单位管理使用,特种专业技术用车由单位自行管理使用,9个执法执勤部门的执法执勤车辆暂由各单位自行管理使用。

(二)严格财务管理。县财政局根据交通补贴发放的原则和标准,按照参改人员数量和职级核定补贴数额,严格公务交通补贴发放。各单位要加强财务管理,不得擅自扩大补贴人员范围、提高补贴标准。改革后公务交通支出必须低于改革前支出总额。

(三)加强监督检查。县纪委(监察局)、县发改局、县财政局、县审计局应当根据职责分工,依照有关法律和规定,加强对公务用车制度改革工作的监督管理,严肃公务用车纪律。各部门各单位不得以任何方式借用、占用下属单位或其他单位和个人的车辆,不得接受企事业单位和个人赠送的车辆,不得以任何理由违反用途使用或固定给个人使用执法执勤、机要通信、应急保障等公务用车,不得以交通补贴名义变相发放福利。公务人员不得既领取公务交通补贴、又违规乘坐公务用车。纪检监察机关负责对公务用车制度改革执行情况进行监督检查,纠正和查处违纪违法行为;审计部门要将改革后公务用车配备和运行维护费用、交通补贴发放、车辆处置、统筹费用的提取和使用等纳入日常和专项审计监督。

(四)建立反馈机制。县公务用车制度改革领导小组办公室应当建立健全舆情反馈机制,并会同有关部门及时调查处理媒体曝光、群众举报的违纪违规问题。

(五)切实保障公务出行。健全城市公共交通服务体系,完善出租车市场化运营管理方式,增加社会化交通供给。

公务交通补贴保障范围以外的公务出行,按照差旅费相关规定执行,鼓励公务人员利用公共交通工具和保留车辆出行。因公共交通不发达、工作急需等情况需租赁车辆出行的,要在确保节约的前提下,按照《衡东县党政机关公务用车使用管理试行办法》的有关规定,经所在单位批准后实行。

对执行重大抢险救灾、事故处理、突发事件处理等特殊任务用车,在不新增车辆前提下,由应急工作主管部门制定应急保障预案，报县政府批准。

五、加强组织实施

（一）加强领导。县公务用车制度改革领导小组负责组织实施全县公务用车制度改革工作。各部门各单位要成立公务用车制度改革工作组，由主要负责人牵头，按要求推进本单位公务用车制度改革工作。

（二）明确责任。各部门各单位主要负责人对本部门本单位公务用车制度改革工作负全面领导责任，要认真研究部署，明确任务分工和责任，确定相关责任人员，把各项工作落到实处，确保改革顺利推进。

（三）加强舆论引导。切实做好公务用车制度改革的新闻宣传和舆论引导工作，广泛宣传相关政策规定、典型经验和成效，及时回应社会关切，使广大公务人员和人民群众了解、支持改革，努力为改革营造良好社会氛围。

附件：1. 衡东县公务用车制度改革车辆处置方案

2. 衡东县执法执勤车辆用车制度改革实施细则

3. 衡东县公务用车制度改革司勤人员安置实施办法

附件 1

衡东县公务用车制度改革车辆处置方案

为规范我县党政机关公务用车制度改革中车辆处置工作，根据中央《关于全面推进公务用车制度改革的指导意见》（中办发〔2014〕40 号）、《衡阳市公务用车制度改革总体方案》、《衡阳市市直党政机关公务用车制度改革实施方案》的精神，参照中央、省、市公务用车制度改革的有关规定，结合我县实际，制定本方案。

一、处置范围

（一）单位：纳入公车改革的全县党政机关及参公事业单位。

（二）车辆：县党政机关单位纳入公务用车制度改革后，除按标准规定保留之外的其他所有公务用车，包括取消的一般公务用车、执法执勤车辆和核减的其他车辆（以下简称“拟处置车辆”）。

二、处置工作的职责区分

（一）工作机制

县党政机关单位及参公事业单位拟处置车辆的处置工作，按照《衡东县公务用车制度改革总体方案》的统一部署，由县公车改革领导小组办公室统筹协调、县国有资产管理中心具体组织实施，县发改局、县监察局、县财政局、县交警队等相关部门各司其职、密切配合，确保工作公开透明、依法合规，稳步推进。

（二）职责分工

1. 县发改局：按照《衡东县公务用车制度改革总体方案》和《衡东县党政机关公务用车制度改革实施方案》中关于公车处置工作的规定，协调、督促各职能部门按要求抓好各项工作的落实，确保公车处置工作保质保量如期完成。

2. 县监察局：牵头组织各涉改单位拟处置车辆的收缴、封存，监督公车处置工作依法依规实施，对公车处置过程中反映的问题进行查处。

3. 县国有资产管理中心：统计、审核拟处置车辆相关数据和车辆档案；下发处置批复；确定车辆评估、拍卖、报废解体机构；组织车辆移交、评估、拍卖和报废；指导规范固定资产处置账务工作。

4. 县财政局：负责制定、审核公务用车的保留、核减计划，监管处置收益统交国库。

5. 县交警大队：负责安排专门人员对参改单位拟处置车辆的档案资料进行核查，办理拟处置车辆的违章记录、罚款和年检，全程协调公车处置过程中的车辆过户、报废工作。

6. 各参改单位：负责按要求对拟处置车辆的违章、罚款、年检及移交手续进行办理。

三、工作步骤

车辆处置工作按如下步骤和时限进行：

（一）确定车辆评估、拍卖、报废解体机构

县国有资产管理中心按程序确定具有相应资质的车辆评估公司、车辆拍卖公司及报废解体机构，并签订合同，明确评估、拍卖工作要求与流程等。

(二)申报上缴车辆情况

1. 各单位将拟留用和上缴的车辆数量和相关信息资料按规定填写相关表格(《申请保留车辆情况统计表》、《取消车辆信息统计表》),于2016年12月中旬前报县国有资产管理中心。县国有资产管理中心于12月底之前组织专门人员对各单位拟处置的车辆进行车况摸底。

2. 完善、上缴车辆档案。各单位在规定期限内办结违章记录,搞好车辆年检,并将机动车登记证、车辆钥匙、行驶证、购车凭证、购置附加费(税)证、交强险单、车船使用税凭证、组织机构代码证复印件、《车辆处置委托书》(承诺书)、车辆车架号、发动机号拓印、车辆牌号等资料上交县国有资产管理中心。(在通知停驶封存后,2个工作日内完成)

(三)审核拟留用、处置车辆数据资料

1. 县国有资产管理中心对各单位的报表数据和车辆档案进行审核审批,并根据对车辆的摸底情况,对拟留用,拟处置、拟报废的车辆报县公车改革领导小组办公室(以下简称"县公车改革办")备案。

2. 县监察局牵头,县国有资产管理中心组织召开涉改单位负责人、经办人会议,组织开展公务用车留用、封存、上缴、处置工作。

(四)封存、移交车辆

1. 停驶封存。各涉改单位按照县监察局、县国有资产管理中心批复,将要处置的公车在规定的时间内停驶入库,单位驾驶员与车管负责人办理交接保管手续。通知下发后2个工作日内完成停驶入库手续,涉改单位应加强对入库车辆的管理。

2. 移交车辆。县国有资产管理中心会同交警部门审核各单位车辆档案资料后下发《车辆移交通知》,县国有资产管理中心进行车辆查验,办理交接过户手续。

(五)评估与处置

县国有资产管理中心根据各单位上缴车辆的数量和类别,科学统筹,分批组织评估鉴定,根据评估结果,组织车辆处置,并将结果报县公车改革办。

1. 调剂:根据车辆现状确定保留车辆,具体由国资管理中心办理调剂和移交过户手续。

2. 拍卖:按评估结果,分期分批将拟处置车辆移交拍卖机构公开拍卖。

3. 报废:依据评估鉴定意见,将报废车辆移交通过政府采购定点的报废解体机构进行处理。

(六)上缴处置收益

县国有资产管理中心将车辆拍卖和报废的处置收入抵扣相关税费后按照非税收入管理有关规定统一上缴国库。

四、处置工作要求

车辆处置工作,必须严格遵守如下纪律要求:

(一)各单位上报的车辆数据和相关信息,必须真实准确,不得瞒报、漏报。对拟处置车辆必须按要求做到资料完备、按时上交,不得故意拖延和拒交。所有车辆在上交前必须自行处理好违章违规记录并出具交警部门出具的无违章证明。

(二)严禁变相变(拆)换车辆及部件。

(三)严禁违反规定程序,擅自处置车辆。

对违反以上处置纪律要求的,由县公车改革办视情责令限期改正或通报批评。造成国有资产损失的,依法追究单位主要领导和相关人员责任。

附件2

衡东县执法执勤用车制度改革实施细则

第一条 为稳妥推进本县党政机关执法执勤用车制度改革,规范执法执勤用车管理,根据中共中央、国务院《党政机关厉行节约反对浪费条例》、《关于全面推进公务用车制度改革的指导意见》(中办发〔2014〕40号)、《湖南省公务用车制度改革总体方案》(湘办发〔2015〕46号)、《衡阳市公务用车制度改革总体方案》(衡办发〔2016〕11号)的精神,制定本细则。

第二条 本细则所涉及的党政机关执法执勤用车部门,是指经国家批准、由财政部门制定执法执勤用车配备使用管理办法并核准执法执勤用车编制的9个部门,即公安、法院、检察院、司法、农业(含农机、畜牧)、林业(含林业公安)、市场监管、交通(海事)、纪检监察。

第三条 本细则所涉及的党政机关执法执勤

用车,是指一般执法执勤用车。执法执勤特种专业技术用车在原有编制数基础上从严从紧予以保留。

第四条 执法执勤用车制度改革要从严控制配备范围、编制、标准,并满足执法执勤工作需要,做到保障与改革统筹兼顾。

执法执勤用车配备严格限制在一线执法执勤岗位,机关内部管理和后勤岗位以及机关所属事业单位一律不得配备。

第五条 县内党政机关一般执法执勤用车,在核定改革前编制的基础上,根据部门职能、机构设置和一线执法执勤岗位等因素,按照5.4%比例核定为特种专业技术用车后,按70%比例保留一般执法执勤用车编制。

县直机关在两年内建立跨部门综合执法用车平台。

第六条 县财政局根据审定的执法执勤用车保留编制数,核定各部门执法执勤用车经费,确定各部门公务交通补贴。实际保留的执法执勤用车数少于或等于核准保留编制数的部门,不扣减部门公务交通补贴;超过核准保留编制数的部门,每多保留1辆车,每年按6万元(每辆)扣减部门公务交通补贴;保留车辆比例超过90%的部门,不发放公务交通补贴。

第七条 取消的执法执勤用车根据《衡东县党政机关公务用车制度改革车辆处置方案》,按照公平、规范高效的原则统一处置,处置收入上缴国库。

第八条 县内党政机关要加强对执法执勤用车的使用管理,建立健全登记、公示等各项使用管理制度。除涉及国家安全、侦查办案等有保密要求的特殊工作用车外,执法执勤用车要喷涂明显的统一标识,集中管理。

第九条 严格按规定使用执法执勤用车,严禁以任何理由挪用或固定给个人使用执法执勤用车,不得以任何方式换用、借用、占用其他单位或下属单位执法执勤用车。对违反规定使用执法执勤用车的单位,按有关规定追究单位领导的责任。

第十条 执法执勤部门工作人员除执法执勤外,在交通补贴保障范围外执行一般性公务,应按规定乘坐公交,非特殊或紧急情况,不得乘坐执法执勤用车或用公款租车。

第十一条 执法执勤部门要依据相关政策,制定严格的执法执勤用车管理制度,报县公车改革领导小组审定,并抄送县纪委、县监察局、县财政局、县审计局备案。

未制定执法执勤用车管理制度或虽制定了制度但未通过审定的部门,暂不发放公务交通补贴。

第十二条 执法执勤部门每年1月20日前,应将上年的执法执勤车辆配备和运行经费情况报送县财政局。

第十三条 县纪委、县监察局、县财政局、县审计局等部门对执法执勤用车配备、使用和交通补贴发放等改革情况进行监督检查,纠正和查处违规违纪行为。

对违反规定使用执法执勤车辆的个人,经查实后,按违规使用车辆期限扣减个人相应公务交通补贴。

第十四条 本细则由县财政局负责解释。

第十五条 本细则自发布之日起施行。

附件3

衡东县公务用车制度改革司勤人员安置实施办法

根据《衡东县党政机关公务用车制度改革实施方案》精神,为妥善安置司勤人员,保障我县各级党政机关公务用车制度改革平稳顺利实施,制定以下办法。

一、适用范围

参加我县各级党政机关公务用车制度改革单位(以下简称车改单位)中涉改的一般公务用车司勤人员,包括在编正式司勤人员和其他用工形式的司勤人员。

二、安置原则

按照"谁使用、谁负责"和"以人为本、积极稳妥、因地制宜"的原则,坚持内部消化为主、多种方式安置,不将司勤人员简单推向社会,特别要做好工作年限长、年龄较大的司勤人员的安置工作,确保公务用车制度改革顺利实施。

三、安置途径

(一)竞聘上岗。继续保留公务用车单位和公车管理服务平台在有空余编制和空余工勤技能岗位的情况下,对车改单位现有在编正式司勤人员,经本人申请,车改单位同意,可优先聘用上岗,并签订聘用合同。

(二)内部转岗。对未竞聘上岗的或自愿留在本单位的在编正式司勤人员,车改单位要加强岗位管理,挖掘内部潜力,开辟新的就业岗位,根据实际需要,尽可能将其安排在机关所需的其他工勤技能岗位工作,或经本人自愿、单位同意,转岗到本部门事业单位尚有空缺的工勤技能岗位工作,不再保留原机关人员身份。同时各单位应做好转岗培训工作,使转岗人员尽快适应新岗位要求。

(二)提前离岗。截至2016年7月1日,对距国家法定退休年龄5年(含5年)以内的在编正式司勤人员,经本人申请、单位同意,可以提前离岗,离岗期间工资福利等基本待遇不变,和在职同类人员待遇一致,单位和个人继续按规定缴纳各项社会保险费,达到国家法定退休年龄时,办理退休手续。

(三)解除劳动人事关系。对于本人自愿与用人单位解除人事关系的在编正式司勤人员,用人单位应当按照《国务院办公厅转发人事部〈关于在事业单位试行人员聘用制度的意见〉的通知》(国办发〔2002〕35号)有关解除聘用合同的规定支付经济补偿。未签订聘用合同的在编正式司勤人员,解除人事关系的经济补偿参照解除聘用合同的规定执行。对于车改后不再使用与车改单位具有劳动关系的其他司勤人员,车改单位应依据《劳动合同法》等有关规定与其解除劳动关系,并支付经济补偿金。

(四)做好相关工作。对于解除人事劳动关系的司勤人员,进入事业单位、企业工作的,按照国家和我省有关规定处理各项社会保险关系。符合享受失业保险待遇条件的享受失业保险待遇,其待遇由参保所在地失业保险经办机构负责落实;未参加失业保险的,由车改单位参照当地失业保险标准及享受期限予以补偿。对于借调、退休返聘等其他用工形式的司勤人员,各单位应在保障其合法权益的前提下及时清退,严格规范人员管理,为司勤人员安置工作创造有利条件。

四、组织实施

各部门各单位要加强司勤人员安置工作的组织领导,抽调专门力量实施司勤人员安置工作。要根据本单位实际情况,按照公务用车制度改革总体部署,充分征求单位干部职工和司勤人员的意见建议。研究制定本单位措施具体、操作性强的司勤人员安置方案,方案应包括组织领导、安置范围、总体原则、不同用工方式司勤人员安置方式方法、解聘人员待遇、完成时限和要求等内容。司勤人员安置方案应经过单位集体研究、主要负责人签字确认后,上报县车改办,同时填报《衡东县公务用车制度改革司勤人员安置情况信息表》。对改革涉及的相关人员,要逐一宣传和解释有关政策,做好耐心细致的思想工作,确保改革过程中相关人员充分行使知情权和参与权。在具体组织实施中,要严格执行政策规定,严格按方案确定的基本程序和主要内容办理,切实落实各项制度和工作要求,加强对各个工作环节的监督检查,邀请纪检监察等部门全程参与监督,确保司勤人员安置工作平稳顺利进行。

中共衡东县委办公室　衡东县人民政府办公室
衡东县党政机关公务用车使用管理暂行办法

（东办发〔2016〕33号）

第一章　总　则

第一条　为进一步规范公务用车使用管理，保障公务用车制度改革后县党政机关公务出行需要，根据中共湖南省委办公厅、湖南省人民政府办公厅印发《湖南省公务用车制度改革总体方案》（湘办发〔2015〕46号），中共衡阳市委办公室、衡阳市人民政府办公室印发《衡阳市公务用车制度改革总体方案》（衡办发〔2016〕11号）的精神，结合本县实际情况，制定本办法。

本办法适用于全县参加公务用车制度改革的党政机关（含工商联）和参照公务员法管理的人民团体、群众团体和事业单位。

第二条　本办法旨在以保障公务出行、降低行政成本、推进节约型机关建设为目的，坚持社会化、市场化方向，合理有效配置公务用车资源，创新公务交通分类保障方式，建立新型公务用车使用管理体制。

第三条　公务交通补贴用以保障参改人员在保障范围内公务出行的交通费用。各参改单位可以根据实际情况，自主决定集中部分公务交通补贴统筹使用（统筹比例原则上不超过各单位交通补贴总额的10%），用以解决单位内不同岗位之间公务出行不平衡问题，统筹资金使用要规范、公开、透明。

第四条　公车管理服务平台负责全县应急公务用车的调度管理。

第二章　使用规则

第五条　实物保障车辆用于保障县委、县政府主要负责人的公务出行需要。

第六条　机要通信和应急用车用于以下公务：

（一）传送机要文件；

（二）省、市领导机关和对口部门布置的紧急公务；

（三）县委办公室、县人大办公室、县人民政府办公室、县政协办公室布置的紧急公务；

（四）交通补贴保障范围内的专项检查、督查和大型公务接待；

（五）到现场处理突发应急事件；

（六）到交通补贴保障范围外且公交不发达乡镇履行专项检查、工作调研，陪同上级或县外宾客考核、视察等公务；

（七）经单位领导批准的其他紧急公务出行。

第七条　执法执勤用车仅限于纪委（监察）、法院、检察院、公安、司法、交通、农业、林业、市场和质量监督管理局等9个部门的执法执勤工作需要，依据规定配备到一线执法执勤岗位，具体使用管理办法由县财政局另行制定。

第三章　车辆管理

第八条　县党政机关保留公务用车实行编制管理。车辆编制由县公务用车主管部门依据上级批复核定，车辆的配备、更新、处置以及管理体制按照相关规定执行。车辆配备、更新应优先选择新能源汽车。

第九条　保留的机要通讯和应急用车仅限于第六条明确的公务活动。已享受了公务交通补贴的机关工作人员，在保障范围内的公务出行，一律不得再使用公务用车或者公费租车，不得报销交通出行费用（包括公共交通费、公款租车费、燃油费）。节假日必须严格执行公务用车管理相关规定，车辆必须集中停放在规定区域。公务出行必须实行派车登记审批制度并建立车辆派遣档案。

第十条　除涉及国家安全、侦查办案等有保密要求的特殊工作用车外，调研接待、机要通信和应急用车统一喷涂“公务用车”标识,执法执勤用车统一喷涂相关的执法执勤标识。

第十一条 公务出差使用公车或公费租赁车辆,必须严格执行县内相关费用开支标准。

第四章 租赁服务

第十二条 为了保障确属工作需要的公务用车,公车管理服务主管部门应通过公开招标、邀请招标、竞争性磋商、竞争性谈判等采购方式,按照价格孰低、服务孰优原则,确定 1－2 家专业的社会化车辆租赁服务公司,作为参改单位社会化公务用车的服务商。县财政局应制定完备的租赁价格体系印发给全县机关、行政和事业单位执行。

第十三条 因工作需要,在交通补贴保障范围外执行公务确需租赁车辆的,由各用车单位直接向公车管理服务主管部门遴选确定的租赁服务商,按照制定的统一租赁价格,申请公务用车租赁服务。

第十四条 公务租赁用车应符合下列情形之一:

(一)省、市布置的紧急公务;

(二)县委办公室、县人大办公室、县人民政府办公室、县政协办公室布置的紧急公务;

(三)处理突发应急事件;

(四)上级部门部署的或者本单位集体研究决定的专项督查和工作调研;

(五)重要公务接待活动;

(六)单位集体大型公务活动;

(七)其它紧急情况。

第十五条 各单位必须严格控制公务用车租赁,租赁费从县财政预算安排的公务费中列支,列支比例不得超过财政部门的相关规定。单位统筹的公务交通补贴,也可作为公务用车租赁费列支渠道。

公务用车租赁管理和经费开支,县财政部门另有明确规定的,从其规定。

第十六条 公务用车租赁,必须填制《公务用车租赁审批单》,载明公务事项、紧急程度、服务商、目的地、行车里程、服务价格、用车人、批准人等要素。费用报账必须以《公务用车租赁审批单》和佐证紧急程度的依据等作附件,开具正式税务发票报单位内控部门审核和分管领导审批后列支。未附《公务用车租赁审批单》或要素填写不齐全的,不能列支。

第五章 纪律要求

第十七条 各参改单位不得以任何方式换用、借用、占用下属单位或其他单位和个人的车辆,不得接受企事业单位和个人赠送的车辆。参改个人不得违反使用用途使用执法执勤、行政执法、机要通信等公务用车,不得违反规定给个人安排专用车辆,不得以任何理由在公务交通补贴外发放用车补贴、燃油补贴,不得既领取公务交通补贴、又违规常态化乘坐公务用车。

第十八条 县纪委、县监察局、县财政局、县审计局要按照职责分工,加强对公务用车的管理,健全公务用车监督管理体系,对公务用车实行信息化动态管理。

第六章 附 则

第十九条 本办法由县财政局负责解释。

第二十条 本办法自发布之日起试行。

中共衡东县委巡察工作领导小组工作规则

（东办发〔2017〕4 号）

第一条 为规范中共衡东县委巡察工作领导小组的工作，根据《中国共产党巡视工作条例》、《中共湖南省委巡视工作规定（试行）》、《中共衡阳市委巡视联络工作规定（试行）》、《衡阳市市县巡察工作实施办法》、《中共衡东县委巡察工作实施办法（试行）》，制定本规则。

第二条 县委巡察工作领导小组要坚持以马克思列宁主义、毛泽东思想、邓小平理论、“三个代表”重要思想和科学发展观为指导，深入贯彻习近平总书记系列重要讲话精神，坚持党要管党、从严治党的方针，全面履行职责，加强对县委巡察工作的组织领导，切实发挥巡视巡察监督作用，维护党的纪律，保证党的路线方针政策和中央、省委、市委、县委重大决策部署的贯彻执行。

第三条 县委巡察工作领导小组在县委常委会领导下，认真履行中央的《巡视工作条例》和省委、市委的《巡视工作规定》及县委《巡察工作实施办法》规定的各项职责，向县委负责并报告工作。

县委巡察工作领导小组组长由县纪委书记担任；副组长由县委组织部部长担任；成员由县纪委分管副书记、组织部分管副部长、巡察办主任担任。

县委巡察工作领导小组按照民主集中制的原则研究决定重大事项。

第四条 县委巡察工作领导小组应当将下列事项及时报告县委：

（一）巡察工作年度计划、方案；

（二）巡察报告；

（三）专题报告；

（四）年度巡察工作综合报告；

（五）重要制度规定；

（六）其他应当向县委报告的事项。

第五条 县委巡察工作领导小组建立会议制度。县委巡察工作领导小组会议由组长或受委托的副组长召集和主持；会议议题由县委巡察工作领导小组办公室（以下简称县委巡察办）收集和提出、组长确定，其他成员可以提出建议。

会议研究、审议下列事项：

（一）贯彻中央、省委、市委和县委关于巡视、巡察工作的决议、决定的措施和意见；

（二）巡察工作年度和阶段计划、方案；

（三）巡察组提交的巡察报告；

（四）拟报送县委的专题报告和年度巡察工作综合报告；

（五）有关制度规定；

（六）需由县委巡察工作领导小组会议研究的其他重要事项。

会议应当形成纪要。

第六条 县委巡察工作领导小组会议适时召开。根据需要可确定有关列席人员。

会议应有三分之二以上县委巡察工作领导小组成员到会方可召开。

县委巡察工作领导小组成员因故不能参加会议的，应当向组长请假。

第七条 县委巡察工作领导小组应当了解掌握县委巡察办、巡察组履行职责、执行制度等情况，加强对巡察工作人员的管理和监督。

第八条 县委巡察工作领导小组报送县委的巡察工作年度计划、方案、巡察报告、专题报告、年度巡察工作综合报告等，由组长签发。

第九条 县委巡察工作领导小组成员应当加强学习，自觉遵守党的政治纪律、组织纪律、工作纪律、廉洁纪律、生活纪律、群众纪律和保密纪律。

中共衡东县委巡察工作实施办法(试行)

(东办发〔2017〕5号)

第一章 总 则

第一条 为落实全面从严治党要求,强化管党治党责任,进一步加强和规范巡察工作,根据《中国共产党巡视工作条例》、《中共湖南省委巡视工作规定(试行)》、《衡阳市市县巡察工作实施办法(试行)》等有关规定,结合我县实际,制定本实施办法。

第二条 县委实行巡察制度,建立专职巡察机构,对省委、市委巡视巡察工作开展协调服务,并负责巡察监督本县所辖地方、部门、企事业单位党组织领导班子及其成员。

第三条 巡察工作以马克思列宁主义、毛泽东思想、邓小平理论、“三个代表”重要思想、科学发展观为指导,深入贯彻习近平总书记系列重要讲话精神,落实中央巡视工作方针和省委、市委巡视巡察工作决策部署,聚焦党风廉政建设和反腐败斗争,紧扣“六大纪律”,及时发现和解决党组织和党员干部存在的违纪违法问题,形成震慑,推进全面从严治党、依规治党得到落实。

第四条 巡察工作坚持县委统一领导、各方联动、分级负责;坚持实事求是、依法依规;坚持群众路线、发扬民主。

第二章 机构和人员

第五条 县委成立巡察工作领导小组,负责组织实施本县巡察工作,接受省委、市委巡视巡察工作领导小组和县委领导并报告工作。

县委巡察工作领导小组组长由县纪委书记担任;副组长由县委组织部部长担任;成员由县纪委分管副书记、县委组织部分管副部长、巡察办主任担任。日常工作由巡察办主任负责。县委巡察工作领导小组组长为组织实施巡察工作的主要责任人。

第六条 县委巡察工作领导小组的职责是:

(一)贯彻党中央、省委、市委和县委有关决议、决定;

(二)研究提出巡察工作规划、年度计划和阶段任务安排;

(三)听取巡察工作汇报;

(四)研究巡察成果的运用,提出分类处置相关意见建议;

(五)向县委报告巡察工作情况;

(六)对巡察办、巡察组进行管理和监督,向县委提出巡察干部使用和调配意见;

(七)研究处理巡察工作中的其他重要事项。

第七条 县委巡察工作领导小组下设办公室,为中共衡东县委巡察工作领导小组办公室(简称县委巡察办)。县委巡察办是领导小组日常办事机构,为县委工作部门,设在县纪委,正科级常设机构,设主任、副主任职位。

第八条 县委巡察办为县财政一级预算单位,工作经费由县财政单独列入预算,确保巡察工作的需要。

第九条 县委巡察办的职责是:

(一)向县委巡察工作领导小组报告巡察工作情况,传达贯彻中央、省委、市委、县委和县委巡察工作领导小组的决策和部署,并接受上级巡视巡察办的领导;

(二)负责对接上级巡视巡察办、巡视巡察组的日常联络工作,及时报送有关信息资料;

(三)负责统筹、管理、协调县委巡察组开展工作;

(四)承担综合协调、调查研究、督察督办、情况通报、制度建设、服务保障等工作;

(五)对巡察发现的普遍性、规律性问题进行综合、分析和研究,形成专题报告,为县委决策服务;

(六)对上级巡视巡察办、巡视巡察组、县委、县委巡察工作领导小组决定的事项及其巡视巡察移交的事项进行督办;

(七)对巡察工作人员进行培训、考核、监督和管理；

（八）受理干部群众对巡察工作人员的举报和反映，提出处理意见；

（九）负责巡察信息处理和宣传公开工作；

（十）建立工作档案，负责巡察工作文书的建档、保管和使用；

（十一）督促检查县委巡察反馈意见的落实整改；

（十二）办理县委、县委巡察工作领导小组交办的其他事项。

第十条 县委设立若干巡察组，承担巡察任务，向县委巡察工作领导小组负责并报告工作。

第十一条 县委巡察组设组长、副组长等职位。组长为正科级、副组长为副科级，实行组长负责制，副组长协助组长开展工作。巡察组组长根据每次巡察任务确定并授权。

第十二条 被巡察单位党组织在被巡察期间，应当抽调或者指定专人，负责联络衔接和协调服务，积极配合巡察组开展工作。

第十三条 巡察工作人员应当具备下列条件：

（一）理想信念坚定，在思想上政治上行动上同党中央保持高度一致；

（二）坚持原则，敢于担当，依法办事，公道正派，清正廉洁；

（三）遵守党的纪律，严守党的秘密；

（四）善于学习，熟悉党务工作和政策法规，有较强的发现问题、沟通协调、文字综合等能力，有一定的基层工作经验；

（五）有强烈的事业心和责任感，热爱巡察工作；

（六）身体健康，能胜任工作要求。

第十四条 县委巡察机构干部人事管理：

（一）选配巡察工作人员应当严格标准，对不适合从事巡察工作的人员，应当及时予以调整。

（二）巡察组人员在原单位列编，其工资关系、党组织关系、工会关系由原单位管理。参加原单位的党员活动、工会活动、民主推荐干部、民主评议干部等着重大活动、重要会议。

（三）巡察组人员的年度考核、民主测评和考察，按有关规定执行。

（四）巡察工作人员应当按照规定进行轮岗交流。

（五）巡察工作人员实行公务回避、任职回避和地域回避。

（六）县委巡察办应当加强自身建设，建立健全日常管理制度，加强纪律教育和内部监督，严格规范工作程序，组织开展学习培训，不断提高巡察工作人员的政治、业务素质和工作水平。

（七）巡察工作人员在巡察工作中成绩突出、为维护党和国家利益作出重要贡献的，应当给予表彰奖励，县委巡察办应积极向干部主管部门推荐任用。

第十五条 县纪检监察机关、组织部门应当有计划地安排优秀干部参加巡察工作，并以此作为培养、锻炼、考察干部的平台。

第十六条 根据巡察工作需要，可以借调、抽调相关部门人员参加巡察工作，相关部门不得推脱。借调、抽调人员在巡察期间由县委巡察办和巡察组共同管理。

第三章 巡察范围和内容

第十七条 巡察组巡察的对象和范围：

（一）县委各工作部门领导班子及其成员，县人民法院党组、检察院党组、县直各局（委、办）党组（党委）、县属科级以上事业单位党委（党组）、人民团体党委（党组）领导班子及其成员，二级机构党组织主要负责人；

（二）乡（镇、办事处）、县属投融资公司领导班子及其成员；乡（镇、办事处）直机关办、站、所、中心主要负责人；延伸到行政村（社区）党组织、村委会（居委会）主要负责人；

（三）县本级投资的重点工程项目指挥部（服务组）或责任单位领导班子及其成员；

（四）省委巡视组、市委巡察组要求督促整改的党组织领导班子及其成员；

（五）县委要求巡察的其他单位党组织领导班子及其成员。

第十八条 巡察组对巡察对象执行《中国共产党章程》和其他党内法规，遵守党的纪律，落实党风廉政建设主体责任和监督责任等情况进行监督，应着力发现以下问题：

（一）违反政治纪律和政治规矩，存在违背党的路线方针政策和上级党委决策决定，有令不行、有禁不止，阳奉阴违，拉帮结派等问题；

（二）违反廉洁纪律，落实党风廉政建设“两个责任”不力，以权谋私、贪污贿赂、腐化堕落等问题；

（三）违反组织纪律，违背党的民主集中制，拉帮结派、违规用人、拉票贿选、买官卖官，以及独断专行、软弱涣散、严重不团结等问题；

（四）违反群众纪律、工作纪律、生活纪律和中央八项规定、省委九项规定、市委十条规定、县委十项规定要求，搞形式主义、官僚主义、享乐主义和奢靡之风等问题；

（五）县委要求了解的其他问题。

第十九条 巡察组可以根据工作需要，围绕县委、县政府的中心工作，对社会关注度高、群众反映大、事关全县改革发展稳定大局的重点人、重点事、重点问题或者巡察整改情况，开展机动灵活的专项巡察。

第四章 工作方式和权限

第二十条 巡察组可以采取以下方式开展工作：

（一）听取被巡察党组织的工作汇报和有关部门的专题汇报；

（二）与被巡察党组织领导班子成员和其他干部群众进行个别谈话；

（三）设立投诉举报平台，受理反映被巡察党组织领导班子及其成员和下一级党组织领导班子主要负责人问题的来信、来电、来访等；

（四）抽查核实党员干部报告个人有关事项的情况；

（五）向有关知情人询问情况；

（六）调阅、复制有关文件、档案、会议记录、财务账目等资料；

（七）召开座谈会；

（八）列席被巡察单位的有关会议；

（九）进行民主测评、问卷调查；

（十）以适当方式到被巡察单位的下属单位或者部门了解情况；

（十一）开展专项检查；

（十二）提请有关单位或专业机构予以协助；

（十三）县委批准的其他方式。

巡察组采取本条第（五）、（十一）、（十二）项所列方式开展巡察，应当提出书面申请，由县委巡察办按照规定程序办理后实施。

第二十一条 巡察组依靠被巡察党组织开展工作，不干预被巡察地区、单位的正常工作，不履行执纪审查的职责。

第二十二条 巡察组应当严格执行请示报告制度。巡察期间发现被巡察单位存在下列情况的，应当及时向县委巡察工作领导小组报告；特殊情况下，可以直接向县委书记请示和报告：

（一）严重违反政治纪律和政治规矩的重大问题，以及突发性的影响改革发展稳定的重大事件；

（二）被巡察单位党政主要负责人严重违反民主集中制原则，领导班子涣散，或者严重不团结，严重影响工作和领导班子建设的问题；

（三）被巡察单位领导班子成员以及上级党委管理的其他干部涉嫌严重违纪违法，特别是群众反映强烈、问题重大复杂敏感、事态紧急的问题；

（四）巡察组认为应当及时报告的其他事项。

第二十三条 巡察期间，经县委巡察工作领导小组批准，巡察组可以将被巡察党组织管理的干部涉嫌违纪违法的具体问题线索，移交有关纪律检查机关或者政法机关处理；对群众反映强烈、明显违反规定并且能够及时解决的问题，向被巡察党组织提出处理建议，并督促整改。

第五章 工作程序

第二十四条 巡察组开展巡察前，应当向县纪检监察机关、政法机关和组织、审计、信访等相关部门和单位了解被巡察党组织领导班子及其成员的有关情况，相关部门应当主动配合，如实提供情况信息。巡察组应当针对被巡察单位情况制定工作方案报县委巡察办备案。

第二十五条 巡察组进驻被巡察单位后，应当召开动员会议，向被巡察党组织通报巡察任务，按照规定的工作方式和权限，开展巡察了解工作。

巡察组对反映被巡察党组织领导班子及其成员的重要问题和线索，可以进行深入了解。

第二十六条 巡察了解工作结束后，巡察组应当形成巡察报告，如实报告了解的重要情况和问题，并提出处理建议。

对党风廉政建设等方面存在的普遍性、倾向性问题和其他重大问题，应当形成专题报告，分析原因，提出建议。

第二十七条 县委巡察工作领导小组应当及时听取巡察组的巡察情况汇报，研究提出处理意见，报县委决定。

第二十八条 书记专题会及时听取巡察综合情况汇报，对巡察成果的运用提出具体意见。

第二十九条 巡察组应当在县委巡察工作领导小组听取汇报后，形成巡察反馈意见。经县委巡察工作领导小组审定同意后，及时向被巡察党组织领导班子及其主要负责人分别反馈相关巡察情况，指出问题，有针对性地提出整改意见。

根据县委巡察工作领导小组要求，巡察组将巡察的有关情况通报县委、县政府有关领导及其职能部门。

第三十条 被巡察党组织收到巡察组反馈意见后，应当认真整改落实，在15个工作日内将整改方案报相应巡察组，经巡察组组长审核同意后正式报巡察办备案。2个月内将整改情况报告和主要负责人组织落实情况报告，报送县委巡察办，经审核同意后，将整改情况报送县委巡察工作领导小组审定并在适当范围内公开和通报。

被巡察党组织主要负责人为落实整改工作的第一责任人。

第三十一条 对巡察发现的问题和线索，巡察组应当及时提出分类处置建议，由县委巡察办分类汇总后报县委巡察工作领导小组同意，依据干部管理权限和职责分工，按照以下途径进行移交：

（一）对了解到的影响经济社会发展和党的建设方面的重大问题，或涉及重大政策调整、体制机制改革方面的问题，应当形成专题报告，报送县委、县政府相关部门；

（二）对领导干部涉嫌违纪违法的问题线索和作风方面的突出问题，移交县纪检监察机关处理；涉及被巡察党组织管理的干部原则上交单位纪检部门处理，特别重要或涉及主要负责人的，同时移交上级纪检监察机关；

（三）对执行民主集中制、干部选拔任用等方面存在的问题，移交县委组织部门处理；涉及被巡察党组织管理的干部原则上交单位党组织处理，特别重要或涉及主要负责人的，同时移交上级组织人事部门；

（四）其他问题按照职责和管理权限移交相关单位。

第三十二条 有关纪律检查机关、组织部门收到巡察组移交的问题或者线索后，应当及时研究提出谈话函询、初核、立案或者组织处理等意见，并于3个月内将办理情况反馈巡察办。

第三十三条 县委巡察办根据巡察反馈、移交、整改等情况，建立健全巡察整改成果台账管理制度。

第三十四条 全县各级党组织应当把巡察结果作为干部考核评价、选拔任用的重要依据，在干部任用前征求县委巡察办的意见。

第三十五条 县委巡察办负有督促巡察整改职责，应当会同相关巡察组采取督办、催办、回访、专项检查等方式，了解和督促被巡察单位整改落实工作并向县委巡察工作领导小组报告。

县委巡察工作领导小组可以直接听取被巡察党组织有关整改情况的汇报。

第三十六条 巡察动员、进驻、反馈、整改等情况，应当通过新闻媒体和党内通报等形式公开，接受党员、干部和人民群众监督。

第六章 工作机制

第三十七条 建立和完善县委常委会、书记专题会、县委巡察工作领导小组听取巡察情况和巡察工作情况汇报机制，研究决定重大问题。

第三十八条 建立和完善县委巡察工作领导小组相关负责人听取县委巡察办和巡察组重要情况汇报机制，加强具体工作领导和指导。

第三十九条 建立巡察机构与纪检监察机关的协调机制。根据巡察工作需要，应加强与纪检监察机关联系会商，经县委巡察办报批后，纪检监察机关应当向巡察组提供巡察对象的有关信息。巡察移交的问题线索，纪检监察机关应明确一个部门专门管理，优先办理，限时办结，及时反馈。

第四十条 建立巡察机构与组织部门的协调机制。根据巡察工作需要，应加强与组织部门联系，组织部门应当支持配合巡察组抽查、核实领导干部个人有关事项。明确由巡察组主导、组织部门配合，结合巡察开展选人用人专项检查工作。

第四十一条 建立巡察机构与审计部门的协调机制。对单位开展巡察工作应当充分运用审计成果,审计部门应当定期向县委巡察办提供审计计划,选派人员参与巡察工作,介绍被巡察对象的审计情况,提供审计协助。

第四十二条 建立巡察机构与政法机关的协调机制。根据工作需要,巡察组可以提出书面申请,由县委巡察办按程序报批后,可以提请公安、检察、法院、司法等机关部门配合开展约谈、询问、信息查询、建议审查、关注督办、法纪咨询等工作。

第四十三条 建立巡察机构与宣传部门的协调机制。宣传部门应当协调相关媒体,向社会宣传巡察工作动员、进驻、反馈、整改等情况。县委巡察办应当加强与宣传部门的沟通联络,及时宣传巡察工作,互通信息,共同研判处置涉巡舆情,回应社会关切。

第四十四条 建立巡察机构与机构编制部门的协调机制。机构编制部门应当及时提供被巡察单位机构编制方面的情况和违规违纪问题线索,选派人员参与巡察工作。巡察发现的机构编制方面的问题应及时反馈给机构编制部门,提出解决问题的意见建议,促进问题整改。

第七章 纪律与责任

第四十五条 县委和县委巡察工作领导小组应当加强对巡察工作的领导。县委巡察办、巡察组、巡察对象要认真履行职责,建立巡察工作责任体系,对巡察工作开展不力,整改不到位,发生严重问题的,依据有关规定追究相关责任人员的责任。

第四十六条 纪检监察、政法机关、组织、审计、信访等机关部门及其他有关单位,应当支持配合巡察工作。对违反规定支持配合不力,造成严重后果的,依据有关规定追究相关责任人员的责任。

第四十七条 巡察工作人员应当严格遵守工作纪律。巡察工作人员有下列情形之一的,视情节轻重,给予批评教育、组织处理或者纪律处分;涉嫌犯罪的,移送司法机关依法处理:

(一)对应当发现的重要问题没有发现的;

(二)不如实报告巡察情况,隐瞒、歪曲、捏造事实的;

(三)泄露巡察工作秘密的;

(四)工作中超越权限,造成不良后果的;

(五)利用巡察工作的便利谋取私利或者为他人谋取不正当利益的;

(六)有违反巡察工作纪律的其他行为的。

第四十八条 被巡察党组织领导班子及其成员应当自觉接受巡察监督,积极配合巡察组开展工作。

党员、干部有义务向巡察组如实反映情况。

第四十九条 被巡察单位及其工作人员有下列情形之一的,视情节轻重,对该单位领导班子主要负责人或者其他有关责任人员,给予批评教育、组织处理或者纪律处分;涉嫌犯罪的,移送司法机关依法处理:

(一)隐瞒不报或者故意向巡察组提供虚假情况的;

(二)拒绝或者不按照要求向巡察组提供相关文件材料的;

(三)指使、强令有关单位或者人员干扰、阻挠巡察工作,或者诬告、陷害他人的;

(四)无正当理由拒不纠正存在的问题或者不按照要求整改的;

(五)对反映问题的干部群众进行打击、报复、陷害的;

(六)其他干扰巡察工作的情形。

第五十条 被巡察单位的干部群众发现巡察工作人员有本条例第四十七条所列行为的,可以向县委巡察工作领导小组或者县委巡察办反映,也可以依照规定直接向有关部门、组织反映。

第八章 附 则

第五十一条 本实施办法由县委巡察办负责解释。

第五十二条 本实施办法自下发之日起施行。

中共衡东县委办公室　衡东县人民政府办公室
衡东县党政机关差旅费管理办法

（东办发〔2017〕16号）

第一章　总　则

第一条　为保证出差人员工作与生活的需要，规范差旅费管理，按照勤俭节约、从紧必需的原则，根据《党政机关厉行节约反对浪费条例》、《湖南省党政机关国内公务接待管理办法》、《湖南省公务用车制度改革总体方案》等文件精神，参照省直、市直机关现行的差旅住宿费标准，结合本县经济发展和财力状况，制定本办法。

第二条　本办法适用于全县党的机关、人大机关、行政机关、政协机关、审判机关、检察机关、民主党派机关、人民团体、履行行政管理职能的临时性机构（各类办公室、指挥部等），以及参照公务员法管理的事业单位（以下简称县辖机关）。

第三条　本办法所称差旅费是指第二条所指县辖机关工作人员离开单位所在地，开展公务活动所必需的费用，包括区间交通费、住宿费、伙食补助费、市内交通费。

第四条　县辖机关应建立严格的差旅费管理制度，堵塞开支中的漏洞，杜绝铺张浪费。工作人员在公务外出前，须填写《公务外出审批单》（附件1），如实载明公务性质、外出人数、外出天数、是否由单位安排车辆、是否在外住宿等情况，报相关领导签字审批。

工作人员应在出差回单位后的20个工作日内，分项填列公务外出期间准许列报的费用，附相关票据和《公务外出审批单》，经单位内控部门核实后，报相关领导审批。未履行外出审批手续，不得报销差旅费。

第二章　区间交通费、住宿费

第五条　区间交通费是指工作人员因公到常驻地以外地区出差，乘坐火车、汽车、轮船、飞机等交通工具所发生的费用。住宿费是指工作人员因公出差期间入住宾馆（包括客栈、招待所）发生的房租费用。

区间交通费、住宿费开支标准和限额：

标准 职务	乘坐交通工具等级	住房标准	住宿费报销上限（元/人.天.间）
县处级	火车硬席（硬座、硬卧）、高铁（动车）二等座、全列软席列车二等软座、轮船三等舱、飞机经济舱、客运巴士	标准间	北京市、上海市500元，广州市、深圳市450元，杭州市、厦门市、三亚市400元；其他省会城市350元；国内其他地区330元；县内330元。
乡科级	火车硬席（硬座、硬卧）、高铁（动车）二等座、全列软席列车二等软座、轮船三等舱、飞机经济舱、客运巴士	标准间	北京市、上海市480元，广州市、深圳市430元，杭州市、厦门市、三亚市380元；其他省会城市350元；国内其他地区330元；县内310元。
科员、办事员等人员	火车硬席（硬座、硬卧）、高铁（动车）二等座、全列软席列车二等软座、轮船三等舱、飞机经济舱、客运巴士	标准间	北京市、上海市460元，广州市、深圳市400，杭州市、厦门市、三亚市360元；其他省会城市330元；国内其他地区310元；县内290元。

（上表中所称城市仅指城区，不包括该城市的下辖县、市）

第六条 区间交通费开支规定:

(一)按第五条规定乘坐交通工具的,凭票报销。未按规定乘坐交通工具,超支部分由个人自理。如遇特别紧急情况,需要超出规定等级乘坐交通工具,须向单位负责人报告并获得批准。

(二)出差人员乘坐火车或长途汽车,火车站或长途汽车站不在市内且距城区15公里以上的,其往返客运交通费,可凭票报销,不纳入市内交通费包干。

(三)到出差目的地有多种交通工具可选择时,出差人员在不影响公务、确保安全的前提下,应当选乘经济便捷的公共交通工具。

(四)出差人员乘坐飞机的,往返于机场的专线车费用、民航机场建设费和航空旅客人身意外保险费(限每人每次一份),可凭票报销。

(五)乘坐火车出差的,从当晚8时至次日晨7时乘车6小时以上,或连续乘车超过12小时的,可购同席卧铺票,凭票报销。对符合规定购买卧铺票,而改乘硬座的,按硬座票价的80%给予补助。

(六)出差人员经批准发生的区间交通签转或退票费,以及订票费、交通意外保险费凭据报销。

(七)车辆高速路费无内控部门核准的《私车服务于县内公务申请单》(附件4)或《自愿驾乘私车处理公务申请单》(附件5)作附件的,不得作为区间交通费报销。

第七条 住宿费开支规定:

(一)出差人员应当在职务级别对应的住宿标准内,选择安全、经济、便捷的宾馆住宿。

(二)除正副县级工作人员出差、单人出差或出差人员中的同性别单数和确属公务需要外,出差人员应组合入住标准双人间,每人每天住宿费报销上限是第五条所列标准的一半。超过限额的部份,由个人自理。

(三)实际发生住宿而无住宿费发票的,一律不得报销住宿费。

(四)家在县城的乡镇机关工作人员,到县城执行公务,不得报销住宿费。

第三章 伙食补助费和市内交通费

第八条 伙食补助费是对工作人员因公出差期间给予的用餐费用补贴。区分出差地不同,补助标准为:县内每人每天30元,衡阳市内(包括所辖县、市、区)60元,衡阳市外每人每天100元。

洣水镇、吴集镇机关工作人员在县城执行公务,不属于出差范畴,不享受伙食补助费。

第九条 市内交通费是指工作人员因公出差期间乘坐市内交通工具(地铁、轻轨、公交巴士和出租车等)的费用,实行定额包干补助。区分出差地不同,补助标准为:直辖市、省会城市和副省级城市每人每天80元,地(州)级城市每人每天50元,县级城市每人每天20元。在本县范围内公务出差不享受市内交通费补助。

第十条 出差人员的伙食补助费和市内交通费,以往返区间交通费和住宿费等有效票据为凭据,按出差日历天数实行定额包干,实际发生的消费票据不得报销。

未发生区间交通费的出差,凭单位内控部门核准的《公务用车派车单》(附件2)、《公务用车租赁审批单》(附件3)、《私车服务于县内公务申请单》、《自愿驾乘私车处理公务申请单》等有效单据,享受伙食补助费。既无区间交通费又无公务用车单据的,不享受伙食补助费。

无区间交通费票据的出差,不享受市内交通费补助。经核准驾乘私车处理公务的,凭《私车服务于县内公务申请单》和《自愿驾乘私车处理公务申请单》,享受市内交通费补助。

多人拼车出行的,不分用车类型(派车、租车、私车自愿服务),单位内控部门只能按序核准开出一张总单,严禁拆分开出分单。

出差人员自带公派应急保障、机要通讯、执法执勤、接待调研等交通工具(包括租赁交通工具),或由其他单位提供交通工具外出执行公务的,不享受市内交通费补助。

出差人员在一天内,赴两个或两个以上地方执行公务的,伙食补助费和市内交通费按高档补助,不得累加。

第十一条 出差人员公务期间由接待方依据相关规定和标准统一安排用餐的(如会议、培训和专项活动等),不享受伙食补助费。

第十二条 乡镇机关工作人员深入村组农户，不属于出差范畴，不享受伙食补助费。因工作原因，需要在农户家就餐的，由村支部（村委会）指定接待农户，按每人每餐不超过20元的标准，向农户缴纳伙食费。乡镇凭村委会开出的《村级公务接待回单》、农户收款收据作附件，据实报销伙食费。《村级公务接待回单》必须注明公务内容、就餐农户住址和户主姓名、就餐时间、陪同村干部等基本信息。

第十三条 乡镇机关工作人员执行公务、联系群众的下乡村交通费，包含在每月发放的公务交通补贴以内，下乡村客运费、车辆加油费一律不得报销。

第四章 参加会议、培训和外派的差旅费

第十四条 工作人员参加会议、各类短期培训学习，其往返区间交通费按本办法规定报销，不得报销住宿费（培训学习期间住宿自理的除外）。会议、培训学习时间在2天以内的，伙食费和市内交通费按本办法第三章规定补助；会议、培训学习时间在2天以上的，往返日的伙食费和市内交通费按本办法第三章规定补助，非往返日不享受伙食补助费和市内交通费补助。

第十五条 凡经组织批准参加党校、行政学院等培训学习（参加学历文凭班除外），在校食宿（指在学校食堂购票就餐和在校住宿）的人员，学习期间每人每天伙食补助费标准为：省外30元，省内20元，县内10元，不享受市内交通费补助。每个学期报销一次往返区间交通费、伙食补助费和市内交通费补助。法定节假日（不包括双休日）回家的，可以报销往返区间交通费和市内交通费补助，不得报销伙食补助费和住宿费。

伙食费包括在培训费中或者不用自负伙食费的，不享受伙食补助费。

第十六条 受组织正式委派或抽调，到县外党政机关或企业实（见）习、挂职（交流）锻炼、支援工作、专项协助等人员（不包括借用、借调人员），可以报销首次前往和期满返回的区间交通费、住宿费、伙食补助费和市内交通费补助。法定节假日（不包括双休日）回家的，可以报销往返区间交通费和市内交通费补助，不得报销伙食补助费和住宿费。工作期间伙食补助费标准为：工作地在长沙市或省外，每人每天补助30元，工作地在衡阳市或省内其他市、州，每人每天补助20元。委派或抽调期间的出差，按照当地差旅费管理规定执行，由接受单位承担各类费用。

第十七条 县辖机关工作人员受单位委派，参加工作队到乡村蹲点或支援工作（时间在1个月以上），合理的往返交通费凭票据实报销，工作期间伙食补助费标准为每人每天20元（按实际出勤），无合理依据的出勤，不得报销伙食补助费。

县委、县政府相关部门以文件形式对专项支扶人员规定了相关待遇但与本办法有冲突的，遵照本办法执行。其他文件明确的补助标准与本办法一致的，伙食补助费也必须依据实际发生的交通费票据或下乡用车记录据实分月填报，严禁虚报出勤骗取补助。

第十八条 援藏援疆援边人员的伙食补助费、休假及配偶探亲差旅费的报销，省委组织部、省财政厅、省人力资源和社会保障厅有相关规定的，从其规定，不得按本办法报销同属性的补助和开支。

第五章 调动、搬迁的差旅费

第十九条 工作人员调动的区间交通费、住宿费、伙食补助费和市内交通费，由调入单位报销。其行李、家具等托运费，运程在200公里以内的按不超过2元/公里、运程在200公里以上的按不超过0.5元/公里的标准，由调入单位凭物流运单票据累进报销，最高报销限额为1000元，超过部分自负。托运费只能报销一次。

第二十条 与工作人员同住的父母、配偶、子女和必须赡养的家属随同调动的，其差旅费和托运费按照第十九条办理；暂不随同调动的，以后迁移时的差旅费仍由调入单位凭据报销。

第二十一条 从部队转业到县直单位工作的人员，其差旅费报销按照解放军总后勤部的有关规定执行。

第六章　公务用车

第二十二条　公务交通补贴保障范围内的出行,个人不得报销燃油费、公交费、租车费、私车补贴等费用。公务交通补贴保障范围外的交通出行,按本办法报销区间交通费和市内交通费。

第二十三条　允许县辖机关根据实际需要提高公务交通补贴统筹比例。公务用车租赁支出从公务交通补贴统筹中列支,公务交通补贴统筹不足以支付时,可以从单位公用经费中适当补充,但补充金额最高不得超过单位公务交通补贴统筹的20%。

第二十四条　符合《衡东县党政机关公务用车使用管理暂行办法》(东办发)〔2016〕33号)租赁用车情形的紧急公务,可以向租赁商租用工作用车,但事前必须填报《公务用车租赁审批单》,事后凭租赁商开具的车辆租赁税务发票(不得用燃油费冲抵),并以《公务用车租赁审批单》作附件,按序报批。无《公务用车租赁审批单》作附件的公务用车租赁支出,不得入账列支。

第二十五条　为提高工作效率,节减公务用车租赁支出,符合租赁用车情形的紧急公务,在特殊情况下,与公务直接关联的机关工作人员秉着自觉自愿原则,经单位领导同意,可以在县内驾驶私车处理紧急公务。私车服务于县内公务按0.80元/公里给予包干补贴,每台车每天享受补贴的单次或数次累计用车里程不得突破150公里,每天私车服务于县内公务补贴上限不得超过120元。

私车服务于县内公务前,必须先填报《私车服务于县内公务申请单》并按序核准,列支补贴必须以《私车服务于县内公务申请单》作附件,否则,不得报销包干补贴。事前未履行核准手续的,事后不得补办手续。

县辖机关可以根据实际情况,在是否执行本条规定上有自主选择权,补贴标准有向下浮动权,但严禁向上浮动。

第二十六条　不符合租赁用车情形的公务出行和县外公务出行,不允许私车服务于公务,不得报销私车服务于公务包干补贴。省内公务出行,出差人员为己方便,放弃乘坐公共交通,私自驾驶私车处理公务的,出行前必须填报《自愿驾乘私车处理公务申请单》,经按序核准后,可以凭票报销出行区间合理的高速往返路费(不得超过本办法第五条规定的最高档区间交通费),享受市内交通费补助,不得报销燃油费、公共客运费等其他费用。

几人因公在省内同趟出差,通过协商自愿驾驶私车拼车出行,与公务直接关联的私车主,出行前必须填报《自愿驾乘私车处理公务申请单》,经按序核准后,可以凭票报销出行区间合理的高速往返路费(不得超过本办法第五条规定的最高档区间交通费),在不违背因公同车乘坐人意愿的前提下,可以代享乘坐人的市内交通费补助,不得报销燃油费、公共客运费等其他费用。私车主代享市内交通费补助,应由因公同车出行人在《自愿驾乘私车处理公务申请单》上共同签字认可。事前未履行核准手续的,事后不得补办手续。

县辖机关可以根据实际情况,在是否执行本条规定上有自主选择权,在私车主享受市内交通费补助标准上有从紧调整权,但不得出台比本条规定更宽松的政策。

第二十七条　严禁租赁党政机关、事业单位工作人员的私车执行公务。私车服务于公务和自愿驾乘私车执行公务仅能根据本办法第二十五条、第二十六条规定领报包干补贴,或通过协商代享因公同车乘坐人的市内交通费补助,禁止按车辆租赁市场价格付费。

第二十八条　公务租赁用车、私车服务于公务和自愿驾乘私车执行公务,交通事故风险由车辆出租人和私车车主承担,县直机关承担的责任仅限于支付车辆租赁费或补贴费,不得支付交通事故赔偿金、补偿金、修理费和医疗费等,也不得垫付相关事故处理费用。

第二十九条　县辖机关工作人员到公务交通补贴保障范畴外的乡村,执行符合《衡东县党政机关公务用车使用管理暂行办法》(东办发)〔2016〕33号)关于机要通讯、应急和租赁用车情形的紧急公务,县财政局可以根据出行距离远近和公共交通市场价格,制定出台县内区间交通费包干标准,各单位可以按照标准实行差旅费分次包干到人，不再派遣公务用车（包括代管保留车辆、租赁车等）。

实行县内区间交通费分次包干后的差旅费报销管理，由财政部门根据需要作出调整。

第七章 监督问责

第三十条 县辖机关应当加强对本单位工作人员出差和经费报销的内控管理，严格前置审批，相关领导和内控人员应对差旅费报销进行多层审核把关，从严防范弄虚作假和违规支出。

第三十一条 有下列行为之一的，依法依规追究相关单位和人员的责任，违规行为由监管部门责令改正，违规资金应当追回或收缴。对直接责任人和相关负责人，按干部管理权限由有关部门给予行政处分，涉嫌犯罪的，移送司法机关处理。

（一）单位无出差审批制度或出差审批控制不严；

（二）虚增出差日期或造假虚报差旅费；

（三）擅自扩大差旅费开支范围和提高开支标准；

（四）既报销出差期间的伙食补助费，又报销餐饮招待费；

（五）将差旅费开支转嫁到下属单位或关联单位；

（六）越级执行中央和国家机关、省直机关、市直机关差旅费管理办法；

（七）其他违规违纪行为。

第三十二条 违反本办法规定，租用机关、事业单位工作人员私车执行公务的，由监管部门责令改正，对批准租赁的责任人和单位分管领导，按干部管理权限由有关部门进行批评教育或给予行政处分，对出租私车的机关工作人员，依据税务、市场监管、交通运输等相关法律规章进行查处。

第八章 附 则

第三十三条 工作人员出差或调动工作期间，经单位主要领导批准就近探亲办事的，其绕道区间交通费由个人自理。绕道和探亲办事期间不予报销住宿费、伙食补助费和市内交通费。

第三十四条 除第二条所指单位外的其他事业单位的差旅费管理参照本办法执行，县属国有独资企业的差旅费管理亦可参照本办法执行。

第三十五条 本办法从2017年5月1日起执行，东办发〔2014〕26号文件从本办法生效之日起停止执行。县辖机关不得越级执行中央和国家机关、省直机关、市直机关的差旅费管理办法。

第三十六条 本办法由财政局负责解释。

附件：1. 公务外出审批单

2. 公务用车派车单

3. 公务用车租赁审批单

4. 私车服务于公务申请单

5. 自愿驾乘私车处理公务申请单

附件1

公务外出审批单

外出日期		外出目的地		外出天数		住宿天数	
交通工具	单位派车□ 租车□ 私车自愿服务于公务□ 公共交通□ 其他□						
市内交通费	全额□天 不享受□天			外出人员： 共 人			
伙食补助费	全额□天 不享受□天						
公务性质	会议□ 培训□ 办事□ 下乡□ 其他□						
公务内容							
住宿安排	会议安排□ 接待方安排□ 自理□			备注：			
领导审批意见：							
核实补助	（小写） 元（大写） 仟 佰 拾 元						

附件 2

公务用车派车单

申请人		申请日期		用车日期		
目的地		公务内容				
紧急程度		车牌号		司　机		
是否符合 33 号文件 规定的派车条件		分管领导		签发人		
同行人员					共　　人	

附件 3

公务用车租赁审批单

申请人		申请日期		用车日期		
目的地		公务内容				
紧急程度		预估里程		服务价格		
是否符合 33 号文件 规定的租车条件		分管领导		签发人		
同行人员				出租人		
申请人签字		审批意见				

附件 4

私车服务于县内公务申请单

申请人		同行人	共　　人				
申请日期		用车日期			紧急程度		
出车目的地		公务内容					
是否符合派租用车情形		核定里程		补助标准		补助金额	
说明事项	每天单次或数次累计补贴里程不超过 150 公里,补贴金额最高不超过 120 元。						
初审人		分管领导		签发人			
申请人承诺	我自愿将本人私车服务于县内公务,或有交通事故风险由本人承担。 承诺人签字:						
主管领导审批意见							

附件 5

自愿驾乘私车处理公务申请单

申请人		同行人	共　　人		
申请日期		用车日期		紧急程度	
出车目的地		公务内容			
私车牌号		车主姓名		车主是否与公务直接关联	
初审人		分管领导		签发人	
申请人承诺	我自愿驾乘私车处理公务，或有交通事故风险由本人承担。 承诺人签字：				
主管领导审批意见					
同意由私车主代享市内交通费补助的同车出行人签字					

衡东县人民政府关于公布衡东县乡镇政府权力清单的通知

(东政发〔2017〕6号)

各乡镇人民政府、县直机关各单位:

为加快政府职能转变,强化权力运行监督,经研究,决定将我县乡镇政府权力清单予以公布。现就有关事项通知如下:

一、严格执行权力清单

经全面清理,我县乡镇政府行政权力事项共90项,其中,行政许可3项,行政处罚4项,行政强制8项,行政检查7项,行政确认2项,行政裁决1项,其他职权65项。

各乡镇要严格按照权力清单行使权力,切实做到法定职责必须为、法无授权不可为。对公布的行政权力事项,要进一步优化流程、简化程序、缩短时限并规范自由裁量权。

二、强化权力运行监督

各乡镇要健全监督制约机制,加强事中事后监管。县直相关部门将适时开展专项督查和评估,坚决纠正有法不依、有令不行、有禁不止现象,督查评估结果将作为考核评价各乡镇工作的重要依据。

三、对权力清单实行动态管理

根据法律法规规章的颁布修订废止、部门职能职责变化和简政放权等要求,对权力清单及时进行动态调整。乡镇权力清单的调整,由县人民政府行政审批制度改革工作领导小组办公室按规定程序办理。

衡东县乡镇政府权力清单(2017版)

序号	权力类型	项目名称	实施依据	备注
1	行政许可	在镇规划区内建设建筑物、构筑物、道路、管线和其他工程建设工程的规划许可证核发(此权力仅限建制镇有)	《中华人民共和国城乡规划法》第四十条 在城市、镇规划区内进行建筑物、构筑物、道路、管线和其他工程建设的,建设单位或者个人应当向城市、县人民政府城乡规划主管部门或者省、自治区、直辖市人民政府确定的镇人民政府申请办理建设工程规划许可证。申请办理建设工程规划许可证,应当提交使用土地的有关证明文件、建设工程设计方案等材料。需要建设单位编制修建性详细规划的建设项目,还应当提交修建性详细规划。对符合控制性详细规划和规划条件的,由城市、县人民政府城乡规划主管部门或者省、自治区、直辖市人民政府确定的镇人民政府核发建设工程规划许可证。	
2	行政许可	农民集体所有的土地由本集体经济组织以外的单位或者个人承包经营批准	《中华人民共和国土地管理法》第十五条 国有土地可以由单位或者个人承包经营,从事种植业、林业、畜牧业、渔业生产。农民集体所有的土地,可以由本集体经济组织以外的单位或者个人承包经营,从事种植业、林业、畜牧业、渔业生产。发包方和承包方应当订立承包合同,约定双方的权利和义务。土地承包经营的期限由承包合同约定。承包经营土地的单位和个人,有保护和按照承包合同约定的用途合理利用土地的义务。农民集体所有的土地由本集体经济组织以外的单位或者个人承包经营的,必须经村民会议三分之二以上成员或者三分之二以上村民代表的同意,并报乡(镇)人民政府批准。	

续表

序号	权力类型	项目名称	实施依据	备注
3	行政许可	再生育的审核呈报	《湖南省人口与计划生育条例》第十五条 符合下列条件之一的夫妻,可以再生育一个子女: (一)经设区的市、自治州或者省计划生育行政部门确定的病残儿医学鉴定组织鉴定,两个子女中一个有残疾或者第一胎系多胞胎均有残疾,不能成长为正常劳动力,医学上认为可以再生育的; (二)再婚(不含复婚,下同)夫妻再婚前生育的子女数量合计为两个的; (三)再婚夫妻再婚前一方无子女,另一方有一个子女,再婚后生育一个子女的。 前款所称子女,是指存活的亲生子女。收养的子女、以前婚姻形成的有抚养关系的继子女不计算子女数。 第十七条符合本条例第十五条规定条件,要求再生育一个子女的夫妻,应当在怀孕前向夫妻一方工作单位所在地或者户籍所在地乡(镇)人民政府或者街道办事处提出申请,并提交下列材料: (一)结婚证、户口簿和双方身份证; (二)双方所在单位或者村(居)民委员会出具的本人生育、收养状况证明; (三)属于本条例第十五条第一款第(一)项规定情形的,应当提供病残儿医学鉴定证明文件; (四)其他符合本条例规定生育条件的证明。 乡(镇)人民政府或者街道办事处应当自受理申请之日起十五日内提出审核意见,连同申请人的证明材料报县级人民政府人口和计划生育行政部门审查。人口和计划生育行政部门应当自收到上报材料之日起十五日内,对符合条件的,免费发给生育证;对不符合条件的,书面说明理由。	
4	行政处罚	参与农村居民未经批准或者违反规划的规定建住宅的处罚	《村庄和集镇规划建设管理条例》第三十七条 在村庄、集镇规划区内,未按规划审批程序批准或者违反规划的规定进行建设,严重影响村庄、集镇规划的,由县级人民政府建设行政主管部门责令停止建设,限期拆除或者没收违法建筑物、构筑物和其他设施;影响村庄、集镇规划,尚可采取改正措施的,由县级人民政府建设行政主管部门责令限期改正,处以罚款。农村居民未经批准或者违反规划的规定建住宅的,乡级人民政府可以依照前款规定处罚。	
5	行政处罚	损坏村庄和集镇的房屋、公共设施、破坏村容镇貌和环境卫生的处罚	《村庄和集镇规划建设管理条例》第三十九条有下列行为之一的,由乡级人民政府责令停止侵害,可以处以罚款;造成损失的,并应当赔偿:(一)损坏村庄和集镇的房屋、公共设施的;(二)乱堆粪便、垃圾、柴草,破坏村容镇貌和环境卫生的。	
6	行政处罚	对擅自在村庄、集镇规划区内的街道、广场、市场和车站等场所修建临时建筑物、构筑物和其他设施的处罚	《村庄和集镇规划建设管理条例》第四十条擅自在村庄、集镇规划区内的街道、广场、市场和车站等场所修建临时建筑物、构筑物和其他设施的,由乡级人民政府责令限期拆除,并可以罚款。	
7	行政处罚	对农村未按规定送子女或被监护人就学校接受义务教育、经教育后仍拒绝履行的处罚	《教育行政处罚暂行实施办法》第十一条适龄儿童、少年的父母或监护人、未按法律规定送子女或被监护人就学接受义务教育的,城市由市、市辖区人民政府或其指定机构,农村由乡级人民政府,对经教育仍拒绝送子女或被监护人就学的,根据情节轻重,给予罚款的处罚。	

续表

序号	权力类型	项目名称	实施依据	备注
8	行政强制	防汛遇到阻拦和拖延时组织强制实施	《中华人民共和国防汛条例》第三十三条 当河道水位或者流量达到规定的分洪、滞洪标准时,有管辖权的人民政府防汛指挥部有权根据经批准的分洪、滞洪方案,采取分洪、滞洪措施。采取上述措施对毗邻地区有危害的,须经有管辖权的上级防汛指挥机构批准,并事先通知有关地区。在非常情况下,为保护国家确定的重点地区和大局安全,必须作出局部牺牲时,在报经有管辖权的上级人民政府防汛指挥部批准后,当地人民政府防汛指挥部可以采取非常紧急措施。实施上述措施时,任何单位和个人不得阻拦,如遇到阻拦和拖延时,有管辖权的人民政府有权组织强制实施。	
9	行政强制	地质灾害险情情况紧急的强行组织避灾疏散	《地质灾害防治条例》第二十九条 接到地质灾害险情报告的当地人民政府、基层群众自治组织应当根据实际情况,及时动员受到地质灾害威胁的居民以及其他人员转移到安全地带;情况紧急时,可以强行组织避灾疏散。	
10	行政强制	非法种植毒品原植物的处置	《中华人民共和国禁毒法》第十九条 第二款 地方各级人民政府发现非法种植毒品原植物的,应当立即采取措施予以制止、铲除。村民委员会、居民委员会发现非法种植毒品原植物的,应当及时予以制止、铲除,并向当地公安机关报告。	
11	行政强制	对在村庄、集镇规划区内,未按规划审批程序批准而取得建设用地批准文件的责令退回	《村庄和集镇规划建设管理条例》第三十六条在村庄、集镇规划区内,未按规划审批程序批准而取得建设用地批准文件,占用土地的,批准文件无效,占用的土地由乡级以上人民政府责令退回。	
12	行政强制	对未依法取得乡村规划许可证或者未按照乡村建设规划许可证的规定进行建设的,逾期不改可以拆除	《中华人民共和国城乡规划法》第六十五条在乡、村庄规划区内未依法取得乡村建设规划许可证或者未按照乡村建设规划许可证的规定进行建设的,由乡、镇人民政府责令停止建设、限期改正;逾期不改正的,可以拆除。	
13	行政强制	发生重大动物疫情时紧急调集征用	《重大动物疫情应急条例》第三十四条重大动物疫情应急指挥部根据应急处理需要,有权紧急调集人员、物资、运输工具以及相关设施、设备。单位和个人的物资、运输工具以及相关设施、设备被征集使用的,有关人民政府应当及时归还并给予合理补偿。	
14	行政强制	侵占、破坏学校体育场地、器材设备的责令改正	《学校体育工作条例》第二十八条对违反本条例,侵占、破坏学校体育场地、器材、设备的单位或者个人,由当地人民政府或者教育行政部门令其限期清退和修复场地、赔偿或者修复器材、设备。	
15	行政强制	为应对突发事件征用单位和个人的财产	《中华人民共和国突发事件应对法》第十二条有关人民政府及其部门为应对突发事件,可以征用单位和个人的财产。被征用的财产在使用完毕或者突发事件应急处置结束后,应当及时返还。财产被征用或者征用后毁损、灭失的,应当给予补偿。	
16	行政检查	征收土地的安置补助费使用情况监督	《中华人民共和国土地管理法》第四十八条征地补偿安置方案确定后,有关地方人民政府应当公告,并听取被征地的农村集体经济组织和农民的意见。 《土地管理法实施条例》第二十六条土地补偿费归农村集体经济组织所有;地上附着物及青苗补偿费归地上附着物及青苗的所有者所有。征收土地的安置补助费必须专款专用,不得挪作他用。需要安置的人员由农村集体经济组织安置的,安置补助费支付给农村集体经济组织,由农村集体经济组织管理和使用;由其他单位安置的,安置补助费支付给安置单位;不需要统一安置的,安置补助费发放给被安置人员个人或者征得被安置人员同意后用于支付被安置人员的保险费用。市、县和乡(镇)人民政府应当加强对安置补助费使用情况的监督。《湖南省实施<中华人民共和国土地管理法>办法》第二十四条征地补偿安置方案确定后,有关乡(镇)人民政府应当公告,并听取被征地的农村集体经济组织、村民委员会或者村民小组和农民的意见。	

续表

序号	权力类型	项目名称	实施依据	备注
17	行政检查	消防安全监督检查	《中华人民共和国消防法》第三十一条在农业收获季节、森林和草原防火期间、重大节假日期间以及火灾多发季节，地方各级人民政府应当组织开展有针对性的消防宣传教育，采取防火措施，进行消防安全检查。第五十二条第一款 地方各级人民政府应当落实消防工作责任制，对本级人民政府有关部门履行消防安全职责的情况进行监督检查。	
18	行政检查	群众性消防安全工作指导监督检查	《中华人民共和国消防法》第三十二条乡镇人民政府、城市街道办事处应当指导、支持和帮助村民委员会、居民委员会开展群众性的消防工作。村民委员会、居民委员会应当确定消防安全管理人，组织制定防火安全公约，进行防火安全检查。第三十条地方各级人民政府应当加强对农村消防工作的领导，采取措施加强公共消防设施建设，组织建立和督促落实消防安全责任制。第五十二条地方各级人民政府应当落实消防工作责任制，对本级人民政府有关部门履行消防安全职责的情况进行监督检查。	
19	行政检查	汛前检查	《中华人民共和国防洪法》第三十一条地方各级人民政府应当加强对防洪区安全建设工作的领导，组织有关部门、单位对防洪区内的单位和居民进行防洪教育，普及防洪知识，提高水患意识；按照防洪规划和防御洪水方案建立并完善防洪体系和水文、气象、通信、预警以及洪涝灾害监测系统，提高防御洪水能力；组织防洪区内的单位和居民积极参加防洪工作，因地制宜地采取防洪避洪措施。 《中华人民共和国防汛条例》第十七条第二款 各级地方人民政府必须对所管辖的蓄滞洪区的通信、预报警报、避洪、撤退道路等安全设施，以及紧急撤离和救生的准备工作进行汛前检查，发现影响安全的问题，及时处理。第十八条第一款 山洪、泥石流易发地区，当地有关部门应当指定预防监测员及时监测。雨季到来之前，当地人民政府防汛指挥部应当组织有关单位进行安全检查，对险情征兆明显的地区，应当及时把群众撤离险区。	
20	行政检查	行政区域内生产经营单位安全生产状况监督检查	《中华人民共和国安全生产法》第八条 乡、镇人民政府以及街道办事处、开发区管理机构等地方人民政府的派出机关应当按照职责，加强对本行政区域内生产经营单位安全生产状况的监督检查，协助上级人民政府有关部门依法履行安全生产监督管理职责。	
21	行政检查	对生产经营单位排查治理事故隐患工作依法实施监督管理	《安全生产事故隐患排查治理暂行规定》第五条 各级安全监管监察部门按照职责对所辖区域内生产经营单位排查治理事故隐患工作依法实施综合监督管理；各级人民政府有关部门在各自职责范围内对生产经营单位排查治理事故隐患工作依法实施监督管理。	
22	行政检查	对流动人口用人单位计划生育工作的监督检查	《流动人口计划生育工作条例》第十五条用人单位应当做好本单位流动人口计划生育工作，依法落实法律、法规和规章规定的流动人口计划生育奖励、优待，接受所在地的乡（镇）人民政府或者街道办事处和县级以上地方人民政府人口和计划生育部门的监督、检查。第二十三条流动人口未依照本条例规定办理婚育证明的，现居住地的乡（镇）人民政府或者街道办事处应当通知其在 3 个月内补办；逾期仍不补办或者拒不提交婚育证明的，由流动人口现居住地的乡（镇）人民政府或者街道办事处予以批评教育。	
23	行政确认	劳动者从事个体经营或灵活就业的就业登记	《就业服务与就业管理规定》第六十二条劳动者从事个体经营或灵活就业的，由本人在街道、乡镇公共就业服务机构办理就业登记。	
24	行政确认	兵役登记	《征兵工作条例》第十二条机关、团体、企业事业单位和乡、民族乡、镇的人民政府以及街道办事处，应当根据县、市兵役机关的安排，负责组织本单位和该地区的适龄男性公民进行兵役登记，填写《兵役登记表》，依法确定应服兵役、免服兵役和不得服兵役的人员，并报县、市兵役机关批准。经兵役登记和初步审查合格的，称应征公民。 《湖南省征兵工作条例》第九条乡镇人民政府、街道办事处和设有人民武装部的企业事业单位，具体承办本辖区、本单位的兵役登记工作。第十条乡镇人民政府、街道办事处和设有人民武装部的企业事业单位，应当根据县（市、区）人民政府兵役机关的部署，设立兵役登记站，发布兵役登记公告。	

续表

序号	权力类型	项目名称	实施依据	备注
25	行政裁决	个人之间、个人与单位之间的土地权属争议裁决	《中华人民共和国土地管理法》第十六条土地所有权和使用权争议,由当事人协商解决;协商不成的,由人民政府处理。单位之间的争议,由县级以上人民政府处理;个人之间、个人与单位之间的争议,由乡级人民政府或者县级以上人民政府处理。当事人对有关人民政府的处理决定不服的,可以自接到处理决定通知之日起30日内,向人民法院起诉。在土地所有权和使用权争议解决前,任何一方不得改变土地利用现状。《土地权属争议调查处理办法》第九条当事人发生土地权属争议,经协商不能解决的,可以依法向县级以上人民政府或者乡级人民政府提出处理申请,也可以依照本办法第五、六、七、八条的规定,向有关的国土资源行政主管部门提出调查处理申请。第三十三条乡级人民政府处理土地权属争议,参照本办法执行。	
26	其他权力	制定植树造林规划	《中华人民共和国森林法》第十六条各级人民政府应当制定林业长远规划。国有林业企业事业单位和自然保护区,应当根据林业长远规划,编制森林经营方案,报上级主管部门批准后实行。林业主管部门应当指导农村集体经济组织和国有的农场、牧场、工矿企业等单位编制森林经营方案。第二十六条各级人民政府应当制定植树造林规划,因地制宜地确定该地区提高森林覆盖率的奋斗目标。各级人民政府应当组织各行各业和城乡居民完成植树造林规划确定的任务。宜林荒山荒地,属于国家所有的,由林业主管部门和其他主管部门组织造林;属于集体所有的,由集体经济组织组织造林。铁路公路两旁、江河两侧、湖泊水库周围,由各有关主管单位因地制宜地组织造林;工矿区,机关、学校用地,部队营区以及农场、牧场、渔场经营地区,由各该单位负责造林。国家所有和集体所有的宜林荒山荒地可以由集体或者个人承包造林。	
27	其他权力	对实行家庭承包方式的农村土地承包经营权颁证的初审呈报	《中华人民共和国农村土地承包经营权证管理办法》第七条实行家庭承包的,按下列程序颁发农村土地承包经营权证:(一)土地承包合同生效后,发包方应在30个工作日内,将土地承包方案、承包方及承包土地的详细情况、土地承包合同等材料一式两份报乡(镇)人民政府农村经营管理部门。(二)乡(镇)人民政府农村经营管理部门对发包方报送的材料予以初审。材料符合规定的,及时登记造册,由乡(镇)人民政府向县级以上地方人民政府提出颁发农村土地承包经营权证的书面申请;材料不符合规定的,应在15个工作日内补正。(三)县级以上地方人民政府农业行政主管部门对乡(镇)人民政府报送的申请材料予以审核。申请材料符合规定的,编制农村土地承包经营权证登记簿,报同级人民政府颁发农村土地承包经营权证;申请材料不符合规定的,书面通知乡(镇)人民政府补正。	
28	其他权力	对实行招标、拍卖、公开协商等方式的农村土地承包经营权证的初审呈报	《中华人民共和国农村土地承包经营权证管理办法》第八条 实行招标、拍卖、公开协商等方式承包农村土地的,按下列程序办理农村土地承包经营权证:(一)土地承包合同生效后,承包方填写农村土地承包经营权证登记申请书,报承包土地所在乡(镇)人民政府农村经营管理部门。(二)乡(镇)人民政府农村经营管理部门对发包方和承包方的资格、发包程序、承包期限、承包地用途等予以初审,并在农村土地承包经营权证登记申请书上签署初审意见。(三)承包方持乡(镇)人民政府初审通过的农村土地承包经营权登记申请书,向县级以上地方人民政府申请农村土地承包经营权证登记。(四)县级以上地方人民政府农业行政主管部门对登记申请予以审核。申请材料符合规定的,编制农村土地承包经营权证登记簿,报请同级人民政府颁发农村土地承包经营权证;申请材料不符合规定的,书面通知申请人补正。	
29	其他权力	换发、补发农村土地承包经营权证的审核	《中华人民共和国农村土地承包经营权证管理办法》第十七条农村土地承包经营权证严重污损、毁坏、遗失的,承包方应向乡(镇)人民政府农村经营管理部门申请换发、补发。经乡(镇)人民政府农村经营管理部门审核后,报请原发证机关办理换发、补发手续。	

续表

序号	权力类型	项目名称	实施依据	备注
30	其他权力	土地承包经营期内承包土地调整批准	《中华人民共和国土地管理法》第十四条第二款在土地承包经营期限内,对个别承包经营者之间承包的土地进行适当调整的,必须经村民会议三分之二以上成员或者三分之二以上村民代表的同意,并报乡(镇)人民政府和县级人民政府农业行政主管部门批准。 《中华人民共和国农村土地承包法》第二十七条第二款 承包期内,因自然灾害严重毁损承包地等特殊情形对个别农户之间承包的耕地和草地需要适当调整的,必须经本集体经济组织成员的村民会议三分之二以上成员或者三分之二以上村民代表的同意,并报乡(镇)人民政府和县级人民政府农业等行政主管部门批准。承包合同中约定不得调整的,按照其约定。	
31	其他权力	土地承包合同的备案	《湖南省实施＜中华人民共和国农村土地承包法＞办法》第四条 县级以上地方人民政府农业、林业等行政主管部门依照各自职责,负责本行政区域内农村土地承包及承包合同管理。乡(镇)人民政府负责本行政区域内农村土地承包及承包合同管理工作。第八条第二款 承包合同一式三份,合同双方各执一份,由发包方在合同签订之日起三十日内向乡镇人民政府或者街道办事处备案一份。	
32	其他权力	乡(镇)村公共设施、公益事业建设用地的审核呈报	《中华人民共和国土地管理法》第六十一条乡(镇)村公共设施、公益事业建设,需要使用土地的,经乡(镇)人民政府审核,向县级以上地方人民政府土地行政主管部门提出申请,按照省、自治区、直辖市规定的批准权限,由县级以上地方人民政府批准;其中,涉及占用农用地的,依照本法第四十四条的规定办理审批手续。 《村庄和集镇规划建设管理条例》第二十条乡(镇)村公共设施、公益事业建设,须经乡级人民政府审核、县级人民政府建设行政主管部门审查同意并出具选址意见书后,建设单位方可依法向县级人民政府土地管理部门申请用地,经县级以上人民政府批准后,由土地管理部门划拨土地。	
33	其他权力	农村村民住宅用地的审核呈报	《中华人民共和国土地管理法》第六十二条农村村民一户只能拥有一处宅基地,其宅基地的面积不得超过省、自治区、直辖市规定的标准。农村村民建住宅,应当符合乡(镇)土地利用总体规划,并尽量使用原有的宅基地和村内空闲地。农村村民住宅用地,经乡(镇)人民政府审核,由县级人民政府批准;其中,涉及占用农用地的,依照本法第四十四条的规定办理审批手续。农村村民出卖、出租住房后,再申请宅基地的,不予批准。 《湖南省实施＜中华人民共和国土地管理法＞办法》第三十二条第二款 农村村民建住宅,应当向集体土地所有者和村民委员会提出书面申请,经乡(镇)人民政府审核,报县级人民政府批准。涉及使用农用地的,应当按照本办法第十五条规定的权限办理审批手续。农村村民使用本集体经济组织以外的集体土地建住宅的,应当依法办理土地征用手续。	
34	其他权力	土地利用总体规划编制及公告	《中华人民共和国土地管理法》第十七条第一款 各级人民政府应当依据国民经济和社会发展规划、国土整治和资源环境保护的要求、土地供给能力以及各项建设对土地的需求,组织编制土地利用总体规划。第二十条第二款:乡(镇)土地利用总体规划应当划分土地利用区,根据土地使用条件,确定每一块土地的用途,并予以公告。第二十一条 土地利用总体规划实行分级审批。 《中华人民共和国土地管理法实施条例》第八条第四款 本条第一款、第二款、第三款规定以外的土地利用总体规划,由有关人民政府组织本级土地行政主管部门和其他有关部门编制,逐级上报省、自治区、直辖市人民政府批准;其中,乡(镇)土地利用总体规划,由乡(镇)人民政府编制,逐级上报省、自治区、直辖市人民政府或者省、自治区、直辖市人民政府授权的设区的市、自治州人民政府批准。	

续表

序号	权力类型	项目名称	实施依据	备注
35	其他权力	采取措施实施土地整理	《中华人民共和国土地管理法》第三十五条各级人民政府应当采取措施,维护排灌工程设施,改良土壤,提高地力,防止土地荒漠化、盐渍化、水土流失和污染土地。第四十一条国家鼓励土地整理。县、乡(镇)人民政府应当组织农村集体经济组织,按照土地利用总体规划,对田、水、路、林、村综合整治,提高耕地质量,增加有效耕地面积,改善农业生产条件和生态环境。地方各级人民政府应当采取措施,改造中、低产田,整治闲散地和废弃地。 《中华人民共和国土地管理法实施条例》第十八条 县、乡(镇)人民政府应当按照土地利用总体规划,组织农村集体经济组织制定土地整理方案,并组织实施。	
36	其他权力	基本农田保护管理	《基本农田保护条例》第六条乡(镇)人民政府负责本行政区域内的基本农田保护管理工作。第八条各级人民政府在编制土地利用总体规划时,应当将基本农田保护作为规划的一项内容,明确基本农田保护的布局安排、数量指标和质量要求。县级和乡(镇)土地利用总体规划应当确定基本农田保护区。第十四条 地方各级人民政府应当采取措施,确保土地利用总体规划确定的本行政区域内基本农田的数量不减少。第二十七条在建立基本农田保护区的地方,县级以上地方人民政府应当与下一级人民政府签订基本农田保护责任书;乡(镇)人民政府应当根据与县级人民政府签订的基本农田保护责任书的要求,与农村集体经济组织或者村民委员会签订基本农田保护责任书。 《湖南省基本农田保护条例》第八条乡(镇)人民政府应当把基本农田保护工作作为重要职责,按照县级以上人民政府及其有关部门的要求,做好基本农田到丘到块、登记造册、建立档案、设立标志等工作。	
37	其他权力	土地承包经营纠纷的调解	《中华人民共和国土地承包法》第五十一条因土地承包经营发生纠纷的,双方当事人可以通过协商解决,也可以请求村民委员会、乡(镇)人民政府等调解解决。 《中华人民共和国农村土地承包经营纠纷调解仲裁法》第三条发生农村土地承包经营纠纷的,当事人可以自行和解,也可以请求村民委员会、乡(镇)人民政府等调解。	
38	其他权力	农村土地承包经营权流转争议调解	《农村土地承包经营权流转管理办法》第三十三条农村土地承包经营权流转发生争议或者纠纷,当事人应当依法协商解决。当事人协商不成的,可以请求村民委员会、乡(镇)人民政府调解。当事人不愿协商或者调解不成的,可以向农村土地承包仲裁机构申请仲裁,也可以直接向人民法院起诉。	
39	其他权力	在乡、村庄规划区内进行乡镇企业、乡(镇)村公共设施、公益事业建设许可证的受理呈报	《中华人民共和国城乡规划法》第四十一条在乡、村庄规划区内进行乡镇企业、乡村公共设施和公益事业建设的,建设单位或者个人应当向乡、镇人民政府提出申请,由乡、镇人民政府报城市、县人民政府城乡规划主管部门核发乡村建设规划许可证。在乡、村庄规划区内使用原有宅基地进行农村村民住宅建设的规划管理办法,由省、自治区、直辖市制定。在乡、村庄规划区内进行乡镇企业、乡村公共设施和公益事业建设以及农村村民住宅建设,不得占用农用地;确需占用农用地的,应当依照《中华人民共和国土地管理法》有关规定办理农用地转用审批手续后,由城市、县人民政府城乡规划主管部门核发乡村建设规划许可证。建设单位或者个人在取得乡村建设规划许可证后,方可办理用地审批手续。 《湖南省实施<中华人民共和国城乡规划法>办法》第三十条在村庄集体土地上进行乡镇企业、乡村公共设施和公益事业建设的,建设单位或者个人应当持建设工程设计方案、村民委员会书面意见等材料向镇、乡人民政府提出申请,由镇、乡人民政府提出审查意见,报城市、县人民政府城乡规划主管部门核发乡村建设规划许可证。	
40	其他权力	组织编制乡规划、村庄规划	《中华人民共和国城乡规划法》第二十二条乡、镇人民政府组织编制乡规划、村庄规划,报上一级人民政府审批。村庄规划在报送审批前,应当经村民会议或者村民代表会议讨论同意。 《湖南省实施<中华人民共和国城乡规划法>办法》第八条第二款 镇(乡)域村镇布局规划、集镇规划和村庄规划,由镇、乡人民政府组织编制,报城市、县人民政府审批;镇区规划由镇人民政府组织编制,经县(市)人民政府审查同意后,报设区的市、自治州人民政府审批。	

续表

序号	权力类型	项目名称	实施依据	备注
41	其他权力	组织编制镇总体规划	《中华人民共和国城乡规划法》第十五条县人民政府组织编制县人民政府所在地镇的总体规划，报上一级人民政府审批。其他镇的总体规划由镇人民政府组织编制，报上一级人民政府审批。第十六条第二、三款镇人民政府组织编制的镇总体规划，在报上一级人民政府审批前，应当先经镇人民代表大会审议，代表的审议意见交由本级人民政府研究处理。规划的组织编制机关报送审批省域城镇体系规划、城市总体规划或者镇总体规划，应当将本级人民代表大会常务委员会组成人员或者镇人民代表大会代表的审议意见和根据审议意见修改规划的情况一并报送。	
42	其他权力	组织编制建制镇控制性详细规划（此权力仅限建制镇有）	《中华人民共和国城乡规划法》第二十条镇人民政府根据镇总体规划的要求，组织编制镇的控制性详细规划，报上一级人民政府审批。县人民政府所在地镇的控制性详细规划，由县人民政府城乡规划主管部门根据镇总体规划的要求组织编制，经县人民政府批准后，报本级人民代表大会常务委员会和上一级人民政府备案。	
43	其他权力	组织编制重要地块修建性详细规划	《中华人民共和国城乡规划法》第二十一条城市、县人民政府城乡规划主管部门和镇人民政府可以组织编制重要地块的修建性详细规划。修建性详细规划应当符合控制性详细规划。	
44	其他权力	组织辖区内近期建设规划制定、修改	《中华人民共和国城乡规划法》第三十四条城市、县、镇人民政府应当根据城市总体规划、镇总体规划、土地利用总体规划和年度计划以及国民经济和社会发展规划，制定近期建设规划，报总体规划审批机关备案。第四十九条城市、县、镇人民政府修改建设规划的，应当将修改后的建设规划报总体规划审批机关备案。	
45	其他权力	村庄规划区内建设村民住宅的《乡村建设规划许可证》核发的审核	《湖南省实施＜中华人民共和国城乡规划法＞办法》第三十条在村庄规划区内进行农村村民住宅建设的，申请人持宅基地批准文件或者宅基地使用证明、户籍原件、村民委员会书面意见、住宅建设工程设计方案或者政府提供的通用设计图等材料，报所在地镇、乡人民政府审批，核发乡村建设规划许可证；需占用农用地的，申请人应当依法办理农用地转用审批手续，由镇、乡人民政府提出审查意见，报城市、县人民政府城乡规划主管部门审批，核发乡村建设规划许可证。	
46	其他权力	动物疫病预防与控制	《中华人民共和国动物防疫法》第十六条 国务院兽医主管部门和省、自治区、直辖市人民政府兽医主管部门应当根据对动物疫病发生、流行趋势的预测，及时发出动物疫情预警。地方各级人民政府接到动物疫情预警后，应当采取相应的预防、控制措施。 《湖南省实施〈中华人民共和国动物防疫法〉办法》第二条县级以上人民政府应当根据上一级动物疫病防治规划制定年度防治计划，明确政府相关部门在动物防疫中的工作职责，实行动物防疫管理目标责任制。乡镇人民政府、街道办事处应当建立动物防疫责任制度，明确和督促相关机构及人员做好动物防疫知识宣传、动物饲养情况调查、动物疫病强制免疫服务工作，并协助做好动物疫病监测、检疫、重大动物疫情控制和扑灭等工作。	
47	其他权力	重大动物疫情应急处理	《重大动物疫情应急条例》第三十七条重大动物疫情应急处理中，乡镇人民政府、村民委员会、居民委员会应当组织力量，向村民、居民宣传动物疫病防治的相关知识，协助做好疫情信息的收集、报告和各项应急处理措施的落实工作。第三十八条重大动物疫情发生地的人民政府和毗邻地区的人民政府应当通力合作，相互配合，做好重大动物疫情的控制、扑灭工作。	

续表

序号	权力类型	项目名称	实施依据	备注
48	其他权力	组织开展动物疫病强制免疫	《中华人民共和国动物防疫法》第六条 乡级人民政府、城市街道办事处应当组织群众协助做好本管辖区域内的动物疫病预防与控制工作。第十四条乡级人民政府、城市街道办事处应当组织本管辖区域内饲养动物的单位和个人做好强制免疫工作。第六十三条县级人民政府和乡级人民政府应当采取有效措施,加强村级防疫员队伍建设。县级人民政府兽医主管部门可以根据动物防疫工作需要,向乡、镇或者特定区域派驻兽医机构。	
49	其他权力	对畜禽养殖环境污染行为的制止处置	《畜禽规模养殖污染防治条例》第五条乡镇人民政府应当协助有关部门做好本行政区域的畜禽养殖污染防治工作。第二十三条县级以上人民政府环境保护主管部门应当依据职责对畜禽养殖污染防治情况进行监督检查,并加强对畜禽养殖环境污染的监测。乡镇人民政府、基层群众自治组织发现畜禽养殖环境污染行为的,应当及时制止和报告。	
50	其他权力	采取预防、控制措施控制传染病疫情	《突发公共卫生事件应急条例》第四十条传染病暴发、流行时,街道、乡镇以及居民委员会、村民委员会应当组织力量,团结协作,群防群治,协助卫生行政主管部门和其他有关部门、医疗卫生机构做好疫情信息的收集和报告、人员的分散隔离、公共卫生措施的落实工作,向居民、村民宣传传染病防治的相关知识。 《中华人民共和国传染病防治法实施办法》第五十二条在传染病暴发、流行区域,当地政府应当根据传染病疫情控制的需要,组织卫生、医药、公安、工商、交通、水利、城建、农业、商业、民政、邮电、广播电视等部门采取下列预防、控制措施: (一)对病人进行抢救、隔离治疗; (二)加强粪便管理,清除垃圾、污物; (三)加强自来水和其他饮用水的管理,保护饮用水源; (四)消除病媒昆虫、钉螺、鼠类及其他染疫动物; (五)加强易使传染病传播扩散活动的卫生管理; (六)开展防病知识的宣传; (七)组织对传染病病人、病原携带者、染疫动物密切接触人群的检疫、预防服药、应急接种等; (八)供应用于预防和控制疫情所必需的药品、生物制品、消毒药品、器械等; (九)保证居民生活必需品的供应。	
51	其他权力	建设和改造公共卫生设施	《中华人民共和国传染病防治法》第十四条地方各级人民政府应当有计划地建设和改造公共卫生设施,改善饮用水卫生条件,对污水、污物、粪便进行无害化处置。 《中华人民共和国传染病防治法实施办法》第十条 地方各级政府应当有计划地建设和改造公共卫生设施。城市应当按照城市环境卫生设施标准修建公共厕所、垃圾粪便的无害化处理场和污水、雨水排放处理系统等公共卫生设施。农村应当逐步改造厕所,对粪便进行无害化处理,加强对公共生活用水的卫生管理,建立必要的卫生管理制度。饮用水水源附近禁止有污水池、粪堆(坑)等污染源。禁止在饮用水水源附近洗刷便器和运输粪便的工具。	
52	其他权力	森林病虫害调查监测	《突发林业有害生物事件处置办法》第十一条县级以上人民政府林业主管部门的森林病虫害防治机构及其中心测报点,应当及时对林业有害生物进行调查与监测,综合分析测报数据,提出防治方案。森林病虫害防治机构及其中心测报点,应当建立林业有害生物监测档案,掌握林业有害生物的动态变化情况。乡(镇)林业站工作人员、护林员按照县级以上人民政府林业主管部门的要求,参加林业有害生物的调查与监测工作。	

续表

序号	权力类型	项目名称	实施依据	备注
53	其他权力	森林火灾的预防、调查核实、扑救	《中华人民共和国森林法》第二十一条地方各级人民政府应当切实做好森林火灾的预防和扑救工作： （一）规定森林防火期，在森林防火期内，禁止在林区野外用火；因特殊情况需要用火的，必须经过县级人民政府或者县级人民政府授权的机关批准； （二）在林区设置防火设施； （三）发生森林火灾，必须立即组织当地军民和有关部门扑救； （四）因扑救森林火灾负伤、致残、牺牲的，国家职工由所在单位给予医疗、抚恤；非国家职工由起火单位按照国务院有关主管部门的规定给予医疗、抚恤，起火单位对起火没有责任或者确实无力负担的，由当地人民政府给予医疗、抚恤。	
54	其他权力	对未送适龄儿童、少年入学接受义务教育的，给予批评教育、责令限期改正，并保障就近入学	《中华人民共和国义务教育法》第五条 各级人民政府及其有关部门应当履行本法规定的各项职责，保障适龄儿童、少年接受义务教育的权利。第十二条适龄儿童、少年免试入学。地方各级人民政府应当保障适龄儿童、少年在户籍所在地学校就近入学。父母或者其他法定监护人在非户籍所在地工作或者居住的适龄儿童、少年，在其父母或者其他法定监护人工作或者居住地接受义务教育的，当地人民政府应当为其提供平等接受义务教育的条件。第十三条 县级人民政府教育行政部门和乡镇人民政府组织和督促适龄儿童、少年入学，帮助解决适龄儿童、少年接受义务教育的困难，采取措施防止适龄儿童、少年辍学。居民委员会和村民委员会协助政府做好工作，督促适龄儿童、少年入学。第五十八条适龄儿童、少年的父母或者其他法定监护人无正当理由未依照本法规定送适龄儿童、少年入学接受义务教育的，由当地乡镇人民政府或者县级人民政府教育行政部门给予批评教育，责令限期改正。 《中华人民共和国妇女权益保障法》第十八条第二款 除因疾病或者其他特殊情况经当地人民政府批准的以外，对不送适龄女性儿童少年入学的父母或者其他监护人，由当地人民政府予以批评教育，并采取有效措施，责令送适龄女性儿童少年入学。	
55	其他权力	维护学校周边秩序	《中华人民共和国义务教育法》第二十三条各级人民政府及其有关部门依法维护学校周边秩序，保护学生、教师、学校的合法权益，为学校提供安全保障。	
56	其他权力	组织人员、调集物资支援灭火	《中华人民共和国消防法》第四十五条第三款 根据扑救火灾的紧急需要，有关地方人民政府应当组织人员、调集所需物资支援灭火。	
57	其他权力	保护饮用水水源	《中华人民共和国水污染防治法》第五十六条第四款 国务院和省、自治区、直辖市人民政府可以根据保护饮用水水源的实际需要，调整饮用水水源保护区的范围，确保饮用水安全。有关地方人民政府应当在饮用水水源保护区的边界设立明确的地理界标和明显的警示标志。 《中华人民共和国水土保持法》第三十六条在饮用水水源保护区，地方各级人民政府及其有关部门应当组织单位和个人，采取预防保护、自然修复和综合治理措施，配套建设植物过滤带，积极推广沼气，开展清洁小流域建设，严格控制化肥和农药的使用，减少水土流失引起的面源污染，保护饮用水水源。 《村庄和集镇规划建设管理条例》第三十一条乡级人民政府应当采取措施，保护村庄、集镇饮用水源；有条件的地方，可以集中供水，使水质逐步达到国家规定的生活饮用水卫生标准。	
58	其他权力	防汛准备	《中华人民共和国防汛条例》第二十一条各级防汛指挥部应当储备一定数量的防汛抢险物资，由商业、供销、物资部门代储的，可以支付适当的保管费。受洪水威胁的单位和群众应当储备一定的防汛抢险物料。第二十二条各级人民政府防汛指挥部汛前应当向有关单位和当地驻军介绍防御洪水方案，组织交流防汛抢险经验。有关方面汛期应当及时通报水情	

续表

序号	权力类型	项目名称	实施依据	备注
59	其他权力	在紧急防汛期组织动员抗洪抢险,采取防汛抗洪非常紧急措施	《中华人民共和国防洪法》第三十八条防汛抗洪工作实行各级人民政府行政首长负责制,统一指挥、分级分部门负责。第四十五条 在紧急防汛期,防汛指挥机构根据防汛抗洪的需要,有权在其管辖范围内调用物资、设备、交通运输工具和人力,决定采取取土占地、砍伐林木、清除阻水障碍物和其他必要的紧急措施;必要时,公安、交通等有关部门按照防汛指挥机构的决定,依法实施陆地和水面交通管制。依照前款规定调用的物资、设备、交通运输工具等,在汛期结束后应当及时归还;造成损坏或者无法归还的,按照国务院有关规定给予适当补偿或者作其他处理。取土地占砍伐林木的,有汛期结束后依法向有关部门补办手续;有关地方人民政府对取土后的土地组织复垦,对砍伐的林木组织补种。	
60	其他权力	当洪水威胁群众安全时组织人员撤离	《中华人民共和国防汛条例》第三十四条在洪水威胁群众安全时,当地人民政府应当及时组织群众撤离至安全地带并做好生活安排。	
61	其他权力	发生洪涝灾害后的救灾减灾	《中华人民共和国防洪法》第四十七条发生洪涝灾害后,有关人民政府应当组织有关部门、单位做好灾区的生活供给、卫生防疫、救灾物资供应、治安管理、学校复课、恢复生产和重建家园等救灾工作以及所管辖地区的各项水毁工程设施修复工作。水毁防洪工程设施的修复,应当优先列入有关部门的年度建设计划。国家鼓励、扶持开展洪水保险。	
62	其他权力	组织开展抗旱工作	《中华人民共和国抗旱条例》第四十二条干旱灾害发生地区的乡镇人民政府、街道办事处、村民委员会、居民委员会应当组织力量,向村民、居民宣传节水抗旱知识,协助做好抗旱措施的落实工作。	
63	其他权力	因自然灾害受损的居民住房恢复重建补助对象的审核,呈报审批	《自然灾害救助条例》第二十条居民住房恢复重建补助对象由受灾人员本人申请或者由村民小组、居民小组提名。经村民委员会、居民委员会民主评议,符合救助条件的,在自然村、社区范围内公示;无异议或者经村民委员会、居民委员会民主评议异议不成立的,由村民委员会、居民委员会将评议意见和有关材料提交乡镇人民政府、街道办事处审核,报县级人民政府民政等部门审批。	
64	其他权力	对可能影响社会安全事件的矛盾纠纷调解	《中华人民共和国突发事件应对法》第二十一条县级人民政府及其有关部门、乡级人民政府、街道办事处、居民委员会、村民委员会应当及时调解处理可能引发社会安全事件的矛盾纠纷。	
65	其他权力	上报破坏性地震灾情、组织抢险及提供求助	《中华人民共和国防震减灾法》第六十三条地震灾区的县级以上地方人民政府及其有关部门和乡、镇人民政府,应当及时组织修复毁损的农业生产设施,提供农业生产技术指导,尽快恢复农业生产;优先恢复供电、供水、供气等企业的生产,并对大型骨干企业恢复生产提供支持,为全面恢复农业、工业、服务业生产经营提供条件。	
66	其他权力	加强地质灾害险情的巡回检查,发现险情及时处理和报告	《地质灾害防治条例》第十五条地质灾害易发区的县、乡、村应当加强地质灾害的群测群防工作。在地质灾害重点防范期内,乡镇人民政府、基层群众自治组织应当加强地质灾害险情的巡回检查,发现险情及时处理和报告。第二十八条第二款 当地人民政府或者县级人民政府国土资源主管部门接到报告后,应当立即派人赶赴现场,进行现场调查,采取有效措施,防止灾害发生或者灾情扩大,并按照国务院国土资源主管部门关于地质灾害灾情分级报告的规定,向上级人民政府和国土资源主管部门报告。第三十条地质灾害发生后,县级以上人民政府应当启动并组织实施相应的突发性地质灾害应急预案。有关地方人民政府应当及时将灾情及其发展趋势等信息报告上级人民政府。	
67	其他权力	矿产资源保护	《中华人民共和国矿产资源法》第三条国家保障矿产资源的合理开发利用。禁止任何组织或者个人用任何手段侵占或者破坏矿产资源。各级人民政府必须加强矿产资源的保护工作。第十九条地方各级人民政府应当采取措施,维护本行政区域内的国有矿山企业和其他矿山企业矿区范围内的正常秩序。	

续表

序号	权力类型	项目名称	实施依据	备注
68	其他权力	安全生产事故救援	《生产安全事故报告和调查处理条例》第十五条事故发生地有关地方人民政府、安全生产监督管理部门和负有安全生产监督管理职责的有关部门接到事故报告后，其负责人应当立即赶赴事故现场，组织事故救援。	
69	其他权力	安全监督和特大安全事故防范	《国务院关于特大安全事故行政责任追究的规定》第四条地方各级人民政府及政府有关部门应当依照有关法律、法规和规章的规定，采取行政措施，对本地区实施安全监督管理，保障本地区人民群众生命、财产安全，对本地区或者职责范围内防范特大安全事故的发生、特大安全事故发生后的迅速和妥善处理负责。第五条地方各级人民政府应当每个季度至少召开一次防范特大安全事故工作会议，由政府主要领导人或者政府主要领导人委托政府分管领导人召集有关部门正职负责人参加，分析、布置、督促、检查本地区防范特大安全事故的工作。会议应当作出决定并形成纪要，会议确定的各项防范措施必须严格实施。第十条中小学校对学生进行劳动技能教育以及组织学生参加公益劳动等社会实践活动，必须确保学生安全。严禁以任何形式、名义组织学生从事接触易燃、易爆、有毒、有害等危险品的劳动或者其他危险性劳动。严禁将学校场地出租作为从事易燃、易爆、有毒、有害等危险品的生产、经营场所。中小学校违反前款规定的，按照学校隶属关系，对县（市、区）、乡（镇）人民政府主要领导人和县（市、区）人民政府教育行政部门正职负责人，根据情节轻重，给予记过、降级直至撤职的行政处分；构成玩忽职守罪或者其他罪的，依法追究刑事责任。中小学校违反本条第一款规定的，对校长给予撤职的行政处分，对直接组织者给予开除公职的行政处分；构成非法制造爆炸物罪或者其他罪的，依法追究刑事责任。	
70	其他权力	协助开展小型露天采石场事故应急救援	《小型露天采石场安全管理与监督检查规定》第三十四条安全生产监督管理部门应当加强奉行政区域内小型露天采石场应急预案的管理，督促乡（镇）人民政府做好事故应急救援的协调工作。	
71	其他权力	农村特困供养待遇审核呈报	《国务院关于进一步健全特困人员救助供养制度的意见》 申请程序。申请特困人员救助供养，由本人向户籍所在地的乡镇人民政府（街道办事处）提出书面申请，按规定提交相关材料，书面说明劳动能力、生活来源以及赡养、抚养、扶养情况。本人申请有困难的，可以委托村（居）民委员会或者他人代为提出申请。 乡镇人民政府（街道办事处）以及村（居）民委员会应当及时了解掌握辖区内居民的生活情况，发现符合特困人员救助供养条件的人员，应当告知其救助供养政策，对无民事行为能力等无法自主申请的，应当主动帮助其申请。 审核程序。乡镇人民政府（街道办事处）应当通过入户调查、邻里访问、信函索证、群众评议、信息核查等方式，对申请人的收入状况、财产状况以及其他证明材料等进行调查核实，于20个工作日内提出初审意见，在申请人所在村（社区）公示后，报县级人民政府民政部门审批。申请人及有关单位、组织或者个人应当配合调查，如实提供有关情况。 审批程序。县级人民政府民政部门应当全面审查乡镇人民政府（街道办事处）上报的调查材料和审核意见，并随机抽查核实，于20个工作日内作出审批决定。对符合条件的申请予以批准，并在申请人所在村（社区）公布；对不符合条件的申请不予批准，并书面向申请人说明理由。	
72	其他权力	农村特困供养待遇核销审核呈报	《国务院关于进一步健全特困人员救助供养制度的意见》终止程序。特困人员不再符合救助供养条件的，村（居）民委员会或者供养服务机构应当及时告知乡镇人民政府（街道办事处），由乡镇人民政府（街道办事处）审核并报县级人民政府民政部门核准后，终止救助供养并予以公示。	
73	其他权力	对五保供养服务不符合要求的责令限期改正及终止供养服务协议	《农村五保供养工作条例》第二十四条违反本条例规定，村民委员会或者农村五保供养服务机构对农村五保供养对象提供的供养服务不符合要求的，由乡、民族乡、镇人民政府责令限期改正；逾期不改正的，乡、民族乡、镇人民政府有权终止供养服务协议；造成损失的，依法承担赔偿责任。	

续表

序号	权力类型	项目名称	实施依据	备注
74	其他权力	伤残抚恤对象残疾等级评定的受理呈报	《伤残抚恤管理办法》第五条申请人(精神病患者由其利害关系人)申请评定残疾等级,应当向所在单位提出书面申请;没有单位的,向户籍所在地的街道办事处或者乡镇人民政府提出书面申请。第六条申请人所在单位或者街道办事处或者乡镇人民政府审查评定残疾等级申请后出具书面意见,连同本人档案材料、书面申请和本人近期二寸免冠彩色照片等一并报送户籍所在地的县级人民政府民政部门审查。	
75	其他权力	城乡居民最低生活保障的审核审批	《城市居民最低生活保障条例》第四条县级人民政府民政部门以及街道办事处和镇人民政府(以下统称管理审批机关)负责城市居民最低生活保障的具体管理审批工作。居民委员会根据管理审批机关的委托,可以承担城市居民最低生活保障的日常管理、服务工作。第七条申请享受城市居民最低生活保障待遇,由户主向户籍所在地的街道办事处或者镇人民政府提出书面申请,并出具有关证明材料,填写《城市居民最低生活保障待遇审批表》。城市居民最低生活保障待遇,由其所在地的街道办事处或者镇人民政府初审,并将有关材料和初审意见报送县级人民政府民政部门审批。管理审批机关为审批城市居民最低生活保障待遇的需要,可以通过入户调查、邻里访问以及信函索证等方式对申请人的家庭经济状况和实际生活水平进行调查核实。申请人及有关单位、组织或者个人应当接受调查,如实提供有关情况。 《湖南省农村最低生活保障办法》第十五条 农村困难家庭申请享受农村最低生活保障待遇,由家庭成年成员持本人居民身份证、户口本、家庭收入材料和其他相关材料,向村(居)民委员会提出书面申请,也可以直接向乡镇人民政府或者街道办事处提出申请。	
76	其他权力	侵害个人在农村集体经济组织中享有权益的调解	《中华人民共和国妇女权益保障法》第五十五条违反本法规定,以妇女未婚、结婚、离婚、丧偶等为由,侵害妇女在农村集体经济组织中的各项权益的,或者因结婚男方到女方住所落户,侵害男方和子女享有与所在地农村集体经济组织成员平等权益的,由乡镇人民政府依法调解;受害人也可以依法向农村土地承包仲裁机构申请仲裁,或者向人民法院起诉,人民法院应当依法受理。	
77	其他权力	协助开展预备役人员储备工作	《中华人民共和国国防动员法》第十条地方人民政府应当贯彻和执行国防动员工作的方针、政策和法律、法规;国家决定实施国防动员后,应当根据上级下达的国防动员任务,组织本行政区域国防动员的实施。县级以上地方人民政府依照法律规定的权限管理本行政区域的国防动员工作。第二十八条县级以上地方人民政府兵役机关负责组织实施本行政区域预备役人员的储备工作。县级以上地方人民政府有关部门、预备役人员所在乡(镇)人民政府、街道办事处或者企业事业单位,应当协助兵役机关做好预备役人员储备的有关工作。	
78	其他权力	编制乡道规划及规划修改方案	《中华人民共和国公路法》第十四条乡道规划由县级人民政府交通主管部门协助乡、民族乡、镇人民政府编制,报县级人民政府批准。第十六条经批准的省道、县道、乡道公路规划需要修改的,由原编制机关提出修改方案,报原批准机关批准。	
79	其他权力	组织修建、养护和管理乡道	《中华人民共和国公路法》第八条乡、民族乡、镇人民政府负责本行政区域内的乡道的建设和养护工作。第三十八条县、乡级人民政府应当在农村义务工的范围内,按照国家有关规定组织公路两侧的农村居民履行为公路建设和养护提供劳务的义务。第四十三条各级地方人民政府应当采取措施,加强对公路的保护。	
80	其他权力	根据保护乡道、村道的需要,在乡道、村道的出入口设置必要的限高、限宽设施	《公路安全保护条例》第三十四条县级人民政府交通运输主管部门或者乡级人民政府可以根据保护乡道、村道的需要,在乡道、村道的出入口设置必要的限高、限宽设施,但是不得影响消防和卫生急救等应急通行需要,不得向通行车辆收费。	
81	其他权力	确定村道公路用地外缘的建筑控制区并公告	《湖南省乡村公路条例》第十七条县级人民政府应当确定乡道两侧自边沟(截水沟、坡脚护坡道)外缘起不少于一米的范围为公路用地,自公路用地外缘起乡道不少于五米的范围为建筑控制区,并向社会公告。乡级人民政府应当根据具体情况,确定村道两侧自边沟(截水沟、坡脚护坡道)外缘起一般不少于一米的范围为公路保护用地,自公路保护用地外缘起一般不少于三米的范围为建筑控制区,并向村民公告。	

续表

序号	权力类型	项目名称	实施依据	备注
82	其他权力	水上交通安全管理	《中华人民共和国内河交通安全管理条例》第五条县级以上地方各级人民政府应当加强本行政区域内的内河交通安全管理工作,建立、健全内河交通安全管理责任制。乡(镇)人民政府对本行政区域内的内河交通安全管理履行下列职责:(一)建立、健全行政村和船主的船舶安全责任制;(二)落实渡口船舶、船员、旅客定额的安全管理责任制;(三)落实船舶水上交通安全管理的专门人员;(四)督促船舶所有人、经营人和船员遵守有关内河交通安全的法律、法规和规章。 《湖南省水上交通安全管理办法》第三条县级以上人民政府应当加强对水上交通安全工作的领导。乡镇人民政府对其所属乡镇船舶和渡口的安全负有直接管理责任,应当根据任务大小配备专职或者兼职人员负责水上交通安全管理工作。	
83	其他权力	小型水利水电工程管理及保护	《湖南省水利水电工程管理办法》第五条任何单位和个人都有保护水利水电工程的义务,有权制止和检举损害水利水电工程的行为。第六条水利水电工程应按照受益和影响范围的大小,实行统一管理和分级管理相结合,专业管理和群众管理相结合的原则。大、中型水利水电工程由所在受益区县以上水利水电部门负责管理;小型水利水电工程由所在乡(镇)负责管理,跨行政区域的水利水电工程由上一级水利水电部门或由其委托的单位负责管理。	
84	其他权力	对已领取租赁住房补贴或者配租保障性住房的城市中、低收入住房困难家庭信息的审核呈报	《廉租住房保障办法》第二十四条已领取租赁住房补贴或者配租廉租住房的城市低收入住房困难家庭,应当按年度向所在地街道办事处或者镇人民政府如实申报家庭人口、收及及住房等变动情况。街道办事处或者镇人民政府可以对申报情况进行核实、张榜公布,并将申报情况及核实结果报建设(住房保障)主管部门。	
85	其他权力	对城市生活无着的流浪乞讨返回人员的救助	《城市生活无着的流浪乞讨人员救助管理办法实施细则》(民政部令第24号)第十八条受助人员户口所在地、住所地的乡级、县级人民政府应当帮助返回的受助人员解决生产、生活困难,避免其再次外出流浪乞讨;对遗弃残疾人、未成年人、老年人的近亲属或者其他监护人,责令其履行抚养、赡养义务;对确实无家可归的残疾人、未成年人、老年人应当给予安置。	
86	其他权力	对生活确有困难残疾人的救助	《中华人民共和国残疾人保障法》第四十八条各级人民政府对生活确有困难的残疾人,通过多种渠道给予生活、教育、住房和其他社会救助。县级以上地方人民政府对享受最低生活保障待遇后生活仍有特别困难的残疾人家庭,应当采取其他措施保障其基本生活。各级人民政府对贫困残疾人的基本医疗、康复服务、必要的辅助器具的配置和更换,应当按规定给予救助。	
87	其他权力	对辖区内食品摊贩登记、发证、信息呈报	《湖南省食品生产加工小作坊小餐饮和食品摊贩管理条例》第二十四条乡镇人民政府、街道办事处应当按照规定对本行政区域内的食品摊贩予以登记,记录经营者的姓名、住址、经营范围、经营地点等信息,发放食品摊贩登记证,并将登记信息书面告知县级人民政府食品药品监督管理部门。发放食品摊贩登记证不得收取任何费用。	
88	其他权力	对强迫农民以资代劳的责令改正	《中华人民共和国农业法》第七十三条农村集体经济组织或者村民委员会为发展生产或者兴办公益事业,需要向其成员(村民)筹资筹劳的,应当经成员(村民)会议或者成员(村民)代表会议过半数通过后,方可进行。农村集体经济组织或者村民委员会依照前款规定筹资筹劳的,不得超过省级以上人民政府规定的上限控制标准,禁止强行以资代劳。农村集体经济组织和村民委员会对涉及农民利益的重要事项,应当向农民公开,并定期公布财务账目,接受农民的监督。第九十五条违反本法第七十三条第二款规定,强迫农民以资代劳的,由乡(镇)人民政府责令改正,并退还违法收取的资金。 《中华人民共和国村民委员会组织法》第三十六条第二款 村民委员会不依照法律、法规的规定履行法定义务的,由乡、民族乡、镇的人民政府责令改正。	

续表

序号	权力类型	项目名称	实施依据	备注
89	其他权力	协助开展气象灾害防御知识宣传、应急联络、信息传递、灾害报告和灾情调查	《中华人民共和国突发事件应对法》第二十九条县级人民政府及其有关部门、乡级人民政府、街道办事处应当组织开展应急知识的宣传普及必要的应急演练。 《气象灾害防御条例》第三十二条 乡(镇)人民政府、街道办事处应当确定人员,协助气象主管机构、民政部门开展气象灾害知识宣传、应急联络、信息传递、灾害报告和灾情调查等工作。	
90	其他权力	政府信息公开	《中华人民共和国政府信息公开条例》(国务院令第492号)第四条各级人民政府及县级以上人民政府部门应当建立健全本行政机关的政府信息公开工作制度,并指定机构(以下统称政府信息公开工作机构)负责本行政机关政府信息公开的日常工作。	

衡东县科技创新奖励办法

(东政办发〔2016〕9号)

第一条 为奖励在科学技术活动中做出突出贡献的企事业单位和个人,调动广大科技工作者的积极性和创造性,鼓励自主创新,促进衡东县科技事业的发展,根据《国家科学技术奖励条例》、《湖南省科学技术奖励办法》、《衡阳市科学技术奖励办法》、《中共衡阳市委、衡阳市人民政府关于实施创新驱动发展战略加块建设创新型城市的意见》(衡发〔2015〕16号)等相关文件的规定,结合本县实际,特制定本办法。

第二条 县人民政府设立科技创新奖项:

(一)科技创新进步奖

(二)科技创新专利奖

(三)科技创新人才奖

第三条 县科技创新奖的设立贯彻尊重知识、尊重人才的方针,鼓励自主创新、发明创造,促进科技成果转化和高新技术产业化。

第四条 县科技创新奖的申报、评审和授予遵循公开、公平、公正的原则,坚持经济效益和社会效益相结合,广泛听取社会各方面的意见。

第五条 县经济科技和信息化局负责县科技创新奖的评审组织和日常管理工作。

第六条 设立县科技创新奖励委员会,依照本办法的规定负责县科技创新奖的评审工作。

第七条 鼓励社会组织和个人设立面向社会的科技创新奖项。

第八条 不得借科技创新奖励活动名义向申报单位和个人收取任何费用。

第九条 科技创新进步奖。奖励在我县研发具有自主知识产权的新技术、新产品经转化应用,作用突出,品质优良,创造显著经济社会效益的企业。

(一)鼓励发展高新技术。凡县内规模以上企业技术研发机构被初次认定为国家级重点实验室、院士专家工作站、博士后科研工作站(流动站)的,给予2万元奖励,被初次认定为省级重点实验室的,给予1万元的奖励;届满后又通过复审的,当年再分别奖励2万元、1万元。对被初次认定为高新技术企业的,奖励3万元。已经是高新技术企业,三年期满后,又通过高新技术企业复审的,当年奖励该企业1万元。

(二)自主研发的产品获得国家科技进步一、二、三等奖的企事业单位,分别一次性奖励30万元、20万元、10万元;获得省科技进步一、二、三等奖的企业,分别一次性奖励10万、6万、3万元;获得市科技进步一、二、三等奖的企业,分别一次性奖励2万、1万、5000元。以上奖励就高不就低,不重复奖励。

第十条 科技创新专利奖

(一)专利申请资助

国内专利申请资助:企事业单位和个人申请发明专利且办理实审手续的,凭实审票据,按照市资助办法(衡发【2015】16号文件)每件配套资助2100元,不再另行资助或奖励。

国外专利申请资助:采取PCT方式申请的,每件发明专利资助3000元;进入欧、美、日国家阶段,每件发明专利申请资助每个国家5000元,其它国家3000元。

(二)专利授权奖

对取得专利授权的发明专利,在省市奖励的基础上再每件奖励2000元。获得国外发明专利授权的每件奖励1万元。

(三)专利配套奖

对年发明专利授权超过15件以上、5-10件、5件(含5件)的县内规模以上企业,分别给予5万、3万、2万元奖励。企业发明专利产业化,两年内专利产品销售额增加2000万以上,企业新增纳税600万以上(以县财政局核定为准),且近两年年投入研发(R&D)经费支出占企业销售值5%以上的,给予一次性10万元奖励。

第十一条 科技创新人才奖具备以下条件之一的,可参加评选。

(一)获省(市)级科技进步奖或省级科技重大专项立项的项目技术负责人或项目团队,给予一次性5000元奖励;

(二)获国家科技进步奖、国家科技支撑计划项目、国家基础研究计划项目、国家高技术研究发展计划等国字头项目立项的项目技术负责人或项目团队,给予一次性1万元奖励;

(三)为县内规模以上企业开发出具用企业自主知识产权、技术在国际或国内领先、并转化到产品中的发明专利的第一发明人,给予一次性2000元奖励。

第十二条 科技创新人才奖每年评选名额不得超过10人(含团队)。

第十三条 县科技创新奖由下列单位推荐:

(一)县直相关部门(含经开区、河西新区)。

(二)县规模以上企业。

(三)经县科学技术主管部门认定具有推荐资格的其它单位。

第十四条 申报县科技创新贡献奖应当填写统一格式的推荐书,提供真实、可靠的评审材料。

第十五条 县科技创新奖励委员会根据需要可设立若干专业评审组。

第十六条 以上三个科技创新奖项的评选,高新技术企业在同等条件下具有获奖优先权。同一项目或课题已获县委、县政府及县里其它部门相关奖励或资助的,不得重复申报科技创新奖。同一项目只能申请一项科技创新奖。

第十七条 县科学技术主管部门对县科技创新奖励委员会作出的获奖人选和奖励建议进行审核,报县人民政府批准,由县人民政府颁发证书和奖金。

第十八条 剽窃、侵夺他人科学技术成果,或者弄虚作假、骗取县科技创新奖的,由县科技主管部门报县人民政府批准后,撤销奖励,追回奖金和证书,并依法依规追究有关人员的责任。

第十九条 参与县科技创新奖评审的工作人员,对涉及的技术内容及评审情况应按规定严格保守秘密。在评审活动中营私舞弊的,取消其评审资格,由有关主管部门依法追究责任。

第二十条 本《办法》明确的有关经费由县财政安排,在社会科学与应用研究费中专项下达。县财政每年安排专门预算用于评选委员会开展评选工作。

第二十一条 本《办法》由县经济科技和信息化局负责解释,自2016年6月1日起执行。

附件:衡东县科技创新奖励委员会成员名单

附件:

衡东县科技创新奖励委员会成员名单

为贯彻实施自主创新战略,加快建设自主创新型衡东,根据《衡东县科学技术奖励办法》精神,经县政府研究,决定成立衡东县科技创新奖励委员会,委员会成员名单如下:

顾　　问　程少平　县委书记

主　　任　廖义智　县委副书记、县长

副 主 任　彭丽堂　县委常委、常务副县长

陈　嘉(常务)　县委常委、副县长

成　　员　县经科信局、县科协、县发改局、县财政局、县人社局、县商粮局、县统计局、县国税局、县地税局、县市场和质量监督管理局主要负责人及相关专家。

县科技创新奖励委员会下设办公室,办公室设在县经济科技和信息化局。

衡东县促进旅游经济发展实施办法

(东政办发〔2017〕6号)

第一章 总 则

第一条 为实施全域旅游战略,加快建设旅游强县,促进旅游投资和消费,补齐旅游经济短板,根据县委、县政府《关于实施全域旅游战略,加快"旅游活县"进程的决定》和财政预算管理相关规定,结合我县实际,制定本办法。

第二条 县财政年度预算设立旅游业发展引导专项资金,用于促进我县旅游服务经济发展,对该资金实行专项管理、专款专用。

第三条 旅游业发展引导资金的申报、审核、审批、拨付、绩效管理和监督适用本办法。

第四条 旅游业发展引导资金安排,遵循的原则是:政府引导、重点突出、均衡发展、公平兼顾。

第二章 支持项目和标准

第五条 旅游业发展引导资金支持旅游事业发展:

(一)每年确保专项资金的10% -20%用于旅游宣传促销。支持县级旅游整体形象、旅游集群区域、精品线路宣传推广事项及活动,并适当补助各乡镇、有关单位、旅游企业围绕我县旅游产业开展具有重大影响的宣传推广事项及活动。对承办省级、市级旅游节会,或举办乡村旅游节会活动的乡镇和县直有关单位给予适当补助。

(二)每年确保专项资金的60% -80%用于支持旅游重大项目建设等旅游事业发展工作:

1. 支持旅游规划编制。支持经县人民政府确定的全县性旅游规划编制,对各乡镇、旅游企业、重点旅游村编制旅游规划进行适当补助。

2. 支持旅游项目建设。支持资源条件较好、纳入旅游发展规划、对全县旅游产业发展具有引导和带动作用的旅游项目建设,重点支持旅游基础设施、提质改造、公共服务体系、品牌创建、智慧旅游、新业态及旅游转型升级产品方面的开发建设。对当年列入国家、省、市级的旅游重点项目,或当年引进5000万元以上的旅游招商引资项目,以及当年完成实际投资额1000万元以上的旅游项目,给予奖励。

3. 支持旅游精准扶贫。支持围绕区域发展与扶贫攻坚、推动地区及当地群众脱贫致富的旅游扶贫建设。支持已纳入国家旅游局旅游扶贫名录的重点扶贫村开展旅游扶贫建设。

4. 支持旅游行业监管。支持旅游行业标准制定及评定、行业质量管理、市场监管、信息化建设及统计调查。

5. 支持旅游教育及科研。支持旅游人才培育培训,旅游重大课题调查研究活动。

6. 县委、县政府决定的其他重大事项。

(三)每年确保专项资金的10% -20%用于建立激励机制,促进我县旅游投资和消费。

1. 设立旅游品牌创建奖。旅游品牌创建奖仅限于社会资金投资的旅游项目,对于财政性资金投入的旅游项目不再给予奖励。

(1)对新评定为国家5A、4A、3A级旅游景区的,分别一次性奖励50万元、40万元、20万元。

(2)对新评定为国家级旅游度假区(生态旅游示范区)、国家级森林公园(水利风景区、地质公园、湿地公园)、全国休闲农业与乡村旅游示范点,一次性奖励30万元。

(3)对新评定为省级旅游度假区(生态旅游示范区)、省级森林公园(水利风景区、地质公园)、省两型示范景区、全省休闲农业与乡村旅游示范点、省级工业旅游区(点),一次性奖励20万元。

(4)对新评定为省级特色旅游名镇(湖湘风情文化旅游小镇)和特色旅游名村的,分别一次性奖励10万元、5万元。

(5)对新评定为五星级、四星级、三星级旅游饭店的,分别一次性奖励30万元、20万元、10万元。

(6)对新评定为五星、四星、三星级旅行社的,分别一次性奖励10万元、5万元、3万元。

(7)对新评定为湖南省五星级、四星级、三星级乡村旅游服务区(点)的,分别一次性奖励5万元、3万元、1万元。

(8)对新荣获全国旅游商品博览会金、银、铜奖的,分别一次性奖励3万元、2万元、1万元;对新荣获全省旅游商品博览会金、银、铜奖的,分别一次性奖励1万元、0.5万元、0.3万元;对新荣获全市旅游商品博览会金、银、铜奖的,分别一次性奖励0.3万元、0.2万元、0.1万元;对新评定为国家、省、市旅游购物示范点的,分别一次性奖励5万元、3万元、1万元;对新研发注册并投放市场的旅游商品,视情况一次性给予0.5万-2万元奖励。

(9)对新建成承接旅游新业态的房车、自行车、露营等基地,以及其它各类休闲基地,并获得国家、省、市旅游部门认定的,视规模一次性奖励1-5万元。

(10)对按标准新建或改建的AAA、AA、A级旅游厕所,经验收合格,分别按2万元、1万元、0.3万元予以补助。

(11)对新建的游客集散中心、游客咨询中心、旅游停车场,视规模一次性奖励1-5万元。

2. 设立旅游人数奖

各旅行社及旅行社服务网点从衡东县外组织的游客来衡旅游,游览县内1个以上有价门票景区(点)且在县城的星级酒店住宿1晚及以上的,且本年内累计地接游客量在500人以上至2000人的,按5元/人的标准给予奖励;超过2000人部分按8元/人的标准给予奖励;下年度起,其地接游客上年基数部分按5元/人的标准、本年增量部分按10元/人的标准给予奖励。旅行社及旅行社服务网点注册地仅限于我县行政区域内。

第三章　申报批准程序

第六条　促进旅游投资和消费奖励,按下列程序和要求申报:

(一)申报单位

1. 旅游品牌创建奖由项目实施单位申报。

2. 旅游人数奖由旅行社及旅行社服务网点申报。

(二)申报资料

1. 旅游品牌创建奖需提供旅游部门的项目评定文件及相关资料。

2. 旅游人数奖需提供"衡东县旅游人数奖励资金申报表"(附表1、2)、"衡东县旅游地接团队月接待明细表"(附表3),并附星级酒店住宿发票和购买游览景区(点)门票发票的复印件(加盖申报单位公章),交县交通运输和旅游局汇总编制"衡东县旅游人数奖励汇总申报表"(附表4)。

(三)项目及奖补资金申报程序

各项目及奖补对象向县交通运输和旅游局提交相关申请资料,县交通运输和旅游局会同县财政局出具初审意见,经公示无异议后,报县政府批准。

第四章　监督检查

第七条　县财政局、县交通运输和旅游局对奖励资金使用情况实施监督检查,开展绩效评价。

第八条　项目单位应主动接受监督检查。对拒不接受监督检查的单位,检查部门应责令其改正。拒不改正的,县财政局暂停或停止拨付资金;已经拨付资金的,责令其停止使用,并收回资金,同时,取消其以后3年的申报资格。

第九条　任何单位和个人不得截留、挪用、虚报、冒领、侵占或提供虚假资料骗取项目资金以及擅自改变资金用途。如发生上述违法行为,将依照《财政违法行为处罚处分条例》等有关法律法规进行处理。涉嫌犯罪的,依法移送司法机关追究其法律责任。

第五章　附　则

第十条　本办法由县财政局、县交通运输和旅游局负责解释。

第十一条　本办法出台后,其他有关奖励政策与本办法不一致的,以本办法为准。

第十二条　本办法自发布之日起实施。

附表:

1. 衡东县旅游人数奖励资金申报表1
2. 衡东县旅游人数奖励资金申报表2
3. 衡东县旅游地接团队月接待明细表
4. 衡东县旅游人数奖励汇总申报表

理　论　文　章

全面实施精准帮扶　重振工业经济雄风

中共衡东县委　衡东县人民政府

衡东县作为老工业基地,工业基础较好,是省民营经济发展快县、市民营经济强县。但近年来受国内外经济形势等决定因素影响,部分工业企业发展步入困境,工业经济持续下滑。为帮助企业“爬坡过坎”,共度难关,我县按照“找准原因、精准施策、建立机制、强化保障”的思路,加大对企业帮扶力度,切实解决企业面临的急难问题,增强企业信心和活力,重振工业经济雄风。今年一季度全县预计完成规模工业总产值33.7亿元,增长27.2%,完成工业增加值8.17亿元,增长7%,工业经济逐步“回暖”向好。

一、强化帮扶领导,精心安排部署。开展企业精准帮扶是一项系统工程,必须抓好顶层设计和整体规划,加强组织领导,统筹、有序、协调推进实施。一是坚持高位谋划。按照周农书记在衡东调研时作出“将衡东打造成充满活力的民营经济强县和引领全市发展的重要增长极”的指示精神,党代会确定了生态立县、农业富县、民营强县、旅游活县、和谐兴县,加快推进新型工业化、城镇化、信息化、农业现代化和绿色化的发展思路,突出民营主体,加快发展和壮大工业经济。制度出台了《关于加快工业经济发展的决定》,明确全县工业经济发展总体思路、目标任务、实现途径和保障措施,召开了动员大会,全县上下形成了重视工业、服务工业、发展工业的浓厚,为精准帮扶企业奠定了思想基础。二是坚持高位推进。在全市率先成立了由县委书记任组长,县人大主任、县长、县政协主席、常务副县长、统战部长、纪委书记、分管副县长任副组长,相关的职能部门主要负责人为成员的高规格工业经济领导小组,领导小组下设办公室,加强对工业工作的统一领导、统筹协调和督促检查,确保精准帮扶工作始终保持高位促动、统筹推进。同时,邀请中央党校知名专家围绕“衡东工业经济优势、短板及对策”进行专题讲座,提升党员干部服务企业的能力和水平。三是坚持一线调研。把精准帮扶作为“项目建设年”的重要内容,对规模以上企业实行县级领导挂点帮扶制度,“四大班子”主要领导带头深入企业走访调研,了解企业发展存在的困难和问题,既及时号脉、开方、发药,又持续传导和释放县委、县政府加快工业经济发展的坚定决心和信心,为企业加油鼓劲。县工业办对每个企业都安排一名工作人员进行联系,及时收集企业存在的困难问题,掌握第一手资料,并将具体情况和最新动态录入困难问题收集台账,实行挂号、销号制度,建立问题清单,定期向工业领导小组汇报,通过召开协调会议、下发督办函等形式推动问题解决和工作落实。同时,我们还向39家工业企业派驻帮扶特派员和科技特派员。

二、制定帮扶措施,分类破解难题。坚持按照“分类指导,一企一策”的原则,紧盯目标,靶向施策,有效破解发展难题。一是缓解企业资金压力。融资难、融资贵、融资慢是影响企业发展的一个突出问题,也是帮扶工作所要面对的首要问题。一方面,由政府融资平台公司出资5000万元,设立工业企业发展帮扶基金,为企业融资提供担保,帮助全县13家“生产能力强,创税能力强,市场竞争能力强”撬动银行贷款1.5亿元。另一方面,通过政府设立增信风险补偿基金和企业自缴互助保证金,加强政银企合作,为企业增加贷款2亿元。通过加大金融“输血”,目前,全县23家处于停产、半停产企业有21家恢复生产，“老树绽新芽”，重现了生机。如衡阳力源动力因流动资金面临压力，新开发的履带式拖拉机不能正常生产入市，去年12月通过帮扶取得银行1600万元贷款，立即开工复产，今年一季度就实现产值3500多万元，市场前景看好。二是全力推动企业上市。在湖南机油泵股份有限申请上市过程中，我们着力为企业解决好了用地、征地拆迁、完善企周边配套服务、优化周边环境等一系列问题，确保了企业按照既定时间在主板A股上市，实现了我县工业企业零的突破，对全县各工业企业起到了很好的示范引领作用，提振了精神。三是为企业减轻包袱轻装发展。加大清费减负力度，为企业卸包袱、增动力，积极引导企业主动卸除影响自身发展的包袱，走“专、精、特、深”的路子，集中财力、物力、人力发展主业，做大做强主体实业。如金虎集团公司因摊子铺得太大、涉及行业过多，资金周转不济，造成企业停产两年，通过资源整合，积极盘活资产，加大实体投入，主攻有色冶炼，今年正月初六复工，一季度就完成产值 亿，实现税收2800万元。四是鼓励企业招大引强借力发展。引导企业利用现有的存量资产挂大联强，实行整体出售和买断兼并，借助外力解决企业机制、资金、管理、人才等问题，合资企业享受招商引资优惠政策。如衡阳天健锡业与云南锡业矿冶合作，成立合资公司，加快实施转型升级改造，项目建成投产后将实现年产值过10亿元，年创税2000万元以上。五是支持企业创新提升。采取财政奖励、补助等激励措施，引导支持企业实施工业技改，促进技术创新和产业升级。如湖南子廷有色金属有限公司技术升级改造，新上重金属废水处理和重金属铊处理项目，实现了产能提升、效益增加的良好局面。六是妥善化解企业周边矛盾。如针对个别村民误传红狮水泥生产将影响育龄妇女生育、引发村民阻工的问题，帮扶组进驻后，多次召开村民小组会议，耐心细致做思想工作，讲授科学知识，提高村民认知水平，消除误会，同时，督促企业加大环保投入，积极支持周边水利基础和环境绿化建设，企业与村民的关系得到了融洽，阻工的现象再也没有发生了。七是帮助企业引才纳智。开展了“春风行动”，举办各类招聘会17场次，积极为企业招工“牵线搭桥”，有效缓解企业招工难、用工难。

三、完善帮扶机制，巩固提升成效。实施精准帮扶既要帮到点子上，分明别类解决存在的突出问题，更要建立长效机制，从根本上提升巩固帮扶成效。一是建立完善激励机制。出台了《加速推进新型工业化专项奖励资金管理办法》、《科技专项资金管理办法》，县财政每年分别安300万设立了推进新型工业化专项奖励资金和科技专项资金，同时，对县域内主板上市、中小板和创业板上市、新三板上市的企业分别给予80万元、20万元和10万元奖励，上市企业前三年的企业所得税地方留成部分，县财政按一定的比例奖励给企业，其募集的资金用于本县投资的部分，享受招商引资的奖励政策；出台了《金融机构支持地方经济发展考核奖励办法》，以强化信贷考核引导金融机构扩大信贷投放，支持企业发展；出台了《工业企业优秀人才享受县政府人才津贴实施细则》，鼓励企业引进、培养专业管理人才、研发人才和生产技能人才。二是提升优化服务机制。按照“简政放权、放管结合、优化服务”的要求，深入推进“两集中两到位”审批制度改革，优化政务环境，开辟“绿色通道”，设立企业服务日、企业宁静日，为企业提供“一对一”、“多对一”和“一对多”等形式多样的帮扶服务，切实提高工作效能。如湖南三三合金集团公司在办理银行抵押贷款时，因时间要求紧迫，相关职能部门受理业务后，坚持特事特办，加班加点至深夜11点，仅用1天时间内把所有证件办理好，确保公司在最短时间拿到银行2000万元的贷款。三是严格落实督查考核机制。对工业经济发展情况实行单项考核，将领导干部“谋工业、抓工业”的绩效纳入考察领导干部个人和班子建设的重要内容，作为干部提拔任用的重要依据。考核结果名次靠后的，单位不得评先评优。对在工业经济发展中做出成绩的，给予表彰和奖励。同时，每年组织规上企业法人代表对相关单位进行公开测评，对前三名给予适当奖励，对后三名单位给予通报批评，主要负责人作整改表态发言。

全面把脉精准施策发展工业实体经济

——对加快发展衡东工业经济的调查思考及对策

中共衡东县委书记　吴伟生

工业经济是立县之本、强县之基、富民之要,决定着县域经济的发展状况、发展地位和发展后劲。加快工业经济发展,是推进我县“五县五化”建设的重要保障,是全面建成小康社会的必然途径,意义重大,影响深远。

一、我县工业发展现状

衡东县作为老工业基地,工业基础较好,是省民营经济发展快县、市民营经济强县。全县现有规模企业96家,其中有色冶炼13家,医药化工12家,机械制造11家,轻工陶瓷19家,农产品加工28家,建材行业13家,水电行业4家。2016年,全县完成规模工业总产值171.5亿元,同比增长5.6%;完成规模工业增加值41.69亿元,增长7.2%;新增规模以上企业14家。今年一季度预计一、二、三产业占比为17.7∶43∶39.3;完成规模工业总产值33.68亿元,同比增长27.13%;完成工业增加值8.28亿元,同比增长7.8%;预计工业经济占GDP的41.7%,拉动GDP增长2.9%,一、二月份我县工业经济在全市排位第三名。我县工业主要有以下四个方面的特点:

1.主导产业日益壮大。我县初步形成了以湖南机油泵、力源动力、朝阳泵业、大力成泵业为龙头的机械制造业,以金虎铜业、创大钒钨、世纪钨材为龙头的有色金属产业,以湖南有色衡东氟化学、东健药业为龙头的化工医药业,以红狮水泥为龙头的建筑材料业,以华亚玻璃为龙头的轻工陶瓷产业,以湖南天福油脂、金虎粮油、衡金优质农产品为龙头的农产品加工业等6大支柱产业。衡东是湖南省承接产业转移重点县、出口基地县,已成为全国最大的机油泵制造基地,全国有名的钨化品加工出口基地,湖南省最大的鸭蛋加工基地。

2.园区承载能力提升。园区是工业发展的主战场,县域工业较好地实现了产业向园区集中。目前,80%以上的工业企业集中在经济开发区,形成了机械制造、有色冶金、化工、轻工制造等几大主导产业,安排就业6000余人。2016年,县经济开发区完成工业总产值116.23亿元,增加值28.57亿元,税收近4亿元,分别增长10.2%、8.5%、7.3%,园区综合评价全省排位前移60位,被评为全市园区建设先进单位。今年一季度园区完成工业总产值24.55亿元,同比增长25%,完成规模工业增加值6.13亿元,同比增长21%,实现税收1.03亿元,同比增长13%。

3.民营企业家思维活跃。我县矿产资源比较贫乏,原料、市场两头在外,发展企业先天不足,如铜矿、钒矿等。但衡东的企业家敢想敢干,敢闯敢试,无中生有,借鸡生蛋,民营经济异军突起,被外界誉为“衡东民营经济现象”。经过多年的摸爬滚打,衡东成长了一大批企业家,这些企业家思维活跃,开拓精神强,加之积累了丰富的经验,是衡东经济发展的宝贵财富。

4.竞争能力不断增强。我县拥有国家级技术中心1个,国家级驰名商标1个,省级名牌产品8个,省级著名商标15个。湖南机油泵股份有限公司被授予“国家认定企业技术中心”,是全国最大的机油泵生产厂家,该企业在A股上市后,发展后劲、竞争能力进一步增强。全国水泥行业10强之一的红狮水泥集团在我县建立了分厂。湖南世纪钨材有限公司在新三板上市。

近年来,衡东工业经济虽然取得了长足发展,但也面临许多困难和问题,特别是因过去招商粗放,工业化水平不高、企业产品档次低、资源环境约束等问题日益突出,加之受国内外大环境、大气候影响,工业经济呈现持续下滑态势,工业企业发展

“解冻”缓慢。一是企业赢利能力不强。企业自主创新能力弱，产品科技含量低，处于初级生产状态，缺少自主知识产权产品，抗御市场风险能力不高，赢利能力不强，严重制约了企业的发展。如我县有色金属缺少精、深加工企业，创造税收主要为废旧物资回收公司。二是企业整体规模偏小。一方面工业企业数量虽多，但企业规模偏小；另一方面规模工业份额偏低，在县域工业的占比偏小，工业经济对县域经济贡献力还不大。三是企业生产经营资金短缺。主要是融资难、融资贵，企业过桥资金困难，资金续贷难，部分企业发展主要依赖民间借贷资金、社会集资等形式来筹集资金，融资成本高、风险高，生产经营压力增大。四是企业盲目扩张包袱重。过去，一些企业发展缺乏科学规划，盲目扩张，有的企业涉及多个行业，网撒得宽，缺少资金，有的出现拆东墙补西墙现象，有的因银行抽贷、压贷、民间高利贷及其他多种原因，导致资金困难，包袱过重，有的陷入困局，个别企业濒临破产。五是优秀人才匮乏。由于本地的优秀人才，特别是优秀的专业人才都外流到一二线城市发展，导致工业专业技术力量基础薄弱。加上县城及工业园区的娱乐、教育、医疗等配套服务设施不全或者相对大城市落后等原因，留住现有的优秀人才也比较困难。很多专业技术人员是在这里学到了技术、积累了经验后，就流向了大城市、大企业，衡东企业客观上成为了培训实习基地。六是发展环境不优。衡东是农业大县，群众对发展工业经济认识不足，小农意识、地方保护主义、短期利益观念较强，社会上强揽、强装、强卸等现象依然存在。近年来，企业周边环境问题时有发生，如受大浦血铅事件的影响，工业园区周边群众对发展工业经济就有一定的抵触情绪。同时，一些部门、干部服务意识不强，政策执行不到位，亲商重商举措不力，影响了衡东招商引资形象，大的企业难得进来，好的项目难以落地，现有的企业发展速度受到很大制约。

二、发展我县工业经济的对策

当前，我县工业经济正处在爬坡过坎的关键时期，经济下行压力巨大，转方式、调结构、促发展任务重，为了发展工业经济，县委、县政府在充分调研的基础上，针对工业经济现状和主要问题，确定了“五县五化”发展思路，大力实施民营强县和新型工业化战略，厚植优势，补齐短板，培育新动能，全力以赴推进工业企业发展，引领支撑全县经济社会全面协调可持续发展。

1. 强化领导，提振发展信心。自2016年8月，新一届县委、政府履职以来，先后召开了3次县委常委会议、2次县政府常务会议研究工业经济，在全市率先成立由县委书记任组长，县人大、县政府、县政协主要领导任副组长的工业经济工作领导小组，下设办公室，由一名享受副处级非领导职务“三项待遇”的干部（原经信局长）兼任办公室主任，从相关单位抽调业务骨干专职从事工业办的工作，召开了6次领导小组会议，研究出台了《关于加快县域经济发展的决定》、《关于加快工业经济发展的决定》等一揽子政策，明确全县工业经济发展思路、目标任务、实现途径和保障措施，召开了动员大会，全县上下形成了重视工业、服务工业、发展工业的浓厚氛围，支持和催化工业经济“回暖”发展。领导带头深入开展“项目建设年”活动，对规模以上企业实行县级领导挂点帮扶制度，“四大班子”主要领导带头深入企业走访调研，及时为企业号脉、开方、发药，为企业加油鼓劲。县工业办及时收集第一手资料，建立台账和问题清单，实行挂号、销号制度，定期向工业领导小组汇报，通过召开协调会议、下发督办函等形式推动问题解决和工作落实。同时，从政府相关部门向企业派驻帮扶特派员和科技他派员，帮助企业发展。去年，共选派14名帮扶特派员和28名科技特派员，分别派驻到39家企业，帮助企业发展壮大。一年来，共为企业推广应用技术23项，实施科技开发项目15个，建立了5个科技示范基地，化解矛盾纠纷300多起。如驻湖南机油泵股份有限公司的科技特派员罗靓，为公司员工培训英语口语，成功开发上汽通用五菱汽车和戴姆勒奔驰两个客户；驻衡东兆丰农业发展有限公司的帮扶特派员阳洪涛，协助企业创建特色产业园，争取省级财政奖励资金100万元，引导50名贫困户到公司参加香菇生产技术与职业农民的培训。

2. 制定措施，分类破解难题。坚持按照“问题导向,分类指导,一企一策”的原则,破解发展难题。一是缓解企业资金压力。一方面,由政府融资平台公司出资5000万元,设立工业企业发展帮扶基金,为企业融资提供担保,帮助全县13家“生产能力强,创税能力强,市场竞争能力强”撬动银行贷款1.5亿元。另一方面,设立增信风险补偿基金和企业自缴互助保证金,加强政银企合作,为企业增加贷款2亿元。衡阳力源动力因流动资金面临压力,新开发的履带式拖拉机不能正常生产入市,去年12月获得银行1600万元贷款开工复产,今年一季度就实现产值3500多万元。濒临破产的湖南朝阳重工科技集团有限公司在获得3800万元帮扶贷款后,已经恢复了70%的生产。通过金融“输血”,目前,全县23家处于停产、半停产企业有21家恢复生产,重现了生机。二是全力推动企业上市。着力为上市企业解决好了用地、征地拆迁、完善企周边配套服务、优化周边环境等问题。如帮扶特派员阳用林,帮助该企业规范管理,为企业征地拆迁化解了周边矛盾。该企业如期在主板A股上市,实现了上市零的突破。三是为企业减轻包袱轻装发展。加大清费减负力度,为企业卸包袱、增动力,积极引导企业主动卸包袱,走“专、精、特、深”的路子,集中发展主业,做大做强主体实业。如金虎集团公司因摊子铺得太大、涉及行业过多,再加上银行抽贷,导致资金周转不济,停产两年,通过资源整合,积极盘活资产,加大实体投入,主攻有色冶炼,今年1月3日复工,一季度就完成产值2.1亿,实现税收2800万元。四是鼓励企业招大引强借力发展。引导企业利用现有的存量资产挂大联强,实行整体出售和买断兼并,借助外力解决企业自身不足等问题。如衡阳天健锡业与云南锡业矿冶合作,成立合资公司,加快实施转型升级改造,项目建成投产后将实现年产值过10亿元,年创税2000万元以上。五是支持企业创新提升。采取财政奖励、补助等激励措施,引导支持企业实施工业技改,促进技术创新或产业转型升级。湖南机油泵股份有限公司全面打造智能化车间,东健药业成功创评省高新技术企业。湖南子廷有色金属有限公司技术升级改造,实现了产能提升、效益增加的良好局面。永德胜陶瓷积极推进技术创新,完成了“普通瓷质墙面砖改全瓷高清喷墨墙面砖”产业研发项目。子廷有色、东大化工、荣桓科技、新粤服饰等4家企业实现了转型升级。六是创优经济发展环境。成立了县优化环境领导小组,召开了在全县深入推进打黑除恶暨创优经济发展环境动员大会,实行企业执法检查备案审批制度,坚决杜绝借检查之机向企业“索、拿、卡、要”等行为。推行政法干警联系重点企业项目,严厉打击“三强三霸”。坚决打击非法集资、网络传销、地下钱庄等经济犯罪。强化干部服务意识和企业主人翁意识,建立“亲”和“清”的新型政商关系,形成“重商、亲商、安商”的浓厚氛围。深入开展“我是衡东人,我为衡东做什么”大讨论活动,使全县上下统一思想,形成全民支持服务经济发展环境的共识。实施企业服务年,积极为企业化解周边矛盾。如针对个别村民误传红狮水泥生产将影响育龄妇女生育、引发村民阻工的问题,帮扶组进驻后,多次召开村民小组会议,耐心细致做思想工作,讲授科学知识,提高村民认知水平,消除误会,同时,督促企业加大环保投入,积极支持周边水利基础和环境绿化建设,企业与村民的关系得到了融洽。七是帮助企业引才纳智。开展了“春风行动”,举办各类招聘会17场次,为企业招聘1447人,其中,一本以上毕业生28人。出台《工业企业优秀人才享受县政府人才津贴实施细则》,对企业优秀人才发放津补贴,优先其子女入学,鼓励企业引进、培养专业管理人才、研发人才和生产技能人才。如对博士学位、硕士毕业生和一本院校工科毕业生分别发放津补贴1000元、800元和500元。

3.强化招商,增强发展后劲。坚持以项目建设为抓手,以工业园区作为招商引资的主阵地,不断提升工业经济发展实力。一是牢固树立“抓工业必须抓项目”的理念。把项目建设作为工业发展的重中之重,贯穿工业发展全程,突出抓好项目引进和建设工作。着力破解影响项目建设瓶颈,狠抓开工率、建成率、投用率,以新项目、大项目引领产业转型升级。今年2月9日,八大项目同时开(复)工,带动了全县工业经济的迅速复苏,为全市树立了标杆。二是坚持把园区作为工业经济发展主战场。

按照“一区多园”的总体格局，加大园区基础设施建设力度，推进标准化厂房、骨干企业生产配套、现代服务业配套、现代技术创新研发、新型实用人才培训五大体系建设，不断完善功能，增强承载能力，力争到2020年衡东经济开发区建成区达到10平方公里。三是调整招商引资政策。出台《关于鼓励招商引资的若干规定》，公开工业用地价格，实行成本价供地；实行更为宽松的以奖代补激励措施、一事一议项目制度；对新增招商引资企业优秀人才发放政府津贴；规范项目落户流程，建立项目落户预审制度。重点围绕发展机械制造、有色金属深加工、新能源、新材料等产业，鼓励企业自主招商、以股招商、以厂招商，积极引进项目。4月14日，我县举行项目集中签约仪式，分别与阿里巴巴农村淘宝、60兆瓦生物质热电联供、圆通速递湘南总部基地、衡阳市南东有色金属有限公司“退城入园”、衡东经开区天然气储配供应项目、新型防水建材等6个项目的投资方签下了总投资12.8亿元的合同，为推动工业实体经济发展注入了新的活力，增添的新的动力。

4. 完善机制，巩固提升成效。发展工业经济，要建立长效机制，从根本上推动发展。一是建立完善激励机制。出台《加速推进新型工业化专项奖励资金管理办法》、《科技专项资金管理办法》，每年设立推进新型工业化专项奖励资金300万元和科技专项资金300万元，同时，对上市企业给予奖励，上市企业募集的资金用于本县投资的部分，享受招商引资的奖励政策；出台《金融机构支持地方经济发展考核奖励办法》，引导金融机构扩大信贷投放，支持企业发展。坚决贯彻落实上级关于推进供给侧结构性改革、“大众创业、万众创新”等系列决策部署，大力实施创新创业园区“135”工程，加快创业孵化基地建设，落实激励措施，形成百姓创家业、能人创企业、干部创事业的喜人局面。二是提升优化服务机制。按照“简政放权、放管结合、优化服务”的要求，深入推进“两集中两到位”审批制度改革，优化政务环境，开辟“绿色通道”，设立企业服务日、企业宁静日，为企业提供“一对一”、“多对一”和“一对多”等形式多样的帮扶服务，实行一个窗口并点审批，为企业提供“保姆式”服务，切实提高工作效能。如湖南三三合金集团公司在办理银行抵押贷款时，若按正常程序需一周的时间才能办妥，但因时间要求紧迫，相关职能部门受理业务后，坚持特事特办，加班加点至深夜11点，仅用1天时间就把所有证件办理好，确保公司在最短时间拿到银行2000万元的贷款。三是严格落实督查考核机制。对工业经济发展情况实行单项考核，将领导干部“谋工业、抓工业”的绩效纳入考察个人和班子建设的重要内容，作为干部提拔任用的重要依据。考核结果名次靠后的，单位不得评先评优。对在工业经济发展中做出成绩的，给予表彰和奖励。同时，每年组织规模以上企业法人代表对相关单位进行公开测评，对前三名给予适当奖励，对后三名单位给予通报批评，主要负责人作整改表态发言。

领导干部要锤炼品格永葆“五心”

中共衡东县委书记　吴伟生

领导干部岗位重要，责任重大，使命光荣。在全面从严治党新形势下，如何做人、如何做事、如何做官，做怎样的官，是每个领导干部必须思考并用人生实践来回答的问题。要达到做人、做事、做官的高度统一，当一个好官，就必须锤炼品格，永葆“五心”。

一、永葆赤诚心，做顾大局的表率。所谓“赤诚心”，就是要讲政治、顾大局、守纪律，对党的事业、对人民保持忠诚。当前，正处于大变革、大发展的重要时期，经济社会快速发展，利益表达日益多样，文化思潮更加多元，新情况和新问题层出不穷，如何在纷繁复杂的任务和形势面前，切实做到处变不惊、从容应对、正确处理，是对每个干部的一个重大考验。领导干部一定要牢固树立政治意识、大局意识、核心意识、看齐意识，想问题、作决策、办事情，要善于从政治上考虑。在事关方向、事关原则的重大问题上一定要立场坚定，在大是大非面前和关键时刻一定要旗帜鲜明。始终坚持同党中央保持高度一致，紧密团结在以习近平总书记为核心的党中央周围，认真贯彻落实好各项决策部署，不能自以为是，更不能自行其是。要提高政治站位，永葆“赤诚心”，做顾大局的表率。

二、永葆进取心，做勤学习的表率。所谓“进取心”，就是要把学习当作一种责任、一种使命、一种修养，勤于学习、善于学习，不断提高自身综合素质。学习是做好一切工作的前提和基础，也是关乎每个干部成长和发展的阶梯。领导干部都会面临许多新情况、新问题和新任务，新形势下，工作要求和职责与以前都不一样了，原来的经验和方法难免会不适应新的工作，所以，必须牢固树立终生学习的理念，坚持把学习作为一种政治责任，作为履行职责的前提条件，少一些应酬、多一些学习，少一些娱乐、多一些思考，少一些空谈，多一些调研，认真向书本学、向实践学、向群众学，不断扩大自己的知识总量，不断提高自身素质和理论水平，努力把学习成果转化为领导发展、推动发展的能力，既做专业型领导干部，又做复合型党政人才，不断增强公共服务、社会管理、维护稳定的本领，依法决策、依法行政、依法办事的本领，以及统筹发展、协调发展、优化发展的本领，更好的担负起历史和时代赋予我们的庄严使命，以能干大事，会干难事，敢干新事的精神，创造新业绩，开创新局面。

三、永葆事业心，做有作为的表率。所谓“事业心”，就是不负重托、追求一流，满怀激情、有所作为地做好本职工作。领导干部都是能力出众、工作实绩突出的精英，都是长期奋战在发展一线的干将。组织上安排到领导岗位，是组织对领导干部的肯定和鼓励，更是对领导干部的信任和鞭策，因此，必须牢固树立“有位就要有为，有职就要有责”的理念，时刻把发展寄于心弦，永远把工作放在首位，将组织的信任和重托，转化为推动发展和服务发展的无限热情。俗话说，“在其政谋其位”、“为官一任，造福一方”，这就要求我们领导干部要立足岗位，开动脑子，创新工作思路，努力用新思路促进新发展。要有实干精神，雷厉风行抓落实，凡是看准了的事、确定了的目标，就要咬住不放、一抓到底、抓出成效。各项工作都要“创先争优”，勇于“争第一、创一流”。要有一流意识，要“跳起来摘桃子”，干就要干成一流，干就要干成精品，只有这样才能干出成绩，干出水平。

四、永葆平常心，做讲团结的表率。所谓“平常心”，就是要把自己看低一点，把同事看重一些；把个人利益看淡一些，把工作责任看重一些；主动放下架子，团结班子、团结同事、团结各方面力量，努力形成促进本单位、本部门工作上台阶、上水平的合力。懂团结是大智慧，会团结是大本领，真团结是大境界。领导干部要树牢团结意识，带头搞好团结，着力建设坚强有力的领导集体。要科学合理地搞好工作分工，各有侧重地履行好职责，齐心协力地抓好工作。要倍加珍惜团结、自觉加强团结、悉心维护团结，努力做团结和谐的表率。特别是作为一把手，要严格执行民主集中制的各项规定，凡是重大决策、重大项目、重要人事任免等，都要充分发扬民主，广泛听取意见，多沟通多商量，绝不搞“一言堂”。要有容人之短的胸怀、容人之长的美德、容人之异的肚量，乐于和善于听取各种意见。要敢于担当，敢于负责，敢于拍板，敢于决策。学会求大同存小异、扬人长避人短、取之信弃之嫌，善于调动大家的积极性，充分发挥班子的整体功能和合力，在班子内形成互相学习、互相谅解、互相信任、互相支持、互相补台的良好风气和工作格局。

五、永葆自省心，做守廉洁的表率。所谓“自省心”，就是要时刻绷紧廉洁从政这根弦，坚持自重、自省、自警、自励，干干净净干事，本本分分做人。当前的工作环境还比较复杂，诱惑还比较多，一不小心，就有可能滑倒。领导干部要“守得住”，把清廉作为一种追求、一种快乐、一种责任、一种意识、一种精神来对待，牢固树立正确的世界观、人生观、价值观，牢记“两个务必”，严于律己，克己奉公，成为多干事、干实事、干好事的表率，成为守纪律、重操守、讲形象的模范。要不断强化廉洁意识，认真履行党风廉洁建设“主体责任”，严格执行廉洁自律各项规定，模范遵守《准则》、《条例》，以身作则，率先垂范，带头规范从政行为，自觉抵制各种腐朽思想和不正之风的侵袭，做到社会再变，灵魂不浮躁；诱惑再多，步子不能乱，干干净净为党和人民工作。要做“五官端正”的干部，眼不要乱看，手不要乱伸，腿不要乱跑，嘴不要乱张，脑不要乱想。以一身正气，两袖清风树立起领导干部为民、务实、清廉的良好形象。

把握政治方向，增强履职能力 才可在基层党组织“小舞台”上有“大作为”

中共衡东县委书记　吴伟生

村（社区）基层党组织可以说只是一个“小舞台”，但却是最具活力的组织细胞，当好一名村（社区）党组织书记，对于强化党的领导，增强党的凝聚力和战斗力具有十分重要的意义。村（社区）党组织书记要在基层党组织“小舞台”上有“大作为”，关键是要找准定位、把握政治方向，强化素养、增强履职能力。

一、找准定位，心中要有“北斗星”

方向至关重要。首先，要找准政治定位，厘清主责主业。加强党的建设就是基层党组织书记的主责主业。要牢固树立“抓好党建是最大的政绩”政治观点，始终把党建工作摆在首位，要牢牢把握党建这个“总开关”，加强基层党组织班子建设，强化每一个党员的宗旨意识，充分发挥党员的先锋模范作用和党组织的战斗堡垒作用，凝心聚力，一心一意谋发展。其次，要找准身份定位，树立标准标杆。一个党员就是一面旗帜，一个基层党组织书记就是一个标杆。基层党组织书记，既是党员，又是一个村（社区）的“当家人”，要充分认识到自己是“关键少数”，必须找准这个身份定位，自觉提高政治站位。要时时处处事事对照党章、党规和习近平总书记系列重要讲话精神，用党员的标准严格要求自己，坚持刃口向内，“吾日三省吾身”，慎独、慎微、慎始、慎终，不忘初心，以身作则。再次，要找准社会定位，弘扬美行美德。官风正则民风好。村（社区）党组织书记，职位虽不高，但在当地却是名副其实的“风向标”，一举一动，一言一行，倍受关注。因此，要自觉成为“好声音”的传播者，以实际行动践行社会主义核心价值观。“要做一个高尚的人、一个纯粹的人、一个有道德的人、一个脱离低级趣味的人、一个有益于人民的人”，在工作中要恪尽职守、爱岗敬业、无私无畏、清正廉洁，要敢于坚持原则，养浩然正气；在生活中要敬老孝亲、睦善邻里，关爱他人，树共产党人良好家风；在为人处事上要坦荡真诚，表里如一，坚决不做两面人。

二、练好内功，手中要有“导航仪”

古人云，工欲善其事，必先利其器。“导航仪”就是引领我们走向正确目标和远大理想的利器。一个村（社区）的党组织书记，是一个行政区域内广大群众的“主心骨”，必须胸有全局，站高望远，才能不畏浮云遮望眼。

立足大局，结合实际，当好锦绣华章的“设计师”。一方面，要有“下级服从上级，全党服从中央”的大局意识；另一方面，作为“当家人”，心中要有全村（社区）稳定与发展的总体规划和设计，既要善于牵头抓总，穿针引线，不折不扣地完成上级安排部署的各项工作任务，又要根据本村本社区的实际，描绘好发展蓝图，做到“既挂帅，又出征”，做好本地经济社会发展的大文章。

提升服务，创新方式，当好忘我奉献的“服务员”。共产党人的宗旨就是全心全意为人民服务。要紧密结合群众路线教育实践活动、“三严三实”专题教育和“两学一做”学习教育常态化制度化工作，牢固树立群众观，把服务群众作为一种政治责任和价值追求，进一步提升服务意识，问政于民、问需于民、问计于民；进一步提高服务质量，从群众中来，到群众中去，要通过“四议两公开”、“四会四议”等民主形式，听民意、集民智，解决好群众关心关注的热点难点问题,以及发展中的难题和“瓶颈”;进一步创新服务方式,拓宽服务领域,切实加强农村综合服务中心和社区“两化两体系”建设,努力将之打造成集党务、村务、商务、便民服务与文化娱乐一体的平台,使之成为服务党员群众的集中培训点、个性学习点、创业致富点、便民服务点。

落实政策,抓好扶贫,当好小康路上的“领头雁”。首先要不折不扣落实好党的惠民政策。当前,要落实好农田整理、土地确权、“光网乡村、宽带中国”等政策,切实改善水电路讯等基础设施,增强发展后劲。切实推进脱贫攻坚工作,早日实现贫困人口“一超过、两不愁、三保障”工作目标,带领贫困人口同奔小康,共同富裕。同时,要理清发展思路,发展主导产业,增加农民收入,壮大集体经济。要进一步解放思想,加大招商引资力度,组织和引导广大党员群众积极调整和优化产业结构,大力发展专业合作社等经济组织,推动辖区内经济的健康快速发展。

廉洁奉公,不徇私情,当好铁面无私的“黑包公”。公生明,廉生威。作为一个基层党组织书记要率先垂范正心、正身、正行。干净干事、公正处事,敢于管事。要心存敬畏,心有所戒、行有所止,不当“绿头苍蝇”,敢当“黑面包公”,不多吃多占,不优亲厚友,两袖清风,不怕得罪人。“正气存于内,邪不可干”,唯有如此,才能坚持原则不动摇,才能带好队伍,办好实事,布威于村,取信于民。

三、励精图治,胸中要有“定神针”

当前,改革步入深水区,工作任务繁重,问题矛盾错综复杂,基层党组织书记在某种程度上来说,就是一根“定海神针”,担负着稳定一方,发展一方的重任。但罗马不是一天建成的,想干出一番事业,就要不忘初心,砥砺前行,励精图治,要有逆水行舟的决心。对科学的规划、看准的目标,要一以贯之,长抓不懈,以“人一之,我十之”的精神,全力以赴,以竟全功。

强化服务,主动作为,开拓创新不止步。村(社区)的工作包罗万象,从邻里矛盾到社会稳定,从抗旱抗洪到安全生产,从计划生育到环境卫生,从征地拆迁到粮食生产,无一不是关系到国计民生的大事,而且很多工作是“一票否决”性的工作,既要正视工作中和现实中存在的客观困难,更要发挥主观能动性,用开拓创新、敢闯敢干来提高自己的执行力,提高为民服务的本领。

吃苦耐劳,不畏艰险,百折不挠不懈怠。习近平总书记说:“人民对美好生活的向往,就是我们的奋斗目标。”群众对党和政府的要求越高,利益诉求越多,越是说明了人民群众对党和政府的充分信任,越是反映了经济社会的发展提高了他们对美好生活的期望,越是需要我们的党员干部充分发挥共产党人“特别能吃苦、特别能奉献、特别能战斗”的精神,不畏难,不懈怠,“吾将上下而求索”,找到解决问题的突破口,找到打开群众“心锁”的金钥匙。

脚踏实地,久久为功,咬定青山不放松。绳锯木断,水滴石穿。正确的目标确定之后,干部就是决定因素。毋庸置疑,村(社区)发展的起点一般都比较低,这就决定了村(社区)的发展规划既要有“远大理想”,又不能好高骛远,贪大求洋,而是要把发展蓝图科学地划分为近期目标和中长期目标,一步一个脚印,要争取干一事,成一事,小步快跑。同时又要有“功成不必在我”的大胸怀,咬定青山不放松,保守本心不动摇,积小胜为大胜,积极探索,闯出一条适合本地经济社会发展的新路子、好路子,完善好自身的造血功能,真正做到“为官一任,造福一方”。

村(社区)党组织书记虽然身处最基层,但只要有“位卑不敢忘国忧”的大胸怀,树立“全心全意为人民服务”的大情怀,切实提高政治站位,找准自身定位,在思想上坚持与时俱进,在工作上坚持开拓创新,在作风上坚持求真务实,在方法上坚持“党建+”工作模式,一定可以在“小舞台”贡献出“大作为”。

深入学习贯彻党的十九大精神引领衡东新发展

——学习党的十九大报告心得体会

中共衡东县委书记　吴伟生

党的十九大是在全面建成小康社会决胜阶段，中国特色社会主义进入新时代的关键时期召开的一次十分重要的大会。党的十九大报告回顾了中国的历史和5年来党的工作，各项工作成效显著，报告实实在在，凝聚了全党智慧，顺应了人民期待，为中国特色社会主义明确了新的历史方位、奋斗的目标、努力的方向、实现的路线图和战略步骤，对夺取新时代中国特色社会主义伟大胜利具有重大而深远的意义，是我们党迈进新时代、开启新征程、续写新篇章的政治宣言和行动指南。

我们要把深入学习宣传贯彻党的十九大精神作为当前和今后一个时期的首要政治任务，教育引导全县党员干部牢固树立“四个意识”和“四个自信”，做到“四个服从”，始终在政治立场、政治方向、政治原则、政治道路上同以习近平同志为核心的党中央保持高度一致。特别是要在学懂弄通做实习近平新时代中国特色社会主义思想上下功夫，自觉用党的创新理论武装头脑、指导实践，对照初心和使命，把深入贯彻落实党的十九大精神与“五县五化”紧密结合，牢牢把握“促发展”和“惠民生”两大课题，紧紧抓住“全面从严治党”这个关键，坚定不移地推动衡东新发展，加快推进“五县五化”进程，决胜全面建成小康衡东。

一要坚定不移地推进高质量发展。报告强调，发展是解决我国一切问题的基础和关键。我们将牢固树立新发展理念，深刻理解新时代高质量发展的内涵，准确把握稳中求进的辩证关系和实践要求，坚持按照县委经济工作会议既定目标和要求，以园区为载体，以产业链为抓手，以优化环境为基础，以项目落地为关键，以引才聚才为支撑，以“功成不必在我，建功必须有我”的奉献担当，毫不动摇地把“五县五化”的发展思路作为战略指南，一张蓝图干到底，不折腾、不懈怠、不犹豫，日日相继，久久为功，努力推进衡东经济社会实现更高质量、更有效率、更加公平、更可持续的发展。

二要坚定不移地改善和保障民生。报告强调，带领人民创造美好生活，是我们党始终不渝的奋斗目标。我们要始终坚持以人民为中心，紧紧抓住人民最关心最直接最现实的利益问题，加大财政投入力度，全力办好惠民实事，加快发展社会事业，加快推进老城区改造和河西新区建设，大力实施乡村振兴战略。要坚持问题导向，树牢底线思维和风险意识，坚决打好防范化解重大风险、精准脱贫、污染防治“三大攻坚战”，抓实综治维稳、安全生产、人口计生等底线工作，确保风险可控、底线不破、大局稳定，让全县人民在共建共享发展中有更多安全感、幸福感、获得感。

三要坚定不移地全面深化改革。报告指出，要坚持全面深化改革基本方略。我们要牢牢牵住改革的“牛鼻子”，聚焦供给侧结构性改革、“放管服”改革、投融资体制、金融体制等重点领域，不断完善改革机制，不断加大改革力度，着力在创新城市建设、经营、管理机制，乡镇简政放权、乡镇综合执法等改革上取得实效。要坚持把深化改革作为加快转型升级的关键之举，紧盯群众所盼，发展所需，完善改革任务清单，把抓改革落实同抓经济发展、社会稳定、民生改善、党的建设等工作结合起来，以改革促发展，以改革惠民生。

四要坚定不移地全面从严治党。报告强调，全面从严治党永远在路上。我们要始终保持战略定力，压实管党治党责任，坚持以党的政治建设为统领，全面推进党的政治建设、思想建设、组织建设、作风建设、纪律建设，重点抓好把党的政治建设摆在首位、用习近平新时代中国特色社会主义思想武装全党、建设高素质专业化干部队伍、加强基层组织建设、持之以恒正风肃纪、夺取反腐败压倒性胜利、健全党和国家监督体系、全面增强执政本领等八项重点工作,不断加大党风廉政建设和反腐败工作力度。要巩固拓展落实中央八项规定成果,驰而不息反"四风",持续开展专项整治行动,严肃查处各类违纪违法问题,以永远在路上的执着,不松劲、不停步、再出发,坚定走好新时代全面从严治党长征路。

五要坚定不移地加强班子自身建设。充分发挥县委总揽全局、协调各方的作用,充分发挥常委班子关键少数作用,切实把加强党对一切工作的领导落到实处、贯穿到全县工作的各领域各方面。要组织开展好"不忘初心,牢记使命"主题教育活动,纯洁党员队伍,增强党组织的战斗力和凝聚力。要认真贯彻落实《关于加强和维护党中央集中统一领导的若干规定》和《中国共产党地方委员会工作条例》要求,坚持集体领导和个人分工负责相结合,在执行民主集中制上带好头。要大兴学习之风、调查研究之风,完善班子理论和知识结构,切实做到信念过硬、政治过硬、责任过硬、能力过硬、作风过硬,不断提高适应新时代、实现新目标、落实新部署的能力,全面推进"五县五化"建设,以优异的成绩向党和人民交上一份满意答卷。

以案为鉴,做好县乡人大换届工作

衡东县人大常委会主任　谭向勤

衡阳破坏选举案已制成警示教育片播放。我们应以案为鉴,吸取教训,以"零容忍"的政治态度、规范严谨的法定程序、科学有效的工作机制、严肃认真的纪律要求,依法认真做好本次县乡人大换届选举各项工作。

衡阳破坏选举案,是一起严重的以贿赂手段破坏选举的违纪违法案件,严重损害了衡阳的形象,案件触目惊心,教训极其深刻。今年又是我国新一轮县乡人大换届选举年,中央、省委对做好本次换届工作非常重视,习近平总书记在参加十二届全国人大四次会议湖南代表团审议时指出,各级要深刻吸取湖南衡阳破坏选举案和四川南充拉票贿选案的教训,坚决杜绝此类现象发生。

一、吸取领导不力的教训,加强党的领导。

中央、省委就如何做好2012年的换届选举工作,提出了严格的纪律要求。但在衡阳市十四届人大一次会议期间,仍有部分省人大代表候选人顶风作案,明目张胆地送钱拉票,其首要原因应是贿选苗头出现后,大会临时党组和各代表团临时党支部放松了党的领导,没有及时采取强有力的措施,果断处理当事人,以致以钱换票之风愈演愈烈,最终一发不可收拾。

在新一轮县乡人大换届选举中:必须坚持党的领导。坚持和依靠党的领导,是做好人大工作的重要政治保证。县乡人大及相关部门要自觉把党的领导贯穿于换届选举全过程。落实到换届选举各环节。要充分发挥主体作用。县乡党委要认真履行第一责任,充分发挥总揽全局、协调各方的作用,建立健全换届选举领导机制,对换届选举工作统一部署,统筹安排。要强化工作监督检查。县乡党委要按照上级党委的安排和要求,及时召开会议,听取选举委员会的工作汇报。研究解决换届选举中出现的情况和问题。要认真履行党风廉政建设主体责任,严明换届选举纪律,加大对违反纪律、贿选、破坏选举等行为的查处力度。

二、吸取程序不严的教训,按章进行操作。

在2012年衡阳市人大换届选举期间,有代表候选人基本情况弄虚作假,代表类别明显不符,但仍能被确认为正式候选人,这说明少数领导干部、审核把关单位没有严格按照程序,把好代表候选人的素质关、结构关、提名关。换届选举工作是一项法律性、程序性很强的工作,每一步都有严格的程序要求,任何一个环节操作不当,都有可能造成选举无效。

在本次换届选举中，要扎实把好三大关卡；一要把好代表入口关。代表候选人提名推荐工作要严格依法进行，党委组织部门对代表的身份界定要作出明确规定，对代表候选人的考察、审查工作，要高度重视，把好质量关。同时，要按照法定流程，做好代表候选人公示，除法律规定的公示内容外，还要公示候选人的现实表现、简介等内容，让每个选民都能全面了解候选人情况。二要把好选民登记关。在严格区分正常登记、不予登记、暂缓登记、不列入选民名单等几种情况的同时，要督促各选区在规定期限内张榜公布选民名单后，进行自查；各级选举委员会要开展分片抽查，促进选民登记工作的依法扎实开展。三要把好投票选举关。要按法定操作流程，认真组织好投票站投票选举，特别是县乡两级选举委员会要规范好农村以流动票箱方式进行的投票选举，对个别跟票箱无关的人员，要注意防范。要严格按程序计票，及时公布选举结果，对个别有争议的选票要迅速处理，防止引发矛盾。

三、吸取教育不力的教训，加强教育管理。

在衡阳市十四届人大一次会议期间，部分代表候选人明目张胆地以钞票换选票，部分工作人员知法犯法，或主动、或被动地为代表穿针引线，对以钱换票之风愈演愈烈，起到了推波助澜的作用、个别党员干部明哲保身，对贿选行为睁一只眼闭一只眼。这说明部分代表候选人和工作人员法纪意识淡薄，个别党员干部党性修养不纯，大局意识不强。

在今年的换届选举中，要认真抓好三大教育：一是抓好党员干部教育。组织与换届选举相关的领导干部，认真学习中央、省委关于换届选举工作的部署要求和法律规定，进一步加强对党员干部的党性观念教育、价值观念教育、组织观念教育和法纪观念教育。二是抓好工作人员培训。采取集中培训、以会代训的方式，层层培训选举工作人员，既要培训相关业务知识，更要加强党性教育和法纪教育，确保换届选举工作严格按照法律规定进行规范操作。三是抓好代表初任培训。在新一届人大一次会议召开前，要认真组织新当选的人大代表认真学习相关履职法律法规和业务知识，通过学习培训，切实提高代表素质和依法履职的积极性。

四、吸取纪律不严的教训，加强法纪监督。

2012年换届选举期间，为确保换届选举风清气正，中央出台了多项规定，坚持教育在先、警示在先、预防在先，但案件最终还是发生了，这说明相关监管机关对大会选举过程监督明显乏力，有关换届选举工作纪律并没落到实处、发挥强大震慑作用，从而为送钱拉票行为提供了可趁之机。

在本次换届选举期间，从一开始，就应把正风肃纪牢牢抓在手中，切实做到“四个到位”，迅速拉起严肃换届纪律的高压线；一是贯彻精神到位。县乡两级要迅速召开高规格的严肃换届纪律工作会议，并要求全县各单位都应召开会议，认真学习换届选举相关纪律要求。二是宣传教育到位。充分利用县内媒体开展集中宣传教育活动，广泛宣传中央及省市委关于严肃换届纪律的有关精神和要求，让广大干部群众了解、掌握换届工作的相关要求，自觉遵守换届工作纪律。三是监督督查到位。各级纪检监察部门要分片对严肃换届纪律工作蹲点驻守，不定期对换届选举工作进行督查。四是查办处理到位。对代表候选人的提名要实行“谁提名、谁签字，谁负责”，对乡镇各选举单位要实行主要负责人，分管负责人，纪检、组织捆绑责任追究制。同时，对群众反映的问题，各级纪检监察部门要及时会同公安等相关部门依法进行检查，对确实有违纪违法的，要及时严厉进行处理。

大力发展全域旅游,实现“旅游活县”目标

中共衡东县委副书记、县长　徐志毅

市第十一次党代会报告提出:要大力实施全域旅游战略,着力构建以南岳为龙头、城区为中心、市县为基础、景区景点和旅游项目为支撑的全域旅游发展大格局。围绕这一决策部署,我县将“旅游活县”战略列入了引领全县经济社会发展的“五县五化”战略体系。作为衡阳市旅游资源大县、湖南省旅游强县,我县具备发展全域旅游的先天优势和良好基础,如何让资源优势变为经济优势,让坚实基础化为丰硕成果,让我县成为全市旅游经济的重要支点和节点,是实施“旅游活县”战略的首要课题,也是实现“旅游一业兴,带动百业旺”这一战略目标的关键所在。要实现这一目标,重点就是要牢牢把握旅游业发展新趋势,强化植优补短,推进提质升级,努力开创全域旅游发展新局面。

一、立足优势,衡东全域旅游大有文章可做

衡东因处南岳衡山之东而得名,位于衡阳东北角,京广铁路、武广高铁、京珠高速、衡大高速、衡炎高速、衡岳高速穿境而过,境内湘江、洣水、永乐江三条水系长达173公里,交通条件十分优越。辖区内1926平方公里土地上,茂林修竹,植被丰茂,生态环境良好,人文景观比比皆是,自然景观星罗棋布,地方特产誉满三湘,旅游资源十分丰厚。

(一)人杰地灵的衡东,俯首可寻厚重的人文历史。一是炎帝文化源远流长。炎帝率杨、灵、洪三侯治理洣水,因尝百草而亡,溯洣水而上归葬炎陵县。杨、灵、洪三侯亦因积劳成疾,殉职于洣水之上,后人在衡东建杨山祠、灵山庙永久纪念,至今香火鼎盛。二是状元文化独树一帜。中华历史上共产生了500余位状元,衡东独占其二——元代状元何克明、清代状元彭浚,是衡东“崇学”、“善思”的杰出代表。三是红色文化影响深远。共和国十大元帅,衡东有其一——开国元勋罗荣桓;罗荣桓故居纪念馆景区是衡阳市唯一的国家4A级红色旅游景区,柴山洲特别区第一农民银行是我党金融史上第一家革命银行,欧阳海烈士纪念馆是湖南省爱国主义教育基地,红军师长王光泽烈士故居吸引了无数参观者,李洁李广烈士被誉为“刘胡兰式英雄小姐妹”,抗日名将罗芳珪、刘阳生烈士英勇事迹彪炳千秋。四是遗址文化贯穿古今。境内有龙山文化遗址、甘溪大源宋元窑址、湘江衡山窑窑址、大浦镇甑箕岭古脊椎动物化石群、大浦七一二矿核工业遗址等,历经了沧海苍田,诉说着时代变迁。

(二)山青水秀的衡东,抬眼可见旖旎的自然风光。一是巍峨群山层峦叠嶂。全县森林覆盖率达51%,是全国“造林绿化百佳县”。南岳七十二峰的晓霞、彩霞、凤凰三峰雄踞衡东;四方山被誉为“天然氧吧”,是省级森林公园;天光山竹海茫茫,是省级自然保护区;锡岩仙洞被誉为“楚南第一景”。二是秀丽洣水风景如画。洣水素有“小漓江”的美誉,又因流经炎帝之寝陵而被世人称为“圣水河”,水质清澈无污染,现为国家水利风景区、国家湿地公园,两岸风光秀美,有“百里画廊”的美称。三是宜居县城独具特色。县城所在地呈规则的圆形,被洣水三面环绕,宛如一颗被延绵玉带缠绕的圆润珍珠。白昼时分,热闹非凡,人在城中,城在树中;夜幕降临,灯火通明,水在城边,城在水上,自然奇景和现代城镇相辅相成、相映成趣。

(三)物阜民丰的衡东,随处可品独特的乡土味道。一是衡东土菜享誉三湘。衡东县是全国唯一冠名的“中国土菜名县”,衡东土菜是湘菜菜系的一个重要分支,强烈突显“鲜、辣、美、便”的地方特性,始终保持绿色环保、乡间土味的优良品质,以香色俱佳、美味可口、营养保健而蜚声湖广,茶油、米酒、黄贡椒为衡东土菜“三件宝”。二是衡东文艺闻名全国。衡东是全国著名的皮影之乡、剪纸之乡、印章之乡,还是中华诗词之乡。白莲皮影、大桥剪纸入选“省非遗”,剪纸等旅游商品在省旅博会上多次荣获金奖和银奖;衡东印章扬名中外,全国70%以

上的印章材料产自衡东。三是衡东民俗别有风味。起于明清时期的草市赶分社习俗延续至今,每至春风时节,周边县市乃至江西等地的群众和商人都会带着自己的土产云集于草市,一连三日,人声鼎沸,蔚为壮观,即便在人民公社和文化大革命时期,也雷打不动,从未间断过。为纪念灵山侯,洣水、永乐江流域乡民每年都会自发献戏,从农历九月十三日起,举办为期十天半月的庙戏,唱戏在三十场以上,并有"抬故事"等文化活动。还有千年古镇大浦、吴三桂集兵之处的吴集老街,都是历史的见证者;土菜文化节、乡村生态旅游文化节等极富衡东风情的节会活动吸引了大批游客前来观光体验。

二、正视短板,衡东全域旅游大有潜力可挖

衡东有"罗荣桓元帅故里"、"中国土菜名县"两块金字招牌,有自然天成的生态风光,有无法复刻的历史人文,是一笔巨大的旅游宝藏,但由于多方面还存在短板,导致这笔宝藏远未闪现其应有的价值。

(一)资源丰富,但个性彰显不够。法国"最美乡村"贝弗龙镇,原是一个位于下诺曼底地区的不起眼的落后农业小镇,它的独特之处在于其拥有1000多年的历史。1972年该镇通过实施拯救和修复古镇计划,将村落原貌和鲜活、淳朴的原生态乡村生活特征完整的保留下来,"时空穿越感"成为该镇独特的个性标签,每年都能吸引20万以上的游客慕名前来体验。一个地方要从众多地域中脱颖而出,成为人们心目中的旅游圣地,首要条件就是要有个性化的旅游资源。反观我县的旅游景区景点,大都定位不准确、主题不鲜明,只有就餐、住宿、娱乐等内容,缺乏特点和特色,没有新颖的视角和独特的创意,如同流水线上的产品,千篇一律。由于缺乏精准的规划、超前的思维、独特的个性,这些旅游产品对游客缺乏吸引力,往往来过一趟之后不会再当"回头客",也不会充当"推介者"。

(二)景观别致,但内涵挖掘不足。乌镇、周庄都是以"江南水乡"为卖点的旅游景区,乌镇改造之前,周庄被喻为"江南第一水乡",乌镇完成改造后,周庄在同质化竞争中日渐势微,两者相较而言,周庄败就败在"美人很漂亮,但是没内涵"。衡东素为"楚南重地"、"文明奥区",历史悠久,底蕴深厚。但在众多景点中,只有少数景点注重内涵挖掘,如新塘镇充分挖掘湘江和晓霞峰文化内涵,组织诗联书画专家创作具有鲜明新塘特色的诗联书画作品,装裱悬挂于镇上各大小土菜店,让游客能在就餐中体会到新塘独特的地域文化。其他绝大部分旅游景点"有躯体、无灵魂",依然是修一条宽敞马路、建几栋漂亮房子、栽几棵珍稀树木,让路过的游客逛一圈、问两句就"打道回府",景点开发过程中,丰富内涵底蕴、引发游客共鸣这方面做得还远远不够。

(三)景点众多,但游线组织不优。每个旅游业发达的地区都特别注重游线的设计和串联,一方面有利于整合资源,尽可能多的推介旅游景点,让游客看得尽兴;另一方面有利于留住游客,从而带动餐饮、住宿、购物等消费,拉动旅游经济增长。衡东旅游点多、面广、线长,有的位于交通要道,有的处于偏僻乡村,基本上处于自由发展状态,由于规划不到位、布局不合理,优势不互补,犹如一盘散落的"珍珠",没有串成一串光彩夺目的"项链",形成一条让游客怦然心动的游线,也没有真正发挥衡东在南岳、炎陵、井冈山等游览线路中的重要节点作用。

(四)景区四布,但配套设施不全。全县17个乡镇都分布有特色景点,但串联各景点的道路设施及景点内部的配套设施普遍不够完善,如高速公路、省道连接全县主要旅游景点的旅游公路,弯多路窄路况差,无法通行旅游大巴,旅游公路也没有形成旅游环线;高速公路、省道通往县内主要旅游景区沿线旅游交通指示牌数量少、档次低;县城无游客集散中心,景区基本没有游客服务中心;景区内旅游要素不全,尤其是停车场、旅游厕所、旅游购物、旅游住宿餐饮、导览导视系统、安保设施严重缺失;等等。这些问题直接影响了游客的游览舒适度和满意度,也间接损害了衡东旅游整体形象。

三、精准施策,衡东全域旅游大有前景可为

衡东旅游正处于乘势而进的机遇期和加快发展的攻坚期,下阶段关键是要紧盯战略目标,突出做好山、水、城、乡结合文章,依托长株潭、融入大南岳,努力将衡东打造成为乡村生态休闲旅游示范区、湘南红色旅游目的地,加快争创"湖南省全域旅游示范县”、“全国旅游强县”。

(一)以精细规划引领全域旅游发展。旅游业“资源有限、创意无限”,发展全域旅游,科学规划是基础。如果规划不优,就会呈现出无序状态,导致竞争力不强,以致出现“同质化”问题。衡东要发展全域旅游,就必须立足实际,坚持空间布局全域化、一体化,尽快补齐旅游规划设计起点不高、标准不一的“短板”。一是系统化编制总体规划。要按照“全区域规划、全产业链打造”的思路,编制好《衡东县全域旅游发展总体规划》,促进“多规合一”,形成以罗荣桓故居为龙头、县城为中心、旅游特色乡镇为基础、景区景点为支撑的全域旅游规划布局。二是个性化编制区域规划。同步开展各乡镇的涉旅规划编制工作,因地制宜开发一批特色鲜明、个性突出的乡村旅游产品,做活“集点、连线、汇面”文章,形成“一镇一景”的乡村旅游特色。三是精品化编排旅游线路。全面整合县内旅游资源,做足做深“自然”和“人文”两大文章,主动融入大衡山旅游经济圈,围绕知名度高、美誉度高的精品“亮点”编排旅游线路,重点打造和推介罗帅文化精品红色旅游线、探古寻幽古镇养生旅游线、生态农业观光旅游线等精品线路,推动衡东与省内市州、周边省市重点景点实现联线组合,形成以衡东为起点或重要节点、覆盖全省和周边省市的旅游精品线路。

(二)以优良环境服务全域旅游发展。随着大众旅游时代的到来,人们对旅游目的地的配套服务要求越来越高。要想旅客停下来、留得住,就必须健全全域旅游要素,优化全域旅游环境,提升旅游服务水平。一是全方位完善基础设施。加大资金扶持力度,每年设立3000万元的旅游业发展引导资金,推行旅游PPP投融资模式,有效突破项目建设资金瓶颈;充分发挥县内各投融资平台功能,加快推进旅游项目包装招商和旅游基础设施、旅游公共服务体系、旅游景区的开发建设。罗荣桓故居景区要按照5A景区标准完善各项设施,修缮罗荣桓出生地新大屋。建立健全旅游咨询和集散体系,在罗荣桓故居景区新建游客服务中心、大型停车场,在县城河西新区新建游客集散中心、旅游商贸一条街、元帅广场;加强县内主要景区旅游公路建设,抓好草市渡改桥、杨林至高湖公路改造、杨桥石门至株洲公路等项目建设,解决支线旅游交通和景区连接线“最后一公里”的交通瓶颈问题。二是全方位优化生态环境。实施“生态环境保护工程”,启动湘江保护和治理第二个三年行动计划,继续实施洣水保护行动,大力整治砂石码头,规范河道采砂秩序,实行最严格的水资源管理。实施“城乡环境美化工程”,深入推进农村环境综合整治,重拳治理面源污染,加快农村公路建设,加强乡村绿化建设,创建美丽乡村;持续推进森林禁伐三年行动,加快洣水国家湿地公园、武家山公园、杨山公园、武家山植物园建设,全面优化旅游生态环境,构建大旅游格局。三是全方位提升服务水平。加强市场监管,深入开展旅游服务质量提升行动,不断提高宾馆饭店、景点景区、旅行社及旅行社服务网点的接待能力和服务水平,建立行政执法、社会监督、舆论监督相结合的旅游质量监督网络和旅游满意度评价体系与反馈机制。

(三)以深度融合加速全域旅游发展。发展县域经济,“旅游+”是一种新的突围方式,要着力推动旅游业与文化、土菜产业、城镇化等紧密结合,真正实现多业融合、全域联动、全面发展。一是促进“旅游+文化”互融发展。文化是旅游之魂,一次难忘的旅游,必定是文化之旅、精神之旅。要将文化元素融入旅游项目,让每一个旅游项目都成为重温历史的载体、展示文化的平台。要挖掘红色文化,舞活罗荣桓故居红色旅游龙头,全力创建国家5A级旅游景区,并整合开发柴山洲特别区第一农民银行旧址、欧阳海烈士纪念馆等红色旅游资源;要挖掘传统文化,建设剪纸和皮影文化艺术博物馆;要挖掘民俗文化,保护并开发草市古镇、吴集古镇、夏浦村萧家大屋、杨林村、高田村等民俗旅游。二是促进“旅游+土菜”互动发展。依托“中国土菜名县”品牌效应,延伸土菜产业链,建设衡东土菜原材料供应基地。鼓励土菜名店走出衡东,开设分店和连锁店。做强县城沿江土菜一条街、河西旅游商贸一条街、衡东土菜文化博览馆、新塘土菜城,做优“三件宝”、京湘藤茶等土特产品,让衡东的土特产品既作为美食摆上游客餐桌,又成为特产装入游客行囊。三是促进“旅游＋城镇化”互赢发展。突出“一镇一主题”，围绕民俗、艺术、文化、运动等主题，加快新型城镇化建设，创建荣桓红色小镇、白莲皮影小镇、新塘土菜小镇、三樟贡椒小镇、高湖休闲小镇等一批特色旅游小镇，重点抓好千年白莲风情园、洣江生态观光园、新塘现代农业观光园、三樟黄贡椒种植基地、高湖万亩油菜花海等项目。

（四）以品牌营销助推全域旅游发展。旅游是典型的“眼球经济”，除了要有优质的旅游资源让人“眼前一亮”，还要有优质的旅游品牌让人想来“一睹为快”。打造有强大吸引力的衡东全域旅游品牌，关键在于加强策划包装和推广营销，不断提升衡东旅游知名度、美誉度和影响力。一是巧抓整合营销。树立营销旅游的理念，把旅游宣传与经贸、科普、文化等有机结合起来，贯穿到出版、广播、电视、网络等各个方面。引进国际国内高水平专业团队对衡东旅游进行策划包装，每年创意策划1－2个在全省、全国有影响力的营销活动。二是善抓节会推销。发挥节会旅游营销的优势，打造精品节会，办好衡东县第四届土菜旅游文化节、三樟黄贡椒节会，开展“中国好风光·乡韵衡东”系列采风活动，知名旅行社、自驾游协会“衡东美丽乡村游”活动。三是常抓宣传促销。高标准设计衡东县旅游形象广告，制作一批衡东旅游户外形象宣传牌；开通微旅游门户网站、微信平台，利用微信、网络等新兴媒体详细推介衡东旅游；加强与南岳等重要客源地、国内知名旅游传媒合作，进一步扩大衡东旅游的影响力。

擦亮土菜名县招牌　助推全域旅游发展

中共衡东县委副书记、县长　徐志毅

衡东是一方神奇的土地，这里不仅有山水美，也有土菜香，不仅有状元第，也有元帅魂。为了向外界展示大美衡东的独特魅力，今年9月，我县精心策划举办了第四届“土菜文化旅游节”，此次节会有效扩大了衡东的知名度和影响力，有力促进了衡东土菜、文化、旅游产业深度融合，达到了“以节造势、以节为媒、以节促建”的良好效果，为实施“旅游活县”战略、推动全域旅游发展奠定了更加坚实的基础。国庆黄金周期间，节会效应极为明显，全县接待游客人数、实现旅游综合收入额同比分别增长21.15%、20.16%。

一、以节造势，让灵秀衡东扬名

衡东旅游是一笔丰厚的宝藏，山水风光清奇秀美，生态环境纯净自然，风俗民情别具特色；衡东文化是一段厚重的历史，炎帝文化、遗址文化、状元文化、红色文化、民俗文化一脉相承、交相辉映；衡东土菜是一面烫金的招牌，以“鲜、香、美、俭”的浓郁地方特色享誉神州大地，也造就了全国唯一的“土菜名县”。近年来，我县大力发展生态旅游业和土菜产业，随着一系列乡村旅游节会和三届土菜文化节的先后举办，“玩到衡东”、“吃在衡东”的美名已越传越响，但从资源禀赋来看，衡东旅游这笔宝藏还远未实现其应有的价值。今年，县委、县政府组织筹办以“弘扬土菜文化，畅游灵秀衡东”为主题的第四届土菜文化旅游节，就是要通过此次节会，让衡东乡村旅游、衡东土菜走出衡东，走向三湘四水、五湖四海，打响衡东生态旅游品牌，擦亮“中国土菜名县”招牌。一是接足地气，让节会走近大众。一方面，组织开展“薪火相传·土菜飘香”火炬传递活动，将从南岳祝融峰采集的圣火在全县17个乡镇进行传递，点燃了全县人民参与节会活动、参与衡东建设的激情与动力。另一方面，启动“乡村旅游季”，举办“三樟黄贡椒节”、洣江生态园“枇杷熟了”采摘节、“乡村休闲体验游”等一系列观光体验活动，吸引了省内外多家旅游公司员工、数十万各地游客前来亲身体验。二是搭实平台，让节会走出衡东。在省会长沙举办土菜文化旅游节新闻发布会，公开向电视、报刊、网站、手机客户端等各类媒体介绍节会相关情况，重点介绍了节会主题内容、主体活动、主要特色，国内多家知名媒体参加了发布会，并第一时间争相报道,引发了强烈的社会反响。在南岳“星空节”期间,组织衡东土菜厨师与南岳“星空食神”进行现场厨艺大比拼,并邀请参加“星空节”的游客到衡东旅游观光,享用衡东土菜。组织“土菜文化礼仪形象大使选拔大赛”,吸引了一百多名选手参赛,同时也吸引了各界关注,最终评选出20名礼仪形象大使,为节会增添了一道亮丽的风景线。三是巧借东风,让美景走向全国。以入选“2017年第五届中国好风光全国摄影大展”活动站点为契机,邀请国内外近30位摄影名家参加“乡韵衡东”摄影创作比赛,随之吸引了一波又一波的中外摄影名家慕名来到衡东观光采风。活动期间,全国摄影大展组委会共收到来自全国各地的摄影名家提交的衡东风情摄影作品近万幅,这些作品由《大众摄影》分期刊出,向国内外宣传推介衡东美景、美食。四是创造记录,让土菜载入史册。三樟黄贡椒是衡东土菜之魂,在此次节会期间,112组家庭用时30分钟,以传统技法把280公斤三樟黄贡椒制成了“剁椒”,创造了“最多组家庭同剁黄贡椒”大世界基尼斯之最。

二、以节为媒,推衡东土菜提质。衡东土菜源远流长,近年来更是声名鹊起,我县坚持在继承中发扬、在发展中创新,不断丰富土菜菜品、完善产业链条,尤其是在此次节会期间,重点建立了土菜制作标准化体系,衡东土菜形象、品质均迈上了新台阶。一是着力树品牌。面向社会公开有奖征集衡东土菜形象标识,共收到近百幅作品,经专家评审及复审,最终确定并发布了衡东土菜(土菜文化旅游节)LOGO,为品牌保护提供了保障,为土菜推广提供了便利。二是着力提品质。省质监局批准发布了《衡东土菜制作标准》,并印制发行了单行本(第一辑),该标准是全国首个地方乡土菜的省级标准,对提高衡东土菜菜品质量、规范衡东土菜制作流程有重要意义。制定了《衡东土菜VI标准》,为衡东土菜品牌连锁化、规范化、标准化发展确定了标牌标识标准。打造了一批衡东土菜标准示范店,经过报名、初审、实地考察、网络投票等环节,从41家参评店铺中评选出10家示范店进行打造,建立了衡东土菜对外发展样版和模型。三是着力升品位。深入挖掘土菜文化内涵,使土菜成为文化传播载体,用文化赋予衡东土菜灵魂。将经典菜式入诗,以诗歌体现衡东土菜的发展渊源;将经典菜品入画,以绘画和书法创作描绘衡东土菜的精气神,在各大餐饮店里悬挂,充分展示衡东土菜蕴含的中国传统文化底蕴;将经典菜肴入戏,借助花鼓戏、皮影戏、歌曲等艺术形式,将衡东的名人名家、历史掌故、民间生活寓于土菜入书入戏,在“衡东土菜.家的味道”主题文艺晚会上推出的歌曲《土菜飘香》,朗朗上口,悦耳动听,原汁原味唱出了乡音乡愁,成为了晚会最受欢迎的节目之一。四是着力推品鉴。在长沙举办了“家的味道·衡东土菜品鉴会”,展示了15道衡东土菜经典菜品,3位湘菜大师当场品尝并即兴点评,吸引了社会各界人士观看、品尝。举办钻石名厨和绝味厨娘比赛、百道名菜展示活动,评选出厨艺超群的钻石名厨20位、绝味厨娘10位,展示了130道精做的衡东土菜,造型各异、色香味俱全的土菜精品让人眼界大开、胃口大开。下段,我县将致力创新土菜做法,大力研发土菜新品,在保留精髓的基础上,博采众长开发新派衡东土菜,并到北京、上海、广东、深圳等地举办土菜品鉴会,让四方宾朋共品衡东土菜、钟爱衡东土菜。

三、以节促建,助产业短板补齐。农业是土菜产业的根本源头,旅游是土菜营销的有效载体,县城是节会举办的重要基地,我县坚持在节会期间打好土菜牌,协调共进补齐农业产业化、土菜供应、旅游线路、城市建设等方面的短板。一是以农产品产销为抓手,补齐农业产业化短板。一方面,加快建设绿色、生态、环保餐饮原辅材料基地,重点支持一批企业发展土菜原料、辅料、调料生产加工基地,引导土菜产业和农业密切结合,创办为土菜企业直接服务的蔬菜基地、种养基地、水产品基地、调味品生产基地,为土菜企业提供无公害、符合标准的原辅材料,节会期间综合评选命名了一批“十佳”土菜原料生产基地。另一方面,举办为期4天的农副产品博览会,有40家农业企业参展,共展销衡东名、优、特生态农副产品340余种,达成购销订单90多笔,实现销售额104.7万元;今后,我县将定期搭建线上交易、线下展示等不同形式的展销平台,为优质农产品开辟更多的销售市场和销售渠道。二是以物流配送为抓手，补全土菜产业链条。土菜生产企业、加工企业和餐饮企业加强联合，以生产企业连产品基地、加工企业连配送中心、餐饮企业连产品消费中心，形成从生产、加工、连锁配送到定销的相互配套、相互支撑的完整土菜产业体系。加大投入扶持土菜冷链仓储物流配送中心项目建设，支持有条件的企业发展土菜原辅材料配送中心，扶持有条件的农民专业合作社组建社会性的菜品配送中心，加强与阿里巴巴村淘、京东物流以及邮政等公司合作，逐步建立和完善辐射全国的衡东土菜物流配送网络，将衡东土菜原辅材料及加工成品推向全国。三是以完善要素为抓手，补齐全域游线短板。衡东旅游景点众多，但游线串联不优，尤其是缺少“娱、吃”这两大要素。为让前来参加节会的游客获得更好的旅游体验，我县着力优化了各条旅游线路，将洣江生态园等项目并入东区红色旅游线，将新塘现代农业观光园、尚达盛和现代农业休闲产业园等项目并入北区生态休闲美食旅游线，将金城土菜产业园等项目并入县城旅游中心线，使各条游线的旅游要素更为齐全，也有效提升了旅游经济效益。四是以项目支撑为抓手，补齐基础设施短板。节会的大部分主题活动在县城开展，为营造浓厚的节会氛围，创造良好的节会环境，我县大力加强了市政基础设施建设，衡东大道建成通车，聚味堂食品投产达效，武家山公园开园面世，城区绿化、亮化工程全面提质，一批节点性、功能性市政工程项目相继开工为节会献礼，县城基础设施更加完善，城市功能更加齐全，城市面貌焕然一新，县城人居环境更加舒适。在本次节会期间，一批企业家感受到衡东发展的蓬勃朝气、衡东干群的高昂士气、衡东渐增的暴棚人气，又与我县签约了 12 个项目合作协议，合同引资额达 18.65 亿元。

弘扬罗帅革命精神　决胜全面小康衡东

中共衡东县委副书记、县长　徐志毅

罗荣桓元帅戎马一生，以血肉之躯在中国革命和建设史上立下了卓著功勋，以崇高风范在人民群众心中树起了不朽丰碑。他矢志不渝的革命精神、心系群众的为民情怀、求实创新的开拓意识、艰苦朴素的优良作风，值得我们永远怀念和学习。继承弘扬罗荣桓精神，对于深入贯彻落实习近平新时代中国特色社会主义思想和党的十九大精神，全面完成决胜全面建成小康社会各项任务，全面推进各领域各方面改革，全面落实以人民为中心的发展思想，把衡东建设成为宜居宜业宜商宜游的幸福家园，具有十分重要的现实意义。

一、坚定信念，矢志不渝跟党走

作为我军杰出的政治工作领导人，罗荣桓始终站稳党和人民立场分析处理问题，坚决维护以毛泽东为核心的党中央权威，始终把保证党对军队的绝对领导作为政治工作的根本任务，把坚持执行党中央、中央军委的指示作为最高的党性要求而身体力行。无论条件如何困难，他始终保持革命乐观主义精神，如红军爬雪山、过草地时，长期忍饥挨饿，生存环境极为艰难，他经常给战士们打气鼓劲：“一定要跟着党中央、毛主席北上抗日！”“一定要勒裤带，坚持下去！”在辽沈战役发起前的关键时刻，他坚决贯彻党中央、毛主席制定的先打锦州的作战方针，从而保证了将国民党军封闭在东北境内予以全歼的战略意图的实现。1963 年，罗荣桓在病危之际还不忘对子女谆谆告诫：“我尽力争取不死，继续为革命奋斗，如果死已经来临，我也决不畏惧，绝不发愁。我给你们留下的只是党的事业，别的什么都没有。我的遗嘱就一句话，永远跟着共产党走！”这些活生生的事例充分说明，罗荣桓是政治立场坚定、对党无比忠诚的典范。

我们弘扬罗荣桓精神，要像罗荣桓那样讲政治，始终与以习近平同志为核心的党中央保持一致，严格执行中央、省、市的决策部署。一是脑中要有定力。有定力,才能矢志不移,咬紧目标不放松,才能不忘初心,坚定信仰不动摇。共产党员特别是党的领导干部一定要有政治定力,对党的信仰、宗旨和事业,在政治上忠贞不渝、思想上坚信不疑、行动上坚定不移。二是心中要有梦想。中华民族有过唐代的贞观之治、元朝的开疆扩土、清代的康乾盛世,但也有过屈辱的鸦片战争、甲午战争。历史告诉我们,国家命运、民族命运与个人命运紧密相连,只有国家强盛了,我们才能过上好日子、挺起腰杆子。十八大后,习近平总书记给我们描绘了一个"中国梦",这是中华民族的梦。对于实现中华民族伟大复兴这样一个璀璨的梦想,我们作为中华儿女没有理由不热血沸腾,我们作为共产党员没有理由不全力以赴。只要我们全心全意跟党走,尽心尽力跟党干,"中国梦"就一定能够实现。三是眼中要有目标。去年县党代会明确的"五县五化"发展战略,就是加速我县经济社会发展的方法路径,也是全县上下要众志成城为之不懈努力的奋斗目标。我们要紧盯这一目标,坚持走生态发展之路,大力发展现代农业,持续壮大民营经济,加速发展全域旅游,努力保持社会和谐稳定,让衡东民富县强、山清水秀、政通人和。

二、树牢宗旨,全心全意为人民

罗荣桓始终认为:"人民群众是领导干部身上的血液,领导干部脱离了群众,生命就要枯竭。"他是这样说的,也是这样做的。红军时代,凡是部队发衣服、分伙食尾子和零用钱,他都要求先战士后干部,自己总是最后一个。红军长征过草地时,他与战士们一道挖野菜、吃野菜,遇到野菜不足时,他总是让着战士们吃。正如邓小平同志在公祭罗荣桓仪式上的悼词所说,罗荣桓同志从来相信人民群众的伟大力量,最善于动员、组织群众和依靠群众。

我们弘扬罗荣桓精神,要像罗荣桓同志那样,敢于担当,坚持思想上尊重群众、感情上贴近群众、工作上领先群众,把党的全心全意为人民服务的根本宗旨落实在团结和依靠群众开展工作的实践中。一是要践行"一切依靠群众"。要清醒认识到群众力量的无比强大、无处不在、无所不能。领导干部不能随着职务的升迁,逐渐滋生骄傲情绪和优越感;切不可自以为能力比普遍群众强、见识比普通群众广、水平比普通群众高,碰到困难不向群众请教学习,也不注意吸取群众首创的新鲜经验,搞个人英雄主义,在无意间就丢弃了这股促进工作的强大动力。二是要践行"一切为了群众"。"下级对上级负责"是铁的工作纪律,但我们干工作不能一味地"唯上",抓工作绝不能只为了做给上级看,而是要为了让群众得到更多的实惠。任何时候我们都要牢记党的一切工作就是要对人民群众负责,在工作过程中要始终把群众利益摆在首位,切不可急功近利,更不能搞劳民伤财的政绩工程、面子工程。三是要践行"从群众中来、到群众中去"。在工作过程中,要切实做到想群众所想、急群众所急,时刻关注群众所需,对一些涉及群众切身利益、惠及百姓生产生活的工作,要舍得"花心思"、"下血本"。

三、求实创新,脚踏实地谋发展

罗荣桓光辉的一生,始终坚持实事求是的科学态度,冷静地分析判断各种复杂情况,在大是大非面前毫不含糊,工作生活中统筹兼顾着眼长远,自觉抵制错误倾向。1930 年冬在所谓肃清"AB 团"的斗争中,他反对滥捕错杀,解救了一批同志。1943 年在整风运动中,他顶住所谓"抢救失足者"的"左"的做法,使山东的整风运动健康发展。20 世纪 60 年代,他反对把毛泽东思想庸俗化、教条化,强调要掌握毛泽东思想的科学体系,领会精神实质,坚持了党的实事求是的思想路线。

我们弘扬罗荣桓精神,要像罗荣桓那样,善于创造性开展工作,坚持实事求是,大胆解放思想,坚持一切从实际出发,一切从发展大局出发,把工作激情和理性态度结合起来,用创新的思维和改革的办法推进工作,创造更优秀的业绩。一是要全力以赴抓好产业发展。工业方面着重抓帮扶培育、扩增量,落实"一企一策"措施,加强银企对接,解决融资困难,帮助恢复生产;对具有发展潜力的优势企业,着力在落实供给侧改革优惠政策、满足资金需求、强化技术支撑、促进产品销售、提供公共服务等方面给予支持。同时,继续完善园区基础设施,优化投资环境,筑巢引凤,吸引企业向园区聚集。农业方面着重抓增效、促增收。在抓好传统产业发展的同时，坚持走特色产业发展之路，带动村集体经济发展，促进农民增收致富。重点培育农业产业化龙头企业和规模以上农产品加工企业，打好电商促销牌，推动农产品上网销售，进一步畅通农产品销路。现代服务业方面着重抓挖潜提效、优结构。大力发展全域旅游，做好全域旅游规划，集中力量打造1－2条精品旅游线路，重点抓好罗荣桓故居纪念馆景区5A创建；做好“旅游＋土菜”结合文章，进一步擦亮土菜名县招牌、打响乡村旅游品牌。二是要提速攻坚推进项目建设。进一步完善招商引资办法和优惠政策，优化重大项目签约落地及推进服务机制，吸引更多企业来衡东发展。继续坚持重点项目建设的好经验好做法，对今年的82个重点项目，各乡镇、各部门实行倒排工期，挂图作战，在保证工程质量和安全的前提下，加快工程进度。强化土地保障，加大土地储备力度，积极盘活存量土地，切实保障项目建设用地需求；强化资金保障，积极推广PPP模式，引导和鼓励社会资本参与基础设施和公共服务建设。优化项目建设环境，坚决杜绝阻工闹事、强买强卖、强行参运、强揽工程等突出问题，切实为项目建设营造良好的社会环境。三是要集中精力统筹城乡建设。规划方面，围绕“拓城”目标，推进多规合一，建立统一衔接、功能互补的城市规划体系，加快完成县城总体规划修编。乡镇总体规划和村庄规划要注重前瞻性、指导性和可行性，符合本地实际、彰显本地特色。城市建设方面，坚持扩容和提质并重，加快推进城北片区、河西新区、城东滨水新区建设，全面拉开城市骨架。加快城中村、棚户区改造步伐，推进路网加密和背街小巷改造，做好城市建设的“加法”和“减法”，实施“见缝插绿”工程，让县城既有品位、又有特色，既繁荣、又舒适。城市管理方面，大力实施城市精细化管理，持续抓好环境卫生、道路交通、渣土运输、拆违控违等专项整治，精心实施绿化、美化、亮化工程；大力推进社区网格化管理，建立健全物业管理体制；加快实施智慧城管和智慧照明项目，推动数字城管向智慧城管升级。

四、艰苦朴素，清正廉洁树形象

罗荣桓一生艰苦朴素，清正廉洁，从来不搞特殊化。在长征途中，战士们为了让罗荣桓休息好，为他搭了个草窝，但他坚持同战士们一样露宿，把草窝留给了伤病员。罗荣桓不仅对自己要求严格，对亲属、子女的要求也非常严格。对待子女，他是一位慈祥的父亲，但对孩子们的思想作风要求很严格。他从来不准派自己的小车接送孩子上学。临终他还吩咐家人在自己去世后搬到一般房子去住，不要搞特殊化，充分体现了老一辈无产阶级革命家的崇高品德。

我们弘扬罗荣桓精神，要像罗荣桓那样，坚持原则、艰苦朴素，引导广大党员干部始终保持党的先进性和纯洁性。要大力引导党员干部大兴艰苦奋斗之风，坚持勤俭办一切事情，自觉抵制拜金主义、享乐主义和铺张浪费等不良作风，把有限的资源和资金更多地用在发展经济上、改善民生上。一是加强廉政教育。通过多种形式加强对党员干部的纪律教育，反复敲响反腐倡廉警钟。一方面，利用各类会议对干部在勤政廉洁、监督管理、行政效能等方面提出明确要求，另一方面，利用正反两方面的典型，教育干部从身边人、身边事中吸取教训，促其筑起道德和法纪两条防线。二是健全规章制度。继续深化行政审批制度改革和财政体制改革，严格落实国库集中收付制度，推行部门财政零基预算；积极完善政府采购制度，扩大采购面，提高财政资金的运转效率和使用效益。严格执行《关于进一步加强和规范村级财务管理的办法》、《惠农补贴资金发放若干规定》等制度，全面规范村级财务管理和惠农资金发放。三是强化检查监督。加强财政预算、政府工程、专项资金、经济责任等方面的审计检查，大力开展纠风治乱工作，围绕群众关注的三公经费、教育收费、征地拆迁等问题，组织相关部门联合开展专项检查，对检查中发现的问题，要限时整改落实到位。四是严格考核奖惩。按照党风廉洁建设责任制的要求，将反腐倡廉建设纳入部门目标考核，并实行“一票否决”。同时，要把单位班子及成员落实党风廉洁责任制情况与其业绩评定、奖励惩处、选拔任用直接挂钩，形成有效的激励机制。

罗荣桓精神与山河同在，与日月同辉。我们将一如既往地传承好罗荣桓精神，在党的十九大精神鼓舞下,以更加清晰的思路谋求发展,更加敏锐的动作抢抓发展,更加有效的举措推进发展,不忘初心,牢记使命,撸起袖子加油干,为推进衡东“五县五化”建设、决胜全面小康衡东而努力奋斗!

加强基层政协协商民主建设的几点思考

衡东县政协主席　夏崇礼

基层政协协商民主是我国社会主义协商民主的重要组成部分。处于我国政协组织架构体系末端的县、乡级政协,它直接面对基层群众、面对地方经济社会发展,在全面建成小康社会和深化改革开放的新形势下,如何结合基层工作实际,抓好中央文件的贯彻落实,推进基层政协协商民主新发展,是需要深入思考、认真探索、积极破解的重大课题。

一、加强基层政协协商民主建设的重要意义

(一)加强基层政协协商民主建设契合了社会治理的需要。在基层社会治理中,党领导基层的传统方式是自上而下的“一元制”单向管理,更多的是“集中力量办大事”,主要依靠行政命令来解决问题。这种方式在碰到矛盾时,突出的表现是大包大揽,甚至容易出现“政府买单、群众不买账”的现象。当前,随着人民群众利益诉求的日益多元化、碎片化,这种方式越来越难以适应形势需要,也越来越难以收到满意成效。为此,在基层社会治理中改善党的领导方式,必须改变行政命令、家长式的做法,把由群众自己解决的事交还给群众,更多地呈现平等性、互动性。人民政协是国家治理体系的重要组成部分,深入开展基层政协协商民主,可以说是改善党的领导方式、完善基层社会治理的有效探索。作为最广泛的爱国统一战线组织,基层政协囊括了基层社会各个阶层和群体的代表性人士,通过人民政协,可以进一步扩大基层社会民众有序政治参与的空间,使各种意见、观点在政协得到充分表达、交流和碰撞,形成共识、凝聚力量;也可以将党的主张转化为参加政协的各党派团体和各族各界人士的共同意志与自觉行动,使党领导基层真正实现从“一元管理”向“多元治理”的转变。

(二)加强基层政协协商民主建设顺应了协商为民的要求。习近平总书记指出,人民群众是社会主义协商民主的重点,“要按照协商于民、协商为民的要求,大力发展基层协商民主,重点在基层群众中开展协商”,要“找到全社会意愿和要求的最大公约数,是人民民主的真谛。”这是中国共产党立足于世情、国情、党情,顺应广大人民群众的新期待,在新的历史起点上提出的一个新的理论命题和实践命题。作为党和政府联系群众的桥梁与纽带,人民政协又是专门的协商机构,天然具备搭建基层协商平台的条件。相对于基层党委、人大、政府、街道机构而言,人民政协在与相关利益方的关系方面比较超脱,是基层党委、人大、政府、街道机构与基层各界人民群众进行“商量”的合适的“中间人”,是找到基层人民群众“最大公约数”的重要载体、理想平台。党委、政府通过基层政协渠道用人民政协的方式方法开展协商、倾听民意,有利于协调关系、化解矛盾,有利于找到群众利益的最大公约数,更好地实现人民当家作主。

(三)加强基层政协协商民主建设拓展了基层政协的工作。发展人民政协协商民主,推动实现广泛有效的人民民主,是各级人民政协的神圣使命和历史责任。不可否认,长期以来,在基层政协工作中存在着对协商民主认识不足、重视不够的问题。有的认为协商民主是上级机关的事情,与基层组织没有多大关系;有的认为协商民主仅是听取意见的一种手段,没有充分认识到政协协商民主的性质地位;有的基层政协对肩负使命认识不够等。这既不利于人民政协协商民主甚至社会主义协商民主的发展,也影响了基层政协工作的深化和拓展。政协协商民主既是一项工作、一种理念、一种工作方式,不局限于履行职能的某一环节、某一方面,而应体现在履行职能全过程,贯穿于开展工作各方面。可以说,协商民主为政协履职赋予了新的理念,使政协工作的目标性和方向性更加明确；为政协履职拓展了有效的空间，使政协的平台作用更加凸显；同时也为公众参与政协提供了制度化、组织化的途径，从而提高了政治参与的质量，增加了政治参与的效果。

二、基层政协协商民主建设发展中存在的问题

（一）配套制度还不完善，需要健全。目前虽然从中央到地方已经有了不少文件要求和制度规定，但在实践中具体探索还比较少。现有政治协商制度还有改进的空间。一是对政协组织的规定和要求多，对党委、政府的规定和要求少。二是笼统的要求和原则性规范多，具体可操作的规定少。中央和地方各级党组织关于加强政协工作意见的文件及《政协章程》，有关政治协商规定，都是精辟概括和高度浓缩的标准提法，没有明确的实施细则，到基层就难以具体遵循和执行。如政协政治协商“三在前三在先”原则还没有具体制度、规范、程序确保其变为现实。对政治协商的“重要”、“重大”问题，由于界定不够，政协与党委政府的理解可能会有所不同。对不同内容、形式的协商，缺乏与之配套的操作程序。三是引导性规定多，制约性规定少。中央和地方各级党组织在政协政治协商的规定中，刚性制约措施不多，缺乏相应的工作责任追究制。

（二）思想认识还有偏差，需要深化。随着人民群众民主意识的不断增强，党委政府和人民政协对政治协商制度的认识越来越深刻，思想上越来越重视。但这些认识仍然停留在低浅层面上，尚未实现根本转变。主要表现在：一是对政协政治协商的地位作用认识不足。将政协的政治协商上升到“中国共产党领导的多党合作的重要体现，党委政府科学决策民主决策的重要环节，提高执政能力的重要途径”这一高度上来认识的人不多，往往是把政协政治协商看成是征询意见、接受监督、减少矛盾的机会和手段，有的甚至认为政协政治协商是插手争权、增加麻烦、降低效率、有碍发展的误解。二是对政治协商纳入党委、政府决策程序这一重要原则的重视程度不够。三是对政治协商必须从不同政治层面和不同层次的政协组织实际出发认识不足，导致基层政协组织在形式上套用全国政协和省市政协的办法，在内容上仅满足于情况通报和琐事上的协商。

（三）贯彻执行难以到位，需要增强。中央和地方各级党组织加强人民政协工作的意见出台后，党政组织和政协在贯彻执行政治协商规定方面，有新举措、新内容、新进展，政治协商的计划性、实效性在不断增强。外省的一些基层政协，已将同级人大常委会任免的领导干部，甚至党群系统的领导干部和后备干部的选拔纳入了政协协商的内容，使协商内容获得了实质性拓展。但是，从总体上看，对政治协商规定的执行差距还十分明显。一是协商规则上不配套。党委、政府普遍未将政协政治协商作为决策必经程序，纳入其各自的议事规则。二是协商内容上的随意性。由于政协协商的“重要”、“重大”问题规定的笼统性，协商内容在不同地区政协之间的差异较大。一些地方党政负责人认为需要让政协协商的就协商，认为不需要政协协商的就不协商。三是以通报代协商，导致协商有滞后性。第四，临时突击性协商。在某些基层政协，经常发生党委、政府因某项重要工作急需决策，临时通知政协对该事项予以协商。这种协商，不仅将政协搞得手忙脚乱，而且往往只是保证程序，实难确保高质量的协商。

三、推进基层政协协商民主制度建设的几点思考

时代的发展既赋予了政协协商民主新的使命，也提出了新的挑战。根据中共十八大和中、省、市有关文件精神，对推进协商民主制度在基层政协不断发展，有以下几点思考。

（一）健全基层政协协商民主制度。一是要健全议事协商制度。根据“宜大不宜小、宜具体不宜笼统、从地域实际出发”的原则，拟定适合本地实际的协商民主制度，对协商民主作出具体规定。同时，积极主动争取基层党委、政府进一步完善议事规则和工作规程，把基层政协协商民主作为决策过程的基本环节，不断健全和完善协商民主程序，将综合性制度与专门性制度结合起来，将实体性制度与程序性制度结合起来，将推动基层党委、政府制定制度与健全基层政协内部制度结合起来，形成基层协商民主制度的长效机制。二是要健全知情明政制度。委员参政议政需要知情,而信息不对称是影响协商民主实效的一个重要因素。因此,健全委员的知情明政制度极为重要。政协组织要重视通过召开情况通报会、邀请党政领导到会通报工作情况、印发有关学习资料等形式,及时做好委员的知情明政工作。各级政府及部门应按照政府信息公开的有关规定,加大推进政务信息公开力度,将应公开的信息予以公开。每一年,都应有计划地召开一些政情通报会,邀请政协委员等各界人士参会,并形成制度。党政部门召开的有关工作会议,应邀请政协领导、专委会领导或有关委员参加,主动为政协委员知情履职提供便利,创造条件。三是要健全落实反馈制度。民主协商的作用和效果,最终要体现到协商成果的采纳和落实上。政协和党委、政府应共同研究,对哪些协商成果必须送党政领导阅示,哪些协商成果必须进入党政有关会议研究予以明确,在机制和程序上作出规定,确保应纳入党政决策参考的重要协商成果能纳入决策程序和决策研究采纳的内容。规定对政协报送的重要建议案、调研报告、视察报告、会议纪要等协商意见,党政委领导特别是主要领导要亲自阅批,有关部门要认真办理并及时向政协反馈。同时,建立协商成果的督查督办制度,把研究采纳政协重要意见建议、落实领导批示协商成果情况,作为政府部门工作考评的重要内容,加大督查督办工作力度,确保办理落实,切实发挥政协重要协商成果的应有作用。

(二)拓宽基层政协协商民主渠道。按照中共中央关于加强社会主义协商民主建设的要求,坚持“不打棍子、不扣帽子、不抓辫子”的原则,在充分发挥全体会议的集中协商、常委会议的专题协商、主席会议的重点协商、专委会会议的对口协商、提案办理协商的基础上,抓住关键和重点,创新协商形式,提高协商成效。一是围绕事关全局的重大决策开展协商。抓住那些决定地区发展方向、影响时间长、范围广、稍有差错就可能造成损失的重大决策实施协商,建言献策于关键处、急需处,努力提出战略性、前瞻性、针对性和可操作性强的意见建议,促进科学民主决策。二是围绕重大改革方案的制定开展协商。经济转型发展和全面深化改革时期,各种重要改革方案不断推出,政协的民主协商应抓住这些重大建设、改革方案的制定等深入开展协商,提出补充和优化意见,以提高其科学性和有效性。三是围绕事关民生的重大项目建设开展协商。积极围绕与群众利益息息相关的重大项目安排、人民群众关注的热点难点问题进行充分的协商讨论,及时反映各界群众的意愿和呼声,促进社会和谐稳定。四是围绕政府重要人事安排开展协商。将政府重要人事安排建议列入协商范畴,加强对行政首长、关键岗位第一把手等重要人事安排的协商,助推那些德才兼备、勇于负责的干部在重要岗位上施展才能,为民造福。五是围绕各民主党派、人民团体和政协委员所关注的其他重大问题进行协商。通过对共同性事务、政协内部的重要事务以及有关爱国统一战线的重要问题的协商,促进工作协调配合,增强政协工作合力。

(三)把握基层政协协商民主方向。一是要做到“白领”与“蓝领”相结合。基层政协由社会各界的代表人士组成,集中了本地区的各类优秀人才,体现了“人才荟萃、智力密集”的优势,但代表性的过分追求容易导致政协委员“白领化”。因此,在界别设置和委员结构等组织架构上要体现公平性,充分考虑“蓝领”阶层、草根阶层和弱势群体的利益需求,确保“白领”阶层与“蓝领”阶层的平等和谐。二是要做到“当前”与“长远”相结合。基层政协应脱开具体事务的干扰,立足于谋长远谋大事,在中心工作、发展方向、产业布局等方面想党委政府所未想,提出具有前瞻性的思路和方法,落实好政协的“软作用”。同时,也应积极为基层党委、政府具体工作献计出力,确保正确的发展方向和正确的思路方法不因党委、政府领导的更迭而改变,开展纵深了解,积极调研,为基层党委、政府作好参谋,发挥好基层政协的“硬作用”。三是要做到“民主”与“民生”的结合。民主和民生是一种相辅相成、互为促进的关系:只有发扬民主,才能更好地改善民生;只有改善民生,才能更好地体现民主。因此,“识民情、接地气”理应成为基层政协协商民主的出发点。这符合习近平总书记“人民群众是社会主义协商民主的重点”的论断，是中国共产党的群众路线在基层政协的重要体现，也顺应了地方人民政协工作重心下移的发展趋势。这就要求，其协商主体，要尽可能扩大参与范围，努力把基层所在区域内尽可能多的利益群体、社会阶层，都纳入体制内的工作对象范围，通过扩大公民代表的数量和比例，不断提升基层各界参与协商的广度；其协商内容，要与基层群众切身利益密切相关，直接关系到群众基本民生和权益保障的事项，真正做到问需于民，商民事、议民事；其协商过程，要充分发挥基层群众的主动性，充分尊重基层群众的意见，做到问计于民，群众自治。

（四）提升基层政协协商民主实效。一是要提高党政重视程度。加强人民政协协商民主建设，除了政协本身要积极主动推进之外，还涉及到党委、政府等各方面，如果没有党委的重视和领导，没有政府的支持和配合，政协协商民主是很难取得突破性进展的。因此，应进一步提高党委、政府对政协协商民主的重视程度，由党委牵头制定出台关于政协协商民主的制度，对协商民主的内容、范围、程序等作出明确的规定，建立对协商结果的追踪、反馈和评价机制，以指导协商活动的规范有序开展。党委、政府要变“要我协商”为“我要协商”，与政协一起规范协商议题提出机制，主动给政协提要求、交任务，主动将党政各项重要决策事项纳入政治协商范畴，主动将推进区域发展的经济、政治、文化、社会和生态文明建设中的综合性、全局性、前瞻性的重大课题，交给政协来协商，推动政协协商民主建设取得更大的成效。二是要强化协商能力建设。要按照习近平总书记的要求，切实提高政协委员的政治把握能力、调查研究能力、联系群众能力、合作共事能力，全面提升自身综合素质。要完善委员推荐提名工作机制，优化委员结构和界别构成，适当吸收部分农民代表人士和一些新行业的代表人士参入到政协委员队伍中来。对那些不履行委员职责、没有参政议政能力的挂名委员，应坚决予以辞退。政协机关要提高组织协调能力，提高服务工作水平，积极组织委员开展知情调研，开展多层次、多形式的学习培训，为政协履行职能提供有力保障。三是要发挥日常监督作用。搞好基层政治协商，推进基层协商民主，需要以监督为保障，切实增强监督的使命意识、责任意识和主动意识。要研究制定民主监督的专项规定，完善民主监督的组织领导、知情反馈、沟通协调机制，提高监督实效。要积极开展监督性强的视察、调研、会议等履职活动，实事求是反映情况，切实提出建设性意见，促进党政部门改进工作，推动有关问题解决。要密切和党委、政府监督机构的联系，加强工作协调配合，积极参加有关部门组织的调查和检查活动，提高监督能力，改进监督方式，完善监督机制，务求监督实效。只有监督得力，协商成果才会尽快转化，协商成果才能实现成效最大化，协商民主才能健康发展。

浅论人民政协坚持以人民为中心

衡东县政协主席　夏崇礼

在党的十九大报告中，习近平总书记明确提出：“坚持以人民为中心”“构成新时代坚持和发展中国特色社会主义的基本方略”。作为党领导的政治组织，人民政协必须贯彻落实习近平总书记系列重要讲话精神和治国理政新理念新思想新战略，必须始终坚持以人民为中心的基本方略。

一、准确把握人民政协坚持以人民为中心的基本内涵

坚持以人民为中心的发展思想这一重大提法，早已蕴含在习近平总书记的论述之中。在2012年11月15日，十八届中央政治局常委同中外记者见面之时，习近平总书记就明确指出：“人民对美好生活的向往，就是我们的奋斗目标。”2013年3月17日，习近平总书记在第十二届全国人民代表大会第一次会议上的讲话中又明确指出：“中国梦归根到底是人民的梦，必须紧紧依靠人民来实现，必须不断为人民造福。"把人民对美好生活的向往作为党的奋斗目标,紧紧依靠人民去实现并为人民造福,这其中已经蕴含了坚持以人民为中心的发展思想的全部要素,这就是发展为了人民、发展依靠人民、发展成果由人民共享。人民政协坚持以人民为中心,也必然蕴含这些要义。

一是人民政协的履职目的是为了人民。共产党人把全心全意为人民谋利益作为自己的唯一宗旨,以此作为自己最为崇高和最为光荣的历史使命,这就与其他任何剥削阶级及其政党从根本上区别开来。人民政协作为中国共产党领导的多党合作和政治协商的专门机构,必然坚持党的统一领导,始终保持正确的政治方向,始终与党同心同德、同向同行,必然把增进人民福祉、促进人的全面发展作为履职出发点和落脚点。

二是人民政协的履职动力是来自人民。以人民为中心的发展思想继承和发展了马克思主义唯物史观,认为发展的本质是人类通过劳动不断改造自然的过程,发展源自人类的劳动,发展最基础、最根本的推动力量来自广大劳动者,认为人民也只有人民才是发挥人类历史能动性的根本动力源泉。政协委员来自各民主党派、人民团体和社会各界,源自人民,植根群众,具有代表性强、包容性强、联系广泛的特点,具有人才荟萃、智力密集的优势,是推动人民政协事业不断发展进步的主体与动力源泉。

三是人民政协的履职成果应惠及人民。以人民为中心的发展思想就是要让发展成果更多更公平惠及全体人民。人民政协坚持以人民为中心,就要把实现好、维护好、发展好广大人民群众的根本利益落实到政协的具体工作中去,要让政治协商、参政议政、民主监督的成效更好地惠及人民,让每一个个体都能分享到发展的成果,并不断提高成果分享的公平性,最终实现共同富裕。

二、深刻认识人民政协坚持以人民为中心的重要意义

"人民"与"政协"息息相关。坚持以人民为中心,对人民政协来说,意义十分重大。

(一)坚持以人民为中心是人民政协体现本质的必然要求。《中国人民政治协商会议章程》明确指出:"中国人民政治协商会议是中国人民爱国统一战线的组织,是中国共产党领导的多党合作和政治协商的重要机构,是发扬社会主义民主的重要形式。"。这一表述充分体现了人民政协人民性这一固有的本质属性。首先,人民政协是中国人民爱国统一战线的组织,是"由中国共产党领导的,有各民主党派、无党派人士、人民团体、少数民族人士和各界爱国人士参加的,由全体社会主义劳动者、社会主义事业的建设者、拥护社会主义的爱国者和拥护祖国统一的爱国者组成的,包括香港特别行政区同胞、澳门特别行政区同胞、台湾同胞和海外侨胞在内的最广泛的爱国统一战线",其组成者都属于"人民"的范畴。其次,人民政协是中国共产党领导的多党合作和政治协商的重要机构,是"人民"当家作主的最早政治形式和组织形式。最后,政协委员是由各界别群众推选协商产生,并代表本界别群众履行职能,是"人民"实现直接有序政治参与、发扬社会主义协商民主的重要形式。人民政协的人民性本质,决定了人民政协必须把以人民为中心放在首要地位,坚持以人为本、履职为民,始终把实现和维护最广大人民的根本利益作为人民政协工作的出发点和落脚点。

(二)坚持以人民为中心是人民政协履行职能的必然要求。人民政协切实履行政治协商、参政议政、民主监督三项基本职能,必须坚持以人民为中心。一是要政治协商于民。人民政协作为协商民主重要渠道和专门机构,必须畅通与人民群众的联系渠道,建立与人民群众密切联系的载体和平台,确保社会各群体中个别、分散的意见、愿望和要求通过协商渠道得到系统、综合的反映,各方面的意见建议得到充分吸纳。实践反复证明,协商于民是了解民情、倾听民意的"直通道",是弥合分歧、汇集力量的"聚合器"。作决策、办事情与民协商越深入,领导的决策就越科学;与民协商越主动,工作的推进就越顺畅;与民协商越充分,地方的发展就越稳健。二是要参政议政为民。人民政协有效履行参政议政职能,必须贴近人民群众,密切与广大群众的联系,想方设法了解基层群众在干什么、在想什么、希望做些什么，倾听他们的利益诉求，掌握第一手材料。只有这样，才能听到实话、察到实情，才能参到点子上、议到关键处。三是要民主监督靠民。人民政协要通过各党派、各民族、各社会团体和各界代表人士加强协商式民主监督，发现问题、促进整改、推进工作。实践证明，坚持以人民为中心，有利于推动落实人民群众的知情权、参与权和监督权，激发人民群众的主人翁责任感；有利于增强政协民主监督的实效性；有利于维护人民群众的根本利益。

（三）坚持以人民为中心是人民政协适应形势的必然要求。改革开放以来，随着经济社会不断发展，我国经济体制深刻变革、社会结构深刻变动、利益格局深刻调整、思想观念深刻变化，这给正确处理人民内部矛盾和其他社会矛盾、妥善协调各方面利益关系带来了一系列新课题，也给人民政协提出了新的任务和要求。在新的形势下，人民政协要发挥更大的作用，必须紧紧抓住这一情况和特点，切实深入基层，密切联系群众，充分了解人民群众的意愿和要求，从群众中吸取智慧，找到解决新情况、新问题的有效途径和方法，使人民政协始终与人民同命运，与时代同进步，永葆生机和活力。

三、努力探索人民政协坚持以人民为中心的实践路径

坚持以人民为中心的发展思想是以习近平同志为核心的党中央治国理政新理念新思想新战略的主旨，是贯穿习近平总书记系列重要讲话的核心与灵魂，也是在新的历史条件下对党的性质和宗旨的新认识和新发展。人民政协工作应当紧紧围绕这个主旨，紧扣这个主旨，把以人民为中心的发展思想贯彻到底、落到实处。

（一）要在思想上重视群众，汲取民智、汇聚民力。习近平总书记指出："人民立场是马克思主义政党的根本政治立场，人民是历史进步的真正动力，群众是真正的英雄。"人民政协坚持以人民为中心，必须树立正确的群众观念，相信群众、尊重群众、依靠群众。一是要坚持以民为亲。政协委员要在感情上真正贴近群众，发自内心地把群众当亲人，多与群众交流和相处，做群众信得过的朋友，与群众建立深厚感情，及时掌握群众的真实诉求与心声。二是要坚持以民为师。人民群众是历史的创造者，既有极大的政治热情、创新精神，又蕴涵着巨大的智慧、措施和办法。政协委员要视群众为老师，虚心向群众讨教，多与群众商量，从群众中汲取智慧、营养和力量，做到问计于民、求智于民，努力促进政协履职重点的科学把握、履职本领的有效提高。三是要坚持以民为镜。政协委员要以群众的情绪为镜，善于关注群众情绪，善于理顺群众情绪，敢于讲实情、进诤言，督促采取切实措施化解矛盾，促进社会和谐；要以群众的批评为镜，时常用这面镜子照照自己，查找工作的差距和不足，明确努力的方向，接受人民群众监督，提升政协履职实效，塑造政协良好形象；要以群众的期望为镜，坚持把群众期盼解决的问题及时纳入视野，紧紧围绕满足人民群众的期望开展政协工作，客观地表达社会不同阶层的不同意见，真实地反映一些特殊群体的民生诉求，维护社会公平，化解利益冲突，促进改革发展。

（二）要在行动上深入群众，体察民情、反映民意。"知屋漏者在宇下，知政失者在草野"，人民政协坚持以人民为中心，政协委员必须深入基层、深入群众，了解民情、汇集民愿、反映民意。一是要与民同行。要坚持不断创新联系群众的方式，完善政协委员走进基层走进群众工作机制，让政协委员真正深入到基层一线中去，做到知民情、解民忧、纾民怨、暖民心，做到情况掌握在基层、工作推动在基层、感情融洽在基层。二是要与民同向。要坚持群众盼什么，政协就想什么；群众忧什么，政协就呼什么；群众企望政协帮什么、政协就尽力而为做什么。切实做到政为民所议、言为民所建、策为民所献、力为民所出。三是要与民同心。政协组织和广大政协委员要把反映人民群众的要求作为第一责任，真诚倾听群众呼声，真实反映群众愿望。要把所了解的社情民意，通过提案、信息、建议案、专题调研报告等多种形式反映给党委和政府，使各阶层、各界别的利益诉求能够在政协得到充分表达，各种利益关系能够通过政协得到一定程度的疏通和调节，努力营造民主团结、生动活泼、安定和谐的政治局面。

（三）要在工作上惠及群众，谋取民利、解除民忧。“为政之道，以顺民心为本，以厚民生为本”。人民政协坚持以人民为中心，必须全心全意为群众谋福祉，真心实意让百姓得实惠，努力使发展成果惠及全体人民。一是要深怀爱民之心。政协委员要带着感情、怀着爱民之心去履行职能，想群众之所想，急群众之所急，以群众的小事、简单事、平凡事为抓手，协助党委和政府切实解决好广大人民群众最关心、最直接、最现实的利益问题。只有这样，人民政协才会有广泛的群众基础，政协工作才会更具感染力、号召力和说服力。二是要恪守为民之责。人民政协坚持以人民为中心，必须积极践行履职为民理念，切实把关注民生、改善民生贯穿于政协履行职能的全过程，体现在政协工作的各个方面。要运用好调研、视察、提案、反映社情民意信息等履职方式，围绕解决群众最盼、最急、最忧的热点、难点和重点问题，及时提出针对性、创造性、可行性强的意见和建议，敢于为人民群众讲真话，善于为人民群众献良策。三是要多办利民之事。“利民之事，丝发必兴”。党领导的政协组织要把群众最关心、最直接、最现实的利益问题作为参政议政的重要内容，努力推动教育、就业、医疗、住房、养老等社会事业加快发展，尤其要对弱势群体的生存状况和权益保障给予重点关注，真心关注群众疾苦，努力维护和实现群众利益，切实做到人民政协为人民。要注重从政协实际出发，广泛发动政协各参加单位和政协委员，组织开展精准扶贫、救灾济困、慈善捐赠、志愿服务等社会公益活动，千方百计地帮助人民群众解决生产生活中的实际问题，让更多的人民群众共享改革开放的成果。